CW00566298

Geschichte Des Hellenismus

Geschichte des Hellenismus.

Von

Joh. Gust. Droysen.

Erster Theil.

Geschichte Alexanders des Großen.

Zweite Auflage.

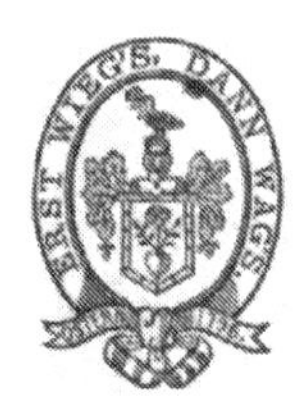

Gotha.
Friedrich Andreas Perthes.
1877.

Geschichte
Alexanders des Großen.

Von

Joh. Gust. Droysen.

I. Halbband.

Zweite Auflage.

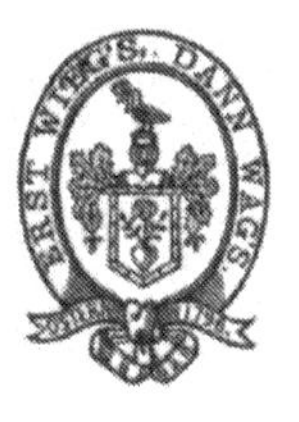

Gotha.
Friedrich Andreas Perthes.
1877.

Geschichte
Alexanders des Großen.

I.

Inhalt.

Berichtigung.

Auf S. 53, 54, 55, 56 ist in der Ueberschrift zu lesen [illegible]—[illegible].

Vorwort.

Der neuen Ausgabe der Geschichte Alexanders und der des Hellenismus darf ich nicht unterlassen, einige Bemerkungen voraus zu senden.

Sie ist nicht die bloße Wiederholung der früheren, noch will sie eine neue Arbeit sein oder die frühere in dem weiten Umfang, den die Vorrede der Diadochen 1836 bezeichnet hatte, zu Ende führen. Ich würde mir nicht mehr so, wie ich damals gethan, die Aufgabe stellen, noch weniger sie in der Weise, wie ich damals für möglich hielt, zu lösen unternehmen. Aber der Gedanke, den ich darlegen wollte, scheint mir noch heute richtig und sachgemäß; die frühere Darstellung, so weit es mir möglich war, berichtigend und ergänzend, habe ich denselben bestimmter auszuprägen und sicherer zu begründen versucht.

Freilich das Bedenkliche und in gewissem Sinne Trügerische, das die erzählende Form der Darlegung so unzulänglich überlieferter Ereignisse hat, vermochte die neue Bearbeitung nicht zu beseitigen, wenn sie nicht diese Form selbst aufgeben wollte. Es mußte genügen, theils in den Anmerkungen das Maaß der Sicherheit und Zulänglichkeit der Ueberlieferungen anzudeuten, theils in besonderer Ausführung einzelner wichtiger Punkte festzustellen, wie weit mit dem historischen Material, das uns noch vorliegt, zu kommen ist. Die Beilagen geben einige solche Untersuchungen, andere habe ich anderweitig veröffentlicht.

Es wird keiner Rechtfertigung bedürfen, daß ich jetzt dem Gesammtwerk die Bezeichnung gegeben habe, die früher erst mit der Geschichte der „Folgeherrscher" eintrat. Die Namen selbst zu erläutern wiederhole ich eine Stelle aus der Vorrede von 1836. „Die Wissenschaft hat sich erlauben dürfen, der einzig ähnlichen Erscheinung, der der Vermischung des germanischen und römischen Wesens, einen Namen zu geben, welcher zunächst nur der Sprache dieser sogenannten romanischen Völker zukam; und eben so ist es aus dem Alterthum überliefert, die Sprache jener westöstlichen Völkermischung mit dem Namen der hellenistischen zu bezeichnen."

Berlin, 1. Mai 1877.

Joh. Gust. Droysen.

Erstes Buch.

Erstes Kapitel.

Die Aufgabe. — Der Gang der griechischen Entwickelung. König Philipp und dessen Politik. — Der korinthische Bund von 338. — Das Perserreich bis Dareios III.

Der Name Alexander bezeichnet das Ende einer Weltepoche, den Anfang einer neuen.

Die zweihundertjährigen Kämpfe der Hellenen mit den Persern, das erste große Ringen des Abendlandes mit dem Morgenlande, von dem die Geschichte weiß, schließt Alexander mit der Vernichtung des Perserreiches, mit der Eroberung bis zur afrikanischen Wüste und über den Jaxartes, den Indus hinaus, mit der Verbreitung griechischer Herrschaft und Bildung über die Völker ausgelebter Culturen, mit dem Anfang des Hellenismus.

Die Geschichte kennt kein zweites Ereigniß so erstaunlicher Art; nie vorher und nachher hat ein so kleines Volk so rasch und völlig die Uebermacht eines so riesenhaften Reiches niederzuwerfen und an Stelle des zertrümmerten Baues neue Formen des Staaten- und Völkerlebens zu begründen vermocht.

Woher hat die kleine Griechenwelt die Kühnheit zu solchem Wagniß, die Kraft zu solchen Siegen, die Mittel zu solchen Folgewirkungen? Woher erliegt das Königthum der Perser, das so viele Reiche und Lande zu erobern und zwei Jahrhunderte lang zu beherrschen vermocht, das so eben noch zwei Menschenalter hindurch die Hellenen der asiatischen Küste zu Unterthanen gehabt, über die der Inseln und des Mutterlandes die Rolle des Schiedsrichters gespielt hat, dem ersten Stoß des Makedonen?

Einen Theil der Erklärung giebt der in aller Richtung völlige Gegensatz zwischen beiden Gestaltungen, der, geographisch präformirt, in der geschichtlichen Entwickelung fort und fort gesteigert, zur letzten Entscheidung gereift war, als Alexander gegen Dareios auszog.

Den alten Culturvölkern Asiens gegenüber sind die Hellenen ein junges Volk; erst allmählig haben sich sprachverwandte Stämme in diesem Namen zusammengefunden; das glückliche Schaffen einer nationalen, das vergebliche Suchen einer politischen Einheit ist ihre Geschichte.

Bis zu der Zeit, wo jener Name Geltung gewann, wissen sie von ihrer Vorzeit nur Unsicheres, Sagenhaftes. Sie glauben Autochthonen in der gebirgsreichen, buchtenreichen Halbinsel zu sein, die sich vom Skardos und den Axiosquellen südwärts bis zum Tainaron erstreckt. Sie gedenken eines Königs Pelasgos, der in Argos geherrscht, dessen Reich auch Dodona und Thessalien, auch die Abhänge des Pindos, Paionien, alles Land „bis zum hellen Wasser des Strymon“ umfaßt habe; ganz Hellas, sagen sie, hat einst Pelasgia geheißen.

Die Stämme des Nordens blieben in ihren Bergen und Thälern, bei ihrem Bauern- und Hirtenleben, in alterthümlicher Frömmigkeit, die die Götter noch ohne besondere Namen nur „Mächte“ nannte, „weil sie Alles machen“, und die in dem Wechsel von Licht und Dunkel, von Leben und Tod, in den Vorgängen der Natur Zeugnisse und Beispiele von deren strengem Walten erkannte.

Andere Stämme führte die Noth daheim oder Wanderlust hinab an das nahe Meer und über das Meer, mit Krieg und Seeraub Gewinn zu suchen oder mit Wagniß und Gewalt sich eine neue Heimath zu gründen. Da war denn der persönlichen Kraft Alles anheim gegeben und die volle entschlossene Selbstständigkeit die Bedingung erfolgreichen Thuns und sichren Gewinnes; ihnen verwandelte sich das Bild der Gottheit, für sie waren und galten statt der stillen in der Natur lebenden und wirkenden Götter solche Mächte, wie sie nun ihr Leben bewegten und erfüllten, Mächte des energischen Wollens, des entschlossenen Handelns, der gewaltigen Hand. Wie äußerlich, so innerlich verwandelten sie sich; sie wurden Hellenen. Die einen begnügten sich von den Bergen in die Ebenen Thessaliens, Boiotiens, der Peloponnes hinabzusteigen und da zu bleiben; andere lockte das aigaiische Meer mit seinen schönen Inseln, die Küste in dessen Osten mit ihren weiten Fruchtebenen, hinter denen die Berge zum innern Hochland Kleinasiens aufsteigen; und die schwellende Bewegung machte immer neue Schaaren lose ihnen zu folgen.

Wenn daheim, wo „Könige", mit ihren „Hetairen", ihren Kriegsgesellen, in die nächstgelegenen Thäler oder Ebenen wandernd, die Alteingesessenen ausgetrieben oder unterthänig gemacht hatten, sich ein Herrenthum der Hetairen entwickelte, das bald genug auch das Königthum, mit dem sie begonnen, beseitigte oder bis auf den Namen beschränkte, um in strenger Geschlossenheit und Stätigkeit die Adelsherrschaft zu sichern, — so suchten und fanden die Ausgetriebenen und Hinausgezogenen, um sich in der Fremde und unter Fremden fester zu begründen und rühriger auszubreiten, bald um so freiere Formen und um so raschere, dreistere Spannung des Lebens; sie eilten der Heimath weit voraus an Reichthum, Lebenslust und heiterer Kunst.

Die Gesänge der Homeriden sind das Vermächtniß dieser bewegten Zeit, dieser Völkerwanderungen, mit denen die Hellenen in dem engen und doch so reichen Kreise der alten und neuen Heimath die Anfangsgründe ihres geschichtlichen Lebens lernten.

Dieß Meer mit seinen Inseln, seinen Küsten ringsum war nun ihre Welt; Gebirge umziehen sie von der Nähe des Hellesponts bis zum Isthmos, von da bis zum tainarischen Vorgebirg; selbst durch das Meer hin bezeichnen Kythera, Kreta, Rhodos die Umschließung, die auf der karischen Küste sich in mächtigeren Gebirgsformen erneut und in reichen Flußthälern,

Fruchtebenen und Berghängen zum Meere sich absenkend bis zum schneereichen Ida und dem Hellespont hinzieht.

Jahrhunderte hat sich das hellenische Leben in diesem geschlossenen Kreise bewegt, wundervoll namentlich bei denen, die sich in dem ionischen Namen geeint fühlten, erblühend. „Wer sie da sieht", sagt der „blinde Sänger von Chios" von der Festfeier der Jonier auf Delos, „die stattlichen Männer, die schöngegürteten Frauen, ihre eiligen Schiffe, ihre unendliche Habe, der möchte meinen, daß sie frei seien von Alter und Tod." In immer neuen Aussendungen von ihnen und bald auch von den andern Stämmen auf den Küsten und Inseln wie daheim erblühten neue Hellenenstädte an der Propontis, im Pontos bis zur Mündung des Tanais und am Fuß des Kaukasos; es entstand in Sicilien und Süditalien ein neues Hellas, Hellenen besiedelten die afrikanische Küste an der Syrte, an den Gestaden der Seealpen bis zu den Pyrenäen erwuchsen hellenische Pflanzstädte. So nach allen Seiten, so weit sie mit ihren geschwinden Schiffen gelangen konnten, griffen diese Hellenen hinaus, als gehöre ihnen die Welt, überall in kleinen Gemeinwesen geschlossen, geschickt, mit den Umwohnern, von welcher Sprache und Art sie sein mochten, fertig zu werden und sich, was sie da nach ihrem Sinn fanden, anzueignen und anzuähneln, in bunter Verschiedenartigkeit der Dialecte, Culte, Betriebsamkeit je nach Ort und Art ihrer Stadt, in steter Rivalität der einen gegen die andern, der Ausgezogenen gegen ihre Mutterstädte, und doch, wenn sie zu den olympischen oder pythischen Festen von nah und fern zusammenströmten, Alle in denselben Wettkämpfen um den Preis ringend, an denselben Altären opfernd, an denselben Gesängen sich entzückend.

Gesängen, die ihnen in zahllosen Mythen und Sagen, in den Abentheuern und Wanderzügen und Kämpfen ihrer Väter das Bild ihrer selbst gaben, vor allen die schönsten und ihnen die liebsten die von den Zügen nach dem Osten; immer wieder richtet sich mit ihnen ihr Sinn morgenwärts. Aus dem Morgenlande entführt Zeus die sidonische Königstochter und nennt Europa nach ihrem Namen. Nach dem Morgenlande flüchtet

Io, den hellenischen Gott zu umarmen, den ihr in der Heimath Heras Eifersucht versagt. Auf dem Widder mit goldenem Vließ will Helle nach dem Osten flüchten, um dort Frieden zu finden; aber sie versinkt in das Meer, ehe sie das nahe jenseitige Ufer erreicht. Dann ziehen die Argonauten aus, das goldene Vließ aus dem Walde von Kolchis heimzuholen; das ist die erste große Heldenfahrt nach dem Morgenlande, aber mit den Helden zurück kommt Medeia, die Zauberin, die Haß und Blutschuld in die Königshäuser von Hellas bringt, bis sie, entehrt und verstoßen von dem Heros Athens, zurückflüchtet in die medische Heimath.

Dem Argonautenzuge folgt ein zweiter Heldenkampf, der heimathliche Krieg gegen Theben, das traurige Vorbild des Hasses und der Bruderkämpfe, die Hellas zerrütten sollten. In verhängnißvoller Verblendung hat Laios gegen das Orakel des Gottes einen Sohn gezeugt, hat Oidipus, über seine Aeltern und sein Vaterland in Zweifel, den Gott gefragt; er kehrt die Fremde suchend, zur Heimath zurück, erschlägt den Vater, zeugt mit der Mutter, herrscht in der Stadt, der besser das Räthsel der männermordenden Sphinx nie gelöst wäre. Als er endlich seiner Schuld inne wird, zerstört er das Licht seiner sehenden Augen, verflucht sich, sein Geschlecht, seine Stadt; und das Geschick eilt seinen Spruch zu erfüllen, bis der Bruder den Bruder erschlagen hat, bis die Epigonen den Tod ihrer Väter gerächt haben, bis ein Trümmerhaufe die Stätte drei- und vierfacher Blutschuld deckt.

So in Frevel und Blutschuld eilt die Zeit der Heroen ihrem Ende zu. Die Fürstensöhne, die um die schöne Helena geworben haben, sitzen daheim bei Weib und Kind, kämpfen nicht mehr gegen Riesen und Frevel. Da rufen die Herolde des Agamemnon zum Heereszuge gen Osten, nach dem Schwur, den einst die Freier gethan; denn der troische Königssohn, den Menelaos gastlich in seinen Palast aufgenommen, hat ihm seine Gemahlin, die vielumworbene, entführt. Von Aulis ziehn die Fürsten Griechenlands gen Asien, mit den Fürsten ihre Hetairen und ihre Völker. Jahre lang kämpfen und dulden sie, der herrliche Achill sieht seinen Patroklos fallen und rastet nicht, bis er Hektor, der ihn getödtet, erschlagen und um die Mauern Trojas geschleift hat; dann trifft ihn selbst der Pfeil des Paris, und nun, wie der Gott es verkündet, ist der Fall Trojas nahe. In furchtbarem Untergang büßt die Stadt den Frevel des Gastrechtschänders. Die Ausgezogenen haben erreicht, was sie gewollt; aber die Heimath ist für sie verloren: die einen sterben in den Fluthen des empörten Meeres, andere werden in die Länder ferner Barbaren verschlagen, andere erliegen der blutigen Tücke, die am heimathlichen Heerde ihrer harrt. Die Zeit der Heroen ist zu Ende und es beginnt die Alltagswelt, „wie nun die Menschen sind".

So die Sagen, die Mahnungen und Ahnungen aus alten Zeiten. Und als die Gesänge der Homeriden vor anderen neuen Sangesweisen verstummten, begannen sie sich zu erfüllen.

Nie bisher hatten die Hellenen mit mächtigen Feinden sich zu messen gehabt. Jede Stadt an ihrem Theil hatte der Gefahr, die ihr etwa kam, sich zu erwehren oder ihr geschickt auszuweichen vermocht. Sie waren wohl nach Sprache und Sitte, zu Gottesfeier und Festspielen wie Ein Volk, aber politisch zahllose Städte und Staaten neben einander, ungeeint; nur daß das dorische Herrenthum in Sparta, wie es die alten Bewohner des Eurotasthales sich unterworfen, so auch die nächstgelegenen Gränzlandschaften von Argos, von Arkadien erobert, die Dorer Messeniens zu Heloten gemacht, endlich die meisten Städte in der Peloponnes zu einer Bundesgenossenschaft geeinigt hatte, in der jede Stadt ein Herrenthum dem der Spartanerstadt analog bewahrte oder erneute. Die Peloponnes beherrschend, der schon beginnenden Bewegung der unterthänigen unteren Massen feind, mit dem Ruhm, vieler Orten die Tyrannis, die da und dort aus jener beginnenden Bewegung erwachsen war, gebrochen zu haben, galt Sparta für die Hüterin ächt hellenischer Art und für die leitende Macht in der hellenischen Welt.

Um diese Zeit begann den weit und weiter hinaus schwellenden Kreisen der Griechenwelt eine Gegenströmung bedenklicher

Art. Die Karthager gingen an die Syrte vor, die Kyrenaiker zu hemmen; sie besetzten Sardinien, sie vereinten sich mit den Etruskern, die Phokaier aus Korsika zu verdrängen. Die Städte Joniens, ungeeint, fast jede durch inneren Hader geschwächt, vermochten sich nicht mehr des lydischen Königs zu erwehren; einzeln schlossen sie mit ihm Verträge, zahlten ihm für die halbe Freiheit, die er ihnen ließ, Tribut. Schon erhob sich im fernen Osten Kyros mit seinem Perservolk, brachte das Königthum Mediens an sich, begründete die Macht der „Meder und Perser"; ihre Heere siegten am Halys, drangen nach Sardes vor, brachen das Lyderreich. Umsonst wandten sich die Hellenenstädte Asiens Hülfe bittend an Sparta; sie versuchten Widerstand gegen die Perser, eine nach der andern wurden sie unterworfen; auch die nächstgelegenen Inseln ergaben sich. Sie alle mußten Tribut zahlen, Heeresfolge leisten; in den meisten erhob sich unter dem Zuthun des Großkönigs eine neue Art der Tyrannis, die der Fremdherrschaft; in anderen erneuten die Vornehmen unter persischem Schutz ihre Gewalt über den Demos; sie wetteiferten in Dienstbeflissenheit; 600 hellenische Schiffe folgten dem Großkönige zum Zuge gegen die Skythen, mit dem auch die Nordseite der Propontis und die Küsten bis zum Strymon persisch wurden.

Wie tief waren diese einst stolzen und glücklichen Jonierstädte gebeugt. Nicht lange ertrugen sie es; sie empörten sich, nur von Eretria und Athen mit Schiffen unterstützt, die bald heimkehrten. Der Zug der Jonier nach Sardes mislang; zu Land und See rückte die Reichsmacht Persiens heran; es folgte die Niederlage in der Bucht von Milet, die Zerstörung dieser Stadt, die furchtbarste Züchtigung der Empörer, die völlige Verknechtung.

Das schönste Drittel des Griechenthums war zerbrochen, durch Deportation, durch endloses Flüchten entvölkert. Die phoinikischen Flotten des Großkönigs beherrschten das aigaiische Meer. Schon begannen die Karthager von der Westspitze Siciliens, die sie behauptet hatten, vorzudringen; die Hellenen Italiens ließen es geschehen, mit eigenem Hader vollauf beschäftigt; es war der Kampf zwischen Sybaris und Kroton entbrannt, der mit dem Untergang von Sybaris endete, während die Etrusker nach Süden vordringend schon auch Campanien erobert hatten; die Kraft des italischen Griechenthums begann zu erlahmen.

Man sah in der hellenischen Welt wohl, wo der Fehler lag. In der Zeit des Kampfes gegen den Lyderkönig hatte Thales gemahnt, alle Städte Joniens zu Einem Staat zu einigen, in der Art, daß jede Stadt fortan nur eine Gemeinde in diesem Staat sein sollte. Und als die persische Eroberung begann, empfahl Bias von Priene allen Joniern, gemeinsam auszuwandern und im fernen Westen sich ansiedelnd auszuführen, was Thales gerathen hatte.

Aber die ganze bisherige Entwickelung der hellenischen Welt, ihre eigenste Stärke und Blüthe war bedingt gewesen durch die völlig freie Bewegung und Beweglichkeit, nach allen Seiten hin sich auszudehnen, immer neue Sprossen zu treiben, durch diesen unendlich lebensvollen Particularismus der kleinen und kleinsten Gemeinwesen, der eben so spröde und selbstgefällig wie immer nur auf das Nächste und Eigenste gewandt, sich nun als die größte Gefahr, als das rechte „panhellenische Unheil“ erwies.

Nicht auf den Wegen Spartas lag es, die rettende Macht Griechenlands zu werden. Und zu wie wirksamen Gestaltungen sich aus der beginnenden freieren Bewegung des Demos die Tyrannis da und dort erhoben hatte, auf Gewalt gegen den Herrenstand und Gunst der Massen gegründet war sie immer wieder zusammengesunken.

Nur an einer Stelle, in Athen, folgte ihrem Sturz statt der Wiederkehr des Herrenthums, wie sie Sparta erwartet und betrieben hatte, eine kühne, freiheitliche Reform, eine Verfassung „mit gleichem Recht für Alle“, mit nur communaler Selbstständigkeit der Ortsgemeinden innerhalb des attischen Staates, damit eine innere Kraftentwickelung, die kaum begonnen, dem vereinten Angriff der Herrenstaaten rings umher, den Sparta leitete, die Stirn zu bieten vermochte. Selbst den Tyrannen war nun Sparta bereit nach Athen zurückzuführen; da die andern Peloponnesier es versagten, setzten wenigstens die Aigineten, die in Athen einen Rivalen zur See fürchteten, den Kampf fort. Ihrer stärkeren Flotte sich zu erwehren mußte Athen die den Joniern zu Hülfe gesandten Schiffe heimrufen; und um dieser Hülfe willen hatte es, als Milet gefallen war, die Rache des Großkönigs zu erwarten.

Schon zog dessen Landheer und Flotte vom Hellespont her die Küste entlang, die Griechenstädte dort, die Thraker des Binnenlandes, den makedonischen König unterwerfend. Die Edlen Thessaliens suchten die persische Freundschaft, die herrschenden Dynastenfamilien in Boiotien, voll Erbitterung gegen Athen, nicht minder. Des Königs Herolde durchzogen die Inseln und Städte, Erde und Wasser zu fordern; die nach Athen gesandten wurden vom Felsen gestürzt. Daß Sparta desgleichen that, gab beiden, die so eben noch wider einander gestanden, einen gemeinsamen Feind. Aber als die Perser nach Euboia kamen, Eretria zerstörten, auf der attischen Küste bei Marathon landeten, zögerte Sparta dem Hülferuf Athens zu folgen. Von allen Hellenen nur die Plataier fochten an der Seite der Athener; der Tag von Marathon rettete Athen und Hellas.

Es war nur eine erste Abwehr. Athen mußte auf neue, schwerere Gefahr gefaßt sein. Ihr zu begegnen wies Themistokles die Wege, an Kühnheit der Gedanken und Thatkraft sie auszuführen der größte Staatsmann, den Athen gehabt hat.

Vor Allem, nicht zum zweiten Male durften die Barbaren von der See her Attika plötzlich überfallen können; auch für Sparta und die Peloponnesier hing Wohl und Wehe daran, der feindlichen Uebermacht die näheren Wege zur See zu verlegen. Die Seestaaten von Hellas, Aigina, Korinth, Athen besaßen nicht so viel Kriegsschiffe, wie die asiatischen Hellenen allein zur Perserflotte stellten. Nach Themistokles Antrag — das Silber der laurischen Bergwerke bot die Mittel dazu — wurde die Flotte Athens verdreifacht, im Peiraieus ein fester Kriegshafen geschaffen, bald die langen Mauern gebaut, die Stadt und den Hafen zusammenzuschließen. Daß für die Flotte die Masse ärmerer Bürger, die nicht zum Hoplitendienst pflichtigen, als

Ruderer mit zu der Pflicht und Ehre des Dienstes herangezogen wurden, steigerte den demokratischen Zug in der Verfassung und gab demselben zugleich die Disciplin des strengeren Dienstes auf der Flotte.

Ein Zweites ergab sich mit dem Heranziehen der ungeheuren Heeresmacht des Großkönigs. Daß zugleich die Karthager in Sicilien losbrachen, mußte die Griechenwelt erkennen lassen, in welchem Umfange sie bedroht sei. Aber aller Orten war in ihr Hader und Haß und Nachbarfehde, die Zersplitterung und Zerrüttung des eigensinnigsten Kleinlebens. Nur daß die Tyrannen von Syrakus und Akragas sich verbündeten und die ganze Streitkraft des hellenischen Siciliens vereinigten, gab dort Hoffnung dem punischen Angriff zu widerstehen. Wie gleiche Einigung in Hellas schaffen? Auf Themistokles Rath unterordnete sich Athen der Hegemonie Spartas; Sparta und Athen luden alle hellenischen Städte zu einem Waffenbunde ein, dessen Bundesrath in Korinth tagen sollte. Solcher Bund hätte nur die Hinzugetretenen binden können; es galt den kühnsten Schritt zu thun, aus der nationalen Gemeinschaft, die bisher nur in der Sprache, dem Göttercult, dem geistigen Leben bestanden hatte, ein politisches Princip zu machen, so eine Eidgenossenschaft aller Hellenen wenigstens für den Kampf gegen die Barbaren zu schaffen. Das Synedrion in Korinth verfuhr und verfügte in diesem Sinn; es beschloß, daß alle Fehde zwischen griechischen Städten ruhen solle, bis die Barbaren besiegt seien; es erklärte für Hochverrath, den Persern mit Wort oder That Dienste zu leisten; und welche Stadt sich den Persern ergebe, ohne bezwungen zu sein, sollte dem delphischen Gott geweiht und gezehntet werden, wenn der Sieg errungen.

Der Tag von Salamis rettete Hellas, der Sieg an der Himera Sicilien. Aber dem hellenischen Bunde waren daheim nur die meisten Städte der Peloponnes, von denen in Mittel- und Nordgriechenland außer Athen nur Thespiai und Plataiai beigetreten. Mit den Schlachten bei Plataiai und Mykale wurde das Land bis über den Olymp hinaus, wurden die Inseln und die ionische Küste, in den nächsten Jahren auch der

Hellespont und Byzanz befreit. In derselben Zeit schlug der Tyrann von Syrakus mit den Kymaiern vereint die Etrusker in der Bucht von Neapel; die Tarentiner, die von den Japygern eine schwere Niederlage erlitten hatten, in neuen Kämpfen siegreich, wurden Herren des adriatischen Meeres.

Aber weder die italischen und sicilischen Hellenen schlossen sich dem Bunde an, der auf dem Isthmos gegründet war, noch erzwang dieser selbst, unter der schlaffen und mistrauischen Hegemonie Spartas, in Boiotien, im Spercheioslande, in Thessalien den Beitritt. Den Athenern, die bei Salamis mehr Schiffe, als die übrigen zusammen, gestellt, die die Befreiung der Inseln und Joniens von Sparta ertrotzt hatten, boten die Befreiten die Hegemonie der gemeinsamen Seemacht an, und Sparta ließ geschehen, was es nicht hindern konnte: es entstand ein Bund im Bunde.

Schon war Themistokles, in dem die Spartaner ihren gefährlichsten Feind sahen, seinen Gegnern in Athen erlegen, derjenigen Parthei, die in dem Bunde mit Sparta zugleich einen Halt gegen die schwellende demokratische Bewegung daheim sah und erhalten wollte. Vielleicht hätte er dem Seebunde, den Athen schloß, eine andere, festere Gestalt gegeben; die Staatsmänner, die ihn ordneten, begnügten sich mit loseren Formen, mit dem gleichen Recht der Staaten, die er umschloß, mit der Schonung ihres Particularismus. Nur zu bald zeigten sich die Schäden der so geformten Union; die Nothwendigkeit, zur Bundespflicht zu zwingen, Versäumniß, Widersetzlichkeit, Abfall zu strafen, ließ die nur führende Stadt zur herrschenden und herrischen, die freien Bundesstaaten zu Unterthanen werden, die selbst der Jurisdiction des attischen Demos unterworfen waren.

Herrin des Seebundes zum Schutz des Meeres und zum Kampf gegen die Barbaren, hatte Athen die Inseln des aigaiischen Meeres, die hellenischen Städte auf dessen Nordseite bis Byzanz, die Küste Asiens vom Eingang in den Pontos bis Phaselis am pamphylischen Meer inne, eine Macht, unter deren belebenden Impulsen der hellenische Handel und Wohlstand, nun weithin geschützt, sich von Neuem erhob, Athen selbst zugleich in allen Richtungen des geistigen Lebens kühn und schöpferisch voranschreitend der Mittelpunkt einer im vollsten Sinn panhellenischen Bildung wurde.

Mochte Sparta noch den Namen der Hegemonie haben, es sah seine Bedeutung tief und tiefer sinken; es begann unter der Hand die Misstimmung bei den Bündnern Athens zu nähren, während schon Argos, Megara, die Achaier, selbst Mantineia, sich mit Athen verbanden. Daß dann die helotisch verknechteten Messenier sich empörten, daß die Spartaner, außer Stande sie zu bewältigen, die Bundeshülfe Athens forderten, daß sie die ihnen gewährte, ehe der Kampf beendet war, Tücke und Verrath fürchtend, heimsandten, führte zu der verhängnißvollen Entscheidung. Das attische Volk wandte sich von denen ab, die den Hülfszug gerathen, gab, ihren Einfluß für immer zu beseitigen, den demokratischen Institutionen des Staates eine durchgreifende Steigerung, kündigte den hellenischen Bund und damit die spartanische Hegemonie auf, beschloß zu allen hellenischen Städten, die nicht schon im Seebund waren, zu senden, sie zum Abschluß einer neuen und allgemeinen Einigung aufzufordern.

Der Bruch war unheilbar. Es begann ein Kampf heftigster Art, nicht bloß in den hellenischen Landen: Aegypten war unter einem Nachkommen der alten Pharaonen von dem Großkönige abgefallen, rief die Hülfe Athens an; ein selbstständiges Aegypten hätte dauernd die Flanke der persischen Macht bedroht; die syrischen Küsten, Kypros, Kilikien hätten sich in gleicher Weise losgerissen; Athen sandte eine stattliche Flotte nach dem Nil.

Das kühnste Wagniß attischer Politik mislang. Aegypten erlag den Persern; nach schweren Verlusten dort, nach blutigen, nicht immer siegreichen Kämpfen an den heimischen Gränzen schloß Athen, um die Scharte gegen die Barbaren auszuwetzen, mit den Spartanern Frieden, opfernd, was es ihrem Bunde auf dem Festlande entzogen hatte.

Daß Athen inne hielt, versöhnte Sparta so wenig wie die Herrenstaaten und den Particularismus. Daß Athen um so fester die Zügel seiner Bundesherrschaft anzog, steigerte die Erbitterung der Beherrschten, die schon an den Spartanern, an dem Perserkönig sichern Rückhalt zu finden hoffen durften. Daß Perikles trotzdem und trotz der bereiten Macht und dem gefüllten Schatz Athens nur mit der Ueberlegenheit weiser Mäßigung und des streng innegehaltenen Vertragsrechtes den Frieden und mit ihm die attische Seeherrschaft, diese durchaus nur in dem Umfange, den sie einmal hatte, zu erhalten gedachte, ließ Athen nach Außen hin die Initiative verlieren und im Innern die Opposition derer erstarken, die nur in weiterer Steigerung der Demokratie, in ihrer völligen Durchführung auch bei den Bündnern, in Ausdehnung der Herrschaft über die pontischen, die sicilisch-italischen Griechenstädte die Möglichkeit sahen, der dreifachen Gefahr, welche die attische Macht bedrohte, zu begegnen: der Rivalität Spartas und der Herrenstaaten, dem lauernden Haß der Perser, dem Abfall der Bündner.

Das sind die Elemente des furchtbaren Krieges, der die hellenische Welt dreißig Jahre lang durchtoben und bis in die Fundamente zerrütten, in dem die in Athen und unter dem Schutz Athens gereifte Fülle von Wohlstand, Bildung und edler Kunst, die damit sich verbreitende Fassung des ethischen Wesens sich tief und tiefer zersetzen sollte.

Es gab in diesem Kriege einen Moment — Alkibiades und die sicilische Expedition bezeichnen ihn —, wo der Sieg der attischen Macht, die Erweiterung derselben auch über die westlichen Meere gewiß schien; die Karthager waren in höchster Sorge, „daß die Attiker gegen ihre Stadt heranziehn würden". Aber der geniale Leichtsinn dessen, der auf seinem Goldschilde den blitzschleudernden Eros führte, gab der Intrigue seiner oligarchischen und demokratischen Gegner daheim die Gelegenheit, ihn, der allein das begonnene Unternehmen hätte hinausführen können, zu stürzen. Er ging zu den Spartanern, er wies ihnen die Wege, wie Athen zu bewältigen sei, er gewann ihnen die Satrapen Kleinasiens und das Gold des Großkönigs, freilich gegen die ausdrückliche Anerkennung Spartas, daß dem Großkönige wieder gehören solle, was ihm ehedem gehört habe.

In ungeheuren Wechseln raste der Krieg weiter; mit persischem Gold bezahlt, erschien auch die Flotte Siciliens, sich mit der Spartas, Korinths, der abgefallenen Bündner Athens zu vereinigen. Unvergleichlich, wie das attische Volk da gekämpft, mit immer neuer Spannkraft sein zusammenbrechendes Staatswesen zu retten versucht, wie es bis auf den letzten Mann und einen letzten goldenen Kranz im Schatz den Kampf fortgesetzt hat. Nach dem letzten Siege, den es errang, dem bei den Arginusen, ist Athen den Partheien im Innern, dem Verrath seiner Feldherren, dem Hunger erlegen; der Spartaner Lysandros brach die langen Mauern, übergab Athen der Herrschaft der Dreißig.

Nicht bloß die Macht Athens war zertrümmert. In diesem langen und furchtbaren Kriege hatte sich das Wesen des attischen Demos verwandelt; von den einst glücklichen Elementen seiner Mischung waren die stätigen dahin, und mit der Entfesselung aller demokratischen Leidenschaft die zersetzende Aufklärung übermächtig geworden, die ihm die Oligarchen erzogen hatte, welche nun in jener Verfassung der Dreißig unumschränkt das erschöpfte Volk zu knechten unternahmen. In ihr die letzten und entarteten Reste der alten großen Familien, die der Krieg gelichtet hatte; noch gründlicher war in dem alten hoplitischen Bauernstande aufgeräumt, den die feindlichen Einlagerungen auf dem attischen Gebiet erst Jahr für Jahr, dann für Jahrelang in die Stadt getrieben hatten, wo er, ohne seine Arbeit, verarmend, mit in den Strudel des städtischen Lebens gezogen, Pöbel wurde. Wenn dann nach Jahr und Tag die Landflüchtigen ihre Rückkehr erzwangen, die Dreißig von dannen jagten, die Demokratie herstellten, — es war nur der Name Athens, der Name der solonischen Verfassung, der hergestellt wurde; Alles war verarmt, armselig, ohne Kraft und Schwung; und daß man mit doppelt eifersüchtiger Fürsorge die Machtbefugnisse der Aemter minderte, dem Einfluß hervorragender Persönlichkeiten möglichst vorbeugte, neue Formen fand, die irgend mögliche Beschränkung der demokratischen Freiheit unmöglich zu machen, fixirte diese bedenklichste Form des Staatswesens in der bedenklichsten Phase ihrer Schwankungen, in der der Entnüchterung nach dem Rausch.

Mit dem Ruf der Befreiung hatte Sparta dreißig Jahre vorher allen Haß, alle Furcht und Misgunst gegen Athen, allen Particularismus um sich vereint. Nun hatte es den vollsten Sieg; Sparta war das Entzücken des nun überall wiederkehrenden Herrenthums und Lysandros ihr Held, ja ihr Gott; ihm wurden Altäre errichtet und Festdienste gestiftet. Das alte Recht Spartas auf die Hegemonie schien nun endlich das Griechenthum zu vereinigen.

Aber es war nicht mehr die alte Spartanerstadt; daß die Bürger ohne Eigenthum, in strenger Ordnung und Unterordnung, ganz Soldat seien, waren die ersten Forderungen der vielbewunderten lykurgischen Verfassung gewesen; jetzt mit dem Siege schwand der Nimbus, in dem man Sparta zu sehn sich gewöhnt hatte; jetzt zeigte sich, wie Habgier, Genußgier, jede Art von Entartung, wie Geistesarmuth neben Herrschsucht, Brutalität neben Heimtücke und Heuchelei da heimisch sei; stätig sank die Zahl der Spartiaten, in dem nächstfolgenden Zeitalter gab es deren nur noch tausend statt der neun- oder zehntausend in den Zeiten der Perserkriege. Die daheim zu starrem Gehorsam und äußerer Zucht Gewöhnten herrschten nun als Harmosten um so willkührlicher und gewaltsamer in den Städten von Hellas, überall bemüht, die gleiche oligarchische Ordnung durchzuführen, zu der sich in Sparta selbst die alte vielbewunderte Aristokratie verwandelt hatte; überall deren Einführung, Austreibung der besiegten Parthei, Confiscation ihrer Güter; die hellenische Welt von der fluctuirenden Masse politischer Flüchtlinge und ihren Entwürfen und Versuchen gewaltsamer Heimkehr in stetem Gähren und Brodeln.

Freilich Sparta schickte sofort ein Heer nach Asien, aber für den Empörer Kyros, gegen den Großkönig, seinen Bruder, ein Söldnerheer. Und als Kyros in der Nähe von Babylon gefallen, die 10,000 in der Schlacht unbesiegt, unbesiegt auch auf der weiten, kampfreichen Irrfahrt durch die fremde Welt wieder bis ans Meer gelangt und heimgekehrt waren, als des Großkönigs Satrapen die hellenischen Städte Asiens wieder in Besitz nahmen, deren Tribute forderten, da ließ Sparta den jungen König Agesilaos nach Asien ziehn, der, als sei es ein Nationalkrieg der Hellenen und er ein zweiter Agamemnon, mit einem feierlichen Opfer in Aulis begann, nur daß die boiotische Behörde das Opfer störte und die Opfernden aus dem Heiligthum trieb; weder Theben, noch Korinth, noch Athen, noch die andern Bündner leisteten die geforderte Bundeshülfe, und die erste That des Agesilaos in Asien war, daß er mit dem Satrapen Waffenstillstand schloß.

Schon war in den hellenischen Landen die Erbitterung gegen Sparta ärger als sie je gegen Athen gewesen war. Die Thebaner hatten die Flüchtlinge Athens unterstützt, ihre Vaterstadt zu befreien; die Korinther hatten dulden müssen, daß in ihrer Tochterstadt Syrakus, die in schwersten Partheikämpfen krankte, und der zur Ruhe zu helfen sie einen ihrer besten Bürger gesandt hatten, die Parthei, welche die Spartaner unterstützten, mit dem Morde des korinthischen Mittelsmannes die Tyrannis des Dionysios gründete; empörender als Alles war, wie die Spartaner, Elis zum Gehorsam zu zwingen, das Land des Gottesfriedens mit Krieg überzogen, verheerten und in seine Gaue auflösten.

Wenn man in der Hofburg zu Susa, eingedenk jenes Griechenzuges fast bis Babylon, mit Sorge dem Anmarsch des Agesilaos entgegengesehen, wenn man die noch schwerere Gefahr einer neuen Empörung Aegyptens, mit der sofort Sparta in Verbindung trat, erkennen mochte, so bot ein attischer Flüchtling, Konon, einer der zehn Strategen der Arginusen, den Plan zur sichersten Abwehr. Der Satrap Pharnabazos erhielt das nöthige Geld, die bedeutenderen Staaten in Hellas zum offenen Kampf gegen Sparta zu treiben, zugleich eine Flotte zu schaffen, die unter Konons Führung die Seemacht Spartas vom Meere jagen sollte. Wieder mit dem Ruf der Befreiung, als Bund der Hellenen erhoben sich Korinth, Theben, Athen, Argos gegen Sparta; ihrem ersten Siege folgte die schleunige Heimkehr des Agesilaos, mit dem Kampf bei Koroneia erzwang er sich den Rückweg durch Boiotien. Aber schon hatte Konon die Spartaner besiegt, die Hälfte ihrer Schiffe vernichtet. Dann segelte

Pharnabazos mit der Flotte nach Griechenland hinüber, überall verkündend, daß er nicht die Knechtschaft, sondern Freiheit und Unabhängigkeit bringe, landete selbst auf Kythera, hart an der Küste Lakoniens, erschien dann auf dem Isthmos in dem Bundesrath der Hellenen, zur eifrigen Fortsetzung des Kampfes mahnend, überließ, um selbst heimzukehren, dem Konon die Hälfte der Flotte, der nun nach Athen eilte, für persisches Geld die langen Mauern herstellen, wieder eine attische Flotte gründen, ein Heer Söldner werben ließ; die leichte Waffe der Peltasten, die Iphikrates erfand und ausbildete, überholte die taktische Kunst Spartas.

Es wurde für Sparta hohe Zeit Wandel zu schaffen. Das Mittel lag nahe zur Hand; wenn das persische Gold versiegte, hatte die Begeisterung und die Macht der Feinde Spartas ein Ende. Antalkidas, der nach Susa gesandt wurde, trug es über Konon davon; der Großkönig sandte den „Befehl“ an die Hellenen: „er halte für gerecht, daß die Städte Asiens ihm gehörten und von den Inseln Kypros und Klazomenai, den Athenern aber Lemnos, Imbros und Skyros, daß alle anderen hellenischen Städte groß und klein autonom seien; die, welche diesen Frieden nicht annähmen, werde er mit denen, die ihn wollten, zu Lande und zu Wasser mit Schiffen und Geld bekämpfen“. Mit einer mächtigen Flotte, zu der theils die griechischen Satrapien Kleinasiens, theils der Tyrann von Syrakus die Schiffe stellte, fuhr Antalkidas durch die Kykladen heim; die Schiffe der Gegner zogen sich eiligst zurück.

Dieser Friede war die Rettung Persiens; mit dem zugesprochenen Besitz von Kypros — es kostete noch Jahre die Insel zu bewältigen — konnte der Großkönig auch Aegypten niederzuwerfen hoffen; mit der Zuwendung der drei Inseln war Athen befriedigt, mit der verkündeten Autonomie in Hellas bis in die kleinsten Gebiete der Hader getragen, jedes Bündniß, jede landschaftliche Zusammenschließung, jede neue Machtbildung im panhellenischen Sinn unmöglich gemacht, und Sparta der Hüter und Büttel dieser persischen Politik über Griechenland.

Sparta war thätig genug, mit der Auflösung der landschaftlichen und Ortsverbände nach dem Princip der Autonomie das von Lysandros begonnene System der Oligarchisirung, das der korinthische Krieg unterbrochen hatte, zu vollenden. Daß Olynth die Städte auf der Chalkidike zu einem Bunde vereinigte, auch nicht wollende mit Drohung zum Beitritt zwang, daß so bedrohte in Sparta um Hülfe baten, gab Anlaß zu einem Heereszuge dorthin, dem sich nach langem Widerstand die Stadt beugen, ihren Bund auflösen mußte. Auf dem Hinzuge hatten die Spartaner Theben überfallen, die Oligarchie eingesetzt, Alles, was nicht gut spartanisch war, ausgetrieben, in die Kadmeia eine Besatzung gelegt. Es war die Mittagshöhe der spartanischen Macht, auch darin die Höhe, daß nach der rechten Natur eines Machtsystems jede Regung, die sich gegen ihren Druck erhob, nur neuen Anlaß gab sie zu steigern und der gesteigerte Druck zu neuem Widerstand trieb, der die gesteigerte Gewalt ihn niederzuwerfen rechtfertigte.

Nur daß eine kleine Lücke in diesem Calcul war. Wohl hatte Lysandros die Macht Athens gebrochen, aber nicht die Bildung, die in Athen erblüht, nicht den demokratischen Zug der Zeit, der mit ihr erwachsen war. Je gewaltsamer das Herrenthum Spartas wurde, desto mehr wandten sich die Oppositionen derselben Demokratie zu, die die stärkste Waffe Athens gegen Sparta gewesen war. Und die befohlene Autonomie wirkte in eben dieser Richtung; überall lösten sich die alten Bande, die sonst einer größeren Stadt die kleineren Orte um sie her pflichtig gehalten hatten; bis in die letzten Winkel und Thäler drang die zersetzende Autonomie und die trotzige Anmaßung der Freiheit; die hellenische Welt zerbröckelte sich immer weiter, in immer kleinere Atome und entwickelte in der immer steigenden Gährung dieses entfesselten und höchst erregten Kleinlebens eine Fülle von Kräften und Formen, von Reibungen und explosiven Elementen, welche die doch nur mechanische und äußerliche Gewalt Spartas bald nicht mehr zu beherrschen vermögen sollte.

Dazu ein Anderes. So lange in dem attischen Seebunde das aigaiische Meer die Mitte der hellenischen Welt gewesen war, so lange die hellenischen Städte, die es umsäumten, die immer bereite Macht des Bundes hinter sich fühlten, hatten die Barbaren wie im Osten so im Norden sich möglichst fern gehalten; wenn damals die thrakischen Stämme am Hebros vorzudringen wagten, so hatte ihnen Athen mit der Anlage von Amphipolis am Strymon — 10,000 Ansiedler wurden dorthin gesandt — den Weg nach den hellenischen Städten der Küste verlegt; das Erscheinen einer attischen Flotte im Pontos hatte genügt auch dort die Seewege und die Küsten zu sichern; in den Tagen der attischen Macht erstarkte die Hellenisirung der Insel Kypros, selbst in Aegypten hatte eine hellenische Flotte gegen die Perser gekämpft, selbst Karthago die Seemacht Athens gefürchtet.

Mit dem Frieden des Antalkidas waren nicht bloß die Städte der asiatischen Küste Preis gegeben; das Meer der Mitte war verloren, die Inseln desselben, obschon dem Namen nach autonom, die Buchten und Küsten von Hellas selbst lagen wie entblößt da. Und zugleich begannen die Völker im Norden rege zu werden; die Küstenstädte von Byzanz bis zum Strymon, nur von ihren Mauern und ihren Söldnern geschützt, hätten dem Andringen der thrakischen Völker nicht lange zu widerstehen vermocht; die noch lose geeinten makedonischen Landschaften, deren Hader wie erst die Athener, so nun Sparta und die Städte der Chalkidike nährten, waren selbst in steter Gefahr, von den Odrysen im Osten, den Triballern im Norden, den Illyriern im Westen überschwemmt zu werden; schon drängte hinter diesen die keltische Völkerwanderung zwischen der Adria und der Donau vorwärts. Die Triballer begannen ihre Raubzüge, die sie bald bis Abdera führen sollten; es brachen die Illyrier nach Epeiros ein, siegten in einer großen Schlacht, in der 15,000 Epeiroten erschlagen wurden, durchheerten das Land bis in die Gebirge, die es von Thessalien scheiden, wandten sich dann rückwärts, durch die offeneren Gebirgspässe nach Makedonien einzubrechen. Gegen solche Gefahren sich zu schützen, hatte Olynth die Städte der Chalkidike zu einem Bunde vereint; daß die Spartaner ihn zerstörten, machte den Norden der Griechenwelt wehrlos gegen die Barbaren.

In derselben Zeit war größere Gefahr über das westliche Griechenthum gekommen. Seit die Seemacht Athens gebrochen war, hatten die Karthager in Sicilien von Neuem vorzubringen begonnen, Himera im Norden, Selinus, Akragas, Gela, Kamarina bewältigt; Dionys von Syrakus ließ, um den Frieden zu gewinnen, diese Städte in dem Tribut der Punier. Es brachen die Kelten über die Alpen nach Italien ein, unterwarfen das etruskische Land am Po, überstiegen den Apennin, brannten Rom nieder; es brachen die Samniter gegen die Griechenstädte Campaniens vor, unterwarfen eine nach der andern, während Dionys die im brettischen Lande an sich riß; nur Tarent hielt sich aufrecht. Wenigstens die Tyrannis von Syrakus war rüstig und thätig; in immer wieder erneutem Kampf entriß Dionys den Karthagern die Küste der Insel bis Akragas, schlug die etruskischen Seeräuber und plünderte ihren Schatz in Agylla, gewann in großangelegten Colonisationen bis zur Pomündung hinauf und auf den Inseln der illyrischen Küste die Herrschaft in der Adria; — ein Fürst, der, mit geordnetem Regiment, fürsorgender Verwaltung, gleich energischer Willkühr gegen die wüste demokratische wie particularistische „Freiheit", mit seinem Heere von griechischen, keltischen, iberischen, sabellischen Söldnern und einer mächtigen Flotte, mit seiner verwegenen, treulosen, cynischen Politik gegen Freund und Feind der letzte Schutz und Halt, so schien es, für das Griechenthum im Westen war — ein principe in der Art, wie ihn der große Florentiner sich gewünscht hat, das Italien seiner Zeit zu retten, im Uebrigen auf der Höhe damaliger Bildung, wie er denn Philosophen, Künstler und Dichter an seinen Hof zog und selbst Tragödien dichtete. Die Tyrannis des Dionys und die nicht minder macchiavellistische Spartanermacht unter Agesilaos sind die Typen hellenischer Politik in diesen trüben Zeiten.

Es sollten noch trübere folgen. Aus der Bildung, deren Mittelpunkt Athen war, aus den Schulen der Rhetoren und Philosophen gingen politische Theorien hervor, die möglichst unbekümmert um die thatsächlichen Zustände und die gegebenen Bedingungen, die Formen und Functionen des idealen Staates entwickelten, des Staates vollendeter Freiheit und Tugend, der allein allem Schaden abhelfen könne und alles Heil bringen werde. Vorerst nur ein verwirrendes Element mehr in der wirren Gährung von Herrschaft und Knechtung, von Willkühr und Ohnmacht, von aller argen Sucht und Kunst des Reichwerdens und dem um so trotzigeren Neide der ärmeren Massen, zumal da, wo die Demokratie ihnen das gleiche Recht und dem mehreren Theil die Entscheidung gab. Wenn man verfolgt, wie die Schulen des Platon, des Isokrates u. s. w., wie die Philosophie, die Rhetorik, die Aufklärung in den freien Städten, an den Höfen der Dynasten und Tyrannen bis Sicilien, Kypros und dem pontischen Herakleia, selbst bis an die Satrapenhöfe sich verbreitete und Einfluß gewann, so sieht man wohl, wie sich über allen Particularismus und alle Localverfassung eine neue Art der Gemeinschaft, man möchte sagen der Souveränetät der Bildung erhob, von der das brutale Herrenthum Spartas am weitesten entfernt war.

Nicht von der Theorie ging der entscheidende Umschlag aus, aber dem gelungenen gab sie den Nimbus einer großen That, sie half seine Wirkungen steigern; mit der steigenden Fluth fahrend ging sie daran sich zu verwirklichen.

Drei Jahre lang ertrug Theben die spartanischen Harmosten, die spartanische Besatzung auf der Kadmeia, die freche Willkühr der unter ihrem Schutz herrschenden Oligarchie, immer neue Hinrichtungen und Austreibungen. Endlich wagten die Geflüchteten die Befreiung der Vaterstadt; unter Pelopidas Führung, im glücklich durchgeführten Verrath überfielen, ermordeten sie die Oligarchen, riefen das Volk auf mit ihnen die Demokratie zu vertheidigen und die alte Macht der Stadt über Boiotien herzustellen. Daß Epameinondas, der edle, philosophische, freisinnige, in dessen Geist das schöne Bild einer großen Zukunft lebte, hinzutrat, gab der Bewegung ihren idealen Schwung. Die Besatzung der Kadmeia wurde zum Abzug gezwungen, die Städte Boiotiens, deren Autonomie „des Großkönigs Frieden“ geboten hatte, wieder in den boiotischen Bund gezogen, Orchomenos,

Tanagra, Plataiai, Thespiai, die sich weigerten, mit gewaffneter Hand gezwungen, ihre Mauern gebrochen, ihr Gemeinwesen aufgelöst, die Bürger ausgetrieben.

Vergebens suchten die Spartaner zu hemmen. Daß eben jetzt Athen sich aufrichtete, mit raschem Entschluß daranging, eine neue Flotte, eine neue Symmachie, aber mit der Devise der Autonomie zu schaffen, zeigte den Spartanern die schwellende Gefahr. Schon griff Theben über die boiotischen Grenzen hinaus, versuchte die Phokier in den neuen Bund zu zwingen, verbündete sich mit Jason von Pherai, der die Macht über Thessalien den Dynasten zu entwinden verstanden hatte, die dauernde kriegerische Herrschaft an seine Hand zu ketten gedachte. Bei Naxos schlugen die attischen Strategen die Flotte Spartas, mit der Schlacht von Leuktra gewann Theben den Weg nach der Peloponnes, in der, wie die Furcht vor Sparta dahin war, ein neues lärmendes Leben begann; unter dem Schutz der siegreichen Waffen Thebens wurde überall das Joch der Oligarchie gebrochen, die zerstreuten Dorfschaften zu städtischen Gemeinwesen vereint, selbst die verknechteten Messenier befreit und ihr Staat hergestellt.

Jenen Sieg dankte Athen einer raschen und geschickten Finanzmaaßregel, die dann freilich eine Wirkung nach Innen hatte, welche von der Demokratie nicht viel mehr als die Form und den Schein übrig ließ. Die reicheren Bürger leisteten auf Grund einer neuen Schatzung die zum Bau einer Flotte und zur Werbung von Söldnern nöthigen Mittel, in Gruppen vertheilt, in denen je die Reichsten die Vorschüsse machten und die Leitung übernahmen. Der Demos ließ sich diese Plutokratie, die ihn nichts kostete, gefallen, um so mehr gefallen, da sie ihm mit jenem Siege von Naxos einen neuen Seebund schuf, welcher Macht, Geldzahlungen, Kleruchien in Aussicht stellte. Die Inseln und Küstenstädte traten demselben gern bei, da er Schutz versprach und ausdrücklichst die Autonomie, wie sie der Großkönig befohlen hatte, zur Grundlage nahm. So versuchte Athen zwischen dem sinkenden Sparta und dem emporsteigenden Theben balancirend ein Nachbild seiner einstigen Herrlichkeit zu schaffen, bald auch die Nichtwollenden zwingend; vor Allem Amphipolis galt es heranzuziehen, das ja Athen einst gegründet, mit dem es die thrakischen Küsten beherrscht hatte; auf alle Weise, mit Hülfe der Makedonen, der thrakischen Fürsten versuchte es zum Ziele zu gelangen. Von Olynth unterstützt, widerstand Amphipolis den wiederholten Angriffen Athens.

Schon trat eine vierte Macht in diesen Wettkampf um die hellenische Führung. Der mächtige Jason von Pherai, von den Thessalern nach der alten Art ihres Landes mit dem Amt des Tagos, der Feldhauptmannschaft betraut, der rastlos geworben und 'Schiffe gebaut, ein Kriegsheer geschaffen hatte, wie es Hellas noch nicht gesehen, — er ließ bekannt werden, daß seine Rüstung den Barbaren im Osten gelte, daß er über Meer gegen den Perserkönig zu ziehen gedenke; schon wie zur Weihung des beginnenden Werkes schickte er sich an, in feierlichem Pomp das pythische Fest in Delphoi zu begehen, da wurde er von Verschworenen ermordet, sieben Jünglingen, die dann die hellenische Welt als „Tyrannenmörder" feierte. Nach blutigem Familienhader kam dann der Rest seiner Macht in die Hand seines Eidams Alexandros von Pherai; ihn haben nach einem Jahrzehnt seine nächsten Verwandten umgebracht.

So wurde Theben des Rivalen in seinem Rücken frei und Sparta lag tief getroffen darnieder; der neuen Erhebung Athens den Vorrang abzulaufen, baute auch Theben sich eine Flotte, begann sich auf den Meeren fühlbar zu machen. Kaum befreit, meinte nun das vereinte Arkadien schon nicht mehr der Thebaner zu bedürfen, selbst die Herrschaft in der Peloponnes fordern zu können. Sie zogen den Argeiern zu Hülfe, deren Angriff auf Epidauros gegen Athen und Korinth zu decken, sie brachen in das Eurotasthal ein und rissen ein Stück Lakoniens an sich; dann kam den Spartanern Hülfe von dem Tyrannen Dionys, 2000 keltische Söldner, und die Arkader wurden zurückgeworfen; nur um so ungestümer wandten sie sich gegen ihre westlichen Nachbarn; sie warfen sich auf Olympia, die nächste Feier des Gottesfestes zu leiten, und in dem Heiligthum des Gottes wurde die Schlacht geliefert, in der sie die Eleier von dannen trieben, und die unermeßlichen Schätze des Tempels zerrannen unter ihren Händen.

So hier, so überall, jeder gegen jeden; es schien in dem Griechenthum nur noch Macht und Leidenschaft genug, zu lähmen, was noch mächtig war, und niederzubrechen, was emporzusteigen drohte. Von Dankbarkeit, Treue, großen Gedanken, von nationalen Aufgaben blieb wenig oder nichts in der hellenischen Politik, und das Söldnerthum und Flüchtlingswesen zerrüttete jede feste Ordnung und demoralisirte die Menschen.

Selbst Theben fühlte sich nicht stark genug, das, was es Neues geschaffen, aufrecht zu erhalten; es fürchtete, daß Sparta und Athen am Perserhofe die Gründung von Megalopolis und Messenien als Verletzung des Friedens, „den der Großkönig befohlen", denunciren und persisches Gold zum ferneren Kampf gewinnen könnten. Pelopidas ward mit einigen Männern aus der Peloponnes nach Susa gesandt, wo schon spartanische Gesandte waren, schleunigst auch attische erschienen. Vor dem Großkönige und seinem Hofe kramten nun diese hellenischen Männer den Schmutz ihrer Heimath aus; aber Pelopidas gewann den Vorsprung. Der Großkönig befahl, daß die Messenier autonom bleiben, die Athener ihre Schiffe auf das Land ziehen, Amphipolis autonom sein und unter dem Schutz des Großkönigs stehen solle; wer diesen Bestimmungen nicht Folge leiste, gegen den solle man zu Felde ziehn; welche Stadt nicht mitziehn wolle, gegen die solle man zuerst ausziehn.

Es war der Antalkidasfriede von thebanischer Seite. Und Theben lud nun die Staaten von Hellas zu sich, des Königs Befehl zu vernehmen. Die Spartaner wiesen ihn völlig ab, die Arkader protestirten gegen die Ladung nach Theben, die Korinther weigerten sich des Eides auf den Frieden des Großkönigs, und in Athen wurden die heimkehrenden Gesandten als Verräther hingerichtet.

Dann ward Pelopidas von jenem Alexandros von Pherai gefangen, ermordet. Epameinondas zog, die Ordnung in der Peloponnes herzustellen, über den Isthmos, er besiegte die Spartaner und die mit ihnen verbündeten Eleier, Mantineier, Achaier bei Mantineia; aber er selbst fand in der Schlacht den Tod. Und der Spartanerkönig, der alte Agesilaos, ließ sich von den Ephoren den Auftrag geben, nach Aegypten zu ziehn, warb Söldner für ägyptisches Geld und führte dem Könige Tachos, der schon 10,000 Hellenen in Sold hatte, deren noch 1000 zu, die versuchte Erneuerung des Pharaonenthums gegen den Großkönig zu vertheidigen.

Mit dem Tage von Mantineia endete die Macht Thebens, die, getragen und veredelt durch die Persönlichkeit einzelner Männer, nach deren Ende weder die befreiten oder neugegründeten Städte festzuhalten, noch die boiotischen Städte, die vernichtet, die benachbarten Phokier, Lokrer, Malier, Euboier, die mit Gewalt an Theben gekettet waren, zu versöhnen verstand. Nach dem kurzen Rausch der Hegemonie, zu Uebermuth und Insolenz verwöhnt, wurde das sinkende Theben nur um so unleidlicher.

Auch Athens zweiter Seebund gewann nicht hohen Flug. Durch Sorglosigkeit, Habgier, finassirende Staatsmänner verleitet, schon längst daran gewöhnt statt der eigenen Bürger Söldner ins Feld zu schicken, ließ es seine Strategen bei Freund und Feind Geld erpressen statt Krieg zu führen, attische Beamte und Besatzungen in die Bundesstädte legen, auch wohl Bündner — so die auf Samos — austreiben, an attische Kleruchen ihre Häuser und Aecker austheilen, so völlig das Recht und die Pflicht des geschlossenen Bundes misachtend, daß die mächtigeren die erste Gelegenheit zum Abfall wahrnahmen. Es gelang nicht mehr sie zu bezwingen: Athen verlor zum zweiten Male seine Seeherrschaft; aber es behielt noch Samos und einige andere Plätze; es hatte in seinen Werften über 350 Trieren, mehr als ein anderer hellenischer Staat.

Nicht minder im Sinken schien das westliche Griechenthum. Bis zu seinem Tode hatte Dionys von Syrakus seine Herrschaft straff und fest gehalten; unter seinem gleichnamigen Sohne unternahm die Philosophie, Dion, Kallippos, Platon selbst, an dem Hofe des Tyrannen ihre Ideale zu verwirklichen, bis der junge Herr der Dinge überdrüssig wurde und die andere Seite seiner verbildeten Geistesarmuth hervorzukehren begann. In den wüsten zehn Jahren seiner Herrschaft und dem nicht minder wüsten Jahrzehnt darnach verkam das Haus und zerbröckelte das Reich des kühnen Gründers.

— Wundervoll sind die Erzeugnisse des Griechenthums in Poesie und Kunst und allen Gebieten des intellectuellen Lebens auch noch in dieser Zeit; die Namen des Platon, des Aristoteles genügen zu bezeichnen, welche Schöpfungen dieses Zeitalter den früheren hinzugefügt hat.

Aber die öffentlichen und privaten Zustände der Griechenwelt waren schwer krank; sie waren hoffnungslos, wenn man fortfuhr sich im falschen Zirkel zu bewegen.

Nicht bloß daß die alten bindenden Formen des Glaubens und der Sitte, des Familienlebens, der staatlichen und gesellschaftlichen Ordnung gebrochen oder doch durch das Scheidewasser der Aufklärung zerfressen waren; nicht bloß daß mit dem um so hastigeren politischen Wechsel in den kleinen Gemeinwesen die Seßhaftigkeit zerstört, mit dem Anwachsen der flottirenden Masse politischer Flüchtlinge die Gefahr neuer, ärgerer Explosionen fort und fort gesteigert wurde, ein wüstes Söldnerthum, schon völlig auf das „Gewerbe" organisirt, sich über die Welt zerstreute, für oder gegen Freiheit, Tyrannei und Vaterland, für oder gegen die Perser, Karthager, Aegypter und wo sonst Sold zu verdienen war, zu kämpfen. Schlimmer war, daß dieß hochgebildete Griechenthum in immer neuen Anläufen, das Ideal des Staates zu verwirklichen, nur die Schäden mehrte, die es heilen wollte, daß es von falschen Prämissen aus nach nicht minder falschen Zielen rang, daß es, immer nur auf die Autonomie der kleinen und kleinsten Gemeinwesen, auf das unbedingte persönliche Freisein und Mitherrschen bedacht, keine Formen fand auch nur die Autonomie und Freiheit sicher zu stellen, geschweige denn die Fülle großer nationaler Güter, die es besaß, ja die schon ernstlich bedrohte Existenz der Nation selbst zu schützen.

Was Hellas brauchte, lag auf der Hand. „Unter den Staaten, die bisher die Hegemonie gehabt", sagt Aristoteles, „hat jeder es für sein Interesse gehalten, die der eigenen entsprechende

Verfassung, die einen die Demokratie, die andern die Oligarchie in den von ihnen abhängigen Städten durchzuführen, indem sie nicht auf deren Wohl, sondern auf den eigenen Vortheil Bedacht nahmen, so daß nie oder selten und nur bei wenigen das Staatswesen der rechten Mitte zu Stande kam; und in den Bevölkerungen ist es zur Gewohnheit geworden, nicht die Gleichheit zu wollen, sondern entweder zu herrschen oder beherrscht zu werden." Kurz und scharf bezeichnet der große Denker den fieberhaften und erschöpfenden Zustand, der daraus entsteht: Austreibungen, Gewaltsamkeiten, Rückkehr der Flüchtlinge, Gütertheilungen, Schuldaufhebungen, Freigebung der Sclaven zu Zwecken des Umsturzes; bald stürzt sich der Demos auf die Besitzenden, bald üben die Reichen oligarchische Gewalt an dem Demos; Gesetz und Verfassung schützt nirgend mehr die Minorität gegen die Majorität, ist in der Hand dieser nur noch eine Waffe gegen jene; die Rechtssicherheit ist dahin, der innere Friede in jedem Augenblick in Gefahr; jede demokratische Stadt ist ein Asyl für demokratische, jede oligarchische für oligarchische Flüchtlinge geworden, die kein Mittel verschmähen und versäumen, ihre Rückkehr und den Umsturz der Dinge dort herbeizuführen, um den Besiegten dasselbe anzuthun, was sie von ihnen haben leiden müssen. Zwischen den hellenischen Staaten, den kleinen und kleinsten, giebt es kein anderes öffentliches Recht als diesen Kriegszustand leidenschaftlichsten Partheihaders, und die kaum geschlossenen Föderationen zersprengt der nächste Partheiwechsel in den verbündeten Staaten.

Mit jedem Tage zeigte sich schärfer und mahnender, daß die Zeiten der autonomen Kleinstaaterei, der partiellen Bündnisse mit oder ohne Hegemonie vorüber, daß neue staatliche Formen nöthig seien, panhellenische, so gesteigerte, daß in ihnen die bisher vermengten Begriffe Stadt und Staat sich schieden, und die Stadt ihre communale Stellung innerhalb des Staates fand, wie in der attischen Demenverfassung vorgebildet, in dem älteren Seebund versucht, aber nur in der Macht der Bundesgewalt, nicht in dem gleichen communalen Recht der Bundesglieder durchgeführt war. Und nicht bloß das; in dem Griechenthum waren seitdem zu viele Kräfte, Ansprüche, Rivalitäten erwachsen, zu viele Bedürfnisse und Erregungen zur Gewohnheit, zu viel Leben Bedingung des Lebens geworden, als daß es, in den engen Raum daheim gebannt, in dem alles Kleine groß und alles Große klein erschien, sich mit dem, was es war und hatte, noch hätte ersättigen oder weiter entwickeln können. Unermeßliche Elemente der Gährung erfüllten es, solche, die eine Welt umzugestalten fähig waren; auf den heimischen Boden gebannt, in der heimischen Art beharrend konnten sie nur gleich jener Drachensaat des Kadmos sich selbst zerfleischen und zerstören. Es kam Alles darauf an, daß ihrem wirr wuchernden Hader ein Ende gemacht, ihnen ein neues weites Feld fruchtbarer Thätigkeiten geöffnet, in großen Gedanken alle edlere Leidenschaft entflammt, der Fülle noch ungebrochener Lebenstriebe Licht und Luft geschafft werde.

Seit Lysandros Siege die alt-attische Macht niedergebrochen hatten, war die äußere Gefahr für die Griechenwelt von allen Seiten her in stetem Steigen; mehr als je in schon völlig geschiedene Kreise zerlegt, verlor sie an allen ihren nationalen Gränzen immer mehr Terrain. Das Griechenthum Libyens war von den Puniern hinter die Syrte zurückgedrängt; das Siciliens verlor an dieselben Punier die größere Westhälfte der Insel, das Italiens starb von dem Andrang der Völkerstämme des Apennin Glied vor Glied ab. Die Barbaren des unteren Donaulandes, schon ihrer Seits von den in Italien zurückgestauten Kelten gedrängt, begannen ihre Versuche nach dem Süden durchzubrechen. Die hellenischen Städte an der West- und Nordseite des Pontos hatten Mühe sich der Triballer, der Geten, der Skythen zu erwehren; von denen auf der Südseite fand wenigstens Herakleia in der Tyrannis, die ein Schüler Platons dort gründete, einigen Halt. Die andern Hellenenstädte Kleinasiens standen unter dem Perserkönige, von dessen Satrapen, von Dynasten, von dienstwilligen Oligarchen mehr oder weniger willkührlich beherrscht und ausgebeutet. Auch die reichen Inseln an der Küste beherrschte der persische Einfluß; das hellenische Meer gehörte den Hellenen nicht mehr; der Friede des Antalkidas hatte dem Hofe von Susa und den Höfen der Satrapen den Hebel in die Hand gegeben, in dem wohlgepflegten Hader der führenden Staaten das Griechenthum tief und tiefer zu zerrütten und, während die großen politischen Dinge dort durch die „Befehle“ des Großkönigs entschieden wurden, von der kriegstüchtigen hellenischen Mannschaft so viel an sich zu ziehen, wie nöthig schien.

Niemals ist in Hellas der Gedanke des nationalen Kampfes gegen die Persermacht vergessen worden; er war den Hellenen, was Jahrhunderte lang der abendländischen Christenheit der Kampf gegen die Ungläubigen. Selbst Sparta hatte wenigstens zeitweise seine Herrsch- und Habgier mit dieser Larve zu verdecken gesucht; Jason von Pherai sah für die Tyrannis, die er gründete, in dem nationalen Kampf, zu dem er sich anschickte, die Rechtfertigung. Je deutlicher die Ohnmacht und innere Zerrüttung des übergroßen Reiches wurde, je leichter und einträglicher die Arbeit erschien es zu vernichten, desto allgemeiner und zuversichtlicher wurde die Erwartung, daß es geschehen werde und geschehen müsse. Mochte Platon und seine Schule bemüht sein, den Idealstaat zu finden und zu verwirklichen, Isokrates, von dem eine doch breitere und populärere Wirkung ausging, kam immer wieder darauf zurück, daß man den Kampf gegen Persien beginnen müsse, ein solcher Krieg werde mehr ein Festzug als ein Feldzug sein; wie ertrage man den Schimpf, daß diese Barbaren die Wächter des Friedens in Hellas sein wollten, während Hellas im Stande sei, Thaten zu verrichten, die würdig seien, daß man die Götter darum bitte. Und Aristoteles sagt: die Hellenen könnten die Welt beherrschen, wenn sie zu einem Staat vereinigt wären.

Der eine wie andere Gedanke lag nahe genug, nahe genug auch der, beides, die Vereinigung der Hellenen und den Kampf gegen die Perser, als Ein Werk zusammenzufassen, nicht das eine warten zu lassen, bis das andere gethan sei. Nur wie solche Gedanken verwirklichen?

König Philipp von Makedonien unternahm es. Er mußte es, kann man sagen, wenn er das zerrüttete Königthum seines

Hauses herstellen und sicher stellen wollte. Immer wieder hatte die Politik Athens, Spartas, Olynths, Thebens, der thessalischen Machthaber den Hader in der königlichen Familie genährt, Usurpationen einzelner fürstlichen Häupter des Landes unterstützt, die Barbaren auf den makedonischen Gränzen zu Einbrüchen und Raubzügen nach Makedonien veranlaßt. Hatten sie alle keinen andern Rechtstitel zu ihrem Verfahren gehabt als die Ohnmacht des makedonischen Königthums, so bedurfte es nur der Herstellung genügender Macht, um dessen Recht gegen sie zu erweisen, und sie hatten keinerlei Anspruch auf rücksichtsvollere oder schonendere Maaßregeln von Seiten des makedonischen Königthums, als sie selbst so lange gegen dessen Interesse sich erlaubt hatten.

Philipps Erfolge gründen sich auf den sichern Unterbau, den er seiner Macht zu geben verstand, auf die schrittweise vorgehende Bewegung seiner Politik gegenüber der bald hastigen, bald schlaffen, immer in ihren Mitteln oder ihren Zielen sich verrechnenden der hellenischen Staaten, vor Allem auf die Einheit, das Geheimniß, die Schnelligkeit und Consequenz seiner Unternehmungen, die von denen, die sie treffen sollten, so lange für unmöglich gehalten wurden, bis ihnen nicht mehr zu entgehen oder zu widerstehn war. Während Thessalien mit Alexandros Ermordung in Zerrüttung sank, die Athener auf den Bundesgenossenkrieg, die Thebaner auf den heiligen Krieg, der die Phokier zur Parition zwingen sollte, alle Aufmerksamkeit wandten, die Spartaner sich bemühten, in der Peloponnes wieder einigen Einfluß zu erhalten, rückte Philipp nach Süden und Osten seine Gränzen so weit vor, daß er mit Amphipolis den Paß nach Thrakien, mit dem Bergrevier des Pangaion dessen Goldminen, mit der Küste Makedoniens den thermaiischen Busen und den Zugang zum Meere, mit Methone den Weg nach Thessalien hatte. Dann riefen ihn die Thessaler, von den Phokiern auf das schwerste bedroht, zu Hülfe; er kam, er hatte schweren Stand gegen die wohlgeführte Kriegsmacht der Tempelräuber; erst mit nachrückender Verstärkung warf er sie zurück; er stand am Eingang der Thermopylen; er legte makedonische

Besatzung nach Pagasai, er war damit des thessalischen Hafens und des Weges nach Euboia Meister. Da gingen den Athenern die Augen auf; unter Demosthenes Führung begannen sie den Kampf gegen die Macht, welche, so schien es, die Hand nach der Herrschaft über Hellas ausstreckte.

An dem Patriotismus des Demosthenes und dessen Eifer für die Ehre und Macht Athens wird niemand zweifeln; und mit vollstem Recht wird er als der größte Redner aller Zeiten bewundert. Ob er in gleichem Maaße als Staatsmann groß, ob er der Staatsmann der nationalen Politik Griechenlands war, ist eine andere Frage. Wenn in diesem Kampfe der Sieg gegen Makedonien entschieden hätte, was wäre das weitere Schicksal der Griechenwelt gewesen? im besten Fall die Herstellung einer attischen Macht, wie sie so eben zum zweiten Mal zusammengebrochen war, entweder einer Bundesmacht auf Grund der Autonomie der Bündner, die weder den Barbaren im Norden zu wehren, noch den Barbaren im Osten die Stirn zu bieten, noch das sinkende Griechenthum im Westen an sich zu ziehn und zu schützen vermocht hätte, — oder einer attischen Herrschaft über unterthänige Gebiete, wie denn schon jetzt Samos, Lemnos, Imbros, Skyros in solcher zum Theil kleruchischer Form, in loserer Tenedos, Prokonnesos, die Chersones, Delos in attischem Besitz waren; in dem Maaße, als die Athener ihre Herrschaft erweitert hätten, würden sie größerer Eifersucht, heftigerem Gegendruck von rivalisirenden Staaten zu begegnen gehabt, sie würden nur die schon so tief eingefressene Spaltung und Zerrissenheit der hellenischen Welt gemehrt, sie würden jede Hülfe, auch die der Perser, der thrakischen, illyrischen Barbaren, der Tyrannis, wo sie sich gerade fand, willkommen geheißen haben, um sich zu behaupten. Oder wollte Athen nur die unberechenbaren Veränderungen, welche die Macht Makedoniens über Hellas zu bringen drohte, abwehren, nur die Zustände erhalten, wie sie waren? sie waren so elend und beschämend wie möglich, und wurden in dem Maaße unhaltbarer und explosiver, als man sie länger in dieser Zerfahrenheit und Verkrüppelung des Kleinlebens ließ, in dem der Griechenwelt ein

Glied nach dem andern abstarb. Mochten die attischen Patrioten den Kampf gegen Philipp im Namen der Freiheit, der Autonomie, der hellenischen Bildung, der nationalen Ehre zu führen glauben oder vorgeben, keins dieser Güter wäre mit dem Siege Athens sichergestellt, mit der erneuten Herrschaft des attischen Demos über Bündner oder unterthänige Orte, mit der verschlissenen und vernutzten Demokratie, ihren Sykophanten, Demagogen und Soldtruppen zu erhalten gewesen. Es war ein Irrthum des Demosthenes, der vielleicht seinem Herzen, gewiß nicht seinem Verstande Ehre macht, wenn er glauben konnte, mit diesem schwatzhaft, unkriegerisch, banausisch gewordenen Bürgerthum Athens, selbst wenn er es mit der Macht seiner Rede zu glänzenden Entschlüssen hinreißen, selbst für einen Moment zu Thaten galvanisiren konnte, noch große Politik machen, noch einen langen und schweren Kampf durchführen zu können; ein noch schwererer Irrthum, wenn er glauben konnte, durch Bündnisse mit Theben, Megalopolis, Argos und welchen Staaten sonst, im Augenblick der Gefahr zusammengeklittert, der erstarkenden Macht des Königs Philipp Halt gebieten zu können, der, selbst wenn man ihm ein Treffen abgewann, mit doppelter Macht zurückgekehrt wäre, während die hellenischen Bündnisse mit der ersten Niederlage ein Ende hatten. Demosthenes mußte wissen, was es bedeutete, daß nicht er selbst der Kriegsheld war, die politischen Projecte hinauszuführen, die er empfahl, daß er sie, und mit ihnen die Geschicke des Staates, Feldherren wie dem eigenwilligen Chares, dem wüsten Charidemos anvertrauen mußte, die es nun einmal verstanden, mit Söldnerbanden fertig zu werden und ihnen die nöthige „Zehrung" zu schaffen. Er mußte wissen, daß in Athen selbst, so wie er Einfluß gewann, sich die Reichen, die Trägen, die Selbstsüchtigen wider ihn zusammenfinden, daß auf sie gestützt seine persönlichen Gegner alle Chicanen und Schwerfälligkeiten der Verfassung benutzen würden, seine Pläne zu kreuzen, Pläne, deren Werth von einem attischen Mann nach dem Tage von Chaironeia mit dem bittern Worte bezeichnet worden ist: „verloren wir nicht, so waren wir verloren".

Zum Verständniß dessen, was dieser großen Katastrophe folgt, ist es nöthig den Verlauf des Ringens zwischen Athen und Makedonien, das so endete, in seinen wesentlichen Zügen zu verfolgen.

Demosthenes große politische Thätigkeit begann, als Philipps Erfolge gegen die Phokier, seine Einwirkung auf die Parteiungen Euboias, sein Vordringen über Amphipolis hinaus das Emporwachsen einer Machtbildung erkennen ließ, die über alle bisherigen Voraussetzungen hellenischer Politik hinausging. Daß die Athener — zunächst mit der Besetzung der Thermopylen 352, nach Philipps ersten Erfolgen gegen die Phokier — zeigten, was sie wollten, wies ihrem Gegner seinen weiteren Weg. Noch hatten sie ihre Flotte, damit auf dem Meere eine Ueberlegenheit, der nur Raschheit und Entschlossenheit fehlte, um die erst werdende makedonische Flotte zu erdrücken. Athen war für Philipp der gefährlichste Feind in Hellas; es mußte vereinzelt, in raschen Zügen überholt werden.

Olynthos, an der Spitze der wieder verbündeten chalkidischen Städte, hatte vier Jahre vorher, als um Amphipolis noch gestritten wurde, sich mit Philipp gegen Athen verbündet, hatte aus seiner Hand das mit attischen Kleruchen besetzte Poteidaia angenommen; auch sie hielten sich klug genug, von dem, den sie schon fürchteten, Vortheil zu ziehen; jetzt nach dem ersten Erfolg Philipps über die Phokier sandten die Olynthier nach Athen ein Bündniß anzutragen; daß sie den geflüchteten Prätendenten des makedonischen Königthums in ihren Schutz nahmen, ihn auszuliefern sich weigerten, ergriff Philipp, um den Kampf gegen sie zu beginnen. Trotz der Hülfe, die Athen sandte, wurde der chalkidische Bund besiegt, Olynth zerstört, die anderen Städte des Bundes makedonische Landstädte (348).

Zugleich hatten die Athener vergebens einen Zug nach Euboia unternommen; von den Tyrannen der einzelnen Städte hielten die meisten zu Philipp; er hatte damit eine Stellung, die Attika in der Flanke bedrohte. Er selbst wandte sich von Olynth — schon zum dritten Mal — gegen den Thrakerkönig

Kersobleptes, der von Athen veranlaßt Olynth unterstützt hatte. Schon war die makedonische Flotte im Stande, auf den attischen Inseln Lemnos, Imbros und Skyros zu plündern, attische Kauffahrer aufzubringen; selbst die Paralos, eine der heiligen Trieren Athens, war am Gestade von Marathon gekapert und als Trophäe nach Makedonien abgeführt worden. Und von den Phokiern auf das härteste bedrängt, bat Theben bei Philipp um Beistand, lud ihn ein den Paß der Thermopylen zu besetzen. Dieser schlimmsten Wendung zuvorzukommen erbot sich Athen zum Frieden; daß Philipp die Unterhandlungen hinzog, daß Athen die Phokier und Kersobleptes, die Tempelräuber und den Barbaren, mit in den Frieden einzuschließen forderte, um die Thermopylen und den Hellespont zu decken, daß es endlich auch ohne diese Bedingungen den Frieden zu genehmigen bereit war (346), zeigte, wie viel an Gewicht Philipp gewonnen, Athen verloren hatte. Die gleichzeitige letzte Krisis des heiligen Krieges fügte eine weitere Wirkung hinzu.

Noch hielten die Phokier die Thermopylen, in Boiotien die von Theben abgefallenen Städte Orchomenos und Koroneia besetzt; freilich der delphische Tempelschatz ging auf die Neige, aber sie hofften auf Athen, und der Spartanerkönig Archidamos kam ihnen mit tausend Hopliten zu Hülfe. Mit der Aussicht, das delphische Heiligthum in Spartas Hand gelangen zu lassen, bewirkte Philipp die Heimkehr der Spartaner; gegen freien Abzug mit seinen 8000 Söldnern überließ der Führer der Phokier — es war in den Tagen, da der Demos von Athen jenen Frieden genehmigte — den Makedonen die Thermopylen. Philipp rückte in Boiotien ein; Orchomenos, Koroneia ergaben sich; Theben war froh, diese Städte durch Philipp zurück zu erhalten. In Gemeinschaft mit den Thebanern und Thessalern berief Philipp den Rath der Amphiktyonen; Athen beschickte ihn nicht. So wurde das Urtheil über die Phokier gesprochen: sie wurden aus dem heiligen Bunde ausgestoßen, ihre 22 Städte aufgelöst, deren Mauern zerstört, die mit den Söldnern Abgezogenen als Tempelräuber verflucht und vogelfrei erklärt; kaum daß die Hinrichtung aller Waffenfähigen im Lande, die die Oitaier beantragten, abgelehnt wurde. Durch weiteren Beschluß der Amphiktyonen wurde die Stimme der Phokier auf Philipp übertragen, die Leitung der pythischen Feier, der Schutz des delphischen Heiligthums in seine Hand gelegt.

So trat er an die Spitze dieses heiligen Bundes, der durch das, was so eben geschehen war, wie zu keiner Zeit früher eine politische Bedeutung gewonnen hatte. Die nächste Anwendung davon traf Athen, das die gefaßten Beschlüsse, die an Philipp übertragene Befugniß anzuerkennen zögerte; eine amphiktyonische Gesandtschaft kam nach Athen, die ausdrückliche Zustimmung zu fordern. Wurde sie verweigert, so sprach die Versammlung den Bann über Athen aus, und Philipps Macht war zur Stelle ihn zu vollziehn. Demosthenes selbst empfahl, einem heiligen Krieg aus dem Wege zu gehn.

Sicheren Schrittes ging Philipps Politik weiter. Schon hatte er die Hand über das Königthum von Epeiros; die Städte in der Peloponnes führte die Hoffnung auf gemeinsamen Kampf gegen Sparta ihm zu; in Elis, Sikyon, Megara, in Arkadien, Messenien, Argos herrschten die ihm Zugewandten. Dann setzte er sich in Akarnanien fest, schloß Bündniß mit den Aitolern, überwies ihnen Naupaktos, das sie sich wünschten. Von der Landseite war die Macht Athens umstellt und so gut wie gelähmt. Aber noch hatten sie das Meer; ihre Flotte sicherte ihnen mit der Chersones den Hellespont und die Propontis. Dort mußte Philipp sie zu treffen suchen. Während er ihnen die Versicherungen seiner Freundschaft und friedlichen Gesinnung fort und fort wiederholte, warf er sich von Neuem auf Kersobleptes und die ihm verwandten kleineren Fürsten in Thrakien, unterwarf sich das Land zu beiden Seiten des Hebros, sicherte es durch eine Reihe von Städten, die er im Binnenlande gründete, und die hellenischen Städte am Pontos bis Odessos hinauf traten gern mit ihm in Bündniß. So mächtig war der Eindruck seiner Erfolge, daß der Getenkönig an der untern Donau um seine Freundschaft bat, ihm seine Tochter zur Ehe sandte.

In demselben Maaße erschreckten diese Erfolge die hellenischen Gegner Philipps. Daß die Athener die Wiedereinsetzung der thrakischen Fürsten, die ihre Bundesgenossen seien, forderten, daß sie, um die gefährdete Chersones zu schützen, Kleruchen dorthin sandten, daß die Stadt Kardia sich weigerte sie aufzunehmen, daß Philipps Vorschlag, die Streitfrage durch ein Schiedsgericht abzuthun, von Athen abgelehnt, von den attischen Strategen die schon makedonischen Orte an der Propontis überfallen und zerstört wurden, leitete einen neuen Krieg ein.

Philipp hatte mit Byzanz, Perinth, anderen Städten, die sich im Bundesgenossenkriege von Athen frei gemacht, Bündnisse geschlossen und kraft deren zum Kampf gegen die Thraker ihren Beistand gefordert; sie leisteten ihn nicht, sie fürchteten seine wachsende Macht; Athen bot ihnen Bündniß und Kriegshülfe. Schon hatte es ihm die meisten Städte Euboias entfremdet, schon mit Korinth, den Akarnanen, Megara, Achaia, Korkyra Bündniß geschlossen, mit Rhodos und Kos wieder angeknüpft; es ließ am Hofe von Susa auf die Gefahren, die dem Perserreich die wachsende Macht Philipps drohe, hinweisen; der attische Strateg in der Chersones empfing persische Subsidien, und der Eifer des attischen Demos für die Rettung der hellenischen Freiheit wuchs mit jedem Tage.

Philipp wandte sich nach dem Siege über die Thraker gegen Perinth, gegen Byzanz, den Schlüssel des Pontos; fielen diese Städte, so war die Macht Athens an der Wurzel getroffen. Auf Philipps Ultimatum antworteten die Athener mit einer Erklärung, daß er den geschworenen Frieden gebrochen habe; sie sandten den Byzantiern die versprochene Flotte; von Rhodos, Kos, Chios, den Verbündeten von Byzanz, kam Hülfe; die nächstgesessenen Satrapen eilten Perinth zu unterstützen, sandten Truppen nach Thrakien: — Philipp mußte weichen.

Er zog gegen die Skythen. Für seine neue Gründung im Hebroslande war der Skythenkönig Ateas diesseits der Donaumündungen ein gefährlicher Nachbar; er schlug ihn. Dann zog er durch das Gebiet der Triballer heimwärts; auch sie, den Gränzen Makedoniens oft lästige Nachbarn, sollten seine Macht fürchten lernen.

Er mußte seines Rückens sicher sein, um den entscheidenden Stoß gegen die Athener führen zu können.

Sie arbeiteten ihm in die Hand. In dem delphischen Tempel hatten sie ihre alten Weihgeschenke für die Schlacht von Plataiai erneut, mit der Inschrift: „aus der Beute der zum gemeinsamen Kampf gegen die Hellenen vereinten Perser und Thebaier". In der Versammlung der Amphiktyonen erhoben auf Anlaß Thebens die Lokrer von Amphissa darüber Beschwerde, beantragten eine schwere Geldstrafe; der attische Gesandte Aischines antwortete ihnen mit dem Vorwurf, daß sie delphisches Tempelland bebaut hätten; er erhitzte die Versammelten so, daß der Beschluß gefaßt wurde, diese Tempelräuber sofort zu züchtigen; aber die Bauern von Amphissa trieben die Amphiktyonen und die Delphier, die mit ihnen gekommen waren, zurück. Nach solchem Schimpf beschloß man eine außerordentliche Versammlung der Amphiktyonen zu berufen, die das Nöthige verfügen sollte, die Frevler zu züchtigen. Gesandte Athens, Thebens kamen nicht; Sparta war seit dem Ausgang des heiligen Kriegs ausgeschlossen; die zur Versammlung erschienenen beschlossen einen heiligen Zug gegen Amphissa, übertrugen ihn den nächstgesessenen Stämmen. Er hatte geringen Erfolg; die von Amphissa verharrten in ihrem Trotz. Die nächste regelmäßige Versammlung — im Herbst 339 — übertrug dem König Philipp die Züchtigung der Gottesfrevler, die Hegemonie des heiligen Krieges.

Er eilte herbei, nicht bloß um die Bauern von Amphissa zu züchtigen. Athen hatte den Krieg wider ihn erneut, hatte ihn vor Byzanz und Perinth zu weichen genöthigt; mit dem Zuge für den delphischen Gott konnte er seine Landmacht in die Nähe der attischen Gränzen führen, den Krieg da fortsetzen, wo den Athenern ihre Seemacht nichts half; daß sie selbst den Handel mit Amphissa eingeleitet hatten, daß sie nun gegen den, der ihn hinauszuführen kam, sich wenden mußten, enthüllte vor den Augen aller Welt ihr Unrecht und die inneren Widersprüche ihrer Politik. Er durfte auf Theben rechnen, das ihm zumal seit dem Kriege gegen die Phokier voll Erbitterung gegen Athen und den rettenden Waffen Makedoniens zu Dank verpflichtet, durch Bündniß verknüpft war. Mit Nikaia am Südausgang der Thermopylen, das er den Thessalern überwiesen, stand ihm der Weg nach dem Süden offen. Er ließ einen Theil seines Heeres von Herakleia, am Nordeingang der Thermopylen, durch den Paß der Landschaft Doris, den nächsten Weg nach Amphissa, vorgehn; mit dem größeren Theil zog er über Nikaia durch den Paß, der nach Elateia in das obere phokische Thal des Kephissos hinabführt; im Spätherbst 339 stand er in Elateia, verschanzte sich dort; die offenen Gränzen Boiotiens und die Straße nach Attika lagen vor ihm, hinter ihm die Pässe, die seine Verbindung mit Thessalien und Makedonien sicherten.

Er sandte nach Theben; er bot, wenn die Stadt mit ausziehe gegen Athen, Antheil an der Siegesbeute und Gebietserweiterung, forderte, wenn sie nicht mitkämpfen wolle, wenigstens freien Durchzug. Zugleich waren attische Gesandte nach Theben gekommen; dem Eifer des Demosthenes gelang es trotz Allem, was seit zwanzig Jahren geschehen war, ein Bündniß zwischen Athen und Theben zu Stande zu bringen. Theben sandte ein Corps Söldner den Lokrern von Amphissa zu Hülfe; Athen überließ ihnen 10,000 Mann, die es geworben; beide Städte riefen die verbannten Phokier auf, in ihre Heimath zurückzukehren, halfen ihnen einige der wichtigsten Plätze des Landes neu befestigen. Aber die Makedonen drangen auf Amphissa vor, schlugen die Soldhaufen des Feindes; Amphissa wurde zerstört. Der Hauptmacht Philipps in Phokis zu begegnen, rüsteten Athen und Theben mit höchstem Eifer, riefen auch ihre Bürger unter die Waffen; das attische Heer zog nach Theben, vereinte sich mit dem boiotischen. Zwei glückliche Gefechte erhöhten ihren Muth und ihre Zuversicht; auch Korinth, Megara, andere von den Verbündeten Athens sandten Hülfstruppen.

Aber Philipp wich nicht; er zog Verstärkungen aus Makedonien heran; mit denen, die sein Sohn Alexander nachführte, war sein Heer bei 30,000 Mann stark. Es mag in dieser Zeit gewesen sein, daß der König nach Theben sandte Unterhandlungen anzubieten; der heftige Widerspruch des Demosthenes machte die Friedensneigung der Boiotarchen wirkungslos. Wenn nur in gleichem Maaße das Heer der Verbündeten — der Zahl nach war es dem makedonischen überlegen — militärisch die Initiative zu ergreifen verstanden hätte; sie standen in fester Stellung am Eingang nach Phokis, am Kephissos. Eine Bewegung Philipps nach der Linken zwang sie rückwärts zu gehen in die boiotische Ebene. Bei Chaironeia traf sie Philipp zur Schlacht (August 338); auf das hartnäckigste wurde gekämpft; das lange schwankende Gefecht entschied der Reiterangriff, den Alexander führte; es war der vollständigste Sieg. Das Heer der Verbündeten war zersprengt und vernichtet. Das Schicksal Griechenlands lag in Philipps Hand.

Es lag weder in den Wegen seiner Politik, noch hatte er den Siegesübermuth, Griechenland zu einer Provinz Makedoniens zu machen. Nur die Thebaner erfuhren für ihren Abfall die verdiente Strafe. Sie mußten die Verbannten wieder aufnehmen, aus ihnen einen neuen Rath bestellen, der über die bisherigen Führer und Verführer der Stadt Tod oder Verbannung verhängte. Der boiotische Bund wurde aufgehoben, die Gemeinden von Plataiai, Orchomenos, Thespiai wiederhergestellt, Oropos, das Theben zwanzig Jahre früher von Attika abgerissen, an Athen zurückgegeben, endlich auf die Kadmeia eine makedonische Besatzung gelegt, eine Position, nicht bloß Theben, sondern Attika und ganz Mittelgriechenland in Ruhe zu halten.

Mit so viel Strenge Theben, mit eben so viel Nachsicht wurde Athen behandelt. In der ersten Aufregung nach der Niederlage hatte man dort sich zu einem Kampf auf Leben und Tod angeschickt; man hatte Charidemos an die Spitze des Heeres stellen, man hatte die Sclaven bewaffnen wollen: — das Schicksal Thebens und die Erbietungen des Königs kühlten den Eifer ab; man nahm den Frieden an, wie ihn der König durch einen der Gefangenen, den Redner Demades, anbieten ließ: die Athener erhielten alle Gefangenen ohne Lösegeld zurück, sie behielten Delos, Samos, Imbros, Lemnos, Skyros, sie kamen wieder in den Besitz von Oropos; es wurde — vielleicht nur der Form nach — ihrem Belieben freigestellt, ob sie dem gemeinen Frieden des Königs mit den Hellenen und dem Bundesrathe, den er mit denselben errichten werde, beitreten wollten. Der attische Demos beschloß Ehren aller Art für den König, gab ihm, seinem Sohn Alexander, seinen Feldherren Antipatros und Parmenion das Bürgerrecht, errichtete ihm als einem „Wohlthäter der Stadt“ ein Standbild auf der Agora; Anderes mehr.

Es war doch nicht die Furcht allein, auf die der König sein Werk in Hellas zu gründen gedachte; und die makedonische Partheì, auf die er rechnete oder die sich neu bildete, bestand doch nicht bloß aus Verräthern und Bestochenen, wie es Demosthenes darstellt. Es ist bedeutsam, daß Demaratos von Korinth einer der treuesten Anhänger des Königs war, Timoleons Freund und Kampfgenosse in der Befreiung Siciliens, wenn einer erfüllt von dem großen Gedanken des nationalen Kampfes gegen die Perser. Auch Andere mögen sich zu der Ansicht bekannt haben, die Aristoteles mit den Worten ausgesprochen hat: daß das Königthum seiner Natur nach allein im Stande sei, über den Partheien zu stehen, welche das griechische Staatsleben zerrütteten, allein das Staatswesen der rechten Mitte schaffen könne; „denn die Aufgabe des Königs ist, Wächter zu sein, daß die Besitzenden nicht in ihrem Eigenthum geschädigt, der Demos nicht mit Willkühr und Uebermuth behandelt werde“. Die so oft versuchte Tyrannis hat dies Werk nicht vollbringen können, „denn sie steht nicht, wie das altgegründete Königthum, auf eigenem Recht, sondern auf der Gunst des Demos, oder auf Gewalt und Unrecht“.

Verfuhr nun Philipp in solchem Sinn?

Ohne das attische Gebiet zu berühren, zog er weiter nach der Peloponnes. Hatten Megara, Korinth, Epidauros, andere Städte sich hinter ihren Mauern zu vertheidigen gedacht, so baten sie nun um Frieden; der König gewährte ihn den einzelnen, den Korinthern unter der Bedingung, daß sie Akrokorinth einer makedonischen Besatzung übergaben; ähnliche Friedensschlüsse mit der Weisung, zum Abschluß des allgemeinen Friedens Bevollmächtigte nach Korinth zu senden, folgten bei seinem weiteren Marsch durch die Peloponnes. Nur Sparta wies jedes Erbieten zurück; bis an das Meer durchzog Philipp das lakonische Gebiet, ordnete dann nach dem Spruch eines Schiedsgerichts aus allen Hellenen die Grenzen Spartas gegen Argos, Tegea, Megalopolis, Messenien, so daß die wichtigsten Pässe in die Hände derer kamen, die sich lieber mit der völligen Vernichtung des verhaßten Staates auch aller künftigen Sorge befreit gesehen hätten.

Schon waren die Gesandtschaften der Staaten in Hellas — nur Spartas nicht — in Korinth versammelt; dort wurde „der gemeine Friede und Bundesvertrag" errichtet, vielleicht auf Grund des von König Philipp vorgelegten Entwurfes, gewiß nicht in der Form eines einseitigen makedonischen Befehls. Die Freiheit und Autonomie jeder hellenischen Stadt, der ungestörte Besitz ihres Eigenthums und dessen gegenseitige Garantie, freier Verkehr und steter Friede zwischen ihnen, das waren die Grundlagen dieser Einigung; sie zu sichern und ihre Befugnisse auszuführen wurde ein „gemeiner Bundesrath" bestellt, zu dem jeder Staat Beisitzer senden solle; namentlich war ihre Aufgabe, darüber zu wachen, „daß in den verbündeten Staaten keine Verbannung oder Hinrichtung wider die bestehenden Gesetze, keine Confiscation, Schuldaufhebung, Gütertheilung, Sclavenbefreiung zum Zweck des Umsturzes vorkomme". Zwischen den so geeinten Staaten und dem makedonischen Königthum wurde ein ewiger Bund zu Schutz und Trutz errichtet; kein Hellene sollte gegen den König Kriegsdienste thun oder seinen Feinden hülfreich sein bei Strafe der Verbannung und des Verlustes von Hab und Gut. Das Gericht über Bundbrüchige wurde dem Rath der Amphiktyonen überwiesen. Endlich der Schlußstein des Ganzen: es wurde der Krieg gegen die Perser beschlossen, „um die von ihnen an den hellenischen Heiligthümern geübten Frevel zu rächen"; es wurde König Philipp zum Feldherrn dieses Krieges zu Lande und zur See mit unumschränkter Gewalt ernannt.

Philipp ging nach Makedonien zurück, alle Vorbereitungen zu dem großen nationalen Kriege zu treffen, den er mit dem nächsten Frühling zu beginnen gedachte. Mit jener Hülfesendung der Satrapen nach Thrakien hatte er einen vollen Rechtsgrund zum Kriege gegen den Großkönig.

Wie denkwürdig, daß in derselben Zeit die Geschicke Siciliens auf entgegengesetztem Wege sich herstellten. In kläglichstem Zustande, von Tyrannen bedrückt und von den Karthagern bedroht, hatten sich die Patrioten Siciliens nach Korinth gewandt, um Rettung zu bitten. Von dort wurde ihnen mit geringer Macht der hochherzige Timoleon gesandt. Er brach die Tyrannis in Syrakus, der Reihe nach in den andern Städten, er warf die Karthager auf ihre alten Grenzen in der Westecke der Insel zurück (339); er zog in die befreiten Städte neue hellenische Ansiedler in Menge, er erneute in ihnen die demokratische Freiheit und die Autonomie; in Sicilien schien die Art des Staatenlebens, die in der Heimath zusammenbrach, von Neuem erblühen zu sollen. Aber den Tod des Hochgefeierten (337) überdauerte der neugeschaffene Zustand nur kurze Frist; noch ehe die Karthager sich zu neuen Angriffen erhoben, waren diese Demokratien auf dem Wege der Oligarchie oder der Tyrannis, in neuem Nachbarhader. Am wenigsten aus Großgriechenland konnte ihnen Rettung kommen; den noch nicht verkommenen Städten dort erwuchsen aus der eben jetzt rasch schwellenden Bewegung der italischen Völker neue Bedrängnisse; jener König Archidamos von Sparta, den die Tarentiner in Dienst nahmen, fand, an der Spitze seiner Söldner gegen die Messapier kämpfend, den Tod, an demselben Tage, heißt es, da Philipp bei Chaironeia siegte.

Mit dieser Schlacht und dem korinthischen Bunde war wenigstens in dem heimathlichen Gebiet der Hellenen eine Einigung geschaffen, die inneren Frieden und nach Außen eine gemeinsame nationale Politik verbürgte, — eine Einigung nicht bloß völkerrechtlicher, sondern staatsrechtlicher Art, wie sie einst Thales und Bias den Joniern empfohlen hatten, nicht eine Hegemonie, wie sie die Athener in den Tagen ihres schönsten Ruhmes nur zu bald zur Herrschaft hatten umbilden müssen, um sie zu erhalten, noch weniger eine solche, wie sie Sparta mit dem Frieden des Antalkidas Namens des Großkönigs und in Ausführung seiner Politik durchzusetzen versucht hatte, sondern eine Bundesverfassung mit geordnetem Rath und Gericht über die verbündeten Staaten, mit communaler Autonomie der einzelnen, mit dauerndem Landfrieden und freiem Verkehr zwischen ihnen, mit der Garantie Aller für jeden, endlich mit dem beschlossenen Kriege gegen die Perser gefaßt, daß das Wesentliche der Militärhoheit und der auswärtigen Politik jedes Staates durch den Bundeseid an den Hegemonen des Bundes, den makedonischen Machthaber, übertragen war.

Wie schwerer Kämpfe, wie scharfer Maaßnahmen es bedurft haben mochte, zu diesem Ergebniß zu gelangen, der makedonische König ehrte sich und die Hellenen, wenn er voraussetzte, daß der Kampf gegen die Perser, der so erst möglich wurde, die Macht der doch gemeinsamen nationalen Sache, die Erfolge nach Außen und die Segnungen im Innern, die das gelungene Werk verhieß, die Niederlagen und Opfer vergessen machen werde, die dessen Schaffung gefordert hatte. Nicht bloß seine wiederholten Erklärungen und die in dem Bundesvertrage übernommene Pflicht verbürgten ihnen, daß seine Waffen dem großen nationalen Kampf geweiht sein würden; sein eigenes Interesse hatte ihm von Anfang her diese Politik vorgezeichnet, die Kraft Griechenlands zu sammeln, um den Kampf gegen die Persermacht wagen zu können, diesen Kampf zu unternehmen, um die irgend noch gesunden Kräfte in dem hellenischen Staatenleben desto sicherer zu vereinigen und dauernd zu verschmelzen.

Seine Macht, die und die allein Hellas wie ein schützender Wall gegen die Barbaren des Nordens deckte, denen die Italiens schon erlag, war nun so weit und in feierlichster Weise berufen, an der Spitze des geeinten Hellas den Kampf gegen die Barbaren im Osten durchzuführen. Das bedeutete: Befreiung der hellenischen Inseln und Städte, die seit dem Sturz Athens, seit Lysandros, seit dem Frieden des Antalkidas von Neuem dem persischen Joch verfallen waren, — die Erschließung Asiens für den freien Verkehr und die Industrie von Hellas, für das Einströmen des hellenischen Lebens; — der Ueberfülle unruhiger, gährender, verwilderter Elemente, an denen es bisher in seiner wirren Kleinstaaterei auf den Tod gekrankt, deren es so krankend nur immer mehr, immer ärgere und zerstörendere erzeugt hatte, Raum und Gelegenheit und lockende Aussicht vollauf, in neuen Verhältnissen neue Thätigkeiten zu finden und in der Fülle neuer Aufgaben arbeitend zu genesen.

Der kosmopolitische Zug, den in dem Griechenthum zugleich mit dem zähen Particularismus der Weltverkehr, das Flüchtlingswesen, das Söldnerthum, die Courtisanen, die Aufklärung und Bildung entwickelt hatten, mußte endlich, wenn er nicht den Rest nationalen Bestandes nutzlos vergeuden sollte, in geordneter Bewegung, in vorgedachten Wirkungen die ihm entsprechende Gestaltung finden. In dem Zuge nach Asien konnte er es.

War auf der europäischen Seite so Alles zur letzten Entscheidung bereit, so hatte auf der asiatischen in entsprechender Weise das große Reich der Perser den Punkt erreicht, wo es in den Machtelementen, in denen einst seine Erfolge begründet gewesen waren, erschöpft und nur noch durch die träge Kraft des Bestehens gehalten schien.

Es ist wenig, was von der Natur und Art dieses Perserreiches überliefert wird, und dieß Wenige meist sehr äußerlicher Art, fast nur von denen aufgefaßt, welche in den Persern nur die Barbaren sahen und verachteten; und nur in der großen Gestalt des Dareios, wie sie einer der Marathonkämpfer in seinem Drama von den Perserkriegen geschildert hat, empfindet man etwas von dem doch tief-mächtigen Wesen dieses edlen Volkes.

Vielleicht darf man diesen Eindruck ergänzen und vertiefen durch das, was dasselbe in der unmittelbarsten Gestaltung seines innern Lebens, in seiner Religion und seiner heiligen Geschichte ausgesprochen hat. Sie bezeugen die höhere ethische Kraft, mit der die Perser den andern Völkern Asiens gegenüber in die Geschichte eintreten, die ernste und feierliche Auffassung dessen, um deß Willen der Einzelne und das Volk lebt.

Rein sein in Werken, rein in Worten, rein in Gedanken, das ist es, was diese Religion fordert; die Wahrhaftigkeit, die Heiligung des Lebens, die Pflichterfüllung mit vollster Selbstverläugnung ist das Gesetz, wie es durch Zarathustra, den Verkünder des göttlichen Wortes, offenbart worden ist. In den Sagen von Dschemschid und Gustasp, von den Kämpfen gegen die Turanier entwickeln sich ihnen, sehr anders als den Hellenen in ihren Gesängen von Troja und Theben und den Argonauten, die Vorbildlichkeiten dessen, was das wirkliche Leben suchen und meiden soll.

Denn die Hochebenen vom Demawend bis zum Sindhflusse durchschwärmten in unvordenklicher Vorzeit wüste Horden; da erschien der Verkünder des alten Gesetzes, der Hort des Menschen, Haoma, verkündete seine Lehre dem Vater Dschemschids, und die Menschen begannen sich anzusiedeln und den Acker zu bauen; und als Dschemschid König wurde, ordnete er das Leben seines Volkes und der Stände seines Reichs; unter dem Glanz seiner Herrschaft starben die Thiere nicht und die Pflanzen verwelkten nicht, an Wasser und Früchten war nie Mangel, es war nicht Frost noch Hitze, nicht Tod noch Leidenschaft, und Friede überall. Er sprach in seinem Stolz: „Verstand ist durch mich, gleich mir ist noch Keiner gekrönt; die Erde ist geworden, wie ich verlangt; Speise und Schlaf und Freude haben die Menschen durch mich; die Macht ist bei mir und den Tod habe ich von der Erde genommen; darum müssen sie mich den Weltschöpfer nennen und anbeten.“ Da wich der Glanz Gottes von ihm; Zohak, der verderbliche, kam über ihn, verjagte ihn, begann seine furchtbare Herrschaft; es folgte eine Zeit wilden Aufruhrs, aus der endlich siegend Feridun der Held hervorging; er und nach ihm sein Geschlecht, das der „Männer des ersten Glaubens“, herrschten über Iran, immer wieder in schwerem Kampf mit den wüsten Turaniern, bis dann unter dem sechsten nach Feridun, dem Könige Gustasp, Zarathustra erschien, der Bote des Himmels, den König zu unterweisen, damit er dem Gesetz gemäß denke, spreche, handle.

Die Grundlage des neuen Gesetzes war der ewige Kampf zwischen dem Licht und der Finsterniß, zwischen Ormuzd und den sieben Erzfürsten des Lichtes gegen Arhiman und die sieben der Finsterniß; beide mit ihren Heerschaaren ringen um die Herrschaft der Welt; alles Geschaffene gehört dem Licht, aber die Finsterniß nimmt mit Theil an dem rastlosen Kampf; nur der Mensch steht zwischen beiden, um nach freier Wahl dem Guten zu helfen oder dem Bösen Raum zu lassen. Die Söhne des Lichtes, die Iranier, kämpfen so den großen Kampf für Ormuzd, seinem Reiche die Welt zu unterwerfen, sie nach dem Vorbilde des Lichtreiches zu ordnen und in Gedeihen und Reinheit zu erhalten.

So der Glaube dieses Volkes und die Impulse, aus denen sich ihm sein geschichtliches Leben entwickelt; theils ackerbauende, theils Hirten-Stämme in dem rauhen Gebirgsland Persis, unter ihren edlen Geschlechtern, von deren zahllosen Burgen noch nach Jahrhunderten die Rede ist, an ihrer Spitze der Stamm der Parsagaden, deren edelstem Geschlecht, dem der Achaimeniden, das Stammkönigthum des Volkes zusteht. Da hat denn der Königssohn Kyros am Hofe des Großkönigs in Egbatana so viel Hochmuth und Erschlaffung und verächtliches Wesen gesehn, daß er die Herrschaft an sein strengeres Volk zu bringen für wohlgethan hält. Er ruft, so lautet die Sage, die Stämme zusammen, läßt sie den einen Tag ein Stück Feld urbar machen und die ganze Last der Unterthänigkeit fühlen, beruft sie anderen Tages zum festlichen Mahl; er fordert sie auf zu wählen zwischen jenem traurigen Knechtsleben, das an der Scholle haftet, und dem herrlicheren des Siegers; und sie wählen Kampf und Sieg. So zieht er gegen die Meder aus, besiegt sie, wird Herr des Reiches, das bis zum Halys und bis zum Jaxartes reicht. Weiter kämpfend, unterwirft er das lydische Königthum und das Land bis zum Meer der Jaonen, das babylonische Reich bis an die Gränze Aegyptens. Des Kyros Sohn Kambyses fügt das Reich der Pharaonen hinzu; keins der altgeschichtlichen

Völker und Reiche widersteht der Kraft des jungen Volkes. Aber des Großkönigs Zug über Aegypten hinaus in die Wüste, seinen jähen Tod benutzen die Meder; ihre Priester, die Magier, machen einen aus ihrer Mitte zum Großkönig, nennen ihn des Kyros jüngeren Sohn, erlassen den Völkern den Kriegsdienst und die Tribute auf drei Jahre; und die Völker fügen sich willig. Nach Jahr und Tag erhebt sich Dareios der Achaimenide mit den Häuptern der sechs andern Stämme, sie ermorden den Magier und seine vornehmsten Anhänger. „Die Herrschaft, welche unserm Geschlecht entrissen war, diese brachte ich wieder zurück; ich habe wiederhergestellt die Heiligthümer und die Verehrung dessen, der des Reiches Schützer ist; so gewann ich durch Ormuzds Gnade das Entrissene zurück, ich stellte das Reich glücklich, Persien, Medien und die anderen Provinzen, wie ehedem", so sagt eine Inschrift des Dareios.

Dareios hat das Reich organisirt. Da es nicht eine persische Bildung gab, die wie einst die von Babel und Assur die mit Gewalt Unterworfenen auch innerlich hätte besiegen und umbilden können, da die Religion des Lichtes, die eigenste Kraft und der Vorzug des persischen Volkes, nicht bekehren konnte noch wollte, so mußte die Einheit und Sicherheit des Reiches auf die Organisation der Macht gestellt werden, die es gegründet hatte und beherrschen sollte. Es war der vollste Gegensatz dessen, was sich als das Wesen der Griechenwelt entwickelt hat: in diesem Ein Volk zu zahllosen kleinen und kleinsten Kreisen in freier Autonomie, in dem Drang unerschöpflicher Erregbarkeit und Eigenartigkeit sich differenzirend und auseinander lebend, — in dem Perserreich viele Nationen, meist ausgelebte und einer eigenen Lebensgestaltung nicht mehr fähige, zusammengeballt durch die Gewalt der Waffen und zusammengehalten durch die strenge und stolze Ueberlegenheit des Perservolkes und des Großkönigs, des „gottgleichen Menschen" an dessen Spitze.

Diese Monarchie, vom griechischen Meer bis zum Himalaya, von der afrikanischen Wüste bis zu den Steppen des Aralsees, läßt die Völker in ihrer Art, in ihren gewohnten Zuständen, schützt sie in dem, „was ihr Recht verlangt", ist tolerant gegen alle Religionen, sorgt für den Verkehr, den Wohlstand der Völker, läßt ihnen selbst ihre Stammfürsten, wenn sie sich unterwerfen und Tribut zahlen, — aber stellt über sie alle hochhin das starkgefugte Gerüst einer militärischen und Verwaltungs-Einheit, deren Träger aus dem herrschenden Stamm, dem der „Perser und Meder", berufen werden. Die gleiche Religion, die harte und strenggeübte Lebensweise in Feld und Wald, die Erziehung der zum Dienst berufenen edlen Jugend am Hofe und unter den Augen des Großkönigs, dazu die an diesem Hofe versammelte Kriegsmacht der zehntausend Unsterblichen, die zweitausend Lanzenträger und zweitausend Reiter, die aus allen Theilen des weiten Reiches in die Hofburg zusammenfließenden und in dem Reichsschatz aufgesammelten Tribute und Geschenke, die geordneten Rangstufen und Aemterfolge der am Hofe versammelten Edlen bis zu den „Tischgenossen", den „Verwandten" des Großkönigs hinauf, — das alles zusammen gibt der Centralstelle des Reiches die Macht und Wucht, der zusammenhaltende und beherrschende Mittelpunkt zu sein. Das Netz von Heerstraßen, die durch das ganze Reich erbaut werden, die Poststationen mit immer bereiten Stafetten, die Festungen an allen wichtigen Paß- und Gränzpunkten sichern die Verbindung und das möglichst schnelle Einschreiten der centralen Macht. Des Großkönigs Boten können so von Susa bis Sardes — 350 Meilen — in weniger als zehn Tagen Depeschen überbringen, und in jeder Landschaft steht militärische Macht bereit, auszuführen, was sie befohlen.

Für die Verwaltung theilt Dareios das Reich in zwanzig Satrapien, nicht nach der Nationalität oder nach historischen Motiven; es sind geographische Gebiete, wie die natürlichen Gränzen sie bestimmen. Das Verhältniß der dort Heimischen zum Reich besteht nur darin, daß sie in Gehorsam bleiben, ihre Tribute und, wenn ein allgemeines Aufgebot ergeht, den Heerdienst leisten, den Satrapen mit seinem Hofe und die in den Hauptstädten und Gränzfesten ihres Bereichs stehenden Truppen des Großkönigs unterhalten. Die Satrapen — „Könige, nur dem Großkönig unterthan" — haften für den Gehorsam und die

Ordnung in ihrer Satrapie, zu deren Schutz sowie zur Vergrößerung des Gebietes und des Tributes sie mit und ohne Befehl von der Hofburg Kriege führen und Frieden schließen. Sie selbst überlassen dann wohl einzelne Districte ihres Gebietes Eingebornen oder sonst von ihnen Begünstigten, die dort die Tribute erheben und das Regiment führen. Die Truppen in der Satrapie stehn zu ihrer Verfügung, aber unter Befehlshabern, die der König unmittelbar bestellt, oft mit dem Heerbefehl über mehrere bei einander liegende Satrapien. Die Wachsamkeit und Tüchtigkeit der Truppen, die Treue der Satrapen, die stete durch die Sendboten geübte Aufsicht des Großkönigs über sie, diese abgestufte Pyramide monarchischer Organisationen ist die Form, die die unterthänigen Länder und Völker zusammenhält.

In reichen Dotationen, in immer neuen Gnadengeschenken und Ehren, dem hohen Sold des Kriegsdienstes haben die Edlen und das Volk Persiens den Mitgenuß der Herrschaft ihres Königs. Dieß und auch auf der andern Seite die stete Ueberwachung und Controle, die strengste Disciplin, die willkührliche und oft blutig geübte Strafgewalt des Königs erhält die zu Dienst Berufenen in Furcht und Pflichttreue. Wehe dem Satrapen, der auch nur säumig ist, für den Ackerbau, für den Wohlstand seiner Provinz, für Bewässerung zu sorgen, Paradiese anzulegen, dessen Provinz sich entvölkert oder im Anbau zurückgeht, der die Unterthanen bedrückt; des Königs Wille ist, daß sie in ihrem Sein und Thun rechte Diener der reinen Lehre seien. Sie alle sollen auf den König und nur auf ihn sehen; wie Ormuzd, dessen Abbild und Werkzeug er ist, die Welt des Lichtes beherrscht und gegen die des verderblichen, Arges sinnenden Ahriman kämpft, so ist er unumschränkt, unfehlbar, über Alle und über Alles.

So die Grundzüge dieser Machtbildung, die aus dem eigensten Wesen des Perservolkes, seiner altgewohnten schlichten Anhänglichkeit an das Stammhaupt, dem stolzen Zuge der Legitimität in der alten Geschlechtsverfassung hervorgegangen ist. Diese grandiose Organisation despotischer Macht war darauf gestellt, daß die persönliche Würdigkeit und Kraft des Einen, der sie inne hatte, sich in jedem Nachfolger erneute, daß der Hof und der Harem in seiner Nähe, die Satrapen und Kriegsobristen in der Ferne nicht aufhörten, von ihm bestimmt und beherrscht zu werden, daß das herrschende Volk sich selbst, seiner alten Strenge und Rauhheit und der fraglosen Hingebung an den Gott-König getreu blieb.

Unter Dareios hat die persische Macht die höchste Blüthe gehabt, deren sie fähig war; auch die unterworfenen Völker segneten sein Regiment; selbst in den griechischen Städten fanden sich überall angesehene Männer, die für den Preis der Tyrannis gern sich und ihre Mitbürger unter das persische Joch beugten; die moralische Achtung der edlen Perser vor den klugen Hellenen wird darum nicht größer geworden sein. Nach Dareios, nach den Niederlagen von Salamis und Mykale begannen sich Anfänge der Stockung und des Sinkens zu zeigen, dem das Reich, einer inneren Entwickelung unfähig, verfallen mußte, wenn es aufhörte siegend und erobernd zu wachsen. Schon mit dem Ausgang des Xerxes wurde die Erschlaffung der despotischen Kraft und der Einfluß des Hofes und Harems fühlbar; die Eroberungen an der thrakischen Küste, der Hellespont und der Bosporos, die hellenischen Inseln und Städte an der Küste Kleinasiens waren verloren; bald versuchten einzelne der unterworfenen Völker sich frei zu machen, schon fand die Empörung Aegyptens und die Herstellung der altheimischen Dynastie von Hellas her Unterstützung. Je glücklicher dagegen die Satrapen der vorderen Lande ankämpften und je mehr sie den persönlichen Willen und die Kraft ihres Herrn nachlassen sahen, desto dreister wurden sie im eigenen Interesse zu verfahren, nach selbstständigerer und erblicher Herrschaft in ihren Satrapien zu trachten. Aber noch war der festgefugte Bau des Reiches stark genug und in dem Adel und Volk Persiens die gewohnte Zucht und Treue lebendig genug, um die da und dort ausbrechenden Schäden zu überwinden.

Ernster wurde die Gefahr, als mit dem Ausgang Dareios II. (424—404) dessen jüngerer Sohn Kyros sich zum Aufstande gegen den älteren, Artaxerxes II., der die Tiara bereits empfangen hatte, erhob. Kyros, nicht vor der Thronbesteigung des Vaters geboren wie der Bruder, sondern als der Vater schon König war, glaubte sich in demselben bessern Recht, kraft dessen einst Xerxes dem Dareios gefolgt war; noch der Vater hatte ihn, den Liebling der Mutter Parysatis, als „Karanos" nach Kleinasien gesandt, als „Herrn", wie es scheint, ihm die Satrapien Kappadokien, Phrygien und Lydien gegeben; hatten die bisherigen Satrapen an der Seeküste, Tissaphernes und Pharnabazos, in dem schweren Kampf zwischen Athen und Sparta mit einander rivalisirend bald die eine, bald die andere Macht begünstigt, so trat Kyros in der nach dem Interesse des Reiches gewiß richtigen Politik rasch und entschieden auf die Seite Spartas. Selbst nach dem Zeugniß der Griechen war dieser junge Fürst voll Geist und Energie, von militärischem Talent, in der strengen Art seines Volkes; dem Spartaner Lysandros konnte er den Park zeigen, den er meist mit eigener Hand geschaffen habe; und als dieser ungläubig auf seine goldene Kette und seine glänzende Kleidung sah, schwur Kyros bei Mithras: daß er des Tages nicht eher Speise zu sich nehme, als bis er in Landarbeit oder kriegerischer Uebung seine Pflicht gethan. Die militärische Kunst und Tüchtigkeit der Hellenen hatte er kennen und würdigen gelernt; daß zumeist durch seine Unterstützung Lysandros der Athener Meister geworden, daß mit dem Falle Athens die Seemacht, welche bisher dem Reich schweren Abbruch gethan, zu Ende war, daß Sparta ausdrücklich die Rückkehr der asiatischen Griechenstädte unter die persische Herrschaft zugesagt hatte, mochte es ihm unbedenklich erscheinen lassen, als Kern des Heeres, mit dem er das ihm gebührende Reich in Besitz zu nehmen gedachte, 13,000 griechische Söldner, ein buntes Gemisch aus allen griechischen Staaten, zu werben, denen dann noch Sparta 700 Hopliten nach Issos nachsandte. Tissaphernes, der Satrap Joniens, der persönliche Feind des Kyros, hatte rechtzeitig Warnungen nach Susa gesandt; mit dem Aufgebot des Reichs rückte Artaxerxes gegen den Empörer aus; am Eingang Babyloniens bei Kunaxa traf er ihn zur Schlacht. Nach dem Siege der Griechen auf ihrem Flügel stürmte Kyros mit 600 Reitern auf die 6000 Reiter, die den König umgaben, durchbrach sie, drang auf den König selbst ein, verwundete ihn, erlag dann unter den Streichen des Königs und seiner Getreuen. Des Königs Wunde heilte sein Arzt, der Grieche Ktesias. Auch des Kyros Harem fiel in des Königs Hand, unter den Gefangenen zwei Griechinnen, die von ihren Aeltern dem Prinzen nach Sardes gebracht waren; die eine von ihnen, eine Milesierin, flüchtete sich glücklich in das Lager der Hellenen, die andere, die schöne und hochgebildete Milto von Phokaia, die in des Großkönigs Harem überging, hat dann dort, wie die Griechen erzählen, lange eine bedeutende Rolle gespielt.

Aeußerlich war die Macht des Großkönigs mit dem Tage von Kunaxa hergestellt. Aber es war ein Zeugniß tiefer Zerrüttung, daß unmittelbar vor der Schlacht viele Edle aus dem Reichsheer zu dem Empörer übergegangen waren; es war ein bedenklicheres Symptom, daß dieß Häuflein Griechen auf dem Schlachtfelde die Massen des Reichsheeres durchbrochen und geschlagen, daß es dann mitten durch das Reich marschirend in geschlossenen Reihen die Küste des Pontos erreicht hatte. War denn die Organisation des Reiches nichts, daß ein feindliches Heer so ungestraft drei, vier Satrapien, deren Grenzfesten misachten konnte? Nimmermehr hätte der Empörer die Pässe des Tauros überschreiten können, wenn der Satrap Kilikiens, aus dem altheimischen Stamm der Syennesis, wenn die persische Flotte, die unter dem Aegypter Tamos stand, ihre Schuldigkeit gethan hätten. Vor Allem, daß Kyros, mit zu großer Macht in den vorderen Satrapien, die rings von den Küsten her mit griechischem Wesen durchzogen waren, griechisches Kriegsvolk in Masse hatte an sich ziehen können, zeigte, daß man mit jenen Satrapien behutsamer und strenger als bisher verfahren müsse. Nicht das Satrapensystem war fehlerhaft; es war der Fehler der centralen Stelle, daß die Karanen und Satrapen sich hatten gewöhnen können, Politik auf eigene Hand zu machen, wie Territorialherren zu regimentiren, in den Stadttyrannen, Steuerpächtern, dotirten Günstlingen sich persönlichen

Anhang zu schaffen, welcher Macht genug gab, nach oben zu trotzen und nach unten zu drücken.

Vielleicht war es nicht erst in diesem Zusammenhange, daß die Zahl der Satrapien Kleinasiens — nach der Einrichtung des Dareios I. nur vier — gemehrt, daß namentlich die große Satrapie Phrygien, welche von der Propontis bis zum Tauros und den armenischen Gebirgen das ganze innere Hochland umfaßte, in drei Satrapien — Phrygien am Hellespont, Großphrygien und Kappadokien — zerschlagen, von der Satrapie Jonien das ganze Karien und die Südküste bis Kilikien abgelöst, daß endlich Kilikien fortan ohne Satrapen gelassen und, so scheint es, unmittelbares Reichsland wurde.

Schon waren die Spartaner unter Agesilaos Führung in den vorderen Landen, den Kampf gegen das Reich zu wagen. Daß Tissaphernes, der in sein früheres Amt zurückgekehrt war, nicht energischer verfuhr, nicht mehr erreichte, gab der Königin-Mutter die Handhabe, den Tod ihres Lieblings an dem Verhaßten zu rächen; ihm ward ein Nachfolger gesandt mit dem Befehl ihn zu ermorden.

Von sehr ernster Bedeutung war, daß zugleich Aegypten in Waffen stand. Noch bei Kunaxa hatte auch ägyptisches Kriegsvolk in dem Heere des Großkönigs gekämpft; aber man wußte in dem Griechenheere bereits, daß Aegypten abgefallen sei; jener Tamos flüchtete mit der Flotte nach Aegypten, und Sparta trat mit Memphis in Verbindung, empfing von dort Subsidien und die Zusage weiterer Hülfe. Nur zu leicht konnten auch die phoinikischen Städte, auch Kypros, wo der König Euagoras das griechische Wesen eifrigst förderte, dem Beispiel Aegyptens folgen; die ganze maritime Macht Persiens stand auf dem Spiel, während die griechische Landmacht die Satrapien Kleinasiens bedrängte; dem Reich wiederholte sich die Gefahr der perikleischen Zeit in gesteigertem Maaße. Wie ihr wehren?

Den rechten Weg wies der Athener Konon, der nach der letzten Niederlage der attischen Macht Zuflucht am Hofe des Euagoras gefunden hatte. Auf seinen Rath erhielt der Satrap von Phrygien am Hellespont Befehl, eine Flotte zusammenzubringen und den Staaten in Hellas mit persischem Golde den Kampf gegen Sparta möglich zu machen. Mit Konons Sieg bei Knidos, mit der Schilderhebung von Theben, Korinth, Athen, mit des Pharnabazos Seezuge bis zur lakonischen Küste und seinem Erscheinen in der Versammlung der Verbündeten zu Korinth war Agesilaos zu schleuniger Heimkehr gezwungen. Bald hart bedrängt, suchte Sparta des Großkönigs Gunst und Bündniß, es sandte Antalkidas, jenen Frieden zu schließen, in dem Sparta dem Reiche die Griechenstädte Asiens und Kypros obenein Preis gab. Nicht mehr militärisch, aber diplomatisch war damit Persien der Griechen Meister; bald den Spartanern, bald den Athenern, bald den Thebanern seine Gunst zuwendend, hielt der Hof von Susa die noch streitbaren Staaten Griechenlands in Athem; er ließ sie sich selbst zerfleischen.

Nur daß mit diesem Ringen in Hellas auch die Empörer des Großkönigs, Kypros, Aegypten, die syrische Küste, Gelegenheit fanden, sich dorther Beistand zu gewinnen, und die Satrapen Kleinasiens schon nicht mehr bloß nach der Weisung der Hofburg sich zu dem Wirrsal in Hellas verhielten. Des zu gütigen Artaxerxes Hand war nicht fest genug, die Zügel anzuziehn. Trotz zehnjährigen Kampfes erlangte er von dem kyprischen Könige nichts, als daß sich Kypros zur Zahlung des Tributes wie ehedem verstand. Aegyptens wurde er trotz des hellenischen Söldnerheeres, das er sandte, trotz des Iphikrates, der es führte, nicht mehr Herr. Die empörten Kadusier in den Gebirgen der kaspischen Pässe vermochte er mit aller Anstrengung nicht wieder zu unterwerfen. Die Bergvölker zwischen Susa, Ekbatana und Persepolis hatten sich der Botmäßigkeit entzogen, sie forderten und erhielten, wenn der Großkönig mit seinem Hofe durch ihr Gebiet zog, Tribut für den Durchzug. Schon empörten sich einige der Satrapen Kleinasiens: Ariobarzanes in Phrygien am Hellespont, Autophradates in Lydien, Maussollos, Orontes; nur der Verrath des Orontes, den sie zum Führer gewählt hatten, rettete dem Großkönige die Halbinsel.

Noch trauriger zeigen die Ueberlieferungen, freilich die griechischen, des alternden Artaxerxes Schwäche im Bereich seines

Hofes; er erscheint da wie ein Spielball an den Händen seiner Mutter, seines Harem, seiner Eunuchen. Sein Sohn Dareios, den er, ein Neunziger, zum Nachfolger ernannt mit dem Recht, schon jetzt die Tiara zu tragen, soll wegen einer Gunst, die ihm von dem Vater versagt worden, eine Verschwörung gegen dessen Leben angezettelt und dann auf des Vaters Befehl, dem sie verrathen worden, mit dem Tode gebüßt haben. Zum Thron der nächste war nun Ariaspes, nach ihm Arsames; aber ein dritter Sohn Ochos, so wird erzählt, trieb den ersten mit falschen Gerüchten von des Vaters Ungnade zum Selbstmord, ließ den zweiten durch gedungene Mörder beseitigen. Gleich darauf (358) starb Artaxerxes II. Ochos folgte ihm.

Ochos erscheint in der Ueberlieferung als ein asiatischer Despot ächter Art, blutdürstig und schlau, energisch und wollüstig, in der kalten und berechneten Entschiedenheit seiner Handlungen nur desto furchtbarer; ein solcher Charakter konnte wohl die im Innersten zerrüttete Persermacht noch einmal zusammenraffen und mit dem Schein von Kraft und Frische beleben, die empörten Völker und die trotzigen Satrapen zur Unterwürfigkeit zwingen, indem er sie auch seine Launen, seine Mordlust, seine wahnsinnige Wollust schweigend anzusehen gewöhnte. Er begann mit der Ermordung seiner jüngeren Brüder, ihres Anhanges; und der persische Hof nannte ihn voll Bewunderung mit dem Namen seines Vaters, der keine Tugend als die Sanftmuth gehabt hatte.

Die Art, wie der Thronwechsel geschah, vielleicht schon die blutigen Vorgänge, die ihm vorausgingen, waren Anlaß oder Vorwand zu neuen Empörungen in den vorderen Satrapien, zu dreisterem Vorgehen Aegyptens. Es erhob sich Orontes, der Jonien, Artabazos, der Phrygien am Hellespont hatte; attische Inschriften bezeugen die Verbindung des Orontes mit Athen. Artabazos hatte zwei rhodische Männer, die Brüder Mentor und Memnon, beide tüchtige Kriegsleute, an sich gezogen, sich mit ihrer Schwester vermählt, seine griechischen Söldner unter ihren Befehl gestellt. Die attischen Strategen Chares, Charidemos, Phokion leisteten ihm Beistand. Andere Satrapen blieben auf des Großkönigs Seite; namentlich der von Karien, Maussollos aus dem alten Dynastengeschlecht des Landes; sein Werk war der Abfall der attischen Bundesgenossen (357), der Rhodier, Koer, Chier voran; nur um so eifriger half Athen den empörten Satrapen; das gegen sie gesandte königliche Heer wurde namentlich von Chares geschlagen; die Athener jubelten wie über einen zweiten marathonischen Sieg. Aber eine persische Gesandtschaft erschien in Athen, über Chares Beschwerde zu führen, drohte 300 Trieren den Feinden Athens zum Beistand zu senden; man beeilte sich den Zorn des Königs zu begütigen, schloß mit den empörten Bundesgenossen Frieden (355). Auch ohne attische Hülfe kämpfte Artabazos weiter, sein Schwager Memnon unternahm einen Zug gegen den Tyrannen im kimmerischen Bosporos, mit dem Herakleia im Kriege war, die wichtigste Stadt an der bithynischen Küste des Pontos. Artabazos selbst gewann Unterstützung von den Thebanern, die ihm ihren Feldherrn Pammenes mit 5000 Söldnern sandten; mit deren Hülfe schlug er des König Truppen in zwei Schlachten. Dann ließ Artabazos den thebanischen Feldherrn gefangen setzen, weil er mit den Gegnern in Verhandlung zu stehen schien; Pammenes mag Weisung dazu aus Theben empfangen haben, wohin der Großkönig große Geldsummen hatte senden lassen. Rasch sank nun das Glück des Artabazos; er mußte flüchten (um 351), er und Memnon fanden an dem makedonischen Hofe Zuflucht, Mentor ging nach Aegypten.

Aegypten war seit lange der rechte Heerd des Kampfes gegen die Persermacht. Noch als Artaxerxes II. das Reich hatte, war dort von Tachos, dem Sohn des Nektanebos, ein großes Unternehmen gerüstet; mit einem Heere von 80,000 Aegyptern, 10,000 griechischen Söldnern, zu denen Sparta unter dem alten Agesilaos noch 1000 sandte, einer Flotte von 200 Schiffen, deren Befehl der Athener Chabrias übernahm, gedachte Tachos auch das syrische Land zu erobern. Aber König Tachos hatte sich durch Mistrauen und Zurücksetzung den König Agesilaos, durch Erpressungen das ägyptische Volk so verfeindet, daß, während er in Syrien stand, seines Oheims Sohn Nektanebos II. sich zum Pharao aufwerfen konnte, und da Agesilaos auch die griechischen Truppen dem neuen Herrn zuwandte, blieb dem Tachos kein anderer Ausweg, als nach Susa zu flüchten und des Großkönigs Gnade anzuflehen. Gegen Nektanebos erhob sich in Mendes ein anderer Prätendent, fand Zulauf in Menge; es kam so weit, daß der Pharao sammt seinen Griechen umstellt, mit Wällen und Gräben dicht und dichter eingeschlossen wurde, bis gegen die 100,000 Mann der alte Agesilaos mit seinen Griechen anrückte und den ganzen mendesischen Haufen auseinander- und in Flucht trieb; es war die letzte That des alten Spartanerkönigs; im Begriff nach Sparta heimzusegeln, starb er (358).

Die dürftigen Ueberlieferungen dieser Zeit geben nur an, daß noch Artaxerxes II. seinen Sohn Ochos gegen Aegypten gesandt habe, daß das Unternehmen gescheitert sei, daß Ochos, gleich nachdem er König geworden, gegen die Kadusier gekämpft, sie besiegt habe.

Wenige Jahre darauf, um 354, war man in Athen in lebhafter Sorge über die großen Rüstungen, die König Ochos mache, größere als seit Xerxes Zeit gemacht seien; man meinte, er wolle zuerst Aegypten unterwerfen, um sich dann auf Griechenland zu stürzen; auch Dareios habe erst Aegypten unterworfen, dann sich gegen Hellas gewandt, auch Xerxes erst das empörte Aegypten bewältigt, dann seinen Zug nach Hellas unternommen; man sprach in Athen, als sei er schon auf dem Wege; seine Flotte liege bereit, Truppen über Meer zu führen, auf 1200 Kameelen werde ihm der Schatz nachgeführt; mit seinem Golde werde er zu seinem asiatischen Heere hellenische Söldner in Masse anwerben; Athen müsse eingedenk der Tage von Marathon und Salamis den Krieg wider ihn beginnen. So schnell freilich war das Reichsheer nicht beieinander. Und bevor es kam, hatte sich zu der noch währenden Empörung in Kleinasien auch Phoinikien erhoben. Die Sidonier unter ihrem Fürsten Tennes beredeten auf dem Tage zu Tripolis die anderen Städte zum Abfall; man verbündete sich mit Nektanebos, man zerstörte die königlichen Schlösser und Paradiese, verbrannte die Magazine, ermordete die Perser, die in den Städten waren; sie alle, namentlich das durch Reichthum und Erfindsamkeit ausgezeichnete Sidon, rüsteten mit größtem Eifer, warben Söldner, machten ihre Schiffe fertig. Der Großkönig, dessen Reichsheer sich bei Babylon sammelte, befahl dem Satrapen Belesys von Syrien und dem Mazaios, dem Verwalter Kilikiens, den Angriff auf Sidon. Aber Tennes, unterstützt von 4000 griechischen Söldnern, unter Mentors Führung, die ihm Nektanebos sandte, leistete glücklichen Widerstand. Zu gleicher Zeit erhoben sich die neun Städte von Kypros, verbanden sich mit den Aegyptern und Phoinikiern, gleich ihnen unter ihren neuen Fürsten unabhängig zu sein. Auch sie rüsteten ihre Schiffe, warben griechische Söldner. Nektanebos selbst war auf das Beste gerüstet; der Athener Diophantos, der Spartaner Lamios standen an der Spitze seiner Söldner.

„Mit Schimpf und Schanden", sagt ein attischer Redner dieser Zeit, „mußte Ochos abziehen." Er rüstete einen dritten Zug, er forderte die hellenischen Staaten auf ihn zu unterstützen; es war in den letzten Stadien des heiligen Krieges; wenigstens Theben sandte ihm 1000 Söldner unter Lakrates, Argos 3000 unter Nikostratos; in den asiatischen Griechenstädten waren 6000 Mann geworben, die unter Bagoas Befehl gestellt wurden. Der Großkönig befahl dem Satrapen Idrieus von Karien den Angriff auf Kypros; er selbst wandte sich gegen die phoinikischen Städte. Vor solcher Uebermacht entsank diesen der Muth; nur die Sidonier waren entschlossen den äußersten Widerstand zu leisten; sie verbrannten ihre Schiffe, um sich die Flucht unmöglich zu machen. Aber auf Mentors Rath hatte König Tennes bereits Unterhandlungen angeknüpft, sie beide verriethen die Stadt; als die Sidonier bereits die Burg und die Thore in Feindes Hand und jede Rettung unmöglich sahen, zündeten sie die Stadt an und suchten den Tod in den Flammen; 40,000 Menschen sollen umgekommen sein. Den kyprischen Königen sank der Muth, sie unterwarfen sich.

Mit dem Fall Sidons war der Weg nach Aegypten frei. Das Heer des Großkönigs zog an der Küste südwärts, nicht ohne bedeutende Verluste gelangte es durch die Wüste, welche Asien und Aegypten scheidet, unter die Mauern der Gränzfestung Pelusion, welche von 5000 Griechen unter Philophron vertheidigt wurde; die Thebaner unter Lakrates, voll Begier ihren Waffenruhm zu bewähren, griffen sogleich an, wurden zurückgeworfen; nur die einbrechende Nacht rettete sie vor schwererem Verlust. Nektanebos durfte hoffen den Kampf zu bestehen; er hatte 20,000 Griechen, dazu eben so viele Libyer, 60,000 Aegypter; zahllose Nilschiffe waren im Stande, dem Feind jeden Flußübergang zu wehren, selbst wenn er die Verschanzungen, die am rechten Nilufer entlang errichtet waren, genommen hatte.

Der Großkönig theilte seine Macht. Er selbst zog den Nil aufwärts, Memphis bedrohend. Die boiotischen Söldner und persisches Fußvolk unter Lakrates und dem lydischen Satrapen Rosakes sollten Pelusion berennen; die Söldner von Argos unter Nikostratos und 1000 ausgewählte Perser unter Aristazanes wurden mit 80 Trieren ausgesandt, im Rücken von Pelusion eine Landung zu versuchen; eine vierte Abtheilung, in ihr Mentors Söldner und die 6000 Griechen des Bagoas, rückte südwärts von Pelusion auf, die Verbindung mit Memphis abzuschneiden. Dem verwegenen Nikostratos gelang die Landung im Rücken der feindlichen Linie, er schlug die dort stehenden Aegypter, die unter Kleinias von Kos zu deren Unterstützung herbeieilenden griechischen Söldner. Nektanebos eilte, seine Truppen rückwärts auf Memphis zusammenzuziehn. Nach tapferem Widerstande übergab Philophron Pelusion gegen freien Abzug. Mentor und Bagoas wandten sich gegen Bubastis; die Aufforderung zur Unterwerfung, die Drohung bei unnützem Widerstande die Züchtigung, die Sidon erlitten, zu wiederholen, brachte den Zwiespalt zwischen den Griechen, die bereit waren ihr Leben daran zu setzen, und den feigen Aegyptern zum Ausbruch; die Griechen kämpften weiter; der endlichen Einnahme der Stadt — sie hätte dem Bagoas, dem Liebling des Königs, das Leben gekostet, wenn nicht Mentor zu seiner Rettung herbeigeeilt wäre — folgte die Besetzung der noch übrigen Plätze des niederen Landes. Der anrückenden Uebermacht gegenüber hielt sich Nektanebos nicht mehr in seiner Hauptstadt sicher; er rettete sich mit seinen Schätzen stromauf nach Aethiopien.

So erlag — um 344 — Aegypten Artaxerxes III. Er ließ das Land, das sechzig Jahre dem Reich entfremdet gewesen war, seinen Zorn fühlen. Die Zeiten des Kambyses erneuten sich. Es folgten Hinrichtungen in Menge, Plünderungen ärgster Art; mit eigener Hand durchbohrte der Großkönig den heiligen Stier Apis, befahl die Tempel ihres Schmuckes, ihres Goldes, selbst ihrer heiligen Bücher zu berauben. „Der Dolch" hieß er fortan im Munde des Volkes. Nachdem Pherendakes zum Satrapen eingesetzt, die griechischen Söldner überreich beschenkt in die Heimath entlassen waren, kehrte der König mit unermeßlicher Beute, mit Ruhm bedeckt, nach Susa zurück.

Wie schwer hatten die attischen Redner vor einem Jahrzehnt, als Artaxerxes III. erst zu rüsten begann, die Gefahr für Hellas geschildert, wenn Aegypten wieder persisch würde. Jetzt hatte man in Athen nur die Sorge um die wachsende Macht des makedonischen Königs, der ja schon auch nach Perinth und Byzanz die Hand ausstrecke. Freilich, Philipp mochte meinen eilen zu müssen, ehe die Persermacht — denn griechische Söldner, griechische Bundesgenossen fand sie so viele, als sie bezahlen wollte — sich auf Europa stürze; über sein Gebiet zuerst hätte sich die Fluth der Barbaren ergossen.

Das Perserreich stand so gewaltig da wie in seinen besten Tagen; und daß es gelernt hatte, mit griechischen Feldherren, griechischen Söldnern seine Kriege zu führen, schien ihm eine neue Ueberlegenheit zu sichern, so lange die Griechenwelt blieb, wie sie war, voll vagabunder Kräfte, in zahllose Autonomien zerrissen, in jeder Stadt immer wechselnde Partheiherrschaft. Der Großkönig hatte das ganze Reich seiner Vorfahren wieder, bis auf das, was Dareios und Xerxes jenseits des Hellespontes dem Reich einverleibt hatten, Thrakien, Makedonien, Thessalien. In seinem Chiliarchen Bagoas, in dem Rhodier Mentor besaß er zwei treffliche Werkzeuge zu weiterem Wirken; mit einander in geschworner Gemeinschaft, dienten sie dem Herrn, lenkten sie ihn, Bagoas allmächtig am Hofe und in den oberen Satrapien, Mentor mit der Küste Kleinasiens betraut, zugleich, wie es scheint, als Karanos, wie einst Kyros, an der Spitze der Kriegsmacht Kleinasiens.

Auf Mentors Antrag gewährte der Großkönig die Begnadigung des Artabazos, des Memnon, ihrer Familien, die am makedonischen Hofe Zuflucht gefunden hatten; sie kehrten zurück. Aus dieser Zeit Mentors ist ein Zug überliefert, der bedeutsame Zusammenhänge erschließt. Ein Bithynier, Eubulos, seines Zeichens ein Wechsler, hatte, wohl auf dem Wege der Tributpachtung, die Stadt Atarneus, das feste Assos, die reiche Küste gegenüber von Lesbos an sich gebracht, sie seinem getreuen Hermias vererbt, einem dreimal entlaufenen Sclaven, wie man in dem klatschsüchtigen Athen sagte; man kannte ihn dort als Schüler Platons, als Freund des Aristoteles; nach Platons Tod folgte Aristoteles seiner Einladung nach Atarneus (345) zu längerem Aufenthalt. Gegen diesen reichen „Tyrannen“ wandte sich Mentor, lud ihn, um ihm die Wege zur Gnade des Großkönigs zu zeigen, zu einer Zusammenkunft ein, ließ ihn dann greifen, schickte ihn nach Susa, wo er ans Kreuz geschlagen wurde; er selbst bemächtigte sich seiner Schätze, seines Gebietes. Nur seine Tochter rettete sich, flüchtete zu Aristoteles; er nahm das verarmte, „aber sittsame und wackere Mädchen“ zur Frau.

Es war in der Zeit, da Philippos gegen die Thraker zog, Byzanz, Perinth bedroht schienen. Demosthenes empfahl damals den Athenern Gesandte an den Großkönig zu schicken, ihm den Zweck der makedonischen Rüstungen darzulegen; es sei ja einer der mächtigsten Freunde Philipps und Mitwisser aller seiner Pläne bereits aufgegriffen und in des Königs Hand. Den Perinthiern sandte Arsites, der Satrap Phrygiens, am Hellespont Geld, Proviant, Waffen, Soldtruppen unter dem Athener Apollodoros. Aber auf die Bitte der attischen Gesandtschaft um persische Subsidien antwortete der Großkönig in einem „sehr stolzen und barbarischen Schreiben“. Mochte er die Athener nur verachten oder auch ihnen Verderben sinnen, die

Dinge in Hellas rollten rasch weiter, vollendeten sich in derselben Zeit, da ihn ein jähes Ende traf.

Seit der glorreichen Rückkehr aus Aegypten saß er in seiner Hofburg, in zügelloser Willkühr und Grausamkeit herrschend. Alle fürchteten und haßten ihn; der Einzige, dem er Vertrauen schenkte, misbrauchte es. Sein Vertrauter Bagoas war ein Aegypter; dem Glauben und Aberglauben seines Vaterlandes, zu dessen Untergang er selbst geholfen, ganz ergeben, hatte er die Schändung der vaterländischen Heiligthümer und die Ermordung des heiligen Apis nicht vergessen; je mehr im Reich und am Hofe die Erbitterung gegen den Großkönig wuchs, desto kühner wurden die Pläne seines tückischen Günstlings. Der Eunuch gewann den Arzt des Königs, ein Gifttrank machte dem Leben des Verhaßten ein Ende; das Reich war in des Eunuchen Hand; um desto sicherer seine Stelle zu behaupten, ließ er des Königs jüngsten Sohn Arses zum Könige weihen, die Brüder desselben ermorden; nur einer, Bisthanes, rettete sich. Das geschah etwa zu der Zeit der Schlacht von Chaironeia.

Bald empfand Arses den frechen Stolz des Eunuchen, er vergaß ihm nicht den Mord seines Vaters und seiner Brüder. Bagoas eilte ihm zuvorzukommen; nach kaum zweijähriger Regierung ließ er den König mit seinen Kindern ermorden; zum zweiten Male war die Tiara in seinen Händen. Aber das königliche Haus war verödet; durch Ochos Hand waren Artaxerxes II. Söhne, durch Bagoas Ochos Söhne und Enkel ermordet bis auf jenen Bisthanes, der sich durch die Flucht gerettet hatte. Noch lebte ein Sohn jenes Dareios, dem sein Vater Artaxerxes II. die Tiara gewährt, die erbetene Gunst versagt hatte, des Namens Arbupalos; aber die Augen der Perser wandten sich auf Kodomannos, der einer Seitenlinie des Achaimenidenhauses angehörte; er war der Sohn des Arsames, des Brudersohnes von Artaxerxes II., und der Sisygambis, einer Tochter desselben Artaxerxes; in dem Kriege, den Ochos gegen die Kadusier geführt, hatte er die Herausforderung ihres riesigen Anführers, da kein Anderer sich zu stellen wagte, angenommen und ihn bewältigt; damals war ihm von den Persern der Preis der Tapferkeit zuerkannt, sein Name von Alt und Jung gefeiert worden, der König Ochos hatte ihn mit Geschenken und Lobpreisungen überhäuft, ihm die Satrapie Armenien gegeben. Mochte Bagoas jener Stimmung der Perser nachgegeben, oder sich mit der Hoffnung geschmeichelt haben, daß Kodomannos für die Tiara, die er durch ihn erlangt, ihm ergeben bleiben würde, früh genug sollte er erkennen, wie sehr er sich getäuscht hatte. Der König — Dareios nannte er sich — haßte den Mörder und verachtete seinen Rath; Bagaos beschloß, ihn aus dem Wege zu räumen, er mischte ihm Gift in den Becher; aber Dareios war gewarnt; er rief den Eunuchen und hieß ihn, als wäre es ein Zeichen seiner Gunst, den Becher trinken. So fand Bagoas eine späte Strafe.

Die Zügel der Herrschaft waren in der Hand eines Königs, wie ihn Persien lange nicht gehabt hatte; schön und ernst, wie der Asiate sich gern seinen Herrscher denkt, Allen huldreich und von Allen verehrt, an allen Tugenden seiner großen Ahnen reich, frei von den scheußlichen Lastern, die das Leben der letzten Könige geschändet und zum Verderben des Reichs gemacht hatten, schien Dareios berufen, das Reich, das er ohne Schuld und Blut erworben, von den Schäden zu heilen, an denen es krankte. Keine Empörung störte den Beginn seiner Herrschaft; Aegypten war dem Reiche wiedergegeben, Baktrien, Syrien dem Könige treu und gehorsam; von den Küsten Joniens bis an den Indus schien Asien so sicher, wie seit lange nicht, geeint unter dem edlen Dareios. Und dieser König sollte der letzte Enkel des Kyros sein, der über Asien herrschte, gleich als ob ein unschuldiges Haupt sühnen müsse, was nicht mehr zu heilen war.

Schon stieg im fernen Westen das Wetter, das Persien vernichten sollte, empor. Schon hatten die seeländischen Satrapen Botschaft gesandt, daß der makedonische König mit den Staaten von Hellas Frieden und Bündniß geschlossen habe, daß er sein Heer rüste, um mit dem nächsten Frühling in die Provinzen Kleinasiens einzubrechen. Dareios wünschte auf jede Weise diesen Krieg zu vermeiden; er mochte ahnen, wie sein ungeheures Reich, in sich zerrüttet und abgestorben, nur eines äußeren Anstoßes bedürfe, um zusammenzubrechen. So zögernd, versäumte er die letzte Frist, dem Angriff, den er fürchtete, zuvorzukommen.

In derselben Zeit, da er das Königthum übernahm, sandte König Philipp die ersten Truppen unter Parmenions und Attalos Befehl über den Hellespont, sich in den griechischen Städten der nächsten Satrapien festzusetzen. Schon war an die Genossen des hellenischen Bundes die Weisung erlassen, ihre Contingente nach Makedonien, ihre Trieren zur makedonischen Flotte zu senden. Er selbst gedachte demnächst aufzubrechen, um an der Spitze der makedonisch-hellenischen Macht das Werk zu beginnen, für das er bisher gearbeitet hatte.

Zweites Kapitel.

Das makedonische Land, Volk, Königthum. — König Philipps II. innere Politik. — Der Adel; der Hof. — Olympias. — Alexanders Jugend. — Zerwürfniß im Königshause. Attalos. — Philipps II. Ermordung.

Aber war Philipp, waren seine Makedonen Griechen, den Kampf gegen die Perser im Sinne des hellenischen Volkes und der hellenischen Geschichte übernehmen zu können?

Die Vertheidiger der alten particularistischen Politik und der hellenischen „Freiheit" haben es oft genug bestritten, und ihr großer Wortführer Demosthenes geht in seinem patriotischen Eifer so weit, zu versichern, daß Philipp weder ein Hellene, noch mit Hellenen verwandt sei, sondern zu den Barbaren gehöre, die nicht einmal als Sclaven brauchbar seien [1]).

Aeltere Ueberlieferungen geben eine andere Auffassung. Aischylos läßt, wie schon angeführt ist, den König Pelasgos von Argos sagen, sein Volk, Pelasger nach ihm geheißen, wohne bis zu des Strymon klaren Wassern und umfasse wie das Bergland Dodona, so das Land am Pindos und die weiten Gaue Paioniens. Also dem alten Marathonkämpfer gelten die Völkerschaften, die das Flußgebiet des Haliakmon und des Axios bewohnen, für gleichen Stammes mit der alten Bevölkerung der Lande vom Olympos bis zum Tainaron, mit der im Westen

---

[1]) Demosth. Phil. III. 31. Olynth. III. 16. 24. De fals. leg. 305. 308.

des Pindos. Der hohe Pindos, der Thessalien vom Bergland Dodona und von Epeiros scheidet, bildet in seinen nördlichen Fortsetzungen bis zum Schar-Dagh, dem alten Skardos, die Scheidung zwischen Makedonien und Illyrien; dann wendet sich das Gebirg nach Osten zu den Quellen des Strymon und weiter südostwärts auf dessen linker Seite als Orbelos zur Küste hinab, die natürliche Gränze des makedonisch-paionischen Gebietes auch gegen die thrakischen Völker im Osten und Norden vollendend. In dem so umschlossenen Gebiet durchbrechen der Haliakmon, der Axios mit seinen Nebenflüssen, der Strymon eine zweite, eine dritte Gebirgsreihe, die, dem Pindos-Skardos-Orbelos gleichsam concentrisch, die innerste Küstenebene, die von Pella und Thessalonike am thermäischen Busen, umschließt; und der Doppelkranz von Thalkesseln, durch welche die drei Ströme hindurch brechen und, wenigstens der Axios und Haliakmon, in dieser Küstenebene einander nahe das Meer erreichen, macht die Bevölkerung dieser Lande, wie von Natur in cantonale Stämme zerfallen, und die Ebene der Küste zu deren gemeinsamer Mitte und Malstatt.

Nach den Erzählungen Herodots ist das Volk, das später den Namen Dorer geführt, aus Thessalien gedrängt, an den Pindos in das Thal des Haliakmon gezogen und hat dort den Namen Makedonen geführt [1]). Andere Sagen lassen Argeas, den Stammvater der Makedonen, von Argos in der Orestis, am Quellgebiet des Haliakmon, ausziehn, und erklären damit den Namen Argeaden, mit dem das Königshaus wohl genannt wird [2]). Nach anderer Ueberlieferung [3]), die dann die landesübliche wurde, waren drei Brüder, Herakleiden aus dem Fürstengeschlecht von

---

1) Herod. 1, 56. Das Nähere über diese Sagen bei Abel, Makedonien, S. 97 ff.

2) Nach Appian. Syr. 63: *Ἄργος τὸ ἐν Ὀρεστείᾳ ὅθεν οἱ Ἀργεάδαι Μακεδόνες.* Strab. V, p. 329; epit. fr. 11, und in den sibyllinischen Versen bei Paus. VII. 8. 9.

3) Herod. VIII. 137 f.; V. 22. Thuc. II. 99. Da Thukydides ausdrücklich von „den acht Königen vor Archelaos" spricht, so ist die Königsreihe, die bis zum Karanos hinaufgeht, erst später entstanden, wie Weissenborn und Gutschmid dargelegt, durch Euripides.

Argos, das vom Temenos abstammt, nach Norden zu den Illyriern, dann weiter in das obere Land Makedoniens gekommen, hatten sich dann in Edessa festgesetzt, an den mächtigen Cascaden, mit denen die Wasser in die weite, fruchtreiche Küstenlandschaft treten. Hier in Edessa, das auch Aigai genannt wird, habe der jüngste der drei Brüder das Königthum begründet, das dann in allmähligem Wachsthum die nächstgelegenen Landschaften Emathia, Mygdonia, Bottiaia, Pieria, Amphaxitis in dem Namen der Makedonen vereinigte.

Sie gehörten zu denselben pelasgischen Stämmen, die einst alles hellenische Land inne gehabt hatten, und von denen auch andere später den Hellenen, hinter deren Entwickelung sie zurückgeblieben, als Barbaren oder Halb-Barbaren erschienen. Die Religion, die Sitte der Makedonen bezeugt diese Gemeinschaft; mögen immerhin an den Gränzen Vermischungen mit illyrischen, mit thrakischen Stämmen stattgefunden haben, die makedonische Sprache erweist sich als den älteren Dialecten der hellenischen nahestehend [1]).

Bis in späte Zeit ist in der makedonischen Kriegsverfassung der Name der Hetairen in Uebung geblieben. War derselbe, wie wohl nicht zu zweifeln, mit der Gründung des Königthums in das Land gekommen, so hatten die makedonischen Herakleiden das gleiche Loos mit ihren Vorfahren in der Pelo-

[1]) Neuester Zeit hat A. Fick in Kuhn's Zeitschrift XXII, S. 193 ff. „Zum makedonischen Dialecte" diese Frage erläutert und den, wie ich glaube, trotz G. Meyer's Gegenbemerkungen (in Fleckeisen, Jahrb. f. klass. Phil. 1875, S. 186) überzeugenden Beweis geliefert, daß, was von makedonischen Glossen und Namen vorhanden ist, sich zum größten Theil als wesentlich griechisch zeigt, insonderheit die Namen, die älter als Alexandros der Philhellene sind, so der dieses Alexandros selbst, der seiner Vorgänger reihaufwärts: Amyntas, Alketas, Aeropos (Königsname in Tegea Paus. VIII, 44. 8), Philippos, Perdikkas. Doch finden sich unter einer Reihe von makedonischen Namen aus Ol. 89 (C. I. A. I, n°. 42) auch sehr auffallende, *Γαιτέας*, *Σταδμέας*, und in dem doch wohl hieher gehörigen Fragment 42 d *Ἔθαρος*, *Κρατέννας*; unter den makedonischen Glossen (bei Meyer n°. 50) *γράβιον* für den fichtenen Kienspan, den man als Leuchte braucht, erinnert an den Namen des illyrischen Fürsten *Γράβος* in der Inschrift von 355 in *Ἐφημ. ἀρχ.* 1874, p. 451, jetzt C. I. A. II, n°. 66b.

ponnes, in ein fremdes Land eingewandert, ihre Macht und ihr Recht auf die Unterwerfung der dort Altheimischen gründen zu müssen, nur daß hier mehr als in einem anderen dorischen Lande das Alte mit dem Neuen sich mischte und zu einem Ganzen verschmolz, welches die Frische, aber auch die rohe Derbheit der Väter, man möchte sagen die Heroenzeit in ihrer unpoetischen Gestalt, bewahrte. Es gab da Sitten höchst altfränkischer Art. Wer noch keinen Feind getödtet, mußte den Halfter umgegürtet tragen [1]); wer noch keinen Eber im freien Anlauf erlegt hatte, durfte beim Gastmahl nicht liegen, mußte sitzen [2]); bei der Leichenfeier hatte des Verstorbenen Tochter den Scheiterhaufen, auf dem der Leichnam verbrannt war, auszulöschen [3]); es wird berichtet, daß die Trophäen des ersten Sieges, den Perdikkas über die einheimischen Stämme davontrug, durch den Willen der Götter über Nacht von einem Löwen umgerissen worden, zum Zeichen, daß man nicht Feinde besiegt, sondern Freunde gewonnen habe [4]), und seitdem sei es makedonische Sitte geblieben, über besiegte Feinde, ob Hellenen oder Barbaren, keine Trophäen zu errichten; weder Philippos nach dem Tage von Chaironeia, noch Alexander nach den Siegen über die Perser, die Inder habe es gethan.

In den Jahren dieser Siege schreibt Aristoteles: „in den hellenischen Landen habe sich das Königthum nur in Sparta, bei den Molossern und in Makedonien erhalten, bei den Spartanern und Molossern, weil es in seiner Machtvollkommenheit so beschränkt worden sei, daß die Könige nicht mehr beneidet würden". Während aller Orten sonst das Königthum, das sich in dem niedern Volk eine Stütze zu gewinnen versäumt hatte, dem Emporkommen des Herrenstandes erlegen war, während dann gegen diesen Herrenstand selbst das niedere Volk, lange von allem An-

---

1) Aristot. Pol. VII. 6.

2) Hegesandros bei Athen. I, p. 18.

3) Duris, fr. 72, der die Sitte auf die Heraklestochter Makaria zurückführte, die nach sonstiger Sage sich selbst zur Sühne geopfert haben soll. C. O. Müller, Dorer I, S. 55.

4) Paus. IX. 40.

theil an der Leitung des öffentlichen Lebens ausgeschlossen und in Druck gehalten, sich endlich aufgelehnt, die edlen Geschlechter ihrer Vorrechte beraubt und sie in das gleiche Recht des demokratischen Gemeinwesens herabgezogen hatte, war Makedonien in seiner alterthümlichen Königsherrschaft geblieben, da hier die Elemente der Reibung und des Hasses in dem Verhältniß der Stände nicht zur Ausbildung kamen; „an Reichthum und Ehre über Alle hervorragend", blieb hier das alte Königthum [1]).

Es gab hier Gefahren anderer Art. Das Königthum gehörte dem königlichen Geschlecht; aber die Erbfolge in demselben war nicht so fest normirt, daß sie jeden Zweifel und Hader im Voraus ausgeschlossen hätte. Je freier hier die königliche Gewalt blieb, um so mehr forderte sie von dem, der sie inne hatte, persönliche Tüchtigkeit und Leistung; und nur zu oft geschah es, daß Unmündige, Unfähige, Lässige dem tüchtigeren Bruder oder Vetter weichen mußten; so hat nach Alexandros I. des Philhellenen Tod dessen jüngerer Sohn Perdikkas II. nicht geruht, als bis er seine älteren Brüder Amyntas, Philippos, Alketas zur Seite geschoben hatte [2]); so hat Perdikkas Sohn Archelaos,

[1]) Arist. Pol. X. 10: *μέγεθος γὰρ ὑπάρχει πλούτου καὶ τιμῆς τοῖς μοναρχοῦσι* . . . X. 22: . . . *διὰ τὸ τὴν βασιλείαν ἑκούσιον μὲν ἀρχὴν εἶναι, μειζόνων δὲ κυρίαν δ' εἶναι τοὺς ὁμοίους καὶ μηδένα διαφέροντα τοσοῦτον ὥστε ἁμαρτίζειν πρὸς τὸ μέγεθος καὶ τὸ ἀξίωμα τῆς ἀρχῆς* u. s. w.

[2]) Ueber diese Brüder des Perdikkas klärt die Urkunde des Vertrages zwischen ihm und Athen vom Jahr 422 auf (C. I. A. I, n°. 42), indem diese Urkunde erst die Verwandten des Königs, dann andere Makedonen als Zeugen unterschreiben. Und zwar stehn zuerst des Königs Brüder, dann sein Sohn Archelaos, dann die Brudersöhne des Königs. Die Reihe beginnt [*Μ*]*ε*[*ν*]*έλαος Ἀλεξάνδρου*, ihm folgt *Ἀλκέτης Ἀλεξάνδρου*. Jener Menelaos ist derselbe, den Justin in leider sehr verworrener Weise anführt (VII. 4. 5). Der andere Bruder des Perdikkas ist derselbe Alketas, der seines schweren Trinkens wegen Trichter geheißen haben soll und von dem Platon erzählen zu können glaubt (Gorg. p. 471), daß Archelaos, Perdikkas Sohn, um den Thron zu erhalten, ihn und seinen Sohn Alexandros ermordet habe. An dritter und vierter Stelle nennt die Inschrift *ΑΡΧΕΛΑΛΣ Π*[*ερδίκκο* . . . .] *ΟΑ. ΕΡ. ΟΣΦΙΛΙΠ* [. . ; nach *Περδίκκο* bleibt Raum genug für *Ἀμύντας Φιλίππ*]o, das ist der Amyntas, der als Sohn des Theilfürsten Philippos, der bereits um 429 todt ist, erwähnt wird. Von dem

der in unrechtmäßiger Ehe geboren war, den rechtmäßigen Erben verdrängt und, ehe er heranwuchs, ermordet [1]). In anderen Fällen gab die Vormundschaft, die geordnete Form der Prostasie, die Handhabe zur Usurpation [2]).

Dazu noch ein Anderes; mehrere Beispiele zeigen, daß jüngeren Söhnen des Königs, auch wohl Fremden, Theile des Landes zu eigenem erblichem Besitz abgetreten wurden, gewiß unter der Oberhoheit des Königs, aber doch mit so fürstlicher Befugniß, daß sie auch zu Waffendienst aufbieten und eigene Truppen halten durften. So hatte der jüngere Bruder des Philhellenen Alexandros, Arrhidaios [3]), das Fürstenthum Elymiotis im oberen Lande erhalten, und es blieb in dessen Geschlecht; so des Perdikkas Bruder Philippos ein Gebiet am oberen Axios. Das Königthum konnte nicht erstarken, wenn es diese Fürstenlinien nicht in Parition zu halten vermochte, zumal so lange die Paionen, die Agrianer, die Lynkestier, andere Grenzgebiete unter selbstständigen Fürsten ihnen Rückhalt gaben. Zuerst Alexandros der Philhellene, in der Zeit der Perserkriege, scheint die Lynkestier, die Paionen, die Oresten, die Tymphaier

---

zweiten Sohn dieses Philipp geschieht sonst nirgend Erwähnung, und es bietet sich, obschon in seinem Namen nur zwei Buchstaben fehlen, keine sichre Ergänzung. Nach dem zweiten Sohn des Philipp nennt die Inschrift: .. *υρος Ἀλκέτου;* da dem Namen nur zwei Buchstaben fehlen, hat er etwa *Γαῦρος* oder *Ταῦρος* gelautet. Nicht unter den Zeugen findet sich der wahrscheinlich älteste Bruder des Perdikkas Amyntas, den Dexippos als *ἰδιωτικῶς ζήσας* bezeichnet. Daß er älter war als Perdikkas, ist darum wahrscheinlich, weil demnächst Perdikkas die Wittwe von Amyntas Sohn Arrhidaios geheirathet hat (s. u. S. 76, 3); es ist die eigentlich königliche Linie, aus der Philipp II. und Alexander der Große stammen.

[1]) Wenigstens Platon, der freilich in Personalien wenig zuverlässig ist, sagt Gorg., p. 471 a, daß Archelaos seinen siebenjährigen Bruder ermordet habe. Dieser Knabe war dem Perdikkas von seiner rechtmäßigen Gemahlin Kleopatra, der Wittwe des Arrhidaios, geboren.

[2]) Die Form der *προστασία τῆς βασιλείας* tritt besonders deutlich in den Vorgängen von 323 nach dem Tode Alexanders hervor, wo von ihr zu sprechen sein wird.

[3]) Schol. Thucyd. I. 51: *Δέρδας Ἀριδαίου παῖς, ἀνέψιος Περδίκκα καὶ Φιλίππου.*

zur Anerkennung der makedonischen Oberhoheit gezwungen zu haben [1]; aber die Fürsten dort behielten ihren Fürstenstand und damit ihre fürstlichen Güter.

Von der Verfassung und Verwaltung Makedoniens ist zu wenig überliefert, als daß man sagen könnte, wieweit sich des Königs Macht erstreckt habe. Wenn König Archelaos im letzten Jahrzehnt des peloponnesischen Krieges eine Fülle neuer Einrichtungen schaffen, wenn König Philipp II. das Münzwesen seines Landes, das bis dahin höchst ungleichartig gewesen war, neugestalten, wenn er ein völlig neues Heerwesen schaffen konnte, so muß das Königthum eine sehr weitgehende Befugniß normativer Verordnungen gehabt haben. Aber gewiß bestimmte, was Recht sei, die Gewohnheit und das Herkommen [2], ergänzte den Mangel der Verfassung. Man wird sagen dürfen, daß das Königthum eben so weit von asiatischer Despotie, wie das Volk von Leibeigenschaft und sclavischer Unterwürfigkeit war; „die Makedonen sind freie Männer", sagt ein alter Schriftsteller [3], nicht Penesten, wie die Masse des Volkes in Thessalien, nicht Heloten, wie im spartanischen Lande, sondern ein Bauernvolk, gewiß nicht ohne freien und erblichen Besitz, gewiß nicht ohne Gemeindeverfassung mit Ortsversammlung und Ortsgericht [4], alle zu den Waffen pflichtig, wenn der König das Land aufruft. Noch in später Zeit gilt das Heer als versammeltes Volk, wird zur Volksversammlung berufen zu Berathung und Gericht.

In diesem Heere tritt deutlich ein zahlreicher Adel hervor

---

[1]) Abel (Makedonien, S. 152) vermuthet, daß die Gunst des Perserkönigs diese Nachbargebiete der Satrapie Makedonien zugelegt habe.

[2]) Kallisthenes bei Arrian. IV. 4. 11: *οὐ βίᾳ ἀλλὰ νόμῳ Μακεδόνων ἄρχοντες διετέλεσαν.*

[3]) Lucian. Dial. Mort. 14: *ἐλεύθεροι ἄνδρες.*

[4]) Hesych. *σκοῖδος· ἀρχή τις παρὰ Μακεδόσι τεταγμένη ἐπὶ τῶν δικαστηρίων· ἡ λέξις κεῖται ἐν ταῖς ἐπιστολαῖς Ἀλεξάνδρου.* Wie immer es mit den Briefen Alexanders stehn mag, auch ein Fälscher wird den richtigen Namen gebraucht haben. Nach Ficks Erklärung ist das Wort regelmäßig von der Wurzel skaidh (scheiden) gebildet. Eine zweite Glosse bei Hesych.: *ταγανόγα· Μακεδονική τις ἀρχή*, ist unerklärbar, wahrscheinlich corrupt; der Anfang klingt auf das thessalische *ταγὸς* an.

unter dem Namen der „Hetairen" [1]), der Kriegsgesellen, wie ihn schon die homerischen Gesänge kennen. Diesen Adel wird man kaum als Herrenstand bezeichnen dürfen; was ihn auszeichnete, war wohl nur größeres Besitzthum, die Erinnerungen edler Abstammung, nähere Beziehung zur Person des Königs, der treue Dienste mit Ehren und Geschenken belohnte. Selbst die Familien von fürstlichem Adel, die früher in den oberen Landschaften selbstständige Herrschaft gehabt und, nachdem sie von dem mächtigeren Königthum Makedoniens abhängig geworden, doch den Besitz ihres früheren Territoriums behalten hatten, traten wohl mit ihrem Volk in die Verhältnisse ein, welche für das Königsland galten. Größere Städte in hellenischem Sinn gab es in diesem Bauern- und Adelslande nicht; die an der Küste liegenden waren hellenische Colonien, selbstständige Gemeinwesen, im bewußten Gegensatz gegen das Binnenland.

Gegen die Zeit der Perserkriege, namentlich unter dem ersten Alexandros, „dem Philhellenen", wie Pindar ihn nennt, begannen lebhaftere Beziehungen Makedoniens zum Griechenthum. Schon dessen Vater hatte dem aus Athen geflüchteten Hippias, Peisistratos Sohn, Zuflucht und Besitz in seinem Lande angeboten. Alexandros selbst, der dem Heere der Perser nach Hellas folgen mußte, that, was er konnte — man erinnere sich der Schlacht bei Plataiai — den Hellenen hülfreich zu sein; ihm wurde auf Grund seiner nachgewiesenen Abstammung von den Temeniden von Argos die Zulassung zu den olympischen Wettkämpfen gewährt, die Anerkennung, daß er Hellene sei [2]).

---

[1]) Von den dorischen Phylen findet sich in dem makedonischen Volk oder Adel, so viel mir bekannt, keine Spur. Der König nimmt in die Reihe der Hetairen auch Fremde auf. Arr. I. 25. 9. Theopomp., fr. 249: οἱ ἑταῖροι αὐτοῦ ἐκ πολλῶν τόπων συνεῤῥυηκότες· οἱ μὲν γὰρ ἐξ αὐτῆς τῆς χώρας, οἱ δὲ ἐκ Θετταλίας, οἱ δὲ ἐκ τῆς ἄλλης Ἑλλάδος, οὐκ ἀριστίνδην ἐξειλεγμένοι. Die 800 Hetairen Philipps besaßen nach Theopomps Schätzung wohl so viel Land als 10,000 Hellenen; also in Makedonien große Güter, die es in der hellenischen Welt wenigstens innerhalb der Thermopylen nicht mehr gab.

[2]) Herod. V. 22.

Wie er, so waren seine nächsten Nachfolger [1]), mit mehr oder minder Geschick und Kraft darauf gewandt, ihr Land in unmittelbaren Zusammenhang mit dem Verkehr, dem politischen Leben und der Bildung des Griechenthums zu bringen. Die Nähe der reichen und handelskundigen Colonien in Chalkidike, die durch sie veranlaßten vielfältigen Berührungen mit den Hauptmächten von Hellas, die um deren Besitz kämpften und den Einfluß Makedoniens suchten oder fürchteten, die fast ununterbrochenen Kämpfe in Hellas selbst, welche manchen berühmten Namen die Heimath zu meiden und an dem reichen Hofe von Pella Ruhe und Ehre zu suchen veranlaßten, das Alles begünstigte die Fortschritte Makedoniens.

Vor allen wichtig und erfolgreich war die Zeit des Königs Archelaos; während das übrige Hellas von dem peloponnesischen Kriege verwirrt und zerrissen wurde, schritt unter seiner umsichtigen Leitung Makedonien rasch vorwärts; er baute feste Plätze, deren bisher das Land entbehrt hatte; er legte Straßen an; er entwickelte die begonnene Ordnung des Heerwesens [2]); „er that in Allem“, sagt Thukydides, „mehr für Makedonien, als die acht Könige vor ihm“. Er stiftete Festspiele nach Art der hellenischen, die bei Dion, unfern dem Grabe des Orpheus, dem olympischen Zeus und den Musen gefeiert wurden, gymnische und musische [3]). Sein Hof, der Sammelplatz von Dichtern

---

[1]) Ich brauche diesen Ausdruck, weil Perdikkas II. wohl nicht (454) unmittelbar auf Alexandros den Philhellenen gefolgt ist (Pack, Die Entstehung der maked. Anagraphe in Hermes X, S. 282). Es ist schon oben bemerkt, daß Amyntas wohl der älteste unter den Söhnen Alexanders war; vielleicht hatte Perdikkas wie Philipp ursprünglich nur ein Theilfürstenthum. Perdikkas wird ihn zur Seite geschoben haben, wie er um 431 gegen Philipp kämpfte (Thucyd. I. 57. 59), dessen Sohn wieder in Besitz zu setzen (*ἐς τὴν Φιλίππου πρότερον οὖσαν ἀρχὴν*) die Thraker 429 einen Feldzug nach Makedonien machen (Thucyd. II. 100. 3; Diod. XII. 50. 3).

[2]) Thucyd. II. 100. 2: *καὶ τἆλλα διεκόσμησε τά τε κατὰ τὸν πόλεμον ἵπποις καὶ ὅπλοις καὶ τῇ ἄλλῃ παρασκευῇ.* Also er ordnete den Reiter- wie den Hoplitendienst.

[3]) Dio Chrys. II. 18.

und Künstlern aller Art [1]) und der Vereinigspunkt des makedonischen Adels, wurde das Vorbild für das Volk und dessen fortschreitende Entwickelung; Archelaos selbst galt in dem Munde der Zeitgenossen für den reichsten und glücklichsten Menschen von der Welt.

Nach ihm begann schwerer als zuvor innerer Hader, vielleicht von einer Reaction gegen die Neuerungen der sich sammelnden Königsmacht veranlaßt oder geschürt, gerichtet zugleich gegen die neue Bildung und Sitte, für die das Königthum eingetreten war; Tendenzen, die der Lage der Sache nach in den Fürstengeschlechtern und einem Theil der Hetairen ihre Träger fanden, und von der Politik der leitenden Staaten in Hellas bestens gefördert wurden, während die Masse des Volkes, so scheint es, dabei gleichgültig blieb.

Schon gegen König Archelaos hatte sich der Lynkestier Fürst Arrhabaios [2]) in Verbindung mit dem elymiotischen Sirrhas in Waffen erhoben, vielleicht unter dem Vorwand, die Beseitigung des ächten Erbfolgers zu rächen, vielleicht für Amyntas, des Arrhidaios Sohn, den nächstberechtigten aus dem königlichen Hause. Archelaos hatte den Frieden damit erkauft, daß er seine Töchter, die ältere dem Sirrhas, die jüngere dem Amyntas vermählte [3]). Dann wurde er, wie es heißt, durch

---

1) Aristoph. Ran. 85: *μακάρων εὐωχίαν.* Anderes bei Aelian. V. H. XIV. 17; II. 21. Die Dichter Agathon, Choirilos, Euripides, der Maler Zeuxis waren an seinem Hofe; Platon wird als ihm sehr befreundet genannt, Athen. XI, p. 508 u. s. w.

2) *Ἀῤῥάβαιος* ist die Schreibung der attischen Inschrift C. I. A. I, n°. 42.

3) Aristot. Pol. V. 8. 11 mit der Verbesserung Sauppes (Inscr. Mac. quatuor 1847 V. 17): *τῷ [Ἀῤῥιδαίου] υἱεῖ Ἀμύντᾳ.* Dieß ist derselbe Amyntas, der in der Inschrift der *σύνθηκαι* mit den Chalkidiern genannt wird (Le Bas II, p. 325, n°. 1406, wo in der ersten Zeile *πρὸς Ἀμύνταν τὸν Ἀῤῥιδαίου*, in der zweiten . . *τὸν Ἐῤῥιδαίου* steht. Treffend schließt Sauppe aus Aristoteles, daß des Arrhidaios Wittwe sich mit Perdikkas vermählt, ihm den Sohn geboren habe, der von Archelaos ermordet wurde, und daß Archelaos ihrem Sohn erster Ehe Amyntas seine Tochter vermählte, um ihrer Rache zu begegnen. Dieser Amyntas ist nach Dexippos

Zufall auf der Jagd getödtet [1]). Ihm folgte sein unmündiger Sohn Orestes 399 unter Vormundschaft des Aeropos; aber der Vormund ermordete ihn, wurde selbst König. Aeropos ist gewiß der Sohn jenes Arrhabaios, aus dem bakchiadischen Fürstengeschlecht der Lynkestis an der Gränze der Illyrier, mit deren Hülfe seine Vorfahren so oft gegen die Könige von Makedonien gekämpft hatten; was Aeropos, seine Söhne und Enkel in den folgenden sechszig Jahren gethan, bezeichnet sie als die steten Gegner der neuen monarchischen Tendenzen des Königshauses, als Vertreter des althergebrachten loseren Zustandes. Immer neue Empörungen und Thronwechsel sind der Beweis für das Ringen des Königsgeschlechtes und der particularistischen Richtungen.

Aeropos verstand das Königthum zu behaupten; aber als er 392 starb, bemächtigte sich Amyntas der Kleine der Gewalt; ihn ermordete Derdas [2]) 391, und des Aeropos Sohn Pausanias wurde König. Wieder diesen verdrängte [3]) jener

---

des Arrhidaios Sohn, Enkel des Amyntas, Urenkel des Philhellenen Alexandros, der um 454 gestorben ist; diesem Amyntas III. wurde nicht von Archelaos Tochter, sondern von Eurydike, einer Tochter des Sirrhas, Enkelin des Lynkestiers Arrhabaios, sein Sohn Philipp II. geboren, Strabo VII, p. 326. Aelian. V. H. XII. 43 sagt: *Μενέλαος* (? ?) *ὁ Φιλίππου πάππος εἰς τοὺς νόθους ἐτέλει, ὁ δὲ τούτου υἱὸς Ἀμύντας ὑπηρέτης Ἀερόπου καὶ δοῦλος ἐπεπίστευτο.*

1) Nach Diod. XIV. 37 *ἀκουσίως*, nach Aristot. Pol. V. 8. 11 ist er durch seinen Liebling Krateuas ermordet, dem er seine älteste Tochter zur Ehe versprochen hatte, die dann an Sirrhas gegeben wurde.

2) Amyntas *ὁ μικρὸς*, wie ihn Aristot. Pol. V. 8. 10 nennt mit der Angabe, Derdas habe ihn ermordet, *διὰ τὸ καυχήσασθαι ἐπὶ τὴν ἡλικίαν αὐτοῦ*. Wahrscheinlich ist dieser Amyntas jenes Philippos Sohn, für den um 429 die Odryser den Einfall nach Makedonien unternahmen (Thucyd. II. 95 sqq.). Er mochte damals höchstens 20 Jahre alt sein. Derdas ist unzweifelhaft des Sirrhas Sohn und nach diesem Fürst der Elymiotis; wie sein Verhältniß zu Amyntas zeigt, kann er nicht später als 410 geboren sein.

3) Diod. XIV. 82. 2 sagt: *ἀναιρεθεὶς ὑπὸ Ἀμύντου δόλῳ ἄρξας ἐνιαυτόν.*

Amyntas, des Arrhidaios Sohn (390—369); die älteste Linie des Königshauses trat mit ihm wieder in ihr Recht.

Die Jahre seiner Regierung sind voller Wirren, die das zerrüttete Makedonien zur leichten Beute jedes Ueberfalles zu machen schienen. Vielleicht von den Lynkestiern herbeigerufen, brachen die Illyrier verheerend in das Land, besiegten des Königs Heer, zwangen ihn selbst zur Flucht über die Grenzen. Zwei Jahre lang hatte Argaios das Königthum inne, ob aus dem Königshause, ob ein Bruder des Pausanias, ob ein Lynkestier, muß dahingestellt bleiben. Aber mit thessalischer Hülfe kam Amyntas zurück, gewann das Königthum wieder, freilich in elendem Zustande; die Städte, die Landschaften an der Küste waren in der Gewalt der Olynthier, selbst Pella schloß dem Könige die Thore. Daß er sich mit Eurydike vermählte, die beiden Fürstenhäusern, dem von Elymais und von Lynkestis, angehörte, mag geschehen sein, um endlich Versöhnung zu schaffen [1]).

Es folgten die Wirkungen des antalkidischen Friedens, der Zug der Spartaner gegen Olynthos; Amyntas schloß sich dem Zuge an, auch Derdas, der Fürst der Elymiotis, folgte mit 400 Reitern. Aber man kam nicht so bald zum Ziel; Derdas wurde gefangen. Und nachdem endlich (380) Olynth gebrochen war, erhob sich Theben, es folgten Spartas Niederlagen bei Naxos, bei Leuktra; Olynth erneute den chalkidischen Bund; Jason von Pherai vereinte die Macht Thessaliens, nöthigte, wie Alketas von Epeiros, so Amyntas III. in seinen Bund zu treten; an der Schwelle großer Erfolge wurde er ermordet (370). Der schwache Amyntas hätte sich seiner Oberhoheit nicht zu erwehren vermocht. Er starb wenig später; ihm folgte der älteste seiner

---

[1]) Eurydike ist die Tochter des Sirrhas von Elymiotis, aus seiner Ehe mit einer Tochter des Lynkestiers Arrhabaios, Strabo VII, p. 326. Der Bruder der Eurydike ist Derdas, der, als er Amyntas den Kleinen ermordete (390), noch in der Blüthe der Jugend stand, also etwa 406 geboren war. Aus dieser Ehe sind dem Amyntas drei Söhne geboren: Alexandros, Perdikkas, Philippos, von denen der älteste, als der Vater starb (369), vielleicht 16 oder 17 Jahre, der jüngste, Philippos, 10 Jahre alt war; also die Ehe mag 386 geschlossen sein.

drei Söhne, Alexandros II.; von seiner Mutter, der Lynkestierin, kam ihm ein rasches Verderben. Sie hatte schon lange geheime Buhlschaft mit Ptolemaios, aus unbekanntem Geschlecht, dem Mann ihrer Tochter, gehabt; sie veranlaßte ihn, während Alexandros, von den Thessaliern zu Hülfe gerufen, glücklich kämpfte, die Waffen gegen ihn zu erheben; er behauptete gegen den Heimeilenden das Feld; dann eilte Theben, sich einzumischen, es galt Makedonien zu lähmen, bevor es weitere Erfolge in Thessalien gewann; Pelopidas stiftete einen Vergleich, nach dem Alexandros dreißig Edelknaben als Geißeln stellte, Ptolemaios, so scheint es, ein Theilfürstenthum mit der Stadt Aloros — nach dieser wird er genannt — erhielt. Ein Vergleich, der nur gemacht schien den König sicherer zu verderben; während eines festlichen Tanzes wurde er ermordet, und dem Mörder gab die Mutter ihre Hand und, unter dem Namen der Vormundschaft für ihre jüngeren Söhne Perdikkas und Philippos, das Königthum (368—365). Gegen ihn erhob sich, von vielen Makedonen gerufen, von der Chalkidike kommend, Pausanias und machte rasche Fortschritte [1]); Eurydike flüchtete mit ihren beiden Kindern zum Iphikrates, der mit attischer Macht in der Nähe war; er schlug den Aufstand nieder. Aber fester stand darum Ptolemaios nicht; die Ermordung Alexanders war ein Bruch des Vertrages mit Theben; an Pelopidas, der mit einem Heere in Theben stand, wandten sich die Freunde des Ermordeten; er kam mit einem rasch geworbenen Heere; aber des Ptolemaios Gold zerrüttete es; Pelopidas begnügte sich einen neuen Vertrag mit ihm zu schließen; als Pfand seiner Treue stellte Ptolemaios 50 Hetairen und seinen Sohn Philoxenos; vielleicht war es bei diesem Anlaß, daß auch Philippos nach Theben kam.

Aber Perdikkas III., so wie er herangewachsen war,

---

[1]) Dieser Pausanias ist nach Schol. Aeschin. de fals. leg. § 27 τοῦ βασιλικοῦ γένους, also gewiß nicht der Lynkestier, den Amyntas III. 390 beseitigt hat. In welche Linie des Königshauses er gehörte, ist nicht mehr zu ersehen.

rächte den Mord seines Bruders mit dem Morde des Usurpators. Sich dem Einfluß Thebens zu entziehen, hielt er sich zu Athen, kämpfte an Timotheos Seite mit Ruhm gegen die Olynthier. Dann aber brachen, vielleicht von den Lynkestiern aufgerufen, die Illyrier über die Gränze herein; er kämpfte anfangs glücklich gegen sie, dann in einer großen Schlacht fand er und 4000 Mann den Tod; das Land wurde weithin von den Illyriern verwüstet, die Paionen brachen von Norden ins Land.

Unter solchen Umständen übernahm **Philippos** das Regiment 359, zunächst für des Perdikkas unmündigen Sohn Amyntas. Er war schon — wohl seit des Ptolemaios Ende — im Lande; nach einem Vergleich, zu dem Platon dem Perdikkas gerathen haben soll, war ihm ein Theilfürstenthum zugewiesen worden; die Truppen, die er dort hielt [1]), gaben ihm einen ersten Anhalt. Die Gefahren waren furchtbar; die Illyrier, die Paionen standen im Lande, es kamen die älteren Prätendenten Argaios, Pausanias von Athen, von dem Thrakerkönig unterstützt; drei Bastardsöhne seines Vaters forderten das Königthum. Von dem bereiten Willen des Landes unterstützt, überstand Philipp die erste Noth; mit Vorsicht, Gewandtheit, Entschlossenheit, rettete er das Reich vor den Illyriern, Thrakern, Paionen, das Königthum vor den Prätendenten, das königliche Haus vor neuen Intriguen und Verwirrungen. Und als die Athener, die die Thorheit gehabt hatten, der gemeinsamen Sache wider ihn für seine Anerkennung ihres Anspruchs auf Amphipolis den Rücken zu kehren, über seine Erfolge in Sorge geriethen und mit den Fürsten von Illyrien, Thrakien, Paionien ein Schutz- und Trutzbündniß schlossen, damit Barbareneinbrüche von drei Seiten zugleich die Macht Makedoniens brächen, ehe sie völlig gesammelt wurde und erstarkte, da war Philipp — schon hatte er Amphipolis genommen und die Bürgerschaft gewonnen — rasch an den Gränzen, und die Barbaren, die

---

1) Nach dem Pergamener Karystios (Athen. XI, p. 507): *διατρέφων δ' ἐνταῦθα δύναμιν, ὡς ἀπέθανε Περδίκκας, ἐξ ἑτοίμου δυνάμεως ὑπαρχούσης ἐπέπεσε τοῖς πράγμασι.*

noch lange nicht zum Werk fertig waren, mußten eilen sich zu unterwerfen [1]).

Um 356 waren die Gränzen gegen die Barbaren bis auf Weiteres gesichert. In Kurzem schwanden die Partheien am Hofe; von der Parthei der Lynkestier war Ptolemaios und Euridike todt; einer von den Söhnen des Aeropos, Alexandros, wurde später durch Vermählung mit des treuen Antipatros Tochter, die beiden anderen Heromenes und Arrhabaios durch andere Gnaden gewonnen, Arrhabaios Söhne Neoptolemos und Amyntas am Hofe erzogen [2]). Die beiden Prätendenten Argaios und Pausanias verschwinden in der geschichtlichen Ueberlieferung. Den rechtmäßigen Thronerben endlich, des Perdikkas Sohn

[1]) Die Angabe bei Diod. XV. 22 erläutert jetzt die Inschrift (*Εφημ. Αρχ.* 1874, n°. 435; und C. I. A. II, p. 406), welche die *συμμαχία Ἀθηναίων πρὸς Κετρίπορι[ν τὸν Θρᾷκα καὶ το]ὺς ἀδελφοὺς καὶ πρὸς Λύππειον τὸν [Παίονα καὶ πρὸς Γρά]βον τὸν Ἰλλύριον* enthält, geschlossen unter dem Arch. Elpines 35⁶/₅. Die Münze mit *ΚΕΤΡΙΠΟΡΙΟΣ*, die Waddington als thrakisch erkannte (Revue num. 1863, p. 240), so wie die schon von Eckhel beschriebene des *ΛΥΚΚΕΙΟ* oder richtiger *ΛΥΚΠΕΙΟ* (Six, Numism. Chron. 1875. I, p. 20), erhalten mit dieser Inschrift ihre chronologische Stelle. Wenn die Münzen mit *ΑΔΑΙΟΥ* (Pellerin, Peuples et villes I, p. 183), wie mir nicht mehr wahrscheinlich, dieser Zeit angehören, so mag Philipp ihn an des bezeichneten Lykpeios Stelle zum Fürsten von Paionien gemacht haben, natürlich dann mit der Pflicht der Heeresfolge; und man würde in ihm den [Paionen] Addaios wiedererkennen dürfen, den die Komiker bei Athen. XI, p. 468; XII, p. 532 in drastischer Weise charakterisiren als *ὁ τοῦ Φιλίππου ἀλεκτρυών*. Die Münzen mit *ΕΥΠΟΛΕΜΟΣ*, die man früher in die paionische Reihe legte (Berl. Kat. 1851, S. 262), gehören wohl einem anderen Gebiete, gewiß einer späteren Zeit an.

[2]) Arrian. I. 25. Das Bedenken, daß diese Lynkestier ihres Alters wegen nicht Söhne des Aeropos, der 396 König war, sein konnten, ist nicht von großem Gewicht; wenn bei seinem Tode diese Söhne 8, 5, 3 Jahre waren, so konnten sie beim Tode Philipps 336 als Sechziger noch sehr wohl ihre Intrigue machen; und des Arrhabaios Söhne Neoptolemos und Amyntas waren 334 bereits Männer, Amyntas Hipparch der Sarissophoren (Arr. I. 14. 1). Diese Altersverhältnisse zeigen, daß der bei Polyän (IV. 2. 3) erwähnte *ἡγεμὼν* Aeropos nicht der Vater dieser lynkestischen Brüder ist, sondern wohl ein Sohn des Alexandros oder Heromenes, nach dem königlichen Großvater genannt.

Amyntas, in dessen Namen Philipp im Anfange die Regierung geführt hatte, knüpfte er, als er erwachsen war, durch die Vermählung mit seiner Tochter Kynane an sein Interesse [1]).

So war Makedonien in der Hand eines Fürsten, der mit Planmäßigkeit und Gewandtheit die Kräfte seines Reiches zu entwickeln, zu benutzen und bis zu dem Grade zu erhöhen verstand, daß sie dem großen Gedanken, an der Spitze des Griechenthums gegen die Persermacht in die Schranken zu treten, schließlich gewachsen waren. In den geschichtlichen Ueberlieferungen, wie sie uns vorliegen, sind über die staunenswürdigen Erfolge des Königs die Machtelemente, durch welche sie errungen wurden, vergessen; und während sie die Hand, die einen Staat Griechenlands nach dem andern zu sich herüber zog, in jedem einzelnen ihrer schlauen Griffe beobachten, lassen sie uns über den Körper, dem diese Hand angehört und dem sie ihre Kraft und Sicherheit dankt, fast völlig im Dunkeln; das verführerische Gold, das sie dieselbe Hand zeigen und zur rechten Zeit spenden lassen, erscheint fast als das einzige oder doch wesentliche Mittel, mit dem Philipp gewirkt.

Faßt man das innere Leben seines Staates näher ins Auge, so treten deutlich zwei Momente hervor, die, schon früher angeregt, aber durch Philipp erst zu ihrer ganzen Bedeutung entwickelt, die Basis seiner Macht wurden.

„Mein Vater“, sagt Alexander bei Arrian zu den unzufriedenen Makedonen, in Opis 324, „übernahm euch, als er König wurde, umherziehend, mittellos, die meisten in Felle gekleidet, auf den Bergen Schafe weidend und elend genug zu deren Schutz gegen die Illyrier, Thraker und Triballer kämpfend; er hat euch die Chlamys der Soldaten gegeben, euch in die Ebene hinabgeführt, euch gelehrt den benachbarten Barbaren im Kampf gewachsen zu sein.“ Gewiß war früher schon, wenn es Krieg gab, jeder wehrhafte Mann ausgezogen, um nach Beendigung des Krieges wieder zu seinem Pflug oder zu seiner Heerde zurückzukehren. Die Gefahren, unter denen Philipp

[1]) Curt. VII. 9. 17.

die Regierung übernahm, die Kämpfe, mit denen er namentlich in den ersten Jahren seiner Regierung sein von allen Seiten bedrohtes Land zu schützen hatte, gaben Veranlassung, das, was schon König Archelaos begonnen, vielleicht die dann folgenden inneren Wirren wieder zerrüttet hatten, wieder aufzunehmen und weiter zu entwickeln [1]). Auf Grund jener Kriegspflicht schuf er ein Nationalheer, das, fort und fort gesteigert, schließlich wohl 40,000 Mann zählte [2]).

Er verstand nicht bloß es zu formiren, sondern ihm Zucht und militärische Tüchtigkeit zu geben. Es wird berichtet, daß er den unnützen Troß, die Bagagewagen des Fußvolkes abschaffte, den Reitern nur je einen Pferdeknecht gestattete, daß er oft, auch in der Sommerhitze, marschiren, oft Märsche von 6—7 Meilen, mit vollem Gepäck und Proviant für mehrere Tage, machen ließ. So strenge war die Zucht des Heeres, daß in dem Kriege von 338 zwei hohe Officiere, die sich eine Lautenschlägerin mit ins Lager gebracht hatten, cassirt wurden [3]). Mit dem Dienst selbst entwickelte sich die feste Ordnung von Befehlenden und Gehorchenden und eine Stufenfolge des Ranges, in der nur Verdienst und anerkannte Tüchtigkeit steigen ließ.

Die Erfolge dieser Militärverfassung zeigten sich bald. Sie

---

[1]) Die Einrichtung der Reiterei der Hetairen und des Fußvolks der Pezetairen, so wie die Eintheilung der letzteren *εἰς λόχους καὶ δεκάδας καὶ τὰς ἄλλας ἀρχὰς* führt Anaximenes fr. 7 auf Philipps älteren Bruder Alexandros zurück. Aus der bekannten Charakteristik, die Demosthenes (Olynth. II. 17) von der Armee Philipps um 348 giebt, könnte man auf einen Gegensatz zwischen dem Aufgebot auf der einen, den *ξένοι* und *πεζέταιροι* als stehenden Truppen auf der andern Seite schließen, wenn nicht die Angabe sichtlich und vielleicht absichtlich schief wäre. Aber man sieht, daß die *ξένοι*, also geworbene Leute, von Anfang eine Rolle in diesem Heerwesen spielen, ähnlich wie in dem thessalischen des Jason die 6000 *ξένοι* (Xen. Hell. VI. 1. 4).

[2]) Frontin. IV. 2. 6 kann nicht dafür gelten diese Ziffer zu erweisen, eher Diod. XVI. 85, nur daß da die 3000 Reiter neben 30,000 Mann Fußvolk sicher in der Zahl fehlerhaft sind.

[3]) Polyaen. IV. 2. 3: *ἀπὸ πανδοκείου ψάλτριαν μισθωσάμενοι*; er nennt Aeropos und Damasippos als die, denen dieß geschah. Die Strenge der Disciplin erläutert Aelian. V. H. XIV. 49.

bewirkte, daß sich die verschiedenen Landschaften des Reiches als ein Ganzes, die Makedonen als Ein Volk fühlen lernten; sie machten es möglich, daß die neugewonnenen Gebiete mit dem alten Makedonien zusammenwuchsen. Vor Allem, sie gab in dieser Einheit und in dem militärischen Typus, der fortan vorherrschend wurde, dem makedonischen Volk das Selbstgefühl kriegerischer Tüchtigkeit und die ethische Kraft fester Ordnung und Unterordnung, deren Spitze der König selbst war. Und wieder ihm bot für seine Zwecke das Bauernvolk seines Landes ein fügsames und derbes Material, der Adel der Hetairen die Elemente zu einem Officierstande voll Ehrgefühl und Wetteifer sich auszuzeichnen [1]). Ein Heer dieser Art mußte den Söldnerhaufen oder gar dem herkömmlichen Bürgeraufgebot der hellenischen Staaten, ein Volksthum von dieser Derbheit und Frische dem überbildeten in Demokratie und städtischem Leben überreizten oder abgestumpften Griechenthum überlegen sein. Die Gunst des Schicksals hatte diesem makedonischen Lande die alte Kraft und Art erhalten, bis es demselben zu Theil wurde, sie in großen Aufgaben zu bewähren; sie hatte hier in dem Kampf des Königthums mit dem Adel nicht, wie in Hellas Jahrhunderte früher, dem trotzigen Herrenstande, sondern dem Königthum den Sieg gegeben. Und dieß Königthum eines freien und kräftigen Bauernvolkes, diese militärische Monarchie gab jetzt diesem Volke die Form, die Kraft und Richtung, welche auch die Demokratien in Hellas wohl als wesentlich erkannt, aber festzuhalten und zu dauernden Organisationen zu entwickeln nicht vermocht hatten.

Dagegen mußte die Bildung, das eigenste Ergebniß des hellenischen Lebens, ganz und völlig dem makedonischen Volksleben gegeben, so das schon von früheren Fürsten Begonnene

---

[1]) Ein Beispiel des Ehrgefühls giebt jener Pausanias, der des Vorwurfs, Weibisches zu dulden, sich damit entledigt, daß er in einer Schlacht gegen die Illyrier, den König zu retten, der in großer Gefahr war, vor ihn hintrat und sich in Stücke hauen ließ (Diod. XVI. 93). Anderes wird von einem andern Pausanias zu erwähnen sein.

fortgesetzt werden. Das Vorbild des Königs und seines Hofes war hier von der größten Wichtigkeit, und der Adel des Landes trat bald in die eben so natürliche wie wirksame Stellung, den gebildeten Theil der Nation auszumachen; ein Unterschied, der sich in solcher Art in keinem der griechischen Hauptstaaten zu entwickeln vermocht hatte, indem die Spartaner alle roh und den Heloten und Perioiken ihres Landes gegenüber nur Herren waren, die freien Athener aber sich wenigstens selbst ohne Ausnahme für höchst gebildet hielten, während anderer Orten freilich mit der Demokratie der Herrenstand aufgehört hatte, aber um mit dem Unterschiede von Reich und Arm das Niveau des geistigen Lebens desto sicherer sinken zu machen.

Philipp hatte in den Tagen des Epameinondas in Theben gelebt; ein Schüler des Platon, Euphraios von Oreos, hatte früh auf sein Schicksal Einfluß gehabt; ihn selbst nennt Isokrates einen Freund der Literatur und der Bildung; daß er Aristoteles zum Lehrer seines Sohnes berief, bezeugt es. Er sorgte, so scheint es, durch Einrichtung von Lehrvorträgen aller Art, die zunächst für die Edelknaben in seiner Umgebung bestimmt waren, für die Bildung des jungen Adels, den er so viel als möglich an den Hof zu ziehen, an seine Person zu fesseln und für den unmittelbaren Dienst des Königthums vorzuüben suchte. Als Edelknaben und bei reiferer Jugend in den Schaaren der Hetairen als Leibwächter (Somatophylakes) des Königs, als Commandirende bei den verschiedenen Abtheilungen des Heeres, in Gesandtschaften an hellenische Staaten, wie sie so häufig vorkamen, hatte der Adel Gelegenheit genug sich auszuzeichnen oder den Lohn für geleistete Dienste zu empfangen; überall aber bedurfte er jener Bildung und attischen Sitte, wie sie der König wünschte und selbst besaß. Sein eifrigster Gegner mußte gestehen, daß Athen kaum einen an feiner Geselligkeit ihm Aehnlichen aufzuweisen habe; und wenn es an seinem Hofe für gewöhnlich nach der derben makedonischen Art mit Gelagen und Lärm und Trunkenheit herging [1]), „kentaurenhaft, laistrygonen-

---

[1]) Theopomp., fr. 249 aus Polyb. VIII. 11. 5; Athen. IV, p. 166 VI, p. 260.

haft", wie Theopomp es mit Verachtung schildert, so waren die Hoffeste, der Empfang fremder Gesandtschaften, die Feier der großen Spiele desto glänzender nach hellenischer Art und Geschmack, Alles prächtig und großartig, nichts kleinlich und karg. Die Domänen des Königshauses, die Grundsteuern des Landes, die Zölle der Häfen, die Bergwerke am Pangaion, die jährlich an 1000 Talent Ertrag gaben, vor Allem die Ordnung und Wirthschaftlichkeit der Verwaltung, die Philippos durchgeführt [1]), machten sein Königthum so überlegen, wie es in der hellenischen Welt nur einmal vorgekommen war, in der perikleischen Zeit Athens.

Selbst attischen Gesandten konnte der Hof von Pella mit seiner Opulenz, seinem militärischen Glanz, dem Adel, der dort versammelt war, wohl imponiren. Mehrere dieser edlen Geschlechter, wie schon bemerkt, waren fürstlichen Ursprungs; so das Bakchiadengeschlecht von Lynkestis; so das Geschlecht des Polysperchon, fürstlich im tymphäischen Lande [2]); so das des Orontes, dem die Landschaft Orestis gehört zu haben scheint [3]); des Orontes älterer Sohn Perdikkas erhielt die Führung der Phalanx von Orestis, derselben, wie es scheint, welche demnächst, als er selbst Hipparch wurde, an seinen Bruder Alketas überging. Das bedeutendste unter diesen fürstlichen Geschlechtern, eine Seitenlinie des Königshauses, war das von Elymiotis, entstammt von dem oben erwähnten Fürsten Derdas aus der Zeit des peloponnesischen Krieges [4]); um das Jahr 380 hatte

1) Das scheint aus Demosth. de fals. leg. § 89 hervorzugehen; es ergiebt sich aus Philipps Bergwerks-, Münz- und Handelspolitik noch deutlicher; Theopomp., fr. 249 urtheilt freilich sehr anders.

2) Tzetzes zu Lykophr. v. 802: *Αἰθίκων βασιλεύς*.

3) Curt. X. 7. 8: Perdiccam et Leonnatum stirpe regia genitos, und nach Arr. Ind. 18 war Perdikkas aus der Orestis. Ob der bei Thucyd. II. 80 erwähnte Antiochos König der Oresten sein Vorfahr war, oder die stirps regia das makedonische Königshaus bezeichnet, dem Perdikkas angehört, oder beides zugleich, muß dahingestellt bleiben.

4) Schol. Thucyd. I. 57 sagt: *Δέρδας Ἀριδαίου παῖς, ἀνέψιος Περδίκκα καὶ Φιλίππου*, also Aridaios war ein Bruder des Philhellenen Alexandros. Der unter den Zeugen des Vertrages von 423 genannte

ein zweiter Derdas den Besitz des Landes und war damals, mit Amyntas von Makedonien und den Spartanern verbündet, gegen Olynth gezogen; später, um 350, wird er als von den Olynthiern gefangen erwähnt. Wenn Philippos dessen Schwester Phila [1]) zur Gemahlin genommen hat, so wird er damit ihn fester an sich zu ketten oder ein Zerwürfniß auszugleichen bezweckt haben. Des Derdas Brüder Machatas und Harpalos werden in des Königs Umgebung erwähnt. Aber es blieb zwischen Philipp und dieser Familie stete Spannung, die nicht immer geschickt genug verhehlt und von dem Könige vielleicht absichtlich erhalten wurde, um durch zweifelhafte Gunst sie etwas fern und in Besorgniß zu halten. Kaum konnte Machatas in einer Rechtssache, in welcher der König zu Gericht saß, einen gerechten Spruch erlangen, und Philipp unterließ nicht, eine Unrechtlichkeit, die ein Verwandter des Hauses sich zu Schulden kommen lassen, zur öffentlichen Kränkung der Familie zu benutzen; die Bitten, die des Machatas Bruder Harpalos für ihn einlegte, wurden nicht ohne Schärfe zurückgewiesen [2]).

Von den zahlreichen edlen Geschlechtern, die an dem Hofe

Derdas wird eben dieser sein. Dessen Sohn ist wohl der bei Arist. Pol. V. 8. 11 erwähnte Sirrhas, dieses Sirrhas Sohn wieder der zweite Derdas.

[1]) Theopomp., fr. 155. Satyros bei Athen. XI, p. 557 c: *ἀδελφὴν Δέρδα καὶ Μαχάτα*. Den dritten Bruder Harpalos erkennt man bei Demosth. Aristocr. § 149, wo angeführt ist, daß er 366 mit Iphikrates eine Anzahl Amphipoliten als Geißeln übergab. Derselben Familie gehört der unter den Zeugen des Vertrages von 423 genannte *Παυσ]ανίας Μαχήτου* an (C. I. A. I, n°. 42) wohl derselbe, den Thucyd. I. 62 nennt.

[2]) Plut. Apophth. 24. 25. Der da erwähnte Verwandte des Harpalos ist Krates. Wenn ich früher vermuthet habe, daß diesem Hause die Antigoniden angehören, so kann ich das nicht mehr aufrecht erhalten. Antigonos des Philippos Sohn, der bekannte Einäugige, war gewiß aus vornehmem Hause, wie in dem nepos Alexandri bei Seneca noch durchschimmert, nicht, wie Duris nach seiner beliebten Manier angegeben hat, von Haus aus ein *αὐτουργός*, ein Tagelöhner. Aber sein Vater Philippos kann nicht wohl derselbe sein, der 327 Satrap von Indien wurde und der wahrscheinlich dem elymiotischen Hause angehört; denn Antigonos ist nach Porphyrios Angabe seines Alters schon 384 geboren.

von Pella versammelt waren, verdienen zwei wegen ihrer besonderen Wichtigkeit Erwähnung, das des Jollas und des Philotas. Philotas Sohn war jener treue und besonnene Feldherr Parmenion, dem Philipp wiederholentlich die Führung der wichtigsten Expeditionen anvertraute; ihm dankte er den Sieg über die Dardaner 356, durch ihn ließ er 343 Euboia besetzen; Parmenions Brüder Asandros und Agathon, noch mehr seine Söhne Philotas, Nikanor und Hektor nahmen später bedeutenden Antheil an dem Ruhme des Vaters; seine Töchter verbanden sich mit den vornehmsten Söhnen des Landes: die eine mit Koinos, dem Phalangenführer, die andere mit Attalos, dem Oheim einer späteren Gemahlin des Königs. In nicht minder einflußreicher und ehrenvoller Stellung war des Jollas Sohn Antipatros oder, wie ihn die Makedonen nannten, Antipas; das bezeichnet des Königs Wort: „ich habe ruhig geschlafen, denn Antipas wachte" [1]); seine erprobte Treue und die nüchterne Klarheit, mit der er militärische wie politische Verhältnisse auffaßte [2]), machten ihn für das hohe Amt eines Reichsverwesers, das er bald genug einnehmen sollte, vollkommen geeignet; die Vermählung mit seiner Tochter schien das sicherste Mittel, die hohe Familie der Lynkestier zu gewinnen; seine Söhne Kassandros, Archias und Jollas erhielten erst später Bedeutung.

So der Hof, so die Nation, wie sie durch Philipp gestaltet waren; man darf hinzufügen, daß das monarchische Element in dem makedonischen Staatsleben eben so durch die geschichtliche Stellung dieses Staates, wie durch die Persönlichkeit Philipps ein entschiedenes Uebergewicht erhalten mußte. Erst in dem Ganzen dieses Zusammenhanges ist des Königs Charakter und Handlungsweise begreiflich. In dem Mittelpunkte von Widersprüchen und Gegensätzen der eigenthümlichsten Art, Grieche im Verhältniß zu seinem Volke, Makedone für die Griechen, war

---

1) Plut. Apophth. 27: Ἀντίπατρος γὰρ ἐγρηγόρει. Athen. X, p. 435: χρὴ πίνειν, Ἀντίπατρος γὰρ ἱκανός ἐστι νηφεύων.

2) Anonym. ap. Boissonade, Anecdota II, p. 464.

er jenen um die hellenische List und Hinterlist, diesen um die makedonische Derbheit und Thatkraft voraus, beiden überlegen an scharfer Fassung seiner Ziele, an folgerichtiger Durchführung seiner Entwürfe, an Verschwiegenheit und Raschheit in der Ausführung. Er verstand seinen Gegnern stets ein Räthsel zu sein, ihnen immer anders, an anderer Stelle, in anderer Richtung zu erscheinen, als sie erwarteten. Von Natur zu Wollust und Genuß geneigt, war er in seinen Neigungen eben so rücksichtslos wie unbeständig; oft schien er von seinen Leidenschaften völlig beherrscht zu werden und war doch in jedem gegebenen Fall ihrer völlig Herr, so nüchtern und kalt, wie es seine Zwecke forderten; und man kann zweifeln, ob in seinen Tugenden oder in seinen Fehlern mehr sein eigenstes Wesen hervortrat. In ihm stellt sich die Bildung seines Zeitalters, ihre Glätte, Klugheit, Frivolität, ihre Verbindung von großen Gedanken und raffinirter Geschmeidigkeit wie in Einem Bilde dar.

Das entschiedene Gegentheil von ihm war seine Gemahlin Olympias, die Tochter des Epeirotenkönigs Neoptolemos, aus dem Geschlechte Achills; Philipp hatte sie in seinen jungen Jahren bei der Mysterienfeier auf Samothrake kennen gelernt und sich mit Einwilligung ihres Vormundes und Oheims Arybbas mit ihr vermählt [1]). Schön, verschlossen, voll tiefer Gluthen, war

---

[1]) Plut. Met. 2. Ihr Vater Neoptolemos wird bereits in dem Beschluß des attischen Seebundes von 387 (C. I. A. II, n°. 17, v. 14) neben seinem Vater Alketas genannt. Nach dem Tode des Alketas theilte Neoptolemos mit seinem Bruder Arybbas nach kurzer gemeinsamer Regierung das Königthum der Molosser, und nach Neoptelemos Tod übernahm die Vormundschaft seiner Kinder Olympias und Neoptolemos ihr Oheim Arybbas. Olympias wurde 357 Philipps Gemahlin; bald war auch deren Bruder am Hofe Philipps (in Macedoniam nomine sororis arcessit omnique studio spe regni sollicitatum u. s. w.; Justin. VIII. 6). Schon 352 fand Philipp Anlaß wider Arybbas zu kämpfen (Dem. Olynth. I, § 14). Dann als Alexandros zwanzig Jahre alt war, veranlaßte er ihn, die Waffen gegen seinen Oheim zu erheben (ereptum Arybbae regnum puero admodum tradit; Justin. l. c.). Nach Athen geflüchtet erwirkte Arybbas den Beschluß, daß die attischen Strategen Fürsorge treffen sollten ὅπως ἄ[ν αὐτὸ]ς καὶ οἱ παῖδες αὐτοῦ [κομί]σωνται τὴν ἀρχὴν τὴν

sie dem geheimnißvollen Dienste des Orpheus und Bakchos, den dunklen Zauberkünsten der thrakischen Weiber eifrigst ergeben; in den nächtlichen Orgien, so wird berichtet, sah man sie vor Allen in wilder Begeisterung, den Thyrsos und die Schlange schwingend, durch die Berge stürmen; ihre Träume wiederholten die phantastischen Bilder, deren ihr Gemüth voll war; sie träumte in der Nacht vor der Hochzeit, es umtose sie ein mächtiges Gewitter, und der Blitz fahre flammend in ihren Schooß, daraus dann ein wildes Feuer hervorbreche und in weit und weiter zehrenden Flammen verschwinde [1]).

Wenn die Ueberlieferung sagt, daß außer vielen anderen Zeichen in der Nacht, da Alexander geboren wurde, der Artemistempel zu Ephesos, mit seinem Megabyzos an der Spitze seiner Verschnittenen und Hierodulen den Hellenen ein ächt morgenländisches Heiligthum, niedergebrannt sei, daß ferner der König Philipp die Nachricht von der Geburt des Sohnes zu gleicher Zeit mit dreien Siegesbotschaften erhielt [2]), so spricht sie sagenhaft den Sinn des reichsten Heldenlebens und den großen Gedanken eines Zusammenhanges aus, wie ihn die Forschung nachzuweisen sich oft umsonst bemüht und öfter überhoben hat.

πατρ[ώιαν] (C. I. A. II, n°. 115). Damals eroberte Philipp auch die von den Eleiern gegründeten Städte in der Kassopia am ambrakischen Meerbusen und übergab sie dem Molosser. Arybbas scheint bald darauf gestorben zu sein, Alexandros blieb der alleinige Herr in Epeiros.

[1]) Ob das Bild der Olympias auf einer im Berliner Münzcabinet befindlichen Goldmünze (ein Unicum, wie es scheint) auf ächter Tradition beruht, muß dahingestellt bleiben; nach v. Sallet (Num. Ztg. III, S. 56) ist die Münze etwa aus Caracallas Zeit.

[2]) Es ist ein olympischer Sieg Ol. 106, die Eroberung von Poteidaia, ein Sieg des Parmenion über die illyrischen Dardaner (Plut. Alex. 3). Nach der Berechnung Idelers (Abh. der Acad. 1820 u. 1821, und Handb. der Chronol. I, S. 403 ff.) fällt die Geburt Alexanders in den Boedromion Ol. 106. 1 (16. Sept. — 14. Oct. 356). Unmöglich konnte die Nachricht des um den 17. Juli gewonnenen olympischen Sieges erst nach dem 15. Sept. an den König kommen. Der Synchronismus dieser drei Vorgänge ist, wie viele ähnliche Synchronismen der griechischen Geschichte, vielleicht volksmäßige Combination, vielleicht schulmäßige Gedächtnißhülfe, gewiß ohne pragmatischen Werth.

Von König Philipp sprechend, sagt Theopompos [1]): „nie hat, Alles in Allem gerechnet, Europa einen solchen Mann getragen, wie den Sohn des Amyntas“. Aber das Werk, in dem er das Ziel seines Lebens sah, zu vollbringen, fehlte ihm, dem rechnenden, nüchternen, mit unverdrossener Arbeit sich mühenden, ein letztes Etwas, das auf seinem Wege nicht lag. Er mag jenen Gedanken als Mittel ergriffen haben, die Griechenwelt zu einigen, den Blick seiner Makedonen hoch und höher zu heben; es war der Gedanke, den die Bildung, die Geschichte des Griechenthums ihm gab; die Nothwendigkeit der Verhältnisse, an denen er so lange, so schwer zu ringen hatte, trieb ihn zu diesem Gedanken, nicht die Nothwendigkeit und die unwiderstehliche Macht dieses Gedankens zu dessen Ausführung; man möchte zweifeln, ob er an ihn glaubte, wenn man ihn in immer neuen Vorbereitungen zögern und zur Seite lenken sieht; gewiß waren diese erforderlich; aber den Ossa auf den Pelion thürmend, erreicht man den Olymp der Götter doch nicht. Wohl sah er jenseits des Meeres das Land der Siege und der Zukunft Makedoniens; dann aber trübte sich sein Blick, und seine Pläne umwölkten sich mit den unbestimmten Gestaltungen seiner Wünsche. Dasselbe Verlangen nach dem großen Werke theilte von ihm sich seinen Umgebungen, dem Adel, dem gesammten Volke mit, es wurde der stets durchklingende Grundton des makedonischen Lebens, das lockende Geheimniß der Zukunft: man kämpfte gegen die Thraker und siegte über die Griechen; aber der Orient war das Ziel, für das man kämpfte und siegte.

Unter solchen Umgebungen verlebte Alexander seine Kinderjahre, und früh genug mögen die Sagen vom Morgenlande, vom stillen Goldstrom und dem Sonnenquell, dem goldnen Weinstock mit smaragdenen Trauben, und der Nysawiese des Dionysos des Knaben Seele beschäftigt haben; dann wuchs er heran und hörte von den Siegen bei Marathon und Salamis, und von den heiligen Tempeln und Gräbern, die der Perser-

---

[1]) Theopomp., fr. 27 bei Polyb. VIII. 11.

könig mit seinen Sklavenheeren zerstört und geschändet habe, und wie damals auch sein Ahnherr, der erste Alexandros, den Persern Erde und Wasser habe darbringen, ihnen Heeresfolge gegen die Hellenen leisten müssen, wie nun Makedonien nach Asien ziehen und die Ahnen rächen werde. Als einst Gesandte aus der persischen Königsburg nach Pella kamen, fragte er sie sorgsam nach den Heeren und Völkern des Reichs, nach Gesetz und Brauch, nach Verfassung und Leben der Völker; die Perser erstaunten über den Knaben [1]).

Von nicht minderer Wichtigkeit war, daß Aristoteles, der größte Denker des Alterthums, des heranwachsenden Lehrer wurde. Philipp soll bei der Geburt seines Sohnes ihn darum ersucht, er soll ihm geschrieben haben: „nicht daß er geboren ist, sondern daß er in deinen Tagen geboren ist, macht mich froh; von dir erzogen und gebildet wird er unserer würdig und der Bestimmung, die einst sein Erbe ist, gewachsen sein" [2]). Der die Welt dem Gedanken erobert hat, erzog den, der sie mit dem Schwerte erobern sollte; ihm gebührt der Ruhm, dem leidenschaftlichen Knaben die Weihe und Größe der Gedanken, den Gedanken der Größe gegeben zu haben, der ihn den Genuß verachten und die Wollust fliehen lehrte [3]), der seine Leidenschaft adelte und seiner Kraft Maaß und Tiefe gab. Alexander bewahrte für seinen Lehrer allezeit die innigste Verehrung: sei-

---

[1]) Wenn diese von Plutarch aufbewahrte Anekdote sichern Grund hat, so muß sie wohl vor dem Kriege gegen Perinth und Byzanz vorgefallen sein, also ehe Alexander fünfzehn Jahre alt war. Vorher schon waren der Perser Artabazos und dessen Schwager, der Rhodier Memnon, als Flüchtlinge am Hofe zu Pella.

[2]) Kein Zweifel, daß dieser im Alterthum berühmte Brief eine Fälschung ist; Aristoteles, damals noch nicht dreißig Jahre alt, hatte noch nicht den Ruhm, den dieser Brief voraussetzt.

[3]) In der That ist die Keuschheit eine seiner schönsten Tugenden und durch viele Beispiele bewährt. Als Jüngling war er so entfernt von Wollust, daß seine Aeltern, voll Besorgniß, ihn durch eine schöne Hetäre zu verführen suchten, die sich in sein Schlafgemach schleichen mußte; Alexander wandte sich voll Schaam von ihr und beklagte sich bitter über das Geschehene.

nem Vater danke er nur sein Leben, seinem Lehrer, daß er würdig lebe.

Unter solchen Einflüssen bildete sich sein Genius und sein Charakter; voll Thatenlust und Ruhmbegier trauerte er wohl um die Siege seines Vaters, die ihm nichts mehr zu thun übrig lassen würden. Sein Vorbild war Achilles, aus dessen Geschlecht er sich gern entstammt zu sein rühmte, und dem er durch Ruhm und Leid ähnlich werden sollte. Wie jener seinen Patroklos, so liebte er den Freund seiner Jugend, Hephaistion; und wenn er seinen großen Ahnherrn glücklich pries, daß Homer der Nachwelt das Gedächtniß seiner Thaten überliefert habe, so ist die Heldensage der morgen- und abendländischen Völker nicht müde geworden, den Namen Alexanders mit allem Wunderglanz menschlicher und übermenschlicher Größe zu schmücken. Er liebte mehr seine Mutter, als seinen Vater; von jener hatte er den Enthusiasmus und die tiefe Innigkeit des Empfindens [1]), die ihn in der Reihe der Helden alter und neuer Zeit unterscheidet. Dem entsprach sein Aeußeres: sein scharfer Gang, sein funkelnder Blick, das zurückfliegende Haar, die Gewalt seiner Stimme bekundete den Helden; wenn er ruhte, bezauberte die Milde seiner Miene, das sanfte Roth, das auf seiner Wange spielte, sein feuchtaufblickendes Auge, das ein wenig zur Linken geneigte Haupt. In ritterlichen Uebungen war er vor Allen ausgezeichnet; schon als Knabe bändigte er das wilde thessalische Roß Bukephalos, an welches sich kein Anderer wagen wollte, und das ihm späterhin in allen seinen Kriegen als Schlachtroß diente. Die erste Waffenprobe legte er unter seines Vaters Regierung ab; er bezwang [2]), da Philipp Byzanz belagerte, die Maider, und gründete dort eine Stadt mit seinem Namen; noch

---

[1]) Unter den vielen dahin gehörigen Erzählungen besonders bezeichnend ist die von dem wunderbaren Einfluß, den die Musik über ihn ausübte; als Antigenides einst ein Kriegslied zur Flöte sang, sprang Alexander auf und griff nach den Waffen. [Plut.] de fort. Alex. II.

[2]) Ihm war während der Abwesenheit des Vaters die Regierung des Landes anvertraut. Plut. Alex. 9 braucht dafür den Ausdruck: *ἀπολειφθεὶς κύριος ἐν Μακεδονίᾳ τῶν πραγμάτων καὶ τῆς σφραγῖδος.*

höheren Ruhm gewann er in der Schlacht von Chaironeia, die durch seine persönliche Tapferkeit gewonnen wurde. Im Jahre darauf schlug er den illyrischen Fürsten Pleurias in einer sehr hartnäckigen Schlacht [1]). Der Vater sah, so scheint es, neidlos in dem Sohn den einstigen Vollender seiner Pläne; er wird nach so vielen Erschütterungen, die die Succession des Königshauses über das Land gebracht, über die Zukunft desselben beruhigt gewesen sein, wenn ihm zur Seite der Nachfolger stand, der den höchsten Aufgaben des Königthums gewachsen schien, dem, so soll sein Ausspruch gewesen sein, „Makedonien zu klein sein werde", der „nicht, wie er selbst, Vieles, was nicht mehr zu ändern, zu bereuen haben werde" [2]).

Dann begannen Irrungen zwischen Vater und Sohn; Alexander sah seine Mutter von Philipp vernachlässigt, thessalische Tänzerinnen und griechische Buhlerinnen ihr vorgezogen; dann gar wählte sich der König eine zweite Gemahlin aus den edlen Töchtern des Landes, des Attalos Nichte Kleopatra. Das Beilager, so ist die Erzählung, wurde nach makedonischer Sitte glänzend und lärmend gefeiert; man trank und lachte; schon waren Alle vom Wein erhitzt; da rief Attalos, der jungen Königin Oheim: „bittet die Götter, ihr Makedonen, daß sie unserer Königin Schooß segnen und dem Lande einen rechtmäßigen Thronerben schenken mögen!" Alexander war zugegen; im heftigsten Zorn schrie er ihm zu: „gelte ich dir als ein Bastard, Lästerer?" und schleuderte den Becher gegen ihn. Der König sprang wüthend auf, riß das Schwert von der Seite, stürzte auf den Sohn zu ihn zu durchbohren; der Wein, die Wuth, die Wunde von Chaironeia machten seinen Schritt unsicher; er taumelte, fiel zu Boden. Die Freunde eilten Ale-

---

1) Curt. VIII. 1. 25. Dieser Einfall der Illyrier gehört wohl den ersten Monaten des Jahres 337 an. Daß Demosthenes selbst zu ihnen als Gesandter gegangen war, erhellt aus Dem. de cor. § 244.

2) Plut. Apophth. Phil. 22; er sagt zu Alexander in Beziehung auf Aristoteles Unterricht: ὅπως μὴ πολλὰ τοιαῦτα πράξῃς, ἐφ' οἷς ἐγὼ πεπραγμένος μεταμέλομαι.

xander aus dem Saale zu entfernen; „seht, Freunde", sagte er beim Hinausgehn, „mein Vater will von Europa nach Asien gehen, und kann nicht den Weg von Tisch zu Tisch vollenden". Er verließ mit der Mutter Makedonien; sie ging nach ihrer Heimath Epeiros, er weiter zu den Illyriern [1]).

Nicht lange darnach kam Demaratos, der korinthische Gastfreund, nach Pella; nach dem Gruße fragte der König, wie es unter den Hellenen aussähe, und ob sie Frieden und Eintracht hielten? Mit edler Freimüthigkeit antwortete der Gastfreund: „o König, schön fragst du nach Fried' und Eintracht im hellenischen Lande, und hast dein eigen Haus mit Unfrieden und Haß erfüllt und, die dir die Nächsten und Liebsten sein sollten, von dir entfremdet!" Der König schwieg; er wußte, wie Alexander geliebt wurde, was er galt und war; er fürchtete den Hellenen Anlaß zu bösem Leumund und vielleicht zu böseren Plänen zu geben. Demaratos selbst mußte das Geschäft des Vermittlers übernehmen; bald waren Vater und Sohn versöhnt, Alexander kehrte zurück.

Aber Olympias vergaß nicht, daß sie misehrt und verstoßen war; sie blieb in Epeiros; sie drang in ihren Bruder, die Waffen gegen Philipp zu erheben, sich der Abhängigkeit von ihm frei zu machen [2]). Sie wird auch wohl ihren Sohn

---

1) Die für uns älteste Nachricht über diese Scene ist die des Satyros (fr. 3; Athen. XIII, p. 537). Die Illyrierin Audata, die Elymiotin Phila sind wohl vor 357 schon todt, denn in diesem Jahre folgte die Vermählung mit Olympias. Von den beiden Thessalerinnen sagt Satyros nur, daß er mit ihnen Kinder gezeugt habe, sie waren also nicht rechtmäßige Gemahlinnen. Daß Philipp die Thrakerin Meda ἐπεισήγαγε, litt Olympias.

2) Die Art dieser Abhängigkeit ist unklar. Satyros (fr. 5) sagt von Philipp: προσεκτήσατο δὲ καὶ τὴν Μολόττων βασιλείαν γήμας Ὀλυμπιάδα. Es muß also eine Art weiblicher Succession für Epeiros in Uebung gewesen sein, Olympias mit ihrem Bruder Alexandros als Erbin der einen Hälfte des Landes gegolten haben, während die andere ihr Oheim und Vormund Arrybas inne hatte. Diesen und sein Geschlecht hatte Philipp dann vertrieben, die Städte am ambrakischen Busen noch hinzugewonnen, diese und das ganze Königthum an Alexandros übergeben; gewiß nicht ohne Bedingungen. Früher war Epeiros in Dependenz von Thessalien gewesen; der

zu warnen und aufzureizen nicht unterlassen haben. Anlaß zu Mistrauen fand sich genug; Attalos und dessen Freunde standen überall voran. Als gar den Gesandten des karischen Dynasten Pixodaros, die um ein Bündniß mit Philipp warben und Verschwägerung beider Häuser vorschlugen, für des Dynasten Tochter Arrhidaios zum Gemahl angeboten wurde, des Königs Sohn von der Thessalerin, da meinte Alexander nicht anders, als daß sein Recht auf die Nachfolge in Gefahr sei. Seine Freunde stimmten bei; sie riethen, mit Entschlossenheit und höchster Eile den Plänen des Vaters entgegenzuarbeiten. Ein Vertrauter, der Schauspieler Thessalos, wurde zum karischen Dynasten gesandt: er möge doch seine Tochter nicht dem blödsinnigen Bastard Preis geben; Alexander, des Königs rechtmäßiger Sohn und einstiger Thronerbe, sei bereit, eines so mächtigen Fürsten Eidam zu werden. Philipp erfuhr die Sache und zürnte auf das Heftigste; in Gegenwart des jungen Philotas, eines der Freunde Alexanders, warf er ihm die Unwürdigkeit seines Mistrauens und seiner Heimlichkeiten vor; er sei seiner hohen Geburt, seines Glückes, seines Berufes nicht werth, wenn er sich nicht schäme, eines Karers Tochter, des Barbarenkönigs Sklavin, heimzuführen. Die Freunde Alexanders, die ihn berathen, Harpalos, Nearchos, Ptolemaios des Lagos Sohn, die Brüder Erigyios und Laomedon, wurden vom Hofe und aus dem Lande verwiesen, Thessalos Auslieferung in Korinth gefordert [1]).

So kam das Jahr 336. Die Rüstungen zum Perserkriege wurden mit der größten Lebhaftigkeit betrieben, die Contingente der Bundesstaaten aufgerufen, nach Asien eine bedeutende Heeresmacht unter Parmenion und Attalos vorausgesendet, die Plätze jenseits des Hellesponts zu besetzen und die hellenischen Städte zu befreien [2]), dem großen Bundesheere den Weg zu öffnen.

König Alketas wird bei Xen. Hell. VI. 1. 7 als ὁ ἐν Ἠπείρῳ ὕπαρχος bezeichnet.

1) Plut. Alex. 10; Arr. III. 6. 5.

2) Die Stärke dieses Corps giebt Polyän V. 44. 4 auf 10,000 Mann an. Trogus (Prol. IX) sagt: quum bella Persica moliretur praemissa classe cum ducibus. Die weiteren Nachrichten über diese vorausgesandte

Seltsam genug, daß der König so seine Macht zersplitterte, doppelt seltsam, daß er einen Theil derselben, der nicht auf alle Fälle stark genug war, daran gab, ehe er der politischen Verhältnisse daheim völlig sicher war. Ihm entgingen die Bewegungen in Epeiros nicht; sie schienen einen Krieg in Aussicht zu stellen, der nicht bloß den Perserzug noch mehr zu verzögern drohte, sondern, wenn er glücklich beendet wurde, keinen bedeutenden Gewinn gebracht, im entgegengesetzten Falle das mühsame Werk, das der König in zwanzigjähriger Arbeit vollendet hatte, mit einem Schlage zerstört haben würde. Der Krieg mußte vermieden, der Molosser durfte nicht in so unzuverlässiger Stellung zu Makedonien gelassen werden; er wurde durch einen Antrag gewonnen, der ihn zugleich ehrte und seine Macht sicherte. Philipp verlobte ihm seine und Olympias Tochter Kleopatra; noch im Herbst desselben Jahres sollte das Beilager gehalten werden, welches der König zugleich als das Fest der Vereinigung aller Hellenen und als die gemeinsame Weihe für den Perserkrieg mit der höchsten Pracht zu feiern beschloß; hatte doch auf seine Frage, ob er den Perserkönig besiegen werde, der delphische Gott ihm geantwortet: „Siehe, der Stier ist gekränzt; nun endet's; bereit ist der Opfrer."

Unter den jungen Edelleuten des Hofes war Pausanias, ausgezeichnet durch seine Schönheit und in des Königs hoher Gunst. Bei einem Gelage hatte er schwere Beschimpfung von Attalos erlitten, dann sich, auf das höchste entrüstet, an den König gewandt, der was Attalos gethan wohl tadelte, aber sich begnügte, den Beleidigten mit Geschenken zu begütigen, ihn in die Reihe der Leibwächter aufzunehmen. Darauf vermählte

---

Expedition hat Diodor. Auffallender Weise hat Arrian sie völlig übergangen; soll man damit die Ueberlieferung, die aus Kleitarchos stammt, für Fabel halten? Das Schreiben des Dareios an Alexander nach der Schlacht bei Issos (Arr. II. 14. 2) sagt: „daß König Philipp den Krieg begonnen habe *ἀδικίας πρῶτος ἐς βασιλέα Ἄρσην ἦρξεν οὐδὲν ἄχαρι ἐκ Περσῶν παθών*, und damit kann nur diese Invasion in das persische Gebiet gemeint sein.

sich Philipp mit Attalos Nichte, Attalos mit Parmenions Tochter; Pausanias sah keine Hoffnung sich zu rächen; desto tiefer nagte der Gram und das Verlangen nach Rache und der Haß gegen den, der ihn um sie betrogen. In seinem Hasse war er nicht allein; die lynkestischen Brüder hatten nicht vergessen, was ihr Vater, was ihr Bruder gewesen war; sie knüpften geheime Verbindung mit dem Perserkönige an; sie waren um desto gefährlicher, je weniger sie es schienen [1]). Im Stillen fanden sich mehr und mehr Unzufriedene zusammen; Hermokrates der Sophist schürte die Glut mit der argen Kunst seiner Rede, er gewann Pausanias Vertrauen. „Wie erlangt man den höchsten Ruhm?“ fragte der Jüngling. „Ermorde den, der das Höchste vollbracht hat“, war des Sophisten Antwort [2]).

Es kam der Herbst [3]), mit ihm die Hochzeitfeier; in Aigai, der alten Residenz und, seit Pella blühte, noch der Könige Begräbnißort, sollte das Beilager gehalten werden; von allen Seiten strömten Gäste herbei, in festlichem Pomp kamen die Theoren aus Griechenland, viele mit goldenen Kränzen für Philipp [4]), die Fürsten der Agrianer, Paionen, Odryser, die Großen des Reiches, der ritterliche Adel des Landes, unzähliges

---

1) Arr. I. 25; II. 14, wo in dem Briefe Alexanders an Dareios gesagt wird, daß die Mörder des Philipp von dem Perserkönige angestiftet seien *ὡς αὐτοὶ ἐν ταῖς ἐπιστολαῖς πρὸς ἅπαντας ἐκομπάσατε.* Daß auch Olympias, auch Alexander um den Plan des Pausanias gewußt, sagt Plut. Alex. 10.

2) Nach Diod. XVI. 94 und Val. Max. VIII. 14. Plutarch erzählt dieselbe Anekdote in Beziehung auf Alexander. Das Motiv des Mordes erwähnt Aristot. Pol. VI. 10. 10.

3) Ueber diese Zeitbestimmung siehe unten Beilage und Ueber die Aechtheit der Urkunden in Demosthenes Rede vom Kranz S. 64 des Separatabdrucks. Alexanders Anfang fällt in den September 336, Ol. 111. 1, Arch. Pythodelos nach Idelers Berechnung.

4) Mit dem Kranz, den Athen gesandt, wird zugleich der Volksbeschluß der Athener verkündet: *ἄν τις ἐπιβουλεύσας Φιλίππῳ τῷ βασιλεῖ καταφύγῃ πρὸς Ἀθηναίους, παραδόσιμον εἶναι τοῦτον.* Diod. XVI. 92, der die ausführliche Schilderung dieser Vorgänge giebt.

Volk. In lautem Jubel, unter Begrüßungen und Ehrenverleihungen, unter Festzügen und Gelagen vergeht der erste Tag; Herolde laden zum nächsten Morgen in das Theater. Ehe noch der Morgen graut, drängt sich schon die Menge durch die Straßen zum Theater in buntem Gewühl; von seinen Edelknaben und Leibwächtern umgeben, naht endlich der König im festlichen Schmuck; er sendet die Begleitung vorauf in das Theater, er meint ihrer in Mitten der frohen Menge nicht zu bedürfen. Da stürzt Pausanias auf ihn zu, durchstößt seine Brust, und während der König niedersinkt, eilt er zu den Pferden, die ihm am Thore bereit stehen; flüchtend strauchelt er, fällt nieder; Perdikkas, Leonnatos, Andere von den Leibwächtern des Königs erreichen ihn, durchbohren ihn.

In wilder Verwirrung löst sich die Versammlung; Alles ist in Bestürzung, in Gährung. Wem soll das Reich gehören, wer es retten? Alexander ist der Erstgeborene des Königs; aber man fürchtet den wilden Haß seiner Mutter, die dem Könige zu gefallen Mancher verachtet und misehrt hat. Schon ist sie in Aigai, die Todtenfeier ihres Gemahls zu halten; sie scheint das Furchtbare geahnt, vorausgewußt zu haben; den Mord des Königs nennt man ihr Werk, sie habe dem Mörder die Pferde bereit gehalten. Auch Alexander habe um den Mord gewußt, ein Zeichen mehr, daß er nicht Philipps Sohn, sondern unter schwarzen Zauberkünsten empfangen und geboren sei; daher des Königs Abscheu gegen ihn und seine wilde Mutter, daher die zweite Ehe mit Kleopatra. Dem Knaben, den sie eben geboren [1]), gebühre das Reich; und habe nicht Attalos,

[1]) Nach Diodor. XVII. 2 gebar Kleopatra einen Sohn „wenige Tage" vor dem Ende des Philipp. Diodor folgt dem Kleitarchos, der, wie starke Farben er auch auftragen mag, doch den Zeiten zu nahe steht, um die Geburt eines Knaben zu melden, wenn eine Tochter geboren war; daß er den bedeutsamen Namen notirt hat, ergiebt Justin (XI. 2. 3: Caranum ex noverca natum), obschon derselbe (IX. 7. 12) das Kind der Kleopatra als Tochter bezeichnet, was Grote zu vereinigen versucht hat. Daß 150 Jahre später Satyros der Kleopatra Kind eine Tochter nennt, scheint mir gegen Kleitarchs Angabe zurückstehen zu müssen.

ihr Oheim, des Königs Vertrauen gehabt? der sei würdig, die Regentschaft zu übernehmen. Andere meinen, das nächste Recht an das Reich habe Amyntas, Perdikkas Sohn, der als Kind die Zügel des vielbedrohten Reiches an Philipp habe überlassen müssen; nur Philipps Trefflichkeit könne seine Usurpation entschuldigen; nach unverjährbarem Recht müsse Amyntas jetzt die Herrschaft erhalten, deren er sich in langer Entsagung würdig gemacht habe [1]). Dagegen behaupten die Lynkestier und ihr Anhang, wenn ältere Ansprüche gegen Philipps Leibeserben geltend gemacht würden, so habe vor Perdikkas und Philipps Vater ihr Vater und ihr Bruder das Reich besessen, dessen sie nicht länger durch Usurpatoren beraubt bleiben dürften; überdies seien Alexander und Amyntas fast noch Knaben, dieser von Kindheit an der Kraft und Hoffnung zu herrschen entwöhnt, Alexander unter dem Einfluß seiner rachedürstenden Mutter, durch Uebermuth, verkehrte Bildung im Geschmack des Tages, Verachtung der alten guten Sitte den Freiheiten des Landes gefährlicher, als selbst sein Vater Philipp; sie dagegen seien Freunde des Landes und aus jenem Geschlecht, das zu aller Zeit die alte Sitte aufrecht zu erhalten gestrebt habe; ergraut unter den Makedonen, mit den Wünschen des Volkes vertraut, dem großen Könige in Susa befreundet, könnten sie allein das Land vor dessen Zorne schützen, wenn er Genugthuung für den tollkühn begonnenen Krieg Philipps zu fordern komme; zum Glücke sei das Land durch die Hand ihres Freundes früh genug von einem Könige befreit, der das Recht, der des Volkes Wohl, der Schwüre und Tugend für nichts geachtet habe.

So die Partheien; aber das Volk haßte die Königsmörder und fürchtete den Krieg nicht; es vergaß Kleopatras Sohn, da der Vertreter seiner Parthei fern war; es kannte den Sohn des Perdikkas nicht, dessen Thatlosigkeit Beweis genug für seine Unfähigkeit schien. Auf Alexanders Seite war alles Recht und

---

[1]) Es ist wohl aus Kleitarchos, wenn [Plut.] de fort. Alex. I. 3 sagt: *πᾶσα δ' ὕπουλος ἡ Μακεδονία πρὸς Ἀμύνταν ἀποβλέπουσα καὶ τοὺς Ἀερόπου παῖδας*, die Lynkestier.

die Theilnahme, welche unverdiente Kränkungen erwecken, außerdem der Ruhm der Kriege gegen die Maider, die Illyrier, des Sieges von Chaironeia, der schönere Ruhm der Bildung, Leutseligkeit und Hochherzigkeit; selbst den Geschäften des Reiches hatte er schon mit Glück vorgestanden; er besaß das Vertrauen und die Liebe des Volkes; namentlich des Heeres war er sicher. Der Lynkestier Alexandros erkannte, daß für ihn keine Hoffnung blieb; er eilte zu Olympias Sohn, er war der erste, der ihn als König der Makedonen begrüßte [1]).

Alexanders Anfang war „nicht die einfache Uebernahme eines zweifellosen Erbes“; er, der Zwanzigjährige, sollte zeigen, ob er König zu sein Beruf und Kraft habe. Er ergriff die Zügel der Herrschaft mit sicherer Hand, und die Verwirrung ordnete sich schnell und ruhig. Er berief nach makedonischer Sitte das Heer, die Huldigung desselben zu empfangen: nur der Name des Königs sei ein anderer, die Macht Makedoniens, die Ordnung der Dinge, die Hoffnung auf Eroberung dieselbe. Er ließ die alte Dienstpflicht; er erließ denen, die dienten, alle anderen Dienste und Lasten [2]). Häufige Uebungen und Märsche, die er anordnete, stellten den militärischen Geist bei den Truppen, den die jüngsten Vorgänge gelockert haben mochten, wieder her und machten sie seiner Hand sicher [3]).

Der Königsmord forderte die strengste Strafe; sie war zugleich das sicherste Mittel das neue Regiment zu befestigen. Es kam an den Tag, daß die lynkestischen Brüder vom Perserkönige, der den Krieg mit Philipp fürchtete, bestochen waren,

---

1) Arrian. I. 25; Curt. VII. 1. 6.

2) Daß sich die immunitas cunctarum rerum bei Justin. XI. 1. 10 nur auf den Grundzins bezieht, schließt Schäfer (Dem. III, p. 65) mit Recht aus Arrian. I. 16. 5. Eben so dürfte das Macedonibus immunitatem . . . dedit nur auf die Makedonen im Heer gehen, wie denn Alexander nach der Schlacht am Granikos den Aeltern und Kindern der Gefallenen *τῶν τε κατὰ τὴν χώραν ἀτέλειαν καὶ ὅσαι ἄλλαι ἢ τῷ σώματι λειτουργίαι ἢ κατὰ τὰς κτήσεις ἑκάστων εἰσφοραὶ* gab (Arrian. I. 16. 5; VII. 10. 4) das also sind die Privilegien derer, die Heerdienst leisten.

3) *εὐπειθῆ κατεσκεύασε τὴν δύναμιν*, Diod. XVII. 2.

und in der Hoffnung, durch persische Hülfe das Reich an sich zu reißen, eine Verschwörung gestiftet hatten, für deren geheime Pläne Pausanias nur das blinde Werkzeug gewesen war; die Mitverschworenen wurden in den Tagen der Leichenfeier hingerichtet, unter ihnen die Lynkestier Arrhabaios und Heromenes; ihr Bruder Alexandros wurde begnadigt, weil er sich unterworfen hatte; des Arrhabaios Sohn Neoptolemos flüchtete zu den Persern [1]).

---

[1]) Amyntas „des Arrhabaios Sohn" (Arrian. I. 20. 10) ist wohl sein Bruder; er hatte, da er beim Heer in Asien stand, wohl keinen Theil an der Verschwörung; er zeichnete sich in den Feldzügen in Asien aus.

Drittes Kapitel.

Gefahren von Außen. — Der Zug nach Griechenland 336. — Erneuerung des Bundes von Korinth. — Das Ende des Attalos. — Die Nachbarn im Norden. — Feldzug nach Thrakien, an die Donau, gegen die Illyrier. — Zweiter Zug nach Griechenland. — Zerstörung Thebens. — Zweite Erneuerung des Bundes von Korinth.

Rasch und mit fester Hand hatte Alexander die Zügel der Herrschaft ergriffen, die Ruhe im Innern hergestellt. Aber von Außen liefen höchst beunruhigende Nachrichten ein.

In Kleinasien hatte Attalos, auf seine Truppen rechnend, die er zu gewinnen verstanden, den Plan gefaßt, unter dem Scheine, die Ansprüche seines Großneffen, des Sohnes der Kleopatra, zu vertreten, die Herrschaft an sich zu reißen; seine Heeresmacht, und noch mehr die Verbindungen, die er mit den Feinden Makedoniens angeknüpft hatte, machten ihn sehr gefährlich. Dazu begann eine Bewegung in den hellenischen Landen, die einen allgemeinen Abfall besorgen ließ. Die Athener hatten auf die Nachricht von Philipps Tod — die erste empfing Demosthenes durch geheime Boten des Strategen Charidemos, der wohl in der Nähe der thrakischen Küsten auf Station war [1]) —

---

[1]) Aesch. adv. Ctes. § 77: *διὰ τῶν κατασκόπων τῶν παρὰ Χαριδήμου πυθόμενος.*

ein Freudenfest gefeiert [1]), dem Gedächtniß des Mörders einen Ehrenbeschluß gewidmet; Demosthenes selbst hatte diese Anträge gestellt, er hatte, in der Rathsversammlung sprechend, Alexander einen Gimpel genannt [2]), der sich aus Makedonien nicht hinaus wagen werde; er setzte Alles in Bewegung, Athen, Theben, Thessalien, das ganze Hellas zum offenen Bruch mit Makedonien zu vermögen, als bände der Eid des mit dem Vater geschwornen Bundesvertrages die Staaten, die ihm geschworen, nicht gegen den Sohn [3]). Er sandte Boten und Briefe an Attalos, er unterhandelte mit Persien über Subsidien gegen Makedonien. Athen rüstete eifrig zum Kriege, machte die Flotte bereit; Theben schickte sich an die makedonische Besatzung aus der Kadmeia zu treiben; die Aitoler, bisher Freunde Makedoniens, beschlossen, die von Philipp aus Akarnanien Verjagten mit gewaffneter Hand zurückzuführen; die Ambrakioten verjagten die makedonische Besatzung und richteten Demokratie ein; Argos, die Eleier, Arkader, Alle waren bereit, das makedonische Joch von sich zu werfen, und Sparta hatte sich ihm nie unterworfen [4]).

Umsonst schickte Alexander Gesandte, die sein Wohlwollen und seine Achtung vor den bestehenden Freiheiten versicherten; die Hellenen schwelgten in der Zuversicht, daß nun die alte Zeit des Ruhmes und der Freiheit zurückgekehrt sei; sie meinten, der Sieg sei unzweifelhaft; bei Chaironeia habe die ganze make-

---

1) Aesch. adv. Ctes. § 160: *ἱερὰ μὲν ἱδρύσατο Παυσανίου, εἰς αἰτίαν δὲ εὐαγγελίων θυσίας τὴν βουλὴν κατέστησε.*

2) Er brauchte den Ausdruck *Μαργίτης*, Aeschin. adv. Ctesiph. § 77 und Marsyas fr. 8.

3) Der Bundesvertrag von Korinth ist nach seinem Wortlaut nicht bekannt; man kann also nicht sagen, ob die Fassung der Art war, daß ihm die Deutung gegeben werden konnte, als höre mit dem Tode des Königs Philipp nicht bloß dessen Strategie gegen die Perser, sondern auch der geschlossene und beschworene Friede *ἡ κοινὴ εἰρήνη* auf.

4) Die Theilnahme von Argos (Diod. XVII. 3 und 8) ist jetzt bestätigt durch das attische Ehrendecret für Aristomachos von Argos (C. I. A. II, n°. 161): . . . *καὶ συμβάντος κοινοῦ πολέμο[υ Ἀθηναίοις τε καὶ τῇ] πόλει τῶν Ἀργείων πρὸς Ἀλέξανδ[ρον* . . . . .

donische Macht unter Philipp und Parmenion mit Mühe die Heere Athens und Thebens besiegt; jetzt seien alle Hellenen vereint, ihnen gegenüber ein Knabe, der kaum seines Thrones sicher sei, und lieber in Pella peripatetisiren, als mit Hellas zu kämpfen wagen werde; sein einziger erprobter Feldherr Parmenion sei in Asien, mit ihm ein bedeutender Theil des Heeres, schon von den persischen Satrapen bedrängt, ein anderer unter Attalos bereit, sich für die Hellenen gegen Alexander zu erklären; selbst die thessalischen Ritter, selbst das Kriegsvolk der Thraker und der Paionen sei der makedonischen Macht entzogen, nicht einmal der Weg nach Hellas ihr mehr offen, wenn Alexander wagen sollte, sein Reich den Einfällen der nordischen Nachbarn und den Angriffen des Attalos Preis zu geben. In der That drohten die Völker im Norden und Osten, sich der Abhängigkeit von Makedonien zu entziehen, oder bei dem ersten Anlaß die Gränzen des Reiches räuberisch zu überfallen.

Alexanders Lage war peinlich und dringend; seine Freunde — auch die jüngst verbannten waren zurückgekehrt — beschworen ihn, nachzugeben, ehe Alles verloren sei, sich mit Attalos zu versöhnen und das vorausgesandte Heer an sich zu ziehen, die Hellenen gewähren zu lassen, bis der erste Rausch vorüber sei, die Thraker, Geten, Illyrier durch Geschenke zu gewinnen, die Abtrünnigen durch Gnade zu entwaffnen. So hätte sich freilich Alexander in Makedonien recht fest setzen und ein glücklicher König seines Landes werden können; er hätte vielleicht allmählig denselben Einfluß über Hellas und dieselbe Macht über die umwohnenden Barbaren, die sein Vater gehabt hatte, gewinnen, ja endlich wohl auch an einen Zug nach Asien denken können, wie der Vater sein Lebelang. Alexander war anderer Art; der Entschluß, den er faßte, zeigt ihn in der ganzen Macht und Kühnheit seines Geistes. Wie von einem Helden späterer Jahrhunderte gesagt worden ist: „sein Genius zog ihn".

Das Gewirr der Gefahren ordnete sich in drei Massen: der Norden, Asien, Hellas. Zog er gegen die Völker im Norden, so gewann Attalos Zeit seine Macht zu verstärken und vielleicht nach Europa zu führen; das Bündniß der hellenischen Städte er=

starkte, und er war gezwungen, als Treubruch und offene Empörung der Staaten zu bekämpfen, was jetzt noch als Partheisache und als Einflüsterungen verbrecherischer und von persischem Golde bestochener Demagogen bestraft werden konnte. Zog er gegen Hellas, so konnte auch eine geringe Macht den Marsch durch die Pässe sperren und lange aufhalten, während Attalos durch nichts gehindert war, in seinem Rücken zu operiren und sich mit den aufrührerischen Thrakern zu vereinen. Das Unstatthafteste war, gegen Attalos selbst zu ziehen; die griechischen Staaten wären zu lange sich selbst überlassen gewesen, Makedonen gegen Makedonen zum Bürgerkriege geführt, in dem vielleicht persische Satrapen den Ausschlag gegeben hätten, endlich Attalos, der nur als Verbrecher angesehen werden durfte, als eine Macht behandelt worden, gegen die zu kämpfen den König in den Augen der Hellenen und Barbaren erniedrigt hätte. Verstand man ihn zu treffen, so war die Kette gesprengt, und das Weitere fand sich von selbst.

Attalos wurde als des Hochverrathes schuldig zum Tode verurtheilt; einer der „Freunde“ [1]), Hekataios von Kardia, erhielt den Befehl, an der Spitze eines Corps nach Asien überzusetzen, sich mit den Truppen Parmenions zu vereinigen, Attalos lebend oder todt nach Makedonien einzubringen. Da von den Feinden im Norden schlimmsten Falls nicht mehr als verwüstende Einfälle zu fürchten waren, und ein späterer Zug sie leicht unterwerfen konnte, beschloß der König mit seinem Heere in Hellas einzurücken, bevor ihm dort eine bedeutende Heeresmacht entgegengestellt werden konnte.

Um diese Zeit kamen Boten des Attalos nach Pella, welche die Gerüchte, die über ihn verbreitet seien, Verläum-

---

1) Diod. XVII. 2: *τῶν φίλων*. Ob die Bezeichnung *φίλος* schon damals im makedonischen Staatswesen eine officielle Bezeichnung gewesen sei, dürfte aus Curtius VI. 7. 8. 17 ex prima cohorte amicorum nicht zu entscheiden sein. Bei Arrian. I. 25 beruft Alexander *τοὺς φίλους* zu einem Rath, und was sie ihm sagen, bezeichnet er mit den Worten *ἐδόκει τοῖς ἑταίροις*. Aber Arrians Ausdrücke sind nicht immer technisch genau.

dung nannten, in schönklingenden Worten seine Ergebenheit versicherten und zum Zeichen seiner aufrichtigen Gesinnung die Briefe, die er von Demosthenes über die Rüstungen in Hellas empfangen habe, in des Königs Hand legten [1]). Der König, der aus diesen Dokumenten und aus Attalos Annäherung auf den geringen Widerstand, den er in Hellas zu erwarten habe, schließen konnte, nahm seinen Befehl nicht zurück; auf des alten Parmenion Diensttreue, obschon Attalos dessen Schwiegersohn war, konnte er sich verlassen.

Er brach jetzt gegen Thessalien auf; er zog an der Meeresküste den Pässen des Peneios zu; den Hauptpaß Tempe, so wie den Seitenpaß Kallipeuke fand er stark besetzt. Sie mit der Waffe in der Hand zu nehmen, war schwierig, jeder Verzug gefahrbringend; Alexander schuf sich einen neuen Weg. Südwärts vom Hauptpaß erheben sich die Felsmassen des Ossa, weniger steil vom Meere her als neben dem Peneios emporsteigend; zu diesen minder steilen Stellen führte Alexander sein Heer, ließ, wo es nöthig, war, Stufen in das Gestein sprengen und kam, so das Gebirge übersteigend, in die Ebene Thessaliens [2]), im Rücken des thessalischen Postens. Er war ohne Schwertstreich Herr des Landes, das er gewinnen, nicht unterwerfen wollte, um für den Perserkrieg der trefflichen thessalischen Reiter gewiß zu sein. Er lud die Edlen Thessaliens zu einer Versammlung; er erinnerte an die gemeinschaftliche Abstammung vom Geschlecht Achills, an die Wohlthaten seines Vaters, der das Land von dem Joche des blutigen Tyrannen von Pherai befreit und durch die Wiederherstellung der uralten Tetrarchien des Aleuas für immer vor Aufständen und Tyrannei [3]) ge-

---

[1]) Diod. XVII. 5.

[2]) Polyaen. IV. 3. 23. Diese Angabe für erfunden zu halten, sehe ich keinen Grund; sie steht in der dritten Reihe der Auszüge Polyäns, die nach Petersdorff jede aus einer andern Quelle geschöpft scheinen, die erste (§ 1—10) vielleicht aus Kallisthenes, die zweite (§ 11—22) wohl aus Kleitarchos; die dritte (§ 23—32) ist nicht mehr nachzuweisen.

[3]) Theopomp. bei Harpocrat. τετραρχία, und die genauere Ausführung bei A. Schäfer (Dem. II, p. 402).

sichert habe; er verlangte nichts, als was sie freiwillig seinem Vater gegeben hätten, und die Anerkennung der in dem hellenischen Bunde demselben übertragenen Hegemonie von Hellas [1]); er versprach, die einzelnen Familien und Landschaften, wie sein Vater, in ihren Rechten und Freiheiten zu lassen und zu schützen, in den Perserkriegen ihren Rittern den vollen Antheil an der Kriegsbeute zu geben, Phthia aber, die Heimath ihres gemeinsamen Ahnherrn Achilles, durch Steuerfreiheit zu ehren [2]). Die Thessaler eilten, so günstige und ehrenvolle Bedingungen anzunehmen, durch gemeinsamen Beschluß Alexander in den Rechten seines Vaters zu bestätigen, endlich, wenn es Noth thue, mit Alexander zur Unterdrückung der Unruhen gen Hellas zu ziehen [3]). Wie die Thessaler, so mit dem gleichen Entgegenkommen gewann er die anwohnenden [4]) Ainianen, Malier, Doloper, — Stämme, deren jeder in dem Rath der Amphiktyonen eine Stimme hatte, und mit deren Zutritt ihm der Weg durch die Thermopylen offen stand.

Die schnelle Einnahme und Beruhigung Thessaliens hatte den hellenischen Staaten nicht Zeit gelassen die wichtigen Päſſe des Oitagebirges zu besetzen. Es lag nicht in Alexanders Plan, durch gewaltsame Maaßregeln einer Bewegung, die womöglich nur als das thörichte Werk einer Parthei erscheinen sollte, Vorwand und Bedeutung zu geben. Durch die Nähe der makedonischen Heeresmacht erschreckt, beeilten sich die Hellenen den Schein tiefen Friedens anzunehmen; weil demnach die früheren Verhältnisse, wie sie von Philipp gegründet waren,

[1]) Diod. XVII. 4: *ἔπεισε τὴν πατροπαράδοτον ἡγεμονίαν τῆς Ἑλλάδος αὐτῷ συγχωρῆσαι κοινῷ τῆς Θεσσαλίας δόγματι.* Justin. XI. 3. 2: exemplo patris dux universae gentis creatus erat et vectigalia omnia reditusque suos ei tradiderunt. Justins Ausdruck scheint das Amt des Tagos zu bezeichnen; nach dem Diodors fordert Alexander nur die Befugniß, die ihm als *στρατηγὸς αὐτοκράτωρ* des hellenischen Bundes zusteht. Das staatsrechtliche Verhältniß Philipps zu Thessalien ist unklar trotz des Schemas der Thessalorum reges.

[2]) Flav. Philostr. Heroic., p. 130.

[3]) Aeschin. adv. Ctes. § 161.

[4]) Diod. XVII. 4. 2: *τὰ συνορίζοντα τῶν ἐθνῶν.*

noch bestanden, berief Alexander [1]) die Amphiktyonen nach den Thermopylen, forderte und erhielt von ihnen durch gemeinsamen Beschluß die Anerkennung seiner Hegemonie. In derselben Absicht gewährte er den Ambrakioten die Autonomie, die sie mit der Austreibung der makedonischen Besatzung hergestellt hatten: er habe selbst sie ihnen anbieten wollen, sie seien ihm nur zuvorgekommen.

Wenn auch die Thessaler, die Amphiktyonen Alexanders Hegemonie anerkannt hatten, von Theben, Athen, Sparta waren keine Gesandten in den Thermopylen erschienen. Vielleicht brach Theben jetzt noch los; es hätte auf die Zustimmung vieler Staaten, vielleicht auf ihren Beistand rechnen können. Freilich gerüstet waren sie nicht; Sparta hatte, seit Epameinondas am Eurotas gelagert, sich nicht erholen können; in der Kadmeia, in Chalkis, auf Euboia, in Akrokorinth [2]) lag noch makedonische Besatzung; in Athen war, wie immer, viel declamirt und wenig gethan; selbst als die Nachricht kam, daß der König bereits in Thessalien sei, daß er mit den Thessalern vereint in Hellas einrücken werde, daß er sich über die Verblendung der Athener sehr erzürnt geäußert habe, waren, obschon Demosthenes nicht aufgehört hatte, den Krieg zu predigen, die Rüstungen nicht eifriger betrieben worden [3]). Rasches Vorgehen des makedonischen Heeres konnte Hellas vor großem Unheil retten.

Alexander rückte aus den Thermopylen in die boiotische Ebene hinab, lagerte sich nahe bei der Kadmeia; von Widerstand der Thebaner war keine Rede. Als man in Athen erfuhr, daß

---

[1]) Nach Diodors Ausdruck (*τὸ τῶν Ἀμφικτυόνων συνέδριον συναγαγών*) ist wohl die Berufung einer außerordentlichen Versammlung anzunehmen, nicht die gewöhnliche *πυλαία ὀπωρινή*, die schon einige Wochen früher gehalten sein wird.

[2]) Von Akrokorinth ist es durch Plut. Arat. 23 bezeugt, von Chalkis nach Polyb. XXXVIII. 5. 3 ed. Hultsch. und noch mehr durch Proteas Sendung gegen die Perserflotte 333 (*ἀνάγεται ἀπὸ Χαλκίδος* Arr. II. 2. 4) wahrscheinlich.

[3]) *τοῦ νεανίσκου τὸ πρῶτον παροξυνθέντος εἰκότως*, Aeschin. adv. Ctes. § 161.

Theben in Alexanders Händen sei, so daß jetzt ein Marsch von zwei Tagen den Feind vor die Thore der Stadt bringen konnte, verging auch den eifrigsten Freiheitsmännern der Muth; es wurde beschlossen, in Eile die Mauern in Vertheidigungsstand zu setzen, das platte Land zu räumen, alle fahrende Habe nach Athen zu flüchten, „so daß die vielbewunderte und vielumstrittene Stadt wie ein Stall voll Rinder und Schafen wurde“ [1]), aber zugleich beschlossen, dem Könige Gesandte entgegenzuschicken, die ihn begütigen, um Verzeihung bitten sollten, daß seine Hegemonie nicht sofort von den Athenern anerkannt sei; vielleicht ließ sich noch der Besitz von Oropos retten, das man zwei Jahre vorher aus Philipps Hand empfangen hatte [2]). Demosthenes, der mit unter den Gesandten war, kehrte auf dem Kithairon um, entweder seines Schreibens an Attalos eingedenk, oder um sein Verhältniß mit Persien nicht bloßzustellen [3]); er überließ es den anderen Gesandten die Bitten des attischen Demos zu überbringen. Alexander nahm sie gütig auf [4]), verzieh das Geschehene, erneute die früher mit seinem Vater ge-

---

1) So der Ausdruck in der angeblichen Rede des Demades *περὶ δωδεκαετείας* § 14.

2) Demad. § 9: *τὸν Ὠρωπὸν ἄνευ πρεσβείας λαβών*. Aristot. fr. 561 ed. Rose erwähnt Oropos, fr. 560, Drymos an dem nach Megara zu liegenden Theil der boiotisch-attischen Gränze, beide Fragmente aus den *δικαιώματα Ἑλληνίδων πόλεων, ἐξ ὧν Φίλιππος τὰς φιλονεικίας τῶν Ἑλλήνων διέλυσεν*, so die Vita Arist. Marc. bei Rose, Arist. Pseudep. I., p. 246.

3) Aeschin. Ctes. § 161. Nach Deinarchos (I, § 82) hat er es abgelehnt als Gesandter mit zum Könige zu gehn.

4) Diod. XVII. 4: *φιλανθρώπους ἀποκρίσεις δούς*. Justin. XI. 3. dagegen: quibus auditis et graviter increpatis; Justin berichtet bei diesem Zuge Alexanders, was bei dem des folgenden Jahres richtig ist; er verbindet beide. Einige Bruchstücke aus dem mit Alexander geschlossenen Vertrage giebt C. I. A. II, n⁰. 160 so: . . . *οὐδ[ὲ ὅπλα ἐ[π]οί[σω ἐπὶ πημονῇ ἐπ᾽ οὐδένα τῶν] ἐμμενόν[τ]ων ἐν τ[ῇ εἰρήνῃ οὔτε κατὰ γῆν] οὔτε κατὰ θ]άλασσαν . . . οὐδὲ χωρ[ίον καταλήψομ[αι . . . . ἐπὶ πολέ]μῳ οὐθενὸς τῶν τ[ῆς εἰρήνης κοινωνούν]των τέχν[ῃ] οὐδεμι[ᾷ* . . . . und weiter: *καὶ πολεμ[ή]σω τῷ[. . . . παρα]βαίνον[τι καθότι* . . . . . *τῷ καὶ ὁ ἡγεμών* . . . .

schlossenen Verträge, verlangte nur, daß Athen zu den weiteren Verhandlungen Bevollmächtigte nach Korinth sende. Der Demos hielt es angemessen, dem jungen Könige noch größere Ehren als zwei Jahre vorher seinem Vater zu decretiren [1]).

Alexander zog weiter nach Korinth, wohin die Bevollmächtigten der Bundesstaaten beschieden waren [2]). Auch Sparta mag geladen worden sein; darauf führt die Erwähnung der spartanischen Erklärung: es sei nicht Herkommen bei ihnen, Andern zu folgen, sondern selbst zu führen [3]). Alexander hätte sie unschwer zwingen können; es wäre weder klug noch der Mühe werth gewesen; er wollte nichts als die möglichst schleunige Beruhigung Griechenlands und die Anerkennung der Hegemonie Makedoniens gegen die Perser. In diesem Sinne wurde die Formel des Bundes erneut und beschworen, Alexander zum unumschränkten Strategen der Hellenen ernannt.

Alexander hatte erreicht, was er wollte. Es wäre von Interesse, die Stimmung zu kennen, wie sie nun in den hellenischen Landen über ihn war; wahrscheinlich weder so empört, noch so nur erheuchelt, wie es uns der verbissene Freiheitseifer attischer Redner, oder der affectirte Tyrannenhaß griechischer Moralisten der römischen Kaiserzeit möchte glauben machen. Die andere Seite zeigt es, wenn, von den asiatischen Hellenen gesandt, Delios von Ephesos, der Schüler Platons, zu Alexander gekommen war und ihn „am meisten drängte und entflammte", den Krieg gegen die Perser zu beginnen [4]). Unter den ihm Nächstbefreun-

---

1) Arrian. I. 1. 3. Hieher gehört wohl die Angabe in der Inschrift, in der Lykurgos Rechenschaft über seine Verwaltung giebt (Köhler im Hermes V, S. 224), daß für Alexander zwei goldene Kränze decretirt worden sind. Auch mag die Ehre erwähnt werden, welche die Megarer dem Könige erwiesen, indem sie ihm das Bürgerrecht ihrer Stadt gaben; Alexander *εἰς γέλωτι θέμενος τὴν σπουδὴν αὐτῶν* nahm die Ehre an, weil sie ihm sagten, daß sie dem Herakles dieselbe Ehre erwiesen hätten; Plut. *περὶ μοναρχ.* c. 2.

2) Diod. XVII. 4. 9: *οἱ συνεδρεύειν εἰωθότες.*

3) Arrian. I. 1. 2.

4) Plut. adv. Col. c. 32.

deten waren Erigyios und Laomedon, geborene Lesbier, nach Amphipolis übersiedelt, denen das Elend ihrer von Perserfreunden beherrschten Heimath bekannt genug gewesen sein wird, — eine traurige Erläuterung der Autonomie, die der Großkönig in dem antalkidischen Frieden den Inseln von Rhodos bis Tenedos zugesichert hatte; für das Griechenthum dort gab es keine Rettung, wenn nicht Alexander kam und siegte [1]). In Hellas selbst hatte nur Theben, nicht unverschuldet, den Untergang seiner Autonomie zu beklagen; in Athen war die Stimmung der leichtfertigsten Menge, die je geherrscht hat, je von den letzten Eindrücken und den nächsten Hoffnungen abhängig; und Spartas mürrische Abkehr bezeugt doch mehr Consequenz der Schwäche als der Stärke, mehr üble Laune als ächtes Selbstgefühl. Man darf vermuthen, daß der verständigere Theil des hellenischen Volkes sich dem großen nationalen Unternehmen, an dessen Schwelle man stand, und dem jugendlichen Helden, der sich für dasselbe einsetzte, zuwandte; die Tage, welche Alexander in Korinth zubrachte, schienen den Beweis dafür zu geben. Von allen Seiten waren Künstler, Philosophen, politische Männer dorthin geeilt, den königlichen Jüngling, den Zögling des Aristoteles, zu sehen; alle drängten sich in seine Nähe und suchten einen Blick, ein Wort von ihm zu erhaschen. Nur Diogenes von Sinope blieb ruhig in seiner Tonne beim Ringplatz der Vorstadt. So ging Alexander zu ihm; er fand ihn vor seiner Tonne liegen und sich sonnen; er begrüßte ihn, fragte ihn, ob er irgend einen Wunsch habe; „geh mir ein wenig aus der Sonne", war des Philosophen Antwort. Der König sagte darauf zu seinem Gefolge: „beim Zeus, wenn ich nicht Alexander wäre, möchte ich Diogenes sein" [2]). Vielleicht nur

[1]) Möglich, daß jetzt schon Tenedos sich erklärte. Arr. II. 2. 2: τὰς στήλας τὰς πρὸς Ἀλέξανδρον καὶ τοὺς Ἕλληνας γενομένας σφίσι. Daß dieser Beitritt schon jetzt geschehen, nicht erst 334, ist zu vermuthen, weil die Verträge von 334 nur mit Alexander, nicht auch mit dem korinthischen Bunde geschlossen scheinen.

[2]) Plut. Alex. 14; Paus. II. 2. 4 etc. Auf diese Zeit bezieht sich wahrscheinlich die artig erfundene Geschichte, die sich bei Alexanders Besuch in Delphoi

eine Anekdote, wie deren unzählige von dem Sonderling erzählt wurden.

Alexander kehrte mit dem Winter nach Makedonien zurück, um sich zu dem bis jetzt verschobenen Zuge gegen die barbarischen Völker an der Grenze zu rüsten. Attalos war nicht mehr im Wege; Hekataios hatte sich mit Parmenion vereinigt, und da sie ihre Macht nicht stark genug glaubten, Attalos in Mitten seiner Truppen, die er zu gewinnen verstanden hatte, festzunehmen, ließen sie ihn dem Befehl gemäß ermorden [1]); die verführten Truppen, theils Makedonen, theils hellenische Söldner [2]), kehrten zur Treue zurück.

So in Asien; in Makedonien selbst hatte Olympias ihres Sohnes Abwesenheit benutzt, die Wollust der Rache bis auf den letzten Tropfen zu genießen. Der Mord des Königs war, wenn nicht ihr Werk, gewiß ihr Wunsch gewesen; aber noch lebten die, um deren Willen sie und ihr Sohn Unwürdiges hatten dulden müssen; auch die junge Wittwe Kleopatra und ihr Säugling sollten sterben. Olympias ließ das Kind im Schooß der Mutter ermorden, und zwang die Mutter, sich am eigenen Gürtel aufzuknüpfen [3]). Es wird berichtet, daß Alexander der Mutter darüber zürnte; mehr als zürnen konnte der Sohn nicht. Noch war der Muth der Gegner nicht gebrochen; immer neue Anzettelungen wurden entdeckt; an einem Plan zur Ermordung Alexanders fand man Amyntas betheiligt, den Sohn des Königs Perdikkas,

---

zugetragen haben soll: da die Pythia nicht weissagen wollte, weil es nicht die Zeit war (es galt dafür, daß in den Wintermonaten Apollon fern sei), so ergriff sie Alexander am Arm, um sie wider ihren Willen zum Dreifuß zu führen; sie rief: „o Sohn, du bist unwiderstehlich!" und freudig nahm Alexander ihren Ausruf als Orakel an.

1) Diod. XVII. 5; Curt. VII. 1. 3. Wie der Mord vollzogen wurde, sagen die Quellen nicht; daß Parmenions Autorität die Truppen zum Gehorsam zurückgeführt, deutet Diodor an.

2) Diod. XVII. 7 erwähnt beide als unter Kalas Befehl, der des Attalos Commando erhielt.

3) Plut. Alex. 10; Diod. XVII. 2; Justin. IX. 7. — Paus. VIII. 7. 7 erzählt die Todesart noch gräuelhafter.

den Philipp nachmals mit seiner Tochter Kynna vermählt hatte; er wurde hingerichtet [1]).

Indeß hatte das nach Asien vorausgesandte Corps sich an der Küste nach Osten und Süden ausgedehnt; das freie Kyzikos an der Propontis stützte dessen linke Flanke, auf der rechten hatte Parmenion Gryneion im Süden des Kaikos besetzt; und schon hatte sich in Ephesos der Demos erhoben, die persisch gesinnte Oligarchie ausgetrieben, für das weitere Vordringen Parmenions ein wichtiger Stützpunkt [2]). Gewiß sah der Demos aller Orten, der von Tyrannen wie in den Städten der Insel Lesbos, von Oligarchen wie in Chios und Kos gedrückt und in persischer Obedienz gehalten wurde, mit steigender Erregung auf die Fortschritte der makedonischen Truppen. Mochte deren Voraussendung ein Fehler, für Alexanders Anfänge eine Verlegenheit gewesen sein, jetzt konnte dieß Corps und die Aufregung, die es veranlaßte, wenigstens für den thrakischen Feldzug den Rücken decken; die Positionen, die es besetzt hatte, und die makedonische Flotte, die im Hellespont lag, machten einen Versuch der Perser, nach Thrakien hinüberzugehen, unmöglich.

Allerdings war es dringend nöthig, die Thraker, Geten, Triballer, Illyrier die Ueberlegenheit der makedonischen Waffen fühlen zu lassen, um mit ihnen, bevor das große Unternehmen nach Asien begonnen wurde, ein haltbares Verhältniß herzustellen. Diese Völkerschaften, die Makedonien von drei Seiten umgaben, waren in der Zeit Philipps theils zu Unterthanen, theils zu pflichtigen Verbündeten des makedonischen Königthums gemacht oder doch, wie die illyrischen Stämme, durch wiederholte Niederlagen in ihren räuberischen Streifzügen gehemmt worden [3]).

---

[1]) Curt. VI. 9. 17. Amyntas qui mihi consobrinus fuit et in Macedonia capiti meo impias comparavit insidias, sagt Alexander in dem Proceß gegen Philotas; cf. Arrian. apud Phot. § 22. Die Zeit ergiebt das Verlöbniß Kynnas mit dem Agrianerfürsten; Arrian. I. 5. 4.

[2]) Die Vorgänge bei Magnesia, wo der persische Feldherr Memnon die Oberhand behielt, fallen noch vor das Ende des Attalos, der bei Polyän (V. 44. 4) neben Parmenion genannt wird, also noch in das Jahr 336.

[3]) Wenn Arrian. I. 5. 1 von den Illyriern den Ausdruck ἀφεστάναι

Jetzt mit Philipps Tode schien diesen Barbaren die Zeit gekommen, der lästigen Dependenz sich zu entschlagen und unter ihren Häuptlingen in alter Unabhängigkeit zu streifen und zu heeren, wie ihre Väter gethan.

So standen jetzt die Illyrier unter ihrem Fürsten Kleitos auf [1]), dessen Vater Bardylis, erst Kohlenbrenner, dann König, die verschiedenen Gaue zu gemeinsamen Raubzügen vereint und in den schlimmen Zeiten des Amyntas und des Aloriten Ptolemaios auch makedonische Gränzgebiete besetzt hatte, bis endlich Philipp in schweren Kämpfen ihn bis hinter den lychnitischen See zurückgeworfen hatte. Wenigstens die Pässe im Süden desselben gedachte jetzt Kleitos zu gewinnen. Gemeinsame Sache mit ihm zu machen, rüsteten sich die Taulantiner unter ihrem Fürsten Glaukias, die neben und hinter jenen bis zur Seeküste bei Apollonia und Dyrrhachion saßen. Nicht minder schickten sich die Autariaten, die seit zwei Menschenaltern in den Thälern des Brongos und Angros, der serbischen und bulgarischen Morawa, saßen, von der allgemeinen Bewegung ihrer illyrischen Stammgenossen und der Lust nach Beute ergriffen, zu einem Einbruch in das makedonische Gebiet an [2]).

Noch gefährlicher schien der zahlreiche, den Makedonen feindliche Thrakerstamm der Triballer [3]), die jetzt im Norden

---

braucht, so müssen sie ihre Abhängigkeit von Makedonien anerkannt haben; in welcher Form und bis zu welchem Maaß, wissen wir nicht.

[1]) Die Illyrier, die Kleitos heranführt, offenbar andere Stämme als die unter Pleurias, die Alexander zwei Jahre früher bekämpft hatte, saßen wohl südlicher als diese, in den Bergen und Thälern, die der Ergent und Devol durchströmt. Die Dardaner, gegen die noch Philipp schwer gekämpft hatte und welche später wieder als bedeutende Macht auftraten, werden in dieser Zeit nicht erwähnt; ihre Sitze sind von dem Nordausgang der Pässe von Skupia über das Amselfeld hin bis zum Drinfluß, wo er anfängt schiffbar zu sein. War Pleurias vielleicht Fürst der Dardaner?

[2]) Arrian. I. 5. 4. Daß die Autariaten in das Land der Triballer eingebrochen waren und sie bewältigt hatten (καταστρεψάμενοι), sagt Strabo (VII, p. 318); die Zeit giebt Diodor (XV. 36), der freilich sagt, die Triballer seien σιτοδείᾳ πιεζόμενοι ausgezogen und zwar πανδημεί.

[3]) Aus Herod. IV. 49 sind die früheren Sitze der Triballer völlig

des Haimosgebirges und längs der Donau hinab wohnten. Sie hatten schon einmal, um 370, als die Autariaten sie aus ihrem Lande an der Morawa verdrängt hatten, den Weg über die Gebirge bis Abdera gefunden und waren dann mit Beute beladen zur Donau zurückgekehrt, wo sie die Geten aus ihren Sitzen trieben. Die Ausgetriebenen zogen sich auf die weiten Ebenen auf dem linken Donauufer zurück, die wie die Sumpfwälder der Donaumündung und die Steppe der Dobrutscha die Skythen, die der alte König Ateas beherrschte, inne hatten; so bedrängten sie ihn [1]), daß der alte König endlich durch Vermittelung der ihm befreundeten Griechen in Apollonia Philipps Hülfe anrief; aber bevor diese kam, hatte er seinen Frieden mit den Geten gemacht und kehrte seine Waffen gegen den, der zu seiner Hülfe heranzog; er büßte es mit schwerer Niederlage (339). Aber den mit reicher Beute heimkehrenden Philipp — er wählte den Weg durch das Gebiet der Triballer — überfielen die, welche er zu schrecken gedacht haben mochte, nahmen ihm einen Theil seiner Beute ab, und die Wunde, die er davontrug, zwang ihn heimzuziehen, ohne sie erst zu züchtigen; im Herbst darauf hatte ihn der amphiktyonische Krieg nach Hellas gerufen, dann die Bewältigung Thebens, die Ordnung des korinthischen Bundes, dann der Krieg gegen den Illyrier Pleurias in Anspruch genommen; bevor er sich gegen die Triballer hatte wenden können, hatte ihn der Tod ereilt. Wie hätten die Aufträge eines jungen Königs und die bekannten Spannungen am Hofe zu Pella nicht die Triballer eben so locken sollen wie die Illyrier?

---

klar. Das πεδίον Τριβαλλικὸν bezeichnet er mit jenen beiden Flüssen. Daß sich die Triballer nach dem Raubzuge gen Abdera, jenseits des Haimos, ostwärts von ihren früheren Sitzen, etwa vom Timok oder vom Isker abwärts, angesiedelt haben, wird nicht ausdrücklich angegeben, scheint sich aber aus dem Umstand zu ergeben, daß die Geten nach König Philipp nicht mehr auf dem rechten Donauufer zu finden sind.

1) Die Istrianer, welche den König Ateas bedrängten (Just. IX. 2. 1), sind, da ihr König genannt wird, nicht die Griechen der Stadt Istros an der Küste der Dobrudscha; ich glaube, Thirwall hatte Recht zu vermuthen, daß nicht-skythische Donauvölker mit Istriani gemeint sind; er glaubte die Triballer.

Wenn sie sich jetzt erhoben, so würden die ihnen nächstgesessenen Thrakerstämme, die „selbst den Räubern als Räuber furchtbar" im Haimos hauseten, die Maider, Besser, Korpillen nicht etwa ihren Einbruch abgewehrt, sondern sich mit ihnen vereint und die Gefahr verdoppelt haben; auch die südlicher in der Rhodope bis zum Nessosthal hinab wohnenden, die sogenannten freien Thraker, hätten sicher, wie ehedem bei dem Zug gegen Abdera, mit den Triballern gemeinsame Sache gemacht. Und der im Norden nächstgelegenen, halb unterthänigen Gebiete, namentlich des zwischen dem Strymon und dem obern Axios gelegenen und immer noch bedeutenden Fürstenthum der Paionen [1]) war das makedonische Königthum noch keineswegs für alle Fälle sicher, obschon sie sich für den Augenblick noch ruhig verhielten. Nicht weniger unzuverlässig schienen die Thraker im Flußgebiet des Hebros und bis an die Propontis im Süden, den Pontos im Osten, einst viele kleine Fürstenthümer, zusammen von bedeutender Macht, so lange sie in dem odrysischen Königthum — sie alle stammten aus diesem Königshause des Teres, des Odrysenkönigs in der perikleischen Zeit — eine Art zusammenhaltender Einigung gehabt hatten; von König Philipp waren sie in langen und schweren Kämpfen mehr und mehr getrennt und zur Abhängigkeit gezwungen worden [2]); daß Athen die Wiedereinsetzung des Kersobleptes und des alten Teres von Philipp forderte, hatte den schweren Krieg von 340 veranlaßt. Möglich, daß nach dem Siege von Chaironeia Philipp auch in den thrakischen Verhältnissen Ordnung gemacht hat; es kann kein Zweifel sein, daß einzelne dieser Fürsten ihr Erbe behielten [3]),

[1]) Die Paionen sind 356 von König Philipp besiegt und zur Abhängigkeit gezwungen. Ob jetzt, beim Beginn Alexanders, schon Patraos König der Paionen war, ist nicht zu entscheiden. Sie hatten die Südseite der Pässe von Skupia inne, und in dem Fluß Astykos (wohl der Pschtinja) (Polyaen. IV. 12. 2) ihr Königsbad.

[2]) Nach Demosth. Phil. III, § 27 schreibt König Philipp (341) den Athenern: ἐμοὶ δ' ἐστὶν εἰρήνη πρὸς τοὺς ἀκούειν ἐμοῦ βουλομένους.

[3]) Sicher ist nach den Vorgängen von 330 und 323 ein thrakischer Fürst Seuthes (Seuthes Odrysas populares suos ad defectionem com-

aber in Dependenz von Makedonien, die ihnen zu ertragen unleidlich genug sein mochte; doppelt unleidlich, da die makedonischen Ansiedlungen am Hebros und vielleicht ein makedonischer Strateg als Statthalter über dieselben sie in Ruhe zu halten zwang[1]). Ohne daß diese Völker die Verwirrung nach Philipps Ermordung zu offenbaren Feindseligkeiten benutzt, oder mit den Verschwornen, mit Attalos, mit den Athenern in Verbindung gestanden hätten, war die Besorgniß vor ihnen im Rath Alexanders so groß, daß Alle Nachgiebigkeit und selbst, wenn sie abfielen, Nachsicht für gerathener hielten, als mit Strenge Unterwürfigkeit und Achtung gegen die bestehenden Verträge zu fordern. Alexander erkannte, daß Nachgiebigkeit und halbe Maßregeln Makedonien, das, wenn es angriff, unüberwindlich war, zur Defensive erniedrigt, die wilden und raublüsternen Barbaren kühner, den Perserkrieg unmöglich gemacht hätten, da man weder die Gränzen ihren Angriffen Preis geben, noch sie als leichtes Fußvolk in den Perserkriegen entbehren konnte.

Jetzt waren die Gefahren im hellenischen Lande glücklich beseitigt und die Jahreszeit so weit vorgerückt, daß man die Gebirge ohne bedeutende Hindernisse zu durchziehen hoffen durfte[2]).

---

pulerat; Curt. X. 1. 45). Die Art, wie die eine, später zu erwähnende attische Inschrift (C. I. A. II. add. 175b.) vom Jahr 330 dessen Sohn Kotys anführt, läßt vermuthen, daß auch Kotys ein Fürstenthum hatte. Nicht minder ein Thrakerfürst dürfte Agathon, des Tyrimmas Sohn, sein, der in Alexanders Heer 334 die odrysischen Reiter führte; ebenso vielleicht Sitalkes, in Alexanders Heer 334 Führer des thrakischen Fußvolkes.

1) Daß Alexandros der Lynkestier als *στρατηγὸς ἐπὶ Θρᾴκης* von Alexander bestellt worden war, ergiebt Arrian. I. 25. 3. Um 330 ist Memnon in dieser Stelle; es ist nicht nachzuweisen, daß schon Philipp diese Strategie eingerichtet hat, aber wahrscheinlich.

2) Arrian, der Alles vom Tode Philipps bis zu dem ersten Gefecht am Haimos (I. 1. 4) mit *λέγεται* anführt, sagt: *ἅμα τῷ ἦρι ἐλαύνειν ἐπὶ Θρᾴκης, ἐς Τριβαλλοὺς καὶ Ἰλλυριούς*, so daß das *ἅμα τῷ ἦρι* nicht nothwendig den Ausmarsch aus Amphipolis bezeichnet. Ebenso mit *λέγουσι* führt er an, daß Alexander *διαβὰς τὸν Νέσσον δεκαταῖος ἐπὶ τὸ ὄρος τὸν Αἷμον* kam. Nach Arrians Art ist, wo *λέγουσι* steht, nicht Ptolemaios und Aristobulos seine Quelle.

Da von den bezeichneten Völkerschaften diejenigen, welche zu Makedonien gehörten, noch nichts Entschiedenes unternommen hatten, oder wenigstens seit Alexanders Rückkehr nach Makedonien an weitere Wagnisse nicht zu denken schienen, da auf der anderen Seite, um sie von jedem Gedanken an Abfall und Neuerungen abzuschrecken, die Ueberlegenheit der makedonischen Waffen und der bestimmte Wille, dieselben geltend zu machen, gleichsam vor ihren Augen gezeigt werden mußte, so beschloß der König einen Zug gegen die Triballer, welche noch nicht dafür gestraft waren, daß sie Philipp auf dem Rückmarsche vom Skythenzuge überfallen und beraubt hatten.

Dem Könige standen zwei Wege über das Gebirge in das Land der Triballer offen, entweder am Axiosstrom aufwärts durch die nördlichen Pässe und das Gebiet der allezeit treuen Agrianer in die Ebene der Triballer hinabzugehen, oder ostwärts durch das Gebiet der freien Thraker im Thal des Hebros nach dem Haimos hinaufzusteigen, um die Triballer an ihrer Ostgränze zu überfallen; dieser zweite Weg war vorzuziehen, weil er durch das Gebiet unsicherer Völkerschaften, namentlich der odrysischen Thraker, führte. Zugleich wurde Byzanz aufgefordert, eine Anzahl Kriegsschiffe nach den Donaumündungen zu senden, um den Uebergang über diesen Strom möglich zu machen [1]). Antipatros blieb zur Verwaltung des Reiches in Pella zurück [2]).

Von Amphipolis aus zog der König [3]) zuerst gegen Osten,

---

1) Es ist nicht überliefert, ob dieß Abhängigkeitsverhältniß von Byzanz durch besondere Verträge, oder durch den Beitritt der Stadt zum hellenischen Bund — er wird nicht überliefert — begründet war. Doch ist Ersteres wahrscheinlicher nach Suidas v. Λέων.

2) Daß Antipatros diese Befugniß — über ihren Titel wird nichts überliefert — erhalten hat, ergiebt Dinarch. I, § 18, wo, während Alexander abwesend ist, von Antipatros Gesandte nach Arkadien kommen.

3) Die Stärke des Heeres wird nicht angegeben. Doch sieht man aus Arrian, der von der Ritterschaft drei oder vielmehr vier Ilen nennt (I. 3. 5), daß wenigstens 1500 Mann von der Ritterschaft mit waren (I. 3. 6). Genannt werden ferner das Agema und die andern Hypaspisten, also mehrere Taxeis, ferner die Phalangen des Koinos, Perdikkas, Amyntas (I. 6. 10;

dann im Nessosthal hinauf, Philippoi und den Orbelos ihm zur Linken, die sogenannten freien Thraker in das hohe Gebirg werfend [1]). Darauf ging er über die Rhodope, um durch das Gebiet der Odryser zu den Haimospässen zu gelangen [2]). Nach einem Marsche von zehn Tagen, so heißt es, war Alexander am Fuß des Gebirgs; der Weg, der sich hier eng und steil zwischen den Höhen hindurchdrängt, war von den Feinden besetzt, die mit aller Macht den Uebergang hindern zu wollen schienen, theils Gebirgsbewohner dieser Gegend [3]), theils freie

---

I. 8. 1); aus I. 4. 5 ist zu schließen, daß auch die des Meleagros und Philippos mit waren, ja vielleicht (I. 2. 1) noch zwei andere. Endlich werden 2000 Bogenschützen und Agrianer genannt — im Ganzen vielleicht eine Streitmacht von 20,000 Mann. Daß auch Geschütz (*μηχαναί*) mit war, ergiebt Arrian. I. 6. 8.

1) Daß Alexander das Nessosthal hinauf bis Raslog (Meomia) gegangen sein sollte, um dann über den Paß von Tschepina im Thal des Elliden zum Hebros hinab nach Philippopolis zu marschiren, ist wegen des *διαβὰς τὸν Νέσσον* bei Arrian. I. 1. 5 nicht wohl anzunehmen. Er wird schon früher über den Nessos gegangen sein, entweder bei Buck, um im Süden des hohen Kruschowa in das Thal der Arda und über Asmilan zum Hebros (Adrianopel) hinabzugehen, oder bei Nevrekop, von wo im Norden des Kruschowa der Paß von Karabulan in das Thal der Kritschma hinab nach Philippopel führt (die Wege auf Kieperts großer Karte von 1870). Welcher von diesen beiden Pässen für den Marsch einer Armee geeigneter ist, muß dahingestellt bleiben; für Alexanders Zweck war es der kürzeste der von Nevrekop.

2) Der Weg, den Alexander nahm, mag ungefähr derselbe sein, den König Philipp III. nach Polyb. XXIII. 8. 4 (Liv. XXXIX. 53) macht: *διελθὼν διὰ μέσης τῆς Θρᾴκης ἐνέβαλεν εἰς Ὀδρύσας, Βέσσους καὶ Δενθηλήτους.* Wenn Arrian. I. 25. 2 sagt, daß der König gleich nach der Thronbesteigung von dem Lynkestier Alexandros zuerst als König begrüßt sei *ὕστερον δὲ καὶ ἐν τιμῇ ἀμφ' αὐτὸν εἶχε στρατηγόν τε ἐπὶ Θρᾴκης στείλας* u. s. w., so muß dahingestellt bleiben, ob er den Lynkestier schon als Strateg nach Thrakien vorausgesandt hatte, oder jetzt 335 dort ließ.

3) Statt *τῶν δὲ ἐμπόρων πολλοὶ* ist bei Arrian mit Recht *τῶν ἐκ τῶν ὄρων πολλοὶ* corrigirt; es sind wohl Besser, die Vorsteher des Dionysosheiligthums in den Bergen, Dio Cass. LI. 25; LIV. 34. Herod. VII. 110. Denn nach Strabo VII, p. 318, Plin. IV. 40 sitzen im Haimos (vom Pontos nach Westen), nacheinander die Korallen (richtiger

Thraker. Nur mit Dolch und Jagdspieß bewaffnet, mit einem Fuchsbalg statt des Helmes bedeckt, so daß sie gegen die schwerbewaffneten Makedonen nicht das Feld halten konnten, wollten sie die feindliche Schlachtlinie, wenn sie gegen die Höhen anrückte, durch das Hinunterrollen ihrer vielen Wagen, mit denen sie die Höhen besetzt hatten, zerreißen und in Verwirrung bringen, um über die aufgelösten Reihen herzufallen. Alexander, der die Gefahr sah und sich überzeugte, daß der Uebergang an keiner anderen Stelle möglich sei, gab dem Fußvolk die Weisung, sobald die Wagen herabrollten, überall, wo es das Terrain gestattete, die Linie zu öffnen und die Wagen durch diese Lücken hinfahren zu lassen; wo sie nicht nach den Seiten hin ausweichen könnten, sollten die Leute, das Knie gegen den Boden gestemmt, die Schilde über ihre Häupter fest an einander schließen, damit die niederfahrenden Wagen über sie wegrollten. Die Wagen kamen und jagten theils durch die Oeffnungen, theils über die Schilddächer hinweg, ohne Schaden zu thun. Mit lautem Geschrei drangen jetzt die Makedonen auf die Thraker ein; die Bogenschützen, vom rechten Flügel aus vorgeschoben, wiesen die anprallenden Feinde mit ihren Geschossen zurück und deckten den bergaufsteigenden Marsch der Schwerbewaffneten; so wie diese in geschlossener Phalanx nachrückten, vertrieben sie mit leichter Mühe die schlechtbewaffneten Barbaren aus ihrer Stellung, so daß sie dem auf dem linken Flügel mit den Hypaspisten und Agrianern anrückenden König nicht mehr Stand hielten, sondern die Waffen wegwarfen und, so gut sie konnten, bergab flüchteten. Sie verloren funfzehnhundert Todte; ihre Weiber

---

Korpillen), Besser, Maider. Und daß Alexander im Heiligthum des Dionys auf der Höhe des Gebirges geopfert habe, erzählt Sueton. Aug. 94. Diese στενὰ τῆς ἀνόδου τῆς ἐπὶ τὸ ὄρος (Arrian. I. 1. 6) möchte ich für die Paßgegend von Kalifer halten, die Heinrich Barth 1862 durchzog. Der Paß von Aidos (auf Schumla), wie ihn Cyprian Robert (Die Slaven der Türkei II[2], S. 186) beschreibt, wäre zu jener Verwendung der Wagen völlig ungeeignet, noch weniger freilich der andere Paßweg von Aidos über Karnabat, den v. Hochstetter (Mitth. der k. k. Geogr. Gesellsch. in Wien 1871, S. 587) beschreibt.

und Kinder und alle ihre Habe wurde den Makedonen zur Beute, und unter Lysanias und Philotas in die Seestädte auf den Markt geschickt [1]).

Alexander zog nun die sanfteren Nordabhänge des Gebirges hinab in das Thal der Triballer, über den Lyginos, der hier etwa drei Märsche von der Donau entfernt strömt [2]). Syrmos, der Triballerfürst, hatte, von Alexanders Zuge in Kenntniß gesetzt, die Weiber und Kinder der Triballer zur Donau voraus geschickt und sie auf die Insel Peuke [3]) überzusetzen befohlen;

---

[1]) Arrian. I. 2. 1; Polyaen. IV. 3. 11. Der hier von Arrian genannte Philotas ist zu unterschiden von dem, der auf der Kadmeia commandirte, sowie von Parmenios Sohn, der Arrian. I. 2. 5 die Ritterschaft führte.

[2]) Der Lyginos wird sonst nirgend genannt. Man wird ihn nicht, wie auch ich früher gethan, mit dem Oiskos (Isker) identificiren dürfen, der nicht mehr, wie in Thukydides Zeit (II. 96), die Ostgränze der Triballer bildete. Arrians Bezeichnung des Lyginos: *ἀπέχει ἀπὸ τοῦ Ἴστρου... σταθμοὺς τρεῖς* führt nicht nothwendig darauf, daß der Fluß sich direct in den Pontos ergießt; es könnte nur der Kanitschyk sein, an dem Schumla liegt. Ob Alexander das Gebirg in der Richtung auf Trojan oder Grabowa hinabstieg, ist nicht zu entscheiden. Doch verdient Beachtung, daß die Jantra unter Gabrowa bis gegen Tirnowa, der alten Landeshauptstadt Bulgariens, wesentlich ostwärts strömt, und daß von Tirnowa bis zur Donau bei Rutschuck ungefähr 14 Meilen ist. R. Roesler (Rumänische Studien 1871, S. 20) glaubt den Lyginos „in dem Flüßchen Ljig, einem rechten Zufluß der zur Donau gehenden Kolubara" zu erkennen; er glaubt, daß Alexander durch die Päße bei Sofia (Porta Traiani) nordwestwärts gegangen sei; dann müßten die Triballer noch an der Morawa, und die Geten an der Donau bei Belgrad gesessen haben.

[3]) Arrian sagt: *ἐς νῆσόν τινα τῶν ἐν Ἴστρῳ*; Strabo VII, p. 310, sicher nach Ptolemaios: *τῆς ἐν αὐτῷ* (dem Istros) *νήσου*, und beide nennen sie Peuke. Von den Interpreten wird sie für die große Peuke gehalten, von der Strabo VII, p. 305 sagt: *πρὸς δὲ ταῖς ἐκβολαῖς μεγάλη νῆσός ἐστιν ἡ Πεύκη*, und die nach dem sog. Skymnos von Chios v. 789 *οὐκ ἔστ' ἐλάττων μὲν Ῥόδου.* Zu dieser Marschinsel der Donaumündungen paßt in keiner Weise die Beschreibung Arrians I. 3. 4: *τῆς νήσου τὰ πολλὰ ἀπότομα ἐς προσβολὴν . . .*, noch weniger, daß der Strom wegen der Enge *οἷα δὴ ἐς στενὸν συγκεκλεισμένον*, heftig und schwer zu passiren gewesen sei, am wenigsten, daß Alexander, statt auf der Insel zu landen, nach dem jenseitigen Ufer überzusetzen beschließt. Diese Insel Peuke kann nicht so groß wie Rhodos, sie kann nur eine Strominsel gewesen sein,

eben dahin hatten sich bereits die den Triballern benachbarten Thraker geflüchtet [1]); auch Syrmos selbst war mit seinen Leuten dahin geflohen; die Masse der Triballer dagegen hatte sich rückwärts dem Flusse Lyginos zu, von dem Alexander Tages zuvor aufgebrochen war, gezogen, wohl um sich der Pässe in seinem Rücken zu bemächtigen. Kaum hatte das der König erfahren, so kehrte er schnell zurück, um sie aufzusuchen, und überraschte sie, da sie sich eben gelagert hatten; sie stellten sich schnell an dem Saume des Waldes auf, der sich an dem Fluß entlang zog. Während die Kolonnen der Phalanx heranzogen, ließ Alexander die Bogenschützen und Schleuderer vorauf eilen, mit Pfeilen und Steinen die Feinde auf das offene Feld zu locken. Diese brachen hervor, und indem sie, namentlich auf dem rechten Flügel, sich zu weit vorwagten, sprengten rechts und links drei Ilen der Ritterschaft auf sie ein; schnell rückten im Mitteltreffen die anderen Ilen und hinter ihnen die Phalanx vor; der Feind, der sich bis dahin wacker gehalten hatte, stand dem Andrang der geharnischten Reiter und der geschlossenen Phalanx nicht und floh durch den Wald zum Fluß zurück; dreitausend kamen auf der Flucht um, die anderen retteten sich, durch das Dunkel des Waldes und der hereinbrechenden Nacht begünstigt.

Alexander setzte seinen früheren Marsch fort und kam am dritten Tage an die Ufer der Donau, wo ihn bereits die Schiffe von Byzanz erwarteten; sofort wurden sie mit Bogenschützen und Schwerbewaffneten bemannt, um die Insel, auf welche sich die Triballer und Thraker geflüchtet hatten, anzugreifen; aber die Insel war gut bewacht, die Ufer steil, der hier eingeengte Strom reißend, der Schiffe zu wenig und die Geten am Nord-

wie deren oberhalb Silistria vor dem höheren Südufer mehrere sind. Und dazu, scheint es, stimmt auch der Ausdruck Strabos oder des Ptolemaios (VII, p. 301): Ὁρῶν μέχρι τοῦ Ἴστρου καθήκοντας καὶ τῆς ἐν αὐτῷ νήσου Πεύκης, τὰ πέραν δὲ Γέτας ἔχοντας.

1) Arr. I. 2. 3: καὶ οἱ Θρᾷκες οἱ πρόσχωροι τοῖς Τριβαλλοῖς ... συμπεφευγότες ἦσαν. Er nennt nicht den Namen dieser Thraker; aber man sieht, daß zwischen den Triballern und dem Pontos noch Thraker saßen, aber nicht mehr der Thrakerstamm der Geten.

ufer schienen bereit, mit ihnen gemeinsame Sache zu machen. Alexander zog seine Schiffe zurück und beschloß sofort die Geten am jenseitigen Ufer anzugreifen; wenn er durch ihre Demüthigung Herr der beiden Ufer war, konnte sich auch die Donauinsel nicht halten.

Die Geten [1], etwa viertausend Mann zu Pferde, und mehr als zehntausend zu Fuß, hatten sich am Nordufer der Donau vor einer schlecht befestigten Stadt, die etwas landeinwärts lag, aufgestellt; sie mochten erwarten, daß der Feind Tage lang brauchen werde, über den Strom zu kommen, daß sich so Gelegenheit finden werde, die einzelnen Abtheilungen, die landeten, zu überfallen und aufzureiben. Es war in der Mitte des Mai [2]), die Felder neben der Getenstadt mit Getreide bedeckt, das hoch genug in den Halmen stand, um landende Truppen dem Auge des Feindes zu entziehen. Alles kam darauf an, die Geten mit schnellem Ueberfall zu fassen; da die Schiffe aus Byzanz nicht Truppen genug aufnehmen konnten, so brachte man aus der Gegend eine Menge kleiner Nachen zusammen, deren sich die Einwohner bedienen, wenn sie auf dem Strome fischen oder Freibeuterei treiben oder Freunde im anderen Dorfe besuchen; außerdem wurden die Felle, unter denen die Makedonen zelteten, mit Heu ausgefüllt und fest zusammengeschnürt. In der Stille der Nacht setzten funfzehnhundert Reiter und viertausend Mann Fußvolk unter Führung des Königs über den Strom, landeten unter dem Schutze des weiten Getreidefeldes unterhalb der Stadt. Mit Tagesanbruch rückten sie durch die Saaten vor, vorauf

---

1) Das thrakische Volk der Geten hatte noch 340 zu König Philipp gehalten, weil er ihren Bedränger, den Skythenkönig Ateas, bekämpfte und besiegte. Alexanders Feldzug zeigt, daß sie jetzt auf dem Nordufer der Donau saßen. Er mag bei seinem Auszug nicht einen Angriff auf sie beabsichtigt, sondern gegen die Triballer die Schiffe von Byzanz aufgeboten haben. Daß sie, jenseits der Donau, ihre Streitmacht zusammengezogen, wird ihm die Nothwendigkeit gezeigt haben, auch ihnen eine Lection zu geben.

2) Nach eines Botanikers mündlicher Mittheilung, der hier Mitte Mai das Getreide bereits mannshoch stehen sah.

das Fußvolk, mit der Weisung, das Getreide mit den Sarissen niederzuschlagen und, bis sie an ein unbebautes Feld kämen, vorzurücken. Dort ritt die Reiterei, die bisher dem Fußvolke gefolgt war, unter des Königs Anführung bei dem rechten Flügel auf, während links, an den Fluß gelehnt, die Phalanx in ausgebreiteter Linie unter Nikanor vorrückte. Die Geten, erschreckt durch die unbegreifliche Kühnheit Alexanders, der so leicht den größten aller Ströme, und das in einer Nacht, überschritten, eilten, weder dem Andrang der Reiter, noch der Gewalt der Phalanx gewachsen, sich in die Stadt zu werfen; und als sie auch dahin die Feinde nachrücken sahen, flüchteten sie, indem sie von Weibern und Kindern mit sich nahmen, was die Pferde tragen konnten, weiter ins Innere des Landes. Der König rückte in die Stadt ein, zerstörte sie, sandte die Beute unter Philippos und Meleagros nach Makedonien zurück, opferte am Ufer des Stromes dem Retter Zeus, dem Herakles und dem Strome Dankopfer. Es war nicht seine Absicht, die Gränzen seiner Macht bis in die weiten Ebenen, die sich nordwärts der Donau ausbreiten, auszudehnen; der breite Strom war, nachdem die Geten die Macht der Makedonen kennen gelernt hatten, eine sichere Gränze, und in der Nähe weiter kein Volksstamm, dessen Widerstand man zu fürchten gehabt hätte. Nachdem der König mit jenen Opfern das nördlichste Ziel seiner Unternehmungen bezeichnet hatte, kehrte er noch desselben Tages von einer Expedition, die ihm keinen Mann gekostet hatte, in sein Lager jenseits des Flusses zurück [1]).

Nach einer so schnellen und erfolgreichen Unternehmung schickten die Völkerschaften, die in der Nähe der Donau wohnten, Gesandte mit den Geschenken ihres Landes in des Königs Lager, baten um Frieden, der ihnen gern gewährt wurde; auch der Triballerfürst Syrmos, der wohl einsah, daß er seine Donauinsel nicht zu halten im Stande sein werde, unterwarf sich. Hieher kam auch von den Bergen am adriatischen Meere eine Gesandtschaft keltischer Männer, die, wie ein Augenzeuge erzählt,

---

[1]) Arrian. I. 4. 5.

groß von Körper sind und Großes von sich denken, und, von des Königs großen Thaten unterrichtet, um seine Freundschaft werben wollten. Beim Gelage fragte sie der junge König, was sie wohl am meisten fürchteten? er meinte, sie sollten ihn nennen; sie antworteten: „nichts, als daß etwa der Himmel einmal auf sie fallen möchte; aber eines solchen Helden Freundschaft gelte ihnen am höchsten“. Der König nannte sie Freunde und Bundesgenossen und entließ sie reich beschenkt, meinte aber nachmals doch, die Kelten seien Prahler [1]).

Nachdem so mit der Bewältigung der freien Thraker auch die odrysischen zur Ruhe gezwungen, mit dem Siege über die Triballer die makedonische Hoheit über die Völker südwärts der Donau hergestellt, durch die Niederlage der Geten die Donau als Gränze gesichert, somit der Zweck dieser Expedition erreicht war, eilte Alexander südwärts, durch das Gebiet der ihm verbündeten Agrianer [2]) nach Makedonien zurückzukehren. Er hatte bereits die Nachricht erhalten, daß der Fürst Kleitos mit seinen Illyriern sich des Passes von Pelion bemächtigt habe, daß der Taulantinerfürst Glaukias schon heranziehe, sich mit Kleitos zu vereinigen, daß die Autariaten mit ihnen im Einverständniß sich anschickten, das makedonische Heer in seinem Marsche durch die Gebirge zu überfallen.

Alexanders Lage war schwierig; noch mehr als acht Tagemärsche von den Pässen der Westgränze entfernt, welche die Illyrier bereits überschritten hatten, war er nicht mehr im Stande, Pelion, den Schlüssel zu den beiden Flußthälern des Haliakmon und des Apsos (Devol), zu retten; hielt ein Ueberfall der Autariaten ihn auch nur zwei Tage auf, so waren die vereinten Illyrier und Taulantiner stark genug, von Pelion aus

---

1) Arrian. I. 4. 8. Strab. VII, p. 301 nach Ptolemaios.

2) Nach der Lage des Agrianergebietes ist ziemlich sicher zu schließen, daß Alexander auf der Straße über Sofia und Köstendil nach Skopia am oberen Arios durch das Land der Paionen marschirte, den nächsten Weg nach der gefährdeten Westgränze; daher Arrian. I. 5. 1: ἐπ' Ἀγριάνων καὶ Παιόνων προύχωρει. In Sofia war Alexander noch etwa 48 Meilen von Pelion.

bis in das Herz Makedoniens vorzudringen, die wichtige Linie des Erigonstromes zu besetzen und, während sie selbst die Communication mit ihrer Heimath durch den Paß von Pelion offen hatten, den König von den südlichen Landschaften seines Reiches und von Griechenland abzuschneiden, wo bereits gefährliche Bewegungen merkbar wurden. Freilich lag Philotas mit einer starken Besatzung in der Kadmeia, und Antipatros in Makedonien hatte noch Truppen zur Hand ihn zu unterstützen; aber ohne die Heeresmacht, die mit dem Könige war, vermochten sie wenig; und diese Heeresmacht war in ernstem Gedränge; für Alexander stand Großes auf dem Spiel; ein unglückliches Treffen, und Alles, was er und sein Vater mühsam erreicht hatten, stürzte zusammen.

Langaros, der Fürst der Agrianer, der ihm schon bei Philipps Lebzeiten unzweideutige Beweise seiner Anhänglichkeit gegeben, und dessen Contingent in dem eben beendeten Feldzuge mit ausgezeichnetem Muthe gefochten hatte, war ihm mit seinen Hypaspisten und den schönsten und tüchtigsten Truppen, die er sonst noch hatte, entgegengekommen; und als nun Alexander, voll Besorgniß über den Aufenthalt, den ihm die Autariaten verursachen könnten, sich nach ihrer Macht und Bewaffnung erkundigte, berichtete ihm Langaros, er brauche vor diesen Menschen, den schlechtesten Kriegsvölkern im Gebirge, nicht besorgt zu sein; er selbst wolle, wenn der König es gestatte, in ihr Land einfallen, so daß sie genug mit sich selbst zu thun haben und an feindliche Ueberfälle nicht weiter denken sollten. Alexander gab seine Zustimmung, und Langaros drang plündernd und verwüstend in ihre Thäler ein, so daß sie den Marsch der Makedonen nicht weiter störten. Der König ehrte die treuen Dienste des treuen Bundesgenossen, verlobte ihn mit seiner Halbschwester Kynna und lud ihn ein, nach Beendigung des Krieges nach Pella zu kommen, um die Hochzeit zu feiern. Langaros starb gleich nach dem Zuge auf dem Krankenbette.

In dem mächtigen Gebirgswall, der die Wasserscheide zwischen den makedonischen und illyrischen Strömen bildet, ist südöstlich vom lychnitischen See (dem See von Ochrida) eine fast zwei

Meilen breite Lücke, durch die der Apsos (Devol) nach Westen fließt; sie bildet das natürliche Thor zwischen dem makedonischen Oberlande und Illyrien. König Philipp hatte nicht eher geruht, als bis er sein Gebiet bis an den See erweitert hatte; unter den Positionen und Castellen, welche die Wege dorthin beherrschten, war die Bergfestung Pelion die beste und wichtigste; wie ein Außenwerk gegen die Vorberge nach Illyrien zu belegen, die sie im Kreise umgaben, schützte sie auch den Weg, der aus dem Thale des Erigon südwärts zu dem des Haliakmon und in das südliche Makedonien führte; die Straße von hier nach Pelion ging an dem eingeschnittenen Bette des Apsos hinab und war stellenweise so eng, daß ein Heer kaum zu vier Schilden hindurchziehen konnte [1]). Diese wichtige Position war bereits in den Händen des illyrischen Fürsten; Alexander rückte in Eilmärschen den Erigon aufwärts, um wo möglich die Festung vor Ankunft der Taulantiner wieder zu nehmen.

Vor der Stadt angekommen, bezog er am Apsos ein Lager, um am folgenden Tage zu stürmen. Kleitos hatte schon auch die waldigen Höhen rings um die Stadt besetzt, so den Rücken der Feinde, wenn sie den Angriff versuchen sollten, bedrohend; nach der Sitte seines Landes schlachtete er zum Opfer drei Knaben, drei Mädchen, drei schwarze Widder und rückte dann vor, als wolle er mit den Makedonen handgemein werden; doch sobald diese gegen die Höhen anrückten, verließen die Illyrier eiligst ihre feste Stellung, ließen selbst die Schlachtopfer liegen, die den Makedonen in die Hände fielen, und zogen sich in die Stadt zurück, unter deren Mauern sich jetzt Alexander lagerte, um sie, da der Ueberfall mislungen war, mit einer Umwallung einzuschließen und zur Uebergabe zu zwingen. Aber schon am folgenden Tage

---

[1]) Die Lage von Pelion, das früher durch Nichtbeachtung der bei Liv. XXXI. 40 gegebenen Daten viel zu weit nordöstlich angesetzt wurde, ist durch Barbié du Boccage im Wesentlichen richtig bestimmt; man wird das alte Pelion ungefähr in der Gegend des heutigen Korytza suchen müssen, vielleicht noch näher dem engen Tschangonpaß, in dem der Devol westwärts hindurchbricht, da, wo Kiepert (Karte der Flußgebiete der Drin und des Wardar, 1867) den Ort Plyassa vor dem Westeingang des Passes ansetzt.

zeigte sich Glaukias mit einer starken Heeresmacht auf den Höhen; Alexander mußte es aufgeben, mit seinen gegenwärtigen Streitkräften auf die mit Kriegsvolk gefüllte Festung Sturm zu wagen, bei dem er den Feind auf den Bergen im Rücken gehabt hätte. Es bedurfte in dieser Stellung großer Vorsicht. Philotas, der mit einem Trupp Reiterei und den nöthigen Gespannen zum Fouragiren abgeschickt wurde, wäre fast in die Hände der Taulantiner gefallen; nur Alexanders schnelles Nachrücken mit den Hypaspisten, den Agrianern und Bogenschützen, und 300 von der Ritterschaft sicherte Philotas Rückkehr, rettete den wichtigen Transport. Die Lage des Heeres wurde von Tage zu Tage peinlicher; in der Ebene fast eingeschlossen, hatte Alexander weder Truppen genug, Entscheidendes gegen die Macht beider Fürsten zu wagen, noch hinreichend Proviant, um sich bis zur Ankunft von Verstärkungen zu halten; er mußte zurück, aber der Rückzug schien doppelt gefährlich. Kleitos und Glaukias glaubten nicht ohne Grund den König auf diesem höchst ungünstigen Boden in ihren Händen zu haben; die überragenden Berge hatten sie mit zahlreicher Reiterei, mit vielen Akontisten, Schleuderern und Schwerbewaffneten besetzt, die das Heer in jenem engen Wege überfallen und niedermetzeln konnten, während die Illyrier aus der Festung den Abziehenden in den Rücken fielen.

Durch eine kühne Bewegung, wie sie nur ein makedonisches Heer auszuführen im Stande war, machte Alexander die Hoffnungen der Feinde zu Schanden. Während die meisten der Reiterei und sämmtliche Leichtbewaffnete, dem Feinde in der Stadt zugewandt, jede Gefahr von dieser Seite unmöglich machten, rückte die Phalanx, zu 120 Mann Tiefe formirt, die Flanken mit 200 Reitern gedeckt, in der Ebene vor, mit der größten Stille, damit die Commandos schnell vernommen würden. Die Ebene war bogenförmig von Höhen umschlossen, von welchen herab die Taulantiner die Flanken der vorrückenden Masse bedrohten; aber das ganze Viereck fällte die Speere, drang gegen die Höhen vor, machte dann plötzlich rechts um, rückte in dieser Richtung vor, kehrte sich, da ein anderer Haufen der

Feinde die neue Flanke bedrohte, gegen diesen; so abwechselnd, vielfach und mit der größten Präcision eine Stelle mit der anderen tauschend, rückten die Makedonen zwischen den feindlichen Höhen hin, formirten sich endlich aus der linken Flanke „wie zu einem Keile“, als wollten sie durchbrechen [1]). Bei dem Anblick dieser unangreifbaren und mit eben so viel Ordnung wie Schnelligkeit ausgeführten Bewegungen wagten die Taulantiner keinen Angriff und zogen sich von den ersten Anhöhen zurück. Als nun aber die Makedonen das Schlachtgeschrei erhoben und mit den Lanzen an ihre Schilde schlugen, kam ein panischer Schrecken über die Barbaren, und eiligst flohen sie über die Höhen nach der Stadt hinein. Nur eine Schaar hielt noch eine Anhöhe besetzt, über welche der Weg führte; Alexander befahl den Hetairen seiner Stabswache [2]), aufzusitzen, gegen die Anhöhe vorzusprengen; wenn der Feind Miene machte sich zu widersetzen, sollte die Hälfte von ihnen von den Pferden springen und gemischt mit denen zu Pferd zu Fuß kämpfen. Aber die Feinde zogen sich, sobald sie dieß Heranstürmen sahen, rechts und links von der Anhöhe hinab. Der König besetzte nun diese, ließ die noch übrigen Ilen der Ritterschaft, die zweitausend Bogenschützen und Agrianer eilig nachrücken, dann die Hypaspisten und nach ihnen die Phalangen durch den Fluß gehen und jenseits in Schlachtordnung links aufrücken, die Wurfgeschütze dort auffahren. Er selbst blieb indeß auf jener Anhöhe mit der Nachhut und beobachtete die Bewegungen der Feinde, welche kaum den Uebergang des Heeres bemerkten, als sie auch schon an den Bergen hin vorrückten, um über die mit Alexander zuletzt Abziehenden

1) Ich weiß nicht, ob ich das Technische dieses Manövers richtig verstanden habe. Die Angabe *τὸ βάθος τῆς φάλαγγος* sei 120 Mann gewesen, ist vielleicht zur Feststellung der Stärke der hier „in Phalanx“ vereinten Infanterie zu verwenden, da die Tiefe der Aufstellung vermuthen läßt, daß ein Viereck von ungefähr gleicher Front und Tiefe gebildet wurde.

2) Arrian. I. 6. 5: *τοῖς σωματοφύλαξι καὶ τοῖς ἀμφ' αὐτὸν ἑταίροις* bezeichnet nicht die 7 vornehmen „Leibwächter“, sondern die Schaar der *βασιλικοὶ παῖδες*, die in den späteren Kriegsjahren öfter genannt werden.

herzufallen. Ein Ausfall des Königs gegen sie und der Schlachtruf der Phalanx, als wolle sie durch den Fluß zurück anrücken, schreckte sie zurück, und Alexander führte seine Bogenschützen und Agrianer im vollen Laufe in den Fluß. Er selbst ging zuerst hinüber und ließ, sobald er sah, daß seine Nachhut vom Feinde gedrängt wurde, das Wurfgeschütz gegen die Feinde jenseits spielen, die Bogenschützen mitten im Fluß umwenden und schießen; während nun Glaukias mit seinen Taulantinern sich nicht in die Schußweite wagte, gingen die letzten Makedonen über den Fluß, ohne daß Alexander bei dem ganzen gefährlichen Manöver auch nur einen Mann verloren hätte; er selbst hatte an den gefährlichsten Punkten gefochten, er war am Halse durch einen Keulenschlag, am Kopfe durch einen Steinwurf verwundet.

Durch diese Bewegung hatte Alexander nicht bloß sein Heer aus augenscheinlicher Gefahr gerettet, sondern er konnte von seiner Stellung am Ufer des Flusses aus alle Wege und Operationen der Feinde übersehen und sie in Unthätigkeit halten, falls er Verstärkungen heranziehen wollte [1]). Indeß gaben ihm die Feinde früher Gelegenheit, einen Handstreich auszuführen, der dem Kriege hier ein schnelles Ende machte. Sie hatten sich, in der Meinung, jener Rückzug sei ein Werk der Furcht gewesen, in langer Linie vor Pelion gelagert, ohne sich mit Wall und Graben zu schützen, oder auf den Vorpostendienst die nöthige Sorgfalt zu wenden. Das erfuhr Alexander; in der dritten Nacht ging er unbemerkt mit den Hypaspisten, Agrianern, Bogenschützen und zwei Phalangen über den Fluß und ließ, ohne die Ankunft der übrigen Kolonnen abzuwarten, die Bogenschützen und Agrianer vorrücken; diese brachen an der Seite des Lagers ein, wo am wenigsten Widerstand möglich war; und die Feinde, aus tiefem Schlafe aufgeschreckt, unbewaffnet, ohne Leitung oder Muth zum Widerstande, wurden in den Zelten, in der langen Gasse des Lagers, auf dem regellosen Rückzuge niedergehauen, viele zu Gefangenen gemacht, den an-

[1]) Arrian. I. 5. 8 scheint mit dem τῇ παρούσῃ δυνάμει anzudeuten, daß Verstärkungen herbeschieden waren.

deren bis an die Berge der Taulantiner nachgesetzt; wer entkam, rettete sich mit Verlust seiner Waffen. Kleitos selbst hatte sich in die Stadt geworfen, sie dann angezündet und sich unter dem Schutz der Feuersbrunst zu Glaukias in das Taulantinerland geflüchtet [1]). So wurde die alte Gränze auf dieser Seite wieder gewonnen und den besiegten Fürsten, wie es scheint, unter der Bedingung der Friede gegeben, daß sie die Oberhoheit Alexanders anerkannten [2]).

Die raschen und heftigen Stöße, mit denen der König, mehr als einmal in gewagten Angriffen, die Illyrier niederwarf, lassen seine Ungeduld erkennen, hier fertig zu werden. Während er mit den Illyriern noch vollauf zu thun hatte, war im Süden eine Bewegung ausgebrochen, die, wenn sie nicht schnell gedämpft wurde, den großen Plan eines Perserzuges noch lange hindern, wenn nicht für immer unmöglich machen konnte.

Die Hellenen hatten zwar Alexanders Hegemonie anerkannt, das Bündniß mit ihm auf dem Bundestage zu Korinth beschworen; aber er war ja nun mit seiner Kriegsmacht weit hinweg, und die Worte derer, die an die alte Freiheit und den alten Ruhm mahnten, fanden bald offene Ohren und Herzen. Freilich so lange in der Hofburg von Susa noch Alexanders Jugend verachtet wurde, hielt man sich wohl in Hellas still, den Athenern wird noch in den Ohren geklungen haben, was ihnen jüngst der Großkönig geschrieben: „ich will euch kein Geld geben, bittet mich nicht, denn ihr bekommt doch nichts“ [3]). Aber allmählig sah man in Asien ein, was für ein Feind dem Reich in Alexander erstanden sei. Freilich wurde Memnon

---

1) Arrian. I. 6. 11.

2) Das illyrische Königthum blieb in der Familie des Bardylis und Kleitos noch lange; Illyrier kommen in Alexanders Zuge nach Asien nicht vor, trotz Diodors ausdrücklicher Angabe (XVII. 77). Die Vermuthung, daß die illyrischen Fürsten die Oberhoheit Makedoniens anerkennen müssen, ergiebt sich aus der Bestallung des Antipatros 323 mit dem Regiment über *τὰ ἐπέκεινα τῆς Θρᾴκης ὡς ἐπὶ Ἰλλυρίους καὶ Τριβαλλοὺς καὶ Ἀγριᾶνας* u. s. w. Arrian. *τὰ μετὰ Ἀλεξ.* 7.

3) Aeschin. adv. Ctes. § 238.

— sein Bruder war wohl nicht mehr am Leben — mit 5000 hellenischen Söldnern gegen die bereits in Asien gelandeten makedonischen Truppen ins Feld geschickt. Aber die Bewegung unter den asiatischen Hellenen drohte ihm einen schweren Stand; es gab kein besseres Schutzmittel als das oft erprobte, die Feinde des Reiches in Hellas und durch die Hellenen zu bekämpfen.

Dareios erließ ein Schreiben an die Hellenen, sie zum Kriege gegen Alexander aufzufordern; er sandte Geld an die einzelnen Staaten, nach Athen 300 Talente, die der Demos noch verständig genug war nicht anzunehmen; aber Demosthenes nahm sie, um sie im Interesse des Großkönigs und gegen den beschworenen Frieden zu verwenden [1]). Er stand mit dem Strategen des Großkönigs in brieflichem Verkehr, natürlich um für den Kampf gegen Alexander Mittheilungen zu geben und zu empfangen. Hand in Hand mit Lykurgos und den andern gleichgesinnten Volksführern, that er, was nöthig war einen neuen Kampf gegen die makedonische Macht vorzubereiten und einzuleiten, namentlich die Flüchtlinge Thebens, deren viele in Athen Aufnahme gefunden, zu neuen Wagnissen aufzuregen. Je ferner Alexander war, je länger er fern blieb, desto größer wurde der Muth und der Eifer dieser Parthei; schon wurden Gerüchte von einer Niederlage Alexanders im Lande der Triballer verbreitet und geglaubt [2]). Auch in Arkadien, in Elis, in Messenien, bei den Aitolern erwachte die alte Neuerungssucht und neue Hoffnungen; vor Allen fühlten die Thebaner das Joch der makedonischen Herrschaft; die Besatzung in ihrer Burg schien sie unabläßig an ihre jetzige Schmach und den Verlust ihres einstigen Ruhmes zu mahnen.

---

[1]) Arrian. II. 14. 6. Aeschin. adv. Ctes. § 239. Dinarch. adv. Demosth., § 10. Plut. Dem. 20 u. 23, wo von den Briefen des Demosthenes und den *γράμματα τῶν βασιλέως στρατηγῶν δηλοῦντα τὸ πλῆθος τῶν δοθέντων αὐτῷ χρημάτων* gesprochen wird.

[2]) Der angebliche Demades (§ 17): *ἐν Τριβάλλοις, μόνον δ᾽ οὐχ ὁρατὸν ἐπὶ τοῦ βήματος νεκρὸν τὸν Ἀλέξανδρον προέθηκαν.*

Da verbreitete sich gewisse Nachricht, Alexander sei im Kampf gegen die Triballer gefallen; Demosthenes brachte einen Menschen vor das versammelte Volk, der eine Wunde aus derselben Schlacht aufzuweisen hatte, in der Alexander vor seinen Augen gefallen sein sollte [1]). Wer konnte zweifeln? wer hätte nicht mit Freuden sich von denen überzeugen lassen, die sagten: jetzt sei die Zeit gekommen, des makedonischen Joches frei zu werden; die Verträge, die man mit Alexander geschlossen, hätten mit seinem Tode ein Ende; der Großkönig, bereit die Freiheit der hellenischen Staaten zu schützen, habe reichliche Subsidien in die Hände der Männer, welche mit ihm nichts als das Wohl und die Freiheit der Hellenen im Sinne hätten, zur Unterstützung aller gegen die Makedonen gerichteten Unternehmungen niedergelegt. Nicht weniger als das persische Gold wirkte für solche Pläne, daß neben Demosthenes der unbestechliche Lykurgos für sie sprach. Das Nothwendigste war, daß ungesäumt gehandelt, daß mit einer großen That der allgemeinen Erhebung ein Mittelpunkt gegeben wurde.

Begreiflich, daß in dem schwergestraften Theben, daß unter den Geflüchteten und Verbannten Thebens in Athen und überall die Stimmung dazu war, das Aeußerste zu wagen. Schon einmal waren Verbannte von Athen aus zur Befreiung der Kadmeia ausgezogen; Pelopidas hatte sie geführt, die Siege von Leuktra und Mantineia waren die schönsten Früchte jener Heldenthat gewesen. Freilich in dem Bundesvertrage hatte jede Stadt ausdrücklich gelobt, nicht gestatten zu wollen, daß von ihr aus Flüchtlinge die Heimkehr zu erzwingen unternähmen; aber der König, mit dem man den Bund beschworen, war jetzt todt. Gewiß nicht ohne Einverständniß mit Demosthenes, vielleicht von ihm mit einem Theil des persischen Geldes, das in seinen Händen war, unterstützt, verließen mehrere der Flüchtlinge Athen; Nachts kamen sie nach Theben, wo ihre Freunde sie schon erwarteten. Sie begannen damit, zwei Führer der makedonischen Parthei, die, nichts ahnend, von der Kadmeia herabgekommen

---

1) Justin. XI. 2. 8.

waren, zu ermorden [1]). Sie beriefen die Bürgerschaft zur Versammlung, beriethen, was geschehen, was zu hoffen sei; sie beschworen das Volk bei dem theuren Namen der Freiheit und des alten Ruhmes, das Joch der Makedonen abzuschütteln, ganz Griechenland und der persische König sei bereit ihnen beizustehen; und als sie verkündeten, daß Alexander nicht mehr zu fürchten, daß er in Illyrien gefallen sei, da beschloß das Volk, die alte Freiheit wieder herzustellen, wieder Boiotarchen zu bestellen, die Besatzung aus der Kadmeia zu vertreiben und an die anderen Staaten Gesandte um Hülfe zu senden.

Alles schien ihrem Unternehmen den glücklichsten Erfolg zu versprechen; die Eleier hatten bereits die Anhänger Alexanders verjagt; die Aitoler waren in Bewegung, Athen rüstete, Demosthenes sandte Waffen nach Theben [2]), die Arkader rückten aus, den Thebanern zu helfen. Und als Gesandte des Antipatros nach dem Isthmos kamen, die schon bis dahin Vorgerückten an die geschlossenen Verträge zu mahnen, zur vertragsmäßigen Bundeshülfe aufzufordern [3]), hörte man nicht auf sie, sondern auf die flehende Bitte der thebanischen Gesandten, die mit wollenumwundenen Oelzweigen in den Händen, zum Schutz der heiligen Sache anriefen [4]). Alles ließ den besten Erfolg

---

1) Arrian (I. 7. 2) nennt sie *Ἀμύνταν καὶ Τιμόλαον τῶν τὴν Καδμείαν ἐχόντων.* Schon Niebuhr hat in ihnen die Führer der makedonischen Parthei, die Demosthenes de cor. § 295 in dem Katalog der Verräther anführt, erkannt und deßhalb *Ἀνεμοίτας* für *Ἀμύντας* emendirt.

2) Plut. Dem. 23. Diod. XVII. 8: *παρὰ Δημοσθένους ὅπλων τὸ πλῆθος ἐν δωρεαῖς λαβόντες.*

3) Dinarch. I, § 18 sagt von den Arkadern: *τὴν μὲν παρὰ Ἀντιπάτρου πρεσβείαν ἄπρακτον ἀποστειλάντων.* Daß Antipatros nicht bloß ihre Umkehr forderte, erhellt aus dem Ehrendecret des Demochares für Demosthenes (Plut. X, Or. p. 850): *καὶ ὡς ἐκώλυσε Πελοποννησίους ἐπὶ Θήβας Ἀλεξάνδρῳ βοηθῆσαι χρήματα δοὺς καὶ αὐτὸς πρεσβεύσας.* Wenn, wie bezeugt ist, seit 338 eine makedonische Besatzung auf Akrokorinth lag, so ist um so bemerkenswerther, daß Antipatros nicht sie einschreiten, sondern unterhandeln ließ.

4) Anders Aischines Darstellung in einer etwa fünf Jahre später geschriebenen Rede (Ctesiph. § 239); die Arkader, behauptet er, hatten das

hoffen. Die Kadmeia ward mit Pallisaden und anderen Werken eingeschlossen, so daß der Besatzung dort weder Hülfe noch Lebensmittel zukommen konnten; die Thebaner hatten ihre Sclaven freigegeben, sie und die Metoiken zum Kriege gerüstet; sie waren mit Vorräthen und Waffen vollauf versehen; bald mußte die Kadmeia fallen, dann war Theben und ganz Hellas frei, dann die Schande von Chaironeia gerächt, und der Bundestag von Korinth, dies Trugbild von Selbstständigkeit und Sicherheit, verschwand vor dem fröhlichen Lichte eines neuen Morgens, der schon über Hellas heranzubrechen schien.

Da verbreitete sich das Gerücht, ein makedonisches Heer rücke in Eilmärschen heran, stehe nur zwei Meilen entfernt in Onchestos. Die Führer beschwichtigten das Volk: es werde Antipatros sein; seit Alexander todt sei, brauche man die Makedonen nicht mehr zu fürchten. Dann kamen Boten: es sei Alexander selbst; sie wurden übel empfangen: Alexandros, der Lynkestier, Aeropos Sohn, sei es. Tags darauf stand der König, der todtgeglaubte, mit seinem Heere unter den Mauern der Stadt [1]).

Angeld zum Kriegsdienste aus den persischen Subsidien verlangt; aber da Demosthenes in seinem Geize nichts habe zahlen, sondern Alles für sich behalten wollen, seien sie heimgegangen; auch die makedonische Besatzung habe man mit einigen Talenten zum Abzuge bewegen können, aber Demosthenes habe nichts herausrücken wollen. Verdächtigungen, deren Unhaltbarkeit der Zusammenhang der Verhältnisse beweiset; oder verstand Demosthenes seinen Vortheil so schlecht, daß er, um einige Talente für sich behalten zu können, das Glück einer Unternehmung aufs Spiel setzte, deren Mislingen ihm nicht bloß seine Popularität, sondern sein Vermögen und sein Leben kosten konnte? Und wenn wirklich die Besatzung der Kadmeia zu bestechen möglich war, konnten die Thebaner nicht mehr fünf Talente aufbringen? Daß Deinarch in seiner Rede gegen Demosthenes ungefähr dasselbe mit Aischines berichtet, hebt den apokryphischen Charakter dieser Angaben nicht auf.

1) Die Stärke des Heeres giebt Diod. XVII. 9 auf mehr als 30,000 Mann Fußvolk und nicht weniger als 3000 Reiter an. Ist die Zahl an sich nicht unwahrscheinlich, so hat Diodors Gewährsmann Kleitarchos doch nicht den Anspruch glaubwürdig zu sein.

Wie Alles in diesem ersten Kriege des Königs überraschend, plötzlich, wie voll Nerv und Muskel ist, so vor Allem dieser Marsch. Vierzehn Tage vorher hatte er den letzten Schlag bei Pelion gethan; auf die Nachrichten, was in Theben geschehen, war er aufgebrochen, in sieben Tagen durch das Gebirg bis Pellineion am oberen Peneios marschirt; nach raschem Weitermarsch zum Spercheios, durch die Thermopylen, nach Boiotien hinein, stand er jetzt bei Onchestos, zwei Meilen von Theben, fast 60 Meilen von Pelion [1]). Sein plötzliches Erscheinen hatte zunächst den Erfolg, daß die arkadischen Hülfsvölker nicht über den Isthmos hinauszurücken wagten, daß die Athener ihre Truppen so lange zurück zu halten beschlossen, bis sich der Kampf gegen Alexander entschieden habe, daß sich die Orchomenier, Plataier, Thespier, Phokier, andere Feinde der Thebaner, die sich schon der ganzen Wuth ihrer alten Peiniger Preis gegeben glaubten, mit doppeltem Eifer den Makedonen anschlossen. Der König hatte nicht im Sinn sofort zur Gewalt zu schreiten, er führte sein Heer von Onchestos heran, ließ es vor den nördlichen Mauern nahe beim Gymnasion des Iolaos lagern; er erwartete, daß die Thebaner Angesichts seiner Macht die Thorheit ihres Unternehmens erkennen und um gütlichen Vergleich bitten würden. Sie waren, obschon ohne alle Aussicht auf Hülfe, so weit entfernt sich beugen zu wollen, daß sie ihre Reiter und leichtes Volk sofort einen Ausfall machen ließen, der die feindlichen Vorposten zurückdrängte, und die Kadmeia nur eifriger bedrängten. Auch jetzt noch zögerte Alexander einen Kampf zu beginnen, der, einmal begonnen, schweres Unheil über eine hellenische Stadt bringen mußte; er rückte am zweiten Tage an das südliche Thor, welches nach Athen hinausführt und an welches innerhalb die Kadmeia

---

[1]) Arrian. I. 7. 5. Daß Alexander seinen Weg nicht das Thal des Aous (Wiossa) hinauf und durch den Paß von Mezzovo nach Thessalien nahm, erhellt aus Arrians Angabe, er sei durch die Eordaia und Elymiotis, und längs den Bergen der Tymphaia und Parauaia gezogen, d. h. diese ließ er rechts, den Haliakmon links; er zog durch die Pässe von Katalati nach Thessalien, die Gorceix (Aperçu géogr. de la région de Khassia, im Bulletin de la géogr. 1874, VI. 7, p. 449) beschreibt.

stößt; er bezog hier ein Lager, um zur Unterstützung der in der Burg liegenden Makedonen in der Nähe zu sein; er zögerte noch weiter mit dem Angriff. Man sagt, er habe die in der Stadt wissen lassen, daß, wenn sie den Phoinix und Prothytes, die Urheber ihres Abfalls, auslieferten, das Geschehene vergeben und vergessen sein solle [1]). Es gab Manche in der Stadt, die empfahlen und verlangten, daß man an den König senden und Verzeihung für das Geschehene bitten sollte; aber die Boiotarchen, die Verbannten, die, welche sie zur Rückkehr aufgefordert hatten, von Alexander keiner freundlichen Aufnahme gewärtig, reizten die Menge zum hartnäckigsten Widerstande; es soll dem Könige geantwortet sein: wenn er den Frieden wolle, so möge er ihnen Antipatros und Philotas ausliefern; es soll die Aufforderung erlassen sein, wer mit ihnen und dem Großkönige Hellas befreien wolle, möge zu ihnen in die Stadt kommen [2]). Alexander wollte auch jetzt noch nicht angreifen.

Aber Perdikkas, der mit seiner Phalanx die Vorhut des makedonischen Lagers hatte und in der Nähe der feindlichen Außenwerke stand, hielt die Gelegenheit zu einem Angriffe so günstig, daß er Alexanders Befehl nicht abwartete, gegen die Verschanzungen anstürmte, sie durchbrach und über die Vorwache der Feinde herfiel [3]). Schnell brach auch Amyntas mit seiner Phalanx, die zunächst an der des Perdikkas stand, aus dem Lager hervor, und folgte ihm zum Angriff auf den zweiten Wall. Der König sah ihre Bewegungen und fürchtete für sie,

---

1) Plut. Alex. 11: *προσμίξας δὲ ταῖς Θήβαις καὶ διδοὺς ἐπὶ τῶν πεπραγμένων μετάνοιαν ἐξήτει . . . . καὶ τοῖς μεταβαλλομένοις πρὸς αὐτὸν ἄδειαν ἐκήρυττε.* Arrian erwähnt eines solchen Erbietens nicht.

2) Plut. Alex. 11. Die beiden Namen verdächtigen die Angabe; ist mit Philotas der Befehlshaber der Kadmeia gemeint, so fällt neben ihm Antipatros auf; ist dieser Name richtig überliefert, so würde der Hohn erst vollständig sein, wenn statt Philotas sein Vater Parmenion neben ihm genannt würde.

3) Er war nach Arrians Ausdruck (I. 8. 2) bis *εἴσω τοῦ χάρακος* vorgedrungen; es galt nun (I. 8. 3) *τοῦ δευτέρου χάρακος εἴσω παρελθεῖν.*

wenn sie allein dem Feinde gegenüber blieben; er ließ eilig die Bogenschützen und Agrianer in die Umwallung eindringen, das Agema nebst den anderen Hypaspisten ausrücken, aber vor den äußeren Werken Halt machen. Da fiel Perdikkas schwer verwundet beim Angriff auf den zweiten Wall, doch die zwei Phalangen, in Verbindung mit den Schützen und Agrianern, erstürmten den Wall und drangen durch den Hohlweg des elektrischen Thores in die Stadt bis zum Herakleion vor. Da wandten sich plötzlich und mit lautem Geschrei die Thebaner, stürzten sich auf die Makedonen, so daß diese mit bedeutendem Verluste — siebzig von den Bogenschützen fielen, unter ihnen ihr Führer, der Kreter Eurybotas — fliehend sich auf die Hypaspisten zurückzogen. In diesem Augenblick rückte Alexander, der die Thebaner ohne Ordnung die Fliehenden verfolgen sah, mit geschlossener Phalanx schnell auf sie an. Sie wurden zurückgeworfen, und ihr Rückzug war so übereilt, daß die Makedonen mit ihnen in das Thor eindrangen, während an anderen Stellen die Mauer, die wegen der vielen Außenposten ohne Vertheidiger waren, erstiegen und besetzt, die Verbindung mit der Kadmeia hergestellt wurde. Jetzt war die Stadt so gut wie verloren; die Besatzung der Kadmeia warf sich mit einem Theile der Hereingedrungenen in die Unterstadt auf das Amphieion; Andere stiegen über die Mauern und rückten im Sturmschritt auf den Markt. Umsonst kämpften die Thebaner mit der größten Tapferkeit; von allen Seiten drangen die Feinde ein; überall war Alexander und befeuerte die Seinigen durch Wort und Beispiel; die thebanische Reiterei, in die Straßen zersprengt, jagte durch die noch freien Thore ins offene Feld hinaus; von dem Fußvolk rettete sich, wer es konnte, ins Feld, in die Häuser, in die Tempel, die mit wehklagenden Weibern und Kindern angefüllt waren. Voll Erbitterung richteten jetzt nicht sowohl die Makedonen, als die Phokier, die Plataier und die übrigen Boioter ein gräßliches Blutbad an; selbst Weiber und Kinder wurden nicht geschont, ihr Blut besudelte die Altäre der Götter [1]). Erst das Dunkel der Nacht machte

[1]) So Arrian nach Ptolemaios, der selbst Zeuge dieses Sturmes gegen Theben war. Die Schilderung Diodors, aus Kleitarch stammend, ist ohne

dem Plündern und Morden ein Ende; von den Makedonen sollen fünfhundert gefallen, von den Thebanern sechstausend erschlagen worden sein, bis des Königs Befehl dem Gemetzel ein Ende machte.

Am folgenden Tage berief er eine Versammlung der Bundesgenossen [1]), welche an dem Kampfe Theil genommen hatten, und überwies ihnen die Entscheidung über das Schicksal der Stadt. Die Richter über Theben waren dieselben Plataier, Orchomenier, Phokier, Thespier, welche den furchtbaren Druck der Thebaner lange hatten erdulden müssen, deren Städte ehemals von ihnen zerstört [2]), deren Söhne und Töchter von ihnen geschändet und als Sklaven verkauft

---

militärischen Werth, und was mit Arrian übereinzustimmen scheint, beweiset nur noch mehr ihre Unbrauchbarkeit. Alexanders Plan war wohl, durch Einnahme der Außenwerke die Thebaner zur Capitulation zu zwingen; daß gleich beim ersten Angriff die Stadt fiel, war ein Werk der Umstände. Kleitarch macht daraus einen förmlichen Operationsplan mit drei Treffen, von denen eins die Werke stürmen, ein zweites die Thebaner beschäftigen, ein drittes einen Hinterhalt bilden sollte (*ἐφεδρεύειν*); man erkennt darin den Angriff des Perdikkas, das Nachrücken des leichtes Fußvolkes, den Sturm der Phalanx. Noch ein weiteres Moment (vielleicht aus anderer Quelle) giebt Polyaen. IV. 3. 23, indem er den Hinterhalt (*τὴν κεκρυμμένην δύναμιν*) unter Antipatros Befehl stehn und über eine verfallene und unbewachte Stelle der Mauer steigen läßt. Wäre Antipatros mit den Truppen aus Makedonien zum Heere gestoßen, so hätte es Arrian schwerlich unerwähnt gelassen. Diese Angabe Polyäns ist aus der zweiten seiner dreimal von vorn anfangenden Aphorismen, die vielfach von den sonst bekannten Nachrichten Abweichendes hat. Die Phrasen des Hegesias (fr. 1) aus Agatharchides bei Phot., p. 446 ed. Bek. sind völlig werthlos.

1) So Arrian. I. 9. 9. Diodor spricht von *σύνεδροι τῶν Ἑλλήνων* (XVII. 14); nach dem Bundesvertrag hätten alle Bundesgenossen gegen Theben mithelfen sollen; *τοῖς μετέχουσι τοῦ ἔργου συμμάχοις* (Arrian) legte ordnungsmäßig der König die Entscheidung über Theben in die Hand; daß nur die alten Feinde Boiotiens, die Thessaler wohl mit eingeschlossen, ihre Bundespflicht erfüllt hatten, war nicht Alexanders Schuld] und für Theben verhängnißvoll.

2) Vielleicht darf man voraussetzen, daß in der Bundesacte ein Artikel gestanden hat, auf Grund dessen so geurtheilt wurde. Wenigstens in der des zweiten attischen Seebundes von 378/7 (C. I. A. II, n°. 17. Z. 50) heißt es: *ἐὰν δέ τις εἴπῃ ἢ ἐπιψηφίσῃ ἢ ἄρχων ἢ ἰδιώτης παρὰ τόδε*

waren. Sie beschlossen: die Stadt solle dem Erdboden gleichgemacht, das Land, mit Ausnahme des Tempellandes, unter Alexanders Bundesgenossen vertheilt, alle Thebaner mit Weib und Kind in die Sklaverei verkauft, nur den Priestern und Priesterinnen, den Gastfreunden Philipps, Alexanders, der Makedonen die Freiheit geschenkt werden; Alexander gebot auch Pindars Haus und Pindars Nachkommen zu verschonen. Dann wurden dreißigtausend Menschen [1]) jedes Alters und Standes verkauft und in die weite Welt zerstreut, hierauf die Mauern niedergerissen, die Häuser ausgeräumt und zerstört; das Volk des Epameinondas war nicht mehr, die Stadt ein grauenvoller Schutthaufen, „der Kenotaph ihres Ruhmes“; eine makedonische Wache oben auf der einsamen Burg hütete die Tempel und „die Gräber der Lebendigen“.

Das Schicksal Thebens war erschütternd; kaum ein Menschenalter früher hatte es die Hegemonie in Hellas gehabt, seine heilige Schaar Thessalien befreien, seine Rosse im Eurotas tränken lassen, und jetzt war es von der Erde vertilgt. Die Griechen aller Partheien sind unerschöpflich in Klagen über Thebens Fall,

---

τὸ ψήφισμα ὡς λύειν τι δεῖ τῶν ἐν τῷδε τῷ ψηφίσματι εἰρημένων, ὑπαρχέτω μὲν αὐτῷ ἀτίμῳ εἶναι καὶ τὰ χρήματα αὐτοῦ δημόσια ἔστω . . . καὶ κρινέσθω ἐν Ἀθηναίοις καὶ τοῖς συμμάχοις ὡς διαλύων τὴν συμμαχίαν, ζημιούντων δὲ αὐτὸν θανάτῳ ἢ φυγῇ οὗπερ Ἀθηναῖοι καὶ οἱ σύμμαχοι κρατοῦσιν. Wenn hundert Jahre später in dem achäischen Bundesvertrage ebenso, wie es scheint, die Todesstrafe für Bundesbruch verordnet war (in dem Bruchstück des Vertrages mit Orchomenos Rev. Arch. 1876, p. 97: . . . καὶ ἐξέστω τῷ βουλομένῳ αὐτῷ δίκαν θανάτου εἰςάγειν εἰς τὸ κοινὸν τῶν Ἀχαιῶν . . . .), wenn eben so auf Grund des hellenischen Bundes von 480 gegen Themistokles die Klage des Hochverrathes erhoben wird (. . . συλλαμβάνειν καὶ ἄγειν κριθησόμενον αὐτὸν ἐν τοῖς Ἕλλησιν), so scheint nach der Rechtsanschauung der Hellenen solche Strafbefugniß und solche Strafe zum Wesen derartiger Föderationen gehört zu haben, und wird ein Artikel dieses Inhaltes auch in den Bundesvertrag von Korinth gesetzt worden sein.

[1]) Diese Zahlen von dreißigtausend Verkauften und sechstausend Todten giebt Diodor. XVII. 14; Plut. Alex. 11; Aelian. V. H. XIII. 7; sie sind nicht undenkbar, da nicht bloß Thebaner, sondern auch Freigelassene und Metöken kämpften und verkauft wurden.

und nur zu oft ungerecht gegen den König, der es nicht retten konnte. Er hat nachmals, wenn Thebaner unter den Söldnerschaaren Asiens als Kriegsgefangene in seine Hände fielen, sie nie anders als mit Großmuth behandelt; schon jetzt, während der Kampf kaum beendet war, verfuhr er in gleicher Weise. Eine edle Thebanerin, so wird erzählt, wurde gefangen und gebunden vor ihn gebracht; ihr Haus war von Alexanders Thrakern niedergerissen, sie selbst von dem Anführer derselben geschändet, dann unter wilden Drohungen nach ihren Schätzen gefragt; sie hatte den Thraker an einen im Gebüsch versteckten Brunnen geführt: darin seien die Schätze versenkt; und als er hinabstieg, hatte sie Steine auf ihn hinabgeschleudert, bis er todt war. Nun brachten die Thraker sie vor des Königs Richterstuhl; sie sagte aus, sie sei Timokleia, jenes Theagenes Schwester, der als Feldherr bei Chaironeia gegen Philipp für die Freiheit der Hellenen gefallen war. So glaubwürdig wie die Erzählung ist ihr Schluß, daß Alexander der hochherzigen Frau verziehen, ihr und ihren Verwandten die Freiheit geschenkt habe [1]).

Der Fall und Untergang Thebens war wohl dazu angethan, die Helleuen und ihre kurzathmige Begeisterung zu entnüchtern. Die Eleier eilten, die Anhänger Alexanders, die sie verbannt hatten, wieder heimzuführen; die Arkader riefen ihre Kriegsschaaren vom Isthmos zurück und verdammten die zum Tode, die zu diesem Hülfszuge gegen Alexander aufgemuntert hatten; die einzelnen Stämme der Aitoler schickten Gesandte an den König und baten um Verzeihung für das, was bei ihnen geschehen sei. Aehnlich anderer Orten.

---

[1]) Plut. Alex. 12 und de virt. mulier. 24; Polyaen. VIII. 40. Bei Arrian findet sich keine Spur von Thrakern in des Königs Heer während dieses Feldzuges; er erwähnt dieser Thatsache nicht, obschon Plutarch sie als von Aristobulos erzählt anführt, freilich nicht im Alexander, sondern ganz gelegentlich (non posse suaviter c. 10), in der ächt plutarchischen Sentenz: wer würde lieber bei dem schönsten Weibe schlafen, als bei der Lesung dessen, was Xenophon von Pantheia, Aristobulos von Timokleia, Theopomp von Thebe geschrieben hat, wachen? Es könnte dem Moralisten wohl begegnet sein, Aristobul für Kleitarch zu schreiben.

Die Athener hatten die Flüchtlinge Thebens trotz des Bundeseides heimkehren lassen, hatten auf Demosthenes Antrag beschlossen, Beistand nach Theben zu schicken, die Flotte auszusenden; aber das Zögern Alexanders hatten sie nicht benutzt, ihre Truppen — in zwei Märschen hätten sie dort sein können — ausrücken zu lassen. Sie feierten gerade die großen Mysterien (im Anfang September), als Flüchtende die Nachricht von dem Falle der Stadt brachten; in höchster Bestürzung wurde die Feier unterbrochen, alles bewegliche Gut vom Lande in die Stadt geflüchtet, dann eine Versammlung gehalten, die auf Demades Vorschlag beschloß, eine Gesandtschaft von zehn Männern, die dem Könige genehm seien, zu senden, um wegen seiner glücklichen Rückkehr aus dem Triballerlande und dem illyrischen Kriege, so wie wegen der Unterdrückung und gerechten Bestrafung des Aufruhrs in Theben Glück zu wünschen, zugleich aber um die Vergünstigung zu bitten, daß die Stadt ihren alten Ruhm der Gastfreundschaft und Barmherzigkeit auch an den thebanischen Flüchtlingen bewähren dürfe. Der König forderte [1]) die Auslieferung des Demosthenes, des Lykurgos, ferner des Charidemos, des erbitterten Gegners der makedonischen Macht, die seiner Art lucrativer Kriegführung ein Ende machte, des Ephialtes, der jüngst als Gesandter nach Susa gesandt worden war, Anderer; denn diese seien nicht bloß die Ursache der Niederlage, die Athen bei Chaironeia erlitten, sondern auch aller der Unbilden, die man nach Philipps Tode sich gegen dessen Andenken und den rechtmäßigen Erben des makedonischen Königthums erlaubt habe; den Fall Thebens hätten sie nicht minder verschuldet, als die Unruhestifter in Theben selbst; die von diesen jetzt in Athen Zuflucht gefunden, müßten gleichfalls ausgeliefert werden. Die Forderung Alexanders veranlaßte die heftigsten Erörterungen in der Volksversammlung zu Athen; Demosthenes beschwor das

[1]) Arrian. I. 10. 8 (*τὰ μὲν ἄλλα φιλανθρώπως πρὸς τὴν πρεσβείαν ἀπεκρίνατο*) läßt die andere Angabe (Plut. Phoc. 17), daß er das Schreiben der Athener hingeworfen und den Gesandten den Rücken gekehrt habe, als Erfindung erscheinen. Wäre sie richtig, so würde des Königs Indignation über solche Anhündelei des attischen Demos sehr erklärlich sein.

Volk, „nicht wie die Schafe in der Fabel ihre Wächterhunde dem Wolfe auszuliefern". Das Volk wartete in seiner Rathlosigkeit auf des strengen Phokion Meinung; sein Rath war, um jeden Preis des Königs Verzeihung zu erkaufen und nicht durch unbesonnenen Widerstand zum Unglück Thebens auch noch Athens Untergang hinzuzufügen; jene zehn Männer, deren Auslieferung Alexander fordere, sollten jetzt zeigen, daß sie aus Liebe zum Vaterlande sich auch dem größten Opfer zu unterziehen bereit seien. Demosthenes aber bewog durch seine Rede das Volk, durch fünf Talente den makedonisch gesinnten Redner Demades, daß dieser an den König gesandt wurde und ihn bat, diejenigen, welche strafbar seien, dem Gerichte des athenischen Volkes zu überlassen [1]). Der König that es, theils aus Achtung vor Athen [2]), theils aus Eifer für den Zug nach Asien, während dessen er keine verdächtige Unzufriedenheit in Griechenland zurücklassen wollte; nur die Verbannung des Charidemos, jenes wüsten Abentheurers, den selbst Demosthenes ehedem verabscheut hatte, wurde vom Könige verlangt; Charidemos floh nach Asien zum Perserkönige. Nicht lange darauf verließ auch Ephialtes Athen und ging zur See fort [3]).

Nachdem auf diese Weise Hellas beruhigt, durch die Vernichtung Thebens und die makedonische Besatzung in der Kadmeia auch für die Zukunft neuen Bewegungen hinlänglich vorgebeugt schien, brach Alexander aus dem Lager vor Theben auf

---

1) Die Notizen zu dieser Darstellung giebt Plutarch, im Leben des Demosthenes und Phokion, Diodor und Arrian; an der zweiten Gesandtschaft soll Phokion Theil gehabt haben; Plutarch schreibt ihm die ganze Verhandlung mit Alexander und ihren glücklichen Ausgang zu.

2) Nach Plut. Alex. 13; Phoc. 17 soll Alexander Athen so großmüthig behandelt haben, weil die Stadt, so sei sein Ausdruck gewesen, ihr Augenmerk auf Griechenland richten müsse, da ihr, wenn er falle, die Hegemonie über Hellas zukomme. So knabenhaft war die Politik Alexanders nicht; aber die Athener mögen so abgeschmackte Erfindungen gern gehört und geglaubt haben.

3) Dinarch. adv. Demost. § 12 stellt Charidemos Flucht als freiwilligen patriotischen Entschluß dar; cf. Arrian. I. 10. 6.

und eilte im Herbste 335 nach Makedonien zurück. Ein Jahr hatte hingereicht, sein vielgefährdetes Königthum fest zu gründen; des Gehorsams der barbarischen Nachbarvölker, der Ruhe in Hellas, der Anhänglichkeit seines Volkes gewiß, konnte er den nächsten Frühling zum Beginn des Unternehmens bestimmen, das für das Schicksal Asiens, für die Geschichte von Jahrhunderten entscheidend werden sollte.

Die nächsten Monate waren den Rüstungen zum großen Kriege gewidmet; von Griechenland, von Thessalien, von den Gebirgen Thrakiens kamen die Schaaren der Verbündeten; Söldner wurden geworben, Schiffe zur Ueberfahrt nach Asien gerüstet. Der König hielt Berathungen [1]), die Operationen des Feldzuges nach den Erkundigungen, die über die Kriegsmacht und Organisation des persischen Reiches, über die Beschaffenheit der östlichen Länder, über die militärische Wichtigkeit der Stromthäler, der Bergzüge, der Städte und Landschaften eingezogen waren, zu entwerfen. Wie gern erführen wir Genaueres darüber, namentlich, ob man am Hofe zu Pella eine Vorstellung von den geographischen Verhältnissen des Reiches, das man anzugreifen gedachte, von dessen Ausdehnung jenseits des Tauros, jenseits des Tigris hatte. Gewiß kannte man die Anabasis des Xenophon, vielleicht die persische Geschichte des Ktesias; Manches mochte man von Hellenen, die in Asien in Sold gewesen, von persischen Gesandtschaften, von Artabazos und Memnon, die Jahre lang als Flüchtlinge am makedonischen Hofe gelebt hatten, erkundet haben. Aber wie sorgfältig man Nachrichten gesammelt haben mochte, es konnte kaum mehr sein als ein unsicheres Material zu Entwürfen für den Krieg bis zum Euphrat und allenfalls bis zum Tigris; von der Gestaltung der Länder weiter nach Osten, von den Entfernungen dort hatte man unzweifelhaft keine Vorstellung.

---

[1]) Diodor. XVII. 16 nennt *τοὺς ἡγεμόνας τῶν στρατιωτῶν καὶ τοὺς ἀξιολογωτάτους τῶν φίλων*, die der König dazu berufen habe, leider nicht technisch präcise Ausdrücke.

Dann wurden die Angelegenheiten der Heimath geordnet, Antipatros zum Reichsverweser bestellt [1]), mit genügender Heeresmacht, um die Ruhe in Hellas zu sichern, die Gränzen Makedoniens zu decken, die zugewandten Völker umher in Gehorsam zu halten; es wurden die Fürsten der verbündeten Barbarenstämme zur persönlichen Theilnahme am Kampfe aufgefordert, damit das Reich vor Neuerungen desto sicherer, die Stammesgenossen unter ihrer Führung desto tapferer wären [2]). Noch eine Sorge wurde im Kriegsrathe besonders von Antipatros und Parmenion angeregt: wessen, im Fall eines unvorhergesehenen Unglückes, die Thronfolge im Reiche sein solle? Sie beschworen den König, sich vor dem Feldzuge zu vermählen und die Geburt eines Thronerben zu erwarten. Er verwarf ihre Anträge: es sei seiner, der Makedonen und Hellenen unwürdig, an Hochzeit und Ehebett zu denken, wenn Asien zum Kampfe bereit stehe [3]). Sollte er warten, bis die schon aufgebotene Flotte der Phoiniker und Kyprioten herankam, das schon aufgebotene Reichsheer des Großkönigs sich sammelte und über den Tauros kam? er durfte nicht länger zögern, wenn er Kleinasien und damit die Basis zum weiteren Kampf gewinnen wollte.

Es wird berichtet, daß er so verfahren, als wenn er für immer von Makedonien Abschied nehmen wolle. Was daheim ihm gehörte, Landgüter, Waldungen und Dörfer, selbst Hafenzölle und andere Einkünfte, habe er an die Freunde verschenkt, und auf

---

1) Arrian. I. 11. 3: *τὰ κατὰ Μακεδονίαν τε καὶ τοὺς Ἕλληνας Ἀντιπάτρῳ ἐπιτρέψας.* Der technische Titel seiner Stellung fehlt uns.

2) Frontin. II. 11. 3: devicta perdomitaque Thracia petens Asiam veritus ne post ipsius discessum sumerent arma, reges eorum praefectosque et omnes quibus videbatur inesse cura detractae libertatis secum velut honoris causa traxit. Justin. XI. 5. 3: et reges stipendiarios conspectioris ingenii ad commilitium secum trahit, segniores ad tutelam regni reliquit. Als solche Fürsten oder Fürstensöhne wird man Sitalkes, der die Thraker, Ariston, der die paionischen Reiter (Plut. Alex. 39), Attalos, der die Agrianer, vielleicht auch Agathon, des Tyrimmas Sohn, der die odrysischen Reiter führte, ansehn dürfen.

3) Diod. XVII. 16: *συμβουλευόντων πρότερον παιδοποιήσασθαι.*

Perdikkas Frage, als fast Alles vertheilt gewesen sei: was denn ihm bleibe? habe er geantwortet: „die Hoffnung"; da habe denn Perdikkas seinen Antheil verschmäht: „laß uns, die wir mit dir kämpfen werden, die Hoffnung mit dir theilen"; und manche Freunde seien dem Beispiel des Perdikkas gefolgt [1]). Die Erzählung wird übertrieben sein, aber der Stimmung vor dem Auszuge entspricht sie; der König verstand es, sie hoch und höher zu spannen; der Enthusiasmus, der ihn erfüllte, entflammte seine Generale, den ritterlichen Adel, der ihn umgab, das gesammte Heer, das ihm folgte; den Heldenjüngling an ihrer Spitze, forderten sie siegesgewiß eine Welt zum Kampfe heraus.

---

[1]) So erzählt Plutarch; die Geschichte braucht nicht erfunden zu sein; irgend eine einzelne Thatsache mochte so im Weitererzählen sich verallgemeinern, und Kallisthenes oder sonst ein Literat gab der Erzählung ihre pointirte Fassung.

Zweites Buch.

Erstes Kapitel.

Die Vorbereitungen zum Kriege. — Das Münzwesen. — Die Bundesverhältnisse des Königthums. — Die Armee. — Uebergang nach Asien. — Schlacht am Granikos. — Occupation der Westküste Kleinasiens. — Eroberung von Halikarnaß. — Zug durch Lykien, Pamphylien, Pisidien. — Organisation der neuen Gebiete.

Alexanders Unternehmen erscheint auf den ersten Blick in nicht geringem Misverhältniß zu den Hülfsmitteln, die ihm zur Verfügung standen. Und nur die kleinere Hälfte seines Werkes war, den Feind aus dem Felde zu schlagen; er mußte daran denken, wie die Erfolge der Waffen dauernd gemacht werden sollten.

Denn der räumlichen Ausdehnung nach kam das Ländergebiet, über dessen Kräfte er verfügen konnte, kaum dem dreißigsten Theile des Perserreiches gleich; nicht minder ungleich stellte sich das Zahlenverhältniß der Bevölkerungsmassen hier und dort, seiner und der persischen Streitkräfte zu Wasser und zu Lande. Fügt man hinzu, daß der makedonische Schatz beim Tode Philipps erschöpft und mit 500 Talenten Schulden belastet war, während in den Schatzkammern des Großkönigs zu Susa, Persepolis, Ekbatana u. s. w. ungeheuere Vorräthe edlen Metalls aufgehäuft lagen, daß Alexander nach Beendigung seiner Rüstungen, zu denen er 800 Talente hatte aufnehmen müssen, nicht mehr als 60 Talente zur Verfügung hatte [1]), den Krieg gegen Asien zu beginnen, so erscheint sein Unternehmen tollkühn und fast chimärisch.

Der Charakter der uns erhaltenen Ueberlieferungen gestattet nicht, aus ihnen auf die Fragen, die sich hier aufdrängen, Antwort zu erwarten. Selbst der verständige Arrian giebt nur den äußeren, fast nur den militärischen Sachverlauf mit gelegentlicher moralischer Würdigung seines Helden, kaum daß er von denen, die militärisch in Rath und That seine Helfer waren, mehr als die Namen anführt; von der Verwaltung, den Finanzen, den politischen Organisationen, von der Kanzlei, dem Cabinet des Königs, von den Personen, die in diesen Functionen des Königs Werkzeuge waren, sagt er nichts; er unterläßt es, sich und dem Leser klar zu machen, wie die Thaten und Erfolge, von denen er berichtet, möglich waren und wirklich wurden, mit welchen Mitteln, in wie weit vorausgeplant, von welchen Zielen und nach welchen praktischen Gesichtspunkten bestimmt, durch welche Macht des Willens, der überlegenen Einsicht, der militärischen und politischen Genialität.

Aus der Fülle von Fragen, die damit angedeutet sind, genügt es vorerst diejenigen hervorzuheben, die hier an der Schwelle des staunenswürdigsten Siegeslaufes die wesentlichen sind.

Es hat nicht an Solchen gefehlt, die dem Charakter Alexanders und seiner Genialität damit gerecht zu werden glaubten, daß sie ihn wie einen Phantasten darstellten, der mit seinen nicht minder enthusiastischen Kriegsvölkern nach Asien gezogen sei, die Perser zu schlagen, wie und wo er sie fände, vom Zufall erwartend, wie ihn der nächste Tag weiter führen werde. Andere haben gemeint, daß er den Gedanken, mit dem sich sein Vater getragen, den Philosophen, Redner, Patrioten immer von Neuem empfohlen, der recht eigentlich von der hellenischen

---

[1]) So die Rede Alexanders bei Arrian. VII. 9. 6, die, wenn sie auch nicht authentisch ist, doch wohl ächte Materialien enthält. Andere Angaben des Aristobulos, des Onesikritos, des Duris giebt Plut. Alex. 15.

Bildung gezeugt und entwickelt worden sei, nur eben ausgeführt habe.

Der Gedanke, bevor er zur That geworden, ist nur ein Traum, ein Phantom, ein Spiel der erregten Phantasie; erst dem, der ihn ausführt, gewinnt er Gestalt, Fleisch und Bein, den Impuls eigener Bewegung, das Hier und Jetzt seines Wirkens und mit den Bedingnissen und Gegenwirkungen in Raum und Zeit immer neue Schranken, immer schärfere Ausprägungen, mit denen seiner Kraft zugleich die seiner Schwächen.

Ist Alexander wie ein Abentheurer, wie ein Träumer hinausgezogen mit dem summarischen Gedanken, Asien bis zu den ungekannten Meeren, die es umgränzen, zu erobern? oder hat er gewußt, was er wollte und was er wollen konnte? hat er danach seine militärischen und politischen Pläne entworfen, seine Maaßregeln getroffen?

Es handelt sich nicht darum, aus der Reihenfolge seiner Erfolge, rückwärts schließend, deren planmäßigen Zusammenhang aufzuweisen und die Evidenz als Beweis zu geben; es fragt sich, ob es Beweise giebt, daß vor dem begonnenen Werk schon vor seinem Geiste stand, wie es werden sollte.

Vielleicht daß eine Thatsache dafür anzuführen ist, von der freilich unsere Quellen nicht sprechen. Außer wenigen Inschriften und Kunstwerken haben wir unmittelbare Ueberreste aus jener Zeit nur in den Münzen, deren tausende goldene, silberne, kupferne mit dem Gepräge Alexanders erhalten sind, stumme Zeugen, welche die Forschung endlich zu sprechen gelehrt hat. Verglichen mit den Gold- und Silbermünzen der Perserkönige, der zahllosen Griechenstädte, der makedonischen Könige vor Alexander, ergeben sie einen Vorgang sehr bemerkenswerther Art.

Im Früheren ist erwähnt worden, daß König Philipp in seinen Landen eine neue Münzordnung eingeführt habe; sie war, nach dem Ausdruck eines berühmten Forschers, gleichsam eine entfernte Anbahnung zur Eroberung Persiens [1]). Sie bestand

---

[1]) Mommsen, Histoire de la monnaie Romaine. Traduit de l'alle-

darin, daß er, während in der hellenischen Welt die Silberwährung, wie im Perserreich die Goldwährung herrschte, Gold auf den Fuß der Dareiken prägte, daneben Silber auf denjenigen Fuß, der dem Handelswerth des Goldes am nächsten entsprach. Also er setzte die Goldwährung „nicht an die Stelle, sondern an die Seite der bisher in der griechischen Welt allein üblichen Silberwährung, er führte damit in seinem Reiche Doppelwährung ein" [1]). Nach dem Verhältniß des Goldes zu Silber, das im Handel 1 : 12,51 stand, normirte er seine Silberstücke, deren 15 auf ein Goldstück von 8,60 Gr. gehen sollten, auf 7,24 Gr.; es war im Wesentlichen der Fuß des verbreiteten rhodischen Silbergeldes.

Die Goldmünzen Alexanders sind von demselben Gewicht und Feingehalt wie die „Philippeer", aber seine Silbermünzen folgen einem völlig andern System; es sind Tetradrachmen von 17,00—17,20 Gr. und deren Stückelung, ganz nach dem attischen System, mit der Werthung des Goldes gegen Silber wie 1 : 12,30. Nicht bloß geschah diese Verminderung in der Absicht, von der Doppelwährung des Vaters zur reinen Silberwährung der Hellenen zurückzukehren, wie denn im weiteren die „Alexanderdrachme" zur allgemeinen, in dem ganzen Reiche gültigen Zahlungseinheit erhoben worden ist, sondern — und dieß ist das für unsere Frage Bedeutsamere —: es giebt in der großen Masse Drachmengeldes von Alexander auch nicht ein Stück nach dem philippischen Fuß [2]).

---

mand par le Duc de Luynes I, p. 69: „C'était comme un acheminement éloigné à la conquête de Perse, qu'il projetait déjà." Im persischen Reich war Gold gegen Silber normirt zu 1 : 13,33, während Gold im Handel mehr und mehr sank.

[1]) So der Ausdruck von Brandis, Das Münz-, Maaß- und Gewichtssystem in Vorderasien, S. 250.

[2]) Wenigstens keine Tetradrachmen, Didrachmen und Drachmen. Von drei Halbdrachmen des Berliner Cabinets, die Herr von Sallet für mich zu wägen die Güte gehabt hat, gab die eine 2,09, die beiden andern nur 1,83 und 1,89, ein halber Obolos dagegen wieder 0,33.

Man wird nicht annehmen wollen, daß diese Neuordnung ohne wesentliche Motive eingeführt wurde. Hatte Philipp die Doppelwährung eingeführt, so war seine Absicht gewesen, bei dem Sinken des Goldpreises im Handel mit der griechischen Welt, wo die Silberwährung galt, den Preis beider edlen Metalle zu fixiren und sie damit im Gleichgewicht zu erhalten. Sank der Werth des Goldes weiter, so mußte auch aus Makedonien das Silber abfließen, wie bisher schon aus Persien, in dem Maaße, als der Werth des Silbers höher war als der des Goldes, für das man es kaufen konnte. Mit der neuen Münzordnung, die Alexander einführte, war dem persischen Golde so zu sagen der Krieg erklärt; das Gold war zur bloßen Waare gemacht, zu einer Waare, die, wenn die Schätze des Perserkönigs erobert und das dort in Masse todt liegende Gold dem Verkehre zurückgegeben wurde, sich immerhin weiter entwerthen konnte, ohne daß die auf Silber gestellten Preise in der griechischen Welt dadurch in gleichem Maaße erschüttert wurden. Das Silber nach attischem Fuß wurde fortan zum Werthmaaß, die Tetradrachme zum Nominal einer Münzeinheit, in der sich ungefähr alle hellenischen Münzsysteme wie eben so viele Brüche in ihrem Generalnenner zusammenfinden konnten. Und nach einem halben Menschenalter war die „Alexanderdrachme" die Weltmünze.

Ob mit dieser Umgestaltung des makedonischen Münzsystems zugleich eine finanzielle Hülfe für die augenblicklichen Geldgeschäfte gesucht wurde [1]), ob Alexander und seine Rathgeber die wirthschaftliche Wirkung der Maaßregel berechnet, ob sie die weitere Entwerthung des Goldes, wenn die persischen Schätze in Umlauf gesetzt wurden, vorausgesehen haben, muß dahin gestellt

---

[1]) Beispielshalber mag angeführt werden, daß Lykurg in seinem Rechenschaftsbericht (Inschrift in der *Ἐφημ. Ἀρχ.*, n°. 3452, und Köhler im Hermes I, S. 318) angiebt, er habe mehr als ein Talent Gold zu dem Preise von 22 Drachmen 5¼ Ob. Silber für den Stater gekauft, also auf den Cours von 1:11,47; d. h. auf 100 Stateren gewann er beinahe 210 Drachmen. Wenn Alexander jene 800 Talente Anleihe sich in Silber einzahlen ließ, ehe er seine neue Münzordnung einführte, so hatte er nach derselben, wenn ich

bleiben. Genug, wenn uns eine tiefeingreifende Maaßregel darauf aufmerksam macht, bis zu welchen Punkten hin der große Plan, ehe man zur Ausführung schritt, vorbedacht worden ist.

Eine zweite Vorfrage ist, wie das Unternehmen, zu dem Alexander auszog, basirt war, oder ob es sein Wille war, sobald er den Hellespont hinter sich hatte, seine Basis aufzugeben und, wie man wohl den Ausdruck gebraucht hat, die Schiffe hinter sich zu verbrennen.

Dem weiteren Verlauf der Darstellung muß es vorbehalten bleiben, zu rechtfertigen, warum auf die so gestellte Alternative hier nicht eingegangen werden kann. Wenigstens vorerst lag für Alexander Alles daran, seiner Basis sicher zu sein, und nur so weit er es militärisch und politisch war, konnte er den entscheidenden ersten Stoß wagen und dessen Wirkung zu entwickeln hoffen.

Der Machtbereich Alexanders erstreckte sich von Byzanz bis zum Eurotas und landeinwärts über den Haimos und Pindos bis gegen die Donau und die Adria; ein Gebiet, das von den vier Seiten des aigaiischen Meeres die nördliche und westliche wie im rechten Winkel umschloß, während dessen Ostseite die zum Perserreich gehörenden, aber von Griechenstädten besetzten Gestade Kleinasiens bildeten; Kreta, das der offenen Südseite dieses Meeres vorliegt, war griechisch, aber eine Welt für sich wie

---

richtig gerechnet habe, an 800 Talent 16,800 Stateren gewonnen, und wenn er die üblichen Zinsen von 12% in Gold zu zahlen contrahirt hatte, so ersparte er an dem jährlichen Zins 2100 Stateren. Die Art, wie Arrian (VII. 23. 3) in der neuen Formation der Truppen die drei Makedonen in der Rotte (δεκαδάρχης, διμοιρίτης und δεκαστάτηρος) bezeichnet, läßt schließen, daß der Sold nach Stateren, also nach Gold, berechnet wurde; und daß es schon seit lange üblich war, den Sold in Dareiken, Kyzikenern u. s. w. festzustellen, ist bekannt. Wenn Alexander jetzt 80,000 Mann je zu einem Dareiken Monatssold hatte, so gewann er mit dem niedrigen Courswerth des Goldes im Jahr etwas über 30,000 Stateren. In ähnlicher Weise kann man sich die Lieferungscontracte u. s. w. abgeschlossen denken. Jedenfalls sieht man, daß es *möglich* ist, bei der neuen Münzordnung an eine Finanzmaaßregel zu denken.

Großgriechenland und Sicilien, wie die Griechenstädte im Norden und Süden des Pontos.

Vollkommen sicher war Alexander des Gebietes, das auf dem Scheitel jenes rechten Winkels lag und gleichsam den Keil- und Schlußstein seines Machtbereiches bildete. Hier in den makedonischen Landen, mit Einschluß der Tymphaia und Parauaia im Westen, des Strymonlandes im Osten, war er der geborne König, dem der Adel, der Bauer, die Städte — auch die griechischer Gründung, wie Amphipolis — unbedingt ergeben war. An dieses Kernland seiner Macht schlossen sich die übrigen Gebiete rechts und links und rückwärts in den mannigfachsten politischen Formen von völliger Abhängigkeit bis zur losen Föderation.

Von besonderer Wichtigkeit war das thrakische Land, derjenige Theil des Machtbereiches, der vom Eingang des Hellespontes bis zum Ausgang des Bosporos der Küste Kleinasiens nahe liegt und sie flankirt. Das Thrakerreich, das einst das Becken des Hebros bis in die Berge hinauf beherrscht hatte, war von König Philipp zerstört worden, und wenn noch, wie es scheint, ein Rest derselben als Fürstenthum der Odrysen bestand, so war es von Makedonien bis zur Heeresfolge abhängig. Thrakien war, wenn es gestattet ist den römischen Begriff zu anticipiren, eine Provinz des makedonischen Staates geworden. Sie zu behaupten waren an dominirenden Punkten des Landes die neuen Städte Philippopolis, Kalybe, Beroa, Alexandropolis gegründet und colonisirt worden, nicht freie Colonien in althellenischer Art, sondern militärische Stationen, immerhin mit bürgerlichem Gemeinwesen und communaler Autonomie, in die zur Füllung aus der Nähe und Ferne zum Theil zwangsweise Ansiedler gesetzt wurden [1]). Das Land Thrakien stand — wenigstens seit 335 wissen wir davon — unter makedonischen Strategen. Es muß dahin gestellt bleiben, wie weit der Amtsbereich

---

[1]) So die 10,000 Illyrier aus Sarnus Polyaen. IV. 2. 12; so Kalybe, Φιλίππου τοὺς πονηροτάτους ἐνταῦθα ἱδρύσαντος Strab. VII, p. 320; daher wohl ihr Name Πονηρόπολις u. s. w.

des Strategen über die Haimospässe hinaus sich erstreckte, und ob ein zweiter Strateg, wie eine unsichere Nachricht aus dem Jahre 331 oder 326 vermuthen läßt, diese Gegenden „am Pontos" verwaltete, oder ob die Völkerschaften vom Haimos bis zur Donau und ihren Mündungen nach dem Feldzug von 335 nur zu friedlicher Nachbarschaft und vielleicht Tribut verpflichtet waren. Die Griechenstädte an der thrakischen Küste des Pontos, von Apollonia und Mesembria bis Kallatis und Istros hinauf, waren wohl schon dem Philipp befreundet; aber sie scheinen auch nach dem Feldzug von 335 nicht in ein engeres Verhältniß zu Makedonien getreten zu sein [1]). Von Byzanz wurden zu jenem Feldzug Schiffe an die Donau gesandt, gewiß auf Grund eines nur symmachischen Verhältnisses; denn Byzanz hat in der Zeit Alexanders und der Diadochen keine Alexandermünzen geprägt, war also ein selbstständiger Staat geblieben, wie die griechischen Städte des korinthischen Bundes; ob Byzanz in diesen getreten war, ob nicht vielmehr Verträge für sich mit Makedonien geschlossen hatte, muß dahin gestellt bleiben.

Sehr bemerkenswerth ist, daß von fast allen Griechenstädten der thrakischen Südküste Alexandermünzen geprägt sind, wie von den makedonischen Pella, Amphipolis, Skione u. s. w.; also sie stehen wie diese unter dem makedonischen Münzgesetz, sie sind wie diese, immerhin mit communaler Autonomie, nicht mehr „Selbst-Staaten" [2]). Von diesen, wenn man will, königlichen Städten in Thrakien liegen Abdera, Maroneia auf der

---

[1]) Es giebt Alexandermünzen von Odessos, Mesembria, Kallatis, Apollonia, Dionysopolis; aber sie gehören in der Classification Müllers der IV., V., VII. Classe an und dürften wohl erst in und nach Lysimachos Zeit geprägt sein.

[2]) Nach dem Ausdruck des Vertrages zwischen Sparta und Argos bei Thucyd. V. 79: *ταὶ δὲ ἄλλαι πόλιες ταὶ ἐν Πελοποννάσῳ . . . αὐτόνομοι καὶ αὐτοπόλιες τῶν αὐτῶν ἔχοντες* u. s. w. Von Philippoi ist es sicher, da dort neben Goldmünzen des Königs auch solche der Stadt (A. Kopf des Herakles mit der Löwenhaut, R. der Dreifuß mit *ΦΙΛΙΠΠΩΝ*) geprägt sind. Ob es aus dieser Zeit auch autonome Münzen von Amphipolis giebt, scheint noch nicht erforscht zu sein.

Straße zum Hellespont, Kardia auf dem Eingang zur Chersones, Krithote am Nordeingang des Hellespont, gegenüber von Lampsakos, Sestos und Koile an der Stelle des Ueberganges nach Abydos, Perinthos und Selymbria an der Propontis [1]).

Im Norden Makedoniens ist das Fürstenthum der Paionen und weiter das der Agrianer unter der Hoheit Makedoniens, mit dem Recht oder der Pflicht des Waffendienstes in dem Heere des Königs; wenigstens von den paionischen Fürsten giebt es auch aus der Zeit Alexanders Münzen, aber weder nach dem makedonischen Münzfuß, noch mit dem Gepräge Alexanders [2]).

Die Völkerschaften im Norden von ihnen bis zum adriatischen Meere, die Triballer, Autariaten, Dardaner, die Taulantiner, die Illyrier des Kleitos sind mit dem Feldzuge von 335 zur Ruhe und zu Verträgen gezwungen, in denen sie ihre Abhängigkeit von Makedonien haben anerkennen müssen; ob bis zur Tributpflichtigkeit, muß dahin gestellt bleiben.

Sehr eigenthümlich ist das Verhältniß des Königthums von Epeiros zu Makedonien. Seit König Philipp es dem Arybbas entrissen und an dessen Neffen Alexandros, den Bruder der Olympias, übergeben und bis an den ambrakischen Busen erweitert hatte, stand es wie eine natürliche Stütze an der Seite Makedoniens; die Vermählung des jungen Königs mit Philipps Tochter, vielleicht eine Art Mitbesitz der Königin Olympias, schien es noch enger an das makedonische Interesse knüpfen zu müssen. Wie seltsam, daß trotzdem die Epeiroten weder in den Kämpfen

---

[1]) Diese Städte an der thrakischen Südküste, mit Ausnahme von Perinthos und Selymbria, haben bereits philippische Münzen geprägt. Alexandermünzen der beiden letztgenannten Städte sind schon aus der I. und III. Classe vorhanden. Sie sind also nach Philipps Tod und durch Alexander in ein Verhältniß zu Makedonien getreten, das weder mit dem von Byzanz noch mit dem korinthischen Bunde zusammenfiel.

[2]) Die Silberstücke des Patraos und Audoleon (12,6 Gr.) stimmen weder zu den Didrachmen des Philipp (14,47 Gr.), noch zu den Tetradrachmen Alexanders (17,2 Gr); am nächsten stehen sie den älteren Didrachmen von Thasos (12,85—12,10 Gr.).

von 335 für Makedonien eintreten [1]), noch an dem großen Zuge nach Asien sich betheiligen; vielmehr unternimmt der Epeirotenkönig ein Jahr darauf „mit 15 Kriegsschiffen und zahlreichen Fahrzeugen zum Transport von Schiffen und Pferden" [2]) seinen Zug nach Italien, man kann nicht einmal sagen, ob im Einverständniß mit Makedonien [3]). Wäre ein solches zu erweisen, so gewönne man für die Auffassung der politischen Gedanken dieser Zeit ein wichtiges Moment mehr. Aber vielleicht darf man sich erinnern, daß die Verfassung der Molosser bei Weitem nicht in dem Maaße königlich war, wie die makedonische, sondern durch die Eide, die der König dem Volk, das Volk dem Könige leistete, in hohem Maaße gebunden, wohl so, daß der König nur über das, was sein Königsgut ihm brachte, freie Verfügung hatte; und so mag der Molosserkönig seinen Zug nach Italien nicht im Namen des epeirotischen Staates unternommen, sondern auf eigene Kosten und Gefahr ein geworbenes Heer nach Italien geführt haben, um, wie ähnlich mehr als ein spartanischer König, in fremdem Dienst zu kämpfen.

In welcher Weise die griechischen Staaten sich zu Makedonien verhielten, ist schon früher angeführt worden. Es wird hier nöthig sein, auf diese Frage zurückzukommen, um einige Punkte von politischer Bedeutung zu berühren, die freilich nicht mehr alle ins Klare zu bringen sind.

Nicht erst der korinthische Bund knüpfte die Thessaler an Alexander; in eigener Verfassung standen sie in ihren vier

---

[1]) Frontin. II. 5. 10 erwähnt eines Zuges des Molossers gegen die Illyrier, III. 4. 5 eines andern gegen Leukas; wäre der erste 335 unternommen, so würden die beiden illyrischen Könige nicht den makedonischen Angriff erwartet haben; noch weniger hat man einen Anhalt, den gegen Leukas in dieß Jahr zu setzen.

[2]) Aristot. *Δικαιώματα* fr. 571.

[3]) Die einzige Andeutung des Verhältnisses zwischen beiden Unternehmungen könnte man darin finden, daß Tauriskos, der den makedonischen Schatzmeister zur Flucht nach Megara veranlaßte, weiter nach Italien zum Molosser Alexandros ging (Arrian. III. 6. 7). Was Justin. XII. 3. 1 sagt: simulato moerore propter Alexandri cognationem exercitui suo triduo luctum indixit, führt nicht weiter.

Landschaften zu einem Gemeinwesen vereint neben Makedonien, jener Verfassung, die ihnen König Philipp gegeben oder erneut hatte, und kraft deren die militärischen und finanziellen Mittel des Landes dem makedonischen Könige so gut wie zur freien Verfügung standen [1]). Ob in dieser Verfassung auch die Bergstämme Thessaliens, die von Alters her „zugewandten Cantone", die Doloper, Ainianen, Malier u. s. w., begriffen waren, oder ob nur die amphiktyonische Verbindung sie an Makedonien knüpfte, ist nicht mehr zu erkennen.

Auch die Aitoler scheinen nicht in dem korinthischen Bunde gestanden, sondern ihre früheren Sonderverträge mit Makedonien, durch die sie 338 Herren von Naupaktos geworden waren, erneut zu haben.

Der korinthische Bund umfaßte „Hellas bis zu den Thermopylen" [2]); nur Sparta war nicht beigetreten. Aus den früher angeführten Artikeln der Bundesverfassung erhellt, daß sie nicht bloß der führenden Macht dienen sollte, sich der Hegemonie über Hellas und der hellenischen Contingente zum Perserkriege zu versichern, sondern zugleich den Landfrieden innerhalb des Bundesgebietes und den Besitzstand auf Grund der 338 getroffenen Feststellungen zu erhalten [3]), und jeden ferneren

---

1) Bei Arrian. VII. 9. 10 sagt Alexander in Opis zu den Makedonen: *Θεσσαλῶν δὲ ἄρχοντας . . . (ὑμᾶς) ἀπέφηνεν.* Schon in der ersten Classe der Alexandermünzen finden sich solche von Lamia, Pharsalos, Trikka (bei L. Müller n°. 503 527. 528.). Aus dem eigentlichen Hellas zu derselben Classe gehörende Münzen giebt es nur von Chalkis und Histiaia auf Euboia (bei Müller n°. 757 und 758). Ambrakia, das Münzen mit dem Gepräge und Namen Philipps geschlagen hatte, hat keine Alexandermünzen geschlagen, da es 336 wieder autonom geworden war.

2) Arrian. I. 1. 2; nach Niebuhrs treffender Emendation *ὅσοι ἐντὸς Πυλῶν* (statt *Πελοποννήσου*) *ἦσαν* . . . .; daß es der Zeit ein so zu sagen technischer Ausdruck war, sieht man aus Dem. de cor. § 304: *οὐδεὶς οὔτε τῶν ἔξω Πυλῶν Ἑλλήνων οὔτε τῶν εἴσω* u. s. w. Schon Thucyd. II. 101 unterscheidet die Völker Thessaliens *καὶ οἱ μέχρι Θερμοπυλῶν Ἕλληνες.*

3) Die Vita Aristot. Mar. (in der akademischen Ausgabe des Arist. S. 157b. 20) sagt von Aristoteles Schrift *Δικαιώματα Ἑλληνίδων πό-*

Einfluß der persischen Politik auf die einzelnen verbündeten Staaten auszuschließen. Ueber die Organisation des Bundes fehlen weitere Nachrichten in dem Maaße, daß nicht einmal zu erkennen ist, ob das Synedrion in Korinth dauernd vereinigt war oder nur zu gewissen Zeiten zusammentrat[1]), ob Makedonien in demselben Sitz und Stimme hatte, ob nicht vielmehr Makedonien außer dem Bunde stand und der König nur als „unumschränkter Feldherr“ für den Perserkrieg über die vertragsmäßigen Contingente und die auswärtige Politik der Bundesstaaten die Verfügung hatte. In dem Seebunde der perikleischen Zeit hatte Athen über seine Bundesgenossen eine wirkliche Herrschaft gehabt und streng genug gehandhabt, selbst ihre Processe vor die attischen Gerichtshöfe gezogen[2]); in dem zweiten attischen Seebunde hatte der attische Staat und die Gesammtheit der autonomen Bundesgenossen neben einander gestanden, in der Art, daß das Synedrion der Verbündeten,

---

λεων: ἐξ ὧν Φίλιππος τὰς φιλονεικίας τῶν Ἑλλήνων διέλυσεν, ὡς μεγαλοῤῥημον[ήσαντά π]οτε καὶ εἰπεῖν „ὥρισα γῆν Πέλοπος“. Daß die Δικαιώματα erst später oder mit Nachträgen herausgegeben sind, lehrt fr. 571.

1) Daß die σύνεδροι τῶν Ἑλλήνων nach Diod. XVII. 48 dem Alexander für die Schlacht von Issos einen goldenen Kranz senden, ist nach Curt. IV. 5. 11 bei Gelegenheit der Isthmien beschlossen worden (denen von Ol. 114. 4 gegen Ende, etwa Juni 332). Mehr ins Gewicht fällt Aesch. III, § 254: ἡμερῶν μὲν ὀλίγων μέλλει τὰ Πύθια γενέσθαι καὶ τὸ συνέδριον τὸ τῶν Ἑλλήνων συλλέγεσθαι, was doch wohl nicht von den Amphiktyonen als Bundesgericht zu verstehen ist. Man könnte vermuthen, daß das Synedrion (οἱ συνεδρεύειν εἰωθότες Diod. XVIII. 4) auch bei den großen panhellenischen Festen sich versammelte. Daß es in Korinth regelmäßig tagte, ist durch kein ausdrückliches Zeugniß sicher, wennschon Hyper. pro Eux. c. 32 so klingt, als wenn sie immer bei einander sind. Diese und andere Fragen über die Verfassung des Bundes verdienen noch eingehendere Forschung.

2) Nicht in diesem Gegensatz ist es, sondern in dem gegen die römische Herrschaft, wenn Paus. VII. 10. 10 sagt: οὔτε γὰρ Μακεδόνων οἱ ἰσχύσαντες μέγιστον, Φίλιππος Ἀμύντου καὶ Ἀλέξανδρος, τοὺς καθεστηκότας σφίσιν Ἑλλήνων ἐς Μακεδονίαν ἐβιάσαντο ἀποσταλῆναι, διδόναι δὲ αὐτοὺς ἐν Ἀμφικτυόσιν εἴων λόγον.

ständig in Athen versammelt, mit Rath und Volk von Athen über die zu treffenden Maaßregeln verhandelte und auf die Anträge des Synedrion der Demos von Athen die entscheidenden Beschlüsse faßte [1]). Wenn König Philipp bei Gründung des korinthischen Bundes sich mit einer ungleich loseren Form begnügte, wenn Alexander trotz des zweimal gegebenen Anlasses deren nicht festere forderte oder erzwang, so muß es ihnen entweder nicht nöthig oder unmöglich erschienen sein, diese Föderation nach heutiger Ausdrucksweise über die bloß völkerrechtliche zu einer staatsrechtlichen Vereinigung zu entwickeln.

Man wird dieß beachten müssen, um die Consequenzen, die sich daraus ergaben, richtig zu würdigen. Die Art, wie der Bund gegründet, wie er dann gebrochen und von Neuem beschworen worden war, zeigte hinlänglich, daß die geschworenen Eide allein nicht ausreichten, Alexander der Hülfe der Bundesstaaten gegen den Großkönig und ihres Beharrens bei der gemeinsamen Politik zu versichern. Wenigstens ein Surrogat dafür gab das Partheiwesen in fast jeder hellenischen Stadt und der althergebrachte ächt particularistische Nachbarhader der Städte unter einander; und es konnte die makedonische Politik kein Vorwurf treffen, wenn sie ihren Anhängern Vorschub leistete, um nicht das Heft in die Hände derer kommen zu lassen, die nach Lage der Dinge die persische Parthei waren, wenn sie fortfuhren wider den geschlossenen Bund zu arbeiten. Zur weiteren Sicherung lagen in Akrokorinth, in Chalkis, auf Euboia, in der Kadmeia makedonische Besatzungen; und als ihr Rückhalt, keinesweges bloß

---

1) Die Formeln Ἀθηναίων σύμμαχοι καὶ τῶν συμμάχων und ähnliche erläutert Busold, Der zweite attische Bund, in Fleckeisen, Jahrb. Suppl. VII, S. 684 ff. Auf ein ähnliches Verhältniß zwischen Makedonien und dem korinthischen Bunde führt Arr. II. 2. 2, wo die Perser in Tenedos τὰς στήλας τὰς πρὸς Ἀλέξανδρον καὶ τοὺς Ἕλληνας γενομένας σφίσι umstürzen. Eben so die Weisung nach dem Siege am Granikos: Ἀλέξανδρος Φιλίππου καὶ οἱ Ἕλληνες u. s. w. Arrian. I. 16. 7. Der wesentliche Unterschied dieses Bundes von früheren scheint zu sein, daß das Synedrion von Korinth eine Reihe von Kompetenzen (für den Landfrieden u. s. w.) hat, an denen Makedonien nicht betheiligt ist.

um die Barbarenstämme jenseits des Haimos und in Illyrien in Respekt zu halten, ließ Alexander bei seinem Ausmarsch eine bedeutende Kriegsmacht, vielleicht die volle Hälfte der eigentlich makedonischen Truppen in Makedonien zurück, die sich zugleich mit dem jährlichen Nachwuchs an Rekruten verstärkte und als Depot der für die Armee in Asien auszubildenden Ersatztruppen diente.

Noch blieb ein sehr wesentlicher Uebelstand. Die makedonische Seemacht war bei Weitem nicht der persischen gewachsen. Der Großkönig konnte, wie sich demnächst zeigte, ohne Weiteres 400 Kriegsschiffe in See schicken, seine Flotte war die der Phoiniker und Kyprier, der besten Seeleute der alten Welt; mit den Inseln der Westküste Kleinasiens, die, obschon nach dem antalkidischen Frieden autonom, unter Tyrannen oder Oligarchen ganz zur Verfügung des Großkönigs standen, war er, wenn er wollte, Herr des aigaiischen Meeres. Hätten die Staaten des korinthischen Bundes ihre Kriegsschiffe mit denen Makedoniens vereint — und Athen allein hatte deren über 350 in seinen Schiffshäusern —, so wäre es leicht gewesen, sich dieses Meeres zu versichern, bevor die persische Seemacht heran kam. Die makedonische Politik hat es weder bei der Gründung des Bundes noch bei dessen Erneuerung für möglich oder für räthlich erachtet, bedeutende maritime Leistungen von den hellenischen Staaten zu fordern [1]). Wenn sie es vorzog, dem Kampfe wider die Persermacht auch für den ersten einleitenden Feldzug wesentlich den Charakter eines Landkrieges zu geben, so liegt es auf der Hand, daß es politische, nicht militärische Gründe waren, die sie dazu bestimmten.

Alexander mußte sich mit seiner Landmacht des Erfolges völlig sicher halten, oder richtiger — denn hier schließt sich

---

[1]) Nach Arrian. I. 11. 6 und I. 18. 4 ist Alexanders Flotte beim Uebergang nach Asien 160 Schiffe stark. Wie viele darunter makedonisch waren, ist nicht ersichtlich; man darf glauben, daß Byzanz wie 335 in die Donau, so 334 in den Hellespont Schiffe stellte; ähnlich wohl auch andere Griechenstädte der thrakischen Küste. Nach Diod. XVII. 22 waren 20 attische Schiffe in dieser Flotte.

unsere dritte Frage an, — er mußte die Stärke der nach Asien bestimmten Feldarmee, ihre Ausrüstung, ihre Organisation, das Verhältniß der Waffen in ihr so berechnet haben, daß er sich des Erfolges völlig sicher halten durfte.

Die makedonische Kriegsmacht hatte schon König Philipp auf etwa 30,000 Mann Fußvolk und gegen 4000 Reiter gebracht; sie hatte unter ihm ihre eigenthümliche Ausbildung erhalten; es war die entwickelte hellenische Militärorganisation, auf die Verhältnisse Makedoniens übertragen und ihnen entsprechend weiter gebildet; sie war natürlich darauf gestellt, die verschiedenen Waffen, Infanterie und Cavalerie, leichte und schwere Truppen, Landesaufgebot und Soldtruppen in ungleich freierer und wirksamerer Durchbildung, als in der hellenischen Kriegskunst bisher erreicht war, verwenden zu können.

Bei seinem Aufbruch nach Asien ließ Alexander, freilich nach einer Angabe, die sich als sehr unzuverlässig erweist, 12,000 Mann Fußvolk und 1500 Reiter unter Antipatros Befehl in Makedonien zurück, und ihre Stelle ersetzten 1500 thessalische Reiter, 600 Reiter und 7000 Mann Fußvolk hellenischer Bundestruppen, 5000 hellenische Söldner, außerdem Thraker zu Fuß, odrysische und paionische Reiter [1]). Die Gesammtstärke des Heeres, das nach dem Hellespont marschierte, wird nach der sichersten Ueberlieferung auf „nicht viel über 30,000 Mann zu Fuß und mehr als 5000 Reiter" angegeben [2]).

---

[1]) Der Katalog Diodors (XVII. 17), aus dem diese Zahlen entnommen sind, läßt die sehr unmilitärische Quelle erkennen, aus der er geschöpft ist; doch mögen die im Text angeführten Zahlen ungefähr das richtige Verhältniß nicht der Truppentheile, aber der nationalen Elemente, aus denen das Heer sich zusammensetzte, angeben; das Einzelne habe ich in einem Aufsatz im Hermes XII. 2 untersucht. Verkehrt ist, daß in Diodors Katalog auch Triballer und Illyrier genannt werden, deren erwähnt Arrian nie; nur daß in der Ansprache Alexanders (II. 7. 5) auch Illyrier genannt werden, gewiß ein Beweis, daß diese Rede nicht aus Ptolemaios entnommen ist.

[2]) Arrian. I. 11. 3 gewiß nach Ptolemaios, obschon dessen Worte fr. 2 statt runder Zahlen bestimmte geben. Anaximenes fr. 15 gab 30,000 F., 5500 R. Kallisthenes fr. 33: 40,000 F., 4500 R. Aristobulos fr. l. c. 30,000 F., 4000 R. Diodor (Kleitarch) 30,000 F., 4500 R. Arrian giebt ausdrücklich die Zahl der von Makedonien jetzt aus-

Die Gesammtmasse des Fußvolkes und der Reiterei war nach den Waffen und zum Theil nach Landsmannschaften getheilt, nicht nach Art der römischen Legionen und der Divisionen neuester Zeit, die in ihrer Verbindung aller Waffen gleichsam Armeen im Kleinen sind. Gegen Feinde, wie die Völkermassen Asiens, die, ohne militärische Ordnung und Kunst, zu einem Hauptschlage zusammengerafft, mit einer Niederlage Alles verloren geben, mit einem Siege über organisirte Truppen nichts als erneute Gefahr gewinnen, gegen solche Feinde hat die Ordnung nach der Waffe und der Landsmannschaft den Vorzug der einfachsten taktischen Form und der natürlichen inneren Geschlossenheit; in denselben Gegenden, in denen Alexanders Phalanx des Dareios Heer übermannte, erlagen sieben römische Legionen den ungestümen Angriffen der Parther.

Das Heer, das Alexander nach Asien führte, behielt als Grundlage die makedonische Organisation; die Contingente der Bundesgenossen, die hinzukamen, sowie die außer dem alten Bestande von Geworbenen neu hinzugefügten Miethvölker dienten nur dazu, diese Organisation, der sie eingefügt wurden, nach ihren beiden Elementen der Beweglichkeit und der Stätigkeit möglichst zu vervollständigen.

In der hellenischen Taktik war das schwere Fußvolk die überwiegende Waffe gewesen, bis in den Peltasten eine leichtere Infanterie hinzugefügt worden war, der die Spartaner erlagen. Auch in dem makedonischen Heere bildeten in der Schlachtordnung diese beiden Formen des Fußvolkes, die Phalangen und die Hypaspisten, die der Zahl nach stärkste Macht [1]).

---

gerückten; er läßt nicht erkennen, ob die zwei Jahre früher unter Attalos und Parmenion vorausgesandten — nach Polyän 10,000 Makedonen und Söldner — ganz oder zum Theil noch auf dem asiatischen Ufer stehen; des Kallisthenes 40,000 F. ließen sich erklären, wenn man diese 10,000 als noch in Asien stehend ansehen dürfte.

[1]) Das Wort Phalanx wird bei Arrian in sehr verschiedenem Sinn gebraucht; es bedeutet 1. die Schlachtordnung insgesammt (III. 12. 1, I. 28. 3), 2. die gesammte Infanterie mit Ausschluß der ψιλοὶ (III. 11. 8), 3. die Schwerbewaffneten (ἡ φάλαγξ τῶν ὁπλιτῶν I. 13. 1), 4. jede

Das Eigenthümliche der Phalanx bestand in der Bewaffnung der Einzelnen und in ihrer Zusammenordnung. Die Phalangiten sind Hopliten im hellenischen Sinn, wenn auch nicht ganz so schwer wie die hellenischen [1]); sie sind ausgerüstet mit Helm, Brustharnisch [2]), Beinschienen und einem Rundschilde, der die Breite des Mannes deckt; ihre Hauptwaffe ist die makedonische Sarissa, ein Spieß von 14—16 Fuß Länge [3]), und das kurze griechische Schwert. Für das Nahgefecht in Masse bestimmt, mußten sie so geordnet sein, daß sie einerseits den heftigsten Anlauf des Feindes ruhig erwarten, andererseits die feindlichen Reihen mit einem Vorstoß zu durchbrechen sicher sein konnten; sie standen in der Regel sechszehn Mann tief [4]), indem die Spieße der ersten fünf Glieder über die Fronte hinausragten, dem gegen sie anstürmenden Feinde eine undurchdringliche, ja unangreifbare Mauer; die folgenden Reihen legten ihre Sarissen auf die Schultern der Vordermänner, so daß der Angriff dieser „Schlachthaufen" durch die furchtbare Doppelgewalt der Schwere und Bewegung durchaus unwiderstehlich war [5]). Nur die vollendete gymnastische Ausbildung der Einzelnen machte die Einheit, Präcision und Schnelligkeit, mit welcher die auf engen Raum zusammengedrängte Menschenmasse die künstlichsten Be-

---

einzelne Taxis der Schwerbewaffneten ist eine Phalanx (I. 14. 2: *ἡ Περδίκκου φάλαγξ* u. s. w.).

1) Dieß ergiebt u. a. Arrian. III. 18. 1.

2) In der Angabe der Waffenstücke in Philipps Zeit bei Polyaen. III. 2. 10 fehlt der Harnisch; nach Polyaen. IV. 3. 13 ließ Alexander denen, die geflohen waren, *ἡμιθωράκια* geben, so daß ihr Rücken unbeschützt blieb (?). Daß *τῆς Μακεδονικῆς φάλαγγος οἱ κουφότατοι* Arrian. III. 23. 3 besonders verwandt werden, zeigt, daß — vielleicht die hinteren Glieder — weniger schwer bewaffnet waren.

3) Ueber die Sarissa giebt Köchly und Rüstow S. 228 Genaueres.

4) Daß ihre Formation eigentlich auf Rotten von 8 Mann (wie in der hellenischen Taktik) gestellt war, scheint sich aus Arrian. I. 6. 1 zu ergeben; denn 120 Mann tief kann die Phalanx nur bei Rotten von 8 Mann sich ordnen.

5) Daß die Phalanx nicht bloß defensiv verwandt wurde, zeigt der Angriff bei Theben und der Kampf bei Pelion.

wegungen ausführen mußte, möglich [1]); sie sind in der Schlacht, wie zwei Jahrtausende später der Tartaren Aga die geschlossenen brandenburgischen Bataillone, Vierecke von Pikeniren und Musketiren, genannt hat, „wandernde Castelle“. Von diesen makedonischen Hopliten, den „Pezetairen“, waren in dem Heere, das nach Asien zog, sechs Taxeis oder Phalangen [2]), die unter den Strategen [3]) Perdikkas, Koinos, Amyntas Andromenes Sohn, Meleagros, Philippos Amyntas Sohn, Krateros standen; die Taxeis scheinen cantonweise gebildet zu sein und recrutirt zu werden, so war die des Koinos aus Elymiotis, die des Perdikkas aus der Orestis und Lynkestis, die des Philippos, die später Polysperchon führte, aus der Tymphaia.

Die hellenischen Schwerbewaffneten, Söldner sowohl wie Bündner, standen unter besonderem Commando; Strateg der Bündner war Antigonos, der spätere König, Strateg der Söldner Menandros, einer der Hetairen. Für größere Actionen scheinen diese Bündner und Söldner mit den makedonischen Hopliten combinirt worden zu sein in der Art, daß die so und so viel Lochen der makedonischen Taxis, die Pezetairoi, mit so und so viel Lochen Bündnern und Söldnern die Phalanx des Perdikkas,

---

[1]) Der Grieche Charidemos beschreibt die Phalanx dem Großkönig. Curt. III. 2. 13: peditum stabile agmen, vir viro, arma armis conferta sunt; ad nutum monentis intenti sequi signa, ordines servare didicere: quod imperatur omnes exaudiunt; obsistere, circumire, discurrere in cornu, mutare pugnam, non duces magis quam milites callent.

[2]) Bei Arrian. I. 14. 3 ist in der Aufzählung der Phalangen in der Schlacht am Granikos ein unzweifelhafter Fehler, da die des Krateros zweimal genannt wird; dieser Name muß einmal gestrichen werden.

[3]) So scheint die officielle Bezeichnung zu sein (Arrian. I. 28. 3). Und so beruft der König zum Kriegsrath *στρατηγούς τε καὶ ἰλάρχας καὶ τῶν συμμάχων τοὺς ἡγεμόνας* (Arrian. II. 7. 3 ähnlich III. 9. 3). Freilich ein andermal heißt es dafür *τούς τε ἑταίρους καὶ τοὺς ἡγεμόνας τῆς στρατιᾶς καὶ ταξιάρχας καὶ ἰλάρχας* (II. 16. 8). Die Stärke der Taxen ist gewiß nicht nach der schematischen Berechnung der Taktiker zu normiren, sondern nach den Umständen verschieden.

des Koinos u. s. w. bildeten [1]). Das gesammte schwere Fußvolk in Alexanders Heer mag sich auf vielleicht 18000 Mann belaufen haben.

Sodann die eigenthümlich makedonische Truppe der Hypaspisten. Schon der Athener Iphikrates hatte, um eine Waffe zu haben, die behender zum Angriffe als die Hopliten, und schwerer als die Leichtbewaffneten wäre, ein Corps mit linnenen Panzern, mit leichterem Schild und längerem Schwert, als die Hopliten trugen, unter dem Namen von Peltasten errichtet. In Makedonien fand diese neue Waffengattung Eingang vielleicht für die Truppen, die, im Gegensatz gegen das Aufgebot der Miliz, in beständigem Dienst gehalten wurden, wie ihr Name, der Trabanten, Schildtruppen [des Königs] bedeutet [2]), anzudeuten scheint. Der Feldzug von 335 hat uns die Verwendung dieses Corps in mehrfachen Beispielen gezeigt. Oft hinderte das Terrain den vollen Gebrauch der Phalanx, öfter noch waren Ueberfälle, rasche Züge, Handstreiche aller Art zu wagen, zu denen die Phalangen nicht beweglich, die leichten Truppen nicht fest genug waren; Höhen zu besetzen, Flußübergänge zu forciren, Cavallerieangriffe zu unterstützen und auszunutzen, waren diese Hypaspisten vor Allen geeignet [3]). Das ganze Corps, „die

---

1) Auf diese Lösung führt der Umstand, daß in den Schlachten Alexanders nie die schwerbewaffneten Bündner und Söldner als besonderes Corps genannt werden; in dem angeführten Aufsatz im Hermes habe ich diese Combination zu begründen versucht. Auf Lochen führt der bei Arrian mehrfach (in besonders bezeichnender Weise III. 9. 6 und II. 10. 2) vorkommende Ausdruck λοχαγός; der Lochos würde 512 Mann in 32 Rotten enthalten haben, worauf auch wohl die quingenariae cohortes bei Curt. V. 7. 3 führen.

2) So Herod. V. 111, da eigentlich der mit dem Schilde einen andern beschirmt; nicht an dem Begriff Schild, sondern an dem des Beschirmens scheint sich die Bedeutung des Wortes entwickelt zu haben; also im eigentlichen Sinn sind die Hypaspisten eine Guardia.

3) Ueber die Stärke dieses Corps finden sich keine Angaben; es besteht aus mehreren τάξεις, deren zwei Arrian. II. 22. 2 mit ihren Führern genannt werden; II. 22. 7 wird der Tod des einen angeführt und bei dieser Gelegenheit sein Titel Chiliarch angegeben. Ob auch diesem Corps hellenische Bündner und Söldner Peltasten zugeführt wurden, muß dahingestellt

Hypaspisten der Hetairen", wie sie bezeichnet werden, führte Nikanor, dessen Bruder Philotas die Ritterschaft der Hetairen befehligte, der Sohn des Parmenion. Die erste Taxis führte den Namen des Agema, des königlichen Geleites der Hypaspisten [1]).

In der Reiterei den ersten Rang haben die makedonischen und thessalischen Ilen. Sie sind aus dem ritterlichen Adel Makedoniens und Thessaliens; gleich an Waffen, Uebung und Ruhm wetteifern sie unter den Augen des Königs, sich auszuzeichnen, der in der Regel an ihrer Spitze steht. Von welcher Bedeutung diese Waffe für Alexanders Unternehmen war, zeigt jede der großen Schlachten, die er geschlagen hat, und vielleicht mehr noch Cavalkaden, wie die letzte Verfolgung des Dareios, die Jagd auf Bessos. Gleich furchtbar im Choc wie im Einzelkampf waren Alexanders Reiter durch Ordnung und Uebung der asiatischen Reiterei, in wie großen Massen sie auch erscheinen mochte, überlegen, ihr Angriff auf das feindliche Fußvolk in der Regel entscheidend. Sie haben Helm, Halsberge, Brustharnisch, Achsel- und Hüftstücke; auch das Roß ist an Stirn

---

bleiben. Im indischen Feldzug wird die Gesammtstärke der Hypaspisten auf 6000 Mann angegeben (Arrian. V. 14 1). Ihr Name *οἱ ὑπασπισταὶ τῶν ἑταίρων* Arrian. I. 14. 2..

1) Die *βασιλικοὶ σωματοφύλακες*, die schon Arrian. I. 6. 5 und wieder III. 17. 2 und sonst genannt und zu den Hypaspisten gerechnet werden (IV. 3. 2 IV. 30. 3), sind wohl ohne Zweifel die jungen Edelleute (*οἱ βασιλικοὶ παῖδες*), die V. 13. 4 so angeführt werden: *τῶν πεζῶν πρώτους μὲν τοὺς ὑπασπιστὰς τοὺς βασιλικοὺς . . . . ἐπὶ δὲ τούτοις τὸ ἄγημα τὸ βασιλικὸν, ἐχομένους δὲ τούτων τοὺς ἄλλους ὑπασπιστάς*. An der zuerst erwähnten Stelle steigen sie mit ihren Schilden zu Pferde um dann zum Theil zu Fuß zu kämpfen. Diese sind, wie man aus Pausanias Beispiel beim Tode Philipps u. s. w. sieht, die königliche *σωματοφυλακία*, das seminarium ducum praefectorumque Curt. VIII. 6. 6, die Edelgarde des Königs. Die sieben *σωματοφύλακες* (Arrian. VI. 28. 4) wie Leonnatos, Ptolemaios, Balakros u. s. w. mochte man genauer und mit der späteren Zeit *ἀρχισωματοφύλακες* nennen; sie sind nicht Befehlshaber bestimmter Truppentheile, sondern gleichsam Generaladjutanten des Königs.

und Brust gepanzert; sie führen den Stoßspeer und an der Seite das Schwert [1]. Die makedonischen Hetairen führt Philotas, des Parmenion Sohn, wie es scheint mit dem Namen Hipparch [2]; sie führen den Namen der „Ritterschaft der Hetairen". Sie bilden acht Ilen oder Geschwader, die bald nach ihren Ilarchen, bald nach makedonischen Landschaften benannt werden. In der Schlacht bei Arbela stehen die einzelnen Geschwader unter Kleitos, Glaukias, Ariston, Sopolis, Herakleides, Demetrios, Meleagros und Hegelochos. Das Geschwader des Sopolis heißt nach Amphipolis am Strymon, das des Herakleides nach der Landschaft Bottiaia u. s. w. Das des Kleitos wird die königliche Ile genannt und bildete das Agema der Ritterschaft. Unter den thessalischen Ilen ist die von Pharsalos die stärkste und tüchtigste [3]; den Befehl über die thessalische Ritterschaft hat Kalas des Harpalos Sohn.

Auch hellenische Reiter, Bundescontingente, sind mit im Heer; sie werden in der Regel den thessalischen zugeordnet, aber als besonderes Corps; sie stehn unter Befehl des Philippos Menelaos Sohn. Geworbene Reiter aus Hellas kommen erst in den späteren Feldzügen vor.

Endlich die leichten Truppen zu Fuß und zu Pferd. Sie kommen theils aus dem oberen Makedonien, theils aus den Ländern der Thraker, Paionen, Agrianer, je nach der Art ihres Landes mit Schutz- und Trutzwaffen gerüstet, durch das in ihrer

---

[1]) Von der Bewaffnung geben die Reste der sog. Alexanderschlacht eine ziemliche Anschauung. Auffallend ist da die Länge des Speeres.

[2]) Dieß scheint sich schließen zu lassen aus Arrian. I. 24. 3, wo Parmenion erhält τῶν τε ἑταίρων ἱππαρχίαν καὶ τοὺς Θετταλοὺς ἱππέας.

[3]) Arrian. III. 11. 10. Wenn Diodor Recht hat, daß 1500 thessalische Reiter mit auszogen, so ist beachtenswerth, daß in Jasons von Pherai Zeit der thessalische Aufsitz ὅταν ταγεύηται Θετταλία, an 6000 Reiter betrug. Xen. Hell. VI. 19. Die gleiche Zahl (1500 Mann) giebt Diod. XVII. 17 für die makedonische Ritterschaft. Freilich beide Zahlen nur nach der Randbemerkung einer Handschrift, während im Text dafür beidemale 1800 steht. Nach Arrian. II. 9. 4 sind zwei dieser makedonischen Ilen 300 Mann stark, andere mögen stärker gewesen sein. An der Donau hatte Alexander wenigstens 1500 von der makedonischen Ritterschaft mit sich.

Heimath übliche Jagen und Wegelagern und die unzähligen kleinen Kriege ihrer Häuptlinge geübt, waren sie zum fliegenden Gefecht, zur Deckung des Marsches, zu alle dem, wozu man im beginnenden achtzehnten Jahrhundert die Panduren, Husaren, Ulanen, Tartaren verwenden lernte, geeignet.

Unter dem leichten Fußvolk der Zahl nach am bedeutendsten sind die Thraker, die Sitalkes, wohl aus dem thrakischen Fürstenhause, führt [1]). Daß sie mehrere Taxen bilden, läßt auf ihre Zahl schließen [2]); sie werden als Akontisten, als Speerwerfer bezeichnet; sie scheinen den kleinen Schild geführt zu haben, wie ja die Waffe der Peltasten den Thrakern nachgeahmt worden ist [3]). Dann die Agrianer [4]), auch sie sind Akontisten, sie stehen unter Führung des Attalos, der vielleicht ein Sohn des Fürsten Langaros war. Endlich die Bogenschützen, theils Makedonen, theils geworbene, wohl meist aus Kreta; fast kein Gefecht, in dem sie und die Agrianer nicht voran sind; in einem Jahre ist dreimal die Stelle des Toxarchen neu besetzt worden; bei Eröffnung des Krieges führte sie Klearchos [5]).

---

1) Daß sie nicht ein Contingent, sondern *ξένοι* waren, könnte man aus Arrian. I. 18. 5: *τοὺς Θρᾷκας καὶ τῶν ἄλλων ξένων ἐς τετρακισχιλίους* vielleicht schließen. Ob die odrysischen Reiter unter Agathon, die paionischen Reiter unter Ariston, die Agrianer unter Attalos *ξένοι* oder Contingente waren, ist aus keiner sicheren Angabe zu entnehmen. Doch ist vielleicht beachtenswerth, daß der von dem Komiker Herakleides (Athen. XII, p. 532) verspottete Sieg des Chares über den (Paionen) Adaios bezeichnet wird als *ἡ γενομένη μάχη πρὸς τοὺς Φιλίππου ξένους*, doch wird Adaios da nicht ausdrücklich ein Paione genannt.

2) Arrian. I. 27. 8: *αἱ τῶν ἀκοντιστῶν τάξεις.*

3) Xenoph. Hell. VI. 1. 9 von Jasons Heer: die Völker, die auf der Gränze Thessaliens ihm gehorchen, seien fast alle Akontisten *ὥστε καὶ πελταστικῷ εἰκὸς ὑπερέχειν.*

4) Arrian. I, 14. 1: *τοὺς Ἀγριᾶνας τοὺς ἀκοντιστάς.* Des Fürsten Langaros *ὑπασπισταὶ* erwähnt Arrian. I. 5. 2. Nach ihrer Verwendung fast stets an der Seite der Bogenschützen, scheinen sie leichter als die Thraker zu sein; leichter vielleicht um den Schild; so waren in Thrasybulos Heer Xen. Hell. II. 4. 12: *πελτοφόροι τε καὶ ψιλοὶ ἀκονισταί.*

5) Agrianer und Bogenschützen sollen (nach Diod. XVII. 17) 1000 im

Daneben die leichte Reiterei, theils makedonische, theils Paionen, Odryser, Völkerstämme, deren Tüchtigkeit im Reiterdienst seit alten Zeiten berühmt gewesen ist; ihre Zahl ist nicht festzustellen. Die Paionen führte Ariston, die odrysischen Thraker Agathon, des Thrimmas Sohn, beide wohl aus fürstlichem Stamm. Sie und das makedonische Corps der Sarissophoren unter des Lynkestiers Amyntas Führung werden unter dem Namen der Prodromen, der Plänkeler, befaßt [1]).

Mit diesen leichten Truppen kam in Alexanders Heer ein Element zur Geltung, das in der hellenischen Kriegskunst bisher nicht in seinem vollen Werth anerkannt worden war. Die leichten Truppen in den griechischen Heeren vor ihm hatten weder durch ihre Anzahl, noch durch ihre Anwendung große Bedeutung erlangen, auch einer gewissen Geringschätzung nicht frei werden können, da sie theils aus dem niederen Volke, theils barbarische Söldner waren, deren Stärke in jener Kunst heimlicher Ueberfälle, lärmender Angriffe, scheinbar verwirrter Rückzüge bestand, die den hellenischen Kriegsleuten zweideutig und widerwärtig schien. Der berühmte spartanische Feldherr Brasidas selbst gestand, daß der Angriff dieser Völkerschaften, mit

---

Heere gewesen sein, wahrscheinlich eine zu niedrige Angabe. Im Feldzuge von 335 waren von beiden zusammen 2000 im Heer, und im indischen Feldzuge spielen *οἱ Ἀγριᾶνες οἱ χίλιοι* ihre Rolle (Arrian. IV. 25. 6). Daß Schleuderer mit im Heere gewesen, sagt Arrian nirgend, und aus II. 7. 8 folgt es nicht.

1) Die Zahl der *Θρᾷκες πρόδρομοι καὶ Παίονες* giebt Diod. XVII. 17 auf 900 Mann an. Einmal (Arrian. I. 13. 7) werden als Avantgarde *τῶν προδρόμων καλουμένων ἶλαι τέσσαρες* vorgeschickt. Und III. 8. 1 heißt es *τῶν προδρόμων τοὺς Παίονας*. Wäre die Angabe Plut. Alex. 16 zuverlässig, daß die Schlacht am Granikos mit dem Uebergang von 13 Ilen über den Fluß begonnen habe, so hätten die Sarissophoren und Paionen zusammen nur 5 Ilen gezählt. Die schöne Didrachme des Patraos (in dem Verzeichniß der ausgelegten Münzen des Berliner Münzkabinets n°. 242) zeigt einen paionischen Reiter, der einen Feind niederstößt, in seiner vollständigen Ausrüstung.

ihrem wildschallenden Kriegsgeschrei und dem drohenden Schwenken ihrer Waffen etwas Schreckendes, ihr willkührliches Ueberspringen aus Angriff in Flucht, aus Unordnung in Verfolgung etwas Furchtbares habe, davor nur die strenge Ordnung eines hellenischen Kriegshaufens zu sichern vermöge. Jetzt traten diese leichten Völker als wesentliche Bestandtheile des makedonischen Heeres auf, um in dessen Action nach der Eigenthümlichkeit ihrer nationalen Kampfweise verwerthet zu werden, zugleich ihrer Seits durch die feste Disciplin, die in dieser Armee herrschte, gehalten und in ihrem Werth gesteigert.

Ueber die Marschordnung und Lagerordnung der Armee fehlt es an nennenswerthen Nachrichten. Für größere Actionen wiederholt sich im wesentlichen dasselbe Schema der Aufstellung, das, um in der weiteren Darstellung Wiederholungen zu vermeiden, hier in seinen charakteristischen Punkten bezeichnet werden mag. Die Mitte bildet das schwere Fußvolk in der regelmäßig wechselnden Folge der sechs Phalangen, jede unter ihrem Strategen. An die Phalangen schließen sich rechts die Taxeis der Hypaspisten, an diese die acht Geschwader der makedonischen Ritterschaft in ihrer regelmäßig wechselnden Folge; die leichten Truppen des rechten Flügels, die Ilen der Sarissophoren und die der Paionen so wie die Agrianen und Bogenschützen, werden nach den Umständen als Plänkeler, zur einleitenden Attake, als Flankendeckung für die Spitze des Flügels u. s. w. verwandt. Dem linken Flügel der Phalanx schließen sich zunächst, wenn sie nicht anderweitig, z. B. zur Deckung des Lagers verwandt werden, die Thraker des Sitalkes an, als Peltasten den Hypaspisten des rechten Flügels entsprechend; dann die hellenischen Contingente zu Pferd, drauf die thessalische Ritterschaft, endlich die leichten Truppen dieses Flügels, die odrysischen Reiter des Agathon, in den nächstfolgenden Kriegsjahren auch eine zweite Abtheilung Bogenschützen. Die Schlachtlinie hat zwischen der dritten und vierten Phalanx ihre Mitte, von dort aus rechnet man die beiden „Flügel“, von denen der rechte in der Regel zum Angriff bestimmte unter des Königs Führung, der linke unter der Parmenions steht.

In zwei Momenten tritt die Eigenthümlichkeit der Armee Alexanders am stärksten hervor.

In den griechischen Heeren war die Zahl der Reiter immer gering gewesen; in den Schlachten des Epameinondas steigt das Verhältniß derselben zum Fußvolk auf 1:10. In dem Heere Alexanders ist es fast doppelt so stark 1:6. Schon bei Chaironeia hatte Alexander an der Spitze der Reitermasse des linken Flügels die fast verlorene Schlacht glänzend entschieden. Für den Kampf gegen die Heere des Großkönigs, die in den Reitervölkern Asiens ihre Stärke hatten, verstärkte er eben diese Waffe, der er die eigentlich offensive Rolle bestimmte; es galt den Feind in seiner Stärke zu treffen [1]).

Es verdient beachtet zu werden, daß den Griechen und Makedonen der Steigbügel und das Hufeisen unbekannt war; gewiß auch den Reitervölkern Asiens, die sonst ohne Weiteres überlegen gewesen sein würden. Bei den ungeheuren Strapazen, den langen Märschen in Winterzeit auf dem Glatteis der Gebirgswege, die Alexander in den späteren Feldzügen den Pferden seiner Cavalerie zumuthete, muß man sich der fehlenden Hufeisen erinnern. Nicht minder eine Steigerung der Strapazen für die Reiter war es, daß sie ohne Sattel und Steigbügel, mit bloß festgeschnallten Decken ritten; für das Gefecht war der Reiter durch den Mangel des Steigbügels auf eine Weise gehindert, die wir uns schwer vorstellen können; indem er nicht in seinem Steigbügel stehend, sondern durchaus nur sitzend den Stoß oder Hieb führen konnte, hatte er so zu sagen nur die Kraft der oberen Hälfte seines Körpers zur Verfügung, und es mußte um so mehr auf die Vehemenz des geschlossenen, den Feind

---

[1]) Leider fehlt es in unserer Ueberlieferung durchaus an Notizen über das Taktische der Reiterei Alexanders, nicht einmal, ob sie drei, vier oder mehr Pferde tief ins Gefecht ging, ist zu erkennen; eben so wenig, ob es irgend eine Form gab, sie treffenweise im Gefecht sich unterstützen und ablösen zu lassen.

durchbrechenden Chocs gerechnet werden. Es scheint, daß die Ausbildung des Reiters besonders darauf gerichtet sein mußte, ihn zu freister Bewegung auf seinem Pferde zu gewöhnen, wie sich vielleicht etwas der Art noch auf Bildwerken aus dieser Zeit wiedererkennen läßt [1]).

Noch schärfer ist diese Armee dadurch charakterisirt, daß sie nicht bloß Officiere, sondern einen wirklichen Officierstand hatte. Wie in späteren Jahrhunderten das von Gustav Adolf gegründete Gymnasium illustre des Ritterhauses eine rechte „Akademie ritterlicher Uebungen", so war die „Somatophylakia", das Corps der „königlichen Knaben", militärisch und wissenschaftlich die Vorschule der jungen makedonischen Edelleute; aus dieser gingen die „Hetairen" der Ritterschaft, die Officiere der Hypaspisten, der Pezetairen, der Sarissophoren u. s. w. hervor, um zu den höheren Stufen emporzusteigen, wie solches Avancement noch in mehrfachen Beispielen erkennbar ist. Als höchste Rangstufe, oder doch zunächst um den König, die sieben Somatophylakes und, wie es scheint, die im engeren Sinne Hetairen genannten [2]), die einen wie andern zu Rath und Dienst und vorübergehenden Commandos stets zu des Königs Verfügung. Dann als höchster Officier nach dem Könige der alte Parmenion wie daheim Anti-

---

1) Das Erzbild des kämpfenden Reiters aus Herkulanum (Mus. Borb. III, Tab. 43), das, wenn nicht Alexander, so doch wohl einen der 25 am Granikos gefallenen Hetairen (Arrian. I. 16. 5) darstellt, zeigt den Reiter mit hoch zum Schwertschlag gehobener Rechten, das rechte Bein nach hinten auf den Schenkel des Pferdes gestemmt, das linke weit nach vorn gestreckt, eine Stellung, die, wenn sie überhaupt möglich, mehr die eines Voltigeurs als eines schulmäßigen Reiters ist.

2) Wenn Arrian. III. 9. 3; II. 6. 8 und sonst mit anderen hohen Officieren die Hetairen, und zwar an erster Stelle — oder auch allein (*ἐν τῷ συλλόγῳ τῶν ἑταίρων* Arrian. II. 25. 2) berufen werden, so können damit nicht die Hunderte der Hetairen der Ritterschaft gemeint sein. Daß Arrian (I. 25. 4) sagt, der König habe *συναγαγὼν τοὺς φίλους* diesen eine Frage vorgelegt, dann fortfährt: *καὶ ἐδόκει τοῖς ἑταίροις* u. s. w., läßt zweifeln, ob für diese Hetairen im engeren Sinne die technische Bezeichnung *οἱ φίλοι* war wie später an den hellenistischen Höfen.

patros, ob mit besonderem Titel, muß dahin gestellt bleiben. Dann — man weiß nicht in welcher Rangfolge [1]) — die Hipparchen der verschiedenen Reitercorps, die Strategen der Phalangen, der Hypaspisten, der hellenischen Bundesgenossen, der Söldner; darauf wohl die Ilarchen der Cavalerie, die Chiliarchen der Hypaspisten, die Taxiarchen der Pezetairen u. s. w. Wenn gelegentlich auch die „Hegemonen" der Bundesgenossen, der Söldner zum Kriegsrath berufen werden [2]), so scheinen damit Commandirende wie Sitalkes, der die thrakischen Akontisten, Attalos, der die Agrianer, Agathon und Ariston, die die odrysischen und paionischen Reiter führten, gemeint zu sein, vielleicht auch die Führer der hellenischen Contingente, der Lochen hellenischer Söldner [3]).

So das Heer Alexanders [4]). Sein Vater hatte es organi-

[1]) Doch verdient bemerkt zu werden, daß Perdikkas, der die ersten Jahre des Krieges Strateg einer Phalanx ist, im indischen Feldzuge (Arrian. V. 12. 2 u. s. w.) eine Hipparchie hat; aber Koinos, der Strateg einer Phalanx, hat (Arrian V. 16. 3) eine Hipparchie außerdem.

[2]) Arrian. III. 9. 3.

[3]) Ob die hellenischen Söldner ihre Officiere der unteren Grade selbst bestellten, ob etwa der Eleier Alkias, der 150 elische Reiter warb und zum Heere führte (Arrian. I. 29. 4), deren Führer blieb, ist nicht mehr zu erkennen. Zu beachten ist, daß schon Jason von Pherai unter seinen Söldnern solche von doppeltem, dreifachem, vierfachem Sold hatte (Xen. Hell. VI. 1. 6), also unter den Söldnern selbst deren Officiere.

[4]) Eine Menge technischer Fragen, die sich hier noch aufdrängen, sind nach dem vorhandenen Material nicht mehr zu beantworten; aber man thut wohl, sich der Lücken zu erinnern, die damit in der Forschung bleiben. Daß das Heer Feldgeschütz mit sich führte, zeigt das Gefecht bei Pelion. Nicht bloß die Bespannung für diese, für die Bagage- und Proviantwagen mehrte die Masse der Pferde, für die gesorgt werden mußte; nach einer Bestimmung des König Philipp (Frontin. IV. 1. 6) durfte jeder Reiter nur einen Knecht mit sich führen; aber doch einen, der natürlich gleichfalls beritten war; von einem Sachkundigen wird mir bemerklich gemacht, daß, wenn, wie noch heute, für das Pferd täglich vier Metzen Hafer oder Gerste gerechnet und — wie bei dem Marsche nach Asien hinein doppelt nothwendig war — Fourage auf drei Tage mitgenommen wurde, das zweite Pferd nicht wohl zu dem Reitknecht noch Massen Heu und 24 Metzen Hartkorn tragen konnte, sondern ein Handpferd (Saumthier) nöthig war, das zu-

sirt, in scharfer Disciplin und zahlreichen Feldzügen tüchtig gemacht, in der festen Verbindung der thessalischen mit der makedonischen Ritterschaft eine Cavalerie geschaffen, wie sie die hellenische Welt noch nicht gesehen. Aber bis zur vollen Wirkung seiner militärischen Ueberlegenheit, bis zur freien und vollen Handhabung, man möchte sagen bis zum Verständniß seiner eigenen Kraft hatte er sich nicht erhoben; bei Chaironeia, wo er die makedonischen Reiter des rechten Flügels führte, durchbrach er die andrängende Linie des Feindes nicht, er ließ selbst die Phalanx, wenn auch in Ordnung, zurückgehen; daß Alexander auf die heftig nachdrängende Linie des Feindes mit der thessalischen Ritterschaft des linken Flügels einbrach, entschied den Erfolg des Tages. Schon da, noch mehr in den Kämpfen des Jahres 335, hatte Alexander gezeigt, daß er kühner, plötzlicher, immer entscheidend die unwiderstehliche Offensivkraft seines Heeres zu verwenden verstand, nicht minder, daß er zugleich der Feldherr und der erste Soldat seines Heeres und im vollsten Sinn des Wortes dessen Vorkämpfer war. Wenn irgend etwas, so war die Art, wie er sich persönlich einsetzte und immer an der Spitze des entscheidenden Stoßes auf den Feind stürzte, dazu angethan, den Wetteifer seiner Officiere und seiner Truppen zu entflammen. Sein Heer war der Zahl nach gering, aber in so organischer

---

gleich das Gepäck des Hetairen trug. Gewiß galt dieß bei der thessalischen Ritterschaft wie bei der makedonischen; beide zusammen auf 3000 Combattanten gerechnet, giebt schon 9000 Pferde; wie es mit den hellenischen Reitern, mit den Sarissophoren und Paionen gehalten wurde, wissen wir nicht. Nach derselben Stelle des Frontin wird auf je zehn Phalangiten ein Lastträger bewilligt; wahrscheinlich bei den Bündnern und Söldnern ebenso. — Natürlich mußte im Hauptquartier des Königs eine Kanzlei, eine Intendantur, eine Cassenverwaltung sein u. s. w. Gelegentlich erfährt man, daß Harpalos, einer der 337 verbannten Freunde Alexanders, der zu Kriegsdienst körperlich untauglich war, die Casse des Königs zu verwalten erhielt, daß ein anderer dieses Kreises, der Mitylenaier Laomedon, *ὅτι δίγλωσσος ἦν ἐς τὰ βαρβαρικὰ γράμματα* (Arrian. III. 6. 6) zur Obhut über die gefangenen Barbaren bestellt wurde. Und wahrscheinlich ist die *βασιλικὴ θεράπεια*, die Arrian. IV. 16. 6 erwähnt wird, als Lazareth zu deuten u. s. w.

Gestaltung, bei solcher taktischen Ausbildung der einzelnen Waffen, unter solcher Führung zog es mit der vollen moralischen Ueberlegenheit, sich des Sieges gewiß zu fühlen, nach Asien.

Das Perserreich war nicht dazu angethan, Widerstand zu leisten; in seiner Ausdehnung, in dem Verhältniß der beherrschten Völker, in der mangelhaften Organisation der Verwaltung und der Heeresmacht lag die Nothwendigkeit seines Falles.

Betrachtet man den Zustand des Perserreiches, wie er zu der Zeit war, als Dareios III. den Thron bestieg [1], so erkennt man leicht, wie alles in Auflösung und zum Untergange reif war. Der Grund war nicht die Sittenverderbniß des Hofes, des herrschenden Stammes, der beherrschten Völker; stete Begleiterin des Despotismus, thut sie niemals der despotischen Gewalt Abbruch, die, wie das Reich der Osmannen lange genug den Beweis gegeben hat, unter der liederlichsten Hof- und Haremwirthschaft, unter steten Kabalen und Schändlichkeiten der Großen, unter gewaltsamen Thronwechseln und unnatürlicher Grausamkeit gegen die eben noch allmächtige Parthei immer wieder diplomatische und militärische Erfolge nach allen Seiten hin zu gewinnen vermag. Persiens Unglück ist eine Reihe schwacher Regenten gewesen, welche die Zügel der Herrschaft nicht so fest anzuziehen vermocht hatten, wie es zum Bestehen des Reiches nöthig war; daraus folgte, daß in den Völkern die Furcht, in den Satrapen der Gehorsam, im Reiche die einzige Einheit schwand, die es zusammenhielt; in den Völkern, die überall noch ihre alte Religion, ihre Gesetze und

---

[1]) Nach dem Kanon der Könige endet des Königs Arses Regierung im Lauf des Jahres 413 aer. Nab. d. h. vor dem December 336, und nach Diod. XVII. 6 begann Kodomannos Dareios III. um die Zeit (περὶ αὐτοὺς τοὺς χρόνους), da Alexander seinem Vater folgte. Trotz der Mahnung Mordtmanns (Zeitschr. der deutschen Morg. Ges. XIX. 1865, S.411) ist der Name Kodomannos im Text beibehalten; wenn Justin (X. 3. 3) allein ihn nennt, so hat er ihn in seinen Quellen gefunden; daß der Name unmöglich sei, weil er auf eine semitische Wurzel (gad) führe, und der Achaimenide gewiß keinen semitischen Namen geführt habe — denn das ist Mordtmanns Beweis — scheint ein zu rascher Schluß.

Sitten, und zum Theil einheimische Fürsten hatten, nahm das Verlangen nach Selbstständigkeit, in den Satrapen, zu mächtigen Statthaltern großer und entfernter Länderstrecken, die Begier nach unabhängiger Macht, in dem herrschenden Volke, das, im Besitz und der Gewohnheit der Gewalt, die Bedingungen ihrer Gründung und ihrer Dauer vergessen hatte, die Gleichgültigkeit gegen den Großkönig und gegen das Geschlecht der Achaimeniden überhand. In den hundert Jahren fast gänzlicher Unthätigkeit, welche auf Xerxes Kriegszug nach Europa gefolgt waren, hatte sich in den griechischen Landen eine eigenthümliche Kriegskunst entwickelt, mit der sich Asien zu messen vermied und verlernte; der Zug der Zehntausend hatte gezeigt, daß die griechische Kriegsart mächtiger sei, als die ungeheueren Völkerheere Persiens; ihr vertrauten sich die Satrapen, wenn sie sich empörten, ihr der König Ochos, als er den Aufstand in Aegypten zu unterdrücken auszog; so daß das Königthum, auf die Siege der persischen Waffen gegründet, sich durch griechische Söldner zu erhalten genöthigt war.

Allerdings hatte Ochos noch einmal die Einheit des Reiches äußerlich hergestellt, und mit der blutigen Strenge, die der Despotismus fordert, seine Macht geltend zu machen gewußt; aber es war zu spät, er selbst versank in Unthätigkeit und Schwäche, die Satrapen behielten ihre allzumächtige Stellung, und die Völker, namentlich die der westlichen Satrapien, vergaßen unter dem erneuten Druck nicht, daß sie schon nahe daran gewesen, ihn abzuthun. Nach neuen und furchtbaren Verwirrungen war endlich der Thron an Dareios gekommen; er hätte statt tugendhaft energisch, statt großmüthig rücksichtslos, statt milde Despot sein müssen, wenn das Reich durch ihn sollte gerettet werden; er hatte die Verehrung der Perser, und die Satrapen waren ihm ergeben, aber das rettete nicht; er wurde geliebt, nicht gefürchtet, und bald sollte sich zeigen, wie Vielen unter den Großen des Reiches ihr eigener Vortheil höher galt, als der Wille und die Gunst eines Herrn, an dem sie Alles, nur nicht Herrschergröße bewunderten.

Dareios Reich erstreckte sich vom Indus bis zum hellenischen

Meere, vom Jaxartes bis zur libyschen Wüste. Seine oder vielmehr seiner Satrapen Herrschaft war nicht nach dem Charakter der verschiedenen Völker, über die sie herrschten, verschieden; sie war nirgends volksthümlich, nirgends durch eine von ihr aus entwickelte und tiefhinabgreifende Organisation gesichert; sie beschränkte sich auf momentane Willkühr, auf stete Erpressungen und auf eine Art Erblichkeit der Amtsgewalt, wie sie, ganz gegen den Sinn monarchischer Herrschaft, in den langen Zeiten schlaffen Regiments üblich geworden war, so daß der Großkönig kaum noch eine andere Gewalt über sie hatte, als die der Waffen oder die, welcher sie aus persönlichen Rücksichten sich fügen mochten Die volksthümlichen Zustände, welche in allen Ländern des persischen Reiches fortbestanden, machten den morschen Koloß nur noch unfähiger, sich zur Gegenwehr zu erheben; die Völker von Iran, Ariana, den baktrischen Ländern waren allerdings kriegerisch, und mit jeder Art von Herrschaft zufrieden, so lange sie diese zu Krieg und Beute führte; und hyrkanische, baktrische, sogdianische Reiter bildeten die stehenden Satrapenheere in den meisten Provinzen; aber besondere Anhänglichkeit für das persische Königthum war keineswegs bei ihnen zu finden, und so furchtbar sie einst in den Völkerheeren des Kyros, Kambyses und Dareios zum Angriff gewesen waren, eben so unfähig waren sie zur ernsten und nachhaltigen Vertheidigung, zumal wenn ihnen griechische Kriegsübung und Tapferkeit gegenüber stand. Die westlichen Völker gar, stets mit Mühe und oft nur durch blutige Gewalt in Unterwürfigkeit gehalten, waren, wenn ein siegreicher Feind ihren Gränzen nahte, gewiß bereit, die persische Sache zu verlassen. Kaum waren die Griechen der kleinasiatischen Küste durch Oligarchie oder durch Tyrannen, deren Existenz von der Macht der Satrapen und des Reiches abhing, in Abhängigkeit zu erhalten, und die Völker im Inneren der Halbinsel hatten, seit zwei Jahrhunderten in stetem Druck, weder die Kraft noch das Interesse, sich für Persien zu erheben; selbst an den früheren Empörungen der kleinasiatischen Satrapen hatten sie nicht Theil genommen, sie waren stumpf, indolent, ohne Erinnerung ihrer Vergangenheit. Dasselbe galt von den beiden Syrien diesseits und jenseits der Wasser; die Knechtschaft langer Jahrhunderte hatte diesen Völkern den Nacken gebeugt, sie ließen über sich ergehen, was auch kommen mochte; nur an der Küste Phoinikiens war das alte bewegliche Leben, mit ihm mehr Gefahr, als Treue für Persien, und nur die Eifersucht gegen Sidon und der eigene Vortheil vermochte Tyros den Persern treu zu erhalten. Aegypten endlich hatte niemals seinen Haß gegen die Fremdlinge aufgegeben oder verläugnet, und die Verwüstungen des Ochos konnten es wohl lähmen, aber nicht gewinnen. Alle diese Länder, von dem persischen Reiche zum eigenen Verderben erobert, waren bei einem kühnen Angriffe von Westen her so gut wie verloren.

Deshalb hatte die persische Politik seit lange keine höhere Sorge, als die Eifersucht der hellenischen Staaten zu nähren, die mächtigen zu schwächen, die schwachen aufzureizen und zu unterstützen, und durch ein ausgebildetes System von Bestechungen und Verfeindungen eine Gesammtthätigkeit der Hellenen, der Persien nicht Widerstand zu leisten vermocht hätte, zu hintertreiben. Lange war dieß gelungen, bis endlich das makedonische Königthum, schnell und sicher vorwärts schreitend, alle diese Bemühungen zu Schanden zu machen drohte. Mit dem Siege von Chaironeia, mit der darauf folgenden Gründung des hellenischen Bundes mußte man in der Hofburg von Susa wissen, was bevorstand.

Erst Dareios — er wurde König um die Zeit, da Philipp ermordet wurde — ergriff Maaßregeln gegen die schon über den Hellespont gekommenen Truppen. Er überwies dem Rhodier Memnon, dem Bruder Mentors, was an hellenischen Söldnern zur Hand war, mit dem Befehl, den Makedonen entgegenzuziehen und die Gränzen des Reiches zu schützen. Es war leicht zu sehen, daß auf diese Weise wohl ein einzelnes Corps, nicht aber das makedonisch-griechische Heer, dessen Avantgarde es war, und welches bereits sich zum Uebergange nach Asien rüstete, aufzuhalten sei; eben so wenig konnte bis zu dessen Ankunft ein persisches Reichsheer aufgeboten, zusammengezogen, nach Kleinasien gesandt sein; es schien am leichtesten und gerathensten, die Gefahr in ihrer Wurzel zu ertödten. So wurden Verbindungen am makedonischen Hofe angeknüpft, und König Philipp — so erklärt Alexander in einem späteren Schreiben an den Großkönig [1]) — mit dessen Wissen und Willen ermordet. Das gefürchtete Unternehmen schien mit einem Schlage vereitelt, die Unruhen, die in Thessalien, Hellas, Thrakien, Illyrien ausbrachen, ließen die letzte Besorgniß schwinden; als gar Attalos an der Spitze seiner Truppen und im Einverständniß mit den leitenden Staatsmännern Athens sich gegen Alexanders Thronbesteigung erklärte, da schienen die persischen Intriguen noch einmal den Sieg davon getragen zu haben. Schon hatte sich Memnon gegen Magnesia, das Parmenion und Attalos besetzt hatten, gewandt, hatte ihnen durch geschickte Manöver empfindliche Verluste beigebracht. Indeß hatte Alexander die Angelegenheiten Makedoniens geordnet, Griechenland beruhigt; Attalos war beseitigt, die Truppen schnell zur Treue zurückgekehrt; Parmenion hatte mit dem einen Theile des Heeres Gryneion erobert, sich dann auf Pitane gewandt, während mit dem andern Kalas, des Harpalos Sohn [2]), sich im Innern der Landschaft Troas festzusetzen suchte. Daß der makedonische König sich zum Feldzug gegen die Thraker, Triballer, Illyrier anschickte, gab dem persischen Hofe eine neue Frist; allerdings wurde das Reichsheer, die Seemacht der Seeküsten aufgeboten; aber vorerst mußte man auf Abfall und Empörung in Hellas rechnen, erwarten, wie weit Memnon mit seinen geringen Streitkräften reichen werde.

Der wichtigste Punkt zum Schutz gegen eine Invasion vom Hellespont her war Kyzikos; auf einer Insel erbaut, nur durch einen seichten Meeresarm vom nahen Festlande getrennt, in den letzten Jahrzehnten mit mächtigen Mauern umgeben, mit Schiffs-

---

[1]) Arrian. II. 14. 5.

[2]) Es ist derselbe Kalas, der bereits als Führer der thessalischen Ritterschaft genannt ist; natürlich wurde er dieß erst nach dem Frühling 334. Sein Vater Harpalos wird nicht der durch den großen Proceß in Athen (324/3) bekannte, sondern der bei Demosthenes gegen Aristokrates § 149 für einen Vorgang von 367 erwähnte sein.

häusern für 200 Trieren versehen, bot diese stark bevölkerte freie Stadt dem, der sie besaß oder dem sie sich anschloß, eine Position, welche die Propontis, das asiatische Ufer bis Lampsakos, den Osteingang des Hellespontes beherrschte. Es war für das makedonische Corps in Asien von großem Werth, daß die Stadt der persischen Sache abgewandt war. Memnon gedachte sie durch einen Handstreich zu nehmen; an der Spitze von 5000 griechischen Söldnern brach er aus seinen Besitzungen auf [1]) und zog in Eilmärschen heran; fast wäre es ihm gelungen, sich der Stadt, deren Thore, da man Kalas Heer zu sehen glaubte, nicht geschlossen waren, zu bemächtigen; da das mislang, verwüstete er das städtische Gebiet und eilte nach der Aiolis, wo Parmenion Pitane belagerte; Memnons Erscheinen entsetzte die Stadt. Dann brach er schnell nach Troas auf, wo er Kalas bereits bedeutend vorgedrungen fand; die Stadt Lampsakos, die ihm gehörte, gab seinen Bewegungen einen trefflichen Stützpunkt; an Truppen überlegen, siegte er in einem Gefechte, und Kalas war gezwungen, sich an den Hellespont zurückzuziehen und sich auf die feste Stellung von Rhoiteion zu beschränken [2]).

Es ist unklar, ob wenigstens diese Position von Kalas gehalten wurde; jedenfalls Parmenion selbst war demnächst am Hofe zu Pella. Vielleicht hat der König diesen zurückberufen, weil nach der Beendigung des Feldzugs im Norden nur nöthig schien, die Punkte, die den Uebergang nach Asien deckten, gleichsam als Brückenkopf festzuhalten; und mit der Flotte zur Seite genügte dazu eine geringere Truppenzahl in Rhoiteion und vielleicht Abydos [3]). Um so auffallender dann, daß Memnon, der ein

---

[1]) Nach Arrian. I. 17. 8 ist zu schließen, daß *ἡ χώρα ἡ Μέμνονος* ostwärts von Daskylion und bis zum Pontos hin lag. Weniger geeignet scheint es anzunehmen, daß er von Lampsakos auszog; die Stadt gehörte ihm (*κυριεύσας Λαμψάκου* [Arist.] Oec. II. 30), womit sich wohl vereinigen läßt, daß dort Münzen des Spithridates (*ΣΠΙΘΡ* auf einer Silbermünze des Berliner Cabinets) geschlagen sind (H. Droysen in v. Sallets Numism. Zeitung II, S. 313).

[2]) Polyaen. V. 44, wo *Χάλκας ὁ Μακεδών* natürlich Kalas ist.

[3]) Daß Parmenion und Kalas ohne Befehl über den Hellespont zu-

vorzüglicher Feldherr war, nicht schärfer drängte, die ganze Küste zu säubern; die Satrapen warfen ihm späterhin vor, daß er, um sich unentbehrlich zu machen, den Krieg zu verlängern suche; entweder das, oder die Eifersucht der Satrapen entzog ihm die Mittel, mehr zu thun.

Mit dem Frühling 334 war die Flotte des Großkönigs zum Aussegeln fertig; es war an die Satrapen und Befehlshaber in Kleinasien Befehl gesandt, nach der Küste vorzurücken und den Makedonen an der Schwelle Asiens die Spitze zu bieten. In der Ebene von Zeleia versammelte sich diese Kriegsmacht, 20,000 Mann persische, baktrische, medische, hyrkanische, paphlagonische Reiter und eben so viele griechische Söldner [1]), ein Heer, das, wie es sich demnächst zeigte, tapfer und groß genug war, um, gut geführt, dem Feinde den Weg zu verlegen. Aber der Großkönig hatte keinen obersten Befehlshaber ernannt; die gemeinschaftliche Berathung der Anführer sollte über den Gang der Unternehmungen entscheiden; es waren außer Memnon Arsites, Hyparch von Phrygien am Hellespont, der zunächst bedrohten Landschaft, Spithridates, Satrap von Lydien und Jonien, Atizyes, Satrap von Großphrygien, Mithrobuzanes, Hyparch von Kappadokien, der Perser Omares und andere persische Große [2]). Un-

---

rückgegangen sein sollten, ist nach makedonischer Art undenkbar, zumal da beide demnächst (334) in hohen Commandos stehen.

[1]) So Arrian. I. 14. 4. Dagegen giebt Diodor. XVII. 19 10,000 Reiter und 100,000 M. Fußvolk, Justin. XI. 6. 11 gar 600,000 Mann. Der *σύλλογος*, den Arrian. I. 13. 10 erwähnt, verglichen mit den ähnlichen *συλλόγοις* in Zariaspa (IV. 1. 5; IV. 7. 3) und in Ekbatana (IV. 7. 3) läßt erkennen, daß die in den kleinasiatischen Landen zu Amt und Lehn angesessenen Magnaten mit ihrem Kriegsvolk aufgeboten sind.

[2]) Nur die bei Arrian angeführten Namen und Titel verdienen Beachtung. Er nennt I. 12. 8 mit ihren Amtsnamen nur Arsites und Spithridates, I. 16. 3 Mithrobuzanos, I. 25. 3 und II. 11. 8 Atizyes. Auch nächste Verwandte des Königshauses waren unter den bei Zeleia versammelten: Mithridates (Mithradates?) *ὁ Δαρείου γαμβρός*, wohl derselbe, von dem die späteren Herrscher am Pontos stammen; dann Pharnakes, der Bruder der Gemahlin des Königs, endlich Arbupales, dessen Vater Dareios, Artaxerxes II.

zweifelhaft war unter diesen Memnon der bewährteste, wenn nicht der einzige Feldherr; doch als Grieche und Liebling des Königs verhaßt, hatte er im Kriegsrathe weniger Einfluß, als für die persische Sache zu wünschen gewesen wäre.

Während dieser Rüstungen in Kleinasien war Alexander mit den seinigen so weit gediehen, daß er mit dem Anfang des Frühlings 334 aufbrechen konnte [1]). Er zog über Amphipolis am Strymon längs der Küste über Abdera, Maroneia, Kardia; am zwanzigsten Tage war er in Sestos. Schon lag seine Flotte im Hellespont. Parmenion erhielt Befehl, die Reiterei und den größeren Theil des Fußvolkes von Sestos nach Abydos zu führen. Mit dem übrigen Fußvolk ging der König nach Elaius, den troischen Gestaden gegenüber, auf dem Grabhügel des Protesilaos, des ersten Helden, der im Kriege gegen Troja gefallen war, zu opfern, damit ihm glücklicher als jenem der Zug gen Osten würde. Dann wurde das Heer eingeschifft; 160 Trieren und viele Lastschiffe [2]) kreuzten in diesen Tagen zwischen den schönen, in aller Frühlingspracht grünenden Gestaden des Hellesponts, den einst Xerxes gejocht und gegeißelt hatte; Alexander, selbst am Steuer seines königlichen Schiffes, lenkte vom Grabe des Protesilaos aus nach der Bucht hinüber, die seit den Zeiten Achills und Agamemnons der Hafen der Achaier hieß, und an der die Grabhügel des Aias, des Achilles und Patroklos emporragten. Auf der Höhe des Hellespontes opferte er dem Poseidon, spendete den Nereiden aus goldener Schaale. Dann nahete man dem Gestade; Alexanders Triere war die erste am Ufer; vom vorderen Bord schleuderte der König seine Lanze in das Land der Feinde, sprang dann, der erste von Allen, in voller

---

Sohn gewesen war. Diodor macht mit den Namen und Titeln manche Verwirrung. Von den septem satrapae des Itin. Alex. c. 19 wird in dem Anhang über die Quellen gesprochen werden.

1) Arrian. I. 11. 3: ἅμα τῷ ἦρι ἀρχομένῳ, also, wenn nach der gewöhnlichen griechischen Art gerechnet wird, im März.

2) Die Nähe dieser mächtigen Flotte wird die Insel Tenedos veranlaßt haben, sich für die Sache Alexanders und der Hellenen zu entscheiden (Arrian. II. 2. 2).

Rüstung an den Strand. Altäre, gebot er, sollten fortan diese Stelle bezeichnen. Dann zog er mit seinen Strategen und dem Geleit der Hypaspisten nach den Ruinen Ilions, opferte im Tempel der ilischen Athena, weihte ihr seine Waffen, nahm statt deren von den Waffen des Tempels, namentlich den heiligen Schild, der für den des Achill gegolten haben mag [1]). Auch am Altare des heerdschirmenden Zeus opferte er dem Schatten des Priamos, um dessen Zorn gegen Achills Geschlecht zu versöhnen, da Achilles Sohn den greisen König am heiligen Heerde erschlagen hatte. Vor Allem ehrte er das Andenken seines großen Ahnen Achill, er kränzte und salbte des Helden Grab, das Grab des Patroklos sein Freund Hephaistion; dann folgten Wettkämpfe aller Art. Viele, Eingeborene und Hellenen, kamen, dem Könige goldene Kränze darzubringen, unter ihnen der Athener Chares, der Herr von Sigeion, derselbe, dessen Auslieferung er im vorigen Jahr gefordert hatte. Zum Schluß der Festlichkeiten befahl der König den Wiederaufbau Ilions, gab den Bürgern der neuen Stadt Autonomie und Steuerfreiheit und versprach ihrer noch weiter zu gedenken.

Dann zog er nach der Ebene von Arisbe, wo das übrige Heer, das unter Parmenions Führung [2]) bei Abydos gelandet war, ein Lager bezogen hatte. Unverzüglich brach man auf, um den Feinden zu begegnen, von denen man wußte, daß sie etwa fünfzehn Meilen ostwärts um Zeleia sich zusammengezogen hatten. Der Marsch ging über Perkote nach Lampsakos, der Stadt des Memnon [3]); die Bürger wußten sich keine andere Rettung, als durch eine Gesandtschaft des Königs Gnade zu

---

[1]) Peukestas, des Alexanders Sohn, aus Mieza wurde, Arrian. VI. 9. 3, ὁ τὴν ἱερὰν ἀσπίδα φέρων ἣν ἐκ τοῦ νεὼ τῆς Ἀθηνᾶς τῆς Ἰλιάδος λαβὼν ἅμα οἷ εἶχεν Ἀλέξανδρος καὶ πρὸ αὐτοῦ ἐφέρετο ἐν ταῖς μάχαις.

[2]) Strabo XIII, p. 593. C. I. Gr. II, n°. 3595.

[3]) Polyaen. IV. 3. 15 in der zweiten Reihe seiner Notizen, berichtet, daß Alexander, um Memnon bei den Persern verdächtig zu machen, geboten habe, beim Fouragiren dessen Besitzungen (τῶν τοῦ Μέμνονος χωρίων) zu schonen.

erflehen; an deren Spitze stand Anaximenes, der als wissenschaftlicher Mann wohlbekannt und bei König Philipp früher gern gesehen war; auf seine Fürbitte verzieh Alexander der Stadt [1]).

Von Lampsakos aus rückte das Heer unweit der Küste weiter, als Vorhut voraus der Lynkestier Amyntas mit einer Ile der Ritterschaft und vier Ilen der Sarissophoren. Wie sie nahten, ergab sich die Stadt Priapos an der Propontis unfern der Mündung des Granikos; gerade jetzt war dieser Platz, der die vom Granikos durchströmte Ebene Adrasteia beherrscht, von Wichtigkeit, da nach den Berichten des Amyntas das persische Heer an die Ufer des Granikos vorgerückt, und demnach der erste Zusammenstoß mit dem Feinde an diesem Fluß zu erwarten war.

Wenn Alexander sichtlich möglichst bald zu schlagen wünschte, so hätten die Perser ihm um so mehr ausweichen sollen. Im Kriegsrath in Zeleia hatte Memnon widerrathen einen Kampf zu beginnen, der kaum einen Sieg und, wenn man siegte, kaum einen Vortheil hoffen lasse; die Makedonen seien an Fußvolk den Persern weit überlegen, und doppelt gefährlich, da sie unter Führung ihres Königs kämpfen würden, während Dareios dem persischen Heere fehle; selbst angenommen, daß die Perser siegten, so würde den Makedonen der Rücken gedeckt und ihr Verlust nur der eines vergeblichen Angriffes sein; die Perser dagegen verlören durch eine Niederlage das Land, das sie zu vertheidigen hätten; das einzig Ersprießliche sei, jedes entscheidende Gefecht zu vermeiden; Alexander sei nur auf kurze Zeit mit Lebensmitteln versehen, man müsse sich langsam zurückziehen, eine Einöde hinter sich lassen, in der die Feinde keinen Unterhalt, kein Vieh, kein Obdach fänden; dann werde Alexander ohne Schlacht besiegt sein, durch kleinen Schaden dem größeren

---

1) Paus. VI. 18. 2 erzählt, Alexander habe geschworen, das Entgegengesetzte von dem zu thun, was die Gesandten von Lampsakos bitten würden, worauf denn der Rhetor ihm dringend gerathen habe, die abtrünnige Stadt zu strafen. Wenigstens eine artige Anekdote.

und unberechenbaren vorgebeugt werden. Memnons Meinung fand im Rathe der persischen Feldherren kein Gehör, man hielt sie der Hoheit Persiens nicht würdig; namentlich widersprach Arsites, von Phrygien am Hellespont, in seiner Satrapie werde er auch nicht ein Haus anzünden lassen. Die übrigen Perser stimmten mit ihm für die Schlacht, eben so sehr aus Kampflust, als aus Abneigung gegen den griechischen Fremdling, der schon zu viel beim Großkönige galt und den Krieg verlängern zu wollen schien, um noch höher in des Königs Gnade zu steigen. Sie rückten den Makedonen bis an den Granikos entgegen; sie beschlossen, von den steilen Ufern dieses Flusses aus jedes Weiterrücken Alexanders zu hindern; sie stellten sich an dem rechten Ufer so auf, daß der Rand des Flusses von der persischen Reiterei, das ansteigende Terrain in einiger Entfernung hinter ihr von den griechischen Söldnern besetzt war.

Indeß rückte Alexander über die Ebene Adrasteia dem Granikos zu, das schwere Fußvolk in die zwei Colonnen des rechten und linken Flügels getheilt, auf der rechten Flanke die makedonische, auf der linken die thessalische und griechische Reiterei; die Packthiere mit dem größeren Theil des leichten Fußvolkes folgten den Colonnen; die Vorhut bildeten die Sarissophoren und etwa fünfhundert Mann leichtes Fußvolk unter Hegelochos Führung. Schon näherte sich die Hauptmasse dem Flusse, als eilends einige von den Sarissophoren zurückgesprengt kamen mit der Nachricht, die Feinde ständen jenseits des Flusses in Schlachtordnung, und zwar die Reiter in ausgedehnter Linie längs dem steilen und lehmigen Flußufer, eine Strecke rückwärts das Fußvolk. Alexander durchschaute die Fehler der feindlichen Disposition, welche die Waffe des ungestümen Angriffs zur Vertheidigung eines schwierigen Terrains, und die trefflichen griechischen Söldner zu müßigen Zuschauern eines Kampfes machte, dem nur sie gewachsen waren; ein dreistes Vorgehen mit Cavalerie mußte hinreichen, das jenseitige Ufer und damit die Schlacht zu gewinnen, deren Erfolge zu sichern und zu benutzen die Hypaspisten und Phalangen dienen sollten. Er ließ die Truppen aus den

Marschcolonnen rechts und links aufmarschiren und sich in Schlachtordnung setzen. Parmenion kam zu ihm, den Kampf zu widerrathen: es sei rathsam, sich vorerst an dem Ufer des Flusses zu lagern; der Feind, an Fußvolk schwächer, werde nicht wagen, in der Nähe der Makedonen zu übernachten, er werde sich zurückziehen und so es möglich machen, daß man am anderen Morgen, bevor die Perser ausgerückt und aufgestellt seien, den Uebergang ohne Gefahr bewerkstellige; jetzt dagegen scheine ein Uebergang nicht ohne Gefahr: der Tag neige sich, der Fluß sei an manchen Stellen tief und reißend, das Ufer jenseits steil, man könne nicht in Linie passiren, man müsse in Colonnen durch den Fluß gehen; die feindliche Reiterei werde diese in die Flanke nehmen und niederhauen, ehe sie zum Fechten kämen; der erste Unfall aber sei nicht bloß für den Augenblick empfindlich, sondern für die Entscheidung des Krieges höchst bedenklich [1]). Der König antwortete: „wohl erkenne ich das, aber ich würde mich schämen, wenn ich den Hellespont leicht überschritten hätte, und dieß kleine Wasser uns abhalten sollte, hinüberzugehen, wie wir sind; auch würde das weder mit dem Ruhme der Makedonen, noch mit meiner Art, einer Gefahr gegenüber, stimmen; die Perser, glaube ich, würden Muth fassen, als könnten sie sich mit Makedonen messen, weil sie nicht sofort erführen, was sie fürchten". Mit diesen Worten schickte er Parmenion nach dem linken Flügel, den er führen sollte, während er selbst zu den Geschwadern des rechten ritt.

An dem Glanze seiner Waffen und an der weißen Feder seines Helmes, an der Ehrerbietung der ihn Umgebenden sahen die Perser jenseits, daß Alexander ihrem linken Flügel gegenüber stand, und daß dort der Hauptangriff zu erwarten sei; sie eilten den Kern ihrer Reiterei in dichten Reihen ihm gegenüber

---

[1]) Die Erzählung bei Plutarch, daß Alexander, weil der Monat Daisios von den makedonischen Königen nicht zu Schlachten gebraucht zu werden pflegte, denselben den zweiten Artemisios genannt habe, kann allenfalls, so anekdotenhaft sie ist, als Beweis gelten, daß die Schlacht gegen Ende Mai (Thargelion) vorfiel; cf. Plut. Camill. 19.

hart an das Ufer zu stellen; dort war Memnon mit seinen Söhnen und Arsames mit seinen eigenen Reitern; dann folgte in der Schlachtlinie der phrygische Hyparch Arsites, der lydische Satrap Spithridates mit den hyrkanischen Reitern und vierzig edlen Persern in seinem Geleit, dann die weiteren Reiterhaufen des Centrums, endlich die des rechten Flügels unter Rheomithres [1]). Eine kurze Zeit standen beide Heere schweigend, in gespannter Erwartung einander gegenüber, — die Perser bereit, auf den Feind, wenn er durch den Fluß heranrücke, während er die steilen Ufer heraufkomme und ehe er sich ordnen könne, zu stürzen, Alexander mit raschem Blick erspähend, wie und wo der Angriff möglich sei. Dann bestieg er sein Schlachtroß, rief den Truppen zu, ihm zu folgen und als Männer zu kämpfen, gab das Zeichen zum Vorrücken. Voran Amyntas der Lynkestier mit den Sarissophoren und Paionen und einer Taxis [2]), ihm zugeordnet die Ile von Apollonia, von Ptolemaios, Philippos Sohn, geführt, die diesen Tag die erste Stelle in der Ritterschaft, den ersten Angriff hatte [3]). So wie sie im Fluß waren [4]), folgte der König an der Spitze der übrigen Ilen der Hetairen unter dem Schall der Trompeten und des Schlachtgesanges; er wollte, während Ptolemaios durch seinen Angriff den äußersten linken Flügel des Feindes beschäftigte, mit den sieben Ilen, halb rechts aufrückend, rechts an

---

[1]) Wenigstens Diodor. XVII. 19 giebt diese Punkte der Aufstellung; er nennt auf dem rechten Flügel 1000 medische Reiter, 2000 des Rheomithres, 2000 Baktrianer.

[2]) Gewiß eine Taxis der Hypaspisten, wie zwei solche Arrian. I. 22. 4, die eine unter dem Chiliarchen Addaios genannt werden.

[3]) Es ist die Ile des Sokrates; daß er anwesend war, ergiebt Arrian. I. 15. 1; wenn trotz des anwesenden Ilarchen Ptolemaios diese Ile führt, so wird man in ihm den Somatophylax, der Arrian. I. 22. 4 vorkommt, erkennen müssen, und es ergiebt sich damit ein bezeichnender Zug für die Stellung der sieben Somatophylakes.

[4]) *προεμβάλλει εἰς τὸν ποταμὸν* Arrian. I. 14. 6. — Alexander selbst geht durch die Furth *ἐμβαίνει ἐς τὸν πόρον λοξὴν ἀεὶ παρατείνων τὴν τάξιν ᾗ παρεῖλκε τὸ ῥεῦμα.* Daß Polyaen. IV. 3. 16 das Manöver Alexanders als Ueberflügelung (*ὑπερεκέρασεν*) bezeichnet, charakterisirt die Quelle, die er in dieser zweiten Reihe seiner Angaben benutzt hat.

Ptolemaios, links an die nachrückende Linie des Fußvolkes gelehnt, auf das Centrum der Feinde einbrechen und dasselbe sprengen. Mit dem linken Flügel sollte Parmenion, dem Flusse zu in schräger Linie folgend, den rechten Flügel des Feindes lähmen.

Sobald sich Amyntas und Ptolemaios dem feindlichen Ufer des Flusses nahten, begann das Gefecht. Die Perser, hier von Memnon und dessen Söhnen geführt, widersetzten sich mit aller Macht ihrem Hinaufdringen, indem sie theils vom hohen Ufer herab ihre Wurflanzen schleuderten, theils unmittelbar an das Wasser vorgingen und die Heraufsteigenden zurückdrängten; diese, durch den schlüpfrigen Lehm am Ufer noch mehr behindert, hatten schweren Stand, großen Verlust, zumal die am meisten rechts, während denen links sich schon eine Stütze bot. Denn schon war der König mit dem Agema der Ritterschaft [1]) durch den Fluß, stürmte schon gegen die Stelle des Ufers an, wo die dichteste Masse der Feinde und die Heerführer versammelt waren. Sofort begann der heftigste Kampf um die Person des Königs, in den die andern Ilen, eine nach der andern, durch den Fluß folgend, miteingriffen; ein Reitergefecht, das in seiner Hartnäckigkeit, Stätigkeit und der Wuth des Handgemenges einem Kampfe des Fußvolkes glich; Roß an Roß, Mann an Mann gedrängt, kämpften die Makedonen mit ihren Speeren, die Perser mit ihren leichteren Wurflanzen und bald mit ihren krummen Säbeln, jene, um die Perser vom Ufer zurück auf das Blachfeld zu werfen, diese, um die Makedonen in den Strom zurückzustoßen. Des Königs weißen Helmbusch sah man im dichtesten Getümmel; in dem heftigen Gefecht zersplitterte sein Speer, er rief seinem Stallmeister zu, ihm einen andern zu reichen; auch dem war sein Speer zerbrochen und er kämpfte mit dem umgekehrten Stumpf. Kaum daß Demaratos von Korinth dem Könige seine Waffe gereicht, so sprengte auch schon ein neuer Schwarm erlesener persischer Reiter heran, Mithridates, ihr

---

1) Daß sich Alexander an dessen Spitze befand, ergiebt sich aus Arrian. I. 15. 6.

Führer, jagte voraus und auf Alexander zu, sein Wurfspieß verwundete des Königs Schulter; ein Speerstoß Alexanders streckte den persischen Fürsten todt zu Boden. In demselben Augenblick jagte des Gefallenen Bruder, Rhoisakes, auf Alexander los, zerschmetterte mit einem Hiebe dessen Helm, so daß der Säbel noch die Stirnhaut ritzte; Alexander bohrte ihm den Speer durch den Harnisch bis tief in die Brust, und Rhoisakes stürzte rücklings vom Pferde. Zugleich war der lydische Satrap Spithridates an Alexander herangesprengt; schon hatte er über des Königs Nacken seinen Säbel zum tödtlichen Schlage erhoben, da kam ihm der schwarze Kleitos zuvor, mit einem Hiebe trennte er des Barbaren Arm vom Rumpfe, gab ihm dann den Todesstoß. Immer wilder wurde der Kampf; die Perser fochten mit höchster Tapferkeit, den Tod ihrer Fürsten zu rächen, während immer neue Schaaren über den Fluß setzten, eindrangen, niedermetzelten; umsonst suchten die Feldherren Niphates, Petines, Mithrobuzanes zu widerstehen, umsonst Pharnakes, des Dareios Schwager, Arbupales, der Enkel des Artaxerxes, die sich schon lösenden Massen zu halten; bald lagen sie erschlagen auf dem Felde. Das Centrum der Perser war durchbrochen, die Flucht wurde allgemein; etwa tausend, nach Anderen zweitausendfünfhundert Perser waren geblieben, die übrigen flohen weit zersprengt vom Schlachtfelde. Alexander verfolgte sie nicht weit, da noch die ganze Masse des feindlichen Fußvolkes unter Omares auf den Höhen stand, entschlossen den Ruhm griechischer Söldner gegen die makedonischen Waffen zu bewähren. Es war das Einzige, was ihnen übrig blieb; müßige Zuschauer eines blutigen Kampfes, den ihre Mitwirkung vielleicht gewonnen haben würde, ohne bestimmte Befehle für den Fall, den der Stolz der persischen Fürsten unmöglich geglaubt hatte, blieben sie von Erstaunen und Rathlosigkeit gefesselt auf ihren Höhen, die wenigstens einen ehrenvollen Rückzug zu sichern vermocht hätten; die blinde Flucht der Reiterschaaren hatte sie Preis gegeben; auf sich beschränkt, erwarteten sie den Angriff des siegreichen Heeres und den eigenen Untergang, den sie so theuer als möglich zu machen entschlossen waren [1]). Alexander ließ die Phalanx auf sie anrücken, zugleich von allen Seiten alle Reiter, auch die thessalischen und hellenischen des linken Flügels, auf sie einbrechen. Nach kurzem, furchtbarem Kampfe, in welchem dem Könige ein Pferd unter dem Leibe erstochen wurde, waren die Söldner bewältigt; es entkam Niemand, außer wer sich etwa unter den Leichen verborgen hatte; zweitausend von diesen Söldnern wurden gefangen genommen.

Alexanders Verlust war verhältnißmäßig gering; beim ersten Angriff waren fünfundzwanzig Ritter von der Ile von Apollonia geblieben, außerdem etwa sechzig Mann von der Reiterei und dreißig vom Fußvolke gefallen [2]). Sie wurden am folgenden Tage in ihrer Waffenrüstung und mit allen militärischen Ehren begraben, ihren Aeltern und Kindern daheim alle Steuern erlassen [3]). Für die Verwundeten trug Alexander persönlich Sorge, ging zu ihnen, ließ sich ihre Wunden zeigen, sich von jedem erzählen, wie er sie empfangen. Er befahl auch die gefallenen persischen Führer, auch die griechischen Söldner, die im Dienste des Feindes den Tod gefunden hatten, zu bestatten; die gefangenen Griechen dagegen wurden in Fesseln geschlagen und zu öffent-

---

[1]) Nach Plut. Alex. 16 haben diese hellenischen Söldner um Capitulation gebeten. Es käme darauf an zu wissen, welche Bedingungen sie forderten; wenn freien Abzug zum Großkönige, so that Alexander, was er mußte, wenn er sie vernichtete. Auffallender ist, daß diese 20,000 Hellenen in solchem Verzweiflungskampfe nichts weiter konnten als sich in Stücke hauen lassen. Plutarch sagt, daß der größte Theil der Verluste Alexanders auf den Kampf gegen diese Söldner komme; jene 25 Ritter fielen ἐν τῇ πρώτῃ ἐσβολῇ.

[2]) Bei Halikarnaß ist der Verlust eines Nachtgefechtes 16 Todte und gegen 300 Verwundete (1:18¾); diese Zahl ist so groß, weil sich die Leute bei der Dunkelheit nicht gehörig hatten decken können. Nimmt man bei einem Gefecht am Tage das Verhältniß auch nur 1:8, so ist von der Ile der Apollonia ungefähr jeder verwundet worden.

[3]) Arrian. I. 16. 4: τῶν τε κατὰ τὴν χώραν ἀτέλειαν ἔδωκε καὶ ὅσας ἄλλας ἢ τῷ σώματι λειτουργίαι ἢ κατὰ τὰς κτήσεις ἑκάστων εἰσφοραί; cf. Arrian. VII. 10. 4. Justin. XI. 6. 13: cognatisque eorum immunitates dedit.

licher Strafarbeit nach Makedonien abgeführt, weil sie wider den gemeinsamen Beschluß Griechenlands und für die Perser gegen Griechenland gefochten hatten; nur die von Theben erhielten Verzeihung. Das reiche persische Lager fiel in Alexanders Hände; die Beute des Sieges theilte er mit seinen Bundesgenossen; seiner Mutter Olympias schickte er von den goldenen Bechern, purpurnen Teppichen und anderen Kostbarkeiten, die in den Zelten der persischen Fürsten gefunden waren; er gebot zum Andenken der fünfundzwanzig Ritter, die zuerst im Kampfe gefallen waren, eben so viel Bronzestatuen von dem Bildhauer Lysippos gießen und in Dion aufstellen zu lassen. Er sandte dreihundert vollständige Rüstungen nach Athen, als Weihgeschenk für Pallas Athene, mit der Aufschrift: „Alexander Philipps Sohn und die Griechen, mit Ausnahme der Lakedaimonier, von den Barbaren in Asien."

Mit dem Siege am Granikos war die Macht Persiens diesseits des Tauros vernichtet, die Streitmacht der Satrapien, welche die Vormauer des Reiches bildeten, zerstreut, entmuthigt, so zusammengeschmolzen, daß sie nicht wieder im offenen Felde mit den Makedonen zusammenzutreffen wagen durfte; auch die persischen Besatzungen der einzelnen großen Städte, zu klein, um einer siegreichen Armee zu widerstehen, konnten als überwunden gelten. Dazu kam, daß viele Führer der Perser, namentlich der lydische Satrap, gefallen waren, daß Arsites, der Hyparch Phrygiens am Hellespont, bald nach der Schlacht, wie es hieß, aus Reue und Angst vor Verantwortlichkeit sich selbst entleibt hatte, daß endlich die wichtigen Küstenstriche um so leichter eine Beute der Makedonen werden mußten, da sich in den reichen griechischen Städten noch immer demokratisch gesinnte Männer fanden, denen sich jetzt, des persischen Joches und der persisch gesinnten Oligarchen frei zu werden, Gelegenheit darbot.

Alexander konnte nicht zweifelhaft sein, wohin er sich wenden müsse, um die Wirkung seines Sieges auf die vortheilhafteste Weise zu benutzen und zu steigern. Ein schnelles Eindringen in das Innere Kleinasiens hätte ihn weite Gebiete, große Beute,

Land und Leute gewinnen lassen; aber sein Zweck war, die Macht des Großkönigs zu vernichten; schon war eine Perserflotte im aigaiischen Meere, die, wenn er ins Innere vorgedrungen wäre, hinter seinem Rücken operiren und sich der Küsten bemächtigen, mit Hellas Verbindung anknüpfen konnte. Seine Erfolge zu Lande mußten sie überholen; seine Operationsbasis zum weitern Vordringen nach Osten mußte so breit und so sicher als möglich sein; stützte er sich nur auf den Hellespont, so blieben die Satrapien am aigaiischen Meere in der Hand des Feindes, der von da aus seine Flanke beunruhigen konnte. Es war nothwendig, die ganze Küste Kleinasiens zu besetzen, um von dort aus gegen Osten vordringen zu können. Es kam dazu, daß diese Küstenstriche, von Griechen bevölkert, unter dem Eindruck der gewonnenen Schlacht je schneller desto sicherer für das Interesse des siegenden Griechenthums gewonnen werden konnten.

Alexander übergab die Satrapie in Phrygien am Hellespont Kalas, dem Sohne des Harpalos, der, durch zweijährigen Aufenthalt in diesen Gegenden schon bekannt, geeignet schien, die in militärischer Hinsicht höchst wichtige Landschaft zu verwalten; es wurde nichts Weiteres in der Verwaltung geändert, auch die Abgaben blieben dieselben, wie sie an den Großkönig entrichtet worden waren. Die nicht griechischen Einwohner des Landes kamen größtentheils, sich freiwillig zu unterwerfen; sie wurden ohne Weiteres in ihre Heimath entlassen. Die Zeliten, die mit dem Perserheere an den Granikos ausgezogen waren, erhielten Verzeihung, weil sie gezwungen am Kampfe Theil genommen hatten. Parmenion wurde nach Daskylion, der Residenz des phrygischen Satrapen detachirt; er nahm die Stadt, die von der persischen Besatzung bereits geräumt war, in Besitz. Weiter ostwärts in dieser Richtung vorzudringen, war für den Augenblick nicht nöthig, da Daskylion für den Marsch nach Süden als Rückendeckung genügte.

Alexander selbst wandte sich südwärts, um auf Sardeis, die Residenz der Satrapie Lydien, zu gehen. Sardeis war berühmt wegen seiner alten Burg, die, auf einer isolirten, schroff abstürzenden Felsmasse, welche vom Tmolos in die Ebene vorspringt, gelegen und mit dreifacher Mauer umgeben, für uneinnehmbar galt; es befand sich in derselben der Schatz der reichen Satrapie, welcher dem Befehlshaber der Stadt Gelegenheit bieten konnte, die überdieß bedeutende Besatzung zu vermehren und zu versorgen, und eine starke Macht in Sardeis hätte der persischen Seemacht die beste Stütze gegeben [1]). Um so willkommener war, daß etwa zwei Meilen von der Stadt Mithrines, der persische Befehlshaber der Besatzung, nebst den angesehensten Bürgern erschien, diese die Stadt, jener die Burg mit den Schätzen zu übergeben. Der König sandte Amyntas, des Andromenes Sohn, voraus, die Burg zu besetzen, er selbst folgte nach kurzer Rast; den Perser Mithrines behielt er fortan in seiner Nähe und zeichnete ihn auf jede Weise aus, gewiß eben so sehr, um seine Unterwerfung zu belohnen, als um zu zeigen, wie er sie belohne. Den Sardianern und allen Lydern gab er die Freiheit und die Verfassung ihrer Väter wieder, deren sie zwei Jahrhunderte lang unter dem Druck persischer Satrapen entbehrt hatten. Um die Stadt zu ehren, beschloß er die Burg mit einem Tempel des olympischen Zeus zu schmücken; als er sich nach der tauglichsten Stelle dazu im Bereiche der Akropolis umsah, erhob sich plötzlich ein Wetter, unter Donner und Blitz ergoß sich ein heftiger Regenschauer über den Platz, wo einst der lydische Königspalast gestanden hatte; diese Stelle wählte der König für den Tempel, der fortan die hohe Burg des vielgefeierten Kroisos schmücken sollte [2]).

Sardeis wurde der zweite wichtige Punkt in der Operationslinie Alexanders, das Thor zum Innern Kleinasiens, zu dem die großen Straßen von diesem Mittelpunkte des vorderasiatischen Handels hinaufführen. Die Statthalterschaft Lydiens erhielt des Parmenion Bruder Asandros; eine Schaar Reiter und

---

[1]) Plut. Alex. 17: *Σάρδεις τὸ πρόσχημα τῆς ἐπὶ θαλάσσῃ τῶν βαρβάρων ἡγεμονίας.*

[2]) Arrian (I. 17. 5) erzählt dieß Omen so, daß man glauben möchte, er habe es dem Ptolemaios entlehnt; sonst pflegen derartige Wunder und Zeichen aus Aristobulos zu stammen.

leichtes Fußvolk wurde als Besatzung der Satrapie unter seinen Befehl gestellt; mit ihm blieben Nikias und Pausanias aus der Schaar der Hetairen zurück, dieser als Befehlshaber der Burg von Sardeis und ihrer Besatzung, zu der das Contingent von Argos bestimmt wurde, jener zur Vertheilung und Erhebung der Tribute. Ein anderes Corps, das aus den Contingenten der Peloponnesier und der übrigen Hellenen bestand, wurde unter Kalas und dem Lynkestier Alexandros, der an Kalas Stelle den Befehl über die thessalische Ritterschaft erhalten hatte, nach den Gegenden, die dem Rhodier Memnon gehörten, abgesandt [1]). Nach dem Fall von Sardeis mochte es nothwendig erscheinen, auch auf der linken Flanke die Occupation weiter zu führen und mit der weiteren Küste der Propontis die Straße ins Innere am Sangarios hinauf zu gewinnen. Die Flotte endlich — Nikanor führte sie — wird nach dem Siege am Granikos Befehl erhalten haben, nach Lesbos und Miletos zu segeln; es wird bei ihrem Erscheinen geschehen sein, daß Mitylene dem makedonischen Bunde beitrat [2]).

Der König selbst wandte sich mit der Hauptmacht von Sardeis aus nach Jonien, dessen Städte seit langen Jahren das Joch persischer Besatzungen oder persisch gesinnter Oligarchen getragen hatten, und sich, wie sehr sie auch durch die lange

---

1) Ausdrücklich sagt Arrian (I. 17. 8): *ἐπὶ τὴν χώραν τὴν Μέμνονος*. Ob damit das Gebiet am ascanischen See oder welches sonst gemeint sei, erhellt nicht. Die bithynischen Stämme im Innern dieser Ecke Kleinasiens waren frei unter ihrem Häuptling Bas, dem Sohn des Dydalsos (Memnon bei Photius C. 20. 2).

2) Die Tyrannis des Agonippos in Eresos erläutern die merkwürdigen Urkunden, welche in den Inschriften bei Conze, Reise auf der Insel Lesbos, S. 35 ff. und S. 29, so wie C. I. Gr. II, n° 2166b, Add. p. 1023 enthalten sind; sie erwähnen, daß der Tyrann *πόλεμον ἐξαράμενος πρὸς Ἀλέξανδρον καὶ τοὺς Ἕλλανας* die Bürger aus der Stadt getrieben, ihre Weiber und Töchter in die Burg gesperrt, 3200 Goldstateren eingetrieben habe u. s. w., und *τὸ τελευταῖον ἀφικόμενος πρὸς Ἀλέξανδρον κατεψεύδετο καὶ διέβαλλε τοὺς πολίταις*. Man ersieht nicht, wie der König damals eingegriffen hat. Daß Erigyios und Laomedon aus Mitylene waren, ist beachtenswerth.

Knechtschaft gebeugt sein mochten, nicht ohne lautes Verlangen ihrer alten Freiheit erinnerten, die ihnen jetzt noch einmal wie durch ein Wunder der Götter wiederkehren zu wollen schien. Nicht als ob sich diese Stimmung überall geäußert hätte; wo die oligarchische Parthei stark genug war, mußte der Demos schweigen; aber man durfte gewiß sein, daß, wenn die befreiende Macht nahte, die Demokratie hoch aufflammen werde; immerhin, daß dann nach hellenischer Art ungezügelte Freude und leidenschaftlicher Haß gegen die Unterdrücker den Beginn der neuen Freiheit bezeugten.

Ephesos, die Königin unter den ionischen Städten, ging den anderen mit einem großen Beispiele voran. Noch zu Philipps Zeit, vielleicht in Folge jener Beschlüsse von Korinth 338, hatte der Demos sich frei gemacht; Autophradates war mit einem Heere vor die Stadt gerückt, hatte die Behörden derselben zu Unterhandlungen zu sich beschieden, hatte dann während derselben die Bevölkerung, die an keine weitere Gefahr dachte, von seinen Truppen überfallen, viele gefangen nehmen, viele tödten lassen [1]). Seit der Zeit war wieder eine persische Besatzung in Ephesos, und die Gewalt in den Händen des Syrphax und seines Geschlechtes. Unter denen, die nach Philipps Tode den Hof von Pella verlassen hatten, war Amyntas, des Antiochos Sohn, dessen Bruder Herakleides die Ile der Ritterschaft von Bottiaia führte; obschon Alexander ihn nie anders als gütig behandelt hatte, war er, mochte er sich irgend einer Schuld bewußt sein, oder argen Wünschen Raum geben, aus Makedonien geflüchtet [2]) und nach Ephesos gekommen, wo ihn die Oligarchie auf alle Weise ehrte. Indeß war die Schlacht am Granikos geschlagen, Memnon hatte sich mit einigen Ueberresten der geschlagenen Truppen nach der ionischen Küste gerettet und flüchtete weiter auf Ephesos zu. Hier hatte die Nachricht von der Niederlage der Perser die heftigste Aufregung hervorgebracht; das Volk hoffte, die Demokratie

---

[1]) Polyaen. VII. 27. 2.

[2]) Da Arrian (I. 17. 9) sagt, daß dieser Amyntas aus Makedonien geflüchtet sei, so kann er nicht der Amyntas seyn, der (Justin. IX. 5. 9) 336 mit Parmenion und Attalos nach Asien vorausgeschickt war.

wieder zu gewinnen, die Oligarchie war in höchster Gefahr; da erschien Memnon vor der Stadt; die Parthei des Syrphax eilte, ihm die Thore zu öffnen, und begann in Verbindung mit den persischen Truppen auf das ärgste gegen die Volkspartheí zu wüthen; das Grab des Herapythos, des Befreiers von Ephesos, wurde aufgewühlt und entweiht, der heilige Schatz im großen Tempel der Artemis geplündert, des Königs Philipp Bildsäule im Tempel umgestürzt, kurz, es geschah Alles, was den Untergang der Gewaltherrschaft noch mehr, als ihren Beginn zu schänden pflegt [1]). Indeß rückte Alexanders siegreiches Heer immer näher; Memnon war bereits nach Halikarnassos gegangen, um dort möglichst kräftige Vertheidigungsmaaßregeln zu treffen; und Amyntas, der bei der Aufregung des Volkes sich nicht mehr sicher, noch die Stadt gegen die Makedonen zu behaupten für möglich halten mochte, eilte mit den in der Stadt liegenden Söldnern, sich zweier Trieren im Hafen zu bemächtigen, und flüchtete zur persischen Flotte, welche vierhundert Segel stark bereits im aigaiischen Meere erschienen war. Kaum sah sich das Volk von den Kriegsschaaren befreit, als es auch in allgemeiner Empörung gegen die oligarchische Parthei aufstand; viele vornehme Männer flüchteten, Syrphax und sein Sohn und die Söhne seiner Brüder retteten sich in die Tempel, das wüthende Volk riß sie von den Altären hinweg und steinigte sie; man suchte die Uebrigen, bereit sie dem gleichen Tode zu opfern. Da rückte Alexander, einen Tag nach Amyntas Flucht, in die Stadt ein, that dem Morden Einhalt, befahl, die um seinetwillen Verbannten wieder aufzunehmen, die Demokratie für alle Zeit in Geltung zu lassen; er überwies die Abgaben, die bisher an Persien entrichtet worden waren, der Artemis

---

1) So ansprechend die Vermuthung ist, daß die „Tempelpolitik" mit den Oligarchen gemeinsame Sache gemacht und sich für die persische Macht eingesetzt habe, so wenig sprechen die Ueberlieferungen dafür; daß sie nicht einfach antimakedonisch war, zeigt die Statue des Königs Philipp in dem Tempel (Arrian. I. 17. 11), die erst die mit Memnons Hülfe siegende Oligarchie umstürzte; sie und nicht der Demos plünderte den Tempelschatz (Arrian. l. c.).

und dehnte das Asylrecht des Tempels auf ein Stadion von den Tempelstufen aus [1]). Mag die neue Umgränzung des Tempelbezirks mit bestimmt gewesen sein, künftigem Streit zwischen dem Tempel und der politischen Gemeinde vorzubeugen, dem Hader in der Gemeinde selbst wurde durch die Vermittelung des Königs ein Ende gemacht, „und wenn ihm irgend etwas zum Ruhm gereicht“, sagt Arrian, „so ist es das, was er damals in Ephesos that“.

In Ephesos kamen zu Alexander Abgeordnete aus Tralleis und Magnesia am Maiandros, um ihm die beiden Städte, die wichtigsten im nördlichen Karien, zu übergeben; Parmenion wurde mit einem Corps von fünftausend Mann Fußvolk und zweihundert Pferden abgesandt [2]), um die Städte in Besitz zu nehmen. Zu gleicher Zeit wurde Alkimachos [3]), Lysimachos Bruder, mit eben so viel Truppen nordwärts nach den aiolischen und ionischen Städten detachirt, mit dem Befehl, überall die Oligarchie aufzuheben, die Volksherrschaft wieder einzurichten, die alten Ge-

---

[1]) Die Anekdote, daß Alexander den Ephesiern den Bau ihres Tempels zu vollenden versprach, wenn er seinen Namen in den Fries des Gebäudes setzen könne, gehört einer späteren Zeit an, wie der Anachronismus in der Antwort eines Ephesiers zeigt: es gebühre sich nicht, daß der Gott der Göttin einen Tempel weihe. Man würde die Geschichte für eine Erfindung der Deklamationsschulen halten, wenn sie nicht schon Artemidoros berichtete (bei Strabo XIV, p. 641); glaubwürdiger wird sie durch die Angabe dieses Ephesiers aus der Zeit der mithradatischen Kriege nicht, am wenigsten kann seine andere Angabe in Betreff jenes Erbietens des Königs *τοὺς δὲ Ἐφεσίους μὴ ἐθελῆσαι, πολὺ μᾶλλον οὐκ ἂν ἐθελήσαντας ἐξ ἱεροσυλίας καὶ ἀποστερήσεως φιλοδοξεῖν*, so verstanden werden, als ob Alexanders Erbieten von einer Parthei in schroffer Kürze abgelehnt worden sei, indem sie die von Alexander beabsichtigte Weihung als eine Hierosylie bezeichnete, während die andere Parthei ihrer Ablehnung die angeführte höfische Form zu geben gewußt habe.

[2]) Diese und Alkimachos Sendung, jede nach Arrian mit 2500 *πεζοὶ τῶν ξένων καὶ Μακεδόνες παραπλήσιοι* und 200 *ἱππεῖς τῶν ἑταίρων* zeigt unzweifelhaft, daß der Verband der Phalangen für solche Expeditionen nicht beachtet wurde.

[3]) *Ἀντίμαχον* hat Cod. Flor., andere Codd. *Ἀλκίμαλον*, der Pariser, den C. Müller benutzt hat, *Ἀλκίμαχον*. Es ist der C. I. A. II, n⁰. 123 geehrte.

setze wieder herzustellen, die bisher an Persien entrichteten Tribute ihnen zu erlassen. Es wird die Wirkung dieser Expeditionen gewesen sein, daß auch in Chios die Oligarchie, an deren Spitze Apollonides stand, gestürzt, daß auf Lesbos die Tyrannis in Antissa und Eresos gebrochen, Mitylene mit einer makedonischen Besatzung gesichert wurde [1]).

Der König selbst blieb noch einige Zeit in dem schönen Ephesos, ihm doppelt lieb durch den Umgang mit Apelles, dem größten unter den damals lebenden Malern; das Bild Alexanders, mit dem Blitze in der Hand, das noch lange eine Zierde des großen Tempels der Artemis war, entstand in dieser Zeit [2]). Ihn beschäftigten mancherlei Pläne zur Förderung der griechischen Küstenstädte [3]); vor Allem befahl er die Stadt Smyrna, die seit der Zerstörung durch die lydischen Könige sich in mehrere Flecken aufgelöst hatte, wieder herzustellen, die Stadt Klazomenai durch einen Damm mit ihrer Hafeninsel zu verbinden, die Landenge von Klazomenai bis Teos zu durchstechen, damit die Schiffe nicht nöthig hätten, den weiten Umweg um das schwarze Vorgebirge zu machen; das Werk ist nicht zu Stande gekommen, aber noch in später Zeit wurden auf der Landenge in einem dem Könige Alexander geweihten Haine Wettkämpfe von dem Bunde der Ionier zum Gedächtniß ihres Befreiers gehalten [4]).

---

1) Die Vertreibung des Tyrannen der beiden lesbischen Städte erwähnt (Dem.) de foed. Alex., § 7; die Besatzung in Mitylene Arrian. II. I. 3; nur Aristonikos in Methymna (Aristonymos bei Polyaen. V. 44. 3) scheint sich nach Arrian. III. 2. 4 noch behauptet zu haben.

2) Plin. XXX. V. 10; Aelian. V. H. II. 2, XII. 34, letzterer jedoch mit vielfacher Verwirrung; die Geschichte mit der nackten Pankaste scheint nach Plut. Alex. 21 ein artiges und zum Lobe Alexanders erfundenes Mährchen.

3) Dieser Zeit wird auch die Weihung zum Bau oder Wiederbau des Tempels in Priene angehören, die durch die Inschrift C. I. Gr. II, n°. 2904 (Le Bas III. 1, n°. 187) bezeugt ist: *Βασιλεὺς Ἀλέξανδρος | ἀνέθηκε τὸν ναὸν | Ἀθηναίῃ Πολιάδι.* Das *Βασιλεὺς* jedoch scheint die Weihung späteren Jahren des Königs zuzuweisen.

4) Strabo XIV, p. 644: *ἄλσος καθιερωμένος Ἀλεξάνδρῳ τῷ Φιλίππου καὶ ἀγὼν ὑπὸ τοῦ κοινοῦ τῶν Ἰώνων Ἀλεξάνδρεια καταγ-*

Nachdem Alexander noch im Tempel der Artemis geopfert und eine Musterung der Truppen, die in vollem Waffenschmucke und wie zur Schlacht aufgestellt waren, gehalten hatte, brach er folgenden Tages mit seinem Heere, das aus vier Ilen makedonischer Ritter, den thrakischen Rittern, den Agrianern und Bogenschützen und etwa 12,000 Mann Hopliten und Hypaspisten bestand, auf der Straße nach Miletos auf [1]). Die Stadt war wegen ihres geräumigen Hafens für die persische Flotte, wenn sie das aigaiische Meer halten sollte, beim Herannahen der späten Jahreszeit von der größten Wichtigkeit. Der Befehlshaber der persischen Besatzung von Milet, der Grieche Hegesistratos, hatte früher in einem Schreiben dem Könige die Uebergabe der Stadt angeboten, aber, von der Nähe der großen persische Flotte unterrichtet, die wichtige Hafenstadt den Persern zu erhalten beschlossen. Desto eifriger war Alexander, die Stadt zu erobern.

Miletos liegt auf einer Landzunge im Süden des latmischen Meerbusens, drei Meilen südwärts von dem Vorgebirge Mykale, vier von der Insel Samos, die man am Horizont aus dem Meere hervorragen sieht; die Stadt selbst, in die äußere und die mit starken Mauern und tiefem Graben versehene innere Stadt getheilt, öffnet nach dem Meerbusen zu vier Häfen, von denen der größte und wichtigste auf der Insel Lade etwas von der Küste entfernt liegt; groß genug, um einer Flotte Schutz zu gewähren, ist er mehr als einmal Veranlassung gewesen, daß Seekriege in seiner Nähe geführt und durch seine Besetzung entschieden sind; die zunächst an der Stadt liegenden Häfen werden durch kleine Felseneilande von einander geschieden, sie sind für den Handel

---

γίλλεται συντελούμενος ἐνταῦθα. Uebrigens hat Alexander nicht gerade das Mimasgebirge durchstechen wollen, wie Paus. II. 1. 5 sagt.

[1]) Da die beiden Kolonnen von Parmenion und Alkimachos 10,000 Mann F. und 400 Reiter zählten, mit Kalas nach Bithynien die thessalischen und griechischen Reiter und die Bundescontingente zu Fuß — gewiß über 6000 Mann F. und über 1200 Pferde — detachirt waren, so hatte Alexander gewiß nicht mehr als etwa 13—14,000 Mann F. und etwa 3000 Reiter bei sich. Auf dem Wege von Ephesos nach Milet wird Parmenion mit seiner Colonne zu ihm gestoßen sein.

sehr bequem, aber weniger geräumig, und werden durch die Rhede der Insel Lade mitbeherrscht. Die reiche Handelsstadt war von den Persern nicht eben bedrückt, ihr war ihre Demokratie gelassen worden; sie mag gehofft haben, neutral zwischen den kämpfenden Mächten verharren zu können; sie hatte nach Athen gesandt, um Hülfe zu bitten [1]).

Nikanor, der die „hellenische Flotte" führte, erreichte vor Ankunft der überlegenen Perserflotte die Höhe von Miletos, und ging mit seinen hundertundsechszig Trieren bei der Insel vor Anker. Zu gleicher Zeit war Alexander unter den Mauern der Stadt erschienen, hatte sich der äußeren Stadt bemächtigt, die innere mit einer Circumvallation eingeschlossen, zur Verstärkung der wichtigen Position von Lade die Thraker und gegen 4000 Mann Söldner auf die Insel übersetzen lassen und seiner Flotte die Weisung gegeben, von der Seeseite Miletos auf das sorgfältigste zu sperren. Drei Tage darauf erschien die persische Flotte; die Perser steuerten, da sie die Meerbucht von hellenischen Schiffen besetzt sahen, nordwärts, und gingen, vierhundert Segel stark, bei dem Vorgebirge Mykale vor Anker.

Daß die hellenische und die persische Seemacht einander so nahe lagen, schien ein entscheidendes Seegefecht unvermeidlich zu machen; viele Strategen Alexanders wünschten es; man glaubte des Sieges gewiß zu sein, da sogar der alte vorsichtige Parmenion zum Kampfe rieth; denn ein Adler — das läßt ihn Arrian anführen — sei am Ufer beim Spiegel des Schiffes Alexanders sitzend gesehen worden; stets hätten die Griechen zur See über die Barbaren gesiegt, und das Zeichen des Adlers lasse keinen Zweifel, was der Götter Wille sei; ein gewonnenes Seegefecht würde der ganzen Unternehmung von außerordentlichem Nutzen sein, durch eine verlorene Seeschlacht könne nichts weiter verloren werden, als was man schon jetzt nicht mehr habe, denn mit ihren vierhundert Segeln seien die Perser doch Herren zur See; er selbst erklärte sich bereit, an Bord zu gehen und an dem Kampfe Theil zu nehmen. Alexander wies

[1]) Gellius II. 9.

es zurück: unter den jetzigen Verhältnissen eine Seeschlacht zu wagen, würde eben so nutzlos, wie gefährlich, es würde tollkühn sein, mit hundertsechszig Schiffen gegen die Uebermacht der feindlichen Flotte, mit seinen wenig geübten Seeleuten gegen die Kyprier und Phoiniker kämpfen zu wollen; die Makedonen, unbezwinglich auf dem festen Lande, dürften den Barbaren nicht auf dem Meere, das ihnen fremd sei, und wo überdieß tausend Zufälligkeiten mit in Betracht kämen, Preis gegeben werden; der Verlust eines Treffens würde den Erwartungen von seinem Unternehmen nicht bloß bedeutenden Eintrag thun, sondern für die Hellenen die Loosung zum Abfall werden; der Erfolg eines Sieges könne nur gering sein, da der Gang seiner Unternehmungen auf dem festen Lande die Perserflotte von selbst vernichten werde; das sei auch der Sinn jenes Zeichens; so wie der Adler sich auf das Land gesetzt, so würde er die persische Seemacht vom Lande aus überwältigen; es sei nicht genug, nichts zu verlieren; nicht zu gewinnen, sei schon Verlust. Die Flotte blieb ruhig auf der Rhede bei Lade.

Indeß kam Glaukippos, ein angesehener Milesier, ins Lager des Königs, im Namen des Volkes und der Söldnerschaaren, in deren Hand jetzt die Stadt sei, zu erklären: Miletos sei bereit, seine Thore und Häfen den Makedonen und Persern gemeinschaftlich zu öffnen, wenn Alexander die Belagerung aufheben wolle. Der König erwiederte: er sei nicht nach Asien gekommen, um sich mit dem zu begnügen, was man ihm werde zugestehen wollen, er werde seinen Willen durchzusetzen wissen; von seiner Gnade möge man Strafe oder Verzeihung für die Wortbrüchigkeit erwarten, die die Stadt zu einem eben so strafbaren als vergeblichen Widerstand veranlaßt habe; Glaukippos möge schleunigst in die Stadt zurückkehren und den Milesiern melden, daß sie eines Sturmes gewärtig sein könnten. Mit dem nächsten Tage begannen die Sturmböcke und Mauerbrecher zu arbeiten, bald lag ein Theil der Mauer in Bresche; die Makedonen drangen in die Stadt ein, während ihre Flotte, sobald sie von ihrem Ankerplatze aus den Sturm gegen die Stadt gewahrte, dem Hafen zu ruderte und den Eingang desselben sperrte, so daß die Trieren, dicht an einander gedrängt und die Schnäbel hinausgewendet, der Perserflotte Hülfe zu leisten, und den Milesiern, sich zur Perserflotte zu retten, unmöglich machten. Die Milesier und Söldner, in der Stadt von allen Seiten gedrängt und ohne Aussicht auf Rettung, suchten ihr Heil in der Flucht; die einen schwammen auf ihren Schilden zu einem der Felseneilande der Häfen, andere suchten auf Boten den makedonisch-hellenischen Trieren zu entkommen; die meisten kamen in der Stadt um. Jetzt Meister der Stadt, setzten die Makedonen, von dem König selbst geführt, nach dem Eiland über, und schon waren die Leitern von den Trieren an die steilen Ufer geworfen, um die Landung zu erzwingen; da befahl der König, voll Mitleid mit jenen Tapferen, die sich auch jetzt noch zu vertheidigen oder rühmlich zu sterben bereit seien, ihrer zu schonen und ihnen Gnade unter der Bedingung anzubieten, daß sie in seinem Heere Dienst nähmen; so wurden dreihundert griechische Söldner gerettet. Eben so schenkte Alexander allen Milesiern, die nicht beim Sturme umgekommen waren, Leben und Freiheit.

Die Perserflotte hatte den Fall Milets von Mykale aus mit angesehen, ohne das Geringste zur Rettung der Stadt thun zu können. Jeden Tag lief sie gegen die hellenische Flotte aus, in der Hoffnung, sie zum Kampfe herauszulocken, und kehrte Abends unverrichteter Sache nach der Rhede des Vorgebirges zurück, einem höchst unbequemen Ankerplatze, da sie ihr Trinkwasser Nachts aus dem Maiandros, etwa drei Meilen weit, holen mußte. Der König gedachte sie aus ihrer Position zu treiben, ohne seine Flotte ihre zugleich sichere und sichernde Stellung aufgeben zu lassen; er sandte die Reiter und drei Taxen vom Fußvolk unter Philotas Führung an der Küste entlang nach dem Vorgebirge Mykale, mit dem Befehle, jede Landung der Feinde zu hindern; nun auf dem Meere gleichsam bloquirt, waren sie, bei gänzlichem Mangel an Wasser und Lebensmitteln, genöthigt, nach Samos zu gehen, um das Nöthige an Bord zu nehmen. Dann kehrten sie zurück, fuhren wieder, wie zum Kampf herausfordernd, in Schlachtordnung auf; da die hellenische Flotte ruhig bei Lade blieb, sandten sie fünf Schiffe dem Hafen zu, der, zwischen dem

Lager und den kleinen Inseln gelegen, das Heer von der Flotte trennte, in der Hoffnung, die Schiffe unbemannt zu überraschen, da es bekannt war, daß sich das Schiffsvolk in der Regel von den Schiffen zerstreue, um Holz und Vorräthe zu holen. Sobald Alexander jene fünf Schiffe heransteuern sah, ließ er mit dem gerade anwesenden Schiffsvolke zehn Trieren bemannen und in See gehn, um auf den Feind Jagd zu machen. Die persischen Schiffe kehrten, bevor jene heran waren, schleunigst um, sich zu ihrer Flotte zurückzuziehen; eines, das schlecht segelte, fiel den Makedonen in die Hände und wurde eingebracht; es war aus Jasos in Karien. Das persische Geschwader zog sich, ohne Weiteres gegen Miletos zu versuchen, nach Samos zurück.

Der König hatte sich durch die letzten Vorfälle überzeugt, daß die Perserflotte auf die Bewegungen seiner Landmacht keinen nennenswerthen Einfluß mehr üben, vielmehr durch die fortschreitende Occupation der Küsten bald völlig vom Festland abgedrängt, gezwungen sein werde, auf weiteres Eingreifen in die entscheidenden Actionen zu verzichten und einstweilen bei den Inseln vor Anker zu liegen. Auf dem Festlande in der ganzen Kraft der Offensive, sah Alexander seine Seemacht jetzt, da sie unmöglich gegen den dreimal stärkeren Feind die See halten konnte, auf die Vertheidigung beschränkt; so wichtige Dienste sie ihm beim Beginn des Feldzuges und zur Deckung der ersten Bewegungen des Landheeres geleistet hatte, sie war ihm, seit die persische Macht in Kleinasien unterlegen, ohne besonderen Nutzen, dagegen der Aufwand, den sie verursachte, außerordentlich; hundertsechszig Trieren forderten an dreißigtausend Mann Matrosen und Schiffssoldaten, fast eben so viel Mannschaft als das Heer, das das Perserreich über den Haufen stürzen sollte; sie kosteten monatlich mehr als funfzig Talente Sold, und vielleicht eben so viel für Unterhalt, ohne, wie das Landheer, das nicht viel theuerer zu unterhalten war, mit jedem Tage neue Eroberung und neue Beute zu machen. Alexanders Kassen waren erschöpft und hatten vorerst keine bedeutenden Zuflüsse zu erwarten, da den befreiten griechischen Städten ihre Abgaben erlassen wurden, die inländischen weder gebrandschatzt, noch geplündert, sondern nur nach dem alten, sehr niedrigen Ansatz besteuert werden sollten. Dieß waren die Gründe, die den König veranlaßten, im Herbst 334 seine Flotte aufzulösen; er behielt nur wenige Schiffe zum Transporte längs der Küste bei sich, unter diesen die zwanzig, die Athen gestellt hatte, sei es, um dadurch die Athener zu ehren, oder um ein Unterpfand ihrer Treue zu haben, falls die feindliche Flotte, wie zu vermuthen, sich nach Hellas wenden sollte [1]).

Jetzt, nach Auflösung der Flotte, wurde es für Alexander doppelt wichtig, jede Küstenlandschaft, jede Seestadt, jeden Hafen zu besetzen, um dadurch jene Continentalsperre durchzusetzen, mit welcher er die persische Seemacht matt zu setzen hoffte. Noch war an der Küste des aigaiischen Meeres Karien und in Karien Halikarnassos übrig, doppelt wichtig durch seine Lage am Eingange dieses Meeres, und dadurch, daß sich in diese sehr feste Stadt der letzte Rest der persischen Macht in Kleinasien zum Widerstande gesammelt hatte.

Karien war vor etwa funfzig Jahren zur Zeit des zweiten Artaxerxes unter die Herrschaft des Dynasten Hekatomnos von Halikarnassos gekommen, der, dem Namen nach persischer Satrap, so gut wie unabhängig und bereit war, diese Unabhängigkeit bei der ersten Veranlassung mit gewaffneter Hand geltend zu machen [2]); er hatte seine Residenz nach dem Innern seines Landes, nach Mylasa, verlegt und von hier aus seine Herrschaft bedeutend auszudehnen verstanden. Sein Sohn und Nachfolger Maussollos verfolgte die Pläne des Vaters, er vergrößerte auf jede Weise seine Macht und seine Reichthümer;

---

1) Diodor sagt, daß einige Schriftsteller in der Auflösung der Flotte ein strategisches Mittel des Königs bewunderten, die Makedonen zur Tapferkeit durch die Unmöglichkeit zur Rückkehr zu zwingen. Es würde dieß weder dem strategischen Talent des Königs, noch dem Muth seines Heeres zur Ehre gereichen.

2) Theopomp. fr. 111 bei Phot. cod. 176; Isocrates panegyr. § 162, der ihn *Καρίας ἐπίσταθμος* nennt; sein Sohn Maussollos ist nach C. I. Gr. II, n°. 2691c „Satrap" (*ἐξαιθραπεύοντος*) in Karien.

dann auch mit Lykien betraut [1]), beherrschte er zwei wichtige Seeprovinzen Kleinasiens; um so näher lag es ihm, seine Seemacht — schon der Vater hatte, als persischer Nauarch, gegen Kypros gekämpft — weiter zu entwickeln; er verlegte die Residenz wieder nach Halikarnaß, das er durch Zusammenziehung von sechs kleinen Ortschaften vergrößerte; er erregte den Bundesgenossenkrieg gegen die Athener, um deren Seemacht zu schwächen; selbst nach Miletos streckte er seine Hand aus [2]). Nachdem er (351), dann seine Schwester und Gemahlin Artemisia, die ihm nach karischer Sitte in der Herrschaft folgte, gestorben war, übernahm der zweite Bruder Idrieus die Regierung (349); von den Zeitumständen begünstigt, behauptete er Chios, Kos und Rhodos. Seine Schwester und Gemahlin Ada folgte ihm (343), wurde aber schon nach vier Jahren durch ihren jüngeren Bruder Pixodaros der Herrschaft beraubt, so daß ihr nichts als die Bergfestung Alinda blieb. Pixodaros beabsichtigte, durch eine Verbindung mit dem makedonischen Königshause, dessen Pläne in Beziehung auf Asien kein Geheimniß mehr waren, sich zu einem Kampfe um seine Unabhängigkeit vorzubereiten. Daß er auch Gold auf seinen Namen prägte, was — so ist die Meinung — keinem Satrapen zustand, würde zeigen, wie weit er schon

---

1) Dieß erhellt aus [Arist.] Oecon. II. 15. Wenn Isokrates um 380 schreibt: *Λυκίας δ' οὐδ' εἷς πώποτε Περσῶν ἐκράτησεν*, so mag dem habgierigen „Satrapen“ von Karien Lykien überwiesen worden sein, diese zähe Eidgenossenschaft an Gehorsam zu gewöhnen. Die leider sehr verstümmelte Inschrift, die G. Hirschfeld (Monatsberichte der Berl. Akad. 1874, S. 716) mitgetheilt hat, sichtlich ein Vertrag zwischen Maussollos und Phaselis, gehört wohl diesem Zusammenhange an.

2) Daß die karischen Dynasten im Bundesgenossenkriege ihre Besatzung auf Rhodos, Kos und Chios hatten, ist bekannt, und noch in der Rede vom Frieden (346) sagt Demosthenes *τὸν Κᾶρα ἐῶμεν τὰς νήσους καταλαμβάνειν Χίον καὶ Κῶν καὶ Ῥόδον*. Daß sie auch nach Miletos die Hand ausstreckten, zeigt Polyaen. VI. 8; ob die milesischen Münzen mit *ΕΚΑ*, mit *ΜΑ* auf Hekatomnos und Maussollos zu deuten sind (Waddington, Mél., p. 14), ist zweifelhaft.

zu sein glaubte [1]). Der Hader am Hofe Philipps zerstörte seine Pläne, so daß er dem Wunsche des Perserkönigs, seine Tochter mit dem edlen Perser Othontopates zu vermählen, entgegenkam [2]), und nach seinem im Jahre 335 erfolgten Tode wurde Othontopates Herr der karischen Dynastie [3]).

Sobald jetzt Alexander in Karien einrückte, eilte Ada ihm entgegen; sie versprach, ihn auf jede Weise bei der Eroberung Kariens zu unterstützen, ihr Name selbst würde ihm Freunde gewinnen; die Wohlhabenden im Lande, unzufrieden über die erneute Verbindung mit Persien, würden sich sofort für sie entscheiden, da sie im Sinne ihres Bruders stets gegen Persien und für Griechenland Parthei genommen habe; sie bat den König, als Treupfand ihrer Gesinnung, ihre Adoption anzunehmen. Alexander wies es nicht zurück, er ließ ihr die Herrschaft von Alinda; die Karer wetteiferten, sich ihm zu ergeben, namentlich die griechischen Städte; er stellte ihre Demokratie her, gab ihnen Autonomie, entließ sie der Tributpflicht.

Nur Halikarnaß war noch übrig; dorthin hatte sich Othontopates zurückgezogen; ebendahin war Memnon, nachdem er in Ephesos und Miletos weder die Gelegenheit günstig, noch die Zeit hinreichend gefunden hatte, um erfolgreichen Widerstand zu organisiren, mit den Resten der am Granikos geschlagenen Armee gekommen, um mit dem karischen Satrapen vereinigt die letzte wichtige Position auf der kleinasiatischen Küste zu halten. Er schickte Weib und Kind an den Großkönig, angeblich, um sie aller Gefahr zu entziehen, in der That, um ein Zeichen und Unterpfand seiner Treue zu geben, die sein griechischer Ursprung nur zu oft schon zu verdächtigen Gelegenheit gegeben hatte.

---

1) *ΠΙΞΩΔΑΡΟΥ* (Ω nicht *O*, wie Pinder, Die ant. Münzen des Berl. Museums 1851, n°. 350. 351 angiebt); die Nachweise über seine Goldmünzen bei Brandes, S. 475.

2) Mionnet III. 400, S. VI. t. 7. 5 *ΟΘΟΝΤΟΠΑΤΟ*, nicht Ὀροντοβάτης, wie Arrian. I. 23. 1 u. 8 ihn nennt. Ueber die Reihe der karischen Dynasten Strabo XIII, p. 657. Die Regierungszeiten der Einzelnen sind nicht völlig genau zu bestimmen.

3) Arrian. cf. Strabo XIII, p. 657.

Diese Hingebung zu ehren und seinem anerkannten und oft erprobten Feldherrentalent die gebührende Wirksamkeit zu eröffnen, hatte ihm der Perserkönig den Oberbefehl über die gesammte persische Seemacht und die Küsten übertragen [1]); wenn noch etwas für Persien zu retten war, schien er der Mann zu sein, der retten konnte. Mit außerordentlicher Thätigkeit hatte er das feste Halikarnaß noch durch neue Werke, namentlich durch einen breiten und tiefen Graben verstärkt, die aus Persern und Söldnern bestehende Besatzung vermehrt, seine Kriegsschiffe in den Hafen der Stadt gezogen [2]), um durch sie die Vertheidigung zu unterstützen und die Stadt im Fall einer längeren Belagerung mit Lebensmitteln zu versehen; er hatte die Insel Arkonnesos, welche den Hafen beherrschte, befestigen lassen, nach Myndos, Kaunos, Thera, Kallipolis Besatzungen gelegt [3]), kurz Alles so vorbereitet, daß Halikarnaß der Mittelpunkt höchst erfolgreicher Bewegungen und ein Bollwerk gegen das Vordringen der Makedonen werden konnte. Eben darum waren nicht wenige von der besiegten Parthei in Hellas nach Halikarnassos gegangen, unter ihnen die Athener Ephialtes und Thrasybulos; auch von den beim Morde des Königs Philipp Geflüchteten der Lynkestier Neoptolemos; und jener Amyntas, des Antiochos Sohn, scheint sich mit den Söldnern von Ephesos hieher gerettet zu haben. Gelang es in dieser starken Position der makedonischen Macht Stand zu halten, so war sie — denn die persische Flotte beherrschte das Meer — von der Heimath abgeschnitten, und Hellas mit dem Ruf der Freiheit unschwer zu neuer Schilderhebung zu bewegen.

---

1) τοῦ τε ναυτικοῦ παντὸς ἡγεμὼν καὶ τῆς παραλίου ξυμπάσης Arrian. II. 1. 1. Neben ihm steht demnächst Autophradates, schwerlich derselbe, der dreißig Jahre früher des Großkönigs Sache gegen die empörten Satrapen (als Karanos?) geführt hatte, gewiß derselbe, der jüngst gegen Ephesos gezogen war.

2) Daß die Flotte nach Halikarnaß gezogen worden, scheint das αἵ τε τριήρεις bei Arrian. I. 20. 3 zu besagen.

3) Arrian. II. 5. 7. Die Lage der beiden letztgenannten Orte ist nicht mehr nachzuweisen.

Indeß rückte Alexander heran, und lagerte sich, auf eine langwierige Belagerung gefaßt, etwa tausend Schritte vor den Wällen der Stadt. Die Feindseligkeiten eröffneten die Perser durch einen Ausfall auf die so eben anrückenden Makedonen, der jedoch ohne viele Mühe zurückgeschlagen wurde. Wenige Tage nachher zog sich der König mit einem bedeutenden Theile des Heeres [1]) nordwestlich um die Stadt hin, theils um die Mauern zu besichtigen, besonders aber, um von hier aus die nahe Stadt Myndos, die für den Fortgang der Belagerung von großer Wichtigkeit werden konnte, zu besetzen, da ihm von der Besatzung dort die Uebergabe versprochen war, wenn er Nachts vor den Thoren der Stadt sein wollte. Er kam, aber Niemand öffnete; ohne Sturmleitern und Maschinen, da das Heer nicht wie zu einem Sturm ausgezogen war, ließ der König, erzürnt, so betrogen zu sein, sofort seine Schwerbewaffneten unter die Mauern der Stadt rücken, und das Untergraben derselben beginnen. Ein Thurm stürzte, ohne jedoch Bresche genug zu geben, daß man mit Erfolg hätte angreifen können. In Halikarnaß war mit Tagesanbruch der Abzug der Makedonen bemerkt, und sofort zur See Unterstützung nach Myndos geschickt; Alexander mußte unverrichteter Sache in seine Stellung vor Halikarnaß zurückkehren.

Die Belagerung der Stadt begann; zunächst wurde der Wallgraben, der fünfundvierzig Fuß breit und halb so tief war, unter dem Schutz mehrerer sogenannter Schildkrötendächer ausgefüllt, damit die Thürme, von denen aus die Mauern von Vertheidigern gesäubert werden, und die Maschinen, mit denen Bresche gelegt wird, gegen die Mauern vorgeschoben werden konnten [2]).

---

[1]) Er nahm mit sich die Ilen der Ritterschaft, die Hypaspisten, die drei Taxen Amyntas, Perdikkas, Meleagros.

[2]) Die Erdarbeiten bei der Belagerung und die Errichtung von Maschinen lassen mit Sicherheit darauf schließen, daß das, was den technischen Waffen zufällt, in der Armee Alexanders nicht fehlte, wenn man auch annehmen muß, daß die Combattanten die Arbeiten ausführten, welche die Ingenieure angaben und leiteten. Irgend Genaueres geben unsere Quellen darüber nicht.

Schon standen die Thürme den Mauern nah, als die Belagerten über Nacht einen Ausfall machten, die Maschinen zu verbrennen; schnell verbreitete sich der Lärm durch das Lager; aus dem Schlafe geweckt, eilten die Makedonen ihren Vorposten zu Hülfe, und nach kurzem Kampfe bei dem Lichte der Lagerfeuer mußten die Belagerten in die Stadt zurück, ohne ihren Zweck erreicht zu haben. Unter den hundertfünfundsiebenzig Leichen der Feinde fand man auch die des Lynkestiers Neoptolemos. Makedonischer Seits waren nur zehn Todte, aber dreihundert Verwundete, da man bei der Dunkelheit der Nacht sich nicht hinlänglich hatte decken können.

Die Maschinen begannen zu arbeiten: bald lagen zwei Thürme und die Mauer zwischen ihnen auf der nordöstlichen Seite der Stadt in Schutt; ein dritter Thurm war stark beschädigt, so daß eine Untergrabung ihn leicht zum Sturz bringen mußte. Da saßen eines Nachmittags zwei Makedonen aus der Phalanx des Perdikkas in ihrem Zelt beim Wein und sprachen gegen einander groß von sich und ihren Thaten, sie schwuren ganz Halikarnaß auf ihre Lanzenspitze zu nehmen, und die persischen Memmen in der Stadt dazu; sie nahmen Schild und Speer und rückten selbander gegen die Mauern, sie schwangen ihre Waffen und schrieen nach den Zinnen hinauf; das sahen und hörten die auf der Mauer, und machten gegen die zwei Männer einen Ausfall; diese aber wichen nicht vom Platz, wer ihnen zu nahe kam, wurde niedergemacht, und wer zurückwich, dem nachgeworfen. Aber die Zahl der Feinde mehrte sich mit jedem Augenblick, und die zwei Männer, die überdieß tiefer standen, erlagen fast dem Andrange der Mehrzahl. Indeß hatten ihre Kameraden im Lager diesen sonderbaren Sturmlauf mit angesehen, und liefen nun auch hin, mitzuhelfen; eben so mehrte sich der Zulauf aus der Stadt; es entspann sich ein hartnäckiger Kampf unter den Mauern. Bald waren die Makedonen im Vortheil, warfen den Feind in die Thore zurück, und da die Mauern hier für den Augenblick fast von Vertheidigern entblößt und an einer Stelle bereits eingestürzt waren, so schien nichts als der Befehl des Königs zum allgemeinen Angriff zu fehlen, um die Stadt einzunehmen [1]). Alexander gab ihn nicht; er hätte gern die Stadt unversehrt erhalten; er hoffte, daß sie capituliren werde.

Aber die Gegner hatten hinter jener Bresche eine neue Mauer halbmondförmig von Thurm zu Thurm erbaut. Der König ließ die weiteren Arbeiten auf diese richten; Schirmwände aus Weiden geflochten, hohe hölzerne Thürme, Schilddächer mit Mauerbrechern wurden in den einspringenden Winkel, der schon von Schutt und Trümmern gereinigt und zum Beginn der neuen Sturmarbeiten geebnet war, vorgeschoben. Wieder machten die Feinde einen Ausfall, um die Maschinen in Brand zu stecken, während von den beiden Thürmen und der Mauer aus ihr Angriff auf das lebhafteste unterstützt wurde; schon brannten mehrere Schirmwände und selbst ein Thurm, kaum noch schützten die unter Philotas zur Feldwacht aufgestellten Truppen die übrigen; da erschien Alexander zum Beistand, eilig warfen die Feinde Fackeln und Waffen hinweg und zogen sich hinter die Mauern zurück, von wo sie, den Angreifern in der Flanke und zum Theil im Rücken, ihre Geschosse wirksam genug schleuderten.

Bei so hartnäckigem Widerstand hatte der König allen Grund schärfer anzufassen. Er ließ die Maschinen von Neuem arbeiten; er selbst war bei der Arbeit, leitete sie. Da beschloß Memnon — es heißt auf Ephialtes dringende Mahnung [2]), es nicht zum Aeußersten kommen zu lassen — einen allgemeinen

---

1) Diesen charakteristischen Vorgang giebt Arrian. I. 21.

2) Diodor. XVII. 2. 3, der allerdings viele Einzelnheiten über diese Kämpfe um Halikarnaß giebt, aber unzuverlässige und zum Theil verworrene. So wenn er Neoptolemos als makedonischen Strategen fallen läßt. Mag dieser Theil seiner Erzählung auf Kleitarchos oder Kallisthenes zurückzuführen sein, seine Quelle hatte sichtlich den Athenern schöne Dinge sagen wollen. Es mag immerhin richtig sein, daß die jungen makedonischen Soldaten von den alten ermuthigt werden mußten; aber der Veteran Atharrias, der dann wiederholt auch bei Curtius vorgeführt wird, ist sichtlich ein miles gloriosus, wie ein historischer Künstler dergleichen Figuren braucht. Es ist wohl derselbe Tharrhias, der nach [Plut.] de gl. Alex. II. 7 bei der Belagerung von Perinthos ein Auge verloren hatte.

Ausfall. Ein Theil der Besatzung brach unter Ephialtes Führung bei der vielgefährdeten Stelle der Mauer heraus, während die anderen beim Westthor, wo der Feind es am wenigsten erwartete, gegen das Lager hin ausrückten. Ephialtes kämpfte mit dem größten Muthe, seine Leute warfen Feuerbrände und Pechkränze in die Maschinen; aber ein kräftiger Angriff des Königs, der von den hohen Belagerungsthürmen mit einem Hagel von Geschossen und großen Steinen unterstützt wurde, zwang die Feinde nach sehr hartnäckigem Kampfe zum Weichen; viele, unter ihnen Ephialtes, blieben auf dem Platze, noch mehrere unterlagen auf der Flucht über den Schutt der eingestürzten Mauer und durch die engen Thoreingänge. Indeß hatten sich auf der anderen Seite den Feinden zwei Taxen Hypaspisten und einiges leichtes Fußvolk unter dem Leibwächter Ptolemaios entgegengeworfen; lange währte der Kampf, Ptolemaios selbst, der Chiliarch der Hypaspisten Addaios, der Anführer der Bogenschützen Klearchos, mancher andere namhafte Makedone war bereits gefallen, als es endlich gelang, die Feinde zurückzudrängen; unter der Menge der Fliehenden brach die enge Brücke, die über den Graben führte, viele stürzten hinab und kamen theils von den Nachstürzenden erdrückt, theils von den Spießen der Makedonen getroffen, um. Bei dieser allgemeinen Flucht hatten schnell die in der Stadt Zurückgebliebenen die Thore schließen lassen, damit nicht mit den Fliehenden zugleich die Makedonen den Eingang erzwängen; vor den Thoren drängten sich nun große Haufen unglücklicher Flüchtlinge zusammen, die, ohne Waffen, ohne Muth und Rettung, den Makedonen preisgegeben, sämmtlich niedergemetzelt wurden. Mit Entsetzen sahen die Belagerten, daß die Makedonen, von so großen Erfolgen angefeuert und von der hereinbrechenden Nacht begünstigt, im Begriff standen, die Thore zu erbrechen, in die Stadt selbst einzudringen; statt dessen hörten sie das Signal zum Rückzug blasen. Der König wünschte auch jetzt noch die Stadt zu retten; er hoffte, daß nach diesem Tage, der ihm nur vierzig Todte, dem Feinde dagegen an tausend gekostet und deutlich genug gezeigt hatte, daß einem neuen Angriff wohl der Fall der Stadt folgen dürfte, von Seiten der Belagerten Anträge gemacht werden würden, die er nur erwartete, um diesem unnatürlichen Kampf von Griechen gegen eine griechische Stadt ein Ende zu machen.

In Halikarnaß berietheu die beiden Befehlshaber, Memnon und Othontopates, welche Maaßregeln zu ergreifen seien; es entging ihnen nicht, daß sie unter den jetzigen Umständen, da bereits ein Theil der Mauer eingestürzt, ein anderer dem Einsturz nahe, die Besatzung durch viele Todte und Verwundete geschwächt war, die Belagerung nicht mehr lange würden aushalten können; und wozu sollten sie die Stadt halten, da doch das Land bereits verloren war? der Hafen, den zu behaupten für die Flotte von Wichtigkeit war, konnte durch Besetzung der Hafenburg [1]) und durch die Behauptung der am karischen Meerbusen belegenen festen Plätze genugsam gesichert werden; sie beschlossen, die Stadt Preis zu geben. Um Mitternacht sahen die makedonischen Feldwachen über den Mauern der Stadt eine Feuersbrunst emporlodern; Flüchtende, die aus der brennenden Stadt sich ins Feld zu den makedonischen Vorposten retteten, berichteten, daß der große Thurm, der gegen die makedonischen Maschinen errichtet war, die Waffenmagazine, die Stadtviertel zunächst an den Mauern brennten; man sah, wie ein heftiger Wind die Feuersbrunst in die Stadt hineintrieb; man erfuhr, daß das Umsichgreifen der Flamme von denen in der Stadt auf alle Weise gefördert werde. Sogleich ließ Alexander trotz der Nacht aufbrechen, die brennende Stadt zu besetzen; wer noch beim Anzünden beschäftigt war, wurde niedergehauen, Widerstand fand man nirgends; die Einwohner, die man in ihrer Wohnung fand, verschonte man. Endlich graute der Morgen; die Stadt war von den Feinden geräumt, sie hatten sich auf die Salmakis und die Hafeninsel zurückgezogen, von wo aus sie den Hafen beherrschen, und, selbst fast vollkommen sicher, die Trümmerstätte, die in den Händen der Feinde war, beunruhigen konnten.

---

[1]) Das ist die Salmakis (Arrian. I. 23. 3), von der Akropolis im Innern der Stadt unterschieden, wie der Plan bei Newton (History of discoveries 1862) zeigt.

Dieß erkannte der König; um sich nicht mit der Belagerung der Burg aufzuhalten, die ihm unter den jetzigen Umständen nicht mehr entscheidende Resultate bringen konnte, ließ er, nachdem die in der letzten Nacht Gefallenen begraben waren, den Park seiner Belagerungsmaschinen nach Tralleis vorausgehen, die letzten Ueberbleibsel der Stadt, die sich so hartnäckig der gemeinsamen Sache der Hellenen widersetzt hatten, und überdieß die Nähe der Perser in der Salmakis und auf Arkonnesos nur gefährlicher machte, von Grund aus zerstören; die Bürgerschaft wurde in die sechs Flecken aufgelöst, die vierzig Jahre früher der Dynast Maussollos in seiner Residenz vereinigt hatte [1]. Ada erhielt die Satrapie über Karien wieder, unter der die hellenischen Städte dort autonom und tributfrei blieben. Die Einkünfte des Landes blieben der Fürstin; Alexander ließ zu ihrem und des Landes Schutz 3000 Mann Söldner und etwa zweihundert Reiter unter Ptolemaios [2]) Befehl zurück, der den Auftrag erhielt, zur gänzlichen Vertreibung der Feinde aus den einzelnen Küstenstrichen, die sie noch besetzt hielten, sich mit dem Befehlshaber von Lydien zu vereinigen, demnächst die Belagerung der Salmakis durch Circumvallation zu beginnen [3]).

Die späte Jahreszeit war herangekommen; mit dem Fall von Halikarnaß konnte Alexander die Eroberung der Westküste Kleinasiens für beendet ansehen; die neubegründete Freiheit in den griechischen Städten der Küste und die makedonischen Besatzungen in Phrygien am Hellespont, Lydien und Karien sicherten diese Gegenden vor neuen Angriffen der Perserflotte. Dieser auch die Südküste Kleinasiens zu sperren, so wie die Landschaften im Innern Kleinasiens zu unterwerfen, mußte der

---

1) Wenn Plin. V. 29 (ed. Detl. § 107) angiebt, daß Alexander der Stadt Halikarnaß sechs Städte, unter diesen Pedason, geschenkt habe, so bezieht sich das auf eine spätere Zeit.

2) Da Arrian nicht den Namen des Vaters hinzufügt, so ist nicht zu sehen, wer dieser Ptolemaios ist; vielleicht der bei Issos eine Phalanx führte (Arrian. II. 8. 4).

3) Diod. XVII. 27.

Zweck der nächsten Operationen sein. Da vorauszusehen war, daß weder in den Küstenstädten, denen wegen der Jahreszeit von der See her nicht leicht Hülfe kommen konnte, noch auch im Innern des Landes, das längst von den Persern so gut wie völlig geräumt war, der Widerstand groß sein würde, so war es unnöthig, das ganze Heer an diesem beschwerlichen Zuge Theil nehmen zu lassen; dazu kam, daß zu den großen Bewegungen, die den Feldzug des nächsten Jahres eröffnen sollten, das Heer mit frischen Truppen aus der Heimath verstärkt werden sollte. Bei dem Heere befanden sich viele Kriegsleute, die sich jüngst erst verheirathet hatten; diese wurden auf Urlaub nach der Heimath entlassen, um den Winter hindurch bei Weib und Kind zu sein. Ihre Führung übernahmen drei Neuvermählte aus der Zahl der Befehlshaber, des Seleukos Sohn Ptolemaios, einer der Leibwächter des Königs, des alten Parmenion Schwiegersohn Koinos und Meleagros, beide Strategen der Phalanx; sie erhielten den Auftrag, zugleich mit den Beurlaubten so viel frische Mannschaften wie möglich nach Asien mitzubringen und im Frühling in Gordion zur großen Armee zu stoßen. Man kann sich vorstellen, mit welchem Jubel dieser Urlaub angenommen, mit welcher Freude die heimkehrenden Krieger von den Ihrigen empfangen und angehört wurden, wenn sie von ihren Thaten und ihrem Könige, von der Beute und den schönen Ländern Asiens erzählten; es schien, als ob Asien und Makedonien aufhörten, einander fern und fremd zu sein.

Von den in Asien zurückbleibenden mobilen Truppen (denn einige tausend Mann waren als Besatzungen verwendet) bildete Alexander zwei Marschcolonnen; die kleinere unter Parmenions Befehl, bestehend aus der makedonischen und thessalischen Ritterschaft, den Truppen der Bundesgenossen [1]), so wie dem Park der Wagen und Maschinen, ging über Tralleis nach Sardeis,

---

[1]) Arrian. I. 24. 3. Da die thessalische Ritterschaft und die hellenischen Contingente bei dem Satrapen Kalas geblieben waren und deren Marsch nach Halikarnaß nicht gemeldet wird, so mag Parmenion diese erst auf dem Wege nach Sardeis an sich gezogen haben. Daß Kalas von dem

um in der lydischen Ebene zu überwintern und mit dem Beginn des Frühlings nach Gordion aufzubrechen. Die größere Colonne, aus den Hypaspisten, den Taxen der Phalanx, den Agrianern, Bogenschützen, Thrakern gebildet [1]), brach, unter Führung des Königs selbst, von Karien auf, um die Seeküste und die inneren Landschaften Kleinasiens zu durchziehen und in Besitz zu nehmen.

Der Marsch ging über den festen Gränzplatz Hyparna, dessen Besatzung, aus griechischen Söldnern bestehend, gegen freien Abzug auch die Burg übergab, nach der Landschaft Lykien. Lykien war seit der Zeit des Kyros dem persischen Reiche einverleibt, hatte aber nicht bloß seine eidgenossische Verfassung behalten, sondern auch bald seine Unabhängigkeit so weit wieder erlangt, daß es nur einen bestimmten Tribut nach Susa zahlte, bis dann der Satrap von Karien, wie erwähnt ist, auch Lykien zugewiesen erhielt. Noch in den letzten Jahren hatte der Perserkönig die Gebirgslandschaft Milyas, auf der Grenze gegen Phrygien, zu Lykien geschlagen. Persische Besatzungen standen in Lykien nicht; Alexander fand kein Hinderniß bei der Besitznahme dieser an Städten reichen und durch Seehäfen ausgezeichneten Provinz. Telmissos und jenseits des Xanthosflusses Pinara, Xanthos, Patara und an dreißig kleinere Ortschaften im oberen Lykien ergaben sich den Makedonen; dann rückte Alexander — es war in der Mitte des Winters — an die Quellen des Xanthos hinauf, in die Landschaft Milyas [2]); hier empfing er die Gesandt-

bithynischen Fürsten Bas zurückgeschlagen worden sei, berührt Memnon c. 20 (bei C. Müller III, p. 537), wo freilich Kalas irrig Strateg genannt wird.

[1]) Daß der König auf seinem Zuge auch Reiter bei sich hatte, versteht sich von selbst und ergiebt sich aus Arrian. I. 28. 4. Doch ist nicht zu sehen, welches Corps; vielleicht einige Ilen Sarissophoren oder die Odryser. Da die hellenischen Bündner an Parmenion gewiesen, 3000 Söldner in Karien zurückgeblieben, von den Beurlaubten gewiß viele Phalangiten waren, so müssen die Phalangen, die mit Alexander gingen, sehr schwach gewesen sein.

[2]) Arrian. I. 24. 5: ἐν ἀκμῇ ἤδη τοῦ χειμῶνος. Die Landschaft Milyas erstreckt sich, sagt Strabo, von den Engpässen oberhalb Termessos

schaft der Phaseliten, die ihm nach der hellenischen Sitte einen goldenen Ehrenkranz sandten, Gesandte mehrerer Städte des unteren Lykiens, die wie jene sich ihm zu Frieden und Freundschaft erboten. Den Phaseliten — aus ihrer Stadt war der ihm befreundete Dichter Theodektes, der jüngst in Athen gestorben war, dessen Vater noch lebte [1]) — versprach er, demnächst zu ihnen zu kommen und dort einige Zeit zu rasten. Von den lykischen Gesandten, die nicht minder freundlich aufgenommen wurden, forderte er, denen, die er dazu senden werde, ihre Städte zu übergeben. Er bestellte demnächst einen der ihm Nächstbefreundeten, Nearchos von Amphipolis, der aus Kreta gebürtig war, zum Satrapen über Lykien und die östlich daran grenzenden Küstenlande [2]). Aus späteren Vorgängen erhellt, daß sich zu dieser Zeit ein Contingent lykischer Schiffe bei der Perserflotte befand; man wird annehmen dürfen, daß Alexander deren Zurückberufung entweder als Folge der getroffenen Vereinbarung voraussetzte oder als Bedingung dessen, was er gewährte, forderte. Denn unzweifelhaft ist den Lykiern, den Termele, wie sie sich selbst nannten, ihre alte, wohlgeordnete Bundesverfassung geblieben: dreiundzwanzig Städte, jede mit Rath und Volksversammlung, mit einem „Strategen" an der Spitze ihrer Verwaltung, der vielleicht mit dem lykischen Namen eines „Königs" der Stadt bezeichnet wurde, dann für das ganze Bundesgebiet die Versammlung der Städte, in der die sechs bedeutendsten je drei Stimmen, die mittleren je zwei, die kleineren je eine hatten; nach demselben Verhältniß die Vertheilung der Bundessteuern, als Leiter der Union der „Lykiarch", dessen Name vielleicht gleichfalls „König" war; dieser, wie die übrigen Bundesbehörden

---

und dem darüber bis zum Tauros liegenden Lande bei Isinda vorüber bis Sagalassos und Apameia.

[1]) Suidas s. v. (Westerm., Biogr., p. 147); von dessen gleichnamigem Sohn es eine Lobrede auf Alexandros den Epeiroten gab.

[2]) Arrian. III. 6. 6: σατραπεύειν Λυκίας καὶ τῆς ἐχομένης Λυκίας χώρας ἔστε ἐπὶ τὸν Ταῦρον τὸ ὄρος. Also nicht zum Lykiarchen bestellt er ihn.

und die Bundesrichter durch Wahl der Bundesversammlung bestellt [1]).

Dann zog der König nach Phaselis. Die Stadt, dorisch ihrem Ursprunge nach, und bedeutend genug, inmittten der lykischen Umgebung sich als hellenische Stadt zu behaupten, lag außerordentlich günstig an der pamphylischen Meerbucht und den drei Häfen, denen sie ihren Reichthum dankte; gegen Westen erheben sich die Berge in mehreren Terrassen hintereinander, bis zur Höhe von siebentausend Fuß, in flachem Bogen sich um die pamphylische Bucht bis Perge hinziehend, dem Ufer des Meeres so nah, daß der Weg an mehreren Stellen nur dann nicht von der Brandung bedeckt wird, wenn Nordwind das Wasser von der Küste zurücktreibt; will man diesen Weg vermeiden, so muß man den bei weitem beschwerlicheren und längeren durch die Berge einschlagen, der gerade damals durch einen pisidischen Stamm, der sich beim Eingang des Gebirges ein Bergschloß gebaut hatte und von da aus die Phaseliten heimsuchte, gesperrt wurde. Alexander griff in Verbindung mit den Phaseliten dies Raubnest an und zerstörte es. Freudenmahle feierten diese glückliche Befreiung der oft geängstigten Stadt und die Siege des makedonischen Königs; es mochte seit Kimons Siegen am Eurymedon das erste Mal sein, daß die Stadt ein hellenisches Heer sah. Auch Alexander scheint in diesen Tagen sehr heiter gewesen zu sein; man sah ihn nach einem der Gastmahle mit seinen Getreuen im frohen Festzuge nach dem Markte ziehen, auf dem die Bildsäule des Theodektes stand, und sie mit Blumenkränzen schmücken, das Andenken des ihm werthen Mannes zu feiern [2]).

---

1) Strabo XIV, p. 664. Die Bezeichnung Strategen für die einzelnen Städte giebt Dio Cass. XLVII. 34. Die Inschriften C. I. Gr. III, n°. 4270. 4303h u. a. nennen *ἡ βουλὴ καὶ ὁ δῆμος* einzelner Städte. Der Titel Lykiarch kommt bei Strabo und in Inschriften der Römerzeit (C. I. Gr. III, n°. 4198. 4247) vor. Theopomp. fr. 111 nennt den „König" Perikles, und C. I. Gr. III, n°. 4269, ein Siegesepigramm des Sohnes des Harpagos (um Ol. 100), spricht von den *συγγενέσι τῆς βασιλείας*, denen der Sieger von der Beute gegeben habe.

2) Plut. Alex. 17.

In eben diesen Tagen war es, daß ein verruchter Plan ans Licht kam, doppelt verrucht, weil er von einem der vornehmsten Befehlshaber des Heeres ausging, dem Alexander Großes verziehen und Größeres anvertraut hatte. Der König war vielfach gewarnt worden, noch vor Kurzem hatte Olympias in einem Briefe ihren Sohn beschworen, vorsichtig gegen frühere Feinde zu sein, die er jetzt für seine Freunde halte.

Der Verräther war Alexandros der Lynkestier, in dem die zweideutigen Ansprüche seiner Familie auf das makedonische Königthum einen eben so heimtückischen wie hartnäckigen Vertreter fanden. Der gleichen Theilnahme an jener Verschwörung zum Morde des Königs Philipp verdächtig, die zweien seiner Brüder die Todesstrafe gebracht hatte, war er, weil er dem Sohn des Ermordeten sich sofort unterworfen und ihn zuerst als König begrüßt hatte, nicht bloß straflos geblieben, sondern Alexander behielt ihn in seiner Umgebung, übergab ihm manches wichtige Commando, so noch zuletzt die Anführung der thessalischen Ritterschaft für den Zug gegen Memnons Land und nach Bithynien. Aber selbst das Vertrauen des Königs vermochte nicht, des argen Mannes Gesinnung zu ändern; das Bewußtsein eines vergeblichen, aber nicht bereuten Verbrechens, der ohnmächtige Stolz, doppelt gekränkt durch die Großmuth des glücküberhäuften Jünglings, das Andenken an zwei Brüder, deren Blut für den gemeinsamen Plan geflossen, die eigene Herrschsucht, die desto heftiger quälte, je hoffnungsloser sie war, kurz Neid, Haß, Begier, Furcht, das mögen die Triebfedern gewesen sein, die den Lynkestier die Verbindung mit dem persischen Hofe wieder anzuknüpfen oder vielleicht nicht abzubrechen bewogen; jener Neoptolemos, der in Halikarnaß für die Perser kämpfend den Tod gefunden hatte, war sein Neffe; durch Antiochos Sohn Amyntas, der, aus Makedonien landesflüchtig, beim Herannahen des makedonischen Heeres von Ephesos zunächst wohl nach Halikarnaß geflohen, dann weiter zum Perserhofe gegangen war, hatte Alexandros schriftliche und mündliche Eröffnungen an den Großkönig gelangen lassen, und Sisines, einer von Dareios Vertrauten, kam, angeblich um Befehle an Atizyes, den Satrapen von Groß-

Phrygien, zu bringen, mit geheimen Aufträgen nach den vorderen Landen, zunächst bemüht, sich in die Cantonirungen der thessalischen Ritterschaft einzuschleichen. Von Parmenion aufgefangen, gestand er den Zweck seiner Sendung, den er, unter Bedeckung nach Phaselis vor den König geführt, dahin bezeichnete: daß er im Namen des Großkönigs dem Lynkestier, wenn er Alexander ermorde, tausend Talente und das Königthum Makedoniens habe versprechen sollen.

Sofort berief der König die Freunde, mit ihnen zu berathen, wie gegen den Beschuldigten zu verfahren sei. Ihre Meinung war, daß es früher schon nicht wohl gethan gewesen sei, einem so zweideutigen Manne den Kern der Reiterei anzuvertrauen; um so nothwendiger scheine es jetzt, ihn wenigstens sofort unschädlich zu machen, bevor er die thessalische Ritterschaft noch mehr für sich gewinne und sie in seine Verrätherei verwickele. Demnach wurde einer der zuverlässigsten Officiere, Amphoteros, Krateros Bruder, an Parmenion abgesandt; in der Landestracht, um unkenntlich zu sein, von einigen Pergaiern begleitet, gelangte er unerkannt an den Ort seiner Bestimmung; nachdem er seine Aufträge gesagt hatte — denn der König hatte so gefährliche Dinge nicht einem Briefe, der leicht aufgefangen und misbraucht werden konnte, anvertrauen wollen —, wurde der Lynkestier in der Stille aufgehoben und festgesetzt; ihn zu richten, verschob der König auch jetzt noch, theils aus Rücksicht auf Antipatros, dessen Schwiegersohn der Hochverräther war, besonders aber, um nicht zu beunruhigenden Gerüchten im Heere und in Griechenland Anlaß zu geben [1]).

Nach diesem Aufenthalt brach das Heer aus der Gegend von Phaselis auf, um Pamphylien und den wichtigsten Ort des Landes, Perge, zu erreichen. Einen Theil des Heeres sandte Alexander auf dem langen und beschwerlichen Gebirgswege, den er durch die Thraker wenigstens für das Fußvolk hatte gangbar machen lassen, voraus, während er selbst, wie es scheint, mit der Ritterschaft und einem Theil des schweren Fußvolkes den

---

[1]) Arrian. I. 25. Diod. XVII. 32 u. 80. Curt. VII. 1 u. s. w.

Küstenweg einschlug; in der That ein gewagtes Unternehmen, da gerade jetzt in der Winterzeit der Weg von der Brandung bedeckt war; den ganzen Tag brauchte man, um das Wasser zu durchwaten, das oft bis an den Nabel hinaufreichte; aber das Beispiel und die Nähe des Königs, der das Wort „unmöglich“ nicht kannte, ließ die Truppen wetteifern, alle Mühe mit Ausdauer und mit Freudigkeit zu überstehen; und als sie endlich am Ziele angelangt, auf ihren Weg, auf die schäumende Brandung des weiten Meeres zurücksahen, da war es ihnen wie ein Wunder, das die Götter durch Alexander vollbracht, und sie erkannten staunend, was sie selbst vermochten unter ihres Heldenkönigs Führung. Die Kunde von diesem Zuge verbreitete sich, mit mährchenhaften Zusätzen geschmückt, unter den Hellenen: der König sei trotz des heftigen Südwindes, der das Wasser bis an die Berge hinaufgepeitscht, an das Gestade hinabgezogen, und plötzlich habe der Wind sich gedreht und von Norden her die Wasser zurückgejagt; andere wollten gar wissen, daß er sein Heer trocknen Fußes durch das Meer geführt habe; und der Peripatetiker Kallisthenes, der zuerst die Geschichte dieser Feldzüge schrieb, denen er selbst beiwohnte, verstieg sich zu der Phrase: das Meer habe dem Könige seine Huldigung darbringen wollen, und sei vor demselben niedergefallen [1]). Der König selbst schrieb — wenn der Brief echt ist — an seine Mutter die einfachen Worte: er habe durch die pamphylische Leiter, so nannte man die Bergabhänge dort, einen Weg machen lassen und sei von Phaselis aus hindurchgezogen.

So rückte Alexander in den Küstensaum der Landschaft Pisidien, der Pamphylien genannt wird, mit seinem Heere ein; diese Küstenlandschaft erstreckt sich, vom Taurosgebirge im Norden begränzt, bis jenseits der Stadt Side, wo das Gebirge sich wieder dicht an die Küste drängt, um sich nordöstlich über Kilikien, der ersten Landschaft jenseits des Tauros, hinzuziehen,

---

1) Callisth. fr. 25 braucht den technischen Ausdruck für diese persische Art der Huldigung: ἵνα ἐν τῷ ὑποκυρτοῦσθαί πως δοκῇ προσκυνεῖν. Den Brief Alexanders an seine Mutter erwähnt Plut. Alex. 17.

dergestalt, daß Alexander mit der Besetzung Pamphyliens die Unterwerfung der Seeküste diesseits des Tauros beendet nennen konnte. Perge, der Schlüssel zum Uebergang über die Gebirge im Norden und Westen zu den inneren Landschaften, ergab sich; die Stadt Aspendos schickte Gesandte an den König, sich zur Uebergabe zu erbieten, zugleich zu bitten, daß ihr keine makedonische Besatzung gegeben werde, eine Bitte, die Alexander unter der Bedingung gewährte, daß Aspendos außer Ablieferung einer bestimmten Anzahl Pferde, deren Haltung sie dem Perserkönige statt Tributes leistete, noch funfzig Talente zur Löhnung seiner Soldaten zahlen solle. Er selbst brach nach Side auf, der Grenzstadt Pamphyliens, die einst von Auswanderern aus Kyme in Aiolis gegründet worden war; aber die Sprache dieser Hellenen — die der Heimath hatten sie vergessen, die des Landes nicht angenommen, — war eigener Art [1]). Alexander ließ in ihrer Stadt eine Besatzung zurück, die so wie die gesammte Küste der pamphylischen Bucht unter Nearchos Befehl gestellt wurde. Darauf trat Alexander den Rückweg nach Perge an; die mit einer Besatzung von Landeseingeborenen und fremden Söldlingen versehene Bergfestung Syllion zu überrumpeln [2]), mislang ihm; er überließ sie einzunehmen seinem Statthalter, da ihm bereits die Nachricht zugekommen war, daß die Aspendier weder die Pferde, wie sie versprochen, ausliefern, noch die funfzig Talente, zu denen sie sich verpflichtet,

---

[1]) So die Angabe Arrians (I. 27. 4). Die älteren Münzen von Side haben eine Schrift, die der palmyrenischen ähnlich genannt wird (Luynes, Num. des Satr., p. 23; weitere Literatur giebt Imhoof-Blumer in v. Sallets Num. Zeitschr. III, S. 330).

[2]) Die Lage dieser Festung ergiebt sich nach Arrian zwischen Aspendos und Side. Nach Strabos Ausdruck (XIV, p. 667) πόλις ὑψηλὸς ὡς τοῖς ἐκ Πέργης ἔποπτος hat G. Hirschfeld (Monatsberichte der Berl. Acad. 1874, S. 724) die Felsenburg Syllion wieder erkannt und den Namen, der bei Strabo fehlt, ergänzt. Den Dialect dieser Städte lehrt die Inschrift von Syllion, die in neuer Abschrift Hirschfeld mittheilt, und die Beischriften der älteren Münzen ΣΕΛΥΝΙΥΣ für Syllion, ΕΣΤFΕΔΙΙΥΣ für Aspendos, ΠΡΕΙΙΑΣ für Perge; J. Friedländer in v. Sallets Num. Zeitschr. IV, S. 298 ff.

zahlen wollten, sondern sich zum ernsthaften Widerstande gerüstet hatten. Er rückte gegen Aspendos, besetzte die von ihren Einwohnern verlassene Unterstadt; ohne sich durch die Festigkeit der Burg, in die sich die Aspendier geflüchtet hatten, noch durch den Mangel an Sturmzeug zur Nachgiebigkeit bewegen zu lassen, schickte er die Gesandten, welche die Bürger, durch seine Nähe geschreckt, an ihn abgesandt hatten, um sich auf Grundlage des früheren Vertrages zu ergeben, mit der Weisung zurück, daß die Stadt, außer den früher verlangten Pferden und funfzig Talenten, noch funfzig Talente zahlen und die angesehensten Bürger als Geißeln stellen, wegen des Gebietes, das sie ihren Nachbarn gewaltsam entrissen zu haben beschuldigt wurde [1]), sich einer gerichtlichen Entscheidung unterwerfen, dem Statthalter des Königs in dieser Gegend gehorchen und jährlichen Tribut zahlen solle [2]). Der Muth der Aspendier hatte rasch ein Ende; sie fügten sich.

Der König zog wieder nach Perge, von dort weiter durch das rauhe Gebirgsland der Pisider nach Phrygien zu marschiren. Jetzt dieses in viele Stämme getheilte, zum Theil in nachbarlichen Fehden begriffene Bergvolk Thal für Thal zu unterwerfen konnte nicht in seiner Absicht liegen; genug, wenn er sich den Durchmarsch zu erzwingen sie seine starke Hand fühlen ließ; die so geöffnete Straße zwischen der pamphylischen Küste und Phrygien dauernd zu sichern mußte er seinen künftigen Befehlshabern in den Gebieten, die das Gebirgsland umgaben, überlassen.

Die Straße, die er wählte, führt von Perge westwärts durch die Küstenebene an den Fuß der Gebirge, dann in ein sehr schwieriges Defilé, das, von der Bergfeste Termessos [3])

---

1) Nach Polyb. V. 73 möchte man die Sideten für die beeinträchtigten Nachbarn halten.

2) Arrian. I. 27. 4 sagt: φόρους ἀποφέρειν ὅσα ἔτη Μακεδόσι.

3) Zu den Hellen. I[1], S. 177 gegebenen Notizen über die Lage dieses Ortes kommen jetzt die von Schönborn, Forbes u. a., namentlich auch die lehrreichen von G. Hirschfeld, Monatsberichte der Berl. Acad. 1874, S. 716.

beherrscht, durch eine kleine Truppenzahl selbst einem großen Heere leicht gesperrt werden konnte; an einer steilen Bergwand zieht sich der Weg hinauf, der von einem eben so steilen Berge auf der anderen Seite überragt wird; und hinten in dem Sattel zwischen beiden liegt die Stadt. Beide Berge fand der König von den Barbaren — denn ganz Termessos war ausgezogen — so besetzt, daß er vorzog, sich vor dem Paß zu lagern, überzeugt; daß die Feinde, wenn sie die Makedonen so rasten sähen, die Gefahr für nicht dringend halten, den Paß durch eine Feldwache sichern und in die Stadt zurückkehren würden. So geschah es, die Menge zog sich zurück, nur einzelne Posten zeigten sich auf der Höhe; sofort rückte der König mit leichtem Fußvolk vor [1]), die Posten wurden zum Weichen gebracht, die Höhen besetzt, das Heer zog ungehindert durch den Paß und lagerte sich vor der Stadt. Dort ins Lager kamen Gesandte der Selgier, die, pisidischen Stammes, wie die Termessier, aber mit denselben in fortwährender Fehde, mit dem Feind ihrer Feinde Vergleich und Freundschaft schlossen und fortan treu bewahrten. Termessos zu erobern würde längeren Aufenthalt nöthig gemacht haben; Alexander brach daher ohne weiteren Verzug auf.

Er rückte gegen die Stadt Sagalassos [2]), die von den streitbarsten aller Pisider bewohnt, am Fuße der obersten Terrasse der pisidischen Alpenlandschaft liegt und den Eingang in die Hochebene Phrygiens öffnet; die Höhe auf der Südseite der Stadt hatten die Sagalasser, mit Termessiern vereint, besetzt und sperrten so den Makedonen ihren Weg. Sofort ordnete Alexander seine Angriffslinie, auf dem rechten Flügel rückten die Schützen und Agrianer vor, dann folgten die Hypaspisten, die Taxen der Phalanx; die Thraker des Sitalkes bildeten die Spitze des linken Flügels; den Befehl des linken Flügels übertrug er,

---

1) Er nahm dazu die Bogenschützen, τὰς τῶν ἀκοντιστῶν τάξεις, so wie τῶν ὁπλιτῶν ὅσοι κουφότεροι (Arrian. I. 27. 8).

2) Leake hat mit Recht in der Position von Aglason (Aghlasun auf Kieperts Karte in zwei Blättern) diese Stadt wiedererkannt; Asia minor, p. 150.

bezeichnend genug, dem Lynkestier Amyntas [1]), wie er selbst den des rechten übernahm. Schon war man bis an die steilste Stelle des Berges vorgerückt, als sich plötzlich die Barbaren rottenweis auf die Flügel des heranrückenden Heeres stürzten, mit doppeltem Erfolg, da sie bergab gegen die Bergansteigenden rannten. Die Bogenschützen des rechten Flügels traf der heftigste Angriff, ihr Anführer fiel, sie mußten weichen; die Agrianer hielten Stand, schon war das schwere Fußvolk nahe heran, Alexander an der Spitze; die heftigen Angriffe der Barbaren zerschellten an der geschlossenen Masse der Beschildeten, im Handgemenge erlagen die leichtbewehrten Pisidier unter der schweren Waffe der Makedonen; fünfhundert lagen erschlagen, die anderen flüchteten, der Gegend kundig entkamen sie; Alexander rückte auf dem Hauptwege nach und nahm die Stadt.

Nach dem Fall von Sagalassos wurden von den übrigen pisidischen Plätzen die einen mit Gewalt genommen [2]), die andern capitulirten. Damit war der Weg nach der Hochfläche geöffnet, mit der Phrygien jenseits der Gebirge von Sagalassos beginnt. In einer östlichen Senkung dieser Hochfläche liegt der See von Egerdir in der Größe des Bodensees, im Süden und Osten mit mächtigen Bergmassen umgürtet; etwa acht Meilen westlich von diesem ein kleinerer See, der askanische, von dessen Nordspitze etwa drei Meilen entfernt der Höhenzug streicht, an dessen Nordseite die Quellen des Maiandros liegen. In den Pässen, die zum Thal des Maiandros führen, liegt die alte Stadt Kelainai, wo einst Xerxes nach seinen Niederlagen in Hellas und auf dem Meere eine mächtige Burg gebaut hatte, das Vordringen der Hellenen von der befreiten Küste her zurück zu

---

1) Amyntas führte sonst die Ilen der Sarissophoren; Reiter rückten nicht mit ins Gefecht als *οὐκ ὠφέλιμοι ἐν τῇ δυσχωρίᾳ* (Arrian. I. 28. 4).

2) Diodor. XVII. 28 erwähnt einer Unternehmung gegen die Marmarer, die hierher gehört; aber zu keiner der von Arrian berichteten Actionen dieser Winterzeit passen die Einzelnheiten, die Diodor sehr ausdrücklich angiebt.

halten; Kelainai war seitdem der Mittelpunkt der phrygischen Satrapie, die Residenz des Satrapen.

Dorthin wandte sich Alexander von Sagalassos aus; an dem askanischen See vorüber in fünf Märschen erreichte er die Stadt [1]). Er fand die Burg — der Satrap Atizyes war geflüchtet — in den Händen von 1000 karischen und 100 hellenischen Söldnern; sie erboten sich, wenn der persische Entsatz an dem Tage — sie nannten ihn —, für den er ihnen zugesagt worden, nicht angekommen sei, Stadt und Burg zu übergeben [2]). Der König ging darauf ein; er hätte nicht ohne bedeutenden Zeitverlust der Burg Meister werden können; und in dem Maaße, als er schneller Gordion erreichte und mit den dorthin beschiedenen anderen Theilen seines Heeres nach dem Tauros vorrückte, machte er den Entsatz der Stadt unmöglich. Er ließ ein Commando von etwa 1500 Mann in Kelainai zurück. Er übertrug die Satrapie Phrygien dem Antigonos, Philippos Sohn, der bisher die Contingente der Bundesgenossen befehligt hatte, ernannte zu deren Strategen Balakros, des Amyntas Sohn.

Nach zehntägiger Rast in Kelainai zog er weiter nach Gordion am Sangarios, von wo die große Straße über den Halys und durch Kappadokien nach Susa führt.

— Nicht eben dem Umfange nach groß war, was Alexander mit diesem ersten Kriegsjahre erreicht hatte; und die Staatsmänner und Kriegskundigen in Hellas mögen die Nase gerümpft haben, daß der hochgefeierte Sieg am Granikos nichts weiter eingebracht habe, als die Eroberung der West- und der halben Südküste Kleinasiens, Eroberungen, die Memnon in kluger Be-

---

1) Den Bau des Xerxes erwähnt Xenoph. Arab. I. 2. 9; der salzige askanische See ist der Gendjelii Göl, der neuerer Zeit oft besucht ist. Kelainai (Apameia Kibotos) liegt 14 Meilen von Sagalassos; also das Heer marschirte etwa drei Meilen täglich.

2) Curt. III. 1. 8 giebt die an sich nicht unwahrscheinliche Frist von 60 Tagen an. Leider ist in unsern Quellen keinerlei Andeutung über die Zeiten dieser Märsche von Halikarnaß bis Gordion, nicht einmal über Schnee und Unwetter in den pisidischen Gebirgen.

rechnung habe geschehen lassen, um sich indeß zum Herrn des Meeres und der Inseln zu machen und so Alexanders Verbindung mit Makedonien zu durchreißen.

Die Motive, nach denen Alexander verfuhr, liegen auf der Hand. Es konnte am wenigsten seine Absicht sein, immer mehr Gebiet zu occupiren und immer tiefer ins Innere Kleinasiens vorzudringen, so lange die persische Seemacht noch das Meer beherrschte und in Hellas unberechenbare Wirren veranlassen konnte; genug, daß er sie mit den Wirkungen, die er seiner ersten großen Schlacht gegeben, vollständig von der Küste und den Hafenplätzen ausschloß, von denen aus sie, wenn er mit dem zweiten Feldzug weiter vordrang, ihn im Rücken hätten gefährden können.

Freilich von den hellenischen Traditionen unterschied sich die Art seines Vordringens gar sehr. Die attische Macht zu den Zeiten des Kimon und Perikles hatte sich kaum je über die Küstenstädte Kleinasiens hinaus landeinwärts gewagt, und wenn die Spartaner in den Tagen des Thibron und Agesilaos, wenn gar Chares und Charidemos mit den Streitkräften des zweiten attischen Seebundes es gethan, so waren sie nach einigen Plünderungen und Brandschatzungen wieder umgekehrt. Alexanders militärische Maaßregeln waren auf definitive Besitznahme, auf einen dauernden Zustand gerichtet.

Entsprachen diesem Zweck die politischen Einrichtungen, die der König traf?

Was davon während dieses ersten Feldzuges erkennbar wird, schloß sich allerdings den Formen an, die dort bisher bestanden hatten, aber so, daß sie mit wesentlicher Veränderung ihres Inhaltes ihre Bedeutung zu verändern schienen [1]). Es blieb die Satrapie in Phrygien am Hellespont, in Lydien, in Karien; aber in Lydien wurde neben dem Satrapen ein besonderer Beamteter für

---

[1]) Daß officiell der Name Satrap beibehalten wurde, wie aus dem Gebrauch der Schriftsteller anzunehmen war, ist nun durch Inschriften bestätigt; C. I. Gr. II, n°. 2692 in einer Inschrift von Mylasa heißt es: *βασιλεύοντος Φιλίπ*[*που . . . . . Ἀσάνδρου*?] *σατραπεύοντος*, und es wird später ein hieroglyphisches Decret ägyptischer Priester von 310 anzuführen sein, in dem Ptolemaios, der redend eingeführt wird, sich Satrap nennt.

die Vertheilung und Erhebung der Tribute bestellt; in Karien erhielt die Fürstin Ada die Satrapie, aber die starke Truppenmacht in derselben befehligte ein makedonischer Strateg; eben so ein eigener Chef der Militärmacht — wohl auch mit dem Namen Strateg — wurde in Lydien dem Satrapen zur Seite gesetzt. Vielleicht wurde hier und überall die Finanzverwaltung der Satrapie in unmittelbare Beziehung zu dem Schatzamt gestellt, welches — ob erst in dieser Zeit, ist nicht mehr zu ersehen — Harpalos, des Machatas Sohn, erhielt [1]).

Daß die Competenz der Satrapen viel schärfer als im Perserreich der Fall gewesen, umgränzt, daß sie nicht als Herren in ihrem Territorium, sondern als königliche Beamte bestellt wurden, zeigt sich an der Thatsache, daß es von den Satrapen des Alexanderreiches bis 306 keine Münzen giebt, während im Perserreich schon unter Dareios I., dem Begründer des Verwaltungssystems des Reiches, das Münzrecht von den Satrapen geübt worden ist [2]). Es scheint auf die durch Alexander begründete Ordnung zu gehen, wenn in einer Schrift aus der Diadochenzeit die verschiedenen Wirthschaftsformen, die der Könige, der Satrapen, der Städte, der Privaten, in der Art unterschieden werden, daß für die königliche Wirthschaft die Hauptzweige seien die Münzpolitik [3]), die Regelung von Ausfuhr und Einfuhr, die Führung des Hofhaltes, für die der Satrapen vor Allem die Grundsteuer, dann die Einnahme von den Bergwerken, die von den Emporien, die von den Erträgen der Felder und des Marktverkehrs, die von den Heerden, endlich Kopfsteuer und Gewerbesteuer [4]).

---

1) Arrian. III. 6. 6: Ἅρπαλον ἐπὶ τῶν χρημάτων κατέστησεν.

2) Herod. IV. 166.

3) [Aristot.] Oecon. II. 1: τούτων τὸ κράτιστον τὸ περὶ νόμισμα, λέγω ποῖον καὶ πότε τίμιον ἢ εὔωνον ποιητέον .... wegen Ausfuhr und Einfuhr: πότε καὶ τίνα παρὰ τῶν σατραπῶν ἐν τῇ ταγῇ ἐκλαβόντι αὐτῷ λυσιτελήσει διατίθεσθαι.

4) Die ἓξ εἴδη τῶν προσόδων sind ἀπὸ τῆς γῆς, ἀπὸ τῶν ἐν τῇ χώρᾳ ἰδίων γενομένων, ἀπὸ ἐμπορίων, ἀπὸ τελῶν, ἀπὸ βοσκημάτων, ἀπὸ τῶν ἄλλων. Die folgenden Sätze erläutern diese sechs Artikel, und danach sind die Angaben im Text gemacht, die wohl ungefähr das Richtige treffen werden; Einzelnes freilich bleibt bedenklich.

Nicht minder bedeutsam war, wie Alexander die politische Stellung der Bevölkerungen ordnete. Es scheint sein Gedanke gewesen zu sein, da, wo irgend organisirte Gemeinwesen bestanden oder einst bestanden hatten, diese in allen communalen Sachen frei schalten zu lassen. Nicht bloß den hellenischen Städten Asiens wurde in diesem Sinne ihre Autonomie hergestellt und durch Herstellung der Demokratie gesichert; auch die althergebrachte Föderation der Lykier blieb, wie wir annehmen durften, in voller Wirksamkeit, unzweifelhaft gegen die Bedingung, daß das lykische Contingent von 10 Kriegsschiffen, das sich noch bei der Perserflotte befand, zurückgerufen werde. Und die Lyder, so sagen unsere Quellen, „erhielten ihre Gesetze wieder und wurden frei" [1]). Wie immer diese Gesetze der Lyder gewesen sein mögen — wir wissen nichts Weiteres von ihnen —, jedenfalls beweist deren Herstellung, daß hinfort in diesem Lande wieder die Gesetze, nicht die Willkühr und das Gewaltrecht der Eroberer wie bisher gelten solle; sie beweist, daß dieß einst tapfere, gewerbthätige, hochgebildete Volk des Kroisos von dem Joche der Fremdherrschaft, unter dem es verkommen war, befreit sein und sich in seiner volksthümlichen Art und Einheit wieder zu erheben versuchen sollte.

Von denjenigen Bevölkerungen, die — so die „Barbaren" in den Gebirgen Kleinphrygiens — ohne eigenes Gemeinwesen lebten, wurde, wenn sie sich freiwillig ergaben, nur „der Tribut, den sie bisher geleistet hatten", gefordert [2]). Nicht minder be-

---

1) Arrian. I. 17. 4: *Σαρδιανοὺς καὶ τοὺς ἄλλους Λυδοὺς τοῖς νόμοις τε τοῖς πάλαι Λυδῶν χρῆσθαι ἔδωκε καὶ ἐλευθέρους εἶναι ἀφῆκεν.* Daß Nikias als Epimelet *τῶν φόρων τῆς συντάξεώς τε καὶ ἀποφορᾶς* bestellt wurde, zeigt, daß die Freiheit der Lyder die Tributpflicht nicht ausschloß.

2) Arrian. I. 17. 1; es sind dieselben Gegenden, in denen später König Antiochos, wie es scheint der dritte, große Geschenke an einen seiner Getreuen anweiset, 2000 Plethren *ἀπὸ τῆς βασιλικῆς χώρας* mit der Bestimmung, daß die *βασιλικοὶ λαοὶ* dieses Gebietes in der Feste Petra wohnen dürfen *ἀσφαλείας ἕνεκε* (Inschrift bei Schliemann, Trojanische Alterthümer, S. 204). Königsland scheint zu sein, was nicht Städten oder Dynasten gehört — oder Hyparchen und Satrapen, darf man für die persische Zeit wohl hinzufügen.

zeichnend ist, daß der Tribut, den die Ephesier bisher an den Großkönig gezahlt hatten, fortan dem Heiligthum der Artemis entrichtet werden sollte, während Erythrai, wie eine Inschrift bezeugt [1]), Ilion, das Alexander als Stadt herstellen ließ [2]), gewiß ähnlich die anderen Griechenstädte der Küste mit der Autonomie zugleich die Entlastung vom Tribut erhielten. Dagegen wurden die Städte Pamphyliens, die nur noch dem Namen nach griechisch waren, namentlich Aspendos, nach dem Versuch, unterhandelnd den König zu täuschen, zur Tributzahlung verpflichtet und unter die Verwaltung des Satrapen gestellt. Die Burg von Halikarnaß, mehrere Inseln blieben noch Jahr und Tag in der Gewalt der Perser; das Gemeinwesen von Halikarnaß wurde in die Ortschaften, aus denen es die karischen Dynasten synoikisirt hatten, aufgelöst; die Inseln — von mehreren werden wir sehen, daß der Demos sich für Alexander erhob — wurden wohl behandelt wie die Griechenstädte des Festlandes.

Daß diese Städte nicht bloß in ihrer communalen Freiheit hergestellt, sondern wieder freie Staaten wurden, wie sie bis zum Frieden des Antalkidas gewesen waren, beweisen ihre Münzen aus dieser Zeit; sie haben nicht das Gepräge des Königs, sondern das autonome der prägenden Stadt, sie verpflichtet nicht die von Alexander eingeführte Münzordnung [3]), sondern mehrere

---

[1]) Inschrift von Erythrai (Monatsberichte der Berl. Akad. 1875, S. 554): *διότι ἐπί τε Ἀλεξάνδρου καὶ Ἀντιγόνου αὐτόνομος ἦν καὶ ἀφορολόγητος ἡ πολις ὑμῶν* . . .

[2]) Strabo XIII, p. 593: *προσαγορεῦσαι πόλιν* . . . . *ἐλευθέραν τε κρῖναι καὶ ἄφορον*. Es ist nach den vorliegenden Materialien nicht möglich, die Begriffe *ἐλεύθερος, αὐτόνομος, ἀφορολόγητος* u. s. w. nach ihrer staatsrechtlichen Bedeutung klar zu scheiden. Es würde zu weit führen, die Beweisstellen aufzuzählen; und man wird sich die Mannigfaltigkeit von Verhältnissen nicht minder bunt und thatsächlich zu denken haben, als in der Zeit des ersten attischen Seebundes und der spartanischen Symmachie, wo noch die Begriffe *ὑπήκοος* und *αὐτόπολις* hinzukamen.

[3]) So die in dem Münzfunde von Saida 1868 gefundenen Goldmünzen von Rhodos, Kios, Pergamon (Waddington in der Revue Numism. 1865, p. 8, 11, 13); so ferner die Silbermünzen von Chalkedon, Ephesos,

der bei ihnen hergebrachten. Und wenn noch nach einem Jahrhundert von den Seleukiden Städte in der Aiolis als in „unserer Bundesgenossenschaft“ stehende bezeichnet werden, so ist das unzweifelhaft die von Alexander begründete Form [1]).

Es liegt die Frage nahe, ob diese befreiten und hergestellten Politien der Inseln und der asiatischen Küste der Föderation der in dem Synedrion von Korinth vereinten Griechenstaaten beigetreten sind? Von der Insel Tenedos wissen wir es durch ein bestimmtes Zeugniß [2]); daß der Ausdruck, der von dieser gebraucht ist, sich bei Mitylene auf Lesbos und bei anderen Städten nicht wiederholt, gestattet den Schlüß, daß es bei diesen nicht geschehen ist. Es konnte, so scheint es, wohl Alexanders Interesse sein, sich in diesen befreiten Hellenenstädten ein Gegengewicht gegen den Bund derer zu schaffen, die zum großen Theil mit Waffengewalt in die Verbindung mit Makedonien gezwungen und nichts weniger als zuverlässige Verbündete waren; auch war der „Bund der Hellenen innerhalb der Thermopylen“ nicht bloß zum Kriege gegen Persien errichtet, sondern zugleich, um Friede, Recht und Ordnung in dem Gebiete des Bundes aufrecht zu

---

Rhodos in dieser Zeit; besonders bezeichnend ist Ephesos, da es Drachmen dieser Stadt mit der Biene von Ephesos und der Beischrift *ΑΡΣΙ* giebt, also aus der Zeit, da die Stadt nach Lysimachos Gemahlin Arsinoe hieß, und diese Münzen sind nicht von dem Gewicht der Alexanderdrachmen ($4{,}10$—$4{,}25$), sondern $4{,}93$—$5{,}50$.

1) So die Inschrift von Ilion bei Schliemann, Troj. Alterth., S. 204.

2) Als im Herbst 334 die persischen Admirale nach Tenedos kamen, *κελεύουσι τὰς στήλας τὰς πρὸς Ἀλέξανδρον καὶ τοὺς Ἕλληνας γενομένας σφίσι, ταύτας μὲν καθελεῖν, πρὸς Δαρεῖον δὲ ἄγειν τὴν εἰρήνην ἣν ἐπὶ Ἀνταλκίδου Δαρείῳ συνέθεντο.* In Mitylene fordern sie *τοὺς μὲν ξένους τοὺς παρ' Ἀλεξάνδρου σφίσι κατὰ συμμαχίαν ἥκοντας ἀπελθεῖν, Μιτυληναίους δὲ καθελεῖν μὲν τὰς πρὸς Ἀλέξανδρόν σφισι γενομένας στήλας συμμάχους δὲ εἶναι Δαρείου κατὰ τὴν εἰρήνην τὴν ἐπ' Ἀνταλκίδου γενομένην πρὸς βασιλέα Δαρεῖον.* Und (Dem.) de foed. Alex. § 7 stellt zwar gegen einander, daß Alexander den Tyrannen in Messenien wieder eingesetzt, die auf Lesbos aber vertrieben habe, spricht aber nicht so, als wenn der korinthische Bund auch auf Lesbos darüber Competenz habe.

erhalten; zu diesem Zweck wäre für die Inseln und die Städte Asiens das Synedrion in Korinth zu entlegen und zum regelmäßigen Beschicken ungeeignet gewesen. Man wird voraussetzen dürfen — bestimmte Angaben sind darüber nicht vorhanden —, daß Alexander auch diese Griechen außerhalb des Bundes zur Anerkennung seiner unumschränkten Strategie und zu bestimmten Leistungen für den großen Krieg verpflichtete [1]); ob er mit jeder einzeln in solchem Sinn Verträge schloß, ob er sie veranlaßte für diesen Zweck und zugleich zur Handhabung des Landfriedens wie im Hellenikon eigene analoge Föderationen zu schließen, etwa als Aioler, Ioner u. s. w. ist nach den vorliegenden Materialien nicht mehr zu erkennen [2]). Wenigstens von einer derartigen Verbindung haben wir, zuerst aus der Zeit des Antigonos (um 306), urkundliche Nachricht; es ist ein „Koinon der Städte“ in der Landschaft des Idagebirges, vereinigt um den Dienst der Athena von Ilion, mit einem Synedrion, das Namens der Städte Beschlüsse faßt; in der Inschrift werden als Theilnehmer dieses Bundes Gargara am adramyttenischen Meerbusen, Lampsakos am Hellespont genannt [3]).

---

[1]) Aus C. I. Gr. II, n°. 2166, Ad., p. 1024 und jetzt vollständiger im *Μουσεῖον καὶ βιβλιοθήκη τῆς εὐαγγελικῆς σχολῆς*, Smyrna 1876, S. 128 erhellt, daß Antipatros 321 im Namen des Königs zum Kriege gegen Perdikkas, wie von Nasos (Hekatonnesos) so von den anderen Städten eine *εἰςφορὰ* forderte und den Nesioten davon Erlaß gab, daß eben so Kassandros zum Kriege nach Kypros *εἰσφορὰς καὶ μεγάλας δαπανὰς* forderte, aber sie für Nasos auf geschehene Fürbitte erleichterte.

[2]) Die Andeutung im Text bezieht sich auf die Thatsache, daß es Silber- und Kupfermünzen aus dieser und der nächstfolgenden Zeit giebt, welche den Pallaskopf der Stateren Alexanders auf der Schauseite, auf der Rückseite den Donnerkeil mit der Inschrift *ΑΙΟΛΕ* haben. Die auf karischen Münzen häufige Doppelaxt hieher zu ziehen, ist kaum räthlich. Für die Erneuerung oder erneute Bedeutung des Bundes der ionischen Städte spricht, daß Smyrna, welches von Alexander und Antigonos wieder hergestellt worden, nach Vitruv. IV. 1. wieder in den Bund eingeführt worden, und daß für Alexander ein Hain oder Wettspiele *ὑπὸ τοῦ κοινοῦ τῶν Ἰώνων* gestiftet worden sind (Strabo XIV, p. 644).

[3]) Inschrift von Ilion (Hissarlyk) in der Arch. Zeit. N. F. VII,

Wir sahen, wie Alexander darauf gewandt war, das Emporkommen dieser altgriechischen Städte zu fördern; wenn er ihnen so neidlos und mit vollen Händen gab, so mochte er hoffen, sie an die neue Ordnung der Dinge, die in Hellas selbst noch bei Weitem nicht sicher stand, desto fester zu knüpfen; er mochte hoffen, daß sie der kleinen Gaunervortheile der Herrengunst und der Weichbildspolitik, an die sie sich in der langen Zeit der Fremdherrschaft gewöhnt hatten, über den unermeßlichen Segen ihrer neuen Lage, freie Politien, Reichsstädte in dem Reich ihres Befreiers zu sein, verlernen und vergessen würden.

Den Hellenen, die in diesen asiatischen Ländern von der Propontis bis zum kyprischen Meere wohnten, muß der Contrast der neuen gegen die bisherigen Verhältnisse sich lebhaft genug aufgedrängt haben, es muß ihnen gewesen sein, als wenn ihnen nun endlich Licht und Luft wieder gegeben werde.

S. 151, edirt von G. Hirschfeld. Es sind sechs *γνώμη τῶν συνέδρων* und ein Zusatzantrag des Lampsakeners Simalos zu Ehren des Malusios von Gargara; in der ersten *γνώμη* wird Antigonos noch ohne Königstitel genannt, in der zweiten führt er ihn. Malusios wird geehrt: *ὅτι ἀνὴρ ἀγαθός ἐστιν πε[ρὶ τὸ] ἱερὸν τῆς Ἀθηνᾶς καὶ τὴν πανήγυριν καὶ τὸ κοινὸν τῶν πόλεων* (v. 31. 55) und weil er Geld zinsfrei vorgeschossen hat u. a. *ἀποστελλόντων συνέδρων πρέσβεις εἰς τὸν βασιλέα ὑ[πὲρ] τῆς ἐλευθερίας καὶ αὐτονομίας τῶν πόλεων τῶν κοινωνουσῶ[ν τοῦ] ἱεροῦ καὶ τῆς πανηγύρεως.* Aus dieser Inschrift gewinnen die *Ἰλιεῖς καὶ αἱ] πόλεις α[ἱ κ]οινωνοῦσ[αι τῆς θυσίας κτλ.* C. I. Gr. II, n°. 3602, die *σύνεδροι* C. I. Gr. II, n°. 3601 v. 2. 9. 16 sqq., die Ausdrücke *ἥ τε πόλις καὶ αἱ λοιπαὶ πόλεις* C. I. Gr. II, n°. 3595. v. 40 ihre Erklärung.

Zweites Kapitel.

Persische Rüstungen. — Die persische Flotte unter Memnon und die Griechen. — Alexanders Marsch über den Tauros. — Occupation Kilikiens. — Schlacht bei Issos. — Das Manifest. — Aufregung in Hellas. — Die Belagerung von Tyros. — Die Eroberung Gazas. — Occupation Aegyptens.

Persischer Seits war die Nachricht von der Schlacht am Granikos mit mehr Unwillen als Besorgniß aufgenommen worden. Man wird die eigentliche Bedeutung des unternommenen Angriffes und damit die Gefahr, die dem Reiche drohte, verkannt, man wird geglaubt haben, Alexanders Erfolge seien das zufällige Glück eines Tollkühnen, seien durch die Fehler, die sie nur erleichtert, verschuldet worden; meide man diese, so werde allen weiteren Gefahren vorgebeugt, und des Makedonen Glück am Ende sein. Vor Allem schien Mangel an Einheit und planmäßiger Führung des Heeres das Unglück am Granikos herbeigeführt zu haben; Memnons Rath, man bekannte es jetzt, hätte befolgt werden, er selbst das Heer von Anfang her führen sollen. So wurde ihm wenigstens jetzt der alleinige und unumschränkte Befehl über die persische Land- und Seemacht in den vorderen Satrapien übertragen.

In der That schien in diesem Hellenen dem makedonischen Könige ein gefährlicher Gegner gefunden zu sein; schon die hartnäckige Vertheidigung von Halikarnaß zeigte sein Talent und seinen Charakter; dann bis auf wenige Punkte von der Küste verdrängt, faßte er, begünstigt durch die Auflösung der makedonischen Flotte, den großen Plan, Alexander von Europa abzuschneiden, den Krieg nach Hellas hinüberzuspielen, und von dort aus in Verbindung mit Makedoniens zahlreichen Feinden in Hellas die Kraft Alexanders in ihrer Wurzel zu zerstören. Er hatte eine mächtige Flotte von phoinikischen und kyprischen Schiffen, auch zehn lykische, zehn von Rhodos, drei von Mallos und Soloi in Kilikien befanden sich bei derselben; die Seeburg von Halikarnaß war noch in seiner Gewalt, Rhodos, Kos, gewiß alle Sporaden hielten zu ihm, die attischen Kleruchen, die Samos inne hatten, wohl nicht minder; die Oligarchen und Tyrannen auf Chios und Lesbos harrten nur seines Beistandes, der Demokratie und der Verbindung mit Makedonien ein Ende zu machen; die Patrioten in Hellas hofften von ihm die Herstellung der hellenischen Freiheit.

Von der Rhede von Halikarnaß war Memnon mit der Flotte nach Chios gegangen; durch den Verrath der Oligarchen, die hier früher das Regiment gehabt, Apollonides an ihrer Spitze, gewann er die Insel; er stellte die Oligarchie wieder her, die ihm den Besitz der Insel sicherte [1]). Er segelte nach Lesbos, wohin Chares von Sigeion mit Söldnern und Schiffen gekommen war, den Tyrannen Aristonikos von Methymna auszutreiben, derselbe Athener Chares, der Alexander bei seiner Landung in Sigeion so ergeben begrüßt hatte; er forderte von Memnon, ihn bei seinem Unternehmen nicht zu stören. Aber Memnon kam als des Tyrannen „väterlicher Freund und Gastfreund" und jagte mit leichter Mühe den einst attischen Strategen von dannen [2]). Schon hatten sich ihm die andern kleineren Städte der Insel ergeben, aber die bedeutendste, Mitylene, hatte ihrem

---

1) Arrian. III. 2. 5.

2) Diese Angaben des Polyän (V. 44. 3) beziehen sich, wie man wohl aus Arrian. III. 2. 6 schließen darf, auf diese Zeit, nicht auf die des Krieges von Byzanz, da nicht bekannt ist, daß damals Memnon über eine Flotte zu verfügen hatte.

Bunde mit Alexander treu und auf die makedonische Besatzung, die sie aufgenommen, sich verlassend, seine Aufforderung abgewiesen. Memnon begann sie zu belagern, bedrängte sie auf das härteste; durch einen Wall und fünf Lager auf der Landseite eingeschlossen, durch ein Geschwader, das den Hafen sperrte, und ein anderes, welches das Fahrwasser nach Hellas beobachtete, aller Aussicht auf Hülfe beraubt, wurde sie auf das Aeußerste gebracht. Schon kamen von anderen Inseln Gesandte an Memnon; in Euboia besorgten die Städte, die makedonisch gesinnt waren, in kurzer Frist ihn kommen zu sehen; die Spartaner waren bereit, sich zu erheben. Da erkrankte Memnon; und nachdem er Pharnabazos, seinem Neffen, dem Sohne des Artabazos, bis zur weiteren Entscheidung des Großkönigs seine Gewalt übertragen hatte, sank er, wenn nicht für seinen Ruhm, doch für Dareios Hoffnungen zu früh, ins Grab.

Als Dareios, so wird erzählt, die Botschaft von Memnons Tod empfing, berief er einen Kriegsrath, unschlüssig, ob er dem Gegner, der rastlos vorrückte, die nächsten Satrapen entgegenschicken, oder ihm in Person und an der Spitze des Reichsheeres begegnen solle [1]). Die Perser empfahlen, daß er selbst das schon versammelte Reichsheer ins Feld führe; unter den Augen des Königs der Könige werde das Heer zu siegen wissen, eine Schlacht genüge, Alexander zu vernichten. Aber der Athener Charidemos, der, vor Alexander flüchtig, dem Großkönige doppelt erwünscht gekommen war, rieth, nicht ohne dessen Zustimmung vorsichtig zu sein, nicht Alles auf einen Wurf zu setzen, nicht am Eingange Asiens Asien selbst Preis zu geben, das Reichsaufgebot und die Gegenwart des höchsten Herrn auf die letzte Gefahr aufzusparen, zu der es nie kommen werde, wenn man dem tollkühnen Makedonen mit Geschick und Vorsicht zu be-

[1]) Arrian weiß von diesen Verhandlungen nichts, sie finden sich bei Diod. XVII. 30 und Curt. III. 1; an sich enthalten sie nichts, was unwahrscheinlich wäre; möglich daß Kleitarch sie aus dem Kallisthenes entnahm, der immerhin von gefangenen Persern erfahren haben konnte, was er dann weiter ausmahlte; aber irgend Gewähr für sorgfältige Nachforschung giebt seine Art nicht.

gegnen wisse; an der Spitze von hunderttausend Mann, von denen ein Drittel Griechen, verbürge er sich dafür, den Feind zu vernichten. Auf das heftigste widersprachen die stolzen Perser: jene Pläne seien des persischen Namens unwürdig, sie seien ein ungerechter Vorwurf gegen die Tapferkeit der Perser; sie annehmen, werde ein Zeichen des traurigsten Argwohns, das Bekenntniß einer Ohnmacht sein, an deren Statt des Großkönigs Gegenwart nichts als Begeisterung und Hingebung finden werde; sie beschworen den schwankenden Herrn, nicht auch das Letzte einem Fremdling anzuvertrauen, der nichts wolle, als an der Spitze des Heeres stehen, um das Reich des Kyros zu verrathen. Zornig sprang Charidemos auf, beschuldigte sie der Verblendung, der Feigheit und Selbstsucht: sie kennten ihre Ohnmacht und die furchtbare Macht der Griechen nicht, sie würden das Reich des Kyros ins Verderben stürzen, wenn nicht des Großkönigs Weisheit ihm jetzt folge. Der Perserkönig, ohne Vertrauen zu sich selbst und doppelt gegen Andere mistrauisch, überdieß in dem Gefühl persischer Hoheit verletzt, berührte des Fremdlings Gürtel, und die Trabanten schleppten den hellenischen Mann hinaus, ihn zu erdrosseln; sein letztes Wort an den König soll gewesen sein: „meinen Werth wird deine Reue bezeugen, mein Rächer ist nicht fern“. Im Kriegsrath wurde beschlossen, den Makedonen bei ihrem Eintritt in das obere Asien mit dem Reichsaufgebot unter des Großkönigs persönlicher Führung entgegenzutreten, von der Flotte so viel griechische Söldner als möglich sei, heranzuziehen, die Pharnabazos, so bald als es möglich sei, in Tripolis an der phoinikischen Küste ausschiffen solle. Thymondas, Mentors Sohn, wurde nach Tripolis gesandt, diese Völker zu übernehmen und dem Reichsheer zuzuführen, dem Pharnabazos in des Großkönigs Namen die ganze Gewalt, die Memnon inne gehabt hatte, zu übertragen.

Pharnabazos und Autophradates hatten indeß die Belagerung von Mitylene fortgesetzt und glücklich beendet; die Stadt hatte sich unter der Bedingung ergeben, daß gegen die Zurückführung der Verbannten und die Vernichtung der mit Alexander errichteten Bundesurkunde die makedonische Besatzung frei abziehen, und die Stadt nach den Bestimmungen des antalkidischen Friedens wieder Bundesgenossin von Persien sein sollte. Aber sobald die beiden Perser im Besitz der Stadt waren, achteten sie des Vertrages nicht weiter; sie ließen eine Besatzung unter Befehl des Rhodiers Lykomedes in der Stadt, setzten einen der früher Verbannten, Diogenes, als Tyrannen ein; in schweren Contributionen, die theils von einzelnen Bürgern, theils von der ganzen Stadt gefordert wurden, ließen sie Mitylene den ganzen Druck des persischen Joches fühlen. Dann eilte Pharnabazos, die Söldner nach Syrien zu bringen [1]); dort empfing er die Weisung, den Oberbefehl an Memnons Stelle zu übernehmen, dessen Pläne freilich durch diese Ablieferung der Söldner in ihrem Nerv durchschnitten waren; die rasche und durchschlagende Offensive, die Sparta, Athen, das ganze hellenische Festland entflammt haben würde, war nicht mehr möglich.

Dennoch versuchten Pharnabazos und Autophradates etwas der Art. Sie sandten den Perser Datames mit zehn Trieren nach den Kykladen und fuhren selbst mit hundert Schiffen nach Tenedos; sie nöthigten die Insel, die sich der hellenischen Sache angeschlossen hatte [2]), zu den Bestimmungen des antalkidischen Friedens — so war auch hier die Formel — zurückzukehren. Augenscheinlich war es auf die Besetzung des Hellespontes abgesehen. Alexander hatte bereits, um wenigstens die Communication mit Makedonien durch eine Flotte zu sichern, zu deren Bildung Hegelochos [3]) an die Propontis gesandt mit der Weisung, sämmtliche aus dem Pontos herabkommende Schiffe anzuhalten und zum Kriegsdienst einzurichten. Zu gleicher Zeit ließ Antipatros durch

---

1) Arrian. II. 2. 1. sagt ἐπὶ Λυκίας; daß die Söldner nach Phoinikien geführt sind, erhellt aus Arrian. II. 13. 2.

2) Arrian. II. 2. 2: τὰς στήλας τὰς πρὸς Ἀλέξανδρον καὶ τοὺς Ἕλληνας γενομένας σφίσι . . . . καθελεῖν.

3) Arrian. II. 2. 3, gewiß derselbe Hegelochos, der beim Vormarsch nach dem Granikos die Avantgarde geführt hatte. Ihm beigegeben wurde des Krateros Bruder Amphoteros. Nach [Dem.] de foed. Alex. 20 geschah die Bildung der Flotte in der Besika Bay (εἰς Τένεδον ἅπαντα

Proteas Schiffe aus Euboia und der Peloponnes zusammenziehn, um das Geschwader des Datames, das schon bei der Insel Siphnos vor Anker lag, zu beobachten, eine Maaßregel, die um so nöthiger war, da die Athener von Neuem Gesandte an den Perserkönig gesandt, ja auf die Nachricht, daß ihre aus dem Pontos zurückkehrenden Getreideschiffe angehalten und zum Kampf gegen die Perserflotte verwendet würden, eine Flotte von hundert Segeln unter Menestheus, Iphikrates Sohn, in See zu schicken decretirt hatten [1]; Hegelochos sah sich dadurch veranlaßt, die angehaltenen attischen Schiffe zu entlassen, um den Athenern den Vorwand, ihre hundert Trieren zur Perserflotte stoßen zu lassen, zu entziehen [2]. Um so ersprießlicher war es, daß Proteas mit seinem Geschwader von funfzehn Schiffen die persischen Schiffe bei Siphnos nicht bloß festhielt, sondern durch einen geschickten Ueberfall so überraschte, daß acht derselben sammt ihrer Mannschaft in seine Hände fielen, die beiden anderen die Flucht ergriffen und, von Datames geführt, sich zu der Flotte

---

τὰ ἐκ τοῦ πόντου πλοῖα κατήγαγον); bei Tenedos konnte Hegelochos nur die Schiffe sammeln, so lange die Perserflotte noch bei Lesbos festgehalten war; also wird Alexander den Befehl dazu gesandt haben, sobald die Flotte unter Memnon nach Chios und weiter segelte. Daher Curt. III. 1. 19: nondum enim Memnonem vita excessisse cognoverat.

[1]) [Demosth.] de foed. Alex. § 20. Plut. X. Orat. Dem. Menestheus ist ex Thressa natus, Cotyis regis filia (Cor. Nep. Iph. 5).

[2]) Aus Anaximenes fr. 17 darf man schließen, daß Alkimachos, derselbe, der nach Arrian. I. 18. 1 die Colonne führte, die durch Aiolis zog, nach Athen gesandt worden ist, attische Schiffe gegen die nahende Perserflotte zu fordern; daher Curt. III. 2. 20 ex foedere naves sociis imperatae, quae Hellesponto praesiderent. Phokion rieth damals, Folge zu leisten, wenn man nicht Krieg mit Makedonien wolle (Plut. Phoc. 21), aber Demosthenes und Hypereides entgegneten, man könne nicht wissen, ob der König die Schiffe nicht gegen Athen verwenden wolle. Möglich, daß die in [Dem.] de foed. Alex. § 27 erwähnte Triere, die in den Peiraieus einfuhr, die des Alkimachos war, und daß er zugleich — er war attischer Bürger (Harpocr. v.) — um die Erlaubniß bat, in den attischen Werften kleinere Schiffe für Makedonien zu bauen, ὃν ἔδει εὐθὺς μετὰ τῆς τριήρους ὑφ' ὑμῶν ἀπολωλέναι, meint der Redner. Er empfiehlt zum Schluß ziemlich direct den Krieg. Diese Rede gehört wohl in den Sommer 333.

retteten, die in der Gegend von Chios und Miletos kreuzte und die Küsten plünderte [1]).

Damit war die erste und wohl die größte Gefahr, die Memnons Plan hätte bringen können, beseitigt; der rasche Angriff des Proteas hatte einem Abfall der Griechen vorgebeugt. Aber zeigten nicht diese Erfolge selbst, daß Alexander Unrecht gethan hatte, die Flotte aufzulösen, die er nach kaum sechs Monaten von Neuem zu bilden genöthigt war? Alexander hatte ein sicheres Gefühl von dem Maaße der Thatkraft und der Einsicht, das er von den persischen Führern erwarten konnte, und taxirte seine hellenischen Bundesgenossen so, wie sie der Erfolg gezeigt hat; wenn sie auch zum Abfall geneigt und ihre Schiffe mit den persischen zu vereinigen bereit waren, Antipatros mußte sie auf dem festen Lande im Zaume halten können; endlich war es keineswegs so schwierig, in Eile eine neue Flotte aufzustellen, um gegen den Feind die Küsten zu decken; Alexander konnte, um den Seekrieg unbekümmert, seinen Kriegsplan weiter verfolgen, das um so mehr, da jeder Schritt vorwärts die Existenz der feindlichen Flotte selbst gefährdete, indem er derselben die Küsten ihrer Heimath nahm. Dies ins Werk zu setzen, war Zweck des nächsten Feldzuges [2]).

---

1) Arrian. II. 2. 4. Curt. III. 4. 1.

2) Die Vorgänge auf dem Meere und Memnons Tod sind chronologisch nicht mehr genau zu bestimmen. Wenn Dareios, wie Curt. III. 2. 2 angiebt, noch in Babylon war, als er Memnons Tod erfuhr, so läßt sich folgendes schließen. Wir werden Ende October das persische Heer bei Sochoi in der Nähe des Flusses von Haleb finden. Das Heer der Zehntausend brauchte vom Halebfluß bis Pylai, 220 Parasangen, 35 Märsche; von Pylai bis Babylon sind weitere 20 Parasangen. Dareios ist also spätestens Anfangs September von Babylon aufgebrochen. Es geschah, nachdem er die Nachricht vom Tode Memnons empfangen hatte; er erhielt sie nicht mehr durch die Reichspost über Sardeis, sondern viel langsamer auf dem weiten Umwege zur See über Phoinikien; Memnons Tod ist also spätestens Ende Juli erfolgt. Thymondas, der an Pharnabazos in Tripolis das Commando Memnons übertrug, nahm dort zugleich die griechischen Söldner der Flotte in Empfang; der Befehl zu deren Ueberführung muß wenigstens acht Wochen früher aus Babylon abgegangen sein, also spätestens Anfang Juni,

Mit dem Frühling 333 vereinigten sich in Gordion die verschiedenen Abtheilungen des makedonischen Heeres; von Süden her aus Kelainai rückten die Truppen ein, welche mit Alexander den Winterfeldzug gemacht hatten; von Sardeis her führte Parmenion die Reiterei und den Train der großen Armee heran; aus Makedonien kamen die Neuverheiratheten von ihrem Urlaub zurück, mit ihnen eine bedeutende Zahl Neuausgehobener, namentlich 3000 Makedonen zu Fuß und 300 zu Pferde, 200 thessalische, 150 elische Reiter, so daß Alexander trotz der zurückgelassenen Besatzungen nicht viel weniger Mannschaft [1]) als am Granikos beisammen hatte. Wie der Geist dieser Truppen war, läßt sich aus ihren Erfolgen bisher und aus dem, was als Preis weiteren Kampfes ihrer wartete, abnehmen; in dem Stolz der errungenen Siege neuer Siege gewiß, sahen sie Asien schon als ihre Beute an; sie selbst, ihr König und die Götter waren ihnen Gewähr für den Erfolg.

Auch Gesandte aus Athen kamen nach Gordion, den König um Freigebung der Athener, die in der Schlacht am Granikos gefangen und gefesselt nach Makedonien abgeführt waren, zu bitten; ob wohl mit Berufung auf den in Korinth beschworenen Bund und ihre Bundestreue? Ihnen wurde der Bescheid, wieder-

---

so daß spätestens Ende Juni Pharnabazos mit einem Theil der Flotte und den Söldnern nach Phoinikien gesegelt war. Memnon könnte schon im Laufe des Mai und noch früher gestorben sein.

[1]) In Karien waren 3000 Söldner und 200 Pferde, vor Kelainai 1500 Mann, andere Besatzungen in Side, in Lydien und Kleinphrygien, gewiß im Belauf von 3000 Mann zurückgeblieben; diese 8000 Mann möchten doch wohl kaum mit den Söldnern ergänzt sein, die hin und wieder aus persischem in makedonischen Dienst übertraten, und es ist keine sichere Spur dafür vorhanden, daß sich etwa Contingente asiatischer Griechen mit dem makedonischen Heere vereinigt hätten. Kallisthenes giebt an (fr. 33): 5000 Mann Fußvolk, 800 Reiter seien neu hinzugekommen; diese zu seinen 40,000 und 4500, die er beim Beginn des ersten Feldzugs zählt, hinzurechnend, giebt er nach Polybios Angabe (XII. 19) der Armee Alexanders in der Schlacht von Issos 45,000 Mann zu Fuß, 5300 Reiter; er unterläßt es, die Abcommandirten, die Besatzungen in Abzug zu bringen. Auch Polybios in seiner sonst scharfen Kritik des Kallisthenes rechnet darauf zu wenig, nur 3000 Mann.

zukommen, wenn der nächste Feldzug glücklich zu Ende geführt sei.

Die Stadt Gordion, der uralte Sitz phrygischer Könige, hatte auf ihrer Burg die Paläste des Gordios und Midas, und den Wagen, an dem Midas einst erkannt worden war als der von den Göttern zur Herrschaft Phrygiens erkorene; das Joch an diesem Wagen war durch einen aus Baumbast geschürzten Knoten so künstlich befestigt, daß man weder dessen Anfang noch Ende bemerken konnte; es gab ein Orakel, daß, wer den Knoten löse, Asiens Herrschaft erhalten werde. Alexander ließ sich die Burg, den Palast, den Wagen zeigen, er hörte dieß Orakel, er beschloß es zu erfüllen und den Knoten zu lösen; umsonst suchte er ein Ende des Bastes, und verlegen sahen die Umstehenden sein vergebliches Bemühen; endlich zog er sein Schwert und durchhieb den Knoten; das Orakel war, gleichviel wie, erfüllt [1]).

Das Heer brach Tags darauf auf und marschirte am Südabhange der paphlagonischen Grenzgebirge nach Ankyra [2]); dorthin kam eine Gesandtschaft der Paphlagonier, dem Könige die Unterwerfung ihres Landes unter der Bedingung anzubieten, daß

---

[1]) Eine andere Darstellung hat Aristobul von dieser Begebenheit gegeben: der König habe den Spannnagel, der, durch den Deichsel gesteckt, den Knoten zusammenhielt, herausgezogen. Selbst angenommen, daß die Sache so richtig sei, so wird zuverlässig das ganze Heer das Zerhauen mit dem Schwerte lieber geglaubt und nacherzählt haben, als die in der That unbedeutende Operation mit dem Spannnagel; wie beim Ei des Kolumbus, ist nicht das Resultat, sondern die Neuheit der Lösung ein Zeugniß des Genies.

[2]) Alexander hat nicht den Aufbruch aus Gordion so lange verzögert, um Grünfutter auf den Feldern zu finden; denn schon im Mai ist auf der phrygischen Hochebene Gras vollauf. Der Aufbruch Alexanders wird erfolgt sein, nachdem die Nachricht eingelaufen, daß die Söldner der Flotte Befehl erhalten, nach Tripolis zu kommen; er mag Anfangs Juli marschirt sein. Wenn Alexander über Ankyra kam, so hat er nicht den Weg südwärts durch die Salzsteppe, sondern die Reichsstraße über den Halys genommen, wie auch Arrian (II. 4. 2) angiebt, daß Alexander *ἐπὶ Καππαδοκίας ἐλάσας ξυμπᾶσαν τὴν ἐντὸς Ἅλυος ποταμοῦ προσηγάγετο καὶ ἔτι ὑπὲρ τὸν Ἅλυν πολλήν*. Alexander kam wohl erst Anfang September nach Kilikien.

keine makedonischen Truppen nach Paphlagonien kämen. Der König gewährte es; Paphlagonien blieb unter einheimischen Dynasten, vielleicht unter Competenz der Statthalterschaft von Phrygien am Hellespont [1]).

Weiter ging der Zug nach Kappadokien, jenseits des Halys durch die bis zum Iris gelegenen Gebiete dieser großen Satrapie, die ohne Widerstand durchzogen [2]) und, obschon die nördlichen Landschaften derselben nicht occupirt werden konnten, doch als makedonische Satrapie an Sabiktas übertragen wurde [3]). Daß in den Griechenstädten am Pontos die demokratische Parthei auf Befreiung durch Alexander hoffte, ist wenigstens durch ein Beispiel bezeugt [4]). Doch blieb dort die persische Parthei — so in

---

1) Nach Curt. III. 1. 22 soll Alexander selbst in Paphlagonien eingerückt sein; das ausdrückliche Zeugniß des Arrian beweiset das Gegentheil. Daß Mithritades, des Ariobarzanes Sohn, damals Paphlagonien inne hatte, ist nach Diod. XVI. 90. 2 fast unzweifelhaft; es ist derselbe Mithridates, der dann mit Antigonos und dessen Sohn Demetrios wohl befreundet war, und unter manchen Wechseln wenigstens einen Theil seiner *βασιλεία*, wie Diodor sie nennt, bis 302 behauptete, wo Mithridates III. der Gründer ihm folgte.

2) Daß Kappadokien bereits zur Zeit des Datames (um 360) in zwei Satrapien getheilt war, die am Pontos und Kappadokien am Tauros, wie sie Strabo (XII, p. 534) nennt, hat H. Droysen, Die Münzen der persischen Satrapen in Kleinasien (v. Sallet, Numism. Zeitschr. II, S. 314 f.) erwiesen. Derselbe bezweifelt wohl mit Recht die Zuweisung der in Sinope und vielleicht Gaziura geschlagenen Silber- und Kupfermünzen mit ארירת an den Ariarathes, der jetzt flüchtete und eilf Jahre später im Kampf gegen Perdikkas fiel; er weist sie dem Sohne desselben, dem Ariarathes II., wie man ihn zu beziffern pflegt, zu.

3) So nennt ihn Arrian (II. 4. 2) mit allerdings auffallendem Namen, Abistamenes heißt er bei Curt. III. 4. 1. Sowohl die Natur der Sache, als das ausdrückliche Zeugniß Arrians bestätigen die Unterwerfung Kappadokiens. Wenn Hieronymos bei Appian. bell. Mith. 8 behauptet, Alexander habe Kappadokien nicht berührt, sondern sei längs der Küste von Pamphylien und Kilikien gegen Dareios gezogen, so irrt er oder Appian. Da aber Ariarathes späterhin wirklich noch als Fürst von Kappadokien erscheint, so ergiebt sich, daß der Theil des Landes, der dem Pontos zu liegt, in dessen Gewalt blieb.

4) Memnon (apud. Phot. 223. 40 [c. 4]) giebt an, wie der Tyrann

Sinope — oder die Tyrannis vorerst noch im Besitz der Macht. Alexander durfte die wichtigeren Unternehmungen nicht hinausschieben, um die abgelegene Küste des Pontos zu besetzen; er zog den Küsten des Mittelmeeres zu [1]). Der Weg, den er nahm, führte an dem Nordabhang des Tauros zu den kilikischen Pässen oberhalb Tyana, denselben, die vor etwa siebzig Jahren der jüngere Kyros mit seinen zehntausend Griechen überschritten hatte [2]).

Alexander fand die Höhen mit starken Posten besetzt; er ließ das übrige Heer lagern und brach selbst mit den Hypaspisten, den Schützen und Agrianern um die erste Nachtwache auf, die Feinde beim Dunkel der Nacht zu überfallen. Kaum hörten die Wachen ihn anrücken, so verließen sie in eiliger Flucht den Paß, welchen sie mit leichter Mühe hätten sperren können, wenn sie sich nicht auf verlorenem Posten geglaubt hätten. Arsames, der kilikische Satrap, schien sie nur vorgeschoben zu haben, um Zeit zu gewinnen, das Land zu plündern und zu verwüsten, und sich dann sicher, eine Einöde in seinem Rücken, auf Dareios, der bereits vom Euphrat her anrückte, zurückziehen zu können. Desto eiliger zog Alexander durch die Pässe, und mit seiner Reiterei und den Leichtesten der Leichtbewaffneten auf Tarsos los, so daß Arsames, der die Feinde weder so nah, noch so rasch geglaubt hatte, in eiliger Flucht, ohne die Stadt oder

Dionysios von Herakleia in Aengsten war, und wie die Verbannten von Herakleia an Alexander sandten καὶ κάθοδον καὶ τὴν τῆς πόλεως πάτριον δημοκρατίαν ἐξαιτούμενοι.

1) Man darf annehmen, daß Alexander die wichtige Position von Mazaka (Cäsarea), am Fuß des Ardisch-Berges in der Ebene des Flußes Melas, welche den Weg nach Armenien beherrscht, nicht unbeachtet ließ. Von hier zog er zwischen dem Ardisch und der Bergfeste Nora, die unter den Diadochen so wichtig werden sollte, auf Tyana (etwa Kilissa Hissar, s. die Erklärer zu Xenoph. Anab. I. 2. 20 und Kinneir, Journey, p. 105 u. 110); bei Tschihatscheff (Ergänzungsheft n°. 20 zu Petermann, Geogr. Mitth. S. 15) heißt der Ort Kisser Hissar.

2) Der Paß, den Alexander überschritt, ist seit Kinneir (S. 118 ff.) und namentlich durch Tschihatscheffs Reise von 1853 (in Petermanns Ergänzungsheft n°. 20, S. 55 f.) genauer bekannt.

das Land geplündert zu haben, sein Leben für einen baldigen Tod rettete.

Von Nachtwachen, Eilmärschen und der Mittagssonne eines heißen Spätsommertages ermattet, kam Alexander mit seinen Truppen zum Kydnos, einem klaren und kalten Bergstrome, der durch die Stadt Tarsos hinströmt. Schnell und nach dem Bade verlangend, warf er Helm, Harnisch und Kleid ab, und eilte in den Strom; da überfiel ihn ein Fieberschauer, er sank unter; halbtodt, bewußtlos wurde er aus dem Strom gezogen und in sein Zelt getragen. Krämpfe und brennende Hitze schienen die letzten Zeichen des Lebens, das zu erretten alle Ärzte verzweifelten; die Rückkehr des Bewußtseins wurde zur neuen Qual; schlaflose Nächte und der Gram um den zu nahen Tod zehrten die letzte Kraft hinweg. Die Freunde trauerten, das Heer verzweifelte; der Feind war nah, Niemand wußte Rettung. Endlich erbot sich der akarnanische Arzt Philippos, der den König von Kindheit an kannte, einen Trank zu bereiten, der helfen werde; Alexander bat um nichts, als eilige Hülfe; Philippos versprach sie. Zu derselben Zeit erhielt Alexander von Parmenion ein Schreiben, das ihm Vorsicht empfahl: Philippos, der Arzt, habe von Dareios tausend Talente und das Versprechen, mit einer Tochter des Großkönigs vermählt zu werden, um Alexander zu vergiften. Alexander gab den Brief seinem Arzte und leerte, während jener las, den Becher. Ruhig las der Arzt, er wußte sich aller Schuld rein; er beschwor den König, ihm zu vertrauen und zu folgen, bald werde dann sein Leiden vorüber sein; er sprach mit ihm von der Heimath, von seiner Mutter und seinen Schwestern, den nahen Siegen und den wunderreichen Ländern des Ostens; seine treue Sorgfalt ward durch des Königs baldige Genesung belohnt; Alexander kehrte zurück in die Reihen seiner Makedonen [1]).

Die Kriegsoperationen wurden mit doppeltem Eifer fortge-

---

[1]) Arrian. II. 4. 8; Seneca de ira II. 23 sagt, daß Olympias den Brief der Warnung geschrieben. Aristobul spricht von dem Bade im Kydnos nicht, sondern sagt, der König sei in Folge der Anstrengungen erkrankt.

setzt. Die Landschaft Kilikien war in der Kette der persischen Satrapien der Ring, der die des vorderen und oberen Asiens zusammenhielt. Die stärkste Defensivstellung des Perserreichs gegen den Westen hatte Alexander mit den Pässen des Tauros nach genommen; er mußte sich des ganzen Gebietes an ihrem Südabhange möglichst versichern, um die zweite Paßregion, die des amanischen Gebirges gegen Syrien, gewinnen und behaupten zu können. Während Parmenion mit den Söldnern und Bundestruppen, mit den thessalischen Ilen und den Thrakern des Sitalkes ostwärts vorrückte, die Pässe nach dem oberen Asien zu besetzen, ging der König westwärts, um sich der Straße nach Laranda und Ikonion, des sogenannten rauhen Kilikiens zu versichern, dessen Bewohner, freie räuberische Bergvölker wie ihre pisidischen Nachbaren, leicht die Verbindung mit Kleinasien stören konnten.

Er zog von Tarsos nach der Stadt Anchiale, die, von Sardanapal gegründet, das Standbild dieses assyrischen Königs aufbewahrte, mit der merkwürdigen Inschrift: „Anchiale und Tarsos hat Sardanapal an einem Tage gegründet; du aber, Fremdling, iß, trinke, liebe; was sonst der Mensch hat, ist nicht der Rede werth." Dann kam er nach Soloi, der „Heimath der Soloikismen", die, obschon griechischen Ursprungs, den Persern so anhing, daß Alexander nicht nur eine Besatzung in der Stadt zurückließ, sondern ihr eine Buße von zweihundert Talenten Silber auferlegte. Von hier aus machte er mit drei Phalangen und mit den Schützen und Agrianern einen Streifzug in das rauhe Kilikien; in sieben Tagen hatte er theils durch Gewalt, theils in Güte die Unterwerfung dieser Gebirgsbewohner vollendet, damit seine Verbindung mit den westlichen Provinzen gesichert. Er kehrte nach Soloi zurück; er empfing hier von seinen Befehlshabern in Karien die Nachricht, daß Othontopates, der noch die Seeburg von Halikarnaß gehalten, in einem hartnäckigen Gefecht bewältigt, daß mehr als 1000 Mann gefangen seien. Zur Feier des glücklich begonnenen Feldzugs und der Wiedergenesung des Königs wurden in Soloi mannigfache Festlichkeiten veranstaltet; durch das große Opfer, das dem Asklepios gebracht wurde, durch den Festaufzug des gesammten Heeres, durch den Fackellauf, durch die gymnischen und künstlerischen Wettkämpfe mag in den, der hellenischen Sitte fast schon entwöhnten, Soliern die Erinnerung an die Heimath und ihre Vorfahren erweckt worden sein; nun war die Zeit der Barbaren vorüber, hellenisches Leben gewann Raum in den Ländern vieljähriger Knechtschaft; hellenischer Ursprung, sonst in Mitten asiatischer Barbarei verachtet und vergessen, wurde ein großes Recht. Alexander gab den Soliern demokratische Verfassung; wenige Wochen später, gleich nach der entscheidenden Schlacht, sandte er Befehl, ihnen die Brandschatzung zu erlassen und ihre Geißeln zurückzugeben [1]).

Nach Tarsos zurückgekehrt, ließ der König seine Ritterschaft unter Philotas Führung über das aleische Feld an den Pyramosstrom vorrücken, während er selbst mit dem übrigen Heere an der Küste entlang über Magarsos nach Mallos zog, zweien Städten, in denen es hellenische Erinnerungen gab, an die der König anknüpfen konnte; namentlich in Mallos hatte sich das Volk schon vor dem Erscheinen Alexanders gegen seine bisherigen Unterdrücker erhoben; den blutigen Kampf zwischen der persischen und der Volkspartei entschied und stillte erst Alexanders Erscheinen; er erließ der Stadt, die ihren Ursprung von Argos herleitete wie das makedonische Königshaus, den Tribut, den sie bisher an den Großkönig gezahlt, gab ihr die Freiheit, ehrte ihren Gründer Amphilochos von Argos mit Heroenfeier [2]).

Noch während des Aufenthaltes in Mallos erhielt Alexander die Nachricht, daß der König Dareios mit einem ungeheuren Heere vom Euphrat herangerückt sei, und bereits einige Zeit in der syrischen Stadt Sochoi, zwei Tagereisen von den Pässen

---

1) Arrian. II. 12. 4.

2) Arrian. II. 5. Strabo XIV, p. 676. Daß die Freiheit, die den immerhin hellenischen Städten hier gegeben wurde, nicht die der Westküste Kleinasiens gewesen sein dürfte, wird sich später ergeben. Nach Arrian. II. 20. 2 waren um diese Zeit noch einige Trieren von Soloi und Mallos bei der persischen Flotte.

entfernt stehe [1]). Alexander berief sofort einen Kriegsrath; Alle waren der Meinung, man müsse eiligst aufbrechen, durch die Pässe vorrücken, die Perser, wo man sie auch finde, angreifen. Der König befahl, am folgenden Morgen aufzubrechen. Der Marsch ging von Mallos aus um den tiefeinschneidenden Meerbusen hin nach Issos.

Von Issos führen zwei Wege nach Syrien; der eine, beschwerlichere, geht ostwärts durch die Schluchten und über die Höhen der amanischen Berge; Alexander wählte diesen nicht, seine Soldaten wären durch den Wechsel von Berg und Thal und durch die Unwegsamkeit der Gegend doppelt ermüdet an den Feind gekommen; und er durfte sich nicht früher von der Küste dieser Bucht entfernen, als bis sie ganz in seiner Gewalt und den feindlichen Schiffen gesperrt war. Er rückte, mit Zurücklassung der Kranken, die im Rücken der Armee am sichersten waren, von Issos aus auf der gewöhnlichen und den Griechen durch Xenophons Beschreibung bekannten Straße südwärts an der Meeresküste hin, durch die sogenannten Strandpässe nach der Küstenstadt Myriandros, unfern vom Eingang der syrischen Hauptpässe, um von hier aus mit dem nächsten Morgen in die Ebene von Syrien und nach Sochoi aufzubrechen. Ueber Nacht begann heftiges Unwetter, es waren die ersten Novembertage [2]); Sturm und Regen machten den Aufbruch unmöglich; das Heer blieb im Lager von Myriandros, etwa drei Meilen südwärts

[1]) Rennel hat in der Gegend von Derbesak, ostwärts unter den Pässen von Bailân, dies Sochoi zu finden geglaubt, und offenbar wäre auf diesem so oft zu Schlachten gebrauchten Felde (Strabo XVI, p. 751), ohne Dareios Marsch durch die amanischen Pforten, auch der Kampf mit den Makedonen entschieden worden; die zwei Tagereisen Entfernung von den amanischen Pforten bringt Sochoi etwa dahin, wo Niebuhr Anzas (Azas auf neueren Karten) bezeichnet; es liegt acht Meilen von dem Paß, fünf von Aleppo, am Eingang des sogenannten Blutackers. Onchae bei Curt. IV. 1. 3 (v. l. Unchae, Orchae) wohin nach der Schlacht Dareios auf der Flucht kam, scheint denselben Ort zu bezeichnen.

[2]) Nach Arrian. II. 11. 10 ist die Schlacht bei Issos im Maimakterion geschlagen d. h. etwa zwischen 28. Oct. bis 27. Nov. 333.

der Strandpässe, in wenig Tagen hoffte man den Feind auf der Ebene von Sochoi zur entscheidenden Schlacht zu treffen.

In der That, entscheidend mußte das nächste Zusammentreffen der beiderseitigen Heere werden. Das persische zählte nach Hunderttausenden, unter diesen hellenische Söldner, mit den jüngst unter dem Akarnanen Bianor und dem Thessaler Aristomedes gelandeten 30,000; unter der Masse asiatischen Kriegsvolkes bei hunderttausend Mann schwerbewaffnetes Fußvolk (Kardaker) und die gepanzerten persischen Reiter. Dareios vertraute auf diese Macht, auf seine gerechte Sache, auf seinen Kriegsruhm; er glaubte gern den stolzen Versicherungen seiner Großen und — so wird erzählt — einem Traume kurz vor dem Auszuge aus Babylon, der ihm günstig genug von den Chaldäern gedeutet war; er hatte das makedonische Lager in dem Scheine einer ungeheuren Feuersbrunst, den makedonischen König in persischer Fürstentracht durch Babylons Straßen reiten, dann Roß und Reiter verschwinden sehen. So der Zukunft sicher, war er über den Euphrat gezogen; umgeben von der ganzen kriegerischen Pracht eines „Königs der Könige", begleitet von seinem Hofstaat und Harem, von den Harems der persischen Satrapen und Fürsten, von den Schaaren der Eunuchen und Stummen, zu den Hunderttausenden unter den Waffen eine endlose Karavane geschmückter Wagen, reicher Baldachine, lärmenden Trosses, lagerte er nun bei Sochoi; hier in der weiten Ebene, die ihm Raum gab die erdrückende Uebermacht seines Heeres zu entwickeln und namentlich seine Reitermassen wirksam zu verwenden, wollte er den Feind erwarten, um ihn zu vernichten.

Es soll Arsames gewesen sein, der aus Kilikien flüchtend ins Lager die erste Nachricht von Alexanders Nähe, von dessen Anmarsch brachte; nach dem, was er meldete, schien der Feind über die amanischen Pässe anrücken zu wollen; man erwartete täglich die Staubwolke im Westen. Es verging ein Tag nach dem anderen, man wurde gleichgültig gegen die Gefahr, die nicht näher kam; man vergaß, was schon verloren war; man verspottete den Feind, der das enge Küstenland nicht zu verlassen wage, der wohl ahne, daß die Hufe der persischen Rosse hinreichen würden, seine Macht zu zertreten. Nur zu gern hörte Dareios die übermüthigen Worte seiner Großen: der Makedone werde, eingeschüchtert durch die Nähe der Perser, nicht über Tarsos hinaus gehen, man müsse ihn angreifen, man werde ihn vernichten. Vergebens widersprach der Makedone Amyntas: Alexander werde den Persern nur zu bald entgegenrücken, sein Säumen sei nichts als ein Vorzeichen doppelter Gefahr; um keinen Preis dürfe man sich in die engen Thäler Kilikiens hinabwagen, das Feld von Sochoi sei für die persische Macht das geeignete Schlachtfeld, hier könne die Menge siegen oder besiegt sich retten [1]). Aber Dareios, mistrauisch gegen den Fremdling, der seinen König verrathen, durch die Schmeichelreden seiner Großen und durch die eigenen Wünsche berauscht, endlich durch die Unruhe der Schwäche und durch sein Verhängniß vorwärts getrieben, beschloß die Stellung von Sochoi aufzugeben und den Feind, der ihn meide, aufzusuchen. Das unnöthige Heergeräth, die Harems, der größte Theil des Schatzes, Alles, was den Zug hindern konnte, wurde unter Kophenes, dem Bruder des Pharnabazos, nach Damaskos gesandt, während der König, um den Umweg über Myriandros zu meiden, durch die amanischen Pässe nach Kilikien einrückte und in Issos ankam. Dieß geschah an demselben Tage, da Alexander nach Myriandros gezogen war. Die Perser fanden in Issos die Kranken des makedonischen Heeres, sie wurden unter grausamen Martern umgebracht; die frohlockenden Barbaren meinten, Alexander fliehe vor ihnen; sie glaubten, er sei

---

[1]) Bemerkenswerth ist, daß Arrian (II. 6. 3—6) diese Vorgänge im Rath des Dareios berichtet, um so bemerkenswerther durch die Wendung: *καταπατήσειν τε τῇ ἵππῳ τῶν Μακεδόνων τὴν στρατιὰν ἄλλος ἄλλοθεν αὐτῷ ἐπαίροντες ἐπέλεγον*; genau so hat Demosthenes nach Aischin. III, § 164 von der Schlacht von Issos gesprochen: *ἐπειδὴ πάσῃ τῇ δυνάμει Δαρεῖος καταβεβήκει, ὁ δὲ Ἀλέξανδρος ἦν ἀπειλημμένος ἐν Κιλικίᾳ πάντων ἐνδεὴς ὡς ἔφησθα σύ, αὐτίκα δὲ μάλα ἤμελλεν, ὡς ἦν ὁ παρὰ σοῦ λόγος, συμπατηθήσεσθαι ὑπὸ τῆς Περσικῆς ἵππου κ. τ. λ.*, und dabei habe Demosthenes Briefe vorgezeigt, die das so meldeten.

von der Heimath abgeschnitten, sein Untergang gewiß. Ungesäumt brachen die Völker auf, die fliehenden zu verfolgen.

Allerdings war Alexander abgeschnitten; man hat ihn der Unvorsichtigkeit angeklagt, daß er die amanischen Thore nicht besetzt, daß er keine Besatzung in Issos zurückgelassen, sondern die zurückbleibenden Kranken einem grausamen Feinde Preis gegeben habe; sein ganzes Heer, sagt man, hätte elend untergehen müssen, wenn die Perser eine Schlacht vermieden, das Meer durch ihre Flotte, die Rückzugslinie Alexanders durch eine hartnäckige Defensive gesperrt, jedes Vorrücken durch ihre Reiterschwärme beunruhigt und durch Verwüstungen, wie sie Memnon gerathen, doppelt gefährlich gemacht hätten. Alexander kannte die persische Kriegsmacht; er wußte, daß die Verpflegung von so vielen Hunderttausenden auf seiner Marschlinie und in dem engen Kilikien auf längere Zeit eine Unmöglichkeit sei, daß jenes Heer, nichts weniger als ein organisches Ganze, zu einem System militärischer Bewegungen, durch die er hätte umgarnt werden können, unfähig sei, daß im schlimmsten Falle eine Reihe rascher und kühner Märsche von seiner Seite jene unbehülfliche Masse zum Nachrücken gezwungen, verwirrt, aufgelöst und jedem Ueberfall bloßgegeben hätte. Er hatte nicht erwarten können, daß die Perser das für sie so günstige Terrain aufgeben, daß sie gar in die enge Strandebene am Pinaros vorrücken würden. Dareios hatte es gethan; von flüchtigen Landleuten benachrichtigt, daß Alexander kaum einige Stunden entfernt jenseits der Strandpässe stehe und nichts weniger als auf der Flucht sei, mußte er sich, da er sein ungeheures Heer weder schnell genug zurückziehen konnte, noch es gegen diese Thermopylen Kilikiens vorzuschieben wagte, in der engen Ebene gelagert zu einer Schlacht bereit machen, für die er jetzt die Vortheile des Angriffs dem Feinde überlassen mußte. In der That, hätte es irgend ein Strategem gegeben, den Großkönig zum Aufbruch aus der Ebene von Sochoi und zu dieser folgereichen Bewegung nach Kilikien hinab zu nöthigen, so würde es Alexander, selbst wenn es einen größeren Verlust als den des Lazareths von Issos gegolten hätte, mit Freuden gewagt haben. So unglaublich schien ihm das erste Gerücht von Dareios Nähe, daß er einige Officiere auf einer Jacht an der Küste entlang fahren ließ, um sich von der wirklichen Nähe des Feindes zu überzeugen.

Einen anderen Eindruck machte dasselbe Gerücht auf die Truppen Alexanders [1]); sie hatten dem Feinde in einigen Tagen und auf offenem Felde zu begegnen gehofft; jetzt war Alles unerwartet und übereilt; jetzt stand der Feind in ihrem Rücken, schon morgen sollte gekämpft werden; man werde, hieß es, was man schon besessen, dem Feinde durch eine Schlacht entreißen, jeden Schritt rückwärts mit Blut erkaufen müssen; vielleicht aber seien die Pässe schon besetzt und gesperrt, vielleicht müsse man sich, wie einst die Zehntausend, durch das Innere Asiens durchschlagen, um statt Ruhm und Beute, kaum das nackte Leben in die Heimath zu bringen; und das alles, weil man nicht vorsichtig vorgerückt sei; man halte den gemeinen Soldaten nicht werth, und gebe ihn, wenn er verwundet zurückbleibe, seinem Schicksal und den Feinden Preis. So und ärger noch murrten die Soldaten, während sie ihre Waffen putzten und ihre Speere schärften, weniger aus Muthlosigkeit, als weil es anders, wie sie erwartet hatten, gekommen war, und um sich des unbehaglichen Gefühls, das die tapfersten Truppen bei der Nähe einer lange erwarteten Entscheidung ergreift, mit lautem Scheltworte zu entschlagen.

Alexander kannte die Stimmung seiner Truppen; ihn beunruhigte diese Ungebundenheit nicht, die der Krieg erzeugt und fordert. Sobald ihm jene Officiere von dem, was sie gesehn, Bericht erstattet hatten, namentlich daß die Ebene von der Pinarosmündung bis Issos mit Zelten bedeckt, daß Dareios in der Nähe sei, berief er die Strategen, Ilarchen und Befehlshaber der Bundesgenossen, theilte ihnen die empfangenen Meldungen mit, zeigte, daß unter allen denkbaren Möglichkeiten die jetzige Stellung des Feindes den sichersten Erfolg verspreche;

---

[1]) Daß diese Angaben bei Curtius (III. 9. 20) historischen Grund haben, sieht man aus dem Anfang der Rede Alexanders bei Arrian. II. 7. 3: θαῤῥεῖν παρεκάλει u. s. w.

der Schein, umgangen zu sein, so läßt ihn Arrian sagen, werde sie nicht beirren; sie hätten zu oft rühmlich gekämpft, um den Muth bei scheinbarer Gefahr sinken zu lassen; stets Sieger, gingen sie stets Besiegten entgegen; Makedonen gegen Meder und Perser, erfahrene, unter den Waffen ergraute Krieger gegen die längst der Waffen entwöhnten Weichlinge Asiens, freie Männer gegen Sklaven, Hellenen, die für ihre Götter und ihr Vaterland freiwillig kämpften, gegen entartete Hellenen, die für nicht einmal hohen Sold ihr Vaterland und den Ruhm ihrer Vorfahren verriethen, die streitbarsten und freiesten Autochthonen Europas gegen die verächtlichsten Stämme des Morgenlandes, kurz, Kraft gegen Entartung, das höchste Wollen gegen die tiefste Ohnmacht, alle Vortheile des Terrains, der Kriegskunst, der Tapferkeit gegen persische Horden, könne da der Ausgang des Kampfes zweifelhaft sein? Der Preis dieses Sieges aber sei nicht mehr eine oder zwei Satrapien, sondern das Perserreich; nicht die Reiterschaaren und Söldner am Granikos, sondern ein Reichsheer Asiens, nicht persische Satrapen, sondern den Perserkönig würden sie besiegen; nach diesem Siege bleibe ihnen nichts weiter zu thun, als Asien in Besitz zu nehmen, und sich für alle Mühsale zu entschädigen, die sie gemeinsam durchgekämpft. Er erinnerte an das, was sie gemeinsam ausgeführt, er erwähnte, wie die Einzelnen bei den Actionen bisher sich ausgezeichnet hatten, sie mit ihren Namen nennend [1]). Das und vieles Andere, was vor der Schlacht im Munde des tapferen Feldherrn tapfere Männer anzufeuern geeignet ist, sprach Alexander mit der ihm eigenthümlichen Hoheit und Begeisterung; Niemand, den nicht des jugendlichen Helden Worte ergriffen hätten; sie drängten sich heran, ihm die Hand zu reichen und

[1]) Arrian fügt mit einem λέγεται hinzu (II. 7. 8), daß Alexander auch des Xenophon und der Zehntausend erwähnt habe. Aus dieser Wendung könnte man schließen wollen, daß die Rede im Uebrigen — sie ist erzählt, nicht als Rede eingelegt — aus Ptolemaios und im Wesentlichen ächt sei. Warum die Rede weder so von Alexander gehalten, noch von Ptolemaios componirt sein kann, versucht die im Anhang mitgetheilte Untersuchung über die Quellen zu erweisen.

ein tapferes Wort hinzuzufügen. Sie verlangten, gleich aufzubrechen, gleich zu kämpfen [1]). Alexander entließ sie mit dem Befehl, zunächst dafür zu sorgen, daß die Truppen gehörig abkochten, einige Reiter und Bogenschützen nach den Strandpässen vorauszuschicken, um den Weg zu recognosciren und jene zu besetzen, mit den übrigen Truppen für den Abend zum Marsch bereit zu sein.

Am späten Abend brach das Heer auf, erreichte um Mitternacht die Pässe, machte bei den Felsen Halt, um etwas zu ruhen, während die geeigneten Vorposten vorgeschoben waren. Mit der Morgenröthe wurde aufgebrochen, durch die Pässe in die Strandebene zu ziehn [2]).

Diese Ebene erstreckt sich von den Strandpässen etwa zwei Meilen nordwärts bis zur Stadt Issos; auf der Westseite vom Meere, auf der Ostseite von den zum Theil hohen Bergen eingeschlossen, erweitert sie sich, je mehr sie sich von den Pässen entfernt. In der Mitte, wo sie über eine halbe Meile breit ist [3]), durchströmt sie südwestwärts ein kleiner Gebirgsfluß,

---

[1]) Arrian. II. 7. 3: *ἄλλος ἄλλοθεν δεξιούμενοί τε τὸν βασιλέα καὶ τῷ λόγῳ ἐπαίροντες ἄγειν ἤδη ἐκέλευον.*

[2]) In einem angeblichen Briefe des Kardianers Eumenes an Antipatros wird erzählt: Am Morgen vor der Schlacht kam Hephaistion in des Königs Zelt, und entweder vergaß er sich, oder er war, wie ich selbst, aufgeregt, oder ein Gott gab es ihm in den Mund, kurz, er sagte: „behüt dich Gott (*ὑγίαινε*), o König! es ist Zeit!“ Als über diesen sehr unpassenden Gruß Alle sehr beunruhigt und Hephaistion voll Schaam und Bekümmerniß war, sprach Alexander: „ich nehme, o Hephaistion, den Gruß als freudiges Zeichen an; er verheißt mir, daß uns ein Gott behüten und wir wohlbehalten aus der Schlacht zurückkehren werden“. Lucian. pro lapsu in salutando § 8. Nach Curt. III. 8. 21 hat Alexander während der Nacht auf einer Höhe am Wege unter großer Fackelbeleuchtung ein Opfer gebracht; gewiß das sicherste Mittel, dem kaum eine Meile entfernten Feinde seine Nähe und daß das Heer noch nicht den Paß hinter sich habe, anzukündigen.

[3]) Kallisthenes bei Polyb. XII rechnet die Breite der Ebene auf vierzehn Stadien. Angenommen auch, daß die Zahlen des persischen Heeres übertrieben sind, nicht einmal die makedonische Front hat auf diesem Raume Platz, wie Polybios zur Genüge nachweiset; übrigens reichte die beiderseitige

der Pinaros, dessen nördliche Ufer zum Theil abschüssig sind; er kommt nordöstlich aus den Bergen, die, seinen Lauf begleitend, auf seinem Südufer eine bedeutende Berghöhe in die Ebene vorschicken, so daß sich mit dem Laufe des Pinaros die Ebene etwas bergein fortsetzt. In einiger Entfernung nordwärts vom Pinaros begann das persische Lager.

Sobald Dareios Nachricht erhielt, daß Alexander zu den Strandpässen zurückgekehrt, daß er bereit sei, eine Schlacht anzubieten und bereits anrücke, wurde so schnell und so gut es sich thun ließ, die persische Heeresmasse geordnet. Freilich war das sehr beschränkte Terrain der Uebermacht nicht günstig, desto mehr schien es zu einer nachhaltigen Defensive geeignet; der Pinaros mit seinen abschüssigen Ufern war wie Wall und Graben, hinter dem sich die Masse des Heeres ordnen sollte. Um dieß ohne alle Störung bewerkstelligen zu können, ließ Dareios 30,000 Reiter und 20,000 Mann leichtes Fußvolk über den Fluß gehen, mit der Weisung, sich demnächst rechts und links auf die Flügel der Linie zurückzuziehen. Sodann wurde die Linie des Fußvolkes so geordnet, daß die 30,000 hellenischen Söldner unter Thymondas den rechten Flügel bildeten [1]), den linken 60,000

Schlachtordnung bis auf die Vorberge hinauf. Die Lokalität ergiebt sich aus Rennels Untersuchungen und Kinneirs Angaben (Journey, p. 136 sqq.); auch die Zeitungen des Jahres 1832 enthalten in den Berichten des Pascha von Aegypten, vom 1., 2. und 3. August, manche Notiz. Die oft genannten Pässe, über die Alexander zurückging, sind die der jetzt zerstörten Burg Merkes, längs dem Strande; dieselben, die Xenoph. Anab. I. 4. 4 genau beschreibt: drei Stadien lang, am Eingang und Ausgang Mauern von den Bergen zum Meer hinab, in der Mitte zwischen ihnen ein Wasser, der Kersos. Von Issos bis zu diesen Pässen sind 5 Parasangen (150 Stadien). Bei Merkes ist nach der Aufnahme der englischen Seekarte, die mir vorliegt, die Strandebene $1/4$ Meile breit, sie verengt sich dann wieder, erst in der Nähe des Pinaros treten die Höhen zurück und es öffnet sich die Ebene bis zu $1/2$ Meile Breite von der See bis zu dem Fuß der Berge.

[1]) Bei Arrian. II. 8. 6 ist zwischen *πρώτους ἔταξεν*, was nur die Stellung der hellenischen Söldner auf dem rechten Flügel bezeichnen kann und dem *ἐπὶ δὲ τούτοις ἔνθεν καὶ ἔνθεν* in Betreff der Kardaker ein

Kardaker; andere 20,000 Kardaker [1]) wurden weiter links bis auf die Höhe geschoben, bestimmt, den rechten Flügel Alexanders zu gefährden; sobald die Makedonen zum Angriff an den Pinaros gerückt waren, stand wenigstens ein Theil jenes Corps im Rücken des rechten Flügels. Der enge Raum gestattete persischer Seits nur, die bezeichneten Truppen zur unmittelbaren Theilnahme an der Schlacht zu bestimmen; die Mehrzahl der Völker, aus leichtem und schwerem Fußvolk bestehend, rückte hinter der Linie colonnenweise auf, so daß immer neue Truppen ins Treffen geführt werden konnten. Nachdem so Alles geordnet war, wurde den vorgeschickten Reiterschwärmen das Zeichen zum Rückzuge gegeben; sie vertheilten sich rechts und links auf die Flügel; aber das Terrain schien auf dem linken den Gebrauch der Reiterei unmöglich zu machen, weshalb auch die dorthin Bestimmten auf den rechten Flügel verlegt wurden, so daß nun der Küste zunächst die gesammte Reiterei, die eigentlich persische Macht, unter Führung des Nabarzanes vereint war. Dareios selbst nahm nach der persischen Sitte auf seinem Schlachtwagen im Centrum der gesammten Linie seine Stellung, umgeben von einer Reiterschaar der edelsten Perser, die sein Bruder Oxathres befehligte. Der Schlachtplan war, daß das Fußvolk seine Stellung hinter dem Pinaros behaupten sollte, zu welchem Ende die weniger steilen Stellen des Ufers mit Verschanzungen ausgefüllt wurden; auf dem rechten Flügel dagegen sollte die persische Reiterei sich mit aller Gewalt auf den linken Flügel der Makedonen werfen, während die Truppen von den Bergen her den Feinden in den Rücken fielen [2]).

Widerspruch, den die Angaben des Curtius zu Gunsten des πρώτους zu entscheiden scheinen.

[1]) Nach Curt. III. 9. 3 führte diese Aristomedes aus Pherai.

[2]) Die Stellung des persischen Heeres ist dunkel genug, indeß ergiebt sich die obige Darstellung aus Arrian und den Irrthümern des Kallisthenes. Bei Curtius beginnen die persischen Reiter des rechten Flügels das Gefecht gegen die thessalische Ritterschaft; sie sind also rechts von den hellenischen Söldnern aufgerückt. Curtius III. 9. 1: Nabarzanes equitatu dextrum cornu tuebatur . . . in eodem Thymondes Graecis praepositus; daß

Alexander seiner Seits hatte, sobald das Terrain freier wurde, aus seiner Marschcolonne, in der das schwere Fußvolk, die Reiterei, die Leichtbewaffneten nach einander heranzogen, das schwere Fußvolk rechts und links in Schlachtlinie zu sechszehn Mann Tiefe aufrücken lassen [1]); beim weiteren Vorrücken öffnete sich die Ebene mehr und mehr, so daß auch die Reiterei, auf dem linken Flügel die der hellenischen Bündner und die Geworbenen aus Elis, auf dem rechten, der wie gewöhnlich den Angriff machen sollte, die thessalische und makedonische, aufreiten konnte. Schon erkannte man in der Ferne die lange Linie des Perserheeres; die Höhen zur Rechten sah man mit feindlichem Fußvolke bedeckt, man bemerkte, wie sich eben vom linken Flügel der Feinde große Schwärme Reiterei längs der Schlachtlinie hinabzogen, um sich auf dem rechten feindlichen Flügel, wo das Terrain freier war, wie es schien, zu einem großen Reiterangriff zu vereinen. Alexander befahl den thessalischen Ilen, hinter der Front, damit der Feind es nicht sähe, nach dem linken Flügel hinabzutraben, und zunächst nach den kretischen Bogenschützen und den Thrakern des Sitalkes, die eben jetzt in die Schlachtlinie links bei den Phalangen aufrückten, einzuschwenken; er befahl Parmenion, der den linken Flügel commandirte, mit den geworbenen Reitern von Elis, die nun links auf die Thessaler folgten, sich so dicht als möglich an das Meer zu halten, da-

---

der Großkönig in der Mitte der Schlachtordnung war, sagt Kallisthenes (fr. 33) und Arrian (II. 8. 11); nach Curtius umgiebt ihn seine Leibwache von 3000 auserlesenen Reitern und 40,000 Mann Fußvolk. Ueber die Ausdehnung der persischen Linie läßt sich nichts Sicheres erkennen; die 30,000 griechischen Söldner auf ihrem rechten Flügel brauchten wohl die volle Hälfte der Strandebene zu ihrer Aufstellung.

[1]) Arrian. II. 8. 5 nennt nur 5 Taxen der Phalanx, es fehlt die des Krateros, den er als Befehlshaber des linken Flügels der Taxen nennt. Auch Curt. III. 9. 7 nennt des Krateros Phalanx nicht. Es ist schwer zu glauben, daß der König zur Schlacht nicht seine sechs Taxen zur Stelle gehabt, daß er eine ganze Taxis abcommandirt oder in Besatzungen aufgelöst haben sollte; selbst die 3000 vor Halikarnaß Zurückgelassenen waren nicht Makedonen, sondern ξένοι.

mit die Schlachtlinie nicht von der Seeseite her umgangen werde. Auf seinem rechten Flügel ließ er rechts von der makedonischen Ritterschaft die Ilen der Sarissophoren unter Protomachos, die Paionen unter Ariston, die Bogenschützen unter Antiochos aufrücken. Gegen die auf den Bergen in seiner Rechten aufgestellten Kardaker formirte er aus den Agrianern unter Attalos, einem Theil der Bogenschützen und einigen Reitern eine zweite Front, die gegen die Schlachtlinie einen Winkel bildete [1]).

Je näher man dem Pinaros kam, desto deutlicher erkannte man die bedeutende Ausdehnung der feindlichen Linie, die weit über den rechten Flügel des makedonischen Heeres hinaus reichte; der König hielt für nöthig, zwei von den makedonischen Ilen, die des Peroidas und Pantordanos, hinter der Front nach dem äußersten Flügel vorzuschieben; er konnte schon in die Schlachtlinie statt ihrer die Agrianer, die Bogenschützen und Reiter des Seitencorps ziehn; denn ein heftiger Angriff, den sie auf die ihnen gegenüber stehenden Barbaren gemacht, hatte diese geworfen und sich auf die Höhen zu flüchten genöthigt, so daß jetzt jene dreihundert Hetairen hinreichend schienen, sie fern zu halten und die Bewegungen der Schlachtlinie von dieser Seite her zu sichern.

Mit diesem Aufmarsch, wie er sich ohne Hast, mit kleinen Pausen zum Ausruhen, vollzog, hatte Alexander nicht bloß jenes in seine Rechte vorgeschobene Flankencorps des Feindes weit seitab gedrängt; er hatte zugleich rechts mit dem leichten Volk zu Fuß und zu Roß seine Linie über den linken Flügel des Feindes hinaus gerückt, so daß dasselbe den Stoß, den er mit den Ilen der Hetairen zu führen gedachte, decken und die Spitze der feindlichen Linken beschäftigen konnte, bis er sich auf das Centrum des Feindes gestürzt hatte, ihm zur Linken die Hypaspisten, die nächsten Phalangen, ihm folgend. War das Centrum des Feindes gebrochen, so hoffte er dessen rechten Flügel, der durch die helle-

---

[1]) Diese Formation im Winkel, *ἐς ἐπικαμπὴν πρὸς τὸ ὄρος* Arr. II. 9. 2 (en potence) muß zugleich zur Charakteristik des Terrains dienen.

nischen Söldner und die Reitermassen ein entschiedenes Uebergewicht über Parmenions Flügel hatte, gleichzeitig mit seinen Ilen in der Flanke, mit seinen Hypaspisten in der Front zu fassen und zu vernichten. Er konnte voraussehen, daß sein erster Stoß um so entscheidender wirken werde, da der Großkönig sich nicht bei der Reiterei auf dem rechten Flügel, die persischer Seits den Hauptangriff hätte machen können, sondern im Mittelpunkt der Defensive befand, die, wenn schon durch die natürlichen Uferwände des Pinaros und durch Erdaufschüttungen geschützt, einem scharfen Angriff nicht widerstehen zu können schien.

Alexander ließ seine Linie langsam vorrücken, um mit größter Ordnung und durchaus geschlossen auf den Feind einbrechen zu können. Er ritt an der Fronte entlang, sprach zu den einzelnen Abtheilungen, rief diesen, jenen der Führer mit Namen an, erwähnend, was sie schon Rühmliches gethan; überall jauchzten ihm die Schaaren zu, forderten, nicht länger zu zögern, den Angriff zu beginnen. Sobald sich die ganze Linie in geschlossener Ordnung auf Pfeilschußweite den Feinden genähert hatte, warf sich Alexander unter dem Schlachtrufe des Heeres mit seiner Ritterschaft in den Pinaros; ohne von dem Pfeilhagel des Feindes bedeutenden Verlust zu erleiden, erreichten sie das jenseitige Ufer, stürzten sich mit solcher Gewalt auf die feindliche Linie, daß diese nach kurzem vergeblichen Widerstande sich zu lösen und zu weichen begann. Schon sah Alexander des Perserkönigs Schlachtwagen, er drang auf diesen vor; es entspann sich das blutigste Handgemenge zwischen den edlen Persern, die ihren König vertheidigten, und den makedonischen Rittern, die ihr König führte; es fielen Arsames, Rheomithres, Atizyes, der ägyptische Satrap Sabakes; Alexander selbst ward im Schenkel verwundet; desto erbitterter kämpften die Makedonen; dann wandte Dareios seinen Wagen aus dem Getümmel, ihm folgten die nächsten Reihen, die links gegen die Höhe vorgeschobenen; bald war hier die Flucht allgemein. Die Paionen, die Agrianer, die beiden Ilen des äußersten makedonischen Flügels stürzten sich von rechts her auf die verwirrten Haufen und vollendeten an dieser Seite den Sieg.

Indeß hatte dem heftigen Vorrücken Alexanders das schwere Fußvolk der Mitte nicht in gleicher Linie folgen können, so daß da Lücken entstanden, die der Eifer, nachzukommen, schon durch die steilen Ufer des Pinaros gehemmt, nur vergrößerte; als Alexander schon in dem Centrum der Feinde wüthete und ihr linker Flügel wankte, eilten die Hellenen des Perserheeres sich auf die makedonischen Hopliten, denen sie sich an Muth, Waffen und Kriegskunst gewachsen wußten, da, wo in deren Linie die größte Lücke war, zu werfen. Es galt, den schon verlorenen Sieg wieder zu gewinnen; gelang es, die Makedonen wieder von dem steilen Ufer zurück und über den Fluß zu drängen, so war Alexander in der Flanke entblößt und so gut wie verloren. Diese Gefahr feuerte die Pezetairen zu doppelter Anstrengung an; sie hätten den Sieg, den Alexander schon gewonnen, Preis gegeben, wenn sie wichen. Den Kampf des gleichen Muthes und der gleichen Kraft machte der alte Haß zwischen Hellenen und Makedonen noch blutiger; man wüthete doppelt, weil der Feind des Feindes Fluch und Todesseufzer verstand. Schon waren Ptolemaios, des Seleukos Sohn, der die vorletzte Taxis führte, zahlreiche Officiere [1]) gefallen; nur kaum noch, mit äußerster Anstrengung hielt man hier das Gefecht, das sich in der Nähe des Gestades bereits für die Perser zu entscheiden schien.

Nabarzanes mit den persischen Reitern war über den Pinaros gesetzt und hatte sich mit solchem Ungestüm auf die thessalischen Reiter geworfen, daß eine der Ilen ganz zersprengt wurde, die anderen sich nur durch die Gewandtheit ihrer Pferde, sich immer wieder von Neuem rasch sammelnd und bald da, bald dort dem Feinde mit neuem Choc zuvorkommend, zu behaupten vermochten; es war nicht möglich, daß sie auf die Dauer der Uebermacht und der Wuth der persischen Reiter

1) *καὶ ἄλλοι ἐς εἴκοσι μάλιστα καὶ ἑκατὸν τῶν οὐκ ἠμελημένων Μακεδόνων* Arrian. II. 10. 7. Da dieser Ptolemaios Somatophylax ist (Arrian. I. 24. 1), so wird er zur Führung der Phalanx — es ist die, welche Philippos am Granikos führte — commandirt gewesen sein.

widerstanden. Aber schon war der linke Flügel der Perser gebrochen, und Dareios suchte, statt in der Schlacht und bei seinen Getreuen, sein Heil in der Flucht. Alexander sah seine Phalangen in Gefahr; er eilte, sie zu retten, ehe er den flüchtigen König weiter verfolgte; er ließ seine Hypaspisten links schwenken und den griechischen Söldnern, während die Hopliten der Phalanx von Neuem ansetzten, in die Flanke fallen, die, unfähig dem Doppelangriff zu widerstehen, geworfen, zersprengt, niedergemacht wurden. Die Massen hinter ihnen, die als Reserve hätten dienen und nun den Kampf aufnehmen können, waren der Flucht des Großkönigs gefolgt. Die Reiter des Nabarzanes, die noch im heißesten Kampf und im Vordringen waren, erreichte jetzt das Geschrei: „der König flieht"; sie begannen zu stocken, sich zu lockern, zu fliehen; von den Thessalern verfolgt jagten sie über die Ebene. Alles stürzte den Bergen zu, die Schluchten füllten sich; das Gedränge aller Waffen und Nationen, der zermalmende Hufschlag der stürzenden Pferde, das Geschrei der Verzweifelnden, die mörderische Wuth ihrer Todesangst unter den Klingen und Spießen der verfolgenden Makedonen und deren jubelndes Siegesgeschrei, — das war das Ende des glorreichen Tages von Issos.

Der Verlust der Perser war ungeheuer, der Wahlplatz mit Leichen und Sterbenden bedeckt, die Schluchten des Gebirges mit Leichen gesperrt, und hinter dem Wall von Leichen des Königs Flucht sicher.

Dareios, der, sobald Alexanders erster Angriff glückte, sein Viergespann gewendet hatte, war durch die Ebene bis zu den Bergen hingejagt; dann hemmte der jähe Boden die Eile, er sprang vom Wagen, ließ Mantel, Bogen und Schild zurück und warf sich auf eine Stute, die zu ihrem Füllen im Stall mit der Eile, die Dareios verlangte, heimjagte. Alexander setzte ihm nach, so lange es Tag war; den Großkönig zu fangen, schien der Siegespreis des Tages; er fand in der Schlucht dessen Schlachtwagen, Schild, Mantel, Bogen; mit diesen Trophäen kehrte er ins Lager der Perser zurück, das ohne

Kampf von seinen Leuten besetzt und zur Nachtruhe eingerichtet war [1]).

Die Beute, die man machte, war, außer dem üppigen Prunke des Lagers und den kostbaren Waffen der persischen Großen, an Geld und Geldeswerth nicht bedeutend, da die Schätze, die Feldgeräthschaften, die Hofhaltungen des Großkönigs und der Satrapen nach Damaskos gesendet waren [2]). Aber die Königin-Mutter Sisygambis, die Gemahlin des Dareios und deren Kinder fielen mit dem Lager, in dem sie über die Verwirrung der Flucht vergessen waren, in des Siegers Hand. Als Alexander, vom Verfolgen zurückgekehrt, mit seinen Officieren im Zelte des Dareios zu Nacht aß, hörte er das Wehklagen und Jammern weiblicher Stimmen in der Nähe und erfuhr, daß es die königlichen Frauen seien, die Dareios für todt hielten, weil sie gesehen, wie sein Wagen, sein Bogen und Königsmantel im Triumph durch das Lager gebracht war; sogleich sandte er Leonnatos, einen der Freunde, an sie, mit der Versicherung: Dareios lebe, sie hätten nichts zu fürchten, er sei weder ihr noch Dareios persönlicher Feind, es handele sich im ehrlichen Kampf um Asiens Besitz, er werde ihren Rang und ihr Unglück zu ehren wissen [3]). Er hielt ihnen sein Wort; nicht allein, daß sie die Schonung genossen, die dem Unglück gebührt, auch die Ehrerbietung, an die sie in den Tagen des Glückes gewöhnt waren, wurde ihnen nach wie vor gezollt, der Dienst um sie nach persischer Sitte fortgesetzt. Alexander wollte sie nicht als Kriegs-

---

1) Nach Diod. XVII. 37 hat Alexander 200 Stadien weit verfolgt. Die Stadt Nikopolis, die er am Ostausgang der amanischen Päſſe gründete, mag die Stelle bezeichnen, bis zu der er verfolgte. Mir wird mitgetheilt, daß Prof. Haußknecht in dem heutigen Ort Nebul die Trümmer der alten Siegesstadt wieder entdeckt hat.

2) Arrian. II. 11. 10 giebt dieß erbeutete Geld auf „nicht mehr als 3000 Talente“ an; er meint Silbertalente.

3) Ausdrücklich bemerkt Arrian (II. 12. 5), daß so Ptolemaios und Aristobulos berichten; die Bezeichnung ἕνα τῶν ἑταίρων zeigt, daß Leonnat noch nicht einer der sieben Leibwächter war, wie man aus Diodor. XVI. 94 vermuthen könnte.

gefangene, sondern als Königinnen gehalten, er wollte über den Unterschied von Griechen und Barbaren die Majestät des Königthums gestellt sehen. Hier zuerst wurde erkennbar, wie er sein Verhältniß zu Persien zu gestalten dachte. Unter gleichen Umständen hätten die Athener und Spartaner ihren Haß oder ihre Habgier das Schicksal der feindlichen Fürstinnen bestimmen lassen; Alexanders Benehmen war eben so sehr ein Beweis freierer oder doch weiterblickender Politik, wie sie für seinen hochherzigen Sinn zeugt. Seine Zeitgenossen priesen diesen, weil sie oder so lange sie jene nicht begriffen; fast keine That Alexanders haben sie mehr bewundert, als diese Milde, wo er den stolzen Sieger, diese Ehrerbietung, wo er den Griechen und den König hätte zeigen können; denkwürdiger als Alles schien ihnen, daß er, darin größer als sein großes Vorbild Achill, das Recht des Siegers auf des Besiegten Gemahlin, die doch für die schönste aller asiatischen Frauen galt, geltend zu machen verschmähte; von ihrer Schönheit auch nur zu sprechen, wo er nahe war, verbot er, damit auch nicht ein Wort den Gram der edlen Frau vermehre. Man erzählte nachmals, der König sei, nur von seinem Lieblinge Hephaistion begleitet, in das Zelt der Fürstinnen gekommen, dann habe die Königin-Mutter, ungewiß, wer von beiden gleich glänzend gekleideten Männern der König sei, sich vor Hephaistion, der höher von Gestalt war, in den Staub geworfen, nach persischer Sitte anzubeten; aber da sie, durch Hephaistions Zurücktreten über ihren Irrthum belehrt, in der höchsten Bestürzung ihr Leben verwirkt geglaubt, habe Alexander lächelnd gesagt: „du hast nicht geirrt, auch der ist Alexander“; dann habe er den sechsjährigen Knaben des Dareios auf den Arm genommen, ihn geherzt und geküßt [1]).

---

[1]) Diese Erzählung, die sehr oft in den alten Autoren erwähnt wird, wäre besonders darum zweifelhaft, weil Alexander in einem, wahrscheinlich etwas später geschriebenen Briefe (Plut. c. 28) versichert, nie die Gemahlin des Dareios gesehen zu haben; eine Angabe, die Plut. de Curios. und Athen. XIII, p. 603 wiederholen; wäre nur an die Aechtheit jenes Briefes zu glauben.

Der Verlust des makedonischen Heeres in dieser Schlacht wird auf 300 Mann vom Fußvolk, 150 Reiter angegeben [1]). Der König selbst war am Schenkel verwundet. Trotzdem besuchte er am Tage nach der Schlacht die Verwundeten; er ließ die Gefallenen mit allem militärischen Gepränge, indem das ganze Heer wie zur Schlacht ausrückte, bestatten; die drei Altäre am Pinaros wurden ihr Denkmal [2]), die Stadt Alexandreia am Eingange der syrischen Pässe das Denkmal des großen Tages von Issos, der mit einem Schlage die persische Macht vernichtet hatte.

Von dem persischen Heere sollen gegen 100,000 Mann, darunter 10,000 Reiter, umgekommen sein. Daß es auf seinem linken Flügel zuerst geschlagen, nach dem Meere zu aufgerollt war, hatte die Reste desselben völlig zersprengt. Die Masse flüchtete über die Berge nach dem Euphrat; andere Haufen waren nordwärts in die kilikischen Berge geflohen und hatten sich von da nach Kappadokien, Lykaonien, Paphlagonien geworfen; theils Antigonos von Phrygien, theils Kalas von Kleinphrygien bewältigte sie [3]). Von den hellenischen Söldnern retteten sich etwa 8000 vom Schlachtfelde über die amanischen Berge nach Syrien [4]), erreichten, von Amyntas, dem makedonischen Flüchtling, geführt, in ziemlich geordnetem Rückzuge Tripolis, wo am Strande noch die Trieren lagen, auf denen sie gekommen waren; sie besetzten von diesen so viele, als zu ihrer Flucht nöthig waren, verbrannten

---

[1]) So Diodor. XVII. 36; nach Justin 130 zu Fuß und 150 Reiter; nach Curtius (III. 11. 27) 32 vom Fußvolk, 150 Reiter, 504 Verwundete. Wenn nach Arrian allein auf dem Flügel Parmenions von den Hopliten 120 Mann *τῶν οὐκ ἠμελημένων* fielen, so muß die Gesammtzahl der Todten auf makedonischer Seite bedeutend größer gewesen sein; und die Zahl der Verwundeten darf man auf 8—10mal so viel annehmen.

[2]) Cic. ad. Fam. XV. 4. 9 ad Attic. V. 20. 3. Das Datum der Schlacht giebt Arrian. II. 11. 10: *ἐπὶ ἄρχοντος Ἀθηναίοις Νικοκράτους μηνὸς Μαιμακτηριῶνος*, der nach Idelers Berechnung ungefähr dem November 333 entspricht.

[3]) Curt. IV. 1. 14; Diodor. XVII. 48.

[4]) Natürlich nicht über Myriandros, sondern wohl auf dem Wege am Orontes hinauf.

die anderen, um sie nicht den Feinden in die Hände fallen zu lassen, fuhren dann nach Kypros hinüber [1]). Andere mögen auf andern Wegen die See erreicht haben und nach dem Tainaron gezogen sein, neue Dienste zu suchen. Mit denen auf Kypros wandte sich Amyntas nach Pelusion, dort des bei Issos gefallenen Satrapen Sabakes Stelle, mit der bereits der Perser Mazakes betraut war, an sich zu bringen. Schon war er bis vor die Thore von Memphis vorgedrungen, schon Herr des wichtigsten Theiles von Aegypten, als seine Söldner, durch ihre frechen Plünderungen verhaßt und wieder, um zu plündern, in der Gegend zerstreut, von den Aegyptern, die der Satrap aufgerufen, überfallen und sämmtlich, Amyntas mit ihnen, erschlagen wurden.

Dareios selbst hatte auf seiner Flucht bis Onchai die Reste seines persischen Volkes und etwa 4000 hellenische Söldner gesammelt und mit diesen in unablässiger Eile seinen Weg nach Thapsakos fortgesetzt, bis er hinter dem Euphrat sich vor weiterer Gefahr sicher glaubte. Mehr als der Verlust der Schlacht und einiger Satrapien mochte der der Seinigen, mehr als die Schande der Niederlage und der Flucht die Schande, der er seine Gemahlin, die schönste Perserin, in den Händen des stolzen Feindes Preis gegeben fürchtete, sein Herz kränken; und indem er über sein häusliches Unglück und seinen Kummer wohl die Gefahr und Ohnmacht, seines Reiches, aber nicht seinen erhabenen Rang vergaß, glaubte er Großes zu thun, wenn er dem Sieger in großmüthiger Herablassung einen ersten Schritt entgegenkam. Er schickte bald nach der Schlacht Gesandte an

---

[1]) Nach Curt. IV. 1. 25 führte Amyntas 4000 Griechen flüchtend nach Tripolis und weiter nach Kypros; nach Diodor. XVII. 48 nimmt Agis von Sparta 8000 von den Söldnern, die sich von Issos gerettet haben, in Sold, während Amyntas mit 4000 nach Tripolis und weiter nach Kypros geht, wo er mehr Söldner anwirbt. Arrian sagt, was im Text angegeben ist, Amyntas des Antiochos Sohn, Thymondas des Mentor Sohn, Aristomedes von Pherai, Bianor der Akarnane, *ξύμπαντες οὗτοι αὐτόμολοι*, seien die Führer dieser Flüchtlinge gewesen.

Alexander mit einem Schreiben [1]), das darlegte, wie dessen Vater Philipp mit dem Großkönig Artaxerxes in Freundschaft und Bundesgenossenschaft gestanden, aber nach dessen Tod gegen den Großkönig Arses zuerst und ohne den geringsten Anlaß von Seiten Persiens Feindseligkeiten begonnen, wie dann bei dem erfolgten neuen Thronwechsel in Persien Alexander selbst versäumt habe, an ihn, den König Dareios, Gesandte zu senden, um die alte Freundschaft und Bundesgenossenschaft zu befestigen, vielmehr mit Heeresmacht nach Asien eingebrochen sei und den Persern vieles und schweres Unglück bereitet habe; deshalb habe er, der Großkönig, seine Völker versammelt und wider ihn geführt; da der Ausgang der Schlacht wider ihn entschieden habe, so fordere er, der König, von ihm, dem Könige [2]), seine Gemahlin, seine Mutter und Kinder, die kriegsgefangen seien, ihm zurückzugeben; er erbiete sich, Freundschaft und Bundesgenossenschaft mit ihm zu schließen; er fordere ihn auf, die Ueberbringer dieser Botschaft, Meniskos und Arsimas, durch Bevollmächtigte zurückbegleiten zu lassen, um die nöthigen Gewährleistungen zu geben und zu empfangen.

Auf dieses Schreiben und die anderweitigen mündlichen Eröffnungen der königlichen Botschafter antwortete Alexander in einem Schreiben, das er seinem Gesandten Thersippos, welcher

---

1) Dieser Brief, so wie die Antwort Alexanders bei Arrian (II. 14) ist wohl authentisch, sonst würde nicht der König Ochos, wie ihn das Antwortschreiben nennt, in dem Briefe des Dareios mit dem königlichen Namen Artaxerxes genannt sein. Von etwas anderer Fassung ist das Schreiben gewesen, das Curt. IV. 1. 8 vorgelegen hat, wieder von anderer das von Plut. Alex. 29 erwähnte. Und das Itin. Alex., das sonst meist nur Arrian wiedergiebt, hat c. 39 das Erbieten von 10,000 Talenten, wie Plutarch, der außerdem noch den Antrag der Vermählung Alexanders mit einer Tochter des Dareios und der Abtretung des Landes bis zum Euphrat hinzufügt.

2) *αὐτὸς βασιλεὺς παρὰ βασιλέως*. Curt. IV. 17 sagt: praecipue eum movit quod Darius sibi regis titulum, nec eundem Alexandri nomini adscripserat. Daß „der König von dem Könige" fordert, enthält nach Dareios Ansicht, so scheint es, das große Zugeständniß einer Gleichstellung, die sonst der König der Könige nie gewährt.

mit jenen an den Hof des Dareios abging [1]), an den König abzugeben befahl, ohne sich auf weitere mündliche Unterhandlungen einzulassen. Das Schreiben lautete:

„Eure Vorfahren sind nach Makedonien und in das übrige Hellas gekommen, und haben, ohne den geringsten Anlaß hellenischer Seits, mannigfaches Unglück über uns gebracht. Ich, zum Feldherrn der Hellenen erwählt, und entschlossen, die Perser entgelten zu lassen, was sie an uns gethan, bin nach Asien hinübergegangen, nachdem ihr neuerdings Veranlassung zum Kriege gegeben habt. Denn die Perinthier, die meinen Vater beleidiget hatten, habt ihr unterstützt, und nach Thrakien, über das wir Herren sind, hat Ochos Kriegsmacht gesandt; mein Vater ist unter den Händen von Meuchelmördern, die, wie ihr selbst auch in Briefen an Jedermann erwähnt habt, von euch angestiftet wurden, umgekommen; mit Bagoas gemeinschaftlich hast du den König Arses ermordet und dir den persischen Thron unrechtmäßiger Weise, nicht nach dem Herkommen der Perser, sondern mit Verletzung ihrer heiligsten Rechte angemaßet; du hast in Beziehung auf mich Schreiben, die nichts weniger als freundschaftlich waren, den Hellenen, um sie zum Kriege gegen mich aufzureizen, zukommen lassen; hast an die Spartaner und gewisse andere Hellenen Geld gesendet, das zwar von keinem der andern Staaten, wohl aber von den Spartanern angenommen worden ist; hast endlich durch deine Sendlinge meine Freunde zu verführen und den Frieden, den ich den Hellenen gegeben habe, zu stören gesucht. Aus diesen Gründen bin ich gegen dich zu Felde gezogen, indem die Feindseligkeiten von dir begonnen sind. Im gerechten Kampfe Sieger zuerst über deine Feldherren und Satrapen, jetzt auch über dich und die Heeresmacht, die mit dir war, bin ich durch die Gnade der unsterblichen Götter auch des Landes Herr, das du dein nennest.

---

1) Dieser Thersippos dürfte derselbe sein, der C. I. Gr. II, n⁰. 2166c, p. 1024 in der Inschrift von Nasos um 320 als τὸν [τοῖς βασ]ιλήεσσι φίλος καὶ τοῖς στροτ[άγοισι] καὶ τοῖς ἄλλοισι Μακεδόνεσσι bezeichnet wird.

Wer von denen, die in deinen Reihen wider mich gekämpft haben, nicht im Kampfe geblieben ist, sondern sich zu mir und in meinen Schutz begeben hat, für den trage ich Sorge; Keiner ist ungern bei mir, vielmehr treten Alle gern und freiwillig unter meinen Befehl. Da ich so Herr über Asien bin, so komm' auch du zu mir; solltest du jedoch zu irgend einer Besorgniß, im Fall du kämest, Grund zu haben glauben, so sende einige deiner Edlen, um die gehörigen Sicherheiten entgegenzunehmen. Bei mir angelangt, wirst du um die Zurückgabe deiner Mutter, deiner Gemahlin, deiner Kinder und um was du sonst willst, bittend geneigtes Gehör finden; was du von mir verlangen wirst, soll dir werden. Uebrigens hast du, wenn du von Neuem an mich schickest, als an den König von Asien zu senden, auch nicht an mich wie an deines Gleichen zu schreiben, sondern mir, dem Herren alles dessen, was dein war, deine Wünsche mit der gebührenden Ergebenheit vorzulegen, widrigenfalls ich mit dir als dem Beleidiger meiner königlichen Majestät verfahren werde. Bist du aber über den Besitz der Herrschaft anderer Meinung, so erwarte mich noch einmal zum Kampf um dieselbe im offenen Felde, und fliehe nicht; ich für mein Theil werde dich aufsuchen, wo du auch bist."

Ist dieses Schreiben [1]), so wie es vorliegt, erlassen worden, so war es nicht bloß für den geschrieben, an den es gerichtet war, sondern ein Manifest, das der Sieger zugleich an die Völker Asiens und an die Hellenen richtete.

Auch an die Hellenen. Noch war die Perserflotte im aigaiischen Meere und ihre Nähe nährte die Aufregung in den Staaten von Hellas. Ein Sieg dort, eine dreiste Landung auf dem Isthmos oder in Euboia hätte mit der dann unzweifelhaften Schilderhebung der Hellenen unberechenbare Wirkungen gehabt, Makedonien selbst sehr ernsten Gefahren ausgesetzt. Darum

---

[1]) Arrian. II. 14. 4. Dieselbe Vorlage ist in der Bearbeitung des Curtius (IV. 1. 10) nicht zu verkennen. Es scheint mir kein Grund zum Verdacht gegen die Aechtheit des Schreibens vorzuliegen; mit dem im Text angedeuteten Grunde würde sich erklären, daß es erhalten worden ist.

so scheint es, war Alexander so spät von Gordion aufgebrochen; er hätte im Nothfalle von dort in funfzehn Tagemärschen den Hellespont erreichen können. Vielleicht erst die Nachricht von der Abführung der hellenischen Söldner nach Tripolis mochte ihn zum Aufbruch bestimmt haben; ohne diese durften die Bewegungen der persischen Flotte, die überdieß um die in Tripolis bleibenden Schiffe gemindert war, seinem militärischen Blick als bloße Ostentation erscheinen.

Bei Weitem nicht so urtheilten die Patrioten in Hellas. Wie mochte ihnen der Muth wachsen, als Hegelochos durch den tapferen Beschluß der Athener, hundert Trieren in See zu schicken, geschreckt, die angehaltenen attischen Schiffe frei gegeben hatte; wie gar, als die makedonische Besatzung in Mitylene gezwungen wurde, zu capituliren, die ganze Insel zum antalkidischen Frieden zurückkehrte, Tenedos die mit Alexander und dem korinthischen Bunde geschlossenen Verträge aufgeben und sich wieder zu dem antalkidischen Frieden bekennen mußte. Der glorreiche antalkidische Friede war dem hellenischen Patriotismus das rettende Princip, unter diesem Banner gedachte man den Gräuel des korinthischen Bundes aus dem Felde zu schlagen. Damals wurde auf der attischen Rednerbühne mit offenen Worten der Bruch mit Alexander empfohlen, trotz der geschlossenen Verträge; „in diesen steht“, sagte ein Redner, „wenn wir Theil haben wollen an dem gemeinen Frieden; also können wir auch das Gegentheil wollen“ [1]).

---

[1]) [Dem.] de foed. Alex., § 30: *τὸ δ' ἐὰν βουλώμεθα ἐστὶν ἅμα καὶ τὸ ἐνάντιον*. Die Zeit dieser Rede ist daraus zu ersehen, daß Hegelochos die attischen Schiffe bereits entlassen hat (§ 20) und daß die Tyrannen von Eresos und Antissa von Alexander ausgewiesen sind (§ 7), *ἐκβαλεῖν*, ein Ausdruck, der nicht ausschließt, daß sie bereits wieder dort sind. Wenn demnächst in Damaskos hellenische Gesandte an den Großkönig in Parmenions Hände fielen, Iphikrates, des berühmten Iphikrates Sohn, die Thebaner Thalassikos und Dionysidoros, der Spartiate Euthykles, so scheint sich aus der Erwägung der Umstände zu ergeben, daß sie nicht schon bei Gelegenheit der Erhebung Thebens 335 gesandt sind, sondern wohl erst 333; denn den Thebanern verzeiht Alexander, weil sie *ἠνδρα-*

Noch beherrschte die persische Flotte, trotz der kleinen Niederlage, die Datames erlitten, das aigaiische Meer. Nach der Einnahme von Tenedos hatten die persischen Admirale ein Geschwader unter Aristomenes in den Hellespont gesandt, sich der Küsten dort zu bemächtigen [1]), sie selbst waren die ionische Küste brandschatzend nach Chios gegangen; freilich versäumten sie die wichtige Position von Halikarnaß zu decken, wo Othontopates noch die Seeburg hielt; diese fiel — in Soloi erhielt Alexander die Nachricht davon — in die Hand der Makedonen; nach dem schweren Verlust an Mannschaft, den die Perser erlitten, mußten wohl auch die Punkte auf dem Festlande, die sie noch hatten, Myndos, Kaunos, das Triopion aufgegeben werden; nur Kos, Rhodos, Kalymna, damit der Eingang in die Bucht von Halikarnaß blieben noch persisch [2]). Sie wußten, daß Dareios be-

ποδισμένης τῆς πατρίδος zu entschuldigen seien, und was mit Theben vor 335, nach der Schlacht von Chaironeia geschehen war, konnte von makedonischem Standpunkt nicht als ἀνδραποδισμός bezeichnet werden. Und wozu hätte Iphikrates 335 an den Großkönig gesandt werden sollen, der damals den Athenern mit Erbietungen entgegenkam? wie hätte er mehr als zwei Jahre, und nachdem Athen von Neuem mit Alexander Frieden geschlossen, am persischen Hofe verweilen können, wenn er Seitens des attischen Staates gesandt war?

[1]) Das giebt nur Curt. IV. 1. 34.

[2]) Man könnte aus Arr. II. 13. 4 (τινὰς τῶν νεῶν ἐς Κῶ καὶ Ἁλικαρνασσὸν ἔστειλαν) vermuthen, daß in der Zeit, wo dieß geschah, — unmittelbar vor der Abfahrt der Flotte nach Siphnos — Othontopates Niederlage noch nicht erfolgt war; aber II. 13. 6 läßt Arrian, nachdem bereits die Niederlage von Issos auf der Flotte bekannt war, und geraume Zeit später auch König Agis nach Halikarnaß gehen (εἰς Ἁλικαρνασσὸν παρ' Αὐτοφραδάτην ἀφίκετο); entweder eine irrige Vorstellung, oder Autophradates hielt sich noch in der Bucht von Halikarnaß. Nach Curt. IV. 5. 13 wäre auch Milet noch von Hydarnes besetzt gehalten und erst nach der Schlacht von Issos durch Balakros wiedergenommen; dürfte man dieser Nachricht trauen, so müßte sich Milet im Frühjahr 333 der Perserflotte ergeben haben, und Balakros, der die Stadt wiedernahm, könnte nur der Sohn des Amyntas sein, der in Gordion an Antigonos Stelle den Befehl über das Fußvolk der hellenischen Bündner erhielt (Arrian. I. 29. 3), derselbe, der Anfangs 332 in Aegypten als Strateg zurückblieb (Arrian. III. 5. 5).

reits über den Euphrat vorgerückt sei, mit einem Heere, in dem die griechischen Söldner allein der ganzen Armee Alexanders gleich kamen, mit einer unermeßlichen Uebermacht an Reitern.

Es ist nicht klar, welche Motive die nächst weitere Action der Admirale bestimmten, ob das Vordringen des Hegelochos, der auf Alexanders Weisung von Neuem eine Flotte im Hellespont gesammelt hatte, dem Aristomenes mit seinem Geschwader erlag, der Tenedos wieder gewann [1]), oder die Absicht, mit der erwarteten Niederlage Alexanders zugleich die allgemeine Empörung in Hellas aufflammen zu machen. Sie ließen eine Besatzung in Chios, einige Schiffe bei Kos und Halikarnaß zurück; sie gingen mit 100 Schiffen, den am besten fahrenden, nach Siphnos. Dort kam König Agis zu ihnen, freilich mit nur einer Triere, aber mit einem großen Plan, zu dessen Ausführung er sie ersuchte, so viel Schiffe und Truppen als möglich mit ihm nach der Peloponnes zu senden, ihm Geld zu weiteren Werbungen zu geben. Auch in Athen war die Stimmung auf das Höchste erregt, oder doch die Patrioten bemüht, sie zu entzünden; „als Alexander", sagt Aischines drei Jahre später, in einer Rede gegen Demosthenes, „in Kilikien eingeschlossen war und Mangel an Allem litt, wie du sagtest, und nächster Tage, wie deine Worte waren, von der persischen Reiterei niedergestampft sein sollte, da faßte das Volk deine Zudringlichkeiten nicht, noch die Briefe, die du in deinen Händen haltend umhergingst [2]), mochtest du auch den Leuten mein Gesicht zeigen, wie entmuthigt und verstört es aussehe, auch wohl mich als das Opferthier bezeichnen, das fallen werde, so bald dem Alexander etwas begegnet sei". Und doch, sagt Aischines, empfahl Demosthenes noch zu zögern; desto eifriger mögen Hypereides, Moirokles, Kallisthenes gedrängt haben, mit Agis vereint die hellenischen

---

1) Dieß deutet Arrian. II. 2. 3 (ὑπ' Ἀλεξάνδρου αὖθις συναγαγεῖν δύναμιν ναυτικὴν προσετέτακτο u. s. w.). Curt. IV. 1. 36 ergänzt ihn.

2) Arch. Ctes. § 164: καὶ τὰς ἐπιστολὰς ἃς ἐξηρτημένος ἐκ τῶν δακτύλων περιῄεις ἐπιδεικνύων; der Schluß des Satzes ist .... οὐδ' ἐνταῦθα ἔπραξας οὐδέν, ἀλλ' εἴς τινα καιρὸν ἀνεβάλλου καλλίω.

Staaten, die nur das Zeichen zum Abfall zu erwarten schienen, gegen Antipatros und Makedonien zu führen. Es muß dahingestellt bleiben, ob auch mit Harpalos Verbindungen angeknüpft wurden, dem Schatzmeister Alexanders, der sich jüngst, gewiß nicht mit leeren Händen, aus dem Staube gemacht hatte und nun in Megara war [1]).

Aber statt der erwarteten Siegesnachricht aus Kilikien kam die von der gänzlichen Niederlage des Großkönigs, von der völligen Vernichtung des Perserheeres. Die Athener mochten Gott danken, daß sie noch nichts gethan, was sie weiter zu gehen zwang. Die persischen Admirale eilten zu retten, was noch zu retten war. Pharnabazos segelte mit zwölf Trieren und 1500 Söldnern nach der Insel Chios, deren Abfall er fürchten mußte, Autophradates mit dem größeren Theil der Flotte — auch die tyrischen Schiffe unter dem Könige Azemilkos waren mit ihm — nach Halikarnaß. König Agis erhielt statt der großen Land- und Seemacht, die er gefordert hatte, dreißig Talente und zehn Schiffe; er sandte sie seinem Bruder Agesilaos nach dem Tainaron mit der Weisung, den Schiffsleuten die volle Löhnung auszuzahlen und dann nach Kreta zu eilen, um sich der Insel zu versichern; er selbst folgte nach einigem Aufenthalt in den Kykladen dem Autophradates nach Halikarnaß. An Unternehmungen zur See konnte nicht weiter gedacht werden, da die phoinikischen Geschwader — denn daß Alexander nicht nach dem Euphrat marschirte, zeigte sich bald genug — nur die Jahreszeit abwarteten, um in die Heimath zu segeln, die sich vielleicht schon den Makedonen hatte ergeben müssen. Auch die kyprischen

---

1) Arrian. III. 6. 7. Die Flucht geschah *ὀλίγον πρόσθεν τῆς μάχης ἐν Ἴσσῳ*, also etwa im Oktober 333. Daß Tauriskos, der Verführer und Begleiter des Harpalos, zum Molosser Alexandros nach Italien ging, giebt ein sicheres Moment für die Chronologie dieses italischen Unternehmens. Aristot. fr. 571 aus den *δικαιώματα τῶν πόλεων* lautet: *Ἀλέξανδρος ὁ Μολοττὸς ὑπὸ τὸν αὐτὸν χρόνον Ταραντίνων αὐτὸν μεταπεμψαμένων ἐπὶ τὸν πρὸς τοὺς βαρβάρους πόλεμον* u. s. w.; leider giebt Ammonios, der dieß Fragment erhalten hat, das gleichzeitige Ereigniß, auf das die Angabe geht, nicht an.

Könige glaubten für ihre Insel fürchten zu müssen, sobald die phoinikische Küste in Alexanders Gewalt war.

Es ist neuerer Zeit wohl als seltsam, als planlos bezeichnet worden, daß Alexander nicht nach der Schlacht von Issos die Verfolgung der Perser fortgesetzt, den Euphrat zu überschreiten sich beeilt habe, um dem Reich der Perser ein Ende zu machen. Es wäre thöricht gewesen, er würde einen Stoß in die Luft gethan haben, während sein Rücken noch keineswegs gesichert war. Der Zug der hellenischen Söldner nach Pelusion konnte ihn daran erinnern, daß er Aegypten haben mußte, wenn er seinen Marsch ins Innere Asiens sicher basiren wollte. Nicht Babylon und Susa waren der Siegespreis für Issos, sondern daß die Küste des Mittelmeeres bis zum öden Strand der Syrte ihm offen stand, daß zunächst Phoinikien, dieß unerschöpfliche Arsenal des Perserreiches, mochte es sich unterwerfen oder vertheidigen wollen, seine Flotte aus den griechischen Meeren zurückziehen mußte, daß damit die von Sparta begonnene Bewegung, ohne jede weitere Unterstützung von Seiten Persiens, bald gebrochen werden konnte, daß endlich mit der Besetzung des Nillandes, der dann kein wesentliches Hinderniß weiter entgegentreten konnte, die Operationsbasis für den Feldzug nach dem weiteren Osten ihre volle Breite und Festigkeit hatte.

Dem entsprechend mußte der Gang der weiteren Unternehmungen sein. Alexander sandte Parmenion mit den thessalischen Reitern und anderen Truppen das Thal des Orontes aufwärts nach Damaskos, der Hauptstadt Koilesyriens, wohin die Kriegskasse, das Feldgeräth, die ganze kostbare Hofhaltung des Großkönigs, sowie die Frauen, Kinder, Schätze der Großen von Sochoi aus gesendet worden waren. Durch den Verrath des syrischen Satrapen, der mit den Schätzen und der Karavane so vieler edler Perserinnen und ihrer Kindern flüchten zu wollen vorgab, fielen diese und die Stadt in Parmenions Hände. Die Beute war ungemein groß; unter den vielen Tausend Gefangenen [1])

---

[1]) Curtius sagt dreißigtausend Menschen; eine Zahl, die nicht unwahrscheinlich ist, wenn man das Fragment aus Parmenions Bericht an

befanden sich die Gesandten von Athen, Sparta und Theben, die vor der Schlacht von Issos an Dareios gekommen waren. Auf Parmenions Bericht von dieser Expedition befahl Alexander, Alles, was an Menschen und Sachen in seine Hände gefallen sei, nach Damaskos zurückzubringen und zu bewachen, die griechischen Abgeordneten ihm sofort zuzuschicken. Sobald diese angekommen waren, entließ er die beiden Thebaner ohne Weiteres theils aus Rücksicht für ihre Person, indem der eine Thessaliskos, des edlen Ismenias Sohn, der andere, Dionysidoros, ein olympischer Sieger war, theils aus Mitleid mit ihrer unglücklichen Vaterstadt und dem nur zu verzeihlichen Haß der Thebaner gegen Makedonien; den Athener Iphikrates, den Sohn des Feldherrn gleichen Namens, behielt er aus Achtung für dessen Vater und um den Athenern einen Beweis seiner Nachsicht zu geben, in hohen Ehren um seine Person; der Spartiate Euthykles dagegen, dessen Vaterstadt gerade jetzt offenbaren Krieg begonnen hatte, wurde vor der Hand als Gefangener zurückbehalten; er ist späterhin, als die immer größeren Erfolge der makedonischen Waffen das Verhältniß zu Sparta änderten, in seine Heimath entlassen worden.

Während Parmenions Zug nach Damaskos hatte Alexander die Verhältnisse Kilikiens geordnet. Wir erfahren wenig darüber, aber das Wenige ist bezeichnend. Dieß Gebiet, das militärisch wichtiger war, als irgend ein anderes, und das in den freien und tapferen Stämmen des Tauros eine gefährliche Umgebung hatte, mußte in durchaus feste Hand gelegt werden. Der König übertrug es einem der sieben Leibwächter, dem Balakros, Nikanors Sohn; es scheint, daß ihm mit der Satrapie zugleich

---

Alexander (Athen. XIII, p. 607) für ächt halten dürfte, und das aus der ungeheuren Masse nur einen kleinen Theil aufzählt; es heißt da: „Dirnen des Königs zu Musik und Gesang fand ich dreihundertneunundzwanzig, Kranzflechter sechsundvierzig, Köche zum Zubereiten zweihundertsiebenundsiebzig, Köche beim Feuer neunundzwanzig, Milchmänner dreizehn, Getränke zu bereiten siebzehn, den Wein zu wärmen siebzig, Salben zu mischen vierzig.“ — Parmenions Kriegslist bei Transportirung der Lastthiere giebt Polyaen. IV. 5.

die Strategie übertragen wurde [1]); wir finden demnächst des Balakros Kämpfe gegen die Isaurier erwähnt. Man glaubt unter den Münzen Alexanders vom älteren Typus eine bedeutende Zahl von kilikischem Gepräge zu erkennen [2]). Für Syrien, so weit es durch Parmenion besetzt war, — Koilesyrien — wurde Menon zum Satrapen ernannt. Ueber Phoinikien konnte der König noch nicht verfügen; dort erwarteten ihn nicht geringe Schwierigkeiten.

Die politische Stellung der phoinikischen Städte im Perserreich war besonderer Art, eine Folge ihrer geographischen Lage und ihrer inneren Verhältnisse. Seit Jahrhunderten zur See mächtig, entbehrten sie des für Seemächte fast unentbehrlichen Vortheils der insularen Lage; sie waren nach einander die Beute der Assyrer, der Babylonier, der Perser geworden. Aber auf der Landseite durch die hohen Bergketten des Libanon fast vom Binnenlande abgeschnitten und theilweise auf kleinen Künsteninseln erbaut, die wenigstens dem unmittelbaren und fortwährenden Einfluß der auf dem Festlande herrschenden Macht nicht ganz zur Hand waren, behaupteten sie mit ihrer alten Verfassung die alte Selbstständigkeit in so weit, daß sich die Perserkönige gern mit der Oberherrlichkeit und der Befugniß, die phoinikische Flotte aufzubieten, begnügten. Die einst sehr bedrohliche Rivalität der Griechen in Kauffahrtei, Industrie, Seemacht war, seitdem der alte attische Seebund zusammengebrochen war, überholt; und selbst in den Zeiten der völligen Unabhängigkeit dieser Städte war ihre Betriebsamkeit und ihr Wohlstand vielleicht nicht so

---

1) Arrian. II. 12. 2 sagt bloß *σατράπην ἀποδεικνύνει*, Diod. XVIII. 22. 2 sagt: *ἀποδεδειγμένον στρατηγὸν ἅμα καὶ σατράπην*. Derselbe erwähnt, daß Balakros *ἔτι ζῶντος Ἀλεξάνδρου* im Kampf gegen die Isaurer gefallen sei.

2) Müller weist aus der II. und III. Classe der Alexandermünzen deren von Mallos, Soloi, Nagidos u. s. w. nach. Es ist bekannt, wie zahlreiche Münzen, auch Satrapenmünzen, in persischer Zeit in Kilikien geschlagen sind; zu denen mit *ΣΟΛΙΚΟΝ*, *ΤΕΡΣΙΚΟΝ*, *ΝΑΓΙΔΙΚΟΝ* ist neuester Zeit auch eine Münze von Issos mit *ΙΣΣΙΚΟΝ* gekommen (im Berl. Mus., s. Sallets Num. Zeitschr. 1876, IV, S. 145).

groß gewesen, wie jetzt unter der Perserherrschaft, die ihrem Handel ein unermeßliches Hinterland sicherte. Während sonst in allen dem Perserreiche einverleibten Ländern die frühere volksthümliche Civilisation entartet oder vergessen war, blieb in Phoinikien der alte Handelsgeist und die Art von Freiheit, die der Betrieb des Handels fordert. Auch bei den Phoinikern hatte es nicht an Versuchen gefehlt, sich der Herrschaft des Großkönigs zu entziehen; wenn es trotz der Erschlaffung der Persermacht damit nicht gelungen war, so lag der Grund in der inneren Verfassung und mehr noch in den scharf ausgeprägten Sonderinteressen der unter einander eifersüchtigen Städte. Als zur Zeit des Königs Ochos Sidon auf dem Bundestage zu Tripolis die beiden anderen Hauptstädte des Bundes, Tyros und Arados, zur Theilnahme an der Empörung aufrief, versprachen sie Hülfe, warteten aber unthätig das Ende eines Unternehmens ab, das, falls es glückte, sie mit befreiete, falls es mißglückte, mit Sidons Verlusten ihre Macht und ihren Handel mehren mußte. Sidon unterlag, brannte nieder, verlor die alte Verfassung und Selbstständigkeit, und Byblos, so scheint es, trat statt ihrer in den Bundesrath von Tripolis, oder hob sich wenigstens seit dieser Zeit so, daß es fortan neben Arados und Tyros eine Rolle zu spielen vermochte.

Die neun Städte von Kypros, in ihrem Verhältniß zum Perserreiche den phoinikischen ähnlich, aber durch ihren zum Theil hellenischen Ursprung und die größere Gunst ihrer Lage ungeduldiger frei zu sein, hatten zu gleicher Zeit mit Sidon, König Pnytagoras von Salamis an ihrer Spitze, sich empört, waren aber unter Pnytagoras Bruder Euagoras bald nach Sidons Fall zum Gehorsam zurückgekehrt; und wenn nach einiger Zeit Pnytagoras die Herrschaft von Salamis wieder erhielt, so war völlige Hingebung an das persische Reich die Bedingung gewesen, unter der er, wie ehedem, der Erste unter den kleinen Fürsten von Kypros sein durfte.

Zwanzig Jahre waren nach jenem Aufstande verflossen, als Alexander seinen Krieg gegen Persien begann. Die Schiffe der Phoiniker unter ihren „Königen", die von Tyros unter Azemilkos, die der Aradier unter Gerostratos, die von Byblos unter Enylos, ihnen zugesellt die von Sidon [1]), ferner die kyprischen Schiffe unter Pnytagoras und den anderen Fürsten, waren auf des Perserkönigs Aufruf in die hellenischen Gewässer gegangen, hatten dort, freilich bald unter schlaffer Führung, ohne großen Erfolg den Krieg geführt. Die Schlacht von Issos änderte für die phoinikischen Städte die Lage der Dinge völlig. Wenn sie gemeinsame Sache gemacht, wenn sie ihre Seemacht vereinigt hätten, jeden Punkt, auf den sich der Feind werfen wollte, gemeinsam zu unterstützen, wenn die Admirale des Großkönigs die hellenischen Gewässer und die jetzt wirkungslose Offensive aufgegeben hätten, um die phoinikischen Häfen zu vertheidigen, so ist nicht abzusehen, wie die nur continentale Macht des Eroberers es über die maritime Vertheidigung dieser befestigten und volkreichen Städte hätte davon tragen sollen. Aber die phoinikischen Städte waren trotz ihres Bundes nichts weniger als geeint, am wenigsten seit dem, was sie an Sidon hatten geschehen lassen. Die Sidonier werden den Sieg von Issos mit Jubel begrüßt haben; sie durften hoffen, durch Alexander wieder zu erhalten, was sie im Kampfe gegen den persischen Despoten eingebüßt hatten. Byblos, durch Sidons Fall gehoben, mußte eben so besorgt sein, Alles zu verlieren, wie es, auf dem Festlande gelegen, unfähig war, dem siegreichen Heere Alexanders zu widerstehen; Arados und Tyros dagegen lagen im Meere; doch hatte Arados, weniger durch ausgebreiteten Handel als durch Besitzungen auf dem Festlande mächtig, durch Alexanders Heranrücken mehr zu verlieren als Tyros, das mit den 80 Schiffen, die es noch daheim hatte, sich auf seiner Insel sicher glaubte.

Als nun Alexander vom Orontes her sich dem Gebiete der

---

[1]) So ausdrücklich Arrian. II. 20. 1 und II. 13. 7, wo Gerostratos Stratons Sohn genannt wird. Curt. IV. 1. 15 (Diodor. XVII. 47) nennt um diese Zeit einen König Straton von Sidon, aber mit Unrecht. Der Vorgänger des Königs Tennes, der sich gegen Ochos empörte, heißt bei Hieronymus Straton (s. Perizon. ad Ael. V. H. XII. 2) und denselben bezeichnet Theopomp. ap. Athen. XII, p. 532, fr. 126; es ist derselbe, der in einer attischen Inschrift (C. I. A. II, 86) vorkommt.

phoinikischen Städte nahete, kam ihm auf dem Wege Straton, des aradischen Fürsten Gerostratos Sohn, entgegen, überreichte ihm, Namens seines Vaters, einen goldenen Kranz und unterwarf ihm dessen Gebiet, welches den nördlichsten Theil der phoinikischen Küste umfaßte und sich eine Tagereise weit landeinwärts bis zur Stadt Mariamne erstreckte; auch die große Stadt Marathos, in der sich Alexander einige Tage aufhielt, gehörte zum Gebiete von Arados. Auf seinem weiteren Zuge nahm er Byblos durch vertragsmäßige Uebergabe. Die Sidonier eilten, sich dem Sieger der verhaßten Persermacht zu ergeben; Alexander nahm auf ihre ehrenvolle Einladung die Stadt in Besitz, gab ihr ihr früheres Gebiet und ihre frühere Verfassung wieder, indem er dem Abdollonymos, einem in Armuth lebenden Nachkommen der sidonischen Könige, die Herrschaft übertrug [1]); er brach dann nach Tyros auf.

Auf dem Wege dahin begrüßte ihn eine Deputation der reichsten und vornehmsten Bürger von Tyros, an ihrer Spitze der Sohn des Fürsten Azemilkos; sie erklärten, daß die Tyrier bereit seien zu thun, was Alexander verlangen werde. Der König dankte ihnen und belobte ihre Stadt: er gedenke nach Tyros zu kommen, um im Tempel des tyrischen Herakles ein feierliches Opfer zu halten.

Es war gerade das, was die Tyrier nicht wollten; unter den jetzigen Verhältnissen, darüber waren die Lenker der Stadt einig, müsse sie, wie zur Zeit der sidonischen Empörung mit so glücklichem Erfolge geschehen sei, mit der strengsten Neutralität ihre Unabhängigkeit sichern, um bei jedem Ausgange des Krieges ihren Vortheil zu finden; und sie könne es, da die Marine der Stadt trotz dem im aigaiischen Meere befindlichen Geschwader bedeutend genug sei, den gefaßten Beschlüssen Achtung zu verschaffen; noch habe die persische Seemacht in allen Meeren

---

[1]) Dieß scheint der einfache Inhalt der durch Ausschmückungen aller Art sehr entstellten Geschichte zu sein, die Diodor (XVII. 47) nach Tyros, Plutarch (de fort. Alex. II. 8) nach Paphos verlegt; Curt. IV. 1. 18; Justin. XI. 10. Arrian erwähnt des Abdolonymos nicht.

die Oberhand, und Dareios rüste schon ein neues Heer, um das weitere Vordringen der Makedonen zu hemmen; wenn er siege, so werde die Treue der Tyrier um so reicher belohnt werden, da bereits die übrigen phoinikischen Städte die persische Sache verrathen hätten; unterliege er, so werde Alexander, ohne Seemacht wie er sei, vergebens gegen die Stadt im Meere zürnen, Tyros dagegen noch immer Zeit haben, auf seine Flotte, seine Bundesgenossen in Kypros, der Peloponnes und Libyen, so wie auf die eigenen Hülfsmittel und die unangreifbare Lage der Stadt gestützt, mit Alexander die Bedingungen, die dem Interesse der Stadt entsprächen, einzugehen. Ueberzeugt, eine Auskunft, die zugleich schicklich, gefahrlos und ersprießlich sei, gefunden zu haben, meldeten die Tyrier dem makedonischen Könige ihren Beschluß: sie würden sich geehrt fühlen, wenn er ihrem heimischen Gott in dem Tempel von Alttyros auf dem Festlande seine Opfer darbringe; sie seien bereit ihm zu gewähren, was er sonst fordern werde, ihre Inselstadt müsse für die Makedonen und Perser geschlossen bleiben.

Alexander gab sofort alle weiteren Unterhandlungen auf; er beschloß das zu erzwingen, was für den Fortgang seiner Unternehmungen ihm unentbehrlich war. Das seemächtige Tyros, neutral in seinem Rücken, hätte allem Uebelwollen und Abfall in den hellenischen Landen, hätte dem schon begonnenen Kampf des Königs Agis, dessen Bruder schon Kreta gewonnen hatte, einen Mittelpunkt und Halt gegeben. Er berief die Strategen, Ilarchen, Taxiarchen, sowie die Führer der Bundestruppen, theilte das Geschehene mit und eröffnete seine Absicht, Tyros um jeden Preis einzunehmen; weder könne man den Marsch nach Aegypten wagen, so lange die Perser noch eine Seemacht hätten, noch den König Dareios verfolgen, während man die Stadt Tyros mit ihrer offenbar feindlichen Gesinnung, dazu Aegypten und Kypros, die noch in den Händen der Perser seien, im Rücken habe; der griechischen Angelegenheiten wegen sei das noch weniger möglich; mit Hülfe der Tyrier könnten sich die Perser wieder der Seeküsten bemächtigen und, während man auf Babylon losgehe, mit noch größerer Heeresmacht den Krieg nach

Hellas hinüberspielen, wo die Spartaner schon offenbar aufgestanden seien, und die Athener bisher mehr die Furcht als der gute Wille für Makedonien zurückgehalten habe; werde dagegen Tyros eingenommen, so habe man Phoinikien ganz, und die phoinikische Flotte, der größte und schönste Theil der persischen Seemacht, werde sich zu Makedonien halten müssen; denn weder die Matrosen, noch die übrige Bemannung der phoinikischen Schiffe würden, während ihre eigenen Städte besetzt wären, den Kampf zur See auszufechten geneigt sein; Kypros würde sich gleichfalls entschließen müssen zu folgen, oder sofort von der makedonisch-phoinikischen Flotte genommen werden; habe man aber einmal die See mit der vereinten Seemacht, zu der auch noch die Schiffe von Kypros kämen, so sei Makedoniens Uebergewicht auf dem Meere entschieden, der Zug nach Aegypten sicher und des Erfolges gewiß; und sei erst Aegypten unterworfen, so brauche man wegen der Verhältnisse in Hellas nicht weiter besorgt zu sein; den Zug nach Babylon könne man, über die heimischen Zustände beruhigt, mit desto größeren Erwartungen beginnen, da dann die Perser zugleich vom Meere und von den Ländern diesseits des Euphrat abgeschnitten seien [1]). Die Versammlung überzeugte sich von der Nothwendigkeit, die stolze Seestadt zu unterwerfen; aber ohne Flotte sie zu erobern, schien unmöglich. Immerhin unmöglich für den ersten Blick; aber das als nothwendig Erkannte mußte auch zu ermöglichen sein; kühne Pläne durch kühnere Mittel zu verwirklichen gewohnt, beschloß Alexander die Inselstadt landfest zu machen, um dann die eigentliche Belagerung zu beginnen.

Neutyros, auf einer Insel von einer halben Meile Länge und geringerer Breite erbaut [2]), war vom festen Lande durch

---

1) Arrian. II. 17.

2) Nach Prutz, Aus Phönicien, 1876; besonders die Karte zu S. 214, welche die Meerestiefen rings um die Insel nach der englischen Seekarte wiederholt; aus dieser und aus Prutz Beobachtungen an Ort und Stelle ergiebt sich, daß von dem südlichen Theil der Insel, wo einst das Heiligthum des Melkart gestanden, jetzt nur noch die Klippen, Untiefen und endlose Bautrümmer im seichten Meere übrig sind. Der Umfang der Stadt,

eine Meerenge von etwa tausend Schritt Breite getrennt, die in der Nähe der Insel etwa noch drei Faden Fahrwasser hatte, in der Nähe des Festlandes dagegen seicht und schlammig war. Alexander beschloß an dieser Stelle einen Damm durch das Meer zu legen; das Material dazu lieferten die Gebäude [1]) des von den Einwohnern verlassenen Alttyros und die Cedern des nahen Libanon; Pfähle ließen sich leicht in den weichen Meeresgrund treiben, und der Schlick diente dazu, die eingelassenen Werkstücke mit einander zu verbinden. Mit dem größten Eifer wurde gearbeitet, der König selbst war häufig zugegen [2]); Lob und Geschenke machten den Soldaten die harte Arbeit leicht.

Die Tyrier hatten bisher, auf ihre Schiffe, auf die Stärke und Höhe ihrer Mauern vertrauend, ruhig zugesehen [3]); jetzt schien es Zeit, den übermüthigen Feind die Thorheit seines Wagnisses und die Ueberlegenheit einer uralten Meisterschaft in

---

den Plinius auf 22 Stadien angiebt, ist ein Beweis mehr für die angegebene Ausdehnung nach Süden; ohne sie würde der Umfang nur 14—15 Stadien sein.

1) Curtius und Diodor haben wohl nicht Unrecht, wenn sie von Alexander Alttyros, das noch existirte (Scylax p. 42 ed. Hudson), für den Zweck des Dammbaues zerstört werden lassen; die Bevölkerung hatte sich nach der Inselstadt geflüchtet und gehörte mit zu den ξένοις bei Arrian. II. 24. 9. Was sonst von den beiden oben genannten Schriftstellern bei der Belagerung der Inselstadt erzählt wird, ist nur so weit glaubwürdig, als es durch Arrian bestätigt wird. Die Entfernung der Insel vom Festlande giebt Skylax auf vier Stadien, Plinius (H. N. V. 17) auf siebenhundert Passus an. Da die Belagerung sieben Monate gewährt hat (Diodor. XVII. 46: μῆνας ἑπτά, Plut. Alex. 24), so begann sie etwa im Januar 332.

2) Es wird erzählt, Alexander habe zuerst einen Schanzkorb mit Erde gefüllt und herangetragen, worauf dann die Makedonen mit lautem Jauchzen die mühselige Arbeit begonnen hätten; Polyaen. IV. 3. 3.

3) Nach Curt. IV. 3. 11 und 15. 19 hätten auch die Karthager, von denen eben Festgesandte gekommen, Hülfe versprochen, aber später sich entschuldigt, daß eine Landung der Syrakusier auf der Küste Afrikas sie hindere. Es fehlt zwar in Diodor die sicilische Geschichte gerade dieser Jahre zwischen Timoleons Ausgang und dem Anfang des Agathokles; aber von solchem Angriff der Syrakusier auf der Küste Afrikas findet sich nirgend sonst die geringste Spur, und sie ist an sich bei dem damaligen Zustand von Syrakus und Sicilien wenig wahrscheinlich.

der Maschinenkunst erfahren zu lassen. Der Damm erreichte bereits das tiefere Fahrwasser; sie brachten auf die dem Lande zugewandte Stelle ihrer hohen Mauer so viel Geschütz als möglich zusammen und begannen Pfeile und Steine gegen die ungedeckten Arbeiter auf dem Damm zu schleudern, während diese zugleich von beiden Seiten durch die Trieren der Tyrier hart mitgenommen wurden. Zwei Thürme, die Alexander auf dem Ende des Dammes errichten ließ, mit Schirmdecken und Fellen überhangen und mit Wurfgeschütz versehen, schützten die Arbeiter vor den Geschossen von der Stadt her und vor den Trieren; mit jedem Tage rückte der Damm, wenn auch wegen des tieferen Meeres langsamer, vor. Dieser Gefahr zu begegnen baueten die Tyrier einen Brander in folgender Weise. Ein Frachtschiff wurde mit dürrem Reisig und anderen leicht entzündbaren Stoffen angefüllt, dann am Galeon zwei Mastbäume befestigt und mit einer möglichst weiten Galerie umgeben, um in derselben desto mehr Stroh und Kien aufhäufen zu können; überdieß brachte man noch Pech und Schwefel und andere Dinge der Art hinein; ferner wurden an die beiden Masten doppelte Raen befestigt, an deren Enden Kessel mit allerlei das Feuer schnell verbreitenden Brennstoffen hingen; endlich wurde der hintere Theil des Schiffes schwer geballastet, um das vordere Werk möglichst über den Wasserspiegel emporzuheben. Bei dem nächsten günstigen Winde ließen die Tyrier diesen Brander in See gehen; einige Trieren nahmen ihn ins Schlepptau und brachten ihn gegen den Damm; dann warf die in dem Brander befindliche Mannschaft Feuer in den Raum und in die Masten und schwamm zu den Trieren, die das brennende Gebäude mit aller Gewalt gegen die Spitze des Dammes trieben. Der Brander erfüllte, von einem starken Nordwestwinde begünstigt, vollkommen seinen Zweck; in kurzer Zeit standen die Thürme, die Schirmdächer, die Gerüste und Faschinenhaufen auf dem Damm in hellen Flammen, während sich die Trieren an den Damm ober dem Winde vor Anker legten und durch ihr Geschütz jeden Versuch, den Brand zu löschen, vereitelten. Zugleich machten die Tyrier einen Ausfall, ruderten auf einer Menge von Böten über die Bai heran, zerstörten in Kurzem die Pfahlrosten vor dem Damm und zündeten die Maschinen, die noch etwa übrig waren, an. Durch das Fortreißen jener Rosten wurde der noch unfertige Theil des Dammes entblößt und den immer heftiger anstürmenden Wellen Preis gegeben, so daß der vordere Theil des Werkes durchrissen und hinweggespült in den Wellen verschwand.

Man hat wohl gesagt, Alexander habe nach diesem unglücklichen Ereigniß, das ihm nicht bloß eine Menge Menschen und alle Maschinen gekostet, sondern auch die Unmöglichkeit, Tyros vom Lande her zu bewältigen, gezeigt habe, die Belagerung ganz aufgeben, den von Tyros angebotenen Vertrag annehmen und nach Aegypten ziehen sollen. Das wäre nach seinem Charakter und nach seinen Plänen noch unmöglicher gewesen, als die Eroberung der Insel. Je mächtiger und unabhängiger Tyros seiner Landmacht gegenüberstand, desto nothwendiger war es, die stolze Stadt zu demüthigen; je zweifelhafter der Erfolg besorglicheren Gemüthern erscheinen mochte, desto bestimmter mußte Alexander ihn erzwingen; ein Schritt rückwärts, ein aufgegebener Plan, eine halbe Maaßregel hätte Alles vereitelt.

In dieser Zeit mag es gewesen sein [1]), daß von Neuem Gesandte des Dareios eintrafen, die für des Großkönigs Mutter, Gemahlin und Kinder ein Lösegeld von zehntausend Talenten, ferner den Besitz des Landes diesseits des Euphrat, endlich mit der Hand seiner Tochter Freundschaft und Bundesgenossenschaft anboten. Als Alexander seine Generale versammelte und ihnen die Anträge des Perserkönigs mittheilte, waren die Ansichten sehr getheilt; Parmenion namentlich äußerte, daß, wenn er

[1]) Arrian. II. 25. 1 sagt nur ἔτι ἐν τῇ πολιορκίᾳ u. s. w. Curt. IV. 5. 1 erwähnt diese Sendung mit dem Erbieten, das Land bis zum Halys abzutreten, nach dem Fall von Tyros, IV. 11. 1 kurz vor der Schlacht von Arbela eine dritte Sendung; Diodor. XVII. 54 und Phil. 29 erwähnen die zweite Sendung nach der Rückkehr aus Aegypten. In Marathos — also etwa Mitte December 333 — hatte Alexander die ersten Anträge abgelehnt; die Schüttung des Dammes mußte wenigstens vier Wochen kosten, dann folgte nach Zerstörung der bisherigen Arbeit eine Pause. Dareios hatte allen Anlaß, sein zweites Erbieten nicht zu verzögern.

Alexander wäre, er unter den gegenwärtigen Umständen allerdings jene Bedingungen annehmen und sich nicht länger dem wechselnden Glück des Krieges aussetzen würde. Alexander antwortete: auch er würde, wenn er Parmenion wäre, also handeln; doch da er Alexander sei, so laute seine Antwort an Dareios: daß er weder Geld von Dareios brauche, noch des Landes einen Theil statt des Ganzen nehme; was Dareios an Land und Leuten, an Geld und Gut habe, sei sein, und wenn es ihm beliebe Dareios Tochter zu heirathen, so könne er es, ohne daß Dareios sie ihm gebe; er möge in Person kommen, wenn er etwas von seiner Güte empfangen wolle.

Mit doppeltem Eifer wurden die Belagerungsarbeiten fortgesetzt, namentlich der Damm vom Lande aus in größerer Breite wieder hergestellt, um einerseits dem Werke selbst mehr Festigkeit zu geben, andererseits mehr Raum für Thürme und Maschinen zu gewinnen. Zu gleicher Zeit erhielten die Kriegsbaumeister den Auftrag, neue Maschinen sowohl für den Dammbau als für den Sturm auf die mächtigen Mauern zu errichten. Alexander selbst ging während dieser vorbereitenden Arbeiten mit den Hypaspisten und Agrianern nach Sidon, dort eine Flotte zusammenzubringen, mit der er Tyros zu gleicher Zeit von der Seeseite her blockiren könne. Gerade jetzt — es mag um Frühlingsanfang gewesen sein — kamen die Schiffe von Arados, Byblos und Sidon aus den hellenischen Gewässern zurück, wo sie auf die Nachricht von der Schlacht bei Issos sich von der Flotte des Autophradates getrennt und, sobald es die Jahreszeit erlaubte, zur Heimfahrt aufgemacht hatten; es waren an achtzig Trieren unter Gerostratos von Arados und Enylos von Byblos; auch die Stadt Rhodos, die sich vor Kurzem für Alexanders Sache entschieden hatte, sandte zehn Schiffe; dann lief auch das schöne Geschwader der kyprischen Könige, von etwa hundertundzwanzig Segeln, in den Hafen von Sidon ein [1]); dazu kamen

[1]) Die „Verzeihung, weil sie mehr gezwungen als nach eigenem Willen für die Perser gekämpft", ist nicht „Hochmuth", wie wohl gesagt worden ist. In aller Form war der König zum Vorkämpfer des Hellenenthums bestellt;

einige Schiffe aus Lykien und Kilikien und selbst ein makedonisches, das Proteas, der sich durch seinen Ueberfall bei Siphnos ausgezeichnet hatte, der Neffe des schwarzen Kleitos, führte, so daß sich Alexanders Seemacht wohl auf 250 Schiffe belief [1]), darunter auch Vier- und Fünfruderer.

Während die Flotte vollständig ausgerüstet und der Bau der Maschinen beendet wurde, unternahm Alexander einen Streifzug gegen die arabischen Stämme im Antilibanon, deren Unterwerfung um so wichtiger war, da sie die Straßen, die vom Thale des Orontes nach der Küste führen, beherrschten und die Karavanen aus Chalybon und Damaskos von ihren festen Bergschlössern aus überfallen konnten. Von einigen Geschwadern der Ritterschaft, von den Hypaspisten, den Agrianern und Bogenschützen begleitet, durchzog der König die schönen Thäler der Libanonketten; mehrere Schlösser der Araber wurden erstürmt, andere ergaben sich freiwillig, Alle erkannten die Oberherrschaft des makedonischen Königs an, der nach elf Tagen schon wieder nach Sidon zurückkehrte [2]), wo kurz vorher viertausend Mann griechische Söldner, die Kleandros geworben, sehr zur rechten Zeit eintrafen. Die Rüstungen zur förmlichen Belagerung des mächtigen Tyros waren so weit, daß Alexander, nachdem er die Bemannung seiner

---

und er hatte allen Grund, dieß Princip festzuhalten. Daß sich die Rhodier, die Kyprier für die hellenische Sache erst jetzt erklärten, machte solche ἄδεια nothwendig, wenn sie als Hellenen anerkannt, nicht als Ueberläufer behandelt werden sollten.

1) Curtius sagt 180, Plutarch 200; aber Arrian giebt außer den im Text bezeichneten Zahlen noch zu verstehen, daß vor der Ankunft der phoinikischen und anderen Geschwader dem Könige schon eine Anzahl Trieren zu Gebote stand.

2) Die hier bezeichneten Stämme sind die späteren Ituräer (d. i. Dursen oder Drusen im Mittelalter), gegen die Pompejus im ähnlichen Sinne gekämpft hat. Curtius seinerseits glaubt, Alexander habe gegen die Araber gekämpft, weil sie einige Makedonen beim Fällen von Cedern im Libanon erschlagen hätten. Die Bravourgeschichte des Chares (bei Plut. Al. 24) mag sich im Munde der alten makedonischen Krieger besser gemacht haben als in den Berichten des Historikers.

Schiffe, um in offener Seeschlacht und namentlich im Entern ein entschiedenes Uebergewicht über die Tyrier zu haben, mit Hypaspisten verstärkt hatte, von der Rhede von Sidon aus in See stechen konnte. In voller Schlachtlinie steuerte er auf Tyros los, auf dem linken Flügel Krateros und Pnytagoras, er selbst mit den übrigen kyprischen Königen und den phoinikischen auf dem rechten; er gedachte die tyrische Flotte wo möglich sogleich durch eine Schlacht von der See zu verdrängen und dann durch Sturm oder Blokade die Stadt zur Uebergabe zu zwingen.

Die Stadt hat zwei Häfen, beide auf der dem Lande zugekehrten Seite der Insel, der sidonische rechts von dem Damm der Makedonen, der ägyptische links, durch den weit vorspringenden südlichen Theil der Insel vom offenen Meer entfernter. Die Tyrier hatten, so lange sie nicht wußten, daß sich die kyprischen und phoinikischen Geschwader unter Alexanders Befehl befanden, die Absicht gehabt, ihm zu einer Seeschlacht entgegenzusegeln; jetzt sahen sie am Horizont die ausgedehnte Schlachtlinie der feindlichen Flotte herauffahren, mit der es ihre Schiffe, an Zahl wohl dreimal schwächer, um so weniger aufzunehmen wagen durften, da sie die beiden Häfen vor einem Ueberfall schützen mußten, wodurch die Zahl der disponibeln Schiffe noch mehr verringert wurde. Sie begnügten sich, die enge Mündung des Nordhafens, der dem ersten Angriffe ausgesetzt war, durch eine dicht gedrängte Reihe von Trieren mit seewärts gewandten Schnäbeln so zu sperren, daß jeder Versuch zum Durchbrechen unmöglich war. Alexander seinerseits hatte, sobald seine Geschwader auf die Höhe von Tyros gekommen waren, Halt machen lassen, um die feindliche Flotte zum Gefecht zu erwarten, war dann, als kein feindliches Schiff ihm entgegen kam, unter vollem Ruderschlage gegen die Stadt losgesteuert, vielleicht in der Hoffnung, durch einen heftigen Anlauf den Hafen zu gewinnen. Die dichte Reihe der Trieren in der engen Hafenmündung zwang ihn diesen Plan aufzugeben; nur drei Schiffe, die am weitesten aus dem Hafen hinaus lagen, wurden in den Grund gebohrt; die Besatzung rettete sich durch Schwimmen zum nahen Ufer.

Alexander hatte die Flotte nicht fern von dem Damm sich an den Strand legen lassen, wo sie Schutz vor dem Winde hatte. Am folgenden Tage ließ er die Blokade der Stadt beginnen. Die kyprischen Schiffe unter dem Admiral Andromachos und ihren eigenen Königen sperrten den Nordhafen, während die phoinikischen, bei denen er selbst blieb, sich vor den ägyptischen Hafen legten. Es galt nun, die Maschinen und Thürme nahe genug an die Mauern zu bringen, um entweder Bresche zu legen oder Fallbrücken auf die Zinnen zu werfen. Zu dem Ende war nicht bloß der Damm mit einer Menge von Maschinen bedeckt, sondern auch eine große Anzahl von Lastschiffen und alle Trieren, die nicht besonders segelten, zum Theil auf das kunstreichste mit Mauerbrechern, Katapulten und anderen Maschinen ausgerüstet. Aber den Maschinen vom Damme her widerstand die feste, aus Quadern erbaute Mauer, deren Höhe von hundertfunfzig Fuß, noch vermehrt durch die Aufstellung hölzerner Thürme auf den Zinnen, die makedonischen Thürme mit ihren Fallbrücken unschädlich machte. Und wenn sich die Maschinenschiffe rechts und links vom Damm den Mauern nahten, so wurden sie schon von Ferne mit einem Hagel von Geschossen, Steinen und Brandpfeilen empfangen; wenn sie dennoch näher an den Strand hinruderten, um endlich anzulegen, fanden sie die Anfahrt durch eine Menge versenkter Steine unmöglich gemacht. Man begann, die Steine herauszuschaffen, von den schwankenden Schiffen aus an sich schon eine mühselige Arbeit, und sie wurde dadurch verdoppelt und oft ganz vereitelt, daß tyrische mit Schirmdächern versehene Fahrzeuge die Ankertaue der arbeitenden Schiffe kappten und sie so der treibenden Strömung und dem Winde Preis gaben. Alexander ließ eben so bedeckte Fahrzeuge vor den Ankern beilegen, um die Taue zu schützen; aber tyrische Taucher schwammen unter dem Wasser bis in die Nähe der Schiffe und zerschnitten deren Kabel, bis endlich die Anker an eisernen Ketten in den Seegrund gelassen wurden. Jetzt konnten die Schiffe ohne weitere Gefahr arbeiten; die Steinmassen wurden aus dem Fahrwasser in der Nähe des Dammes hinweggeschafft, so daß die einzelnen Maschienenschiffe sich endlich der Mauer nähern konnten. Das Heer war voll Kampfsbegier und Erbitterung; hatten doch die Tyrier gefangene Makedonen auf die Höhe der Mauer geführt, sie dort — recht vor den Augen ihrer Kameraden im Lager — geschlachtet und ins Meer geworfen.

Den Tyriern entging keineswegs, wie sich mit jedem Tage die Gefahr mehrte, und wie ihre Stadt ohne Rettung verloren sei, wenn sie nicht mehr die Oberhand auf dem Meere habe. Sie hatten auf Hülfe, namentlich von Karthago, gehofft; sie hatten erwartet, daß die Kyprier wenigstens nicht gegen sie kämpfen würden; von Karthago kam endlich das heilige Schiff der Festgesandtschaft, es brachte die Botschaft, daß der Mutterstadt keine Hülfe werden könnte. Und schon waren sie so gut wie eingesperrt, da vor dem Nordhafen die kyprische, vor dem südlichen die phoinikische Flotte ankerte, so daß sie nicht einmal ihre ganze Marine zu Einem Ausfall, der noch die einzige Rettung zu sein schien, vereinigen konnten. Mit desto größerer Vorsicht rüsteten sie im Nordhafen hinter ausgespannten Segeln, die völlig verdeckten, was da geschah, ein Geschwader von drei Fünfruderern, eben so vielen Vierruderern und sieben Trieren aus, bemannten diese mit auserlesenem Schiffsvolk; die Stille der Mittagsstunde, in der Alexander selbst auf dem Festlande in seinem Zelte zu ruhen, so wie die Mannschaften der meisten Schiffe sich, um frisches Wasser und Lebensmittel zu holen, auf dem Strande zu befinden pflegten, war zum Ausfall bestimmt. Unbemerkt aus dem Hafen gefahren, ruderten sie, sobald sie den auf der Nordseite stationirten und fast ganz unbewachten Schiffen der kyprischen Fürsten nahe kamen, mit lautem Schlachtruf auf dieselben los, bohrten beim ersten Anlauf die Pentere des Pnytagoras, die des Androkles von Amathos, die des Pasikrates von Kurion in den Grund, jagten die übrigen auf den Strand, begannen sie zu zertrümmern. Indeß hatte Alexander, der diesen Tag früher als gewöhnlich zu seinen Schiffen auf der Südseite zurückgekommen war und sehr bald die Bewegung vor dem Hafen jenseits der Stadt bemerkt hatte, die Mannschaften an Bord commandirt, schleunigst seine Schiffe bemannt, den größten Theil derselben unmittelbar vor dem Südhafen auffahren lassen, um einem Ausfall der Tyrier von dieser Seite zuvorzukommen, war dann mit fünf Trieren und allen Fünfruderern seines Geschwaders um die Insel herumgesteuert, dem bereits siegreichen tyrischen zu. Von der Mauer der Stadt aus gewahrte man Alexanders Nahen; mit lautem Geschrei, mit Zeichen jeder Art suchte man den Schiffen die Gefahr kund zu thun und sie zum Rückzuge zu bewegen; über den Lärm des anhaltenden Gefechtes bemerkten es die Kämpfenden nicht eher, als bis das feindliche Geschwader sie fast schon erreicht hatte; schnell wendeten die tyrischen Schiffe und ruderten in der größten Eile dem Hafen zu; nur wenige erreichten ihn; die meisten wurden in den Grund gebohrt oder so beschädigt, daß sie zu künftigem Seedienst unbrauchbar waren; noch dicht vor der Münde fiel ein Fünfruderer und ein Vierruderer in des Feindes Hand, während sich die Mannschaft schwimmend rettete.

Dieser Ausgang des Tages war für das Schicksal der Stadt von schwerer Bedeutung; sie hatte mit dem Meere gleichsam das Glacis der Festung verloren. Die tyrischen Schiffe lagen nun todt in den beiden Häfen, die von denen des Feindes auf das strengste bewacht, tyrischer Seits durch Sperrketten vor einem Einbruch gesichert wurden. Damit begann der letzte Act einer Belagerung, die, von beiden Seiten ein immer höher gesteigerter Wettkampf von Erfindungen, mechanischen Mitteln und technischer Kunst, Alles übertraf, was je in dieser Art von Barbaren und Hellenen unternommen worden war. Hatten die Tyrier, die anerkannt größten Techniker und Maschinenbauer der damaligen Welt, alles Unerwartetste geleistet sich zu schützen, so waren Alexanders Ingenieure, unter ihnen Diades und Chairias aus der Schule des Polyeides [1]), nicht minder erfinderisch gewesen, deren Künste zu überbieten. Jetzt, nachdem

[1]) Arrian nennt bei der Belagerung von Tyros so wenig wie bei der von Halikarnaß die Ingenieure Alexanders. Polyeides, der Thessaler, der bei der Belagerung von Perinth thätig gewesen war, war wohl nicht mehr mit ins Feld gezogen, vielleicht ist er der als Vater des Epokillos Arrian. III 19. 6 genannte. Als des Polyeides Schüler werden (Athen. bei Thevenot, Math.,

der König durch seinen Damm einen festen Angriffspunkt und für seine Schiffe einen ziemlich sicheren Ankerplatz gewonnen, nachdem er den Meeresgrund gereinigt und seinen Maschinen das Anlegen an den Mauern möglich gemacht, nachdem er die tyrische Seemacht vom Meere verdrängt hatte, so daß ihm nichts mehr zu thun übrig blieb, als die Mauern zu übersteigen oder zu durchbrechen, erst jetzt begann für ihn die mühevollste und gefährlichste Arbeit. Die Wuth der Tyrier wuchs mit der Gefahr, ihr Fanatismus mit dem Nahen des Untergangs.

Dem Damme gegenüber waren die Mauern zu hoch und zu dick, um erschüttert oder erstiegen zu werden; nicht viel mehr richteten die Maschinen auf der Nordseite aus; die Mächtigkeit der in Cement gefugten Quadermassen schien jeder Gewalt zu trotzen. Mit desto größerer Hartnäckigkeit verfolgte Alexander seinen Plan; er ließ auf der Südseite der Stadt die Maschinen anrücken, arbeiten, nicht eher ruhen, als bis die Mauer, bedeutend beschädigt und durchbrochen, zu einer Bresche zusammenstürzte. Sogleich wurden Fallbrücken hineingeworfen, ein Sturm versucht; es entbrannte der härteste Kampf; vor der Wuth der Vertheidiger, vor den Geschossen, den ätzenden, glühenden Massen, die sie schleuderten, den schneidenden, fassenden Maschinen, die sie arbeiten ließen, mußten die Makedonen weichen; der König gab die zu kleine Bresche auf, welche bald von den Tyriern hinterbaut wurde.

Begreiflich, daß die Zuversicht im Heere zu wanken begann. Desto ungeduldiger war der König, ein Ende zu machen; jene erste Bresche hatte ihm gezeigt, wo er die trotzende Stadt fassen müsse; er wartete nur stille See ab, den Versuch zu erneuen. Drei

---

p. 3. 4) die beiden im Text angeführten, so wie ein dritter, Deimachos, (v. l. *Διηνεχου*) in Beziehung auf Alexander genannt, dessen *ὑπομνήματα πολιορκητικὰ* Steph. Byz. v. *Λακεδαίμων* anführt, vielleicht auch Athenaios bei Theven. Math., p. 2, wo freilich Wescher (Poliorc., p. 5) jetzt den Text giebt: das und das erhelle *ἐκ τῶν Δημάχου Περσικῶν* (v. l. *σετικῶν*, *περσετικῶν*, *πορθητικῶν*) *καὶ τῶν αὐτοῦ ἀκολουθησάντων Ἀλεξάνδρῳ* . . . Daß Alexander auch kyprische und phoinikische Maschinenbauer heranzog, sagt Arrian. II. 26. 1.

Tage nach dem vergeblichen Angriff — es war im August [1]) — war das Meer ruhig, die Luft klar, der Horizont wolkenlos, Alles so, wie des Königs Plan es forderte. Er berief die Führer der zum Angriff bestimmten Truppen, sagte ihnen das Nöthige. Dann ließ er die mächtigsten seiner Maschinenschiffe im Süden gegen die Mauer anrücken und arbeiten, während zwei andere Schiffe, das eine mit den Hypaspisten Admets, das andere mit Koinos Phalangiten, bereit lagen, zum Sturm anzulegen, wo es möglich sein werde; er selbst ging mit den Hypaspisten; zu gleicher Zeit ließ er sämmtliche Schiffe in See gehen, einen Theil der Trieren sich vor die Häfen legen, um während des Sturmes vielleicht die Hafenketten zu sprengen und in die Bassins einzudringen; alle anderen Schiffe, welche Bogenschützen, Schleuderer, Ballisten, Katapulten, Sturmblöcke oder Aehnliches an Bord hatten, vertheilten sich rings um die Insel, mit dem Befehl, entweder wo es irgend möglich sei zu landen, oder innerhalb Schußweite unter der Mauer zu ankern und die Tyrier von allen Seiten so zu beschießen, daß sie, unschlüssig, wo am meisten Gefahr oder Schutz sei, desto leichter dem Sturme erlägen.

Die Maschinen begannen zu arbeiten, von allen Seiten flogen Geschosse und Steine gegen die Zinnen, an allen Punkten schien die Stadt gefährdet, als plötzlich der Theil der Mauer, auf den es Alexander abgesehen hatte, zertrümmert zusammenstürzte und eine ansehnliche Bresche öffnete. Sogleich legten

---

[1]) Das Datum ist nur annähernd sicher (der 20. August). Es ergiebt sich aus der Angabe Arrians (II. 24. 6), daß Tyros im Hekatombaion (etwa 22. Juli bis 20. August 323) erobert sei, in Verbindung mit Plutarchs wunderlicher Geschichte von Aristandros Ausspruch, nach welchem die Stadt, obgleich es bereits der letzte Tag des Monats war, doch noch in demselben Monat erobert werden sollte. Der Seher hat natürlich nicht von dem attischen, sondern dem makedonischen Monat gesprochen; die Datirung bleibt unsicher, in so weit nicht zu entscheiden ist, ob der makedonische Monat sich mit dem attischen deckte; und der 20. August ist auch dann nur richtig, wenn zu Alexanders Zeit der metonische Kanon galt wie ihn Ideler (I, p. 386) berechnet hat.

die beiden Fahrzeuge mit Bewaffneten an der Stelle der Maschinenschiffe bei, die Fallbrücken wurden hinabgelassen, die Hypaspisten eilten über die Brücke, Admetos war der Erste auf der Mauer, der Erste, der fiel; durch den Tod ihres Führers entflammt, unter den Augen des Königs, der schon mit dem Agema folgte, drangen die Hypaspisten vor; bald waren die Tyrier aus der Bresche verdrängt, bald ein Thurm, bald ein zweiter erobert, die Mauer besetzt, der Wallgang nach der Königsburg frei, den der König nehmen ließ, weil von dort leichter in die Stadt hinab zu kommen war.

Während dessen waren die Schiffe von Sidon, Byblos, Arados in den Südhafen, dessen Sperrketten sie gesprengt hatten, eingedrungen und hatten die dort liegenden Schiffe theils in den Grund gebohrt, theils auf das Ufer getrieben; eben so waren die kyprischen Schiffe in den Nordhafen eingelaufen und hatten bereits das Bollwerk und die nächsten Punkte der Stadt besetzt. Die Tyrier hatten sich überall zurückgezogen, sich vor dem Agenorion gesammelt, dort sich geschlossen zur Wehre zu setzen. Da rückte von der Königsburg der König mit den Hypaspisten, von der Hafenseite her Koinos mit den Phalangiten gegen diese letzten geordneten Haufen der Tyrier; nach kurzem, höchst blutigen Kampf wurden auch diese bewältigt und niedergemacht. Achttausend Tyrier fanden den Tod. Der Rest der Einwohner, so viele nicht entkamen, bei dreißigtausend Menschen, wurden in die Sclaverei verkauft. Denen, die sich in den Heraklestempel geflüchtet hatten, namentlich dem König Azemilkos, den höchsten Beamten der Stadt und einigen karthagischen Festgesandten ließ Alexander Gnade angedeihen [1]).

---

[1]) Arrian. II. 24. 4 u. 5. Polyb. XVI. 39; ἐξηνδραποδισμένων μετὰ βίας. Nach Diodor wären 7000 Mann (6000 bei Curtius) im Kampfe gefallen, 2000 kriegsfähige Männer ans Kreuz geschlagen, 13,000 Greise, Weiber und Kinder (der größere Theil sei gen Karthago geflüchtet gewesen) verkauft worden; Arrian giebt die Zahl der Todten auf 8000, die der Gefangenen auf 30,000 an. Es versteht sich, daß die Stadt mehr als 40,000 Einwohner, wie man aus Arrian schließen möchte, gehabt hat. Die 80 Schiffe, zum Theil Penteren, erforderten allein schon an 20,000

Es mag sein, daß die Sidonier und andere Phoiniker auf ihren Schiffen Tausende ihrer tyrischen Landsleute bargen und retteten; nicht minder, daß ein Theil der alten Bevölkerung blieb oder sich wieder zusammenfand [1]). Die Stadt mit ihrem trefflichen Hafen, für eine Flotte vielleicht die beste Station auf der ganzen syrischen Küste, hatte Alexander allen Grund zu erhalten und zu begünstigen, schon um sich mitten unter den anderen Seestädten in diesen Gewässern, die ihre Fürsten und ihre Flotten, wenn auch unter makedonischer Hoheit behielten, die beherrschende Position zu sichern. Aber das alte Gemeinwesen der Stadt und, so scheint es, das Königthum in ihr hatte ein Ende [2]). Tyros wurde der makedonische Waffenplatz an dieser Küste und, wie man annehmen darf, eine der dauernden Stationen der Flotte [3]).

Mann. Enggebauet und voll hoher Häuser, wie sie war, konnte die Inselstadt bei dem Umfange von 22 Stadien (Plin.) nach dem Verhältniß neuerer Großstädte 80,000 Einwohner zählen. Von diesen waren wohl Tausende vor Anfang der Belagerung geflüchtet; sie fanden sich allmählig wieder zusammen.

[1]) Nach Curt. IV. 4. 15 15,000 Menschen. Justin. XVIII. 3 weiß seltsame Dinge zu melden: genus tantum Stratonis inviolatum servavit — das nach seiner Meinung alte Königsgeschlecht — regnumque stirpi ejus restituit, ingenuis et innoxiis incolis insulae attributis, ut exstirpato servili germine genus urbis ex integro conderetur u. s. w. Daß Tyros bald wieder ein bedeutender und reicher Handelsplatz geworden ist, bezeugt u. a. Strabo XVI, p. 757.

[2]) Zwar spricht sich keiner der alten Schriftsteller deutlich über diesen Punkt aus; ja Arrians Angabe, daß dem Azemilkos verziehen sei (ἄδεια), und Diodors (XVII. 47) verwirrter Bericht über Abdolonymos könnten leicht das Entgegengesetzte zu beweisen scheinen. Indeß spricht außer dem Zusammenhange der Begebenheiten die spätere Geschichte für die obige Darstellung; denn in den Streitigkeiten der Diadochen werden Könige auf Kypros und in Sidon, Byblos, Arados erwähnt, dagegen makedonische Phrurarchen in Tyros; und in Tyros verwahrte Perdikkas seine Kassen, Diod. XVIII. 37.

[3]) Wenn Curt. IV. 5. 9 angiebt: Philota regioni circa Tyrum praesidere jusso, so würde das an sich nicht unmöglich sein; aber er sagt zugleich, daß über Kilikien Sokrates, über Koilesyrien Andromachos bestellt sei (Andromacho Parmenio tradiderat bello quod supererat inter-

Alexanders Siegesfeier war, daß er das Heraklesopfer, das ihm von den Tyriern geweigert war, im Herakleion der Inselstadt beging, indem das Heer in voller Rüstung dazu ausrückte und die gesammte Flotte auf der Höhe der Insel im Festaufzuge vorübersteuerte; unter Wettkampf und Fackellauf wurde die Maschine, welche die Mauer gesprengt hatte, durch die Stadt gezogen und im Herakleion aufgestellt, das Herakleschiff der Tyrier, das schon früher in Alexanders Hände gefallen war, dem Gott geweiht.

Die Kunde von diesen tyrischen Vorgängen muß unermeßlichen Eindruck gemacht, sie muß wie der Tag von Issos dem Morgenlande, so und noch mehr den abendländischen Küstenlanden bis zu den Säulen des Herakles die überwältigende Wucht dieses makedonischen Kriegsfürsten fühlbar gemacht haben. Die mächtige Inselstadt, die stolze Flotte, die Kauffahrtei, der Reichthum dieser weltberühmten Stadt war dahin; der achilleische Zorn des Siegers hatte sie niedergeworfen [1]).

Er hatte neuen Widerstand im südlichen Syrien zu erwarten. Von Tyros hatte er die Juden und Samaritaner aufgefordert, sich zu unterwerfen; unter dem Vorwande, durch ihren Unterthaneneid dem persischen Könige verpflichtet zu sein, hatten sie die Zufuhren und anderweitigen Leistungen, die Alexander forderte, verweigert. Größere Sorge machte die Grenzfestung Gaza;

---

futurus), während Arrian den Menon in Syrien, Balakros in Kilikien als Satrapen nennt. Man kann annehmen, daß im syrischen Lande, wie auch sonst, neben dem Satrapen ein Befehlshaber der Truppen blieb, und daß dieß Commando nach Parmenion Andromachos erhielt.

[1]) Als Zeugniß dieses Eindrucks könnte man Curt. IV. 5. 8 anführen, wo gesagt wird, die bei der Feier der Isthmien versammelten Hellenen hätten beschlossen, ut sunt temporaria ingenia, dem Alexander durch funfzehn Gesandte einen goldenen Kranz ob res pro salute ac libertate Graeciae gestas zu übersenden. Diese Isthmien fallen in den Sommeranfang 332, ehe Tyros erobert war. Wenn solcher Beschluß bei der isthmischen Feier gefaßt ist, so bezieht sich dieß victoriae donum auf den Sieg von Issos. Diod. XVII. 47 erzählt ungefähr dasselbe, aber von den σύνεδροι τῶν Ἑλλήνων, und bezieht den Glückwunsch ausdrücklich auf den Sieg in Kilikien.

in dem palästinischen Syrien bei Weitem die wichtigste Stadt, auf der Handelsstraße vom rothen Meere nach Tyros, von Damaskos nach Aegypten, als Grenzfestung gegen die so oft unruhige ägyptische Satrapie für die Perserkönige stets ein Gegenstand besonderer Aufmerksamkeit, war sie von Dareios einem seiner treuesten Diener, dem Eunuchen Batis anvertraut worden [1]), der kühn genug dem Vordringen des siegreichen Feindes ein Ziel zu setzen gedachte. Er hatte die bedeutende persische Besatzung der Stadt durch Werbungen bei den Araberstämmen, die bis an die Küste im Süden Gazas wohnten, verstärkt; er hatte Vorräthe für eine lange Belagerung aufgehäuft, überzeugt, daß, wenn er jetzt den Feind aufzuhalten vermöchte, einerseits die reiche Satrapie Aegypten in Gehorsam bleiben, andererseits der Großkönig Zeit gewinnen werde, seine neuen Rüstungen im oberen Asien zu vollenden, in die unteren Satrapien herabzuzukommen und den tollkühnen Makedonen über den Tauros, den Halys, den Hellespont zurückzujagen. Der lange Widerstand, den Tyros geleistet hatte, erhöhete den Muth des Eunuchen um so mehr, da die Flotte, der Alexander die endliche Einnahme der Inselstadt dankte, vor Gaza nicht anzuwenden war; denn die Stadt lag eine halbe Meile von der Küste, die überdieß, durch Sandbänke und Untiefen gesperrt, einer Flotte kaum zu landen gestattete; von der Küste an erstreckte sich landeinwärts eine tiefe Sandgegend bis zum Fuße des Erdrückens, auf dem Gaza erbauet war. Die Stadt selbst hatte bedeutenden Umfang und war mit einer hohen und mächtigen Mauer umgeben, die jedem Widder und jedem Geschoß widerstehen zu können schien.

Alexander brach, etwa mit Anfang September 332, von Tyros auf; ohne bei der festen Stadt Ake, welche den Eingang in das palästinische Syrien schließt, Widerstand zu finden, rückte er in das Land der Samaritaner ein; durch schnelle Unterwerfung

---

1) So nennt ihn Arrian. II. 25. 4; bei Joseph. Ant. XI. 8. 4 lautet der Name *Βαβαμήσης* (v. l. Abimases, Babimasis). Man glaubte in den verkehrten *βασιλεύς* bei Hegesias fr. 3 den Namen des Eunuchen enthalten.

beugten sie der gerechten Strafe ihrer Hartnäckigkeit vor. Jerusalem folgte diesem Beispiel, und Alexander, so wird berichtet, hielt im Tempel Jehovahs ein feierliches Opfer; er zeigte sich in Allem milde und nachsichtig gegen die Nachkommen Abrahams [1]), deren Ergebenheit ihm bei dem Angriff auf die Philisterstadt von mannigfachem Nutzen sein konnte.

So langte das Heer ohne weiteren Aufenthalt vor Gaza an, lagerte sich auf der Südseite, wo die Mauer am leichtesten angreifbar schien; Alexander befahl sofort, die erforderlichen Maschinen zu zimmern und aufzustellen. Aber die Kriegsbaumeister erklärten, es sei bei der Höhe des Erdrückens, auf dem die Stadt liege, unmöglich, Maschinen zu errichten, die sie zu erreichen und zu erschüttern vermöchten. Um keinen Preis durfte Alexander diese Festung unbezwungen lassen; je schwieriger den Seinen die Aufgabe schien, desto mehr wollte er sie gelöst, auch hier das Unmögliche möglich gemacht sehen. Er befahl auf der am meisten zugänglichen Südseite einen Damm gegen die Stadt hin aufzuschütten, der die Höhe des Erdrückens, auf dem die Mauern standen, erreichte. Die Arbeit wurde möglichst beeilt; sobald sie vollendet war, wurden die Maschinen gegen die Mauer aufgefahren, und begannen mit Tagesanbruch zu arbeiten; während dessen opferte Alexander gekränzt und im kriegerischen Schmucke und erwartete ein Zeichen; da flog — so wird erzählt — ein Raubvogel über den Altar hin und ließ ein Steinchen auf des Königs Haupt hinabfallen, fing sich selbst aber in dem Tauwerk einer Maschine; der Zeichendeuter Aristandros deutete das Zeichen dahin, daß der König zwar die Stadt erobern werde, jedoch sich an diesem Tage wohl zu hüten habe. Alexander blieb in der Nähe der schützenden Maschinen, die nicht ohne Erfolg gegen die mächtigen Mauern arbeiteten. Plötzlich und mit großer Heftig-

---

1) Es ist schwierig, bei dem gänzlichen Schweigen glaubwürdiger Schriftsteller, Gewisses über Alexanders Benehmen gegen Samaria und Juda aufzuzeichnen, da sich die Lügen der Samaritaner und Juden wechselseitig aufheben; vgl. St. Croix, p. 547 sqq., der freilich dem Abderiten Hekataios, dem Erfinder des vielbesprochenen Osymondyaspalastes in Theben, zu viel Glauben schenkt.

keit machten die Belagerten einen Ausfall, warfen Feuer in die Schirmdächer und Geschütze, beschossen von der hohen Mauer herab die Makedonen, welche in den Maschinen arbeiteten und zu löschen suchten, drängten diese so, daß sie bereits sich von ihrem Damme zurückzuziehen begannen. Länger hielt sich Alexander nicht; an der Spitze seiner Hypaspisten rückte er vor, half, wo am meisten Gefahr war, brachte die Makedonen von Neuem in den Kampf, so daß sie wenigstens nicht ganz von dem Damme zurückgeworfen wurden; da traf ihn ein Katapultenpfeil, fuhr ihm durch Schild und Panzer in die Schulter hinein. Der König sank, die Feinde drängten jubelnd heran, die Makedonen wichen von der Mauer zurück.

Des Königs Wunde war schmerzhaft, aber nicht gefährlich; sie hatte das Zeichen zur Hälfte wahr gemacht, nun mochte auch der glücklichere Theil desselben sich erfüllen. Eben jetzt waren die Maschinen, die die Mauern von Tyros gebrochen hatten, im nahen Hafen Majumas angekommen; um sie anwenden zu können, befahl der König, Dämme von zwölfhundert Fuß Breite und zweihundertfunfzig Fuß Höhe concentrisch mit den Mauern der Stadt aufzuschütten [1]); zu gleicher Zeit wurden Minen bis unter die Mauern getrieben, so daß diese an einigen Stellen durch ihre eigene Schwere, an anderen vor den Stößen der Sturmblöcke auf den Dämmen zusammensanken. Gegen diese schadhaften Stellen begann man zu stürmen; zurückgeschlagen wiederholte man den Angriff zum zweiten, zum dritten Mal; endlich beim vierten Sturm, als die Phalangen von allen Seiten

---

1) Arrians Beschreibung der Belagerung ist kurz und zum Theil unklar, namentlich in der Angabe dieser zweiten Dammaufschüttung; man hat gemeint, sein χῶμα χωννύναι ἐν κύκλῳ πάντοθεν τῆς πόλεως bezeichne eine völlige Circumvallation der Stadt, die wenigstens die Höhe bedeckte, welche nach Stark (S. 25) zwei englische Meilen, d. h. etwa 5000 Schritt Umfang hat. Wäre der Umfang der Stadtmauer nur 4000 Schritte gewesen und hätten 20,000 Menschen täglich gearbeitet, so würden sie, nach einer sehr einfachen Berechnung über Jahr und Tag gebraucht haben, um einen Wall bis zu dieser Höhe aufzuschütten; überdieß wäre dann zum Unterminiren der Mauer kein Platz übrig geblieben.

heranrückten, als immer neue Strecken der Mauer zusammenstürzten und die Maschinen immer furchtbarer wirkten, als die tapferen Araber schon zu viele Todte und Verwundete zählten, um noch an allen Orten den gehörigen Widerstand zu leisten, gelang es den Hypaspisten, Sturmleitern in die Breschen zu werfen und über den Schutt der eingestürzten Mauern einzudringen, die Thore aufzureißen, und dem gesammten Heere den Eingang in die Stadt zu öffnen. Ein noch wilderer Kampf begann in den Straßen der Stadt; die tapferen Gazaier vertheidigten ihre Posten bis auf den Tod; ein gräßliches Blutbad endete den heißen Tag; an zehntausend Barbaren sollen gefallen sein; ihre Weiber und Kinder wurden in die Sclaverei verkauft. Reiche Beute fiel in des Siegers Hand, namentlich an arabischen Specereien, für die Gaza der Stapelplatz war. Alexander zog die Bevölkerung der umliegenden philistäischen und arabischen Ortschaften in die Stadt; eine dauernde Besatzung machte sie zu einem Waffenplatz [1]), der für Syrien und für Aegypten gleich wichtig war [2]).

Es mag gestattet sein, noch einen Augenblick bei den syrischen Landen zu verweilen. Die dürftigen Notizen, die nach den alten Ueberlieferungen über die neue Ordnung der Dinge in diesen Gebieten anzuführen waren, gewähren im Entferntesten nicht eine klare Vorstellung, lassen nicht einmal erkennen, ob hier in

---

1) φρούριον ἐς τὸ πόλεμον. Arrian. II. 27. 7.

2) Curtius oder seine nächste Quelle hat in der Darstellung dieser Belagerung Manches aus dem Hegesias hinzugethan, was ohne historischen Werth ist, so namentlich den Mordversuch des arabischen Ueberläufers, und die Rache an dem von Philotas und Leonnatos gefangenen Eunuchen Batis (Hegesias fr. 3); Curtius nennt jene zwei Namen nicht, weil nach ihm Philotas in Tyros zurückgeblieben war. Nach Diodor. XVII. 48 und Joseph. Ant. XI. 8 hat die Belagerung von Gaza zwei Monate gekostet. Das Heer mag Ende September vor Gaza angelangt, die Stadt mit dem Ausgang November genommen sein; der Marsch bis Pelusion währte sieben Tage, vor Ende November war Alexander nicht in Memphis; und das erste Jahr Alexanders im Kanon der Könige ist das mit dem 1. Thoth 417 aer. Nab., d. h. dem 14. November 332 beginnende; vgl. Ideler I, S. 122.

derselben Art und nach demselben Schema, wie in den Satrapien Kleinasiens verfahren wurde.

Wenigstens Einiges zur Ergänzung bieten die Münzen. Das Silbergeld Kleinasiens bis zum Tauros, sahen wir, mit dem bekannten Gepräge Alexanders geschlagen gehörte sämmtlich den späteren Classen der Alexandermünzen an, denen, die in und nach den Zeiten der Diadochen geschlagen sind; wir können noch von einzelnen dieser Städte nachweisen, daß sie in der Zeit Alexanders und so lange sein Reich der Form nach bestand (bis 306), Münzen eigenen Gepräges schlugen; wir durften daraus folgern, daß die Griechenstädte Kleinasiens, und die des lykischen Bundes mit ihnen, durch Alexander zu freien, ihm verbündeten Staaten gemacht wurden und daß sie in dieser ihrer staatlichen Selbstständigkeit das Münzrecht eben so souverain übten, wie Athen und Argos und die anderen Staaten des korinthischen Bundes. Jenseits des Tauros beginnt eine andere Weise; die zahlreichen Silbermünzen mit Alexandergepräge, die aus den kilikischen Städten erhalten sind, gehören sämmtlich den älteren Klassen an; ebenso die von Commagene, Damaskos, von Arados, Sidon, Ake, Askalon [1]); und zwar wird hier in der Umschrift fast immer Alexander König genannt, was bei den gleichzeitigen Münzen von Makedonien, Thrakien und Thessalien in der Regel nicht der Fall ist.

Also in Kilikien, Syrien, Koilesyrien und Phoinikien läßt Alexander das städtische Gemeinwesen, aber die Städte werden nicht wie die griechischen Kleinasiens autonome Staaten; ihre Münzen zeigen, daß sie entweder im Auftrage des Königs und unter ihrer Verantwortlichkeit prägen, oder daß sie nur innerhalb des von Alexander eingeführten Münzsystems und mit dessen Typen, nur Königsgeld prägen dürfen.

Noch ein Weiteres darf hinzugefügt werden. Im Jahre 1863 wurde in der Nähe von Sidon beim Umgraben eines Gartens ein Schatz von 3000 Goldstücken gefunden, der nicht wie die Funde von 1829 und 1852 zerstreut, sondern wenig-

[1]) Nicht von Tyros, die erst aus der fünften Classe, also nach 306 sind.

ftens zum größeren Theil von Kundigen genau untersucht und verzeichnet werden konnte. Unter den so beschriebenen 1531 Stateren waren besonders zahlreich die von Ake und Sidon, von Arados; von Kilikien gab es einzelne Stücke; von den Städten Makedoniens, Thrakiens, Thessaliens waren ziemlich viele mit einem oder mehreren Typen vertreten; an Gepräge aus Hellas fehlte es fast ganz, von Kleinasien fanden sich Kios, Klazomenai (?), Pergamon, Rhodos mit ihrem eigenen Gepräge, eben so König Pnytagoras vom kyprischen Salamis vor. „Diese Münzen", sagt der eine Bericht, „waren beinahe durchgehend neu; ein großer Theil namentlich die in Sidon geprägten, noch rauh wie sie eben vom Prägestock gekommen zu sein schienen." Daß sich unter diesen Münzen keine der Diadochen, die 306 den Königstitel angenommen haben, fanden, sowie der Umstand, daß drei von Ake mit den Jahreszahlen 23 und 24 bezeichnet waren, ließ mit Sicherheit schließen, daß dieser Schatz vor 306 und bald nach 310 vergraben worden ist, also zu einer Zeit, wo formell noch die Monarchie Alexanders und die von ihm geschaffene Reichsverwaltung bestand [1]).

Sehr bemerkenswerth ist, daß sich unter diesen vielen Goldmünzen auch nicht eine von Tyros fand; es kann Zufall sein, wenn wir auch vermuthen durften, daß zunächst nach der Eroberung der Stadt ihre politische Berechtigung minderer Art war, als die anderer phoinikischer Städte. Von besonderem Interesse sind die Jahresziffern auf den Münzen von Ake; es finden sich die entsprechenden auf anderweitig bekannten Münzen von Arados, und zwar von 21 bis zu 76; es wird in der Geschichte der Diadochen davon zu handeln sein, daß Arados 258 durch die Seleukiden volle Unabhängigkeit erhielt und damit eine neue Aera begann; Arados wie Ake hatte eine frühere Aera mit

---

[1]) Es liegen zwei Berichte über diesen Schatz vor, der eine W. unterzeichnet, in Eggers Wiener Numism. Ztschr. 1865, erster Band, erstes Heft, von dem zur Zeit des Fundes in Saida anwesenden östreichischen General-Consul Weckbecker, der andere von Waddington in der Revue numism. 1865, p. 1 sqq. nach den Mittheilungen von Weckbecker und Péretié, Kanzler des französischen Generalconsulats in Beirut.

der Befreiung vom Perserjoch begonnen, und man kann zweifeln, ob sie diese von dem Siege am Granikos oder dem issischen datirten.

Wenigstens aus den Münzen ergiebt sich nicht, daß auch die anderen Städte diese Jahresrechnung eingeführt haben; aber jenen beiden Städten gewiß galt dieser Sieg Alexanders als Befreiung und als ein neuer Anfang.

Lange genug hatte der Widerstand von Tyros, dann noch der von Gaza des Königs Zug nach Aegypten verzögert [1]; jetzt endlich, Jahr und Tag nach der Schlacht bei Issos, gegen den Anfang December 332 brach er von Gaza auf. Es galt die letzte Provinz des Großkönigs am Mittelmeer zu nehmen, die, wenn sie treu oder in treuen Händen gewesen wäre, vermöge ihrer günstigen örtlichen Verhältnisse lange Widerstand zu leisten vermocht hätte. Aber wie sollte sich das ägyptische Volk für die Sache eines Königs, an den es durch nichts als die Ketten einer ohnmächtigen und darum doppelt verhaßten Herrschaft gefesselt war, zu kämpfen bereit fühlen? Ueberdieß lag in der Natur der Aegypter weniger Neigung zu Kampf als zur Ruhe, mehr Geduld und Arbeitsamkeit als Geist und Kraft; und wenn dessen ungeachtet während der zweihundert Jahre der Dienstbarkeit öfter Versuche gemacht worden waren, die fremde Herrschaft abzuschütteln, so hat an diesen das Volk im Ganzen um so weniger Antheil genommen, da es seit der Auswanderung der einheimischen Kriegerkaste daran gewöhnt war, fremde, besonders hellenische Söldner für Aegypten kämpfen und höchstens Tausende von Eingeborenen als wüsten Haufen oder als Packknechte mitziehen zu sehen. Ueberhaupt war der damalige Zustand Aegyptens der der vollkommensten Stagnation; alle inneren Verhältnisse, Ueberreste der längst untergegangenen Pharaonenzeit, standen im offenbarsten Widerspruche mit jedem der geschichtlichen Wechselfälle, deren das Land seit dem Sturze des priesterlichen Königthums so viele erfahren hatte; die Versuche der saitischen Könige, ihr Volk durch Handel und Verbindung mit fremden Völkern

---

[1]) Arrian. III. 1. 1: ἵνα περ τὸ πρῶτον ὡρμήθη.

zu beleben, hatten nur das heimische Wesen noch mehr verwirren und verstocken müssen; die persische Herrschaft, der sie erlagen, hatte dann freilich mit dem dumpfen, stets zunehmenden Abscheu gegen die unreinen Fremdlinge, mit wiederholten Empörungen solcher, die sich pharaonischen Blutes rühmten, zu kämpfen, aber zu selbstständiger Erhebung und eigener Bewegung war Aegypten nicht mehr gekommen; in sich versunken, in afrikanischer Indolenz und Genußsucht, belastet mit allen Nachtheilen und aller Superstition eines Kastenwesens, von dem die Zeit nichts als die abgestorbene Form übrig gelassen hatte, bei dem Allen durch die überreiche Fruchtbarkeit ihres Landes, der kein freier und lebendiger Verkehr nach Außen Werth und Reiz gab, mehr gedrückt als gefördert, bedurften die Aegypter mehr als irgend ein Volk einer Regeneration, einer neuen und erfrischenden Durchgährung, wie sie das hochgespannte hellenische Wesen und dessen Herrschaft bringen konnte.

Aegypten war, sobald Alexander nahete, für den Perserkönig verloren; sein Satrap Mazakes, des bei Issos gefallenen Sabakes Nachfolger, hatte die unter Amyntas Führung gelandeten griechischen Söldner aus Eifersucht oder misverstandenem Eifer, statt sie zur Vertheidigung des Landes in Sold zu nehmen, niedermetzeln lassen; jetzt, nach dem Fall von Tyros und Gaza, als durch die feindliche Occupation, die bis zu den Araberstämmen der Wüste hinaus reichte, Aegypten vom oberen Persien durchaus abgeschnitten war, schon die von Tyros gekommene Flotte vor Pelusion lag, blieb dem Satrapen und den wenigen Persern um ihn freilich nichts übrig, als sich möglichst schnell zu unterwerfen.

So geschah es, daß, als Alexander von Gaza aus nach einem Marsche von sieben Tagen in Pelusion eintraf, Mazakes ihm ohne Weiteres Aegypten übergab. Während der König seine Flotte auf dem pelusischen Nilarm stromauf sandte, ging er selbst über Heliopolis nach Memphis, um sich mit derselben dort wieder zu treffen. Alle Städte, zu denen er kam, ergaben sich ohne Weiteres; ohne das geringste Hinderniß besetzte er

Memphis, die große Hauptstadt des Nillandes, dessen Unterwerfung damit vollbracht war.

Er wollte mehr als unterwerfen; die Völker, zu denen er kam, sollten inne werden, daß er komme zu befreien und aufzurichten, daß er ehre, was ihnen heilig, gelten lasse, was nach ihrer Landesart sei. Nichts hatte die Aegypter tiefer getroffen, als daß König Ochos den heiligen Stier in Memphis niedergestochen hatte; Alexander opferte, wie den anderen Göttern der Aegypter, so dem Apis im Phthatempel zu Memphis [1]); er ließ dort von hellenischen Künstlern gymnische und musische Wettkämpfe halten, zum Zeichen, wie fortan das Fremde hier heimisch, das Einheimische auch den Fremden ehrwürdig sein werde. Die Achtung, die er den ägyptischen Priestern zollte, mußte ihm diese Kaste um so mehr gewinnen, je tiefer sie von der oft fanatischen Intoleranz der persischen Fremdlinge herabgewürdigt worden war.

Mit der Besitznahme Aegyptens hatte Alexander die Eroberung der Mittelmeerküsten, die unter persischer Herrschaft gestanden, vollendet. Der kühnste Gedanke der perikleischen Politik, in der Befreiung Aegyptens der See- und Handelsherrschaft Athens ihren Schlußstein und dauernde Sicherung zu geben, war nun nicht bloß erfüllt, sondern weit überboten; der hellenischen Welt war das Ostbassin des Mittelmeeres gewonnen und mit der Herrschaft über Aegypten die nahe Meeresbucht, von der aus die Seestraßen nach Aithiopien und dem Wunderland Indien führen. Unermeßliche Aussichten knüpften sich an den Besitz Aegyptens.

Wie Alexander sie ergriff und zu verwirklichen gedachte, zeigte das Nächste, was er von Memphis aus unternahm.

Er hatte in Pelusion an der östlichen Ecke des Delta eine starke Besatzung gelassen; von dort sollte im nächsten Frühling der Zug nach dem inneren Asien ausgehn. Von Memphis aus

---

[1]) Die romanhaften Schilderungen von Alexanders Leben und Thaten (so Pseudo-Callisthenes I. 34, Jul. Valer., I. 34) machen aus diesem Opfer eine förmliche Pharaonenweihe (*ἐνεθρονίασαν*), wie sie unter Alexanders Nachfolgern in Aegypten seit dem fünften Ptolemaios, unter dem Namen der Anakleterien, wieder eingeführt wurde.

fuhr er mit den Hypaspisten, dem Agema der makedonischen Ritterschaft, den Agrianern und Bogenschützen den westlichen Nilarm hinab nach Kanobos, von da längs der Küste nach Rakotis, einem alten Gränzposten gegen Lybien. Der Flecken lag auf der acht Meilen langen Nehrung, welche das Haffwasser Mareotis vom Meere trennt, vor der Küste sieben Stadien von ihr entfernt die Insel Pharos, jenes Robbeneiland der homerischen Gesänge. Der König erkannte, wie überaus geeignet der Strand zwischen der Mareotis und dem Meere zur Gründung einer Stadt, der Meeresarm zur Herstellung eines großen und fast gegen jeden Wind sichernden Hafens sei.

Er selbst, so wird erzählt, wollte sofort seinem Baumeister Deinokrates den Plan der Stadt, die Straßen und Märkte, die Lage der Tempel für die hellenischen Götter und für die ägyptische Isis bezeichnen; da eben nichts Anderes zur Hand war, ließ er seine Makedonen ihr Mehl ausstreuend die Linien des Grundrisses ziehen, worauf unzählige Vögel von allen Seiten herbeigeflogen kamen, von dem Mehle zu fressen, ein Zeichen, das der weise Aristandros auf den künftigen Wohlstand und ausgebreiteten Handel der Stadt deutete. Es ist bekannt, auf wie außerordentliche Weise dieses Zeichen und des Königs Gedanken erfüllt worden sind; die Bevölkerung der Stadt wuchs reißend schnell, ihr Handel verband demnächst die abendländische Welt mit dem neu erschlossenen Indien, sie wurde der Mittelpunkt für das hellenistische Leben der nächsten Jahrhunderte, die Heimath der aus dem Orient und Occident zusammenströmenden Weltbildung und Weltliteratur, das herrlichste und dauerndste Denkmal ihres großen Gründers.

Drittes Kapitel.

Die persischen Rüstungen. — Alexanders Marsch nach Syrien, über den Euphrat, nach dem Tigris. Schlacht bei Gaugamela. — Marsch nach Babylon. — Besetzung von Susa. — Zug nach Persepolis.

Stets ist das stolze Recht des Sieges der Sieg eines höheren Rechts, des Rechts, das die höhere Spannkraft, die überlegene Entwickelung, die treibende Kraft eines neuen zukunftreichen Gedankens giebt. In solchen Siegen vollzieht sich die Kritik dessen, was bisher war und galt, aber nicht weiter führt, mächtig und selbstgewiß schien, aber in sich krank und brüchig ist. Nicht das Herkommen noch das ererbte Recht, nicht Friedlichkeit noch Tugend noch sonstiger persönlicher Werth schützt dann vor der überwältigenden Macht dessen, dem das Verhängniß geschichtlicher Größe zu Theil geworden ist. Siegend, so lange er zu wagen, zu kämpfen, niederzuwerfen findet, baut er auf, indem er noch zerstört, schafft so eine neue Welt, aber aus den Trümmern, auf dem Trümmerfeld seiner Zerstörungen. Was er besiegt und gebrochen hat, überdauert ihn in seinem Werk.

Die Ueberlieferungen von Alexanders Geschichte heben mehr oder weniger geflissentlich den Gegensatz zwischen ihm und Dareios, zwischen dem Helden der That und dem Helden des Leidens hervor. Sie schildern Dareios als milde, edel, treu, als ein Muster der Ehrerbietung gegen seine Mutter, der Liebe und Herzlichkeit gegen seine Gemahlin und seine Kinder, als den Persern wegen seiner Gerechtigkeit, seiner ritterlichen Tapferkeit, seines königlichen Sinnes hochverehrt. Es mag sein, daß er für ruhige Zeiten ein König gewesen wäre, wie ihn die Throne Asiens selten gesehen; aber von dem Strome der Begebenheiten, dem zu widerstehen vielleicht einem Kambyses oder Ochos gelungen wäre, schon ergriffen bot er, sich und sein Reich noch zu retten, auch zu unwürdigen und verbrecherischen Plänen die Hand, ohne damit mehr zu erreichen als das lastende Bewußtsein, nicht mehr ohne Schuld an dem zu sein, gegen den er vergebens rang. Und mit der wachsenden Gefahr mehrte sich die Verwirrung, die Haltungslosigkeit und das Unrecht in Allem, was er that oder versuchte; immer dunkler umzog sich die Zukunft für das persische Königthum und dessen gerechte Sache; schon war das Thor gen Asien erbrochen, schon die reichen Satrapien der Küste des Siegers Beute, schon die Grundfeste der Achaimenidenmacht erschüttert. Und hätte vielleicht der Großkönig selbst nach seiner milden Art gern das Verlorene verschmerzt und dem Frieden noch größere Opfer gebracht, so sollte ihn, dessen Sinn weniger an Thron und Reich als an Weib und Kind zu hangen schien, das größte Maaß des Schmerzes, wie er ihn empfand, die Größe seines Sturzes empfinden lassen.

Dieß Motiv ist es, das jene Ueberlieferungen mit den lebhaftesten Farben ausmalen. Sie heben hervor, daß des Großkönigs Mutter Sisygambis, seine Kinder, seine Gemahlin Stateira, die schönste der Frauen Asiens, ihm doppelt theuer, da sie ein Kind unter dem Herzen trägt, Alexanders Gefangene sind. Die Hälfte seines Reiches und ungeheure Schätze bietet Dareios dem Feinde für die Gefangenen, der stolze Feind fordert Unterwerfung oder neuen Kampf. Dann kommt Tireus der Eunuch, der gefangenen Königin Diener, der aus dem Lager des Feindes geflohen ist, zum Dareios, bringt ihm die Trauerbotschaft, die Königin sei in den Geburtswehen gestorben. Da schlägt sich Dareios die Stirn, laut jammernd daß Stateira todt sei, daß die Königin der Perser selbst der Ehre des Grabes entbehren müsse. Der Eunuch tröstet ihn: weder im Leben noch im Tode habe es ihr der makedonische König vergessen, daß sie eines

Königs Gemahlin sei, er habe sie und die Mutter und die Kinder in höchsten Ehren gehalten bis auf diesen Tag, er habe die königliche Leiche mit aller Pracht nach persischer Weise bestatten lassen und mit Thränen ihr Gedächtniß geehrt. Bestürzt fragt Dareios, ob sie keusch, ob sie treu geblieben, ob Alexander sie nicht gezwungen habe zu seinem, wider ihren Willen. Da wirft sich der treue Eunuch ihm zu Füßen, beschwört ihn, nicht das Andenken seiner edlen Herrin zu beschimpfen, und sich nicht selbst in seinem endlosen Unglück den letzten Trost zu rauben, den, von einem Feinde überwunden zu sein, der mehr als ein Sterblicher zu sein scheine; er schwört es mit den höchsten Eiden, daß Stateira treu und keusch gestorben, daß Alexanders Tugend eben so groß sei als seine Kühnheit. Dareios hebt die Hände gen Himmel und fleht zu den Göttern: „wollt mir mein Reich zu erhalten und wiederaufzurichten gewähren, damit ich als Sieger dem Alexandros vergelten kann, was er den Meinen gethan; soll ich aber nicht länger Asiens Herr sein, so gebt die Tiara des großen Kyros keinem Anderen als ihm" [1]).

Schon war des Großkönigs Aufgebot in alle Satrapien des Reichs gesandt, von dem, wenn auch große, doch im Verhältniß zum Ganzen nicht bedeutende Länderstrecken in Feindeshand waren. Ganz Iran und Turan, alles Land bis zu den Quellen des Euphrat stand noch unberührt; es waren die tapfersten und treuesten Völker Asiens, die nur auf des Königs Befehl warteten,

---

[1]) So die Erzählung bei Plut. Alex. 30 und de fort. Alex. II. 6; ausgeschmückter bei Curt. IV. 10. 34. Daß auch Diodor sie las, ergiebt die Stelle, wo er den Tod der Königin aufführt (XVII. 54), kurz vor der Schlacht bei Gaugamela; denn dahin verlegt auch Curtius diese Erzählung. Sie wird wohl aus Kallisthenes stammen, und von Kleitarchos weiter ausgemalt sein. Auch Arrian (IV. 20. 1) erwähnt sie, wie sein λόγος κατέχει anzeigt, nicht nach Ptolemaios und Aristobulos; er weiß von der Schwangerschaft und dem Tode Stateiras nichts; der Eunuch ist „wenige Zeit" nach der Schlacht von Issos geflüchtet. Nur mit seiner Angabe ließe sich der Tod in den Geburtswehen vereinigen, der, so wie ihn die schönrednerische Ueberlieferung einführt, aller chronologischen Möglichkeit spottet.

um ins Feld zu rücken; was galt Aegypten, Syrien, Kleinasien gegen die ungeheuere Länderstrecke vom Tauros bis zum Indus, vom Euphrat bis zum Jaxartes, was der Verlust stets unzuverlässiger Küstenvölker gegen die treuen Meder und Perser, gegen die Reiterschwärme der baktrischen Ebene und die tapferen Bergvölker der kaspischen und kurdischen Gebirge? waren es nicht seit des ersten Dareios Zeit die jetzt verlorenen Küstenländer und die Bemühungen um die Seeherrschaft, zu denen sie nöthigten, so gut wie allein gewesen, die Gefahr und Unheil über das Reich des Kyros gebracht, die Perser zum eigenen Verderben in die ewigen Streitigkeiten der Hellenen verwickelt hatten? Jetzt galt es, das Innere des Morgenlandes zu retten, die hohe Burg Iran zu vertheidigen, die Asien beherrscht; jetzt rief der König der Könige die Edlen seines Stammes, die Enkel der sieben Fürsten, die getreuen Satrapen, an der Spitze ihrer Völker für den Ruhm und die Herrschaft Persiens zu kämpfen; in ihre Hand legte er sein Schicksal; nicht hellenische Söldner, nicht hellenische Feldherren und makedonische Flüchtlinge sollten die Eifersucht und das Mistrauen der Seinen wecken, die wenigen Tausend Fremdlinge, die mit ihm von Issos geflüchtet waren, hatte das gemeinsame Unglück mit den Söhnen Asiens vereinigt; ein ächt asiatisches Heer sollte dem Heere Europas vor den Bergwällen Irans entgegentreten.

Die Ebene von Babylon war zum Sammelplatz des großen Völkerheeres bestimmt. Aus dem fernsten Asien führte Bessos, der baktrische Satrap, die Baktrier, ihre nördlichen Nachbaren die Sogdianer, so wie die streitbaren indischen Völker aus dem Berglande des indischen Kaukasus heran; ihm hatten sich das turkestanische Reitervolk der Saker unter Mauakes und die Daer aus der Steppe des Aralsees angeschlossen. Die Völker aus Arachosien und Drangiana und die indischen Bergbewohner der Paravetiberge kamen unter ihrem Satrapen Barsaentes, ihre westlichen Nachbaren aus Areia unter dem Satrapen Satibarzanes, die persischen, hyrkanischen und tapurischen Reiterschwärme aus Korassan, dem Schwertlande Irans, unter Phrataphernes und seinen Söhnen. Dann die Meder, einst die

Herren Asiens, deren Satrap Atropates zugleich die Kadusier, Sakasener und Albaner aus den Thälern des Kur, des Araxes und des Urmeases führte. Von Süden her, von den Küsten des persischen Meeres, kamen die Völker Gedrosiens und Karmaniens unter Okontobates und Ariobarzanes, dem Sohne des Artabazos, die Perser unter Orxines, aus dem Geschlechte der sieben Fürsten. Die Susianer und Uxier führte Oxathres, der Sohn des susianischen Satrapen Abulites; die Schaaren von Babylon sammelten sich unter Bupales Befehl, die aus Armenien kamen unter Orontes und Mithraustes, die aus Syrien diesseits und jenseits der Wasser unter Mazaios; selbst aus dem kappadokischen Lande, dessen Westen der Zug des makedonischen Heeres berührt hatte, kamen Reisige unter ihres Dynasten Ariarathes Führung [1]).

So sammelte sich während des Frühjahres 331 das Reichsheer des Perserkönigs in Babylon, an vierzigtausend Pferde und viele hunderttausend Menschen, dazu zweihundert Sensenwagen und funfzehn Elephanten, die vom Indus hergebracht waren. Es heißt, daß gegen die sonstige Gewohnheit von dem Könige für die Bewaffnung dieses Heeres, namentlich der Reiter, gesorgt worden sei [2]). Vor Allem galt es, einen Kriegsplan zu finden, der dem Perserheer möglich machte, mit der ganzen Wucht seiner Massen und der Vehemenz seiner ungeheuren Reitermacht zu wirken. Zwei Ströme, der Euphrat und Tigris, durchschneiden in diagonaler Richtung das syrische Tiefland, das sich an dem Fuße der iranischen Berge hinabzieht; über sie führen die Wege von den Küsten des Mittelmeeres zum oberen Asien. Es war ein naheliegender Gedanke, dem Feinde an den Stromübergängen entgegenzutreten; es war verständig, die Hauptmacht des Großkönigs hinter dem Tigris aufzustellen, da dieser einerseits schwerer zu passiren ist, andererseits eine am Euphrat verlorene Schlacht ihn nach Armenien zurückgeworfen und Babylon, sowie die großen Straßen nach Persis und Medien

---

1) Arrian. III. 8. 1 sqq.
2) Curt. IV. 9. 4. Die Stärke des Perserheeres nach Arrian. III. 8. 6.

Preis gegeben hätte, wogegen eine Stellung hinter dem Tigris Babylon deckte, eine gewonnene Schlacht den Feind in den weiten Wüstenebenen von Mesopotamien aller Verfolgung Preis gab, eine verlorene den Rückzug nach den östlichen Satrapien offen ließ. Dareios begnügte sich, an den Euphrat einige Tausend Mann unter Mazaios vorauszusenden, um die Passage des Flusses beobachten zu lassen; er selbst ging von Babylon aus in die Gegend von Arbela, einem Hauptorte auf der großen Heerstraße, die weiter jenseits des Lykos zu der großen Ebene von Ninive führt, welche sich westwärts bis an das linke Ufer des reißenden Tigris und nordwärts bis an die Vorhöhen des Zagrosgebirges ausdehnt; dort mochte er, sobald Alexander herankam, an die Ufer des Stromes rücken und ihm den Uebergang unmöglich machen wollen.

Während der König Dareios für die Osthälfte seines Reiches mit allen Streitkräften, die sie aufbringen konnte, an ihrer Schwelle zu kämpfen bereit stand, war im fernen Westen der letzte Rest der persischen Macht unterlegen.

Was hätte die persische Flotte im hellenischen Meere leisten können, wenn sie zur rechten Zeit, in der rechten Art agirt, wenn sie die von König Agis in der Peloponnes eingeleitete Bewegung mit aller Kraft unterstützt hätte. Aber zögernd, ohne Plan und Entschluß, hatte sie im Sommer 333 den Moment einer entscheidenden Offensive versäumt; und doch blieb sie, schon durch die Absendung vieler Schiffe, die die Söldner nach Tripolis führten, geschwächt, auch nach der Schlacht von Issos und als schon die phoinikische Küste von den Feinden bedroht war, in jenen westlichen Stationen, die nur für die Offensive einen Sinn hatten, statt nach Phoinikien zu eilen, den Widerstand von Tyros zu unterstützen und die unsicheren Contingente der Flotte bei einander zu halten. Mit dem Frühling 332 segelten die phoinikischen, die kyprischen Schiffe heim, aber Pharnabazos und Autophradates blieben mit dem Rest der Flotte im aigaiischen Meer, schon so gering an Macht, daß sie sich nur mit Mühe, nur noch durch die Beihülfe der von ihnen begünstigten oder eingesetzten Tyrannen in dem Besitz von Tenedos, Lesbos, Chios,

Kos zu behaupten vermochten [1]). Durch Antipatros Umsicht und feste Haltung alles Einflusses im übrigen Hellas beraubt, standen sie nur noch mit König Agis in unmittelbarer Verbindung; aber die Bewegung, die dieser im Einverständniß mit ihnen in der Peloponnes zu erregen gehofft hatte, war durch die allmählige Auflösung der Seemacht gleichfalls ins Stocken gerathen, nur Kreta hatte er durch seinen Bruder besetzen lassen. Indeß entwickelte die makedonische Flotte unter den Nauarchen Hegelochos und Amphoteros während des Jahres 332 in den griechischen Gewässern ein so bedeutendes Uebergewicht, daß zunächst die Tenedier, die nur gezwungen das Bündniß mit Alexander gegen das persische Joch vertauscht hatten, den Makedonen ihren Hafen öffneten und das frühere Bündniß von Neuem proclamirten. Ihrem Beispiele folgten die Chier, die, sobald sich die makedonische Flotte auf ihrer Rhede zeigte, gegen die Tyrannen und die persische Besatzung einen Aufstand machten und die Thore öffneten; der persische Admiral Pharnabazos, der damals mit funfzehn Trieren im Hafen von Chios lag, sowie die Tyrannen der Insel kamen in die Gewalt der Makedonen; und als während der Nacht Aristonikos, der Tyrann von Methymna auf Lesbos, mit einigen Kaperschiffen vor dem Hafen, den er noch in den Händen der Perser glaubte, erschien und einzulaufen begehrte, ließ ihn die makedonische Hafenwache ein, machte dann die Mannschaft der Trieren nieder und brachte den Tyrannen als Gefangenen in die Burg. Immer mehr sank das Ansehen der Perser und ihre Parthei; schon hatte auch Rhodos zehn Trieren zur makedonischen Flotte vor Tyros gesandt; jetzt sagten sich auch die Koer von der persischen Sache los; und während Amphoteros mit sechszig Schiffen dorthin abging, wandte sich Hegelochos mit der übrigen Flotte nach Lesbos, das allein noch durch

---

[1]) Curt. IV. 5. 13 sagt von Alexander, Herbst 332: praetores quoque ipsius, egregii duces pleraque invaserant, Calas Paphlagoniam, Antigonus Lycaoniam, Balacrus Hydarne Darii praetore superato Miletum (codd. II. duos militum); daß Milet vorher von Pharnabazos gebrandschatzt sei, sagt Curt. IV. 1. 37.

Tyrannen und persische Besatzungen in Unterthänigkeit gehalten wurde. Dort hatte sich Chares, dem im Jahre vorher sein Versuch auf Methymna misglückt war, mit 2000 Söldnern eingefunden, Mitylene besetzt und im Namen des Dareios den Herrn zu spielen begonnen; der alte athenische Kriegsmann war nicht gemeint, groß Spiel zu wagen, er capitulirte auf freien Abzug, zog mit seinen Kriegsleuten nach der attischen Insel Imbros, später nach Tainaron, dem großen Söldnermarkt [1]). Die Uebergabe Mitylenes gab auch den anderen Städten der Insel den Muth, frei zu sein; sie lieferten ihre Tyrannen aus und gaben sich demokratische Verfassung. Dann segelte Hegelochos südwärts nach Kos, das sich bereits in Amphoteros Händen befand. Nur Kreta noch war von den Lakedaimoniern besetzt; Amphoteros übernahm ihre Unterwerfung und segelte mit einem Theil der Flotte dorthin ab [2]), mit dem anderen ging Hegelochos nach Aegypten, um selbst die Meldung von dem Ausgang des Kampfes gegen die persische Seemacht zu überbringen, zugleich die Gefangenen abzuliefern, alle bis auf Pharnabazos, der auf der Insel Kos zu entweichen Gelegenheit gefunden hatte. Alexander befahl, die Tyrannen den Gemeinden, die sie geknechtet hatten, zum Gericht zurückzusenden; diejenigen aber, welche die Insel Chios an Memnon verrathen hatten, wurden mit einer starken Escorte nach der Nilinsel Elephantine, dem südlichsten Grenzposten des Reiches, ins Elend geschickt [3]).

---

[1]) Curt. IV. 5. 20 . . . Mitylenen, quam Chares Atheniensis nuper occupatam duorum millium Persarum praesidio tenebat . . . . urbe tradita pactus ut incolumi abire liceret Imbrum petit. cf. Arr. III. 2. 6. Daß er dann nach Tainaron ging, sagt Plut. X. Orat. Hyp. §. 3.

[2]) Von der Sendung nach Kreta sagt nur Curt. IV. 8. 15: ad liberandam Cretam, und zwar als wenn sie nach dem Aufbruch aus Aegypten erfolgt sei. Da Alexander von Tyros aus einen weiteren Befehl sendet (Arrian. III. 6. 3), und Hegelochos den höheren Befehl auf der Flotte hatte (Arrian. III. 2. 6), so scheint es, daß er Amphoteros nach Kreta sandte, ehe er nach Alexandrien ging (Spätherbst 332).

[3]) Arrian. III. 2. Curt. IV. 5 und 8. Der Proceß gegen den argen Agonippos von Eresos giebt die früher erwähnte Inschrift bei Conze, Reise auf der Insel Lesbos, S. 36.

So war mit dem Ausgang des Jahres 332 der letzte Rest einer persischen Seemacht, die das makedonische Heer im Rücken zu gefährden und dessen Bewegungen zu hindern vermocht hätte, vernichtet. Die Reihe von Waffenplätzen, die sich vom thrakischen Bosporos über die Küsten Kleinasiens und Syriens bis zu dem neu gegründeten Alexandreia hin erstreckte, diente eben so sehr zur vollkommenen Behauptung der unterworfenen Lande, wie sie für die weiteren Unternehmungen nach Osten eine breite Basis gab. Der neue Feldzug sollte in eine durchaus neue und fremde Welt und unter Völker führen, denen die hellenische Weise fremd, das freie Verhältniß der Makedonen zu ihrem Fürsten unverständlich, denen der König ein Wesen höherer Art war. Wie hätte Alexander verkennen können, daß die Völker, die er zu Einem Reiche zu vereinen gedachte, ihre Einheit zunächst nur in ihm finden würden und erkennen mußten. Und wenn ihn der heilige Schild von Ilion als den hellenischen Helden bezeichnete, wenn die Völker Kleinasiens in dem Löser des gordischen Knotens den verheißenen Ueberwinder Asiens erkannten, wenn in dem Heraklesopfer zu Tyros und der Feier im Phthatempel zu Memphis der siegende Fremdling sich mit den besiegten Völkern und ihrer heiligsten Sitte versöhnt hatte, so sollte ihn jetzt in das Innere des Morgenlandes eine geheimere Weihe, eine höhere Verheißung begleiten, in der die Völker ihn als den zum König der Könige, zum Herrn von Aufgang bis Niedergang Erkorenen erkennen mochten.

In der weiten Einöde Libyens, an deren Eingang das verwitterte Felsenbild der hütenden Sphinx und die halbversandeten Pyramiden der Pharaonen stehen, in dieser einsamen, todtenstillen Wüste, die sich vom Saume des Nilthales abendwärts in unabsehbarer Ferne erstreckt, und mit deren Flugsand ein glühender Mittagswind die mühsame Spur des Kameels verwehet, liegt wie im Meere ein grünes Eiland, von hohen Palmen überschattet, von Quellen und Bächen und dem Thau des Himmels getränkt, die letzte Stätte des Lebens für die rings ersterbende Natur, der letzte Ruheplatz für den Wanderer in der Wüste; unter den Palmen der Oase steht der Tempel des geheimnißvollen Gottes, der einst auf heiligem Kahne vom Lande der Aithiopen zum hunderttthorigen Theben gekommen, der von Theben durch die Wüste gezogen war, auf der Oase zu ruhen und dem suchenden Sohne sich kund zu thun in geheimnißvoller Gestalt. Ein frommes priesterliches Geschlecht wohnte um den Tempel des Gottes, fern von der Welt, in heiliger Einsamkeit, in der Ammon Zeus, der Gott des Lebens, nahe war; sie lebten für seinen Dienst und für die Verkündigung seiner Orakel, die zu hören die Völker nah und fern heilige Boten und Geschenke sandten. Zu dem Tempel in der Wüste beschloß der makedonische König zu ziehen, um große Dinge den großen Gott zu fragen.

Was aber wollte er fragen? Die Makedonen mit ihm erzählten sich wunderbare Geschichten aus früherer Zeit; damals von wenigen geglaubt, von Vielen verlacht, von Allen gekannt, waren sie durch diesen Zug von Neuem angeregt worden; man erinnerte sich der nächtlichen Orgien, die Olympias in den Bergen der Heimath feierte; man wußte von ihren Zauberkünsten, um deren Willen sie König Philipp verstoßen [1]); er habe sie einst in ihrem Schlafgemach belauscht und einen Drachen in ihrem Schooß gesehen; vertraute Männer, die er nach Delphoi geschickt, hätten ihm des Gottes Antwort gebracht: er möge dem großen Ammon Zeus opfern und ihn vor allen Göttern ehren. Man meinte, auch Herakles sei einer sterblichen Mutter Sohn gewesen; man wollte wissen, daß Olympias ihrem Sohne auf dem Wege zum Hellespont [2]) das Geheimniß seiner Geburt vertraut habe. Andere hielten dafür, der König wolle für seinen weiteren Zug des Gottes Rath erfragen, wie ja auch Herakles gethan, als er nach dem Riesen Antaios ausgezogen, und Perseus, ehe er die Fahrt zu den Gorgonen unternommen; beide seien des Königs Ahnherren, deren Beispiel er gern nachahme. Was er wirklich wollte, erfuhr Niemand; nur wenige Truppen sollten ihm folgen.

---

1) Plut. Alex. 3.
2) Itiner. Alex. 18.

Von Alexandreia brach der Zug auf und wandte sich zunächst längs der Meeresküste gen Paraitonion, der ersten Ortschaft der Kyrenaier, die Gesandte und Geschenke — 300 Kriegsrosse und 5 Viergespanne — sandten und um ein Bündniß mit dem Könige baten, das ihnen gewährt wurde [1]). Von hier führte der Weg südwärts durch wüste Sandstrecken, über deren eintönigen Horizont kein Baum, kein Hügel hervorragt; den Tag hindurch heiße Luft voll feinen Staubes, der Sand oft so lose, daß jeder Schritt unsicher war; nirgend ein Grasplatz zum Ruhen, nirgend ein Brunnen oder Quell, der den brennenden Durst hätte stillen können; — Regenwolken, die bald, ein Geschenk der Jahreszeit, wiederholentlich Erquickung gaben, galten für eine Wundergabe des Gottes in der Wüste. So zog man weiter; keine Spur bezeichnete den Weg, und die niedrigen Dünen in diesem Sandmeer, die mit jedem Winde Ort und Form wechseln, vermehrten nur die Verwirrung der Führer, die schon die Richtung zur Oase nicht mehr zu finden wußten; — da zeigten sich an der Spitze des Zuges ein Paar Raben [2]), sie erschienen wie Boten des Gottes, und Alexander befahl, im Vertrauen auf den Gott, ihnen zu folgen. Mit lautem Krähen flogen sie vorauf, sie rasteten mit dem Zuge, sie flatterten weiter, wenn das Heer weiter zog. Endlich zeigten sich die Wipfel der Palmen und die schöne Oase des Ammon empfing den Zug des Königs.

Alexander war überrascht von der Heiterkeit dieses heiligen Bezirkes, der, reich an Oliven und Datteln, an krystallischem Salz und heilsamen Quellen, von der Natur zu dem frommen Dienste des Gottes und dem stillen Leben seiner Priester bestimmt schien. Als der König darauf, so wird erzählt, das Orakel zu hören verlangte, begrüßte der Aelteste unter den Priestern ihn in dem Vorhofe des Tempels, gebot dann seinen Be-

---

1) Curt. IV. 7. 9. Diod. XVII. 49: φιλίαν καὶ συμμαχίαν.

2) Nach Ptolemaios zwei Schlangen; natürlich meint er mit den δράκοντας δύο φωνὴν ἱέντας nicht „sprechende Schlangen"; daß ihr συριγμὸς correct als φωνὴ bezeichnet wird, zeigt Arist. H. A. IV. 9. 535. a. 27 ἡ φωνὴ ψόφος τις ἐστὶν ἐμψύχου.

gleitern allen, draußen zu verweilen, und führte ihn in die Zelle des Gottes; nach einer kleinen Weile kam Alexander heiteren Angesichtes zurück und versicherte, die Antwort sei ganz nach seinem Wunsche ausgefallen. Dasselbe soll er in einem Briefe an seine Mutter wiederholt haben: wenn er sie wieder sähe bei seiner Rückkehr, wolle er ihr die geheimen Orakel, die er empfangen, mittheilen [1]). Dann beschenkte er den Tempel und die gastfreundlichen Bewohner der Oase auf das reichlichste, und kehrte nach Memphis in Aegypten zurück [2]).

Alexander hatte die Antwort des Gottes verschwiegen, desto lebhafter war die Neugier oder Theilnahme seiner Makedonen; die mit im Ammonion gewesen waren, erzählten Wunderbares von jenen Tagen; des Oberpriesters erster Gruß, den sie alle gehört hätten, sei gewesen: „Heil Dir, o Sohn!" und der König habe erwiedert: „o Vater, so sei es; Dein Sohn will ich sein, gieb mir die Herrschaft der Welt!" Andere verlachten diese Mährchen; der Priester habe griechisch reden und den König mit der Formel „Paidion" anreden wollen, statt dessen aber, mit einem Sprachfehler „Paidios" gesetzt, was man wahrlich für „Sohn des Zeus" nehmen könnte. Schließlich galt als das Sichere über diesen Vorgang: Alexander habe den Gott gefragt: ob Alle, die an seines Vaters Tode Schuld hätten, gestraft seien; darauf sei geantwortet: er möge besser seine Worte wägen, nimmermehr werde ein Sterblicher den verletzen, der ihn gezeugt; wohl aber seien die Mörder Philipps des Makedonenkönigs alle gestraft. Und zum zweiten habe Alexander gefragt, ob er seine Feinde besiegen werde, und der Gott habe geantwortet, ihm sei die Herrschaft der Welt bestimmt, er werde siegen bis er zu den

---

1) Diod. XVII. 51. Callisthenes fr. 36 bei Strabo XVII, p. 814 und Plut. 27.

2) Aristobul sagt, Alexander sei auf dem früheren Wege zurückgekehrt; Ptolemaios dagegen, er habe den geraden Weg nach Memphis eingeschlagen. Letztere Angabe ist wohl richtiger, da der Umweg über Paraitonion und Alexandreia jetzt, nach dem Vertrage mit Kyrene, keinen Zweck mehr gehabt hätte.

Göttern heimgehe [1]). Diese und ähnliche Erzählungen, die Alexander weder bestätigte noch widerrief, dienten dazu, um seine Person ein Geheimniß zu verbreiten, das dem Glauben der Völker an ihn und seine Sendung Reiz und Gewißheit lieh, und den aufgeklärten Hellenen nicht seltsamer zu scheinen brauchte, als des Herakleitos Wort, daß die Götter unsterbliche Menschen, die Menschen sterbliche Götter seien, nicht seltsamer als der Heroencult der Gründer in den neueren wie älteren Colonien oder die Altäre und Festdienste, die vor zwei Menschenaltern dem Spartaner Lysandros gewidmet worden waren.

Es läge nahe, an dieser Stelle noch eine andere Frage aufzuwerfen, diejenige, mit der man doch erst den Kern der Sache treffen würde. Wie hat sich Alexander den Zweck dieses Zuges ins Ammonion, die geheimnißvollen Vorgänge in dem Tempel dort gedacht? hat er die Welt täuschen wollen? hat er selbst geglaubt, was er sie wollte glauben machen? hat er, sonst so klaren und freien Sinnes, seines Wollens und Könnens so gewiß, Momente innerer Unsicherheit gehabt, in denen sein Gemüth eine Stütze, einen Ruhepunkt in dem Ueberirdischen suchte? Man sieht, es handelt sich bei dieser Frage um die religiösen und sittlichen Voraussetzungen, unter denen das Wollen und Handeln dieses leidenschaftlichen Charakters stand, um das innerste Wesen seiner Persönlichkeit, man könnte sagen, um sein Gewissen. Ganz verstehen könnte man ihn nur von diesem Mittelpunkt seines Wesens aus, zu dem das, was er thut und schafft, nur die Peripherie ist, nur Stücke der Peripherie, von denen uns in der Ueberlieferung nur Fragmente erhalten sind. Dem Poeten steht es zu, zu der Handlung, die er darstellt, die Charaktere so zu dichten, daß sich aus ihnen erklärt, was sie thun und leiden. Die historische Forschung steht unter einem anderen Gesetz; auch sie sucht von den Gestalten, deren geschichtliche Bedeutung sie zu verfolgen hat, ein möglichst klares und begründetes Bild zu gewinnen; sie beobachtet, so weit ihre Materialien es gestatten, deren Thätigkeiten, Begabungen, Tendenzen; aber sie dringt nicht bis zu der Stelle, wo alle diese

[1]) Plut. Curt. Diod.

Momente ihren Quell, ihren Impuls, ihre Norm haben. Das tiefinnerste Geheimniß der Seele zu finden, damit den sittlichen Werth, das will sagen, den ganzen Werth der Person richtend zu bestimmen, hat sie keine Methoden und keine Competenz. Genug, daß sie für die Lücken, die ihr so bleiben, eine Art von Ersatz hat; indem sie die Persönlichkeiten in einem anderen Zusammenhang, als dem, wo ihr sittlicher Werth liegt, in dem ihres Verhältnisses zu den großen geschichtlichen Entwickelungen, ihres Antheils an überdauernden Leistungen oder Schöpfungen, in ihrer Kraft oder Schwäche, ihren Plänen und Veranstaltungen, ihrer Begabung und Energie, dieselben zu ermöglichen, auffaßt und sie da nach ihrer Bedeutung einreiht, übt sie die Gerechtigkeit, die ihr zusteht, und gewährt sie ein Verständniß, das nicht tiefer aber weiter und freier ist, als jenes nur psychologische.

Wenigstens berührt mag hier ein Punkt werden, in dem sich bedeutsame Linien zu kreuzen scheinen.

Seit jenem merkwürdigen Ausspruch des Herakleitos, seit dem Aischyleischen „in vielen Namen Eine Gestalt" haben die Dichter und Denker der hellenischen Welt nicht aufgehört, in den vielen Göttergestalten und deren Mythen, die ihrem Volke Religion waren, den tieferen Sinn zu suchen und in ihm die Rechtfertigung ihres Glaubens zu finden. Man weiß, bis zu welchen Punkten Aristoteles diese Fragen vertieft hat. Alexander wird nicht bloß dessen populären Dialog gelesen haben, in dem er schildert, wie ein Blick in die Herrlichkeit der Welt und die ewige Bewegung der Gestirne dem, der sie zum ersten Male sähe, die Ueberzeugung geben würde, „daß wirklich Götter seien daß so Staunenswürdiges ihr Wirken und Werk sei". Aus des großen Denkers Vorträgen mag auch er die Ueberzeugung gewonnen haben, daß die frühe Vorzeit den Himmel und die Gestirne, die sich in ewigen Sphären an ihm bewegen, als Gottheiten angeschaut, deren Thun und Wirken „in mythischer Gestalt" ausgesprochen habe, daß „zur Ueberredung der Vielen so wie um der Gesetze und des Gebrauches Willen" diese Mythen beibehalten, auch weiter ausgeführt und Wunderliches hinzugefügt worden sei, daß aber die wahre Gottheit, das

„Unbewegt-Bewegende“, das „nicht durch andere Ursache als sich selbst Gewordene“ ohne Stoff, ohne Theile, ohne Vielheit sei, reine Form, reiner Geist, sich selbst denkend, bewegend ohne zu handeln und zu bilden, zu dem sich Alles „aus Sehnsucht“ bewegt als dem ewig Guten, dem höchsten Zweck.

Wie nun, wenn Alexander im Ammonion einer Gotteslehre, einer Symbolik begegnete, die, in ähnlichen Speculationen sich vertiefend, zugleich die Gewißheit des Jenseits, seines Gerichtes und seiner Verklärungen, die Pflichten und die Ordnung des Lebens hienieden, das darauf Vorbereitung sei, das Wesen des Priesterthums und des Königthums zu Einem großen und in sich geschlossenen System zu verbinden verstanden hatte? Schon Monumente aus der alten Pharaonenzeit sprechen von „dem Gott, der sich selbst zum Gott gemacht hat, der durch sich selbst besteht, dem einzigen nicht erzeugten Erzeuger im Himmel und auf Erden, dem Herrn der seienden und nicht seienden Wesen“. Und daß diese Gedanken in voller Lebendigkeit bewahrt und vielleicht weitergeführt worden sind, lehrt eine denkwürdige Inschrift aus Dareios II. Zeit und zu seinen Ehren [1]; da ist Ammon-Ra der Gott, der sich selbst erzeugte, der sich offenbart in Allem, was da ist, der von Anbeginn war und das Bleibende ist in Allem, was da ist; die anderen Götter sind wie Prädicate für ihn, wie Thätigkeiten von ihm: „es sind die Götter in deinen Händen und die Menschen zu deinen Füßen; du bist der Himmel, du bist die Tiefe; die Menschen preisen dich als den Unermüdlichen in der Sorge für sie, dir sind ihre Werke geheiligt“. Dann folgt das Gebet für den König: „laß glücklich sein deinen Sohn, der da sitzet auf deinem Thron, mach ihn dir ähnlich, laß als König ihn herrschen in deinen Würden; und wie deine Gestalt ist Segen spendend, wenn du dich erhebst als Ra, so ist das Wirken deines Sohnes nach deinem Wunsch, Dareios, der ewig lebe; die Furcht vor ihm, die Achtung vor

---

[1]) Brugsch, König Dareios Lobgesang im Tempel der großen Oase von El-Khargeh, in den Gött. Gel.-Anz. 1877, n°. 6, wo Einiges zur Erläuterung vorausgeschickt ist.

ihm, seines Ruhmes Glanz, sie seien im Herzen aller Menschen in jedem Lande, wie die Furcht vor dir, die Achtung vor dir im Herzen der Götter und Menschen weilt."

Wenn die Priester des Ammonion Alexander als Sohn des Ammon-Ra, als Zeus-Helios begrüßt haben, so thaten sie es in der vollen Wahrhaftigkeit ihrer religiösen Ueberzeugung und der tieferen Symbolik, in der sie ihre Gotteslehre faßten. Alexander, so wird erzählt, habe die Darlegungen des Priesters Psammon, des „Philosophen", mit Aufmerksamkeit angehört, namentlich: daß jeder Mensch von einem Gott regiert werde (βασιλεύονται ὑπὸ θεοῦ), denn das in jedem Herrschende und Mächtige sei göttlich; dem habe Alexander entgegnet: allerdings sei der gemeinsame Vater aller Menschen Gott (τὸν θεόν), aber die Besten wähle er sich zu besonderer Kindschaft.

Und nun zurück zu dem Zusammenhang der historischen Ereignisse, deren mit dem Frühling 331 eine neue bedeutsame Reihe beginnen sollte.

Nach Memphis zurückgekehrt fand Alexander zahlreiche Gesandtschaften aus den hellenischen Landen, deren keine ohne geneigtes Gehör und möglichste Erfüllung ihrer Anträge in die Heimath zurückkehrte. Mit ihnen zugleich waren neue Truppen angekommen, namentlich vierhundert Mann [1]) hellenische

---

[1]) Arrian. III. 5. 1 giebt diese beiden Zahlen; aber 400 Söldner unter Menidas, von Antipatros gesandt, wäre auffallend wenig, und in der Schlacht bei Gaugamela führt Menidas gar nicht Fußvolk, sondern Reiter; dagegen findet sich in derselben Schlacht ein Corps von den ἀρχαῖοι καλούμενοι ξένοι unter Kleandros auf dem rechten Flügel, dem auf dem linken die Thraker des Sitalkes, ein Corps, das vielleicht bei 4000 Mann stark war, entsprechen. Bei Arrian. III. 5. 1 wird eine Lücke anzunehmen sein, in der diese ξένοι unter Kleandros und vielleicht noch weitere Truppen angeführt waren. — Nicht auf diesen Ersatz darf man, wie geschehen ist, Curt. IV. 6. 31 beziehen, der angiebt, daß gleich nach des Königs Ankunft in Pelusion (Nov. 332) Amyntas mit zehn Trieren nach Makedonien gesandt sei ad inquisitionem novorum militum. Es ist Amyntas, Andromenes Sohn, der Strateg der Taxis der Phalanx, die bei Gaugamela statt seiner Simmias führte, ὅτι Ἀμύντας ἐπὶ Μακεδονίας ἐς ξυλλογὴν στρατιᾶς ἐσταλμένος ἦν.

Söldner unter Menidas und fünfhundert thrakische Reiter unter Asklepiodoros, die sofort in das Heer eingereiht wurden, welches schon in den Rüstungen zum Aufbruch begriffen war. Dann ordnete Alexander die Verwaltung des ägyptischen Landes mit besonderer Vorsicht, namentlich darauf bedacht, durch Zerlegung der amtlichen Befugnisse die Vereinigung zu großer Macht in Einer Hand zu vermeiden, die bei der militärischen Bedeutung dieser großen Satrapie und den reichen Machtelementen in ihr nicht ohne Gefahr gewesen wäre. Peukestas, des Makartatos Sohn, und Balakros, des Amyntas Sohn, erhielten die Strategie des Landes und den Befehl über die dort zurückbleibenden Truppen mit Einschluß der Besatzungen von Pelusion und Memphis, im Ganzen etwa viertausend Mann, den Befehl über die Flotte von dreißig Trieren der Nauarch Polemon; die in Aegypten ansässigen oder einwandernden Griechen wurden unter eine besondere Behörde gestellt; die ägyptischen Kreise oder Nomen behielten ihre alten Nomarchen, mit der Bestimmung, an diese nach der früheren Taxe ihre Abgaben einzuzahlen; die Oberaufsicht über die sämmtlichen rein ägyptischen Kreise wurde anfangs zweien, dann einem Aegypter, sowie die über die libyschen Kreise einem griechischen Manne übertragen; der Verwalter der arabischen Kreise Kleomenes, der, ein Grieche aus Naukratis in Aegypten, die Sprache und Sitten des Landes kannte, erhielt zugleich die Weisung, die von den Nomarchen aller Kreise gesammelten Tribute in Empfang zu nehmen, so wie ihm auch insbesondere die Sorge für den Bau der Stadt Alexandreia übertragen wurde [1]).

Nach diesen Einrichtungen, nach einer Reihe von Beförderungen in der Armee, nach neuen Festlichkeiten in Memphis und einem feierlichen Opfer, das Zeus dem Könige dargebracht wurde,

---

[1]) Arrian. III. 5; cf. Justin. XIII. 4. Diese Einrichtungen Aegyptens, so sehr sie von denen der Lagidenzeit verschieden sind, müssen doch aus denselben erklärt werden. Kleomenes ist ἐπὶ τῶν προσόδων aller Nomen; seiner Stellung und noch mehr seiner Gewandtheit dankte er bald den größten Einfluß in der ägyptischen Satrapie, wie er sich sechs Jahre später nur zu deutlich offenbarte.

brach Alexander mit dem Frühling [1]) 331 nach Phoinikien auf; zugleich mit ihm traf die Flotte in dem Hafen von Tyros ein. Die kurze Zeit, die der König hier verweilte, verging unter großen und prächtigen Festlichkeiten nach hellenischem Brauch; zu den Opfern, die im Heraklestempel gefeiert wurden, hielt das Heer Wettkämpfe aller Art; die berühmtesten Schauspieler der hellenischen Städte waren berufen, diese Tage zu verherrlichen, und die kyprischen Könige, die nach griechischer Sitte die Chöre stellten und schmückten, wetteiferten an Pracht und Geschmack mit einander [2]). Dann lief die attische Tetrere Paralia [3]), die stets nur in heiligen oder besonders wichtigen Angelegenheiten gesendet wurde, in den Hafen der Stadt ein; die Gesandten, die sie brachte, kamen dem Könige Glück zu wünschen und die unverbrüchlichste Treue ihrer Vaterstadt zu versichern, eine Aufmerksamkeit, die Alexander mit der Freilassung der am Granikos gefangenen Athener erwiederte.

Es galt für eine lange Abwesenheit von den westlichen Landen Fürsorge zu treffen. Bis auf Sparta und Kreta war in Hellas Alles in Ruhe; nur daß noch zahlreiche Seeräuber, die Nachwirkung der persischen Unternehmungen, die Meere unsicher machten. Amphoteros erhielt Befehl, die Austreibung der spartanischen und persischen Besatzungen aus Kreta zu beschleunigen, dann auf die Seeräuber Jagd zu machen, den Peloponnesiern, die etwa von Sparta aus bedrängt werden könnten, Hülfe und Schutz zu bieten; die Kyprier und Phoiniker wurden angewiesen, ihm hundert Schiffe nach der Peloponnes nachzusenden. Zu gleicher Zeit wurden einige Veränderungen in der Verwaltung der bisher unterworfenen Länder vorgenommen; es wurde nach Lydien an die Stelle des Satrapen Asandros, der auf Werbung nach Griechenland ging, der Magnesier Menandros von den Hetairen gesendet, an dessen Stelle Klearchos den Befehl über die fremden Völker erhielt; es wurde

---

1) ἅμα τῷ ἦρι ὑποφαίνοντι, Arrian. III. 6. 1.

2) Plut. Alex. 29; cf. Grysar de Gr. trag. Demosth. aet., p. 29.

3) So der Name nach den Urkunden des Seewesens IV. c. 35 (vor Ol. 106), wo dieß heilige Schiff noch Triere war, und XIII. a. 62. XVI. c. 155 (vor Ol. 113. 3), wo es Tetrere heißt.

die Satrapie Syriens von Menon [1]), der nicht mit der gehörigen Sorgfalt für die Bedürfnisse des durch seine Provinz ziehenden Heeres gesorgt hatte, auf den jüngst angekommenen Asklepiodoros übertragen, zugleich diesem der unmittelbare Befehl über das Land des Jordan, dessen bisheriger Befehlshaber Andromachos von den Samaritanern erschlagen worden war, und die Bestrafung der Samaritaner übertragen [2]). Endlich wurde die Finanzverwaltung in der Art geordnet, daß die Generalkasse, die bisher mit der Kriegskasse vereinigt gewesen war, von derselben getrennt und, wie schon für Aegypten geschehen war, so für Syrien und Kleinasien bis zum Tauros je eine besondere Hauptkasse eingerichtet wurde. Für die Satrapien westwärts vom Tauros erhielt dieß Amt Philoxenos, für die syrischen Länder mit Einschluß der phoinikischen Städte Koiranos, wogegen die Verwaltung der Kriegskasse an den reuigen Harpalos gegeben wurde, dem der König aus alter Freundschaft oder aus politischen Rücksichten verzieh, was er gethan hatte.

Dann endlich brach das Heer von Tyros auf und zog die große Heerstraße am Orontes hinab, vielleicht auf dem Marsche durch Zuzüge aus den kleinasiatischen Besatzungen verstärkt, dem Euphrat zu; etwa 40,000 Mann Fußvolk und 7000 Reiter stark erreichte es um den Anfang August Thapsakos [3]), den gewöhnlichen Uebergangsort. Eine Abtheilung Makedonen war vorausgesandt worden, zwei Brücken über den Strom zu schlagen; sie waren noch nicht ganz vollendet, denn das jenseitige Ufer hatte der Perser Mazaios, mit etwa 10,000 Mann zur Deckung

---

[1]) Arrian. III. 6. 8: *ἀντὶ δὲ Ἀρίμμα*, während II. 13. 7 *Μένων ὁ Κερδίμμα* als Strateg Syriens bestellt wird; gewiß hat Arrian hier denselben gemeint und geschrieben *ἀντὶ δὲ Μένωνος τοῦ Κερδίμμα*.

[2]) Curt. IV. 5. 10; 8. 10.

[3]) Ueber Thapsakos und das nicht weit davon bei dem heutigen Rakka von Alexander gegründete Nikephorion ist im Anhang über die Städtegründungen Näheres angegeben. Nach Arrian III. 7. 1 kam Alexander nach Thapsakos im Hekatombaion des Arch. Aristophanes d. h. zwischen 12. Juli und 10. August 331.

des Flusses abgesandt [1]), bisher besetzt gehalten, so daß es für die um vieles schwächere makedonische Vorhut zu gewagt gewesen wäre, die Brücken bis an das jenseitige Ufer fortzuführen. Beim Anrücken der großen Armee zog sich Mazaios eilends zurück; zu schwach, um den Posten gegen Alexanders Uebermacht zu behaupten, hätte er seine Truppen aufopfernd höchstens das Vorrücken der Feinde in etwas verzögern können, was für den Großkönig, dessen Rüstungen bereits vollendet waren, kein erheblicher Gewinn gewesen wäre.

Alexander ließ sofort den Bau beider Brücken vollenden und sein Heer auf das Ostufer des Euphrat hinüberrücken. Selbst wenn er vermuthete, daß das persische Heer in der Ebene von Babylon, in der es sich gesammelt hatte, zum Kampfe und zur Vertheidigung der Reichsstadt bereit stand, durfte er nicht, wie siebzig Jahre früher die Zehntausend, den Weg längs des Euphrat, den jene genommen hatten, einschlagen. Die Wüsten, durch welche derselbe führt, wären in der Hitze des Sommers doppelt mühselig gewesen und die Verpflegung eines so bedeutenden Heeres hätte die größten Schwierigkeiten gehabt. Er wählte die große nördliche Straße, welche nordostwärts über Nisibis durch das kühlere und weidenreiche Hügelland, das die Makedonen später Mygdonien nannten, an den Tigris und dann an der linken Seite des Stromes hinab in die Ebene von Babylon führt.

Da brachte man eines Tages einige der feindlichen Reiter, die in der Gegend umherschwärmten, gefangen vor den König; sie sagten aus: daß Dareios bereits von Babylon aufgebrochen sei und auf dem linken Ufer des Tigris stehe, entschlossen, seinen Gegnern mit aller Kraft den Uebergang über den Strom zu wehren; seine jetzige Macht sei viel größer als die in den issischen Pässen; sie selbst wären auf Kundschaft ausgesendet, damit sich das Perserheer zur rechten Zeit und am rechten Orte den Makedonen gegenüber am Tigris aufstellen könne.

---

[1]) Arrians Worte III. 7. 2: *ἱππέας μὲν ἔχων τρισχιλίους καὶ τούτων Ἕλληνας μισθοφόρους* hat Sintenis mit Recht nach Curt. IV. 9. 7 ergänzt (*τρισχιλίους πέζους δὲ ἑξακισχιλίους καὶ τούτων* u. s. w.).

Alexander durfte nicht wagen, einen so breiten und reißenden Strom, wie der Tigris ist, unter den Pfeilen der Feinde zu überschreiten; er mußte erwarten, daß Dareios die Gegend von Ninive, wo der gewöhnliche Heerweg über den Strom führt, besetzt halten werde; es kam Alles darauf an, möglichst bald auf derselben Seite des Stromes mit dem Feinde zu sein; es galt den Uebergang unbemerkt zu bewerkstelligen. Alexander veränderte sofort die Marschroute und ging, während ihn Dareios auf der weiten Ebene der Trümmer von Ninive erwartete, nordöstlich in Eilmärschen auf Bedzabde [1]). Kein Feind war in der Nähe, die Truppen begannen den sehr reißenden Strom zu durchwaten; mit der größten Anstrengung, doch ohne weiteren Verlust, gewannen sie das östliche Ufer. Alexander gewährte seinen erschöpften Truppen einen Tag Ruhe; sie lagerten sich längs den bergigen Ufern des Stromes.

Das war am 20. September [2]). Der Abend kam, die ersten Nachtwachen rückten auf ihre Posten am Fluß und auf den Bergen; der Mond erhellte die Gegend, die Vielen den makedonischen Berglanden ähnlich schien; da begann sich das Licht des Vollmondes zu verdunkeln; bald war die Scheibe des hellen Gestirnes völlig in Dunkel gehüllt. Es schien ein großes Zeichen der Götter; besorgt traten die Kriegsleute aus ihren Zelten; Viele fürchteten, daß die Götter zürnten; Andere erinnerten, daß, als Xerxes gegen Griechenland gezogen, seine Magier die Sonnenfinsterniß, die er in Sardeis gesehen, dahin gedeutet hätten, daß die Sonne das Gestirn der Hellenen, der Mond das

---

[1]) Barbié du Bocage hat Mosul als den Ort bezeichnet, wo Alexander den Tigris passirte; er hat übersehen, daß Alexander von dort noch vier Tagemärsche bis in die Nähe der Feinde brauchte (Arrian), und Gaugamela liegt doch wenige Stunden östlich von Mosul. Jene vier Tagemärsche führen ungefähr auf Bedzabde, eine im Alterthum mehrfach genannte Position am Tigris, deren Wichtigkeit der heutige Ort Dschesireh, 20 Meilen oberhalb Mosul, bezeichnet.

[2]) Die Zeitbestimmung ist sicher durch die Erwähnung der Mondfinsterniß (Arrian. III. 6. 1), die in der Nacht vom 20. zum 21 Sept. eintrat. Ideler I, S. 347.

der Perser sei; jetzt verhüllten die Götter das Gestirn der Perser, zum Zeichen ihres baldigen Unterganges. Dem Könige selbst deutete der zeichenkundige Aristandros: das Ereigniß sei zu seinen Gunsten, noch in demselben Monate werde es zur Schlacht kommen. Dann opferte Alexander dem Mond, der Sonne, der Erde, und auch die Opferzeichen verhießen Sieg. Mit Anbruch des Morgens brach das Heer auf, um dem Heere der Perser zu begegnen.

In südlicher Richtung, auf der linken Seite die Vorhöhen der gordyeiischen Gebirge, auf der rechten den reißenden Tigris, zog das makedonische Heer weiter, ohne auf eine Spur der Feinde zu stoßen. Endlich am 24. wurde von der Vorhut gemeldet, im Blachfelde zeige sich feindliche Reiterei, wie stark, lasse sich nicht erkennen. Das Heer wurde rasch geordnet und rückte zum Kampf fertig vor. Bald kam die weitere Meldung: man könne die Zahl der Feinde auf ungefähr tausend Pferde schätzen. Alexander ließ die königliche und eine andere Ile der Hetairen und von den leichten Reitern (den Plänkelern) die Paionen aufsitzen und eilte mit ihnen, indem er dem übrigen Heere langsam nachzurücken befahl, dem Feinde entgegen. Sobald die Perser ihn heransprengen sahen, jagten sie mit verhängtem Zügel davon; Alexander setzte ihnen nach, die meisten entkamen, manche stürzten, sie wurden niedergehauen, einige gefangen [1]). Vor Alexander gebracht, sagten sie aus, daß Dareios nicht weit südwärts bei Gaugamela an dem Flusse Bumodos [2]), in einer nach allen

---

[1]) Curtius und Diodor fügen noch eine Menge Einzelnheiten hinzu, namentlich daß die fliehenden Reiter die Dörfer verbrannt hätten (cf. Polyaen. IV. 3. 18); nur schade, daß sie mit der Lage des Euphrat und Tigris nicht recht im Reinen sind.

[2]) Für das Terrain des Schlachtfeldes gab die von Felix Jones 1852 edirte map of the country of Niniveh den ersten sichern Anhalt, jetzt Genaueres die vortreffliche Karte des östreichischen Ingenieurs Černik in Petermanns Ergänzungsheft Nr. 45. Die gewöhnliche Straße der Karavanen führt von Erbil in ziemlich gerader Richtung westwärts über einen nicht hohen, aber an Defiléen reichen Bergrücken (Dchir Dagh) zu dem breiten und wasserreichen Zab, dann wieder über einen steinigen Rücken

Seiten hin ebenen Gegend stehe, daß sein Heer sich wohl auf eine Million Menschen und mehr als vierzigtausend Pferde belaufe, daß sie selbst unter Mazaios auf Kundschaft gesandt gewesen seien [1]). Sofort machte Alexander Halt; ein Lager wurde aufgeschlagen und sorgfältig verschanzt [2]); in der Nähe einer so ungeheuren Uebermacht war die größte Vorsicht geboten; vier Tage Rast, die den Truppen gegönnt wurde, reichten hin, Alles zur entscheidenden Schlacht vorzubereiten.

(Arka Dagh) zu dem steinigen Bette des Ghasir; jenseits dieses Flusses, den man bei Zara-Chatun überschreitet, erreicht man nach kurzem Ansteigen „eine weite, unabsehbare Ebene" (Rich. Narrat. II, p. 28) die equitabilis et vasta planities des Curt. IV. 9. 10. Zehn Kilometer von Zara-Chatun erreicht der Weg den Ort Kermelis, an dem vorüber ein kleines Wasser südwärts zum Tigris läuft. Dreizehn Kilometer weiter erreicht der Weg das Dorf Abu Zuaga, das in einer Bodensenkung liegt, durch welche ein Bach südostwärts fließt, um sich mit dem von Kermelis zu vereinigen. Halbwegs zwischen beiden Dörfern liegt ein wenig nordwärts zur Seite Börtela auf einer von den Bergen im Norden (Meklub Dagh) vorspringenden Terrainschwellung. Ein anderer bequemerer, aber etwas weiterer Weg führt von Erbil an dem von dort herabfließenden Wasser am Fuß des Dehir Dag zur Mündung des Ghasir in den Zab (bei Wardak) und dann zum Plateau von Kermelis hinauf, das 20—30 Meter höher ist als der Zab bei Wardak. Dieß sind die Hauptpunkte des Schlachtfeldes.

1) Nach Arrians Angabe (III. 8. 3 und VI. 11. 5) lagert Dareios bei Gaugamela am Bumodos, „der nach der höchsten Angabe 600, nach der geringsten 500 Stadien von Arbela entfernt ist", und III. 15. 5 giebt Arrian an, daß vom Schlachtfeld bis Arbela der Feind ungefähr 600 Stadien verfolgt sei. Danach kann der Bumodos, an dem Gaugamela liegt, nicht der Ghasir und der Weg der Verfolgung nicht die Straße Erbil, Eski-Kelek, Zara-Chatun sein; denn auf diesem Wege wäre die Entfernung nach Niebuhr und Kinneir (Persia, p. 152) nur 6 Meilen oder 240 Stadien. Nimmt man Kermelis für Gaugamela und den Bach dort (Hazna Dere) für den Bumodos, so bekommt man eine Entfernung, die, 1/6 Umwege zugerechnet, 450 Stadien beträgt. Wenn Curt. IV. 9. 8 die Perser vom Lykos zum Bumodos 80 Stadien marschieren läßt, so paßt dieß auf keine Stelle zwischen Zab und Ghasir, wohl aber auf die Entfernung von Wardak bis zu dem Wasser von Kermelis.

2) Dieß Lager mag nördlich vom Flüßchen Hasser, das bei den Trümmerhügeln von Khorsabad vorüber südwestwärts zum Tigris hinabfließt, gelegen haben.

Da sich weiter keine feindlichen Truppen zeigten, so war vorauszusetzen, daß Dareios eine für seine Streitkräfte günstige Gegend besetzt habe und sich nicht wie früher durch das Zögern seiner Feinde und seine eigene Ungeduld in ein ihm ungelegenes Terrain hinauslocken lassen wolle. Alexander beschloß deshalb, ihm entgegen zu rücken. Während alle unnöthige Bagage und die zum Kampf untauglichen Leute im Lager zurückblieben, brach das Heer in der Nacht vom 29. zum 30. September, etwa um die zweite Nachtwache, auf; gegen Morgen erreichte man die letzten Hügel, man war dem Feind auf sechszig Stadien nahe, aber die Hügel, die man vor sich hatte, entzogen ihn noch dem Blick [1]). Dreißig Stadien weiter, als das Heer über jene Hügel kam, sah Alexander in der weiten Ebene, etwa eine Stunde entfernt, die dunklen Massen der feindlichen Linie. Er ließ seine Colonnen Halt machen, berief die Freunde, die Strategen, die Ilarchen, die Anführer der Bundesgenossen und Soldtruppen, und legte ihnen die Frage vor, ob man sofort angreifen oder an Ort und Stelle sich lagern und verschanzen und das Schlachtfeld zuvor recognosciren solle? Die meisten waren dafür, das Heer, das von Kampflust brenne, sogleich gegen den Feind zu führen; Parmenion dagegen rieth zur Vorsicht: die Truppen seien durch den Marsch ermüdet, die Perser, schon länger in dieser für sie günstigen Stellung, würden wohl nicht versäumt haben, sie auf jede Weise zu ihrem Vortheil einzurichten; man könne nicht wissen, ob nicht eingerammte Pfähle oder heimliche Gruben die feindliche Linie deckten; die Kriegsregel erfordere, daß man sich erst orientire und lagere. Diese Ansicht des alten Feldherrn drang durch; Alexander befahl, die Truppen in der Ordnung, wie sie in die Schlacht rücken sollten, auf den Hügeln im Angesicht der Feinde, sich lagern zu lassen. Das geschah am 30. September Morgens.

Dareios seinerseits, obschon er lange Zeit die Ankunft der Makedonen erwartet und in dem weiten Blachfelde jedes Hin-

---

[1]) Die Senkung bis Abu-Zuaga ist genau 60 Stadien von Kermelis entfernt. Die Stelle dreißig Stadien weiter wird Börtela sein.

derniß bis auf das Dorngestrüpp und die einzelnen Sandhügel, die den stürmischen Angriff seiner Reiterschwärme oder den Lauf der Sensenwagen hätten stören können, aus dem Wege geräumt hatte [1]), war durch die Nachricht von Alexanders Nähe und dem sehr eiligen Rückzuge seiner Vorposten unter Mazaios in einige Unruhe versetzt worden; doch in der stolzen Zuversicht seiner Satrapen, die kein unberufener Warner mehr störte, und den endlosen Reihen seines Heeres, vor denen kein Charidemos oder Amyntas dem dichten Häuflein der Makedonen den nur zu gerechten Vorzug zu geben wagte, endlich in den eigenen Wünschen, die so gern ihre Blindheit für besonnene Kraft halten und die zuversichtlichen Worte der Schmeichler lieber hören, als die ernsten Mahnungen des schon Geschehenen, fand der Perserkönig bald Beruhigung und Selbstvertrauen; seine Großen überzeugten ihn leicht, daß er bei Issos nicht dem Feinde, sondern dem engen Raume erlegen sei; jetzt sei Raum für die Kampflust seiner Hunderttausende, für die Sensen seiner Kriegswagen, für seine indischen Elephanten; jetzt sei die Zeit gekommen, dem Makedonen zu zeigen, was ein persisches Reichsheer sei. — Da sah man am Morgen des 30. auf der Hügelreihe nordwärts das makedonische Heer geordnet und wie zur Schlacht geschaart heranrücken; man erwartete, daß es sofort zum Angriff vorgehen werde; auch die persischen Völker ordneten sich über die weite Ebene hin zur Schlacht. Es erfolgte kein Angriff, man sah den Feind sich lagern; Alles blieb ruhig, nur ein Reiterhaufe

---

[1]) Wenn Dareios nach Curt. III. 13. 36 murices, nach Polyaen. IV. 3. 17 τρίβολοι (etwa Fußangeln, Eggen, dergleichen) auf das Feld vor seiner Schlachtlinie hat legen lassen, so muß seine Absicht gewesen sein, an gewissen Stellen den Angriff des Feindes unmöglich zu machen, und an den Stellen, wo die Elephanten, die Sichelwagen aufgestellt waren, selbst anzugreifen. Dann hätte Alexanders παράγειν nach Rechts den Zweck gehabt, die Perser aus ihrer so gedeckten Stellung hinaus zu manövrieren; und das ἀντιπαράγειν der Perser (Arrian. III. 13. 1) würde bezeugen, daß es ihm damit gelungen. In der That hat der Satrap Bessos auf dem linken, Mazaios auf dem rechten Flügel der Perser den Angriff eröffnet.

mit einigen Schaaren leichten Fußvolkes untermischt, zog von den Hügeln herab, durch die Ebene und, ohne sich der Linie der Perser zu nahen, wieder zum Lager zurück. Der Abend kam; beabsichtigten die Feinde einen nächtlichen Ueberfall? Das persische Lager, ohne Wall und Graben, hätte nicht Schutz gegen einen Ueberfall gewährt; die Völker erhielten Befehl, die Nacht hindurch unter den Waffen und in Schlachtordnung zu bleiben, die Pferde gesattelt neben sich bei den Wachtfeuern zu halten. Dareios selbst ritt während der Nacht an den Linien entlang, um die Völker durch sein Antlitz und seinen Gruß zu begeistern. Auf dem äußersten linken Flügel standen die Völker des Bessos, die Baktrianer, Daer und Sogdianer, vor ihnen hundert Sensenwagen, zu ihrer Deckung links vorgeschoben 1000 baktrische Reiter und die massagetischen Skythen, Mann und Roß gepanzert. Rechts auf Bessos folgten die Arachosier und Berginder [1]); dann eine Masse Perser, die aus Reiterei und Fußvolk gemischt war, dann die Susier und die Kadusier, welche sich an das Mitteltreffen anschlossen. Dieß Mitteltreffen umfaßte zunächst die edelsten Perserschaaren, die sogenannten Verwandten des Königs nebst der Leibwache der Apfelträger; zu beiden Seiten derselben die hellenischen Söldner, die sich noch im Dienst des Königs befanden; ferner noch im Mitteltreffen die Inder mit ihren Elephanten, die sogenannten Karier, die Nachkommen der einst nach den oberen Satrapien Deportirten, die mardischen Bogenschützen, vor ihnen funfzig Sensenwagen. Das Centrum, welches in der Schlacht am Pinaros so bald durchbrochen war, zu verstärken, waren hinter demselben die Uxier, die Babylonier, die Küstenvölker des persischen Meeres und die Sitakener aufgestellt; es schien so in zwei- und dreifachen Treffen fest und dicht genug, um den König in seine Mitte aufzunehmen. Auf

1) An dieser Stelle scheint Arrian die Arier ausgelassen zu haben, die er in dem ersten Katalog c. 8 mit aufführt; die dort genannten Berginder standen wohl neben den Arachosiern, unter deren Satrapen sie gehörten. Arrian. III. 11. 1 giebt nach Aristobulos an, daß später die schriftliche Disposition der persischen Schlachtordnung unter der Beute gefunden worden sei.

dem linken Flügel, zunächst an den Mardiern, standen die Albaner und Sakasener, dann Phrataphernes mit seinen Parthern, Hyrkanern, Tapuriern und Saken, dann Atropates mit den medischen Völkern, nach ihnen die Völker aus Syrien diesseits und jenseits der Wasser, endlich auf dem äußersten linken Flügel die kappadokischen und armenischen Reitervölker, vor ihnen funfzig Sensenwagen.

Die Nacht verging ruhig; Alexander hatte, nachdem er mit seinen makedonischen Geschwadern und dem leichten Fußvolke vom Recognosciren des Schlachtfeldes zurückgekommen war, seine Officiere um sich versammelt und ihnen angezeigt, daß er am folgenden Tage den Feind anzugreifen gedenke: er kenne ihren und ihrer Truppen Muth, mehr als Ein Sieg habe ihn erprobt; vielleicht würde es nothwendiger sein ihn zu zügeln, als anzufeuern; sie möchten ihre Leute vor Allem erinnern, schweigend anzurücken, um desto furchtbarer beim Sturm den Schlachtgesang zu erheben; sie selbst sollten besonders Sorge tragen, seine Signale schnell zu vernehmen und schnell auszuführen, damit die Bewegungen rasch und mit Präcision vor sich gingen; sie möchten sich überzeugen, daß auf Jedem der Ausgang des großen Tages beruhe, der Kampf gelte nicht mehr Syrien und Aegypten, sondern dem Besitz des Orients; es werde sich entscheiden, wer herrschen solle. Mit lautem Zuruf antworteten ihm seine Generale; dann entließ sie der König, gab den Truppen Befehl, zur Nacht zu essen und sich dann der Ruhe zu überlassen. Bei Alexander im Zelte waren noch einige Vertraute, als Parmenion, wie erzählt wird, hereintrat, und nicht ohne Besorgniß von der unendlichen Menge der persischen Wachtfeuer und dem dumpfen Tosen, das durch die Nacht herübertöne, berichtete: die feindliche Uebermacht sei zu groß, als daß man bei Tage und in offener Schlacht sich mit ihr zu messen wagen dürfe; er rathe, jetzt bei Nacht anzugreifen, das Unvermuthete und die Verwirrung eines Ueberfalls werde durch die Schrecken der Nacht verdoppelt werden. Alexanders Antwort soll gewesen sein, er wolle den Sieg nicht stehlen [1]). Weiter wird erzählt, daß Alexander sich

1) Plut. 32. Arrian. III. 10. 1.

bald darauf zur Ruhe gelegt und ruhig den übrigen Theil der Nacht geschlafen habe; schon sei es hoher Morgen, schon Alles bereit zum Ausrücken gewesen, nur der König habe noch gefehlt, endlich sei der alte Parmenion in sein Zelt gegangen und habe ihn dreimal bei Namen gerufen, bis Alexander sich endlich ermuntert, sich rasch gerüstet habe.

Am Morgen des 1. Octobers[1]) rückte das makedonische Heer aus dem Lager auf den Höhen, dort beim Gepäck wurde thrakisches Fußvolk zurückgelassen. Bald stand das Heer in der Ebene in Schlachtordnung; in der Mitte die sechs Taxen der Phalanx, auf ihrer Rechten die Hypaspisten und weiter die acht Ilen der makedonischen Ritterschaft; der Linken der Phalanx, der Taxis des Krateros, sich anschließend die Reiter der hellenischen Bundesgenossen, dann die thessalische Ritterschaft. Den linken Flügel führte Parmenion, der mit der pharsalischen Ile, der stärksten der thessalischen Ritterschaft, die Spitze des Flügels bildete. Auf der Spitze des rechten Flügels, mit dem Alexander den Angriff machen wollte, an die königliche Ile sich anschließend ein Theil der Agrianer, der Bogenschützen und Balakros mit den Akontisten. Da bei der ungeheueren Uebermacht des Feindes Ueberflügelung unvermeidlich war und doch dem Gewaltstoß der Offensive, der die Entscheidung bringen mußte, nur so viel Kräfte entzogen werden durften als die Rücken- und Flankendeckung der angreifenden Schlachtlinie durchaus forderte, ließ Alexander hinter den Flügeln seiner Linie rechts und links je ein zweites Treffen formiren, das, wenn der Feind die Linie im Rücken bedrohte, Kehrt machen und so eine zweite Front bilden, wenn er gegen die Flanke losging, mit einer Viertelschwenkung sich im Haken an die Linie anschließen sollte. Als Reserve des linken Flügels rückten auf: das thrakische Fußvolk, ein Theil der Bündnerreiter unter Koiranos, die odrysischen unter Agathon, am weitesten links die Söldnerreiter unter Andromachos; auf dem rechten Flügel: Kleandros mit den alten Söldnern, die

[1]) Es war einer der letzten Tage des Monats Boedromion, und diesen Monat bezeichnete Aristanders Prophezeiung.

Hälfte der Bogenschützen unter Brison, der Agrianer unter Attalos, dann Aretes mit den Sarissophoren, Ariston mit den paionischen Reitern, am Flügel rechts die neugeworbenen hellenischen Reiter unter Menidas, die heute an der gefährlichsten Stelle ihre Waffenprobe machen sollten.

Die Heere beginnen vorzurücken; Alexander mit der makedonischen Ritterschaft, dem rechten Flügel, ist dem feindlichen Centrum, den Elephanten der Inder, dem Kern des feindlichen Heeres, der doppelten Schlachtlinie gegenüber, von dem ganzen linken Flügel der Feinde überragt. Er läßt aus der rechten Flanke halbrechts vorrücken [1]), des Kleitos Ile und das leichte Volk zu ihrer Rechten voran, dann die zweite, die dritte u. s. w. Ile, die Hypaspisten u. s. w., staffelförmig eine Abtheilung nach der andern; Bewegungen, die mit der größten Stille und Ordnung ausgeführt werden, während die Feinde bei ihren großen Massen eine Gegenbewegung aus ihrer linken Flanke nicht ohne Verwirrung versuchen. Immer noch überragt ihre Linie bei Weitem die der Makedonen, und die skythischen Reiter des äußersten Flügels traben schon zum Angriff gegen die leichten Truppen in Alexanders Flanke vor, sind ihnen schon nahe. Ohne sich durch dieß Manöver irre machen zu lassen, setzt Alexander seine Bewegung halb rechts vorwärts fort; nicht mehr lange und er wird an der hier zum Gebrauch der Sensenwagen geebneten Stelle vorüber sein. Von deren vernichtendem Einbrechen — es stehen hier hundert Wagen der Art — hat sich der Perserkönig besonderen Erfolg versprochen; er befiehlt jetzt jenen skythischen und den tausend baktrischen Reitern, den feindlichen Flügel zu umreiten und damit das weitere Vorrücken des Feindes zu hindern. Alexander läßt gegen sie die hellenischen Reiter des Menidas vorgehen; ihre Zahl ist zu gering, sie werden geworfen. Die Bewegung der Hauptlinie fordert hier möglichst festen Widerstand, die paionischen Reiter unter Ariston werden zu Menidas Unterstützung vorgeschickt; vereint [2]) stürmen sie vor, so heftig,

---

1) Diod. XVII. 57: *καὶ λοξὴν τὴν τάξιν ποιούμενος.*

2) Arrians Ausdruck *ἱππομαχία* und *βίᾳ κατ' ἴλας προσπίπτοντες* läßt

daß die Skythen und die tausend Baktrier weichen müssen. Aber schon jagt die Masse der anderen baktrischen Reiter an Alexanders Flügel vorüber, die geworfenen sammeln sich um sie, die ganze Uebermacht stürzt sich auf Ariston und Menidas; auf das heftigste wird gekämpft; die Skythen, Mann und Roß gepanzert, setzen den Paionen und Veteranen hart zu, deren viele fallen; aber sie weichen nicht, sie machen, Ile um Ile, ihren Choc, sie drängen die Uebermacht für den Augenblick zurück.

Die makedonische Front hat sich indeß in schräger Linie weiter und weiter vorgeschoben; jetzt sind die makedonischen Ilen und die Hypaspisten den hundert Sensenwagen des linken Flügels gegenüber, da brechen diese los und jagen gegen die Linie heran, die sie zerreißen sollen. Aber die Agrianer und die Bogenschützen empfangen sie unter lautem Geschrei mit einem Hagel von Pfeilen, Steinen und Speeren; viele werden schon hier aufgefangen, die stutzenden Pferde bei den Zügeln ergriffen und niedergestochen, das Riemenzeug durchhauen, die Knechte herabgerissen; die anderen, welche auf die Hypaspisten zu jagen, werden entweder von den dicht verschildeten Rotten mit vorgestreckten Spießen empfangen und von den stürzenden Gespannen im Laufe gehemmt, oder jagen durch die Oeffnungen, welche die schnell rechts und links eindublirten Rotten bilden, unbeschädigt und ohne zu beschädigen, hindurch, um hinter der Front den Reitknechten in die Hände zu fallen.

Nun beginnt die ganze Massenlinie des Perserheeres, die sich bisher links geschoben, wie zum Angriff vorzurücken, während das Reitergefecht in Alexanders Flanke von Ariston und Menidas nur noch mit der größten Anstrengung unterhalten wird. Jetzt dem Feinde vielleicht auf Pfeilschußweite nahe, läßt Alexander in rascherem Tempo vorgehen, befiehlt zugleich, daß Aretas mit den Sarissophoren — es ist die letzte Cavalerie seines zweiten Treffens — den schwer Kämpfenden unter Menidas und Ariston zu Hülfe eilte. So wie man persischer Seits

---

keinen Zweifel, daß die Arrian. III. 13. 3 genannten ξένοι eben die des Menidas sind, die sich den Paionen anschließen, von Neuem zu choquiren.

diese Bewegung sieht, traben die nächsten Reitermassen des Flügels den Baktriern nach; es entsteht so eine Lücke in ihrem linken Flügel. Der Moment, den Alexander erwartet, ist da; Er läßt das Signal zum Choc geben [1]), an der Spitze von Kleitos Ile sprengt er voran, die anderen Ilen, die Hypaspisten folgen unter mächtigem Schlachtruf, in Sturmschritt; dieser Keilangriff reißt die feindliche Linie völlig auseinander; schon sind auch die nächsten Phalangen, Koinos, Perdikkas heran, mit vorstarrenden Spießen stürmen sie auf die Schlachthaufen der Susianer, der Kadusier, auf die Schaaren, die den Wagen des König Dareios decken; nun ist kein Halten, kein Widerstand mehr; den wüthenden Feind vor Augen, in Mitten der plötzlichsten, wildesten, lärmendsten Verwirrung, der mit jedem Augenblick wachsenden Gefahr für seine Person rathlos gegenüber, giebt er Alles verloren, wendet sich zur Flucht; nach tapferster Gegenwehr folgen die Perser, ihres Königs Flucht zu schirmen; die Flucht, die Verwirrung reißt die Schlachthaufen der zweiten Linie mit sich. Das Centrum ist vernichtet.

Zugleich hat die ungeheuere Heftigkeit, mit der Aretas in die feindlichen Haufen eingebrochen, das Gefecht im Rücken der Linie entschieden; die skythischen, baktrischen, persischen Reiter suchen, von den Sarrisophoren, den hellenischen, paionischen Reitern auf das heftigste verfolgt, das Weite. Der linke Flügel der Perser ist vernichtet.

Anders der rechte. Der raschen Bewegung des Angriffes haben Alexanders Schwerbewaffnete nur mit Mühe folgen, sie haben nicht geschlossen bleiben können; zwischen der letzten Taxis, der des Krateros und der rechts ihr nächsten, die Simmias führt, ist eine Lücke entstanden; Simmias hat Halt machen lassen, da Krateros und der ganze Flügel Parmenions in schwerer Gefahr ist. Ein Theil der Inder und der persischen Reiter

---

1) Plut. Alex. 32, der genau beschreibt, welche Rüstung, welches Schwert, welchen Helm u. s. w. Alexander an diesem Tage führte, sagt, erst jetzt, wo es zum Einhauen ging, habe Alexander den Bukephalos bestiegen, den er seines Alters wegen schonte.

der feindlichen Mitte hat jene Lücke rasch benutzt, hat sich da hindurch, vom zweiten Treffen nicht gehindert, auf das Lager gestürzt, die wenigen Thraker, leicht bewaffnet und keines Angriffes gewärtig, vermögen den mörderlichen Kampf in den Lagerpforten nur mit der größten Anstrengung zu halten; da brechen die Gefangenen los, fallen ihnen während des Kampfes in den Rücken; die Thraker werden bewältigt; schreiend und jubelnd stürzen sich die Barbaren ins Lager zu Raub und Mord. Wie die Führer der zweiten Linie links, Sitalkes, Koiranos, der Odryser Agathon, Andromachos inne werden, was geschehen ist, lassen sie Kehrt machen, führen ihre Truppen so schnell als möglich gegen das Lager, werfen sich auf den schon plündernden Feind, überwältigen ihn nach kurzem Gefecht; viele Barbaren werden niedergemacht, die anderen jagen ohne Ordnung rückwärts, auf das Schlachtfeld zurück, den makedonischen Ilen ins Eisen.

Parmenion hatte — denn zugleich mit jenem Durchbruch durch die Lücke waren die anderen Inder und Perser, die parthischen Reiter mit ihnen, der thessalischen Ritterschaft in die Flanke gekommen — an Alexander die Meldung gesandt, daß er in schwerer Gefahr sei, daß Alexander Succurs senden müsse, oder Alles sei verloren. Die Antwort des Königs soll gelautet haben: Parmenion müsse von Sinnen sein, jetzt Hülfe zu verlangen, mit dem Schwert in der Hand werde er zu siegen oder zu sterben wissen [1]). Aber die schon begonnene Verfolgung giebt Alexander auf, um erst zu helfen; er eilt mit Allem, was er an Truppen zur Stelle hat [2]), nach dem rechten persischen Flügel, der noch steht; er stößt zuerst auf die schon aus dem Lager zurückgeschlagenen Perser, Inder, Parther, die sich schnell in Ge-

[1]) Plut. 32. Etwas anders Polyaen. IV. 6: Parmenion läßt melden, daß das Lager in Gefahr sei, daß man die Bagage retten müsse; der König darauf: man dürfe darum nicht die Schlachtordnung auflösen; geschlagen brauche man keine Bagage mehr, siegend werde man die eigene und die des Feindes haben.

[2]) Dieß sieht man daraus, daß auch Koinos, auch Menidas hier verwundet wurden.

schwadercolonnen sammeln und in solcher Rottentiefe ihn empfangen. Das Reitergefecht, das sich hier entspinnt, ist furchtbar und lange schwankend; die Perser kämpfen um ihr Leben, jeder Einzelne sucht sich durchzuhauen; an sechszig von den Hetairen fallen, sehr viele, unter ihnen Hephaistion, Menidas, werden schwer verwundet; endlich ist der Sieg auch hier entschieden; die sich durchgeschlagen, überlassen sich unaufhaltsam der Flucht.

Ehe Alexander so kämpfend bis zum rechten Flügel der Perser hindurchdrang, hatte auch die thessalische Ritterschaft, so schwer sie von Mazaios bedrängt wurde, das Gefecht wieder hergestellt, die kappadokischen, medischen, syrischen Reitermassen zurückgeschlagen; sie war bereits im Verfolgen, als Alexander bis zu ihr kam. Da er auch hier das Werk gethan sah, jagte er zurück und in der Richtung, die der Großkönig genommen zu haben schien, über das Schlachtfeld, er setzte ihm nach, so lange es noch hell war. Er erreichte, während Parmenion das feindliche Lager am Bumodos, die Elephanten und Kameele, die Wagen und Lastthiere der ungeheueren Bagage nahm, den Lykos-Fluß, vier Stunden jenseits des Schlachtfeldes. Hier fand man ein furchtbares Gewirre flüchtender Barbaren, noch gräßlicher durch die Dunkelheit der einbrechenden Nacht, durch das erneuete Gemetzel, durch den Einsturz der überfüllten Flußbrücke; bald machte die Furcht den Heerweg frei, aber Alexander mußte, da Pferde und Reiter von der ungeheueren Anstrengung auf das äußerste ermüdet waren, einige Stunden rasten lassen. Um Mitternacht, als der Mond aufgegangen war, brach man von Neuem auf nach Arbela, wo man Dareios, sein Feldgeräth, seine Schätze zu erbeuten hoffte. Man kam im Laufe des Tages dort an, Dareios war fort; seine Schätze, sein Wagen, sein Bogen und Schild, sein und seiner Großen Feldgeräth, ungeheuere Beute fiel in Alexanders Hände.

Dieser große Sieg auf der Ebene von Gaugamela kostete nach Arrian von der makedonischen Ritterschaft allein 60 Todte [1]);

[1]) Arrian. III. 15. 2. Daß nach Arrian. III. 15. 6 der Gesammtverlust

es waren über 1000 Pferde, davon die Hälfte bei der makedonischen Ritterschaft, gestürzt oder getödtet; nach den höchsten Angaben fielen makedonischer Seits 500 Mann; Zahlen, die gegen den Verlust der Feinde, der auf 30,000, ja 90,000 Mann angegeben wird, unverhältnißmäßig erscheinen, wenn man nicht bedenkt, daß einerseits, bei der trefflichen Bewaffnung der Makedonen, im Handgemenge nicht viele tödtlich verwundet wurden, und daß anderer Seits erst beim Verfolgen das Fleischhandwerk beginnen konnte; alle Schlachten nicht bloß des Alterthums beweisen, daß der Verlust der Fliehenden bis ins Unglaubliche größer ist, als der der Kämpfenden [1]).

Mit dieser Schlacht war Dareios Macht gebrochen [2]); von seinem zersprengten Heere sammelten sich einige tausend baktrische Reiter, die Ueberreste der hellenischen Söldner gegen 2000 Mann unter dem Aitoler Glaukias und dem Phokier Patron,

---

der Makedonen ἐς ἑκατὸν μάλιστα gewesen sei, ist unzweifelhaft unrichtig. Curt. IV. 16. 27 sagt minus quam CCC desiderati sunt. Diod. XVII. 61 giebt ἐς πενταχοσίους, und so wird auch bei Arrian vielleicht ρ' für φ' verschrieben sein.

1) Die Zeit der Schlacht setzt Plut. Alex. 31 auf den 11. Tag nach der Mondfinsterniß (20/21. Sept.), also am 1. Oct.; in der Vita des Camillus 19 sagt er, am fünftletzten Boedromion sei die Schlacht geschlagen; also der Boedromion dieses Jahres endete mit dem 5. October, nicht, wie Idelers Tabelle ergeben würde, mit dem 7. October. Da nach Arrian. III. 7.6 Aristandros die Mondfinsterniß so deutet, daß desselben Monats die Schlacht erfolgen werde, so fiel in diesem Jahre wohl der makedonische Monat mit dem attischen zusammen. Arrians weitere Angabe (III. 15. 7), daß die Schlacht im Pyanepsion geschlagen sei, ist entweder ein Reductions- oder ein Schreibfehler, s. Ideler, Handbuch I, S. 347. In der kleitarchischen Ueberlieferung wird die Schlacht immer nach Arbela genannt.

2) Nach Plut. Alex. 34 hat Alexander nach dieser Schlacht den Titel βασιλεὺς τῆς Ἀσίας angenommen, feierliche Opfer angestellt, große Geschenke ausgetheilt, er hat den Hellenen Schreiben gesandt: daß alle Tyrannen abgethan und die Städte autonom sein sollten, den Befehl erlassen, den Plataiern ihre Stadt wieder aufzubauen, den Krotoniaten Beutestücke gesandt, weil sie einst an der salaminischen Schlacht Theil genommen. Plutarch giebt nicht an, aus welcher Quelle er diese zum Theil monströsen Nachrichten hat.

die Melophoren und Verwandten, im Ganzen ein Heer von etwa dreitausend Reitern und sechstausend Mann zu Fuß; mit diesen wandte sich Dareios in unaufhaltsamer Flucht nordostwärts durch die Pässe Mediens gen Ekbatana [1]); dort hoffte er vor dem furchtbaren Feinde wenigstens für den Augenblick sicher zu sein, dort wollte er abwarten, ob sich Alexander mit den Reichthümern von Susa und Babylon begnügen, ihm das altpersische Land lassen werde, das mächtige Gebirgswälle von dem aramäischen Tieflande scheiden; erstieg der unersättliche Eroberer dennoch die hohe Burg Irans, dann war des Großkönigs Plan, weit und breit verwüstend über die Nordabhänge des Hochlandes nach Baktrien, dem letzten Quartier des einst so ungeheueren Reiches, zu flüchten.

Von der größeren Masse der Zersprengten, die südwärts in der Richtung auf Susa und Persien geflohen war, fanden sich bei 25,000, nach Anderen 40,000 Mann [2]) zusammen, die unter Führung des persischen Satrapen Ariobarzanes, des Artabazos Sohn, die persischen Pässe besetzten und sich hinter ihnen auf das Sorgfältigste verschanzten. Wenn irgend wo, so war an dieser Stelle noch das persische Reich zu retten; es wäre vielleicht gerettet worden, wenn Dareios nicht den nächsten Weg gesucht, nicht durch seine Flucht nach dem Nordabhang von Iran die Satrapien südwärts sich selbst und der Treue der Satrapen überlassen hätte. Denn diese waren nicht alle wie Ariobarzanes gesinnt; sie mochten in ihrer eben so verlockenden wie schwierigen Stellung gern den landflüchtigen Herrn vergessen, um sich der Hoffnung einer vielleicht längst ersehnten Unabhängigkeit hinzugeben, oder durch freiwillige Unterwerfung von dem großmüthigen Sieger mehr zu gewinnen, als sie durch die Flucht ihres Königs verloren hatten. Die Völker selbst, die, wenn Dareios an den Pforten Persiens für sein Königthum zu

---

1) Rawlinsons Notes of a Journey im Journal of the Royal geogr. society 1840, X. 1, p. 23 sqq. giebt eine Straße von Arbela nach Uschnei in SW. des Urmea-Sees an, die vielleicht die der Flucht des Großkönigs war.

2) Curt. V. 3. 17. Diod. XVII. 56. Arrian. III. 18.

kämpfen hätte wagen wollen, nach ihrer Weise zu neuem Kampf zusammengeströmt wären, und die natürliche Grenze ihres Landes, die sich so oft und so glücklich in der Geschichte geltend gemacht hat, vielleicht mit Erfolg vertheidigt hätten, diese kriegerischen Reiter- und Räubervölker, die Alexander zum Theil mit Mühe und spät bewältigt, zum Theil nie anzugreifen gewagt hat, waren durch jene Flucht des Dareios sich selbst überlassen und gleichsam auf verlorenen Posten gestellt, ohne daß die Sache des Königs von ihnen den geringsten Vortheil gehabt hätte. So gewann der Sieg von Gaugamela durch die unglaubliche Verwirrung, in welche Dareios, zu Allem bereit, um irgend etwas zu retten, immer tiefer versank, jene lawinenhaft wachsende Wirkung, welche die persische Macht bis auf den letzten Rest vertilgen sollte.

Alexander folgte weder dem Großkönige die Gebirgspässe hinauf, noch den auf der Straße nach Susa Flüchtenden. Er zog an den Vorbergen der iranischen Randgebirge entlang [1])

---

[1]) Genauer: innerhalb der ersten Terrasse. Den Weg, den Alexander nahm, erklärt man jetzt genauer nach den Angaben Černiks in A. Petermanns Ergänzungsheft 44, 1875, und nach H. Petermanns Reise II, S. 312 bis 321. Alexander kam am vierten Tage nach dem Aufbruch aus Arbela nach Mennis (Ekbatana, Plut.), wo Bitumenquellen waren (Curt. V. 1. 16). „Kerkuk ist nur zwanzig Stunden und Dus-Churmatu etwa fünfunddreißig Stunden von Arbela; vielleicht also ist letzteres das ehemalige Mennis; denn Hêt, wo gleichfalls Bitumenquellen sind, liegt wohl zu weit, als daß es Alexander in vier Tagen hätte erreichen können". Niebuhr II, S. 349. Strabo XVI, p. 737 bezeichnet den Weg so: erst Arbela, dann der Berg des Sieges, wie ihn Alexander nannte (Qaraqôsch bei H. Petermann, südwestlich von Erbil), dann der Uebergang über den Kapros (dem kleinen Zab bei Alton-kupri), dann die Naphtaquellen (die von Kerkuk bei Černik, S. 44). dann Sardakai, Dareios Hystaspes Schloß (wohl Tûz-Churmatli, wo Černik „eine gewaltige Schloßruine" auf steiler Felskuppe, „ein geradezu monumentales Bauwerk" sah), dann der Fluß Kyparisson (wohl der Fluß von Kifri oder besser der Nahrin, in den sich der Kifrifluß ergießt), endlich ἡ τοῦ Κάπρου (?) διάβασις ἤδη συναπτοῦσα Σελευκείᾳ καὶ Βαβυλῶνι, also die Diala, oder, wie Isidor Charax sie nennt, Silla. Von Arbela bis Babylon sind 60—65 Meilen; das Heer konnte Ende Oktober in Babylon sein.

die Straße nach Babylon, der Königin im weiten aramäischen Tieflande, und seit Dareios Hystaspis Zeit der Mittelpunkt des persischen Reiches; der Besitz dieser Weltstadt war der erste Preis des Sieges von Gaugamela. Alexander erwartete Widerstand zu finden; er wußte, wie ungeheuer die „Mauern der Semiramis" seien, wie ein Netz von Kanälen sie umschließe, wie lange die Stadt des Kyros und Dareios Belagerung ausgehalten hatte; er erfuhr, daß sich Mazaios, der bei Arbela am längsten und glücklichsten das Feld behauptet, nach Babylon geworfen habe; es war zu fürchten, daß sich die Scenen von Halikarnaß und Tyros wiederholten. Deßhalb ließ Alexander, sobald er sich der Stadt nahete, sein Heer schlagfertig vorrücken; aber die Thore öffneten sich, die Babylonier mit Blumenkränzen und reichen Geschenken, die Chaldäer, die Aeltesten der Stadt, die persischen Beamten an der Spitze, kamen ihm entgegen; Mazaios übergab die Stadt, die Burg, die Schätze, und der siegreiche König hielt seinen Einzug in Semiramis Riesenstadt.

Hier wurde den Truppen längere Rast gegeben; es war die erste wahrhaft morgenländische Großstadt, die sie sahen; ungeheuer in ihrem Umfange, voller Bauwerke der staunenswürdigsten Art, die Riesenmauer, die hängenden Gärten der Semiramis, des Belos Würfelthurm, an dessen ungeheuerem Bau sich Xerxes wahnsinnige Wuth über die salaminische Schmach vergebens versucht haben sollte, dazu die endlose Menschenmenge, die hier aus Arabien und Armenien, aus Persien und Syrien zusammenströmte, dann die überschwengliche Pracht und Lüsternheit des Lebens, der tausendfältige Wechsel raffinirter Wollust und ausgewähltester Genüsse, kurz dieser ganze mährchenhafte Zauber morgenländischer Taumellust ward hier den Söhnen des Abendlandes als Preis so vieler Mühen und Siege. Wohl mochte der kräftige Makedone, der wilde Thraker, der heißblütige Grieche hier Sieges- und Lebenslust in überreichen Zügen schlürfen und auf duftigen Teppichen, bei goldenen Bechern, im lärmenden Jubelschall babylonischer Gelage schwelgen, mochte mit wilderer Begier den Genuß, mit neuem Genuß sein brennendes Verlangen, mit beiden den Durst nach neuen Thaten und neuem

Siegen steigern. So begann sich Alexanders Heer in das asiatische Leben hineinzuleben und sich mit denen, die das Vorurtheil von Jahrhunderten gehaßt, verachtet, Barbaren genannt hatte, zu versöhnen und zu verschmelzen; es begann sich Morgen- und Abendland zu durchgähren und eine Zukunft vorzubereiten, in der beide sich selbst verlieren sollten.

Mag es klares Bewußtsein, glückliches Ohngefähr, nothwendige Folge der Umstände genannt werden, jedenfalls traf Alexander in den Maaßregeln, die er wählte, die einzig möglichen und die richtigen. Hier in Babylon war mehr als irgendwo bisher das Einheimische mächtig, naturgemäß und in seiner Art fertig; während Kleinasien dem hellenischen Leben nahe, Aegypten und Syrien demselben zugänglich war und mit ihm durch das gemeinsame Meer in Verbindung stand, in Phoinikien griechische Sitten schon länger in den Häusern der reichen Kaufherren und vieler Fürsten eingeführt, im Lande des Nildelta durch griechische Ansiedelungen, durch Kyrenes Nachbarschaft, durch mannigfache Verhältnisse mit hellenischen Staaten seit der Pharaonenzeit bekannt und eingebürgert war, lag Babylon fern von aller Berührung mit dem Abendlande, tief stromab bei dem Doppelstrome des aramäischen Landes, das durch die Natur, durch Handel, Sitte und Religion, durch die Geschichte vieler Jahrhunderte eher gen Indien und Arabien als gen Europa wies; hier in Babylon lebte man noch in dem Besitz einer uralten Cultur, man schrieb noch wie seit Jahrhunderten Keilschrift auf Thonplatten, beobachtete und berechnete den Lauf der Gestirne, zählte und maß nach einem vollendeten metrischen System, in aller technischen Cultur immer noch in unerreichter Meisterschaft. In dieß fremde, buntgemischte, in sich gesättigte Völkerleben kamen jetzt die ersten hellenischen Elemente, der Masse nach unbedeutend gegen das Heimische, und ihm nur durch die Fähigkeit, sich ihm anzuschmiegen, überlegen.

Dazu ein Zweites. Im Felde geschlagen war freilich die persische Macht; aber überwunden, hinweggetilgt war sie noch keinesweges. Wollte Alexander nur als Makedone und Hellene an des Großkönigs Stelle herrschen, so war er schon zu weit gegangen, als er die Gränzen abendländischer Nachbarschaft überschritt, auch jenseits der syrischen Wüste seine Eroberung fortzusetzen. Wollte er die Völker Asiens nichts als den Namen der Knechtschaft tauschen, ja sie nichts als den härteren, den demüthigenden Druck höherer oder doch kühnerer geistiger Entwickelung empfinden lassen, so war kaum der Augenblick des Sieges ihres Gehorsams gewiß, und ein Wuthausbruch der Volksmasse, eine Seuche, ein zweifelhafter Erfolg hätte genügt, die Chimäre selbstsüchtiger Eroberung zu zerstören. Alexanders Macht, der Masse nach im Verhältniß zu den asiatischen Gebieten und Völkern unverhältnißmäßig gering, mußte an den Wohlthaten, die sie den Besiegten brachte, ihre Rechtfertigung, in deren Zustimmung ihren Halt und ihre Zukunft finden; sie mußte sich gründen auf die Anerkenntniß jeder Volksthümlichkeit in Sitte, Gesetz und Religion, so weit sie mit dem Bestehn des Reiches vereinbar war. Was die Perser so tief gedrückt hatten und so gern erdrückt hätten, was nur ihre Ohnmacht oder Sorglosigkeit der That, nicht dem Rechte nach hatte gewähren lassen, das mußte nun neu und frei erstehen, und sich unmittelbar zum hellenischen Leben verhalten, um mit ihm verschmelzen zu können. War nicht desselben Weges und seit Jahrhunderten die wundervolle coloniale Entwickelung der Hellenen vor sich gegangen? hatte nicht bei den Skythen im taurischen Lande wie bei den Afrikanern der Syrte, in Kilikien wie an der keltischen Rhonemündung ihre Begabung, das Fremde aufzufassen, anzuerkennen, sich mit ihm zu verständigen und zu verschmelzen, die Fülle neuer lebensvollster Gestaltungen geschaffen, hellenisirend das Hellenische selbst der Zahl und der Spannkraft nach fort und fort gesteigert? Daß in dieser Richtung Alexanders Gedanken gingen, dafür kann als Beweis gelten, wie er in Memphis und Tyros und immerhin auch Jerusalem Feste feierte nach der Landesart, wie er in Babylon die von Xerxes geplünderten Heiligthümer von Neuem zu schmücken, den Belosthurm wieder herzustellen, den Dienst der babylonischen Götter fortan frei und prächtig, wie zu Nebukadnezars Zeit, zu begehen befahl. So gewann er die Völker für sich, indem er sie sich selbst und ihrem volksthümlichen Leben wieder gab; so machte er sie fähig, auf thätige und unmittelbare Weise in den Zusammenhang des Reiches, das er zu gründen im Sinne trug, einzutreten, eines Reiches, in dem die Unterschiede von Abend und Morgen, von Hellenen und Barbaren, wie sie bis dahin die Geschichte beherrscht hatten, untergehen sollten zu der Einheit einer Weltmonarchie.

Wie aber sollte dieß Reich organisirt und verwaltet, wie in der politischen und militärischen Form der Gedanke durchgeführt werden, der für das bürgerliche und kirchliche Wesen die Norm gab? Sollten fortan die Satrapen, die Umgebung des Königs, die Großen des Reichs, das Heer nur Makedonen und Hellenen sein, so war jene Ineinsbildung nur Vorwand oder Illusion, die Volksthümlichkeiten nicht anerkannt, sondern nur geduldet, die Vergangenheit nur durch das Unglück und schmerzliche Erinnerungen an die Zukunft geknüpft, und statt der asiatischen Herrschaft, die wenigstens in demselben Welttheile erwachsen war, ein fremdes, unnatürliches, doppelt schweres Joch über Asien gekommen.

Die Antwort auf diese Fragen bezeichnet die Katastrophe in Alexanders Heldenleben; es ist der Wurm, der an der Wurzel seiner Größe nagt, das Verhängniß seiner Siege, das ihn besiegt.

Während der König Persiens die letzten Wege flieht, beginnt Alexander sich mit dem Glanze des persischen Königthums zu schmücken, die Großen Persiens um sich zu sammeln, sich mit dem Namen, den er bekämpft und gedemüthigt hat, zu versöhnen, dem makedonischen Adel einen Adel des Morgenlandes hinzuzufügen.

Schon seit dem Herbst 334 ist Mithrines von Sardes, dann seit dem Fall von Tyros und Gaza Mazakes und Amminapes von Aegypten in Amt und Ehren bei ihm. Der Tag von Gaugamela hat den Stolz und das Selbstvertrauen der persischen Großen gebrochen, sie lernen die Dinge mit anderen Augen als bisher ansehen; die Uebertritte mehren sich, zumal seit Mithrines die stets hochgehaltene Satrapie Armenien,

Mazaios, der, wenn einer, tapfer gegen Alexander gekämpft, die reiche babylonische erhalten hat. Der persische Adel zu einem guten Theil giebt die Sache des landflüchtigen Achaimeniden auf, sammelt sich um den Sieger.

Natürlich, daß ihnen Alexander, so weit irgend möglich, entgegenkommt. Aber eben so natürlich, daß, wenn er einem Perser eine Satrapie giebt oder seine bisherige läßt, neben demselben die bewaffnete Macht in der Satrapie aus makedonischen Truppen gebildet und unter makedonische Befehlshaber gestellt wird; eben so natürlich, daß die Finanz der Satrapien von dem Geschäftsbereich des Satrapen getrennt, die Tributerhebung an makedonische Männer gegeben wird.

So jetzt in der babylonischen Satrapie. Dem Satrapen Mazaios wurde für die Tribute Asklepiodoros an die Seite gesetzt; die Stadt Babylon erhielt eine starke Garnison, die auf der Burg ihr Quartier nahm, unter Agathon [1]), dem Bruder Parmenions, während die Strategie über die bei dem Satrapen bleibenden Truppen Apollodoros aus Amphipolis erhielt; außerdem wurde Menes, einer der sieben Somatophylakes, als Hyparch für Syrien, Phoinikien und Kilikien bestellt, und die nöthigen Truppen unter seinen Befehl gestellt, die große Passage von Babylon zur Küste und die Transporte aus dem Morgenlande nach Europa und umgekehrt zu sichern, eine Einrichtung, die wegen der Raubsucht der in der Wüste hausenden Beduinenstämme doppelt nothwendig wurde. Der erste Transport war eine Summe von etwa dreitausend Talent Silber, von denen ein Theil nach Europa an Antipatros gehen sollte, damit er den eben jetzt beginnenden Krieg gegen Sparta mit Nachdruck

1) Curt. V. 1. 43. Diod. XVII. 64; *Ἀγάθωνι τῷ Πυδναίῳ*, mit 700 Mann nach Diodor, 700 Makedonen und 300 Söldnern nach Curtius. Ueber Agathon Boeckh, C. I. I, n⁰. 105. Bemerkenswerth, wenigstens als Maaßstab, ist die Angabe des Diodor und Curtius über die Zahlungen an die Truppen aus der Beute; jeder von der Ritterschaft erhält 600 Drachmen, jeder Reiter der Bundesgenossen 500 Drachmen, jeder Makedone von der Phalanx 200, jeder Söldner die Löhnung von zwei Monaten; wie hoch die Löhnung war, wissen wir nicht.

führen könne, das Uebrige aber zu möglichst ausgedehnten Werbungen für die große Armee bestimmt wurde.

Während des etwa dreißigtägigen Aufenthaltes in Babylon war Susa, die Stadt des persischen Hoflagers und der königlichen Schätze, auf gütlichem Wege gewonnen worden. Schon von Arbela aus hatte Alexander den Makedonen Philoxenos [1]), wie es scheint an der Spitze eines leichten Corps, vorausgesandt, um sich der Stadt und der königlichen Schätze zu versichern; er erhielt jetzt von ihm den Bericht, daß sich Susa freiwillig ergeben habe, daß die Schätze gerettet seien, daß sich der Satrap Abulites der Gnade Alexanders unterwerfe [2]). Alexander langte zwanzig Tage nach seinem Aufbruch von Babylon in Susa an [3]); er nahm sofort die ungeheueren Schätze in Besitz, die in der hohen Burg der Stadt, dem kissischen Memnonion der griechischen Dichter, seit den ersten Perserkönigen aufgehäuft lagen [4]); allein des Goldes und Silbers waren funfzigtausend Talente, dazu noch die aufgehäuften Vorräthe von Purpur, Rauchwerk, edlen Gesteinen, der ganze überreiche Hausrath des üppigsten aller Höfe, auch mehrfache Beute aus Griechenland von Xerxes

1) Dieser Philoxenos mag, da es sich besonders um den Schatz in Susa handelt, der für Vorderasien bestellte Schatzmeister gewesen sein; wenigstens ist ein anderer Philoxenos in Alexanders Heer nicht bekannt.

2) Nach Diod. XVII. 65 erzählten einige Schriftsteller, Abulites habe von Dareios den Befehl erhalten, sich und die Schätze von Susa den Makedonen zu ergeben, um Alexander aufzuhalten, damit er selbst Zeit zur Flucht und zu neuen Rüstungen gewinne; eine sonderbare Kriegslist; vgl. Curt. V. 2. 8.

3) Nach Curtius und Diodor läßt Alexander seine Truppen in der Ebene von Sitakene auf dem Wege nach Susa rasten, um ihnen Zeit zu geben, sich von der Ausschweifung und Trunkenheit, der in Babylon das Heer fast erlegen, zu erholen. Es war nur nicht viel Zeit übrig, wenn die große Armee einen Weg von sechszig Meilen in zwanzig Tagen machen wollte.

4) Arrian. III. 16. 7. Nach Strabo XV, p. 728, 731 haben die einen 40,000, andere 50,000 Talente angegeben. Curt. V. 2. 11 sagt: L milia talentum argenti non signati formæ, sed rudi pondere, Plut. Alex. 36: τετρακισμύρια τάλαντα νομίσματος.

Zeit her, namentlich die Erzbilder der Tyrannenmörder Harmodios und Aristogeiton, die Alexander den Athenern zurücksandte.

Während das Heer noch in Susa und an den Ufern des Choaspes verweilte, kam der Strateg Amyntas, welcher vor einem Jahre von Gaza aus heimgesandt war, Verstärkungen zu holen, mit den neuen Truppen heran [1]). Ihre Einordnung in die verschiedenen Heeresabtheilungen [2]) war zugleich der Anfang einer neuen Formation der Armee, die im Lauf des nächsten Jahres und nach den neuen Gesichtspunkten, die der Fortgang des Krieges in den oberen Satrapien an die Hand gab, weiter entwickelt wurde; den Anfang machte, daß die Ilen der makedonischen Ritterschaft in zwei Lochen formirt und damit so zu sagen tactisch verdoppelt wurden.

Im Späteren wird auf diese Reorganisation zurückzukommen sein. Sie leitet die große Umwandlung ein, die, wie man Alexanders Verhalten in ihr auch beurtheilen mag, aus der Consequenz des Werkes, das er unternommen hatte, und den Bedingungen, die das Gelingen forderte, sich nothwendig ergab.

Alexander gedachte demnächst, es mochte Mitte December sein, nach den Königsstädten der Landschaft Persis aufzubrechen, mit deren Besitz der Glaube der Völker die Herrschaft über

---

1) Leider begnügt sich Arrian mit einem allgemeinen Ausdruck: ξὺν τῇ δυνάμει ἀφίκετο. Nach Diod. XVII. 65 und Curt. V. 140 waren es 6000 Mann Fußvolk und 500 Reiter Makedonen, 600 thrakische Reiter, 3500 Mann thrakisches Fußvolk (Τραλλεεῖς bei Diod.), aus der Peloponnes 4000 Söldner und fast 1000 (bei Curt. 380) Reiter, außerdem 50 junge makedonische Edelleute πρὸς τὴν σωματοφυλακίαν.

2) Aus Arrians Ausdruck (III. 16. 11): τοὺς πεζοὺς δὲ προσέθηκε ταῖς τάξεσι . . . . κατὰ ἔθνη ἑκάστους συντάξας darf man schließen, daß nicht neue, schon formirte Truppenkörper (τάξεις u. s. w.) aus der Heimath nachrückten, sondern Ersatzmannschaften, die den mobilen Taxeis, aus deren Cantons sie ausgehoben waren, eingereiht wurden, daß also in der Heimath die τάξεις gewisser Cantone zurückgeblieben waren, die dort eben so κατὰ ἔθνη ergänzt wurden wie die mobilen sechs Taxeis (der Elymiotis, der Tymphaia, der Lynkesten-Oresten u. s. w.).

Asien untrennbar verbunden zu denken gewohnt war; dort auf dem Throne der Großkönige, in den Palästen des Kyros, Dareios und Xerxes wollte er den Sturz der Achaimenidendynastie verkünden. Er eilte, die Angelegenheiten des susianischen Landes zu ordnen. Er bestätigte dem Satrapen Abulites die Satrapie, übergab die Burg der Stadt Susa an Mazaros [1]), die Feldhauptmannschaft der Satrapie nebst einem Corps von dreitausend Mann an Archelaos; er wies die Schlösser von Susa der Mutter und den Kindern des Perserkönigs, die bisher in seiner Nähe gewesen waren, als künftige Residenz an, und umgab sie mit königlichem Hofstaat; man erzählt, daß er einige griechische Gelehrte an dem Hofe der Prinzessinnen zurück ließ, mit dem Wunsche, sie möchten von diesen griechisch lernen [2]). Nach diesen Einrichtungen brach er mit dem Heere gen Persien auf.

Unter den mannigfachen militärischen Schwierigkeiten, welche Alexanders Feldzüge denkwürdig machen, ist die Orientirung in völlig fremden Ländern nicht die geringste. Jetzt galt es aus dem Tiefland nach dem hohen Iran hinaufzuſteigen, nach Landschaften, von deren Configuration, von deren Ausdehnung, von deren Hülfsmitteln, Straßen, klimatischen Verhältnissen die Griechenwelt bisher auch nicht die geringste Kenntniß hatte. Man wird annehmen dürfen, daß sich Alexander aus den Mittheilungen persischer Männer, deren er bereits genug in seiner Umgebung hatte, eine ungefähre Vorstellung von den geographischen Verhältnissen der Gebiete, auf die er sich zunächst zu wenden hatte, zu bilden verstand. Das Einzelne mußte sich dann aus den Umständen und aus Erkundigungen an Ort und Stelle ergeben.

Zunächst galt es aus der Ebene Susianas durch die höchst schwierigen Pässe nach den Königsstädten in der hohen Persis zu gelangen. Die Straße, die Alexander einzuschlagen oder

---

[1]) Arrian. III. 16. 9: *φρούραρχον δὲ Μάζαρον τῶν ἑταίρων.* Die Zahl der Truppen giebt nur Curt. V. 2. 16; er nennt den Xenophilos als Phrurarchen, der es wenigstens in späterer Zeit war; Diod. XIX. 17.

[2]) Diod. XVII. 67.

vielmehr sich zu öffnen hatte, war die, welche für die Züge des persischen Hofes zwischen Persepolis und Susa eingerichtet war [1]). Sie führte zunächst durch die überaus reiche susianische Ebene, über den Kopratas (Dizful) und den Eulaios (Kuran bei Shuster), die sich vereinigen und als Pasitigris in das „erythräische Meer“ fließen, — dann weiter über zwei Flüsse, deren alte Namen nicht mehr festzustellen sind, den Jerahi bei Ram Hormuz und den Tab (Arosis?). Zwischen beiden führt ein Paß aus der Ebene in die Berge, derselbe Paß, wie es scheint, der von den Alten der Paß der Uxier genannt wurde [2]). Denn die Uxier wohnen theils in der Ebene, theils in den Bergen, die diese im Nordosten begleiten; nur die in der Ebene waren dem Großkönige unterworfen; die in den Bergen gewährten, wenn der persische Hof des Weges zog, nur gegen reiche Geschenke den Durchzug durch jenen Paß, den sie in ihrer Gewalt hatten.

---

1) Die in der ersten Ausgabe an dieser Stelle folgende Erörterung über die Flüsse der Susiana ist durch die neueren Forschungen, besonders von Baron Bode und Loftus theils bestätigt, theils berichtigt. Ich begnüge mich auf Kiepert (Monatsberichte der Berl. Akad. 1857, S. 123), der die von mir angenommene Identität Choaspes mit dem Kerkah erwiesen hat, und auf Spiegel, Eranische Alterthumskunde II, S. 623 zu verweisen. Eine andere Ansicht über diese Ströme entwickelt Mencke in Fleckeisens Jahrbüchern LXXXV. 1862, S. 545: „Die Geographie von Susiana“. Zweifelhaft bleibt vor Allem noch, ob der Jerahi und der Tabfluß sich vereinigen oder, wie eine neueste Karte Kieperts (s. u.) angiebt, getrennt ins Meer fließen, ob der Tab oder der Jerahi die Arosis Aroatis (Aurvaiti) der Alten ist.

2) So Kenneir, Geogr. Mem., p. 72, der selbst des Weges gekommen ist: this plain (von Babehan) is separated from the Valley of Ram Hormuz by a pass, wich I conjecture to be that of the Uxians. Baron Bode (Travels in Luristan and Arabistan 1845, II, p. 358) hat die Uxierpässe bei Mal-Amir, etwa 12 Meilen ostwärts von Dizful, an einem Zufluß des Kuran wieder zu erkennen geglaubt. Am wenigsten das quartis castris ad . . . Pasitigrim pervenit des Curtius oder Diodor ist dafür anzuführen. Wie aus den drei Sprachen, die in der Susiana sich berühren, die identischen Namen Susa, Uxier, Kossaier — Elam, Elymais — Afarti, in der zweiten Reihe der Keilinschriften, entstanden sind, hat Nöldeke, Nachrichten der Gött. Gesellsch. der Wiss. 1874, n°. 8 nachgewiesen.

Dieselben Randgebirge des hohen Iran, die bei Ninive bis dicht an den Tigris reichen, begleiten in südöstlichem Zuge die Ebene der Susianer und der Uxier, in mehreren Terrassen hinter einander bis zur Schneehöhe emporsteigend; weiter südöstlich, wo statt der Ebene und sie gleichsam fortsetzend das erythräische Meer tief in das Land einschneidet, mehrt sich die Zahl dieser von der Küste an aufsteigenden Terrassen bis zu acht und neun Berglinien hinter einander, über die man von dem Meerbusen aus gegen zwanzig Meilen entfernt die Schneekette des Kuh-i-Baena als Centralmasse emporragen sieht. In dieß Labyrinth von Bergzügen, durchbrechenden Bergströmen, kleinen Ebenen, Pässen zwischen ihnen, führt die „Fahrstraße" [1]), nachdem sie jene Uxierpässe hinter sich hat, nach Babehan, dann südöstlich über die Ebene von Lasther, weiter ostwärts zu der von Basht, dann in die von Fahiyan, von so mächtigen Bergen umschlossen, daß das Dorf nur am Morgen die Sonne sieht, den übrigen Tag im Schatten liegt. Dieß nach Osten streichende Thal schließt der Felskegel von Kelah-i-Sefid, der mit der Feste auf seiner Höhe den Weg völlig sperrt. Das sind die persischen Pässe auf der Fahrstraße über Shiras nach Persepolis; wer sie vermeiden will, wendet sich bei Fahiyan südwärts und erreicht über Kazerun, „bösen Felsweg auf und nieder" Shiras. Daß man jenen Paß nordwärts umgehen, daß man von Tab her einen kürzeren Weg als die Fahrstraße nehmen kann, zeigt Alexanders Marsch. Gleich bei Babehan führt ein Weg zur Linken nordostwärts ersteigt, bei Tang-i-tekab die nächsthöhere Terrasse, und scheint dann bei Basht in die große Straße zu führen; dann

---

[1]) Arrian. III. 18. 2 sagt, Parmenion sei mit den schweren Truppen und dem Train marschirt (*ὡς ἐπὶ Πέρσας ἄγειν κατὰ τὴν ἁμάξιτον τὴν ἐς Πέρσας φέρουσαν*). Damit kann wohl nur die große Straße gemeint sein, welche von neueren Reisenden mehrfach besucht ist, und welche Chereffeddin, Timurs Zug von 1403 berichtend, genau angiebt. Baron Bode, von Shiras über Kazerun kommend, bog in diese große Straße erst bei Fahiyan ein und beschreibt die kleine Ebene von Sha-'b-bevan, die bis nach Kelah-i-Sefid reicht. Nach ihm ist von Shiras über Kazerun nach Babehan 51 Meilen, über Kelah-i-Sefid 37 (Bode I, S. 189).

wieder bei Fahiyan wird ein Weg angegeben, der gerade nordwärts ins Gebirge führt und jenseits Kelah-i-Sefid in die hinter der Feste liegende kleine Ebene hinabsteigt [1]).

So die Wege, die Alexander zu nehmen hatte, um Persepolis und Pasargadai zu erreichen; die Jahreszeit war nichts weniger als günstig, es mußte schon tiefer Schnee in den Bergen liegen, es mußten die bei der Seltenheit der Ortschaften häufigen Bivouaks und die kalten Nächte den an sich schon beschwerlichen Zug noch schwieriger machen; es kam dazu, daß man Widerstand von Seiten der Uxier und noch mehr von Seiten des Ariobarzanes, der sich mit bedeutender Truppenmacht in den höheren Pässen verschanzt hatte, erwarten konnte. Dennoch eilte Alexander gen Persien, nicht bloß, um sich des Landes, der Schätze von Persepolis und Pasargadai und des Weges ins Innere Irans zu versichern, sondern und namentlich, damit nicht durch längeres Zögern der Perserkönig Zeit gewann, große Rüstungen zu machen und sich von Medien hierher zu wenden, um die Heimath des persischen Königthums und die hohe Pforte der Achaimeniden hinter den so schwierigen persischen Pässen zu vertheidigen.

So zog Alexander mit seinem Heere über die Ebene Su-

---

1) Die Straße von Babehan bis Tang-i-tekab beschreibt Stocqueler, Pilgrimages II, p. 211; er ging dann nordwärts weiter. Von der Fortsetzung derselben nach Osten, nach Basht, 12 Farsangs von Kelah-i-Sefid, giebt es, so viel mir bekannt, keine Nachricht von neueren Reisenden, die sie besucht hätten. Die nach Prof. Haußknechts „Routen im Orient" von Kiepert entworfene Karte, die mir Kiepert in Correcturdruck mitzutheilen die Güte gehabt hat, läßt in der dörferreichen Terrasse hinter dem 10,400 Fuß hohen Kuh-i-Dib — er ist vom Meere aus gemessen — ungefähr die Richtung dieses Richtweges auf Basht erkennen. Dieselbe Karte zeichnet den im Text angeführten Weg, mit dem man von Fahiyan aus Kelah-i-Sefid nördlich umgehen kann. Jenseits Kelah-i-Sefid folgt (nach Kenneir, S. 73) eine kleine Bergebene von 3½ engl. Meilen Länge, dann folgen die langen und beschwerlichen Pässe von Lucreab, die jedoch, wie es scheint, nicht zur Vertheidigung geeignet sind. Eine kritische Besprechung der von Alexander möglicher Weise eingeschlagenen Wege giebt Zolling, Alexander d. Gr. Feldzug in Centralasien (2. Ausg. 1875); er kommt zu einem Ergebniß, das mich nicht überzeugt hat.

sianas; in wenigen Tagen überschritt er den Pasitigris [1]) und betrat das Gebiet der thalländischen Uxier, die, schon dem Perserkönige unterworfen und unter der Herrschaft des susianischen Satrapen, sich ohne Weiteres ergaben. Die Berguxier dagegen sandten Abgeordnete an ihn mit der Botschaft: nicht anders würden sie ihm den Durchzug nach Persis gestatten, als wenn sie die Geschenke, die die Perserkönige gegeben hätten, auch von ihm erhielten. Je wichtiger die freie Passage nach dem oberen Lande war, desto weniger konnte Alexander sie in den Händen des trotzigen Bergvolkes lassen; er ließ ihnen sagen, sie möchten in die Engpässe kommen und sich dort ihr Theil holen.

Mit der Agema und den anderen Hypaspisten, mit noch etwa achttausend Mann meist leichter Truppen wandte er sich, von Susianern geführt, bei Nachtzeit auf einen anderen sehr schwierigen Gebirgspfad, der von den Uxiern unbesetzt geblieben war [2]); mit Tagesanbruch erreichte er die Dorfschaften derselben; die meisten derer, die daheim waren, wurden auf ihren Lagern ermordet, die Häuser geplündert und den Flammen Preis gegeben; dann eilte das Heer zu den Engpässen, wohin sich die Uxier von allen Seiten versammelt hatten, um die Pässe zu sperren. Alexander sandte Krateros mit einem Theile des Heeres auf die Höhen hinter dem von den Uxiern besetzten Paßwege, während er selbst gegen den Paß mit größter Eile vorrückte, so daß die Barbaren, umgangen, durch die Schnelligkeit des Feindes erschreckt, aller Vortheile, die der Engpaß gewähren konnte, be-

---

1) Arrian. III. 17. 1: τὸν Πασιτίγριν. Curtius und Diodor bestätigen den Namen des Flusses an dieser Stelle, freilich mit dem verkehrten quartis castris. Arrian scheint den Kuran schon vor seiner Vereinigung mit dem Dizful als Pasitigris zu bezeichnen und die Ebene jenseits als Land der Uxier.

2) Also bis zu dieser Paßgegend bleibt das ganze Heer vereinigt; mit einem Nachtmarsch links ab durch die Berge umgeht der König die Pässe; man könnte als den Ort des Linksabmarsches das Jaezan Chereffeddins (nach der Lesart bei Bode II, S. 333), Jarsun bei Kinneir, fünf Farsangs vor Babehan vermuthen.

raubt, sich sofort, als Alexander in geschlossenen Reihen anrückte, fliehend zurückzogen; viele stürzten in die Abgründe, viele wurden von den verfolgenden Makedonen, noch mehr von Krateros Truppen auf der Höhe, nach der sie sich retten wollten, erschlagen. Alexander war anfangs Willens, den ganzen Stamm der Berguxier aus diesen Gegenden zu versetzen; Sisygambis, die Königin-Mutter, legte Fürbitte für sie ein; man sagt, Madates, ihrer Nichte Gemahl, sei ihr Anführer gewesen. Alexander ließ auf der Königin Bitten diesen Hirtenstämmen ihr Bergland, er legte ihnen einen jährlichen Tribut von tausend Pferden, fünfhundert Haupt Zugvieh, dreißigtausend Schaafen auf; Geld und Ackerland hatten sie nicht [1]).

So war der Eingang in die höheren Gebirge geöffnet; und während Parmenion mit der einen Hälfte des Heeres, namentlich den schwerer bewaffneten [2]) vom Fußvolk, den thessalischen Reitern und dem Train, auf der großen Heerstraße weiter zog, eilte Alexander selbst mit dem makedonischen Fußvolk, der Ritterschaft, den Sarissophoren, den Agrianern und Schützen auf dem nächsten, aber beschwerlichen Gebirgswege, die persischen Pässe [3]) zu erreichen; Eilmärsche brachten ihn am fünften Tage an den Eingang derselben, den er durch mächtige Mauern gesperrt fand [4]);

---

1) Arrian. III. 17. Curt. V. 3. 4 nennt Madates . . . ejus regionis praefectus, das wird heißen, die in der Ebene unterthänigen Uxier standen unter ihm, und jetzt für den Kampf hatten sich auch die freien Berguxier von ihm führen lassen; daher Curt. V. 3. 16 non Madati modo ignovit sqq. sagt, daß sie unter den susianischen Satrapen gestellt worden. Nach Arrian. Ind. 40 suchte der König diese Hirtenvölker zum Ackerbau zu gewöhnen und bauete ihnen Städte in den Bergen.

2) Aus dieser Stelle des Arrian. III. 18. 1 ergiebt sich, daß die makedonischen Hopliten der Taxeis weniger schwer bewaffnet waren als die *σύμμαχοι* und *μισθοφόροι*, aus Arrian. III. 23. 3, daß unter den makedonischen Phalangiten die *κουφότατοι* ausgewählt wurden, also nicht alle gleich schwer — doch wohl in Betreff der Bewaffnung — waren.

3) Arrian. III. 18. 2: *ἐπὶ τὰς πύλας τὰς Περσίδας*. Diodor sagt: *ἐπὶ τὰς Σουσιάδας καλουμένας πύλας*, eben so Curt. V. 3. 16.

4) Diod. XVII. 68 *πεμπταῖος*, eben so Curtius. Von Babehan bis Kelah-i-Sefid sind 35 Farsangs, etwa 27 Meilen. Diese Straße macht

der Satrap Ariobarzanes, so hieß es, stehe mit vierzigtausend Mann Fußvolk und siebenhundert Reitern hinter der Mauer in einem festen Lager, entschlossen, den Eingang um jeden Preis zu sperren. Alexander lagerte sich; am nächsten Morgen wagte er sich in die von hohen Felsen eingeschlossene Paßgegend hinein, um die Mauer anzugreifen; ihn empfing ein Hagel von Schleudersteinen und Pfeilen, Felsmassen von den Abhängen hinabgestürzt, von drei Seiten ein erbitterter Feind; vergebens versuchten Einzelne die Felsenwände zu erklimmen, die Stellung der Feinde war unangreifbar. Alexander zog sich in sein Lager, eine Stunde vor dem Paß [1]), zurück.

Seine Lage war peinlich; nur dieser Paß führte nach Persepolis, er mußte genommen werden, wenn nicht eine gefährliche Unterbrechung eintreten sollte; aber an diesen Felsenwänden schienen die höchsten Anstrengungen der Kunst und des Muthes scheitern zu müssen; und doch hing Alles von der Einnahme dieser Pässe ab. Von Gefangenen erfuhr Alexander, daß diese Gebirge meist mit dichten Wäldern bedeckt seien, daß kaum einzelne gefährliche Fußsteige hinüberführten, daß sie jetzt doppelt mühselig wegen des Schnees in den Bergen sein würden, daß andererseits nur auf diesen Felsenpfaden die Pässe zu umgehen und in das von Ariobarzanes besetzte Terrain zu gelangen sei. Alexander entschloß sich zu dieser, vielleicht der gefährlichsten Expedition seines Lebens.

Krateros blieb mit seiner und Meleagros Phalanx, mit einem Theile der Bogenschützen und fünfhundert Mann von der Ritterschaft im Lager zurück, mit der Weisung, durch Wachtfeuer und auf jede andere Weise dem Feinde die Theilung der

---

einen bedeutenden Bogen südwärts, dessen Sehne der vermuthete Weg des Königs bildet, also vielleicht 20 Meilen beträgt.

1) Curt. V, 3. 23: triginta fere stadia quae remensi sunt. Dieselbe Zahl bei Polyaen. IV. 3. 27; bei Diod. XVII. 68 ist τριακόσιοι daraus geworden. Dieselben und Plutarch (c. 37) erzählen dann weiter, daß einer der Gefangenen, ein Lykier, die Aussagen über die Wege durch das Gebirg gemacht habe. Alexanders Lager war wohl in dem Thal Sha-'b-bevan, das Bode I, S. 243 beschreibt.

Armee zu verbergen, dann aber, wenn er von jenseits der Berge herüber die makedonischen Trompeten höre, mit aller Gewalt gegen die Mauer zu stürmen. Alexander selbst brach mit den Divisionen Amyntas, Perdikkas, Koinos [1]), mit den Hypaspisten und Agrianern, mit einem Theile der Schützen und dem größten Theil der Ritterschaft unter Philotas in der Nacht auf, und stieg nach einem sehr beschwerlichen Marsche von mehr als zwei Meilen über das mit tiefem Schnee bedeckte Gebirge. Er war am anderen Morgen jenseits; rechts die Bergkette, die an den Pässen und über dem Lager der Feinde endete, vor der Fronte das Thal, das sich zur Ebene des Araxes, über den hin der Weg nach Persepolis führt, ausbreitet, im Rücken die mächtigen Gebirge, die, mit Mühe überschritten, vielleicht bei irgend einem Unfalle den Rückweg, die Rettung unmöglich machten. Alexander theilte nach einiger Rast sein Heer; er ließ Amyntas, Koinos, Philotas mit ihren Corps in die Ebene hinab gehen, sowohl um auf dem Wege nach Persepolis über den Fluß eine Brücke zu schlagen [2]), als auch um den Persern, wenn sie bewältigt wären, den Rückzug auf Persepolis zu sperren; er selbst rückte mit seinen Hypaspisten, mit der Taxis des Perdikkas, mit dem Geleit der Ritterschaft und einer Tetrarchie derselben [3]), mit den Schützen und Agrianern rechts gegen die Pässe hin;

1) Curt. V. 4. 20 nennt auch Polysperchon. Da Arrian seinen Namen nicht erwähnt, so kann man vermuthen, daß er mit Parmenion als Führer der schwersten Hopliten gezogen ist. Doch ist die Sache zu unsicher, als daß man weitere Schlüsse darauf bauen dürfte.

2) Arrian. III. 18. 6: *τὸν ποταμὸν ὃν ἐχρῆν περᾶσαι ἰόντα ἐπὶ Πέρσας* (d. h. Persepolis) *γεφυροῦν ἐκέλευσεν*. Ich glaube mit Kiepert (Index zu Sintenis, Arrian. s. v.), daß der Araxes (Bund-emir) gemeint ist, der nach Strabo XVII, p. 729 Alexandros *πρὸς αὐτῇ τῇ Περσαιπόλει διέβη*. Von der Ueberbrückung des Tabflusses konnte nur nach den älteren Karten (Ouseley, Ker Porter) die Rede sein, nach denen die ganze Straße von Babehan im Thal des Tab hinaufführt, während diese Straße nach neueren Berichten mehrere südwärts fließende Bergströme überschreitet.

3) Diesen Ausdruck braucht Arrian sonst nicht, er erklärt sich dadurch, daß die Ilen der Ritterschaft in je zwei Lochen, und die gesammte Ritterschaft in vier Hipparchien getheilt war, deren jede also vier Lochen enthielt.

ein höchst beschwerlicher Marsch, durch die Waldung des Berges, durch den heftigen Sturm, durch das Dunkel der Nacht doppelt schwierig. Vor Tagesanbruch traf man die ersten Vorposten der Perser, sie wurden niedergemacht; man nahete den zweiten, wenige entkamen zu der dritten Postenreihe, um sich mit dieser nicht in das Lager, sondern in die Berge zu flüchten.

Im persischen Lager ahnte man nichts von dem, was vorging; man glaubte die Makedonen unten vor dem Thale, man hielt sich in diesem winterlichen Sturmwetter in den Zelten, überzeugt, daß Sturm und Schnee dem Feinde das Angreifen unmöglich machen werde; so war Alles im Lager ruhig, als plötzlich, es war in der Frühstunde, rechts auf den Höhen die makedonischen Trompeten schmetterten, und von den Höhen herab, aus dem Thale herauf zugleich der Sturmruf ertönte. Schon war Alexander im Rücken der Perser, während Krateros vom Thal herauf den Sturm begann; leicht erbrach er die schlecht verwahrten Eingänge; die von dort Flüchtenden rannten dem vordringenden Könige ins Eisen; sich zu der verlassenen Stellung zurückwendend, trafen sie sie bereits von einem dritten Haufen besetzt, denn Ptolemaios war mit 3000 Mann zurückgelassen, um von der Seite her einzudringen. So trafen von allen Seiten die Makedonen in dem feindlichen Lager zusammen. Hier begann ein gräßliches Gemetzel, Fliehende stürzten den Makedonen in die Schwerter, viele in die Abgründe, Alles war verloren; Ariobarzanes schlug sich durch, er entkam mit wenigen Reitern in die Gebirge und auf heimlichen Wegen nordwärts nach Medien.

Alexander brach nach kurzer Rast gen Persepolis auf; auf dem Wege soll ihm ein Schreiben des Tiridates, der des Königs Schätze unter sich hatte, zugekommen sein, ihn zur Eile zu mahnen, da sonst der Schatz geplündert werden könnte [1]). Um desto schneller

1) So Curt. V. 5. 2. Diod. XVII. 69. Der König konnte seinen ermüdeten Truppen eine kurze Rast gönnen (eodem loco quo hostium copias fuderat, castra communivit; Curt.), da die vorausgesandte Colonne den weiteren Weg und den Uebergang des Araxes sicherte.

die Stadt zu erreichen, ließ er das Fußvolk zurück und jagte mit den Reitern voraus; mit Tagesanbruch war er an der Brücke, die bereits von der Vorhut geschlagen war. Seine unvermuthet schnelle Ankunft, er war fast der Kunde von dem Gefecht vorausgeeilt, machte allen Widerstand und alle Unordnung unmöglich; die Stadt, die Paläste, die Schätze wurden ohne Weiteres in Besitz genommen. Eben so schnell fiel Pasargadai [1]) dem Sieger mit neuen größeren Schätzen zu; viele tausend Talente Gold und Silber, unzählige Prachtgewebe und Kostbarkeiten wurden hier aufgehäuft gefunden; man erzählt, daß zehntausend Paar Maulthiere und dreitausend Kameele nöthig gewesen, um sie von dannen zu bringen [2]).

Wichtiger noch als diese Reichthümer, mit denen Alexander dem Feinde seine bedeutendsten Machtmittel entriß, und die seine Freigebigkeit aus den todten Schatzgewölben in den Verkehr der Völker, dem sie so lange entzogen gewesen, zurückzuführen eilte, war der Besitz dieser Gegend selbst, der eigentlichen Heimath des persischen Königthums. In dem Thale von Pasargadai hatte Kyros die medische Herrschaft bewältigt und zur Erinnerung des großen Sieges dort sein Hoflager, seine Paläste und sein Grab gebaut, zwischen den Monumenten höchster irdischer Pracht ein einfaches Felsenhaus, bei dem fromme Magier jeden Tag opferten und beteten. Noch reicher an Prachtbauten war die Ebene von Persepolis mit ihren am Araxes und Medos sich westwärts und ostwärts hinauf fortsetzenden Thälern. Da-

---

[1]) Noch immer ist die Lage von Pasargadai streitig (s. Spiegel II, 617). Die dort angeführten Combinationen Opperts scheinen durch die Reihenfolge der von Alexander überschrittenen Ströme bei Strabo XVII. 729 eine Bestätigung zu erhalten, indem der Kyros, an dem Pasargadai liegt, vor dem Araxes (Bend-emir) angeführt wird; auch nach Alexanders Rückmarsch aus Indien scheint Pasargadai südlich vor Persepolis zu liegen. Die Angabe des Plinius (VI. 26 ed. D. 99): flumen Sitioganus quo Pasargadas septimo die navigatur ist ohne Frage durch irgend einen Irrthum entstanden, da sieben Tage hinauf hier kein Fluß schiffbar sein kann.

[2]) Diod. Curt. Plut. 37. Die Summe der Schätze ist nach Curt. V. 6. 9 und Diod. XVII. 71 120,000 Talente; Arrian. III. 18. 10 nennt keine Zahl.

reios, des Hystaspes Sohn, der zuerst Erde und Wasser von den Hellenen gefordert, der den Philhellenen Alexandros, den makedonischen König, zu einem persischen Satrapen gemacht hatte, war hier nach dem falschen Smerdes zum Großkönig erhoben worden, hatte sich hier seinen Palast, seinen Säulenhof und sein Grab gebaut; von vielen seiner Nachfolger war mit neuen Prachtgebäuden, mit Jagdrevieren und Paradiesen, mit Palästen und Königsgräbern das Felsenthal des Bendemir erfüllt; die Königspforte der tausend Säulen, der stolze Felsenbau auf dreifacher Terrasse, die Colossalbilder von Rossen, von Stieren am Eingange, ein Riesenplan von Gebäuden der höchsten Pracht und feierlichsten Größe schmückten diesen heiligen Bezirk, den die Völker Asiens ehrten als den Ort der Königsweihe und der Huldigungen, als Heerd und Mittelpunkt des einst so mächtigen Reiches. Dies Reich war jetzt gestürzt; Alexander saß auf dem Throne desselben Xerxes, der einst auf der Strandhöhe der salaminischen Bucht sein Prachtzelt aufgeschlagen, dessen frevelnde Hand die Akropolis Athens niedergebrannt, die Tempel der Götter und die Gräber der Todten zerstört hatte. Jetzt war der makedonische König, der hellenische Bundesfeldherr, Herr in diesen Königsstädten, diesen Palästen; jetzt schien die Zeit gekommen, altes Unrecht zu rächen und die Götter und die Todten im Hades zu versöhnen; hier an diesem Heerde der persischen Herrlichkeit sollte das Recht der Vergeltung geübt und die alte Schuld gesühnt, es sollte den Völkern Asiens der augenfällige Beweis geliefert werden, daß die Macht, die sie bisher geknechtet, ab und todt, daß sie für immer ausgetilgt sei [1]). Es liegen hinlänglich Beweise vor, daß es nicht die

---

[1]) Kleitarch, der Segur Alexanders, der mit außerordentlichem Talente, aber auf Kosten der Geschichte Geschichten gemacht hat, ist für diese Winterrast in Persepolis überschwenglich reich an geistreichen Zügen. Jene Griechen, die vergreist, verstümmelt, gebrandmarkt, voll Schaam und Verzweiflung dem Könige entgegen treten, die befohlene Ermordung der Einwohner, die Gelage des Königs, endlich jene athenische Tänzerin Thais, die in der Begeisterung des Tanzes einen Feuerbrand vom Altare reißt und in den Palast wirft, deren Beispiel trunken und in wilder Siegeslust Alexander und seine Getreuen folgen, das alles sind Mährchen, die, aus derselben

That eines aufgeregten Momentes, sondern ruhiger Ueberlegung war, wenn Alexander gebot [1]), den Feuerbrand in das Cederngetäfel des Königspalastes zu werfen; Parmenion war anderer Ansicht gewesen, hatte dem Könige gerathen, des schönen Gebäudes, seines Eigenthumes, zu schonen, nicht die Perser zu kränken in den Denkmälern ihrer einstigen Größe und Herrlichkeit. Der König hielt dafür, daß die Maaßregel, die er beabsichtigte, nützlich und nothwendig sei. So brannte ein Theil des Palastes von Persepolis nieder. Dann befahl der König, die Flamme zu löschen [2]).

Vielleicht war dieser Brand des Palastes im Zusammenhang mit einer Art Inthronisation, die Alexander gefeiert zu haben scheint. Es wird erzählt, daß der Korinther Demaratos, als er Alexander auf dem Thron der Großkönige unter goldenem Baldachin sitzen sah, sich geäußert habe: um wie große Wonne diejenigen gekommen seien, welche diesen Tag nicht mehr erlebt hätten.

Noch ein zweites Vielleicht darf hier zur Erwägung kommen, ein solches, das für die Gesammtauffassung Alexanders und seines Verfahrens nicht ohne Gewicht ist.

Bedeutete der Vorgang in Persepolis die feierliche Todtsprechung der Achaimenidenmacht und die förmliche Besitzergreifung des ledig erklärten Reiches, so darf man fragen, ob erst jetzt oder schon jetzt der Moment gekommen war, in so drastischer Symbolik den unwiderruflichen Abschluß auszusprechen und das Urtheil

---

Quelle geschöpft, von einer Reihe spätgeborener Schriftsteller so oft und mit solcher Zuversicht wiederholt werden, daß sie mit der Zeit zu historischer Gewißheit geworden sind.

1) Plut. Alex. 38; nachdem er die in der vorigen Anmerkung bezeichneten Geschichten kurz erwähnt: *οἱ μὲν οὕτω ταῦτα γενέσθαι φασίν, οἱ δὲ ἀπὸ γνώμης.* Und Arrian. III. 18. 11 erwähnt die Aeußerung des Parmenion (*Παρμενίωνος σώζειν συμβουλεύοντος*).

2) So ausdrücklich Plutarch (Alex. 38): *ὅτι δ' οὖν μετενόησε ταχὺ καὶ κατασβέσαι προσέταξεν ὁμολογεῖται.* Auch Arrian. III. 19. 12 tadelt Alexander wegen dieser That: *ἀλλ' οὐδ' ἐμοὶ δοκεῖ σὺν νῷ δρᾶσαι τοῦτό γε Ἀλέξανδρος οὐδὲ εἶναί τις αὕτη Περσῶν τῶν πάλαι τιμωρία.*

zu vollstrecken. Hatte die Schlacht bei Gaugamela die Perfermacht definitiv gebrochen, warum zögerte dann Alexander ein halbes Jahr, den Schritt zu thun, zu dem die Weltstadt Babylon oder die Hofburg in Susa sich immerhin eben so gut geeignet hätte? oder wenn er ihn verschob, weil mit jenem Siege, mit der Besitznahme von Babylon und Susa noch nicht Genügendes gewonnen schien, war dann etwa die Occupation der Landschaft Persis militärisch und politisch von so großer Bedeutung, wenn noch Medien mit Ekbatana in Dareios Hand war, und damit der weite Norden und Osten des Reichs, damit der kürzere Weg zum Tigris und der großen königlichen Straße von Susa bis Sardeis, damit für ein in Medien sich sammelndes Heer von Reitermassen des Ostens die Möglichkeit, die lange und dünnbesetzte Linie zu durchreißen, die Alexander mit der westlichen Satrapie und mit Europa verband?

Die Ueberlieferungen, die uns vorliegen, sind nicht der Art, daß wir voraussetzen dürfen, in ihnen alles Wesentliche erwähnt zu finden. Sie sind redselig genug, wo es sich um die moralische Beurtheilung Alexanders handelt; von seinen militärischen Actionen geben sie ungefähr genug, um deren summarischen Zusammenhang erkennen zu lassen; über sein politisches Handeln, über die Motive, die ihn bestimmten, die Zielpunkte, die er im Auge behielt, sagen sie wenig oder nichts, so daß auf Grund der Information, die sie uns geben, auch die Vorstellung gerechtfertigt hat scheinen können, Alexander habe den Hellespont überschritten mit dem sehr einfachen Plan, bis zu dem noch unbekannten Ganges und dem eben so unbekannten Meer im Osten, in das er sich ergießt, zu marschieren.

Daß sich Alexander einen Friedensschluß möglich dachte, in welcher Form, nach welcher Grundlage, das hatte die Antwort gezeigt, die er nach der Schlacht bei Issos auf die eben so dürftigen wie hochmüthigen Anträge des Großkönigs gegeben hatte. Die Forderung, die er in denselben voranstellte, ergab sich aus der Sachlage und aus der Summe der vorausliegenden geschichtlichen Thatsachen. Einst hatten Dareios Vorfahren den makedonischen König gezwungen, sich ihrer Oberhoheit zu unterwerfen, ihr Satrap zu sein; sie hatten von den hellenischen Staaten Erde und Wasser gefordert, sie hatten nicht aufgehört, sich als geborene Herren auch über die Hellenen und die Barbaren Europas anzusehen, sie hatten im antalkidischen Frieden und auf Grund desselben „Befehle“ zur Nachachtung an die hellenischen Staaten erlassen; sie hatten, als König Philipp gegen Perinth und Byzanz kämpfte, ohne Weiteres Truppen wider ihn gesandt, als stehe ihnen zu, über die griechische Welt ihre Hand zu halten und einzuschreiten, wann und wie es ihnen beliebe. Lag in dem Wesen Persiens, der „Monarchie Asiens“, dieser Anspruch der Oberherrlichkeit auch über die hellenische Welt, so konnte der Zweck des Krieges, zu dessen Führung Alexander sich an der Spitze der Makedonen und Hellenen erhoben hatte, kein anderer sein, als diesem Anspruch des Großkönigs gründlich und für immer ein Ende zu machen. Alexander hatte nach der Schlacht bei Issos den Anträgen des Dareios eine und nur eine Forderung entgegengestellt [1]): die der Anerkennung, daß nicht mehr Dareios, sondern Alexander Herr und König in Asien sei; er war bereit, für diese Anerkennung dem besiegten Gegner Zugeständnisse zu machen, ihm, so ungefähr ist der Ausdruck, Alles zu gewähren, von dessen Angemessenheit er ihn, den Sieger, überzeugen werde [2]); wenn er diese Anerkennung weigere, dann möge er einer neuen Schlacht gewärtig sein. Auf solche Alternative gestellt, hatte Dareios den weiteren Kampf gewählt; er hatte die zweite größere Schlacht, mit ihr die weite Länderstrecke von den Meeresküsten bis zu den Randgebirgen Irans verloren. Mußte er jetzt nicht inne geworden sein, daß er der Macht Alexanders nicht gewachsen sei? zeigte nicht jeder weitere Marsch desselben, daß er thatsächlich sei,

---

1) Arr. II. 14. 8 *ἐμοῦ τῆς Ἀσίας ἁπάσης κυρίου ὄντος.* Und weiter: *παρ' ἐμὲ ὡς βασιλέα τῆς Ἀσίας πέμπε μηδὲ ἃ βούλει ἐξίσου ἐπέστελλε, ἀλλ' ὡς κυρίῳ ὄντι τῶν σῶν φράζε εἴ του δέῃ.*

2) Arrian. l. c. *ἐλθὼν δὲ πρός με τὴν μητέρα καὶ τὴν γυναῖκα καὶ τοὺς παῖδας καὶ εἰ ἄλλο τι ἐθέλεις αἴτει καὶ λάμβανε· ὅ τι γὰρ ἂν πείθῃς ἐμέ, ἔσται σοι;*

wofür er anerkannt zu werden gefordert hatte, Herr in Asien, und daß es da keine Macht mehr gebe, die ihn hindern könne, zu thun, was er wolle? konnte Dareios noch zweifeln, daß er sich beugen, sich ihm unterordnen müsse, wenn er noch irgend etwas retten, wenn er die ihm theueren Pfänder, die in des siegreichen Gegners Hand waren, wieder gewinnen wolle?

Alexander mag nach dem Tage von Gaugamela erwartet haben, daß Dareios an ihn senden, ihm eingehendere Anträge als nach dem von Issos machen, sich vor der Macht der Thatsachen beugen werde; er mag, da ihm nicht angemessen scheinen konnte unmittelbar die Initiative zu ergreifen, der Königin-Mutter — auf deren Fürbitte hatte er den Uxiern verziehen — Andeutungen gemacht haben, daß er friedlichen Erbietungen ihres Sohnes gern Gehör schenken werde. Er konnte auch jetzt noch gemeint sein, dem besiegten Gegner, wenn er den geschehenen Wechsel der Macht anerkenne, einen Frieden zu gewähren, der ihm Land und Leute ließ und ihm seine Familie wiedergab. Was Alexander jetzt inne hatte, die Länderstrecken vom Meere bis zu den Bergsteilen, die Iran umschließen, bildeten ein großes zusammenhängendes, auch der Volksart nach ziemlich gleichartiges Ganze, groß und reich genug, um, zu einem Reich mit Makedonien und Hellas vereint, die beherrschende Macht Asiens zu sein, durch seine Küsten dem Westen nah genug, um die Herrschaft über das Mittelmeer hinzuzufügen, zu der mit dem ägyptischen Alexandrien der Grund- und Eckstein gelegt war. Ein Friedensschluß in solchem Sinn würde das Werk der siegreichen Waffen mit der Anerkennung durch den, der ihnen erlegen war, besiegelt haben.

So die hypothetische Linie, die zu zeichnen angemessen schien, um die Lücke zu bezeichnen, die in unseren Ueberlieferungen ist; die Vorgänge in Persepolis bekommen einen Accent mehr, wenn man jene Lücke sich so ergänzt denkt. Wenn Alexander Friedensanträge gewünscht, wenn er sie Monate lang erwartet hatte, wenn sie auch nach dem Fall von Susa, auch nach der Forcirung der Pässe nach Persien hinauf, nach Besitznahme der alten Königsstätten dort nicht kamen, so war endlich die Hoffnung auf einen vertragsmäßigen Abschluß aufzugeben und der Act zu vollziehen, mit dem die Achaimenidenmacht todt erklärt, die Besitzergreifung der Monarchie über Asien verkündet wurde.

Es war der Urtheilsspruch, den zu vollstrecken die nächstweitere militärische Aufgabe sein mußte.

Viertes Kapitel.

Aufbruch aus Persepolis. — Dareios Rückzug aus Ekbatana. — Seine Ermordung. — Alexander in Parthien. — Das Unternehmen Zopyrions, Empörung Thrakiens, Schilderhebung des Agis, seine Niederlage, Beruhigung Griechenlands.

Vier Monate verweilte Alexander in den Königsstädten der persischen Landschaft. Nicht bloß um das Heer sich erholen zu lassen; es wird richtig sein, was die minder guten Quellen berichten, daß er in diesen Wintermonaten gegen die räuberischen Bewohner der nahen Gebirge auszog, um das Land für immer gegen ihre Einfälle zu sichern. Es waren namentlich die Marder [1]) in den südlichen Gebirgen, die, ähnlich den Uxiern, bisher

[1]) Von diesem Zuge berichtet nur Curtius mit Ausführlichkeit, begnügt sich aber mit einigen pittoresken Uebertreibungen, so daß man weder die Richtung noch den Gang der Unternehmung erkennt; er berichtet sie vor dem Brande in Persepolis und sub ipsum Vergiliarum tempus. Der Frühuntergang der Plejaden ist im November, der Spätuntergang Anfang April, der Frühaufgang im Mai, der Spätaufgang im September; die einzige Zeit, die passen könnte, wäre der Spätuntergang im April; aber auch dieß scheint schon zu spät und würde den Anfang der Frühlingszeit bezeichnen; Curtius scheint diese Bezeichnung der Plejaden erdichtet zu haben, um mit beliebter Phrase die Winterlichkeit, die er schildern will, anschaulich zu machen. Von derselben Unternehmung sagt Diod. XVII, p. 73: nach dem Brande habe Alexander die übrigen Städte Persiens angegriffen, und die

in fast völliger Unabhängigkeit gelebt hatten. Durch sehr mühselige Züge in ihre schneebedeckten Bergthäler zwang sie Alexander sich zu unterwerfen. Die Satrapie Karmanien, der sich Alexander bei diesem Zuge genaht haben mochte, unterwarf sich und der Satrap Aspastes wurde in ihrem Besitze bestätigt [1]). Schon war dem edlen Phrasaortes, dem Sohn jenes Rheomithres, der in der Schlacht bei Issos den Tod gefunden, die Satrapie Persis übergeben. Daß eine Besatzung von 3000 Mann für Persepolis bestellt wurde, ist nicht hinreichend sicher überliefert; eben so daß ein Zuzug von 5000 Mann Fußvolk und 1000 Reitern hier oder demnächst auf dem Marsch eingetroffen sei [2]). Dann endlich — es mochte Ende April sein — wurde nach Medien aufgebrochen, wohin Dareios mit dem Reste des Heeres von Arbela geflüchtet war.

Nach dem Verlust der Schlacht war Dareios durch die medischen Gebirge nach Ekbatana gegangen mit der Absicht, hier abzuwarten, was Alexander unternehmen werde, und sobald derselbe ihm auch hierher nachsetzte, in den Norden seines Reiches zu flüchten, Alles hinter sich verheerend, damit Alexander ihm nicht folgen könne. Zu dem Ende hatte er bereits die Karavane seines Harems, seine Schätze und Kostbarkeiten an den Eingang der kaspischen Pässe gen Ragai gesandt, um durch sie,

---

einen mit Güte, die anderen mit Gewalt genommen. Arrian., Ind. 40 sagt, daß alle diese räuberischen Bergvölker, die Uxier, Mardier, Kossaier, in Winterzeit, wo sie sich in ihren Bergen am sichersten geglaubt, besiegt seien. Es scheint, daß die Sitze dieser Mardier in den südlichen Bergen von Persis waren, da die westlichen von den Uxiern, die nördlichen von den Kossaiern besetzt waren; es kommt dazu, daß Hamdulla (bei Ousely III, p. 566) erzählt, Firuzabad sei eine alte Stadt und von Alexander zerstört worden; sie habe einst Khur geheißen (Cyropolis regio ibi maritima, Plin. VI. 26). Daß in diesen Gegenden und nicht bloß in den kaspischen Gebirgen Mardier wohnten, bemerkt Strabo XI, p. 524; XV, p. 727.

1) Curt. IX. 10. 21. Arrian erwähnt ihn nicht.

2) Beide Angaben sind aus Curt. V. 6. 11 und 7. 30; er nennt als Befehlshaber der Burg Nikarchides, als Führer der frischen Truppen den Athener Platon.

wenn schleunige Flucht nöthig werde, nicht behindert zu sein. Indeß verging ein Monat nach dem andern, ohne daß sich auch nur ein feindliches Streifcorps in den Pässen des Zagrosgebirges oder an der inneren Gränze Mediens zeigte. Dann war Ariobarzanes, der heldenmüthige Vertheidiger der persischen Thore, in Ekbatana angekommen; man mochte jetzt von Südosten her die Makedonen erwarten; aber kein Feind ließ sich sehen. Gefielen dem Sieger die Schätze von Persepolis und Pasargadai vielleicht besser als neuer Kampf? hielten ihn und sein übermüthiges Heer die neuen und betäubenden Genüsse des Morgenlandes gefesselt? noch sah sich Dareios von treuen Truppen, von hochherzigen Perserfürsten umgeben; mit ihm war der Kern des persischen Adels, die Chiliarchie, die Nabarzanes führte, Atropates von Medien, Autophradates von Tapurien, Phrataphernes von Hyrkanien und Parthien, Satibarzanes von Areia, Barsaentes von Arachosien und Drangiana, der kühne Baktrianer Bessos, des Großkönigs Verwandter, umgeben von dreitausend baktrischen Reitern, die sich mit ihm aus der letzten Schlacht gerettet hatten; ferner des Großkönigs Bruder Oxathres und vor allen der greise Artabazos, der vielbewährte Freund des Dareios, vielleicht der würdigste Name des Perserthums, mit ihm seine Söhne; auch des Großkönigs Ochos Sohn Bisthanes, auch des abtrünnigen Mazaios von Babylon Sohn Artabelos war in Ekbatana. Noch hatte Dareios einen Rest seiner griechischen Söldnerschaaren unter des Phokiers Patron Führung; er erwartete die Ankunft mehrerer Tausend Kadusier und Skythen; nach Ekbatana konnten die Völker von Turan und Ariana noch einmal zu den Waffen gerufen werden, um sich unter ihren Satrapen um die Person des Königs zu sammeln und den Osten des Reiches zu vertheidigen; die medische Landschaft bot Positionen genug, in denen man sich vertheidigen konnte, namentlich die kaspischen Pässe, die den Eingang nach den östlichen und nördlichen Satrapien bildeten, hätte man auch gegen einen übermächtigen Feind leicht behaupten und ihm dauernd sperren können. Dareios beschloß noch einmal das Glück der Waffen zu versuchen und mit dem Heere, das er bis zur

Ankunft Alexanders versammelt haben würde, den Feind am weiteren Vordringen zu hindern; er mochte durch die Gesandten Spartas und Athens, die sich an seinem Hoflager befanden, erfahren haben, wie tiefen Eindruck die Nachricht von der Schlacht von Gaugamela in Hellas gemacht habe und daß die antimakedonische Parthei richtauf sei, daß viele Staaten sich entweder schon mit Sparta offenbar vereint hätten oder nur des Königs Agis ersten Erfolg erwarteten, um von dem korinthischen Bunde abzufallen, daß sich so in Griechenland ein Umschwung der Verhältnisse vorbereitete, der die Makedonen bald genug aus Asien zurückzukehren zwingen werde [1]). Dareios mochte hoffen zu dürfen glauben, daß das Ende seines Unglücks nicht mehr fern sei.

Schon nahete Alexander; Paraitakene, die Landschaft zwischen Persis und Medien, hatte sich unterworfen und Oxathres, den Sohn des susianischen Satrapen Abulites, zum Satrapen erhalten; auf die Nachricht, daß Dareios unter den Mauern von Ekbatana, an der Spitze eines bedeutenden Heeres von Baktrianern, Griechen, Skythen, Kadusiern den Angriff erwarten werde, eilte Alexander, den Feind möglichst bald zu treffen [2]). Er ließ, um desto schneller fortzukommen, die Bagage mit ihrer Bedeckung zurück und betrat nach zwölf Tagen das medische Gebiet; da erfuhr er, daß weder die Kadusier noch die Skythen, die Dareios erwartet, eingetroffen seien, daß Dareios, um ein entscheidendes Zusammentreffen zu verzögern,

---

1) Arrian. III. 19. 1 berichtet als Dareios Absicht, wenn Alexander in Babylon und Susa bleibe, *αὐτοῦ προσμένειν καὶ αὐτὸς ἐν Μήδοις εἰ δή τι νεωτερισθείη τῶν ἀμφ' Ἀλέξανδρον.*

2) Der Weg, den Alexander nahm, führte wohl durch den Paß von Durtchiny (Ousely III, p. 567; climax Megale Plin. V. 26 ed. D. 114) gen Isfahan oder Aspadana (vgl. Ousely III, p. 5), welches die Residenz der Satrapie Paraitakene gewesen zu sein scheint (Spiegel II, p. 528); der weitere Weg nach Ekbatana oder Hamadan kann nicht viel von der heutigen Straße verschieden gewesen sein, wenn es heißt: *δωδεκάτῃ ἡμέρᾳ ἐς Μηδίαν ἀφικνεῖται*, d. h. wohl die Gränze der Satrapie Medien; nach Ousely II, p. 457 ist von Mayn, dem nördlichen Theil der Ebene von Persepolis, bis Isfahan 56 Parsangen, d. h. 42 Meilen.

sich bereits zum Rückzuge nach den kaspischen Pässen, wohin die Weiber, Wagen und Feldgeräth schon vorausgegangen seien, anschicke. Doppelt eilte Alexander; er wollte Dareios selbst in seiner Gewalt haben, um allem weiteren Kampfe um den Perserthron ein Ende zu machen. Da kam, drei Tagereisen vor Ekbatana, Bisthanes, des Königs Ochos Sohn, einer von denen, die dem König Dareios bis dahin gefolgt waren, ins makedonische Lager; er bestätigte das Gerücht, daß Dareios weiter geflohen, daß er vor fünf Tagen aus Ekbatana gegangen sei, daß er die Schätze Mediens, etwa siebentausend Talente, mit sich genommen habe, ein Heer von sechstausend Mann Fußvolk und dreitausend Pferden ihn begleite [1]). Alexander eilte nach Ekbatana [2]); schnell wurden die dortigen Angelegenheiten geordnet, es wurden die Thessaler und die übrigen Bundesgenossen, so viele ihrer nicht freiwillig weiter dienen wollten, mit vollem Sold und einem Geschenk von zweitausend Talenten in die Heimath gesandt, aber nicht wenige blieben [3]); es wurde der Perser Oxydates, der in Susa, früher von Dareios zum ewigen Gefängniß verdammt, durch Alexander befreit war und darum doppelten Vertrauens würdig schien, an Atropates Stelle, der mit Dareios war, zum Satrapen über Medien bestellt; es wurde Parmenion beauftragt, die Schätze aus Persis in die Burg von Ekbatana zu bringen und dem Harpalos zu übergeben, der zu ihrer Verwaltung bestellt wurde und vorerst zu deren Bewachung

[1]) Dieser Schätze von Ekbatana erwähnen auch die orientalischen Autoren; s. Extr. et Not. II, p. 501. Die Zahl der Truppen, die Dareios begleiteten, nach Arrian. III. 19. 5; Curtius giebt sie auf 30,000 Mann leichtes Volk, 4000 Griechen, 3500 meist baktrische Reiter an.

[2]) Nach Curt. V. 13. 1 hätte Alexander gar nicht Ekbatana berührt, sondern den geraden Weg nach den Pässen über Tabä (Sawa) genommen.

[3]) Für die Heeresordnung bezeichnend ist, daß Epokillos mit einem Commando Reiter, da die heimkehrenden Reiter ihre Pferde verkauften, die Colonne der Ausgedienten zum Meere geleitete, daß Menes, der Hyparch von Syrien, Phoenikien und Kilikien den Befehl erhielt, Trieren zu ihrer Ueberfahrt nach Euboia bereit zu halten.

sechstausend Makedonen mit den nöthigen Reitern und leichten Truppen behielt; Parmenion sollte dann nach Uebergabe des Schatzes mit den Soldtruppen, den Thrakern u. s. w. an dem Lande der Kadusier vorüber nach Hyrkanien marschiren. Kleitos, der krank in Susa zurückgeblieben war, erhielt Befehl, sobald es seine Gesundheit gestatte, die sechstausend Mann, die vorläufig bei Harpalos blieben, ins Parthische zu führen, um sich dort mit der großen Armee wieder zu vereinen. Mit den übrigen Phalangen, mit der makedonischen Ritterschaft, den Söldnerreitern des Erigyios, den Sarissophoren, den Agrianern und Schützen eilte Alexander dem fliehenden Dareios nach; in elf höchst angestrengten Tagemärschen, in denen viele Menschen und Pferde liegen blieben, erreichte er Ragai, von wo aus für Alexanders Eile noch ein starker Marsch von acht Meilen bis zum Eingang der kaspischen Thore war. Aber die Nachricht, daß Dareios bereits jenseits des Passes sei und einen bedeutenden Vorsprung auf dem Wege nach Baktrien voraus habe, so wie die Erschöpfung seiner Truppen bewog den König, einige Tage in Ragai zu rasten [1]).

Um dieselbe Zeit lagerte Dareios mit seinem Zuge wenige Tagemärsche im Osten der kaspischen Päſſe. Er hatte kaum noch zwanzig Meilen Vorsprung; er mußte sich überzeugen, daß es einerseits unmöglich sei, bei der ungeheueren Schnelligkeit, mit der Alexander nacheilte, das turanische Land fliehend zu erreichen, daß er andererseits, wenn doch gekämpft werden mußte, möglichst seinen Marsch verlangsamen müsse, damit die Truppen mit frischer Kraft den vom Verfolgen ermatteten Feinden gegenüberträten; dazu kam, daß aus dem persischen Zuge schon Manche zu Alexander übergegangen waren, daß man bei weiterer Flucht immer mehr Abfall fürchten mußte. Dareios berief die Großen seiner Umgebung und gab ihnen seine Absicht kund, das Zusammentreffen mit den Makedonen nicht länger meiden, sondern

1) Die Lage von Ragai ist durch die sorgfältigen Nachforschungen Ouselys genau bestimmt; er fand die weitläuftigen Ruinen volle zwei Stunden südöstlich von Teheran.

noch einmal das Glück der Waffen versuchen zu wollen. Diese Erklärung des Großkönigs machte tiefen Eindruck auf die Versammelten; das Unglück hatte die Meisten entmuthigt, man dachte mit Entsetzen an neuen Kampf; Wenige waren bereit, ihrem Könige Alles zu opfern, unter ihnen der greise Artabazos; gegen ihn erhob sich Nabarzanes, der Chiliarch: die dringende Noth zwinge ihn, ein hartes Wort zu sprechen; hier zu kämpfen sei der sicherste Weg zum Verderben, man müsse nach Turan flüchten, dort neue Heere rüsten; aber die Völker trauten dem Glück des Königs nicht mehr; nur eine Rettung gebe es; Bessos habe bei den turanischen Völkern großes Ansehen, die Skythen und Inder seien ihm verbündet, er sei Verwandter des königlichen Hauses; der König möge ihm, bis der Feind bewältigt sei, die Tiara abtreten. Der Großkönig riß seinen Dolch aus dem Gürtel, kaum entkam Nabarzanes; er eilte, sich mit seiner Perserschaar von dem Lager des Königs zu sondern; Bessos folgte ihm mit den baktrischen Völkern. Beide handelten im Einverständniß und nach einem längst vorbereiteten Plane; Barsaentes von Drangiana und Arachosien wurde leicht gewonnen; die übrigen Satrapen der Ostprovinzen waren, wenn nicht offenbar beigetreten, doch geneigter, ihrem Vortheile, als ihrer Pflicht zu folgen. Darum beschwor Artabazos den König, nicht seinem Zorne zu folgen, bei den Meuterern sei die größere Streitmacht, ohne sie sei man verloren, er möge sie durch unverdiente Gnade zur Treue oder zum Schein des Gehorsams zurückrufen. Indeß hatte Bessos versucht, die Schaar der Perser zum Aufbruch gen Baktrien zu bewegen; aber sie schauderten noch vor dem Gedanken des offenbaren Verrathes, sie wollten nicht ohne den König fliehen. Bessos Plan schien mislungen; desto hartnäckiger verfolgte er ihn; er schilderte ihnen die Gefahr, in die sie der Großkönig stürze, er gewöhnte sie, die Möglichkeit eines Verbrechens zu denken, das allein retten könne. Da erschien Artabazos mit der Botschaft, der König verzeihe das unüberlegte Wort des Nabarzanes und die eigenwillige Absondernng des Bessos. Beide eilten in des Königs Zelt, sich vor ihm in den Staub zu werfen, und mit heuchlerischem Geständniß ihre Reue zu beglaubigen.

Des anderen Tages rückte der Zug auf dem Wege nach Thara weiter; die dumpfe Stille, die mistrauische Unruhe, die überall herrschte, offenbarte mehr eine drohende als überstandene Gefahr. Der Führer der Griechen bemühte sich, in die Nähe des Königs zu kommen, dessen Wagen Bessos mit seinen Reitern umgab. Endlich gelang es dem treuen Fremdling; er sagte dem Könige, was er fürchte; er beschwor ihn, sich dem Schutze der griechischen Truppen anzuvertrauen, nur dort sei sein Leben sicher. Bessos verstand nicht die Sprache, wohl aber die Miene des hellenischen Mannes; er erkannte, daß nicht länger zu zögern sei. Man langte gegen Abend in Thara an; die Truppen lagerten, die Baktrier dem Zelte des Königs nahe; in der Stille der Nacht eilten Bessos, Nabarzanes und Barsaentes mit einigen Vertrauten in das Zelt, fesselten den König, schleppten ihn in den Wagen, in dem sie ihn als Gefangenen mit sich gen Baktrien führen wollten, um sich mit seiner Auslieferung Frieden von Alexander zu erkaufen. Die Kunde von der That verbreitete sich schnell durch das Lager, Alles löste sich in wilde Verwirrung auf; die Baktrier zogen gen Osten weiter, mit Widerstreben folgten ihnen die meisten Perser; Artabazos und seine Söhne verließen den unglücklichen König, dem sie doch nicht mehr helfen konnten; sie zogen sich mit den griechischen Söldnern und dem Gesandten aus Hellas nordwärts in die Berge der Tapurier zurück; andere Perser, namentlich des Mazaios Sohn Artabelos und Bagisthanes von Babylon, eilten rückwärts, sich der Gnade Alexanders zu unterwerfen [1]).

Alexander hatte seine Truppen einige Tage in Ragai rasten lassen; am Morgen des sechsten Tages brach er wieder auf; er erreichte mit einem starken Marsche den Westeingang der Pässe (Aiwan-i-Keif); folgenden Tages zog er durch diese Pässe, die,

---

[1]) So Curt. V. 8—12. Nur er erzählt diese Vorgänge im persischen Lager; Arrian. III. 21 begnügt sich mit der Angabe, daß Nabarzanes und Bessos ξυνειληφότες εἶεν Δαρεῖον.

fast drei Stunden lang, seinen Marsch nicht wenig verzögerten, dann noch so weit, als an diesem Tage zu kommen möglich war, durch die wohlbebaute Ebene von Choarene (Khuar) bis zu dem Saum der Steppe, über die der Weg ostwärts nach der parthischen Hauptstadt Hekatompylos, dem Mittelpunkt der Heerstraßen gen Hyrkanien, Baktrien und Ariana, führt. Während das Heer hier lagerte und einige Truppen sich in der Gegend zerstreuten, um für den Weg durch die Steppe zu fouragiren, kamen Bagisthanes und Artabelos in das makedonische Lager, unterwarfen sich der Gnade des Königs; sie sagten aus, daß Bessos und Nabarzanes sich der Person des Großkönigs bemächtigt hätten und eiligst gen Baktrien zögen; was weiter geschehen, wüßten sie nicht. Mit desto größerer Eile beschloß Alexander die Fliehenden zu verfolgen; indem er den größeren Theil der Truppen unter Krateros mit dem Befehl, langsam nachzurücken, zurückließ, eilte er selbst mit der Ritterschaft, den Plänkelern, den leichtesten und kräftigsten vom Fußvolk den Fliehenden nach. So die Nacht hindurch bis zum folgenden Mittag; und wieder nach wenigen Stunden Rast die zweite Nacht hindurch; mit Sonnenaufgang erreichte man Thara, wo schon vier Tage früher Dareios von den Meuterern gefangen genommen war [1]). Hier erfuhr Alexander von des Großkönigs Dolmetscher Melon, der krank zurückgeblieben war [2]), daß Artabazos und die Griechen sich nordwärts in die tapurischen Berge zurückgezogen hätten, daß Bessos an Dareios Statt die Gewalt in Händen habe und von den Persern und Baktriern als Gebieter anerkannt werde, daß der Plan der Verschworenen sei, sich in die Ostprovinzen zurückzuziehen, und dem Könige Alexander

1) Alexander war aus der Choarena (der Paß bei dem reichen Dorf Aradan bis Padi führt an den Saum der Heide oder Wüste) noch spät Abends aufgebrochen, diese Nacht durch bis zum andern Vormittag etwa bis Lasgerd, neun Meilen weit, gekommen, dann mit dem folgenden Nachtmarsch etwa wieder neun Meilen weiter nach Thara gekommen, das auf der Hälfte des Weges zwischen Semnun und Damletabad, etwa bei Akhuri zu suchen sein wird.

2) Curt. V. 13. 7.

gegen den ungestörten und unabhängigen Besitz des persischen Ostens die Auslieferung des Dareios anzubieten, wenn er dagegen weiter vordringe, ein möglichst großes Heer zusammenzubringen und sich gemeinschaftlich im Besitz der Herrschaften, die sie hätten, zu behaupten, vorläufig aber die Führung des Ganzen in Bessos Händen zu lassen, angeblich wegen seiner Verwandtschaft mit dem königlichen Hause und seines nächsten Anrechts auf den Thron [1]). — Alles drängte zur größten Eile; kaum gönnte sich Alexander während des heißen Tages Rast, am Abend jagte er weiter, die ganze Nacht hindurch; fast erlagen Mann und Roß; so kam er Mittags in ein Dorf (etwa Bakschabad), in dem Tags zuvor die Verschworenen gelagert und das sie am Abend verlassen hatten, um, wie gesagt wurde, fortan bei Nacht ihren Zug fortzusetzen; sie konnten nicht mehr als einige Meilen voraus sein; aber die Pferde waren erschöpft, die Menschen mehr als ermattet, der Tag heiß; auf Erkundigung bei den Einwohnern, ob es nicht einen kürzeren Weg den Fliehenden nach gebe, erfuhr Alexander, der kürzere sei öde, ohne Brunnen. Diesen beschloß er zu verfolgen; er wählte fünfhundert Pferde der Ritterschaft und für diese die Officiere und die tapfersten Leute des Fußvolkes aus und ließ sie in ihren Waffen aufsitzen; mit dem Befehl, daß die Agrianer unter Attalos möglichst schnell auf dem Heerwege nachrücken, die anderen Truppen unter Nikanor geordnet folgen sollten, zog er mit seinen „Doppelkämpfern" um die Abenddämmerung den wasserlosen Haideweg hinab. Viele erlagen der übermäßigen Anstrengung und blieben am Wege liegen. Als der Morgen graute, sah man die zerstreute unbewehrte Karavane der Hochverräther; da jagte Alexander auf sie los; der plötzliche Schrecken verwirrte den langen Zug, mit wildem Geschrei sprengten die

---

1) Arrian. III. 21. 9 fügt hinzu: „und weil alles das in Bessos Satrapie geschehen sei"; vielmehr war es in Phrataphernes Satrapie Parthien geschehen; vielleicht ist anzunehmen, daß Bessos, wie auch wohl frühere Fürsten von Baktrien (Ctesias apud Phot. 31 a. 15), etwa als Karanos den Oberbefehl über den Osten des Reiches hatte.

Barbaren auseinander; wenige versuchten Widerstand, sie erlagen bald, die übrigen flohen in wilder Hast, Dareios Wagen in der Mitte, ihm zunächst die Verräther. Schon nahete Alexander; nur ein Mittel noch konnte retten; Bessos und Barsaentes durchbohrten den gefesselten König und jagten fliehend nach verschiedenen Seiten. Dareios verschied kurz darauf. Die Makedonen fanden den Leichnam, und Alexander, so wird erzählt, deckte seinen Purpur über ihn [1]).

So endete der letzte Großkönig aus dem Geschlecht der Achaimeniden. Nicht dem erlag er, gegen den er sein Reich zu behaupten vergebens versucht hatte; die Schlachten, die er verloren, hatten ihn mehr als Gebiet und Königsmacht, sie hatten ihn den Glauben und die Treue seines Perservolkes und

---

[1]) Das geschah im Juli 330 (Hekatombaion, Arrian. III. 22. 2). Das Geographische dieser Verfolgung hat eine längere Anmerkung in der ersten Ausgabe dargelegt, namentlich um die Gewaltmärsche, die Alexander auf dieser Verfolgung machte, zu erläutern. Die seitdem mit dem reicher gewordenen Material fortgesetzten Untersuchungen von C. Ritter, Mützell, Zolling, Mordtmann (Berichte der bair. Acad. 1869, I, 524) haben im Wesentlichen meine Darlegung bestätigt und im Einzelnen berichtigt; namentlich muß ich der Ansicht Mordtmanns, daß Hekatompylos in der Gegend von Schahrud, nicht, wie ich früher geglaubt habe, bei Damghan, zu suchen ist, beistimmen. Damit erläutert sich der letzte Marsch Alexanders, mit dem er 400 Stadien durcheilend (Arrian. III. 21. 9) am Morgen den Feind erreichte; er folgte der Sehne des Bogens, auf dem die Fliehenden von Damghan nach Schahrud zogen. Was Alexander in diesen Tagen von seinen Leuten und Pferden gefordert hat, gränzt an das Unglaubliche. Nach Eratosthenes (bei Strabo XI, p. 514) ist die Entfernung von den Pässen bis Hekatompylos 1960 Stadien (nicht 1260, wie Ende derselben Seite als Apollodors Angabe angeführt wird, noch 130 M. P., wie Plin. VI. 15 angiebt), von den Pässen bis Ragai 500 Stadien, beide Angaben wohl nach den Bematisten Alexanders, also mit Einrechnung aller Biegungen der Straße; von diesen etwa 60 Meilen wurden die ersten etwa 14 von Ragai bis zur Choarene (Aradan)' in zwei Märschen zurückgelegt; die übrigen 46 Meilen mögen durch die kürzere Straße, die Alexander für den letzteren Marsch wählte, auf 42 verkürzt sein; die neuesten Karten geben die Entfernung von Aradan bis Schahrud in gerader Linie auf etwa 35 Meilen, und Alexander scheint die Fliehenden erst jenseits Schahrud erreicht zu haben.

seiner Großen gekostet; ein Flüchtling unter Verräthern, ein König in Ketten, so fiel er von den Dolchen seiner Satrapen, seiner Blutsverwandten durchbohrt; ihm blieb der Ruhm, nicht um den Preis der Tiara sein Leben erkauft, noch dem Verbrechen ein Recht über das Königthum seines Geschlechtes zugestanden zu haben, sondern als König gestorben zu sein. Als König ehrte ihn Alexander; er sandte den Leichnam zur Bestattung in die Gräber von Persepolis; Sisygambis begrub den Sohn.

Alexander hatte mehr erreicht, als er hatte erwarten können. Nach zwei Schlachten hatte er den geschlagenen König fliehen lassen; aber seit er, Herr der Königsstädte des Reiches, auf dem Thron des Kyros und nach persischer Weise die Huldigung der Großen entgegengenommen hatte, seit er den Völkern Asiens als ihr Herr und König galt und gelten mußte, durfte der flüchtige König nicht länger den Namen seiner verlorenen Herrlichkeit, eine Fahne zu immer neuem Aufruhr, durch die Steppen von Iran und Turan tragen. Der Wille und die Nothwendigkeit, den Feind zu fangen, wurde nach der heroischen Natur Alexanders zur persönlichen Leidenschaft, zum achilleischen Zorn; er verfolgte ihn mit einer Hast, die an das Ungeheuere grenzte, und die, vielen seiner Tapferen zum Verderben, ihn dem gerechten Vorwurf despotischer Schonungslosigkeit aussetzen würde, wenn er nicht selbst Mühe und Ermüdung, Hitze und Durst mit seinen Leuten getheilt, selbst die wilde Jagd der vier Nächte geführt und bis zur letzten Erschöpfung ausgehalten hätte. Damals, heißt es, brachten ihm Leute einen Trunk Wasser im Eisenhelm; er dürstete und nahm den Helm, er sah seine Reiter traurig nach dem Labetrunk blicken, und gab ihn zurück: „tränke ich allein, meine Leute verlören den Muth". Da jauchzten die Makedonen: „führe uns, wohin du willst! wir sind nicht ermattet, wir dürsten auch nicht, wir sind nicht mehr sterblich, so lange du unser König bist!" So spornten sie ihre Rosse und jagten mit ihrem Könige weiter, bis sie den Feind sahen und den todten Großkönig fanden [1]).

---

[1]) So Plutarch 42. Arrian (VI. 26) verlegt die Erzählung nach Ge-

Man hat Alexanders Glück darin wieder erkennen wollen, daß sein Gegner todt, nicht lebend in seine Hände gefallen sei; er würde stets ein Gegenstand gerechter Besorgniß für Alexander, ein Anlaß gefährlicher Wünsche und Pläne für die Perser gewesen sein, und endlich würde doch nur über seinen Leichnam der Weg zum ruhigen Besitze Asiens geführt haben; Alexander sei glücklich zu preisen, daß ihm nur die Frucht, nicht auch die Schuld dieses Mordes zugefallen, er habe sich um der Perser Willen das Ansehen geben können, als beklage er ihres Großkönigs Tod. Vielleicht hat Alexander, wie nach ihm der große Römer, über den verbrecherischen Untergang seines Feindes sich der Vortheile zu freuen vergessen, die ihm aus dem Blute eines Königs zufließen sollten; große Geister fesselt an den Feind ein eigenes Band, eine Nothwendigkeit, möchte man sagen, wie die Macht des Schlages sich nach dem Gegenstand bestimmt, den er treffen soll. Bedenkt man, wie die Königin-Mutter, wie die Gemahlin und Kinder des Großkönigs von Alexander aufgenommen waren, wie er überall ihr Unglück zu ehren und zu lindern suchte, so kann man nicht zweifeln, welches Schicksal er dem gefangenen Könige gewährt hätte; in des Feindes Hand wäre dessen Leben sicherer gewesen, als unter Persern und Blutsverwandten.

Es ist ein anderer Punkt in diesen Vorgängen, in dem man Alexanders Glück erkennen kann, — sein Glück oder sein Verhängniß. Wäre Dareios lebend in seine Hand gefallen, so hätte er dessen Verzicht auf die Länder, die ihm bereits entrissen waren, dessen Anerkennung der neuen Machtgründung in Asien gewinnen, sie vielleicht damit erkaufen können, daß er ihm die östlichen Satrapien überließ; er hätte dann hier, wie er später in Indien mit dem König Poros gethan, an der Grenze seines Reiches ein Königthum bestehen lassen, das in losen Formen der Abhängigkeit nur seine Oberhoheit anerkannte. Mit der Ermordung des Dareios war die Möglichkeit eines solchen Ab-

---

drosien, Curtius (VII. 5. 10) in den Paropamisos, Polyän (IV. 3. 25) giebt sie ohne bestimmte Lokalisirung.

schlusses dahin; wenn Alexander einen solchen möglich gehalten, wenn er wirklich daran gedacht hatte, endlich einmal Halt zu machen, so riß ihn jetzt das Verbrechen, das an seinem Gegner verübt war, weiter, in das Unabsehbare hinaus. Die Mörder nahmen die Macht und den Titel in Anspruch, die der legitime König nicht zu behaupten vermocht hatte; sie waren Usurpatoren gegen Alexander, wie sie Verräther an Dareios geworden waren. Das natürliche Vermächtniß des ermordeten Königs bestellte den, der ihn besiegt, zum Rächer an seinen Mördern; die Majestät des persischen Königthums, durch das Recht des Schwertes gewonnen, ward jetzt zum Schwerte des Rechtes und der Rache in Alexanders Hand; sie hatte keinen Feind mehr, als die letzten Vertreter, keinen Vertreter, als den einstigen Feind desselben Königthums.

In den entsetzlichen Vorgängen dieser letzten Tage hatte sich die Stellung der persischen Großen völlig verändert. Die ihren König nach der Schlacht von Gaugamela nicht verlassen hatten, meist Satrapen der östlichen Provinzen, hatten ihre eigene Sache geschützt, wenn sie um die Person des Königs zusammenhielten. Jene Aufopferung und rührende Anhänglichkeit des Artabazos, der, einst in Pella an König Philipps Hofe ein willkommener Gast, einer ehrenvollen Aufnahme bei Alexander hätte gewiß sein können, theilten wenige, da sie ohne Nutzen und voll Gefahr erschien. Sobald des Großkönigs Unglück ihren Vortheil, ja die Existenz ihrer Macht auf das Spiel setzte, begannen sie sich und ihre Ansprüche auf Kosten dieses Königs zu schützen, durch dessen Verblendung und Schwäche allein sie das Reich der Perser ins Verderben gestürzt glaubten; das ewige Fliehen des Dareios brachte nun, nach dem Verlust so vieler und schöner Länder, auch ihre Satrapien in Gefahr; es schien ihnen billig, lieber etwas zu gewinnen, als Alles zu verlieren, lieber den Rest des Perserreiches zu behaupten, als auch ihn noch für eine verlorene Sache zu opfern; wenn nur durch sie noch Dareios König sein konnte, so glaubten sie nicht minder, sich ohne Dareios im Besitz ihrer Herrschaft behaupten zu können.

Sie hatten Dareios gefangen genommen, Alexanders plötzlicher Angriff trieb sie, ihn zu ermorden, um sich selbst zu retten; sie flohen, um die Verfolgung zu erschweren, in zwei Haufen, Bessos auf dem Wege von Khorassan nach Baktrien, Nabarzanes mit den Resten seiner Chiliarchie und von dem parthischen Satrapen begleitet nach Hyrkanien, um von dort aus gen Baktrien zu eilen und sich mit Bessos zu vereinigen. Ihr Plan war, die persische Monarchie im Osten wenigstens aufrecht zu erhalten und dann aus ihrer Mitte, wie einst nach Smerdes Ermordung, einen neuen König der Könige zu ernennen. Indeß war es klar, daß, wenn Phrataphernes aus Parthien, Satibarzanes aus Areia, Barsaentes aus Drangiana hinweg nach Baktrien ging, um unter Bessos Führung, wie verabredet war, zu kämpfen, jedenfalls ihre Satrapien dem Feinde in die Hände fielen, und sie ihre Länder einer sehr fernen Hoffnung opferten; so blieb Phrataphernes in Hyrkanien stehen, und Nabarzanes schloß sich ihm an; Satibarzanes ging nach Areia, Barsaentes nach Drangiana, um nach den weiteren Unternehmungen Alexanders ihre Maaßregeln zu nehmen; dieselbe Selbstsucht, die sie zum Königsmorde vereint hatte, zerriß die letzte Macht, die dem Feinde noch hätte entgegentreten können, und indem sie jeder nur sich und den eigenen Vortheil im Auge hatten, sollten sie vereinzelt desto sicherer dem Schwerte des Furchtbaren erliegen.

Alexander seinerseits war nach jenem Ueberfall, bei der gänzlichen Erschöpfung seiner Leute, nicht im Stande gewesen, Dareios Mörder, die nach allen Seiten hin flohen, zu verfolgen. In der Ebene von Hekatompylos rastete er, um die zurückgebliebenen Truppen an sich zu ziehen und die Angelegenheiten der Satrapie Parthien zu ordnen. Der Parther Amminapes, der sich dem Könige bei dessen Eintritt in Aegypten mit Mazakes unterworfen hatte [1]), erhielt die Satrapie, Tleopolemos, aus der Schaar der Hetairen, wurde ihm an die Seite gesetzt [2]).

---

[1]) Arrian. III. 22. 2. Dagegen sagt Curtius (VI. 4. 24), daß Amminapes vor dem Könige Ochos flüchtig an Philipps Hof gekommen sei; wie bei Artabazos kann beides wahr sein.

[2]) Als ἐπίσκοπος sagt Arrian. III. 22. 1, wie zwei solche ἐπίσκοποι III. 5. 3 bestellt werden.

Im Norden der Stadt beginnen die Vorberge der Elburs-ketten, die von den Tapuriern bewohnt wurden; von einzelnen Pässen durchschnitten, trennen sie die Grenzen von Parthien im Süden und Hyrkanien im Norden, die erst weiter ostwärts in den Klippenzügen von Khorassan an einander stoßen; der Besitz dieser Pässe, die als Verbindung zwischen dem kaspischen Meere und dem Inneren, zwischen Iran und Turan so wichtig sind, war für den Augenblick doppelt nothwendig für Alexander, weil sich einerseits die griechischen Söldner von Thara aus in die tapurischen Berge zurückgezogen hatten, andererseits Nabarzanes und Phrataphernes jenseits des Gebirges in Hyrkanien standen. Demnach verließ Alexander die Straße von Khorassan, auf der sich Bessos geflüchtet hatte, um sich erst dieser wichtigen Paß-gegend zu versichern. Zadrakarta, eine Hauptstadt Hyrkaniens [1]) am Nordabhange des Gebirges, ward als Vereinigungspunkt der drei Heeresabtheilungen bestimmt, mit denen Alexander nach Hyrkanien zu gehen beschloß. Auf dem längsten aber bequemsten Wege führte Erigyios, von einigen Reiterabtheilungen begleitet, die Bagage und Wagen hinüber; Krateros mit seiner und mit Amyntas Phalanx, mit sechshundert Schützen und eben so vielen Reitern, zog über die Berge der Tapurier, um sie und zugleich die griechischen Söldner, wenn er sie träfe, zu unterwerfen; Alexander selbst mit den übrigen Truppen schlug den kürzesten, aber beschwerlichsten Weg ein [2]), der nordwestlich von Hekatompylos in die Berge führt. Mit der größten Vorsicht rückten

---

1) Curt. VI. 4. 23.

2) Die früher an dieser Stelle gegebene Darlegung wiederhole ich nicht, da jetzt diese Märsche bei Spiegel I, p. 64; II, p. 58 nach neueren Materialien, so weit es möglich ist, aufgeklärt sind. Curtius ist wenig zu gebrauchen, da seine Schilderungen mehr anschaulich als correct sind. Der Weg des Krateros dürfte über Firuzkuh oder Goor-i-Sefid in die durch Ouseley genau beschriebene Paßstraße nach Sari geführt haben, da die militärische Wichtigkeit jener beiden Punkte ihre Besetzung wohl nöthig machte. Erigyios Marsch anlangend ist es kaum zu bezweifeln, daß er den östlichen Weg über Kalpusch nach Asterabad nahm (s. Melgunoff, Das südliche Ufer des kaspischen Meeres, 1868, S. 143). Alexander wird zwischen beiden

die Colonnen vor, bald der König mit den Hypaspisten, den leichtesten unter den Phalangiten und einem Theil der Bogenschützen voraus, Posten auf den Höhen zu beiden Seiten des Weges zurücklassend, um den Marsch der Nachkommenden zu sichern, die die wilden Stämme jener Berge beutelüstern zu überfallen bereit lagen; sie zu bekämpfen wäre zu zeitraubend, wenn nicht gar erfolglos gewesen. Mit den Bogenschützen vorauseilend machte Alexander, in der Ebene auf der Nordseite des Gebirgs angelangt, an einem nicht bedeutenden Fluß Halt, die Nachrückenden zu erwarten. In den nächsten vier Tagen kamen sie, zuletzt die Agrianer, die Nachhut des Zuges, nicht ohne einzelne Gefechte mit den Barbaren, von den Bergen herab. Dann rückte Alexander auf dem Wege nach Zadrakarta vor, wo demnächst auch Krateros und Erigyios eintrafen, Krateros mit dem Bericht, daß er zwar die griechischen Söldner nicht getroffen habe, daß aber die Tapurier theils mit Gewalt unterworfen seien, theils sich freiwillig ergeben hätten.

Schon in dem Lager am Flusse waren zu Alexander Boten von dem Chiliarchen Nabarzanes gekommen, der sich bereit erklärte, die Sache des Bessos zu verlassen und sich der Gnade Alexanders zu unterwerfen; auf dem weiteren Wege war der Satrap Phrataphernes nebst anderen der angesehensten Perser [1], die bei dem Großkönige gewesen waren, zu Alexander gekommen, sich zu unterwerfen. Der Chiliarch, einer von denen, die Dareios gebunden hatten, mochte sich mit Straflosigkeit begnügen müssen; sein Name, sonst einer der ersten im Reiche, wird nicht weiter genannt. Phrataphernes dagegen und seine beiden Söhne Pharismanes und Sissines gewannen bald Alexanders Vertrauen, dessen sie sich in mehr als einer Gefahr würdig zeigen sollten; der Vater erhielt seine Satrapien Parthien und Hyrkanien zurück. Dann kam auch Artabazos mit dreien seiner

---

auf der nächsten und beschwerlichsten Straße über das lange Thal Schamam-Savér nach Asterabad, das mit Zadrakarta ungefähr zusammenfällt, gegangen sein (s. Melgunoff, S. 188).

[1]) Arrian. III. 23. 4. Diod. XVII. 76.

Söhne [1]), Arsames, Kophen und Ariobarzanes, dem Vertheidiger der persischen Pässe; Alexander empfing sie so, wie ihre Treue gegen den unglücklichen Dareios es verdiente; Artabazos war ihm aus der Zeit bekannt, wo derselbe mit seinem Schwager, dem Rhodier Memnon, am Hofe zu Pella Zuflucht gefunden hatte; er war dem abendländischen Wesen schon nicht mehr fremd; er und seine Söhne nahmen fortan in Alexanders Umgebung neben den vornehmsten Makedonen eine ehrenvolle Stellung ein. Mit ihnen zugleich war Autophradates, der Satrap der Tapurier, gekommen; auch er wurde mit Ehren aufgenommen und in dem Besitz seiner Satrapie bestätigt. Mit Artabazos war von den griechischen Truppen eine Gesandtschaft eingetroffen, bevollmächtigt, im Namen der ganzen Schaar mit dem Könige zu capituliren; auf seine Antwort, daß das Verbrechen derer, die wider den Willen von ganz Hellas für die Barbaren gekämpft hätten, zu groß sei, als daß mit ihnen capitulirt werden könne, daß sie sich auf Gnade und Ungnade ergeben, oder so gut sie könnten, retten möchten, erklärten die Bevollmächtigten, daß sie bereit seien, sich zu ergeben, der König möge Jemanden mitsenden, unter dessen Führung sie sicher ins Lager kämen. Alexander wählte dazu Artabazos, ihren Führer auf dem Rückzuge von Thara, und Andronikos, einen der angesehensten Makedonen, den Schwager des schwarzen Kleitos [2]).

Alexander erkannte die außerordentliche Wichtigkeit der hyrkanischen Satrapie, ihrer Engpässe, ihrer hafenreichen Küsten, ihrer zum Schiffbau trefflichen Waldungen; schon jetzt mochte ihn der große Plan einer kaspischen Flotte, eines Verkehrs

---

[1]) Curtius sagt: cum propinquis Darii, VI. 5. 1; aber 2. 9 erzählt er, daß beim Ueberfall bereits mehrere edle Perser und Perserinnen in Alexanders Hände gefallen seien; er nennt dort namentlich des Königs Ochos Enkelin und des Königs Dareios Bruder Oxathres. Nach Curtius war Artabazos 95 Jahre alt, 9 Söhne kamen mit ihm.

[2]) Des Andronikos Frau Lanike war Alexanders Amme, die Schwester des Kleitos (Arrian. IV. 9. 4); der Admiral Proteas war des Andronikos Sohn.

zwischen diesen Küsten und dem Osten Asiens, einer Entdeckungsfahrt in diesem Meere beschäftigen; noch mehr als dieß forderte die Communication zwischen den bisherigen Eroberungen und den weiteren Heereszügen vollkommene Besitznahme dieser paßreichen Gebirgslandschaft, die das Süduſer des kaspischen Meeres beherrscht. Alexander hatte sich eben jetzt der Pässe der tapurischen Districte versichert; Parmenion war beauftragt, mit dem Corps, das in Medien stand, durch das nördliche Medien und die kaspischen Westpässe im Lande der Kadusier nach dem Meeresstrande hinabzurücken, um die Straße, welche Armenien und Medien mit dem Thale des Kur und dem kaspischen Meere verbindet, zu öffnen; er sollte von dort aus, am Strande entlang nach Hyrkanien und weiter der großen Armee nachziehen [1]). Noch hatten die Mardier, deren Wohnsitze der Name des Amardosflusses [2]) zu bezeichnen scheint, sich nicht unterworfen; der König beschloß gleich jetzt gegen sie auszuziehen. Während die Hauptmasse des Heeres im Lager zurückblieb, zog er selbst an der Spitze der Hypaspisten, der Phalangen Koinos und Amyntas, der Hälfte der Ritterschaft und den neuformirten Akontisten zu Pferd an der Küste entlang gen Westen. Die Mardier fühlten sich, da noch nie ein Feind in ihre Wälder eingedrungen war, völlig sicher, sie glaubten den Eroberer aus dem Abendlande schon auf dem weiteren Marsch nach Baktrien; da rückte Alexander von der Ebene heran; die nächsten Ortschaften wurden genommen, die Bewohner flüchteten sich in die waldigen Gebirge. Mit unsäglicher Mühe zogen die Makedonen durch diese wegelosen, dicht verwachsenen und schauerlichen Wälder nach; oft mußten sie sich mit dem Schwerte den Weg durch das Dickicht bahnen, während bald hier, bald da einzelne Haufen

---

[1]) Diese Pässe, deren heutigen Namen ich nicht weiß, liegen zwischen Ardebil und den Küstenorten Astara und Lenkoran. Die Kadusier, „wie der Grieche die Gelai nennt" (Plin. VI. 11 u. 16), bewohnen das Gebirge von Ghilan, ostwärts bis zum Amardosflusse (dem Kizil-Ozein oder Sefidrud). Näheres darüber giebt jetzt Spiegel (II, S. 538).

[2]) Hier liegt der Paßweg von Pyl-Rudbar, auf dem Wege von Kaswin nach Raescht; vgl. Morier, Voy. II, p. 26.

von Mardiern sie überfielen oder aus der Ferne mit ihren Speeren trafen [1]; als aber Alexander immer höher hinaufdrang und die Höhen mit seinen Märschen und Posten immer dichter einschloß, schickten die Mardier Gesandte an ihn und unterwarfen sich und ihr Land seiner Gnade; er nahm von ihnen Geißeln, ließ sie übrigens in ungestörtem Besitz und stellte sie unter den Satrapen Autophradates von Tapurien [2]).

In das Lager von Zadrakarta zurückgekehrt, fand Alexander bereits die griechischen Söldner, funfzehnhundert an der Zahl, mit ihnen die Gesandten von Sparta, Athen [3]), Kalchedon, Sinope, die, an Dareios gesandt, seit Bessos Verrath sich mit den Griechen zurückgezogen hatten. Alexander befahl, daß von den griechischen Söldnern diejenigen, welche schon vor dem korinthischen Vertrage in persischem Solde gewesen waren, ohne Weiteres entlassen, den anderen unter der Bedingung, daß sie in das makedonische Heer einträten, Amnestie bewilligt werden sollte; Andronikos, der sich für sie verwandt hatte, erhielt den Befehl über sie. Die Gesandten anlangend entschied der König, weil Sinope nicht mit in dem hellenischen Bunde sei, überdieß der Stadt die Gesandtschaft an den Perserkönig als ihren Herrn nicht zum Vorwurf gemacht werden könne, deren Gesandte sofort auf freien Fuß zu setzen; ebenso wurde der Gesandte von Kalchedon entlassen, die von Sparta und Athen dagegen, die offenbar verrätherische Verbindungen mit dem gemeinsamen Feind

1) Eben so Timur in diesen Gegenden; Chereffeddin VI. 21, p. 161.

2) Arrian. III. 14. 3. Curt. VI. 5. 11. Die Barbaren, wird erzählt, bekamen bei einem Ueberfalle unter anderen des Königs Schlachtroß Bukephalos in ihre Gewalt, der König drohte mit der Ausrottung ihres ganzen Stammes, wenn sie das Pferd nicht zurückgäben; sie lieferten es schleunigst aus. Curt., Plut. etc.

3) Arrian. III. 24. 4 nennt die vier Spartiaten und den Athener Dropides; diese läßt Curt. III. 13. 15 schon in Damaskos gefangen sein; er führt VI. 5. 3 unter den eingebrachten Gesandten den Athener Demokrates (v. l. Dinocartes) auf, der venia desperata gladio se transfigit. Wenigstens der in den trierarchischen Urkunden genannte Demokrates (Boeckh, p. 235) ist es also nicht, und ein anderer Athener des Namens wird, so viel ich weiß, in dieser Zeit nicht erwähnt.

aller Hellenen unterhalten hätten, festzunehmen und bis auf weiteren Befehl in Verwahrsam zu halten [1]).

Demnächst brach Alexander aus dem Lager auf und rückte in die Residenz der hyrkanischen Satrapie ein, um nach kurzer Rast die weiteren Operationen zu beginnen.

— Während dieser Vorfälle in Asien hatte in Europa das Glück der makedonischen Waffen noch eine gefährliche Probe zu bestehen; die Entscheidung war um so wichtiger, da Sparta, nach Athens Niederlage, nach Thebens Fall der namhafteste Staat in Hellas, sich an die Spitze dieser Bewegungen gestellt hatte. König Agis war, wie wir sahen, Ausgangs des Jahres 333 trotz der eben eingetroffenen Nachricht von der Schlacht bei Issos, mit der noch bei Siphnos ankernden persischen Seemacht im Einverständniß, in Action getreten, hatte durch seinen Bruder Agesilaos Kreta besetzen lassen. Hätte damals Athen sich entschließen wollen, der Bewegung beizutreten, so würden — denn ohne Weiteres hätten hundert Trieren aus dem Peiraieus in See gehen können — bedeutende Erfolge möglich gewesen sein. Aber da Athen nicht zu diesem Entschluß kam, so wagten auch die anderen Genossen des hellenischen Bundes nicht, die beschworenen Verträge zu brechen, und der Beistand einiger Tyrannen und Oligarchen auf den Inseln hätte die persische Seemacht nicht stark genug gemacht, um gegen Amphoteros und Hegelochos Stand zu halten; mit dem Frühling 332, mit der Belagerung von Tyros löste sie sich völlig auf, bis zum Ende des Jahres waren alle Inseln des aigaiischen Meeres, auch Kreta befreit. Dennoch wurde es in Hellas nicht ruhig; weder die Siege Alexanders, noch die Nähe des bedeutenden Heeres, das der Reichsverweser in Makedonien unter den Waffen hielt, machten die Patrioten an ihren Hoffnungen und ihren Plänen irre; unzufrieden mit Allem, was geschehen war und noch ge-

[1]) Es ist aus Arrians Ausdruck nicht klar, ob Herakleides von Kalchedon entlassen wurde, weil Kalchedon wie Sinope dem *κοινὸν τῶν Ἑλλήνων* nicht beigetreten war, oder ihn gesandt hatte *πρὸ τῆς εἰρήνης τε καὶ συμμαχίας τῆς πρὸς Μακεδόνας γενομένης*, das letztere ist wahrscheinlich.

schah, noch immer in dem Wahne, daß es möglich und gerechtfertigt sei, trotz des beschworenen Bundes und der makedonischen Uebermacht, Sonderpolitik in alter Art zu treiben, um die alte Staatenfreiheit zu erneuen, benutzten sie jede Gelegenheit, in der leichtsinnigen und leichtgläubigen Menge Misgunst, Besorgniß, Erbitterung zu nähren; Thebens unglückliches Ende war ein unerschöpflicher Quell zu Declamationen, den korinthischen Bundestag nannten sie eine schlechtberechnete Illusion; Alles, was von Makedonien ausging, selbst Ehren und Geschenke, wurde verdächtigt oder als Schmach für freie Hellenen bezeichnet: Alexander wolle nichts Anderes, als das Synedrion selbst und jeden einzelnen Beisitzer desselben zu Werkzeugen der makedonischen Despotie machen [1]); die Einheit der Hellenen sei eher im Hasse gegen Makedonien als im Kampfe gegen Persien zu finden; ja die Siege über Persien seien für Makedonien nur ein Mittel mehr, die Freiheit der hellenischen Staaten zu vernichten. Natürlich war die Rednerbühne Athens der rechte Ort, dieses Misvergnügen in sehr erregten Debatten zur Schau zu stellen; nirgends standen sich die beiden Partheien schärfer gegenüber; und das Volk, bald von Demosthenes, Lykurgos, Hypereides, bald von Phokion, Demades und Aischines bestimmt, widersprach sich oft genug selbst in seinen souveränen Beschlüssen; während man mit dem Synedrion des Bundes wetteifernd Glückwünsche und goldene Kränze an Alexander sandte, war und blieb auch nach dem Tage von Gaugamela ein attischer Gesandter am Hoflager des Großkönigs; während so Athen Verbindungen unterhielt, die nach dem Bundesvertrage offenbarer Verrath waren, ereiferten sich die attischen Redner über die neuen Vertragsverletzungen, die sich Makedonien erlaube. Nur daß man es vorzog, sich nicht in Gefahr zu begeben; man begnügte sich mit finsteren Gedanken und bedeutsamen Worten.

---

1) [Demosth.] de foed. Alex. § 15: ἔστι γὰρ ἐν ταῖς συνθήκαις ἐπιμελεῖσθαι τοὺς συνεδρεύοντας καὶ τοὺς ἐπὶ τῇ κοινῇ φυλακῇ τεταγμένους, ὅπως . . . ., οἱ δὲ τοσούτου δέουσι τούτων τι κωλύειν ὥστε καὶ συγκατασκευάζουσι οὓς πῶς οὐ προσήκει. ἀπολωλέναι;

Nur Agis gab, auch nachdem sein Bruder durch Amphoteros und die makedonische Flotte aus Kreta gedrängt war [1]), die einmal begonnene Action nicht auf. Er hatte von den bei Issos zersprengten Söldnern eine bedeutende Zahl an sich gezogen, der Werbeplatz auf dem Tainaron bot ihm so viel Kriegsvolk, als er Geld hatte anzuwerben; er hatte mit den Patrioten namentlich in den peloponnesischen Städten Verbindungen angeknüpft, die den besten Erfolg versprachen; die Umsicht und Kühnheit, mit der er seine Macht und seinen Anhang zu mehren verstand, gab den Gegnern Makedoniens nah und fern die Zuversicht naher Rettung.

In eben dieser Zeit fand ein Unternehmen, das mit großen Hoffnungen begonnen worden war, ein trauriges Ende. Ob der Zug des Epeiroten Alexandros nach Italien im Einverständniß mit dem makedonischen Könige oder in Rivalität gegen denselben unternommen sein mochte, es gab einen Moment, wo das Griechenthum Italiens mit seinen Siegen sich stolzer denn je erheben zu sollen schien. Aber die Tarentiner, die in ihm nur einen Condottieren gegen die italischen Völker in den Bergen hatten haben wollen, begannen seine hochfliegenden Pläne zu fürchten, und die hellenischen Städte waren mit ihnen einig, daß man ihn lähmen müsse, bevor er ihrer Freiheit gefährlich werde. Der Fortgang seiner Waffen stockte, er wurde von einem lukanischen Flüchtling ermordet, sein Heer von den Sabellern bei Pandosia aufgerieben [2]). Seinem Tode folgten Irrungen im Molosserlande wegen der Erbfolge; ein unmündiger Knabe, den ihm die makedonische Kleopatra, Alexanders Schwester, geboren, war sein Erbe; aber Olympias — sie lebte, wie es scheint, im

---

[1]) Auf diesen Kampf in Kreta wollte Niebuhr (Vorlesf. II, S. 474) Arist. pol. II. 10. 7 beziehen, wo es heißt: οὔτε γὰρ ἐξωτερικῆς ἀρχῆς κοινωνοῦσιν οἱ Κρῆτες, νεωστί τε πόλεμος ξενικὸς διαβέβηκεν εἰς τὴν νῆσον, ὃς πεποίηκε φανερὰν τὴν ἀσθένειαν τῶν ἐκεῖ νόμων. Es wäre für die Zeit der Abfassung der Politik eine sehr lehrreiche Notiz. Aber ohne Zweifel meint Aristoteles die Kämpfe des Phokiers Phalaikos und des Königs Archidamos von Sparta, von denen Diod. XV. 61 sqq. ausführlich handelt.

[2]) Die Zeit dieser Vorgänge ist nicht mehr genau zu erkennen; es beweist wenig, wenn Justin. XII. 2. 14 u. 3. 1 von den drei Nachrichten

epeirotischen Lande — suchte der Wittwe, ihrer Tochter, das Regiment zu entreißen; „das Land der Molosser gehöre ihr“, schrieb sie den Athenern [1]), die in Dodona ein Bild der Dione hatten schmücken lassen, als dürfe dergleichen nicht ohne ihre Erlaubniß geschehen. Daß so in dem Königshause selbst Zwist begann, konnte die Hoffnungen der Patrioten in Hellas nur erhöhen.

Als Alexander im Frühling 331 auf dem Marsch zum Euphrat in Tyros war, wußte er bereits von den weiteren Bewegungen des Agis; er begnügte sich damals, hundert phoinikische und kyprische Schiffe aufzubieten, die sich mit Amphoteros vereinigen sollten, die ihm getreuen Städte in der Peloponnes zu schützen. Er ehrte die athenischen Gesandten, die ihm in Tyros mit Glückwünschen und goldenen Kränzen entgegen gekommen waren, und gab die am Granikos gefangenen Athener frei, um sich den attischen Demos zu verpflichten; er schien geflissentlich vermeiden zu wollen, daß es zwischen makedonischen und spartanischen Waffen zum offenbaren Kampfe käme, der bei der Stimmung in den hellenischen Landen — selbst in Thessalien begann sie unsicher zu werden — sehr bedenkliche Folgen haben konnte; im Begriff, einen neuen und entscheidenden Schlag gegen Dareios zu führen, hoffte er, daß der Eindruck desselben die Aufregung in Hellas entmuthigen werde.

So mußte Antipatros während des Jahres 331 ruhig die

---

erzählt, die Alexander gleichzeitig in Parthien (also August 330) erhalten haben soll, die vom Tode des Molossers, von dem Unglück des Zopyrion und vom Kriege des Agis. Größeres Gewicht hat, daß Aischines (Ctesiph. § 242) sagt, Ktesiphon habe sich jüngst (πρώην) zum Gesandten an Kleopatra wählen lassen συναχθεσθησόμενος ἐπὶ τῇ τοῦ Μολοττῶν βασιλέως Ἀλεξάνδρου τελευτῇ, νυνὶ δὲ οὐ φήσεις δύνασθαι λέγειν. Also dieß πρώην liegt nicht gar weit rückwärts vom Aug. 330. Aus Liv. VIII. 24, so bedenklich sonst dessen griechisch-römische Synchronismen sind, wird man entnehmen dürfen, daß er in seinen griechischen Hülfsbüchern, etwa den chronologischen Tabellen des Apollodor, des Molossers Tod und die Gründung Alexandriens in dasselbe Jahr Ol. 112. 1 (332/1) gesetzt fand, das er freilich falsch auf a. U. c. 428 berechnet.

[1]) Hyper. or. 3, § 32: ὡς ἡ χώρα εἴη ἡ Μολοττία αὐτῆς.

Rüstungen des Spartanerkönigs und dessen wachsenden Einfluß in der Peloponnes mit ansehen, sich begnügen mit der Autorität Makedoniens in den Bundesstädten so weit zu wirken, als es irgend möglich war, im Uebrigen die Bewegungen der feindlichen Parthei sorgfältig und immer kriegsbereit zu beobachten; er durfte die durch den Tod des Molosserkönigs entstandenen Irrungen nicht benutzen, die, wie es scheint, gelockerte Dependenz des Landes von Makedonien herzustellen, und selbst den Unwillen und den bitteren Vorwurf der Königin Olympias, die mit makedonischer Kriegsmacht ihren Anspruch auf das molossische Erbe durchgeführt sehen wollte, mußte er ruhig ertragen.

Indeß hatte die Bewegung in Hellas eine sehr ernste Wendung genommen. Die Nachricht von Gaugamela — sie konnte Ausgangs des Jahres 331 in Athen sein — mußte die Gegner Makedoniens entweder zur Unterwerfung oder zu einer letzten Kraftanstrengung veranlassen. Alexanders Fernsein, der Hader in Epeiros, die, wie man wußte, wachsende Misstimmung in den thrakischen Landen empfahl und begünstigte ein rasches Wagniß. Bald mochte man über Sinope erfahren, daß der Großkönig sich nach Medien gerettet, daß er zum nächsten Frühling die Völker seiner östlichen Satrapien nach Ekbatana beschieden habe, daß er den Kampf gegen den Makedonen fortzusetzen entschlossen sei. Noch durfte man wenigstens Subsidien von ihm erwarten; und wie sollte Alexander, von dessen Zuge nach Susa, nach dem hohen Persien man schon wissen konnte, wagen sein Heer, das kaum zur Besetzung der endlos weiten Wegestrecken bis zum Hellespont rückwärts hinreichte, mit Entsendungen nach Makedonien und zum Kampf gegen die Hellenen zu schwächen. Wenn man jetzt noch unschlüssig zögerte, so konnte der letzte Rest der Persermacht erliegen, so mußte man erwarten, daß Alexander demnächst an der Spitze ungeheurer Heeresmassen wie ein zweiter Xerxes Hellas überfluthen und zu einer Satrapie seines Reiches machen werde. Die Erregbarkeit des Volksgeistes, die begeisterten Declamationen patriotischer Redner, die dem Zeitalter eigenthümliche Lust am Uebertriebenen und Unglaublichen, und nicht an letzter Stelle der alte Nimbus der Spartanermacht, die sich so glorreich von Neuem erhob, — Alles vereinte sich, eine Eruption hervorzubringen, die für Makedonien verhängnißvoll werden konnte.

Es folgen höchst merkwürdige Ereignisse, von denen uns freilich nur einzelne zerstreute Notizen überliefert sind, deren Zusammenhang, ja deren zeitliche Folge nicht mehr festgestellt werden kann.

Es ist neuester Zeit die obere Hälfte eines attischen Inschriftsteines gefunden worden, mit einem Relief geschmückt, auf dem noch die Reste von zwei Pferden, ein Mann im Himation, der in der Rechten eine Schaale zum Spenden hält, eine Athena, die die Hand, wie es scheint, zu ihm hinstreckt, zu erkennen ist; darunter „Rhebulas, des Seuthes Sohn, des Kotys Bruder . . .“. Folgt dann ein Volksbeschluß, von dem nur die Datirung übrig ist, die etwa dem 10. Juni 330 entspricht.[1]). Was konnte den Sohn des Seuthes nach Athen geführt haben, daß ihn die Athener mit einem so geschmückten Ehrendecret auszeichneten?

Arrian freilich berichtet über die Vorgänge dieses Jahres in Hellas, Makedonien, Thrakien nichts, aber die auf Kleitarchos zurückführenden Ueberlieferungen geben Einiges. Diodor sagt: „Memnon, der makedonische Strateg in Thrakien, der Truppen hatte und voll Ehrgeiz war, regte die Barbaren auf und griff, als er sich stark genug sah, selbst zu den Waffen, weshalb Antipatros seine Kriegsmacht aufbot, nach Thrakien eilte, wider ihn kämpfte.“

---

1) Die Inschrift ist beschrieben und mitgetheilt im Ἀθήναιον 1876 S. 102 und jetzt C. I. A. II. n⁰. 175b.; die Unterschrift des Bildes lautet: Ῥήβουλας Σεύθου υἱὸς Κότυος ἀδελφὸς ἀγγέλ[λων. Diese Ergänzung ist sehr bedenklich; nicht sicherer, aber ansprechender ist es, wenn H. Droysen in der Voraussetzung, daß Seuthes aus der Familie des Kotys und, wie dieser sein Großvater (?) und sein Vater (?) Kersobleptes, attischer Bürger war, Ἀγγελῆθεν ergänzt. Die Phiale, die der Mann hält bezeichnet vielleicht σπονδαί, die er bietet. Die Datirung ist: ἐπὶ Ἀριστοφάνους ἄρχοντος . . . Σκιροφοριῶνος δεκάτῃ ἱσταμένου. Nach den kalendarischen Tabellen Idelers hat der Skirophorion Ol. 112. 2 29 Tage und endet mit dem 30. Juni 330.

Noch weitere Momente bietet Justin; nachdem er das Ende des Dareios berichtet hat, führt er fort: „während dieß geschah, empfing Alexander Briefe des Antipatros aus Makedonien, in denen von dem Kriege des Spartanerkönigs Agis in Griechenland, von des Molosserkönigs Krieg in Italien, von dem Kriege seines Strategen Zopyrion in Skythien berichtet war"; und weiterhin: „Zopyrion, der von Alexander als Strateg des Pontos bestellt war, in der Meinung, lässig zu sein, wenn er nicht auch etwas unternehme, ging mit einem Heere von dreißigtausend Mann gegen die Skythen und fand mit seiner ganzen Macht den Untergang" [1]).

Freilich Curtius, der doch im Wesentlichen auf dieselbe Quelle zurückführt, berichtet von Zopyrion und dem thrakischen Aufstande so, daß man glauben muß, diese Dinge wären volle vier Jahre später geschehen; aber es sind unzweifelhaft die gleichen Vorgänge [2]): „Alexander habe aus Indien nach Persien zurückgekehrt, Berichte über das, was während seiner Abwesenheit in Asien und Europa geschehen, empfangen: daß Zopyrion, als er einen Krieg gegen die Geten unternommen, durch plötzlich entstandenen Sturm mit seinem ganzen Heere untergegangen sei, daß auf die Nachricht von dieser Niederlage Seuthes die Odrysser, seine Landsleute, zum Abfall veranlaßt habe, daß, da Thrakien fast verloren gewesen sei, nicht einmal Griechenland . . ." da beginnt eine längere Lücke im Text des Curtius.

Also nach der Auffassung des Curtius hat die schwere Niederlage des Zopyrion dem thrakischen Fürsten Seuthes den Ent-

---

1) Justin. XII. 1. 4: epistulae, quibus bellum Agidis, regis Spartanorum, in Graecia, bellum Alexandri, regis Epiri, in Italia, bellum Zopyrionis, praefecti ejus, in Scythia continebatur; und XII. 2. 16: Zopyrion quoque, praefectus Ponti ab Alexandro magno relictus . . . bellum Scythis intulit etc. Diod. XVII. 62: *Μέμνων ὁ καθεσταμένος στρατηγὸς τῆς Θρᾴκης . . . ἀνέσεισε τοὺς βαρβάρους.*

2) Curt. X. 1. 43: iisdem fere diebus literas a Coeno accipit de rebus in Europa et Asia gestis, dum ipse Indiam subegit. Zopyrio Thraciae praepositus, quum expeditionem in Getas faceret, tempestatibus procellisque subito coortis cum toto exercitu oppressus erat qua cognita clade Seuthas Odrysas populares suos ad defectionem

schluß zur Empörung gegeben; nach Diodor ist Memnon, der Strateg im makedonischen Thrakien, der Anstifter dieses Abfalls; nach einer anderen Nachricht, die aus dem Kreise derselben kleitarchischen Ueberlieferung zu stammen scheint, ist zugleich das Gerücht vom Tode Alexanders verbreitet [1]); nach einer anderen gleichen Ursprungs hat Antipatros gegen die „Vierländer", die am Haimos und bis zur Rhodope hinüber wohnen, ausziehen müssen und sie durch eine Kriegslist zur Heimkehr veranlaßt [2]).

Man sieht ungefähr, wie hier die Dinge zusammenhängen. Alexander hatte im Spätherbst 331 von Susa aus Menes mit 3000 Talenten nach der Küste gesandt mit der Weisung, an Antipatros so viel zu übermachen, wie derselbe zum Kriege gegen Agis brauchen werde. Mag Zopyrion, der Strateg am Pontos, gewiß ohne Weisung Alexanders, gewiß ohne Gutheißung des Antipatros, sein Unternehmen gegen die Skythen etwa im Herbst 331 begonnen haben, seines Heeres Untergang war eine so schwere Schwächung der makedonischen Macht,

---

compulerat amissa propemodum Thracia ne Graecia quidem * * * Curtius oder seine griechische Vorlage hat wohl aus Gründen der künstlerischen Composition den Complex von Nachrichten erst 325 an Alexander kommen lassen; wenn er Zopyrion als Strategen von Thrakien bezeichnet, so ist es, als lasse das noch den übergangenen Memnon von Thrakien durchschimmern; daß Koinos der Berichterstatter gewesen sein solle, ist nicht minder abstrus; der bekannte dieses Namens lebte der Zeit nicht mehr und ein Koinos in den westlichen Bereichen wird sonst nicht erwähnt; weshalb Mützell in den Worten a Coeno die flüchtige Uebersetzung eines ἀπὸ κοινοῦ im griechischen Original vermuthet hat, womit das κοινὸν des hellenischen Bundes gemeint sein sollte.

1) Frontin. Str. II. 11. 4: Antipater conspecto p r i o r e n e c i o r u m exercitu qui audita Alexandri morte ad infestandum imperium ejus confluxerant, dissimulans u. s. w. Die verdorbenen Worte sind wohl nicht Nessiorum oder Bessorum zu verbessern, denn damit bliebe das anstößige priore, sondern Peloponnesiorum.

2) Polyaen. IV. 4. 1: Ἀντίπατρος ἐν τῇ Τετραχωριτῶν στρατεύων u. s. w. gehört wohl in diesen Zusammenhang. Aus Steph. Byz. v. sieht man, daß die Besser mit diesem Namen bezeichnet werden; ob die Besser allein, oder ob die drei andern Stämme, die Strabo in der von Steph. Byz. citirten Stelle (VII, p. 318) außerdem nennt, mit einbegriffen sind, läßt sich nicht erkennen.

daß Memnon, der Strateg in Thrakien, den Versuch, sich unabhängig zu machen, wagen konnte [1]); und der odrysische Fürst Seuthes war mit Freuden zum Abfall bereit, die thrakischen Völker im Gebirg, jene Besser, unter den Räubern als Räuber berüchtigt, rückten ins Feld; über das ganze Gebiet im Norden und Süden des Haimos verbreitete sich der Aufstand.

Das wird die große Botschaft gewesen sein, die im Frühling 330 Rhebulas, des Seuthes Sohn, nach Athen brachte, gewiß mit dem Antrage, die Bündnisse, die Athen mit so vielen seiner Vorfahren, namentlich mit Ketriporis, mit Kersobleptes gegen König Philipp geschlossen hatte, gegen Alexander zu erneuern.

Schon war in der Peloponnes der Kampf begonnen. König Agis hatte makedonische Söldner unter Korragos angegriffen und völlig vernichtet. Von Sparta aus ergingen Aufrufe an die Hellenen, für die Freiheit mit der Stadt Lykurgs gemeinsame Sache zu machen [2]). Die Eleier, alle Arkader außer Megalopolis, alle Achaier außer Pellene erhoben sich; Agis eilte, Megalopolis zu belagern, das ihm den Weg nach dem Norden sperrte: „mit jedem Tage erwartete man den Fall der Stadt; Alexander stand jenseits der Gränzen der Welt, Antipatros zog erst sein Heer zusammen; wie der Ausgang sein werde, war ungewiß“, so sagt Aischines einige Wochen später [3]).

---

1) Macrob. Sat. I. 11. 33. Borysthenitae obpugnante Zopyrione servis liberatis . . . hostem sustinere potuerunt. Also Zopyrion ist bis Olbia gekommen, hat die Stadt längere Zeit belagert, ist erst auf der Heimfahrt mit seinem Heere untergegangen, tempestatibus procellisque subito coortis, wie Curtius sagt, oder wie Trog. XII: ut Zopyrion in Ponto cum exercitu periit. Auf denselben Vorgang beziehen sich wohl die Spottgedichte bei Plut. Alex. 50, die vor dem verhängnißvollen Ausgang des Kleitos zur Verbitterung der Gemüther in Alexanders Umgebung mitgewirkt haben sollen: *ποιήματα . . . εἰς τοὺς στρατηγοὺς πεποιημένα τοὺς ἔναγχος ἡττημένους ὑπὸ τῶν βαρβάρων ἐπ᾽ αἰσχύνῃ καὶ γέλωτι.* Ob auch dieß aus der kleitarchischen Ueberlieferung, bleibe dahin gestellt.

2) Diod. XVII. 62 *παρεκάλουν τοὺς Ἕλληνας συμφρονῆσαι περὶ τῆς ἐλευθερίας.*

3) Aesch. Ctes. § 165: *καθ᾽ ἑκάστην ἡμέραν ἐπίδοξος ἦν ἁλῶναι, ὁ δὲ Ἀλέξανδρος ἔξω τῆς ἄρκτου καὶ τῆς οἰκουμένης ὀλίγου δεῖν*

Schon zündete die Flamme des Aufruhrs auch im mittleren Hellas, auch jenseits der Thermopylen; die Aitoler überfielen die akarnanische Stadt Oiniadai, zerstörten sie [1]), die Thessaler, die Perrhaiber standen auf. Wenn Athen jetzt mit seiner bedeutenden Macht der Bewegung beitrat, so schien Alles erreichbar.

Noch aus den dürftigen Spuren, die uns übrig sind, erkennt man, wie heftig in Athen debattirt sein muß. Aus einer Inschrift erfährt man von einem plataiischen Mann, der eine bedeutende Summe „für den Krieg" darbrachte, und das Ehrendecret zum Dank dafür hat der ehrwürdige Lykurgos beantragt [2]). Derselbe zog den Leokrates, einen der Reichen, der nach der Niederlage von Chaironeia geflüchtet war und in Rhodos, dann in Megara große Geschäfte gemacht hatte, wegen Verraths vor Gericht, da er nach Athen zurückzukehren gewagt hatte; aber der Verklagte fand bei vielen Angesehenen und Reichen Fürsprache, und in dem Gericht waren die Stimmen für und wider ihn gleich getheilt. Wie zum Gegenschlag brachte Aischines die alte Klage gegen Ktesiphon, die seit 337 geruht hatte, wieder in Gang; es galt, dessen damaligen Antrag auf einen Ehrenkranz für Demosthenes als ungesetzlich strafen zu lassen; zur Entscheidung kam der Proceß einige Wochen später, als schon Alles entschieden war; in der Rede, die Aischines damals hielt, führt er an, wie Demosthenes große Worte gemacht habe, als werde die Stadt von gewissen Personen „gekappt, ausgekernt, die Muskeln ihrer Kraft durchschnitten", daß er auf der Redner-

---

πάσης μεθειστήκει, ὁ δὲ Ἀντίπατρος πολὺν χρόνον συνῆγε στρατόπεδον, τὸ δὲ ἐσόμενον ἄδηλον ἦν. Aehnlich Dinarch. I. § 34.

1) Plut. Alex. 49 in Betreff der Vorgänge von 324: ἐφοβοῦντο . . Ἀλέξανδρον Αἰτωλοὶ διὰ τὴν Οἰνιαδῶν ἀνάστασιν, ἣν πυθόμενος οὐχ Οἰνιαδῶν ἔφη παῖδας, ἀλλ' αὐτὸν ἐπιθήσειν δίκην Αἰτωλοῖς. Und wohl nur 330 können die Aitoler diese Zerstörung gewagt haben.

2) C. I. A. II, n°. 176 Ehrendecret für den Plataier Eudemos: ἐπ[ηγγείλατο τ]ῷ δήμῳ ἐπιδώσει[ν ε]ἰς [τὸν π]όλεμον εἴ τι δέοιτο. Der Beschluß ist datirt Arch. Aristophon., (Ol. 112. 3, 1) Thargelion, also ungefähr Mai 329.

bühne gesagt habe: „ich bekenne mich dazu, die Politik Spartas unterstützt, die Thessaler und Perrhaiber zum Abfall veranlaßt zu haben". Also Demosthenes hatte — etwa im Frühling 330 — seine Verdienste um die Schürung des Aufstandes öffentlich rühmen können. So lebhaft Aischines, Demades, Phokion entgegenarbeiten mochten, sichtlich trieb die Stimmung der Stadt mehr und mehr dem Kriege zu; es wurde der Antrag gestellt, die Flotte auszurüsten und denen, die von Alexander abgefallen seien, zu Hülfe zu senden [1]). Da ergriff Demades, der damals die Kasse der Festgelder verwaltete, das letzte Mittel; allerdings erklärte er, seien die Mittel für die vorgeschlagene Expedition vorhanden; er habe dafür gesorgt, daß in der Theorikenkasse genug sei, um für das nächste Fest der Choen jedem Bürger eine halbe Mine zu zahlen; er stelle den Athenern anheim, ob sie das ihnen zukommende Geld lieber für Rüstung und Krieg verwenden wollten. Die Athener entschieden nach ihrer Art [2]).

Indeß lag Agis immer noch belagernd vor Megalopolis, die Stadt vertheidigte sich mit höchster Anstrengung; daß sie nicht so rasch, wie man erwartet hatte, gewonnen wurde, mochte den Eifer derer abkühlen, die sich gern erhoben hätten, wenn Agis bis zum Isthmos und weiter vorgerückt wäre und sie ge-

---

[1]) Plut. reip. ger. praec. 25. Wer den Antrag stellte, ist nicht überliefert; nicht Demosthenes, wenn richtig ist, was ihm Aeschin. Ctesiph. § 166 vorhält: τί ποτ' ἦν ὃ ἔπραξας u. s. w. und ähnlich Dinarch. 1, § 34. Plut. Dem. 24 sagt von ihm: κινουμένῳ δὲ Ἄγιδι βραχέα συνεκινήθη πάλιν, εἶτ' ἔπτηξε. Ob ihm die drohende Hegemonie Spartas oder was sonst zu zögern Anlaß gab, muß dahin gestellt bleiben.

[2]) So die Angabe bei Plut. reip. ger. praec. 25, vgl. Boeckh, Staatshaush. I[2], S. 229; II[2], S. 117. Sehr auffallend ist die Nennung der Choen, die etwa in den Februar fielen; soll der Antrag zur Aussendung der Flotte etwa im Januar 330 gemacht sein? oder soll Demades im April oder Mai 330 schon an die Choen im Februar 329 gedacht haben? Die ganze Erzählung sieht sehr anekdotenhaft aus. Es gab andere Gründe zur Vorsicht; im Frühling 331 waren 100 kyprische und phoinikische Schiffe dem Amphoteros zugesandt (Arr. III. 6. 3): πρὸς αἷς ἔχοντα Ἀμφότερον ἐκέλευε στέλλειν ἐπὶ Πελοποννήσου. Wenn diese jetzt etwa bei Aigina lagen, so konnten sie das Aussegeln der attischen Flotte unmöglich machen.

deckt hätte. Da kam die Nachricht, daß Antipatros mit Heeresmacht heranrücke.

Wie er die Dinge in Thrakien zu Ende gebracht, erfahren wir nicht [1]). Er war, sobald er irgend konnte, nach dem Süden aufgebrochen; nachdem er in schnellem Durchzuge die Bewegung in Thessalien unterdrückt, im Weitermarsch die Contingente wenigstens der zuverlässigsten Verbündeten an sich gezogen hatte, kam er mit einem bedeutenden Heere — es wird auf 40,000 Mann [2]) angegeben — über den Isthmos; er war stark genug, für den angebotenen Beistand derer zu danken, die jetzt angaben, für des Königs Sache gerüstet zu haben [3]). Agis, dessen Heer nur 20,000 Mann Fußvolk und 2000 Reiter stark gewesen sein soll, gab die Belagerung von Megalopolis auf, um etwas rückwärts auf dem Wege nach Sparta in günstigerem Terrain, wo er der Uebermacht widerstehen zu können hoffte, den Angriff zu erwarten. Es folgte eine höchst blutige Schlacht, in der die Spartaner und ihre Bundesgenossen, wie die erhaltenen Berichte es darstellen, Wunder der Tapferkeit verrichteten, bis König Agis, mit Wunden bedeckt, von allen Seiten eingeschlossen, endlich dem Andrang erlag und den Tod fand, den er suchte [4]). Antipatros hatte, wenn auch mit bedeutendem Verlust, vollständig gesiegt.

---

1) Außer daß Diod. XVII. 62 sagt: *διεπολέμει πρὸς τὸν Μέμνονα.*

2) Diese Zahl giebt Diod. XVII. 63, die des Agis XVII. 62; nach Dinarch. I, § 34 hat Agis 10,000 Söldner.

3) Diese Angabe stützt sich auf Frontin. II, p. 4 nach der oben angegebenen Lesung Peloponnesiorum; auf diese paßt die Angabe über Antipatros: dissimulans se scire, qua mente venissent, gratias his egit, quod ad auxilium ferendum Alexandro adversus Lacedaemonios convenissent, adjecitque id se regi scripturum; caeterum ipsos, quia sibi opera eorum in praesentia non esset necessaria, abirent domos hortatus est. Bei Curt. VI. 1. 20 werden nach dem Ende des Krieges nur die Eleier und Achaier gestraft, nicht die Arkader, denn Tegeates veniam defectionis praeter auctores impetraverunt ist Conjectur für zwei sinnlose Worte (precati geatae), die von Anderen a rege verbessert sind.

4) Daß die ausführliche Schilderung der Schlacht bei Curt. IV. 1. 1 sqq. kleitarchisch ist, sieht man aus dem, was Diod. XVII. 63 über den Tod

Mit dieser Niederlage brachen die Hoffnungen der hellenischen Patrioten und der Versuch, die Hegemonie Spartas zu erneuen, zusammen. Eudamidas, des gefallenen kinderlosen Königs jüngerer Bruder und Nachfolger, der von Anfang her gegen diesen Krieg gewesen war, empfahl nun, obschon die Bundesgenossen sich mit nach Sparta zurückgezogen hatten, den weiteren Widerstand aufzugeben [1]); es wurde an Antipatros gesandt, und um Frieden gebeten. Dieser forderte fünfzig spartanische Knaben als Geißel; man bot ihm eben so viele Männer, damit begnügte sich der Sieger [2]); er verwies die Frage über den Friedensbruch an das Synedrion des Bundes, das nach Korinth berufen wurde [3]); nach vielen Berathungen überwies es die Sache an Alexander, worauf spartanische Gesandte nach dem fernen Osten abgingen. Des Königs Entscheidung war so mild als möglich [4]); er verzieh das Geschehene, nur sollten die Eleier und Achaier — denn sie waren Genossen des hellenischen Bundes, Sparta

---

des Agis sagt. Die Zahl der Todten auf spartanischer Seite geben beide mit 5300 Mann an, auf der makedonischen sind nach Diodor 3500 gefallen, nach Curt. IV. 1. 16 ex Macedonibus haud amplius centum, caeterum vix quisquam nisi saucius revertit in castra. Die Zeit dieser Schlacht erhellt aus Aischines Rede gegen Ktesiphon, die vor den Pythien (Sept. 330) und nach der Niederlage des Agis gehalten ist; und daß sie nach dem Ehrendecret für den Thraker Rhebulas d. h. nach dem Mai 330 geschlagen ist, wird für gewiß zu halten sein. Verkehrt ist Curt. IV. 1: 21 hic fuit exitus belli quod repente ortum prius tamen finitum est quam Dareum Alexander apud Arbelam superaret. Er widerspricht selbst dieser Angabe VII. 4. 32.

1) Plut. apophth. v. Eudam. 5.

2) Plut. apoph. Luc. 51 cf. Aischin. Ctesiph. § 133: *Λακεδαιμόνιοι δ' οἱ ταλαίπωροι . . . νῦν ὁμηρεύσοντες καὶ τῆς συμφορᾶς ἐπίδειξιν ποιησόμενοι μέλλουσιν ὡς Ἀλέξανδρον ἀναπεμπεσθαι* u. s. w.

3) Diod. XVII. 73 *ἐκείνου δὲ ἐπὶ τὸ κοινὸν τῶν Ἑλλήνων συνέδριον τὴν ἀπόκρισιν ἀποστείλαντος οἱ μὲν σύνεδροι συνήχθησαν εἰς Κόρινθον κ. τ. λ.*

4) Wann und wo die Gesandten ihn trafen, ist leider nicht erwähnt; nach Curt. VII. 4. 32 erreichte ihn die Nachricht von der Schilderhebung Spartas, als er nach der Winterrast im hohen Kaukasos nach Baktra gekommen war (Frühling 329): nondum enim victi erant quum proficiscerentur tumultus ejus principia nunciaturi.

nicht — an Megalopolis 120 Talente als Entschädigung zahlen. Man darf vermuthen, daß Sparta nun dem Bunde beitreten mußte; in der Verfassung des altherakliDischen Staates wurde nichts geändert, dessen Gebiet nicht von Neuem gemindert.

Auch in Athen wird sich die Spannung der Gemüther nun gelöst haben, wenn man natürlich auch nicht aufhörte, sich in bitteren Stimmungen zu gefallen. Bald nach Agis Niederlage wurde der Proceß gegen Ktesiphon vor den Richtern verhandelt. „Gedenket der Zeit", sagt Aischines den Richtern, „in der ihr das Urtheil sprecht; in wenigen Tagen werden die Pythien gefeiert, und das Synedrion der Hellenen versammelt sich; des Demosthenes Politik in diesen Zeitläuften wird der Stadt zum Vorwurfe gemacht; wenn ihr ihm den Kranz gewährt, wie Ktesiphon beantragt, werdet ihr dafür gelten mit denen, die den gemeinen Frieden brechen, eines Sinnes zu sein." Die Athener werden es sich als eine große politische That angerechnet haben, daß sich nicht ein Fünftel der Stimmen für Aischines ergab. Damit verfiel dieser in eine Buße von tausend Drachmen; er zahlte sie nicht, er verließ Athen und ging nach Ephesos, und in den nächsten Dionysien erhielt Demosthenes den goldenen Kranz, der, ihm nach der Schlacht von Chaironeia bestimmt, jetzt die Gutheißung seiner Politik von damals und jetzt aussprach.

Die allgemeinen Verhältnisse in Hellas wurden mit solchen Demonstrationen nicht mehr geändert; seit dem Zusammenbrechen der spartanischen Erhebung traten sie in den Hintergrund.

Druck von Friedr. Andr. Perthes in Gotha.

Geschichte des Hellenismus.

Von

Joh. Gust. Droysen.

Zweiter Theil.

Geschichte Alexanders des Großen.

Zweite Auflage.

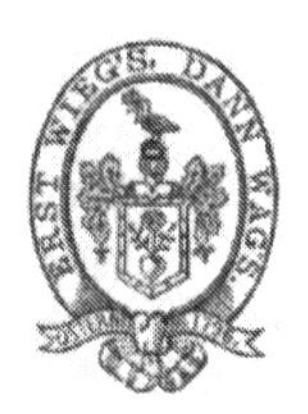

Gotha.
Friedrich Andreas Perthes.
1877.

Geschichte
Alexanders des Großen.

Von

Joh. Gust. Droysen.

II. Halbband.

Zweite Auflage.

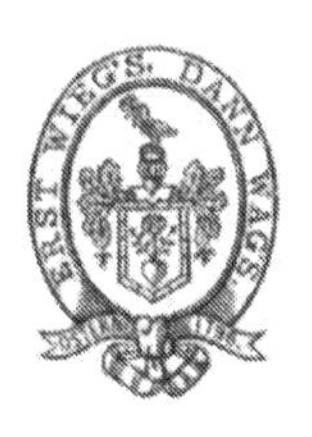

Gotha.
Friedrich Andreas Perthes.
1877.

Geschichte

Alexanders des Großen.

II.

Inhalt.

Drittes Buch.

Erstes Kapitel.

Verfolgung des Bessos. — Aufstand in Areia. — Marsch des Heeres nach Süden, durch Areia, Drangiana, Arachosien, bis zum Südabhang des indischen Kaukasos. — Der Gedanke Alexanders und Aristoteles Theorie. — Die entdeckte Verschwörung. — Die neue Heeresorganisation.

Um die Zeit der spartanischen Niederlage stand Alexander in Hyrkanien, am Nordabhange jenes Gebirgswalles, der Iran und Turan scheidet, vor ihm die Wege nach Baktrien und Indien, nach dem unbekannten Meere, das er jenseits beider Länder als Gränze seines Reiches zu finden erwarten mochte, hinter ihm die Hälfte des Perserreiches, und Hunderte von Meilen rückwärts die hellenische Heimath. Er wußte von Agis Schilderhebung, von dessen wachsendem Einfluß in der Peloponnes, von der unsichern Stimmung im übrigen Griechenland, welche die Alternativen des Kriegsglückes doppelt gefährlich machte; er kannte die Bedeutung dieses Gegners, dessen Vorsicht, dessen Thätigkeit. Und doch ging er weiter und weiter gen Osten, ohne Truppen an Antipatros zu senden oder günstige Nachrichten abzuwarten. Wenn nun Agis gesiegt hätte? oder trotzte Alexander auf sein Glück? verachtete er die Gefahr, der er nicht mehr begegnen konnte? wagte er nicht, um Griechenland zu retten, die Königsmörder mit halb so viel Truppen zu verfolgen, als zu den Siegen von Gaugamela und von Issos hingereicht hatten?

Einst freilich war die Ruhe der Griechen und ihre Anerkennung der makedonischen Hegemonie die wesentliche Grundlage seiner Macht und seiner Siege gewesen; jetzt garantirten ihm seine Siege die Ruhe Griechenlands, und der Besitz Asiens die fernere Geltung dieser Hegemonie, die ihm streitig zu machen mehr thöricht als gefährlich gewesen wäre. Unterlag Antipatros, so waren die Satrapen in Lydien und Phrygien, in Syrien und Aegypten bereit, im Namen ihres Königs nicht Erde und Wasser, wohl aber Genugthuung für Treubruch und Verrath zu fordern; und diese Freiheitsliebe der Misvergnügten, dieß zweideutige Heldenthum der Phrase, Intrigue und Bestechung hätte kein Marathon gefunden.

Der König durfte, unbekümmert um die Bewegungen in seinem Rücken, die Pläne weiter verfolgen, welche das Verbrechen des Bessos und seiner Genossen ihm aufzwang oder möglich machte. Durch den Besitz der kaspischen Pässe, durch die Besatzungen, die am Eingange des medischen Paßweges in Ekbatana zurückgeblieben waren, durch die mobile Colonne, welche die Linie des Euphrat beherrschte, war Alexander, wennschon durch einen Doppelwall von Gebirgen vom syrischen Tieflande getrennt, doch der Verbindung mit den westlichen Provinzen seines Reiches sicher genug, um die große Länder- und Völkergränze der hyrkanischen Gebirge zum Ausgangspunkt neuer Unternehmungen machen zu können.

Nachdem er seinem Heere einige Rast gegönnt, nach hellenischer Sitte Festspiele und Wettkämpfe angestellt und den Göttern geopfert hatte, brach er aus der hyrkanischen Residenz auf. Er hatte für den Augenblick etwa zwanzigtausend Mann zu Fuß und dreitausend Reiter [1]) um sich, namentlich die Hypaspisten, deren bewährter Strateg Nikanor, Parmenions Sohn, nur zu bald einer Krankheit erliegen sollte, den größeren Theil der Phalangiten [2]), endlich die gesammte makedonische Ritterschaft unter

---

1) Freilich nach Plut. Alex. 47, in einer Stelle, in der er Weiteres aus derselben Quelle wie Curt. VI. 8. 17 und Diod. XVII. 74 geschöpft hat.

2) Genannt werden bei Arrian die Taxen Krateros, Amyntas (III. 23. 2),

Führung des Philotas, dessen Vater Parmenion den wichtigen Posten in Ekbatana befehligte; von leichten Truppen hatte Alexander die Schützen und Agrianer bei sich; während des Marsches sollten nach und nach die anderen Corps wieder zur Armee stoßen, namentlich Kleitos die 6000 Phalangiten von Ekbatana nach Parthien, Parmenion selbst die Reiter und leichten Truppen, mit denen er zurückgeblieben war, nach Hyrkanien nachführen [1]).

Es ist ausdrücklich bezeugt, daß Alexanders Absicht war nach Baktra, der Hauptstadt der großen baktrischen Satrapie, zu gehen [2]). Dorthin, wußte er, hatte sich Bessos mit seinem Anhang zurückgezogen, dorthin alle, die es mit der altpersischen Sache hielten, beschieden, um sich dem makedonischen Eroberer, wenn er über Hyrkanien hinauszugehen wage, entgegen zu stellen. Alexander durfte hoffen, mit schnellem Marsch an die Ufer des Oxos die letzte namhafte Heeresmacht, die ihm noch widerstehen wollte, zu treffen und zu vernichten, bevor der Zuzug aus den arianischen Landen sich mit ihr vereinigt habe; und wenn sein Marsch diese arianischen Satrapien für jetzt rechts liegen ließ, so war zu erwarten, daß vor dem Schlage, der die Königsmörder niederschmettern sollte, auch sie sich beugen würden.

Koinos (III. 24. 1); wahrscheinlich war noch eine Taxis (Perdikkas) beim Könige, da in Ekbatana nur 6000 Mann zurückgeblieben waren.

[1]) Die Erzählung von dem Mismuth, dem Heimweh, der durch des Königs Rede wieder erweckten Kampflust des Heeres (Plut. 47, Diod. XVII. 74 und am ausführlichsten Curt. VI. 8. 17) ist übergangen, denn Arrian erwähnt nichts davon; und wenn Plutarch einen Brief des Königs anführt, der über diese Dinge Einiges melde, so steht dieser Brief nicht minder nach rhetorischer Erfindung aus, als die Erzählung des Vorgangs bei Curtius. Desselben Ursprungs ist die Geschichte mit der Amazonenkönigin Thalestris, die von den genannten Schriftstellern in diesem Zusammenhang erzählt wird. Plut. Alex. 46 führt die Schriftsteller an, die sie erzählen, von den Genossen des Alexander nur den Onesikritos.

[2]) Dieß Factum ist durch Arrian. III. 25. 4 bestätigt: ἔχων πᾶσαν δύναμιν ᾔει ἐπὶ Βάκτρων . . . ἰόντι δὲ τὴν ἐπὶ Βάκτρα. Und eben so Strabo XV, p. 724: διώκων τοὺς περὶ Βῆσσον ὡς ἐπὶ Βάκτρων.

Er folgte der großen Straße, die von Hyrkanien am Nordabhange des Gebirges, dann durch die Theile Parthyenes und Areias, die der turanischen Wüste zunächst liegen, nach Baktriana führt. Als er die Grenze Areias erreicht hatte, kam ihm in Susia [1]), der nächsten Stadt Areias, der Satrap des Landes Satibarzanes entgegen, sich und das Land ihm zu unterwerfen und zugleich wichtige Mittheilungen über Bessos zu machen. Satibarzanes blieb im Besitz seiner Satrapie; Anaxippos von den Hetairen mit 60 Mann Akontisten zu Pferd wurde als Posten für Bewachung des Platzes und um die nachkommenden Colonnen aufzunehmen zurückgelassen, Anordnungen, welche deutlich genug zeigten, daß Alexander unter der Form einer Oberherrlichkeit, die nicht viel bedeutete, den mächtigen Satrapen in der Flanke seines Marsches zunächst nur in Unthätigkeit halten wollte, um seinen eiligen Marsch sicher fortsetzen zu können. Denn schon hatte Bessos, wie Satibarzanes eröffnete und mehrere der Perser, welche aus Baktrien nach Susia kamen, bestätigten, die Tiara, den Titel König von Asien, den Königsnamen Artaxerxes angenommen, hatte Schaaren flüchtiger Perser und viele

---

[1]) Ueber die Lage dieser Stadt ist Näheres in dem Anhang über die Städtegründungen gesagt. Daß Alexander von den drei Straßen, die von den kaspischen Pässen durch Khorassan nach Osten führen, diese nördliche einschlug, ergiebt sich daraus, daß er von Hyrkanien aufbrach; er mußte, da er nach Baktrien eilte, den nächsten Weg, und da er zugleich occupiren wollte, nicht schon gemachte Wege wählen; wie hätte er erst über das Gebirg nach Hekatompylos zurückgehen sollen, um auf der Südstraße über Nischabur oder auf der mittleren über Dschadscherm und Meschhed den Ochos (Areios) zu erreichen. Da Alexander nach Arrian. III. 25. 1 durch parthisches Gebiet (ὡς ἐπὶ Παρθυαίους) und von da nach Susia kam (ἐπὶ τὰ τῆς Ἀρείας ὅρια καὶ Σουσίαν πόλιν τῆς Ἀρείας), so ist er im Wesentlichen der Straße gefolgt, die Isidoros von Charax verzeichnet und über Parthisch-Nisa (παρθαύνισα), über das reiche Thalland bei Kabuschan nach Susia marschiert. Susia hat Wilson, Ariana antiqua in Suzan, das auf der Karte von Al. Burnes zwischen Meschhed und Herat verzeichnet ist, wieder zu erkennen geglaubt. Wahrscheinlicher ist Susia auf Tus zu deuten, die uralte Stadt des Dschemschid, wenige Meilen von Meschhed auf der Straße nach Kabuschan, wo die Straße von Hyrkanien in die von Schahrud kommende mündet.

Baktrianer um sich gesammelt, und erwartete Hülfsheere aus den nahen skythischen Gebieten.

So rückte Alexander auf dem Wege nach Baktra vor; schon waren auch die bundesgenössischen Reiter, die Philippos aus Ekbatana nachführte, sowie die Söldnerreiter und die Thessaler, welche von Neuem Dienste genommen hatten, zum Heere gestoßen [1]). Der König durfte hoffen, so verstärkt und mit der ihm gewöhnlichen Schnelligkeit den Usurpator binnen Kurzem zu überwältigen. Er war in vollem Marsch, als ihm höchst beunruhigende Nachrichten aus Areia zukamen: Satibarzanes habe treuloser Weise den makedonischen Posten überfallen, sämmtliche Makedonen nebst ihrem Führer Anaxippos erschlagen, das Volk seiner Satrapie zu den Waffen gerufen; Artakoana, die Königsstadt der Satrapie, sei der Sammelplatz der Empörer, von dort aus wolle der treubrüchige Satrap, sobald Alexander aus dem Bereich der arischen Berge sei, sich mit Bessos vereinigen und die Makedonen, wo er sie träfe, mit dem neuen König Artaxerxes Bessos gemeinschaftlich angreifen. Alexander konnte sich nicht verhehlen, daß solche Bewegung in der Flanke seiner Marschroute von der größten Gefahr sei; von Areia aus konnte er gänzlich abgeschnitten, von dort aus der Usurpation des Bessos vielfache Unterstützung zu Theil werden; und der Satrap der zunächst an Areia gränzenden Landschaften Drangiana und Arachosien war Barsaentes, einer der Königsmörder; es war vorauszusehen, daß er sich der Bewegung der Areier anschließen werde. Unter solchen Umständen den Zug gegen Baktrien fortzusetzen, wäre tollkühn gewesen; und selbst auf die Gefahr hin, dem Usurpator Zeit zu größeren Rüstungen zu lassen,

---

[1]) Nach Curt. VI. 6. 36 kamen 500 griechische, 3000 illyrische, 130 thessalische, 300 lydische Reiter, 2600 Mann lydisches Fußvolk; die Angabe ist der Uebertreibung verdächtig, doppelt verdächtig durch die Erwähnung illyrischer Truppen. Arrian sagt: „Alexander zog auf Baktria los, indem er bereits seine ganze Macht bei sich hatte; auf dem Wege stieß Philippos aus Ekbatana zu ihm.“ Offenbar waren die Truppen in verschiedenen Marschcolonnen nach Susia gekommen, und sie mögen die Hauptstraßen durch die Berge von Khorassan durchzogen haben.

mußte er den Operationsfehler, die ganze Flanke seiner Bewegungen einem verdächtigen Bundesgenossen anvertraut zu haben, schnell und entschieden wieder gut zu machen und das ganze Gebiet in der Flanke erst zu unterwerfen suchen. Er gab die Verfolgung des Bessos und die Unterwerfung des baktrischen Landes für jetzt auf, um sich des Besitzes von Areia und der übrigen arianischen Länder zu vergewissern und von dort her die unterbrochenen Unternehmungen gegen den Usurpator mit doppelter Sicherheit fortsetzen zu können.

An der Spitze zweier Phalangen, der Bogenschützen und Agrianer, der makedonischen Ritterschaft und der Akontisten zu Pferd brach der König eiligst gegen den empörten Satrapen auf, während das übrige Heer unter Krateros an Ort und Stelle lagerte. Nach zwei höchst angestrengten Tagemärschen stand Alexander vor der Königsstadt Artakoana [1]); er fand Alles in heftiger Bewegung; Satibarzanes, durch den unerwarteten Ueberfall bestürzt und von dem zusammengebrachten Kriegsvolk verlassen, war mit wenigen Reitern über die Gebirge zum Bessos entflohen; die Areier hatten ihre Ortschaften verlassen und sich in die Berge geflüchtet. Alexander warf sich auf sie, dreizehntausend Bewaffnete wurden umzingelt und theils niedergehauen, theils zu Sklaven gemacht. Dies schnelle und strenge Gericht unterwarf die Areier; dem Perser Arsames wurde die Satrapie anvertraut.

Areia ist eins der wichtigsten Gebiete von Iran, es ist das

---

1) Die Localitäten dieser Gegend sind nicht mehr zu bestimmen. In keinem Falle ist Artakoana (über die Schreibung des Namens Mützell zu Curt. VI. 6. 34) das heutige Herat; die Schilderung in Curtius, wenn sie richtige Localfarbe trägt (praerupta rupes est quae spectat occidentem VI. 6. 23), bezeichnet, daß die Stadt in einem gen Norden, nicht wie Herat in einem gen Westen streichenden Thale lag; und daß das Hauptland der Areier in einem Flußthale lag, erhellt aus Strabos Aeußerung, das Land sei 2000 Stadien lang und in der Ebene 300 Stadien breit. Nach Ptol. VI. 17 liegt Artikaudna um 40′ westlicher und 10′ nördlicher als Alexandreia Areion oder Herat; da Alexander auf dem Wege gen Baktra 600 Stadien (Arrian. III. 25. 6) von dieser Burg entfernt stand, so ging sein Marsch wohl auf Merw-rûd.

Passageland zwischen Iran und Ariana; wo der Areiosstrom seinen Lauf plötzlich nordwärts wendet, kreuzen sich die großen Heerstraßen aus Hyrkanien und Parthien, aus Margiana und Baktrien, aus dem Oasengebiet von Sejestan und dem Stufenland des Kabulstromes; eine makedonische Colonie Alexandreia in Areia, wurde an dieser wichtigen Stelle gegründet, und noch heute lebt unter dem Volke von Herat die Erinnerung an Alexander, den Gründer ihrer reichen Stadt [1]).

Alexander wird aus den Erkundigungen, die er bei der Veränderung seiner Marschrichtung eingezogen, ein ungefähres Bild von der Lage der arianischen Satrapien gegen Baktrien und Indien, von den Gebirgen und Strömen, welche die Configuration dieser Länder bestimmen, von den Straßen und Pässen, die sie verbinden, gewonnen haben; es wird ihm nothwendig erschienen sein, erst die ganze Südflanke des baktrianischen Landes zu occupiren, bevor er sich gegen den Usurpator in Baktrien wandte, ihm die Unterstützung, die er aus den arianischen und indischen Ländern an sich ziehen konnte, zu entziehen, ihn so in weitem Bogen einschließend schließlich auf den äußersten Flügel der feindlichen Aufstellung zu stoßen, nach demselben strategischen System, das nach den Schlachten am Granikos, bei Issos, bei Gaugamela maaßgebend gewesen war. Mit dem Marsch nach Areia hinauf war diese Bewegung, die zunächst nach Drangiana und Arachosien führte, bereits eingeleitet. Alexander zog, so-

---

1) Herbelot. II, p. 240; St. Croix, p. 822 u. a. Ammian. Marcell. XXIII. 6 sagt, daß man von Alexandrien aus in das kaspische Meer schiffe; die Entfernung von 1500 Stadien, die er angiebt, ist zu gering, doch das Factum wohl nicht zu bezweifeln, da einerseits Strabo (XI, p. 509) angiebt, Hyrkanien werde von dem Ochos bis zu seiner Mündung hin durchflossen und Nisaia liege an dem Fluß, andrerseits Ptolemaios die beiden Mündungen Ochos und Oxos genau bezeichnet (s. u.). Es scheint, daß in diesem Ochos der Alten einst der Fluß von Merw-rûd und der Tedjend, letzterer aus dem Zusammenfluß des Flusses von Herat und des von Meschhed gebildet, sich vereinigten; während heute beide Flüsse, ehe sie sich vereinigen, in der Wüste versumpfen.

bald Krateros mit den übrigen Truppen wieder zu ihm gestoßen war, südwärts, um die einzelnen Districte dieses damals reichen und wohlbevölkerten Landes zu unterwerfen. Barsaentes wartete seine Ankunft nicht ab, er flüchtete sich über die Ostgränze seiner Satrapie zu den Indern, die ihn späterhin auslieferten. Alexander rückte im Thale des Flusses Ardekan in das Land der Zaranger oder Dranger hinab, deren Hauptstadt Prophthasia [1]) sich ohne Weiteres ergab.

Südwärts von den Zarangern wohnten in den damals noch nicht versandeten Fruchtebenen des südlichen Sejestans die Ariaspen oder, wie die Griechen sie nannten, Euergeten [2]), ein friedliches ackerbautreibendes Volk, das, seit uralten Zeiten in diesem „Frühlingslande“ heimisch, jenes stille, fleißige und geordnete Leben führte, welches in der Lehre des großen Zerdutsch mit so hohem Preise geschildert wird. Alexander ehrte ihre Gastfreundlichkeit auf vielfache Weise; es war ihm gewiß von besonderem Werth, dieß wohlhabende und oasenartige Ländchen inmitten der hohen arianischen Gebirgs- und Wüstenlande sich geneigt zu wissen; ein längerer Aufenthalt unter diesen Stämmen, eine kleine Erweiterung ihres Gebietes, die sie längst gewünscht hatten, die Aufrechterhaltung ihrer alten Gesetze und Verfassung,

---

1) Arrian nennt diesen Namen nicht, doch ist er für die Zarangerhauptstadt mit Recht angenommen worden. Wilson, Ariana Ant., p. 154, findet die alte Drangianerhauptstadt in Peschaverun, auf dem Wege von Duschak nach Furrah; andere Angaben bei Spiegel II, p. 451. Ich habe früher Furrah für das alte Prophthasia gehalten; die jetzt genauere Kenntniß der zum areischen See hinabfließenden Wasser gestattet nicht, den Fluß von Furrah als den zu bezeichnen, dem Alexander folgte; er traf auf jenem Marsch zunächst auf den Ardekan, an dem Khanikoff entlang gereist ist.

2) Ueber die Euergeten sind die Stellen von den Erklärern zu Curt. VII. 3 gesammelt; ihr früherer Name war Ari-aspen (Roß-Areier), ihre Wohnsitze waren vom Flusse Etymandros (Hindmend) durchströmt (Arrian. IV. 6); dieser fließt in einem nicht breiten Klippenthale, durch die Wüste hinab, und erst, wo er dem Areiossee naht, treten die steilen Klippen zurück und öffnen ein fruchtbares und schönes Gelände, in dem sich noch heute Ruinen von mehreren großen Städten, von Kanalbauten und Wasserleitungen finden; hier dürften die Sitze der Ariaspen zu finden sein.

die denen der griechischen Städte in keiner Weise nachzustehen schienen, endlich ein Verhältniß zum Reiche, das jedenfalls unabhängiger war, als das der anderen Satrapien [1]), das etwa waren die Mittel, mit denen Alexander das merkwürdige Volk der Ariaspen, ohne Colonien unter ihnen zurückzulassen oder Gewaltsmaaßregeln zu brauchen, für die neue Ordnung der Dinge gewann [2]).

Nicht minder friedlich zeigten sich ihm die Stämme der Gedrosier [3]), deren Gaue er bei weiterem Marsch berührte [4]). Ihre nördlichen Nachbaren, die Arachosier, unterwarfen sich; ihre Wohnsitze erstreckten sich bis in die Paßgegend [5]), welche in das Gebiet der zum Indus strömenden Flüsse hinüberführt; drum gab Alexander diese wichtige Satrapie dem Makedonen Menon, stellte 4000 Mann Fußvolk und 600 Reiter unter seinen Befehl [5]), und befahl jenes arachosische Alexandrien zu gründen, das an dem Eingange der Pässe belegen und bis auf den heutigen Tag eine der blühendsten Städte jener Gegend, in dem neueren Namen das Andenken ihres Gründers bewahrt hat [6]).

---

[1]) Arrian. III. 27. 5: *καταμαθὼν ἄνδρας οὐ κατὰ τοὺς ἄλλους τοὺς ταύτῃ βαρβάρους πολιτεύοντας, ἀλλὰ τοῦ δικαίου ἴσα καὶ τοῖς κρατίστοις τῶν Ἑλλήνων μεταποιουμένους, ἐλευθέρους ἀφῆκε* u. s. w.

[2]) Nach Curtius erhielten sie den Geheimschreiber des Dareios, nach Diodor mit den Gedrosiern gemeinschaftlich den Tiridates zum Satrapen, nach Arrian blieben sie frei.

[3]) Späterhin erscheinen gewöhnlich die Satrapien Arachosien und Gedrosien einerseits, Areia und Drangiana andererseits vereinigt; und nach Curt. IX. 10. 20 zu schließen erhielt der Satrap von Arachosien die im Text genannten Gedrosier mit unter seinen Befehl. Die Dranger (Drangianer) und Zaranger sind zuverlässig dasselbe Volk; die Angaben Strabos über die Sitze aller dieser Volksstämme sind so genau, daß man über die Lage derselben nicht zweifeln kann.

[4]) Alexander scheint hier eine Stadt seines Namens gegründet zu haben, s. Anhang über die Städtegründungen.

[5]) Arrian. III. 28. 1. Curt. VII. 3. 5 giebt die Zahl der Truppen. Es sind die Pässe von Kelat und Urghundab (s. Sultan Baber Mem., p. 171. 224 und sonst, Chereff. II. c. 47, p. 366).

[6]) Das im Text bezeichnete Kandahar wird nach den Traditionen des

Aus dem arachosischen Lande rückte das makedonische Heer unter vielen Beschwerden, denn schon war der Winter gekommen und bedeckte die Berggegenden mit tiefem Schnee, in das Land der Paropamisaden, des ersten indischen Volksstammes, den es auf seinem Zuge fand [1]; nordwärts von diesem erhebt sich der indische Kaukasos, über den der Weg in das Land des Bessos führte.

So etwa die Märsche, mit welchen Alexander in den letzten Monaten des Jahres 330 sein Heer von dem Nordsaume Khorassans bis an den Fuß des indischen Kaukasos führte. Voll Mühseligkeit und arm an kriegerischem Ruhm, sollte diese Zeit durch ein Verbrechen eine traurige Berühmtheit erlangen; es galt Alexander zu ermorden, wie Dareios ermordet worden war; der Plan rechnete auf die Stimmung des Heeres, das des rastlosen Weiterziehens übersatt schien.

Daß mit dem, was der König that und thun ließ, mannigfache Erwartungen getäuscht, Besorgnisse genährt, Misstimmungen gerechtfertigt wurden, war bei der immer weiter schwellenden Eroberung, bei der Eile der Neugestaltungen, die sie forderte, bei der Richtung, die er ihnen geben zu müssen glaubte, unvermeidlich.

Ein neuerer Forscher ist in der Beurtheilung Alexanders

Morgenlandes (Ferishta, Abul Gasi etc., cf. Elphinstone Cabul von Rühs II, p. 152) für eine Stadt Alexanders gehalten, und Wilsons Gegenbeweise (Asiat. Researches XV, p. 106) scheinen die Sache noch nicht zu erschüttern.

[1]) Der Name des Gebirges ist nach Lassen, J. A. I². 27, Note 4 Paropa-nischadha, niederes Gebirg im Gegensatz gegen Nischada, hohes Gebirg, mit welchem der hohe Kamm des Hindu-kusch genannt sei. Und der babylonische Text der großen Dareiosinschrift giebt Parupara-'isana; unter den mannigfachen Schreibungen des Namens bei den griechischen Autoren ist daher wohl der correcteste der des Ptolemaios *Παροπάνισος*. Doch schien es angemessen, bei der üblich gewordenen zu bleiben. Wie schneereich die Winter in jenen Gegenden, beweist die anziehende Schilderung bei Baber, p. 209. Strabo XV, p. 724 sagt, der König sei *διὰ τῶν Παροπαμισαδῶν ὑπὸ Πλειάδος δύσιν* gezogen, eine Notiz, die die Angabe des Curt. VII 3. 4, er habe 60 Tage bei den Euergeten verweilt, unmöglich erscheinen läßt.

zu dem Ergebniß gekommen, daß „sein Alles verschlingendes Gelüst Eroberung gewesen sei, Eroberung nach West und Ost, Süd und Nord“, eine Erklärung, mit der er dann freilich dem Verstande nichts weiter schuldig bleibt. Wenn Alexander in so raschem Erfolge, wie es geschah, siegte, wenn er die Machtgestaltung, von der bis dahin die Völker Asiens zusammengehalten waren, sprengte, wenn er in dem Niederbrechen der bisherigen zugleich die Anfänge einer neuen schuf, so mußte er im Voraus des Planes gewiß sein, nach dem er sein Werk aufbauen wollte, des Gedankens, der auch den ersten Anfängen des Werkes, dessen Anfänge sie sein sollten, ihre Richtung und ihr Maaß gegeben haben mußte.

Der tiefste Denker des Alterthums, des Königs Lehrer Aristoteles, hat ihn in dieser Frage mehrfach berathen; er hat ihm empfohlen, zu den Hellenen sich als Hegemon, zu den Barbaren sich als Herr zu verhalten, die Hellenen als Freunde und Stammgenossen, die Barbaren, als wären sie Thiere und Pflanzen, zu behandeln [1]). Er ist der Ansicht, daß die Natur selbst diese Unterscheidung begründe; denn, sagt er [2]), „die Völker in den kalten Gegenden Europas sind voll Muth, aber zu geistiger Arbeit und Kunstfertigkeit nicht geeignet, daher leben sie meist frei, sind aber zu Staatsleben und zur Beherrschung Anderer unfähig; die in Asien sind zwar geweckten Geistes und zu den Künsten geschickt, aber ohne Muth, daher haben sie Herrscher und sind sie Sclaven; das Volk der Hellenen, wie es zwischen beiden wohnt, so hat es an beider Art Theil; es ist eben so wohl muthvoll, wie denkend, es hat daher Freiheit und das beste Staatsleben und ist befähigt, über alle zu herrschen,

---

1) Arist. fr. 81 bei Plut. de Alex. s. virt. s. fort. 1. 6: οὐ γὰρ ὡς Ἀριστοτέλης συνεβούλευεν αὐτῷ τοῖς μὲν Ἕλλησι ἡγεμονικῶς, τοῖς δὲ βαρβάροις δεσποτικῶς χρώμενος, καὶ τῶν μὲν ὡς φίλων καὶ οἰκείων ἐπιμελούμενος (also wie ein Epimelet), τοῖς δὲ ὡς ζώοις ἢ φυτοῖς προσφερόμενος u. s. w. Die bezweifelte Aechtheit dieses Fragmentes wird wohl durch die dem Gedanken nach gleiche Anführung, die Strabo nach Eratosthenes giebt, erwiesen.

2) Arist. Ptol. VII. 7. 1.

wenn es Ein Staatswesen bildet." Gewiß eine richtige Betrachtung, wenn das Leben der Völker sein und bleiben müßte, wie es die Natur einmal vorausbestimmt hat; aber auch dann, wenn die Geschichte — und Aristoteles giebt wenig auf sie — nicht neue Kräfte und Bedingungen entwickelte, war gegenüber den Aufgaben, die dem Sieger in Asien erwuchsen, des tiefen Denkers Rath doctrinär, unbrauchbar für das drängende, augenblickliche, praktische Bedürfniß, am wenigsten geeignet, einen möglichen, geschweige denn einen moralisch zu rechtfertigenden Zustand zu gründen. Der Philosoph wollte nur die Summe des Bisherigen erhalten und fortsetzen; der König sah in der unermeßlichen Wandelung, in dieser Revolution, die das Ergebniß und die Kritik des Bisherigen war, die Elemente einer neuen Gestaltung, die über jenen Schematismus hinausgehen, in der jene angeblichen Naturnothwendigkeiten durch die Macht der fortschreitenden Geschichte überwunden werden sollten.

Wenn das Zusammenbrechen der persischen Macht ein Beweis war, daß sie sich und ihre Lebenskraft völlig erschöpft hatte, war denn das hellenische Wesen schließlich mit seiner Freiheit und dem Trugbild der besten Verfassung in besseren Zuständen? war es auch nur stark genug gewesen, sich der beschämenden Abhängigkeit von der persischen Politik, sich der drohenden Invasionen der Barbaren des Nordens zu erwehren, so lange jede Stadt nur ihrer Freiheit und ihrer Lust, über andere Herr zu sein, gelebt hatte? Und selbst die Makedonen, hatten sie auch nur irgend eine Bedeutung, auch nur Sicherheit in ihren eigenen Grenzen gehabt, bevor sich ihr Königthum entschlossen und stark emporrichtete, sie lehrte und sie zwang, nicht bloß zu sein und zu bleiben, wie sie so lange gewesen waren? Wenn Alexander seines Lehrers Politik las, so fand er da eine Stelle bedeutsamer Art; es ist die Rede von der Gleichheit der Rechte und Pflichten unter den Genossen des Staates, und daß in ihr das Wesen der besten Staatsordnung beruhe: „ist aber Einer durch so überlegene Tüchtigkeit ausgezeichnet, daß die Tüchtigkeit und die politische Macht der Anderen mit der dieses Einzelnen nicht vergleichbar ist, dann kann man ihn nicht mehr als Theil ansehen;

man würde dem an Tüchtigkeit und Macht in solchem Maaß Ungleichen Unrecht thun, wenn man ihn als gleich setzen wollte; ein solcher wäre wie ein Gott unter Menschen [1]); daraus ergiebt sich, daß auch die Gesetzgebung nothwendig sich auf die, welche an Geburt und Macht gleich sind, beschränkt; aber für jene giebt es kein Gesetz, sie selbst sind Gesetz; wer für sie Gesetze geben wollte, würde lächerlich werden; sie würden vielleicht so antworten, wie bei Antisthenes die Löwen, als in der Thierversammlung die Hasen eine Rede hielten und forderten, daß Alle gleichen Theil erhalten müßten."

So Aristoteles Anschauungen; gewiß waren sie von ihm ohne alle persönliche Beziehung gemeint; aber wer sie las, konnte er anders, als dabei an Alexander denken? „Daß dieses Königs Geist über das menschliche Maaß großgeartet gewesen sei", sagt Polybios, „darin stimmen Alle überein." [2]) Seine Willensstärke, seinen weiten Blick, seine intellectuelle Ueberlegenheit bezeugen seine Thaten und die strenge, ja starre Folgerichtigkeit ihres Zusammenhangs. Was er gewollt, wie er sein Werk sich gedacht hat — und das gerechte Urtheil wird nur diesen Maaßstab anlegen wollen —, nur auf Umwegen, nur aus dem, was ihm davon zu verwirklichen gelang, ist es annähernd zu erkennen. Alexander stand in der Höhe der Bildung, der Erkenntnisse seiner Zeit; er wird von dem Beruf des Königs nicht minder groß gedacht haben, als der „Meister derer, welche wissen". Aber nicht wird ihm wie seinem großen Lehrer in der Consequenz des Gedankens der Monarchie und des „Wächteramtes des Monarchen" gelegen haben, die Barbaren wie Thiere und Pflanzen behandeln zu müssen, noch wird er gemeint haben, daß seine Makedonen darum von seinem Vater her zu den Waffen

---

[1]) Arist. Pol. III. 13. 8: *ὥσπερ γὰρ θεὸν ἐν ἀνθρώποις εἰκὸς εἶναι τὸν τοιοῦτον.*

[2]) Polyb. XII. 23: gegen Timaios, der dem Kalisthenes die Verherrlichung Alexanders zum Vorwurf gemacht hatte . . *ἀποθεοῦν Ἀλέξανδρον οὐκ ἐβουλήθη . . . ἄνδρα τοιοῦτον, ὃν πάντες μεγαλοφυέστερον ἢ κατ᾽ ἄνθρωπον γεγονέναι τῇ ψυχῇ συγχωροῦσι.*

erzogen seien, damit sie, wie der Philosoph es aussprach, „Herren über die seien, denen es gebühre, Sclaven zu sein“ [1]), noch weniger, daß erst sein Vater, dann er die Hellenen zu der korinthischen Föderation gezwungen habe, damit sie das wehrlos gemachte Asien mit ihrer raffinirten Selbstsucht und ihrer dreisten Anstelligkeit ausbeuten und aussaugen könnten.

Er hatte Asien furchtbar getroffen; er wird des Speeres seines Ahnherrn Achill gedacht, er wird das Charisma des ächten Königsspeeres darin erkannt haben, daß es die Wunde, die es geschlagen, auch heile. Mit der Vernichtung des alten Reiches, mit dem Ende des Dareios war er der Erbe der Macht über zahllose Völker, die bisher als Sclaven beherrscht worden waren; es war ein ächtes Königswerk, sie zu befreien, so weit sie frei zu sein verstanden oder lernen konnten, sie in dem, was sie Löbliches und Gesundes hatten, zu erhalten und zu fördern, in dem, was ihnen heilig und ihr Eigenstes war, zu ehren und zu schonen. Er mußte sie zu versöhnen, zu gewinnen wissen, um sie selbst zu Mitträgern des Reiches zu machen, das sie mit der hellenischen Welt fortan vereinigen sollte; in dieser Monarchie mußte mit dem errungenen Siege nicht mehr von Siegern und Besiegten die Rede sein, sie mußte den Unterschied von Hellenen mit Barbaren vergessen machen. Gelang es ihm, die Bewohner dieses weiten west-östlichen Reiches so zu einem Volke zu verschmelzen, daß sie sich mit ihren Begabungen und Mitteln gegenseitig ergänzten und ausglichen, ihnen inneren Frieden und sichernde Ordnungen zu schaffen, sie die „Kunst der Muße“ zu lehren, ohne damit „wie das Eisen die Stählung“ zu verlieren [2]), so konnte er meinen, ein großes und „wohlthätiges Werk“ geschaffen zu haben, ein solches, wie nach Aristoteles Wort zur

---

[1]) Arist. Pol. VII. 14 gegen Ende: τήν τε τῶν πολεμικῶν ἄσκησιν . . . τρίτον δὲ τὸ δεσπόζειν τῶν ἀξίων δουλεύειν.

[2]) Arist. Pol. VII. 14. 15. Der Gesetzgeber müsse σπουδάζειν ὅπως καὶ τὴν περὶ τὰ πολεμικὰ καὶ τὴν ἄλλην νομοθεσίαν τοῦ σχολάζειν ἕνεκεν τάξῃ καὶ τῆς εἰρήνης, denn die meisten Militärstaaten halten sich nur, so lange sie Krieg führen κατακτησάμενοι δὲ τὴν ἀρχὴν ἀπόλλυνται·

wahren Begründung des Königthums nothwendig ist [1]). War es sein Ehrgeiz, sein Siegespreis, sein Enthusiasmus, ein west-östliches Reich hellenistischer Art zu schaffen, „die Monarchie", wie es spätere Zeiten nach der Vision des Propheten genannt haben, „von den Persern auf die Hellenen zu übertragen", so wies ihm die Nothwendigkeit der Dinge mit jedem Tage deutlicher und zwingender die Wege, die er einschlagen müsse, das begonnene Werk hinauszuführen.

Es lagen auf diesem Wege Schwierigkeiten unermeßlicher Art, Willkührlichkeiten, Gewaltsamkeiten, Unnatürlichkeiten, die das Begonnene unmöglich zu machen schienen. Sie machten ihn nicht stutzen; sie steigerten nur die Heftigkeit seines Willens, die stiere Selbstgewißheit seines Handelns. Das Werk, das er in der Begeisterung seiner Jünglingsjahre begonnen hatte, beherrschte ihn; lawinenhaft wachsend riß es ihn hin, Zerstörung, Verwüstung, Leichenfelder bezeichneten seine Bahn; mit der Welt, die er besiegte, verwandelte sich sein Heer, seine Umgebung, er selbst. Er stürmte weiter, er sah nur sein Ziel, in diesem sah er seine Rechtfertigung.

Er durfte glauben, daß sich die Nothwendigkeit dessen, was er wollte, von selbst ergeben, aus dem, was geschah, auch dem Nichtwollenden sich überzeugend aufdrängen werde. Mochte sein hellenistisches Reich vorerst in der Form sich wenig von dem der Achaimeniden unterscheiden, der wesentliche und in seinen Folgen unabsehbare Unterschied lag in der neuen Kraft, die er dem asiatischen Leben zuführte; was die Waffensiege begonnen hatten, konnte er dem durchgebildeten, aufgeklärten, unendlich beweglichen und quellenden Geiste des Griechenthums ruhig weiter wirkend zu vollenden überweisen. Für den Moment kam Alles darauf

---

τὴν γὰρ βαφὴν ἀφίασιν, ὥσπερ ὁ σίδηρος, εἰρήνην ἄγοντες· αἴτιος δ' ὁ νομοθέτης οὐ παιδεύσας δύνασθαι σχολάζειν.

1) Arist. Pol. V. 10. 22: οὐ γίγνονται δ' ἔτι βασιλεῖαι νῦν . . διὰ τὸ τὴν βασιλείαν ἑκούσιον μὲν ἀρχὴν εἶναι, μειζόνων δὲ κυρίαν u. s. w., und V. 10. 5: ἅπαντες γὰρ εὐεργετήσαντες ἢ δυνάμενοι τὰς πόλεις ἢ τὰ ἔθνη εὐεργετεῖν ἐτύγχανον τῆς τιμῆς ταύτης.

an, die Elemente, die sich mischen und durchgähren sollten, einander zu nähern und aneinander zu binden. Die asiatische Art war passiver, mistrauischer, in ihrer Masse schwerfälliger und verstockter; von der Schonung, mit der man sie behandelte, von dem Verständniß ihrer Eigenart und ihres Vorurtheils, von ihrer völligen Fügsamkeit hing für den Anfang die Existenz des neuen Reiches ab. Auch sie mußten in Alexander ihren König sehen; er war zunächst und allein die Einheit des weiten Reiches, der Kernpunkt, um den sich die neue Krystallisation bilden sollte. Wie er ihren Göttern geopfert und Feste gefeiert hatte, so wollte er auch in seiner Umgebung, in den Festen seines Hoflagers zeigen, daß er auch den Asiaten angehöre. Seit dem Ende des Dareios begann er, die Asiaten, die zu ihm kamen, im asiatischen Kleide und mit asiatischem Ceremoniell zu empfangen, die nüchterne Alltäglichkeit des makedonischen Feldlagers mit dem blendenden Pomp des morgenländischen Hoflebens abwechseln zu lassen; der nächste Tag sah ihn wieder an der Spitze der Makedonen im Kampf voran, unermüdlich bei Strapazen, voll Sorge und Umsicht für die Truppen, jedem Einzelnen entgegenkommend und zugänglich [1]).

In keiner Zeit war die makedonische Art besonders fügsam gewesen; der Krieg und die unermeßlichen Erfolge, die er gebracht, hatte den harten und stolzen Sinn dieser Hetairen nur noch gesteigert. Nicht alle begriffen, wie Hephaistion, die Absichten und die Politik ihres Königs, oder hatten, wie Krateros, Hingebung und Selbstverläugnung genug, dieselbe um der Diensttreue willen zu unterstützen; die meisten verkannten und misbilligten, was der König that oder unterließ. Während Alexander Alles versuchte, um die Besiegten zu gewinnen und sie in den Makedonen ihre Sieger vergessen zu lassen, hielten viele in ihrem Hochmuth und ihrer Selbstsucht ein Verhältniß gänzlicher Unterwürfigkeit zur Grundlage aller weiteren Einrichtungen für unerläßlich, nahmen als sich von selbst verstehend zu der despotischen Machtvollkommenheit der früheren Satrapen noch das grausame

---

[1]) Plut. Alex. 45.

Gewaltrecht von Eroberern in Anspruch. Während Alexander den Kniefall der persischen Großen und die Adoration, die ihm die Morgenländer schuldig zu sein glaubten, mit derselben Huld empfing, wie die Ehrengesandtschaften der Griechen und den soldatischen Zuruf seiner Phalangen, hätten sie sich gern als die Gleichen ihres Königs, alles Andere tief unter sich im Staube der Unterwürfigkeit gesehen; und während sie sich selbst, so viel es das Kriegslager und die Nähe ihres laut misbilligenden Königs gestattete, der ganzen Ueppigkeit und Zügellosigkeit des asiatischen Lebens ohne anderen Zweck als den des verwildertsten Genusses hingaben, verargten sie ihrem Könige das medische Kleid und den persischen Hofstaat, in dem ihn die Millionen Asiens als ihren Gott König erkannten und anbeteten. So waren viele der makedonischen Großen im böseften Sinne des Wortes zu Asiaten geworden, und der asiatische Hang zur Despotie, Kabale und Ausschweifung vereinigte sich mit jenem makedonischen Uebermaaß von Heftigkeit und Selbstgefühl, das sie, noch immer nach Ruhm begierig, im Kampf tapfer, zu jedem Wagniß bereit machte.

Sobald Alexander morgenländisches Wesen in seine Hofhaltung aufzunehmen begann, persische Große um sich versammelte, sie mit gleicher Huld und Freigebigkeit wie die Makedonen an sich zog, mit gleichem Vertrauen auszeichnete, mit wichtigen Aufträgen ehrte, mit Satrapien belehnte, war es natürlich, daß die makedonischen Großen, als geschähe ihnen Abbruch und Erniedrigung, auf dieß asiatische Unwesen, das der König begünstigte, ihren Abscheu wandten und dem gegenüber sich als die Vertreter des alt und ächt makedonischen Wesens fühlten. Viele, besonders die älteren Generale aus Philipps Zeit, verhehlten ihre Misgunst gegen die Perser, ihr Mistrauen gegen Alexander nicht; sie bestärkten und steigerten sich gegenseitig in dem Aerger, zurückgesetzt und von dem, der ihnen Alles danke, undankbar behandelt zu sein; Jahre lang hätten sie kämpfen müssen, um jetzt die Frucht ihrer Siege in die Hände der Besiegten übergehen zu sehen; der König, der jetzt die persischen Großen wie ihres Gleichen behandele, werde sie selbst bald wie diese einstigen Sclaven des Perserkönigs behandeln; Alexander vergesse den Makedonen, man müsse auf seiner Hut sein.

Der König kannte diese Stimmung vieler Generale; seine Mutter, so wird berichtet, habe ihn wiederholentlich gewarnt, ihn beschworen, vorsichtig gegen die Großen zu sein, ihm Vorwürfe gemacht, daß er zu vertraut und zu gnädig gegen diesen alten Adel Makedoniens sei, daß er mit überreicher Freigebigkeit aus Unterthanen Könige mache, ihnen Freunde und Anhang zu gewinnen Gelegenheit gebe, sich selbst seiner Freunde beraube [1]. Alexander konnte sich nicht verhehlen, daß selbst unter seiner nächsten Umgebung viele seine Schritte mit Mistrauen oder Misbilligung betrachteten; in Parmenion war er gewohnt, einen steten Warner zu haben; von dessen Sohn Philotas wußte er, daß er seine Einrichtungen unverholen gemisbilligt, ja über seine Person sich in sehr schonungsloser Weise geäußert habe; er hielt es dem heftigen und finsteren Sinne des sonst tapferen und im Dienst unermüdlichen Hipparchen zu Gute; tiefer kränkte es ihn, daß selbst der schlichte und hochherzige Krateros, den er vor Allen hoch achtete, nicht immer mit dem, was geschah, einverstanden war, daß selbst Kleitos, der das Agema der Ritterschaft führte, sich mehr und mehr ihm entfremdete. Immer deutlicher trat unter den makedonischen Generalen eine Spaltung hervor, die, wenn auch für jetzt ohne bedeutende Folgen, doch die Stimmungen verbitterte und selbst im Kriegsrath schon in peinlicher Gereiztheit hervorbrach; die heftigeren wollten den Krieg beendet, das Heer aufgelöst, die Beute vertheilt sehen; nicht ohne ihre Einwirkung schien auch im Heer das Verlangen nach der Heimath laut und lauter zu werden.

So steigerte sich die Misstimmung; schon wurde mit Geschenken, mit Nachsicht und Vertrauen der König ihrer nicht mehr Herr. Es konnte und durfte nicht lange in dieser Weise fortgehen; die Kriegszucht des Heeres und die Parition der Officiere, das waren die ersten Bedingungen nicht bloß für das Gelingen der militärischen Unternehmungen, sondern auch

[1]) Plut. Alex. 39.

für die Erhaltung des schon Gewonnenen und die Sicherheit der Armee selbst; wenn sich Alexander von Krateros, Kleitos, Philotas, Parmenion, von den Hetairen auch keiner That gewärtig sein mochte, so mußte er des Beispiels und der schon unsichern Stimmung im Heere wegen eine Krisis herbeiwünschen, die ihm die Faction offen gegenüberstellte und sie niederzutreten Gelegenheit bot.

Alexander rastete im Herbste des Jahres 330 mit seinem Heere in der Hauptstadt des Drangianerlandes; Krateros war von dem baktrischen Wege her wieder zu ihm gestoßen; auch Koinos, Perdikkas und Amyntas mit ihren Phalangen, auch die makedonische Ritterschaft des Philotas und die Hypaspisten waren um ihn; ihr Führer Nikanor, Philotas Bruder, war vor Kurzem gestorben, dem Könige ein schmerzlicher Verlust; durch den Bruder hatte er ihn feierlich bestatten lassen. Ihr Vater Parmenion stand mit den meisten der übrigen Truppen im fernen Medien, die Straße nach der Heimath und die reichen Schätze des Perserreiches zu hüten; im nächsten Frühling sollte er wieder zu der großen Armee stoßen. „Da erhielt Alexander die Anzeige von dem Verrath des Philotas", sagt Arrian und führt dann summarisch an, wie gegen denselben verfahren worden sei. Ausführlicher hat die Quelle, der Diodoros, Curtius, Plutarchos folgen, die Sache erzählt, ob der Wahrheit entsprechender, mag dahin gestellt bleiben. Sie sagen im Wesentlichen Folgendes:

Unter den Misvergnügten in des Königs Umgebung war Dimnos aus Chalaistra in Makedonien. Er vertraute dem Nikomachos, mit dem er in Buhlschaft lebte, daß er von dem Könige an seiner Ehre gekränkt, daß er entschlossen sei, sich zu rächen; vornehme Personen seien mit ihm einverstanden, allgemein werde eine Aenderung der Dinge gewünscht; der König, Allen verhaßt und im Wege, müsse aus dem Wege geräumt werden; in drei Tagen werde er todt sein. Für des Königs Leben besorgt, aber zu scheu, ihm so Großes selbst zu enthüllen, theilt Nikomachos den verruchten Plan seinem Bruder Kebalinos mit, und beschwört ihn, mit der Anzeige zu eilen. Der Bruder begiebt sich ins Schloß, wo der König wohnt; um alles Aufsehen zu meiden, wartet er im Eingang, bis einer der Strategen herauskomme, dem er die Gefahr entdecken könne. Philotas ist der erste, den er sieht; ihm sagt er, was er erfahren, er macht ihn verantwortlich für die schleunige Meldung und für das Leben des Königs. Philotas kehrt zum Könige zurück, er spricht mit ihm von gleichgültigen Dingen, nicht von der nahen Gefahr; auf Kebalinos Fragen, der ihn am Abend aufsucht, antwortet er, es habe sich nicht machen wollen, am nächsten Tage werde noch Zeit genug sein. Doch auch am andern Tage schweigt Philotas, obschon mehrfach mit dem Könige allein. Kebalinos schöpft Verdacht; er wendet sich an Metron, einen der königlichen Knaben, er theilt ihm die nahe Gefahr mit, fordert von ihm eine geheime Unterredung mit dem Könige. Metron bringt ihn in das Waffenzimmer Alexanders, sagt diesem während des Bades von dem, was Kebalinos ihm entdeckt, läßt dann ihn selbst hervortreten. Kebalinos vervollständigt den Bericht, sagt, daß er nicht Schuld an der Verzögerung dieser Anzeige sei, und daß er diese, bei dem auffallenden Benehmen des Philotas und der Gefahr weiterer Verzögerung, unmittelbar an den König machen zu müssen geglaubt habe. Alexander hört ihn nicht ohne tiefe Bewegung; er befiehlt sofort Dimnos festzunehmen. Der sieht die Verschwörung verrathen, seinen Plan vereitelt, er entleibt sich [1]). Dann wird Philotas zum Könige beschieden; er versichert, die Sache für eine Prahlerei des Dimnos und nicht der Rede werth gehalten zu haben, er gesteht, daß Dimnos Selbstmord ihn überrasche, der König kenne seine Gesinnung. Alexander entläßt ihn ohne Zweifel an seiner Treue zu äußern, er ladet ihn ein, auch heute nicht bei Tafel zu fehlen. Er beruft einen geheimen Kriegsrath, theilt da das Geschehene

---

[1]) Nach Plutarch wurde Dimnos, da er sich der Gefangennahme auf das Wüthendste widersetzte, von dem dazu Commandirten erstochen; entweder unglaublich, oder ein doppeltes Zeugniß von der Größe der Gefahr, daß der Abgeschickte selbst im Interesse des Philotas den Mann, dessen Zeugniß Alles offenbaren konnte, umzubringen eilte.

mit. Die Besorgniß der treuen Freunde vermehrt des Königs Verdacht eines weiteren Zusammenhanges und seine Unruhe über Philotas räthselhaftes Benehmen; er befiehlt das strengste Stillschweigen über diese Verhandlung; er bescheidet Hephaistion und Krateros, Koinos und Erigyios, Perdikkas und Leonnatos zu Mitternacht zu sich, die weiteren Befehle zu empfangen. Zur Tafel versammeln sich die Getreuen bei dem Könige, auch Philotas fehlt nicht; man trennt sich spät am Abend. Um Mitternacht kommen jene Generale, von wenigen Bewaffneten begleitet; der König läßt die Wachen im Schloß verstärken, läßt die Thore der Stadt, namentlich die nach Ekbatana führenden, besetzen; sendet einzelne Commandos ab, diejenigen, die als Theilnehmer der Verschwörung bezeichnet sind, in der Stille festzunehmen, schickt endlich 300 Mann zu Philotas Quartier [1]), mit dem Befehl, erst das Haus mit einer Postenreihe zu umstellen, dann einzubringen, den Hipparchen festzunehmen und ins Schloß zu bringen. So vergeht die Nacht.

Am andern Morgen wird das Heer zur Versammlung berufen [2]). Niemand ahnt, was geschehen; dann tritt der König selbst in den Kreis: er habe das Heer nach makedonischer Sitte zum Gericht berufen, ein hochverrätherischer Plan gegen sein Leben sei an den Tag gekommen. Nikomachos, Kebalinos, Metron legen Zeugniß ab, der Leichnam des Dimnos ist die Bestätigung ihrer Aussage. Dann bezeichnet der König die Häupter der Verschwörung: an Philotas sei die erste Anzeige gebracht, daß am dritten Tage der Mord geschehen solle; obschon er täglich zweimal in das königliche Schloß komme habe er den ersten, den zweiten Tag kein Wort geäußert; dann zeigt er Briefe des Parmenion, in denen der Vater seinen Söhnen Philotos und Nikanor räth: „sorgt erst für euch, dann

[1]) Daß bei Curt. VI. 8. 20 der Veteran Atharrias dieß Commando führt, macht dessen Schilderung nicht glaubwürdiger.

[2]) Nach Curtius Angabe waren sechstausend Makedonen zur Stelle, um sie her drängten sich Troßbuben, Knechte rc.; die übrigen Truppen werden in Cantonnements zerstreut gelegen haben.

für die Euren, so werden wir erreichen, was wir bezwecken"; er fügt hinzu, daß diese Gesinnungen durch eine Reihe von Thatsachen und Äußerungen bestätigt und Zeugniß für das schnödeste Verbrechen seien; schon bei König Philipps Ermordung habe Philotas sich für den Prätendenten Amyntas entschieden; seine Schwester sei Gemahlin des Attalos gewesen, der ihn selbst und seine Mutter Olympias lange verfolgt, ihn von der Thronfolge zu verdrängen gesucht, sich endlich, mit Parmenion nach Asien voraus gesandt, empört habe; trotz dem sei diese Familie von ihm mit jeder Art von Auszeichnung und Vertrauen geehrt worden; schon in Aegypten habe er von den frechen und drohenden Aeußerungen, die Philotas gegen die Hetäre Antigone oft wiederholt, sehr wohl gewußt, aber sie seinem heftigen Charakter zu gut gehalten; dadurch sei Philotas nur noch herrischer und hochfahrender geworden; seine zweideutige Freigebigkeit, seine zügellose Verschwendung, sein wahnsinniger Hochmuth hätten selbst den Vater besorgt gemacht und denselben zu der häufigen Warnung, sich nicht zu früh zu verrathen, veranlaßt; längst hätten sie nicht mehr dem Könige treulich gedient und die Schlacht von Gaugamela sei fast durch Parmenion verloren worden; seit Dareios Tode aber seien ihre verrätherischen Pläne gereift, und während er fortgefahren, ihnen Alles anzuvertrauen, hätten sie den Tag seiner Ermordung bestimmt, die Mörder gedungen, den Umsturz alles Bestehenden vorbereitet. Mit der tiefsten Bestürzung, so sagt die Schilderung des Herganges, haben die Makedonen den König angehört; daß dann Philotas gebunden vorgeführt wird, bewegt sie nicht minder, erweckt ihr Mitleid; der Strateg Amyntas ergreift das Wort gegen den Schuldigen, der ihnen allen mit dem Leben des Königs die Hoffnung der Heimkehr vernichtet haben würde. Dann noch heftiger der Strateg Koinos, des Philotas Schwager; schon hat er einen Stein ergriffen, das Gericht nach makedonischer Sitte zu beginnen; der König hält ihn zurück: erst müsse Philotas sich vertheidigen; er selbst verläßt die Versammlung, um nicht durch seine Gegenwart das Recht der Vertheidigung zu beeinträchtigen. Philotas leugnet die Wahrheit der Beschuldigungen;

er verweist auf seine, seines Vaters, seiner Brüder treue Dienste; er gesteht, die Anzeige des Kebalinos verschwiegen zu haben, um nicht als nutzloser und lästiger Warner zu erscheinen, wie sein Vater Parmenion in Tarsos, als er vor der Arzenei des akarnanischen Arztes gewarnt habe; aber Haß und Furcht folgere stets den Despoten, und das sei es ja, was sie Alle beklagten. Unter der heftigsten Aufregung entscheiden die Makedonen, daß Philotas und die übrigen Verschworenen des Todes schuldig seien; der König vertagt das Gericht bis zum folgenden Tage.

Noch fehlt das Geständniß des Philotas, das zugleich über die Schuld seines Vaters und der Mitverschworenen Licht verbreiten muß; der König beruft einen geheimen Rath; die meisten verlangen das Todesurtheil sofort zu vollstrecken; Hephaistion, Krateros, Koinos rathen, erst das Geständniß zu erzwingen; dafür entscheidet sich die Stimmenmehrheit; die drei Strategen erhalten den Auftrag, bei der Folter gegenwärtig zu sein. Unter den Martern bekennt Philotas, daß er und sein Vater von Alexanders Ermordung gesprochen, daß sie dieselben bei Dareios Lebzeiten nicht gewagt hätten, da nicht ihnen, sondern den Persern der Vortheil davon zugefallen wäre, daß er, Philotas, mit der Vollstreckung geeilt habe, ehe sein Vater durch den Tod, dem sein greises Leben nahe sei, dem gemeinschaftlichen Plane entrissen würde, daß er diese Verschwörung ohne Vorwissen des Vaters angestiftet. Mit diesen Zeugnissen tritt der König am nächsten Morgen in die Versammlung des Heeres; Philotas wird vorgeführt und von den Lanzen der Makedonen durchbohrt.

Auch die besten Quellen, die, denen Arrian folgt, Ptolemaios und Aristobulos, bestätigen, daß schon in Aegypten Anzeigen von den verrätherischen Plänen des Philotas an den König gebracht worden seien [1]), daß dieser sich bei der Freund-

[1]) Dieß scheint sich auf Anzeigen der Art zu beziehen, wie sie nach Plut. Alex. 38 die schöne Pydnaierin Antigone, die unter den Gefangenen von Damaskos war und des Philotas Maitresse wurde, durch Krateros dem Könige gemacht und endlich persönlich diesem wiederholt haben soll.

schaft, die zwischen ihm und Philotas bestanden, bei der hohen Achtung, die er dem Vater Parmenion stets bezeugt, nicht habe entschließen können, sie zu glauben. Ptolemaios bezeugt, daß der König selbst vor versammeltem Kriegsvolk die Anklage gesprochen, daß Philotas sich vertheidigt habe, daß namentlich die Verheimlichung der Anzeige ihm als Verbrechen angerechnet worden sei. Die Folter erwähnt er nicht.

Auch Parmenion war des Todes schuldig erkannt worden [1]). Es erschien nothwendig, das Urtheil so schnell wie möglich zu vollstrecken; er stand an der Spitze einer bedeutenden Truppenmasse, die er bei seinem großen Ansehn im Heere und mit den Schätzen, die ihm zur Bewachung anvertraut waren und die sich auf viele Tausend Talente beliefen, leicht zu dem Aeußersten bringen konnte; selbst wenn er an der Verrätherei seines Sohnes keinen unmittelbaren Antheil hatte, schien nach dessen Hinrichtung das Schlimmste möglich. Er stand in Ekbatana, 30 bis 40 Märsche entfernt; was konnte, wenn er sich empörte, in dieser Zeit geschehen? Der König durfte bei solchen Umständen nicht sein Begnadigungsrecht üben, er durfte nicht wagen, den Feldherrn offenbar und in Mitten der so leicht irre zu führenden Truppen verhaften zu lassen; Polydamas, aus der Schaar der Hetairen, wurde nach Ekbatana an Sitalkes, Menidas und Kleandros gesandt, mit dem schriftlichen Befehl des Königs, Parmenion in der Stille aus dem Wege zu räumen. Auf schnellen Dromedaren, von zwei Arabern begleitet, kam Polydamas mit der zwölften Nacht in Ekbatana an; der thrakische Fürst und die beiden makedonischen Befehlshaber entledigten sich sofort ihres Auftrages.

In Prophthasia gingen indeß die Untersuchungen weiter. Auch Demetrios, einer der sieben Leibwächter, wurde, der Ver-

---

1) Diod. XVII. 80: . . . *οἱ Μακεδόνες κατέγνωσαν τοῦ Φιλώτα καὶ τῶν καταιτιαθέντων θάνατον ἐν οἷς ὑπῆρχε Παρμενίων* u. s. w. Die Frage, ob nach dem daheim auch im Frieden geltenden Rechte verfahren wurde, oder ob für die Armee im Felde strengere kriegsrechtliche Formen galten, ist nach den vorliegenden Ueberlieferungen nicht mehr zu erkennen.

bindung mit Philotas verdächtig, gefangen gesetzt; Ptolemaios, des Lagos Sohn, erhielt seine Stelle. Die Söhne des Tymphaiers Andromenes waren dem Philotas sehr befreundet gewesen, und Polemon, der jüngste der Brüder, der in einer Ile der Ritterschaft stand, hatte sich, sobald er von der Gefangennehmung seines Hipparchen Philotas gehört, in blinder Angst auf die Flucht begeben; seine und seiner Brüder Theilnahme an der Verschwörung erschien um so glaublicher. Amyntas, Simmias, Attalos, alle drei Strategen der Phalangiten, wurden vorgeführt, namentlich gegen Amyntas mehrfache Beschuldigungen geltend gemacht. Dieser vertheidigte sich und seine Brüder dergestalt, daß die Makedonen ihn aller Schuld freisprachen; dann bat er um die Vergünstigung, seinen entflohenen Bruder zurückbringen zu dürfen; der König gestattete es; er reiste noch desselben Tages ab, er brachte Polemon zurück; das und der rühmliche Tod, den Amyntas bald darauf in einem Gefecht fand, benahmen dem Könige den letzten Verdacht gegen die Brüder, die fortan von ihm auf mannigfache Weise ausgezeichnet wurden.

Bemerkenswerth ist, daß bei Gelegenheit dieser Untersuchungen die Sache des Lynkestiers Alexandros, der vier Jahre früher in Kleinasien einen Anschlag auf des Königs Leben gemacht hatte, damals aber auf ausdrücklichen Befehl des Königs nur festgenommen war, jetzt zur Sprache gebracht wurde. Mag es wahr sein, daß das Heer seine Hinrichtung forderte, dem Könige konnte es nothwendig scheinen, einen Mann, den er mit Rücksicht auf seine Verschwägerung mit dem Reichsverweser in Makedonien bisher der gerechten Strafe vorenthalten, dem jetzt geforderten Urtheil des Heeres zu überantworten. Es ist nicht unwahrscheinlich, daß neue Anlässe hinzukamen, gerade jetzt ihn vor Gericht zu stellen; leider berichten unsere Quellen nichts Genaueres. Aber wenn Philotas eingestanden, daß der Zweck der Verschwörung Alexanders Ermordung gewesen sei, so mußte die erste und im Voraus bedachte Frage sein, wer nach ihm das Diadem tragen solle; der zunächst berechtigte war Arrhidaios, König Philipps Sohn; aber auch wenn er mit beim Heere war, es konnte Niemanden einfallen, die Gewalt einem so gut wie blödsinnigen zu übergeben; eben so wenig, einem zum Königthum völlig unberechtigten, etwa Parmenion oder seinem Sohn oder einem anderen der Generale das Diadem zu übertragen; der Lynkestier konnte den Verschworenen um so geeigneter dazu scheinen, als Antipatros, auf den gewiß besondere Rücksicht zu nehmen war, durch die Erhebung seines Eidams für die neue Ordnung der Dinge, so mochte man meinen, gewonnen werden konnte. Vielleicht darf erwähnt werden, daß Antipatros, sobald er von den Vorgängen in Prophthasia und Ekbatana unterrichtet war, Schritte gethan zu haben scheint, die ohne solchen Zusammenhang unbegreiflich wären; es wird erzählt, daß er mit den Aitolern, die Alexander wegen Zerstörung der ihm ergebenen Stadt Oiniadai auf das Strengste zu züchtigen befohlen hatte, insgeheim Unterhandlungen angeknüpft habe; eine Vorsicht, die für den Augenblick keine weitere Wirkung hatte, aber dem Könige nicht unbekannt blieb und, so wurde geglaubt, sein Mistrauen in einer Weise erregte, die, wenn auch erst nach Jahren, ihren Ausdruck finden sollte [1]).

So endete dieser trostlose Handel, trostlos auch, wenn das Gericht über Philotas gerecht, die Ermordung Parmenions eine politische Nothwendigkeit gewesen war. Es macht das Geschehene nicht erträglicher, wenn Philotas nach den Ueberlieferungen bei aller persönlichen Tapferkeit und Kriegstüchtigkeit gewaltsam, selbstsüchtig, tückisch gewesen sein, wenn der Vater selbst ihn gemahnt haben soll, vorsichtiger, minder hochfahrend zu sein; noch weniger, wenn Parmenion auch in seinen dienstlichen Beziehungen sich mehrfach des Königs Tadel zugezogen haben soll. Mochte der König meinen, von seinen höchsten Officieren die strengste Parition fordern, in Mitten des Krieges die Zügel der Disciplin doppelt scharf anziehen zu müssen, — daß er in den Kreisen der Höchstcommandirenden zu strafen fand und so strafen zu müssen glaubte, war ein bedenkliches Symptom für

---

1) Plut. Alex. 49: *πρὸς Αἰτωλοὺς ἔπεμψε κρύφα πίστεις διδοὺς καὶ λαμβάνων* — vielleicht nach einer Nachricht, die Olympias sandte.

den Zustand seines Heeres und eine erste schlimme Scharte in dem bisher so festen und scharf gefugten Instrument seiner Macht, dem einzigen, das sein Werk und seine Erfolge verbürgte.

Seine Spannkraft und sein imperatorischer Geist wird die zerrüttenden Nachwirkungen dieser Vorgänge zu bewältigen, rasch und völlig die erregten Truppen wieder in die Hand zu bekommen verstanden haben [1]). Aber daß Philotas, daß Parmenion dieser Armee fehlten, war und blieb ein unersetzlicher Schade, ein dauernder Flecken.

Es mag dahin gestellt bleiben, ob in den bezeichneten Zusammenhang auch die weiteren Formationsveränderungen zu rechnen sind, die wenigstens theilweise in diese Winterrast fallen, oder ob sie mehr noch von der sich verändernden militärischen Aufgabe veranlaßt wurden.

Seit dem Ende des Dareios gab es in den bisher persischen Landen keine organisirte feindliche Kriegsmacht mehr; es konnten noch da und dort Massen aufgeboten und ins Feld geführt werden, aber sie hatten nicht mehr die feste Formation des persischen Reichsheeres, auf das Alexander beim Beginn des Kampfes seine Armee zusammengestellt hatte, weder die Haustruppen der Großkönige und die Kardaker, noch einen Kern hellenischer Söldner und deren taktische Uebung. Der weitere Krieg mußte sich wesentlich auf den Kampf gegen lose Massen, auf deren Sprengung, rasche Verfolgung, jede Art des kleinen Krieges einrichten. Es mußten die Truppenkörper so formirt werden, daß sich aus ihnen mit Leichtigkeit Armeen im Kleinen zusammenstellen ließen; sie mußten beweglicher, in ihrer Taktik noch mehr als bisher aggressiv werden, die leichten Truppen mußten eine noch größere Ausdehnung erhalten. Endlich war es nothwendig, Fürsorge zu treffen, daß auch asiatische Aushebungen zur Verwendung kommen konnten, nicht bloß um die

---

[1]) Dahin mag das τάγμα ἀτάκτων zu rechnen sein (Diod. XVII. 80; Curt. VII. 2. 35), in das die Unzufriedenen und Raisonnirenden gesteckt wurden.

Masse des Heeres zu vergrößern und in dem Maaß, als man sich von den Recrutirungen aus der Heimath entfernte, näheren Ersatz zu schaffen.

Schon im Winter vorher waren die Ilen der Ritterschaft zu je zwei Lochen formirt, deren jeder seinen Lochagen erhielt; jetzt wurden je acht dieser Lochen zu einer Hipparchie vereint, so daß es fortan, wenn der moderne Ausdruck erlaubt ist, zwei Regimenter dieser schweren Cavalerie zu acht immerhin schwächeren Schwadronen gab. Die eine Hipparchie erhielt Kleitos, des Dropides Sohn, der bisher die königliche Ile der Ritterschaft geführt hatte, der „schwarze Kleitos“, die zweite Hephaistion. Bereits in dem Feldzuge des nächsten Jahres ist die Zahl der Hipparchien weiter vermehrt [1]).

In gleicher Weise sind die Söldnerreiter, die 400 Mann stark unter Menidas 331 zum Heere gekommen waren, so vermehrt worden, daß sie mehr als eine Hipparchie bilden [2]).

Schon ist auch eine Waffe der Akontisten zu Pferd eingerichtet, ihre Zahl ist nicht mehr zu erkennen [3]).

Die nicht minder bedeutenden Veränderungen in der Formation des Fußvolkes, die in dem indischen Feldzuge hervortreten, scheinen erst nach den großen Verstärkungen, die das Heer in Baktrien erhielt, durchgeführt zu sein.

Schon in Persepolis hatte der König Befehl in die Sa-

---

1) Arrian. III. 29. 7 erhält Ptolemaios ein Corps, in dem τῶν ἑταίρων ἱππαρχίαι τρεῖς. Schon daraus ersieht man, daß es sich nicht bloß um Ersatz für die entlassene thessalische Ritterschaft handelte. Später (Arrian. IV. 4. 7) wird ein anderes Corps angeführt, in dem eben so drei Hipparchen der Hetairen sind; im indischen Feldzuge werden sechs Hipparchien mit den Namen ihrer Hipparchen erwähnt; nach Arrian. IV. 22. 7 verglichen mit 23. 1 und 24. 1, darf man auf acht Hipparchien außer dem Agema schließen.

2) Nach Arrian. IV. 4. 6 macht den Angriff auf die Skythen μία ἱππαρχία τῶν ξένων und vier Ilen von den Sarissophoren; zu einem Detachement Arrian. IV. 3. 7 werden u. a. an Cavalerie 60 Mann von der Ritterschaft, 800 τῶν μισθοφόρων gegeben.

3) Arrian. III. 24. 1; IV. 17. 3; V. 11. 3 u. s. w.

trapien gesandt, junge Mannschaften auszuheben, im Ganzen 30,000 Mann, die nach makedonischer Art zum Dienst ausgebildet und dann als „Epigonen" in die Armee eingestellt werden sollten [1]). Aber schon demnächst, bei seinem zweijährigen Aufenthalt in den baktrischen Landen nahm er Baktrier, Sogdianer, Paropamisaden u. s. w., namentlich als Reiter in Dienst.

Mit einem Wort, das Heer des Königs, bisher aus Makedonen, Hellenen und europäischen Barbaren bestehend, begann sich in dem hellenistischen Charakter, den Alexander seinem Reiche geben wollte, zu entwickeln; und während überall in den Mittelpunkten der Satrapien mehr oder weniger starke makedonisch-hellenische Garnisonen zurückblieben und sich, so dauernd angesiedelt, aus der bloß militärischen Ordnung auch zu civilen Gemeinwesen, zu Politien nach hellenischer Art umbildeten, mußten in der Feldarmee die eingereihten Asiaten durch die militärische Gemeinschaft und Disciplin sich zu hellenisiren beginnen.

Diese Feldarmee war doch nicht bloß ein militärischer Körper; sie umschloß noch andere Elemente, andere Functionen; sie bildete eine höchst eigenthümliche Welt für sich. Das Feldlager war zugleich das Hoflager, umschloß die centrale Verwaltung des ungeheuren Reiches, dessen oberster Civildienst, das Cassawesen, die Intendanturgeschäfte, die Vorräthe für Bewaffnung und Bekleidung der Armee, für den Unterhalt der Menschen und Thiere, den Lazarethdienst; mit dem Heere zogen Händler, Techniker, Lieferanten, Speculanten aller Art, nicht wenige Literaten, nicht bloß die zum Unterricht der jungen Herren von Adel bestimmten; auch Gäste, hellenische und Asiaten, Laien und priesterliche; an einem Troß von Weibern wird es nicht gefehlt haben; wenn der Lynkestier Alexandros seit den Vorgängen in Pisidien gefangen dem Heere folgte, so wird auch der schwachsinnige Arrhidaios, Philipps Bastard, nicht zurück gelassen sein. Kurz, dieß Feld- und Hoflager war gleichsam die bewegliche Residenz des Reichs, der mächtige und mächtig pulsirende Schwer- und Mittelpunkt desselben, der sich von einem

---

[1]) Arrian. VII. 6. 1. Plut. Alex. 47. Suid. v. Βασίλειοι παῖδες.

Lande zum andern schob und weilend wie weitereilend sein Machtgewicht wirken ließ.

Vielleicht darf an dieser Stelle noch ein anderer Punkt angeführt werden, auf den die Natur der Sache zu führen scheint. Alexanders Truppen waren in der Bekleidung ausgezogen, welche dem Klima und der Landessitte der Heimath entsprach; war sie für die doch sehr anderen Verhältnisse Irans, Turans, Indiens, für die Strapazen endloser Märsche, für die unvermeidlichen schroffen Wechsel der Ernährung, für Sonnengluth, Winterwetter im Hochgebirg, bald tropischer Regenmonate in gleichem Maaße angemessen? ergab nicht die Fürsorge für die Gesundheit der Mannschaften die Nothwendigkeit, den Leib mit dichter schließenden Kleidungen warm zu halten, den Schädel vor Sonnenstich zu schützen, die Beine einzuhüllen [1]), die Füße besser als mit Sandalen oder niedrigen Schuhen zu schützen? vielleicht nach der Art, wie man sie bei den Völkern dort in Gebrauch sah? Ist das vielleicht die Einführung asiatischer Tracht, die dem Könige zu schwerem Vorwurf gemacht wird? Freilich in der Dürftigkeit unserer Ueberlieferungen findet sich auf diese, wie auf so viele Fragen keine Antwort.

---

1) Die Trajanssäule zeigt, daß der römische Soldat im dacischen Feldzug Hosen trug. Daß der römische Soldat seine Sohlen mit Nägeln beschlagen trug, ist aus Josephos bekannt.

Zweites Kapitel.

Alexander nach Baktra. — Verfolgung des Bessos, dessen Auslieferung. — Zug gegen die Skythen am Jaxartes. — Empörung in Sogdiana. — Bewältigung der Empörer. — Winterrast in Zariaspa. — Zweite Empörung der Sogdianer. — Bewältigung. — Rast in Marakanda. — Kleitos Ermordung. — Einbruch der Skythen nach Zariaspa. Winterrast in Nautaka. — Die Burgen der Hyparchen. — Vermählung mit Roxane. — Verschwörung der Edelknaben. — Kallisthenes Strafe.

Der nächste Feldzug galt dem oxianischen Lande. Dort hatte Bessos, der die Tiara des Großkönigs nnd den Namen Artaxerxes angenommen, eifrigst Vorbereitungen gemacht, um sich dem weiteren Vordringen der Makedonen zu widersetzen. Außer den Truppen, die noch seit der Ermordung des Großkönigs um ihn waren, hatte er aus Baktrien und Sogdiana etwa 7000 Reiter um sich versammelt, auch einige Tausend Daer waren zu ihm gestoßen; mehrere Große des Landes, Dataphernes und Oxyartes aus Baktrien, Spitamenes aus Sogdiana, Katanes aus Paraitakene, befanden sich bei ihm; auch Satibarzanes hatte sich, nachdem seine Empörung im Rücken Alexanders misglückt war, nach Baktrien geflüchtet, — ein Unfall, der für Bessos den großen Vortheil mit sich zu führen schien, daß Alexander, einmal von dem großen Wege nach Baktrien abgelenkt, wahrscheinlich die schwer zugänglichen Pässe über den Kaukasos scheuen, und den Feldzug gegen Baktrien entweder ganz aufgeben oder wenigstens Zeit zu neuen und größeren Rüstungen lassen, vielleicht einen Einfall nach dem nahen Indien machen werde; und dann konnte es nicht schwer sein, in den neuunterworfenen Ländern in seinem Rücken einen allgemeinen Aufstand zu organisieren.

Bessos ließ die Gegenden am Nordabhange des Gebirges mehrere Tagereisen weit verwüsten, um so jedes Eindringen eines feindlichen Heeres unmöglich zu machen; er übergab dem Satibarzanes, welcher auf die Anhänglichkeit seiner ehemaligen Unterthanen rechnen konnte, etwa zweitausend Reiter, um mit diesen eine Diversion im Rücken der Makedonen zu machen, die, wenn sie glückte, den Feind gänzlich abschnitt. Die Areier erhoben sich bei dem Erscheinen ihres ehemaligen Herrn, ja der von Alexander eingesetzte Satrap Arsames selbst schien die Empörung zu begünstigen. Auch nach Parthien hin sandte Bessos einen seiner Getreuen, Barzanes, um dort eine Insurrection zu Gunsten des alten Perserthums zu bewirken [1]).

Alexander erhielt die Nachricht von dem neuen Aufstande der Areier in Arachosien; sofort sandte er die Reiterei der Bundesgenossen, sechshundert Mann, unter ihren Führern Erigyios und Karanos, sowie die griechischen Söldner unter Artabazos, sechstausend Mann, unter denen auch die in den kaspischen Pässen übergetretenen unter Andronikos waren [2]), nach Areia, ließ zugleich dem Satrapen in Hyrkanien und Parthien, Phrataphernes, den Befehl zukommen, mit seinen Reiterschaaren

---

1) Arrian. III. 28. 10; IV. 7. 1.

2) Arrian. III. 28. 2. Die Zahlen bei Curtius (VII. 3. 2) bestätigen sich durch ihre innere Wahrscheinlichkeit. Das Contingent der Bundesstaaten beläuft sich, freilich nach Diodors Angabe XVII. 17, auf 600 Reiter, und in der Schlacht von Arbela ist es zwischen Erigyios und Koiranos (so nennt ihn Arrian III. 12. 4, hier Karanos) getheilt; Andronikos führte die griechischen Söldner, die früher bei Dareios waren, etwa 1500 an der Zahl; und es ist nicht unglaublich, daß Artabazos, den Alexander so hoch ehrte und welcher so oft in seinem Leben mit griechischen Soldtruppen zu thun gehabt hatte, den Oberbefehl über diesen Theil des schwerbewaffneten Fußvolkes erhalten hatte; offenbar wurde er als Perser besonders zu dieser Expedition ausersehen.

zu jenen zu stoßen. Zu gleicher Zeit war der König selbst aus dem Arachosischen aufgebrochen [1]) und unter der strengsten Winterkälte über die nackten Paßhöhen, welche das Gebiet der Arachosier von dem der Paropamisaden trennen, gezogen. Er fand dies Hochland stark bevölkert, und obschon jetzt tiefer Schnee die Felder überdeckte, doch Vorräthe genug in den zahlreichen Dörfern, die ihn freundlich aufnahmen [2]). Er eilte in die offenere Landschaft des oberen Kabulstromes hinab und über diesen bis an den Fuß des hohen Hindukusch, des „Kaukasos", jenseits dessen Baktrien liegt. Hier hielt er Winterrast [3]).

Aus dem Lande von Kabul führen sieben Pässe über das Gebirge Hindukusch nach dem Stromthale des Oxos; drei von diesen führen an den Quellflüssen des Pundschir aufwärts, am weitesten östlich die von Khawak mit einer Paßhöhe von 13,200 Fuß nach Anderab [4]); diese und noch mehr die drei nächsten,

---

[1]) Nach Curt. VII. 3. 4 sollen auf diesem Marsch die Truppen, die in Ekbatana unter Parmenion gestanden, 6000 Makedonen und 200 makedonische Reiter, 5000 Söldner zu Fuß und 600 Reiter, haud dubie robur omnium virium regis, zu Alexander gestoßen sein. Leider giebt Arrian nicht an, wie der III. 19. 7 erwähnte Befehl, daß diese Truppen durch das Land der Kadusier, also des Weiteren an der Küste des kaspischen Meeres, nachrücken sollten, ausgeführt, wann das Corps zum Könige gestoßen ist. Zu combiniren, daß Polydamas mit dem Befehl zur Ermordung des Parmenion, den für den Marsch seiner Truppen überbracht habe, und daraus chronologische Bestimmungen zu entwickeln, wäre willkührlich. Daß ein Theil dieser Truppen, die Söldnerreiter und die freiwillig bleibenden Thessaler, bald nach dem Ausmarsch aus Zadrakarta zum Heere gestoßen waren, ergiebt Arrian. III. 25. 4.

[2]) Strabo XVI, p. 312. Curtius schildert den Uebergang über dies Plateau von Ghizni mit sehr starken Uebertreibungen, doch findet man manche seiner geographischen Notizen durch die Angaben Babers, Elphinstons und Anderer bestätigt.

[3]) Diese Rast ergiebt sich aus der Angabe bei Arrian III. 28. 4, daß er da eine Stadt gegründet, Opfer und Feste gefeiert habe, so wie aus Strabo XV, p. 725 διαχειμάσας αὐτόθι.

[4]) Diesen Weg des Tullpasses, der auch nach der Feste Khowak genannt wird, beschreibt Wood Journey, p. 275, der ihn 1837, von der Entdeckung der Oxosquellen zurückkommend, wählte.

welche zu den Quellen des Surkab hinabführen, sind vier bis fünf Monate hindurch vom Schnee so bedeckt, daß man sie kaum passiren kann; man muß dann den westlichsten Paß, den von Dundan Shikan, einschlagen, auf dem man mit etwa sechszig Meilen von Kabul nach Balk gelangt; dieser Weg führt durch mehrere Bergketten diesseits und jenseits des Hauptgebirges, und die Thäler zwischen denselben sind an Quellen, an Weide und Heerden reich, von friedlichen Hirtenstämmen bewohnt [1]).

Alexander lagerte, das hohe Gebirg „zu seiner Linken", an einer Stelle, wo er den beschwerlichen Ostpässen, namentlich dem nach Anderab, näher war als dem bequemeren Westpaß. Mußte ihn Bessos nicht über diesen kommen zu sehen erwarten und demnach seine Maaßregeln getroffen haben? es war angemessen, die näheren Pässe zu wählen und lieber dem Heere eine längere Rast zu gewähren, um so mehr, da die Pferde des Heeres durch die Wintermärsche schwer mitgenommen waren. Es kam noch ein anderer Umstand hinzu; was der König im Kabullande hörte und sah, mußte ihn erkennen lassen, daß hier die Eingangspforte zu einer neuen Welt sei, voll kleiner und großer Staaten, voll kriegerischer Volksstämme, bei denen die Nachricht von der Nähe des Eroberers unzweifelhaft Aufregung genug veranlassen mußte, vielleicht selbst Maaßregeln, ihm, wenn er nach Norden weitergezogen, die Rückkehr durch die Pässe, die er jetzt vor sich hatte, unmöglich zu machen. Zur Sicherung dieser Position wurde an der Stelle, wo das Heer lagerte, eine Stadt „Alexandreia am Kaukasos" angelegt und ihr eine starke Besatzung gegeben [2]); es wurde der Perser Proexes zum Sa-

---

1) Die classische Stelle für diese Paßgegend findet sich in den Memoiren des Sultan Baber, S. 139; die östlichen Paßgegenden durchzog Timur, und Chereffeddin schreibt zu Anfang und zu Ende des vierten Buches viel Bemerkenswerthes darüber; Genaueres jetzt Masson, Journey II, p. 352 sqq.

2) Die Lage der Stadt sub ipso Caucaso (Plin. V. 16) habe ich schon früher abweichend von C. Ritter, der sie in Bamijan zu erkennen glaubte, in der Gegend gesucht, wo sich der Gurbend und Pundschir, die letzten Höhen durchbrechend, vereinigen. Die Ruinen bei Charikar und Ghorband (Gurbend), die Wilson, Ariana Ant., p. 182 nachweiset, 40—50

trapen des Landes, Neiloxenos von den Hetairen zum Episkopos bestellt [1]).

Sobald die Tage der strengsten Kälte vorüber waren, brach Alexander aus der Winterrast auf, um das erste Beispiel eines Gebirgsüberganges zu geben, mit dessen staunenswürdiger Kühnheit nur die ähnlichen Wagnisse Hannibals zu wetteifern vermögen. Die Verhältnisse, unter denen Alexander den Marsch unternehmen mußte, erschwerten denselben bedeutend; noch war das Gebirge mit Schnee bedeckt, die Luft kalt, die Wege beschwerlich; zwar fand man zahlreiche Dorfschaften und die Einwohner friedlich und bereitwillig, zu geben, was sie hatten, aber sie hatten nichts als ihre Heerden; die Berge, ohne Waldung und nur hie und da mit Terpenthinbüschen bewachsen, boten keine Feuerung dar; ohne Brot und ungekocht wurde das Fleisch genossen, nur gewürzt mit dem Silphion, das in den Bergen wächst. So zog man vierzehn Tage lang über Bergstraßen; je näher man den Nordabhängen kam, desto drückender wurde der Mangel; man fand die Gegenden verwüstet und verödet, die Ortschaften niedergebrannt, die Heerden fortgetrieben; man war genöthigt sich von Wurzeln zu nähren und das Zugvieh der Bagage zu schlachten. Nach unsäglicher Anstrengung, von der Witterung und dem Hunger mitgenommen, mit Verlust vieler Pferde,

---

engl. Meilen von Kabul, scheinen die Stelle zu bezeichnen. Des Genaueren handelt jetzt davon Cunningham (The ancient Geogr. of India 1871, I, p. 21 sqq.), wo jedoch wohl mit Unrecht Steph. Byz. v. *Ἀλεξάνδρεια .. ἐν τῇ Ὀπιανῇ κατὰ τὴν Ἰνδικὴν* auf dieß Alexandria sub ipso Caucaso gedeutet wird. Ich glaube nicht mehr, daß Alexander den Weg über Bamijan einschlug, sondern den von Anderab, welchen Ort die alten Schriftsteller mit ihrem Drapsaka Arrian. III. 29. 1, Adrapsa Strabo XI, p. 516 zu bezeichnen scheinen. In der neuen Stadt blieben nach Curt. VII. 3. 23 7000 makedonische Veteranen, in ihr und den nächstgelegenen Gründungen nach Diod. XVII. 83 3000 von den *ἐκτὸς τάξεως συνακολουθούντων*, 7000 Barbaren und von den Söldnern die, welche es wollten.

[1]) Diod. XVII. 83: *καὶ ἄλλας πόλεις ἔκτισεν ἡμέρας ὁδὸν ἀπεχούσας τῆς Ἀλεξανδρείας*, gewiß nicht mit Wesseling nach einem Pariser Codex *ἄλλην πόλιν . . ἀπέχουσαν* zu schreiben. Weiteres in dem Anhang über die Städtegründungen.

in traurigstem Aufzuge, erreichte das Heer endlich am funfzehnten Tage die erste baktrische Stadt Drapsaka oder Adrapsa [1]), noch hoch im Gebirge.

Er stand am Eingang eines Gebietes doch sehr anderer Art, als die er bisher leicht genug unterworfen hatte. Baktrien und Sogdiana waren Länder uralter Cultur, einst ein eigenes Reich, vielleicht die Heimath des Zarathustra und der Lehre, die sich über ganz Iran verbreitet hatte. Dann den Assyrern, den Medern, den Persern unterworfen, hatte dieß Land, im Norden und Westen von den turanischen Völkern umgeben und stets von ihren Einfällen bedroht, die hervorragende Bedeutung eines zum Schutz Irans wesentlichen, zur militärischen Vertheidigung organisirten Vorlandes bewahrt. Daß Bessos, „Satrap des Landes der Baktrier", in der Schlacht von Arbela zugleich mit den Sogdianern und den an Baktrien grenzenden Indern die skythischen Saken, nicht als seine Unterthanen, sondern als „Verbündete des Großkönigs", geführt hatte, ließ hier eine Einheit der militärischen Leitung und eine Mitwirkung der Skythenstämme erwarten, der gegenüber die Bewältigung dieser Lande doppelt schwierig werden konnte.

Vielleicht, daß sie der plötzliche Anmarsch des makedonischen Heeres von unerwarteter Seite her erleichterte. Nach kurzer Rast rückte Alexander in raschen Märschen durch die Pässe, welche die

---

[1]) Strabo XV, p. 725: *πεντεκαιδεκαταῖος ἀπὸ τῆς κτισθείσης πόλεως καὶ τῶν χειμαδίων ἧκεν εἰς Ἄδραψα.* Joh. Wood, Journey, ed. 2, 1872, p. 273 sqq. rechnet von Anderab bis zum Ende des Pundschirthales 125 engl. Meilen; er fand in der zweiten Hälfte April auf der Paßhöhe des Weges vier Fuß hohen Schnee. Burnes (Asiat. Journ. 1833, Febr. 168) sagt von seiner Reise über Bamijan: „wir zogen vier Tage (es war im Mai) unter Steilklippen und Felswänden hin, welche die Sonne vor unserem Gesichte verbargen und sich über uns zu einer perpendikulären Höhe von 2000 bis 3000 Fuß erhoben; mir ist die Nase hier erfroren und von den Schneefeldern das Auge fast erblindet; wir konnten nur des Morgens weiter, wo der Schnee überfroren war; diese Gebirge sind fast ohne Bewohner und unser Lager war ‚des Bergstroms Bett' während des Tages."

nördlichsten Vorberge bilden, nach Aornos hinab und von dort über die Fruchtebenen Baktriens nach Baktra, der Hauptstadt des Landes; nirgends fand er Widerstand.

Bessos, so lange die Feinde noch fern waren, voll Zuversicht und in dem Wahne, daß die Gebirge und die Verwüstungen an ihrer Nordseite das turanische Land schützen würden, hatte nicht sobald von dem Anrücken Alexanders gehört, als er eilends aus Baktra aufbrach, über den Oxos floh und, nachdem er die Fahrzeuge, die ihn über den Strom gesetzt, verbrannt hatte, sich mit seinem Heere nach Nautaka im Sogdianerlande zurückzog. Noch hatte er einige Tausend Sogdianer unter Spitamenes und Oxyartes, sowie die Daer vom Tanais bei sich; die baktrischen Reiter hatten, sobald sie sahen, daß ihr Land Preis gegeben wurde, sich von Bessos getrennt und in ihre heimathlichen Gebiete zerstreut [1]), so daß Alexander mit leichter Mühe alles Land bis zum Oxos unterwarf. Zu gleicher Zeit kam Artabazos und Erigyios aus Areia zurück; Satibarzanes war nach kurzem Kampfe besiegt, der tapfere Erigyios hatte ihn mit eigener Hand getödtet; die Areier hatten die Waffen sofort gestreckt und sich unterworfen. Alexander sandte den Solier Stasanor in jene Gegenden, mit dem Befehl, den bisherigen Satrapen Arsames, der bei dem Aufstande eine zweideutige Rolle gespielt hatte, zu verhaften und statt seiner die Statthalterschaft zu übernehmen. Die reiche baktrische Satrapie erhielt der greise Artabazos, denen, die sich in ihr Schicksal ergaben, gewiß zu nicht geringer Beruhigung. Aornos, am Nordeingang der Pässe, wurde zum Waffenplatz ausersehen [2]); es

---

[1]) Arrian. III. 28. 10: ἐπὶ τὰ σφῶν ἕκαστοι. Curt. VII. 4. 21 in suos quisque vicos. Vielleicht darf man den Ausdruck, den Arrian IV. 21. 1 bei dem späteren Aufstand der Baktrianer braucht: Chorienes καὶ ἄλλοι τῶν ὑπάρχων οὐκ ὀλίγοι damit zusammenbringen. Einen persischen Satrapen für Sogdiana nennt weder Arrian noch die anderen Quellen. Auch das reiche Land Margiana (Merv Shahidschan) hat wenigstens in älterer Zeit zur Satrapie Baktrien gehört, wie die Inschrift von Bisitun 3. 11 erweist; der Satrap von Baktrien schlägt da den, der sich in der Margiana empört, nieder.

[2]) Ob diese Stadt den Namen Alexandreia erhalten habe und Ἀλεξάν-

wurden die Veteranen, die zum ferneren Dienst untauglich waren, sowie die thessalischen Freiwilligen, deren Dienstzeit um war, in die Heimath entlassen [1]).

So war mit dem Frühling des Jahres 329 Alles bereit, die Unterwerfung des transoxianischen Landes zu beginnen [2]). Die eigenthümlichen Verhältnisse desselben hätten, gehörig benutzt, einen langen und vielleicht glücklichen Widerstand möglich gemacht. Das fruchtreiche, dichtbevölkerte Thalland von Marakanda, im Westen durch weite Wüsten, im Süden, Osten und Norden durch Gebirge mit höchst schwierigen Pässen geschützt, war nicht bloß leicht gegen jeden Angriff zu vertheidigen, sondern überdieß zu steter Beunruhigung Areias, Parthiens und Hyrkaniens günstig gelegen; leicht konnten dort bedeutende Kriegsheere zusammengebracht werden; die daischen und massagetischen Schwärme in den westlichen Wüsten, die skythischen Horden jenseits des Jaxartes waren stets zu Raubzügen geneigt; selbst indische Fürsten hatten sich bereit erklärt, an einem Kriege gegen Alexander Antheil zu nehmen. Wenn auch die Makedonen siegten, boten die Wüsten im Westen, die Felsburgen des oberen Landes sichere Zuflucht und Ausgangspunkte zu neuen Erhebungen.

Um so wichtiger war es für Alexander, sich der Person des Bessos zu bemächtigen, bevor seine Usurpation des königlichen Namens zur Losung eines allgemeinen Aufstandes wurde. Er brach aus Baktra auf, um Bessos zu verfolgen. Nach einem

---

ὄρεια κατὰ Βάκτρα des Stephanos bezeichne, oder ob letztere mehr östlich zu suchen sei, wo die orientalischen Geographen Iskandereh nennen (Ebn Haukal 224; Abulfeda bei Reiske 352), wage ich nicht zu entscheiden. Mützell (Curt., p. 654) vermuthet, daß Alexander von Anderab an dem Fluß, der bei Kunduz zum Oxos fließt (Ghori bei Al. Burnes) hinabgezogen sei; es ist wenigstens der natürliche Weg.

[1]) Arrian. III. 29. 5. Curt. VII. 5. 27.

[2]) Von diesem Aufenthalt in Baktrien sagt Curt. VII. 4. 32: hic regi stativa habenti nuntiatur ex Graecia Peloponnesiorum Laconumque defectio; nondum enim victi erant quum proficiscerentur tumultus ejus principia nuntiaturi. Die Botschaft müßte etwa Juni 330 abgesandt sein, sie müßte zehn Monate gebraucht haben zum Alexander zu ge-

mühseligen Marsche über das öde Land, das das Fruchtgebiet um Baktra vom Oxos trennt [1]), erreichte das Heer das Ufer des mächtigen und reißenden Stromes. Nirgend waren Kähne zum Uebersetzen, hindurchzuschwimmen oder hindurchzuwaten bei der Breite und Tiefe des Stromes unmöglich, eine Brücke zu schlagen zu zeitraubend, da man weder Holzung genug in der Nähe hatte, noch das weiche Sandbett und der heftige Strom des Flusses das Einrammen von Pfählen leicht hätte bewerkstelligen lassen. Alexander griff zu demselben Mittel, dessen er sich an der Donau mit so gutem Erfolg bedient hatte; er ließ die Felle, unter denen die Truppen zelteten, mit Stroh füllen und fest zunähen, dann zusammenbinden, pontonartig ins Wasser legen, mit Balken und Brettern überdecken und so eine fliegende Brücke zu Stande bringen, über welche das gesammte Heer in Zeit von fünf Tagen den Strom passirte [2]). Ohne Aufenthalt rückte Alexander auf der Straße von Nautaka vor.

Während dieser Zeit hatte das Schicksal des Bessos eine Wendung genommen, wie sie seines Verbrechens und seiner Ohnmacht würdig war. In steter Flucht vor Alexander, jedes Wollens und Handelns unfähig, schien er den Großen in seiner Umgebung ihre letzte Hoffnung zu vereiteln und zu verrathen; natürlich, daß selbst in solcher Erniedrigung der Name der Macht noch lockte; und gegen den Königsmörder ward Unrecht für erlaubt gehalten. Der Sogdianer Spitamenes, von dem Anrücken des feindlichen Heeres unterrichtet, hielt es an der

---

langen. Die Angabe wäre von großem Werth, wenn sie nicht von Kleitarch stammte.

1) Als schauerliche Wüste beschreibt Curt. VII. 5. 1 die durchzogene Gegend, gewiß übertreibend, und diesseits des Oxos anticipirend, was jenseits zum Theil richtig ist. Wenigstens erreicht nach Strabo XI, p. 510 der Fluß von Baktra den Oxos: ἣν (πόλιν) διαῤῥεῖ ὁμώνυμος ποταμὸς ἐμβάλλων εἰς τὸν Ὦξον. Von Balk bis Kilif sind reichlich zehn Meilen.

2) Arrian. III. 29. Für die Lage von Nautaka τῆς Σογδιάνης χώρας giebt es keine andere Bestimmungen als diese Flucht des Bessos und das Winterlager der Makedonen 328/7 Arrian. IV. 18. 1. Da die Flucht nach Westen, nach Buchara zu, ging, scheint Nautaka

Zeit, durch Verrath an dem Verräther sich Alexanders Gunst zu erwerben. Er theilte den Fürsten Dataphernes, Katanes, Oxyartes seinen Plan mit, sie verständigten sich bald, sie griffen den „König Artaxerxes“, sie meldeten an Alexander: wenn er ihnen eine kleine Heeresabtheilung schicke, wollten sie den Bessos, der in ihrer Gewalt sei, ausliefern. Auf diese Nachricht gewährte Alexander seinen Truppen einige Ruhe und sandte, während er selbst in kleineren Tagemärschen nachrückte, den Leibwächter Ptolemaios den Lagiden mit etwa sechstausend Mann voraus, die hinreichend schienen, selbst wenn das Barbarenheer sich der Auslieferung des Bessos widersetzen sollte, dieselbe zu bewerkstelligen. In vier Tagen legte dieses Corps einen Weg von zehn Tagereisen zurück [1]) und erreichte die Stelle, wo Tags zuvor Spitamenes mit seinen Leuten gelagert hatte. Hier erfuhr man, daß Spitamenes und Dataphernes in Beziehung auf Bessos Auslieferung nicht sicher seien; deshalb befahl Ptolemaios dem Fußvolk langsam nachzurücken, während er selbst an der Spitze der Reiter eiligst weiterzog; bald stand er vor den Mauern eines Fleckens, in dem sich Bessos, von

---

eher in dem Canton von Nakschab (oder Karschi), der Winterresidenz Timurs, als in dem östlicheren Kesch (oder Schehrisebz) gesucht werden zu müssen. Der Weg von Balk über den Oxos dahin führt zu dem Oxosübergang bei Kilif, ein Weg, mit dem die Verfolgung zugleich die bedeutenden Gebirge, welche Hissar von dem Lande von Karschi scheiden, umging, namentlich den gefährlichen Paß des „eisernen Thores“. Dieß ganze Gebiet zwischen Oxos und Sogdfluß ist erst seit 1875 durch die Expeditionen von Fedtschenko und Majew, so wie durch die entsprechenden englischen, die Major Montgommery veranlaßt hat, aufgeklärt worden; ich verweise auf Bulletin geogr. 1876, (Decemb.), p. 572 sqq., und auf R. Kiepert, Globus 1877, n°. 1, bei der einen wie andern Uebersicht ein lehrreiches Kärtchen. Namentlich durch Majews Berichte sind die Angaben Cheresseddins doppelt lehrreich geworden.

1) Ist Nautaka das heutige Karschi am Kaschkafluß, so liegt es etwa 30 Meilen von Kilif und dem Oxosübergang. Bessos ist dann von Nautaka in der Richtung des 20 Meilen weiter nach Nordwest liegenden Buchara geflüchtet und bei einer der Ortschaften auf diesem Wege, etwa Karaultübe, 5 Meilen von Buchara, ausgeliefert. Dieß, um des Ptolemaios „zehn Tagemärsche in vier Tagen“ erklärlich zu machen.

Spitamenes und den anderen Verschworenen verlassen, mit dem kleinen Rest seiner Truppen befand; ihn mit eigener Hand auszuliefern hatten sich die Fürsten geschämt. Ptolemaios ließ den Flecken umzingeln, die Einwohner durch einen Herold auffordern, Bessos auszuliefern, so werde er ihrer schonen. Man öffnete die Thore, die Makedonen rückten ein, nahmen Bessos fest, und zogen in geschlossener Colonne zurück, mit ihrer Beute zu Alexander zu stoßen; doch ließ Ptolemaios vorher anfragen, wie Alexander befehle, daß der gefangene Königsmörder vor ihm erscheinen solle. Alexander befahl, ihn nackt, ins Halseisen gebunden vorzuführen, und ihn rechts an dem Wege, wo er mit dem Heere vorüberziehen würde, aufzustellen. So geschah es; als Alexander ihm gegenüber war und seiner ansichtig wurde, ließ er seinen Wagen halten und fragte ihn: warum er Dareios, seinen König und Herrn, seinen Verwandten und Wohlthäter festgenommen, gefangen fortgeschleppt, endlich ermordet habe? Bessos antwortete: er habe dieß nicht auf seine Entscheidung allein gethan, sondern in Uebereinstimmung mit Allen, die damals um Dareios Person gewesen seien, in der Hoffnung, sich so des Königs Gnade zu verdienen. Darauf ließ ihn der König geißeln und durch den Herold bekannt machen, was ihm der Königsmörder gesagt habe. Bessos ward nach Baktra abgeführt, um gerichtet zu werden [1]).

So hat Ptolemaios diesen Vorgang berichtet, während nach Aristobulos Spitamenes und Dataphernes selbst den Bessos in Ketten übergeben haben. Damit scheint angedeutet, was die kleitarchische Ueberlieferung noch bestimmter hervorhebt, daß

---

[1]) Arrian. III. 30. 5 nach Ptolemaios mit dem Schluß: *οὕτως αἰκισθεὶς ἀποπέμπεται ἐς Βάκτρα ἀποθανούμενος*. Nach Curt. VII. 5. 40 wird Bessos dem Oxathres, dem Bruder des Ermordeten, übergeben (nach Diod. XVII. 83 *τῷ ἀδελφῷ τοῦ Δαρείου καὶ τοῖς ἄλλοις συγγενέσι*, also ganz in gentilicischer Weise), — während bei Arrian Oxathres des Abulites Sohn und Alexanders Satrap in Susa ist, dagegen des Dareios Bruder Oxyartes heißt (VII. 4. 5) und von dem baktrischen Oxyartes unterschieden ist.

Spitamenes, Dataphernes, Katanes, Oxyartes von dem Könige zu Gnaden aufgenommen, wohl auch in ihrem Besitz bestätigt worden sind. Alexander mochte glauben, damit auch des sogdianischen Landes sicher zu sein. Er zog zwar von Nautaka weiter nach Marakanda [1]), der Hauptstadt Sogdianas, ließ auch dann, weiter nach dem Jaxartes marschirend, eine Besatzung in Marakanda zurück; aber unsere Quellen erwähnen nicht, daß er einen Satrapen der Sogdianer bestellt, noch daß er andere Maaßregeln der Unterwerfung getroffen habe; er forderte nur eine bedeutende Lieferung von Pferden, um seine Reiter, die im Hochgebirge und auf dem weiteren Hermarsch viele Verluste erlitten hatten, wieder vollständig beritten zu machen.

Um so bemerkenswerther ist die beiläufige Notiz in unseren Quellen, daß Alexander die „Hyparchen des baktrischen Landes" nach Zariaspa beschieden habe [2]), zu einer Zusammenkunft, die

---

[1]) Daß Marakanda das heutige Samarkand ist, gründet sich nicht bloß auf die Namensähnlichkeit, die Spiegel II, p. 546 für nicht ausreichend hält. Die Stadt gilt den Morgenländern für eine Gründung Alexanders (Baber, Mem., S. 48).

[2]) Arrian. IV. 1. 5: *συνελθεῖν τοὺς ὑπάρχους τῆς χώρας ἐκείνης εἰς Ζαρίασπα τὴν μεγίστην πόλιν . . . . ὡς ἐπ' ἀγαθῷ οὐδενὶ τοῦ συλλόγου γενομένου* . . Die Erklärung des Wortes *σύλλογος* giebt Xenoph. Oec. IV. 6 und Cyr. VI. 2. 11, es ist die jährliche *ἐξέτασις τῶν μισθοφόρων καὶ τῶν ἄλλων οἷς ὡπλίσθαι προστέτακται* mit Ausschluß der *ἐν ταῖς ἀκροπόλεσι*. Daß der *σύλλογος* der Truppen Kleinasiens bei Kastolos war, ergiebt sich aus Xen. Hell. I. 4. 3, Anab. I. 1. 2. Daß eben so die Meder und Perser bei Ekbatana ihren *σύλλογος* hatten, ergiebt Arrian. IV. 7. 3, wo es heißt, daß Bessos dorthin gebracht werden soll *ὡς ἐκεῖ ἐν τῷ Μήδων τε καὶ Περσῶν ξυλλόγῳ ἀποθανούμενος*. Was die Griechen sich bei dem Worte Hyparch gedacht haben, ist nicht genau zu bestimmen; wenn bei Xen. Hell. VI. 1. 7 Jason von Pherai den Molosserkönig Alketas als seinen Hyparchen bezeichnet, wenn Xen. Anab. I. 2. 20 Kyros einen Perser, der die Purpurfärberei unter sich hat *καὶ ἕτερόν τινα τῶν ὑπάρχων δυνάστην* (kein Glossem) tödtet, so sieht man, daß sich mit dem Worte sehr wohl der Begriff einer eigenen *ἀρχὴ* verbindet. Daß dasselbe Wort bei Arrian auch bloß einen Befehlenden zweiten Ranges bezeichnet, zeigt IV. 22. 4, V. 29. 4, und den Mazaios nennt er III. 16. 4 Satrapen, IV. 18. 3 Hyparchen von Babylon.

mit dem Worte bezeichnet wird, das bei den Griechen für die im Perserreich üblichen jährlichen Musterungen in den Karanien hergebracht ist. Selbst wenn Alexander die baktrischen Hyparchen nur zur Musterung beschieden hat, um sie zur Heeresfolge aufzubieten, — in keinem anderen Theile der persischen Monarchie hatte er bisher Aehnliches gethan. Gedachte er diesen Landen am Oxos ein anderes Verhältniß zu seinem Reich, eine anders geartete Organisation zu geben als den bisher eroberten? Wir werden später sehen, daß er in Sogdiana einen der Großen des Landes zum „König“ bestellte, daß er sich mit der Tochter eines anderen vermählte, daß er einem dritten — er wird ausdrücklich Hyparch genannt —, nachdem er ihn auf seiner Felsenburg zur Capitulation genöthigt, seine Burg und sein Gebiet ließ [1]), daß er einen Vierten, der in gleichem Falle war, in gleicher Weise zu Gnaden annahm, ihm auf ein größeres Gebiet Aussicht machte. Die in diesen Landen zahlreichen edlen Herren mit ihren Burgen, ihren Gebieten, die in unseren Quellen erwähnt werden, diese „Hyparchen“, wie sie genannt werden, erscheinen wie Lehensfürsten, wie Territorialherren unter des Reiches Hoheit, wie die Pehlewanen im Dschah-nameh [2]). Es waren die Elemente vorhanden, eine Einrichtung zu treffen, die nach der Lage dieser Lande sich wohl empfehlen konnte; und vielleicht war die Ernennung des Artabazos in diesem Sinne gemeint. Wir kommen auf die Frage im Späteren zurück.

Schon mit seinen Märschen bis Marakanda konnte Alexander eine ungefähre Vorstellung von der charakteristischen Formation des transoxianischen Landes gewonnen haben. War er über

---

1) Arrian. IV. 21. 1 sagt von dieser Burg sprechend: *αὐτός τε Χοριήνης ξυμπεφεύγει καὶ ἄλλοι τῶν ὑπάρχων οὐκ ὀλίγοι* . . . und IV. 21. 9 *ὥστε καὶ αὐτὸ τὸ χωρίον ἐκεῖνο ἐπιτρέπει Χοριήνῃ καὶ ὕπαρχον εἶναι ὅσωνπερ καὶ πρόσθεν ἔδωκε.*

2) Curt. VIII. 2. 19 satrapes erat Sysimithres . . . und VIII. 2. 32: imperium Sysimithri restituit spe majoris etiam provinciae facta si cum fide amicitiam ejus coluisset. Vom Oxyartes sagt er VIII. 4. 21: in regionem cui Oxyartes satrapes nobilis praeerat. Gewiß ist beide Male mit satrapes Hyparch gemeint.

Kilif nach Nautaka (Karschi) marschirt, so hatte er zur Linken die weite Wüste gehabt, während ihn zur Rechten die zum Theil bis 3000 Fuß hohen Vorberge eines Hochgebirges begleiteten, dessen Schneegipfel (namentlich den Hazreti-Sultân) er auf dem weiteren Marsch, von Nautaka am Kaschkafluß hinauf nach Schehrisebz, als er den Paß von Karatübe überstieg, etwa zehn Meilen im Osten erblickte. Dann stieg er in das Thal des Sogdflusses (Polytimetos) hinab nach Samarkand, das noch 2150 engl. Fuß über dem Meere liegt, fast unter demselben Meridian mit Balk, mit der Mündung des Derbentflusses in den Oxos, die 300 Fuß über dem Meere ist, mit Schehrisebz in dem Thal des Kaschka, mit jenem Paß von Karatübe von fast 3000 Fuß Höhe. Die hohe Thalmulde des Sogdflusses ist im Norden durch neue von Ost nach West streichende Bergzüge begleitet, durch welche nordostwärts die Pässe zum Jaxartes hinabführen, der von Osten herab kommend bei Chodjend in plötzlicher Wendung nordwärts weiterströmt; an dieser Stelle treten die Berge vom Süden und die höheren vom Norden her nahe an den mächtigen Strom, scheiden so das reiche Thal des mittleren Jaxartes, die Ferghana von dem unteren, dem zur Linken sich die weite Wüste ausdehnt. Chodjend ist von Samarkand in der Luftlinie etwa 30 Meilen entfernt, Balk von Samarkand etwa 42 Meilen, Balk von Chodjend 60, doppelt so weit wie Mailand von Basel.

Noch ein anderes Moment in der Formation dieser weiten Gebiete darf hervorgehoben werden. Jenes Anderab oder Adrapsa, wo Alexander nach Uebersteigung der Hochpässe des Kaukasos im Beginn dieses Jahres gerastet hatte, liegt ungefähr unter dem gleichen Meridian mit der Nordwendung des Jaxartes bei Chodjend, beide 65 Meilen in der Luftlinie von einander entfernt. Als Alexander von Anderab in der Richtung auf Kunduz, wie es scheint, hinabstieg, war er auf wenige Meilen der Stelle nahe, wo die beiden mächtigen Ströme Koktscha und Abi-Pandscha, jener von den indischen Hochketten, dieser von dem riesigen Pamirplateau, dem „Dach der Welt“, herabströmend, sich zum Oxos vereinigen.

Unterhalb dieser Stelle erhält der mächtige Strom eine Reihe von Zuflüssen von Norden her aus dem schneereichen Hochgebirge, das dem Jaxartes parallel und ihm bis auf 15—20 Meilen nahe, nach dem Süden mehrere Gebirgsketten hinabsendet, zwischen ihnen jene mehr oder minder engen Flußthäler, die sich nach dem Oxos öffnen und unter sich nur durch schwierige Paßwege in Verbindung stehen. Erst mit dem vierten, dem westlichsten dieser Zuflüsse, dem von Derbent, der zehn Meilen nördlich von Balk sich in den Oxos ergießt, verändert sich der Charakter der Landschaft; das massige Gebirg mit den Schneekuppen zwischen den Quellen des Derbent und dem Sogd bei Samarkand sendet fächerartig seine Ausläufer nach West, Südwest und Süd; und die von ihnen entspringenden Wasser vereinigen sich in dem Kaschka, der an Karschi (Nautaka) vorüberfließt, dann in der Wüste verrinnt. Auch der Sogdfluß, in weitem Bogen aus westlicher in südliche Richtung sich wendend, strömt an Buchara vorüber dem Oxos zu, aber verliert sich, ehe er ihn erreicht, in einer Steppenlache.

Für die politische Gestaltung scheint hier vor Allem maaßgebend, daß die breit entwickelte Absenkung nach dem Oxos zu dem Lauf des Jaxartes gleichsam den Rücken kehrt, daß das Thal des Sogdflusses, durch Schneegebirge von dem übrigen Stromsystem des Oxos getrennt, nur wie ein Vorland, eine Barriere desselben gegen den Jaxartes und die Wüsten in dessen Westen ist, daß der Bergzug, den man in dem Paß des eisernen Thores überschreitet, die natürliche Grenze zwischen diesem Vorland und dem thalreichen baktrischen Lande bildet, daß dieß Land in dem Plateau von Pamir einen natürlichen Abschluß und Bollwerk gegen das hohe innere Asien hat.

Wenigstens die Uebersicht der weiteren militärischen Thätigkeit Alexanders in diesen Gebieten wird sich nun leichter gewinnen lassen.

Er zog von Marakanda nordostwärts, die Ufer des Tanais, den die Anwohner Jaxartes „den großen Strom" nannten, zu erreichen. Die Heerstraße von Marakanda nach Kyropolis, der letzten Stadt des Reiches, nicht fern von den Südufern des

Tanais, führt durch die Pässe der von räuberischen Stämmen bewohnten oxischen Berge, durch die Landschaft von Uratübe. Hier war es, wo einige Schaaren Makedonen, beim Fouragiren in den Bergen verirrt, von den Barbaren überfallen und niedergemacht oder gefangen wurden; sofort rückte Alexander mit den leichteren Truppen gegen sie aus. Sie hatten sich, an 30,000 Bewaffnete, auf ihre steilen und mit Burgen besetzten Berge zurückgezogen, von denen aus sie die heftigen und wiederholten Angriffe der Makedonen mit Schleudern und Pfeilen zurückschlugen; unter den vielen Verwundeten war Alexander selbst, dem durch einen Pfeilschuß das Schienbein zerschmettert wurde; dadurch zu neuer Wuth entflammt, nahmen die Seinigen endlich die Höhe. Der größte Theil der Barbaren wurde niedergehauen, andere stürzten sich von den Felsen hinab und zerschmetterten in den Abgründen; nicht mehr als 8000 blieben am Leben, sich dem Könige zu unterwerfen [1]).

Alexander zog dann aus diesen Berggegenden nordwärts, ohne Widerstand zu finden. Der eigenthümliche Charakter dieser Landschaft Ferghana hat sie zu allen Zeiten zu einer wichtigen

---

[1]) Arrian. III. 30; Curt. VII. 6. Daß die in Frage stehende Localität keine andere als die des Alpengaues von Osruschnah, den Montes Oxii des Ptolemaios sei, ergiebt sich aus der feststehenden Direction der dortigen Wege, wie sie in der früheren Ausgabe nach den Angaben Chereffeddins dargelegt sind, und wie man sie jetzt besser auf Grund der neueren russischen Berichte in Kieperts „Uebersichtskarte der nach Chiva und Buchara führenden Straßen“ (1878) verzeichnet findet. Alexander folgte der nächsten Straße; sie führt von Samarkand gerade nordwärts mit 12 Meilen gen Djizak, dann in dem Thale eines kleinen Flusses zu dem „weißen Paß“ Ak-kutel (bei Chereffeddin Bitti Codak), von hier in die Landschaft Osruschnah, zunächst an den Fluß von Djam (10 Meilen von Djizak) über Sebat und Uratübe, durch die Berge der Masikha (? Memaceni bei Curt. VII. 6. 19) über den Aksu nach Chodjend, der wichtigsten Position an der Linie des Jaxartes (10 Meilen von Djam). Cf. Fraser, Append. und Ebn Haukal bei Abulfeda in den Geogr. min. III, p. 65, der jedoch zwischen Djam und Uratübe statt Sebat das westlichere Zamin angiebt. Noch zur Zeit des Achmed Alcateb (bei Abulfeda l. c., p. 69) fanden sich in der Landschaft Osruschnah an 400 Burgen.

Völkergränze und zur Vormauer orientalischer Cultur gegen die Horden der turanischen Steppen gemacht. Im Süden und Osten durch mächtige Gebirge, im Norden durch den Strom und die Bergzüge, die ihm ihre wilden Gebirgswasser zusenden, geschützt, ist sie nur von Westen und Nordwesten her fremden Einfällen offen; und allerdings lauern dort in dem weiten Steppenlande, das sich auf beiden Seiten des unteren Jaxartes ausdehnt, die Wanderhorden streitbarer Völkerschaften, welchen das Alterthum den gemeinschaftlichen Namen der Skythen zu geben pflegt; es sind die Turanier der alten Parsensage, gegen deren Invasionen gewiß frühzeitig jene merkwürdige Reihe von Grenzburgen errichtet worden ist, die unter anderen und anderen Völker-Verhältnissen ihre Wichtigkeit bis in die neue Zeit behauptet haben. Alexander fand sieben Städte dieser Art vor, die, wenige Meilen von einander entfernt, den Rand der Steppe begleiten; die bedeutendste unter ihnen war die Stadt des Kyros, die, größer und stärker befestigt als die übrigen, für die Hauptfeste der Landschaft galt [1]). Alexander ließ in diese Pässe makedonische Besatzungen einrücken, während er selbst mit der

[1]) Strabo XI, p. 440 sagt τὰ Κῦρα ἔσχατον Κύρου κτίσμα ἐπὶ τῷ Ἰαξάρτῃ κείμενον, nicht genau, da nach Arrians ausdrücklicher Angabe diese Κυρούπολις nicht am Jaxartes lag, sondern ein Fluß, dessen Wasser jetzt in der Sommerzeit ausgetrocknet war, ging durch die Stadt. Man erkennt daraus, daß sie schon am Fuß der Berge, am Saum der Wüste lag. Dieß kann nicht auf den Fluß von Aksu, von Uratübe passen, da dieser mit vollem Wasser den nahen Hauptstrom erreicht; aber im Westen der Berge von Uratübe fließt von den weißen Bergen herab der Fluß von Zamin in der Richtung auf Djam; dort trocknet er aus. Ebn Haukal sagt, die Stadt Zamin liegt unter den Bergen von Osruschnah, vor ihr die Wüste. Dieß, glaube ich, ist Kyropolis oder Kyreschata, nach H. Kieperts Ansicht nicht eine Gründung des Kyros, sondern eine Stadt der Kuru, derselben Kuru, die mit den Pandu im indischen Heldengedicht ihre Rolle spielen, wie denn auch in dieser Gegend des Jaxartes der Name der Pandu vorkommt (Plin. VI. 18, § 49) und Kurukschetra ist der Name der indischen Stadt, in deren Nähe die große Schlacht der indischen Kuru und Pandu geschlagen wird. Wegen seiner Namensähnlichkeit den festen Flecken Kurnat, 6 Meilen vor Chodjend (Fraser App.), hieher zu ziehen, würde die Entfernung und der Charakter der Landschaft verbieten.

Armee einige Stunden nordostwärts an der Stelle lagerte, wo der Tanais mit plötzlicher Wendung gen Norden die letzten Stromengen bildet, um sich fortan durch die Sandsteppen weiter zu wühlen. Alexander erkannte die Wichtigkeit dieser Localität, der natürlichen Grenzfestung gegen die Räuberhorden der Wüste; von hier aus war es leicht, den Einfällen der Skythen im Norden und Westen zu begegnen; für einen Feldzug in ihr Gebiet bot sie den gelegensten Ausgangspunkt; Alexander hoffte, daß sie nicht minder wichtig für den friedlichen Verkehr der Völker werden müßte; und wenn, was kaum zu bezweifeln, schon in jener Zeit Handelsverbindungen des Tieflandes mit dem Inneren Hochasiens bestanden, so führte aus dem Lande der Serer die einzige Gebirgsstraße, die von Kaschgar, den riesigen bis 25,000 Fuß hohen Gebirgswall des Tian-schian hinab über Osch unmittelbar zu dieser Stelle hin, die zu einem Markte der umwohnenden Völker überaus günstig gelegen war [1]).

In der That schienen sich die Verhältnisse mit den skythischen Nachbarn freundlich gestalten zu wollen; von dem merkwürdigen Volke der Abier, so wie von den „Skythen Europas" [2]), kamen Gesandtschaften an den König, mit ihm Bünd-

---

[1]) Nur Chodjend hat die militärisch-wichtige Lage, die dem Plane Alexanders entsprechen konnte; sie ist zu aller Zeit der Schlüssel zu Ferghana und Maveralnahar, der stete Punkt der Invasionen herüber und hinüber, eine Hauptstation der großen Straße zwischen Samarkand und Kaschgar gewesen; die Züge Dschingischans, Timurs, Babers, die Angaben der morgenländischen Geographen haben für das Gesagte unzählige Beweise. Sultan Baber sagt, die Stadt sei sehr alt, ihre Burg liege auf einem Felsenvorsprung, einen Büchsenschuß weit vom Strom, der sich an ihrem Fuß vorüber nordwärts wende und durch den Sand weiter wühle. Plin. VI. 16 nennt dieß Alexandria, in ultimis Sogdianorum finibus, und gerade die Biegung des Jaxartes bezeichnet Ptolemaios als Gränze Sogdianas.

[2]) Arrian. IV. 1. 1: *παρὰ τῶν ἐκ τῆς Εὐρώπης Σκυθῶν.* Ueber die Skythen und die ethnographische Bedeutsamkeit der drei Namen Jaxartes, Tanais und Silis (Plin. VI. 16), mit denen sie den Syr Darja nannten, verweise ich auf C. Ritter VII. 480 und sonst, sowie auf Klaproth, Nov. Journ. Asiat. I, p. 50 sqq.

niß und Freundschaft zu schließen [1]); Alexander ließ mit diesen Skythen einige seiner Hetairen zurückreisen, angeblich, damit sie in seinem Namen Freundschaft mit ihrem Könige schließen sollten, in der That aber, um über das Land der Skythen, über die Größe der Bevölkerung, über die Lebensweise, die körperliche Beschaffenheit und das Kriegswesen der Skythen sichere Nachricht zu erhalten.

Indeß begann im Rücken Alexanders eine Bewegung, welche mit außerordentlicher Gewalt um sich griff. Der Haß gegen die fremden Eroberer vereint mit dem wildbeweglichen Sinn, der zu allen Zeiten die herrschende Klasse der Bevölkerung dieser Lande ausgezeichnet hat, bedurfte nur eines Anstoßes und eines Führers, um in wilder Empörung auszubrechen; und Spitamenes, der sich in seinen hochfahrenden Hoffnungen getäuscht sehen mochte, eilte, diese Stimmungen, das Vertrauen, das ihm Alexander geschenkt hatte, und dessen Fernsein zu benutzen. Die Sogdianer, die mit ihm an Bessos Flucht und Vergewaltigung Theil genommen, bildeten den Kern einer Erhebung [2]), zu der die Bevölkerung der sieben Städte den ersten Anstoß und vielleicht das verabredete Signal gab; die von Alexander in diesen Städten zurückgelassenen Besatzungen wurden von den Einwohnern ermordet. Nun loderte der Aufruhr auch im Thal des Sogdflusses empor; die nicht große Besatzung in Marakanda schien kaum im Stande, ihm Widerstand zu leisten, sie schien

---

1) Arrian. IV. 1. 2. Wäre Curtius zuverlässiger als er ist, so würde sehr lehrreich sein, was er VII. 6. 12 sagt: Berdam (Penidam, Mützell) quendam misit ex amicis qui denunciaret his, ne Tanaim amnem [regionis] injussu regis transirent. Alexander wird von dem Schicksal Zopyrions zugleich mit der Nachricht von der Schilderhebung der Spartaner, falls er sie schon in Baktra erhielt, erfahren haben. Er konnte besorgen, daß nach Zopyrions vergeblichem Angriff am Borysthenes die Skythen am Don sich zu einem Einbruch in die Donauländer aufmachen würden, während doch diese skythische Gesandtschaft gewiß nicht von soweit her, höchstens von der unteren Wolga kam.

2) Arrian. IV, 1. 5: *ξυνεπελάβοντο δὲ αὐτοῖς τῆς ἀποστάσεως, καὶ τῶν Σογδιανῶν οἱ πολλοὶ ἐπαρθέντες πρὸς τῶν ξυλλαβόντων Βῆσσον, ὥστε καὶ τῶν Βακτριανῶν ἔστιν οὓς σφισιν οὗτοι ξυναπέστησαν.*

dem gleichen Schicksal verfallen. Die Massageten, die Daer, die Saken in der Wüste, alte Kampfgenossen des Spitamenes und durch die Makedonen nicht minder bedroht, durch die Vorspiegelung von Mord und Plünderung leicht zur Theilnahme gereizt, eilten sich der Bewegung anzuschließen. In den baktrischen Landen wurde das Gerücht verbreitet, daß die Zusammenkunft der Hyparchen nach Zariaspa, die Alexander angesetzt hatte, bestimmt sei, die Führer des Volks mit einem Schlage über Seite zu schaffen [1]); man müsse der Gefahr vorbeugen, sich sichern, ehe es zum Aeußersten komme. Oxyartes, Katanes, Chorienes, Haustanes, viele Andere folgten dem im Sogdlande gegebenen Beispiel. Die Kunde von diesen Vorgängen verbreitete sich über den Jaxartes in die Steppen der asiatischen Skythen; voll Mordlust und Raubgier drängten sich die Horden an die Ufer des Stromes, um sogleich bei dem ersten Erfolge, den die Sogdianer erringen würden, mit ihren Pferden den Strom zu durchschwimmen und über die Makedonen herzufallen. Wie mit einem Schlage war Alexander von unermeßlichen Gefahren umringt; der geringste Unfall oder Verzug mußte ihm und seinem Heere den Untergang bereiten; es bedurfte seiner ganzen Energie und Kühnheit, um schnell und sicher den Weg der Rettung zu finden.

Er rückte eiligst nach Gaza, der nächsten der sieben Festen, indem er Krateros gegen Kyropolis, wohin sich die meisten Barbaren der Umgegend geworfen hatten, voraus sandte mit dem Befehl, die Stadt mit Wall und Graben einzuschließen und Maschinen bauen zu lassen. Vor Gaza angekommen, ließ er sofort gegen die nicht hohen Erdwälle der Stadt den Angriff beginnen; während Schleuderer, Schützen und Maschinen durch einen Hagel von Geschossen die Wälle bestrichen und rein fegten, war das schwere Fußvolk von allen Seiten her zugleich zum Sturm herangerückt, hatte die Leitern angelegt, die Mauern

1) Arrian. IV. 1. 5. ὡς ἐπ' ἀγαθῷ οὐδενὶ τοῦ ξυλλόγου γιγνομένου. Curt. VII. 6. 15: vulgaverant famam Bactrianos equites a rege omnes ut occiderentur accersi.

erstiegen, und in Kurzem waren die Makedonen Herren der Stadt; auf Alexanders ausdrücklichen Befehl mußten alle Männer über die Klinge springen; die Weiber, Kinder, alle Habseligkeiten wurden den Soldaten Preis gegeben, die Stadt in Brand gesteckt. Noch an demselben Tage wurde die zweite Feste angegriffen und auf die gleiche Weise erstürmt; die Einwohner traf dasselbe Schicksal. Am nächsten Morgen standen die Phalangen vor der dritten Stadt, auch sie fiel bei dem ersten Sturm. Die Barbaren der zwei nächsten Festen sahen die Rauchsäule der eroberten Stadt emporsteigen; Einige, aus derselben entronnen, brachten die Nachricht von dem fürchterlichen Ende der Stadt; auf diese Nachricht hielten die Barbaren in beiden Städten Alles für verloren, in hellen Haufen stürzten sie aus den Thoren, in die Berge zu flüchten. Alexander hatte, dieß ahnend, bereits in der Nacht seine Reiterei vorausgesandt, mit dem Befehl, die Wege um beide Städte zu beobachten; so rannten die fliehenden Barbaren den dichtgeschlossenen Ilen der Makedonen in die Klinge und wurden meist niedergemacht, ihre Städte genommen und niedergebrannt.

Nachdem so in zwei Tagen die fünf nächsten Festen bewältigt waren, wandte sich Alexander gegen Kyropolis, vor der bereits Krateros mit seinen Truppen angekommen war. Diese Stadt, größer als die schon eroberten, mit stärkeren Mauern und im Inneren mit einer Burg versehen, war von ungefähr funfzehntausend Mann vertheidigt, den streitbarsten Barbaren der Umgegend. Alexander ließ sofort das Sturmzeug auffahren und gegen die Mauern zu arbeiten beginnen, um möglichst bald eine Bresche zum Angriff zu gewinnen. Während die Aufmerksamkeit der Belagerten auf die so bedrohten Punkte gerichtet war, bemerkte Alexander, daß der Fluß, der durch die Stadt herab kam, ausgetrocknet, wie er war, durch die Lücke, die sich dort in der Mauer befand, einen Weg darbiete, in die Stadt zu kommen. Er ließ Hypaspisten, Agrianer und Schützen auf das nächstgelegene Thor losrücken, während er selbst mit wenigen Anderen durch das Flußbette unbemerkt in die Stadt hineinschlich, zu dem nächsten Thore eilte, es erbrach, die Seinigen einrücken ließ. Die Barbaren, obschon sie Alles verloren sahen, warfen sich mit der wildesten Wuth auf Alexander; ein blutiges Gemetzel begann, Alexander, Krateros, viele der Officiere wurden verwundet, desto heftiger drangen die Makedonen vor; während sie den Markt der Stadt eroberten, waren auch die Mauern erstiegen; die Barbaren, von allen Seiten umringt, warfen sich in die Burg; sie hatten an achttausend Todte verloren. Sofort schloß Alexander die Burg ein; es bedurfte nicht langer Anstrengungen, Wassermangel nöthigte sie zur Uebergabe.

Nach dem Falle dieser Stadt war von der siebenten und letzten Feste kein langer Widerstand zu erwarten; nach dem Berichte des Ptolemaios ergab sie sich, ohne einen Angriff abzuwarten, auf Gnade und Ungnade; nach anderen Nachrichten wurde auch sie mit Sturm genommen und die Bevölkerung niedergemacht [1]). Wie dem auch sei, Alexander mußte gegen die aufrührerischen Barbaren dieser Gegend um so strenger verfahren, je wichtiger ihr Gebiet war, er mußte sich um jeden Preis in vollkommen sicheren Besitz dieser Paßgegend setzen, ohne welche an die Behauptung des sogdianischen Landes nicht zu denken war; mit dem Blute der trotzenden Gegner, mit der Auflösung aller alten Verhältnisse mußte die Einführung des Neuen, das Transoxiana für Jahrhunderte umgestalten sollte, beginnen.

Durch die Unterwerfung der sieben Städte, aus denen die Reste der Bevölkerung zum Theil in Fesseln abgeführt wurden, um in der neuen Stadt Alexandreia am Tanais angesiedelt zu werden, hatte sich Alexander den freien Rückweg nach Sogdiana

---

1) Arrian. IV. 3; Curt. VII. 6. 17 stimmt weder mit Ptolemaios noch mit Aristobulos überein; die Ermordung von 50 makedonischen Reitern, wie er sie erzählt, scheint romanhaft; jedenfalls würden sich Alexanders Truppen in jener gefährlichen Zeit vorsichtiger benommen haben. So viel indeß ist ihm zu glauben, daß die Kyrosstadt so wie die anderen Gränzfesten zerstört wurden, denn Alexander veränderte mit der Anlage von Alexandreia das frühere Vertheidigungssystem dieser Gegend, das von Kyros und Semiramis herstammen sollte (Justin. XII. 5 und Curt.).

erkämpft; es war die höchste Zeit, daß die in Marakanda zurückgelassene und von Spitamenes belagerte Besatzung Hülfe erhielt. Aber schon standen die skythischen Horden, durch die Empörung der sieben Städte gelockt, an den Nordufern des Stromes bereit, über die Abziehenden herzufallen; wollte Alexander nicht alle am Tanais errungenen Vortheile und eine Zukunft neuen Ruhmes und neuer Macht aufgeben, so mußte er die am Strome genommene Position auf das Vollständigste befestigen, und den Skythen ein- für allemal die Lust zu Invasionen verleiden, bevor er nach Sogdiana zurückkehrte; vorläufig schien es genug, wenn einige Tausend Mann zum Entsatz von Marakanda geschickt wurden. In einem Zeitraume von etwa zwanzig Tagen waren die Werke der neuen Stadt für den dringendsten Bedarf fertig, und für die ersten Ansiedler die nothwendigen Wohnungen errichtet; makedonische Veteranen, ein Theil der griechischen Söldner, überdieß aus den Barbaren der Umgegend, wer da wollte, und die aus den zerstörten Festungen fortgeführten Familien bildeten die erste Bevölkerung dieser Stadt, der der König unter den gebräuchlichen Opfern, Wettkämpfen und Festlichkeiten den Namen Alexandreia gab.

Indessen lagerten die skythischen Horden noch immer am jenseitigen Ufer des Flusses; sie schossen wie zum Kampf herausfordernd Pfeile hinüber; sie prahlten und lärmten, die Fremdlinge würden wohl nicht wagen, mit Skythen zu kämpfen, wagten sie es, so sollten sie inne werden, welch ein Unterschied zwischen den Söhnen der Wüste und den persischen Weichlingen sei. Alexander beschloß über den Strom zu gehen und sie anzugreifen; aber die Opfer gaben ihm keine günstigen Zeichen; auch mochte er von der Wunde, die er bei der Einnahme von Kyropolis empfangen, noch nicht so weit wiederhergestellt sein, um persönlich an dem Zuge Theil nehmen zu können. Als aber die Skythen mit ihrem Prahlen immer frecher wurden, und zugleich aus Sogdiana die bedrohlichsten Nachrichten einliefen ließ der König seinen Zeichendeuter Aristandros zum zweiten Male opfern und den Willen der Götter erforschen; wieder verkündeten die Opfer nichts Gutes, sie bezeichneten persönliche

Gefahr für den König; da befahl Alexander mit den Worten, daß er sich selbst lieber der höchsten Gefahr aussetzen, als länger den Barbaren zum Gelächter dienen wolle, die Truppen an das Ufer rücken zu lassen, die Wurfgeschütze aufzufahren, die zu Pontons verwandelten Zeltfelle zum Uebergang bereit zu machen. Es geschah; während auf dem jenseitigen Ufer die Skythen auf ihren Pferden laut lärmend auf- und niederjagten, rückten die makedonischen Schaaren in voller Rüstung längs dem Südufer auf, vor ihnen die Wurfmaschinen, die dann plötzlich alle zugleich Pfeile und Steine über den Strom zu schleudern begannen. Das hatten die halbwilden Skythen noch nie gesehen; bestürzt und verwirrt wichen sie vom Ufer zurück, während Alexanders Truppen unter dem Schmettern der Trompeten über den Fluß zu gehen begannen; die Schützen und Schleuderer, die ersten am jenseitigen Ufer, deckten den Uebergang der Reiterei, die zunächst folgte; sobald diese hinüber waren, eröffneten die Sarissophoren und die schweren griechischen Reiter, im Ganzen etwa zwölfhundert Pferde stark, das Gefecht; die Skythen, eben so flüchtig zum Rückzug, wie wild im Angriff, umschwärmten sie bald von allen Seiten, beschossen sie mit einem Hagel von Pfeilen, setzten, ohne einem Angriff Stand zu halten, der weit kleineren Zahl der Makedonen hart zu. Da aber brachen die Schützen und Agrianer mit dem gesammten leichten Fußvolk, das eben gelandet war, auf den Feind los, bald begann an einzelnen Punkten ein stehendes Treffen; es zur Entscheidung zu bringen, gab der König drei Hipparchien der Hetairen und den Akontisten zu Pferd den Befehl zum Einhauen; er selbst sprengte an der Spitze der übrigen Geschwader, die in tiefen Colonnen vorrückten, den Feinden in die Flanke, so daß diese jetzt, von allen Seiten angegriffen, nicht mehr im Stande, sich zum fliegenden Gefecht zu zerstreuen, an allen Punkten zurückzujagen begannen; die Makedonen setzten ihnen auf das Heftigste nach. Die wilde Hast, die drückende Hitze, der brennende Durst machte die Verfolgung höchst anstrengend; Alexander selbst, auf das Aeußerste erschöpft, trank, ohne abzusitzen, von dem schlechten Wasser, das die Salzsteppe bot; schnell und heftig stellte sich die Wirkung des unglücklichen Trunkes ein; dennoch jagte er den Feinden noch meilenweit nach [1]); endlich versagten seine Kräfte, die Verfolgung wurde abgebrochen, der König krank in das Lager zurückgetragen; mit seinem Leben stand Alles auf dem Spiele [2]).

Indeß genas er bald. Der Angriff auf die Skythen hatte ganz den erwünschten Erfolg; es kamen Gesandte ihres Königs, das Vorgefallene zu entschuldigen: es sei die Nation ohne Antheil an jenem Zuge, den ein einzelner Haufe beutelüstern auf eigene Hand unternommen; ihr König bedaure die durch denselben veranlaßten Verwirrungen; er sei bereit, sich den Befehlen des großen Königs zu unterwerfen [3]). Alexander gab ihnen die in dem Gefechte Gefangenen, etwa 150 an der Zahl, ohne Lösegeld frei, eine Großmuth, die auf die Gemüther der Barbaren nicht ihren Eindruck zu machen verfehlte, und die, mit seinen staunenswürdigen Waffenthaten vereint, seinem Namen jenen Nimbus mehr als menschlicher Hoheit gaben, an welche die Einfalt roher Völker eher zu glauben als zu zweifeln geneigt ist. Wie sieben Jahre früher an der Donau auch unbesiegte Völker ihre Huldigungen darbrachten, so kamen jetzt auch von den sakischen Skythen [4]) Gesandte, dem Könige Frieden und Freundschaft anzutragen. So waren sämmtliche Völker in der Nachbarschaft von Alexandreia beruhigt und traten

---

1) [Plut.] de fort. Alex. II. 9: *ἐδίωξεν ἵππῳ πεντήκοντα καὶ ἑκατὸν σταδίους ὑπὸ διαῤῥοίας ἐνοχλούμενος.*

2) Curt. VII. 7. 6 sqq. erzählt sehr Abweichendes. Die berühmte Rede der skythischen Gesandten paßt wenig in den historischen Zusammenhang. Sehr bemerkenswerth ist, wenn Curtius sie einleitet VII. 8. 11: sic quae locutos esse apud regem memoriae proditum est, abhorrent forsitan moribus nostris . . . sed ut possit oratio eorum sperni, tamen fides nostra non debet; quare utcunque sunt tradita incorrupta perferemus. Ein ander Mal (VI. 11. 12) sagt er: Rex Cratero accersito et sermone habito, cujus summa non edita est. Also auch die Reden componirt er nicht selbst.

3) Arrian. IV. 5.

4) Nur Curt. VII. 9. 18 schildert den Eindruck dieser Vorgänge: itaque Sacae misere legatos, vielleicht die *Σάκαι Σκυθικὸν τοῦτο γένος τῶν τὴν Ἀσίαν ἐποικούντων Σκυθῶν οὐχ ὑπήκοοι*, die dem Bessos nach Gaugamela gefolgt waren *κατὰ συμμαχίαν τὴν Δαρείου* Arr. III. 8. 3.

zum Reiche in das Verhältniß, mit welchem Alexander für jetzt sich begnügen mußte, um desto schneller in Sogdiana erscheinen zu können.

Allerdings standen die Dinge in Sogdiana sehr gefährlich; dem Aufstande, welcher von Spitamenes und seinem Anhange begonnen war, hatte sich der sonst friedliche arbeitende Theil der Bevölkerung, vielleicht mehr aus Furcht als aus Neigung [1]), angeschlossen; die makedonische Besatzung vor Marakanda ward belagert und bedeutend bedrängt, dann hatte sie einen Ausfall gemacht, den Feind zurückgeschlagen und sich ohne Verlust in die Burg zurückgezogen; das war etwa um dieselbe Zeit geschehen, als Alexander, nach der schnellen Unterwerfung der sieben Festungen, Entsatz schickte. Auf die Nachricht davon hatte Spitamenes die Belagerung aufgehoben und sich in westlicher Richtung zurückgezogen [2]). Indeß waren die makedonischen Truppen, die Alexander nach dem Fall von Kyropolis abgesandt, in Marakanda angekommen, 66 makedonische Ritter, 800 griechische Söldnerreiter, 1500 schwerbewaffnete Söldner; die Führung der Expedition hatten Andromachos, Karanos und Menedemos, ihnen hatte Alexander den Lykier Pharnuches, der der Landes-

---

[1]) Curt. VII. 6. 24: haud oppidanis consilium defectionis adprobantibus; sequi tamen videbantur quia prohibere non poterant; und gleich darauf incolae novae urbi dati captivi, quos reddito pretio dominis liberavit, quorum posteri nunc quoque non apud eos tam longa aetate propter memoriam Alexandri exoleverunt. Auch bei Arrian erscheinen die wiederholten Aufstände in Baktrien und Sogdiana wesentlich als das Werk Weniger *οἱ νεωτερίζειν ἐθέλοντες* IV. 18. 4 cf. IV. 1. 5, Chorienes *καὶ ἄλλοι τῶν ὑπάρχων οὐκ ὀλίγοι* IV. 21. 1. Es scheint damals wie jetzt in dem Chanat Buchara gewesen zu sein, daß der größere Theil der Bevölkerung, friedlich gesinnt und dem Ackerbau und Handel ergeben, in schwerem Druck lebte. Die Tadjiks von Buchara, fleißig, gebildet, unkriegerisch, erzählen noch heute, daß sie seit Iskanders Zeiten dieß Land bewohnen, daß nie einer aus ihrer Mitte Fürst im Lande gewesen sei, daß sie nur zu gehorchen verständen (Meiendorf, S. 194).

[2]) *ἐς τὰ βασίλεια τῆς Σογδιανῆς* im Text Arrians IV. 5. 3 wird für corrumpirt gehalten; daß der Rückzug nach der Wüste zu geschah, erhellt aus Arrian. IV. 5. 4. Vielleicht lag eine zweite Königsburg in dieser Richtung.

sprache kundig war, zugeordnet [1]), überzeugt, daß das Erscheinen eines makedonischen Corps die Empörer in die Flucht zu jagen hinreichen, im Uebrigen es besonders darauf ankommen werde, sich mit der sonst friedliebenden Masse der Bevölkerung Sogdianas zu verständigen. Die Makedonen hatten sich, als sie die Gegend von Marakanda bereits von Spitamenes geräumt sahen, denselben zu verfolgen beeilt; bei ihrem Nahen war er in die Wüste an der Gränze Sogdianas geflüchtet; indeß war es ihnen nothwendig erschienen, noch weiter zu verfolgen, die Skythen in der Wüste, welche den Empörern Zuflucht zu gestatten schienen, zu züchtigen. Dieser unüberlegte Angriff auf die Skythen hatte zur Folge, daß Spitamenes sie zu offenbarem Beistande bewegen und seine Streitmacht mit sechshundert jener kühnen Reiter, wie sie in der Steppe heimisch sind, vermehren konnte. Er rückte den Makedonen auf der Grenze der Steppe entgegen; ohne einen förmlichen Angriff auf sie zu machen oder von ihnen zu erwarten, begann er die geschlossenen Reihen des makedonischen Fußvolks zu umschwärmen und aus der Ferne zu beschießen, der makedonischen Reiterei, wenn sie auf ihn losrückte, zu entfliehen und sie durch wilde Flucht zu ermüden, an immer anderen und anderen Punkten seine Angriffe erneuend. Die Pferde der Makedonen waren durch die starken Märsche und durch den Mangel an Futter erschöpft, viele von den Leuten lagen schon todt oder verwundet auf dem Platze; Pharnuches forderte, die drei Befehlshaber sollten die Führung übernehmen, da er nicht Soldat und mehr zum Unterhandeln als zum Kämpfen gesendet sei; sie weigerten sich, die Verantwortlichkeit für eine Expedition zu übernehmen, die schon so gut wie misglückt war; man begann,

---

[1]) Aus Arrian. IV. 5. 7 sieht man, daß Karanos, Hipparch der 800 Söldnerreiter, und Arrian. IV. 5. 5, daß Andromachos wahrscheinlich als Strateg und vielleicht mit den 66 Rittern ihm vorgeordnet war. Karanos ist nach Arrian. III. 28. 2 τῶν ἑταίρων und vielleicht derselbe *Κοίρανος*, der bei Gaugamela die Bundesreiter führt. Eben da führt Andromachos Hierons Sohn die Söldnerreiter. Menedemos, den Curtius ohne die andern nennt, wird das Fußvolk geführt haben.

sich von dem freien Felde zu dem Strome zurückzuziehen, um dort unter dem Schutz eines Gehölzes den Feinden Widerstand zu leisten. Aber der Mangel an Einheit im Befehl vereitelte die letzte Rettung; an den Fluß gekommen, ging Karanos ohne Meldung an Andromachos mit den Reitern hinüber; das Fußvolk, in dem Wahne, daß Alles verloren sei, stürzte sich in wilder Hast nach, um das jenseitige Ufer zu erreichen. Kaum gewahrten dieß die Barbaren, so sprengten sie von allen Seiten heran, gingen oberhalb und unterhalb über den Fluß, und von allen Seiten umzingelnd, von hinten nachdrängend, von den Flanken her einhauend, die an das Ufer Steigenden zurückdrängend, ohne den geringsten Widerstand zu finden, trieben sie die Makedonen auf einen Werder im Flusse zusammen, wo die Barbaren von den beiden Ufern her den Rest der Truppen mit Pfeilen durchbohrten. Wenige waren gefangen, auch diese wurden ermordet; die Meisten, unter ihnen die Befehlshaber, waren gefallen; nur vierzig Reiter und dreihundert Mann vom Fußvolk hatten sich gerettet [1]). Spitamenes selbst rückte sofort mit seinen Skythen gegen Marakanda, und begann, durch die errungenen Vortheile ermuthigt und von der Bevölkerung unterstützt, die Besatzung der Stadt zum zweiten Male zu belagern.

Diese Nachrichten nöthigten den König, auf das Schleunigste die Verhältnisse mit den skythischen Völkern am Tanais zu ordnen; zufrieden, in der neugegründeten Stadt am Tanais zugleich eine Grenzwarte und eine wichtige Position für künftige Unternehmungen zu besitzen, eilte er, indem er den größeren Theil des Heeres unter Krateros Führung nachrücken ließ, an der Spitze des leichten Fußvolks, der Hypaspisten und der Hälfte der Hipparchien nach dem Sogdthale; mit verdoppelten

---

[1]) Die Erzählung ist nach Ptolemaios, dessen Bericht sich durch Aristobuls Notizen ergänzt. Curtius Angaben (VII. 7. 30) weichen in wesentlichen Punkten ab; nach ihm wäre zuerst dem Spitamenes und Katanes die Dämpfung des sogdianischen Aufstandes übertragen worden (VII. 6. 14) Aus dem Gehölz am Strome (ἐν παραδείσῳ), in welchem nach Aristobulos Spitamenes einen Hinterhalt gelegt hatte, wird bei Curtius ein silvestre iter und saltus, er nennt diese Skythen Dahae.

Tagemärschen stand er am vierten Tage vor Marakanda [1]). Spitamenes war auf die Kunde von seinem Herannahen geflüchtet [2]). Der König folgte, sein Weg führte über jene Ufergegend, die an den Leichen makedonischer Krieger als Wahlstatt des unglücklichen Gefechtes kenntlich war; er begrub die Todten so feierlich es die Eile gestattete, setzte dann den flüchtenden Feinden weiter nach, bis die Wüste, die sich endlos gen Westen und Norden ausdehnt, vom weiteren Verfolgen abzustehen nöthigte. So war Spitamenes mit seinen Truppen aus dem Lande gejagt; die Sogdianer, im Bewußtsein ihrer Schuld und voll Furcht vor des Königs gerechtem Zorn, hatten sich bei seinem Herannahen hinter die Erdwälle ihrer Städte geflüchtet, und Alexander war an ihnen, um erst Spitamenes zu verjagen, vorübergeeilt; seine Absicht war nicht, sie ungestraft zu lassen; je gefährlicher dieser wiederholte Abfall, je wichtiger der sichere Besitz dieses Landes, und je unzuverlässiger eine erzwungene Unterwerfung der Sogdianer war, desto nothwendiger erschien die größte Strenge gegen die Empörer. Sobald Alexander vom Saum der Wüste zurückkehrte, begann er das reiche Land zu

---

[1]) Die Entfernung von 1500 Stadien stimmt mit der Angabe bei Abulfeda, daß Chodjend sieben Tagereisen von Samarkand entfernt sei (Geogr. min. ed. Hud., t. III, p. 82), und noch genauer mit der Reiseroute, die oben aus Fraser mitgetheilt ist.

[2]) Arrian. IV. 6. 4 sagt nicht, wohin; Curt. VII. 9. 20 Bactra perfugerat. Daß dieß nicht das oftgenannte Baktra auf dem Wege nach Indien sein kann, ist klar. Bedenkt man die Wichtigkeit und die Schönheit des unteren Sogdthales, welches durch die Oxospassage bei Tschehardjui und den Weg von Merv mit Iran die nächste Verbindung hat, und vergleicht man damit den Umstand, daß aus Alexanders Zeit keine weitere Ortschaft unterhalb Samarkand die „paradisischen" Tumans von Buchara bezeichnet, so wird man geneigt, diese „βασίλεια" dort ohngefähr zu suchen; des Cl. Ptolemaios Tribactra liegt ziemlich genau in derselben Gegend, wenige Meilen nordöstlich von dem Oxiana-See, der kein anderer ist, als der Karakul; und Abulfeda nennt unter den Orientirungen von Buchara die des Cl. Ptolemaios; von Buchara aus wird Spitamenes über den einige Meilen entfernten Südarm des Sogdflusses (Zer-afschan) gen Westen geflohen sein, denn hier beginnt bald jene Steppe, in der sich der Nordarm (Wasfhend) verliert.

verwüsten, die Dörfer niederzubrennen, die Städte zu zerstören, bei zwölf Myriaden Menschen sollen in dieser gräuelhaften Züchtigung niedergemetzelt worden sein [1]).

Nachdem auf diese Weise Sogdiana beruhigt war, ging Alexander, indem er Peukolaos [2]) mit dreitausend Mann zurückließ, nach Zariaspa im Baktrianischen, wohin er die Hyparchen des Landes zu jener Versammlung berufen hatte. Mögen die Baktrier, geschreckt durch das harte Gericht, welches über Sogdiana verhängt worden, sich nun unterworfen, oder von Anfang her ihre Theilnahme für die Empörung minder bethätigt haben, jedenfalls fand Alexander militärische Unternehmungen gegen sie für jetzt nicht nöthig und von einer Bestrafung des vielleicht beabsichtigten Abfalls in Baktrien ist nicht mehr als eine unbedeutende Notiz überliefert [3]). Diejenigen von den Großen, welche mit in den sogdianischen Aufstand verwickelt waren, hatten sich in die Berge geflüchtet und hielten in den dortigen Felsenschlössern sich für sicher.

Der Winter 329 auf 328, den Alexander in Zariaspa [4])

---

1) Epit. Diod. XVII. *ὡς Ἀλέξανδρος ἀποστάντας τοὺς Σογδανοὺς κατεπολέμησε καὶ κατέσφαξεν αὐτῶν πλείους τῶν δώδεκα μυριάδων.* In unserm Text des Diodor ist eine große Lücke nach c. 83, die mit der Gefangennahme des Bessos beginnt und die nächsten zwei Jahre umfaßt. Curt. VII. 9. 22 sagt von diesem Strafgericht nur: ut omnes qui defecerant pariter belli clade premerentur, copias dividit urique agros et interfici puberes jubet.

2) Nur Curt. VII. 10. 10 erwähnt den Peukolaos und seine 3000 Mann.

3) Diod. XVII. ep. *ὡς Βακτριανοὺς ἐκόλασεν*, eine vielleicht nicht einmal zuverlässige Notiz.

4) Strabo XI, p. 514 giebt nach Eratosthenes den Weg und die Entfernungen von Alexandreia in Areia über Baktra nach dem Jaxartes und sagt da: *εἶτ' εἰς Βάκτραν τὴν πόλιν ἣ καὶ Ζαριάσπα καλεῖται*; eben so nennt er S. 516 unter den baktrischen Städten *τὰ Βάκτρα ἥνπερ καὶ Ζαριάσπαν καλοῦσιν ἣν διαῤῥεῖ ὁμώνυμος ποταμὸς ἐμβάλλων εἰς τὸν Ὦξον.* Wenn Arrian nach dem Lagiden angiebt (III. 30. 5), daß Bessos *ἐς Βάκτρα ἀποθανούμενος* abgeführt und IV. 7. 3 in Zariaspa den versammelten Großen vorgeführt wird, so könnte es scheinen, daß er eben so mit den zwei Namen dieselbe Stadt bezeichne. Die Art, wie er den Ueber-

zubrachte, war in vielfacher Beziehung merkwürdig. Die Versammlung der baktrianischen Großen, das Eintreffen neuer Kriegsvölker aus dem Abendlande, mehrere Gesandtschaften europäischer und asiatischer Völker, dazu das rüstige Treiben in diesem stets siegreichen, abgehärteten Heere, das bunte Gemisch makedonischen Soldatenlebens, persischen Prunkes und hellenischer Bildung, das Alles zusammen giebt das eben so seltsame wie charakteristische Bild für die Hofhaltung des jugendlichen Königs, der sehr wohl wußte, daß er zu dem Ruhm seiner Siege und Gründungen noch die feierliche Pracht des Morgenlandes und die volle Majestät des höchsten irdischen Glückes hinzufügen müsse, wenn nicht die neugewonnenen Völker an der Größe irre werden sollten, die sie als überirdisch zu verehren bereit waren.

---

fall von Zariaspa erzählt (IV. 16. 6), läßt keinen Zweifel, daß wenigstens er sich bei diesen zwei Namen zwei verschiedene Städte denkt; denn nach IV. 16. 1 sind *αὐτοῦ ἐν Βάκτροις* vier Strategen mit ihren Phalangen zurückgeblieben, während in Zariaspa nur die Kranken und 80 Reiter zu ihrer Bedeckung liegen. Der Geograph Ptolemaios unterscheidet einen Fluß Zariaspes von dem Dargidos bei Baktra und nennt beide Städte unter verschiedenen Breitegraden. Noch jetzt scheint mir Zariaspa etwa in der Gegend von Andchui gesucht werden zu müssen, etwa 15 Meilen westlich von Baktra; Andchui ist eine alte Stadt, und General Ferrier, der 1845 nahe an ihr vorüber kam, erfuhr, daß sie noch 15,000 Einwohner zähle. Diese alte Stadt mag auch Baktra geheißen haben, wie noch jetzt mehrere Städte Balk ab Fayin, Chan Balk, Balk ab Bala, Tribactra bei Ptol; man nannte dieß Baktra vielleicht zur Unterscheidung von Baktra am Dargidos *Βάκτρα ἡ καὶ Ζαρίασπα*. Polybios nennt beide Namen; X. 49 steht Euthydemos, der König von Baktrien, während seine Hauptmacht nach Tapurien gesandt ist, mit 10,000 Reitern am Fluß Areios, und zieht sich, von Antiochos III. an diesem Fluß überfallen, zurück *εἰς πόλιν Ζαρίασπα τῆς Βακτριανῆς*; dann berichtet er XI. 34 von den Verhandlungen des Antiochos mit Euthydemos, nach denen der Syrerkönig *ὑπερβαλὼν τὸν Καύκασον . . . εἰς τὴν Ἰνδικὴν* zieht; endlich wird XXIX. 12. 8 in einer Reihe von Stadteinnahmen (*καταλήψεις*) — Tarent, Sardeis, Gaza, Karthago — auch die von *Βάκτρα* genannt, gemeint ist wohl die des Antiochos III. auf jenem Zuge; — und dann sind dem Polybios Zariaspa und Baktra zwei Städte.

Wie sehr Alexander die Vorurtheile des Morgenlandes ehrte, bewies das Gericht über Bessos, das mit aller der Feierlichkeit gehalten wurde, die das Verbrechen des Königsmordes zu verdienen schien. Der Versammlung der nach Zariaspa berufenen Großen [1]) wurde Bessos in Ketten vorgeführt; Alexander selbst sprach die Anklage wider den Königsmörder; er befahl dann, ihm Nase und Ohren abzuschneiden, ihn nach Ekbatana abzuführen, ihn dort auf dem Tage der Meder und Perser ans Kreuz zu schlagen. Vor den Augen der Versammlung nach persischer Sitte verstümmelt und gestäubt, ward Bessos zur Hinrichtung nach Ekbatana abgeführt [2]).

Um diese Zeit trafen Phrataphernes, der parthische Satrap, und Stasanor von Areia in Zariaspa ein; sie brachten in Fesseln den treulosen Arsames, der als Satrap von Areia die Invasion des Satibarzanes begünstigt hatte, den Perser Barzanes, dem von Bessos die parthische Satrapie übergeben worden war, so wie einige andere Großen, die der Usurpation des Bessos ihre Unterstützung geliehen hatten. Mit ihnen war der letzte Rest einer Opposition vernichtet, die bei besserer Führung das Gewaltrecht der Eroberung in sehr ernstes Gedränge zu bringen vermocht hätte; wer jetzt noch Parthei gegen Alexander hielt, schien sich einer untergegangenen Sache oder der leichtsinnigsten Selbsttäuschung zu opfern.

Unter den Gesandtschaften, die im Laufe des Winters in des Königs Hoflager eintrafen, waren besonders die der europäischen Skythen merkwürdig. Alexander hatte im vorigen

---

1) Arrian. IV. 7. 3: *ξύλλογον ἐκ τῶν παρόντων ξυναγαγών*, also waren sie zu einem anderen Zweck nach Zariaspa berufen worden, eben so wie die Versammlung in Ekbatana, wo Bessos hingerichtet werden soll (*ὡς ἐκεῖ ἐν Μήδων τε καὶ Περσῶν ξυλλόγῳ ἀποθανούμενον*), nicht erst zu dem Zweck berufen wird. Arrians Ausdruck *κατηγορήσας τὴν Δαρείου προδοσίαν* läßt schließen, daß die Versammelten ein Urtheil sprachen. Die Strafe, die der König befiehlt, ist dieselbe, die in der Inschrift von Bisitun wiederholt erwähnt wird.

2) Arrian. IV. 7, cf. Curt. VII. 5. u. 10. Justin. XII. 5. Diod. XVII. 83. Plut. u. a. m.

Sommer mit den skythischen Gesandten einige seiner Hetairen zurückgehen lassen; diese kamen jetzt in Begleitung einer zweiten Gesandtschaft zurück, welche von Neuem die Huldigungen ihres Volkes und Geschenke, wie sie den Skythen die werthvollsten erschienen, überbrachte: ihr König sei in der Zwischenzeit gestorben, des Königs Bruder und Nachfolger beeile sich, dem König Alexander seine Ergebenheit und Bundestreue zu versichern, deß zum Zeichen biete er ihm seine Tochter zur Gemahlin an; verschmähe sie Alexander, so möge er gestatten, daß sich die Töchter seiner Großen und Häuptlinge mit den Großen von Alexanders Hof und Heer vermählten; er selbst sei bereit, wenn Alexander es wünsche, persönlich bei ihm zu erscheinen, um seine Befehle entgegen zu nehmen; er und seine Skythen seien gewillt, sich in Allem und Jedem den Befehlen des Königs zu unterwerfen. Alexanders Bescheid war seiner Macht und den damaligen Verhältnissen angemessen; ohne auf die Vorschläge zu einer skythischen Brautfahrt einzugehen, entließ er die Gesandten reichbeschenkt und mit der Versicherung seiner Freundschaft für das Volk der Skythen.

Um dieselbe Zeit war der Chorasmierkönig Pharasmanes mit einem Gefolge von 1500 Pferden nach Zariaspa gekommen, dem großen Könige persönlich seine Huldigung zu bringen, da bei der freundlichen Aufnahme, die Spitamenes unter den ihm benachbarten Massageten gefunden hatte, er selbst leicht verdächtig werden konnte; er herrschte über das Land des unteren Oxos, und versicherte, Nachbar des kolchischen Stammes und des Weibervolkes der Amazonen zu sein; er erbot sich, wenn Alexander einen Feldzug gegen die Kolchier und Amazonen zu unternehmen und die Unterwerfung des Landes bis zum Pontos Euxeinos zu versuchen geneigt sei, ihm die Wege zu zeigen und für die Bedürfnisse des Heeres auf diesem Zuge zu sorgen [1]).

---

[1]) Die Lage von Chorasmien bezeichnet der heutige Name. Arrian. IV. 15; Curt. VIII. 1. 8. Die Aeußerungen des Pharasmanes, wie sie Arrian berichtet, mit Alexanders Antwort, er wolle jetzt nicht in die pontischen Landschaften eindringen, könnten die Annahme, Alexander habe

Alexanders Antwort auf diese Anträge läßt einen Blick in den weiteren Zusammenhang seiner Pläne thun, die, so kühn sie auch sind, von der merkwürdigen Einsicht in das geographische Verhältniß der verschiedenen Länderstrecken, von deren Dasein durch seine Züge die erste Kunde verbreitet wurde, das sicherste Zeugniß ablegen. Er hatte sich bereits durch den Augenschein und durch die Berichte seiner Gesandtschaft und der Eingebornen überzeugt, daß der Ocean, mit dem er das kaspische Meer auch jetzt noch in unmittelbarer Verbindung glaubte [1]), keinesweges der Nordgränze des Perserreiches nahe sei, und daß skythische Horden noch ungemessene Landstrecken gen Norden inne hätten, daß es unmöglich sei, für das neue Reich auf dieser Seite eine Naturgränze in dem großen Meere zu finden; dagegen erkannte er sehr wohl, daß für die vollkommene Unterwerfung des iranischen Hochlandes, die seine nächste Absicht blieb, der Besitz der angränzenden Tiefländer wesentliche Bedingung sei, und die Folgezeit hat gelehrt, wie richtig er den Euphrat und Tigris, den Oxos und Jaxartes, den Indos und Hydaspes zu Stützpunkten seiner Herrschaft über Persien und Ariana gemacht hat. Er antwortete dem Pharasmanes, daß

---

den Tanais Europas mit dem Jaxartes verwechselt, zu bestätigen scheinen; man begreift sonst nicht, wie er zu einem pontischen Feldzuge die Hülfe der Chorasmier am Aralsee in Anspruch nehmen und Pharasmanes sich Nachbar der Kolchier nennen konnte. Nicht bei Alexander, wohl aber bei den übertreibenden Makedonen mag diese Verwechselung anzunehmen sein. Die Getreuen, die mit der Gesandtschaft der europäischen Skythen gegangen waren, mußten gewissere Nachrichten vom Aralsee und vom kaspischen Meer eingezogen haben. Vielleicht, daß Pharasmanes eine maritime Verbindung mit der gegenüberliegenden Landschaft des Kur und Araxes meinte, deren Alter alte Angaben und neue Forschungen hinreichend erweisen. Bemerkenswerth ist, daß Arrian den Pharasmanes von den Amazonen sprechen läßt (ἔφασκε), ohne sein sonst übliches εἰσὶ δὲ οἳ λέγουσιν anzuwenden; also fand er es so im Ptolemaios oder Aristobulos.

[1]) Daß Alexander diese Ansicht noch jetzt fest hielt, beweisen nicht sowohl die Worte, die ihm Arrian (V. 26. 1) in den Mund legt, als vielmehr die Sendung des Herakleides (VII. 16. 1) nach dem kaspischen Meer, dort eine Flotte zu bauen und zu untersuchen ποίᾳ τινὶ ξυμβάλλει θαλάσσῃ κ. τ. λ.

er für jetzt nicht daran denken könne, in die pontischen Landschaften einzudringen; sein nächstes Werk müsse die Unterwerfung Indiens sein; dann, Herr von Asien, gedenke er nach Hellas zurückzukehren und durch den Hellespont und den Bosporos in den Pontos mit seiner ganzen Macht einzudringen; bis auf diese Zeit möge Pharasmanes das, was er jetzt anbiete, aufschieben. Für jetzt schloß der König mit ihm Freundschaft und Bündniß, empfahl ihn den Satrapen von Baktrien, Parthien und Areia, und entließ ihn mit allen Zeichen seines Wohlwollens.

Noch gestatteten die Verhältnisse keinesweges, den indischen Feldzug zu beginnen. Sogdiana war zwar unterworfen und verheert worden, aber das strenge Strafgericht, das Alexander über das unglückliche Land verhängt hatte, weit entfernt, die Gemüther zu beruhigen, schien nach einer kurzen Betäubung in allgemeiner Wuth seinen Rückschlag finden zu sollen [1]); bei Tausenden waren die Einwohner in die ummauerten Plätze, in die Berge, in die Bergschlösser der Häuptlinge des oberen Landes und der oxianischen Gränzgebirge geflüchtet; überall, wo die Natur Schutz bot, lagen Banden von Geflüchteten, um so gefährlicher, je hoffnungsloser ihre Sache war. Peukolaos vermochte nicht, mit seinen dreitausend Mann die Ordnung aufrecht zu erhalten und das platte Land zu schützen; von allen Seiten her sammelten sich die Massen zu einer furchtbaren Insurrektion, und es schien nur ein Anführer zu fehlen, der die Abwesenheit Alexanders benutzte. Spitamenes, der, nach dem Ueberfall am Polytimetos zu urtheilen, nicht ohne militärisches Geschick war, scheint, ins Land der Massageten geflüchtet, ohne weitere Verbindung mit diesem zweiten Abfall der Sogdianer gewesen zu sein; wenigstens wäre sonst nicht zu begreifen, warum er nicht früher mit seinen Skythen herbei eilte. Denn daß Alexander den Aufstand sich

---

1) Arrian. IV. 16. 7: *ὅτι πολλοὺς τῶν Σογδιανῶν ἐς τὰ ἐρύματα ξυμπεφευγέναι οὐδὲ ἐθέλειν κατακούειν τοῦ σατράπου ὅστις αὐτοῖς ἐξ Ἀλεξάνδρου ἐπιτέτακτο.* Daß er den Satrapen nicht zu nennen weiß, ist sehr auffallend.

so weit entwickeln ließ, ehe er ihn zu unterdrücken eilte, war ein Zeichen, daß für den Augenblick seine Streitkräfte nicht so angethan waren, um diese kühnen und zahlreichen Feinde in ihren Bergen aufzusuchen; nach der Besetzung von Alexandreia in Arachosien, am Paropamisos und Tanais konnten kaum mehr als 10,000 Mann disponibel sein. Erst im Laufe des Winters trafen bedeutende Verstärkungen aus dem Abendlande ein; eine Colonne Fußvolk und Reiter, die Nearchos, der Satrap von Lykien, und Asandros von Karien geworben hatten, eine zweite, die Asklepiodoros, der Satrap von Syrien, und Menes, der Hyparch, heranführte, eine dritte unter Epokillos, Menidas und Ptolemaios, dem Strategen der Thraker, im Ganzen fast 17,000 Mann zu Fuß und 2600 Reiter [1]), so daß nun erst der König Truppen genug um sich hatte, die Insurrection Sogdianas bis in ihre letzten Schlupfwinkel zu verfolgen.

Mit dem Frühjahr 328 verließ er das Hoflager von Zariaspa, woselbst in den Lazarethen die Kranken von der makedonischen Ritterschaft nebst einer Bedeckung von etwa 80 Mann Söldnerreitern und einige Edelknaben zurückblieben. Das Heer ging an den Oxos; eine Oelquelle, die neben dem Zelte des Königs hervorsprudelte, ward von Aristandros für ein Zeichen erklärt, daß man zwar siegen, aber mit vieler Mühe siegen werde; und in der That bedurfte es großer Vorsicht,

---

1) Arrian. IV. 7. 2, der leider nicht Zahlen giebt. Curtius (VII. 10. 11) rechnet in der ersten Colonne, die nach ihm Alexandros (er meint Asandros) führt, 3000 Mann zu Fuß und 500 Reiter, in der zweiten 3000 Mann zu Fuß und 500 Reiter, in der dritten 3000 Mann zu Fuß und 1000 Reiter; er nennt noch 7400 Griechen zu Fuß und 600 zu Pferd, die Antipatros gesandt habe. Der Name Melamnidas bei Arrian ist wohl nach Curtius in Menidas zu ändern. Bemerkenswerth ist Arrians *Πτολεμαῖος ὁ τῶν Θρᾳκῶν στρατηγός*. Der frühere Führer der Thraker zu Fuß, Sitalkes, war in Ekbatana zurückgeblieben; dieser Ptolemaios war mit Epokillos (Arrian. III. 19. 6; IV. 7. 2) zum Meere hinabgesandt, den Transport von Geld und Verabschiedeten nach Euboia zu geleiten (Frühling 330); also sie hatten zum Marsch bis Makedonien und von da nach Zariaspa etwa ein Jahr gebraucht. In der Luftlinie sind vom Hellespont bis Issos und von da über Bagdad bis Balk etwa 400 Meilen.

diesen Feinden, die von allen Seiten her drohten, zu begegnen. Der König theilte sein Heer so, daß Meleagros, Polysperchon, Attalos, Gorgias mit ihren Phalangen in Baktra zurückblieben [1], das Land in Obhut zu halten, während das übrige Heer, in fünf Colonnen getheilt, unter der Führung des Königs, des Hipparchen Hephaistion, des Leibwächters Ptolemaios, des Strategen Perdikkas, des baktrischen Satrapen Artabazos, dem der Strateg Koinos beigegeben war, in verschiedenen Richtungen in das sogdianische Land einrückten. Ueber die Einzelnheiten dieser Unternehmungen sind keine weiteren Nachrichten überliefert; nur im Allgemeinen wird angeführt, daß die verschiedenen festen Plätze des Landes theils durch Sturm genommen wurden, theils sich freiwillig unterwarfen; in kurzer Zeit war der wichtigste Theil des transoxianischen Landes, das Thal des Polytimetos, wieder in des Königs Gewalt, und von den verschiedenen Seiten her trafen die einzelnen siegreichen Colonnen in Marakanda zusammen. Indeß waren noch die Berge im Osten und Norden in Feindes Hand, und man durfte vermuthen, daß Spitamenes, der sich zu den raublüsternen Horden der Massageten geflüchtet hatte, dieselben zu neuen Einfällen bereden würde; zu gleicher Zeit mußte Alles angewendet werden, um dem furchtbar zerrütteten Zustande des Landes möglichst schnell durch eine neue und durchgreifende Organisation ein Ende zu machen, besonders der zersprengten, obdachlosen und der nothwendigsten Bedürfnisse entblößten Bevölkerung zu helfen und sie zu beruhigen. Demnach erhielt Hephaistion den Auftrag, neue Städte zu gründen, in diese die Einwohner der Dorfschaften zu vereinigen, Lebensmittel herbeizuschaffen [2],

---

[1]) Arrian. IV. 16. 1: *αὐτοῦ ἐν Βάκτροις ὑπολειπόμενος . . . . τήν τε χώραν ἐν φυλακῇ ἔχειν* u. s. w. Baktra bezeichnet die Stadt, nicht das Land, das Arrian (IV. 16. 4) *Βακτριανή* nennt. Warum mit diesem *αὐτοῦ* nicht Baktra und Zariaspa als identisch bezeichnet sein kann, ist oben S. 62 bemerkt.

[2]) Strabo XI, p. 517 sagt, Alexander habe 8, Justin. XII. 5 er habe 12 Städte in Sogdiana und Baktriana erbaut. Die 6 dicht bei einander liegenden Städte, die nach Curt. VII. 10. 15 an der Stelle von Margiana (v. l. Margania) gegründet wurden, würde man unbedenklich

während Koinos und Artabazos gegen die Skythen zogen, um wo möglich des Spitamenes habhaft zu werden, Alexander selbst aber mit der Hauptmacht aufbrach, mit der Einnahme der einzelnen Bergschlösser die Unterwerfung des Landes zu vollenden. Er nahm sie ohne große Mühe. Er kehrte nach Marakanda zurück, dort zu rasten. Furchtbare Vorgänge sollten diese Ruhetage bezeichnen.

Der greise Artabazos hatte um Enthebung von seinem Dienst gebeten, der König statt seiner den Hipparchen Kleitos, den schwarzen Kleitos, wie man ihn nannte, zum Satrapen von Baktrien bestimmt. Große Jagden, Gastmähler füllten die Tage; unter diesen war der eines dionysischen Festes, statt dessen, so heißt es, der König die Dioskuren feierte; der Gott habe darum gezürnt und so sei der König zu schwerer Schuld gekommen; nicht ungewarnt; er habe schöne Früchte vom Meere her gesandt erhalten und Kleitos einladen lassen, sie mit ihm zu essen; Kleitos habe darüber das Opfer, das er eben bringen wollen, verlassen und sei zum Könige geeilt; drei zum Opfer besprengte Schafe seien ihm nachgelaufen; nach Aristandros Deutung ein trauriges Zeichen; der König habe für Kleitos zu opfern befohlen, doppelt in Sorge durch einen seltsamen Traum, den er in der letzten Nacht gehabt, und in dem er Kleitos in schwarzem Kleide zwischen den blutenden Söhnen Parmenions habe sitzen sehen.

---

in Merw-Shahidschan, dem unteren Merw, wieder erkennen, wenn Arrian über die lange Episode zwischen IV. 7. 3 bis IV. 15. 7 diese Expedition von Zariaspa aus südwärts vergessen haben könnte. Leider ist Curt. VII. 10. 13—16 so confus, daß man nichts aus ihm entscheiden kann. Erwägt man, welche Bedeutung dieses Fruchtland der Margiana hart an der Wüste hat — die Inschrift von Bisitun zeigt, welche Streitmittel dort gegen Dareios in Waffen gestanden — so scheint es fast undenkbar, daß Alexander unterlassen konnte, dort eine beherrschende Stadt zu gründen; und das Alterthum wußte, daß er dort eine Alexandreia gegründet habe, die dann von den Barbaren zerstört, von Antiochos I. neu gegründet worden ist (Plin. VI. 16). Natürlich brauchte Alexander zu diesem Zweck nicht persönlich nach der Margiana gekommen zu sein.

Abends, so ist die weitere Erzählung, kam Kleitos zur Tafel; man war beim Weine froh bis in die Nacht hinein; man pries Alexanders Thaten: er habe Größeres gethan als die Dioskuren, selbst Herakles sei ihm nicht zu vergleichen; nur der Neid sei es, der dem Lebenden die gleichen Ehren mit jenen Heroen misgönne. Schon war Kleitos vom Wein erhitzt, die persische Umgebung des Königs, die übergroße Bewunderung der Jüngeren, die frechen Schmeicheleien hellenischer Sophisten und Rhetoren, die der König in seiner Nähe dulde, hatten ihn schon lange verdrossen, jenes leichtsinnige Spielen mit den Namen der großen Heroen brachte ihn auf: das sei nicht die Art, des Königs Ruhm zu feiern, seine Thaten seien auch nicht so gar groß wie jene meinten, zum guten Theil gebühre den Makedonen der Ruhm. Alexander hörte mit Unwillen so verletzende Reden von einem, den er vor Allen ausgezeichnet, doch schwieg er. Immer lauter wurde der Streit; auch König Philipps Thaten kamen zur Sprache, und als nun behauptet wurde, er habe nichts Großes und Bewunderungswürdiges gethan, sein Ruhm sei, Alexanders Vater zu heißen, da sprang Kleitos auf, den Namen seines alten Königs zu vertreten, Alexanders Thaten zu verkleinern, sich selbst und die alten Strategen zu rühmen, des todten Parmenion und seiner Söhne zu gedenken, alle die glücklich zu preisen, die gefallen oder hingerichtet seien, ehe sie die Makedonen mit medischen Ruthen gepeitscht und bei den Persern um Zutritt zum Könige bitten gesehen. Mehrere der alten Strategen standen auf, verwiesen dem von Wein und Eifer erhitzten seine Rede, sie suchten vergeblich die steigende Unruhe zu stillen; Alexander wandte sich zu seinem Tischnachbarn, einem Hellenen: „nicht wahr, ihr Hellenen scheint euch unter den Makedonen wie Halbgötter unter Thieren umher zu wandeln?“ Kleitos lärmte weiter; er wandte sich mit lauter Stimme an den König: „diese Hand hat dich am Granikos errettet; du aber rede, was dir gefällt, und lade fürder nicht freie Männer zu deiner Tafel, sondern Barbaren und Sklaven, die deines Kleides Saum küssen und deinen persischen Gürtel anbeten!“ Länger hielt Alexander seinen Zorn nicht, er sprang auf, nach seinen Waffen zu greifen; die Freunde hatten sie fortgeschafft; er schrie seinen Hypaspisten auf Makedonisch zu, ihren König zu rächen; keiner kam; er befahl dem Trompeter Lärm zu blasen, schlug ihn mit der Faust ins Angesicht, da er nicht gehorchte: gerade so weit sei es mit ihm gekommen, wie mit Dareios zu jener Zeit, da er von Bessos und dessen Genossen gefangen fortgeschleppt sei und nichts als den elenden Namen des Königs gehabt habe; und der ihn verrathe, das sei dieser Mensch, der ihm Alles danke, dieser Kleitos. Kleitos, der von den Freunden hinausgeführt war, trat in dem Augenblick, da sein Name genannt wurde, zum anderen Ende des Saales wieder herein: „hier ist Kleitos, o Alexander!" und recitirte dann die Verse des Euripides von dem üblen Brauch, daß das Heer „mit seinem Blut Siege erkämpfe, aber deren Ehre nur dem Feldherrn zugeschrieben werde, der preislich in seinem hohen Amt thronend das Volk verachte, er, der doch nichts sei" [1]). Da riß Alexander einer Wache die Lanze aus der Hand und schleuderte sie gegen Kleitos, der sofort todt zu Boden sank. Entsetzt wichen die Freunde; des Königs Zorn war gebrochen; Bewußtsein, Schmerz, Verzweiflung bewältigten ihn; man sagt, er habe den Speer aus Kleitos Brust gezogen und gegen den Boden gestemmt, sich auf der Leiche zu ermorden; die Freunde hielten ihn zurück, sie brachten ihn auf sein Lager. Dort lag er weinend und wehklagend, rief den Namen des Ermordeten, den Namen seiner Amme Lanike, der Schwester des Ermordeten: das sei der schöne Ammenlohn, den ihr Pflegling zahle; ihre Söhne seien für ihn kämpfend gefallen, ihren Bruder habe er mit eigener Hand ermordet, ermordet den, der sein Leben gerettet; er gedachte des greisen Parmenion und seiner Söhne, er wurde nicht satt, sich anzuklagen als den Mörder seiner Freunde, sich zu verfluchen und den Tod zu rufen. So lag er drei Tage lang über Kleitos Leichnam, eingeschlossen in seinem Zelte, ohne Schlaf, ohne Speise und Trank, endlich vor

---

1) Eurip. And. 687: *σεμνοὶ δ' ἐν ἀρχαῖς ἥμενοι κατὰ πτόλιν φρονοῦσι δήμου μεῖζον, ὄντες οὐδένες.*

Ermattung stumm; nur einzelne tiefe Seufzer tönten noch aus dem Zelte hervor. Die Truppen, voll banger Sorge um ihren König, kamen zusammen und richteten über den Todten: er sei mit Recht getödtet; sie riefen nach ihrem Könige; der hörte sie nicht; endlich wagten es die Strategen, das Zelt zu öffnen, sie beschworen den König, seines Heeres und seines Reiches zu gedenken, sie sagten, nach den Zeichen der Götter habe Dionysos die unselige That verhängt; es gelang ihnen endlich, den König zu beruhigen; er befahl dem zürnenden Gotte zu opfern.

So im Wesentlichen die Angaben unserer Quellen; sie genügen nicht den wirklichen Verlauf des schrecklichen Ereignisses, noch weniger zwischen dem Mörder und dem Ermordeten das Maaß der Schuld festzustellen. Wie furchtbar die That war, zu der den König der wilde Zorn des Momentes hinriß, — in Kleitos trat ihm zum ersten Mal die ganze Entrüstung und Empörung entgegen, die sein Wollen und sein Thun unter denen, auf deren Kraft und Treue er sich verlassen mußte, hervorgerufen hatte, die tiefe Kluft, die ihn von der Empfindung der Makedonen und Hellenen trennte. Er bereute den Mord, er opferte den Göttern; was er anderes hätte thun sollen, unterlassen die Moralisten, die ihn verdammen, zu sagen.

Während dieser Vorgänge in Marakanda hatte Spitamenes noch einen Versuch gemacht, in die baktrischen Lande einzudringen; unter den Massageten, zu denen er mit dem Rest seiner Sogdianer geflüchtet war, hatte er einen Haufen von 6 bis 800 Reitern angeworben und war an deren Spitze plötzlich vor einem der festen Gränzplätze erschienen, hatte die Besatzung herauszulocken gewußt und sie dann von einem Hinterhalt her überfallen; der Befehlshaber des Platzes fiel in die Hände der Skythen, seine Leute waren meist geblieben, er selbst wurde gefangen mit fortgeschleppt. Durch diesen Erfolg kühner gemacht, erschien Spitamenes wenige Tage darauf vor Zariaspa; die Besatzung dort, zu der auch die Wiedergenesenen aus den Lazarethen, meist Hetairen von der Ritterschaft, zu rechnen waren, schien zu bedeutend, um einen Angriff räthlich zu machen; plündernd und brennend zogen sich die Massageten über die Felder und

Dörfer der Umgegend zurück. Als das Peithon, der die Verwaltung dort hatte [1]), und Aristonikos, der Kitharöde, erfuhren, riefen sie die achtzig Reiter Besatzung, die Wiedergenesenen von der Ritterschaft und die Edelknaben, die dort waren, zu den Waffen, und eilten vor die Thore, die plündernden Barbaren zu züchtigen; diese ließen ihre Beute im Stich und entkamen mit Mühe, viele wurden gefangen oder niedergemacht, und fröhlichen Muthes zog die kleine Schaar zur Stadt zurück. Spitamenes überfiel sie aus einem Hinterhalt mit solchem Ungestüm, daß die Makedonen geworfen und fast abgeschnitten wurden; sieben von den Hetairen, sechzig von den Söldnern blieben auf dem Platze, unter ihnen der Kitharöde; Peithon fiel schwer verwundet in die Hände der Feinde, es war nahe daran, daß die Stadt selbst in ihre Gewalt kam. Schnell ward Krateros von dem Vorfall unterrichtet, die Skythen warteten seine Ankunft nicht ab, sondern zogen sich gen Westen zurück, indem sich immer neue Haufen mit ihnen vereinten; am Rande der Wüste holte sie Krateros ein, es entspann sich ein hartnäckiger Kampf; endlich entschied sich der Sieg für die Makedonen; mit Verlust von 150 Mann floh Spitamenes in die Wüste zurück, die jede weitere Verfolgung unmöglich machte [2]).

Nachrichten solcher Art mochten mehr als die Bitten der Freunde oder der Trost frecher Schmeichler dazu dienen, den König seiner Pflicht zurück zu geben. Es wurde von Marakanda aufgebrochen; die dem Kleitos bestimmte Satrapie von Baktra erhielt Amyntas, Koinos blieb mit seiner und Melea-

1) *ὁ ἐπὶ τῆς βασιλικῆς θεραπείας τῆς ἐν Ζαριάσποις τεταγμένος* (Arrian. IV. 16. 6) scheint ihn einfach als Vorstand der Krankenpflege zu bezeichnen.

2) Arrian giebt nicht an, wo Krateros stand, wie er überhaupt in diesen sogdischen Dingen Manches unklar läßt. Vielleicht hatte Krateros den Oberbefehl über die IV. 16. 1 genannten vier Taxen die *ἐν Βάκτροις* zurückblieben. Daraus würde sich erklären, daß er jetzt zur Verfolgung nahe ist; und zu den nächsten Winterquartieren (328/7) kommen auch *οἱ ἀμφὶ Κράτερον* nach Nautaka nördlich vom Oxos.

gros Taxis und 400 Mann von der Ritterschaft, mit sämmtlichen Akontisten zu Pferd und den anderen Truppen, die bisher Amyntas gehabt [1]), zur Deckung der Sogdiana zurück; Hephaistion ging mit einem Corps nach dem baktrischen Lande, um die Verpflegung der Heere für den Winter zu besorgen [2]); Alexander selbst zog nach Xenippa [3]), wohin viele der baktrischen Empörer sich geflüchtet hatten. Bei der Nachricht von Alexanders Anrücken wurden sie von den Einwohnern, die nicht durch unzeitige Gastfreundschaft ihr Hab und Gut in Gefahr bringen wollten, verjagt, und suchten nun, durch heimlichen Ueberfall den Makedonen Abbruch zu thun; etwa 2000 Pferde stark warfen sie sich auf einen Theil des makedonischen Heeres; erst nach einem lange schwankenden Gefecht wurden sie zum Weichen gezwungen, sie hatten gegen 800 Mann, theils Todte, theils Gefangene verloren; so zusammengeschmolzen, ohne Führer, ohne Proviant, zogen sie es vor, sich zu unterwerfen. Dann wandte sich der König gegen die Felsenburg des Sisimithres „im baktrianischen Lande“ [4]); es kostete schwere Anstrengungen, ihr nahe

---

[1]) Arrian. IV. 17. 3: *καὶ ὅσοι ἄλλοι μετὰ Ἀμύντου ἐτάχθησαν.* Diesen Amyntas, des Nikolaos Sohn, hat Arrian früher nicht erwähnt; man könnte in ihm den IV. 15. 7 bezeichneten (*τοῦ σατράπου ὅστις αὐτοῖς ἐπετέτακτο*) vermuthen, aber Koinos, der an seine Stelle tritt, wird eben so wenig Satrap genannt. Amyntas mag nach Peukolaos, der sich in seinem militärischen Commando nicht eben bewährt hatte, bestellt worden sein.

[2]) Nach Curt. VIII. 2. 13: in regionem Bactrianam misit commeatum in hiemem paraturum.

[3]) Nur Curt. VIII. 2. 14 erwähnt dieses Zuges; seine Angabe Scythis confinis est regio macht die Bestimmung der Lage, die man sonst mehr nach Baktrien zu, etwa in den nordöstlich von Kesch liegenden Gebirgen suchen möchte, unmöglich.

[4]) Auch diese Expedition erwähnt Arrian nicht. Curt. VIII. 2. 14 (und Strabo XI, p. 517) erzählt von ihr Einzelnheiten, die Arrian bei anderer Gelegenheit anführt (IV. 21). Der Name der Gegend, in der diese Burg gelegen, ist bei Curtius in den Mss. unsicher: Nausi, Nauram, Nauta; man hat Nautaca gedruckt. In der Inhaltsangabe der Lücke bei Diod. XVII. *κθ'* heißt es: *στρατεία τοῦ βασιλέως εἰς τοὺς καλουμένους Ναύτακας καὶ φθορὰ τῆς δυνάμεως ὑπὸ τῆς πολλῆς χιόνος.* Ich habe

zu kommen, schwerere; den Sturm vorzubereiten; bevor der Angriff erfolgte, ergab sich Sisimithres.

Indeß hatte Spitamenes, bevor ihm von den Erfolgen des Feindes und von dessen Macht das ganze Gränzgebiet gesperrt würde, noch einen Versuch auf das sogdianische Land machen zu müssen geglaubt; an der Spitze der mit ihm Geflüchteten, und mit 3000 skythischen Reitern, welche die versprochene Beute lockte, erschien er plötzlich vor Bagai an der sogdischen Gränze gegen die Wüste der Massageten [1]). Von diesem Einfall benachrichtigt, rückte Koinos schleunig mit Heeresmacht gegen ihn; nach einem blutigen Gefechte wurden die Skythen mit Verlust von 800 Mann zum Rückzuge gezwungen. Die Sogdianer und Baktrier, die auch den letzten Versuch scheitern sahen, verließen, Dataphernes an ihrer Spitze, den Spitamenes auf der Flucht und ergaben sich an Koinos; die Massageten, um die Beute im Sogdianerlande betrogen, plünderten die Zelte und Wagen der Abtrünnigen; sie flohen mit Spitamenes der Wüste zu. Da kam die Nachricht, daß Alexander gegen die Wüste im Anzuge sei; sie schnitten dem Spitamenes den Kopf ab und schickten ihn an den König [2]).

Der Tod dieses eben so kühnen wie verbrecherischen Gegners machte der letzten Besorgniß ein Ende; es begann dem „Garten des Orientes“ endlich die Ruhe, deren er nur bedurfte, um selbst nach so vielen Kämpfen und Zerrüttungen bald wieder zu dem alten Wohlstand zu erblühen. Der Winter war herangekommen, der letzte, den Alexander in diesen Landen zuzubringen gedachte; die verschiedenen Heeresabtheilungen sammelten sich um Nautaka, die Winterquartiere zu beziehen. Dorthin kamen die

---

früher unter diesem Namen bei Curtius das Nauragebirg mit dem gleichnamigen Städtchen, das von arabischen Schriftstellern angeführt wird (Geogr. Men. ed. Hudson III, p. 31) vermuthet, wie ich jetzt glaube, zu dreist.

[1]) Arrian. IV. 17. 4: *ἐς Βαγὰς χωρίον τῆς Σογδιανῆς ὀχυρὸν ἐν μεθορίῳ τῆς τε Σογδιανῶν γῆς καὶ τῆς Μασσαγετῶν.*

[2]) Anders, romanhaft schildert Curtius das Ende des Spitamenes; nach ihm ist es seine Gemahlin, die ihm den Kopf abschneidet und persönlich an Alexander bringt.

Satrapen der nächstgelegenen Landschaften, Phrataphernes von Parthien und Stasanor von Areia, die im vergangenen Winter bei ihrer Anwesenheit in Zariaspa verschiedene, wahrscheinlich auf das Heerwesen bezügliche Aufträge erhalten hatten. Phrataphernes wurde zurückgesandt, um den Satrapen der Mardier und Tapurier, Autophradates, der Alexanders Befehle auf eine gefährliche Weise zu misachten begann, festzunehmen. Stasanor ging in seine Lande zurück. Nach Medien wurde Atropates mit dem Befehle gesandt, den Satrapen Oxydates, der sich pflichtvergessen gezeigt hatte, zu entsetzen und dessen Stelle zu übernehmen. Auch Babylon erhielt, da Mazaios gestorben war, in der Person des Stamenes einen neuen Satrapen. Sopolis, Menides und Epokillos gingen nach Makedonien, Truppen von dort zu holen [1]).

Die Winterrast in Nautaka wurde, so scheint es, zu Vorbereitungen für den indischen Feldzug benutzt, den Alexander gegen den Sommer des nächsten Jahres, sobald die Hochgebirge zugänglicher wurden, zu beginnen gedachte. Noch hielten sich in den diesseitigen Bergen einige Burgen, auf die sich die letzte Kraft der Widerspenstigen zurückgezogen hatte.

Der König wandte sich mit dem ersten Beginn des Frühlings [2]) gegen den „sogdianischen Felsen", auf den der Baktrier Oxyartes die Seinigen geflüchtet hatte, weil er die Feste für unnehmbar hielt [3]). Sie war mit Lebensmitteln für eine

---

[1]) Arrian. IV. 18. 3: τὴν στρατιὰν τὴν ἐκ Μακεδονίας αὐτῷ ἀνάξοντας. Der Artikel läßt vermuthen, daß es der regelmäßige Ersatz war.

[2]) Arrian. IV. 18. 4: ἅμα τῷ ἦρι ἀποφαινομένῳ, also etwa Anfang März.

[3]) Curt. VII. 11. 1 nennt sie die Burg des Sogdianers Arimazes, Polyaen. IV. 3. 29 die Burg des Ariomazes und im sogdianischen Lande gelegen. Strabo XI, p. 517 bezeichnet wohl dieselbe, wenn er sagt: καὶ τὴν ἐν τῇ Σογδιανῇ [καὶ] τὴν τοῦ Ὤξου, οἱ δὲ Ἀριαμάζου φασί, vielleicht ist Ὤξου nur eine versuchte Verbesserung statt eines Ὄξου, das von Ὀξυάρτου übrig geblieben sein könnte. Näheres über die Belegenheit ergiebt sich aus Arrian nicht. Gewiß nicht hat die Feste zwischen Balk und Merw,

lange Belagerung versehen, ihren Bedarf an Wasser hatte sie durch den reichlich gefallenen Schnee, der zugleich das Ersteigen der Felsen doppelt gefährlich machte. Vor dieser Burg angekommen, ließ Alexander sie zur Uebergabe auffordern, indem er Allen, die sich in derselben befanden, freien Abzug versprach; ihm wurde geantwortet: er möge sich geflügelte Soldaten suchen. Entschlossen, auf jeden Fall den Felsen zu nehmen, ließ er im Lager durch den Herold ausrufen: die Felsenstirn, die über der Burg hervorrage, müsse erstiegen werden, zwölf Preise seien denen bestimmt, die zuerst hinaufkämen, zwölf Talente dem ersten, dem zwölften ein Talent; für alle, die an dem Wagniß Theil nähmen, würde es ruhmvoll sein. Dreihundert Makedonen, die im Bergklettern geübt waren, traten hervor und empfingen die nöthigen Weisungen; dann versah sich jeder mit einigen Eisenpflöcken, wie sie beim Zelten gebraucht werden, und mit starken Stricken. Um Mitternacht nahten sie der Stelle des Felsens, die am steilsten und deshalb unbewacht war. Anfangs stiegen sie mühsam, bald begannen jäh abstürzende Felswände, glatte Eislagen, lose Schneedecken; mit jedem Schritt wuchs die Mühe und die Gefahr. Dreißig dieser Kühnen stürzten in den Abgrund, endlich mit Tagesanbruch hatten die Anderen den Gipfel erreicht, und ließen ihre weißen Binden im Winde flattern. Sobald Alexander das verabredete Zeichen sah, sandte er von Neuem einen Herold, der den feindlichen Vorposten zurief: die

---

wie man hat erweisen wollen, gelegen. Die einzige Andeutung für die Lage ist, daß Strabo die Feste des Sisimithres im baktrianischen, Curtius die des Arimazes im sogdianischen Lande belegen nennt. Dürfte man annehmen, daß die von den Schneegipfeln des Hazreti Sultân und Kalai Schiraja nach Westen und Süden streichenden Gebirgszüge, von denen westwärts die Wasser zu dem Fluß von Karschi, südwärts die zum Oxos hinabfließen, die Gränze von Sogdiana und Baktrien bilden, wie sie in der That eine mächtige natürliche Scheidung bilden, so liegen in diesen Confinien beider Landschaften östlich und westlich vom „eisernen Thor“ Locale genug, auf welche die Beschreibung jener Felsenburgen passen könnte, wie man jetzt aus Majews Berichten sieht; auf der baktrischen Seite namentlich Derbent und Baisun.

geflügelten Soldaten hätten sich gefunden, sie seien über ihren Häuptern, weiterer Widerstand sei unmöglich. Bestürzt, daß die Makedonen einen Weg auf den Felsen gefunden hatten, zögerten die Barbaren nicht länger, sich zu ergeben, und Alexander zog in die Felsenburg ein. Reiche Beute fiel hier in seine Hand, unter dieser viele Frauen und Töchter sogdianischer und baktrischer Edlen, auch des Oxyartes schöne Tochter Roxane. Sie war die erste, für die er in Liebe entbrannte; er verschmähte das Recht des Herrn über die Gefangene; die Vermählung mit ihr sollte den Frieden mit dem Lande besiegeln. Auf die Kunde davon eilte Roxanens Vater zu Alexander; um der schönen Tochter Willen ward ihm verziehen.

Noch blieb die Burg des Chorienes im Lande der Paraitakenen, wohin sich mehrere der Abtrünnigen geflüchtet hatten. In den unwegsamen waldigen Bergschluchten, die man durchziehen mußte, lag noch der tiefe Schnee; häufige Regenschauer, Glatteis, furchtbare Gewitter machten die Märsche noch beschwerlicher. Das Heer litt an dem Nothwendigsten Mangel, Viele blieben erstarrt liegen [1]); des Königs Beispiel, der Mangel und Mühsal mit den Seinen theilte, hielt allein noch den Muth der Truppen aufrecht; es wird erzählt, daß der König, als er Abends am Bivouakfeuer saß, sich zu erwärmen, und einen alten Soldaten von Kälte erstarrt und wie bewußtlos heranwanken sah, aufstand, ihm die Waffen abnahm, ihn auf seinem Feldstuhl beim Feuer niedersitzen ließ; als der Veteran sich erholt hatte,

---

1) Daß dieß Paraitakene mit der Landschaft Wachsch, daß des Chorienes Felsen möglicher Weise mit der „Festung" d. i. Hissar zusammengestellt werden könnte, habe ich in einem Aufsatz „Alexanders Züge in Turan" (Rhein. Mus. 1833) zu erweisen versucht. Genaueres über dieß Hissar, auch das freudige (Hissar-schadman) oder das obere (Hissar-bala) genannt zum Unterschiede von dem westlichen Regar, das Unter-Hissar (Hissar-pajan) genannt wird, giebt jetzt Majews Expedition; und aus den von R. Kiepert mitgetheilten Auszügen sieht man, wie voller reißender Ströme, Felsbecken, Schluchten die nächstweitere Gegend ist bis zum Wachsch und bis zu dem in den Felsen gehauenen Stufenweg an den Stromengen, der zu der „steinernen Brücke" Puli-sengi führt.

seinen König erkannte und bestürzt aufstand, sagte Alexander heiter: „siehst du, Kamerad, auf des Königs Stuhl zu sitzen bringt bei den Persern den Tod, dir hat es das Leben wiedergegeben". Endlich langte man vor der Burg an; sie lag auf einem hohen und schroffen Felsen, an dem nur ein schmaler und schwieriger Pfad hinauf führte; überdieß strömte auf dieser allein zugänglichen Seite in einer sehr tiefen Schlucht ein reißender Bergstrom vorüber. Alexander, gewohnt, keine Schwierigkeit für unüberwindlich zu halten, befahl sofort, in den Tannenwäldern, die ringsumher die Berge bedeckten, Bäume zu fällen und Leitern zu bauen, um vorerst die Schlucht zu gewinnen. Tag und Nacht wurde gearbeitet, mit unsäglicher Mühe gelangte man endlich in die Tiefe hinab; nun wurde der Strom mit einem Pfahlwerk überbaut, Erde aufgeschüttet, die Schlucht ausgefüllt; bald arbeiteten die Maschinen und schleuderten Geschosse in die Burg hinauf. Chorienes, der bisher die Arbeiten der Makedonen gleichgültig mit angesehen hatte, erkannte mit Bestürzung, wie sehr er sich verrechnet habe; einen Ausfall auf die Gegner zu machen, verhinderte die Natur des Felsens, gegen Geschosse von oben her waren die Makedonen durch ihre Schirmdächer geschützt. Endlich mochten frühere Beispiele ihn überzeugen, daß es sicherer sei, sich mit Alexander zu vergleichen, als es zum Aeußersten kommen zu lassen; er ließ Alexander durch einen Herold um eine Unterredung mit Oxyartes bitten; sie wurde gestattet, und Oxyartes wußte seinem alten Kampfgenossen leicht die letzten Zweifel zu nehmen, die ihm geblieben sein mochten. So erschien Chorienes, von einigen seiner Leute umgeben, vor Alexander, der ihn auf das Huldvollste empfing und ihm Glück wünschte, daß er sein Heil lieber einem rechtschaffenen Mann als einem Felsen anvertrauen wolle. Er behielt ihn bei sich im Zelte und bat ihn, von seinen Begleitern einige abzusenden, mit der Anzeige, daß die Feste durch gütlichen Vertrag an die Makedonen übergeben und daß Allen, die sich auf der Burg befänden, das Vergangene verziehen sei. Am Tage darauf zog der König, von 500 Hypaspisten begleitet, hinauf, um die Burg in Augenschein zu nehmen; er bewunderte die Festigkeit des Platzes und ließ den für eine lange Belagerung getroffenen Vorsichtsmaaßregeln und Einrichtungen alle Gerechtigkeit widerfahren. Chorienes verpflichtete sich, das Heer auf zwei Monate mit Lebensmitteln zu versorgen; er ließ aus den überaus reichen Vorräthen seiner Burg den makedonischen Truppen, die durch die Kälte und die Entbehrungen der letzten Tage sehr mitgenommen waren, Brod, Wein und eingesalzenes Fleisch zeltweise vertheilen.

Alexander gab ihm die Burg und das umliegende Gebiet zurück [1]); er selbst ging mit dem größten Theile des Heeres nach Baktra, indem er Krateros mit 600 Mann von der Ritterschaft, mit seiner Taxis und drei anderen weiter nach Paraitakene hinein gegen Katanes und Austanes, die einzigen noch übrigen Empörer, absandte; die Barbaren wurden in einer blutigen Schlacht überwunden, Katanes erschlagen, Austanes gefangen vor Alexander gebracht, das Land zur Unterwerfung gezwungen; in Kurzem folgte Krateros mit seinen Truppen dem Könige nach Baktra [2]).

---

1) Arrian. IV. 21. 9: *καὶ ὕπαρχον εἶναι ὅσωνπερ καὶ πρόσθεν*, woraus sich die Bedeutung des *καὶ ἄλλοι τῶν ὑπάρχων οὐκ ὀλίγοι* IV. 21. 1 ergiebt. Wenn Alexander vom Chorienesfelsen nach Baktra marschirt, so scheint dieß dafür zu sprechen, daß derselbe nicht über Hissar ostwärts hinaus lag, und daß Alexander nicht an dem Strom von Hissar hinab zog (denn dann würde er von Chulm aus nach Indien marschiert sein), sondern daß er im Thal des Surchân hinab und bei der „alten Feste Termez“, wie Chereffeddin sie nennt, über den Oxos nach Balk (*ἐς Βάκτρα* Arrian. IV. 22. 1) ging; eben dahin kam dann auch die Colonne des Krateros (IV. 22. 2); *ἐκ Βάκτρων* bricht das Heer dann nach Indien auf (IV. 22. 3). Beachte man, daß, wie beim Eintritt in das baktrianische Land, so beim Ausgang der Feldzüge dort Arrian nur *τὰ Βάκτρα* nennt, *Ζαρίασπα* dagegen nur IV. 1. 5; IV. 7. 1; IV. 16. 6.

2) Arrian. IV. 22. 1. Wie weit ins Innere des Landes hinauf Alexanders Truppen kamen, ist nicht zu ermitteln. Marco Polo, Baber und Andere berichten, daß sich die Fürsten von Badakschan und Derwaz ihrer Abstammung von Sekander Filkûs (Alexander, Philippos Sohn) rühmten. Dasselbe hörte der wunderliche Wanderer Wolff in Klein-Kasch-

Es mag gestattet sein, hier auf eine frühere Bemerkung zurückzukommen, die, unsicher wie sie ist, nur den Anspruch macht auf einen Punkt hinzuweisen, der für den Zusammenhang wichtig ist. Ein späterer Schriftsteller, der aus sehr guten Quellen gearbeitet hat, giebt bei Gelegenheit der Satrapienvertheilung im Sommer 323 die Notiz: das Königthum in Sogdiana habe Oropios inne gehabt, nicht als väterliches Erbe, sondern Alexander habe es ihm gegeben; da es ihm aber geschehen sei, daß er in Folge eines Aufstandes flüchtend seine Herrschaft verloren, so sei auch Sogdiana an den Satrapen von Baktrien gekommen [1]). Daß kein anderer Schriftsteller davon weiß, ist nach der Art unserer Ueberlieferung kein Grund zum Mistrauen gegen diese Nachricht. Welcher Name sich in dem gewiß fehlerhaften Oropios verbirgt, ist nicht mehr zu erkennen, vielleicht der eines der Großen, die nach tapferem Widerstande ihren Frieden mit Alexander machten und sich ergeben zeigten, wie jener Chorienes [2]) oder wie Sisimithres, von dem Curtius sagt, der König habe ihm seine Herrschaft zurückgegeben und ihm Hoffnung auf eine noch größere gemacht [3]).

Sind diese Beobachtungen richtig, so hat Alexander hier im oxianischen Lande dasselbe System für seine Reichsmarken versucht, das, wie wir sehen werden, im indischen Lande zu umfassender Anwendung kam; die Sogdiana wird die transoxianische Mark

---

gar von den dortigen Fürsten rühmen (Asiat. Journal 1833; May, App., p. 15).

1) Die Stelle des Dexippos lautet . . . τὴν δὲ Σογδιανῶν βασιλείαν Ὀρώπιος εἶχεν οὐ πάτριον ἔχων ἀρχὴν ἀλλὰ δόντος αὐτοῦ Ἀλεξάνδρου· ἐπεὶ δὲ τύχη τις αὐτῷ συνέπεσεν ἐπαναστάσεως αἰτίαν φεύγοντι παραλυθῆναι τῆς ἀρχῆς u. s. w. Näheres darüber Hermes XI, S. 463.

2) Arrian. IV. 21. 10 nach Anführung der großen Lieferungen, die Chorienes dem Heere aus den Vorräthen seiner Burg macht: ἔνθεν ἐν τιμῇ μᾶλλον τῷ Ἀλεξάνδρῳ ἦν ὡς οὐ πρὸς βίαν μᾶλλον ἢ κατὰ γνώμην ἐνδοὺς τὴν πέτραν.

3) Curt. VIII. 2. 32: imperium Sisimithri restituit ipse majoris etiam provinciae facta spe si cum fide amicitiam ejus coluisset.

unter einem abhängigen Könige; sie und die bis an den Tanais hin begründeten hellenistischen Freistädte, hinter ihnen die große Satrapie Baktrien, welche auch noch die reichbevölkerte Margiana umfaßt, decken die den schweifenden Horden der Wüste zugewandte Seite des Reiches, die großen Straßen nach Hekatompylos, nach dem arischen Alexandrien, über den Kaukasos nach Indien, die Handelsstraße durch die Ferghana nach dem hohen Asien. Man begreift, warum Alexander die Ferghana selbst, das heutige Chôkand, nicht seinem Reich hat zufügen wollen; er begnügt sich, mit Chodjend den Paß dorthin in seiner Gewalt zu haben; mit noch einem Vorlande mehr würde er die Nordmark seines Reiches und die Kraft der Defensive dort nur geschwächt haben.

— Es waren zwei Jahre verflossen, seit Alexander in diese Landschaften gekommen war und ein Unternehmen begonnen hatte das, je größere Schwierigkeiten zu überwinden gewesen waren, desto vollständiger gelungen schien. Es hatte Mühe genug, blutiger Maaßregeln, immer neuer Kämpfe gegen empörte Massen [1]), und gegen den trotzigen Widerstand der Herren auf ihren Felsenburgen bedurft. Jetzt war die Bevölkerung gebändigt, die Häupter des Landes gezüchtigt und ihre Burgen zerstört, denen, die sich endlich unterworfen, verziehen; es war in einer bedeutenden Zahl neuer Städte dem hellenistischen Leben, für das auch diese Lande gewonnen werden sollten, Kraft, Anhalt und Beispiel gegeben; es war eine Form des Regimentes gegründet worden, das der besonderen Art dieser Lande und der militärischen Bedeutung derselben angemessen schien. Den Abschluß bildete die Vermählung des Königs mit der schönen Tochter eines dieser sogdianischen Pehlevanen, die jetzt gefeiert wurde [2]);

1) Diod. ep. zählt bis zu einer *ἀπόστασις τρίτη Σογδιανῶν*. Die defectio altera bei Curt. VIII. 2. 18 läßt ungefähr erkennen, wie viel freier seine griechische Vorlage den Kleitarch benutzt hat als Diodor.

2) Wenigstens nach Curt. VIII. 4. 21 fällt die Vermählung vor die Rückkehr nach Baktra. Das corrumpirte Cohortanus für Oxyartes ist durch Wesselings Conjectur *ἐν Χορτάνου* bei Plut. Alex. 47 (statt *ἐν τινι χόρῳ* oder *χρόνῳ*, wie die Handschriften zu geben scheinen), nicht zu

mag immerhin persönliche Neigung der nächste Anlaß zu dieser Verbindung gewesen sein, sie war eben so sehr eine Maaßregel der Politik, gleichsam ein äußeres Zeichen und Vorbild der Verschmelzung Asiens und Europas, die Alexander als die Folgewirkung seiner Siege, als die Bedingung der Dauer dessen, was er schaffen wollte, erkannte und in allmähliger Erweiterung durchzuführen versucht hat.

Freilich lagen in diesem Wollen, in dieser sich weit und weiter treibenden Verwirklichung Nothwendigkeiten von sehr bedeutsamer Art. Nach der Natur der Elemente, die sich zusammenfinden und verschmelzen sollten, mußte das sprödere, gebundnere, durch die Wucht der trägen Massen stärkere asiatische vorerst überwiegen; sollte es gewonnen werden, so war es unvermeidlich, daß die Anschauungsweise, die Vorurtheile, die Gewöhnungen der orientalischen Völker die Richtung gaben, in der sie, wenn die abendländische Macht sie nicht bloß unterworfen haben und beherrschen, sondern gewinnen und versöhnen wollte, an diese gewöhnt werden und an dem unendlich reichen entwickelten Wesen der Sieger allmählich Theil zu nehmen lernen konnten. Darum die asiatische Hofhaltung, mit der sich Alexander umgab, darum seine der medischen sich annähernde Tracht, in der er erschien, wenn die Waffen ruhten, darum das Ceremoniel und die Pracht des Hofes, die der Morgenländer als das „Gewand des Staates“ an seinem Gebieter zu sehen fordert, darum endlich das Mährchen von des Königs göttlicher Abstammung, über die er selbst mit seinen Vertrauten scherzte.

---

decken, wie bereits von Zumpt bemerkt ist. Nach Curt. VIII. 4. 25 hat Alexander, als dreißig edle Jungfrauen, unter ihnen Roxane, an Schönheit alle überstrahlend, zu dem festlichen Gelage hereingeführt wurden, von Liebe plötzlich ergriffen, gesagt — ita effusus est ut diceret, ad stabiliendum regnum pertinere Persas et Macedones connubio jungi, hoc uno modo et pudorem victis et superbiam victoribus detrahi posse. Weniger glänzend, aber dem sachlichen Inhalt der Darstellung Kleitarchs, wie es scheint, näher ist, was Diod. ep. sagt: ὡς Ἀλέξανδρος . . . ἔγημεν αὐτὴν καὶ τῶν φίλων πολλοὺς ἔπεισε γῆμαι τὰς τῶν ἐπισήμων βαρβάρων θυγατέρας.

Die Makedonen ihrer Seits hatten längst über die Reichthümer Asiens, über das neue wunderreiche Leben, das sich mit jedem Tage in steigender Fluth über sie ergoß, über die steten Strapazen des Heerdienstes und den steten Taumel des Sieges, des Ruhmes und der Herrschaft jene Einfalt und Dürftigkeit abgethan, die vor einem Jahrzehnt noch der Spott der attischen Rednerbühne gewesen war; die Begeisterung für ihren König, der nach wie vor unter ihnen kämpfte, der wunderbare Glanz seines Heldenthums, in dessen Wiederschein sie sich sonnten, der Reiz des Herrseins, das jedem in seiner Sphäre hohes Selbstgefühl und die Begier zu neuen Thaten gab, hatte sie vergessen lassen, daß sie friedliche Bauern und Hirten in der Heimath sein konnten. Und in der Heimath die Hirten und Bauern und Städter, wie überholt von dem plötzlichen Aufschwung ihres kleinen Landes zu der Höhe des Ruhmes und der geschichtlichen Größe, — sie hörten der Heimkehrenden wunderbare Erzählungen, sahen die Reichthümer Asiens dem Vaterlande zuströmen, lernten schnell sich als das erste Volk der Welt fühlen; die Hoheit des Königthums, das einst nah und vertraulich auf Einer Scholle Erde mit ihnen geweilt hatte, wuchs wie die Entfernungen nach Babylon, nach Ekbatana, nach Baktrien und Indien, ins Unendliche.

Das Volk der Hellenen endlich, geographisch in so viele excentrische Kreise auseinander gelebt, und da, wo es in dichter Masse bei einander saß, politisch nach wie vor höchst zersplittert, kam im Verhältniß zu den Völkermassen Asiens der Zahl der unmittelbar Betheiligten nach kaum in Rechnung; desto mehr fiel das, was man als die Summe der geschichtlichen Entwickelungen der Griechenwelt bezeichnen kann, ihre Bildung, ins Gewicht. Die Elemente dieser Bildung oder richtiger ihre Ergebnisse für den Einzelnen und für das Gemeinleben waren die Aufklärung und die demokratische Autonomie. Die Aufklärung mit allem ihrem Segen und Unsegen, da Unglaube, dort Aberglaube, oft beides zugleich, hatte die Geister der alten schlichten Religiosität, dem Glauben an die ewigen Mächte und der Scheu vor ihnen entwöhnt, und nur noch die Hefe von Ceremonien,

Opfern, Zeichen und Zauberwirkungen war in der Sitte und conventioneller Geltung geblieben; klug sein galt jetzt statt fromm sein; Frivolität, Lust am Wagen und Gewinnen, der Ehrgeiz, sich irgendwie hervorzuthun; und das Raffinement mit dem, was man Besonderes konnte, zu wuchern, das waren und wurden immer mehr die Impulse der praktischen Moral. Und die Demokratie war die gegebene Form für das Gemeinwesen auf solcher Basis; wie schon Solon von seinen Athenern gesagt hatte: „jeder für sich gehen sie des Fuchses Wege, vereint sind sie betäubten Verstandes". Je breiter sich diese Demokratie entwickelt hatte, — die Freiheit mit Sclavenarbeit und die Sclaven als ihre arbeitende Klasse, — desto dreister und schärfer war jener Individualismus geworden, der in der hellenischen Staatenwelt die Rivalitäten immer spröder, die Schwächeren auf ihre Ohnmacht trotziger, die Stärkeren in ihrer Macht selbstsüchtiger gemacht, die Zerbröckelung und gegenseitige Lähmung endlich bis zu unmöglichen Zuständen getrieben hatte, — bis Alexanders Siege völlig neue Bahnen öffneten und jeder Kraft und Begierde und Begabung, aller Fahrigkeit und Wagelust ein unermeßliches Feld ersprießlicher Arbeit erschlossen. Mochte daheim in Sparta, Athen, mancher Stadt sonst Trauer, Groll, arger Wille genug bleiben, mochten die Hellenen in Taurien mit ihren Skythen, die in Sicilien und Großgriechenland mit den Puniern und Italikern sich schlagen und vertragen, so gut es ging, — Tausende und aber Tausende lockte die erschlossene neue Welt des fernen Morgenlandes, sie folgten den Werbern Alexanders oder zogen auf eigene Hand ihm nach, in seinem Heere zu dienen oder im Lager allerlei Geschäft und Verdienst zu versuchen, in den neuen Städten sich anzusiedeln; sie gewöhnten sich an die asiatische Art zu leben, auch wohl an asiatische Unterwürfigkeit gegen den König und die großen Herren, wenn ihnen übrigens nur ihre Parrhesie und ihr sonstiger Betrieb nach hellenischer Art blieb; die „Gebildeten", so weit sie nicht vorzogen, Gegner des Neuen zu sein, wurden um so enthusiastischere Bewunderer des großen Königs; Rhetoren, Poeten, Witzlinge, wie sie waren, gefielen sie sich darin,

Phrasen, wie sie auf die Helden von Marathon und Salamis, auf Heroen wie Perseus und Herakles, auf die Siege des Bakchos und Achilleus hergebracht waren, auf ihn anzuwenden; selbst die Ehren der alten Heroen und des Olymps mußten zum Preise des mächtigen Herrschers dienen. Längst hatten die Sophisten gelehrt, daß alle die, zu welchen man wie zu Göttern betete, eigentlich ausgezeichnete Kriegshelden, gute Gesetzgeber, vergötterte Menschen seien; und so gut manches Geschlecht sich von Zeus oder Apollon abzustammen rühme, eben so gut könne ja wieder der Menschen Einer durch große Thaten wie einst Herakles in den Olymp kommen, oder wie Harmodios und Aristogeiton heroischer Ehren theilhaftig werden. Hatten nicht hellenische Städte dem Lysandros, dem Vernichter der attischen Macht, Altäre gestiftet und Opfer gebracht und Paiane gesungen? hatte Thasos nicht in feierlicher Gesandtschaft „Agesilaos dem Großen", wie man ihn nannte, die Apotheose und die Errichtung eines Tempels angetragen? Um wie viel Größeres hatte Alexander gethan? Kallisthenes schrieb in seiner Geschichte, ohne Bedenken von dem Orakel des Ammon, das Alexander als Sohn des Zeus bezeichnet habe, von dem der Branchiden bei Miletos, das den gleichen Ausspruch gethan [1]). Wenn späterhin in hellenischen Staaten ihm göttliche Ehren zu gewähren in Vorschlag gebracht wurde, so war es nicht im Interesse der Religion, sondern Partheisache, daß dem Antrage theilweise widersprochen wurde.

Alles dieß vorausgesetzt, kann man sich ein ungefähres Bild von der Umgebung Alexanders machen. Dieß bunte Durcheinander der verschiedenartigsten Interessen, das geheime Spiel von Rivalitäten und Intriguen, der unablässige Wechsel von Gelagen und Kämpfen, von Festlichkeiten und Strapazen, von Ueberfluß und Entbehrung, von strengem Dienst im Felde und zügellosen Genüssen in den Cantonirungen, dazu das stete Weiterdringen in andere und andere Länder, ohne Sorge für

---

1) Callisthen. fr. 36. Das Erbieten der Thasier an Agesilaos berichtet Plut. Apoph. Lac. Ages. 25.

die Zukunft und nur der Gegenwart gewiß, das Alles vereinte sich, der Umgebung Alexanders jene abentheuerliche und phantastische Haltung zu geben, die zu dem wunderbaren Glanze seiner Siegeszüge paßte. Neben seiner überwiegenden Persönlichkeit treten die Einzelnen selten aus der Masse hervor, ihr Verhältniß zum Könige ist ihr Charakter [1]; so der edle Krateros, der, so heißt es, den König, der milde Hephaistion, der den Alexander liebe; so der immer zuverlässige und dienstbereite Lagide Ptolemaios, der ruhige durch und durch treue Koinos, der reckenhafte Lysimachos. Kenntlicher sind die allgemeinen Charaktere: die makedonischen Edlen, militärisch, trotzig, herrisch, bis zum Gespreizten voll Selbstgefühl; die asiatischen Fürsten, ceremoniös, prunkend, Meister in jeder Kunst des Luxus, der Unterwürfigkeit und Intrigue; die Hellenen, theils im Cabinet des Königs wie der Kardianer Eumenes oder für andere technische Zwecke beschäftigt, theils als Dichter, Künstler, Philosophen im Gefolge des Königs, der auch unter den Waffen der Musen nicht vergaß, und weder Geschenke noch Huld und Herablassung sparte, um die für sich zu gewinnen, welche er um den Ruhm der Wissenschaft beneidete.

Unter diesen Hellenen in Alexanders Gefolge waren besonders zwei Literaten, die durch sonderbare Verknüpfung der Umstände einige Bedeutung in den Verhältnissen des Hoflagers gewannen. Der eine war der oben erwähnte Olynthier Kallisthenes; Schüler und Neffe des großen Aristoteles, der ihn seinem königlichen Zöglinge zugesandt hatte, begleitete er den König nach dem Osten, um als Augenzeuge die Großthaten der Makedonen der Nachwelt zu überliefern; er soll gesagt haben: er sei zu Alexander gekommen, nicht um sich Ruhm zu erwerben, sondern ihn berühmt zu machen; daß ein göttliches Wesen in ihm sei, werde man nicht um deß Willen glauben, was Olympias von seiner Geburt lüge, es werde von dem abhängen, was

[1]) Alexander zürnte einst auf Hephaistion, der sich mit Krateros entzweit hatte; er soll zu ihm gesagt haben: was ist deine Macht, was ist deine That, wenn man dir den Alexander nimmt. Plut. Alex. 47.

er in seinem Geschichtswerk der Welt sagen werde. Die Fragmente dieses Geschichtswerkes zeigen, wie hoch er ihn gefeiert hat; von jenem Zuge über den pamphylischen Strand sagt er, die Wellen des Meeres hätten sich niedergelegt, wie um vor dem Könige die Proskynesis zu machen; vor der Schlacht von Gaugamela läßt er den König die Hand zu den Göttern erheben und ausrufen: wenn er des Zeus Sohn sei, so möchten sie ihm beistehen und für die hellenische Sache entscheiden. Seine hohe Bildung, sein Talent des Vortrages, seine gemessene Haltung gaben ihm auch in militärischen Kreisen Ansehen und Einfluß. Sehr anders Anaxarchos von Abdera; er gehörte einer veralteten Philosophenschule an, deren materialistischer Tendenz seine Persönlichkeit entsprach; er war ein Mann der Welt, dem König der stets unterthänige und oft lästig; einst bei einem Gewitter fragte er ihn: „donnerst du, Sohn des Zeus?“ worauf Alexander lachend antwortete: „ich mag mich meinen Freunden nicht so furchtbar zeigen, wie du wohl wünschest, der du deswegen meine Tafel verachtest, daß ich statt der Fische nicht Satrapenköpfe auffetzen lasse“; ein Ausdruck, dessen sich Anaxarchos bedient hatte, als er den König sich an einem Gericht kleiner Fische, die ihm Hephaistion geschickt hatte, freuen sah. In welchem Sinne seine Schrift von dem Königthum geschrieben war, zeigen die Trostgründe, mit denen er nach Kleitos Ermordung den König aufzurichten suchte: „weißt du nicht, o König“, sagte er damals, „daß darum die Gerechtigkeit zur Beisitzerin des König Zeus gemacht ist, weil Alles, was Zeus thut, gut und recht ist? eben so muß, was ein König auf dieser Welt gethan, zunächst von ihm selbst, dann von der übrigen Menschheit für Recht erkannt werden“.

Es ist nicht mehr ersichtlich, wann und auf welchen Anlaß sich die Beziehungen des Königs zu Kallisthenes zu lockern begannen. Einst, so wird erzählt, war Kallisthenes beim Könige zur Tafel und wurde von diesem aufgefordert, beim Wein eine Lobrede auf die Makedonen zu halten; er that es mit der ihm eigenthümlichen Kunst unter dem lautesten Beifall der Anwesenden. Dann sagte der König: es sei leicht das Ruhmreiche zu rühmen, er möge seine Kunst beweisen, indem er gegen dieselben Makedonen spräche und durch gerechten Tadel sie des Besseren belehren. Das that der Sophist mit schneidender Bitterkeit: der Griechen unselige Zwietracht habe die Macht Philipps und Alexanders gegründet, im Aufruhr komme auch ein Elender bisweilen zu Ehren. Empört sprangen die Makedonen auf, und Alexander sagte: „nicht von seiner Kunst, sondern von seinem Haß gegen uns hat der Olynthier einen Beweis gegeben". Kallisthenes aber ging heim und sagte dreimal zu sich selbst: „auch Patroklos mußte sterben und war mehr denn du" [1])!

Daß der König die asiatischen Großen nach dem Ceremoniel der persischen Hofsitte empfing, war natürlich; es war eine für sie empfindliche Ungleichheit, wenn die Hellenen und Makedonen sich ohne solche Formen der Devotion der Majestät des Königs nahen durften. Wie einmal des Königs Stellung und Auffassung war, mochte es ihm erwünscht sein, daß diesen Unterschied zu beseitigen die morgenländische Proskynesis zur Hofsitte werde; aber eben so mochte er den Vorurtheilen, an welchen Mancher haftete, nicht durch einen Befehl Anlaß zur Misdeutung und Unzufriedenheit geben wollen. Hephaistion und einige Andere übernahmen es, die Sache einzuleiten; beim nächsten Gelage, so heißt es, habe es zur Ausführung kommen sollen; von Anaxarchos sei da in diesem Sinn gesprochen worden, von Kallisthenes in eingehender und ernst abmahnender Weise und in unmittelbarer Anrede an den König so schroff dagegen, daß der König, sichtlich verletzt, jede weitere Erwähnung der Sache untersagt habe. Eine andere Erzählung sagt: der König habe bei Tafel die goldene Schaale genommen und zunächst denen, mit welchen die Proskynesis verabredet gewesen sei, zugetrunken; dann sei der so Begrüßte, nachdem er seine Schaale geleert, aufgestanden, habe die Proskynesis gemacht, sei dann vom Könige geküßt.

[1]) So Plut. Alex. 54; nach Hermippos, der angebe, daß Stroibos, des Kallisthenes Vorleser, so an Aristoteles gemeldet habe. Nach Plutarch hat Aristoteles gesagt: Kallisthenes sei groß und mächtig im Reden, aber habe keinen Verstand: ὅτι λόγῳ μὲν ἦν δύνατος καὶ μέγας, νοῦν δ' οὐκ ἔχει.

Als nun die Reihe an Kallisthenes gekommen und der König ihm zugetrunken, dann mit Hephaistion, der an seiner Seite gesessen, weiter gesprochen, habe der Philosoph die Schaale geleert, sich erhoben, zu Alexander zu gehen und ihn zu küssen; der König habe nicht bemerken wollen, daß die Proskynesis unterlassen sei, aber einer der Hetairen habe gesagt: „küsse ihn nicht, o König, er ist der einzige der nicht angebetet". Alexander habe ihm drauf den Kuß geweigert und Kallisthenes, indem er sich hinweggewendet, gesagt: „so gehe ich um einen Kuß ärmer fort" [1]).

Noch manches Andere wird von diesen Vorgängen berichtet [2]); bemerkenswerth erscheint die Angabe, daß Hephaistion gesagt habe, auch von Kallisthenes sei in der vorhergehenden Besprechung die Proskynesis ausdrücklich zugesagt, nicht minder die Angabe, daß Lysimachos der Somatophylax und zwei Andere den König auf des Sophisten hochmüthiges Verhalten hingewiesen, Aeußerungen von ihm über Tyrannenmord angeführt hätten, die um so mehr zu beachten seien, da viele der jungen Edelleute an ihm hingen, seine Worte wie Orakel, ihn selbst wie den einzigen Freien unter den Tausenden des Heeres betrachteten.

Nach einer schon von König Philipp herstammenden Einrichtung wurden die Söhne des makedonischen Adels mit ihrem Eintritt ins Jünglingsalter einberufen, um als „königliche Knaben" um des Königs Person und militärisch als seine „Leib-

---

1) So erzählt Chares von Mitylene, εἰσαγγελεὺς des Königs, also etwa ein Oberkammerherr. Wie die Dinge in Wirklichkeit verlaufen sind, wird man aus den Ueberlieferungen nicht mehr festzustellen vermögen; am anschaulichsten und zugleich am wenigsten glaubwürdig ist Curtius Erzählung (VIII. 5), wo Alexander hinter dem Vorhang die Reden des Kleon (den er statt Anaxarchos nennt) und des Kallisthenes mit anhört.

2) Diese Angaben hat theils Arrian (IV. 12), theils Plutarch, vgl. Müller, Script. de rebus Alex., p. 2 sqq. Wie groß die Verwirrung und die Fälschung in der Ueberlieferung dieser Geschichte war, zeigt u. a., daß Lysimachos, der hier als Gegner des Kallisthenes erwähnt wird, nach Justin. XV. 3, weil er ihm auf das treueste anhing, von dem Könige einem Löwen vorgeworfen worden ist, eine Geschichte, über die Curtius seine begründete Kritik macht (VIII. 1. 16).

wächter" ihre Laufbahn begannen [1]); sie waren im Felde seine nächste Begleitung, sie hatten die Nachtwache in seinem Quartier, sie führten ihm das Pferd vor und hoben ihn in den Bügel, sie waren um ihn bei Tafel und auf der Jagd; sie standen unmittelbar unter seiner Obhut, und nur er durfte sie strafen; er sorgte für ihre wissenschaftliche Ausbildung, namentlich für sie waren wohl die Philosophen und Rhetoren und Poeten, die Alexander begleiteten, berufen worden. Unter diesen jungen Adligen war Hermolaos, der Sohn des Sopolis, desselben, der von Nautaka aus auf Werbung nach Makedonien gesandt war [2]). Hermolaos, ein eifriger Verehrer des Kallisthenes und seiner Philosophie, hatte, so scheint es, die Ansichten und Tendenzen seines Lehrers mit Begeisterung aufgefaßt; mit jugendlichem Unwillen sah er diese Vermischung des persischen und hellenischen Wesens, die Zurücksetzung des makedonischen Herkommens. Bei einer Jagd, als ein Eber auf die Wildbahn kam, und dem Könige, der nach der Hofsitte den ersten Wurf hatte, vor den Speer rannte, erlaubte sich der junge Mann den ersten Wurf und erlegte das Thier; ein Dienstvergehen, das der König unter anderen Umständen vielleicht nicht beachtet hätte, bei Hermolaos aber als absichtlich ansah und demgemäß bestrafte, indem er ihn züchtigen und ihm sein Pferd nehmen ließ. Hermolaos fühlte nicht sein Unrecht, nur die empörende Kränkung, die ihm angethan sei. Sein Busenfreund war Sostratos, der Sohn des Tymphaiers Amyntas, desselben, der mit seinen drei Brüdern bei der Philotasverschwörung in den Verdacht der Theilnahme gefallen war, und, um sich aller Schuld frei zu zeigen, den Tod im Kampfe gesucht hatte; diesem Sostratos theilte sich Hermolaos mit: das Leben sei ihm verleidet, wenn

---

[1]) Curt. VIII. 6. 5: haec cohors velut seminarium ducum praefectorumque apud Macedones fuit, hinc habuere posteri reges etc.

[2]) Arrian IV. 18. 3. Als noch im Lager anwesend führt ihn Curt. VIII. 7. 2 auf, denn daß des Hermolaos Vater kein anderer war als der frühere Führer der Ile von Amphipolis und jetzt einer der Hipparchen der Ritterschaft, ist wohl sicher.

er sich nicht rächen könne. Leicht war Sostratos gewonnen: es sei ja Alexander, der ihm schon den Vater entrissen, der ihm jetzt den Freund beschimpft habe. Die beiden Jünglinge zogen noch vier andere aus der Schaar der Edelknaben ins Geheimniß; es waren Antipatros, der Sohn des Asklepiodoros, des gewesenen Statthalters von Syrien, Epimenes, Arseas Sohn, Antikles, Theokritos Sohn und der thrakische Philotas, des Karsis Sohn [1]); sie verabredeten, in der Nacht, wenn Antipatros die Wache habe, den König im Schlafe zu ermorden. Der König, so wird erzählt, habe diese Nacht mit den Freunden gegessen, sei dann länger als sonst in ihrer Gesellschaft geblieben; als er nach Mitternacht habe aufbrechen wollen, sei ein syrisches Weib, eine Wahrsagerin, die ihm seit Jahren gefolgt sei und Anfangs wenig beachtet, allmählig, da sich ihr Rath und ihre Warnung mehrfach bewährt, seine Beachtung und sein Ohr gewonnen habe, — diese Syrerin sei, da er fortgehen wolle, plötzlich ihm gegenüber gewesen und habe ihm gesagt: er möge bleiben und die Nacht durch trinken. Der König habe dem Rath Folge geleistet und so sei für diese Nacht der Plan der Verschworenen vereitelt worden. Sichrer scheint das Weitere zu sein; die unglücklichen jungen Leute gaben ihren Plan nicht auf, sie beschlossen ihn in der nächsten Nachtwache, die auf sie fiel, hinauszuführen; Epimenes sah Tages darauf seinen Busenfreund Charikles, den Sohn des Menandros [2]),

---

[1]) Arrian. IV. 13. 4: Φιλώταν τοῦ Κάρσιδος τοῦ Θρακός. War er etwa aus dem thrakischen Fürstenhause? Curt. VIII. 6. 7 giebt nur den Namen Philotas. Auf diesen Philotas, nicht auf des Parmenion Sohn mag es sich beziehen, wenn Arrian. IV. 10. 4 angiebt: einige erzählten von Kallisthenes, daß er Philotas an die Ehre der Tyrannenmörder in Athen erinnert haben.

[2]) Nach Curt. VIII. 6. 20 sagt Epimenes die Sache seinem Bruder Eurylochos, um sie an den König zu bringen. Also er läßt den Charikles, des Menandros Sohn, fort. Daß Kleitarch dessen erwähnt habe, möchte man aus Plut. Alex. 57 schließen, wo erzählt wird, daß Menandros, einer der Hetairen, der auf dem Posten, zu dem er bestellt worden (ἄρχοντα φρουρίου καταστήσας), nicht habe bleiben wollen, vom Könige niedergestochen sei. Freilich giebt Plutarch nicht an, daß so Kleitarchos erzähle.

sagte ihm, was bereits geschehen, was noch im Werke sei. Bestürzt eilte Charikles zu seines Freundes Bruder Eurylochos, beschwor ihn, durch schnelle Anzeige den König zu retten; dieser eilte in des Königs Zelt und entdeckte dem Lagiden Ptolemaios den furchtbaren Plan. Auf seine Anzeige befahl der König, sofort die Verschworenen zu verhaften; sie wurden verhört, gefoltert; sie bekannten ihren Plan, ihre Genossen, Kallisthenes Mitwissenschaft; auch dessen Verhaftung erfolgte [1]). Das zum Kriegsgericht berufene Heer sprach über die Verschworenen das Urtheil, vollzog es nach makedonischer Art [2]). Kallisthenes, der Hellene und nicht Soldat war, wurde in Ketten gelegt, um später gerichtet zu werden. Alexander soll darüber an Antipatros geschrieben haben: „die Knaben sind von den Makedonen gesteinigt worden, den Sophisten aber will ich selbst bestrafen, und auch diejenigen, die ihn zu mir geschickt haben, und die in ihren Städten Verräther gegen mich aufnehmen". Kallisthenes ist dann während des indischen Feldzuges nach Aristobulos Angabe als Gefangener gestorben, nach Ptolemaios gefoltert und gehenkt worden.

---

1) Das Schreiben des Königs an Krateros, Attalos und Alketas — sie waren (Arrian. IV. 22. 1) auf dem Zuge nach Paraitakene abwesend — meldet, *τοὺς παῖδας βασανιζομένους ὁμολογεῖν ὡς αὐτοὶ ταῦτα πράξειαν, ἄλλος δ' οὐδεὶς συνειδείη*. Aber (Plut. Alex. 55) Aristobulos und Ptolemaios bezeugen, daß sie ausgesagt hätten, von Kallisthenes zu dem Wagniß ermuthigt (*ἐπᾶραι*) zu sein. Kallisthenes Verhaftung erfolgte nach Strabo XI, p. 517 in Kariatai im baktrischen Lande.

2) Die Vertheidigungsrede, die, wie Arrian. IV. 14. 2 sagt, „nach Einigen" Hermolaos gehalten habe, findet sich bei Curtius, stammt also wohl aus Kleitarchos.

Drittes Kapitel.

Das indische Land. — Die Kämpfe diesseits des Indus. — Der Uebergang über den Indus. — Zug nach dem Hydaspes. — Der Fürst von Taxila. — Krieg gegen den König Poros. — Schlacht am Hydaspes. — Kämpfe gegen die freien Stämme. — Das Heer am Hyphasis. — Umkehr.

Indien ist eine Welt für sich. In der Eigenartigkeit seiner Natur, seiner Bevölkerung, seiner Religion und Bildung völlig in sich abgeschlossen, war es der Westwelt des Alterthums Jahrhunderte lang nur dem Namen nach, nur wie ein Wunderland am Ostsaume der Erde bekannt. Von zwei Seiten umfluthen es oceanische Meere, in denen spät erst Betriebsamkeit und Wissenschaft die Straßen der leichtesten und sichersten Verbindung erschließen sollte; von zwei andern Seiten thürmen sich zu zwei- und dreifacher Umwallung Gebirgsmassen empor, zum Theil die höchstragenden der Erde, deren Schneepässe im Norden, deren glühende Felsspalten im Westen nur dem frommen Pilger, dem wandernden Handelsmann, dem Räuber der Wüste mühsame Wege zu öffnen scheinen, nicht dem Völker- und Weltverkehr.

Der Bevölkerung Indiens selbst ist die Erinnerung ihrer Vorzeit in zeit- und raumlosen Phantastereien verschwommen und verkommen, seit sie aufgehört hat, sich selbst anzugehören; aber dem voraus liegt eine Vergangenheit großer und mannigfacher Entwickelungen, das Werden und Reifen der religiösen, hierarchischen, politischen Bildungen, in denen sich jene Eigenartigkeit der indischen Welt vollendet hat. In ihrer Mittagshöhe, bevor sie noch den ersten Schritt abwärts gethan, scheint sie der makedonische Eroberer gesehen zu haben, der erste Europäer, der den Weg nach Indien gefunden.

Er fand die Stelle, die wie ein Thor zu dem indischen Lande ist. Ein Strom durchbricht da den Gebirgswall, der Indien von der Westwelt scheidet; entsprungen in den Hochgebirgen, denen nah aneinander die Gewässer von Baktrien und Ariana entquellen, stürzt sich der Kophen mit zahlreichen Zuflüssen von Norden her verstärkt ostwärts zu dem Bette des mächtigen Indus hinab; umsonst thürmen sich rechts und links von diesem Weststrom die wildesten Felsenmassen empor, sie öffnen seinen reißenden Wassern ein eingeengtes Thal, nach dem die lachende Ebene von Peschawar zu dem fruchtüppigen Tropenklima Indiens hinabführt. Aber es ist noch nicht das rechte Indien, das sich hier öffnet; die fünf Ströme des Panschab, die Ueberschwemmungen der Sommermonate, der breite Gürtel der Wüste im Osten und Süden machen das Abendland Indiens zu einer zweiten Schutzwehr des heiligen Gangeslandes; es ist, als habe die Natur einen Liebling vor Gefahren, denen sie einen Weg geöffnet, doch noch zu schützen versuchen wollen. An das Gangesland knüpft sich alles Heilige und Große, was der Hindu kennt; dort ist der uralte fromme Glaube und die strenge Sonderung der Kasten, die aus Brahma gezeugt sind, heimisch, dort sind die heiligsten Orte der Wallfahrten und der Strom des geweihten Wassers; die Stämme im Abend der Wüste, obschon verwandten Geschlechtes und Glaubens, sind abgewichen von der strengen Reinheit des göttlichen Gesetzes, sie haben nicht den Verkehr mit der Welt draußen gemieden, sie haben nicht die Würde königlicher Herrschaft, nicht die Lauterkeit der Kasten, nicht die Abgeschlossenheit gegen die unreinen und verhaßten Fremdlinge bewahrt, die doch Bedingung, Sicherung und Beweis des heiligen Lebens ist; sie sind die Entarteten und den Fremdlingen Preis gegeben.

So schon in Alexanders Zeit. Die damals im Gangeslande hochentwickelten brahmanischen Völker arischen Stammes hatten vergessen, daß auch sie einst in dem Lande der „sieben Ströme“ gesessen haben, daß sie in grauer Vorzeit wandernd durch jenes Westthor gekommen sind, wie denn Namen ihrer ruhmreichsten Geschlechter, die sich am Oxos und Jaxartes erhalten haben, auf ihre früheren Sitze schließen lassen. Ihrem Wanderzuge sind andere Völker arischer Sprache und Art dorthin nachgezogen [1]); aber zu großen Wagnissen nicht stark oder nicht begehrlich genug, blieben sie mit ihren Heerden auf den Gebirgsweiden am Kophen und dessen Nebenflüssen bis zum Indus hin.

Dann ward Assyrien mächtig, gewann vom Tigris ausgehend wie das breite syrische Tiefland, so das arianische Hochland; aber Semiramis sah, so wird erzählt, an der Indusbrücke die Kameele der westlichen Steppen vor den Elephanten des indischen Ostens flüchten [2]). Dann folgten die Meder, die Perser; und seit Kyros Zeit wird unter den Satrapien des Reiches auch Gandara, es werden in den persischen Heeren des Xerxes Gandarener und andere Inder aufgeführt [3]); und Dareios sandte von seiner Stadt Kaspatyros — wohl Kabul — einen hellenischen Mann nach dem Indus, um diesen hinab bis ins Meer zu fahren, der dann auch durch das arabische Meer zurückkehrte, eine Sendung, die des Großkönigs umfassende Pläne ahnen läßt; aber die Kämpfe Persiens im Abendlande und das rasch einbrechende Sinken des Reiches ließ sie nicht zur Erfüllung kommen.

Nie hat sich die Herrschaft der Achaimeniden bis jenseits

---

[1]) So schließt C. Ritter („Ueber Alexanders Zug am Kaukasos“, in den Abh. der Berl. Acad. 1829) aus dem Namen Choaspes und andern Namen dieser Gegenden.

[2]) Diodor im Anfang des zweiten Buches, dessen Inhalt nach Jacobys Untersuchung im Rhein. Mus. N. F. XXX. 555 ff. ein Excerpt aus Kleitarchos ist, nicht aus Ktesias stammt.

[3]) Herod. III. 94. 105; IV. 144. Spiegel I, p. 221. Sehr bemerkenswerth ist das Scholion von Scylax peripl. (C. Müller, Geogr. minor. XXXIII), das ausdrücklich hervorhebt τὸ μήτε Ἀλέξανδρον εἰδέναι τῶν Μακεδόνων βασιλέα μήτε τινὰ τῶν ὀλίγον ἔμπροσθεν ἐκείνου χρόνου.

des Indus erstreckt; die Ebene am Fuß des Paropamisos mit den westlichsten Zweigen indischer Bevölkerung war das letzte Gebiet, das die Großkönige besaßen; von dort her waren die Elephanten des letzten Perserkönigs, die ersten, welche die Westwelt sah; mit ihnen nahmen an der Schlacht bei Gaugamela die Inder, „die an Baktrien gränzten", unter Bessos Führung, die Berginder unter Barsaetes, dem Satrapen von Arachosien, Theil. Jenseits des Indus folgte eine Kette unabhängiger Staaten, die sich über die fünf Ströme gen Osten bis zur Wüste, gen Süden bis zur Indusmündung ausdehnte, eine Musterkarte kleinerer und größerer Völker, Fürstenthümer und Republiken, ein buntes Durcheinander politischer Zersplitterung und religiöser Verwirrung, unter einander ohne andere Gemeinschaft, als die der gegenseitigen Eifersucht und des steten Wechsels von treulosen Bündnissen und selbstsüchtigen Fehden.

Alexander hatte mit der Unterwerfung des sogdianischen Landes die Besitznahme des Perserreiches vollendet; die Satrapie des Paropamisos, die er im Jahre 329 besetzt, in der er Alexandreia am Kaukasos gegründet hatte, war zum Ausgangspunkte des Zuges nach Indien bestimmt. Der militärisch-politische Gedanke dieses Kriegszuges wird in unseren Quellen nicht angegeben; er wird sich aus dem Zusammenhang der weiteren Ereignisse hinlänglich ergeben.

Alexander hatte bereits über den Indus hinaus mehrfache Verbindungen; namentlich die mit dem Fürsten von Taxila (Takschaçila) waren von großer Bedeutung. Dessen Königreich lag auf dem Ostufer des Indus, der Mündung des Kophenflusses gegenüber, es erstreckte sich ostwärts nach dem Hydaspes (Vitasta) in einer Ausdehnung, die man der der ägyptischen Statthalterschaft gleich schätzte. Der Fürst, mit mehreren seiner Nachbarn, namentlich dem Paurava, dem Fürsten Poros am Hydaspes, verfeindet und zugleich nach Erweiterung seines Gebietes begierig, hatte den König während seines Aufenthaltes in Sogdiana zu einer indischen Heerfahrt aufgefordert und sich bereit erklärt, die Inder, die sich ihm zu widersetzen wagen würden, mit ihm gemeinsam zu bekämpfen [1]. Auch ein Fürst aus dem Lande diesseits des Indus war bereits in des Königs Umgebung, Sisikottos, der, wohl als die Makedonen von Arachosien her anrückten, zum Bessos nach Baktrien gegangen war, dann, als dessen Unternehmen kläglich zusammenbrach, sich dem Sieger zugewandt hatte und ihm fortan in treuer Ergebenheit diente [2]. Durch solche Verbindungen konnte Alexander über die indischen Verhältnisse, über die Natur des Landes und seiner Bevölkerung Hinreichendes in Erfahrung bringen, um den Gang seines Unternehmens und die zu demselben erforderlichen Vorbereitungen und Streitkräfte mit einiger Sicherheit zu bestimmen.

In den Vorbereitungen, die er während des letzten Jahres gemacht hatte, läßt sich die richtige Würdigung der bevorstehenden Schwierigkeiten nicht verkennen. Das disponible Heer, das seit der Vernichtung der persischen Macht nicht eben bedeutend zu sein brauchte, um die einzelnen Satrapien zu unterwerfen, reichte in der Stärke, die es die zwei letzten Jahre in Baktrien gehabt hatte, zum Kampfe gegen die stark bevölkerten und mit großer Kriegsmacht versehenen indischen Staaten nicht aus. Wohl waren immer neue Tausende, theils Makedonen, wie es scheint nach ihrer Dienstpflicht [3], theils thrakische, agrianische, hellenische Söldner, von Beute und Ruhm gelockt, gen Asien nachgezogen [4], so daß die anfängliche Zahl von fünfunddreißigtausend Combattanten, mit denen Alexander 334 begonnen hatte, im Lauf der sechs Jahre trotz der Verluste, welche

---

1) Diod. XVII. 86. Arrian läßt wenigstens aus der Art, wie Alexander an diesen Fürsten seine Weisungen sendet (IV. 22. 6), schließen, daß Verhandlungen vorausgegangen sind.

2) Arrian. IV. 304, dessen Ausdruck *ηὐτομολήκει ἐς Βάκτρα παρὰ Βῆσσον* läßt schließen, daß Sisikottos Gebiet in dem zur baktrischen Satrapie gehörenden Indien (nördlich vom Kophenfluß) lag. An ihn wird Curtius Quelle gedacht haben (VII. 4. 6), wenn Bessos den Mitverschworenen verheißt venturos . . . et Indos.

3) Darauf läßt das *καταλέξαι* bei Arrian. I. 24. 2 *ἡ στρατιὰ καταλεχθεῖσα* I. 29. 4 schließen.

4) Eine Berechnung der Ergänzungen, die dem Heere seit 333 zugeführt sind, ist nach der summarischen Art, wie Arrian die meisten derselben an-

die unausgesetzten Anstrengungen, die Züge durch Schneegebirge und Wüsten, die klimatischen Einflüsse und die eben so oft durch Mangel wie durch Ueberfluß ungesunde Lebensweise hervorgebracht haben mußte, sich dennoch verdoppelt haben mochte. Aber theils hatte der König die hellenischen, die thessalischen Bundesgenossen heimgehen lassen, theils waren Truppen in bedeutender Menge als Besatzungen der occupirten Länder und der Hauptwaffenplätze in denselben zurückgeblieben; das baktrianische Gebiet allein behielt ein Corps von 10,000 Mann Fußvolk und 3,500 Reitern [1]); nicht minder mußten bedeutende Streitkräfte im arachosischen Alexandrien, in Ekbatana, Babylon, Aegypten u. s. w. stehen, wenn schon es wahrscheinlich ist, daß namentlich die Westsatrapien nicht von der großen Armee, sondern aus Europa selbst ihre Besatzungen ergänzten. Für den indischen Feldzug hatte der König aus den streitbaren Völkern der arianischen und oxianischen Lande sein Heer verstärkt [2]). Daß auch Phoiniker, Kyprier, Aegypter in bedeutender Zahl beim Heere waren, zeigt sich demnächst bei der Ausrüstung der Indusflotte [3]). Die Stärke des Heeres um die Zeit, da es den Indus hinabzog, war nach zuverlässiger Angabe 120,000 Combattanten [4]).

---

giebt, unmöglich. Die kleitarchischen bei Diodor und Curtius sind ergiebiger aber unzuverlässig; nach diesen hat das Heer erhalten

in Susa	an Fußvolk	13,500,	an Reitern	2100,
„ Medien	„	„	5000,	„	„	1000,
„ Drangiana	„	„	5600,	„	„	930,
„ Baktrien	„	„	17,000,	„	„	2600.
			41,100,			6630.

1) Diese Zahl giebt Arrian. IV. 22. 3.

2) Arrian. V. 11. 3 nennt Reiter aus Arachosien und den Paropamisaden, V. 12. 2 baktrische, sogdianische, skythische Reiter, Daer als Bogenschützen zu Pferd. Die Zahl 80,000, die Curt. VIII. 5. 1 giebt, ist wohl eine Verwechselung mit der Aushebung von Knaben, die 324 in das Heer treten (Arrian. VII. 6. 3).

3) Arrian. Ind. 18.

4) Arrian. Ind. 19: ἤδη γὰρ καὶ δώδεκα μυριάδες αὐτῷ μάχιμοι εἵποντο σὺν οἷς ἀπὸ θαλάσσης τε αὐτὸς ἀνήγαγε καὶ αὖθις οἱ ἐπὶ συλλογὴν αὐτῷ στρατιῆς πεμφθέντες ἧκον ἔχοντες, παντοῖα ἔθνεα βαρβαρικὰ

Man sieht, dem Material nach war dieß Heer schon nicht mehr ein hellenisch-makedonisches, wohl aber der Organisation nach [1]); und die Thatsache, daß die folgenden Feldzüge mit diesem Heer geführt sind, gestattet auf die feste Disciplin, auf die Armeeverwaltung und deren Organisation, auf die Autorität der Befehlenden, vor Allem auf den militärischen Geist und die vollendete Tüchtigkeit des Officiercorps sichere Schlüsse; Dinge, von denen freilich in den Ueberlieferungen so gut wie nichts steht, und die doch am wenigsten in dem kriegsgeschichtlichen Bilde Alexanders zu entbehren sind. Das Heer, das solche Fülle fremdartiger Elemente in den festen Rahmen der makedonischen Formation aufnahm und sich anbildete, wurde der Kern und, wenn der Ausdruck erlaubt ist, eine Schule der hellenistischen Gestaltung, die sich eben so aus der Natur des neuen Reiches ergab, wie dessen Schaffung allein möglich machte. Wenn Alexander wie in Aegypten und den syrischen Landen, in Iran und Baktrien, so demnächst in Indien Tausende seiner Kriegsleute als Besatzung und Bürger der neuen Städte zurückließ und dafür in sein Heer Asiaten in größerer Zahl aufnahm, so zeigt das mehr als alles Andere die kühne Consequenz seines Gedankens und seine Zuversicht auf dessen Richtigkeit und Macht; und es begreift sich, daß er durch die versuchten Oppositionen des makedonischen Stolzes und des hellenischen Liberalismus sich nicht beirren ließ; mit der Macht seiner imperatorischen Persönlichkeit war er gewiß auch ferneren Hoch-

---

ἅμα οἱ ἄγοντα καὶ πᾶσαν ἰδέην ὡπλισμένα. Dieselbe Zahl 120,000 nennt Curt. VIII. 5. 4 beim Beginn des indischen Feldzuges; Plut. Alex. 64 rechnet beim Beginn der Indusfahrt 120,000 Mann zu Fuß und 15,000 Reiter.

1) Bei den ersten Unternehmungen dieses Feldzuges (Arrian. IV. 22 ff.) kommen zehn Phalangen mit Namen vor: Gorgias, Kleitos, Meleagros, Koinos, Attalos, Balakros, Philippos, Philotas, Polysperchon, Alketas. Von der Ritterschaft marschiert die eine Hälfte (οἱ ἡμίσεις) mit Hephaistion und Perdikkas, die andere mit dem Könige (IV. 23. 1); und dann (IV. 24. 1) heißt es, der König habe bei sich τῶν ἱππέων τὸ ἄγημα καὶ τῶν ἄλλων ἑταίρων ἐς τέσσαρας μάλιστα ἱππαρχίας. Also die Ritterschaft zählte wohl acht Hipparchien außer dem Agema.

und Schwachmüthigkeiten zum Trotz Alles dem Zuge seines Willens folgen zu machen.

— Gegen Ende des Frühlings 327 brach Alexander von Baktrien auf. Die Gebirgswege, die vor zwei Jahren so viele Mühe gemacht hatten, lagen jetzt frei von Schnee; Vorräthe waren reichlich vorhanden; auf einer kürzeren Straße [1]) erreichte man nach einem zehntägigen Marsche die Stadt Alexandreia am Südabhange des Gebirges.

Der König fand sie nicht in dem Zustande, wie er erwartet hatte; Neiloxenos, der seine Befehlshaberstelle nicht mit der nothwendigen Umsicht und Kraft verwaltet hatte, wurde entsetzt, auch der Perser Proexes verlor sein Amt als Satrap der Paropamisaden. Aus der Umgegend wurde die Bevölkerung der Stadt vermehrt, von dem Heere blieben die zum Dienst untauglichen in ihr zurück; der Befehl über die Stadt und ihre Besatzung, so wie den Auftrag, für ihren weiteren Ausbau Sorge zu tragen, erhielt Nikanor, von den Hetairen [2]); Tyriaspes wurde zum Satrapen des Landes bestellt, dessen Grenze fortan der Kophenfluß [3]) sein sollte. Alexander zog durch dieß schöne, blumen- und fruchtreiche Land zunächst nach Nikaia [4]); die Opfer, die er

---

1) Arrian. IV. 22 sagt „in zehn Tagen", Strabo XVII, p.697 „auf anderen kürzeren Wegen"; ob das der Paß von Kipchak oder der von Bazarak oder welcher sonst gewesen, ist nicht mehr zu erkennen.

2) Nikanor, weder der von Stageira, der 324 bei den olympischen Spielen die Zurückberufung der Verbannten verkündete (Harpocrat. s. v. Dinarch. I, § 81), noch der aus Parmenions Familie, sondern wohl der Vater des Balakros, der in dieser Zeit Statthalter von Kilikien war.

3) Daß der Fluß von Kabul als Gränze der Satrapie bestimmt wird (Arrian. IV. 22. 5 ἔστε ἐπὶ τὸν Κωφῆνα ποταμόν) läßt schließen, daß das Land südlich vom Fluß zu der Satrapie „diesseits des Indus" oder wahrscheinlicher zu Arachosien geschlagen wurde.

4) In dem Anhang über die Städtegründungen hatte ich bemerkt, daß Nikaia nicht die alte Landeshauptstadt Kabura (oder Ortospana) war, und Lassen II, S. 125 hat dieser Ansicht zugestimmt. Wenn Kabura (Kabul) von Alexander besucht worden ist, so war es auf dem Marsch von Arachosien nach dem Paropamisos, Anfang 329 geschehen. Läge nicht Begram zu nahe bei Alexandreia, so würde man da Nikaia suchen können.

der Athena brachte, bezeichneten, so war es seine Weise, den Beginn eines neuen Feldzuges.

Das Heer nahte sich der Grenze der Paropamisaden, die da, wo die obere Ebene des Kophen sich schließt, gewesen sein wird. Dort tritt der schon bedeutende Fluß in das Felsenthal, das wie ein Thor zu dem Lande des Indus ist; auf seiner Südseite begleiten ihn die Vorberge des hohen Sefid-Kuh, während auf seinem linken Ufer vom Norden her wie Querriegel mehrere bedeutende Gebirgszüge, die sich von der Hochkette des westlichen Himalaya abzweigen, bis nahe an seine Ufer streichen. Der Choaspes oder Choes (Kameh oder Kunar) und weiter östlich der Guraios (Pandjkora), beide mit zahlreichen Nebenflüssen und Nebenthälern, bilden die vielen Bergkantone dieses Landes „diesseits des Indus“, deren Bewohner unter dem Namen der Açvaka zusammengefaßt werden, wenn auch die einzelnen Distrikte, meist unter eigenen Fürsten, ihre besonderen Namen führten. Im Kophenthal selbst wohnten die Astakener, wohl so genannt, weil sie im Westen (Asta) des Indus wohnten.

Alexander hatte von Nikaia aus seine Herolde an die indischen Fürsten, die am unteren Lauf des Kophen und am Ufer des Indus herrschten, vorausgesandt; er ließ sie zu sich entbieten, um ihre Huldigung zu empfangen. So kam der Fürst von Taxila, mehrere Rajas des Landes diesseits des Indus, nach der prunkenden Art der Hindufürsten auf geschmückten Elephanten und mit reichem Gefolge; sie brachten dem Könige kostbare Geschenke, sie boten ihm ihre Elephanten, es waren fünfundzwanzig, zum beliebigen Gebrauch. Alexander eröffnete ihnen, er hoffe im Laufe dieses Sommers das Gebiet bis zum Indus zu beruhigen, er werde die vor ihm erschienenen Fürsten belohnen, diejenigen, welche sich nicht unterworfen hätten, zum Gehorsam zu zwingen wissen; er gedenke den Winter am Indus zuzubringen, um mit dem nächsten Frühlinge die Feinde seines Verbündeten, des Fürsten von Taxila, zu strafen. Sodann theilte er seine gesammten Streitkräfte zu zwei Armeen, von denen die eine unter Perdikkas und Hephaistion an dem rechten

Ufer des Kophen zum Indus hinabziehen sollte, während er selbst mit der anderen das sehr schwierige, von streitbaren Völkern bewohnte Land im Norden desselben Flusses durchziehen wollte.

Demnach rückten Hephaistion und Perdikkas mit den Phalangen Gorgias, Kleitos, Meleagros, mit der Hälfte der makedonischen Ritterschaft und sämmtlichen Söldnerreitern, am Kophenfluß, auf dessen rechtem Ufer, wo die Gandarer wohnten, hinab, indem die indischen Fürsten, die dem Könige gehuldigt hatten, mit ihnen in ihre Länder zurückkehrten. Sie hatten Befehl, alle bedeutenden Plätze zu besetzen oder, falls ihre Uebergabe geweigert würde, sie mit Gewalt zu unterwerfen, an den Ufern des Indus angelangt, sofort den Bau der Indusbrücke zu beginnen, über welche Alexander nach dem Innern Indiens vorzurücken gedachte [1]).

Alexander selbst ging mit den Hypaspisten, der andern Hälfte der Ritterschaft, mit der größeren Zahl der Phalangen [2]), mit den Bogenschützen, den Agrianern und den Akontisten zu Pferd über den Kophen und durch den Paß von Jellalabad ostwärts. Hier kommt der Choes oder Choaspes [3]), der aus den Gletschern des Puschti-kur im Hochgebirg entspringt, in die Thalebene hinab, zunächst aufwärts längs den mächtigen Felsen-

1) Von den vier Wegen, auf denen man von Kabul aus zum Indus hinabgeht (s. Baber, p. 140), führt nur der von Lamghanat längs dem Kabul zur Mündung dieses Stromes, mag man nun den Paß von Kheiber auf dem Süduser (Elphinstone Kabul übers. von Rühs II. 54), oder den viel schwierigeren von Karrapa auf dem Norduser des Kabulstromes wählen (Elphinstone II. 51). Strabo sagt XV, p. 697: Alexander hatte in Erfahrung gebracht, daß die Gegenden im Norden und in den Bergen fruchtbar und wohl bevölkert seien, die südlichen dagegen entweder ganz wasserlos, oder, wo Ströme flössen, von glühender Hitze und mehr für Thiere als für Menschen passend; deshalb, und weil er die Flüsse, ihren Quellen näher leichter passiren zu können meinte, ging er die nördlichsten Wege.

2) *τῶν πεζεταίρων καλουμένων τὰς τάξεις* Arrian. IV. 23. 1 bezeichnet nicht, daß die Taxen Meleagros, Kleitos, Gorgias nicht *πεζέταιροι* gewesen seien. Wie stark die Zahl der Pezetairen in dieser Zeit war, ist nicht mehr zu ersehen.

3) Den Namen Choes (*Χόης*) hat Arrian. IV. 23. 2, Choaspes Strabo XV, p. 697, Arist. Meteor. I. 350a. 24.

lagen des Khond ein wildes Thalland bildend, dessen andere Seite der kaum weniger mächtige Gebirgszug schließt, der dieß Thal von dem des Guraios scheidet; für militärische Bewegungen ein äußerst schwieriges Terrain. Das Volk der Aspasier [1]) hatte hier seine Sitze, seine Bergfesten, seine zahlreichen Heerden; einige Tage nordwärts am Choaspes lag die Fürstenstadt, wichtig auch durch die Gebirgsstraße, die hier vorüber über das Hochgebirge nach dem Quelllande des Oxos führt [2]). Sobald Alexander über diesen Fluß gesetzt war, und dem sich allmählig verengenden Thale folgend die Südgränze des aspasischen Landes erreichte, flüchteten sich die Einwohner theils in die Berge, theils in die festen Städte, entschlossen, den Makedonen Widerstand zu leisten. Desto mehr eilte Alexander vorwärts; mit der gesammten Reiterei und 800 seiner Hypaspisten, die gleichfalls beritten gemacht wurden, rückte er voraus und gelangte bald zu der ersten Stadt der Aspasier, die mit einer doppelten Mauer versehen war und durch eine bedeutende unter den Wällen aufgestellte Streitmacht vertheidigt wurde. Unmittelbar vom Marsch aus griff der König an; nach einem heftigen Gefecht, in dem er selbst in der Schulter, und von seiner nächsten Umgebung die Leibwächter Ptolemaios und Leonnatos verwundet wurden, mußten sich die Barbaren hinter die Mauern ihrer Stadt zurückziehen. Der Abend, die Erschöpfung der Truppen, die Wunde des Königs machten weiteren Kampf unmöglich; die Makedonen lagerten hart an den Mauern der Stadt. Früh am nächsten Morgen begann der Sturm; die Mauer ward erstiegen und besetzt; erst jetzt sah man die zweite stärkere Mauer der Stadt, die auf das sorgsamste besetzt war. Indeß war die Hauptmasse des

---

[1]) Ueber diesen Namen Açvaka, in genauerer Uebersetzung Ἱππάσιοι, oder nach dem Klang in Ἀσσακῆνοι umgebildet, s. Lassen II, S. 129. Bei Arrian IV. 23. 1 werden diese Namen als Bezeichnung verschiedener Stämme gebraucht: ἐς τὴν Ἀσπασίων καὶ Γουραίων χώραν καὶ Ἀσσακήνων. Wir müssen ihm darin folgen.

[2]) Es ist die Straße, auf der 1861 einer der Agenten des Major Montgommery von Jellalabad aus dans la vallée de Chitral hinauf am Südrand des Plateaus von Pamir nach Jarkand ging.

Heeres nachgerückt; sofort wurde zum neuen Angriff geschritten; während die Schützen von allen Seiten her die Posten auf den Mauern trafen, wurden die Sturmleitern angelegt, bald waren hie und da die Zinnen erklommen; die Feinde hielten nicht länger Stand, sie suchten aus den Thoren der Stadt auf die Berge zu entkommen; viele wurden erschlagen; die Makedonen, über des Königs Wunde erbittert, schonten Niemandes; die Stadt selbst wurde dem Erdboden gleich gemacht [1]).

Dieser erste rasche Erfolg verfehlte nicht, den gewünschten Eindruck zu machen. Eine zweite Stadt Andaka ergab sich sofort. Krateros wurde hier mit dem schweren Fußvolk zurückgelassen, die übrigen Städte in der Nähe zur Unterwerfung zu zwingen und dann über das Gebirg nach Arigaion im Thal des Guraios (Pandjkora) zu marschiren [2]). Alexander selbst wandte sich mit den übrigen Truppen nordostwärts zum Euaspla, um in möglichster Schnelle die Stadt zu erreichen, in der er den Fürsten des Landes in seine Gewalt zu bekommen hoffte [3]). Bereits am zweiten Tage erreichte er die Stadt, doch war die Kunde von seinem Anrücken vorausgeeilt; die Stadt stand in vollen Flammen, die Wege zu den Bergen waren mit Fliehenden bedeckt; ein fürchterliches Gemetzel begann; doch hatte der Fürst selbst mit seiner zahlreichen und wohlbewehrten Leibwache bereits die unwegsamen Höhen erreicht. Ptolemaios, der im Getümmel den fürstlichen Zug erkannt und heftig verfolgt hatte, rückte, sobald das emporsteigende Gelände für seine Pferde zu steil wurde,

---

1) Arrian. IV. 23 nennt den Namen der Stadt nicht, sagt nur *πόλις ᾠκισμένη*.

2) Ueber die Lage von Andaka und Arigaion, so wie über den Guraios (Pandjkora), der sich mit dem Suastos (Suat) vereinigt, s. Lassen II, S. 131; Cunnigham, The ancient Geogr. I, p. 82.

3) Arrian. IV. 24. 1 hat *ἐπὶ τὸν ποταμὸν τὸν Εὐάσπλα*; die Handschrift A. bei C. Müller (Colbertinus) liest *τὸν Εὐαπόλεως*, B. *Εὐασπόλεως*; wenn hier kein Stadtname stand, so ist das gleich folgende *πρὸς τὴν πόλιν* ohne folgenden Namen lückenhaft. Lassen II², S. 130 hält den Euaspla für den östlichen Zufluß des Kunar, der bei Guyur sich in diesen ergießt.

zu Fuß an der Spitze der wenigen Hypaspisten, die um ihn waren, in möglichster Eile den Fliehenden nach; da machte plötzlich der Fürst mit seinen Kriegern Kehrt, stürmte auf die Makedonen los, warf sich selbst auf Ptolemaios, schleuderte ihm den Speer gegen die Brust; Ptolemaios, durch seinen Harnisch gerettet, rannte dem Fürsten die Lanze durch die Hüften und riß den Sterbenden zu Boden. Der Fall des Fürsten entschied den Sieg; während die Makedonen verfolgten und niedermetzelten, begann der Lagide den fürstlichen Leichnam seiner Rüstung zu berauben. Das sahen die Aspasier von den Bergen; sie stürzten sich in wilder Wuth herab, wenigstens die Leiche ihres Fürsten zu retten; indeß war auch Alexander herangekommen; ein heftiges Gefecht entspann sich, mit Mühe wurde der Leichnam behauptet, erst nach schwerem Kampf zogen sich die führerlosen Barbaren tief in die Berge zurück.

Alexander, nicht Willens weiter hinauf in das Hochgebirge vorzudringen, wandte sich an dem Euaspla hinauf ostwärts, um durch die Bergpässe, die dem Thale des Guraios zuführen, die Stadt Arigaion zu erreichen [1]). Er fand die Stadt niedergebrannt und verlassen, die Bevölkerung war in die Berge geflohen. Die Wichtigkeit dieser Lokalität, welche die Straße zum Choaspes beherrscht, bewog den König, Krateros, der von Süden heranrückte, mit dem Wiederaufbau der Stadt zu beauftragen, indem er die zum Dienst untauglichen Makedonen, und von den Landeseinwohnern alle, die sich dazu bereit erklärten, hier anzusiedeln befahl. Auf diese Weise waren die beiden Paßwege zum Choaspes durch die Besetzung von Andaka und Arigaion in Alexanders Macht. Doch schien es nothwendig, die tapferen Alpenbewohner im Norden der Stadt, die in den Bergen eine

---

[1]) Daß die von Strabo XV. 697 in einer corrumpirten Stelle genannte Stadt Gorydale nicht hoch im Gebirg, wie ich früher annahm, sondern unfern der Mündung des Guraios in den Kophen gelegen haben muß, hat Lassen II, S. 131 nachgewiesen. Ritter glaubte Arigaion in Bajor am gleichnamigen Flusse zu finden, ich am Guraios (Pandjkora), und dem stimmt Lassen II, S. 313 bei.

drohende Stellung angenommen hatten, das Uebergewicht der makedonischen Waffen fühlen zu lassen. So rückte Alexander von Arigaion aus gegen das Alpenland; am Abend lagerte er am Fuß der Berge; Ptolemaios, zum Recognosciren ausgesandt, brachte die Nachricht mit, daß der Feuer in den Bergen eine sehr große Zahl sei, und daß man auf eine bedeutende Uebermacht des Feindes schließen müsse. Sofort wurde der Angriff beschlossen; ein Theil des Heeres behauptete die Stellung am Fuß des Gebirges, mit den übrigen rückte der König selbst die Berge hinauf; sobald er der feindlichen Feuer ansichtig wurde, ließ er Leonnatos und Ptolemaios sich rechts und links um die Stellung der Feinde hinziehen, um durch einen gleichzeitigen Angriff von drei Seiten dessen Uebermacht zu zertheilen; er selbst rückte gegen die Höhen, wo die größte Masse der Barbaren stand. Kaum sahen diese die Makedonen vorrücken, so stürzten sie sich im Vertrauen auf ihre Uebermacht von den Höhen herab auf Alexander; ein hartnäckiger Kampf entspann sich. Während dessen rückte auch Ptolemaios heran; da aber die Barbaren hier nicht von ihrer Höhe herabgingen, war er genöthigt, auf ungleichem Boden den Kampf zu beginnen; mit ungemeiner Anstrengung gelang es endlich, die Abhänge zu erklimmen, die Feinde, die mit dem größten Muthe kämpften, nach der Seite der Höhe zurückzudrängen, die er, um sie nicht durch vollständige Umzingelung zur verzweifelten Gegenwehr zu bringen, unbesetzt gelassen hatten. Auch Leonnatos hatte auf seiner Seite die Feinde zum Weichen gebracht, und schon verfolgte Alexander die geschlagene Hauptmacht der Mitte, ein furchtbares Blutbad vollendete den mühsam erkämpften Sieg; 40,000 Mann wurden kriegsgefangen; ungeheuere Rinderheerden, der Reichthum dieses Alpenvolkes, fielen in die Hände des Siegers; Ptolemaios berichtet, es seien über 230,000 Haupt Vieh gewesen, von denen Alexander die schönsten ausgesucht habe, um sie zum Behuf des Feldbaues nach Makedonien zu schicken [1]).

[1]) Arrian. IV. 25. Noch heute wird in jenen Gegenden mit Stieren geackert (Lassen II, S. 131).

Indessen war die Nachricht eingelaufen, daß die Assakener in dem nächsten Flußthal, dem des Suastos, sich auf das Eifrigste rüsteten, daß sie Söldner von jenseits des Indus her an sich gezogen und bereits eine Streitmacht von 30,000 Mann Fußvolk, 20,000 Pferden, 30 Elephanten beisammen hätten. Der König mußte, um ihr Land zu erreichen, zuvor das Thal des tiefen und reißenden Guraios hinab, dessen oberen Theil er unterworfen hatte; er rückte mit einem Theile seiner Truppen schnell vorauf, während Krateros mit den übrigen, so wie mit den schweren Maschinen von Arigaion aus langsamer folgte. Die Bergwege, die kalten Nächte machten den Marsch beschwerlich; desto lachender und reicher war das Thalgebiet, zu dem man hinabstieg; rings Weingelände, Haine von Mandelbäumen und Lorbeeren, friedliche Dörfchen an den Bergen hinaufgebaut, unzählige Heerden auf den Alpen weidend. Hier, so wird erzählt, kamen die Edelsten des Landes, Akuphis an ihrer Spitze, zum Zelt des Königs; als sie eintraten und ihn im Glanz seiner Waffen, auf die Lanze gestützt und mit hohem Helme da sitzen sahen, knieeten sie staunend nieder; der König hieß sie aufstehen und reden. Sie nannten den Namen ihrer Feste Nysa, berichteten, sie seien aus dem Westen her gekommen, seit jener Zeit hätten sie selbstständig und glücklich unter einer Aristokratie von dreißig Edlen gelebt. Darauf erklärte Alexander, daß er ihnen ihre Freiheit und Selbstständigkeit lassen werde, daß Akuphis unter den Edlen des Landes die Vorstandschaft haben, daß endlich einige hundert Reiter zum Heere des Königs stoßen sollten. Dieß mag ungefähr das Wahre von einer Sache sein, die, vielleicht nicht ohne das Zuthun des Königs selbst, auf das Wundervollste ausgeschmückt, weiter erzählt wurde; fortan hießen die Nysaier unmittelbare Nachkommen von den Begleitern des Dionysos, dessen Züge der griechische Mythos bereits bis Indien ausgedehnt hatte; die tapferen Makedonen fühlten sich, in weiter Ferne von ihrem Vaterlande, heimisch unter heimathlichen Erinnerungen [1]).

---

[1]) Arrian. V. 1 sq. Ind. 2. Curt. VIII. 10. 13. Justin. XII. 7.

Von Nysa aus ging Alexander ostwärts durch den heftig strömenden Guraios zum Lande der Assakener. Diese zogen sich bei seinem Herannahen in ihre festen Städte zurück; unter diesen war Massaga die bedeutendste; der Fürst des Landes hoffte sich in ihr zu behaupten. Alexander rückte nach und lagerte sich unter den Mauern der Stadt; die Feinde, im Vertrauen auf ihre Macht, machten sofort einen Ausfall; ein scheinbarer Rückzug lockte sie eine halbe Stunde weit von den Thoren hinweg, in ordnungsloser Hast mit wildem Siegesgeschrei verfolgten sie; da wandten sich die Makedonen plötzlich, und rückten im Sturmschritt gegen die Inder vor, voran das leichte Volk, der König an der Spitze der Phalangen ihnen nach; nach kurzem Gefecht flohen die Inder mit bedeutendem Verlust zurück; Alexander folgte ihnen auf den Fersen, aber seine Absicht mit ihnen zugleich in das Thor einzubrechen, wurde vereitelt. So ritt er an der Mauer hin, die Angriffspunkte für den nächsten Tag zu bestimmen; da traf ihn ein Pfeilschuß von den Zinnen der Stadt her; mit einer leichten Fußwunde kehrte er ins Lager

---

Strabo XV, p. 687. Ich habe nach den bekannten Arbeiten von Colonel Tod, Bohlen, Ritter rc., Lassen I², S. 518. II, S. 135 nicht ausführlicher über diese Mährchen sein mögen, als es für den pragmatischen Zusammenhang der Begebenheiten nothwendig ist; gewiß war es bei Alexander nicht die bloße Eitelkeit, mit den Eroberungszügen des Dionysos zu wetteifern, wenn er jenen stolzen Glauben gern in seinem Heere verbreitet sah. Bei dem vielfachen Wechsel der Bewohner jenes ganzen Gebietes ist es unmöglich, ethnologische Bestimmungen mit Sicherheit aufzuführen. Vielleicht läßt sich das Volk der Nysaier, die Arrian (Ind. 2) als Nicht-Indier bezeichnet, auf das altheimische Volk der Kaffern zurückführen; wenigstens stimmt Alles, was die brittische Gesandtschaft in Kabul über sie in Erfahrung brachte (Elphinstone II. 321) mit den Schilderungen bei Curtius und Arrian (V. 1) überein; noch heute führen diese Stämme ein dionysisches Leben; ihre Pfeifen und Tambourins, ihre Gastmähler und Fackelzüge, dazu das europäische Klima und die europäische Natur der Landschaft, das Alles mochte in der That den Eindruck auf die Umgebung Alexanders machen, die jenes dionysische Mährchen erklärlich und charakteristisch erscheinen läßt. Die Erinnerung jener Völker an Alexander, von dessen Makedonen sie abzustammen vorgeben, ist, wenn nicht richtig, doch merkwürdig.

zurück. Am nächsten Morgen begannen die Maschinen zu arbeiten, bald lag eine Bresche; die Makedonen suchten durch sie in die Stadt zu dringen, die tapfere und umsichtige Vertheidigung des Feindes zwang sie endlich am Abend zu weichen. Mit Heftigkeit wurde des andern Tages der Angriff unter dem Schutz eines hölzernen Thurmes, der mit seinen Geschossen einen Theil der Mauer von Vertheidigern rein hielt, erneut; doch auch so kam man noch um keinen Schritt vorwärts. Die Nacht wurde mit neuen Zurüstungen verbracht, neue Sturmblöcke, neue Schirmdächer, endlich ein Wandelthurm an die Mauer geschafft, dessen Fallbrücken unmittelbar auf die Zinnen führen sollten. Am Morgen rückten die Phalangen aus, zugleich führte der König selbst die Hypaspisten in den Thurm, er erinnerte sie, daß sie auf gleiche Weise Tyros genommen hätten; alle brannten vor Begier zu kämpfen und die Stadt zu erobern, die ihnen schon zu lange widerstanden. Dann ward die Fallbrücke hinabgelassen, die Makedonen drängten sich auf sie, jeder wollte der erste sein; unter der übergroßen Last brach die Brücke, die Tapferen stürzten zerschmettert in die Tiefe. Lautschreiend sahen das die Inder, sie schleuderten von den Zinnen herab Steine, Balken, Geschosse auf die Makedonen, sie drängten sich aus den Mauerpforten aufs Feld hinaus, die Verwirrung zu benutzen; überall zogen sich die Makedonen zurück; kaum daß es der Phalanx Alketas, der es der König geboten, gelang, die Sterbenden vor der Wuth der Feinde zu sichern und ins Lager zurück zu bringen. Das Alles mehrte nur die Erbitterung und die Kampfbegier der Makedonen; am nächsten Tage ward der Thurm von Neuem an die Mauern gebracht, von Neuem die Fallbrücke hinab gesenkt; doch leisteten die Inder den erfolgreichsten Widerstand, wennschon ihre Reihen immer lichter, die Gefahr für sie immer größer wurde. Da ward ihr Fürst von einem Katapultenpfeil getroffen und sank todt nieder. Dieß endlich bewog die Belagerten, Unterhandlungen anzuknüpfen, um sich der Gnade des Siegers zu ergeben; und Alexander, voll gerechter Anerkennung der Tapferkeit seiner Feinde, war gern bereit, einen Kampf abzubrechen, der nicht ohne viel Blutvergießen zu Ende geführt wäre; er forderte die Uebergabe der Stadt, den Eintritt der indischen Söldner in das makedonische Heer, die Auslieferung der fürstlichen Familie [1]). Die Bedingungen wurden angenommen, die Mutter und Tochter des Fürsten kamen in des Königs Lager; die indischen Söldner rückten bewaffnet aus und lagerten sich in einiger Entfernung von dem Heere, mit dem sie hinfort vereint werden sollten. Doch voll Abscheu gegen die Fremdlinge, und des Gedankens, fortan mit diesen vereint gegen ihre Landsleute kämpfen zu müssen, unfähig, faßten sie den unglücklichen Plan, Nachts aufzubrechen und sich an den Indus zurück zu ziehen. Alexander erhielt davon Nachricht; überzeugt, daß Unterhandeln vergeblich, Zaudern gefährlich sein würde, ließ er sie Nachts umzingeln und niederhauen. So war er Herr des wichtigsten Postens im Assakenerlande [2]).

Von Massaga aus schien es leicht, die Occupation des herrenlosen Landes zu vollenden; Alexander sandte demnach einige Truppen unter Koinos südwärts zu der Festung Bazira,

---

1) Die Lage von Massaga genauer zu bestimmen ist nicht mehr möglich. Cunningham, Geogr. I, p. 82 setzt den Ort bei Mangora oder Manglora am Swatfluß an. Die Quelle des Curt. VIII. 10. 22 und Justin. XII. 7 läßt diesen Angriff mit einer Liebesgeschichte zwischen Alexander und der Königin-Mutter (nuper Assacano, cujus regnum fuerat, defuncto) enden; er stellt die Gläubigkeit seiner Leser auf eine harte Probe, wenn er berichtet, daß die ehrwürdige Frau durch ihre Reize den Sieger besiegt, und ihm einen Sohn geboren habe, der Alexandros genannt worden sei. Nach der Lücke in Diod. (XVII. 86—84) wird die Königin, die Alexanders Hochherzigkeit bewundert, erwähnt; dann nach einer kleineren Lücke folgt (c. 84) eine Erzählung, in der man ungefähr den Verlauf des Kampfes um Massaga, wie ihn Arrian berichtet, wiedererkennt. Die Behauptung, daß die Inder von dem Wandelthurme Alexanders in den höchsten Schrecken versetzt worden, ist doppelt abgeschmackt, da diese Schriftsteller selbst nicht müde werden, bei Weitem staunenswürdigere Dinge als in Indien heimisch anzuführen. Endlich was die Namen Dädala und Acadira anbetrifft, die Curtius zwischen Nysa und Massaga nennt, so läßt sich eben nichts weiter über ihre Lage sagen, als daß Curtius irrig zwischen diesen Städten und Massaga das Heer noch den Choaspes passiren läßt.

2) Arrian. IV. 26. 27.

überzeugt, daß sie sich auf die Nachricht von Massagas Fall ergeben werde; eine andere Abtheilung unter Alketas ging nordwärts gegen die Festung Ora [1]), mit dem Befehl, die Stadt zu blokiren, bis die Hauptarmee nachrückte. Bald liefen von beiden Orten ungünstige Nachrichten ein; Alketas hatte nicht ohne Verlust einen Ausfall der Oriten abgewehrt, und Koinos, weit entfernt, Bazira zur Uebergabe bereit zu finden, hatte Mühe, sich vor der Stadt zu halten. Schon wollte Alexander dorthin aufbrechen, als er die Nachricht erhielt, daß Ora in Verbindung mit dem Fürsten Abisares von Kaschmir [2]) getreten sei und durch dessen Vermittelung eine bedeutende Zahl Truppen von den Bergbewohnern im Norden erhalten habe; deshalb sandte er Befehl an Koinos, bei Bazira einen haltbaren Punkt zu verschanzen, um die Verbindungen der Festung abzuschneiden, dann mit seinen übrigen Truppen zu ihm zu marschiren. Er selbst eilte nach Ora; die Stadt, obschon fest und tapfer vertheidigt, vermochte sich nicht zu halten, sie wurde mit Sturm genommen; reiche Beute, darunter einige Elephanten, fiel in die Hand der Makedonen. Indeß hatte Koinos den befohlenen Abzug von Bazira begonnen; sobald die Inder diese Bewegung bemerkten, brachen sie aus den Thoren hervor, warfen sich auf die Makedonen; es folgte ein scharfes Gefecht, in dem sie endlich mit Verlust zum Rückzuge gezwungen wurden. Als sich dazu die Kunde verbreitete, daß selbst Ora den Makedonen erlegen sei, verzweifelten die Baziriten, sich in ihrer Feste halten zu können; sie verließen um Mitternacht die Stadt und zogen

---

[1]) Die Lage dieser beiden Städte ist ihrer Richtung nach zu erkennen; Ora lag mehr dem Gebiete des Abisares zugewandt, Bazira nicht fern von Aornos und von der Kophenmündung. Abisares kam nicht selbst zur Hülfe, sondern bewog die Berginder in der Nähe von Ora zur Unterstützung.

[2]) Daß Abisares Fürst von Kaschmir gewesen, ergiebt sich aus seinen Legationen an Alexander; seine Allianz mit Poros gegen Alexander einerseits, und mit den Völkern westwärts vom Indus andererseits ist nur von Kaschmir aus möglich; endlich kommt dazu, daß nach Wilson die alten Annalen von Kaschmir den südlichen Theil dieses Landes Abhisâram nennen; Lassen (Penta pot., p. 18; Ind. Alt. II[2], S. 138.

sich auf die Felsenburg Aornos am Indus auf der Südgränze des Assakenerlandes zurück.

Durch die Besitznahme der drei Plätze Massaga, Ora und Bazira war Alexander Herr der Gebirgslandschaft im Norden des Kophen, an der südwärts das Gebiet des Fürsten Astes von Peukela lag [1]). Dieser Fürst hatte, so scheint es, sein Gebiet auf Kosten seiner Nachbarn vergrößert und selbst südwärts des Kophenflusses festen Fuß gefaßt; Sangaios, der als Flüchtling zum Taxiles gekommen war, hatte seine Herrschaft durch ihn verloren; als Alexanders Herolde die Fürsten Indiens gen Nikaia beschieden, hatte Astes so wenig als Assakenos Folge geleistet. Aber der glückliche Fortgang der makedonischen Waffen, das Anrücken des Königs, der Tod des Assakenos bewogen den Fürsten von Peukela, um wenigstens nicht persönlich dem großen Könige und seiner furchtbaren Kriegsmacht gegenüber zu treten, sein Stammland zu verlassen, und in seinem neuen Gebiete südwärts vom Kophen Zuflucht zu suchen; dort auf einer festen Felsenburg hoffte er der makedonischen Südarmee Trotz bieten zu können. Indessen hatte Hephaistion bei seinem Vorrücken sich vor die Festung gelegt, und sie nach einer dreißigtägigen Belagerung erstürmt; bei dem Sturme war Astes selbst umgekommen, und Sangaios, der sich bei Taxiles befand, wurde mit Bewilligung Alexanders in den Besitz der Stadt gesetzt. Die Stadt Peukela selbst [2]), ohne Herrn und ohne Vertheidiger,

---

[1]) Die Πευκελαῶτις bei Arrian. IV. 286 ist das Pushkalavati an dem Swat unterhalb seiner Vereinigung mit dem Guraios (Pandjkora) etwa zwei Stunden von der Einmündung in den Kophen. Der Fluß heißt Astes (Arrian. IV. 22. 8), wohl nach dem Namen der Ἀστακῆνοι Arrian. Ind. I. 1.

[2]) Ueber die Lage dieser beiden Ortschaften wird nichts Genaueres überliefert; indeß scheint der Name Orobatis, den die von den Makedonen besetzte Feste erhielt, verbunden mit dem Umstande, daß sie auf der Südseite des Kophen gelegen haben muß, auf die Paßgegend zu führen, welche der Weg dicht vor dem Indus übersteigt (s. Elphinstone I, p. 117). Für die Feste des Astes finde ich keine bestimmte Localität, es müßte denn die Bergfeste Timrood oder vielmehr Jamrood (Baber, p. 127), 7 Cos S. O. von Peschawer am Osteingange der Päffe von Kheiber sein (s. Forster II, p. 53).

ergab sich, sobald Alexander aus dem benachbarten Assakenerlande heranzog, freiwillig; sie erhielt makedonische Besatzung. Ihrem Beispiele folgten die andern minder bedeutenden Städte bis zum Indus, zu dem der König hinabziehend nach Embolima, einige Meilen oberhalb der Kophenmündung, ging [1]).

So war im Laufe des Sommers durch eine Reihe bedeutender und mühseliger Kämpfe das Land von den Paropamisaden bis zum Indus unterworfen. Auf der Südseite des Kophen, wo das Flußthal bald durch öde Gebirge geschlossen wird, hatte Hephaistion das Land in Besitz genommen, und die Bergfeste des Astes so wie Orobatis, die er genommen und mit Makedonen besetzt hatte, wurden die militärischen Stützpunkte für die Behauptung des Südufers. Im Norden waren nach einander die Flußthäler des Choaspes, des Guraios und des Suastos, das Gebiet der Aspasier, der Guraier, der Assakener und Peukelaoten durchzogen, die Barbaren am oberen Choaspes und am Guraios weit in die Gebirge zurückgesprengt, endlich durch die Festungen Andaka und Arigaion das Thal der Guraier, durch Massaga, Ora, Bazira das Gebiet der Assakener, durch Peukela das Westufer des Indus gesichert. Das Land trat, obschon es zum guten Theil unter einheimischen Fürsten blieb [2]), fortan in ein Verhältniß der Abhängigkeit gegen Makedonien, und erhielt unter dem Namen des diesseitigen Indien einen eigenen Satrapen.

Nur eine Bergfeste in der Nähe des Indus war noch von

1) Embolima ist nach Cunninghams Meinung Ambar-Ohind.

2) Es sind namentlich Akuphis in Nysa, Sangaios im Süden des Kophen; Kophaios und Assagetes, der Hyparch der Assakener, die Arrian. IV. 28. 6 nennt, desgleichen alle die, welche sich zu Nikaia eingefunden hatten; auch Taxiles scheint einiges Gebiet im Westen des Indus erhalten zu haben. Alle diese Fürsten waren zur Heeresfolge verpflichtet. — Arrian nennt als Satrapen der Satrapie Indien denselben Nikanor, der schon Strateg am Paropamisos war; vielleicht durch einen Irrthum; wenigstens späterhin wird nur Philippos als solcher genannt. Gleichfalls ungenau scheint es zu sein, wenn er V. 20. 10 den Satrapen der Assakener Σισίλου wie der eine, Σισίκου wie der andere Cod. hat, nennt; das Σισικόττου der Ausgaben ist Conjectur nach Arrian. IV. 30. 4.

Indern besetzt; die Makedonen nannten sie Aornos, gleich als ob der Flug der Vögel nicht zu ihr hinaufgereicht hätte. Von der Mündung des Kophen in den Indus etwa fünf Meilen entfernt, erhebt sich ein letzter Vorsprung der nordwestlichen Gebirge, eine einzelne Felskuppe [1]), die nach der Angabe der Alten am Fuß etwa vier Meilen im Umfang, und eine Höhe von 5000 Fuß haben soll; auf der Platte dieser steilen Bergmasse lag jene merkwürdige Felsenfestung, deren Mauern Gärten, Quellen und Holzung umschlossen, so daß sich Tausende von Menschen Jahr aus, Jahr ein oben erhalten konnten. Dorthin hatten sich viele Inder des flachen Landes geflüchtet, voll Vertrauen auf die Sicherheit dieses Königssteines, von dessen Uneinnehmbarkeit mannigfache Sagen im Schwange waren [2]). Desto nothwendiger war es für den König, diesen Felsen zu erobern; er mußte den moralischen Eindruck berechnen, den eine glückliche Unternehmung gegen Aornos auf seine Truppen und auf die Inder zu machen nicht verfehlen konnte; er mußte vor Allem darauf Rücksicht nehmen, daß dieser wichtige Punkt in Feindeshand den gefährlichsten Bewegungen in seinem Rücken Anlaß und Anhalt werden konnte. Jetzt, nachdem das Land

---

1) Daß dieß Aornos die Feste Rani-Gat (d. h. Königstein) sei, hat Cunningham schon 1848 erkannt und neuerdings (The ancient Geogr. I, p. 59 und Survey II, p. 107) weiter begründet. Der Felsen ist „2 engl. Meilen lang, $^1/_2$ Meile breit", die Höhe nach Cunninghams Schätzung 1200 Fuß über der Ebene. Den Namen Aornos hält er für Gräcisirung des Localnamens Varni s. *Οὔαρνοι*, desselben Namens, der dem baktrischen Aornos zu Grunde liege. Nach Strabo XV, p. 688 lag die Burg auf einer *πέτρα ἧς τὰς ῥίζας ὁ Ἰνδὸς ὑποῤῥεῖ πλήσιον τῶν πηγῶν*. Curt. VIII. 11. 7: radices ejus Indus amnis subit; Diod. XVII. 85: *καὶ τὸ μὲν πρὸς μεσημβρίαν μέρος αὐτῆς προσέκλυζεν ὁ Ἰνδός*. Also Strabo hat hier aus Kleitarchos geschöpft.

2) Hier, erzählen die Makedonen, hätten die Siege des Herakles ein Ende gehabt, selbst Arrian. IV. 30. 4 sagt *ἡ πέτρα ἡ τῷ Ἡρακλεῖ ἄπορος γενομένη*, er giebt seine Kritik über diese Sage V. 3. Die Autoren der kleitarchischen Tradition (auch Diod. I. 19 ist wohl aus Kleitarch) meinen, daß Alexander nichts weiter beabsichtigt habe, als die Thaten des Herakles zu überbieten; er hatte längst Größeres gethan.

umher unterworfen, nachdem es durch die feste Stellung am Indus möglich geworden war, das Belagerungsheer, wie lange auch die Belagerung währen mochte, mit Vorräthen zu versorgen, begann Alexander seine eben so verwegenen wie gefährlichen Operationen. Sein unerschütterlicher Wille, diese Feste zu nehmen, war das Einzige, was einen glücklichen Erfolg denkbar machte. Er ließ Krateros in Embolima am Indus zurück; er nahm nur die Agrianer, Bogenschützen, die Taxis des Koinos und eine Auswahl leichtester Leute von den anderen Taxen, 200 Reiter von den Hetairen, 100 Bogenschützen zu Pferd mit sich; er lagerte sich mit diesem Corps am Fuß des Felsen. Aber nur ein Weg führte hinauf, und dieser war so geschickt angelegt, daß er an jedem Punkte leicht und vollkommen vertheidigt werden konnte. Da kamen Leute aus der Nähe des Felsens zu ihm, die sich ihm ergaben und sich erboten, ihn zu der Stelle des Felsens zu führen, von wo aus die Feste anzugreifen und nicht schwer zu nehmen sein werde. Ptolemaios, des Lagos Sohn, der Somatophylax, wurde mit den Agrianern, dem übrigen leichten Volk und ausgewählten Hypaspisten beauftragt, mit den indischen Männern den Felsen zu ersteigen; auf rauhen und schwierigen Fußsteigen gelangte er, den Barbaren unbemerkt, zu der bezeichneten Stelle, verschanzte sich dort durch ein Pfahlwerk und zündete das verabredete Feuerzeichen an. Sobald dies der König gesehen, beschloß er den Sturm für den nächsten Morgen, in der Hoffnung, daß Ptolemaios von der Höhe des Gebirges aus zugleich angreifen würde[1]).

[1]) Der Tafelberg von Rani-gat hat oben eine Fläche von 1200 Fuß Länge, 800 Fuß Breite; von Norden, Westen, Süden senkt sich der obere Rand ein wenig nach Innen und in der Mitte ist wieder eine Schwellung des Felsbodens 500 Fuß lang, 400 breit, auf dieser liegen die Ruinen einer alten Feste; zwischen ihr und dem Rande im Norden und Westen ist die Einsenkung, gleichsam der Burggraben, bei 200 Fuß breit, 100—150 Fuß tief; weniger breit und tief auf der Südseite, zu der der gebahnte Weg hinaufführt. Die Ostseite, auf der der Berg durch einen flachen Rücken mit einer entfernten Bergkette zusammenhängt, steigt steil bis zur Burg heran.

Indeß war es unmöglich, von der Tiefe her das Geringste zu gewinnen; die Inder, von dieser Seite vollkommen sicher, wandten sich mit desto größerer Keckheit gegen die von Ptolemaios besetzten Höhen, und nur mit der größten Anstrengung gelang es dem Lagiden, sich hinter seinen Schanzen zu behaupten. Seine Schützen und Agrianer hatten den Feind sehr mitgenommen, der sich mit Anbruch der Nacht in seine Feste zurückzog.

Alexander hatte sich durch diesen unglücklichen Versuch überzeugt, daß es unmöglich sei, von der Tiefe aus zum Ziel zu gelangen; er sandte daher durch einen der Gegend kundigen Mann über Nacht den schriftlichen Befehl an Ptolemaios, daß er, wenn am nächsten Tage an einer dem Ptolemaios näheren Stelle der Sturm versucht und dann gegen die Stürmenden von der Feste aus ein Ausfall gemacht würde, von der Höhe herab den Feinden in den Rücken kommen und um jeden Preis die Vereinigung mit Alexander zu bewerkstelligen suchen solle. So geschah es; mit dem nächsten Frühroth stand der König da an dem Fuße des Gebirges, wo Ptolemaios hinaufgestiegen war. Bald eilten die Inder dorthin, die schmalen Fußsteige zu vertheidigen; bis Mittag wurde auf das Hartnäckigste gekämpft, dann begannen die Feinde ein Wenig zu weichen; Ptolemaios that seinerseits das Mögliche; gegen Abend waren die Pfade erstiegen, und beide Heeresabtheilungen vereinigt; der immer eiligere Rückzug der Feinde und der durch den Erfolg hochaufgeregte Muth seiner tapferen Krieger bewogen den König, die fliehenden Inder zu verfolgen, um vielleicht unter der Verwirrung den Eingang in die Feste zu erzwingen; es mislang, und zu einem Sturm war das Terrain zu eng.

Er zog sich auf die von Ptolemaios verschanzte Höhe zurück, die, niedriger als die Feste [1]), von dieser durch eine weite und tiefe Schlucht getrennt war. Es galt, die Ungunst

---

1) Dieß ergiebt das *ἰσόπεδον* bei Arrian. IV. 30. 1. Seltsam, daß nach 29. 7 auch *μηχαναί* zur Stelle sind, Geschosse gegen die Feste zu schleudern.

dieser örtlichen Verhältnisse zu überwältigen und diese Schlucht mit einem Damm zu durchbauen, um der Feste wenigstens so weit zu nahen, daß das Geschütz deren Mauern erreichen konnte. Mit dem nächsten Morgen begann die Arbeit; der König war überall, zu loben, zu ermuntern, selbst Hand an zu legen; mit dem lebendigsten Wetteifer wurde gearbeitet, Bäume gefällt, in die Tiefe gesenkt, Felsstücke aufgethürmt, Erde aufgeschüttet; schon war am Ende des ersten Tages eine Strecke von dreihundert Schritten gebaut; die Inder, anfangs voll Spott über dieß tollkühne Unternehmen, suchten am nächsten Tage die Arbeit zu stören; bald war der Damm weit genug vorgerückt, daß die Schleuderer und die Maschinen von seiner Höhe aus ihre Angriffe abzuwehren vermochten. Am sechsten Tage war der Damm bis in die Nähe einer Kuppe gelangt, die, in gleicher Höhe mit der Burg, von den Feinden besetzt war; sie zu behaupten oder zu erobern, wurde für das Schicksal der Feste entscheidend. Eine Schaar auserwählter Makedonen wurde gegen sie gesandt; ein entsetzlicher Kampf begann; Alexander selbst eilte an der Spitze seiner Leibschaar nach; mit der größten Anstrengung wurde die Höhe erstürmt. Dieß und das stete Nachrücken des Dammes, den nichts mehr aufzuhalten vermochte, ließ die Inder daran verzweifeln, sich auf die Dauer gegen einen Feind zu behaupten, den Felsen und Abgründe nicht hemmten, und der den staunenswürdigen Beweis gab, daß Menschenwille und Menschenkraft auch die letzte Scheidewand, welche die Natur in ihren Riesengestaltungen aufgethürmt, zu überwinden und zu einem Mittel seiner Zwecke umzuschaffen im Stande sei. Sie sandten an Alexander einen Herold ab, mit dem Erbieten, unter günstigen Bedingungen die Feste zu übergeben; sie wollten nur bis zur Nacht Zeit gewinnen, um sich dann auf geheimen Wegen aus der Feste in das flache Land zu zerstreuen. Alexander merkte ihre Absicht; er zog seine Posten ein und ließ sie ungestört ihren Abzug beginnen; dann wählte er 700 Hypaspisten aus, zog in der Stille der Nacht den Felsen hinauf, und begann die verlassene Mauer zu erklettern; er selbst war der erste oben; sobald seine Schaar an verschiedenen Punkten nachgestiegen war, stürzten sie alle mit lautem Kriegsgeschrei über die nur zur Flucht gerüsteten Feinde; viele wurden erschlagen, andere zerschmetterten in den Abgründen; am nächsten Morgen zog das Heer klingenden Spiels in die Felsenfeste ein. Reiche und fröhliche Opfer feierten dieß glückliche Ende einer Unternehmung, die nur der Kühnheit Alexanders und der Tapferkeit seiner Truppen möglich war. Die Befestigung der Burg selbst wurde mit neuen Werken vermehrt [1]), eine makedonische Besatzung in dieselbe gelegt, der Fürst Sisikottos, der sich des Königs Vertrauen zu erwerben gewußt hatte, zu ihrem Befehlshaber ernannt. Der Besitz dieser Feste war für die Behauptung des diesseitigen Indiens von großer Wichtigkeit; sie beherrschte die Ebene zwischen Suastos, Kophen und Indus, die man von ihr meilenweit übersieht, die Mündung des Kophen in den Indus [2]).

Indessen hatten sich gefährliche Bewegungen im Assakenerlande gezeigt; der Bruder des in Massaga gefallenen Fürsten Assakenos [3]) hatte ein Heer von 20,000 Mann und 15 Ele-

---

[1]) Cunningham, Survey V, p. 55 (1875) hat einige Notizen über Rani-gat mitgetheilt, namentlich daß man von der Höhe des Berges bis Hashtnagar am Swat westwärts sieht, und daß Dr. Bellew, der sie wiederholt besucht hat, besonders die Sorgfalt, mit der die mächtigen Werkstücke des Baues behauen und gefügt sind, hervorhebe: the are the same pointed arches and underground passages, the same sort of quadrilaterals whit chambers, the statuary and sculptures also represent the same figures and scenes in the same material, but the general aspect of these ruins is very different from that of others, the neadness and accuracy of the architecture is wonderfull. So auffallend unterscheidet sich Aornos von den anderen Burgen dieser Landschaft Yusufzai; Cunningham führt namentlich die von Jamâl-garhi und Sahri-balol an, in denen Akanthoscapitäle und die Profile von Säulenfüßen sehr merklich hellenischen Einfluß zeigen.

[2]) Arrian. IV. 30; die abweichenden Angaben bei Diodor und Curtius widerlegen sich selbst; vielleicht gehört zu dieser Unternehmung die Angabe des Chares Fr. 11. bei Athen. III, p. 127 c. wie Alexander bei Belagerung der Stadt Petra in Indien Schnee aufzubewahren angeordnet habe.

[3]) Curtius nennt diesen Fürsten Eryx, Diodor Aphrikes; daß dieser derselbe mit Arrians „Bruder des Assakenos" ist, ergiebt sich aus der Erzählung selbst.

phanten zusammengebracht, und sich in die Gebirge des oberen Landes geworfen; die Feste Dyrta [1]) war in seinen Händen; er hoffte sich durch die Unzugänglichkeit dieser wilden Gebirgsgegend genug geschützt, er hoffte, der Weitermarsch des Königs werde ihm bald Gelegenheit geben, seine Macht zu erweitern. Desto nothwendiger war es, ihn zu vernichten. Sobald Aornos eingenommen war, eilte der König mit einigen tausend Mann leichter Truppen nach Dyrta im oberen Lande; die Nachricht von seinem Anrücken hatte hingereicht, den Prätendenten in die Flucht zu jagen; mit ihm war die Bevölkerung der Umgegend entflohen. Der König sandte sofort einzelne Corps aus, die Gegend zu durchziehen und die Spur des flüchtigen Fürsten und besonders der Elephanten aufzufinden; er erfuhr, daß Alles in die Gebirgswildniß ostwärts geflohen sei; er drang nach. Dichte Urwaldung bedeckt diese Gegenden; das Heer mußte sich mühsam den Weg bahnen. Man griff einzelne Inder auf; sie berichteten, die Bevölkerung sei über den Indus in das Reich des Abisares geflüchtet, die Elephanten, funfzehn an der Zahl, habe man auf den Wiesen am Strom frei gelassen. Da kam auch schon ein Haufe indischer Soldaten vom fliehenden Heere, das, über das Ungeschick des Fürsten misvergnügt, sich empört und ihn erschlagen hatte; sie brachten den Kopf des Fürsten. Nicht gewillt, ein Heer ohne Führer in unwegsames Gebiet zu verfolgen, ging der König mit seinen Truppen zu den Induswiesen hinab, um die Elephanten einzufangen; von indischen Elephantenjägern begleitet, machte er Jagd auf die Thiere; zwei stürzten in Abgründe, die übrigen wurden eingefangen. Hier in den dichten Waldungen am Indus ließ der König Bäume fällen und Schiffe zimmern. Bald war eine Stromflotte erbaut, wie sie der Indus noch nicht gesehen, auf der der König mit seinem Heere den breiten und zu beiden Seiten mit vielen Städten und Dörfern bedeckten Strom hinabfuhr; er landete an der Brücke,

---

[1]) Dyrta ist nach Court, Journ. of the As. Soc. of B. VIII. p. 309 wahrscheinlich Dhyr an einem Zufluß des Tal. Lassen II, S. 141.

die von Hephaistion und Perdikkas bereits über den Indus geschlagen war [1]).

In den Berichten, die uns erhalten sind, sprechen sich lebhaft genug die mächtigen Eindrücke aus, welche das Heer aus dem Abendlande in dieser indischen Welt, in die es seit dem Frühling 327 eingerückt war, empfing. Die gewaltigen Naturformen, die üppige Vegetation, die zahmen und wilden Thiere, die Menschen, ihre Religion und Sitten, ihre Staats- und Kriegsweise, Alles war hier fremdartig und staunenswürdig, alle Wunder, die Herodotos, die Ktesias von ihr berichtet hatten, schienen durch die Wirklichkeit weit überboten zu werden. Bald sollte man inne werden, daß man bis jetzt erst die Vorhöfe dieser neuen Welt gesehen habe.

Am Indus rastete das Heer, sich von den Anstrengungen des Winterfeldzuges im Gebirgsland, den ein großer Theil der Truppen mitgemacht hatte, auszuruhen [2]). Dann, gegen Frühlingsanfang, schickte es sich an, mit den Contingenten der Fürsten in der diesseitigen Satrapie verstärkt über den Indus zu gehen. Da erschien eine Gesandtschaft des Fürsten von Taxila vor dem Könige; sie versicherte von Neuem die Ergebenheit ihres Herrn; sie überbrachte dem Könige kostbare Geschenke, 3000 Opferthiere, 10,000 Schafe, 30 Kriegselephanten, 200 Talente Silber, endlich 700 indische Reiter, das Bundescontingent ihres Herrn; sie übergab dem Könige die Residenz des Fürsten, die herrlichste Stadt zwischen dem Indus und Hydaspes.

Dann befahl der König, die Weihe des Indusüberganges

---

1) Curtius Angabe von 16 Tagen (VIII. 12. 4) ist übergangen, da sein ad Indum pervenit Alles verwirrt; am wenigsten kann man, wie versucht worden ist, aus seinen 16 Tagen bestimmen wollen, wie weit Embolima und Aornos von der Kophenmündung entfernt ist. Die Brücke über den Indus (Arrian. V. 7 vermuthet nur, daß es eine Schiffbrücke gewesen) wird zwischen Embolima und der Kophenmündung angelegt worden sein.

2) Aristobul. fr. 29. *διατριψάντων κατὰ τὴν ὀρεινὴν ἔν τε τῇ Ἱππασίων καὶ Ἀσσακανοῦ* (vulg. *Μουσικανοῦ*) *γῇ τὸν χειμῶνα, τοῦ δὲ ἔαρος ἀρχομένου καταβεβηκότων* u. s. w.

zu beginnen; unter gymnastischen ritterlichen Wettkämpfen wurde am Stromufer geopfert; und die Opfer waren günstig. So begann der Uebergang über den mächtigen Strom, ein Theil des Heeres zog über die Schiffbrücke, andere setzten auf Böten hinüber, der König selbst und sein Gefolge auf zwei Jachten (Dreißigruderern), die dazu bereit lagen. Neue Opfer feierten die glückliche Vollendung des Ueberganges. Dann rückte das große Heer auf der Straße von Taxila vorwärts, durch reich bevölkerte und im Schmucke des Frühlings prangende Gegenden, nordwärts mächtige Schneeberge, die Gränze von Kaschmir, südwärts die weiten und herrlichen Ebenen, welche das Duab des Indus und Hydaspes erfüllen. Eine Stunde vor der Residenz sah das staunende Heer zum ersten Male jene indischen Büßer, die nackt, einsam, regungslos unter den Gluthstrahlen der Mittagssonne und den Unwettern der Regenzeit das heilige Werk ihrer Gelübde erfüllen [1]).

Als Alexander der Stadt Taxila [2]) nahete, zog ihm der Fürst im höchsten Pompe, mit geschmückten Elephanten, gewappneten Schaaren und kriegerischer Musik entgegen; und als nun der König sein Heer halten und ordnen ließ, sprengte der Fürst seinem Zuge voraus und zu Alexander hin, begrüßte ihn ehrerbietigst und übergab ihm sein Reich und sich selbst. Dann zog Alexander an der Spitze seines Heeres, der Fürst an seiner Seite, in die prächtige Residenz. Hier folgten zu Ehren des großen Königs eine Reihe von Festlichkeiten, deren Glanz durch

---

1) Aristobul. fr. 34a; Arrian. VII. 3.

2) Meine frühere Anmerkung über Taxila (Takschaçila) wiederhole ich nicht, da jetzt Cunningham (Geogr. I, p. 104; Survey II, p. 111 sqq.) die Lage der Stadt in dem trümmerreichen Felde zwischen Schah-Deri und dem Harofluß, wie ich glaube, überzeugend nachgewiesen hat. — Den Fürsten dieser Landschaft nennt Curtius Omphis, Diodor aber Mophis. (Ophis oder Schlange vermuthet Tod [Radjastan. II, p. 228] als griechische Uebersetzung von Tâk.) Sie fügen über ihn einige unbedeutende Details hinzu: bei dem Tode seines Vaters, dem er zur Vereinigung mit Alexander gerathen, habe er nicht eher den fürstlichen Titel Taxila angenommen, als bis es Alexander gestattete. Arrian. V. 8. 2 und sonst bezeichnet den Fürsten als ὕπαρχος τῆς πόλεως.

die Anwesenheit mehrerer Fürsten des Landes, die ihre Geschenke und Huldigungen darzubringen gekommen waren, erhöht wurde. Alexander bestätigte sie alle in ihrem Besitz und erweiterte das Gebiet Einiger nach ihrem Wunsche und ihrem Verdienst, namentlich das des Taxiles, der zugleich für die Fürsorge, mit der er die Südarmee aufgenommen hatte, und für die Aufmerksamkeit, mit der er dem Könige wiederholentlich entgegen gekommen, auf das reichlichste beschenkt wurde [1]); auch von dem „Gaufürsten" Doxaris kamen Gesandte und Geschenke [2]). Auch Abisares von Kaschmir schickte eine Gesandtschaft nach Taxila, es war sein Bruder, von den Edelsten seines Landes begleitet; er brachte Kleinodien, Elfenbein, feine Webereien, Kostbarkeiten aller Art zum Geschenk, versicherte die treue Ergebenheit seines fürstlichen Bruders und stellte die heimliche Unterstützung, die derselbe den Assakenern zugewandt haben sollte, durchaus in Abrede.

Wie damals die Angelegenheiten des Duab-Landes geordnet wurden, ist nicht mit Bestimmtheit zu erkennen; jedenfalls lagen die Gebietserweiterungen in der diesseitigen Satrapie, so wie anderer Seits die Fürsten sämmtlich unter die Suzerainetät Alexanders traten; vielleicht erhielt Taxiles das Principat unter den Rajas diesseits des Hydaspes, wenigstens geschieht im Verhältniß zu Alexander fortan nur seiner Erwähnung. Uebrigens blieb in seiner Residenz eine makedonische Besatzung, so wie die dienstunfähige Mannschaft zurück; die sogenannte indische Satrapie wurde dem Philippos, dem Sohne des Machatas, anvertraut, dessen hohe Geburt und vielfach bewährte Anhänglichkeit an Alexander der Wichtigkeit dieses Postens entsprach; seine

---

1) Daß Alexander ihm u. a. mehr als 1000 Talente gesendet, daß seine Strategen darüber gegrollt, daß Meleagros gesagt habe: der König habe erst nach Indien kommen müssen, um einen Würdigen für solches Geschenk zu finden, erzählen Curt. VIII. 12. 17, Plut. Alex. 59, Strabo XV, p. 698, und Curtius läßt den König nur durch die peinliche Erinnerung an Kleitos von einer neuen Gewaltthat sich zurückhalten.

2) Arrian. V. 8. 3 nennt ihn νομάρχης, ein Name, mit dem V. 11. 3 die Fürsten, die 5000 Mann Inder gestellt hatten, bezeichnet werden.

Provinz umfaßte außer dem ganzen rechten Indusgebiet auch die Aufsicht über die im Reiche des Taxiles und der anderen Fürsten zurückbleibenden Truppen [1]).

Daß der Fürst von Taxila sich so bereitwillig dem Könige anschloß, hatte wohl seinen Grund in der Verfeindung zwischen ihm und seinem mächtigeren Nachbarn, dem Fürsten Poros wohl aus dem alten Geschlechte der Paurava, der jenseits des nächsten Stromes, des Hydaspes, ein Reich von „mehr als hundert Städten" beherrschte, über eine bedeutende Kriegsmacht gebot, mehrere Nachbarfürsten, namentlich den von Kaschmir, zu Verbündeten hatte. Seine und ihre Gegner waren wie am Indus der Fürst von Taxila, so auf ihrer anderen Seite die freien Völker in den Vorbergen des Himalaja in den Duabs jenseits des Akesines und in den unteren Gebieten des Fünfstromlandes. Die tiefe Feindschaft dieser „Königslosen" (Arattas) gegen die Fürsten, unter denen der Paurava zwischen Hydaspes und Akesines der mächtigste war, lähmten den Widerstand des reichen und dichtbevölkerten Pandjab gegen die abendländische Invasion.

Von Taxila aus hatte Alexander an Poros gesandt und ihn auffordern lassen, ihm an der Grenze seines Fürstenthums entgegen zu kommen und ihm zu huldigen. Poros hatte die Antwort zurückgesandt, er werde den König an der Grenze seines Reiches mit gewaffneter Hand erwarten; zu gleicher Zeit hatte er seine Bundesgenossen aufgeboten, hatte den Fürsten Abisares, der ihm, trotz der noch neuerdings gegebenen Versicherungen

---

[1]) So scheinen sich die verschiedenen Angaben über Philipps Satrapie zu vereinbaren. Arrian. IV. 2. 5 nennt ihn, sich in Alexanders Stellung an dem Hydaspes denkend, den Satrapen des jenseits des Indus, des gegen Baktrien hin liegenden Landes, und IV. 14. 6 wird die Landschaft der Maller seiner Provinz zugefügt; der Ausdruck in Arrian. Ind. 18 ist zu allgemein, um auf die Ausdehnung der Satrapie Ober-Indien schließen zu lassen. Dieser Philippos, der Sohn des Machatas, war aus dem Fürstengeschlecht von Elymiotis, ein Bruder des Harpalos, ein Neffe des älteren Harpalos, dessen Sohn Kalas die Satrapie Kleinphrygien erhalten hatte. Dieser indische Philippos kann nach der Geschlechterfolge seines Hauses um 385 geboren sein.

seiner Ergebenheit für Alexander, Hülfstruppen versprochen hatte, um deren schleunige Zusendung ersucht, war selbst an den Grenzstrom seines Reiches gerückt, und hatte sich auf dessen linkem Ufer gelagert, entschlossen, dem Feinde um jeden Preis den Uebergang zu wehren. Auf diese Nachricht sandte Alexander den Strategen Koinos an den Indus zurück, mit dem Befehl, die Fahrzeuge der Stromflotte zum Transport über Land zersägen und auf Wagen möglichst schnell an den Hydaspes bringen zu lassen. Zu gleicher Zeit brach das Heer nach den üblichen Opfern und Kampfspielen von Taxila auf; es waren fünftausend Mann indische Truppen des Taxiles und der benachbarten Fürsten dazu gestoßen; die Elephanten, die Alexander in Indien erbeutet oder als Geschenk erhalten hatte, blieben zurück, da die makedonischen Pferde nicht an ihren Anblick gewöhnt waren, und sie überdieß der den Makedonen eigenthümlichen Angriffsweise nur hinderlich gewesen wären [1]).

Während des Marsches begannen die ersten Schauer des tropischen Regens, die Wasser strömten rauschender, die Wege wurden beschwerlicher, häufige Gewitter, mit Orkanen verbunden, verzögerten den Marsch vielfach. Man nahte der Südgränze des Fürstenthums von Taxila; eine lange und ziemlich enge Paßstraße führte hier in das Gebiet des Spitakes, eines Verwandten und Bundesgenossen des Poros; sie war durch die Truppen dieses Fürsten, welche die Höhen zu beiden Seiten besetzt hielten, ge-

---

1) Nur Polyaen. IV. 3. 26 sagt, daß Alexander Elephanten in seinem Heere gehabt habe; Curtius erzählt, mit dem, was er VI. 6. 36 angiebt, nicht übereinstimmend, daß auf diesem Marsche der indische Fürst Gamaxus und der Exsatrap Barsaentes von Arachosien, der zu ihm geflohen war, dem Könige gebunden zugeführt, die dreißig Elephanten des Fürsten ausgeliefert und von dem Könige dem Fürsten Taxiles eingehändigt worden seien; und Arrian. III. 25. 14 berichtet, daß Barsaentes gen Indien ἐς Ἰνδοὺς τοὺς ἐπὶ τάδε τοῦ Ἰνδοῦ ποταμοῦ geflohen, von den Indern ausgeliefert und wegen seiner Theilnahme am Morde des Dareios hingerichtet sei; er erzählt es so, daß man glauben muß, Barsaentes sei schon Winter 330/29 hingerichtet worden.

sperrt; durch ein kühnes Reitermanöver unter der unmittelbaren Führung Alexanders wurden die Feinde überrascht, aus ihrer Stellung gedrängt und dermaaßen in die Enge getrieben, daß sie erst nach bedeutendem Verlust das freie Feld gewannen. Spitakes selbst eilte, ohne an die weitere Vertheidigung seines Fürstenthums zu denken, sich mit dem Reste seiner Truppen mit Poros zu vereinigen [1]).

Etwa zwei Tage später erreichte Alexander das Ufer des Hydaspes, der jetzt eine Breite von fast zwölfhundert Schritten hatte [2]); auf dem jenseitigen Ufer sah man das weitläuftige Lager des Fürsten Poros, und das gesammte Heer in Schlachtordnung aufgerückt, vor demselben, gleich Festungsthürmen, dreihundert Kriegselephanten; man bemerkte, wie nach beiden Seiten hinaus bedeutende Schaaren abgesendet wurden, um die Postenlinie längst dem Stromufer zu verstärken, und namentlich die wenigen Furthen, die das hohe Wasser noch gangbar ließ, zu beobachten. Alexander erkannte die Unmöglichkeit, unter den Augen des Feindes den Strom zu passiren, und lagerte sich auf dem rechten Ufer, den Indern gegenüber. Er begann damit, durch mannigfache Truppenbewegungen den Feind über den Ort des beabsichtigten Ueberganges zu verwirren und seine Aufmerksamkeit zu ermüden; er ließ zugleich durch andere Abtheilungen seines Heeres die Ufergegend nach allen Seiten hin recognosciren, durch andere das von Vertheidigern entblößte Gebiet des Spitakes brandschatzen und von allen Seiten her große Vorräthe zusammenbringen, als ob er noch lange an dieser Stelle zu bleiben gedächte; er wußte bis in das feindliche Lager das Gerücht zu verbreiten, daß er in dieser Jahreszeit den Flußübergang aller-

---

1) Polyaen. IV. 3. 21. Dieß ist vielleicht der von Elphinstone I, p. 129 bezeichnete Engpaß und derselbe Hohlweg von Hambatu, den Baber passirte, in dessen Memoiren (S. 255) man überhaupt den Weg, den Alexander nahm, wiedererkennt.

2) Curt. VIII. 13. 8. Der Fluß hatte noch nicht seine volle Breite, die er erst im August erreicht; schon im Juli fand ihn Macartney fast 3000 Schritt breit. S. Elphinstone I. p. 551.

dings für unmöglich halte, daß er das Ende der Regenzeit abwarten wolle, um, wenn das Wasser gefallen sei, den Angriff über den Strom hin zu versuchen. Zu gleicher Zeit aber mußten die steten Bewegungen der makedonischen Reiterei, das Auf- und Abfahren stark bemannter Böte, das wiederholte Ausrücken der Phalangen, die trotz der heftigsten Regengüsse oft stundenlang unter den Waffen und wie zum Kämpfen bereit standen, den Fürsten Poros in steter Besorgniß vor einem plötzlichen Angriff halten; ein Paar Werder im Flusse gaben Veranlassung zu kleinen Gefechten; es schien, als ob sie, sobald es zum ernsteren Kampfe käme, von entscheidender Wichtigkeit werden müßten.

Indeß erfuhr Alexander, daß Abisares von Kaschmir, trotz aller neuerdings wiederholten Versicherungen seiner Ergebenheit nicht bloß heimlich Verbindungen mit Poros unterhalte, sondern bereits mit seiner ganzen Macht heranrücke, um sich mit demselben zu vereinigen [1]); und war es auch von Anfang her keineswegs des Königs Absicht gewesen, die Regenzeit hindurch unthätig am rechten Flußufer stehen zu bleiben, so bewog ihn doch diese Nachricht noch mehr, ernstlich an einen baldigen Angriff zu denken, da der Kampf gegen die vereinte Macht des Abisares und Poros schwierig, wenn nicht gefährlich werden konnte. Aber es war unmöglich, hier im Angesicht des Feindes über den Fluß zu gehen; das Strombett selbst war durch die Fülle und Strömung des Wassers unsicher und das niedrige Ufer drüben voll schlammiger Untiefen; es wäre tollkühn

1) Die gelegentliche Angabe Arrians (V. 20. 5), daß Abisares vor der Schlacht zum Poros habe stoßen wollen (*αὐτὸς σὺν Πώρῳ τάττεσθαι*) findet sich vor der Schlacht bei Curtius und Diodor von verschiedenen Gesichtspunkten aus angedeutet, bei Diod. XV. 87, daß Alexander auf die Nachricht, Embisares sei auf dem Marsch zu Poros und nur noch 400 Stadien entfernt, sich zur Schlacht entschlossen habe, bei Curt. VIII. 14. 1, daß Poros, auf die Meldung, daß Truppen über den Strom gekommen seien, primo humani ingenii vitio spei suae indulgens Abisaren belli socium (et ita convenerat) adventare credebat. Also bei beiden wohl auch hier nicht dieselbe Quelle, sondern bei Curtius ein schon umgearbeiteter Kleitarchos.

gewesen, die Phalangen unter den Geschossen des dicht geordneten und sicher stehenden Feindes ans Ufer führen zu wollen; endlich war vorauszusehen, daß die makedonischen Pferde sich vor dem Geruch und dem heiseren Geschrei der Elephanten, die das jenseitige Ufer deckten, beim Anlegen scheuen, zu fliehen versuchen, sich von den Fähren hinabstürzen, die gefährlichste Verwirrung anrichten würden. Es kam Alles darauf an, das feindliche Ufer zu erreichen; darum ließ Alexander, es war um Mitternacht, im Lager Lärm blasen, die Reiterei an verschiedene Stellen des Ufers vorrücken und sich mit Kriegsgeschrei und unter dem Schmettern der Trompeten zum Uebersetzen anschicken, die Bote auslaufen, die Phalangen unter dem Schein der Wachtfeuer an die Furthen rücken. Sofort wurde es auch im feindlichen Lager laut, die Elephanten wurden vorgetrieben, die Truppen rückten an das Ufer, man erwartete bis zum Morgen den Angriff, der doch nicht erfolgte. Dasselbe wiederholte sich in den folgenden Nächten, und immer von Neuem sah sich Poros getäuscht; er wurde es müde, seine Truppen umsonst in Regen und Wind die Nächte durch stehen zu lassen; er begnügte sich damit, den Fluß durch die gewöhnlichen Posten zu bewachen.

Das rechte Ufer des Flusses ist von einer Reihe rauher Höhen begleitet, die sich drei Meilen stromauf hinziehen und dort zu bedeutenden, dicht bewaldeten Bergen emporsteigen, an deren Nordabhang ein kleiner Fluß zum Hydaspes hinabeilt. Wo er mündet, verändert der Hydaspes, der von Kaschmir herab bis hierher südwärts strömt, plötzlich und fast im rechten Winkel seine Richtung [1]), und eilt, zur Rechten die rauhe Berg-

[1]) Die Localität bei Elphinstone I, p. 132. In der Skizze dieser Gegend bei Cunningham, Geogr. I, p. 158 wendet sich der Fluß weniger schroff, fast in einem flachen Bogen. Auch auf der linken Seite setzt sich nach seiner Skizze diese Bergreihe in nordöstlicher Richtung fort, aber nur etwa 500 Fuß hoch über den Fluß. Auf der waldigen Insel Jamad befand sich zu Timurs Zeit das feste Schloß des Chehab-eddin (vgl. Chereffeddin IV. 10, p. 49), den kleinen Fluß im Norden der Berge und im Süden der Stadt Behreh, beschreibt Baber, Mem., p. 257. Nach [Plut.] de Fluv. 1 scheinen

reihe, zur Linken eine weite und fruchtbare Niederung, abendwärts weiter. Der Bergecke gegenüber, unter der Mündung jenes Flüßchens liegt im Strome die hohe und waldige Insel Jamad, oberhalb deren die gewöhnliche Straße von Kaschmir über den Hydaspes führt. Dieß war der Ort, den Alexander zum Uebergange ausersehen. Eine Reihe Feldposten war vom Lager aus längs dem Ufer aufgestellt, jeder dem folgenden nah genug, sich einander sehen und zurufen zu können; ihr Rufen, ihre nächtlichen Wachtfeuer, die neuen Truppenbewegungen in der Nähe des Lagers, hätten den Feind vollkommen über den Ort des bevorstehenden Ueberganges täuschen müssen, wenn er sich nicht schon daran gewöhnt hätte, dergleichen nicht mehr für bedeutend zu halten. Alexander seinerseits hatte auf die Nachricht, daß Abisares nur noch drei Tagemärsche entfernt stehe, Alles vorbereitet, den entscheidenden Schlag zu wagen. Krateros blieb mit seiner Hipparchie, mit der Reiterei der Arachosier und Paropamisaden, mit den Phalangen Alketas und Polysperchon und den 5000 Mann der indischen Gaufürsten in der Nähe des Lagers; er wurde angewiesen, sich ruhig zu verhalten, bis er die Feinde drüben entweder ihr Lager verlassen oder in der Nähe desselben geschlagen sähe; wenn er dagegen bemerkte, daß die feindlichen Streitkräfte getheilt würden, so sollte er, falls die Elephanten ihm gegenüber am Ufer zurückblieben, den Uebergang nicht wagen, falls sie aber mit stromauf gegen die bei der Insel übersetzenden Makedonen geführt würden, so sollte er sofort und mit seinem ganzen Corps über den Strom setzen, da die Elephanten allein dem glücklichen Erfolg eines Reiterangriffs Schwierigkeiten in den Weg stellten [1]). Ein

---

diese Berge von den Makedonen Elephantenberge genannt worden zu sein; ich mache auf die Erzählung Plutarchs von dem Schlangennest und den Opfern aufmerksam, welche, mit dem alten Ophitendienst von Kaschmir übereinstimmend, ethnographisch wichtig sein dürften.

[1]) Hier (Arrian. V. 11. 4) ist eine Lücke im Text Arrians; sie beginnt mit den Worten: *ἡ δὲ ἄλλη στρατιὰ* . . ob *μενέτω* oder *εὔπορος* in irgend einer Handschrift steht, oder durch Conjectur ergänzt ist, läßt sich auch aus C. Müllers kritischen Angaben nicht erkennen. Es scheint mehr

zweites Corps, aus den Phalangen Meleagros, Gorgias und Attalos, aus den Söldnern zu Fuß und zu Roß bestehend, rückte unter des Lagiden Ptolemaios Führung anderthalb Meilen stromauf, mit der Weisung, sobald sie jenseits des Flusses die Schlacht begonnen sähen, corpsweise durch den Strom zu gehen [1]. Der König selbst brach mit den Hipparchien Hephaistion, Perdikkas, Demetrios und dem Agema der Ritter unter Koinos, mit den skythischen, baktrischen und sogdianischen Reitern, mit den daischen Bogenschützen zu Pferde, mit den Chiliarchien der Hypaspisten, den Phalangen Kleitos und Koinos, den Agrianern und Schützen, am Morgen aus seinem Lager auf. Alle diese Bewegungen wurden durch den anhaltenden Regen zwar erschwert, aber zugleich dem Auge des Feindes entzogen; um desto sicherer zu sein, zog der König hinter den gewaltigen Uferhöhen zu dem Orte hin, den er zum Uebergang auserſehen. Am späten Abend kam er dort an; schon war hier der Transport zersägter Fahrzeuge, den Koinos vom Indus herangeschafft hatte, unter dem Schutz der dichten Waldung wieder in Stand gesetzt und verborgen worden, auch an Fellen und Balken zu Flößen und Fähren war Vorrath; die Vorbereitungen zum Uebergang, das Hinablassen der Fahrzeuge, das Füllen der Häute mit Stroh

---

zu fehlen. Von den noch im vorigen Herbst agirenden Phalangen werden drei (Balakros, Philippos, Philotas) nicht erwähnt; unmöglich können so viele von den Kerntruppen zu Besatzungen eparpillirt worden sein; mag der Philippos, der Arrian. IV. 24. 10 mit seiner Taxis erwähnt wird, Machatas Sohn und als Satrap mit seiner Taxis am Indus geblieben sein; es bleiben die Taxen des Philotas und Balakros, und der Zweifel, daß Balakros eine Taxis gehabt habe, ist nach Arrian. IV. 24. 10 grundlos. Wenigstens die Phalangen des Gorgias, Attalos, Meleagros müssen in der Lücke genannt gewesen sein, es muß da gestanden haben, daß das übrige Heer mit Alexander ausrücken, daß diese drei mit den Söldnern zu Fuß und zu Pferd die Verbindung zwischen Krateros und Alexander erhalten und je nach den Umständen zur Unterstützung der Bewegungen Alexanders oder des Krateros bereit sein sollten.

[1] Der Text Arrians sagt, diese drei Phalangenanführer seien mit den Söldnern zu Fuß und zu Pferd dort aufgestellt; der Zusammenhang lehrt, daß vor allen ihre drei Phalangen mit ausgerückt waren.

und Werg, das Zimmern der Flöße, füllte die Nacht aus; furchtbare Regengüsse, von Sturm und Gewittter begleitet, machten es möglich, daß das Klirren der Waffen, das Hauen der Zimmerer jenseits nicht gehört wurde; der dichte Wald auf dem Vorgebirge und auf der Insel verbarg die Wachtfeuer der Makedonen.

Gegen Morgen legte sich der Sturm, der Regen hörte auf, der Strom fluthete brausend an den hohen Ufern der Insel vorüber; oberhalb derselben sollte das Heer übersetzen; der König selbst, von den Leibwächtern Ptolemaios, Perdikkas, Lysimachos, von Seleukos, der die „königlichen Hypaspisten" [1]) führte, und einer auserlesenen Schaar Hypaspisten begleitet, befand sich auf der Jacht, welche den Zug eröffnete; auf den andern Jachten folgten die übrigen Hypaspisten, auf Boten, Stromkähnen, Flößen und Fähren die Reiterei und das Fußvolk; im Ganzen 4000 Reiter, 1000 Bogenschützen zu Pferd, fast 6000 Hypaspisten, endlich die Leichtbewaffneten zu Fuß, die Agrianer, Akontisten, Bogenschützen, vielleicht 4000 Mann. Die beiden Phalangen blieben am rechten Ufer zur Deckung und Beobachtung des Weges von Kaschmir zurück [2]). Und schon steuerten die Jachten an dem hohen und waldigen Ufer der Insel vorüber; sobald man an deren Nordecke vorüber war, sah man die Reiter der feindlichen Vorposten, die beim Anblick der herüberfahrenden Heeresmacht eiligst über das Blachfeld zurücksprengten. So war das feindliche Ufer von Vertheidigern entblößt und Niemand da, die Landung zu hindern; Alexander war

---

[1]) Dieß ergiebt sich aus der späteren Angabe, daß die Schlachtlinie des Fußvolks fast 6000 Mann betragen habe (Arrian. V. 14. 1), wie auch beim Uebergange über den Strom Arrian (V. 13. 1) nur die Hypaspisten, nicht die beiden Phalangen nennt. Da Hephaistion nicht unter den höheren Officieren, die mit Alexander über den Strom gehen, genannt wird (Arrian. V. 13. 1), so scheint er mit dem Befehl über die beiden Phalangen zurückgeblieben zu sein. Daß er nach Curt. VIII. 14. 15 mit über den Hydaspes geht, beweist nichts.

[2]) Das sind wohl die *βασιλικοὶ παῖδες*, da neben ihnen das *ἄγημα* und die übrigen Hypaspisten aufgeführt werden (V. 13. 4).

der erste am Ufer, nach ihm legten die anderen Jachten an, bald folgte die Reiterei und das übrige Heer, bald wurde Alles in Marschkolonnen formirt, um weiter zu rücken; da zeigte sich, daß man auf einer Insel war; die Gewalt des Stromes, dessen Bett sich an dieser Stelle plötzlich gen Westen wendet, hatte das niedrige Erdreich am Ufer durchbrochen, und einen neuen wasserreichen Arm gebildet. Lange suchten die Reiter vergebens und mit Lebensgefahr eine Furth hindurch, überall war das Wasser zu breit und zu tief; es schien nichts übrig zu bleiben, als die Fahrzeuge und Fähren um die Spitze dieser Insel herbeizuschaffen; es war die höchste Gefahr, daß durch den daraus entstehenden Zeitverlust der Feind zur Absendung eines bedeutenden Truppencorps, das das Landen erschweren, ja unmöglich machen konnte, Zeit gewann; da fand man endlich eine Stelle, die zu durchwaten war; mit der größten Mühe hielt sich Mann und Pferd gegen die heftige Strömung, das Wasser reichte denen zu Fuß bis an die Brust, die Pferde hatten nur den Kopf über dem Wasser. Nach und nach gewannen die verschiedenen Abtheilungen das jenseitige Ufer; in geschlossener Linie, rechts die turanische Reiterei, ihr zunächst die makedonischen Geschwader, dann die Hypaspisten, das leichte Fußvolk endlich auf dem linken Flügel, rückte das Heer auf, dann mit rechtsum den Strom hinab in der Richtung zum feindlichen Lager. Um das Fußvolk nicht zu ermüden, ließ Alexander es langsam nachrücken, und ging selbst mit der gesammten Reiterei und den Bogenschützen unter Tauron eine halbe Stunde weit voraus; er glaubte, wenn Poros auch mit seiner ganzen Macht entgegenrückte, an der Spitze der trefflichen und den Indern überlegenen Reiterei das Gefecht, bis das Fußvolk nachkam, halten zu können, wenn dagegen die Inder, durch sein plötzliches Erscheinen erschreckt, sich zurückzögen, an seinen fünftausend Reitern zum Einhauen und zum Verfolgen genug zu haben.

Poros seinerseits hatte, als ihm von seinen zurücksprengenden Vorposten das Heranrücken bedeutender Truppenmassen gemeldet war, im ersten Augenblick geglaubt, es sei Abisares von Kaschmir mit seinem Heere; aber sollte der Bundesfreund versäumt haben, sein Herannahen zu melden, oder doch, nachdem er über den Strom gesetzt, Nachricht von seiner glücklichen Ankunft vorauszusenden? es war nur zu klar, daß die Gelandeten Makedonen seien, daß der Feind den Uebergang über den Strom, der ihm Tausende hätte kosten müssen, ungehindert und glücklich zu Stande gebracht habe, und daß ihm indischer Seits das diesseitige Ufer nicht mehr streitig gemacht werden könne. Indeß schienen die Truppenmassen, die man noch am jenseitigen Ufer stromauf- und stromabwärts aufgestellt sah, zu beweisen, daß das über den Fluß vorgeschobene Corps nicht bedeutend sein konnte. Poros hätte Alles daran setzen müssen, dasselbe, da es einmal über den Strom war, abzuschneiden und zu vernichten; er hätte sofort die Offensive ergreifen müssen, die durch seine Schlachtwagen und Elephanten so sehr begünstigt und fast gefordert wurde; statt dessen war es ihm nur darum zu thun, für jetzt das weitere Vordringen des Feindes aufzuhalten und jedes entscheidende Zusammentreffen bis zur Ankunft des Abisares zu vermeiden. Er sandte seinen Sohn mit zweitausend Reitern und einhundert und zwanzig Schlachtwagen den Makedonen entgegen; er hoffte, mit diesen den König Alexander aufhalten zu können [1]).

Sobald Alexander dieses Corps über die Uferwiesen heran-

---

1) Diese Darstellung ist nach Ptolemaios, dessen Angabe auch Arrian, der besonnene und umsichtige Taktiker, als die richtige annimmt (vgl. Plut. Alex. 68). Aristobul erzählte, daß der Prinz die Makedonen noch während des Durchwatens der letzten Fuhrt getroffen, aber nicht gewagt habe, sie sofort anzugreifen; Andere sagen, daß sich dabei ein lebhafter Kampf entsponnen habe; diese Angaben sind nachweislich unrichtig, indem die Entfernung des Lagers wenigstens vier Stunden Zeit erforderte, ehe der Prinz herankommen konnte. Wenn Alexander etwa früh um vier Uhr überzusetzen begann, so möchte das Reitergefecht gegen zehn oder elf Uhr vorgefallen sein. — Die Größe des unter dem Prinzen detachirten Corps wird von Aristobul auf 1000 Pferde und 60 Wagen angegeben; von eben so viel, sagt Plutarch, habe Alexander in seinen Briefen gesprochen; die im Text nach Ptolemaios angegebenen Zahlen bestätigt Arrian mit einem verständigen Raisonnement.

rücken sah, glaubte er nicht anders, als daß Poros mit seinem ganzen Heere heranziehe, und daß dieß der Vortrab sei; er ließ seine Reiter sich zum Gefecht fertig machen; dann bemerkte er, daß hinter diesen Reitern und Wagen kein weiteres Heer folgte, sofort gab er Befehl zum Angriff. Von allen Seiten her jagten die turanischen Reiter auf den Feind los, ihn zu verwirren und zu umzingeln; geschwaderweise sprengten die Makedonen nach zum Einhauen, umsonst suchten die Inder zu widerstehen, sich zurückzuziehen; in kurzer Zeit waren sie trotz der tapfersten Gegenwehr gänzlich geschlagen, vierhundert Todte blieben auf dem Platze, unter ihnen der königliche Prinz; die Wagen, außer Stand, in dem tiefen und aufgefahrenen Wiesengrunde schnell zu entkommen, fielen den Makedonen in die Hände, die jetzt mit doppelter Kampflust vorwärts rückten.

Die Ueberreste des zersprengten Corps brachten die Nachricht von ihrer Niederlage, von des Prinzen Tod, von Alexanders Anrücken ins Lager zurück; Poros sah zu spät ein, welchen Feind er gegenüber hatte; die Zeit drängte, den Folgen einer halben Maaßregel, die die Gefahr nur beschleunigte, so viel noch möglich war, zu begegnen. Die einzige Rettung war, sich noch jetzt mit Uebermacht auf den heranrückenden Feind zu werfen, und ihn zu vernichten, bevor er Zeit gewann, mehr Truppen an sich zu ziehen und so den letzten Vortheil, den Poros noch über ihn hatte, auszugleichen; jedoch durfte das Ufer dem makedonischen Lager gegenüber nicht entblößt werden, damit nicht das vor demselben schlagfertig stehende Heer den Uebergang erzwänge und die Schlachtlinie der Inder im Rücken bedrohe. Demnach ließ Poros einige Elephanten und mehrere Tausend Mann im Lager zurück, um die Bewegungen des Krateros zu beobachten und das Ufer zu decken; er selbst rückte mit seiner gesammten Reiterei, viertausend Pferde stark, mit dreihundert Schlachtwagen, mit dreißigtausend Mann Fußvolk und zweihundert Elephanten gegen Alexander aus. Sobald er über den morastigen Wiesengrund, der sich in der Nähe des Stromes dahinzog, rechts hinaus war und das sandige freie

Feld, das für die Entwickelung seiner Streitmacht und die Bewegung der Elephanten gleich bequem war, erreicht hatte, ordnete er sein Heer nach indischem Brauch zur Schlacht, vorauf die furchtbare Linie der zweihundert Elephanten, die, je funfzig Schritte von einander, fast eine Meile Terrain beherrschten[1]), hinter ihnen als zweites Treffen das Fußvolk, in Schaaren von etwa einhundertfunfzig Mann zwischen je zwei Elephanten aufgestellt; an die letzte Schaar des rechten und linken Flügels, die über die Elephantenlinie hinausreichte, schlossen sich je zweitausend Mann Reiter an; die beiden Enden der weiten Schlachtlinie wurden durch je einhundertfunfzig Wagen gedeckt, von denen jeder zwei Schwerbewaffnete, zwei Schützen mit großen Bogen und zwei bewaffnete Wagenlenker trug. Die Stärke dieser Schlachtlinie bestand in den zweihundert Elephanten, deren Wirkung um so furchtbarer werden mußte, da die Reiterei, auf welche Alexander den Erfolg des Tages berechnet hatte, nicht im Stande war, ihnen gegenüber das Feld zu halten.

In der That hätte ein gut geführter Angriff die Makedonen vernichten müssen; die Elephanten hätten gegen die feindliche Linie losbrechen und, von den einzelnen Abtheilungen Fußvolk wie Geschütz durch Scharfschützen gedeckt, die Reiterei aus dem Felde jagen und die Phalanx zerstampfen, die indische Reiterei nebst den Schlachtwagen die Fliehenden verfolgen und die Flucht über den Strom abschneiden müssen; selbst die außerordentlich gedehnte und den Feind weit überflügelnde Schlachtlinie konnte von großem Erfolg sein, wenn die Wagen und Reiter auf beiden Flügeln sogleich, wenn die Elephanten losbrachen, dem Feinde mit einer halben Schwenkung in die Flanke fielen; in jedem Falle mußte Poros, sobald er den Feind zu Gesicht bekam, den Angriff beginnen, um nicht den Vortheil der Offen-

[1]) Arrians ausdrückliche Angabe über diese Distanzen (ein Plethron V. 15. 5) muß natürlich den Vorzug gegen Curtius, Diodor und Polyän erhalten, die von funfzig Fuß Entfernung sprechen. Die Bemannung der Streitwagen schildert Curtius, ich weiß nicht ob der Wahrheit ganz gemäß.

sive und namentlich die Wahl des Punktes, wo das Gefecht beginnen sollte, dem Feinde zu überlassen. Er zögerte; Alexander kam ihm zuvor, und benutzte seinerseits Alles mit der Umsicht und Kühnheit, die allein der Uebermacht des Feindes das Gleichgewicht zu halten vermochte.

Er stand dem Raume nach der feindlichen Schlachtlinie und ihren Elephanten mit seinem kleinen Heere gegenüber, das kaum dem vierten Theil der feindlichen Linie gleich kam. Auch hier wie in seinen früheren Schlachten mußte er in schiefer Linie vorrücken, auf einen Punkt mit voller Gewalt stürzen; er mußte — und mit seinen Truppen durfte er es wagen — der unbehülflichen Masse des Feindes gegenüber gleichsam in aufgelöster Gefechtsweise vorgehend, sich auf den Feind stürzen und dann als Wirkung des siegreichen Vordringens der einzelnen Truppentheile erwarten, daß sie zur rechten Zeit an der rechten Stelle sich zusammenfänden. Da die Ueberlegenheit der Inder in den Elephanten bestand, so mußte der entscheidende Schlag diese vermeiden, er mußte gegen den schwächsten Punkt der feindlichen Linie, und, um vollkommen zu gelingen, mit dem Theil des Heeres ausgeführt werden, dessen Ueberlegenheit unzweifelhaft war. Alexander hatte fünftausend Mann Reiterei, während der Feind auf jedem Flügel deren nur etwa zweitausend hatte, welche, zu weit von einander entfernt, um sich rechtzeitig unterstützen zu können, nur in den einhundertfunfzig Wagen, die neben ihnen aufgefahren standen, eine zweideutige Stützung hatten. Theils der makedonische Kriegsgebrauch, theils die Rücksicht, möglichst in der Nähe des Flusses anzugreifen, um nicht ganz von dem jenseits aufgestellten Corps des Krateros abgeschnitten zu werden, veranlaßten den König, den rechten Flügel zur Eröffnung des Gefechts zu bestimmen. Sobald er in der Ferne die indische Schlachtlinie geordnet sah, ließ er die Reiter Halt machen, bis die einzelnen Chiliarchien des Fußvolkes nachkamen. Voll Begier, sich mit dem Feinde zu messen, kamen sie in vollem Lauf; sie Athem schöpfen zu lassen und den Feind fern zu halten, bis sie in Reih und Glied waren, mußten die Reiter da und dort vorsprengend den Feind beschäftigen. Jetzt war die Linie des Fußvolks, rechts die Edelschaar des Seleukos, dann das Agema und die übrigen Chiliarchien unter Antigenes, im Ganzen gegen sechstausend Hypaspisten, ihnen zur Linken das leichte Fußvolk unter Tauron, geordnet; sie erhielten den Befehl, nicht eher in Action zu treten, als bis sie den linken Flügel des Feindes durch den Angriff der Reiter geworfen, und auch das Fußvolk in der zweiten Linie in Verwirrung sähen.

Schon rückten die Reiter, mit denen der König den Angriff zu machen gedachte, die Hipparchien Hephaistion und Perdikkas und die daischen Bogenschützen, etwa dreitausend Mann, rasch halb rechts vorwärts, während Koinos mit dem Agema und der Hipparchie Demetrios weiter rechts hinab zog mit der Weisung, sich wenn die ihm gegenüberstehenden Reiter des Feindes den von dem ersten Choc erschütterten zu Hülfe rechts abritten, in deren Rücken zu werfen [1]).

Sobald Alexander der feindlichen Reiterlinie auf Pfeilschußweite genaht war, ließ er die tausend Daer vorauseilen, um die indischen Reiter durch einen Hagel von Pfeilen und durch den Ungestüm ihrer wilden Pferde zu verwirren. Er selbst zog sich noch weiter rechts, der Flanke der indischen Reiter zu [2]), sich, ehe sie, durch den Angriff der Daer bestürzt und verwirrt, sich in Linie setzen und ihm entgegengehen könnten, mit aller Kraft auf sie zu stürzen. Diese nahe Gefahr vor Augen, eilte der Feind, seine Reiter zu sammeln und zum Gegenchoc vorgehen zu

---

1) Arrian. V. 16. 3: *Κοῖνον δὲ πέμπει ὡς ἐπὶ τὸ δέξιον* u. s. w. bezeichnet, wie Köchly und Rüstow, S. 302 richtig entwickeln, den rechten Flügel Alexanders (vgl. Arrian. V. 17. 1). Plut. Alex. 60 entnimmt aus einem Briefe Alexanders die entgegengesetzte Ansicht: *αὐτὸς μὲν ἐνσεῖσαι κατὰ θάτερον κέρας, Κοῖνον δὲ τῷ δεξίῳ προσβαλεῖν κελεῦσαι.* Dem entsprechend Alexanders Weisung an Koinos bei Curt. VIII. 14. 15: cum ego . . . in laevum cornu inpetum fecero . . . ipse dextrum move et turbatis signum infer; worauf er dann freilich folgen läßt (17): Coenus ingenti vi in laevum invehitur.

2) Von den Kriegswagen, die den äußersten linken Flügel der Inder bilden, ist in Arrian keine weitere Erwähnung.

lassen [1]). Aber sofort brach Koinos auf, den so rechts schwenkenden, die ihm gegenüber gestanden hatten, in den Rücken zu fallen. Durch diese zweite Gefahr völlig überrascht und in ihrer Bewegung gestört, versuchten die Inder, um den beiden Reitermassen, die sie zugleich bedrohten, die Spitze zu bieten, eine doppelte Fronte zu formiren; daß Alexander den Augenblick dieser Umformung zum Einbrechen benutzte, machte es ihnen unmöglich, seinen Choc zu erwarten; sie sprengten von dannen, um hinter der festen Linie der Elephanten Schutz zu suchen. Da ließ Poros einen Theil der Thiere wenden und gegen die feindliche Reiterei treiben; ihr heiseres Geschrei ertrugen die makedonischen Pferde nicht, scheu flohen sie rückwärts. Zugleich war die Phalanx der Hypaspisten im Sturmschritt angerückt; gegen sie brachen die andern Elephanten der Linie los, es begann der furchtbarste und mörderischste Kampf; die Thiere durchbrachen die dichtesten Reihen, zerstampften sie, schlugen heulend mit ihren Rüsseln nieder, durchbohrten mit ihren Fangzähnen; jede Wunde machte sie wüthender. Die Makedonen wichen nicht, die Reihen aufgelöst, kämpften sie wie im Einzelkampf mit den Riesenthieren, aber ohne weiteren Erfolg, als den, noch nicht vernichtet oder aus dem Felde geschlagen zu sein. Durch das Vordringen der Elephanten ermuthigt, brachen die indischen Reiter, die sich eiligst gesammelt und formirt hatten, zum Angriff gegen die makedonischen Reiter vor; aber diese, an Körperkraft und Uebung ihnen weit überlegen, warfen sie zum zweiten Male, so daß sie wieder sich hinter die Elephanten retteten. Schon hatte sich durch den Gang des Gefechtes auch Koinos mit den Hipparchien des Königs vereinigt, so daß nun seine gesammte Reiterei in geschlossener Masse vorgehen konnte. Sie warf sich mit voller Gewalt auf das indische Fußvolk, das, unfähig zu widerstehen, in ordnungsloser Eile, dicht von den

---

[1]) Arrian. V. 17. 1: *οἱ Ἰνδοὶ τοὺς ἱππέας πάντοθεν ξυναλίσαντες παρίππευον Ἀλεξάνδρῳ ἀντιπαρεξάγοντες τῇ ἐλάσει.* Er meint wohl nur die Reiter des linken Flügels, denn die des rechten standen zu weit entfernt, um so rasch heran zu kommen.

Feinden verfolgt, mit großem Verlust zu den kämpfenden Elephanten floh. So drängten sich die Tausende auf den gräßlichen Kampfplatz der Elephanten zusammen; schon war Feind und Freund in dichter und blutiger Verwirrung bei einander; die Thiere, meist ihrer Führer beraubt, durch das wüste Geschrei des Kampfes verwirrt und verwildert, vor Wunden wüthend, schlugen und stampften nieder, was ihnen nahe kam, Freund und Feind. Die Makedonen, denen das weite Feld offen stand, sich den Thieren gegenüber frei zu bewegen, wichen, wo sie heranrasten, beschossen und verfolgten sie, wenn sie umkehrten, während die Inder, die zwischen ihnen sich bewegen mußten, sich weder bergen noch retten konnten. Da endlich soll Poros, der von seinem Elephanten aus den Kampf leitete, vierzig noch unversehrte Thiere vereinigt haben, um mit ihnen vordringend den furchtbaren Kampf zu entscheiden; Alexander habe seine Bogenschützen, Agrianer und Akontisten ihnen entgegen geworfen, die dann, gewandt wie sie waren, auswichen, wo die schon wilden Thiere gegen sie getrieben wurden, aus der Ferne sie und ihre Führer mit ihren Geschossen trafen, oder auch sich vorsichtig heranschlichen, mit ihren Beilen ihnen die Ferse zu durchhauen. Schon wälzten sich viele von diesen sterbend auf dem Felde voll Leichen und Sterbenden, andere wankten in ohnmächtiger Wuth schnaubend noch einmal gegen die sich schon schließende Phalanx, die sie nicht mehr fürchtete.

Indeß hatte Alexander seine Reiter jenseits des Kampfplatzes gesammelt, während diesseits die Hypaspisten dicht verschildet sich formirten. Jetzt erfolgte des Königs Befehl zum allgemeinen Vorrücken gegen den umringten Feind, dessen aufgelöste Masse der Doppelangriff zermalmen sollte. Nun war kein weiterer Widerstand; dem furchtbaren Gemetzel entfloh, wer es vermochte, landeinwärts, in die Sümpfe des Stromes, in das Lager zurück. Schon waren von jenseit des Stromes dem Befehl gemäß Krateros und die anderen Strategen übergesetzt und, ohne Widerstand zu finden, ans Ufer gestiegen; sie trafen zur rechten Zeit ein, um den durch achtstündigen Kampf ermatteten Truppen die Verfolgung abzunehmen.

An zwanzigtausend Inder waren erschlagen, unter ihnen zwei Söhne des Poros und der Fürst Spitakes, desgleichen alle Anführer des Fußvolks, der Reiterei, alle Wagen- und Elephantenlenker; dreitausend Pferde und mehr als hundert Elephanten lagen todt auf dem Felde, gegen achtzig Elephanten fielen in die Hände des Siegers [1]). König Poros hatte, nachdem er seine Macht gebrochen, seine Elephanten überwältigt, sein Heer umzingelt und in völliger Auflösung sah, kämpfend den Tod gesucht; zu lange

---

[1]) Die Anzahl der Todten makedonischer Seits ist nach Arrian. V. 18. 2 ohngefähr 80 Mann vom Fußvolk, zwanzig von den makedonischen, 10 von den daischen und etwa 200 von den übrigen Reitern; gewiß nicht zu geringe Zahlen, wenn man annimmt, daß dieß wilde Gefecht wohl zehnmal so viel „Gequetschte" gebracht haben wird — auf 10- bis 12,000 Mann, die hier gekämpft hatten, etwa 3- bis 4000 Todte und Verwundete. Diodor hat die Angabe, daß mehr denn 700 vom Fußvolk und 280 Reiter gefallen seien. Die Schilderung der Schlacht bei Diodor, Curtius und Polyän verräth durch die Vergleichung der indischen Linie mit Stadtmauern und Mauerthürmen den gemeinschaftlichen Ursprung, aus dem man niemals bedeutende Aufschlüsse über das Militärische erwarten darf. Desto trefflicher ist die Darstellung Arrians; nur muß man sich nicht daran stoßen, daß er, wie alle kriegsverständigen Schriftsteller des Alterthums, nur die entscheidenden Truppenbewegungen bezeichnet, und daß er selbst darin vielleicht noch zu sparsam ist; er sagt nichts von den zwei Phalangen, die an dem Orte des Uebergangs zur Deckung des rechten Stromufers und des Weges aus Kaschmir zurückblieben; und nur aus seiner Verlustliste, die außer den Gefallenen der Hetairen zu Pferd und der Daer noch angiebt τῶν τε ἄλλων ἱππέων ὡς διακόσιοι, ersieht man, daß auch die baktrischen, sogdianischen und skythischen Reiter (V. 12. 2) mit über den Strom gegangen sind und an der Schlacht Theil gehabt haben; denn von Krateros Corps können sie nicht sein, da sonst auch Gefallene seiner Hipparchie nicht gefehlt haben würden. Vollkommen sicher bezeichnet Arrian den Gang der Schlacht selbst. Alexander wußte, daß er sich auf seine Hypaspisten verlassen konnte; die moralische Kraft in diesem Corps machte es möglich, daß Alexander hier, wie in der Schlacht von Gaugamela, Alles wagen konnte, um Alles zu gewinnen; es gehörte die Disciplin makedonischer Truppen dazu, um sich plötzlich aus der größten Verwirrung des Handgemenges zur geschlossenen Phalanx zu sammeln, und allein dieß mit der höchsten Präcision ausgeführte und durch die Reiterei secundirte Manöver, dem die Inder nichts Aehnliches entgegen zu setzen vermochten, hat den Sieg am Hydaspes entschieden.

schützte ihn sein goldener Panzer und die Vorsicht des treuen Thieres, das ihn trug; endlich traf ein Pfeil seine rechte Schulter, zum weiteren Kampfe unfähig, und besorgt, lebendig in des Feindes Hand zu fallen, wandte er sein Thier, aus dem Getümmel zu entkommen. Alexander hatte des indischen Königs hochragende greise Gestalt auf dem geschmückten Thier immer wieder gesehen, überall ordnend und anfeuernd, oft im dichtesten Getümmel; voll Bewunderung für den tapferen Fürsten eilte er ihm nach [1]), sein Leben auf der Flucht zu retten; da stürzte sein altes und treues Schlachtroß Bukephalos, von dem heißen Tage erschöpft, unter ihm zusammen. Er sandte den Fürsten von Taxila dem Fliehenden nach; als dieser seinen alten Feind erblickte, wandte er sein Thier und schleuderte mit der letzten Anstrengung den Speer gegen den Fürsten, dem dieser nur durch die Behendigkeit seines Pferdes entging. Alexander sandte andere Inder, unter ihnen den Fürsten Meroes, der ehemals dem Könige Poros befreundet gewesen war. Poros, vom Blutverlust erschöpft und von brennendem Durst gequält, hörte ihn gelassen an, dann kniete sein Thier nieder und hob ihn mit dem Rüssel sanft zur Erde; er trank und ruhte ein wenig, bat dann den Fürsten Meroes, ihn zu Alexander zu führen. Als der König ihn kommen sah, eilte er ihm, von wenigen seiner Getreuen begleitet, entgegen, er bewunderte die Schönheit des greisen Fürsten, und den edlen Stolz, mit dem er ihm, obschon besiegt, entgegen trat. Alexander soll ihn nach der ersten Begrüßung gefragt haben, wie er sich behandelt zu sehen wünsche; „königlich", sei Poros Antwort gewesen; darauf Alexander: „so werde ich schon um meinetwillen thun, verlange, was dir um deinetwillen lieb sein wird"; und Poros darauf: in jenem Wort sei Alles enthalten [2]).

---

[1]) Dieß erwähnt Arrian nicht, sondern Curtius VIII. 14. 33.

[2]) Die Chronologie der Schlacht fordert noch eine Bemerkung. Das ausdrückliche Zeugniß Arrians setzt sie in den Monat Munychion des athenischen Archonten Hegemon (Ol. 113. 2), dessen Amtsjahr nach Idelers Tabelle vom 28. Juni des Jahres 327 bis zum 16. Juli 326 reicht, so

Alexander bewies sich königlich gegen den Besiegten; seine Großmuth war die richtigste Politik. Der Zweck des indischen Feldzuges war keineswegs, die unmittelbare Herrschaft über Indien zu erobern. Alexander konnte nicht Völker, deren hohe und eigenartige Entwickelung ihm, je weiter er vordrang, desto bedeutender entgegentrat, mit einem Schlage zu unmittelbaren Gliedern eines makedonisch-persischen Reiches machen wollen. Aber bis an den Indus hin Herr alles Landes zu sein, über den Indus hinaus das entscheidende politische Uebergewicht zu gewinnen und hier dem hellenistischen Leben solchen Einfluß zu sichern, daß im Laufe der Zeiten selbst eine unmittelbare Vereinigung Indiens mit dem übrigen Asien ausführbar werden konnte, das waren, so scheint es, die Absichten, die Alexanders Politik in Indien geleitet haben; nicht die Völker, wohl aber die Fürsten mußten von ihm abhängig sein. Die bisherige Stellung des Poros in dem Fünfstromlande des Indus konnte für die Politik Alexanders den Maaßstab abgeben. Offenbar hatte Poros bis dahin ein Principat in dem Gebiet der fünf Ströme gehabt oder gesucht, und eben dadurch die Eifersucht der Fürsten von Taxila rege gemacht; sein Reich umfaßte zunächst zwar

---

daß also die Schlacht zwischen 19. April und 19. Mai 326 geliefert ist. Dagegen ist geltend gemacht, daß derselbe Arrian (V. 9. 6) sagt: Alexander habe um die Zeit des Jahres ᾗ μετὰ τροπὰς μάλιστα ἐν θέρει τρέπεται ὁ ἥλιος, am Hydaspes gestanden; man hat daraus gefolgert, daß die Schlacht nach der Sommersonnenwende geliefert, und im Arrian statt des Munychion der Metageitnion des Archonten Hegemon zu lesen sei, der in den August 327 fallen würde, eine Zeit, in der Alexander noch in der Gegend des Choaspes stand. Man hat nicht beachtet, daß einmal das „ungefähr" in Arrians Ausdruck um so weniger bindend ist, da jene Anführung der Sommersonnenwende nur die Absicht hat, darauf aufmerksam zu machen, wie gerade da die Zeit des tropischen Regens und der großen Ueberschwemmungen war, und daß anderer Seits Nearch bei Strabo ausdrücklich bezeugt, man habe in der Zeit der Sommerwende schon am Akesines gelagert; Strabo XV, p. 691. Nicht minder unangemessen ist Grotes Vorschlag, den Metageitnion des folgenden Archonten, des Chremes, und damit die Schlacht in den August 326 zu setzen. Durch den bezeichneten Irrthum ist die Chronologie von 327 bis 323 voll Irrthümer.

nur die hochcultivirten Ebenen zwischen dem Hydaspes und Akesines, doch hatte im Westen des Hydaspes sein Vetter Spitakes, im Osten des Akesines in der Gandaritis [1]) sein Großneffe Poros wahrscheinlich durch ihn selbst die Herrschaft erhalten, so daß der Bereich seines politischen Uebergewichtes sich ostwärts bis an den Hyarotes erstreckte, der die Gränze gegen die freien indischen Völker bildete; ja mit Abisares verbündet, hatte er seine Hand sogar nach ihrem Lande auszustrecken gewagt, und wenn schon seine Bemühungen an der Tapferkeit dieser Stämme gescheitert waren, so blieb ihm doch ein entschiedenes Uebergewicht in den Ländern des Indus. Alexander hatte Taxiles Macht schon bedeutend vergrößert; er durfte nicht Alles auf die Treue Eines Fürsten bauen; das gesammte Land der fünf Ströme dem Scepter des verbündeten Fürsten zu unterwerfen, wäre der sicherste Weg gewesen, ihm die Abhängigkeit von Alexander zu verleiden, und hätte ihm die Mittel an die Hand gegeben, sich derselben zu entziehen, um so mehr, da die alte Feindschaft gegen den Fürsten Poros ihn in den freien Stämmen leicht Verbündete hätte finden lassen. Alexander konnte seinen Einfluß in Indien auf keinen sicherern Grund bauen, als auf die Eifersucht dieser beiden Fürsten. Es kam hinzu, daß, wenn er Poros als Fürsten anerkannte, er zugleich damit die Befugniß gewann, die östlicheren Völker als Feinde seines neuen Verbündeten anzugreifen und auf ihre Unterwerfung seinen weiteren Einfluß in diesen Gegenden zu gründen; er mußte Poros Macht in dem Maaße vergrößern, daß sie fortan dem Fürsten von Taxila das Gleichgewicht zu halten vermochte, ja er durfte ihm größere Gewalt anvertrauen und selbst die Herrschaft über die bisherigen Widersacher geben, da ja Poros fortan gegen sie so wie gegen Taxiles in der Gunst des makedonischen Königs allein sein Recht und seinen Rückhalt finden konnte.

---

[1]) Ueber den weitverbreiteten Namen der Gandari s. Wilson in den Nachträgen zu History of Caschmir, Asiat. Research. XV, p. 105; cf. Lassen II, S. 155.

Das etwa waren die Gründe, die Alexander bestimmten, nach dem Siege am Hydaspes Poros nicht nur in seiner Herrschaft zu bestätigen, sondern ihm dieselbe bedeutend zu vergrößern [1]). Er begnügte sich, an den beiden wichtigsten Uebergangspunkten des Hydaspes hellenistische Städte zu gründen; die eine, an der Stelle, wo der Weg von Kaschmir herab an den Strom kommt und wo die Makedonen selbst in das Land des Poros hinüber gegangen waren, erhielt ihren Namen vom Bukephalos, die andere etwa zwei Meilen weiter stromab, wo die Schlacht geschlagen war, wurde Nikaia genannt [2]). Alexander selbst ließ sein Heer in dieser schönen und reichen Gegend dreißig Tage rasten; die Leichenfeier für die im Kampf Gefallenen, die Siegesopfer, mit Wettkämpfen aller Art verbunden, der erste Anbau der beiden neuen Städte füllten diese Zeit reichlich aus.

Den König selbst beschäftigten die vielfachen Anordnungen, welche dem großen Siege seine Wirkung sichern sollten. Vor Allem wichtig war das politische Verhältniß zu dem Fürsten Abisares, der trotz der beschworenen Verträge an dem Kampf gegen Alexander Theil zu nehmen im Sinne gehabt hatte. Es kam um diese Zeit von Sisikyptos, dem Befehlshaber auf Aornos, die Nachricht, daß die Assakener den von Alexander eingesetzten Fürsten erschlagen und sich empört hätten; die früheren Verbindungen dieses Stammes mit Abisares und dessen offenbare Treulosigkeit machten es nur zu wahrscheinlich, daß er nicht ohne Theilnahme an diesen gefährlichen Bewegungen sei; die Satrapen Tyriaspes am Paropamisos und Philippos in der Satrapie Indien erhielten den Befehl, mit ihren Heeren zur Unterdrückung dieses

---

1) Nach Plut. Alex. 60 mußte Poros den Namen eines Satrapen annehmen; bei dem gänzlichen Schweigen Arrians und bei der klar vorliegenden Art des Abhängigkeitsverhältnisses darf man an der Richtigkeit dieser Angabe zweifeln.

2) Nach Strabo XV, p. 698; Curt. IX. 1. 6; Diod. XVII. 89 lagen diese Städte zu beiden Seiten des Stromes. Arrian, Periplus, p. 25 ed. Hud. und Schol. Arist. Nub. init. nennen die Stadt Bukephalos Alexandria.

Aufstandes auszurücken. Um dieselbe Zeit kam eine Gesandtschaft des Fürsten Poros von Gandaritis, des „feigen Poros“, wie ihn die Griechen nannten, der es sich zum Verdienst anrechnen zu wollen schien, seinen fürstlichen Verwandten und Beschützer nicht gegen Alexander unterstützt zu haben, und die Gelegenheit günstig hielt, sich durch Unterwürfigkeit gegen Alexander des lästigen Verhältnisses gegen den greisen Verwandten frei zu machen. Wie mußten die Gesandten erstaunen, als sie denselben Fürsten, den sie wenigstens in Ketten und Banden zu seines Siegers Füßen zu sehen erwartet hatten, in höchsten Ehren und in dem vollen Besitz seines Reiches an Alexanders Seite sahen; es mochte nicht die günstigste Antwort sein, die sie von Seiten des hochherzigen Königs ihrem Fürsten zu überbringen erhielten. Freundlicher wurden die Huldigungen der nächsten freien Stämme, die deren Gesandtschaften mit reichen Geschenken überbrachten, entgegengenommen; sie unterwarfen sich freiwillig einem Könige, vor dessen Macht sich der mächtigste Fürst des Fünfstromlandes hatte beugen müssen.

Desto nothwendiger war es, die zögernden durch die Gewalt der Waffen zu unterwerfen. Es kam dazu, daß Abisares, trotz seines offenbaren Abfalls, und vielleicht im Vertrauen auf die von Gebirgen geschützte Lage seines Fürstenthums, weder Gesandte geschickt, noch irgend etwas gethan hatte, um sich bei Alexander zu rechtfertigen; ein Zug in das Gebirgsland sollte die Bergstämme unterwerfen, und zugleich den treulosen Fürsten an seine Gefahr und seine Pflicht erinnern. Alexander brach nach dreißigtägiger Rast von den Ufern des Hydaspes auf, indem er Krateros mit dem größten Theile des Heeres zurückließ, um den Bau der beiden Städte zu vollenden. Von den Fürsten Taxiles und Poros begleitet, mit der Hälfte der makedonischen Ritterschaft, mit Auserwählten von jeder Abtheilung des Fußvolks, mit dem größten Theile der leichten Truppen, denen eben jetzt der Satrap Phrataphernes von Parthien und Hyrkanien die Thraker, die ihm gelassen waren, zugeführt hatte, zog Alexander nordostwärts gegen die Glausen oder Glaukaniker, wie die Griechen sie nannten, die in den waldreichen Vorbergen oberhalb der Ebene wohnten, eine Bewegung, die zugleich den Gebirgsweg nach Kaschmir öffnete. Jetzt endlich beeilte sich Abisares, durch schnelles Einlenken die Verzeihung des Königs zu gewinnen; durch eine Gesandtschaft, an deren Spitze sein Bruder stand, unterwarf er sich und sein Land der Gnade des Königs; er bezeugte seine Ergebenheit mit einem Geschenk von vierzig Elephanten. Alexander mistraute den schönen Worten; er befahl, Abisares sollte sofort persönlich vor ihm erscheinen, widrigenfalls er selbst an der Spitze eines makedonischen Heeres zu ihm kommen werde [1]). Er zog weiter in die Berge hinauf. Die Glausen unterwarfen sich, und ihr reichbevölkertes Gebiet — es zählte 37 Städte, von denen keine unter 5000 und mehrere über 10,000 Einwohner hatten, und außerdem eine große Zahl von Dörfern und Flecken — wurde dem Fürsten Poros untergeben [2]). Die Waldungen dieser Gegenden boten in reicher Fülle, was Alexander wünschte; er ließ in Menge Holz fällen und nach Bukephala und Nikaia hinabflößen, wo unter Krateros Aufsicht die große Stromflotte gebaut werden sollte, auf der er nach Unterwerfung Indiens zum Indus und zum Meere hinabzufahren gedachte [3]).

Das Heer rückte ostwärts zum Akesines hinab [4]); Alexander

---

[1]) Es ist nicht klar, ob die Arrian. V. 29. 4 erwähnten οἱ παρ' Ἀλεξάνδρου ἐκπεμφθέντες πρέσβεις πρὸς Ἀβισάρην jetzt mit zu dem Fürsten gesandt wurden oder erst später.

[2]) Arrian. V. 20. 6. Die Landschaft der Glausen ist nach Lassen, Pentap., p. 26 orientirt; durch sie führt der Paß von Bember.

[3]) Strabo XV, p. 698; Diod. XVII. 89. Von dem trefflichen Schiffsbauholz dieser Gegend s. Burnes und Gerards Bericht in Asiatic Journal 1832, Dec., p. 364; es sind besonders Cedern, wie es auch Diod. XVII. 89 angiebt.

[4]) Alexander nannte diesen Strom, dessen einheimischer Name (Tschandrabhaga) gräcisirt Sandrophagos, fast wie der „Männerfressende" oder gar der „Alexanderfressende" lautete, um das böse Omen zu vermeiden, den „Schadenheilenden" Akesines. A. W. v. Schlegel, Ind. Biblioth. II, 297. Die Localität, wo er ihn passirte, kann nach der Schilderung, die Ptolemaios von seinen felsigen Ufern und den vielen Klippen in ihm macht,

hatte Nachricht erhalten, daß der Fürst Poros von Gandaritis [1]), durch das Verhältniß, in welches sein Großoheim zu Alexander getreten war, für sich selbst in Besorgniß und an der Möglichkeit verzweifelnd, daß die unlautere Absicht seiner Unterwürfigkeit verziehen werde, so viel Bewaffnete und Schätze als möglich zusammengebracht habe und ostwärts nach den Gangesländern geflohen sei. Angekommen an den Ufern des mächtigen Akesines, sandte Alexander den Fürsten Poros in sein Land zurück, mit dem Auftrage, Truppen auszuheben und diese nebst allen Elephanten, die nach der Schlacht am Hydaspes noch kampffähig seien, ihm nachzuführen. Alexander selbst ging mit seinem Heere über den Strom, der, hochangeschwollen, in einer Breite von fast dreiviertel Stunden [2]), ein durch Klippen und Felsenvorsprünge gefährliches Thalbett durchwogte, und in seiner wilden, strudelreichen Strömung vielen auf Kähnen Uebersetzenden verderblich wurde; glücklicher brachten die Zelthäute hinüber. Hier auf dem linken Stromufer blieb Koinos mit seiner Phalanx zurück, um für den Uebergang der nachrückenden Heeresabtheilungen Sorge zu tragen und aus den Ländern des Poros und Taxiles alles zur Verpflegung der großen Armee Gehörige zu beschaffen. Alexander selbst eilte durch den nördlichen Theil der Gandaritis, ohne Widerstand zu finden, gen

---

nicht auf der großen Straße von Attok nach Lahore, die Alexander überhaupt nicht hielt, also nicht bei Wuzirabad gesucht werden; die Breite des übervollen Stromes läßt vermuthen, daß das Heer nicht hoch in den Berggegenden, sondern etwa bei dem Austritt desselben aus den Gebirgen, also auf dem Wege zwischen Bember und Jumboo hinüberging. Strabo sagt sehr anschaulich (XV, p. 272), vom Indus zum Hydaspes sei Alexander südwärts, von da ostwärts und zwar mehr in bergigen als in flachen Gegenden gegangen. Die Zeit, wo Alexander an diesem Strom lagerte, war nach Strabo die Sommersonnenwende, also Ende Juni.

[1]) Diod. XVII. 91 sagt, dieser Poros sei aus seinem Reiche nach Gandaritis geflüchtet, im offenbaren Widerspruch mit Strabo XV, p. 699; wenn nicht etwa die Lesart *Γαγγαριδῶν* bei Diodor aufzunehmen ist.

[2]) Macartney fand den Strom bei Wuzirabad gegen Ende Juli an 4000 Schritt breit. Elphinstone II, p. 554.

Osten weiter; er hoffte, den treulosen Poros noch einzuholen; er ließ in den wichtigsten Plätzen Besatzungen zurück, die die nachrückenden Corps des Krateros und Koinos erwarten sollten. Am Hyarotes, dem östlichen Grenzfluß der Gandaritis, wurde Hephaistion mit zwei Phalangen, mit seiner und des Demetrios Hipparchie und der Hälfte der Bogenschützen südwärts detachirt, die Herrschaft des landesflüchtigen Fürsten in ihrer ganzen Ausdehnung zu durchziehen, die etwa zwischen Hyarotes und Akesines ansässigen freien Stämme zu unterwerfen, auf dem linken Ufer des Akesines an der großen Straße eine Stadt zu gründen, und das gesammte Land an den getreuen Poros zu übergeben. Mit dem Hauptheere ging Alexander selbst über den minder schwer zu passirenden Strom, und betrat nun das Gebiet der sogenannten freien Inder.

Es ist eine merkwürdige und in den eigenthümlichen Naturverhältnissen des Pandjab begründete Erscheinung, daß sich hier in allen Jahrhunderten, wenn auch unter anderen und anderen Namen, republikanische Staaten gebildet und erhalten haben, wie sie dem sonstigen Despotismus Asiens entgegen und dem strenggläubigen Inder des Gangeslandes ein Gräuel sind; die Pandjanadas nennt er mit Verachtung Arattas, die Königslosen; auch die Fürsten, wenn sie deren haben, nicht aus alter und heiliger Kaste, sind ohne altes Recht, Usurpatoren. Fast scheint es, als ob das Fürstenthum des Poros selbst diesen Charakter an sich getragen habe [1]); aber der Versuch, das ganze königslose Indien in seine Gewalt zu bringen, war an den kriegerischen und mächtigen Stämmen jenseits des Hyarotes gescheitert; es bedurfte der europäischen Waffen, sie zu bewältigen.

---

1) Helladius Chrest. apud. Phot. 580. a. 35 sagt, Poros Vater sei ein Barbier gewesen; Diodor und Curtius sagen dasselbe von dem Prasierkönig Xandrames; nach [Plut.] de Fluv. 1 stammt Poros von Gegasius; den Zusammenhang dieser Dinge findet man jetzt bei Lassen. Dunker III[4], p. 306 deutet Gegasius auf Jajati nach Lassen I[2]. XX, n°. 4. II, p. 161.

Nur wenige von ihnen unterwarfen sich, ohne den Kampf zu versuchen; die meisten erwarteten den Feind mit gewaffneter Hand; unter diesen die Kathaier oder Katharer, die, berühmt als der kriegerischste Stamm des Landes, nicht nur selbst auf das Trefflichste zum Kriege gerüstet waren, sondern auch die freien Nachbarstämme zu den Waffen gerufen und mit sich vereinigt hatten [1]).

Auf die Nachricht von ihren Rüstungen eilte Alexander ostwärts durch das Gebiet der Adraisten [2]), die sich freiwillig unterwarfen; am dritten Tage nahte er der Kathaierhauptstadt Sangala; sie war von bedeutendem Umfang, mit starken Mauern umgeben, auf der einen Seite durch einen See geschützt, auf der anderen erhob sich in einiger Entfernung von den Thoren ein Bergrücken, der die Ebene beherrschte; diesen hatten die Kathaier nebst ihren Verbündeten so stark als möglich besetzt, hatten um den Berg ihre Streitwagen zu einem dreifachen Verhau in einander geschoben, und lagerten selbst in dem inneren Bezirk dieser mächtigen Wagenburg; selbst unangreifbar, vermochten sie jeder Bewegung des Feindes schnell und mit bedeutender Macht zu begegnen. Alexander erkannte das Drohende dieser Stellung, welche den Berichten von der Kühnheit und kriegerischen Gewandtheit dieses Volkes vollkommen entsprach; je mehr er von ihnen Ueberfall und kühnes Wagniß erwarten durfte, desto schneller glaubte er Entscheidendes wagen zu müssen.

---

1) Ueber die Namen und die Sitze der Khattia und ihre Stadt Çakala jetzt Genaueres bei Lassen II, p. 158. I[2], p. 801. Cunningham, Geogr. I, p. 179 setzt Sangala bedeutend südlicher; wie ich glaube, nicht mit Recht; der Teich (λίμνη οὐ μακρὰν τοῦ τείχους Arrian. V, 23. 4) und Hügel, die seine Ansetzung bestimmen (Geogr. I, p. 179), finden sich ganz ähnlich bei der Localität, in der er Pimprama zu erkennen glaubt (Survey II, p. 200).

2) Adraisten oder Adresten bei Diodor, Justin und Orosius; Pimprama ihre Hauptstadt nach Arrian; Lassen vermuthet, daß ihr Name mit dem indischen Arashtra, im Prakrit Aratta zu vergleichen sei; vielleicht ist es genauer, statt der Attakaner, die Arrian an den Neudrosquellen zwischen dem Akesines und Hyarotes notirt, Arratakanen zu lesen, wohin dann die Arattenstadt Saccala des Mahabharata gehören wird, s. Wilson in Asiat. Researches XV, p. 107.

Er ließ sofort die Bogenschützen zu Pferd vorgehen, den Feind zu umschwärmen und zu beschießen, um demselben einen Ausfall gegen die noch nicht zum Gefecht formirten Truppen unmöglich zu machen. Indeß rückten auf den rechten Flügel das Agema der Ritterschaft und die Hipparchie des Kleitos, die Hypaspisten, die Agrianer auf, auf den linken die Phalangen, die Hipparchie des Perdikkas, der den linken Flügel führte; die Bogenschützen wurden auf beide Flügel vertheilt. Während des Aufmarsches kam auch die Nachhut heran; deren Reiter wurden auf beide Flanken vertheilt, das Fußvolk verwandt, die Phalanx dichter zu machen. Schon begann Alexander seinen Angriff; er hatte bemerkt, daß die Wagenreihe nach der linken Seite des Feindes hin minder dicht, das Terrain dort freier war; er hoffte durch eine heftige Reiterattake gegen diesen schwachen Punkt den Feind zu einem Ausfall zu vermögen, durch den dann der Verhau geöffnet war. Er sprengte an der Spitze seiner zwei Hipparchien auf diese Stelle los; die feindlichen Wagen blieben geschlossen, ein Hagel von Speeren und Pfeilen empfing die makedonischen Reiter, die natürlich nicht die Waffe waren, eine Wagenburg zu stürmen oder zu sprengen. Alexander sprang vom Pferde, stellte sich an die Spitze des schon anrückenden Fußvolkes, führte es im Sturmschritt heran. Ohne große Mühe wurden die Inder zurückworfen; sie zogen sich in den zweiten Wagenring zurück, wo sie, in dem kleineren Umkreise, den sie zu vertheidigen hatten, dichter geschlossen und an jedem Punkt zahlreicher, mit besserem Erfolg kämpfen konnten; für die Makedonen war der Angriff doppelt beschwerlich, indem sie die Wagen und Wagentrümmer des schon gesprengten Ringes erst zusammenschieben mußten, um dann zwischen ihnen in einzelnen Trupps vorzudringen; es begann ein mörderischer Kampf, und die makedonische Tapferkeit hatte eine harte Probe gegen die kriegsgewandten und mit der höchsten Erbitterung kämpfenden Feinde zu bestehen. Als aber auch diese Wagenlinie durchbrochen war, verzweifelten die Kathaier, sich so furchtbarem Feinde gegenüber noch hinter der dritten halten zu können; in eiliger Flucht retteten sie sich hinter die Mauern der Stadt.

Alexander umschloß noch desselben Tages die Stadt mit seinem Fußvolk, bis auf die eine Seite, an der ein nicht eben tiefer See lag; diesen umstellte er mit seinen Reitern; er glaubte, daß die Kathaier, durch den Ausgang dieses Tages bestürzt, in der Stille der Nacht aus ihrer Stadt zu flüchten versuchen und ihren Weg über den See nehmen würden. Er hatte recht vermuthet. Um die zweite Nachtwache bemerkten die Reiterposten jenseits an der Stadtmauer ein großes Gedränge von Menschen, bald begannen sie durch den See zu waten, versuchten, das Ufer und dann das Weite zu gewinnen. Sie wurden von den Reitern aufgefangen und niedergehauen; schreiend flohen die Uebrigen zur Stadt zurück; der Rest der Nacht verging ruhig.

Am anderen Morgen ließ Alexander die Belagerungsarbeiten beginnen; es wurde ein doppelter Wall von der Nähe des Sees aus rings um die Mauern bis wieder an den See geführt; den See selbst umgab eine doppelte Postenlinie; es wurden die Schirmdächer und Sturmblöcke aufgerichtet, gegen die Mauer zu arbeiten und Bresche zu legen. Da brachten Ueberläufer aus der Stadt die Nachricht, die Belagerten wollten in der nächsten Nacht einen Ausfall versuchen; nach dem See zu, wo die Lücke in der Walllinie sei, gedächten sie durchzubrechen. Den Plan der Feinde zu vereiteln ließ der König drei Chiliarchien der Hypaspisten, sämmtliche Agrianer und eine Taxis Bogenschützen unter Befehl des Somatophylax Ptolemaios die Stelle besetzen, wo der Feind ziemlich sicher zu erwarten war; er befahl ihm, wenn die Barbaren den Ausfall wagen sollten, sich ihnen mit aller Macht zu widersetzen, zugleich Lärm blasen zu lassen, damit sofort die übrigen Truppen ausrücken und in den Kampf eilen könnten. Ptolemaios eilte seine Stellung zu nehmen, sie so viel wie möglich zu befestigen; er ließ von den am vorigen Tage noch stehen gebliebenen Wagen möglichst viele herfahren und in die Queere aufstellen, die noch nicht eingesetzten Schanzpfähle an mehreren Stellen zwischen Mauer und Teich in Haufen zusammentragen, um den im Dunkel

Fliehenden die ihnen bekannten Wege zu verlegen. Unter diesen Arbeiten verstrich ein guter Theil der Nacht. Endlich, um die vierte Nachtwache öffnete sich das Seethor der Stadt, in hellen Haufen brachen die Feinde hervor; sofort ließ Ptolemaios Lärm blasen, setzte sich zugleich mit seiner schon bereit stehenden Mannschaft in Bewegung. Während die Inder noch zwischen den Wagen und Pfahlhaufen den Weg suchten, war schon Ptolemaios mit seinen Schaaren mitten unter ihnen, und nach langem und unordentlichem Gefechte sahen sie sich gezwungen, zur Stadt zurückzufliehen.

So war den Indern jeder Weg zur Flucht abgeschnitten. Zugleich traf Poros wieder ein, er brachte die übrigen Elephanten und 5000 Inder mit. Das Sturmzeug war fertig und wurde an die Mauern gebracht; sie wurden an mehreren Stellen unterminirt, mit so günstigem Erfolg, daß es in kurzer Zeit da und dort Breschen gab. Nun wurden die Leitern angelegt, die Stadt mit stürmender Hand genommen; wenige von den Belagerten retteten sich, desto mehr wurden von den erbitterten Makedonen in den Straßen der Stadt niedergemacht; man sagt an 17,000, eine Zahl, die nicht unwahrscheinlich ist, da Alexander, um die Unterwerfung dieses kriegerischen Volksstammes möglich zu machen, den strengen Befehl gegeben hatte, jeden Bewaffneten niederzuhauen; die 70,000 Gefangene, welche erwähnt werden, scheinen die übrige Bevölkerung der indischen Stadt ausgemacht zu haben. Die Makedonen selbst zählten gegen 100 Todte und ungewöhnlich viel Verwundete, nämlich 1200, unter diesen den Somatophylax Lysimachos, zahlreiche andere Officiere [1]).

Gleich nach der Erstürmung der Stadt sandte Alexander den Kardianer Eumenes mit 300 Reitern nach den beiden mit den Kathaiern verbündeten Städten, mit der Anzeige von dem Falle Sangalas, und der Aufforderung, sich zu ergeben: sie würden, wenn sie sich dem Könige freiwillig unterwürfen, eben so wenig zu fürchten haben, wie so viele andere Inder, welche

[1]) Arrian. V. 23. 24 und Polyaen. IV. 3. 30.

die makedonische Freundschaft schon als ihr wahres Heil zu erkennen anfingen. Aber die aus Sangala Geflüchteten hatten die gräßlichsten Berichte von Alexanders Grausamkeit und dem Blutdurst seiner Soldaten mitgebracht; an die freundlichen Worte des Eroberers glaubte niemand, in eiliger Flucht retteten die Einwohner der beiden Städte sich und von ihrem Hab und Gut, so viel sie mitnehmen konnten. Auf die Meldung hiervon brach Alexander schleunigst aus Sangala auf, die Fliehenden zu verfolgen; sie hatten zu weiten Vorsprung, nur einige hundert, die vor Ermattung zurückgeblieben waren, fielen in seine Hände und wurden niedergemacht. Der König kehrte nach Sangala zurück; die Stadt wurde dem Erdboden gleich gemacht, das Gebiet derselben an die benachbarten Stämme, die sich freiwillig unterworfen hatten, vertheilt, in deren Städte Besatzungen, die Poros hinzuführen entsandt wurde, gelegt.

Nach der Züchtigung von Sangala und dem Schrecken, den die übertreibenden Gerüchte von der wilden Grausamkeit der fremden Eroberer verbreiteten, wußte Alexander durch Milde und Großmuth, wo sich Gelegenheit dazu gab, desto wirksamer zu beruhigen. Bald bedurfte es keines weiteren Kampfes: wohin er kam, unterwarf sich ihm die Bevölkerung. Dann betrat er das Gebiet des Fürsten Sopeithes [1]), dessen Herrschaft sich über die ersten Bergketten des Imaos und in die Reviere der Steinsalzlager an den Hyphasisquellen erstreckte. Das Heer nahete sich der fürstlichen Residenz, in der, man wußte es, sich Sopeithes befand; die Thore waren geschlossen, die Zinnen der Mauern und Thürme ohne Bewaffnete; man zweifelte, ob die Stadt verlassen oder Verrath zu fürchten sei. Da öffneten sich die Thore; in dem bunten und flimmernden Staate eines indischen Rajas, in hellfarbigen Kleidern, in Perlenschnüren und Edelsteinen mit goldenem Schmuck, von schallender Musik begleitet, mit einem reichen Gefolge zog der Fürst Sopeithes dem

---

[1]) Açvapati, d. h. Herr der Rosse (Weber, Vorlesungen, S. 147), das ist der Fürstentitel im Lande der Kekaja, am oberen Lauf des Iravati und Vipaça (Lassen II, S. 161).

großen Könige entgegen, und brachte mit vielen und kostbaren Geschenken, unter denen eine Meute Tigerhunde, seine Huldigung dar; sein Fürstenthum ward ihm bestätigt und, wie es scheint, vergrößert [1]). Dann zog Alexander weiter in das benachbarte Gebiet des Fürsten Phegeus [2]); auch dieser eilte, seine Huldigung und seine Geschenke darzubringen; er blieb im Besitz seines Fürstenthums. Es war das östlichste Land, das Alexander in seinem Siegeslaufe betreten sollte.

Die historische Tradition hat diesen Punkt in der Geschichte Alexanders auf eine bemerkenswerthe Weise verdunkelt; selbst von dem Aeußerlichen wird nicht Genügendes und Uebereinstimmendes angegeben; manche der Makedonen sollen Unglaubliches in die Heimath berichtet, es soll Krateros seiner Mutter geschrieben haben, bis zum Ganges seien sie vorgedrungen und

---

[1]) Leider erwähnt Arrian dieses Fürsten Sopeithes an rechter Stelle nicht. Diod. XVII. 92 und Curt. IX. 1. 24 sind dem Obigen zu Grunde gelegt; nach ihnen liegt das Gebiet dieses Fürsten jenseits des Hyarotes. Strabo XV, p. 700 sagt: „Kathaia, eines gewissen Nomarchen Sopeithes Land, setzen Einige in diese Mesopotamie (des Hydaspes und Akesines), Andere aber jenseit des Akesines und des Hyarotes, benachbart dem Fürstenthum des jungen Poros; sie nennen das Gebiet unter diesem Lande Gandaris"; und etwas später: „in Sopheites Land soll ein Berg von Steinsalzlagern sein, der ganz Indien mit Salz zu versehen im Stande wäre, und schöne Gold- und Silberminen nicht weit entfernt in andern Bergen, wie Gorgos der Metalleut erzählt." Dieß sind die Steinsalzlager von Mondi, zwischen dem Beyah und Satadru in den ersten Bergketten des Himalaya (Ritter, p. 1075; Lassen I, p. 300). Das Gold findet sich bekanntlich in Menge in der Quellgegend des Indus, Satadru, und Beyah (Hyphasis) theils in Minen, theils als Goldkörner, die von den bauenden Springhasen mit geflecktem Fell (cf. Megasthenes und Nearch, bei Arrian. Ind. 15), welche die Griechen Ameisen nannten (cf. Ritter, p. 660), aufgescharrt werden. Nach alle dem muß sich das Fürstenthum des Sopeithes etwa bis zu den Mondibergen im Osten, und dem Gebirge des Retung-Passes, wo die Quellwasser des Hyphasis und Akesines, die Gränzen der Länder des Abisares und Sopeithes sich nahe sind, im Norden erstreckt haben.

[2]) Phegeus bei Diodor, Phegelas bei Curtius; ob so genannt nach dem Flusse des Fürstenthums, dem Beyah? Lassen II², S. 162 hält nicht dafür.

hätten diesen ungeheuren Strom voll Haifische und brandend wie das Meer gesehen [1]). Andere nannten wenigstens den Hyphasis der Wahrheit gemäß als das Ende des makedonischen Zuges; aber, um doch irgendwie zu erklären, warum der Eroberung ein Ziel gesetzt worden, haben sie aus dem letzten Anlaß der Rückkehr einen Causalzusammenhang hergeleitet, über dessen Werth weder die sonstige Glaubwürdigkeit der Berichterstatter noch der verdachtlose Glaube, der ihnen seit zwei Jahrtausenden geschenkt worden, täuschen darf.

Alexander, so wird erzählt [2]), war an den Hyphasis vorgedrungen, mit der Absicht, auch das Land jenseits zu unterwerfen, denn es schien ihm kein Ende des Krieges, so lange noch irgend Feindliches da war. Da erfuhr er, jenseits des Hyphasis sei ein reiches Land, und drinnen ein Volk, das fleißig den Acker baue, die Waffen mit Muth führe, sich einer wohlgeordneten Verfassung freue; denn die Edelsten beherrschten das Volk ohne Druck und Eifersucht; die Kriegselephanten seien dort mächtiger, wilder und in größerer Zahl als irgendwo sonst in Indien. Das Alles erregte des Königs Verlangen, weiter zu dringen. Aber die Makedonen sahen mit Sorge, wie ihr König Mühe auf Mühe, Gefahr auf Gefahr häufe; sie traten

---

1) Strabo XV, p. 702. Hat auch Strabo untergeschobene Briefe benutzt? er sagt von diesem Brief: *πολλά τε ἄλλα παράδοξα φράζουσα καὶ οὐχ ὁμολογοῦσα οὐδενί*. Im Pseudo-Kallisthenes ist der Bericht des Palladios mitgetheilt, der mit dem Bischof Moses von Axum nach dem Induslande gekommen sein will, und dem der Bischof, der selbst bis zum Ganges gekommen, erzählt hat, er habe dort eine steinerne Stele gesehen mit der Inschrift: *Ἀλέξανδρος ὁ Μακεδόνων βασιλεὺς ἔφθασα μέχρι τούτου τοῦ τόπου* (Ps. Call. III. 7. 20). Das Weitere über diesen Brief bei Zacher, Pseudo-Kallisthenes, S. 107 und 146. Hier mag nur bemerkt werden, daß Suid. v. *Βράχμανες* die Inschrift in folgender Form giebt: *ἐγὼ μέγας Ἀλέξανδρος βασιλεὺς ἔφθασα μέχρι τούτου*, auch der weitere Inhalt ergiebt sich als Auszug des Artikels aus Palladios.

2) Arrian. V. 25 sqq., daß wenigstens Alexanders Rede nicht aus Ptolemaios, sondern von Arrian componirt ist, wird sich ziemlich sicher erweisen lassen; daß das Thatsächliche des ganzen Vorganges aus Ptolemaios ist, macht V. 28. 4 wahrscheinlich.

hie und da im Lager zusammen, sie klagten um ihr trauriges Loos, sie schwuren einander, nicht weiter zu folgen, wenn es auch Alexander geböte. Als das der König erfuhr, eilte er, bevor die Unordnung und die Muthlosigkeit der Truppen weiter um sich griffe, „die Führer der Taxeis“ [1]) zu berufen. „Da sie“, so sprach er, „ihm nicht weiter, von gleicher Gesinnung beseelt, folgen wollten, so habe er sie herbeschieden, um entweder sie von der Räthlichkeit des weiteren Zuges zu überzeugen, oder von ihnen überzeugt zurückzukehren; erscheine ihnen das bisher Durchkämpfte und seine eigene Führung tadelnswerth, so habe er nichts Weiteres zu sagen; er kenne für den hochherzigen Mann kein anderes Ziel alles Kämpfens, als die Kämpfe selbst; wolle jemand das Ende seiner Züge wissen, so sei es nicht mehr weit bis zum Ganges, bis zum Meere im Osten, dort werde er seinen Makedonen den Seeweg zum hyrkanischen, zum persischen Meere, zum lybischen Strande, zu den Säulen des Herakles zeigen; die Gränzen, die der Gott dieser Welt gegeben, sollten die Gränzen des makedonischen Reiches sein; noch aber sei jenseit des Hyphasis bis zum Meer im Osten manches Volk zu bewältigen, und von dort bis zum hyrkanischen Meere schweiften noch die Horden der Skythen unabhängig umher; seien denn die Makedonen vor Gefahren bange? vergäßen sie ihres Ruhmes und der Hoffnung? einst, wenn die Welt überwunden, werde er sie heimführen gen Makedonien, überreich an Habe, an Ruhm, an Erinnerungen.“ Nach dieser Rede Alexanders entstand ein langes Schweigen, niemand wagte entgegen zu sprechen, niemand beizustimmen; umsonst forderte der König wiederholentlich zum Sprechen auf: er werde auch der entgegengesetzten Meinung Gehör schenken. Lange schwieg man; endlich erhob sich Koinos, des Polemokrates Sohn, der Strateg der

---

1) Arrian. V. 25. 2: ξυγκαλέσας τοὺς ἡγεμόνας τῶν τάξεων, und die Anrede: ὦ ἄνδρες Μακεδόνες τε καὶ ξύμμαχοι, so wie 28. 3 der Ausdruck: ὑπομένοντα εἰ δή τις τροπὴ ταῖς γνώμαις τῶν Μακεδόνων τε καὶ ξυμμάχων ἐμπεσοῦσα κ. τ. λ. ergiebt, welche Truppen die widerstrebenden sind.

elymiotischen Phalanx, der so oft, jüngst noch in der Schlacht am Hydaspes sich bewährt hatte: „der König wolle, daß das Heer nicht sowohl seinem Befehl, als der eigenen Ueberzeugung folge; so spreche er denn nicht für sich und die Führer, da sie zu Allem bereit seien, sondern für die Menge im Heer, nicht um ihr zu gefallen, sondern zu sagen, was dem Könige selbst für jetzt und künftig das Sicherste sein werde; sein Alter [1]), seine Wunden, des Königs Vertrauen gäben ihm ein Recht, offen zu sein; je mehr Alexander und das Heer vollbracht, desto nothwendiger sei es, ein endliches Ziel zu setzen; wer von den alten Kriegern noch übrig sei, wenige im Heere, andere in den Städten zerstreut, sehnten sich nach der Heimath, nach Vater und Mutter, nach Weib und Kind zurück; dort wollten sie den Abend ihres Lebens, im Schooß der Ihrigen, in der Erinnerung ihres thatenreichen Lebens, im Genuß des Ruhmes und der Habe, die Alexander mit ihnen getheilt, verleben; solches Heer sei nicht zu neuen Kämpfen geschickt, Alexander möge sie heimführen, er werde seine Mutter wiedersehen, er werde die Tempel der Heimath mit Trophäen schmücken; er werde, wenn er nach neuen Thaten verlange, ein neues Heer rüsten und gegen Indien oder Libyen, gegen das Meer im Osten oder jenseit der Heraklessäulen ziehen, und die gnädigen Götter würden ihm neue Siege gewähren; der Götter größtes Geschenk aber sei Mäßigung im Glück; nicht den Feind, wohl aber die Götter und ihr Verhängniß müsse man scheuen.“ Unter allgemeiner Bewegung schloß Koinos seine Rede; Viele vermochten die Thränen nicht zu hemmen; es war offenbar, wie der Gedanke der Heimkehr ihr Herz erfüllte. Unwillig über die Aeußerungen des Strategen und die Zustimmung, die sie fanden, entließ Alexander die Versammlung. Am nächsten Tage berief er sie von Neuem; „er werde“, so sprach er, „in Kurzem weiter gehen, er werde keinen Makedonen nöthigen, zu folgen, noch seien genug der

[1]) δίκαιος δέ εἰμι καθ' ἡλικίαν Arrian. V. 27. 3. Er und Meleagros war Herbst 334 mit den Neuverheiratheten auf Urlaub nach Makedonien gezogen ὅτι καὶ αὐτοὶ τῶν νεογάμων ἦσαν.

Tapferen übrig, die nach neuen Thaten verlangten, die Uebrigen möchten heimziehen, es sei ihnen erlaubt; sie möchten in ihrer Heimath berichten, daß sie ihren König mitten in Feindesland verlassen hätten". Nach diesen Worten verließ er die Versammlung und zog sich in sein Zelt zurück; während dreier Tage zeigte er sich den Makedonen nicht; er erwartete, daß sich die Stimmung im Heere ändern, daß sich die Truppen zur weiteren Heerfahrt entschließen würden. Die Makedonen empfanden des Königs Ungnade schwer genug, aber ihr Sinn änderte sich nicht. Dessen ungeachtet opferte der König am vierten Tage an den Ufern des Stromes wegen des Ueberganges, die Zeichen des Opfers waren nicht günstig; darauf berief er die Aeltesten und die ihm Anhänglichsten der Hetairen, verkündete ihnen und durch sie dem Heere, daß er die Rückkehr beschlossen habe. Die Makedonen weinten und jubelten vor Freude, sie drängten sich um des Königs Zelt und priesen ihn laut, daß er, stets unbesiegt, sich von seinen Makedonen habe besiegen lassen.

So die Erzählung nach Arrian [1]; bei Curtius und Diodor [2] ist sie in einigen Nebenumständen verändert und erweitert, die so zu sagen rhetorischer Natur sind: Alexander habe die Truppen, um sie für den weiteren Feldzug geneigt zu machen, auf Plünderung in die sehr reichen Ufergegenden des Hyphasis, also in das befreundete Land des Phegeus, ausgesandt, und während der Abwesenheit der Truppen den Weibern und Kindern der Soldaten Kleider und Vorräthe aller Art, namentlich den Sold eines Monats zum Geschenk gemacht; dann habe er die mit Beute heimkehrenden Soldaten zur Versammlung berufen und nicht etwa im Kriegsrath, sondern vor dem gesammten Heere die wichtige Frage über den weiteren Zug verhandelt. Strabo sagt: „Alexander sei zur Umkehr bewogen worden durch ge-

---

1) Arrian. V. 28. 4, nach Ptolemaios und Strabo (XV, p. 697): περαιτέρω γὰρ προελθεῖν ἐκωλύθη τοῦτο μὲν μαντείοις τισὶ προσέχων τοῦτο δ' ἀπὸ τῆς στρατιᾶς ἀπηγορευκυία ἤδη πρὸς τοὺς πόνους ἀναγκασθεὶς, μάλιστά δ' ἐκ τῶν ὑδάτων ἔκαμνον συνεχῶς ὑόμενοι.

2) Curt. IX. 2. Diod. XVII. 94.

wisse heilige Zeichen, durch die Stimmung des Heeres, das den weiteren Heereszug wegen der ungeheueren Strapazen, die es bereits erduldet, versagte, vor Allem aber, weil die Truppen durch den anhaltenden Regen sehr gelitten hätten". Diesen letzten Punkt muß man in seiner ganzen Bedeutsamkeit vor Augen haben, um die Umkehr am Hyphasis zu begreifen. Kleitarch, den man in den Worten Diodors wieder erkennt, stellt das Elend der Truppen in den crassesten Bildern dar: „wenige von den Makedonen, sagt er, waren übrig und diese der Verzweiflung nahe, durch die Länge der Feldzüge waren den Pferden die Hufe abgenutzt, durch die Menge der Schlachten die Waffen der Krieger stumpf und zerbrochen; hellenische Kleider hatte Niemand mehr, Lumpen barbarischer und indischer Beute, elend an einander geflickt, deckten diese benarbten Leiber der Welteroberer; seit siebzig Tagen waren die furchtbarsten Regengüsse unter Stürmen und Gewittern vom Himmel herabgeströmt". Allerdings waren gerade jetzt die Peschekal, die tropischen Regen, mit den weiten Ueberschwemmungen der Ströme in ihrer vollen Höhe; man muß sich vergegenwärtigen, was ein abendländisches Heer, seit drei Monaten im Lager oder auf dem Marsche, durch dieß furchtbare Wetter, durch die dunstige Nässe des ungewohnten Klimas, durch den unvermeidlichen Mangel an Bekleidung und den gewohnten Lebensmitteln gelitten haben, wie viel Menschen und Pferde der Witterung und den Krankheiten, die sie erzeugte, erlegen sein mußten [1]), wie endlich durch das um sich greifende Siechthum, durch die unablässige Qual der Witterung, der Entbehrung, der schlechten Wege und unaufhörlichen Märsche, durch die gräßliche Steigerung des Elends, der Sterblichkeit und der Hoffnungslosigkeit die moralische Kraft mit der physischen zugleich gebrochen sein mochte, — und man wird es begreiflich finden, daß in diesem sonst so kriegsrüstigen und enthusiastischen Heere Mismuth, Heimweh, Erschlaffung, Indolenz einreißen, das allgemeine und

---

1) Timur passirte diese Gegenden etwa einen Monat später (im Safar); der Peschekal brachte namentlich unter die Pferde eine große Sterblichkeit. Chereffeddin IV. 13, p. 59.

einzige Verlangen sein konnte, dieß Land, ehe zum zweiten Male die furchtbaren Monate der tropischen Regen kämen, weit hinter sich zu haben. Und wenn Alexander jener Stimmung im Heere und der Weigerung weiterer Heeresfolge nicht mit rücksichtsloser Strenge entgegen zu treten wagte, sondern, statt sie durch alle Mittel soldatischer Disciplin zu brechen und zu strafen, ihr endlich nachgab, so ist dieß ein Beweis, daß ihr nicht Meuterei und Haß gegen den König zu Grunde lag, sondern daß sie die nur zu begreifliche Folge jener endlosen Leiden der letzten drei Monate war.

Wohl scheint es Alexanders Wunsch gewesen zu sein, seine siegreichen Waffen bis zum Ganges und bis zum Gestade des Ostmeeres hinaus zu tragen. Nicht mit gleicher Wahrscheinlichkeit lassen sich die Gründe angeben, die ihn so wünschen ließen. Vielleicht waren es die Berichte von der kolossalen Macht der Fürsten am Ganges, von den unendlichen Schätzen der dortigen Residenzen, von allen Wundern des fernen Ostens, wie er sie in Europa und Asien hatte preisen hören, vielleicht nicht minder das Verlangen, in dem östlichen Meere eine Gränze der Siege und neue Wege zu Entdeckungen und Weltverbindungen zu finden; vielleicht war es ein Versuch, durch ein äußerstes Mittel den Muth der Truppen aufzurichten, deren moralische Kraft unter der Riesenmacht der tropischen Natur zusammenbrach. Er mochte hoffen, daß die Kühnheit seines neuen Planes, daß die große Zukunft, die er dem verzagenden Blicke seiner Makedonen zeigte, daß sein Aufruf und der wieder entzündete Enthusiasmus eines unablässigen Vorwärts sein Heer alles Leiden vergessen lassen und mit neuer Kraft entflammen werde. Er hatte sich geirrt; Ohnmacht und Klage war das Echo seines Aufrufs. Der König versuchte das ernstere Mittel der Beschämung und seiner Unzufriedenheit; er entzog sich den Blicken seiner Getreuen, er ließ sie seinen Unwillen fühlen, er hoffte, sie durch Scham und Reue aus ihrem Elend und ihrer Demoralisation empor zu reißen; bekümmert sahen die Veteranen, daß ihr König zürne, zu ermannen vermochten sie sich nicht. Drei Tage herrschte im Lager das qualvolle Schweigen; Alexander mußte erkennen, daß alles Bemühen vergeblich, schärfere Versuche bedenklich seien. Er ließ an den Ufern des Stromes die Opfer zum Uebergange feiern, und die gnädigen Götter weigerten ihm die günstigen Zeichen der weiteren Heerfahrt; sie geboten, heim zu kehren. Der Ruf zur Heimkehr, der nun durch das Lager ertönte, wirkte wie ein Zauber auf die Gemüther der Entmuthigten; jetzt war das Leiden vergessen, jetzt Alles Hoffnung und Jubel, jetzt in Allen neue Kraft und neuer Muth; von Allen Alexander allein mag trauernd gen Abend geblickt haben.

Diese Umkehr Alexanders am Hyphasis, für ihn der Anfang seines Niederganges, wenn man die Summe seines Lebens und Strebens in der Devise des abendländischen Monarchen neuerer Zeit, der sich zuerst rühmen konnte, daß in seinem Reiche die Sonne nicht untergehe, in dem plus ultra zu finden glaubt, — sie war, nach dem Sinne seiner Aufgabe in der Geschichte, eine Nothwendigkeit, vorbereitet und vorgedeutet in dem Zusammenhang dessen, was er bis daher gethan und begründet hatte; und selbst wenn man zweifeln kann, ob seine eigene Einsicht oder die Gewalt der Umstände ihn zu diesem Entschlusse zwangen, dessen Bedeutung bleibt dieselbe. Der weitere Feldzug gen Osten hätte den Westen so gut wie Preis gegeben; schon jetzt waren aus den persischen und syrischen Provinzen Berichte eingegangen, die deutlich genug zeigten, welche Folgen von einer noch längeren Abwesenheit des Königs, von der noch weiteren Entfernung der streitbaren Macht zu erwarten waren; Unordnungen aller Art, Bedrückungen gegen die Unterthanen, Anmaaßungen der Satrapen, gefährliche Wünsche und verbrecherische Versuche von persischen und makedonischen Großen, die, während Alexander an den Indus hinabgezogen war, sich ohne Aufsicht und Verantwortung zu fühlen begannen, hätten durch einen weiteren Feldzug in die Gangesländer ungefährdet weiter wuchern und vielleicht zu einer vollkommenen Auflösung des noch keineswegs fest gegründeten Reiches führen können. Selbst angenommen, daß der außerordentliche Geist Alexanders noch aus dem fernsten Osten her die Zügel der Herrschaft fest und streng anzuziehen vermocht hätte, die größten Erfolge in den Gangesländern wären für das Bestehen des Reiches am gefährlichsten gewesen; die ungeheuere Ausdehnung dieses Stromgebietes hätte einen unverhältnißmäßigen Aufwand von abendländischen Besatzungen gefordert, und endlich doch eine wahrhafte Unterwerfung und Verschmelzung mit dem Reiche unmöglich gemacht.

Dazu ein Zweites; eine Wüste von nicht geringerer Ausdehnung als die Halbinsel Kleinasien scheidet die Ostländer Indiens vom Fünfstromlande; ohne Baum, ohne Gras, ohne anderes Wasser als das brakige der engen, bis dreihundert Fuß tiefen Brunnen, unerträglich durch den wehenden Flugsand, durch den glühenden Staub, der in der schwülen Luft flirrt, noch gefährlicher durch den plötzlichen Wechsel der Tageshitze und der nächtlichen Kühle, ist diese traurige Einöde die fast unüberwindliche Vormauer des Gangeslandes; nur ein Weg führt vom Norden am Saume der Imaosketten vom Hyphasis und Hesudros zu den Strömen des Ganges, und mit Recht nennen ihn die Morgenländer ein zu schwaches Band, um das große und überreiche Gangesland an die Krone von Persien zu heften.

Endlich wird man sagen dürfen, daß Alexanders Politik, wenn man sie von dem ersten Eintritt in das indische Land an verfolgt, mit Sicherheit schließen läßt, daß seine Absicht nicht gewesen ist, das Fünfstromland, geschweige gar die Länder des Ganges, zu unmittelbaren Theilen seines Reiches zu machen. Das Reich Alexanders hatte mit der indischen Satrapie im Westen des Indus seine natürliche Grenze; mit den Hochpässen des „Kaukasos" beherrschte er, wie nordwärts das Land des Oxos und Sogdflusses, so südwärts das des Kophen und Indus; was ostwärts vom Indus lag, sollte unter einheimischen Fürsten unabhängig, aber unter makedonischem Einfluß bleiben, wie derselbe in der eigenthümlichen Stellung des Fürsten Taxiles und Poros zu einander und zum Könige sicher genug begründet war; selbst der so hoch begünstigte Poros erhielt nicht alles Land bis zum östlichen Gränzstrom des Pandjab; wie auf der einen Seite Taxiles, so wurden auf der andern Seite die unabhängigen Fürstenthümer des Phegeus und Sopeithes ein Gegengewicht, zwei Fürsten, die, zu unbedeutend, um mit eigener Macht etwas wagen zu können, einzig in der Ergebenheit gegen Alexander Kraft und Halt finden konnten. So waren diese Fürsten, ähnlich dem Rheinbunde der neueren Zeit, durch gegenseitige Furcht und Eifersucht, der Abhängigkeit von der überlegenen Macht Alexanders, wenn er auch nach Westen zurückkehrte, gesichert; sollte eine Eroberung des Gangeslandes möglich sein, so hätte Alexander das Fünfstromland, wie früher Baktrien und Sogdiana, wenn auch mit denselben strengen Mitteln und gleichem Zeitaufwand sich vollkommen unterwerfen müssen, und selbst des sogdianischen Landes Meister, hatte er es aufgegeben, von dort bis zu dem Meere vorzudringen, das er nordwärts hinter den Gebieten der Skythen nahe geglaubt hatte. In gleicher Weise wird er von Poros und Taxiles erfahren haben, welche Weiten bis zum Ganges, bis zu dem Meere, in das dessen Wasser strömen, zu durchmessen seien. Das Land am Kophenfluß, den Vorhof Indiens, hatte er mit fester Hand gefaßt, wie in der Sogdiana eine Nordmark, so in den dependenten Fürstenthümern im Fünfstromland ein noch entwickelteres Marksystem begründet; er scheint sich von Anfang her überzeugt zu haben, daß die Bevölkerung des Induslandes in allen Verhältnissen des Lebens, des Staates und der Religion zu eigenthümlich entwickelt und in ihrer Entwickelung zu fertig war, als daß sie schon jetzt für das hellenistische Reich gewonnen werden konnte; Alexander konnte nicht daran denken, jenseits der nur verbündeten Fürstenthümer eine neue Reihe von Eroberungen seinem Reiche in der Form unmittelbarer Abhängigkeit einzuverleiben; und wenn er bereits nach der Schlacht am Hydaspes den Bau einer Flotte beginnen ließ, die sein Heer den Indus hinab zum persischen Meere bringen sollte, so zeigt dieß unzweideutig, daß er auf dem Wege des Indus, nicht des Ganges, zurückzukehren die Absicht hatte, daß also sein Zug gegen die Gangesländer nicht mehr als ein Streifzug, eine „Cavalcade“ sein sollte. Man darf vermuthen, daß, wenn sie mehr hätte sein wollen, sie wie Napoleons großer Feldzug gegen Osten, von einer Operationsbasis kaum bewältigter Fürstenthümer aus, die nur durch die schwachen Bande der Dankbarkeit, der Furcht und Selbstsucht an den Eroberer gefesselt waren, wahrscheinlich einen eben so traurigen Ausgang gehabt haben würde.

Viertes Kapitel.

Die Rückkehr. — Die Flotte auf dem Akesines. — Der Kampf gegen die Maller. — Alexanders Lebensgefahr. — Die Kämpfe am unteren Indus. — Abmarsch des Krateros. — Die Kämpfe im Indusdelta. — Alexanders Fahrt in den Ocean. — Sein Abmarsch aus Indien.

Es mochte in den letzten Tagen des August 326 sein, als sich das makedonische Heer an den Ufern des Hyphasis zum Rückmarsch rüstete. Nach den Anordnungen des Königs errichtete das Heer [1]) an den Ufern des Stromes zwölf mächtige

---

[1]) Arrian. V. 29. 1: *διελὼν κατὰ τάξεις τὴν στρατιὰν δώδεκα βώμους κατασκευάζειν*, womit wohl, nicht wie ich früher geglaubt, die *τάξεις* der Phalangen gemeint sein werden, obschon der König hier, wie aus Arrian. V. 20. 3 erhellt, *τῶν πεζῶν ἀπὸ φάλαγγος ἑκάστης ἐπιλέκτους* bei sich hatte; es ist nicht zu erweisen, daß er in dieser Zeit mehr als zehn Phalangen hatte. Ob die Zahl zwölf sich auf die zwölf Götter, wie Diod. XVII. 95 angiebt, oder worauf sonst bezieht, muß dahingestellt bleiben. Von den Ornamenten dieser Altäre und der angeblichen Weisung des Königs, durch riesenmäßige Geräthschaften, die hier zurückblieben, für die Makedonen den Schein eines Riesengeschlechtes zu gewinnen, sind die Stellen zu Curt. IX. 3. 19 gesammelt. Es soll auf den Altären folgende Inschrift gestanden haben: „Meinem Vater Ammon und meinem Bruder Herakles und der vorsorgenden Athena und dem olympischen Zeus und den samothrakischen Kabiren und dem indischen Helios und meinem Bruder Apollon." Diesen Unsinn wiederholt Philostrat. Vit. Apoll. 11. 15

thurmähnliche Altäre, zum Dank für die Götter, die es bisher siegreich hatten vordringen lassen und zum Gedächtniß dieses Königs und dieses Heeres. Alexander opferte auf diesen Altären, während von den Truppen Kampfspiele aller Art nach hellenischem Brauche gefeiert wurden [1]).

Dann brach das Herr nach Westen auf; es war befreundetes Land, durch welches der Weg führte; ohne andere Schwierigkeiten, als die des noch immer häufigen Regens, gelangte man zum Hyarotes, und über diesen durch die Landschaft Gandaritis an die Ufer des Akesines; hier an der Passage des Stromes stand bereits die Stadt, mit deren Bau Hephaistion beauftragt worden war, fertig [2]). Alexander ließ hier kurze Zeit rasten, um theils für die Hinabfahrt zum Indus und ins „große Meer" die nöthigen Vorbereitungen zu treffen, theils

---

und fügt hinzu: eine eherne Säule zwischen den Altären habe die Inschrift getragen: „Hier machte Alexander Halt." Nach Suidas v. Βραχμάνος s. o. S. 156 stand auf derselben: „Ich, der König Alexander, bin bis hieher vorgedrungen."

1) Der Ort dieser zwölf Altäre ist nicht mehr nachzuweisen. Nach Curtius Angabe (IX. 2. 2), daß jenseits des Stromes die Wüste sich elf Tagereisen weit erstrecke, ehe man zum Ganges komme, könnte man glauben, daß der Ort unterhalb der Vereinigung der Vitasta mit der Çatadru liege, da das Duab zwischen beiden, welches Kaiser Akbar Beyt-Jalindher nannte (Ayeen Akbery II, p. 108) außerordentlich cultivirt ist, und überdies der Name des vereinigten Stromes Bhis oder Beas (Elphinstone II, p. 559) offenbar Hyphasis ist, unter welchem Namen der Indus die fünf vereinigten Ströme aufnimmt. — Doch ist nach Lassen II, S. 164 diese Angabe Elphinstones ungenau. Plinius Angabe (aus Megasthenes) bezeugt, daß das Heer nur bis zur Vitasta kam und an deren jenseitigem Ufer die zwölf Altäre errichten ließ, VI. 17: ad Hypasin . . qui fuit Alexandri itinerum terminus exsuperato tamen amne arisque in adversa ripa dicatis . . . Reliqua Seleuco Nicatori peragrata sunt ad Hesudrum 168 M. (cf. Asiatic Journal, tom. V. 1818, p. 215 sq.); wäre jene Zahl nicht augenscheinlich corrumpirt, so würde man aus ihr Genaueres folgern können.

2) Diese Stadt Alexandreia am Akesines, auf der großen Straße, die Plinius zu bezeichnen scheint, dürfte etwa dem heutigen Wuzirabad entsprechen.

die neue Stadt zu colonisiren, zu welchem Ende die Inder der Umgegend zur Ansiedlung aufgefordert und zugleich die kampfunfähigen Söldner aus dem Heere hieselbst ansässig gemacht wurden.

Während dieser Rastzeit kam der Bruder des Fürsten Abisares von Kaschmir und andere kleine Fürsten der oberen Gegenden, alle mit vielen und kostbaren Geschenken, dem großen Könige ihre Huldigungen darzubringen; namentlich sandte Abisares dreißig Elephanten und ließ in Antwort auf den Befehl, den der König ihm hatte zukommen lassen, in Person zu erscheinen, seine vollkommenste Ergebenheit versichern und eine Krankheit, die ihn darnieder geworfen, als Entschuldigung für sein Nichterscheinen angeben. Da die von Alexander nach Kaschmir gesandten Makedonen diese Angaben bestätigten, und das jetzige Benehmen des Fürsten für seine weitere Ergebenheit zu bürgen schien, so wurde ihm sein Fürstenthum als Satrapie übergeben, und der Tribut bestimmt, den er hinfort zu entrichten habe, auch das Fürstenthum des Arsakes in den Bereich seiner Macht gegeben [1]). Nach feierlichen Opfern zur Weihe der neuen Stadt ging Alexander über den Akesines, gegen Mitte Septembers trafen die verschiedenen Heeresabtheilungen in Bukephala und Nikaia am Hydaspes zusammen.

Es war ein großer und zukunftreicher Gedanke des Königs, aus dem Gebiet des Indusstromes, das er jetzt nach Osten durchzogen hatte, nicht etwa auf dem Wege, den er gekommen, in sein Reich zurückzukehren, sondern eben so in den Ländern stromabwärts die Gewalt seiner Waffen geltend zu machen und den Samen des hellenistischen Lebens auszustreuen. Sein Verhältniß zu dieser neuentdeckten indischen Welt, nicht das eines unmittelbaren Herrschers, sondern auf den jetzt zum ersten Male eröffneten Verkehr mit jenen Völkern begründet, auf das

---

1) Nach Lassen II, S. 165 ist der heimische Name dieses Fürsten Uraça, oder vielmehr hieß so dessen Hauptstadt, die sechs Tagereisen von der Kaschmirs lag.

allmähliche Wachsthum dieser neuen Verbindungen und Anfänge berechnet, hätte, wenn etwa nur die indische Satrapie mit dem Kophenstrome das vermittelnde Band blieb, weder durchgreifend wirken, noch selbst für die Dauer bestehen können. Wenn auch jene Satrapie die Hauptstraße des gegenseitigen Verkehrs darbot, so mußte doch die ganze Linie des Indusstromes in den Händen der Makedonen sein, es mußten die tiefer am Strome wohnenden Völker denselben Einfluß wie die Völker des Fünfstromlandes anerkennen lernen, es mußte um so entschiedener gegen sie verfahren werden, je mehr manche derselben, namentlich die Maller und Oxydraker auf ihre Unabhängigkeit und ihren kriegerischen Ruhm trotzten, und jeden fremden Einfluß verabscheuten oder verachteten; vor Allem mußte dieser Einfluß selbst durch hellenistische Kolonien am Indusstrome Halt und Nachdruck erhalten. In diesem Plane war es, daß Alexander schon, als er von dem Hydaspes gen Osten aufgebrochen war, den Befehl zum Bau der großen Stromflotte gegeben hatte, mit der er zum Indus und bis zum großen Meere hinab zu segeln gedachte; jetzt, da es unmöglich geworden war, den Feldzug bis zum Ganges und zum Ostmeere fortzusetzen, mochte sich Alexander mit doppeltem Eifer zu dieser Expedition wenden, die, wenn nicht eben so viel Ruhm und Beute, wie die Heerfahrt zum Ganges, so doch gewiß große Erfolge erwarten ließ.

Während der vier Monate, die Alexander vom Hydaspes entfernt gewesen, hatte sich die äußere Gestalt dieser Gegend, in der seine beiden Städte lagen, vollkommen verwandelt; die Regenzeit war vorüber, die Wasser begannen in ihr altes Bett zurückzutreten, und weite Reisfelder, auf dem Fruchtboden der Ueberschwemmungen im üppigsten Grün, zogen sich auf der rechten Seite des Stromes hinab; das Ufer drüben unter den waldigen Höhen war meilenweit mit Schiffswerften bedeckt, auf denen Hunderte von großen und kleinen Fahrzeugen theils noch gezimmert wurden, theils schon fertig standen; Flößholz aus dem Gebirge, Kähne mit Vorräthen aller Art, Transporte von Bau- und Kriegsmaterial kamen auf dem Strome daher, dessen

Ufer das bunte Treiben eines lagernden und rastenden Heeres aller Nationen seltsam genug belebte. Alexanders nächste Sorge war, die beiden Festen, die, schnell und auf tiefem Grunde erbaut, in ihren Erdwällen und Baracken durch die Gewalt des Wassers manchen Schaden erlitten hatten, vollständiger und dauerhafter auszubauen, dann wurde die Ausrüstung der Schiffe begonnen. Nach hellenischer Sitte ernannte Alexander aus der Zahl der Reichsten und Vornehmsten in seiner Umgebung drei und dreißig Trierarchen, denen diese Leiturgie, der Ehrenleistung einer stattlichen und tüchtigen Schiffsausrüstung zum Gegenstand eines für die Sache selbst sehr förderlichen Wetteifers wurde [1]). Das Verzeichniß dieser Trierarchen giebt eine lehrreiche Uebersicht der Umgebung des Königs. Es sind 24 Makedonen: die sieben Leibwächter des Königs, so wie der demnächst als achter dazu ernannte Peukestas; der Strateg und Hipparch Krateros, von den Strategen der Phalanx Attalos, von den Chiliarchen der Hypaspisten Nearchos, ferner Laomedon, der nicht Soldat war, Androsthenes, der nach der Rückkehr nach Babylon die Flotte um Arabien führte; von den übrigen elf Makedonen wird keiner sonst erwähnt, mancher von ihnen mag wie Laomedon im Civil- oder wenigstens Intendanturdienst gestanden haben, Geschäfte, deren Umfang und Bedeutung bei diesem Heere, auch wenn nichts davon überliefert ist, sich von selbst versteht. Dann sind sechs Hellenen Trierarchen, unter ihnen des Königs Schreiber, Eumenes von Kardia, und der Larissaier Medios, einer der Vertrautesten des Königs. Endlich der Perser Bagoas und zwei Kyprioten, Königssöhne. Ob diese Trierarchen die ganze Flotte oder nur die größeren Schiffe, die 80 Dreißigruderer, ausrüsteten, ist nicht mehr zu erkennen.

[1]) Diese Form der Trierarchien, deren Arrian. Ind. 18 erwähnt, bestätigt Plut. Eumenes 2 und Plin. XIX. 1. Der vorschriftsmäßige Aufwand für jeden der Dreiunddreißig kann nicht, wie man nach Plutarch glauben sollte, dreihundert Talente betragen haben, wenn schon die Kosten hier, wo der Trierarch auch den Bau der Schiffe übernehmen mochte, bedeutender waren als in Athen.

Zur Bemannung der Stromflotte wurden aus dem Heere die Phöniker, Aegypter, Kyprier, Griechen der Inseln und asiatischen Küste ausgewählt und als Schiffsleute und Ruderer auf die Fahrzeuge vertheilt; und in weniger als einem Monat war Alles zur Abfahrt fertig. Tausend Fahrzeuge aller Art lagen auf dem Strom bereit [1]), unter diesen die achtzig als Kriegsschiffe eingerichtet, zweihundert unbedeckte Schiffe zum Transport von Pferden; alle übrigen Fahrzeuge, aus den Ufergegenden, wie man sie gerade vorfand, beigetrieben, waren zum Fortschaffen von Truppen und zum Nachfahren der Lebensmittel und Kriegsmaterialien bestimmt, wovon nach einer unsichern Nachricht eben jetzt große Transporte zugleich mit neuen Truppen, sechstausend Reitern und mehreren tausend Mann Fußvolks, angekommen sein sollen [2]).

In den ersten Tagen des November [3]) sollte die Stromfahrt beginnen. Der König berief die Hetairen und die indischen Gesandten, die beim Heere waren, ihnen das weiter Nöthige mitzutheilen. Er durfte die Hoffnung aussprechen, daß der Frieden, den er dem Fünfstromlande wieder gegeben, für die

---

1) Nach Arr. Ind. 19. 7: *ὀκτακόσιαι* (*χίλιαι καὶ ὀκ.* ist Conjectur); freilich Arrian. VI. 2. 4 hat *οὐ πολὺ ἀποδεόντων τῶν δισχιλίων*. Aber Diod. XVII. 95 und Curt. IX. 13. 22, die sonst in der Regel die größeren Zahlen haben, geben 1000. Diodor sagt: *διακοσίων μὲν ἀφράκτων, ὀκτακοσίων δὲ ὑπηρετικῶν*, als wären keine *κατάφρακται* dabei gewesen. Daß unter den achtzig *τριακόντοροι* nicht Triakonteren, wie sie Ptolemaios II. gebaut hat (Athen. V, p. 203 d) zu verstehen sind, sondern kleinere Kriegsschiffe (Böckh, Seeurkunden, S. 74) scheint aus Arrian. VI. 5. 2) zu erhellen, wo die *μακραὶ νῆες* der Flotte als *δίκροτοι* bezeichnet werden.

2) Diod. XVII. 95 sagt: hellenische Bundesgenossen und Söldner mehr als 30,000 zu Fuß und gegen 6000 Reiter, dazu 25,000 vortreffliche Panoplien für Fußvolk, 100 Talente Arzeneien. Curt. IX. 3. 21: 7000 Mann Fußvolk von Harpalos gesandt, 5000 Reiter aus Thrakien, beide unter Memnons Führung, 25,000 mit Gold und Silber ausgelegte Rüstungen.

3) Strabo XV, p. 691. „Nicht viele Tage vor dem Untergang der Plejaden" d. h. vor dem 13. November nach Kallippos, dem Zeitgenossen Alexanders, s. Ideler über das Todesjahr Alexanders, S. 275.

Dauer gegründet und durch seine Anordnung gesichert sein werde. Dem Fürsten Poros wurden die Erweiterungen seines Gebiets, die sieben Völker und zweitausend Städte umfaßten und sich bis in die Nähe des Hyphasis erstreckten, bestätigt, sein Verhältniß zu den Nachbarfürsten Abisares, Sopeithes und Phegeus festgestellt, dem Fürsten Taxiles der unabhängige Besitz seiner alten und neuen Länder zuerkannt, die abhängigen Fürstenthümer im Bereich der indischen Satrapie mit ihren Tributen und anderweitigen Verpflichtungen an den dortigen Satrapen verwiesen, ihre, so wie die anderen indischen Contingente in die Heimath entlassen. Sodann die Weisungen für den ferneren Zug: der König selbst werde mit allen Hypaspisten, mit den Agrianern und Bogenschützen, mit dem Geleit der Ritterschaft, im Ganzen etwa achttausend Mann, zu Schiffe gehen [1]), der Chiliarch Nearchos den Befehl über die gesammte Flotte, Onesikritos aus Astypaleia die Führung des königlichen Schiffs erhalten; die übrigen Truppen sollten in zwei Colonnen vertheilt zu beiden Seiten des Stromes hinab ziehen, die eine unter Krateros Führung auf dem rechten, dem westlichen Ufer, die andere größere, bei welchem die zweihundert Elephanten, auf dem linken unter Hephaistions Führung; beide wurden angewiesen, möglichst schnell vorzurücken, drei Tage stromabwärts [2]) Halt zu machen, und die Stromflotte zu erwarten; dort sollte der Satrap Philippos von der indischen Satrapie zu ihnen stoßen.

Noch eine Trauerfeier war zu begehen, ehe es zum Aufbruch kam. Der Hipparch und Strateg Koinos war einer Krankheit erlegen; die Ueberlieferung scheint anzudeuten, daß

[1]) Nach dieser Angabe der Gesammtzahl (Arrian. Ind. 19) können die Agrianer und Bogenschützen zusammen nur etwa 2000 Mann stark gewesen sein, wenn nicht Arr. VI. 2. 2 mit Unrecht die Agrianer hinzugefügt hat, die Ind. 19 ausgelassen sind.

[2]) Arrian. VI. 2 nennt die βασίλεια Σωπείθου, zu der Hephaistion möglichst schnell marschiren soll, einen Namen, dessen er an der gehörigen Stelle, bei dem Zuge durch das Hyphasisland nicht erwähnt hat. Sollte er nicht diesen Fürsten mit Spitakes verwechselt haben?

der König ihm jenen Vorgang am Hyphasis nicht vergessen habe; „nach den Umständen glänzend" wurde er bestattet [1]).

Dann kam der zur Abfahrt bestimmte Tag; mit dem Morgen begann das Einschiffen der Truppen; auf beiden Seiten des Stromes hatten Hephaistion und Krateros ihre Phalangen, ihre Reiterei, ihre Elephanten in glänzender Schlachtlinie aufrücken lassen; während sich ein Schiffsgeschwader nach dem anderen ordnete, hielt der König an den Ufern des Stromes feierliche Opfer nach hellenischem Brauch; nach der Weisung der vaterländischen Priester opferte er den Göttern der Heimath, dem Poseidon, der hülfreichen Amphitrite, dem Okeanos, den Nereiden, außerdem dem Strome Hydaspes; dann stieg er auf sein Schiff, trat an den Bord des Vordertheiles und spendete aus goldener Schaale, ließ den Trompeter das Signal zum Aufbruch blasen, und unter Trompetenschmettern und Alalageschrei schlugen die Ruder von allen Schiffen zugleich in die Wellen. So fuhr das segelbunte Geschwader, die achtzig Kriegsschiffe vorauf, in schönster Ordnung den Strom hinab, ein wunderbares und unbeschreibliches Schauspiel. „Mit nichts vergleichen läßt sich dies Rauschen des Ruderschlages, der auf allen Schiffen zugleich sich wechselnd hob und senkte, dies Commando der Schiffsführer, wenn das Rudern ruhen, wenn wieder beginnen sollte, das Alala der Matrosen, mit dem sie die Ruder wieder ins Wasser schlugen; zwischen den hohen Ufern hallte das Rufen desto mächtiger, und in den Schluchten bald rechts bald links gab das Echo es zurück; dann wieder umschlossen Wälder den Strom, und fern in der Waldeinsamkeit widerhallte der Fahrenden Ruf; bei Tausenden standen die Inder an den Ufern und sahen staunend dies fahrende Heer und die Streitrosse auf den Schiffen mit bunten Segeln, und die wunderbare stets gleiche Ordnung der Geschwader; sie jauchzten dem Rufe der Ruderer entgegen und zogen ihre Lieder singend den Strom mit hinab. Denn es

[1]) Arrian. VI. 2. 1: ἐκ τῶν παρόντων μεγαλοπρεπῶς. Schärfer sagt es Curt. IX. 13. 20.

giebt kein Volk, das den Gesang und Tanz mehr liebt als die Inder" [1]).

Nach einer dreitägigen Fahrt [2]) kam der König zu der Ufergegend, wo Krateros und Hephaistion die Flotte erwarten sollten; sie lagerten schon zu beiden Seiten des Stromes. Hier rastete Heer und Flotte zwei Tage, um den Satrapen Philippos mit der Nachhut der großen Armee herankommen zu lassen. Sobald die gesammte makedonische Kriegsmacht — 120,000 Combattanten zählte sie jetzt [3]) — bei einander war, traf der König die Einrichtungen, welche beim baldigen Einrücken in fremdes Gebiet, und zunächst zur Unterwerfung des Landes bis zur Akesinesmündung nöthig waren; namentlich wurde Philippos links ab an deu Akesines detachirt, um sich des westlichen Stromufers zu versichern; Hephaistion und Krateros zogen rechts und links vom Hydaspes etwas landeinwärts weiter; jenseits der Akesinesmündung sollte die gesammte Heeresmacht wieder zusammentreffen, um den Feldzug gegen die Maller und Oxydraker von dort aus zu beginnen. Denn schon war von den bedeutenden Rüstungen, die diese großen und streitbaren Völker machten, Nachricht eingelaufen; schon hätten sie, hieß es, ihre Weiber und Kinder in die festen Plätze gebracht, und bei vielen Tausenden zögen sich Bewaffnete an den Hyarotes zusammen.

---

1) Arrian. VI. 3. 5; Plin. XIX. 1, der besonders die Pracht der bunten Segel schildert.

2) Nach Plin. VI. 17 machte Alexander täglich sechshundert Stadien, nach Curt. IX. 3. 24 vierzig, beides ist unrichtig; nach achttägiger Fahrt kommt die Flotte zur Akesines-Mündung, die von dem Ort der Ausfahrt fünf bis sechs Tagereisen zu Lande (s. Vincent, p. 110), zu Wasser (nach Macartneys Karte) etwa acht und zwanzig Meilen, die Krümmungen des Stromes mitgerechnet wohl vierzig Meilen entfernt ist; gewiß schrieb Curtius statt quadraginta nicht quadringenta, was Freinsheim vorschlägt.

3) Arrian. Ind. XIX. 5: *ἤδη γὰρ καὶ δώδεκα μυριάδες αὐτῷ μάχιμοι εἵποντο σὺν οἷς ἀπὸ θαλάσσης τε αὐτὸς ἀνήγαγε καὶ αὖθις οἱ ἐπὶ συλλογὴν αὐτῷ στρατιῆς πεμφθέντες ἧκον ἔχοντες, παντοῖα ἔθνεα βαρβαρικὰ ἅμα οἷ ἄγοντι καὶ πᾶσαν ἰδέην ὡπλισμένα.*

Der König glaubte um so mehr vorwärtseilen und den Feldzug eröffnen zu müssen, ehe der Feind seine Rüstungen vollendet hätte. So ging die Flotte nach zweitägiger Rast weiter den Strom hinab; überall, wo sie anlegte, unterwarfen sich die Anwohner freiwillig oder wurden mit leichter Mühe dazu gezwungen.

Am fünften Tage hoffte Alexander die Mündung des Akesines in den Hydaspes zu erreichen; er hatte bereits in Erfahrung gebracht, daß diese Stelle für die Schifffahrt schwierig sei, daß sich die Ströme unter starkem Wellenschlag und vielen Strudeln vermischten, um dann in ein schmales Bette zusammengedrängt mit Ungestüm weiter zu strömen [1]). Diese Nachrichten waren auf der Flotte verbreitet und zugleich zu Vorsicht ernstlich ermahnt worden. Gegen Ende der fünften Tagefahrt hörte man aus Süden her ein gewaltiges Brausen, ähnlich dem der Meeresbrandung bei hohler See; staunend hielten die Ruderer der ersten Geschwader inne, unschlüssig, ob das Meer oder ein Unwetter oder was sonst nahe sei; dann belehrt und ermahnt zu rüstiger Arbeit, wenn sie der Mündung nahten, fuhren sie weiter. Immer mächtiger wurde das Brausen, die Ufer verengten sich, schon sah man die Mündung, eine wildwogende, schaumige Stromesbrandung, in der die Fluth des Hydaspes senkrecht auf die Wassersäule des Akesines stürzt und in strudelnder, tosender Wuth gegen ihn kämpft, um pfeilgeschwind mit ihm zwischen den engen Ufern hinabzubrausen. Noch einmal ermahnten die Steuerleute zur Vorsicht und zur höchsten Anstrengung der Arbeit, um durch die Gewalt der Ruder die Strömung, die die Schiffe in die Strudel gerissen hätte, wo sie unrettbar verloren waren, zu überwinden und möglichst schnell aus der Stromenge in freieres Wasser zu gelangen. Und schon riß der Strom die Schiffe mit sich fort, mit unsäglicher Mühe hielten Ruder und Steuer die Richtung;

---

[1]) Neuere Berichte bestätigen diese Angaben; s. Vincent, p. 112. Chereffeddin IV. 10. 52 sagt von dieser Stelle: les vagues, qui se forment en ce lieu, le font paraître une mer agitée.

mehrere Fahrzeuge wurden überwältigt, in die Strudel gerissen, kreiselnd umgekehrt, die Ruder zerbrochen, die Flanken beschädigt, sie selbst mit genauer Noth vor dem Untergehen gerettet; besonders die langen Schiffe waren in großer Gefahr, zwei von ihnen, gegen einander gejagt, zerschellten und versanken; leichtere Fahrzeuge trieben ans Ufer; am glücklichsten kamen die breiten Lastschiffe durch, die, von dem Strudel ergriffen, zu breit, um umzuschlagen, von der Gewalt der Wellen selbst wieder in die rechte Richtung gebracht wurden. Alexander selbst soll mit seinem Schiffe in den Strudeln und in der augenscheinlichsten Lebensgefahr gewesen sein, so daß er schon sein Oberkleid abgeworfen hatte, um sich in das Wasser zu stürzen und sich durch Schwimmen zu retten [1]).

So kam die Flotte nicht ohne bedeutenden Verlust über die gefährliche Stelle hinaus; erst eine Stunde abwärts wurde das Wasser ruhiger und freier; der Strom wendet sich hier um die Uferhügel rechts hin; hinter ihnen konnte man bequem und vor der Strömung gesichert anlegen, zugleich war das weit hinaus reichende Uferland zum Auffangen der hinabtreibenden Scheiter und Leichname geeignet. Der König ließ hier die Flotte anlegen und befahl dem Nearch, die Ausbesserung der beschädigten Fahrzeuge möglichst schnell zu bewerkstelligen. Er selbst benutzte die Zeit zu einer Excursion in das Land, damit die streitbaren Völker dieser Landschaft, die Siber und Agalasser, den Mallern und Oxydrakern [2]), von denen sie der Akesines trennte, nicht etwa bei dem bevorstehenden Angriff der Makedonen zu Hülfe kämen. Nach einem Marsche von sechs Meilen, der dazu benutzt wurde, durch Verwüstungen Schrecken zu verbreiten, stand Alexander vor der nicht unbedeutenden Hauptstadt der Siber; sie wurde ohne große Mühe erstürmt. Nach einem anderen Berichte ergab sie sich freiwillig [3]).

---

1) Curt. IX. 4. 10. Diod. XVII. 96.

2) Ueber die Xudraka und Malava s. Lassen II, S. 171; Cunningham, Geogr. I, p. 215 sqq.

3) Daß diese Sibi (Σίβαι Arrian. Ind. 5; Strabo XV, p. 258 und

Bei seiner Rückkehr zum Akesines fand Alexander die Flotte in segelfertigem Stand, auch war Krateros im Lager, Hephaistion und Philippos oberhalb der Strommündung angekommen. Sofort wurden die Anordnungen für den Zug gegen die Maller getroffen, deren Gebiet etwa sieben Meilen stromabwärts bei der Hyarotesmündung begann und an diesem Strome weit gen Norden hinauf reichte. Sie waren, das wußte der König, auf einen Angriff gefaßt und gerüstet; sie mußten erwarten, daß das makedonische Heer zur Hyarotesmündung hinabgehn und von da aus in ihr Gebiet eindringen werde, da es durch eine wasserlose Wüste von mehreren Meilen Breite vom Akesines getrennt war und also von der Gegend der Schiffsstation aus unangreifbar schien. Der König beschloß, sie auf diesem Wege, wo sie es am wenigsten erwarteten, und in dem oberen Theil ihres Landes, unfern von den Grenzen der Gandaritis und der Kathaier, plötzlich anzugreifen und sie von da aus den Hyarotesstrom hinabzudrängen; an den Mündungen dieses Flusses sollten sie, wenn sie Zuflucht oder Beistand auf dem jenseitigen Ufer des Akesines suchten, den Makedonen wiederum in die Hände fallen. Deshalb ging zunächst die Flotte unter Nearch dorthin ab, um das rechte Ufer des Akesines der Hyarotesmündung gegenüber zu besetzen und so die Verbindung des mallischen Landes mit dem Uferlande drüben abzuschneiden; Krateros sollte mit seinen Truppen, mit den Elephanten und der Phalanx Polysperchon, die bis daher bei Hephaistion gewesen waren, und mit den Truppen des Philippos, die den Hydaspes oberhalb seiner Mündung übersetzten, drei Tage

---

273; Steph. Byz. s. v., weniger gut Σίβοι bei Diod., Sobii bei Curt.) Siva-Diener sind, wie Bohlen („Das alte Indien", S. 208) annahm, ist von Lassen I, S. 644 widerlegt. Arrian spricht in der Anabasis von diesem Volke nicht insbesondere, da er natürlich die Abstammung desselben von Herakles nur für ein Märchen halten und am wenigsten, wie Diodor thut, diese Verwandtschaft mit dem Herakleiden Alexander zu einer politischen Bedeutung erheben kann. Doch deutet er diese Excursion an der gehörigen Stelle (VI. 5. 9) an; man ersieht daraus zugleich, daß sie in dem Duab zwischen Akesines und Indus wohnten.

später auf der Station Nearchs eintreffen und mit dieser bedeutenden Heeresmacht auf dem rechten Stromufer die Basis für die kühnen Operationen jenseits bilden. Sobald Nearchos und Krateros aufgebrochen waren, theilte Alexander das noch übrige Heer in drei Corps; während er selbst mit dem einen den Ueberfall im Innern des Mallerlandes bewerkstelligen und die Feinde stromab treiben würde, sollte Hephaistion, der mit dem zweiten Corps fünf Tage früher ausrückte, die Linie des Hyarotes besetzen, um die Fliehenden aufzufangen, der Lagide Ptolemaios dagegen mit dem dritten Corps drei Tage später ausrücken, um den etwa rückwärts zum Akesines flüchtenden den Weg zu sperren.

Die Maller und Oxydraker ihrer Seits, so heißt es, hatten zwar bei der Nachricht von Alexanders Herannahen ihre alten Fehden beigelegt, sich zu gegenseitiger Hülfeleistung durch Geißeln verpflichtet und ein sehr bedeutendes Heer, über sechzigtausend Mann Fußvolk, zehntausend Reiter, siebenhundert Streitwagen, zusammengebracht, waren aber bei der Wahl eines gemeinsamen Anführers — denn sie gehörten zu den Aratten, den Indern ohne Fürsten — mit einander so uneins geworden, daß sich die Heeresmacht auflöste und die Contingente der einzelnen Distrikte sich in ihre festen Städte zerstreuten; eine Angabe, die zwar nicht durch besondere Autorität verbürgt wird, aber durch die Eigenthümlichkeit des Operationsplanes, den Alexander entworfen, einige Bestätigung erhält [1]). Nach anderen Berichten hatten die Maller und Oxydraker die Absicht, sich zu verbünden, und würden dann eine bedeutende Kriegsmacht den Makedonen entgegengestellt haben, weshalb eben Alexander so eilte, um der Vereinigung mit seinem Angriff zuvorzukommen [2]).

An dem zum Aufbruch bezeichneten Tage, gegen Mitte November, rückte Alexander aus; mit ihm waren die Hypaspisten, die Schützen und Agrianer, die Phalanx Peithon, die Hälfte der makedonischen Hipparchien und die Bogenschützen zu Pferd.

1) Curt. Diod.
2) Arrian. VI. 11. 7.

In kurzer Entfernung vom Akesines begann die Wüste; nach einem fünfstündigen Marsche gelangte man zu einem Wasser; dort wurde Halt gemacht, Mittag gehalten, ein wenig geruht, Wasser in die Behälter, wie sie Jeder hatte, geschöpft, dann weiter marschirt; den noch übrigen Theil des Tages und die folgende Nacht durch ging es in möglichster Eile weiter; am anderen Morgen sah man, nach einem Marsche von fast acht Meilen, die mallische Stadt Agalassa [1]) mit ihrer Burg gen Osten liegen. Hierher hatten sich viele Maller zurückgezogen; sie lagerten unbewacht und unbewaffnet vor den Mauern der Stadt, die die Menschenmenge nicht faßte; sie waren so vollkommen überzeugt, daß ein Ueberfall durch die Wüste her unmöglich sei, daß sie das herannahende Heer für alles Andere, nur nicht für Makedonen hielten. Und schon waren Alexanders Reiter mitten unter ihnen; an Widerstand war nicht zu denken; Tausende wurden niedergehauen; was fliehen konnte, rettete sich in die Stadt, die Alexander von der Reiterei einschließen ließ, bis das Fußvolk nachkäme, um den Sturm zu beginnen. Sobald dieses heran war, entsandte der König schleunigst Perdikkas mit zwei Hipparchien und den Agrianern zu einer benachbarten Stadt [2]), in die sich viele Inder geflüchtet hatten, mit der Weisung, dieselbe auf das Sorgfältigste zu beobachten, selbst jedoch nichts gegen sie zu unternehmen, bevor das Heer von Agalassa nachrücke, damit nicht die Flüchtlinge zugleich die Nachricht von der Nähe der Makedonen weiter land-

---

[1]) Arrian hat diesen Namen nicht, und bei Curtius, der hier fast wörtlich mit Diodor stimmt, verbirgt ihn die falsche Lesart alia gens (IX. 4. 5); so verwirrt Beide erzählen, so läßt sich in ihnen doch die Uebereinstimmung mit Arrian noch herausfinden; das superato amne bei Curtius ist vom Akesines zu verstehen, über den Alexander gehen mußte, um von dem Lager, in das er nach der Expedition gegen die Sibas zurückgekehrt war, auf das Ostufer des Stromes ins mallische Gebiet zu gelangen. Ueber die Maller cf. Tod, Rajastan II, p. 292. 443. Agalassa, acht Meilen von der Station unter der Hydaspesmündung entfernt, trifft auf die Lage von Pinde Schaich Moosa, ein und eine halbe Meile vom Hyarotes.

[2]) Dieß könnte etwa Moree unfern des Stromes sein.

ein verbreiteten. Indeß begann Alexander den Sturm; die Inder, die schon bei dem ersten Ueberfall hart mitgenommen waren, verzweifelten die Mauern behaupten zu können; von den Thoren und Thürmen zurückfliehend, wurden sie von den nachdringenden Makedonen größtentheils erschlagen, nur einige Tausend flüchteten sich in die Burg und wehrten sich von dort herab mit dem Muthe der Verzweiflung; mehr als ein Angriff der Makedonen wurde zurückgeschlagen, die immer steigende Erbitterung, der Zuruf und das Beispiel des Königs, die Erschöpfung der Gegner ließ die Makedonen endlich den Sieg erringen, für dessen Mühe sie sich mit einem gräßlichen Gemetzel unter den Indern rächten; von den Zweitausend, welche die Burg vertheidigt hatten, entkam keiner.

Indessen hatte Perdikkas die Stadt, gegen die er gesandt war, bereits von den Einwohnern verlassen gefunden; er beeilte sich, den Fliehenden nachzusetzen; er holte sie in der That noch ein, und die sich nicht über den Strom oder in das Sumpfland an dessen Ufer gerettet hatten, wurden erschlagen. Der König seinerseits hatte nach Erstürmung der Burg von Agalassa den Seinigen wenige Stunden Ruhe gegönnt; mit Einbruch der Nacht ließ er, nachdem eine kleine Besatzung in die Burg gelegt war, aufbrechen und dem Hyarotes zu marschiren, um den Mallern der Umgegend die Flucht auf das jenseitige Ufer abzuschneiden. Gegen Morgen erreichte er die Furth des Flusses, die meisten der Feinde waren schon hinübergeflüchtet; die noch zurück geblieben, wurden niedergehauen; er selbst setzte sogleich durch den Strom, bald waren die fliehenden Schaaren eingeholt, von Neuem begann das Gemetzel; wer entkam, rettete sich in eine nahe liegende Feste, die übrigen ergaben sich dem Sieger. Sobald das Fußvolk nachgekommen war, entsandte der König Peithon mit seiner Phalanx und zweien Geschwadern gegen diese Feste; sie fiel beim ersten Sturm, und die Maller in ihr wurden zu Kriegsgefangenen gemacht, worauf Peithon wieder zum Könige stieß.

Dieser war indessen gegen eine Brahmanenstadt, in die sich gleichfalls viele Maller geworfen hatten, vorgerückt und hatte sofort die Mauern umzingelt und sie zu untergraben beginnen lassen; zugleich von den Geschossen der Makedonen schwer mitgenommen, zogen sich die Inder in die Burg der Stadt zurück; eine Schaar Makedonen war allzu kühn vorgegangen und mit in die Burg hineingedrungen; aber sie vermochte sich nicht gegen die Uebermacht zu halten; fast abgeschnitten, schlug sie sich mit bedeutendem Verluste durch. Das steigerte die Erbitterung der Truppen; sofort ließ Alexander Sturmleitern heranbringen und die Burgmauern unterminiren; sobald ein Thurm und der daran stoßende Theil der Mauer eingestürzt war und eine Bresche zum Stürmen darbot, war Alexander der erste auf den Trümmern, ihm nach drangen jubelnd die Makedonen, und in kurzer Zeit war die Mauer trotz der tapfersten Gegenwehr von Feinden gesäubert; viele von ihnen wurden im Kampfe erschlagen, andere warfen sich in die Gebäude, steckten sie in Brand und schleuderten, während die Feuersbrunst ungehemmt um sich griff, aus den brennenden Häusern Speere und Balken auf die Makedonen, bis sie der Gluth und dem Dampf erlagen. Wenige fielen lebend den Makedonen in die Hände, gegen fünftausend waren beim Sturm und beim Brande der Burg umgekommen.

Alexander ließ hier seine, durch die ungeheueren Anstrengungen der letzten fünf Tage erschöpften Truppen einen Tag ruhen; mit frischen Kräften zogen sie dann aus, die anderen mallischen Städte auf der Südseite des Hyarotes zu erobern; aber überall waren die Einwohner vor ihrer Ankunft bereits entflohen; es schien nicht nöthig, die einzelnen Haufen aufzusuchen; es genügte ihnen, die Städte zu zerstören. So mehrere Tage; dann folgte wieder ein Ruhetag, damit die Truppen zum Angriff auf die größte Stadt diesseits, in die sich, auf ihre Stärke vertrauend, viele Maller geworfen haben sollten, frische Kraft sammeln konnten.

Um die waldigen Ufer stromaufwärts, im Rücken der ferneren Bewegungen, den zersprengten Mallern nicht zum Zufluchtsort und zum Sammelplatz für eine gefährliche Diversion werden zu lassen, wurde die Phalanx Peithon, die Hipparchie

Demetrios und die nöthigen Haufen leichtes Volk an den Strom zurückgesandt, mit dem Auftrage, die Inder dort in den Wäldern und Sümpfen aufzusuchen und alle, die sich nicht freiwillig ergäben, niederzuhauen. Mit den übrigen Truppen zog der König selbst, in der Erwartung eines hartnäckigen Kampfes, auf die oben bezeichnete Stadt los; aber so groß war der allgemeine Schrecken, den die makedonischen Waffen verbreitet hatten, daß die Inder in der großen Stadt, an der Möglichkeit, sie zu behaupten, verzweifelnd, sie Preis gaben, sich über den nahen Strom zurückzogen und dessen hohe Nordufer besetzten, in der Hoffnung, von dieser allerdings günstigen Position aus den Uebergang der Makedonen hindern zu können. Sobald Alexander davon unterrichtet war, brach er schleunigst mit der gesammten Reiterei auf und befahl dem Fußvolk, ohne Verzug nachzurücken. Angekommen an dem Strom, ließ er, unbekümmert um die jenseits aufgestellte Linie der Feinde, sofort den Uebergang beginnen; und die Inder, durch die Kühnheit dieses Manövers in Schrecken gesetzt, zogen sich, ohne den ungleichen Kampf zu versuchen, in geschlossener Ordnung zurück; aber sobald sie bemerkten, daß ihnen nicht mehr als vier- bis fünftausend Mann Reiter gegenüber waren, wandte sich ihre ganze Linie, wohl fünfzigtausend Mann stark, gegen Alexander und dessen Reitercolonne und versuchte sie vom Ufer, das sie bereits besetzt hatten, hinabzudrängen. Mit Mühe und nur durch eine Reihe künstlicher Bewegungen, durch welche jedem Handgemenge ausgewichen wurde, behaupteten sich die Reiter auf diesem schwierigen Terrain, bis nach und nach einige Schaaren leichten Volks und namentlich die Schützen nachgekommen waren und man jenseits auch schon das schwere Fußvolk dem Ufer nahen sah. Jetzt begann Alexander vorzurücken; aber die Inder wagten nicht, den Angriff zu erwarten, sie wandten sich zur Flucht in eine benachbarte stark befestigte Stadt [1]); die Makedonen verfolgten sie lebhaft, tödteten viele auf

1) Die Lage dieser Stadt ist sehr unklar. Was ich früher vermuthet, wage ich nicht zu wiederholen. Masson (Narration I, p. 402) glaubt

der Flucht und machten nicht eher, als unter den Mauern der Stadt, Halt.

Der König ließ sofort die Stadt von der Reiterei umzingeln; doch wurde es später Abend, ehe das Fußvolk herankam; zugleich waren Alle, die Reiterei von dem Flußübergange und der heftigen Verfolgung, das Fußvolk von dem weiten und schweren Marsche, so erschöpft, daß für diesen Tag nichts weiter unternommen werden konnte; so wurde das Lager rings um die Stadt her aufgeschlagen. Aber mit dem ersten Morgen begann der König mit der einen, Perdikkas mit der zweiten Hälfte des Heeres von allen Seiten das Stürmen gegen die Mauern; die Inder vermochten nicht, sie zu behaupten, sie zogen sich von allen Seiten auf die stark befestigte Burg zurück. Alexander ließ auf seiner Seite ein Thor der Stadtmauer erbrechen und drang an der Spitze seiner Leute, ohne Widerstand zu finden, in die Stadt und durch die Straßen zur Burg; sie war mit starken Mauern versehen, die Thürme wohlbemannt, die Belagerungsarbeit unter den Geschossen der Feinde gefährlich. Dennoch begannen die Makedonen sofort zu untergraben; andere brachten ein Paar Sturmleitern heran, versuchten, sie anzulegen; der ununterbrochene Pfeilregen von den Thürmen machte selbst die Muthigsten stutzen. Da ergriff der König eine Leiter; in der Linken den Schild, in der Rechten sein Schwert, stieg er empor, ihm nach Penkestas und Leonnatos auf derselben, ein alter Kriegshauptmann Abreas auf einer zweiten Leiter. Schon ist der König bis an die Zinne; den Schild vor sich aufgestützt, zugleich kämpfend und sich wehrend, stürzt er die einen rücklings von der Mauer hinab, stößt die andern mit seinem Schwert nieder; die Stelle vor ihm ist einen Augenblick frei, er schwingt sich auf die Zinne, ihm folgt

---

in Kot-Kamalia, Cunningham in Multan die Mallerstadt wieder zu erkennen; daß der alte Lauf der Ravi oder Hyraotes ein anderer als jetzt, und dessen Mündung in den Akesines einige Meilen unterhalb Multan war, weist Cunningham nach. In Survey V, pl. 36 giebt Cunningham einen Plan der Stadt Multan, der die Burg so wie ihre Lage auf einer ehemaligen Insel des Ravi hervortreten läßt.

Perdikkas, Leonnatos, Abreas; schon dringen die Hypaspisten mit lautem Geschrei auf den zwei Leitern nach, überfüllt brechen diese zusammen, der König auf der Zinne ist abgeschnitten. An seiner glänzenden Rüstung, an seinem Helmbusch erkennen ihn die Inder; zu nahen wagt ihm Niemand, aber Pfeile, Speere, Steine werden aus den Thürmen herab, aus der Burg herauf auf ihn geschleudert; seine Getreuen rufen ihm zu, zurückzuspringen und seines Lebens zu schonen; er mißt mit einem Blick die Mauerhöhe zur Burg hinein, und schon ist der kühne Sprung gethan. Er steht allein innerhalb der feindlichen Mauer; mit dem Rücken an sie gelehnt erwartet er die Feinde. Schon wagen sie zu nahen, schon dringt ihr Führer auf ihn ein; mit einem Schwertstoß durchbohrt ihn Alexander, einen Zweiten wirft er mit einem Stein nieder, ein Dritter, ein Vierter sinkt unter des Königs Schwert. Die Inder weichen zurück, sie beginnen von allen Seiten her Pfeile, Speere, Steine, was jeder hat, auf ihn zu werfen; noch schützt ihn sein Schild, dann ermüdet sein Arm; schon sind auch Peukestas, Leonnatos, Abreas herabgesprungen, an seiner Seite. Aber Abreas sinkt, von einem Pfeil ins Gesicht getroffen, nieder; jauchzend sehen es die Inder, mit doppeltem Eifer schießen sie; ein Pfeil trifft des Königs Brust, der Panzer ist durchbohrt, ein Blutstrahl sprüht hervor, mit ihm der Athem der Lunge. In der Spannung des Kampfes bemerkt es der König nicht, er fährt fort, sich zu wehren; der Blutverlust macht ihn ermatten, seine Kniee schwanken; ihm vergehn die Sinne; er sinkt an seinem Schilde nieder. Wilder dringen die Inder ein. Peukestas stellt sich über den Gefallenen, deckt ihn mit dem Schilde von Ilion, das er trägt, Leonnatos beschirmt ihn von der andern Seite; schon trifft sie Pfeil auf Pfeil; sie halten sich kaum noch aufrecht; der König verblutet.

Indeß ist vor den Mauern die wildeste Bewegung; die Makedonen haben ihren König in die Stadt hinabspringen sehen; es ist nicht möglich, daß er sich rettet, und sie vermögen ihm nicht zu folgen; man will Sturmleitern, Maschinen, Bäume anlegen, Alles hält nur auf, jeder Augenblick Säumniß kann sein

Tod sein; sie müssen ihm nach; die Einen treiben Pflöcke in die Mauer und klimmen empor, Andere steigen auf den Schultern der Kameraden zu den Zinnen hinan. Da sehen sie den König am Boden, Feinde dicht umher, schon sinkt Peukestas; vor Wuth und Jammer schreiend stürzen sie sich hinab; sie schaaren sich schnell um den Gefallenen, dicht verschildet rücken sie vor und drängen die Barbaren hinweg. Andere werfen sich auf das Thor, reißen es auf, heben die Thorflügel aus den Angeln, und mit wildem Geschrei stürzen die Colonnen hinein in die Burg. Nun geht es mit doppelter Macht auf den Feind, sie schlagen Alles todt; Weiber, Kinder werden durchbohrt, das Blut soll ihre Rache kühlen. Andere tragen den König auf seinem Schilde fort; noch ist der Pfeil in seiner Brust; man versucht, ihn heraus zu ziehen, ein Widerhaken hält ihn zurück; der Schmerz läßt den König aus seiner Ohnmacht erwachen; seufzend bittet er, den Pfeil aus der Wunde zu lösen, die Wunde mit seinem Schwert zu erweitern. So geschieht es, reichlich rieselt das Blut hervor, eine neue Ohnmacht überfällt ihn; Leben und Tod scheint über ihn zu ringen. Weinend stehen die Freunde um sein Lager, die Makedonen vor dem Zelt; so vergeht der Abend und die Nacht [1]).

---

[1]) Arrian hat VI. 11 die von der obigen Darstellung (nach Ptolemaios) abweichenden Angaben kritisch untersucht, so daß über deren Irrthümlichkeit kein Zweifel sein kann. Besonders tadelt er die Angabe, daß der Vorfall im Lande der Oxydraker geschehen sei, wie Curtius IX. 4. 26, Lucian Dial. mort. XIV. 14, Appian. civ. II. 102, Paus. I. 6, Andere bei Freinsheim ad Curtium IX. l. c. berichten. Eine zweite Abweichung findet bei den Namen derer Statt, die mit dem Könige in der Burg waren; Plutarch. 63 nennt Peukestas und Limnaios; Curt. IX. 5. 15. Timaios und die drei Leibwächter Peukestas, Aristonus, Leonnatos; Timagenes und Kleitarch (nach Curtius) und nach ihnen Paus. l. c., Steph. Byz. v. Ὀξύδρακαι fügten den Lagiden Ptolemaios hinzu, der wenigstens zehn Meilen entfernt stand. Peukestas galt allgemein im Alterthum für Alexanders Retter (Alexandri Magni servator, Plin. XXXIV. 8). Viele nannten außer Alexanders Brustwunde auch noch einen Keulenschlag gegen den Hals. Der Pfeil selbst wurde entweder durch Perdikkas oder durch den Asklepiaden Kritobulos von Kos (Kritodemos bei Arrian), den berühmten Arzt des

Schon waren Gerüchte von diesem Kampf, von der Wunde, vom Tode des Königs in das Lager an der Hyarotesmündung gekommen und hatten dort eine unbeschreibliche Bewegung hervorgebracht. Zuerst Schrecken, lautes Jammern und Weinen; dann wurde es stiller, man begann zu fragen, was nun werden solle? es wuchs die Sorge, die Entmuthigung, die Qual der Rathlosigkeit; wer sollte des Heeres Führer werden? wie sollte das Heer in die Heimath zurückkehren? wie die endlosen Länderstrecken, die furchtbaren Ströme, die öden Gebirge, die Wüsteneien hindurch Weg und Rath finden? wie sich vertheidigen vor allen den streitbaren Völkern, die ihre Freiheit zu vertheidigen, ihre Unabhängigkeit wieder zu erkämpfen, ihre Rache an den Makedonen zu stillen, nicht länger zögern würden, da Alexander nicht mehr zu fürchten war? Und als die Nachricht kam, noch lebe der König, so glaubte man es kaum, so verzweifelte man, daß er dem Tode entrinnen werde; als ein Schreiben von dem Könige selbst kam, daß er in Kurzem in das Lager zurückkehren werde, hieß es, der Brief sei von den Leibwächtern und Strategen erdichtet, um die Gemüther zu beruhigen, in Wahrheit sei der König todt und sie ohne Rath und Rettung.

Indeß war Alexander wirklich vom Tode gerettet und nach sieben Tagen seine Wunde, wennschon noch offen, doch ohne weitere Gefahr; die Nachrichten aus dem Lager und die Besorgniß, es möchte im Heer der Glaube, er sei todt, Unordnungen erzeugen, veranlaßten ihn, seine völlige Herstellung nicht abzuwarten, sondern schon jetzt zum Heere zurückzukehren.

Königs Philipp, der diesem den Pfeil von Methone aus dem Auge gelöst hatte, herausgezogen (Plin. VII. 37). Das Herauslösen des Pfeils erzählt Plutarch (de fort. Alex. 11 fin.) etwas anders: den Pfeil aus dem Brustbeine herauszuziehen vermochte man nicht; das Rohr abzusägen wollte man nicht wagen, aus Furcht, der Knochen möchte zersplittern; da Alexander die Bestürzung der Umgebung sah, fing er selbst an, das Rohr an der Oberfläche des Harnisches mit dem Dolche wegzuschneiden, aber die Hand erstarrte und sank herab; er befahl daher, unerschrocken anzugreifen; er schalt die Umstehenden wegen ihres Weinens und Mitleidens, er schalt sie Verräther, da sie ihm ihre Hülfe versagten u. s. w.

Er ließ sich zum Hyarotes hinab auf eine Jacht tragen, auf der ein Zelt für sein Krankenlager errichtet war; ohne Ruderschlag, um die Erschütterung zu vermeiden, nur von der Strömung getragen, nahte die Jacht erst am vierten Tage dem Lager. Die Kunde, Alexander komme, war vorausgeeilt, Wenige glaubten sie. Schon sah man zwischen der Uferwaldung die Jacht mit dem Zelte den Strom herabkommen; mit ängstlicher Spannung standen die Truppen längs dem Ufer. Der König ließ das Zelt aufschlagen, damit ihn Alle sähen. Noch meinten sie, es sei der todte König, den das Schiff bringe; ehe er das Ufer erreichte, hob er den Arm, wie den Seinigen zum Gruß. Da erscholl der freudigste Aufschrei der Tausende, sie streckten die Hände gen Himmel empor oder ihrem Könige entgegen, Freudenthränen mischten sich in den immer neuen Jubelruf. Dann legte die Jacht an, einige Hypaspisten brachten ein Lager, den König aus dem Schiff in sein Zelt zu tragen; er befahl ein Pferd zu bringen; als das Heer ihn wieder hoch zu Roß sah, erbrauste ein Freudengeschrei und Händeklatschen und Schilderklang, daß die Ufer drüben und die Waldungen umher widerhallten. Dem Zelte nah, das für ihn bereitet war, stieg er vom Pferde, damit seine Kriegsleute ihn auch gehen sähen; da drängten sie sich von allen Seiten heran, seine Hand, sein Knie, sein Kleid zu berühren, oder auch nur ihn von Nahem zu sehen, ihm ein gutes Wort zuzurufen, ihm Bänder und Blumen zuzuwerfen.

Bei diesem Empfang wird geschehen sein, was Nearchos aufgezeichnet hat. Dem Könige seien von einigen Freunden Vorwürfe gemacht worden, daß er sich so der Gefahr ausgesetzt habe: das sei der Soldaten, nicht des Feldherrn Sache; ein alter Boioter, der das gehört und des Königs Misstimmung darüber bemerkt habe, sei herangetreten und habe in seinem boiotischen Dialekt gesagt: „dem Mann die That, o Alexandros; aber wer thut, muß leiden“. Der König habe ihm zugestimmt und ihm das gute Wort auch später nicht vergessen.

Die schnelle Eroberung der mallischen Hauptstadt hatte den mächtigsten Eindruck auf sämmtliche Völkerschaften dieser Gegend gemacht. Die Maller selbst, obschon noch weite Strecken ihres Gebietes von den Makedonen nicht berührt waren, verzweifelten, längeren Widerstand zu leisten; in einer demüthigen Gesandtschaft ergaben sie sich und ihr Land dem Könige. Die Oxydraker oder Sudraker, die mit den Mallern als die tapfersten Völker Indiens berühmt waren und eine bedeutende Streitmacht ins Feld stellen konnten, zogen es vor, sich zu unterwerfen; eine große Gesandtschaft, bestehend aus den Befehlshabern der Städte, den Herren der Landschaft und einhundert und funfzig der Vornehmen des Landes, kamen mit reichen Geschenken, zu Allem, was der König fordern würde, bevollmächtigt; sie sagten, daß sie nicht schon eher vor dem Könige erschienen, sei ihnen zu verzeihen, da sie mehr noch als irgend ein anderes Volk Indiens ihre Freiheit liebten, die sie seit undenklichen Zeiten, seit dem Zuge des Gottes, den die Griechen Dionysos nennen, bewahrt hätten; dem Alexandros aber, denn er solle ja von den Göttern stammen, und seine Thaten seien Beweis dafür, unterwürfen sie sich gern und seien bereit, einen Satrapen, den er setzen würde, aufzunehmen, Tribut zu zahlen und Geißeln zu stellen, so viele der König verlangen würde. Er verlangte tausend der Edelsten des Volks, die, wenn er wolle, ihm als Geißeln folgen oder den Krieg bis zur Unterwerfung der noch übrigen Landschaften Indiens mitmachen sollten. Die Oxydraker stellten die tausend Edlen, sandten außerdem freiwillig fünfhundert Kriegswagen mit, jeden mit zwei Kriegsleuten und seinem Wagenführer, worauf Alexander die Tausend huldreich entließ, die Kriegswagen aber seinem Heere zufügte; ihr Gebiet nebst dem der Maller wurde der Satrapie Indien unter Philippos zugewiesen.

Nachdem Alexander vollkommen hergestellt war und den Göttern in feierlichen Opfern und Kampfspielen für seine Genesung gedankt hatte, brach er aus seinem Lager an der Hyarotesmündung auf. Während des Aufenthaltes an dieser Stelle waren viele neue Schiffe gebaut worden, so daß jetzt bedeutend mehr Truppen als bisher mit dem Könige stromab fahren konnten; es waren mit ihm 10,000 Mann vom Fußvolk, von den Leichtbewaffneten die Schützen und Agrianer, 1700 Mann makedonische Ritterschaft. So segelte der König aus dem Hyarotes in den Akesines hinab, durch das befreundete Land der Oxydraker, an der Hyphasismündung vorüber [1]) bis zur Vereinigung des mächtigen Pandschnad mit dem Indus. Nur die Abastaner (Ambastha) hatte Perdikkas im Vorüberziehen zur Unterwerfung zwingen müssen; die anderen Völkerschaften nah und fern schickten Gesandtschaften mit reichen und kostbaren Geschenken, feinen Webereien, Edelsteinen und Perlen, bunten Schlangenhäuten, Schildkrötenschaalen, gezähmten Löwen und Tigern; auch neue Dreißigruderer und Lastschiffe in bedeutender Zahl, die der König im Lande der Xathras hatte bauen lassen, kamen den Strom herab [2]). Hier, wo der Indus den Pandschnad, die vereinigten fünf östlichen Nebenströme, aufnimmt, und wo für den Verkehr zwischen dem Innern des Landes und der Indusmündung sich der natürliche Mittelpunkt bildet, beschloß Alexander, eine hellenische Stadt zu gründen, die eben so wichtig für die Behauptung des Landes, wie durch den Indushandel bedeutend und blühend werden mußte [3]); sie sollte der südlichste

---

[1]) Den Hyphasis, nicht den Hesudrus (Çatadru) nennt Arrian. IV. 14. 5.

[2]) Arrian. VI. 15. Die Lage dieser Völker nachzuweisen ist um so schwieriger, da Diodor und Curtius Alles verwirren, und in den indischen Berichten Arrians andere Verwirrungen durch die oft falschen Angaben über die verschiedenen Strommündungen entstehen; gewiß scheint nur das Eine, daß der Oxydraker sehr ausgedehntes Gebiet nicht weit südwärts von der Hyarotesmündung, an der mallischen Gränze begann und über die Gränze des heutigen Multan hinaus bis zur Vereinigung des Akesines und Hyphasis hinabreichte; daß die Xathras mit den *Σόδρας* bei Diod. XVII. 102 identisch, daß in ihrem Namen Kschatras zu erkennen seien, die aus Vermischung der Kschatrijas (Kriegerkaste) und der Sudras entstehen, wage ich nach Lassen II, S. 173 nicht mehr zu glauben. Die Xathras müssen eine waldreiche Ufergegend bewohnt haben, da dort Schiffe gebaut wurden. Die Abasthanas (Sambastai bei Diodor) und ihre Wohnsitze sind durch nichts bezeichnet.

[3]) Daß diese Stadt das von Steph. Byz. bezeichnete fünfte Alexandreia ist *ἐν τῇ Ὠπιανῇ κατὰ τὴν Ἰνδικήν*, scheint ziemlich gewiß; es ist hier das Land der *Ὠπίαι*, von dem schon Hekataios fr. 175 (bei Steph. v.) sagt:

Punkt in der indischen Satrapie des Philippos sein, der hier mit einer ansehnlichen Heeresmacht, bestehend aus den sämmtlichen thrakischen Truppen und einer verhältnißmäßigen Zahl Schwerbewaffneter aus den Phalangen zurückblieb, mit dem Auftrage, namentlich für den sicheren Handel in dieser Gegend die möglichste Sorge zu tragen, einen geräumigen Hafen im Indus, Schiffswerfte und Speicher anzulegen und auf alle Weise das Aufblühen dieses Alexandriens zu befördern.

Es mochte im Februar des Jahres 325 sein, daß das makedonische Heer von Alexandreia zu den Ländern des unteren Indus aufbrach; der größere Theil desselben nebst den Elephanten war unter Krateros auf das östliche Ufer des Stromes hinübergesetzt, wo die Wege besser und die anwohnenden Völker noch nicht alle zur Unterwerfung geneigt waren. Der König selbst fuhr mit den oben genannten Truppen den Strom hinab. Heer und Flotte kam ohne Hinderniß in das Land der Çudra, das die Hellenen Sogdoi oder Sodroi nannten, und machte bei deren Hauptstadt [1]) Halt; sie wurde unter dem Namen des

---

ἀπὸ δὲ τούτων ἐρημίη. Wie glücklich sie für den Handel gelegen war, hat Vincent, p. 136 ausführlicher gezeigt. Es darf nicht auffallen, daß ihrer in späterer Zeit nicht mehr erwähnt wird; die Berichte aus der Zeit des baktrianischen, des indoskythischen Reiches sind zu ärmlich, als daß man dasjenige, was sie nicht nennen, für nicht mehr vorhanden halten müßte.

1) Vincent, p. 119 sq. und Pottinger, p. 382 finden die Lage dieser Stadt in dem heutigen Bhukor wieder, ich glaube nicht mit Recht. Die Stelle dieses τῶν Σόγδων τὸ βασίλειον (Arrian. VI. 15. 4) muß weiter stromauf, etwa in der Mitte der ungefähr 30 Meilen zwischen Bhukor (Bakkan) und der Hyphasismündung gelegen haben; etwa da, wo jetzt noch der Weg aus Indien nach den Bholanpässen über den Indus führt, wie Cunningham, p. 255 angiebt, zwischen Fazilpur auf dem linken und Kasmor auf dem rechten Ufer. Steph. Byz. scheint diese Alexandreia an der sechzehnten Stelle, als ἐν τῇ Σογδιανῇ zu bezeichnen, trotz des Zusatzes παρὰ Παροπαμισάδαις, der aus einer andern Stelle sich hierher verirrt hat, denn ihm fehlt Alexandreia sub ipso Caucaso. Die 10,000 Mann, die hier zurückblieben, giebt Diodor an. Peithon, nicht Python scheint der Name des Satrapen zu sein, des Agenor Sohn, der sowohl von Peithon, Krateuas Sohn, aus Eordaia, als auch von Python von Katana oder Byzanz, dem angeblichen Dichter des Satyrspiels Agen, zu unterscheiden ist.

sogdischen Alexandrien zu einer hellenischen Colonie gemacht, bedeutend befestigt, mit Hafen und Schiffswerften versehen und dem Satrapen des unteren Indus, dessen Gebiet sich von der Pandschnadmündung bis zum Meere erstrecken sollte, als Residenz angewiesen, Peithon aber mit einem Heere von 10,000 Mann zum Satrapen bestellt [1]).

Die Stelle des sogdischen Alexandrien ist für den unteren Lauf des Indus eine der wichtigsten; hier beginnt sich der Charakter des Stromes, der Landschaft, der Bevölkerung entschieden zu ändern. Die Solimanketten, die den Indus von Norden nach Süden begleitet haben, wenden sich fast in rechtem Winkel nach Westen zu den Bholanpässen. Die Wüste, die dem Indus auf seiner Ostseite nahe geblieben ist, weicht zurück; der Strom bildet mit Nebenarmen, die er rechts und links aussendet, viele Inseln und Werder; fruchtreiches, dichtbevölkertes Marschland dehnt sich längs den Ufern aus; bald wird die Nähe oceanischer Einflüsse merkbar. Hierzu kommt ein zweites, nicht minder merkwürdiges Verhältniß: während sich ostwärts ein einförmiges, unabsehbares Flachland ausdehnt, sieht man, so wie man weiter südwärts kommt, über der Ebene im Westen einen mächtigen Gebirgswall emporsteigen, der die Landschaft schließend bis zum Cap Monz hinabzieht; der heutige Lauf des Indus geht in weitem Bogen bis an den Fuß dieser Gebirge und wendet sich dann wieder ostwärts nach Hyderabad, wo die Deltabildung beginnt; im Alterthum strömte der Indus auf der Sehne dieses Bogens von Bhukor nach Hyderabad südwärts, bei Bhukor eine niedrige Kalksteinkette bespülend, die er jetzt nach Westen hin durchbrochen hat. Sie trägt noch jetzt die Trümmer von Alor, der alten Capitale des Landes Sindh. Dieß Land Sindh ist wie ein Garten, Weinberge schmücken die Hügel, der Weihrauch des arabischen Trockenklimas, die Blumenflur feuchtwarmer Tropengegend, der Mais der sumpfigen Ufergegenden gedeiht

---

[1]) „Peithon und Oxyartes" sagt Arrian. Näheres darüber unten Note S. 199. Die Sogdi hält Tod I, p. 92 für Sodas, die zu den Pramares gehören.

hier neben einander; Städte und Flecken in zahlloser Menge schmücken das Land, auf dem Strom und dessen Canälen ist steter Verkehr, und die Bevölkerung, südländisch, dunkelfarbig, unter fürstlichem Regiment, unterscheidet sich sehr von den Völkern der oberen Indusländer; hier hat die Kaste der Brahmanen hohen Rang und entscheidenden Einfluß auf das öffentliche Leben, und die Handlungsweise der Fürsten wird eben so sehr durch religiöse Vorurtheile wie von Argwohn und endlosen Rivalitäten bestimmt; eine Charakteristik, die im Laufe der Jahrhunderte, bei allem Wechsel der Herrschaft, der Religion, ja der Natur selbst, sich gleich geblieben ist.

Diese Eigenthümlichkeiten des Landes und der Bevölkerung machten sich im Verhältniß zu Alexander sofort geltend. Die Unterwerfung der Maller hatte allen Widerstand der nächstwohnenden Völker aufhören lassen, und im ununterbrochenen Siegeszuge war das Heer bis in das Land der Sogdier gekommen. Aber auf freiwillige Unterwerfung der weiteren Völkerschaften wartete der König vergebens; weder die Fürsten selbst, noch Gesandschaften der Fürsten kamen, dem Herrn des Induslandes zu huldigen; den mächtigen Fremdling zu verachten, mochten sie die Einflüsterungeu der hochmüthigen Brahmanen oder das Vertrauen auf ihre eigene Macht verführt haben. Nur der Fürst Sambos [1]) hatte sich freiwillig unterworfen; abhängig von dem mächtigeren Musikanos, mochte er dem fremden Herrscher lieber als dem Nachbarfürsten dienstbar sein wollen, und Alexander hatte ihn als Satrapen in seinem Berglande bestätigt [2]), oder, was richtiger sein dürfte, in dem gleichen

[1]) So Arrian. VI. 16. 4. Dagegen nennt Curt. IX. 8. 17, Diod. XVII. 102 und Strabo XV, p. 701 ihn Sabos, Plut. Alex. 64 Sabbas, Justin. XII. 10 Ambigerus (v. l. Ambi regis), Orosius I. 19 Ambira rex. Der Name hat nach Lassen wohl Çambhu gelautet.

[2]) Die Lage seines Fürstenthums der Berginder hat Vincent, p. 130 sqq. in der Gegend von Sebee, fast vierzig Meilen nordwestlich von Bhukor oder Alexandreia angesetzt; dafür ist nichts als die trügerische Namensähnlichkeit, dagegen die Entfernung, die nichtindische Bevölkerung von Seweestan, das offenbare Zeugniß Strabos, welcher sagt, das Land gränze an Pattalene. Dem-

Verhältniß, wie die tributären Fürsten der Satrapie Oberindien ihm seine Herrschaft gelassen.

Die unabhängige Stellung, welche Musikanos und die übrigen Fürsten des Landes behaupten zu wollen schienen, nöthigten den König, noch einmal die Gewalt der Waffen zu versuchen. Vom sogdischen Alexandrien aus fuhr er möglichst schnell stromabwärts in jenen Indusarm hinein, der gegen die Berge hin und zu der Residenz des Musikanos führt; er erreichte dessen Gränzen, bevor der Fürst einen Ueberfall ahnen mochte. Durch die Nähe der Gefahr geschreckt, suchte dieser seinen hochmüthigen Trotz durch schnelle und niedrige Unterwürfigkeit vergessen zu machen; in Person kam er dem Könige entgegen, er brachte viele und köstliche Geschenke, unter diesen seine sämmtlichen Elephanten; er unterwarf sich und das Land der Gnade des Königs, er gestand ein, großes Unrecht gethan zu haben, — das gewisseste Mittel, des Königs Großmuth für sich zu gewinnen. Er erhielt Verzeihung; sein Land blieb ihm unter makedonischer Hoheit. Alexander bewunderte die üppige Natur dieser Landschaft; die Residenz des Fürsten, günstig zur Behauptung des ganzen Landes gelegen, sollte durch eine Burg, die Krateros zu bauen Befehl erhielt, und durch eine makedonische Besatzung gesichert werden [1]).

---

nach hat Pottinger wohl Recht, wenn er die Berge, in denen das Gebiet des Sambos lag, für die Jungarberge im Süden des Indusarmes von Larkhanu, und die Hauptstadt für Sehwan am Indus hält (Pottinger, S. 589, Uebers.). Colonel Tod (II, p. 220) führt den Namen des Fürsten nach seiner Art auf die Dynastie Sind-Sama zurück.

1) Arrian. VI. 15. Der Name des Fürsten Musikanos ist zugleich der des Landes; Müshika und dessen Residenz ist in den Trümmern von Alor (Arore, wie Wood S. 49 sie nennt und beschreibt), wiederzuerkennen. Krateros war bereits (Arr. VI. 15. 5), als vom sogdischen Alexandrien aufgebrochen wurde, auf das rechte Ufer des Indus gegangen, und das διὰ τῆς Ἀραχωτῶν καὶ Δράγγων γῆς ἐκπέμπει an der citirten Stelle scheint nur der Rest einer Angabe über die Bestimmung dieser Absendung zu sein (daher ἤδη ἔστελλε Arrian. VI. 17. 3); auf Anlaß der folgenden Weiterungen des Musikanos erhielt dann Krateros wohl die Weisung, Halt zu machen — etwa zwischen Sakkar und Shikarpur, etwa vier Meilen von Bhukor.

Der König brach mit den Schützen, den Agrianern, der Hälfte der Hipparchien gegen das Land der Praistier und gegen den Fürsten Oxykanos oder, wie ihn Andere nennen, Portikanos auf [1]); nicht geneigt, sich zu unterwerfen, hatte sich dieser mit bedeutender Streitmacht in seiner Hauptstadt eingeschlossen. Der König nahte, nahm eine der ersten Städte des Fürstenthums ohne Mühe; aber der Fürst, nicht durch das Beispiel des Musikanos geblendet, erwartete den Feind hinter den Mauern seiner Residenz. Alexander kam, begann die Belagerung, am dritten Tage war sie so weit gediehen, daß sich der Fürst in die Burg der Stadt zurückzog und Unterhandlungen anknüpfen wollte; es war zu spät, schon war die Mauer der Burg durch eine Bresche geöffnet, die Makedonen drangen ein, die Inder im Kampf der Verzweiflung wurden überwältigt, der Fürst erschlagen. Nach dem Falle der Hauptstadt und des Fürsten war es leicht, die übrigen zahlreichen Städte dieses reichen Landes zu unterwerfen; Alexander gab sie der Plünderung Preis; er hoffte durch das Schicksal der Praistier die Völker zu schrecken und sie endlich die Unterwerfung, die er erzwingen konnte, freiwillig darbringen zu sehen.

Aber schon waren neue Bewegungen an einem Punkte, wo man sie nicht vermuthet hätte, ausgebrochen. Der Fürst Sambos hatte mit Schrecken gesehen, daß Musikanos nicht bloß ungestraft geblieben, sondern in hohe Gunst bei dem Könige gekommen sei; er glaubte fürchten zu müssen, daß er jetzt die Strafe für seinen Abfall leiden werde; die Brahmanen seines Hofes, ohne anderes Interesse, als das des Hasses gegen den siegenden Fremdling, säumten nicht, seine Angst zu nähren und

---

[1]) Oxykanos hat Arrian, Portikanos Strabo, Diodor und Curtius; nach Lassen II, S. 178 der richtigere Name, von dem des Volkes oder Landes Prashta, d. i. hügeliges Land, abgeleitet Prâthaka. Aus Arrians Worten muß man schließen, daß zu diesem Zuge der König sich vom Strom entfernte, also nach Westen, daher scheint Cunningham, Geogr. I, p. 260 mit Recht die Stadt der Prashta bei Mahorta zu suchen, wo Masson (Travels I, p. 461) eine bedeutende alte Festung fand.

ihn endlich zu dem verkehrtesten Schritt, den er thun konnte, zu bewegen; er floh über den Indus in die Wüste und ließ in seinem Lande Verwirrung und Aufruhr zurück. Der König eilte dorthin; die Hauptstadt Sindomana [1]) öffnete die Thore und unterwarf sich der Gnade Alexanders um so lieber, da sie nicht Theil an dem Abfall hatte; die Elephanten und Schätze des Fürsten wurden ausgeliefert, die anderen Städte des Landes folgten dem Beispiel der Residenz; nur eine, in welche sich die Brahmanen, die den Abfall veranlaßt, geflüchtet hatten, wagte Widerstand zu leisten; sie wurde genommen, die schuldigen Brahmanen hingerichtet [2]).

Der blinde Fanatismus der heiligen Kaste, um so wilder, je hoffnungsloser er war, hatte, durch das Schicksal der Brahmanen des Sambos ungeschreckt, während des Königs Abwesenheit den Fürsten Musikanos und die Bevölkerung seines Landes zum wildesten Haß gegen die Fremden, zur offenbaren Empörung, zur Ermordung der makedonischen Besatzungen aufzureizen gewußt; zu beiden Seiten des Stromes loderte die Flamme des Aufruhrs, Alles griff zu den Waffen; und wäre der Wuth die

---

[1]) So heißt sie bei Arrian, bei Strabo Sindonalia oder Sindolia. Tod (I, p. 218) hält die indoskythische Stadt Minagara für Saminagara, d. i. Sambos Residenz (Nagara). Ihre oben angedeutete Lage beim jetzigen Sehwan hat Lassen (II, p. 179) und Cunningham (II, p. 264) jetzt eingehender erwiesen.

[2]) Octoginta milia Indorum in illa regione caesa, Clitarchus est auctor, Curt. IX. 8. 15. Wenn derselbe unmittelbar vorher erzählt, daß die Makedonen durch einen Minengang, den sie gebaut, plötzlich auf dem Markt der Stadt gestanden hätten, so ist das des Kleitarchos nicht minder würdig, aus dem Diodor. XVII. 102 gleichfalls die 80,000 hat, ohne ihn zu nennen. Nach Plutarch waren es die Brahmanen des Sabbas, die dem Könige Alexander in jenen berühmten Sophismen antworteten, die, wie der gebildete Arrian nicht mit Unrecht bemerkt, ohne bedeutenden philosophischen Werth (τῆς σοφίας, εἰ δή τις ἐστιν, Arrian. VI. 16. 5), dennoch den Ruhm tiefer Weisheit im Alterthume gehabt haben; man erkennt in ihnen die Spitzfindigkeit der Distinctionen und äußerlichen Verständigkeit, in welche die indische Weisheit, wenn sie sich des Mythischen und Mystischen entäußert, verfallen ist.

Kraft des Willens und der Führung gleich gewesen, so hätte der König hier schweren Stand gehabt. Aber kaum nahte er, so floh Musikanos über den Indus; er sandte Peithon nach, ihn zu verfolgen; er selbst zog gegen die Städte, die, ohne gegenseitigen Beistand, ohne verständige Führung und ohne Hoffnung sich zu retten, dem Sieger schnell in die Hände fielen [1]). Die Strafen des Abfalles waren streng, unzählige Inder wurden bei den Erstürmungen erschlagen oder nach dem Siege hingerichtet, die Ueberlebenden in Sklaverei verkauft, ihre Städte zerstört, die wenigen, die stehen blieben, mit Burgen und makedonischer Besatzung versehen, die das Land der Trümmer und der Verwüstung bewachen sollten. Musikanos selbst war gefangen worden, er und viele Brahmanen wurden des Todes schuldig erkannt und an den Landstraßen des Landes, dessen Unglück sie verschuldet, aufgeknüpft.

Der König kehrte jetzt zu seiner Flotte und dem Lager seines Heeres [2]) zurück; die energische Strenge, mit der er die Empörungen erstickt und gestraft hatte, schien endlich auf die Gemüther der Inder den bezweckten Eindruck zu machen. Vor Allen beeilte sich der Fürst Möris [3]) von Pattala, dessen Herr-

---

1) Hierher gehört die Brahmanenstadt Harmatalia (Diodor. XVI. 103; Curtius IX. 8. 18), bei deren Eroberung der Lagide Ptolemaios verwundet wurde. Die wunderliche Erzählung von seinem Traume auf dem Ruhebette des Königs scheint von Kleitarchs Erfindung zu sein; wenigstens erzählt Arrian davon nichts, der doch desselben Lagiden Denkwürdigkeiten vor sich hatte.

2) Arrian. VI. 17. 1: ἐπὶ τὸ στρατόπεδόν τε ἐπανῆκε καὶ τὸν στόλον, also stromaufwärts, wo Heer und Flotte lag; sie war gewiß über Alor hinaus südwärts gefahren, das Heer (etwa unter Hephaistion) ihr zur Seite, während Krateros bei Sukkor, auf den Befehl zum Aufbruch wartend, stehen geblieben war.

3) Den Namen Moeris (v. l. Moris) giebt Curt. IX. 8. 28, und nur dieser, so daß man die Richtigkeit desselben wohl nicht eben verbürgen kann. Doch hat auf diesen Namen Lassen ein Combination gegründet, die überaus ansprechend ist. Er nimmt an, daß Moeris fehlerhaft für Soeris geschrieben, daß dieß ein Dynastie-Name, der der Saurja, sei, daß auf diesen Namen

schaft sich über das Indusdelta erstreckte, sich dem Könige zu unterwerfen; er kam nach Alexandreia, ergab sich und sein Land der Gnade des Königs und erhielt dafür seine Landschaft unter denselben Bedingungen, wie sie dem Fürsten Musikanos und den anderen Fürsten, welche im Bereich makedonischer Satrapien saßen, vorgeschrieben worden waren. Nachdem Alexander von ihm nähere Erkundigungen über die Natur des Indusdelta, das bei Pattala beginnt, über die Strommündungen und den Ocean, in den sie sich ergießen, eingezogen, sandte er ihn in sein Land zurück, mit dem Befehl, Alles zur Aufnahme des Heeres und der Flotte vorzubereiten.

Mit dieser Unterwerfung des Möris, des letzten noch unabhängigen Fürsten im Induslande, waren die kriegerischen Bewegungen des Zuges geendet; wenigstens war kein großer und allgemeiner Kampf, höchstens noch vereinzelter Widerstand und leicht zu unterdrückende Unordnungen in dem weiteren Induslande zu erwarten. Der ganzen vereinten Kriegsmacht bedurfte es nicht weiter; es kam die Zeit der Rückkehr. Des Königs Wunsch, den Seeweg von Indien nach Persien zu entdecken, sein Plan, die südlichen Küstenlandschaften zwischen beiden Ländern, die bisher noch nicht durch seine unmittelbare Gegenwart unterworfen und zum Theil von unabhängigen Stämmen bewohnt waren, zu durchziehen, machten gleichfalls nicht die Verwendung des ganzen Heeres nöthig, das zu unterhalten in den überreichen indischen Ländern leicht gewesen war, aber auf dem Küstenwege durch oft wüste Landstriche mit mannigfachen Schwierigkeiten verknüpft sein mußte. Ueberdieß waren aus den nordöstlichen Gegenden des Reichs Nachrichten eingelaufen, welche es nothwendig machten, eine bedeutende makedonische Streitmacht in jenen Ländern zu zeigen. Der baktrische Fürst Oxyartes, der eben jetzt beim Heere eingetroffen war, hatte die Nachricht von einem Aufstande der hellenischen Militaircolonien

---

sich Steph. Byz. v. Ἀλεξ. beziehe, wo als vierzehnte Alexandreia bezeichnet wird ἐν Σωριανοῖς, Ἰνδικῷ ἔθνει, daß dieß die Stadt Pattala sei, die Arrian. VI. 17. 6 und 18. 2 hergestellt wird.

in Baktra mitgebracht; Zwistigkeiten unter den alten Kriegsleuten, so sagt die nicht sehr glaubwürdige Quelle, die diese Dinge berichtet, hatten zu blutigen Auftritten geführt; von Furcht vor Strafe weiter getrieben, hatten sie sich der Burg von Baktra bemächtigt, die Barbaren zum Abfall aufgerufen, dem Athenodoros, ihrem Rädelsführer, der sie jenseits in die hellenische Heimath zurückzuführen versprach, den königlichen Namen gegeben; gegen Athenodoros hatte ein gewisser Bikon, voll Eifersucht auf dessen Königthum, Ränke geschmiedet, ihn auf einem Gastmahle bei Boxos, einem vornehmen Barbaren, ermordet und anderen Tags vor dem versammelten Heere sich gerechtfertigt; mit Mühe war es den Hauptleuten gelungen, ihn vor der Wuth des Heeres zu schützen; sie selbst hatten sich dann wieder gegen ihn verschworen, ihn auf die Folter gespannt, um ihn dann gleichfalls zu tödten; da waren die Soldaten hereingedrungen, hatten ihn von der Folter befreit, und waren unter seiner Führung, dreitausend an der Zahl, aufgebrochen, um den Weg in die Heimath zu suchen. Es ließ sich erwarten, daß dieser Haufe bereits von den Truppen der Satrapie zur Ruhe gebracht sein würde [1]); doch war es nothwendig, für jeden Fall Fürsorge zu treffen. Auch in der Satrapie des Paropamisos war nicht Alles in der Ordnung: Tyriaspes hatte durch Bedrückungen und Ungerechtigkeiten aller Art die Bevölkerung gegen sich aufgereizt, so daß laute Beschwerde gegen ihn beim Könige einlief; er wurde seines Amtes entsetzt und der Fürst Oxyartes statt seiner gen Alexandreia gesandt [2]). Be-

---

[1]) Curt. IX. 7. 1; er schließt: bis liberatus (Bicon) cum caeteris qui colonias a rege attributas reliquerant, revertit in patriam. Diodor. XVII. 99, der die Empörung bis Sogdiana ausdehnt. Diodor sagt, daß diese Griechen auf dem Rückwege nach Alexanders Tode von Peithon überwältigt und niedergemacht seien. Aus guter Quelle berichtet Dexippos bei Phot. cod. 82 (fr. 1 ed. Müller) Dinge, die, wie es scheint, auf denselben Aufstand gehen, worauf ich im Hermes XI, p. 462 aufmerksam gemacht habe.

[2]) Arrian. VI. 15; Curt. IX. 8. 9. Arrian sagt, daß Peithon und

unruhigender waren die Nachrichten aus dem Inneren Arianas; der Perser Ordanes hatte sich unabhängig erklärt und die Herrschaft der Ariaspen am unteren Etymandros usurpirt [1]). Hier vor Allem war es wichtig, eine bedeutende makedonische Streitmacht erscheinen zu lassen, um die Gefahr im Keim zu ersticken.

Ungefähr der dritte Theil des Fußvolkes stand unter Krateros zum Marsch nach Arachosien hinauf bereit; er hatte die Phalangen des Attalos, Antigenes [2]), Meleagros, einen Theil der Bogenschützen, sämmtliche Elephanten, dazu die Hetairen zu Fuß und zu Roß, die, zum Dienst nicht mehr tauglich, in die Heimath ziehen sollten. Er sollte, so lautete sein Auftrag, durch Arachosien und Drangiana nach Karmanien marschiren [3]), sollte

---

Oxyartes die Satrapie des unteren Indus erhalten hätten; das scheint um so weniger richtig, da beide nicht an einander gränzten, sondern durch die Satrapie des oberen Indien und Arachosien getrennt waren.

1) Arrian. VI. 27. 3. Curt. IX. 10. 20 hat Orcinen (Ocinen) et Tariaspen (Zariaspen) nobiles Persas; da Arrian nur den einen Ordanes kennt, den Krateros auf seinem Wege durch Arachosien, Drangiana, das Ariaspenland und Choarene (so folgen die Provinzen) gefangen nahm, so scheint es nicht zu dreist, bei Curtius den Fehler vorauszusetzen, daß er aus dem Namen des usurpirten Volkes den eines zweiten Empörers Ariaspes machte.

2) Arrian. VI. 17. 3 nennt hier Antigenes als Führer einer Taxis, während derselbe in der Schlacht am Hydaspes, wo nur Hypaspisten und leichtes Fußvolk verwendet wurden, neben Seleukos und Tauron τῶν πεζῶν τὴν φάλαγγα führt. Wenn der Name hier richtig, so ist diese Stelle ein Beispiel von Avancement.

3) Strabo sagt XV, p. 721, Krateros sei, „vom Hydaspes anfangend, durch Arachosien und Drangiana gezogen". Kann das bezeichnen, daß er den Indus, den Akesines aufwärts bis zum Hydaspes ging, um dann seinen Rückmarsch anzutreten? Das wäre nicht bloß ein zweckloser und erschöpfender Umweg gewesen, sondern der Weg hätte dann weiter durch Taxiles Reich, durch die indische Satrapie und die Paropamisaden gen Arachosien führen müssen. Strabo selbst giebt (p. 725) das Richtige an die Hand, indem er als die südöstlichste Landschaft des parthischen Reichs, die an Indien stößt, Choarene bezeichnet und angiebt, daß durch sie Krateros gezogen

die böswilligen Neuerungen in jenen Gegenden unterdrücken, und namentlich die dortigen Satrapen veranlassen, Transporte von Lebensmitteln nach der gedrosischen Küste, die Alexander demnächst zu durchziehen gedachte, hinabzusenden [1]).

Nach der Absendung des Krateros brach auch der König auf; er selbst fuhr mit der Flotte den Strom hinab, während Peithon mit den Bogenschützen zu Pferd und den Agrianern auf das linke Stromufer hinüberging, um die dort angelegten Städte mit Bewohnern aus der Umgegend zu besetzen [2]), die letzten Spuren von Unordnung in dem hartgestraften Lande zu unterdrücken und sich dann in Pattala wieder mit dem Hauptheere zu vereinigen; das übrige Heer führte Hephaistion auf dem rechten Indusufer zu derselben Stadt hinab.

Schon am dritten Tage der Fahrt erhielt Alexander die Nachricht, daß der Fürst von Pattala, statt Alles zum Empfange des Heeres zu bereiten, mit dem größten Theile der Einwohner in die Wüste geflohen sei; vielleicht aus Furcht vor dem mächtigen Könige, wahrscheinlicher von den Brahmanen aufgeregt. Alexander eilte desto schneller vorwärts, überall waren die Ortschaften von den Einwohnern verlassen; er erreichte, es war gegen Ende Juli, Pattala [3]). Die Straßen und Häuser waren leer,

---

sei. Natürlicher ist, daß Krateros den Weg durch die arachosischen Gebirge, den von Sakkar und Shikapur durch die Bholanpässe nach Kandahar nahm. Diese wichtige Passage durfte überdieß nicht unbesetzt bleiben. Warum Krateros nicht über Kelat in Beludschistan gezogen sein kann, setzt Pottinger (S. 386, deutsche Uebers.) auseinander.

1) Diod. XVII. 105 sagt, daß Alexander aus der Wüste Gedrosiens, als er in größter Noth war, diesen Befehl gab, und daß derselbe noch zur rechten Zeit erfüllt worden; aus dieser widersinnigen Angabe läßt sich das richtige Sachverhältniß, das sich auch von selbst versteht und durch Arrian. Ind. wiederholentlich bestätigt wird, zur Genüge schließen.

2) Arrian. VI. 17. 5: *τάς τε ἐκτετειχισμένας ἤδη πόλεις ξυνοικίσαι*, es sind die VI. 17. 1 bezeichneten Orte im Lande des Musikanos gemeint.

3) Die Lage von Pattala, „da, wo sich der Indusstrom in zwei Arme zum Delta scheidet" (Arrian), könnte, wenn diese Strombildungen schon im

alles bewegliche Gut geflüchtet, die große Stadt wie ausgestorben. Sofort wurden einige leichte Truppen ausgesandt, die Spur der Geflüchteten zu verfolgen; es gelang ihnen, Einige einzufangen; sie wurden vor den König gebracht, der sie mit unerwarteter Milde empfing und sie an ihre Landsleute aussandte, mit der Aufforderung, in Frieden zu ihrer Behausung und ihren Geschäften zurückzukehren und ohne Besorgniß wegen ihres weiteren Schicksals zu sein, da ihnen nach wie vor nach ihrer Sitte und ihren Gesetzen zu leben, ihren Handel, Gewerbe und Ackerbau in Sicherheit zu treiben erlaubt sein werde. Auf diese Versicherungen des Königs kehrten die Meisten zurück, und Alexander konnte ohne Weiteres an die Ausführung des großen Planes denken, um dessen Willen ihm der Besitz der Indusmündungen so wichtig war.

Er ahnte oder erfuhr, daß dasselbe Meer, in welches sich der Indus ergießt, den persischen Golf bilde, und daß zu der Mündung des Euphrat und Tigris demnach ein Seeweg von den Indusmündungen aus zu finden sei; seine Herrschaft, die zum ersten Male die entlegensten Völker in unmittelbare Verbindung brachte, und welche nicht bloß auf die Gewalt der Waffen, sondern mehr noch auf die Interessen der Völker selbst begründet sein sollte, mußte vor Allem auf die Förderung der Handelsverbindungen, auf die Begründung eines großen Verbandes aller auch noch so entlegenen Theile des Reiches, auf die Wirkungen eines umfassenden Welt- und Völkerverkehrs, wie er noch nicht existirt hatte, bedacht sein. Ueberall hatte er diese Rücksicht vor Augen gehabt; die zur militärischen Behauptung von Iran und Turan gegründeten Städte waren eben

Alterthum dieselben gewesen wären wie jetzt, entweder auf die Stromscheide von Tatta oder auf die von Hyderabad gehen; das erste hat Vincent behauptet; doch widerspricht ihm die Darstellung Arrians durchaus. Nach den indischen Ueberlieferungen ist die älteste Stelle die Stromspaltung oberhalb Hyderabad bei Brahmanabad; das Weitere bei Lassen II, S. 182. Die Zeit der Ankunft in Pattala bezeichnet Strabo mit dem Aufgange (Frühaufgang) des Hundssternes, Strabo XV, p. 259, wo der Strom im höchsten Wasserstand war.

so viele Haltpunkte für die Karavanenzüge; die in Indien gegründeten festen Städte sicherten die Straße von Ariana hinab und durch das Fünfstromland, die Stromfahrt auf dem Indus und seinen Nebenströmen; das ägyptische Alexandrien, seit den vier oder fünf Jahren, die es stand, war schon ein Centralpunkt für den Handel der heimathlichen Meere geworden; jetzt mußte dieses System des großen Weltverkehrs durch die Besetzung des Indusdelta, durch die Gründung eines günstig gelegenen oceanischen Handelsplatzes, endlich durch das Eröffnen von Handelsstraßen, wie sie die Reihe hellenischer Städte ins Innere hinauf schon vorzeichnete, und wie sie der maritime Zusammenhang der Indus- und Euphratmündungen hoffen ließ, seine Vollendung erhalten.

Pattala, an der Stromscheide des Indusdelta belegen, bot sich von selbst zur Vermittelung des Handels nach dem Innern und dem Oceane dar; es beherrschte zugleich in militairischer Hinsicht das untere Indusland; darum wurde Hephaistion beauftragt, die Burg der Stadt auf das Sorgfältigste zu befestigen und demnächst Schiffswerfte und einen geräumigen Hafen bei der Stadt zu erbauen. Zu gleicher Zeitt sandte der König in die wüsten, baumlosen Gegenden, die nicht weit ostwärts von der Stadt begannen, mehrere Truppenabtheilungen mit dem Auftrage, Brunnen zu graben und das Land bewohnbar zu machen, damit auch von dieser Seite her die Verbindung mit Pattala erleichtert und den Karavanen aus den Ländern des Ganges und des Dekhan geöffnet wäre. Ein Ueberfall der in der Wüste hausenden Horden störte nur für einen Augenblick die Arbeit.

Nach einer längeren Rastzeit, während der der Bau der Burg ziemlich vollendet, der der Werfte bereits vorgerückt war, beschloß der König, in Person die Indusmündungen, ihre Schiffbarkeit und ihre Gelegenheit für den Handel zu untersuchen und zugleich auf den Ocean, den bisher noch kein Grieche befahren, hinauszuschiffen. Zunächst wollte er dem Hauptarm des Stromes, der rechts hinabführte, folgen; während Leonnatos mit 1000 Reitern und 9000 Hopliten und

Leichtbewaffneten auf dem inneren Ufer hinabzog, fuhr er selbst mit den schnellsten Schiffen seiner Flotte, den Halbtrieren, Dreißigruderern und einigen Kerkuren [1]) den Strom hinab, freilich ohne Führer, die des Stromes kundig waren, da die Bewohner von Pattala und die Inder überhaupt keine Seeschifffahrt trieben und überdieß die Anwohner des Stromes, wenn die Makedonen nahten, entflohen. Er vertraute auf den Muth und die Geschicklichkeit seiner Schiffsleute; er konnte nicht ahnen, auf welche Probe die unerhörte Gewalt oceanischer Erscheinungen sie stellen würde.

Es war gerade in der Mitte des Sommers und der Strom in seiner größten Füllung, die niedrigeren Ufergegenden zum Theil überschwemmt, die Fahrt um so schwieriger. Am ersten Tage fuhr man ohne weiteres Hinderniß; aber am zweiten Tage, man mochte zehn Meilen unterhalb Pattala sein, erhob sich ein heftiger Wind von Süden her und staute die Wasser des Stromes auf, daß die Wellen hoch gingen und sich brandend brachen und mehr als ein Schiff unterging, andere bedeutend beschädigt wurden. Man eilte das Ufer zu gewinnen; um den Schaden so schnell und so gut wie möglich auszubessern, zugleich schickte der König Leichtbewaffnete aus, um von den geflüchteten Uferanwohnern einige einfangen zu lassen, die der Gegend kundig wären. Mit diesen fuhr man am nächsten Morgen weiter; immer breiter ergoß sich der mächtige Strom zwischen den flachen und öden Ufern, und man begann die kühlere Seeluft zu spüren; der Wellenschlag im Strome wurde heftiger und das Rudern beschwerlicher, ein scharfer Seewind wehte entgegen; es schien, von ihm zurückgedrängt, der wachsende Strom gefährlich zu werden, und die Schiffe lenkten in einen Kanal ein, den die am vorigen Tage aufgefangenen Fischer zeigten. Immer schneller und mächtiger schwollen die Wasser,

---

[1]) Arrian. VI. 18. 4. Die ἡμιόλιαι, wohl weil sie anderthalb Ruderreihen haben, sind die gewöhnlichen Piratenschiffe, also besonders schnell; die κέρκουροι gelten für kyprischen Ursprungs, offenbar eine kleinere Art Seefahrzeuge.

und mit Mühe vermochte man, die Schiffe rasch genug an Land zu bringen. Kaum waren sie angelegt, so begann der Strom eben so schnell zu fallen; die Fahrzeuge blieben zum größten Theile auf dem Trocknen oder senkten sich in den Uferschlamm; man war voll Staunen und rathlos. So vergingen einige Stunden, endlich wollte man daran gehen, die Schiffe wieder flott zu machen und wo möglich das Fahrwasser zu gewinnen; siehe, da begann das gefährliche Schauspiel von Neuem, rauschend schwoll die Fluth, überfluthete den schlammigen Moor, hob die eingesunkenen Fahrzeuge mit sich empor; immer schneller wachsend brandete sie gegen die festeren Ufer, warf die Fahrzeuge, die dorthin sich gerettet, auf die Seite, so daß viele umstürzten, viele zerschellten und versanken; ohne Ordnung und Rettung trieben die Schiffe auf der schweren Fluth bald gegen das Land, bald gegen einander, und ihr Zusammenstoßen war um so gefährlicher, je heftiger die schwellende Bewegung des Gewässers wurde. Mit so vielen Gefahren und Verlusten erkaufte der König die erste Erfahrung von der oceanischen Ebbe und Fluth, die hier, wohl noch zehn Meilen von der eigentlichen Strommündung, um so gewaltiger war, da sie mit der ungeheueren, gegen sie andrängenden Wassersäule des Indus zu kämpfen hatte, dessen zwei Meilen breite Münde ihrem Eindringen vollkommenen Spielraum giebt [1]).

Sobald Alexander diese Fährlichkeiten überstanden und von ihrer regelmäßigen Wiederkehr die Mittel gelernt hatte, ihnen zu entgehen, sandte er, während die schadhaften Schiffe ausgebessert wurden, zwei tüchtige Fahrzeuge den Strom hinab zu der Insel Killuta [2]), wo, wie die indischen Fischer sagten, der Ocean

---

1) Von Arrians verständiger Erzählung (VI. 18) weicht Curtius Declamation nicht im Wesentlichen ab. Die Stationen der Fahrt nachzuweisen, ist wohl nicht mehr möglich.

2) Killuta, Skillustis, Psiltukis bei den verschiedenen Autoren. Das Indusdelta ist zu großen Aenderungen unterworfen, als daß man hier jede Localität wiederfinden könnte; das weiter ins Meer ragende Ostufer der Münde läßt vermuthen, daß eine von den drei hier aufeinander folgenden,

nahe und das Ufer zum Anlegen bequem und geschützt sei. Da sie die Nachricht zurückbrachten, daß die Insel bequemes Ufer habe, von bedeutender Größe und mit Trinkwasser wohl versehen sei, fuhr er mit der Flotte dorthin und ließ den größten Theil derselben unter dem Schutz des Ufers anlegen; schon sah man von hier die schaumbedeckte Brandung der Indusmündung und darüber den hohen Horizont des Oceans, und kaum erkannte man jenseits des zwei Meilen breiten Stromes die niedrige, baum- und hügellose Küste. Alexander steuerte mit den besten seiner Schiffe weiter, um die eigentliche Strommündung zu passiren, und zu untersuchen, ob sie fahrbar sei; bald verschwand die Westküste ganz aus seinem Blicke, und in endlose Ferne dehnte sich der hochwogende Ocean gen Abend; nach einer Fahrt von vier Meilen erreichte man ostwärts eine zweite Insel, an deren flacher und öder Sandküste schon rings der Ocean brandete; es wurde Abend, und die Schiffe kehrten mit der Fluth zurück zu der Insel, bei der die Flotte gelandet war; ein feierliches Opfer für Ammon, wie es der Gott durch ein Orakel geboten, feierte dieß erste Erblicken des Oceans und des letzten Landes im Süden der bewohnten Erde. Am anderen Morgen fuhr der König wieder hinaus, landete auf jener Insel im Meere und opferte auch dort den Göttern, die, wie er sagte, ihm von Ammon bezeichnet seien; dann fuhr er in die offenbare See hinaus, umher zu schauen, ob noch irgendwo festes Land zu erblicken sei; und als die Küsten ringsher verschwunden und nichts mehr als Himmel und Meer zu sehen war, schlachtete er Stieropfer dem Poseidon und senkte sie hinab in den Ocean, spendete dazu aus goldener Schaale und warf auch sie in die Fluth, mischte neue Spenden den Nereiden und den rettenden Dioskuren und der silberfüßigen Thetis, der Mutter seines Ahnherrn Achilles; er betete, daß sie

---

durch breite Flußarme gebildeten Inseln, und zwar die zweite, gemeint ist. Leider ist der Anfang von Nearchs Fahrt durch die Veränderung der ihm angewiesenen Station zu unklar, um etwas daraus entnehmen zu können.

gnädig seine Geschwader aufnehmen und gen Abend zu den Mündungen des Euphrat geleiten möchten, und zum Gebet warf er die goldenen Becher in das Meer.

Dann kehrte er zur Flotte und mit der Flotte in den Strom zurück und fuhr gen Pattala hinauf. Dort war der Bau der Burg vollendet und der des Hafens begonnen, dort auch Peithon mit seinem Heere angekommen, der seine Aufträge vollkommen erfüllt, das flache Land beruhigt, die neuen Städte bevölkert hatte. Der König hatte den rechten Arm der Indusmündung und die mannigfachen Schwierigkeiten, die er für die Schifffahrt hatte, kennen gelernt; denn es vereinten sich die Mussonwinde und das hohe Wasser des Stromes in dieser Jahreszeit, ihn schwierig zu machen. Er beschloß daher, auch den zweiten, den östlichen Hauptarm des Flusses hinabzufahren und zu untersuchen, ob dieser vielleicht zur Schifffahrt geeigneter sei. Nachdem man eine gute Strecke südostwärts gefahren, breitete sich das Wasser zu einem sehr großen See aus, der durch den Zufluß einiger kleinerer und größerer Flüsse von Morgen her verstärkt wurde, und einem Busen des Meeres ähnlich war; selbst Seefische fand man hier. An den Ufern dieses Sees legte die Flotte an, indem eingeborene Führer die bequemsten Stellen zeigten. Der König ließ hier den größten Theil der Truppen nebst sämmtlichen Kerkuren unter Leonnatos zurück und fuhr selbst auf den Halbtrieren und den Dreißigruderern durch den See zur Indusmündung hinab. Er kam an das Meer, ohne die gewaltige Brandung oder die hohe Fluth zu erblicken, die den westlichen breiteren Indusarm gefährlich machte; er ließ an der Strommündung anlegen und ging mit einigen seiner Hetairen drei Tagereisen weit am Meeresstrande hin, theils um die Natur der Küste zu untersuchen, theils um Brunnen für den Gebrauch der Seefahrer graben zu lassen. Dann kehrte er zu seinen Schiffen und mit diesen durch den See stromauf nach Pattala zurück, während ein Theil des Heeres längs dem Ufer hinauf zog, um auch hier in der sonst dürren Gegend Brunnen zu graben. Von Pattala aus fuhr er zum zweiten Male in den See zurück, traf die

Vorrichtungen zum Bau eines Hafens und mehrerer Schiffswerfte, und ließ zu ihrem Schutze eine kleine Besatzung zurück [1]).

Auf diese Weise war Alles dem großen Plane des Königs gemäß organisirt, zu dessen Vollendung nur noch Eins, aber freilich auch das Schwierigste und Gefahrvollste übrig war, die Entdeckung des Seeweges selbst, der hinfort den Indus und Euphrat verbinden sollte. Betrachtet man den Zustand der damaligen Schifffahrt und Erdkunde, so wird man der Kühnheit eines solchen Planes Gerechtigkeit widerfahren lassen. Der Bau der Schiffe war unvollkommen und am wenigsten auf die Eigenthümlichkeit oceanischer Gewässer berechnet; das einzige

---

[1]) Die neuesten Berichte und Karten über die Indusmündung wissen von keinem förmlichen See, den ein Indusarm bildet; außer dem in unserem Jahrhundert entstandenen Sindri-See, den der alte, jetzt sehr dürftige Ostlauf des Indusstromes (Purana) bildet. Da Alexander drei Tagemärsche weit von der Ostmündung gen Westen vorrücken konnte, so war auf dieser Strecke von gewiß 10 bis 15 Meilen keine von den sechs übrigen Mündungen des Indus, während heute von der Mündung des Rin (Kori-Mündung) bis zur nächsten kaum 1¼ Meile, bis zur großen Hauptmündung nicht über zehn Meilen Entfernung und dazwischen eine Reihe von Strominseln ist. In dem sogenannten Periplus des Arrian heißt es S. 24 ed. Hudson (c. 40) von der Meeresbucht von Barake (Katschha, bei Ptol. *Κάνθι κόλπος*), daß sich in dieser Gegend (von Minnagara) vielfache Spuren von Alexanders Heer zeigten, und nach den Angaben von Mac Murdo (Bombay transact. II, p. 236) und von Tod II, p. 290 sqq. liegt im Osten des Purana-Armes Moorland, in das sich mehrere Flüsse von Osten her ergießen, und das in der Jahreszeit der Südwest-Mussons ein vollkommener See wird, Aranya oder kürzer Rin genannt. Von ihm aus führt ein breiter Ausfluß in den Meerbusen von Kutsch. Dieß dürfte die von Alexander besuchte Gegend sein; und wenn Nearch bei Strabo die Basis des Indusdelta auf 1800 Stadien (45 Meilen) angiebt, so trifft dieß mit überraschender Genauigkeit mit unseren Karten überein, wenn man von der großen Indusmündung bis zur Mündung des Sumpfes mißt. In (Arrians) Periplus wird der Meerbusen von Barake als gefährlich und in seiner Einfuhrt voll Sandbänke bezeichnet und hinzugefügt, daß ihn das Land südwärts, gen Osten, dann gen Westen umschließe; vielleicht ist sein *Εἴρινος* der See, den Alexander beschiffte, und der der gräcisirte Aranya (Tod, Rajastan II, p. 295) zu sein scheint.

Regulativ einer Seefahrt waren die Gestirne und die Seeküste, deren Nähe natürlich oft gefährlich werden mußte; die Phantasie der Hellenen bevölkerte den Ocean mit Wundern und Ungeheuern aller Art, und die Makedonen, unerschrocken und tapfer, wo sie dem Feinde ins Auge sahen, waren gegen das falsche Element ohne Waffe und nicht ohne Furcht. Und wer endlich sollte die Führung übernehmen? der König selbst, kühn genug zum kühnsten Wagniß, und selbst bereit, dem Ocean den Sieg abzutrotzen, durfte sich um so weniger an die Spitze der Flotte stellen, da im Reiche schon während seiner indischen Feldzüge manche Unordnungen vorgefallen waren, die dringend seine Rückkehr forderten; der Landweg nach Persien war schwierig und die makedonischen Landtruppen bedurften, um diese öden und furchtbaren Gegenden zu durchziehen, seiner persönlichen Führung um so mehr, da sie nur ihm vollkommen vertrauten. Wen also zum Führer der Flotte wählen? wer hatte Muth, Geschick und Hingebung genug? wer konnte die Vorurtheile und die Furcht der zur Flotte commandirten Truppen beschwichtigen und statt des Wahnes, als würden sie sorglos der augenscheinlichen Gefahr Preis gegeben, ihnen Vertrauen zu sich selbst, zu ihrem Führer und zu dem glücklichen Ende ihres Unternehmens einflößen?

Der König theilte alle diese Bedenken dem treuen Nearchos mit und fragte ihn um Rath, wem er die Flotte anvertrauen sollte. Nearchos nannte ihm Einen nach dem Anderen; der König verwarf sie Alle, der Eine schien nicht entschlossen, ein Anderer nicht ergeben genug, um für ihn sich Gefahren auszusetzen, Andere waren mit dem Seewesen, mit dem Geist der Truppen nicht genug vertraut oder voll Verlangen nach der Heimath und nach den Bequemlichkeiten eines ruhigen Lebens. Nearchos, so erzählt er selbst in seinen Denkwürdigkeiten, bot endlich sich selbst an: „ich, o König, will wohl die Führung der Flotte übernehmen und mit Gottes Hülfe Schiffe und Menschen wohlbehalten bis zum Perserlande bringen, wenn anders das Meer schiffbar und das Unternehmen für menschliche Kräfte überhaupt ausführbar ist". Der König sprach dagegen: einen so treuen und hochverdienten Mann könne er nicht neuen Gefahren aussetzen. Nearchos bat um so dringender, und der König verhehlte sich nicht, daß gerade er vor Allen dazu geeignet sei; die Truppen, welche den bewährten Führer der Flotte verehrten und des Königs große Zuneigung für ihn kannten, durften in dieser Wahl eine Gewähr für sich selbst sehen, da ja Alexander nicht einen Freund und einen seiner besten Befehlshaber an die Spitzen eines Unternehmens gestellt haben würde, an dessen Erfolg er selbst verzweifelte [1]). So wurde Nearchos, des Androtimos Sohn, der in Kreta geboren und in Amphipolis Bürger war, zum Führer der Meerfahrt bestellt, die glücklichste Wahl, die der König treffen konnte. Mochten die zur Flotte commandirten Truppen anfangs muthlos und über ihr Schicksal besorgt gewesen sein, die Wahl ihres Führers, die Trefflichkeit und Pracht der Zurüstungen, die Zuversicht, mit der ihr König einen glücklichen Erfolg verhieß, der Ruhm, an der kühnsten und gefahrvollsten Unternehmnng, welche je gewagt worden, Antheil zu haben, endlich das Beispiel des großen Königs, der die brandende Mündung des Indus hindurch auf die Höhe des Oceans gefahren war, das Alles ließ sie mit Freudigkeit den Tag der Abfahrt erwarten.

Alexander hatte Gelegenheit gehabt, sich über die Natur der Monsuns zu unterrichten; sie wehen regelmäßig während des Sommers von Südwest, während des Winters von Nordost, doch werden diese Nordostmonsuns an der gerade westwärts streichende Küste von Gedrosien zu einem beständigen Ostwinde; dieser beginnt mit einigem Schwanken im Oktober, wird gegen Ende des Monats stehend und weht dann unausgesetzt bis in den Februar. Diese Eigenthümlichkeit des indischen Oceans, höchst günstig für die beabsichtigte Küstenfahrt der Flotte, mußte natürlich benutzt, das Absegeln der Flotte auf Ende Oktober bestimmt werden [2]). Der Aufbruch des

---

[1]) Arrian. Ind. 20.

[2]) Die Zeitbestimmung ergiebt sich aus folgenden Angaben: Um die Zeit des Siriusaufganges (ἐπιτολή, Ende Juli) war Alexander in Pattala ange-

Landheeres durfte nicht so lange verschoben werden, da eines Theils der Zustand des Reichs Alexanders baldige Rückkehr forderte, anderer Seits für die Flotte, die sich nicht auf die weite Fahrt verproviantiren konnte, auf der Küste Vorräthe aufgestapelt und Brunnen gegraben werden mußten. Demnach gab der König den Befehl, daß die Flotte bis zum November in den Stationen von Pattala bleiben sollte, ließ Vorräthe auf vier Monaten zu ihrem Unterhalt zusammenbringen und rüstete sich dann selbst zum Aufbruch aus Pattala.

---

kommen (Strabo XV. p. 691); Plutarch zählt für die Fahrt von Nikaia bis hierher nur sieben Monate, Strabo dagegen zehn, wohl bis zum Ocean, da von Nikaia bis Pattala in der That neun Monate (von Anfang November 326 bis Ende Juli 325) gebraucht wurden. Nearch segelte den 22. September ab (s. unten) und traf nach etwa achtzig Tagen gegen den 16. December in Karmanien wieder mit Alexander zusammen. Alexander war zwei Monate von der Gränze der Oreiten bis Pura marschirt, vom Indus bis zu den Oreiten sind gegen vierzig Meilen, bei den mancherlei Hindernissen, die sich vorfanden, ein Weg von mindestens zwanzig Tagen; von Pura bis zu dem Orte des Zusammentreffens ist nicht ganz so weit; man darf vom Indus bis zur Zusammenkunft in Karmanien etwas mehr als drei Monate rechnen, so daß Alexander gegen Ende August aus Pattala aufbrach.

Viertes Buch.

Erstes Kapitel.

Der Abmarsch. — Kämpfe im Lande der Oreiten. — Zug des Heeres durch die Wüste Gedrosiens. — Ankunft der Reste des Heeres in Karmanien. — Nearchos in Harmozia. — Zerrüttung im Reich. — Strafgerichte. — Rückkehr nach Persien. — Zweite Flucht des Harpalos. — Die Hochzeitfeier in Susa. — Neue Organisation des Heeres. — Aufbruch nach Opis.

Den Westen des Induslandes begränzen mächtige Gebirge, die sich von dem Kophenflusse bis zum Ocean hinabziehen. Unmittelbar über der Brandung des Meeres ragen ihre letzten Felsenmassen noch hoch empor, und von wenigen Pässen durchschnitten, sind sie zwischen dem Deltalande des Indus und dem wüsten Küstensaum Gedrosiens, zwischen dem Lande Sindh und der hohen Steppe Arianas eine vollkommene Scheidewand; gen Morgen ist eine feuchte Tropenwärme, Wasserfülle, üppige Vegetation, eine reiche Thierwelt, dichte Bevölkerung mit dem weitverzweigten geselligen Verkehr, mit den tausend Erzeugnissen und Bedürfnissen einer unvordenklichen Civilisation; jenseits der Grenzgebirge, die in nackten Felsen über einander empor starren, ein Labyrinth von Felswänden, Klippenzügen, Bergsteppen, in ihrer Mitte das Tafelland von Kelat, nackt, traurig, von trockener Kälte oder kurzer, sengender Sommergluth, in Wahrheit die „Wüste der Armuth" [1]. Gen Norden und Westen umschließen

---

[1]) Dustibe-dulut nach Pottinger, dessen Angaben obiger Schilderung zu Grunde liegen.

sie steile Felsgehänge, an deren Fuß das Sandmeer der Wüste Arianas fluthet, ein endloser Ocean, mit der röthlich schillernden Atmosphäre des glühenden Flugsandes, mit dem wellenhaften Wechsel stets treibender Dünen, in denen der Pilger verirrt und das Kameel untersinkt. So der traurige Weg ins Innere; noch öder und furchtbarer ist die Einöde der Küste und der Weg durch sie hin gen Westen. Wenn man von Indien aus durch die Pässe des großen Scheidegebirges gestiegen, so öffnet sich eine tiefe Landschaft, links das Meer, gen Westen und Norden Gebirge, in der Tiefe ein Fluß, der zum Ocean eilt, das letzte strömende Wasser auf diesem Wege; Getraidefelder am Fuß der Berge, Dörfer und Flecken in der Ebene zerstreut, die letzten auf einem Wege von Monaten. Gen Norden führen aus dieser „Ebene" [1]) schlimme Zickzackpässe in die Bergwüste von Kelat; gen Westen ziehen sich die Berge der Oreiten bis ans Meer hinab. Man übersteigt sie, und nun beginnen die Schrecken der Einöde; die Küste ist flach, sandig, heiß, ohne Gras und Strauch, von den Sandbetten vertrockneter Ströme durchfurcht, fast unbewohnbar, die elenden Fischerhütten, die einzeln auf Meilen weit an dem Strande zerstreut sind, von Fischgräten und Seetang erbaut, unter einsamen Palmengruppen, die wenigen Menschen noch elender als ihr Land. Eine Tagereise landein streichen nackte Klippenzüge, von Gießbächen durchrissen, die in der Regenzeit plötzlich anschwellen, reißend und brausend zur Küste stürzen und dort die tiefen Mündungsbetten auswühlen, sonst das Jahr hindurch trocken liegen, mit Genist, Mimosen und Tamarisken überwuchert, voll von Wölfen, Schakalen und Mückenschwärmen. Hinter diesen Klippenzügen dehnt sich die

---

1) Der Name der Provinz Lussa hat in der indgalischen Sprache diese Bedeutung. Die Pässe oder Lukhs sind gen Norden die Bergstraße (Kohenwan s. Pottingers Tagebuch, 1. Februar), gen Osten nach Indien die nach Hyderabad und Kurache, gen Westen der von Hinglatz (Hingol, als Telegraphenstation auf der Karte, die H. Kiepert nach den Aufnahmen von Goldsmid in der Zeitschrift der Gesellschaft für Erdkunde 1870, V. 3 mitgetheilt hat), der zum Strande hinabführt, und der von Bela auf der Straße gen Kedje; s. Pottinger, S. 431 (Uebersetzung).

Wüste Gedrosien, mehrere Tagereisen breit, von einzelnen Wanderstämmen durchzogen, dem Fremdling mehr als furchtbar; Einöde, Dürre, Wassermangel sind hier die kleinsten Leiden; Tages stechende Sonne, glühender Staub, der das Auge entzündet und den Athem erdrückt, Nachts durchfröstelnde Kühle und das Heulen hungriger Raubthiere, nirgend ein Obdach oder Grasplatz, nirgend Speise und Trank, nirgend ein sicherer Weg oder ein Ziel des Weges. Durch diese Wüste, so wird erzählt, zog die Königin Semiramis aus Indien heim, und von den Hunderttausenden ihres Heeres kehrten mit ihr nicht zwanzig Menschen nach Babylon zurück; auch Kyros soll diesen Rückweg genommen und das gleiche Schicksal erfahren haben; selbst der Fanatismus des Islam hat nicht gewagt, erobernd in diese Wüste einzudringen; der Kalif verbot seinem Feldherrn Abdallah dieß Land, das der sichtliche Zorn des Propheten getroffen habe.

Alexander hat diesen Weg gewählt, nicht um Größeres zu vollbringen als Kyros und Semiramis, wie das Alterthum, noch um die Verluste der indischen Heerfahrt durch größere Verluste vergessen zu machen, wie der Unverstand neuerer Geschichtsschreiber geglaubt hat. Er mußte diesen Weg wählen; es durften nicht zwischen den Satrapien des Indus und des persischen Meeres herrenlose Länderstrecken und ununterworfene Völkerstämme den Zusammenhang der Occupation stören; sie durften es um so weniger, da die Klippenzüge am Saum der Einöde räuberischen Horden und rebellischen Satrapen ein stetes Asyl geboten hätten. Noch wichtiger war die Rücksicht auf die Flotte, welche längs der wüsten Küste dahin fahren und den Seeweg zwischen Indien und Persien öffnen sollte; sie konnte nicht auf Monate lang verproviantirt und mit Wasser versehen werden; um beides einzunehmen, mußte sie von Zeit zu Zeit an die Küste gehen, von der sie sich bei der Natur der damaligen Nautik überhaupt nicht entfernen durfte. Sollte diese Expedition irgend glücken und ihr Zweck, die Fahrt vom Euphrat zum Indus zu öffnen, erreicht werden, so war es vor Allem nothwendig, die Küste zugänglich zu machen, Wasserbrunnen zu graben, Vorräthe zu beschaffen, Widerstand von Seiten der Einwohner zu hindern, die Bevölkerung, namentlich der reicheren Distrikte mit in den Verband des Reiches zu ziehen. Dieß waren die Gründe, die den König veranlaßten, durch Gedrosien zurück zu kehren, obschon ihm die Natur jener Landesstrecke nicht unbekannt sein konnte; er durfte seinen großen Plan nicht um der Gefahren Willen, die unvermeidlich waren, Preis geben, er durfte die Opfer nicht scheuen, die ihm das Unternehmen kosten sollte, von dem er, und mit Recht, außerordentliche Erfolge erwartete. Der Satrap von Karmanien, Sibyrtios [1]), wird die Weisung erhalten haben, von Westen her, so weit möglich, dem Heere das Nöthige entgegenzusenden; und man wird wohl so viel erkundet haben, daß die zunächst an Indien gränzende Landschaft, wenn man sie besetzte, im Innern bewohnte und fruchtbare Thäler genug besaß, um dem Zuge längs der Küste die nöthigen Vorräthe zu schaffen.

Die Ueberlieferungen gestatten nicht auch nur ungefähr anzugeben, wie groß die Zahl der Truppen war, die der König durch Gedrosien führte. Man darf die Flotte vielleicht auf 100 Schiffe, ihre Bemannung auf 12,000 Mann und etwa 2000 Epibaten rechnen; bedeutend stärker wird das Heer, das Krateros durch Arachosien führte, gewesen sein. Nach einer sicheren Nachricht war die Gesammtmacht des Königs, als er im sogdischen Alexandrien stand, 120,000 Mann; rechnet man vielleicht 30,000 Mann, die bei dem indischen Satrapen und in den neugegründeten Städten zurückblieben, so könnten 30- bis 40000 Combattanten mit dem Könige gezogen sein. Dieß nur, um daran zu erinnern, was man wissen müßte, um sich eine pragmatisch deutliche Vorstellung von diesem Zuge der Heimkehr machen zu können.

Es mochte gegen Ende August des Jahres 325 sein, als Alexander aus Pattala und dem indischen Lande aufbrach; bald war das Gränzgebirge erreicht und auf dem nördlicheren Paß-

---

[1]) Der König hatte 330 nach Curtius Angabe Aspastes zum Satrapen von Karmanien ernannt. Nach Arrian. IV. 27. 1 war kurz vor dem Rückmarsch aus Indien Sibyrtios bestellt worden.

wege übersteigen; etwa mit dem neunten Tage [1]) kam man in die Thallandschaft des Arbiosstromes, an dem diesseits die Arbiten [2]), jenseits bis in die Berge die Oreiten wohnten; beide Stämme hatten sich noch nicht unterworfen; deshalb theilte Alexander sein Heer, ihr Land zu durchziehen und nöthigen Falls zu verwüsten. Von ihm selbst, von Leonnatos, von Ptolemaios geführt, zogen einige Colonnen in das Land hinab, während Hephaistion das übrige Heer nachführte. Alexander wandte sich links dem Meere zu, um zugleich der Küste entlang für den Bedarf seiner Flotte Brunnen graben zu lassen, demnächst aber die Oreiten, die für streitbar und zahlreich galten, zu überfallen. Die Arbiten hatten beim Heranrücken der Makedonen ihre Dörfer verlassen und sich in die Wüste geflüchtet. Er kam an den Arbiosfluß, der seicht und schmal, wie er war, leicht überschritten wurde; ein nächtlicher Marsch durch die Sandgegend, die sich von dessen rechten Ufer abendwärts erstreckte, brachte ihn mit Tagesanbruch an die wohlbebauten Felder und Dorfschaften der Oreiten. Sofort bekam die Reiterei Befehl, geschwaderweise aufzurücken und, um desto mehr Feld zu bedecken, in gemessenen Distanzen vorzugehen, während das Fußvolk in geschlossener Linie nachfolgte. So wurde ein Dorf nach dem anderen angegriffen und eingenommen; wo die Einwohner Widerstand versuchten und mit ihren Giftpfeilen gegen die makedonischen Speere zu kämpfen wagten, wurden sie leicht bewältigt, ihre Dörfer verbrannt, sie selbst niedergehauen oder zu Gefangenen gemacht und in die Sklaverei verkauft. Das untere Gebiet der Oreiten ward ohne bedeutenden Verlust unterworfen; auch die Pfeilwunde, die das Leben des Lagiden Ptolemaios in Gefahr brachte, wurde schnell und glücklich geheilt [3]); an einem Wasser

---

[1]) Dieses ist nach Curt. IX. 10. 5, der im Uebrigen, wie Diodor, für die Geographie dieser Gegend vollkommen unbrauchbar ist. Von Pattala bis zum Paß von Hyderabad sind etwa 16 Meilen, von da bis zum Arbiosfluß (heute Pooralli) gegen 12 Meilen.

[2]) Daß Arba der einheimische Name ist, erweist Lassen II, S. 189.

[3]) Strabo XV, p. 723; Cic. de Div. II. 66 und andere; Diod.

lagerte und rastete Alexander und wartete die Ankunft des Hephaistion ab. Mit ihm vereinigt zog er weiter zu dem Flecken Rambakia, dem größten im Lande der Oreiten; die Lage desselben schien günstig für den Verkehr und zur Behauptung des Landes; Alexander beschloß, ihn zur Hauptstadt der oreitischen Satrapie zu machen und zu colonisiren; Hephaistion erhielt den Befehl zur Gründung der oreitischen Alexandreia [1]). Der König selbst brach mit der Hälfte der Hypaspisten und Agrianer, mit dem Geleit seiner Ritterschaft und den berittenen Schützen gegen die Berge hin auf, welche das Gebiet der Oreiten und Gedrosier von einander scheiden; denn in den dortigen Pässen, durch welche der Weg nach Gedrosien führte, hatten sich, so war dem Könige berichtet, die Oreiten und Gedrosier in sehr bedeutender Macht aufgestellt, um vereinigt den Makedonen den Weg zu sperren. Sobald die Makedonen dem Eingang der Pässe nahten, flohen die Barbaren vor einem Feinde, dessen unwiderstehliche Kraft sie eben so sehr wie seinen Zorn nach dem Siege fürchteten; die Häuptlinge der Oreiten kamen in demüthiger Unterwürfigkeit zu ihm herab, sich, ihr Volk und ihr Alles seiner

---

XVII. 103 und Curt. IX. 8. 20 verlegen die Verwundung des Lagiden in das Indusdelta.

[1]) Die Lage von Rambakia glaubt Vincent und mit ihm van der Chys in einem heutigen Orte Ram-pur wieder zu finden, der auf Pottingers Karte und der der Telegraphenstationen nicht verzeichnet ist. Diodor sagt, da Alexander eine Stadt zu gründen wünschte, und einen sicheren (ἄκλυστον) Hafen und dabei eine wohl belegene Landschaft fand, so gründete er daselbst eine Alexandreia. Curtius fügt hinzu, daß sie mit Arachosiern (vielleicht aus dem Heere) bevölkert wurde. Nearchs Tagebuch erwähnt dieser neuen Stadt nicht; der Weiberhafen, den er ἄκλυστος nennt, liegt ostwärts vom Arbiosflusse. Daß die vierte Alexandreia bei Steph. Byz. πόλις Νεαρτῶν ἔθνους Ἰχθυοφάγων und Diodors Νεωρειτῶν nichts anderes als Ὠρειτῶν bezeichnet und die von Arrian erwähnte Colonie in Rambakia ist, haben die Erklärer zu Diodor, Curtius und Stephanos erwiesen. Ueber eine zweite in diesen Gegenden von Leonnatos angelegte Stadt s. Lassen II, S. 188. Wie weit das Land der Oreiten gen Norden gereicht, wird nicht angedeutet, doch scheint der Zug der Berge ziemlich bestimmt die Gränze gen Westen und Norden anzugeben.

Gnade zu übergeben. Alexander empfing sie huldvoller, als sie erwartet; er trug ihnen auf, ihre zersprengten Dorfschaften wieder zu sammeln, und ihnen in seinem Namen Ruhe und Sicherheit zu versprechen; er legte es ihnen ans Herz, seinem Satrapen Apollophanes, den er über ihr, der Arbiten und der Gedrosier Land setzte, zu gehorchen und namentlich den Anordnungen, die zur Versorgung der makedonischen Flotte getroffen werden würden[1]), gebührend nachzukommen. Zu gleicher Zeit wurde Leonnatos der Leibwächter mit einem bedeutenden Heere, bestehend aus sämmtlichen Agrianern, einem Theil der Bogenschützen, einigen Hundert Pferden der Makedonen und hellenischen Söldner, einer entsprechenden Anzahl Schwerbewaffneter und asiatischer Truppen in der neuen Satrapie zurückgelassen, mit dem Befehl, die Ankunft der Flotte an diesen Gestaden zu erwarten und Alles zu deren Aufnahme vorzubereiten, die Colonisation der neuen Stadt zu vollenden, den etwa noch vorkommenden Unordnungen und Widersetzlichkeiten von Seiten des Volkes zu begegnen und Alles anzuwenden, um die bisher unabhängigen Oreiten für die neuen Verhältnisse zu gewinnen; Apollophanes wurde angewiesen, Alles zu thun, um in das Innere von Gedrosien Schlachtvieh und Vorräthe zusammenbringen zu lassen, damit das Heer nicht Mangel leide.

Dann brach Alexander aus dem Lande der Oreiten nach Gedrosien auf. Schon wurde der heiße und flache Küstensaum breiter und öder, die Hitze stechender, der Weg beschwerlicher; man zog Tage lang durch einsame Sandstrecken, in denen von Zeit zu Zeit Palmengruppen einen ärmlichen Schatten unter

---

1) Dieser Befehl an Apollophanes ergiebt sich aus Arrian. VI. 27. 1. Die Möglichkeit solcher Versorgung lag darin, daß sich 10 bis 15 Meilen von der Küste, wohl 40 Meilen lang, die reichen Thallandschaften Kolwan und Kedj hinziehen, die vom Oreitenlande durch den Paß von Bela leicht zu erreichen waren; namentlich das Thal Kedj von dem wasserreichen Choribescht durchströmt; s. Lt. Ross, Notes on Mekran in den Transact. of the Bombay Geogr. Soc. XVIII (1868), p. 36 sqq.; er mündet ins Meer in der Bucht von Gwatar, offenbar der Hafen Kophas, wo Nearchos (Arrian. Ind. 27. 6) „vieles und reines Wasser" fand.

der fast senkrechten Sonne boten; häufiger waren Myrrhenbüsche, stark duftend in der Gluth der Sonne und in der Fülle des unbenutzt ausschwitzenden Harzes; die phoinikischen Kaufleute, die mit zahlreichen Kameelen dem Heere folgten, sammelten hier viel von dieser köstlichen Waare, die im Abendlande unter dem Namen der arabischen Myrrhe so beliebt war [1]). In der Nähe der See oder der Flüsse blühte die starkduftende Tamariske, über den Boden hin wucherte die Schlingwurzel der Narden und vielrankiges Dorngebüsch, in dem sich die Hasen, die der nahende Heereszug aufgescheucht, wie Vögel im Dohnenstrich fingen. In der Nähe solcher Plätze wurde übernachtet und aus den Blättern der Myrrhen und Narden die nächtliche Streu bereitet. Aber mit jedem neuen Marsche wurde die Küste öder und unwegsamer. Die Bäche erstarben im heißen Sande, auch die Vegetation hörte auf; von Menschen und Thieren war auf weite Strecken keine Spur; man begann die Nächte zu marschiren, um während des Tages zu ruhen; man zog tiefer landein, um auf dem nächsten Wege diese Einöde zurückzulegen und zugleich für die Flotte Vorräthe an die Küste zu schaffen; einzelne Trupps wurden dann an die Küste hinabgesandt, die Vorräthe aufzustapeln, Brunnen zu graben, die Zugänglichkeit des Strandes für die Schiffe zu untersuchen. Einige dieser Reiter unter Thoas Führung brachten die Nachricht, an der Küste seien wenige ärmliche Fischerhütten, aus Wallfischrippen und Seemuscheln erbaut; die Bewohner, armselig und stumpfsinnig, lebten von gedörrten Fischen und Fischmehl und tränken das brakige Wasser der Sandgruben; man hatte das Gebiet der Ichthyophagen erreicht. Tiefer landein, so hieß es, finde man einzelne Dorfschaften; dorthin mußte das Heer, da der Mangel an Lebensmitteln schon empfindlich zu werden begann. Nach langen, ermüdenden Nachtmärschen, in denen schon nicht mehr die strengste Ordnung und Mannszucht zu erhalten war, erreichte man diese Gegend; von den Vorräthen, die sie darbot, wurden

---

1) Ueber dieses Gewächs s. Asiat. Researches, Vol. IV, p. 97 u. 433.

möglichst sparsam an das Heer vertheilt, um das Uebrige, mit dem königlichen Siegel verwahrt und auf Kameele gepackt, an die Küste zu schicken; aber sobald Alexander mit den ersten Colonnen zum weiteren Marsche aufbrach, rissen die bei den Vorräthen bestellten Wachen die Siegel auf, und von ihren hungernden Kameraden schreiend umdrängt, theilten sie aus, was sie bewahren sollten, unbekümmert, wie sie ihr Leben verwirkten, um es vor dem Hungertode zu retten. Alexander ließ es ungeahndet; er eilte, neue Vorräthe aufzutreiben und sie unter sicherer Bedeckung hinabzusenden; er befahl den Einwohnern, aus dem Inneren des Landes so viel Getraide, Dattelfrucht und Schlachtvieh als irgend möglich aufzubringen und an die Küsten zu schaffen; zuverlässige Männer wurden zurückgelassen, diese Transporte zu besorgen.

Indeß zog das Heer weiter; es nahte dem furchtbarsten Theil der Wüste; in gräßlicher Steigerung wuchs der Hunger, das Elend, die Zügellosigkeit. Auf zehn, auf funfzehn Meilen weit kein Wasser, der Sand tief, heiß, wellenhaft wie ein stürmisches Meer zu breiten Dünen aufgeweht, durch die man mit jedem Schritte tief einsinkend sich mit endloser Mühe hinschleppte, um sogleich dieselbe Arbeit von Neuem zu beginnen; dazu das Dunkel der Nacht, die furchtbar wachsende Auflösung aller Ordnung, die letzte Kraft durch Hunger und Durst erschöpft oder zu selbstischer Gier verwildert. Man schlachtete die Pferde, Kameele, Maulthiere und aß ihr Fleisch; man spannte das Zugvieh von den Wagen der Kranken und überließ diese ihrem Schicksal, um in trauriger Hast weiter zu ziehen; wer vor Müdigkeit oder Entkräftung zurückblieb, fand den Morgen kaum noch die Spur des großen Heeres wieder, und fand er sie, so bemühte er sich umsonst, dasselbe einzuholen; in schrecklichen Zuckungen verschmachtete er unter der glühenden Mittagssonne oder verirrte in dem Labyrinth der Dünen, um vor Hunger und Durst langsam dahinzusterben. Glücklich die Anderen, wenn sie vor Tagesanbruch Brunnen erreichten, um zu rasten; aber oft mußte man noch marschiren, wenn schon die Sonne durch die röthliche Gluthluft herab brannte und der Sand unter den wunden Füßen glühte; dann stürzten die Thiere röchelnd zusammen, und den hinsinkenden Menschen brach das Blut jählings aus Auge und Mund, oder sie kauerten sich todtmatt nieder, während die Reihen aufgelöst in gespenstischer Stille an den sterbenden Kameraden vorüberwankten; kam man endlich zu den Wassern, so stürzte Alles hin und trank in hastiger Gier, um die letzte Labung mit einem qualvollen Tode zu büßen. An einer der Raststellen — ein fast ausgetrocknetes Wasser floß vorüber — lagerte das Heer einen Tag und ruhete unter den Zelten; da füllte sich plötzlich das Strombett und brausend schwollen die Wasser über [1]); Waffen, Thiere, Zelte, Menschen wurden mit hinweggerissen, und ehe man sich noch zu besinnen und zu helfen vermochte, war schon die Verwüstung auf ihrem Gipfel; Alexanders Zelt und ein Theil seiner Waffen wurden ein Raub der Fluth, deren Gewalt er selbst mit Mühe entrann. So häuften sich die Schrecken; und als endlich gar bei dem weiteren Marsche, da ein heftiger Wind die Dünen der Wüste durcheinandertrieb und allen Weg spurlos verwehte, die landeingeborenen Führer verirrten und nicht mehr wo noch wohin wußten, da sank auch dem Muthigsten der Muth, und der Untergang schien Allen gewiß. Alexander sammelte die kräftigsten der Ritter, eine kleine Schaar, um sich, mit ihnen das Meer zu suchen; er beschwor sie, die letzten Kräfte zusammenzunehmen und ihm zu folgen. Sie ritten mittagwärts durch die tiefen Dünen, von Durst gequält, in der tiefsten Erschöpfung; die Pferde stürzten zusammen, die Reiter vermochten nicht sich weiter zu schleppen, nur der König mit fünf Anderen war unermüdlich vorgedrungen; sie sahen endlich die blaue See, sie ritten hinab, sie gruben mit ihren Schwertern im Sande

---

1) Leut. Roß hörte vom Chori-descht, der im September, als er an sein Ufer kam, nur an tieferen Stellen einzelne Wasserpfützen zeigte, daß er bei starken Regengüssen im Winter gewaltige Ueberschwemmungen verursache und oft so plötzlich anschwelle, daß den unmittelbar daran Wohnenden kaum Zeit zur Rettung bleibe und fast immer viele in den Wellen ihren Tod fänden.

nach süßem Wasser, und ein Quell sprudelte hervor, sie zu erquicken; dann eilte Alexander zurück zum Heere und führte sie hinab an den kühleren Strand und zu den süßen Quellen, die dort rieselten. Nun fanden die Führer sich wieder zurecht und führten das Heer noch sieben Tage lang an der Küste, wo an Wasser nicht Mangel und auch hie und da Vorräthe und Dorfschaften waren; mit dem siebenten Tage wandte man sich landeinwärts und zog durch fruchtprangende und heitere Gegenden gen Pura, der Residenz der Satrapie Gedrosien [1]).

So erreichte das Heer endlich das Ziel seines Weges, aber in welchem Zustande! Der Marsch von der Oreiten Gränze durch die Wüste hatte sechzig Tage gewährt [2]); aber die Leiden und Verluste auf diesem Marsche waren größer als alles Frühere zusammengenommen. Das Heer, das so stolz und

---

1) Man hat die Darstellung des Zuges durch die Wüste für übertrieben halten wollen. Neuere Berichte, namentlich Pottingers, beweisen ihre Wahrhaftigkeit, die auch schon der Name Nearchs verbürgen würde, aus dessen Denkwürdigkeiten Arrian und Strabo ziemlich übereinstimmend excerpirt haben. Man vergleiche Pottingers Tagebuch vom April, mit Strabo XV, p. 722, und Arrian. VI. 23. Den Zug im Einzelnen zu verfolgen ist natürlich unmöglich, doch scheint er nie über die Klippenzüge, die bis auf 10 bis 15 Meilen von der Küste entfernt sind, nordwärts gegangen zu sein. Auch über die Lage von Pura läßt sich nichts mit Bestimmtheit sagen; das heutige Bunpur, fast 30 Meilen landein, für die alte Landesresidenz zu halten, hat keinen andern Grund, als daß es in dem fruchtbaren Theil Gedrosiens und auf dem Wege von der Küste zum oberen Karmanien belegen ist; cf. Vincent, p. 303. Der Weg Alexanders dürfte dann ziemlich der des Capitain Grant sein, der von Bunpur und Geh bis zur Küste hinabging. Alexander durfte sie hier verlassen, ohne für seine Flotte im Weiteren sorgen zu müssen, da demnächst die wirthbarere Küste von Karmanien beginnt.

2) Diese sechzig Tage scheinen im Widerspruch mit der Angabe von den ungeheueren Tagemärschen von 400, ja 600 Stadien, die Alexander gemacht haben soll. Die gerade Distanz von der Oreiten Gränze bis Bunpur sind fast hundert Meilen, dazu die Verirrungen, das Hinabgehen zur Küste und die Rückkehr ins Innere, möchten den Weg um die Hälfte vergrößert haben; das gäbe durchschnittlich auf den Tag zwei und eine halbe Meile, was schon genug in solchem Terrain.

reich aus Indien ausgezogen, war auf ein Viertel zusammengeschmolzen [1]), und dieser traurige Ueberrest des welterobernden Heeres war abgezehrt und entstellt, in zerlumpten Kleidern, fast ohne Waffen, die wenigen Pferde abgemagert und elend, das Ganze ein Aufzug des tiefsten Elends, der Auflösung und Niedergeschlagenheit. So kam der König nach Pura. Hier ließ er rasten, damit sich die erschöpften Truppen erholten und die auf dem Wege Verirrten sich sammelten. Der Satrap über Oreitis und Gedrosien, der den Befehl erhalten, die Wege der Wüste mit Vorräthen versorgen zu lassen, und durch dessen Fahrlässigkeit dem Heere selbst noch die Erleichterung, welche die Wüste gestattet hätte, entzogen worden war, erhielt von hier aus seine Entlassung; Thoas wurde zu seinem Nachfolger in der Satrapie bestimmt [2]).

Dann brach Alexander nach Karmanien auf, wo er Krateros mit seinem Heere und mehrere Befehlshaber der oberen Provinzen, die er dorthin beordert, zu treffen hoffte. Es mochte Anfang December sein; von der Flotte und ihren Schicksalen hatte man nicht die geringste Nachricht; war die dem hochherzigen Nearchos übertragene Expedition schon an sich gefahrvoll, und die gänzliche Ungewißheit über den Fortgang höchst beunruhigend, so mochte Alexander nach den jüngsten Erlebnissen und ihrer unbeschreiblichen Furchtbarkeit eher Alles zu fürchten, als das Gelingen eines großen Planes zu hoffen geneigt sein; jene Küste, die dem größten Theil seines Heeres den elendesten Untergang gebracht hatte, war für die Flotte die letzte und einzige Zuflucht; und öde, flachsandig, hafenlos wie sie war, schien sie eher die unberechenbaren Wechselfälle von Wind und Wetter gefährlicher zu machen, als vor ihnen retten zu können; ein

---

1) Plut. Alex. 66: *ὥστε τῆς μαχίμου δυνάμεως μηδὲ τὸ τέταρτον ἐκ τῆς Ἰνδικῆς ἀπαγαγεῖν.* Diese Angabe vom vierten Theil mag Plutarch in seiner Quelle gefunden haben; der Zusatz, daß der König doch 120,000 Mann zu Fuß und 15,000 Reiter aus Indien geführt habe, gehört ihm.

2) Arrian. VI. 22. 1. Apollophanes war während der Zeit im Kampfe gegen die Oreiten gefallen (s. u.).

Orkan, und Flotte und Heer konnte spurlos vernichtet sein, eine unvorsichtige Fahrt, und der Ocean war weit genug zu endlosem Irren und rettungslosem Treiben.

Da kam der Hyparch der Gegend [1]) zum Könige mit der Nachricht, fünf Tage südwärts, an der Mündung des Flusses Anamis sei Nearch wohlbehalten mit der Flotte gelandet, habe auf die Nachricht, daß sich der König im oberen Lande befinde, sein Heer sich hinter Wall und Graben lagern lassen, und werde demnächst persönlich vor Alexander erscheinen. Des Königs Freude war im ersten Augenblick außerordentlich, bald genug drängte Ungeduld, Zweifel, größere Bekümmerniß sie zurück; umsonst erwartete man Nearchs Ankunft; es verstrich ein Tag nach dem andern; Boten auf Boten wurden ausgesandt, die einen kamen zurück mit dem Bericht, sie hätten nirgend Makedonen der Flotte gesehen, nirgend von ihnen Kunde erhalten; andere blieben ganz aus; endlich befahl Alexander, den Hyparchen, der treulose Märchen geschmiedet und mit der Trauer des Heeres und des Königs Spott getrieben, fest zu nehmen und in Ketten zu legen. Er war trauriger denn zuvor, und von Leiden des Körpers und der Seele bleich.

Der Hyparch hatte die volle Wahrheit gesagt: wirklich war Nearchos mit seiner Flotte an der karmanischen Küste; glücklich hatte er ein Unternehmen, dem an Gefahren und Wundern schon an sich nichts ähnlich war, und das überdieß durch das Zusammentreffen zufälliger Umstände überaus erschwert worden war, vollbracht. Schon am Indusstrome hatten diese Schwierigkeiten begonnen; kaum war Alexander mit dem Landheere über die Gränzen Indiens gegangen, so hatten die Inder, die sich jetzt frei und sicher glaubten, bedenkliche Unruhen begonnen, so daß die Flotte nicht mehr im Indus sicher zu sein schien [2]). Nearchos hatte, da es nicht seine

---

1) Arrian. Ind. 34. 1: τῆς χώρης ὁ ὕπαρχος.

2) So berichtet Strabo XV, p. 721 nach Nearch; Arrian übergeht dieß in seinen Auszügen und sagt, die Flotte sei abgesegelt, nachdem sich

Aufgabe war, das Land zu behaupten, sondern die Flotte zum persischen Meerbusen zu führen, sich schnell und ohne die Zeit der stehenden Ostwinde abzuwarten, zur Abfahrt bereitet, war am 21. September abgesegelt und hatte in wenigen Tagen die Kanäle des Indusdelta hinter sich; dann war er durch heftige Südwinde genöthigt worden, unter dem Vorgebirge, das Indien vom Arbitenlande trennt, in einem Hafen, den er nach Alexander nannte, ans Land zu gehen und daselbst vierundzwanzig Tage zu rasten, bis sich endlich die regelmäßigen Winde gesetzt hatten. Mit dem 23. Oktober war er weiter geschifft, war unter mannigfaltigen Gefahren, bald zwischen Klippen hindurchsteuernd, bald gegen die gewaltige Brandung des Oceans ankämpfend, an der Arbiosmündung vorübergesegelt, und nach einem furchtbaren Seesturm am 30. October, der drei Fahrzeugen den Untergang brachte, bei Kokala an das Land gegangen, um zehn Tage zu rasten und die schadhaften Schiffe auszubessern; es war das der Ort, an dem kurz zuvor Leonnatos die Barbaren der Umgegend in einem blutigen Treffen überwältigt hatte; der Satrap Apollophanes von Gedrosien war bei dieser Gelegenheit erschlagen worden. Hier reichlich mit Vorräthen versehen und nach wiederholten Zusammenkünften mit Leonnatos, war Nearchos weiter gen Westen gefahren, und am 10. November lag das Geschwader vor der Mündung des Flusses Tomeros, an dessen Ufern bewaffnete Oreiten haufenweise standen, um die Einfahrt der Flotte zu hindern; ein kühner Ueberfall genügte, sie zu bewältigen und für einige Tage einen ruhigen Landungsplatz zu gewinnen. Mit dem 21. November war die Flotte zu der Küste der Ichthyophagen gekommen, jener armseligen und furchtbaren Einöde, bei der das Elend des Landheeres begann; auch das Schiffsheer hatte hier viel zu leiden, der Mangel an süßem

die Sommer-Etesien gelegt hätten, was allerdings richtig ist; doch waren noch nicht die Winter-Etesien eingetreten, die doch Nearch abgewartet hätte, wenn es ihm möglich gewesen wäre. Das Weitere über diese wichtige Zeitbestimmung wird der Anhang über die Chronologie geben.

Wasser und an Vorräthen wurde mit jedem Tage drückender. Endlich fand man in einem Fischerdorfe bald hinter dem Vorgebirge Bageia einen Eingeborenen Namens Hydrakes, der sich erbot, die Flotte als Lootse zu begleiten; er war ihr von großem Nutzen; unter seiner Leitung vermochte man fortan größere Fahrten zu machen und dazu die kühleren Nächte zu benutzen. Unter immer steigendem Mangel fuhr man bei der öden Sandküste Gedrosiens vorüber, und schon hatte die Unzufriedenheit der Schiffsleute einen gefährlichen Grad erreicht; da endlich erblickte man die mit Fruchtfeldern, Palmhainen und Weinbergen bedeckten Gestade Karmaniens; jetzt war die Noth vorüber, jetzt nahte man der langersehnten Einfahrt in das persische Meer, man war in befreundetem Gebiet. An der schönen Küste Harmozia und an der Mündung des Anamisstromes landete die Flotte, und das Schiffsvolk lagerte an den Stromufern, nach so vielen Mühen sich auszuruhen und der überstandenen Gefahren zu gedenken, denen zu entkommen Mancher verzweifelt haben mochte; von dem Landheere wußte man nichts, seit der Küste der Ichthyophagen hatte man alle Spur von demselben verloren [1]). Da geschah es, daß Einige von Nearchs Leuten, die ein wenig landein gegangen waren, um Lebensmittel zu suchen, in der Ferne einen Menschen in hellenischer Tracht sahen; sie eilten auf ihn zu und erkannten sich unter Freudenthränen als hellenische Männer; sie fragten ihn, woher er käme? wer er wäre? er antwortete, er komme vom Lager Alexanders her, der König sei nicht ferne von hier; und frohlockend führten sie ihn zu Nearchos, dem er dann angab, daß Alexander etwa fünf Tage weit ins Land hinauf stehe, und sich zugleich erbot, ihn zum Hyparchen der Gegend zu bringen. Das geschah; Nearchos überlegte mit diesem, wie er zum Könige hinauf

---

[1]) Ich wage nicht nach Vincents trefflichen Untersuchungen über das Einzelne dieser Fahrt Näheres hinzuzufügen; ein Versuch der Art würde Kenntnisse der neueren geographischen Forschungen, die nur eingehendes Studium gewähren könnte, überdies mehr Ausführlichkeit, als hier erlaubt ist, fordern.

kommen möchte. Während er zu den Schiffen zurückkehrte, um hier Alles zu ordnen und das Lager verschanzen zu lassen, war der Hyparch, in der Hoffnung, durch die erste Nachricht von der glücklichen Ankunft der Flotte des Königs Gunst zu gewinnen, auf dem kürzesten Wege in das innere Land hinauf geeilt und hatte dort jene Botschaft an den König gebracht, die ihm selbst so viel Leid zuzog, da deren Bestätigung ausblieb.

Endlich, so erzählt Nearchos selbst das Weitere, waren die Einrichtungen für die Flotte und das Lager so weit gediehen, daß er mit Archias von Pella, dem zweiten Befehlshaber der Flotte, und mit fünf oder sechs Begleitern von dem Lager aufbrach und ins Innere wanderte. Diesen begegneten auf dem Wege einige von den ausgesandten Boten Alexanders; aber sie erkannten weder den Nearchos noch den Archias, so sehr hatte sich ihr Aeußeres verwandelt; ihr Haupt- und Barthaar war lang, ihr Gesicht bleich, ihre Gestalt abgezehrt, ihre Kleidung zerlumpt und voll Schiffstheer; und als diese sie fragten, in welcher Richtung wohl Alexanders Lager stände, zeigten sie ihnen Bescheid und zogen vorüber. Archias aber ahnete das Rechte und sprach: „es scheint, daß die Männer ausgesandt sind, uns zu suchen; daß sie uns nicht erkennen, ist gar wohl zu begreifen, wir mögen wohl sehr anders als in Indien aussehen; laß uns sagen, wer wir sind, und sie fragen, wohin sie reisen". Das that Nearchos; sie antworteten, sie suchten den Nearchos und das Heer von der Flotte. Da sagte Nearchos: „ich bin es, den ihr suchet, führt uns zum Könige!" Da nahmen sie sie jubelnd auf ihre Wagen und fuhren zum Lager; Einige aber eilten voraus und zum Zelte des Königs und sprachen: „Nearchos und Archias und fünf Andere mit ihm kommen so eben daher". Da sie aber von dem übrigen Heere und von der Flotte nichts wußten, glaubte der König, daß jene wohl unvermuthet gerettet, aber Heer und Flotte untergegangen sei, und seine Trauer war größer denn vorher. Da trat Nearchos und Archias herein; Alexander erkannte sie kaum wieder, er reichte dem Nearchos die Hand, führte ihn zur Seite und weinte lange Zeit; endlich sprach er: „daß ich dich und

Archias wieder sehe, läßt mich den ganzen Verlust minder schmerzlich empfinden; nun aber sprich, wie ist meine Flotte und mein Heer zu Grunde gegangen?" Nearchos antwortete: „o König, beides ist dir erhalten, deine Flotte und dein Heer; wir aber sind als die Boten ihrer Erhaltung zu dir gekommen". Da weinte Alexander noch mehr, und lauter Jubel war um ihn her; er aber schwur bei Zeus und Ammon, daß ihm dieser Tag theurer wäre als der Besitz von ganz Asien [1]).

Schon war auch Krateros mit seinem Heere und den Elephanten nach einem glücklichen Marsche durch Arachosien und Drangiana in Karmanien angelangt [2]); er hatte sich auf die Nachricht von Alexanders ungeheueren Verlusten beeilt, sein

---

1) So erzählt Nearch (in Arrians Ind.); die Zeit dieses Zusammentreffens läßt sich durch Nearchs Reise bestimmen, denn dieser war am 21. September abgesegelt, und war nach Vincents Nachrechnung am achtzigsten Tage d. h. dem 9. December am Anamisflusse gelandet; es mochte zwischen dem 15. und 20. December sein, daß er den König wieder sah. Schwieriger, ja unmöglich ist es, den Ort zu bestimmen, wo Alexander lagerte. Diodor erzählt (XVII. 106), Alexander habe mit seinem Heere in der Küstenstadt Salmos gestanden, und man sei gerade im Theater versammelt gewesen, als Nearch mit seiner Flotte gelandet und sofort ins Theater gekommen sei, um von seiner Fahrt zu berichten. In dem Glauben, daß in diesem allerdings ganz verkehrten Bericht wenigstens der Name Salmos richtig sein dürfte, hat Vincent (S. 306) die Vermuthung aufgestellt, daß dieser Name (Sal-moun) dem Ort Maaun der Morgenländer entspreche. Die Hypothese scheint zu gewagt. Der einzige Umstand, der ungefähr die Lage dieses Ortes bezeichnen kann, ist, daß von ihm fünf Tagereisen, also etwa fünfzehn bis zwanzig Meilen bis zum Schiffslager am Anamis- oder Ibrahim-Fluß waren. Demnach ist es unmöglich, an Kerman, Jumalee oder einen der Orte, die Pottinger auf seiner Reise berührt hat, zu denken. Wäre nicht die Orographie Karmaniens so überaus unklar, so würde man mindestens die Stadt Alexandreia, die hier der König bauen ließ, mit einiger Sicherheit bezeichnen können; vielleicht, daß eben dort die Stelle des Wiedersehens war. Sollte vielleicht Giroft der Lokalität ungefähr entsprechen?

2) Ueber den Marsch des Krateros fehlen alle Nachrichten. Daß er zum Hindmend hinab, daß er über Lash und Nikh gezogen sein wird, ist vorauszusetzen; er zog dann von dort durch die Wüste nach Kerman, etwa des Weges, den Khanikoff beschreibt (Recueil de la societé de géogr. VII. 2, 1865, p. 404 sqq.

frisches und kräftiges Heer dem Könige zuzuführen. Mit ihm zugleich trafen die Befehlshaber, die seit fünf Jahren in Medien gestanden hatten, ein; es waren Kleandros mit den Veteranen der Söldner, Herakon mit den Söldnerreitern, die früher Menidas geführt hatte, Sitalkes mit dem thrakischen Fußvolk, Agathon mit den odrysischen Reitern, im ganzen fünftausend Mann zu Fuß und tausend Reiter [1]). Auch der Satrap Stasanor von Areia und Drangiana, und Pharasmanes, der Sohn des parthischen Satrapen Phrataphernes waren mit Kameelen, Pferden und Heerden Zugvieh nach Karmanien gekommen, zunächst in der Absicht, dem Heere, das sie noch nicht angelangt glaubten, bei dem Zuge durch die Wüste die nothwendigen Bedürfnisse zu beschaffen; doch auch jetzt noch waren sie mit dem, was sie brachten, sehr willkommen, die Kameele, Pferde, Rinder wurden im Heere auf die übliche Weise vertheilt. Dieß Alles, dazu die glückliche Natur des karmanischen Landes, die Pflege und Ruhe, die hier den Soldaten zu Theil wurde, endlich die unmittelbare Anwesenheit des Königs, dessen Thätigkeit nie ernster und durchgreifender gewesen war, machten in kurzer Zeit die Spuren des furchtbaren Elends verschwinden und gaben dem makedonischen Heere Haltung und Selbstvertrauen zurück. Dann wurden Festlichkeiten mannigfacher Art veranstaltet, um den Göttern für die glückliche Beendigung des indischen Feldzuges, für die Heimkehr des Heeres und die wunderbare Erhaltung der Flotte zu danken; Zeus dem Erretter, Apollon dem Fluchabwehrer, dem Erderschütterer Poseidon und den Göttern des Meeres wurde geopfert, es wurden Festzüge gehalten, Festchöre gesungen, Kampfspiele aller Art gefeiert; in dem Gepränge des Festzuges ging Nearchos bekränzt an des bekränzten Königs Seite, und das jubelnde Heer warf Blumen und bunte Bänder auf sie [2]). In allgemeiner Heerversammlung

---

1) Arrian. VI. 27; Curt. X. 1. 1 giebt die Zahl 5000.

2) Die oben bezeichneten Festlichkeiten (Arrian. VII. 28; Ind. 37) haben Veranlassung zu einer widerlichen Uebertreibung gegeben: der König sei sieben Tage lang in dem wildesten Bakchanal durch Karmanien gezogen,

wiederholte der Nauarch den Bericht seiner Fahrt; er und andere der Führer, so wie viele vom Heere, wurden vom Könige durch Geschenke, durch Beförderungen und Auszeichnungen aller Art geehrt, namentlich wurde der edle Peukestas, bisher Alexanders Schildträger und bei dem Sturm auf die Mallerstadt sein Retter, der hergebrachten Zahl der sieben Somatophylakes als achter hinzugefügt.

Zu gleicher Zeit gab der König die Weisungen für den weiteren Zug: die Flotte sollte ihre Fahrt längs der Küste des persischen Meerbusens fortsetzen, in die Mündung des Pasitigris einlenken und stromauf in den Fluß von Susa fahren; mit dem größeren Theil des Landheeres, mit den Elephanten und der Bagage sollte Hephaistion, um die schwierigen Wege, den Schnee und die Winterkälte in den Berggegenden zu vermeiden, an die flache Küste, die Vorräthe genug und in jetziger Jahreszeit milde Luft und bequeme Wege hatte, hinabziehen [1]), um sich in

er selbst auf einem riesigen, mit acht Rossen bespannten Wagen, Tag und Nacht mit seinen Freunden an einer goldenen Tafel schmausend, während auf unzähligen anderen, mit purpurnen Teppichen und bunten Kränzen geschmückten Wagen die übrigen Genossen nachfolgten, selbst schmausend und zechend; an den Wegen hätten Weinfässer und gedeckte Tafeln gestanden, und der Zug des übrigen Heeres habe sich taumelnd von Faß zu Faß fortgewälzt; lärmende Musik, unzüchtige Lieder, feile Dirnen, Phallusbilder, kurz alle erdenkliche Liederlichkeit und Verworfenheit hätte sich hier vereinigt. So Plutarch, Curtius, außerdem eine Menge von Hindeutungen darauf in den griechischen und römischen Autoren. Es genügt, dagegen Arrians Worte anzuführen: „Einige erzählen auch, was mir nicht wahrscheinlich erscheint, daß Alexander auf einem Doppelwagen, mit seinen Getreuen zu Tische sitzend und schwelgend, durch Karmanien gezogen und ihm das Heer gekränzt und jubelnd gefolgt sei, denn man habe wieder Lebensmittel im Ueberfluß gehabt, und Alles, was zur üppigsten Lust gehört, sei von den Karmanen an die Wege gebracht worden; und das Alles habe der König zur Nachahmung des Bakchanals gethan, in dem Dionysos, nachdem er Indien unterworfen, zurückgekehrt sei. Doch erzählt dieses weder Ptolemaios noch Aristobul, noch irgend ein anderer glaubwürdiger Schriftsteller.“ Daß die Feste in Karmanien mit aller Pracht gefeiert wurden, versteht sich von selbst.

[1]) Hephaistions Weg kann nicht unmittelbar zur Seeküste geführt haben, da sonst Nearch bei seiner Rückkehr zum Anamis nicht von den Bergvölkern

der Ebene von Susa mit der Flotte und dem übrigen Heere wieder zu vereinigen. Alexander selbst wollte mit der makedonischen Ritterschaft und dem leichten Fußvolk, namentlich den Hypaspisten und einem Theile der Bogenschützen, auf dem nächsten Wege durch die Berge über Pasargadai und Persepolis gen Susa ziehen [1]).

So kehrte Alexander in den Bereich der Länder zurück, die ihm seit Jahren unterworfen waren; es war hohe Zeit, daß er zurückkehrte. Arge Unordnungen und gefährliche Neuerungen waren an mehr als einem Punkte entstanden; nur zu bald hatte der Geist der Zügellosigkeit und Anmaßung, der in den Satrapen des früheren Perserreichs geherrscht hatte, auch bei den makedonischen Statthaltern und Anführern Eingang gefunden; während des Königs Abwesenheit ohne Aufsicht und im Besitz einer fast unumschränkten Gewalt, hatten viele Satrapen, sowohl Makedonen als Perser, die Völker auf das Furchtbarste gedrückt, hatten ihrer Habgier, ihrer Wollust Alles erlaubt, hatten selbst die Tempel der Götter und die Gräber der Todten nicht geschont; ja auf den Fall, daß Alexander nicht aus den Ländern Indiens zurückkehrte, hatten sie sich bereits mit Söldnerhaufen umgeben und alle Anstalten getroffen, um sich nöthigen Falls mit gewaffneter Hand im Besitz ihrer Provinzen zu behaupten. Die tollkühnsten Pläne, die ausschweifendsten Wünsche, die überspanntesten Hoffnungen waren an der Tagesordnung; die ungemessene Aufregung dieser Jahre, in denen alles Gewohnte, Herkömmliche und Wahrscheinliche abgethan schien, hatte keine Sättigung mehr als im zügellosesten Wagen und der Betäubung maaßlosen Genusses oder Verlustes. Das wilde Würfelspiel des Krieges, in dem Asien gewonnen

---

überfallen sein würde (Arrian. Ind. 36); doch scheint Vincent ihn zu lange im Innern der Provinz verweilen zu lassen; wahrscheinlich ging er bis Lar den Weg, den Don Garcias de Silva Figueroa (Ambassade, traduit par Wiequefort, p. 65 sqq.) beschreibt, und von Lar aus zum Gestade hinab.

[1]) Alexanders Weg scheint der von Edrisi bezeichnete, von Giroft nach Fasa zu sein.

war, wie leicht konnte es umschlagen, wie leicht mit einem Wurfe des Königs übergroßes Glück wie gewonnen so zerronnen sein; auch das gestürzte Perserthum begann sich mit neuer Hoffnung zu erheben, und es war bereits mehr als ein Versuch von Seiten morgenländischer Großen gemacht worden, die kaum geknüpften Bande zerreißend unabhängige Fürstenthümer zu gründen, oder im Namen des altpersischen Königthums, des wiedererstandenen, die Völker zum Abfall zu reizen. Und als nun gar nach der jahrelangen Abwesenheit des Königs, nach dem immer wilderen Umsichgreifen der Unordnung und der Usurpation, die Gerüchte von dem Untergange des Heeres in der gedrosischen Wüste sich bis ins Unendliche vergrößert verbreiteten, da mochte die Bewegung an allen Orten und in allen Gemüthern einen Grad erreichen, der einen vollkommenen Sturz alles Bestehenden befürchten ließ.

Das waren die Verhältnisse, unter denen Alexander mit den Ueberresten seines Heeres in die Westprovinzen zurückkehrte. Es stand Alles auf dem Spiel; ein Zeichen von Besorgniß oder Schwäche, und das Reich stürzte über seinen Gründer in Trümmer; nur die kühnste Entschlossenheit, die ernsteste Kraft des Willens und der That konnte den König und sein Reich retten; Gnade und Langmuth wäre Geständniß der Ohnmacht gewesen, und hätte die Völker, die auch jetzt noch in treuer Ergebenheit dem Könige anhingen, um ihre letzte Hoffnung gebracht. Es bedurfte der strengsten und schonungslosesten Gerechtigkeit, um den unter dem Druck der Satrapen und Strategen schmachtenden Völkern ihr Recht zu geben und ihr Vertrauen zu der Macht des großen Königs zu retten; es bedurfte rascher und durchgreifender Maaßregeln, um der Majestät des Königthums ihren vollen Glanz wieder zu geben und die Schrecken ihres Zornes in alle Ferne zu verbreiten. Und vielleicht war Alexander, seit die Sonne seines Glücks mit der Umkehr am Hyphasis ihre Mittagshöhe überschritten, seit er auf dem Zuge durch die Wüste in dem Hinsterben seiner Tausende den Wechsel menschlicher Dinge erfahren hatte, in der dunklen Stimmung, die den zürnenden Selbstherrscher furchtbar macht. Wie weit hinter ihm lag der Enthusiasmus des beginnenden Siegeslaufes, die freudige Zuversicht der Jugend und unermeßlicher Hoffnungen; zu oft in seinem Vertrauen getäuscht hatte er gelernt zu argwöhnen, hart und ungerecht zu sein. Er mochte es für nothwendig halten. Eine Welt hatte er umgestaltet; er hatte sich mit ihr verwandelt; es galt jetzt die Zügel der unumschränkten Gewalt fest zu fassen und zu halten; es galt jetzt schnelles Gericht, neuen Gehorsam, strenges Regiment.

Schon in Karmanien hatte Alexander zu strafen gefunden. Er hatte den Satrapen Aspastes, der sich im Jahre 330 unterworfen und seine Stelle behalten hatte, abgesetzt; umsonst eilte Aspastes dem nahenden Herrn in beflissener Unterwürfigkeit entgegen; als sich der schwere Verdacht, der auf ihm lastete, in der Untersuchung bestätigte, wurde er den Händen des Henkers übergeben. Sibyrtios war statt seiner für Karmanien bestimmt worden; da aber Thoas, der an Apollophanes Stelle ins Land der Oreiten gehen sollte, erkrankte und starb, so wurde Sibyrtios dorthin gesandt, und statt seiner Tlepolemos, des Pythophanes Sohn, den seine bisherige Stellung in der parthischen Satrapie bewährt hatte, nach Karmanien berufen [1]). Die Unordnungen, die im Innern Arianas durch den Perser Ordanes angestiftet und durch den, wie es scheint, gleichzeitigen Tod des Satrapen Menon [2]) von Arachosien freien Spielraum gewonnen hatten, waren von Krateros auf seinem Durchgange ohne Mühe unterdrückt worden; er brachte den Empörer in Ketten vor den König, der ihn der gerechten Strafe übergab; die erledigte Satrapie Arachosien wurde mit der von Ora und Gedrosien unter Sibyrtios vereinigt [3]).

Auch aus Indien kam böse Zeitung; Taxiles berichtete, Abisares

---

1) Arrian. l. c. Daher war die Satrapie eine kurze Zeit ohne Verwaltung, Arrian. Ind. 36. 8.

2) Curt. X. 10. 20: nuper interierat morbo.

3) Arrian. VI. 27; V. 6. 2.

sei gestorben und der Satrap Philippos im diesseitigen Indien von den Söldnern, die unter ihm dienten, erschlagen worden, doch hätten die makedonischen Leibwächter des Satrapen den Aufruhr sofort erdrückt und die Aufrührer hingerichtet. Alexander übertrug die einstweilige Verwaltung der Satrapie dem Fürsten von Taxila und Eudemos, dem Anführer der in Indien stehenden Thraker, und gebot ihnen, den Sohn des Abisares als Nachfolger im Reiche Kaschmir anzuerkennen.

Von Medien waren Herakon, Kleandros und Sitalkes[1]) mit dem größten Theile ihrer Truppen nach Karmanien zu kommen beordert und gekommen; von den Einwohnern der Provinz und von ihren eigenen Truppen wurden sie arger Dinge beschuldigt: sie hätten die Tempel geplündert, die Gräber aufgewühlt, sie hätten sich jede Art von Bedrückung und Frevel gegen die Unterthanen erlaubt. Nur Herakon wußte sich zu rechtfertigen und wurde auf freien Fuß gesetzt; Kleandros und Sitalkes wurden vollständig überführt, mit ihnen eine Menge mitschuldiger Soldaten, wie es heißt, sechshundert, auf der Stelle niedergehauen. Dieses schnelle und strenge Gericht machte überall den tiefsten Eindruck; man gedachte der vielfachen Rücksichten, welche der König haben mußte, diese Männer, die heimlichen Vollstrecker des Todesurtheils an Parmenion, und diese bedeutende Zahl alter Soldaten, deren er jetzt so sehr bedurfte, zu schonen; die Völker erkannten, daß der König in Wahrheit ihr Beschützer, daß es nicht sein Wille sei, sie wie Knechte behandelt zu sehen; die Satrapen und Befehlshaber dagegen konnten erkennen, was auch sie zu erwarten hätten, wenn sie nicht mit reinem Gewissen vor den Stufen des Thrones zu erscheinen vermochten. Manche von ihnen suchten, so wird erzählt, im Bewußtsein ihrer Schuld, neue Schätze zusammen zu raffen, ihre Söldnerschaaren zu verstärken, sich so zu rüsten, um nöthigenfalls trotzen zu können; da erging ein königliches Schreiben an die Satrapen, welches gebot, sofort die

---

[1]) Arrian. VI. 27. 3; es sind die III. 26 genannten Führer Sitalkes, der odrysischen Akontisten, Kleandros, der alten Söldner, und, so scheint es, Herakon, an des vielleicht gestorbenen Menidas Stelle Führer der Söldner zu

Söldner, so viel nicht im Namen des Königs geworben seien, zu entlassen [1]).

Indeß war der König aus Karmanien nach Persien gezogen: der Satrap Phrasaortes, den er hier bestellt hatte, war zur Zeit des indischen Feldzuges gestorben; Orxines, einer der Vornehmsten des Landes [2]), hatte, im Vertrauen auf seine Geburt und seinen Einfluß, die Satrapie übernommen. Bald zeigte sich, daß er den Pflichten der Satrapie, die er ungeheißen auf sich genommen, keineswegs nachgekommen sei. Schon das erzürnte den König, daß er das Grab des großen Kyros im Haine von Pasargadai vernachlässigt fand; bei seiner früheren Anwesenheit in Pasargadai hatte er die Kuppe des Steinhauses, in der der Sarg stand, öffnen, das Grab von Neuem schmücken lassen und den am Grabe wachenden Magiern die Fortsetzung ihres frommen Dienstes geboten; er wollte das Andenken des großen Königs auf jede Weise geehrt wissen; jetzt war das Grab erbrochen, Alles fortgeschleppt außer dem Sarge und der Bahre, der Sargdeckel weggerissen, der Leichnam hinausgeworfen, alle Kostbarkeiten geraubt. Er gab dem Aristobulos Befehl, die Reste des Leichnams wieder in den Sarg zu legen, Alles so, wie es vor dem Einbruch gewesen, herzustellen, die Steinthür der Kuppe wieder einzusetzen und mit dem königlichen Siegel zu verschließen. Er selbst untersuchte, wer den Frevel begangen; die Magier, welche die

---

Pferd. Curt. XI nennt noch Agathon, den Führer der thrakischen Reiter; auch giebt er an, daß sie 5000 Mann zu Fuß, 1000 zu Pferd herbeiführten.

1) Diese wichtige Notiz hat Diod. XVII. 111. ἀπομίσθους ποιῆσαι τοὺς μισθοφόρους; der Zusatz, daß so viele nicht im Namen des Königs geworben seien, ergiebt sich aus der Natur der Sache.

2) Arrian. VI. 29. 2. Curtius nennt ihn Orsines (X. 1. 22), und schon in der Schlacht von Gaugamela (IV. 12. 8) unter den Führern; er sagt: die Perser und Marder unter Ariobarzanes und Orobatis, die den einzelnen Stämmen, und Orsines, der dem Ganzen vorstand; er nennt ihn einen Achaimeniden und überreich; Arrian erwähnt seiner bei Gelegenheit jener Schlacht nicht.

Grabeswache gehabt, wurden ergriffen und auf die Folter gespannt, um die Thäter zu nennen, doch wußten sie nichts; sie mußten entlassen werden; auch die weiteren Nachforschungen ergaben keine sichere Spur; es war Niemand da, den Frevel zu büßen; aber auf dem Satrapen lastete die Schuld der Fahrlässigkeit, daß dieses in seinem Lande hatte geschehen können [1]. Bald sollten schwerere Vergehen des Satrapen zu Tage kommen; Alexander war von Pasargadai gen Persepolis gezogen, der Residenz des Orxines; die lautesten Klagen wurden hier von Seiten der Einwohner über ihn geführt: er habe sich die schnödesten Gewaltthätigkeiten erlaubt, um seiner Habgier zu fröhnen; er habe die Heiligthümer geplündert, die dortigen Königsgräber erbrochen, den königlichen Leichen ihren Schmuck geraubt. Die Untersuchung ergab seine Schuld; er wurde gehenkt [2]). Der Leibwächter Peukestas, des Alexandros Sohn, erhielt die Satrapie; er schien vor Allen geschickt, dieses Hauptland des Perserthums zu verwalten, da er sich ganz in die asiatische Lebensweise hineingefunden hatte, medische Kleidung trug, der Persersprache mächtig war und sich gern und bequem im persischen Ceremoniel bewegte, Dinge, welche die Perser mit Entzücken an ihrem neuen Gebieter sahen.

---

1) Arrian. VI, 29; Strabo XV, p. 730; beide nach Aristobul, der an dem Zustande des Grabes erkannte, daß der Einbruch durch Räuber geschehen (προνομευτῶν ἔργον ἦν) und der Satrap ohne Schuld sei. Nach Plut. Alex. 69 war Polymachos aus Pella, ein sehr vornehmer Makedone, der Thäter gewesen, und wurde deßhalb am Leben gestraft. Vielleicht ist προνομευτῶν genauer zu nehmen in der Bedeutung „Fouragirende"; Polymachos konnte dann mit einem Trupp Soldaten diesen Frevel verübt haben.

2) So Arrian. VI. 30. Nach Curt. X. 1. 21 wäre der Tod des Orxines durch den Eunuchen Bagoas, der damals Alexanders Günstling gewesen sein soll, intriguirt worden; der Satrap soll nicht nur unschuldig, sondern auch von ausnehmender Ergebenheit gegen den König gewesen sein. Von Alexanders Zuneigung zu diesem Eunuchen hat Dikaiarch in seinem Buch „Ueber das Opfer in Ilion" (Athen. XVII, p. 603 b) eine etwas starke Geschichte, die Plut. Alex. 67 wiederholt.

Um dieselbe Zeit traf der Satrap Atropates von Medien bei dem Könige ein; er brachte den Meder Baryaxes, der es gewagt hatte, die Tiara anzunehmen und sich König der Meder und Perser zu nennen; er mochte darauf gerechnet haben, daß die Bevölkerung der Satrapie, durch die Frevel der makedonischen Besatzungen empört, zum Abfall bereit sein würden; er und die Theilnehmer seiner Verschwörung wurden hingerichtet [1]).

Der König zog durch die persischen Päſſe gen Susa hinab. Die Scenen von Karmanien und Persien erneuten sich; die Völker scheuten sich nicht mehr, laute Klagen über ihre Bedrücker zu erheben; sie wußten, daß Alexander sich ihrer annehme. In Susa wurde der Satrap Abulites und dessen Sohn Oxathres, der Satrap der Paraitakenen, die schwerster Dinge schuldig waren, hingerichtet. Auch der kaum in dem Prozeß der medischen Erpressungen freigesprochene Herakon, der früher in Susa gestanden hatte, wurde überführt, hier den Tempel geplündert zu haben, und hingerichtet [2]).

So folgten Schlag auf Schlag die strengsten Strafen, und mit Recht mochte denen, die sich nicht schuldrein wußten, vor ihrer eigenen Zukunft bange sein. Unter diesen war Harpalos, des Machatas Sohn, aus dem Fürstengeschlecht der Elymiotis. Durch frühe Verbindungen und wesentliche Dienstleistungen dem Könige werth, hatte er von Anfang her die größten Beweise von dessen Gunst erhalten, und war beim Beginn des persischen Krieges, da seine körperliche Beschaffenheit ihn zum Kriegsdienste untauglich machte, zum Schatzmeister ernannt worden; schon einmal hatte er sich arger Ungesetzlichkeiten schuldig gemacht, er war kurz vor der Schlacht von Issos in Gemeinschaft mit einem gewissen Tauriskon, der den Plan angegeben hatte, mit den königlichen Kassen davongegangen, um sich zu dem Molosserkönig Alexandros, welcher damals in Italien kämpfte, zu

[1]) Arrian. VI. 29. 3. Curt. X. 1. 39 scheint denselben mit dem Namen Phradates zu meinen; doch bemerke ich, daß der frühere Satrap der Tapurier Autophradates bei ihm auch Phradates heißt.

[2]) Arrian. VII. 4; VI. 27. 12.

begeben; doch hatte Harpalos seinen Entschluß geändert und sich in Megara niedergelassen, um dort seinem Vergnügen zu leben. Damals hatte der König, der Zeiten eingedenk, wo er mit Nearchos, Ptolemaios und wenigen anderen seine Sache gegen König Philipp vertreten und darum Schande und Verbannung gelitten hatte, dem Leichtfertigen verziehen, ihn zurück berufen, ihm von Neuem das Schatzamt übergeben; die ungeheueren Schätze von Pasargadai und Persepolis in Ekbatana wurden unter seine Aufsicht gestellt, ingleichen waren, so scheint es, die Schatzämter der unteren Satrapien unter seiner Aufsicht; sein Einfluß herrschte über den ganzen Westen Asiens [1]. Indeß zog Alexander immer weiter gen Osten, und Harpalos, unbekümmert um die Verantwortlichkeit seiner Stellung und an Genuß und Verschwendung gewöhnt, begann mit den königlichen Schätzen auf das Zügelloseste zu prassen und den ganzen Einfluß seiner Stellung auf Tisch und Bett zu verwenden. Der ganzen Welt war das Leben dieses Menschen zum Skandal, und der Spott der hellenischen Komiker wetteiferte mit dem Unwillen ernsterer Männer, seinen Namen der allgemeinen Verachtung zu überliefern; von dem Geschichtsschreiber Theopompos kam in jener Zeit ein offenes Sendschreiben an Alexander heraus, in welchem er den König aufforderte, diesem Unwesen ein Ende zu machen: von der wüsten Liederlichkeit asiatischer Weiber noch nicht gesättigt, habe Harpalos die Pythionike, die berüchtigste Buhlerin Athens, die erst bei der Sängerin Bakchis gedient habe, mit dieser dann in das Frauenhaus der Kupplerin Sinope gezogen sei, nach Asien kommen lassen und sich ihren Launen auf die unwürdigste Weise gefügt; als sie gestorben, habe er mit unverschämter Verschwendung dieser Person zwei Grabmonumente erbaut, und man staune mit Recht, daß, während den Tapferen von Issos, die für den Ruhm Alexanders und die Freiheit Griechenlands gefallen seien, weder von jenem noch von irgend

---

[1]) Arrian. III. 6; Plut. Alex. 10 u. 35.

einem der Statthalter ein Denkmal der Erinnerung geweiht sei, zu Athen und zu Babylon bereits die prächtigsten Monumente für eine Hure fertig da ständen; denn dieser Pythionike, die in Athen lange genug jedermann für Geld zugänglich gewesen, habe Harpalos, der sich Alexanders Freund und Beamten nenne, die Frechheit gehabt Tempel und Altar zu errichten und als Heiligthum der Aphrodite Pythionike zu weihen, ohne Scheu vor der Strafe der Götter, und der Majestät des Königs zum Hohn. Nicht genug das; kaum sei diese gestorben, so habe Harpalos sich auch schon eine zweite Maitresse aus Athen verschrieben, die nicht minder berüchtigte Glykera; ihr habe er den Palast von Tarsos zur Residenz eingerichtet, habe ihr auf Rossos ein Standbild errichtet, wo er neben dem des Königs sein eigenes aufzustellen gedenke, habe den Befehl erlassen, daß Niemand ihm einen goldenen Ehrenkranz weihen dürfe, ohne zugleich der Maitresse, daß man vor ihr anbeten, sie mit dem Namen Königin begrüßen solle; kurz alle Ehre, die nur der Königin-Mutter oder der Gemahlin Alexanders gebühren würde, vergeude der Großmeister vom Schatzamt an die attische Dirne [1]). Diese und ähnliche Berichte waren an den König gekommen; er hatte sie anfangs für unglaublich oder übertrieben gehalten, überzeugt, daß Harpalos nicht auf so wahnsinnige Weise die schon einmal verscherzte Gnade aufs Spiel setzen werde [2]); bald genug bestätigte Harpalos selbst alle jene Be-

---

[1]) Theopomp. fr. 277. 278. Ueber den Titel der Schrift (bald ἡ πρὸς Ἀλέξανδρον ἐπιστολή, bald πρὸς Ἀλ. συμβουλαί), s. C. Müller, Fragm. hist. gr. I, p. LXXIII. Der fr. 276 verklagte Theokrit (Athen. IV, p. 230 f.) ist der Rhetor aus Chios, dessen Strabo XIV, p. 183 als politischen Gegner des Theopomp erwähnt, und der den Vers vom „purpurnen Tode" so bitter auf Alexander anwendete. Plut. de puer. educ., c. 16 und Suid. v. Θεόκριτος; cf. Ilgen. scol. Graecorum, p. 162. Auch Aristoteles blieb von seinem Spotte nicht verschont; s. das Epigramm in Eusebius praep. evang. XV, p. 793a.

[2]) Darauf bezieht sich die Angabe Plutarchs, daß Ephialtes und Kissos, welche die erste Nachricht von Harpalos Flucht brachten, als falsche Angeber festgenommen wurden; Plut. Alex. 41.

schuldigungen durch seine Flucht. Er hatte sich darauf verlassen, daß Alexander nie zurückkehren werde; jetzt sah er das strenge Gericht des Königs gegen die, welche sich durch denselben Irrthum hatten verführen lassen; er verzweifelte daran, Verzeihung zu erlangen; er raffte, was er an Geld erreichen konnte — es war die ungeheuere Summe von fünftausend Talenten —, zusammen, warb sich sechstausend Söldner, zog, von diesen begleitet, mit seiner Glykera und dem Töchterchen, das ihm Pythionike geboren hatte [1]), durch Kleinasien an die ionische Küste hinab, brachte dreißig Schiffe zusammen, um nach Attika überzusetzen; Ehrenbürger von Athen, mit den angesehensten Männern der Stadt befreundet und durch reiche Getreidespenden bei dem Volke beliebt, zweifelte er nicht mit seinen Schätzen dort willkommen und vor einer Auslieferung an Alexander sicher zu sein [2]).

Während sich so der letzte Schuldige unter den Großen des Reichs der Verantwortlichkeit zu entziehen suchte, war Alexander mit seinem Heere, etwa Februar 324, in Susa eingerückt. Bald nach ihm traf auch Hephaistion ein mit den übrigen Truppen, den Elephanten und der Bagage, und Nearchos führte die Flotte, die ohne weitere Fährlichkeit die Küste des persischen Meeres umschifft hatte, den Strom hinauf. Die Satrapen und Befehlshaber kamen den königlichen Befehlen gemäß mit ihrem Gefolge, es kamen die Fürsten und Großen des Morgenlandes, vom Könige geladen, mit ihren Frauen und Töchtern zur Residenz; von allen Seiten strömten Fremde aus Asien und Europa herbei, um den großen Festlichkeiten, die in Susa vorbereitet waren, beizuwohnen.

Es galt ein wunderbares, im Laufe der Jahrhunderte einziges Fest zu begehen. In der Hochzeitfeier von Susa sollte sich die Verschmelzung des Abend- und Morgenlandes, der helle-

---

[1]) Plut., Phocion 22.

[2]) Athen. l. c. Curt. X. 2; daß die Flucht des Harpalos in diese Zeit (Ende 325 oder Anfang 324) gehört, ergiebt sich aus den Vorgängen in Athen mit hinlänglicher Sicherheit.

nistische Gedanke, in dem der König die Kraft und die Dauer seines Reiches zu finden gedachte, vorbildlich vollenden.

Die Beschreibung dieses an Pracht und Feierlichkeit Alles übertreffenden Festes geben die Augenzeugen etwa in folgender Weise [1]): das große königliche Zelt war zu diesem Feste hergerichtet; die Kuppe desselben, mit bunten und reich gestickten Stoffen überbreitet, ruhte auf funfzig hohen mit Gold und Silber überzogenen, mit kostbaren Gesteinen ausgelegten Säulen; rings diesen Mittelraum umschließend hingen kostbare, golddurchwirkte, mit vielfachen Schildereien durchwebte Teppiche von gold- und silberbelegten Stäben herab; der Umfang des ganzen Zeltes betrug vier Stadien. In Mitten des Saales war die Tafel gedeckt, auf der einen Seite standen die hundert Divans der Bräutigame, auf silbernen Füßen ruhend, mit hochzeitlichen Teppichen überbreitet, nur der des Königs in der Mitte von Gold; ihnen gegenüber die Plätze für die Gastfreunde des Königs; rings umher die Tafeln für die Gesandtschaften, für die Fremden im Lager, für Heer und Schiffsvolk. Dann gaben die Heertrompeter vom königlichen Zelte her das Zeichen zum Beginn des Festes; die Gäste des Königs, es waren neuntausend, setzten sich zum Mahle. Und wieder verkündete das Schmettern der Trompeten durch das Lager, daß der König jetzt den Göttern spende; mit ihm spendeten seine Gäste, jeder aus goldener Schaale, dem Festgeschenk des Königs. Dann wieder ein Signal, und nach persischer Sitte trat der Zug der verschleierten Bräute herein, und die Fürstentöchter gingen jede zu ihrem Bräutigam; Stateira, des Großkönigs Tochter, zu Alexander, ihre jüngere Schwester Drypetis zu Hephaistion, dem Liebling des Königs, Oxathres Tochter Amastris, des Großkönigs Nichte zu Krateros, des medischen Fürsten Atropates Tochter zu Perdikkas, des greisen Artabazos

[1]) Man darf die Angabe des Chares fr. 16, Athen. XII, p. 538 (aus ihm Aelian. VIII. 7), mit der gleichfolgenden Beschreibung des Audienz-Gezeltes nach Phylarch (fr. 42) combiniren, da beide dasselbe Gebäude im Sinne haben.

Tochter Artakama zum Lagiden Ptolemaios, dem Leibwächter, und ihre Schwester Artonis zu Eumenes, dem Geheimschreiber des Königs, die Tochter des Rhodiers Mentor zu Nearchos, die Tochter des Spitamenes von Sogdiana zu Seleukos, dem Führer der jungen Edelschaaren, und so die anderen, jede zu ihrem Bräutigam [1]).

Fünf Tage nach einander folgten Feste auf Feste; von den Gesandtschaften, von den Städten und Provinzen des Reichs, von Bundesfreunden aus Asien und Europa wurden dem Könige unzählige Hochzeitsgeschenke überreicht, allein an goldenen Kränzen 15,000 Talente. Und er wieder gab mit vollen Händen; viele von den Bräuten waren elternlos; er sorgte für sie wie ein Vater, allen gab er königliche Mitgift, allen, die sich mit an diesem Tage vermählt, überreiche Geschenke, allen Makedonen, die asiatische Mädchen gefreit — mehr denn 10,000 schrieben ihre Namen auf —, gab er Aussteuer [2]). Neue Gast-

---

[1]) Aristobul sagt (bei Arrian. VII. 4), daß Alexander außer der Tochter des Dareios auch des Königs Ochos Tochter Parysatis geheirathet habe, es giebt dafür kein weiteres Zeugniß. Eben so ist Barsine, des Artabazos Tochter und Mentors Wittwe, nie seine Gemahlin gewesen, obschon er in Damaskos und später mit ihr Umgang hatte; sie lebte wenigstens schon 323 (Justin. XIII. 2. 7) mit ihrem Knaben in Pergamon; nur Roxane war schon ebenbürtige und rechtmäßige Gemahlin Alexanders und wenigstens im folgenden Jahre bei ihm. Der Name der Dareiostochter war nach Arrian Barsine, oder in der Handschrift, die Photios excerpirt hat (S. 68 b. 7.), Arsinoe, während alle anderen Autoren (Diod. XVII. 107; Plut. Alex. 70; Curt. IV. 5. 1; Justin. XII. 10; Memnon. ap. Phot., p. 22 4a. 50) sie Stateira nennen, wie nach Plut. Alex. 30 und Phyl. ap. Athen. XIII, p. 609 b auch ihre Mutter hieß; vielleicht vertauschte die Prinzessin eben so wie einige andere Asiatinnen bei ihrer Vermählung ihren persischen Namen Stateira mit einem hellenischen. Auch die Königin Olympias führte diesen Namen statt des früheren Myrtale, Justin. IX. 7. 13. Die Amastrine Arrians heißt bei Diod. XIX. 109 Amestris, bei Strabo XII, p. 20 und auf den Münzen der nach ihr genannten Stadt Amastris; die Töchter des Artabazos sind außer der oben genannten Barsine (Pharsine bei Syncell., p. 504): Artakama oder Apama (Apamea) und Artonis oder Barsine.

[2]) Auch hier vielleicht ein Zug, der den Zustand dieser Armee be-

mähler und fröhliche Gelage, Schauspiele, Festaufzüge, Ergötzlichkeiten aller Art füllten die nächsten Tage; das Lager war voll Lustbarkeit und fröhlichen Getümmels, hier Rhapsoden und Harfenspieler aus Großgriechenland und Jonien, da Gaukler und Seiltänzer aus Indien, dort Magier und Kunstreiter aus den persischen Ländern, dann wieder hellenische Tänzerinnen, Flötenbläserinnen, Schauspielerbanden. Denn auch dramatische Spiele — es war ja die Zeit der großen Dionysien — wurden aufgeführt, unter diesen ein Satyrspiel, Agen, angeblich von dem Byzantiner Python verfaßt, voll heiteren Spottes über die Flucht des Harpalos, des lahmen Großmeisters vom Schatzamte [1]). Dann ward durch Heroldsruf verkündet, daß der König die Schulden seines Heeres auf sich nehme und be-

---

zeichnet; die wackeren Soldaten werden nicht jetzt erst ihre Asiatinnen gesucht und gefunden haben; ein Troß von Weibern und Kindern wird das Lagerleben getheilt haben.

1) Dieses Satyrspiel Agen wurde, sagt Athen. XVI, p. 575 e, „zur Feier der Dionysien am Hydaspes aufgeführt, nachdem Harpalos bereits ans Meer geflohen und abgefallen war". Dies hätte nur im Jahre 326 entweder im April oder März, oder nach der Rückkehr vom Hyphasis im Oktober sein können; aber gerade da kamen Truppen zum Heer, die Harpalos gesandt hatte. Athenaios hat den Hydaspes statt des Choaspes bei Susa geschrieben; hierher gehört das Satyrspiel. Als Verfasser wurde Python von Byzanz oder von Katana, oder auch der König genannt; der Byzantiner Python ist wohl zuverlässig der Redner, der schon mit Philipp in naher Verbindung stand und in wichtigen Sendungen von ihm gebraucht wurde; s. A. Schäfer, Demosthenes II, S. 351; witzig genug, um ein Satyrspiel zu dichten, scheint er nach der Geschichte bei Athen. XII, p. 550 gewesen zu sein. Die zwei Fragmente aus dem Agen (Nauktr. fr., p. 630) lauten folgendermaßen:

. . . Es steht bereits da, wo der Kalmus wächst,
Das Kuppel-Denkmal an dem großen Wege links,
Der Dirne schönes Heiligthum, nach dessen Bau
Sich Pallides selbst des Baues wegen zur Flucht verflucht.
Und als nun von den Barbaren einige Magier
Ihn dort darnieder liegen sah'n erbärmiglich,
Da versprachen sie dem Betrübten, Pythionikens Geist
Empor zu zaubern.

zahlen werde, daß deshalb jeder die Summe, die er schuldig sei, aufschreiben und demnächst in Empfang nehmen solle. Anfangs schrieben sich nur Wenige auf; die meisten, namentlich die Hauptleute und höheren Offiziere, mochten fürchten, daß Alexander nur in Erfahrung bringen wollte, wer nicht mit seiner Löhnung auskomme und zu verschwenderisch lebe. Als dieß der König hörte, schalt er sehr über dieses Mistrauen, ließ Tische an verschiedenen Punkten des Lagers aufstellen und Goldstücke aufschütten, mit dem Befehl, daß Jedem, der eine Rechnung vorzeige, der Betrag derselben, ohne weiter nach seinem Namen zu fragen, ausgezahlt werden sollte. Nun kamen Alle und freuten sich nicht sowohl, daß sie ihrer Schulden los würden, als daß dieselben unbekannt blieben; denn diese tapferen Männer hatten mit mehr als denkbarer Sorglosigkeit gewirthschaftet; trotz aller Beute und aller königlichen Geschenke war doch das ganze Heer so tief in Schulden, daß zu ihrer Deckung nicht weniger als 20,000 Talente gehörten [1]).

Und weiterhin fragt Einer:

> . . . Hören möcht' ich wohl von dir,
> Da ich von dort fern weile, wie es in Attika
> Zugeht zur Zeit, und wie es sich dort jetzt leben läßt.

Der Andere (das Jahr 326/5 hatte Athen schwere Theuerung gehabt):

> So lange sie lärmten: „ein Sklavenleben führen wir“,
> Genug zu tafeln hatten sie da; jetzt kauen sie
> An magren Erbsen und Bollen, die Kuchen sind zu End'.

Der Erste:

> Doch hör' ich, viele tausend Wispel Weizenmehl
> Und mehr denn Agen habe ihnen Harpalos
> Gesandt, und sei zum Bürger Athens dafür gemacht?

Der Andere:

> Das war der Glykera Weizen, mehr für Athen vielleicht
> Ein Sterbeschmaus als Werbeschmaus für Glykera.

Die Bezeichnung Pallides für Harpalos ist eine eben so krasse Zweideutigkeit wie das Kuppel-Denkmal (αἴτωμα λορδόν) im zweiten Verse; die Erklärung des Einzelnen ergiebt sich aus dem Text.

[1]) So nach Arrian. VII. 5. Plut. Alex. 70 sagt 970 Talente; Curt. X. 2. 10 und Diod. XVII. 109 sprechen eigentlich von dieser

Namentlich hatten die Offiziere maaßlos verschwendet, und da der König sich oft misbilligend über ihren unsinnigen Aufwand geäußert hatte, mochten sie sehr froh sein, ohne sein weiteres Wissen an den Geldtisch treten und ihren erschütterten Finanzen schnell aufhelfen zu können: Auch Antigenes, so wird erzählt, der Führer der Hypaspisten in der Schlacht am Hydaspes, der im Jahre 340 vor Perinth ein Auge verloren hatte und seiner Bravour wie seiner Habsucht wegen gleich bekannt war, trat damals an den Goldtisch und ließ sich eine namhafte Summe auszahlen; dann wurde entdeckt, daß er ohne alle Schulden, und die vorgezeigten Rechnungen falsch seien. Alexander war über diesen schmutzigen Handel sehr erzürnt, verwies Antigenes vom Hofe und nahm ihm sein Commando. Der tapfere Strateg war über diese Beschimpfung außer sich, und man konnte nicht zweifeln, daß er sich in seiner Trauer und Schwermuth ein Leides anthun werde. Das jammerte den König, er verzieh ihm, rief ihn an den Hof zurück, gab ihm sein Commando wieder und ließ ihm die Summe, die er in Anspruch genommen [1]). — Zu gleicher Zeit mit jener großen Schuldentilgung vertheilte Alexander an die durch Tapferkeit, durchkämpfte Gefahr oder treuen Dienst um seine Person Ausgezeichneten wahrhaft königliche Geschenke; er kränzte mit goldenen Kränzen den Leibwächter Peukestas, den Satrapen in Persis, der ihn in der Mallerstadt mit dem Schilde gedeckt, den Leibwächter Leonnatos, den Befehlshaber im Oreitenlande, der bei eben jenem gefährlichen Sturm an seiner Seite gekämpft, am Flusse Tomeros die Barbaren besiegt und mit glücklichem Eifer die Angelegenheiten in Ora geordnet hatte, ferner den Nauarchen Nearchos, der die Fahrt vom Indus

---

Schuldentilgung in Susa gar nicht, sondern meinen die Geschenke in Opis an die nicht heimkehrenden Veteranen, verwechseln diese aber allerdings mit dem, was in Susa geschah.

1) Plut. l. c.; nach [Plut.] de fort. Alex. 2 war es Tarras, offenbar derselbe Atharrias, in dem wir eine typische Figur der Ueberlieferungen, denen Curtius folgt, zu erkennen glauben durften.

zum Euphrat so ruhmvoll geführt, den Onesikritos, den Führer des königlichen Schiffes auf dem Indus und vom Indus gen Susa, ingleichen den treuen Hephaistion und die übrigen Leibwächter, namentlich den Pellaier Lysimachos, den Aristonus, des Pisaios Sohn, den Hipparchen Perdikkas, den Lagiden Ptolemaios und Peithon von Eordaia [1]).

Noch eine andere Feier mag dieser Zeit angehören, eine ernste und in ihrer Art ergreifende. Aus Indien war einer jener Büßer auf dem Felde von Taxila auf Alexanders Einladung, dessen Macht und dessen Liebe zur Weisheit er bewunderte, trotz seines Meisters Unwillen und seiner Mitbüßer Spott dem makedonischen Heere gefolgt; sein milder Ernst, seine Weisheit und Frömmigkeit hatte ihm die Hochachtung des Königs erworben, und viele edle Makedonen, namentlich der Lagide Ptolemaios und Lysimachos der Leibwächter, verkehrten gern mit ihm; sie nannten ihn Kalanos, nach dem Wort, mit dem er sie zu begrüßen pflegte; sein einheimischer Name soll Sphines gewesen sein. Er war hochbetagt; im persischen Lande fühlte er sich zum ersten Mal in seinem Leben krank. Er sagte zum Könige, er wolle nicht dahinsiechen, es sei schöner, zu enden, bevor sein körperliches Leiden ihn zwinge, seine bisherige Lebensregel zu verlassen. Vergebens waren des Königs Einwendungen; bei ihm daheim gelte nichts unwürdiger, als wenn die Ruhe des Geistes durch Krankheit gestört werde, es fordere die Regel seines Glaubens, daß er den Scheiterhaufen besteige. Der König sah wohl, daß er nachgeben müsse; er befahl dem Leibwächter Ptolemaios, ihm den Scheiterhaufen zu errichten und alles Weitere feierlichst zu ordnen. Als der bestimmte Tag gekommen war, zog das Heer früh Morgens im festlichen Zuge hinaus, vorauf die Reiterei und das Fußvolk in vollem Waffenglanze, und die Kriegselephanten in ihrem Aufzuge, dann Schaaren Weihrauchtragender, dann Andere, die goldene und silberne Schaalen trugen und königliche Gewänder, um sie mit dem Weihrauch in die Flammen zu werfen; dann Kalanos selbst;

1) Arrian. l. c. cf. VI. 28.

ihm war, da er schon nicht mehr zu gehen vermochte, ein nysäischen Roß gebracht worden, er konnte es nicht mehr besteigen; in einer Sänfte ward er hinausgetragen. Als der Zug an den Fuß des Scheiterhaufens angelangt war, stieg Kalanos aus seiner Sänfte, nahm mit einem Händedruck von jedem der Makedonen, die um ihn waren, Abschied, bat sie, zu seinem Gedächtniß den heutigen Tag in freudiger Feier mit ihrem Könige zuzubringen, bald werde er ihn in Babylon wiedersehen; er schenkte das nysäische Roß dem Lysimachos, und die Schaalen und Gewänder den Umstehenden. Dann begann der fromme Inder seine Todtenweihe; er besprengte sich wie ein Opferthier, er schnitt eine Locke von seinem Haupte und weihete sie der Gottheit, er kränzte sich nach heimathlicher Weise und stieg, indem er indische Hymnen sang, den Scheiterhaufen hinan; dann sah er noch einmal auf das Heer hinab, wandte sein Angesicht zur Sonne, und sank auf die Kniee, um anzubeten. Dies war das Zeichen; es ward Feuer in den Scheiterhaufen geworfen, die Heertrompeten schmetterten, das Heer rief den Schlachtruf dazu, und die Elephanten erhoben ihre fremdartige Stimme, als ob sie den sterbenden Büßer ihrer Heimath ehren wollten. Anbetend lag er auf dem Scheiterhaufen und regte sich nicht, bis die Flammen über ihn zusammenschlugen und ihn den Blicken entzogen [1]).

---

1) Diese Beschreibung nach Arrian. VII. 3; Strabo XV, p. 717 sq.; Aelian. V. H. II. 41 und Plut. c. 69. Andere Notizen bei Philo, p. 879 (ed. Frankf. 1691). Lucian de morte Pereg. c. 25 et c. 39. Cicero Tusc. II. 22; de Divin. I. 23 u. s. w. Von dem wüsten Wetttrinken zum Gedächtniß des Kalanos erwähnt Arrian nichts. Ueber den Ort der ganzen Feierlichkeit weichen die Angaben von einander ab; Strabo scheint Pasargadai zu meinen; dies ist unmöglich, da Nearch mit anwesend war, fr. 37. Aelian sagt, der Scheiterhaufen sei in der schönsten Vorstadt von Babylon errichtet worden; dies ist eben so unrichtig, da Alexander erst ein Jahr später nach Babylon kam, Kalanos aber im persischen Lande, wie Arrian sagt, oder bestimmter in Pasargadai nach Strabo erkrankte und kurze Zeit darauf (Plutarch) den Scheiterhaufen wählte. Nur in Susa waren die Elephanten, die mit Hephaistion zogen, und Nearch nebst dem Schiffsheere zusammen, und nur da kann die Todten-

Alexander selbst hatte dem Ende des ihm werthen Mannes nicht beiwohnen wollen, sagt Arrian [1]). Er berichtet bei diesem Anlaß, was der älteste jener Büßer, der Lehrer der anderen, ihm auf seine Aufforderung, mit ihm zu gehen, geantwortet habe: „des Zeus Sohn, wenn anders Alexander es sei, sei auch er, und weder wünsche er sich etwas, was Alexander Herr wäre ihm zu gewähren, noch auch fürchte er etwas, was er über ihn verhängen könne; ihm, so lange er lebe, genüge der indische Boden, der Jahr aus Jahr ein, was an der Zeit sei, gewähre; und wenn er sterbe, so werde er der unwillkommenen Hausgenossenschaft seines Körpers frei und eines reineren Lebens theilhaftig". Auch wird angeführt, daß Alexander über den Tod des Kalanos staunend gesagt habe: „der hat mächtigere Gegner, als ich bin, überwunden".

Es ist wie ein Gleichniß, daß sich so in diesem Könige die Gedankenwelt des Abendlandes, wie sie sein Lehrer Aristoteles vollendet hatte, mit der die in dem Gangeslande erwachsen war, begegnete, — die Pole von Entwickelungen, die er in der ganzen Weite und Mannigfaltigkeit dessen, was sie an praktischen Formen und Zuständen hinter sich hatten und ideell in sich trugen, zusammenzufassen und zu verschmelzen gedachte.

Es war nicht Willkühr, nicht auf Grund falscher Prämissen noch in einer Kette von Trugschlüssen, daß er so verfuhr. Aus dem ersten Impuls, der sich ihm aus der Geschichte des hellenischen Lebens wie von selbst ergeben hatte, folgte in vollkommen richtigen Syllogismen alles Weitere, was er that; und daß ihm jede nächste Folgerung gelang wie die früheren, schien Beweis genug, daß er richtig folgerte. Ihm wurde nicht das Glück zu Theil, einen Gegner zu finden, der ihm Ziel und Maaß setzte;

---

feier gehalten sein, und das scheint auch die Meinung Arrians zu sein. Dieser beschreibt erst des Kalanos Tod, dann die Rückkehr des Atropates nach Medien und darauf die Hochzeit, ohne die Chronologie streng berücksichtigen zu wollen; wahrscheinlich blieb doch Atropates bei dem Vermählungsfeste seiner Tochter und der übrigen Fürstinnen noch in Susa.

1) *Ἀλεξάνδρῳ δὲ οὐκ ἐπιεικὲς φανῆναι τὸ θέαμα ἐπὶ φίλῳ ἀνδρὶ γιγνόμενον.*

nur daß die moralische Kraft seines Heeres am Hyphasis zu Ende war, hatte ihn überzeugen können, daß auch seine Machtmittel ihre Gränze hatten; und in der gedrosischen Wüste hatte er inne werden müssen, daß die Natur gewaltiger sei als sein Wille und seine Macht. Aber die Formen, in denen er das Werk, das er geschaffen, auf die Dauer zu gründen gedachte, das System der neuen Ordnung, das er eingeleitet, war weder am Hyphasis noch in der Wüste widerlegt, und die Oppositionen makedonischer und hellenischer Seits, die versuchten Empörungen der Asiaten da und dort, sie waren bisher so rasch und so leicht niedergeworfen, daß sie ihn nicht irre machen konnten.

Das begonnene Werk selbst führte und zwang ihn weiter; auch wenn er gewollt, er hätte den gewaltigen Strom nicht mehr aufhalten noch rückwärts drängen können.

Den Vermählungen in Susa folgte ein zweiter, tiefgreifender Act; längst vorbereitet, mußte er sich jetzt wie von selbst vollziehen.

Seit dem Ende des Dareios schon waren asiatische Truppen mit zum Heere gezogen worden, aber bisher hatten sie in den Waffen und in der Weise ihres Landes gekämpft, sie waren stets nur als untergeordnete Hülfskorps angesehen und von dem Stolz der makedonischen Krieger trotz ihrer trefflichen Mitwirkung in den indischen Feldzügen nicht als ebenbürtig angesehen worden. Je weiter sich in allen übrigen Verhältnissen die Annäherung der verschiedenen Nationalitäten entwickelte, desto nothwendiger wurde es, auch in dem Heerwesen die Unterschiede von Siegern und Besiegten zu vertilgen.

Das wirksamste Mittel war, Asiaten in die Reihen der makedonischen Truppen mit gleichen Waffen und gleicher militärischer Ehre aufzunehmen; der König hatte schon vor fünf Jahren die dazu nöthigen Vorbereitungen getroffen, namentlich in allen Satrapien des Reiches junge Leute ausheben und in makedonischer Weise bewaffnen und einüben lassen. Auch für die Hellenisirung der Völker konnte durch nichts schneller und sicherer gewirkt werden, als wenn die Jugend an hellenische Bewaffnung und Heerdienst gewöhnt, in das Reichsheer aufgenommen und in den militärischen Geist, der zunächst noch die Stelle einer neugewordenen einigen Nationalität in dem ungeheueren Reiche vertreten mußte, unmittelbar hineingezogen wurden.

Viele Rücksichten vereinigten sich, ihre Einberufung gerade jetzt zu veranlassen. Die Zahl sämmtlicher im activen Heere befindlichen Makedonen war durch die indischen Feldzüge und den Zug durch Gedrosien bis auf vielleicht 25,000 Mann zusammengeschmolzen; fast die Hälfte von diesen war seit dem Auszuge von 334 unter den Waffen [1]). Es lag auf der Hand, daß diese Veteranen nach so ungeheuren Strapazen, namentlich den Erlebnissen in Indien und in der gedrosischen Wüste, zu neuen Wagnissen stumpf sein und nach Ruhe und redlichem Genuß dessen, was sie gewonnen, verlangen mochten; Alexander wird erkannt haben, daß es zu den großen Entwürfen, die seinen unermüdlichen Geist beschäftigten, des Enthusiasmus, des Wetteifers, der physischen und moralischen Kraft junger Truppen bedürfe, daß der Stolz, das Selbstgefühl und der Eigenwille dieser alten Makedonen leicht eine Fessel für ihn selbst werden konnte, zumal da sie nach der alten kameradschaftlichen Vertraulichkeit zu ihrem Könige an eine Freiheit im Urtheilen und Verhalten gewohnt waren, wie sie zu den ganz veränderten Verhältnissen nicht mehr passend erschien; ja er mußte fürchten, daß sie endlich bei irgend welcher Gelegenheit die Scenen vom Hyphasis zu erneuen versuchen könnten, da es ihnen gewiß längst feststand, daß nicht das allgemeine Unglück, sondern ihr fester Wille, keinen Schritt weiter zu marschiren, den König gezwungen habe, nachzugeben. Es scheint seit jener Zeit eine gewisse Entfremdung zwischen dem Könige und den Makedonen im Heere fühlbar geworden zu sein, und manche

---

1) Nach Curt. V. 2. 8 behielt Alexander demnächst 13,000 Mann zu Fuß und 2000 Reiter beim Heere, senioribus militum in patriam remissis, und dieser Veteranen waren nach Diod. XVII. 109, der ja derselben Quelle folgt, 10,000. Freilich für zuverlässig kann man diese Angaben nicht halten.

Ereignisse seitdem hatten nur dazu beitragen können, dieselbe zu steigern; selbst die Art, wie das Heer des Königs Anerbieten einer allgemeinen Schuldentilgung angenommen, hatte ihn empfinden lassen, wie tief das Mistrauen bereits gedrungen war. Er mochte gehofft haben, durch schrankenlose Freigebigkeit, mit der er Geschenke und Ehren an die Makedonen vertheilte, durch die Hochzeitfeier, die er mit Tausenden seiner Veteranen zugleich feierte, der Stimmung im Heere Herr zu werden; es war ihm nicht gelungen. Er mußte einer gefährlichen Krisis entgegensehen, die durch jeden weiteren Schritt zur hellenistischen Gestaltung des Reiches nur schneller herbeigeführt wurde; er mußte doppelt eilen, sich mit einer militärischen Macht zu umgeben, an deren Spitze er im Nothfall seinen alten Phalangiten entgegenzutreten vermochte.

Die Satrapen aus den eroberten Ländern und den neuerbauten Städten kamen mit der jungen Mannschaft, die nach dem Befehl von 331 ausgehoben worden waren, ins Lager bei Susa [1]); es waren im Ganzen 30,000 Mann in makedonischer Bewaffnung, in allen Uebungen des makedonischen Heerwesens ausgebildet. Zugleich erhielt das Corps der Ritterschaft eine völlig neue Formation. Es wurden aus den baktrisch-sogdischen,

---

1) Arrian. VII. 6; cf. Plut. 71; Diod. XVII. 108, die indeß irrig die späteren Vorfälle von Susa unmittelbar an diesem Punkte anknüpfen. Es ist bereits von Anderen darauf aufmerksam gemacht worden, daß Arrian (VII. 6. 8) diesen Truppen irriger Weise den Namen der Epigonen giebt, der vielmehr den Kindern makedonischer Soldaten und asiatischer Frauen, für deren militärische Erziehung der König die Sorge übernahm, zukommt. In ähnlicher Weise hießen hundert Jahre später im Heere der Lagiden (Polyb. V. 65) nicht die „nach makedonischer Art bewaffneten Krieger", wohl aber die Nachkommen der von Philadelphos ins Land gerufenen Galater (Schol. ad Callim. in Del., p. 165) Epigonen. Arrian. VII. 11. 3 nennt diese neuen Mannschaften Perser, VII. 6. 1 bezeichnet er sie als von den Satrapen der neuen Städte und der eroberten Länder herbeigeführt; Diod. XVII. 108, Justin. XII. 12 brauchen den Ausdruck Perser. Sie waren unzweifelhaft nicht bloß Perser, sondern aus verschiedenen Satrapien und aus jenen *βασίλειοι παῖδες* genommen, deren Alexander schon in Aegypten sechstausend hatte ausheben und einexerziren lassen; s. Epig. I, S. 43.

arianischen, parthischen Reitern, so wie aus den persischen Euaken die durch Rang, Schönheit oder sonstigen Vorzug Ausgezeichneten theils in die Lochen der Ritterschaft vertheilt, theils aus ihnen und makedonischen Rittern eine fünfte Hipparchie [1]) gebildet; auch in das Agema der Ritterschaft wurden Asiaten aufgenommen, namentlich Artabelos und Hydarnes, des verstorbenen Satrapen Mazaios Söhne, Kophen, des Artabazos Sohn, Sisines und Phradasmanes, des Satrapen Phrataphernes von Parthien Söhne, Histanes, Roxanes Bruder, die Brüder Artobares und Mithrokaios, und endlich der baktrische Fürst Hystaspes, der die Führung des Agema erhielt [2]).

Alles das erzürnte die makedonischen Truppen auf das Heftigste; Alexander, so hieß es, werde jetzt ganz zum Barbaren, er verachte Makedonien um des Morgenlandes willen; schon damals, als er sich in medischen Kleidern zu zeigen begonnen, hätten würdige Männer alles Unglück geahnt, das aus jenem Anfang entspringen werde; jetzt erfülle sich das Alles, jetzt seien dem Könige diejenigen am liebsten, welche die Sprache und Sitte der Heimath verlernten; Peukestas werde darum mit Ehren und Geschenken vom Könige überhäuft, weil er den Erinnerungen der Heimath am frechsten Hohn spräche; was helfe es, daß Alexander mit den Makedonen gemeinschaftlich Hochzeit halte, es seien ja asiatische Weiber und diese gar nach persischer Sitte angetraut; und jetzt die Neulinge in makedonischen Waffen, diese Bar-

---

1) Diese Zahl ist auffallend, da es um die Zeit der Schlacht am Hydaspes acht Hipparchien außer dem Agema gab. Ob der Zug durch die Wüste so große Verluste brachte, daß nur noch Mannschaft zu vier Hipparchien übrig war? In diesen Zusammenhang gehört wohl, was Arrian. VII. 29. 4 angiebt, Alexander habe in die Taxeis der Makedonen die alten persischen Melophoren (die 10,000 „Unsterblichen mit goldenen und silbernen Granaten am Lanzenschaft“ (Herod. VII. 40. 83; Arrian. III. 11. 5) eingemischt und die ὁμότιμοι (wohl die ἔντιμοι Arrian. II. 11. 8), die „Verwandten“, wohl auch die „Tischgenossen“ des Großkönigs in die Agemen aufgenommen.

2) Ueber die Schreibung der Namen sind die Erklärer zu Arrian. VII. 6. 5 zu vergleichen. — Hystaspes ist vielleicht der von Curt. VI. 2. 7 genannte Verwandte des Dareios.

baren in gleicher Ehre mit den Veteranen Philipps, es sei offenbar, daß Alexander der Makedonen müde sei, daß er alle Anstalten treffe, ihrer nicht mehr zu bedürfen, daß er die nächste Gelegenheit benutzen werde, sie ganz bei Seite zu schaffen.

So die alten Truppen; es bedurfte nur eines Anstoßes, um diese Stimmung zum Ausbruch zu bringen, und bald genug sollte sich derselbe finden.

Zweites Kapitel.

Der Soldatenaufruhr in Opis. — Heimsendung der Veteranen. — Harpalos in Griechenland. — Zersetzung der Partheien in Athen. — Befehl zur Rückkehr der Verbannten. — Harpalos Umtriebe in Athen, der harpalische Proceß. — Die innere Politik Alexanders und ihre Wirkungen.

Alexander hatte beschlossen, mit seiner Heeresmacht den Tigris aufwärts zu der Stadt Opis, wo sich die große Straße nach Medien und dem Abendlande scheidet, zu ziehen; die Lage der Stadt ließ ohngefähr schon den Zweck des Marsches errathen. Zu gleicher Zeit lag es ihm am Herzen, sich über die Natur der Euphrat- und Tigrismündungen, über die Schiffbarkeit dieser Ströme und über den Zustand der Wasserbauten namentlich im Tigris, von denen das Wohl und Wehe der tiefliegenden Ufergegenden abhängt, zu unterrichten. Er übergab die Führung des Heeres an Hephaistion mit dem Befehl, auf der gewöhnlichen Straße an dem Tigris hinaufzuziehen. Er selbst bestieg mit seinen Hypaspisten, mit dem Agema und einer nicht bedeutenden Schaar der Ritterschaft die Schiffe Nearchs, welche bereits den Eulaios herauf und bis in die Nähe von Susa gekommen waren. Er fuhr mit diesen, es mochte im April sein, den Strom von Susa hinab. Als sich die Flotte der Mündung nahte, wurden die meisten Schiffe, da sie durch die Fahrt von Indien her sehr mitgenommen waren, hier zurückgelassen; die schnellsten Segler wählte der König aus, um mit diesen in den persischen Meerbusen hinabzusegeln, während die anderen Schiffe durch den Kanal, welcher den Eulaios und Tigris nicht weit oberhalb ihrer Mündung verbindet, in den großen Strom gehen sollten [1]. Er selbst schiffte nun den Eulaios hinab in den persischen Meerbusen, fuhr dann an der Küste und den Mündungen der verschiedenen Kanäle entlang bis zur Tigrismündung, und nachdem er sich über Alles genau unterrichtet und namentlich die nöthigen Anweisungen zur Gründung einer Stadt Alexandreia, zwischen dem Tigris und Eulaios hart am Strande gegeben hatte [2], steuerte er in den Tigris hinein und den Fluß stromauf; bald traf er die übrigen Schiffe und nach einigen Tagen das Landheer unter Hephaistion, das an den Ufern des Stromes lagerte. Bei der weiteren Fahrt stieß die Flotte mehr als einmal auf mächtige Flußdämme, welche von den Persern errichtet worden waren, angeblich um jeden feindlichen Einfall vom Meere her unmöglich zu machen; Alexander ließ, nicht bloß weil er Angriffe von der See her nicht weiter fürchtete, sondern namentlich um den Strom für Handel und Schifffahrt zu öffnen, diese Dämme, wo er sie fand, einreißen; zu gleicher Zeit traf er die nöthigen Einrichtungen, um die Kanäle, die theils verstopft waren, theils ihre Deiche durchbrochen hatten, wieder zu reinigen und mit den nöthigen Schleusen und Deichen zu versehen [3].

---

1) Der Eulaios ist, wie Spiegel II, S. 625 aus der Identität der späteren Namen dieses Flusses (Alai im A. T. und Avrai im Bundehesch) entwickelt, der Kuran, der Fluß von Schuster, der sich sechs Meilen unterhalb dieser Stadt mit dem nicht minder bedeutenden Fluß von Dizful vereinigt. Und dieser fließt nach Loftus Angabe (Travels, p. 342) bis auf 1½ Meilen nah an den Ruinen von Susa vorüber. Nearchos war mit der Flotte auf dem Pasitigris, d. h. dem vereinten Kuran und Dizful, hinaufgefahren *καὶ πρὸς τῇ σχεδίῃ ὁρμίζονται, ἐφ' ᾗ τὸ στράτευμα διαβιβάσειν ἔμελλεν Ἀλέξανδρος ἐς Σοῦσα*, Arrian. Ind. 42. 7.

2) Plin. VI. 26; cf. Mannert, p. 421; die Stadt wurde auf einer Erdaufschüttung zehn Stadien vom Meere entfernt erbaut und theils mit der Einwohnerschaft der früher königlichen Stadt Durine bevölkert.

3) Arrian. VII. 7. Ueber diese Wasserbauten im Tigris s. Strabo

Es mochte im Monat Juli sein, als Heer und Flotte in Opis anlangten [1]); man lagerte in der Umgegend der reichen Stadt. Die Misstimmung der makedonischen Truppen hatte sich seit dem Aufbruche aus Susa keineswegs vermindert; die übertriebensten und verkehrtesten Gerüchte von dem, was der König mit ihnen beabsichtigte, fanden Glauben und steigerten ihr besorgliches Mistrauen bis zur höchsten Spannung.

Da wurden sie zur Versammlung berufen; auf der Ebene vor Opis traten die Truppen an; der König hielt eine Ansprache, den Makedonen, wie er meinte, Erfreuliches zu verkünden: „viele unter ihnen seien durch vieljährige Dienste, durch Wunden und Strapazen erschöpft; er wolle sie nicht, wie frühere Verabschiedete, in den neuen Städten ansiedeln; er wisse, daß sie gern die Heimath wiedersähen; wer von den Veteranen bei ihm bleiben wolle, dem werde er diese Hingebung so zu vergelten wissen, daß sie beneidenswerther als die Heimgekehrten erscheinen und in der Jugend der Heimath das Verlangen nach gleichen Gefahren und gleichem Ruhm verdoppeln sollten; da jetzt Asien unterworfen und beruhigt sei, so könnten möglichst Viele an der Entlassung Theil nehmen". Hier unterbrach den König ein

---

XVI, p. 740. Die Flußdämme heißen bei den Alten Katarakten, und in Beziehung auf sie ist der Feldzug des Kaiser Julian in diesen Gegenden belehrend; auch er mußte avellere cataractas, wie Ammian. Marcell. XXIV, c. 6 sagt, um den Königs-Kanal (Naarmalcha bei Ammian und in neuerer Zeit) befahren zu können.

1) Die Lage von Opis ist von Felix Jones bei Tell Mandjur auf der Westseite des heutigen Tigris nachgewiesen (s. Anhang von den Städtegründungen mit H. Kieperts Bemerkung). Die Zeit der Ankunft läßt sich nicht genauer bestimmen. Von Basra bis Bagdad ist zu Wasser nach Tavernier gegen 60 Tage, nach Hackluit 47 (s. Vincent. p. 462), von Susa stromab bis zum Meere dürften an dreißig Meilen, etwa vier Tage sein, dazu kam für Alexander die Fahrt von der Eulaios-Mündung zu der des Tigris, ferner der Aufenthalt beim Einreißen der Flußdämme, dann die weitere Fahrt von Bagdad bis Opis, endlich die in dieser Jahreszeit gewöhnliche Wasserfülle und die größere Schwierigkeit, stroman zu fahren, so daß zwei bis drei Monate für die Fahrt von Susa bis Opis nicht zu viel sein dürften.

wildes und verworrenes Geschrei: er wolle der Veteranen los sein, er wolle ein Barbarenheer um sich haben; nachdem er sie abgenutzt, danke er sie jetzt mit Verachtung ab, werfe er sie alt und entkräftet ihrem Vaterlande und ihren Aeltern zu, von denen er sie sehr anders erhalten. Immer wilder ward der Tumult: er solle sie Alle entlassen; mit dem, den er seinen Vater nenne, möge er fürder ins Feld ziehen! So tobte die Versammlung; der Soldatenaufruhr war in vollem Zuge. Im heftigsten Zorn stürzte Alexander von der Bühne herab, unbewaffnet, wie er war, unter die lärmende Menge, die Officiere seiner Umgebung ihm nach; mit mächtiger Faust packte er die nächsten Schreier, übergab sie seinen Hypaspisten, zeigte dort- und dahin, andere Schuldige zu ergreifen. Dreizehn wurden ergriffen; er befahl, sie zum Tode abzuführen. Der Schrecken machte dem Lärm ein Ende. Dann hielt der König eine zweite Ansprache, die Meuterei zu züchtigen.

Mögen die Worte, die ihn Arrian sprechen läßt, aus guter Ueberlieferung stammen oder frei nach der Situation erfunden sein, sie verdienen nach ihrem Hauptinhalt angeführt zu werden: „Nicht um euern Abzug rückgängig zu machen, werde ich noch einmal zu euch sprechen; ihr könnt gehen, wohin ihr wollt, meinethalben! nur euch zeigen will ich, was ihr durch mich geworden. Mein Vater Philippos hat Großes an euch gethan; da ihr sonst arm und ohne feste Wohnsitze mit euren ärmlichen Heerden in den Gebirgen umher irrtet, stets den Ueberfällen der Thraker, Illyrier, Triballer ausgesetzt, hat mein Vater euch angesiedelt, euch statt des Felles das Kriegskleid gegeben, euch über die Barbaren in der Nachbarschaft zu Herren gemacht, eurem Fleiße die Bergwerke des Pangaion, eurem Handel das Meer geöffnet, euch Thessalien, Theben, Athen, die Peloponnes unterworfen, die unumschränkte Hegemonie aller Hellenen zu einem Perserkriege erworben; das hat Philippos vollbracht, Großes an sich, im Verhältniß zu dem später Vollbrachten Geringes. Von meinem Vater her fand ich weniges Gold und Silber an Geräthen im Schatze, nicht mehr denn sechzig Talente, an Schuld fünfhundert Talente; ich selbst mußte achthundert Talente Schuld hinzufügen, um den Feldzug beginnen zu können; da öffnete ich euch, obschon die Perser das Meer beherrschten, den Hellespont, ich besiegte die Satrapen des Großkönigs am Granikos; ich unterwarf die reichen Satrapien Kleinasiens und ließ euch die Früchte des Sieges genießen, euch kamen die Reichthümer Aegyptens und Kyrenes zu Gute, euer ward Syrien und Babylon, euer Baktra, euer die Schätze Persiens und die Kleinodien Indiens und das Weltmeer, aus eurer Mitte sind die Satrapen, die Befehlshaber, die Strategen. Was habe ich selbst von alle den Kämpfen, außer den Purpur und das Diadem? nichts habe ich für mich erworben, und es ist Niemand, der meine Schätze zeigen könnte, wenn er nicht eure Habe und was für euch bewahrt wird, zeigt; und warum sollte ich mir Schätze häufen, da ich esse wie ihr esset, und schlafe wie ihr schlaft; ja mancher von euch lebt köstlicher denn ich, und manche Nacht muß ich durchwachen, damit ihr ruhig schlafen könnt. Oder bin ich, wenn ihr Mühe und Gefahr duldetet, ohne Kummer und Sorge gewesen? wer kann sagen, daß er mehr um mich, als ich um ihn geduldet? Wohl, wer von euch Wunden hat, der zeige sie, und ich will die meinen zeigen; kein Glied an meinem Körper ist ohne Wunde und keine Art von Geschoß oder Waffe, deren Narbe ich nicht an mir trage; von Schwert und Dolch, von Bogen und Katapultenpfeil, von Steinwurf und Keulenschlag bin ich verwundet worden, da ich für euch und euren Ruhm und eure Bereicherung kämpfte, und euch siegend über Länder und Meere, über Gebirge, Ströme und Wüsteneien führte. Die gleiche Ehe mit euch habe ich geschlossen, und die Kinder Vieler von euch werden meinen Kindern verwandt sein; und wer von euch verschuldet war, unbekümmert wie es bei so reichem Solde, bei so reicher Beute möglich gewesen, dem habe ich seine Schuld getilgt; die Meisten von euch haben goldene Kränze empfangen für sie zum dauernden Zeugniß ihrer Tapferkeit und meiner Achtung. Und wer gefallen ist im Kampfe, dessen Tod war rühmlich und dessen Begräbniß ehrenvoll; von vielen derselben stehen eherne Statuen daheim, und ihre Aeltern sind hochgeehrt, frei von Abgaben und öffentlichen Lasten. Endlich ist Keiner von euch unter meiner Führung fliehend gefallen. Und jetzt hatte ich die Kampfesmüden unter euch, zur Bewunderung und zum Stolz unserer Heimath, zu entlassen im Sinn; ihr aber wollt Alle hinweg ziehen; so zieht alle hin! Und wenn ihr in die Heimath kommt, so sagt, daß ihr euren König Alexander, der die Perser, die Meder, die Baktrier und Saker besiegt, der die Uxier und Arachosier und Drangianer bewältigt, der die Parther, Chorasmier und Hyrkanier längs des kaspischen Meeres gewonnen, der den Kaukasos jenseits der kaspischen Pässe überstiegen, der den Oxos und Tanais überschritten und den Indus, wie nur Dionysos vor ihm, und den Hydaspes, den Akesines, den Hyraotes und, hättet ihr ihn nicht gehindert, auch den Hyphasis, der vom Indus herab in den Ocean fuhr, der durch die Wüste Gedrosiens zog, die Niemand vor ihm mit einem Heere durchzogen, dessen Flotte vom Indus durch den Ocean nach Persien kam, — daß ihr diesen eueren König Alexander verlassen, und ihn zu schützen den besiegten Barbaren übergeben habt; das zu verkünden wird euch gewiß rühmlich vor den Menschen und fromm vor den Göttern sein; ziehet hin!" Nach diesen Worten stieg er heftigen Schrittes von der Tribüne und eilte nach der Stadt zurück.

Betroffen standen die Makedonen und schwiegen, nur die Leibwächter und die ihm vertrautesten unter den Hetairen waren gefolgt. Allmählich begann sich das peinliche Schweigen in der Versammlung zu lösen; man hatte erhalten, was man gefordert; man fragte: was nun? was weiter? Sie Alle waren entlassen, sie waren nicht mehr Soldaten; der Dienst und die militärische Ordnung, die sie bisher zusammengehalten, war gelöst, sie waren ohne Führung, ohne Rath und Willen; die Einen riefen zu bleiben, wieder Andere schrien zum Aufbruch; so wuchs der Tumult und das wüste Geschrei, Keiner befahl, Keiner gehorchte, keine Rotte hielt sich beisammen; in Kurzem war das Heer, das die Welt erobert, eine wüste und verworrene Menschenmasse.

Alexander hatte sich in das Königsschloß von Opis zurückgezogen; in der heftigsten Aufregung, wie er war, vergaß er die Sorge für seinen Körper; er wollte Niemand sehen, Niemand sprechen. So den ersten, so den zweiten Tag. Indeß hatte in dem Lager der Makedonen die Verwirrung einen gefährlichen Grad erreicht; schnell und furchtbar zeigten sich die Folgen der Meuterei und das Unglück, das sinnlos Geforderte im Uebermaaß erreicht zu haben; ihrem Schicksale und ihrer Anarchie überlassen, ohnmächtig und haltungslos, da ihnen nicht widerstanden worden, ohne Entschluß zu wollen, ohne Kraft zu handeln, ohne das Recht und die Pflicht und die Ehre ihres Standes, — was konnten sie beginnen, wenn sie nicht Hunger oder Verzweiflung zur offenbaren Gewalt trieb [1]).

Alexander mußte sich vor einem Aeußersten schützen; zugleich wollte er den letzten und freilich gewagten Versuch machen, die Makedonen zur Reue zu bringen. Er beschloß, sich ganz den asiatischen Truppen anzuvertrauen, sie nach dem Gebrauch des makedonischen Heeres zu ordnen, sie mit allen Ehren, die einst die Makedonen gehabt hatten, auszuzeichnen; er durfte erwarten, daß, wenn diese so das letzte Band zwischen sich und ihm Könige zerrissen sähen, sie entweder reuig um Vergebung flehen oder bis zur Wuth empört zu den Waffen greifen würden; er war gewiß, daß er dann an der Spitze seiner asiatischen Truppen über die führerlosen Haufen den Sieg davontragen werde. Er berief am dritten Tage die Perser und Meder in das Königsschloß, eröffnete ihnen seinen Willen, wählte aus ihnen Hauptleute und Anführer im neuen Heere, nannte viele von ihnen mit dem Ehrennamen königlicher Verwandten, gab ihnen nach morgenländischer Weise das Vorrecht des Kusses; dann wurden die asiatischen Truppen nach makedonischer Weise in Hipparchien und Phalangen getheilt, es wurde ein persisches Agema, persische Hetairen zu Fuß, eine persische Schaar Hypaspisten = Silberschildner [2]), persische Ritter-

---

[1]) Was das Heer in den drei traurigen Tagen gethan, wird von Niemand angegeben; nur Diod. XVII. 109: *ἐπὶ πολὺ τῆς διαφορᾶς αὐξανομένης*. Uebrigens hatten offenbar alle makedonischen Truppen bis auf einen Theil der Hypaspisten und selbst die Mehrzahl der Officiere, mit Ausschluß der nächsten Umgebung des Königs (Arrian. VII. 11. 3), an der Meuterei Antheil.

[2]) Den Namen der Silberschildner (*καὶ ἀργυρασπίδων τάξις πε*—

schaft der Hetairen, ein Agema persischer Ritterschaft gebildet; es wurden die Posten am Schlosse von Persern besetzt und ihnen der Dienst beim Könige übergeben; es wurde den Makedonen der Befehl gesandt, das Lager zu räumen und zu gehen, wohin sie wollten, oder sich, wenn sie es vorzögen, einen Führer zu wählen und gegen Alexander, ihren König, ins Feld zu rücken, um dann von ihm besiegt zu erkennen, daß sie ohne ihn nichts seien [1]).

Sobald dieser Befehl des Königs im Lager bekannt wurde, hielten sich die alten Truppen nicht länger; sie liefen nach dem Königsschloß, legten ihre Waffen vor den Thoren nieder, zum Zeichen ihrer Demüthigung und ihrer Reue; vor den geschlossenen Thoren stehend schrien und flehten sie, hineingelassen zu werden, um die Urheber des Aufruhrs auszuliefern, sie würden Tag und Nacht nicht von hinnen weichen, bis sich der König erbarme.

Nicht lange, und der König trat heraus [2]); da er seine Veteranen so in Reue sah, da er ihren Freudenruf und ihr erneutes Jammern hörte, vermochte er nicht, seinen Thränen zu wehren; dann trat er näher, um zu ihnen zu sprechen; sie drängten sich um ihn und hörten nicht auf mit Flehen, gleich als fürchteten sie das erste Wort ihres vielleicht noch nicht erweichten Königs. Ein alter, geachteter Offizier, einer der Hip-

---

σικὴ Arrian. VII. 11. 3) nennt Arrian hier zuerst; es müssen die Hypaspisten — falls hier τάξις von den Hypaspisten in anderem Sinn als im Anfang der Feldzüge gebraucht wird — schon früher silberne Schilde erhalten haben; Diodor. XVII. 56 nennt schon in der Schlacht von Gaugamela τὸ τῶν ἀργυρασπίδων πεζῶν τάγμα, und daß die gesammten Hypaspisten damit gemeint sind, ergiebt sich aus Curt. IV. 13. 27, obschon erst VIII. 5. 4 scutis argenteas laminas addidit.

[1]) Arrian sagt von diesem Befehl nichts; aber er war wohl natürlich, um den Meuterern den Impuls zu dem zu geben, was sie dann thaten. Polyaen. IV. 8. 7 ist daher hier benutzt.

[2]) Arrian. VII. 11. 5: σπουδῇ ἐξέρχεται. Daß er sie zwei Tage und zwei Nächte habe jammern lassen, sagt Plut. Alex. 71; gewiß nach Kleitarchos, dem es nicht darauf ankommt, sich die Realität der Dinge klar zu machen.

parchen der Ritterschaft, Kallines, trat hervor, im Namen aller zu sprechen: was die Makedonen vor Allem schmerze, sei, daß er Perser zu seinen Hetairen gemacht habe, daß Perser sich nun Alexanders Verwandte nennen und ihn küssen dürften, und von den Makedonen sei nie einer dieser Ehre theilhaftig worden. Da rief der König: „euch Alle mache ich zu meinen Verwandten und nenne euch also von Stund an!“ Er ging auf Kallines zu, ihn zu küssen; und es küßte ihn von den Makedonen, wer es wollte; sie nahmen ihre Waffen auf und zogen jauchzend in ihr Lager zurück. Alexander aber gebot, zur Feier der Versöhnung ein großes Opfer zu bereiten, und opferte den Göttern, denen er pflegte. Dann wurde ein großes Mahl gehalten, an dem fast das gesammte Heer Theil nahm, in der Mitte der König, ihm zunächst die Makedonen, nach diesen die Perser, und weiter Viele von den übrigen Völkerschaften Asiens; der König trank aus denselben Mischkrügen mit seinen Truppen und spendete mit ihnen die gleichen Spenden; hellenische Seher und die persischen Magier vollzogen dazu die heiligen Gebräuche. Der Trinkspruch, den der König sprach, war, daß die Götter alles Heil gewähren möchten, vor Allem aber Eintracht und Gemeinschaft des Reiches den Makedonen und Persern. Es soll die Zahl derer, die an diesem Mahle Theil nahmen, neuntausend gewesen sein, und diese Alle spendeten zu gleicher Zeit und sangen den Lobgesang dazu [1]).

So der Ausgang dieser schweren Krisis; es war das letzte Aufbäumen des altmakedonischen Wesens, in seiner eigensten und gewichtigsten Gestaltung; nun war es moralisch bewältigt. Die Maßregeln, denen es erlegen war, gaben diesem Siege Alexanders eine doppelte Wichtigkeit. Der Vorzug, den der König der

---

[1]) Die Zahl der heimkehrenden Veteranen ist nach Arrian. VII. 12. 1 *τοὺς μυρίους*; dieselbe Zahl giebt (nach Hieronymos) Diod. XVIII. 4 *ὄντων μυρίων*, und darum wird Diod. XVIII. 12 statt *ὄντας ὑπὲρ τρισμυρίους* zu schreiben sein *ὑπὲρ τοὺς μυρίους*. Nach der Angabe Diod. XVIII. 16 sind es 6000 Mann Fußvolk, die schon 334 mit ausgezogen, 4000 *τῶν ἐν τῇ παρόδῳ προσειλημμένων* (also aus den Garnisonen), 1500 Reiter, 1000 persische Bogenschützen und Schleuderer.

makedonischen Kriegsmacht bisher hatte zugestehen müssen, war abgethan, asiatische Truppen traten in die Namen und Ehren des altmakedonischen Heeres ein; es gab fortan zwischen Siegern und Besiegten keinen anderen Unterschied, als den des persönlichen Werthes und der Treue für den König.

Wie mächtig, wie überwältigend in diesem Vorgang des Königs Persönlichkeit erscheinen mag, sie erklärt nicht Alles. Immerhin kann man sagen: wenn das System Alexanders diese Probe zu bestehen vermochte, so ist das ein sicherer Beweis, daß dieß Reichssystem, das so schnell und kühn aufgebaut war, so weit fertig und fest dastand, daß das Gerüst und die stützenden Träger seiner Gründung hinweggebrochen werden konnten. Aber hätten nicht eben so wohl die Veteranen in Opis den Sieg davontragen und damit dem Ixionsrausch des Königs ein Ende machen, den Beweis geben können, daß er in seiner Inbrunst statt der Göttin eine Wolke umarmt habe? Ohnfehlbar, wenn sie selbst noch in Wahrheit Makedonen gewesen wären; sie waren es nicht mehr, sie hatten selbst das Neue, das sie bekämpften, in sich aufgenommen; sie hatten sich in das asiatische Leben hineingelebt, ohne diesem neuen Elemente das Recht, zu dem es berufen war, zugestehen zu wollen; und dieser Hochmuth, nur als Sieger dessen, das auch sie im innersten Wesen besiegt und durchdrungen hatte, gelten zu wollen, war die Schuld, um deren Willen sie erlagen. Indem das makedonische Heer, das Werkzeug, mit dem das Werk der neuen Zeit geschaffen war, von der mächtigen Hand des Meisters zerbrochen wurde, war das Werk selbst fertig gesprochen und über seine Art und Wesen keine Frage mehr. Was auch die Zerwürfnisse und Verwirrungen der nächstfolgenden Zeit an den äußeren Formen dieses Reiches gerüttelt und zerstört haben, das hellenistische Leben, die große Einigung der hellenischen und asiatischen Welt mit allem Segen und Unsegen, den sie in sich trug, war für Jahrhunderte gegründet.

So hatte sich das Neue durch alle Stadien innerer und äußerer Gefährdungen hindurchgekämpft; als Gedanke einer neuen Zeit erkannt, als Prinzip des neuen Königthums ausgesprochen, als Regiment des Reiches an der Spitze, als Heeresmacht organisirt, als Zersetzung und Umgestaltung des Völkerlebens in voller Arbeit, hatte es nur noch möglichst durchgreifend und den wesentlichen Interessen der Völker gemäß sich zu bethätigen. Dies war die Arbeit für die kurze Spanne Leben, welche das Schicksal dem Könige noch gönnen wollte, ihr Zweck oder doch ihr Erfolg.

Selbst die Zurücksendung der Veteranen mußte in diesem Sinne wirken; noch nie waren in solcher Zahl Truppen aus Asien in die Heimath zurückgekehrt, und mehr als alle früheren, hatten diese 10,000 Veteranen asiatisches Wesen in sich aufgenommen; ihr Beispiel, ihr Ruhm, ihr Reichthum, Alles, was sie an verwandelten Ansichten und Bedürfnissen, an neuen Ansprüchen und Erfahrungen mitbrachten, mußte unter den Ihrigen in der Heimath von nicht minder starkem Einfluß sein, als ihn das Abendländische auf das Leben der östlichen Völker bereits ausübte; ob einen segensreichen, ist, wenn man der kleinen Leute, der Bauern und Hirten daheim gedenkt, eine andere Frage. Auf das Feierlichste wurden die Veteranen aus dem Lager von Opis entlassen; Alexander verkündete ihnen, daß sie Jeder den Sold bis zur Heimath und überdieß ein Geschenk von einem Talente erhalten sollten; die Kinder, die morgenländische Frauen ihnen geboren, möchten sie, so forderte er, bei ihm lassen, damit sie nicht ihren Frauen und Kindern daheim Anlaß zu Unfrieden würden; er werde dafür sorgen, daß die Soldatenkinder makedonisch und zu Soldaten erzogen würden; und wenn sie Männer geworden, dann hoffe er sie nach Makedonien zurück zu führen und ihren Vätern wieder zu geben; für die Kinder der in den Feldzügen Gefallenen versprach er auf gleiche Weise zu sorgen, der Sold ihrer Väter werde ihnen bleiben, bis sie selbst sich gleichen Sold und gleichen Ruhm im Dienste des Königs erwerben würden; zum Zeichen seiner Fürsorge gäbe er ihnen den treuesten seiner Generale, den er wie sein eigen Haupt liebe, den Hipparchen Krateros, zum Hüter und Führer mit. So zogen die Veteranen von Opis aus, mit ihnen die Strategen Polysperchon, Kleitos, Gorgias, vielleicht auch Antigenes von den Hypaspisten, von der Ritterschaft Polydamas und Amadas; bei der Kränklichkeit des Krateros war Polysperchon als zweiter Befehlshaber der Truppen bestellt [1]).

Die Weisungen für Krateros bezogen sich nicht bloß auf die Zurückführung der Veteranen; der Hauptzweck seiner Sendung war, die politische und militairische Leitung daheim an Antipatros Stelle zu übernehmen [2]), der dagegen Befehl erhielt, den Ersatz für die heimkehrenden Truppen zum Heere zu führen [3]). Schwerlich war dies der entscheidende Grund; es mag Vieles zusammengekommen sein, den Wechsel in der höchsten Stelle daheim nothwendig zu machen. Die Uneinigkeit zwischen der Königin-Mutter und Antipatros hatte den höchsten Grad erreicht; immerhin mag die überwiegende, vielleicht die alleinige Schuld auf Seiten der leidenschaftlichen und herrischen Königin gewesen sein; verfuhr sie doch im epeirotischen Lande, nachdem ihr Bruder Alexandros in Italien gefallen war, als sei sie Herrin des Landes [4]); und die junge Wittwe, ihre

---

1) Arrian. VII. 12. 4 nennt nur Krateros und Polysperchon; die anderen Namen Justin. XII. 12. 8, von denen Antigenes, der spätere Führer der Argyraspiden, Zweifel erregt, Amadas sonst unbekannt ist.

2) Arrian. VII. 12. 4: *Μακεδονίας τε καὶ Θρᾴκης καὶ Θετταλῶν ἐξηγεῖσθαι καὶ τῶν Ἑλλήνων τῆς ἐλευθερίας.* Justin. XII. 12. 9: jussus praeesse Macedonibus in Antipatri locum.

3) Arrian. VII. 12. 4: *Ἀντίπατρον δὲ διαδόχους τοῖς ἀποπεμπομένοις ἄγειν Μακεδόνας τῶν ἀκμαζόντων ἐκέλευσεν*, Justin. l. c. Antipatrum cum supplemento tironum in locum eius evocat. Wenn früher vermuthet worden ist, daß gewisse Taxen, d. h. die Miliz gewisser Landschaften in Makedonien zurückgeblieben, den Taxen in der Feldarmee nur der Ersatz aus ihren Cantons nachgeschickt worden ist, so erhellt nicht, ob nachmals (seit 330) für die fast doppelte Zahl der Phalangen, die das Heer in Indien hat, ganze Taxen aus der Heimath nachgesendet worden sind, oder ob erst jetzt Antipatros dieselben als Ablösung für die mobil gemachten Phalangen, die jetzt als Veteranen heimkehrten, nach Asien führen sollte.

4) Sie schreibt in einem von Hypereides erwähnten Briefe (pro Eux. c. 36) in Betreff des dodonäischen Heiligthums *ὡς ἡ χώρα εἴη ἡ Μολοττία αὐτῆς.*

Tochter Kleopatra kehrte, vielleicht um höchst persönlichen Gefahren zu entgehen, mit ihrem fünfjährigen Knaben, dem rechten Erben des molossischen Königthums, nach Makedonien zurück [1]). Alexander hatte die Mutter stets hochgeehrt und ihr jede Sohnespflicht erfüllt, aber eben so entschieden ihre Einmischung in die öffentlichen Angelegenheiten zurückgewiesen; dennoch wurde sie nicht müde zu intriguiren, ihrem Sohne Vorwürfe und Klagen aller Art zu schreiben, eifersüchtig auf dessen Neigung zum Hephaistion auch diesen mit bitteren Briefen heimzusuchen, vor Allen aber gegen Antipatros unablässig die heftigsten Beschuldigungen nach Asien zu senden. Antipatros seiner Seits beschwerte sich eben so bitter über die Königin-Mutter und deren Einmischung in die öffentlichen Angelegenheiten. Es wird die bezeichnende Aeußerung Alexanders angeführt: „Antipatros weiß nicht, daß eine Thräne meiner Mutter tausend solcher Briefe auslöscht". Sein Vertrauen zu dem Reichsverweser in Makedonien erhöhten sie nicht; es war doch möglich, daß derselbe den Verlockungen der großen Gewalt, die ihm übertragen war, nicht widerstand [2]): und wenn Antipatros nach der Hinrichtung seines Eidams Philotas insgeheim mit den Aitolern angeknüpft hatte, so war um so mehr Vorsicht geboten, wenn auch die immer neuen Beschwerden und Warnungen, die Olympias sandte, sich, so weit wir sehen, als nicht begründet erweisen mochten. Jedenfalls bezeugt Arrian, daß man von keiner Aeußerung oder Handlung des Königs

---

1) In Plut. Alex. 69 erscheint der Vorgang so, als ob beide Königinnen sich förmlich in beide Herrschaften getheilt hätten (στασιάσασαι διείλοντο τὴν ἀρχήν). Alexander soll gesagt haben, seine Mutter habe sich besser berathen als seine Schwester, denn die Makedonen würden sich nie von einem Weibe beherrschen lassen.

2) Plut. apophth. Reg. et Imp.: Ἀλεξ. 17 ἔξωθεν Ἀντίπατρος λευκοπάρυφός ἐστι, τὰ δὲ ἔνδον ὁλοπόρφυρος. Der Gegensatz läßt vermuthen, daß mit der „weißgeborteten" Kleidung der gewöhnliche Reitermantel der Makedonen bezeichnet ist, obschon keine Angabe vorzuliegen scheint, daß zu diesem solche Bordirung gehört.

wisse, der seine Sinnesänderung gegen Antipatros bezeugt habe [1]); er vermuthet, daß ihm der König nicht als Strafe befohlen, nach Asien zu kommen, sondern nur, um vorzubeugen, daß beiden, seiner Mutter und dem Reichsverweser, nicht etwas Unseliges und selbst für ihn Unheilbares aus diesem Zwist entstände [2]). Auch sollte Antipatros sein Amt keineswegs sofort niederlegen und nach Asien kommen [3]), sondern das Regiment der ihm anvertrauten Länder bis zur Ankunft des Krateros, die sich bei den langsamen Märschen der Veteranen über Jahr und Tag hinziehen konnte, fortsetzen. Die sonderbare Wendung, die die hellenischen Angelegenheiten gerade jetzt nahmen, machte die Anwesenheit des erprobten Statthalters in Makedonien doppelt nothwendig.

Wenn es irgend ein gesundes nationales Empfinden in der hellenischen Welt gab, so hätten, sollte man meinen, die Siege Alexanders am Granikos, bei Issos, bei Gaugamela, die Befreiung der Hellenen Asiens, die Vernichtung der Handelsmacht von Tyros, die Vernichtung der Persermacht auch die Unversöhnlichen versöhnen, das Volk der Hellenen in allen Nerven erfrischen, es hätte mit freudigem Wetteifer mit an dem Werk sein müssen, für das einzutreten die hellenischen Staaten vertragsmäßig nicht bloß die Pflicht, sondern das Recht hatten. Die tonangebenden Staaten verstanden den Patriotismus und die

---

[1]) Alexander forderte ihn auf, sich mit einer eigenen Leibwache zu umgeben, um vor den Nachstellungen seiner Feinde sicher zu sein (Plut. Alex. 39).

[2]) Arrian. VII. 12. 6.

[3]) Justin. XII. 14 sagt, „Antipatros habe vor Kurzem gegen die Führer besiegter Nationen (in praefectos devictarum nationum) grausame Strafen verhängt und deßhalb gemeint, der König berufe ihn zur Strafe nach Asien“. Möglich, daß die Völker Thrakiens nach der Bewältigung des Agis Antipatros schwere Hand zu fühlen bekamen. Auch Plut. Alex. 74 giebt an, daß im Frühjahr 323 Kassandros zu Alexander kam, um mehrfache Beschwerden gegen seinen Vater zu entkräften, die von den Betheiligten an den König gebracht worden seien. Ueber die an diese Sendung geknüpfte Erzählung von der Vergiftung Alexanders ist in der ersten Ausgabe der Diadochen, Beil. IV, das Nähere angeführt.

nationale Sache anders. Wir sahen, wie Athen in dem Jahre der Schlacht von Issos daran war, seine Seemacht für Persien einzusetzen, wie König Agis in der Zeit, da Dareios auf der Flucht ermordet wurde, gegen Antipatros im Felde lag, wie die kleinern Staaten nur auf dessen ersten Sieg warteten, um sich ihm anzuschließen.

Mit der Niederlage der Spartaner im Sommer 330 war es in Hellas still geworden, aber der Groll und die Verstocktheit geblieben; die Größe der Zeit sahen sie nicht. „Was giebt es Unerwartetes und Ungehofftes", sagte Aischines in einer Rede im Herbst 330, „das in unseren Tagen nicht geschehen wäre? denn wir haben nicht ein gewöhnliches Menschenleben gelebt, sondern unsere Jahre sind zu einer Wunderzeit für die nach uns Lebenden geworden." Und seitdem war noch Wunderbareres geschehen; diese fünf Jahre, eben so reich an staunenswürdigen Thaten im fernen Asien, wie kleinlich und schlaff daheim in Hellas, dort die Eroberung der baktrischen Länder, Indiens, die Erschließung des südlichen Oceans, hier die fadenscheinige Trivialität kleinstaatlicher Geschäftigkeit und Phrasen über Phrasen, — in der That der moralische Werth oder will man lieber das Nettogewicht dieser hellenischen Politik und Politien sank tiefer und tiefer.

Seitdem die Wucht der makedonischen Macht übergroß und weiterer Widerstand gegen sie, der einzige Gedanke, der dem öffentlichen Leben der Staaten in Hellas, namentlich dem Athens und Spartas noch ein Ferment gegeben hatte, unmöglich geworden war, erlahmte auch der letzte Rest politischer Thatkraft in den Massen und der Unterschied der Partheien, wie sie sich in der Losung für oder wider Makedonien entwickelt hatten, begann sich zu verwirren und zu verwischen.

Wenigstens in Athen läßt sich diese Zersetzung der Partheien und die wachsende Haltlosigkeit des Demos einigermaaßen beobachten. Lykurgos, der zwölf Jahre hindurch die Finanzen des Staates vortrefflich verwaltet hatte, mußte sie bei den Wahlen von 326 in die Hand des Mesaichmos, seines politischen und persönlichen Gegners, übergehen sehen. Der leidenschaftliche Hypereides, sonst immer an Demosthenes Seite, wandte sich seit den Vorgängen von 330, seit der damals versäumten Schilderhebung gegen Makedonien, von ihm und trat bald genug als Ankläger wider ihn auf. Freilich Aischines war nicht mehr in Athen; er hatte, als die attischen Geschwornen in dem Prozeß gegen Ktesiphon — es war kurz nach der Niederlage des Königs Agis — zu Gunsten des Verklagten und damit zu Ehren des Demosthenes entschieden hatten, die Heimath verlassen, um fortan in Rhodos zu leben. Aber es blieb in Athen noch Phokion, der alte strenge Patriot, der Alexanders glänzende Geschenke zurückwies [1]), der in gleichem Maaße seines Vaterlandes Verfall begriff und beklagte, und das nur zu erregbare Volk von Athen von jedem neuen Versuch zum Kampf gegen Makedonien, dem er es nicht mehr gewachsen sah, zurückzuhalten suchte. Es blieb Demades, dessen Einfluß nicht minder auf sein Verhältniß zu Makedonien, als auf seine Friedenspolitik, wie sie den Wünschen der Wohlhabenden entsprach und den genußlüsternen Pöbel mit Festschmausereien und Geldspenden zu födern möglich machte, begründet war; „nicht der Krieger", so sprach er einst in der Ekklesia, „wird meinen Tod beklagen, denn ihm nützt der Krieg, und der Friede ernährt ihn nicht; wohl aber der Landmann, der Handwerker, der Kaufmann und jeder, der ein ruhiges Leben liebt; für sie habe ich Attika nicht mit Wall und Graben, wohl aber mit Frieden und Freundschaft gegen die Mächtigen geschützt."

Und wenn Demosthenes selbst in der Zeit, da sich König

---

1) Plut. Phoc. 18, als Alexander zürnte, daß Phokion die angebotenen 100 Talente zurückgewiesen: *φίλους μὴ νομίζειν τοὺς μηδὲν αὐτοῦ δεομένους*, so war die Gnade, um die Phokion bat, die Freilassung von vier in Sardes Eingekerkerten; Plutarch nennt den Sophisten Echekrates, den Athenodoros von Imbros, der um 358 in den thrakischen Dingen eine große Rolle gespielt hat, die beiden Rhodier Sparton und Demaratos; wenigstens der letzte Name ist corrupt; sollten vielleicht die auf rhodischen Münzen dieser Zeit vorkommenden *Δαμάτριος* und *Στράτων* gemeint sein? Daß Alexander die Gefangenen sofort freigab, zeigt wohl, daß sie wegen politischer Verbrechen gefangen saßen; was da geschehen war, wissen wir nicht.

Agis erhob, zwar in Sparta und sonst, wie man glaubte, zum Losschlagen getrieben hatte und doch in Athen nur „wundersame Reden" führte, wenn er, wie man nicht minder sagte, unter der Hand mit Olympias, mit Alexander selbst Beziehungen anknüpfte [1]), so war das nicht dazu angethan, das Vertrauen des Demos auf seine Leitung zu erhöhen; wenn man auch in dem schweren Jahre der Theuerung ihm, dem geschickten Verwalter, das Amt der Fürsorge für die Getreidezufuhr übertrug, in Betreff der politischen Leitung der Stadt hörte die Ekklesia ihn wie seine Gegner rechts und links, und in der Regel wird der endliche Beschluß des souveränen Demos unberechenbar gewesen sein.

Die Zeit der Kleinstaaten war vorüber; in allen Beziehungen zeigte sich, daß diese Brocken und Bröckchen des staatlichen Kleinlebens der neugewordenen Machtbildung gegenüber unhaltbar geworden seien, daß die vollkommen verwandelten politischen und gesellschaftlichen Zustände eine gründliche Umgestaltung auch in der Verfassung der Staaten forderten. Und wenn Alexanders Gedanke war, die Demokratie den hellenischen Städten nur noch für ihre communale Verwaltung zu belassen und sie mit der Macht und Autorität seiner großen Monarchie zusammenfassend zu überbauen, wenn dieß Werk, durch seinen zu frühen Tod, oder will man lieber, durch die innere Nothwendigkeit des hellenischen Wesens unvollendet geblieben ist, so liegt eben da der Grund jenes trostlosen Hinsiechens, mit dem das nächste Jahrhundert der hellenischen Geschichte den Ruhm besserer Zeiten besudeln sollte.

Im Sinne jenes Planes war es, daß Alexander zwei Maßregeln beschloß, die allerdings tief einschnitten.

Er forderte auch von den Hellenen göttliche Ehren. Was man auch in Betreff der persönlichen Gesinnung des Königs und deren Umwandelung aus diesem Gebot folgern mag, jedenfalls war es weder so unerhört und frevelhaft, wie es dem auf monotheistischer Grundlage entwickelten Empfinden erscheinen

---

[1]) Aeschin. Ctes., § 162; Hyperid. ct. Dem. IX, 17.

darf, noch ist der wesentlich politische Charakter dieser Maaßregel zu verkennen. Das hellenische Heidenthum war seit lange gewohnt, die Götter anthropomorphistisch anzusehen, wie das Wort des alten Denkers lautet: „die Götter seien unsterbliche Menschen, die Menschen sterbliche Götter“. Weder die heilige Geschichte noch die Dogmatik ruhte auf der festen Basis geoffenbarter, ein- für allemal als göttlichen Ursprungs geltender Lehrschriften; es gab für religiöse Dinge keine andere Norm und Form als das Empfinden und Meinen der Menschen, wie es war und mitlebend sich entwickelte, daneben allenfalls die Weisungen der Orakelstätten und die vielerlei Zeichendeutung, die eben auch nur, wie der schwimmende Kork auf dem Strome, die Bewegung, der sie folgten, bezeichneten. Wenn nun das Orakel des Zeus Ammon, wie man auch spotten mochte, am Ende doch den König als Zeus Sohn bezeichnet hatte, wenn Alexander, aus dem Geschlechte des Herakles und Achilleus, eine Welt erobert und umgestaltet, wenn er in Wahrheit Größeres als Herakles und Dionysos vollbracht hatte, wenn die Aufklärung seit lange die Gemüther von dem tieferen religiösen Bedürfniß entwöhnt, von den Ehren und Festen der Götter nur die Lustbarkeiten, die äußere Ceremonie und die kalendarische Bedeutung übrig gelassen hatte, so wird man es begreiflich finden, daß für das damalige Griechenthum der Gedanke an göttliche Ehren und Vergötterung eines Menschen nicht allzufern lag. Wie natürlich vielmehr dergleichen im Sinne der damaligen Zeit war, beweisen die nächsten Jahrzehnte bis zum Ueberdruß, nur daß der große Alexander der erste war, der für sich das in Anspruch nahm, was nach ihm die erbärmlichsten Fürsten und die verworfensten Menschen von Hellenen und Griechen, vor Allem von den Athenern für ein Billiges erhalten konnten. Mag den Einen Alexander dafür gelten, an seine eigene Gottheit geglaubt, den Anderern, dieselbe für nichts als für eine polizeiliche Maßregel gehalten zu haben, es wird von ihm der Ausspruch überliefert: „Zeus sei freilich aller Menschen Vater, aber nur die besten mache er zu seinen Söhnen“ [1]). Die Völker

[1]) Plut. apophth. Ἀλεξ. 15. Alex. 27; s. o. I, S. 323.

des Morgenlandes sind gewöhnt, ihren König als ein Wesen höherer Art zu verehren, und allerdings ist dieser Glaube, wie das Bedürfniß einer solchen Vorstellung sich auch nach den Sitten und den Vorurtheilen der Jahrhunderte umgestalten mag, die Basis jeder Monarchie, ja jeder Form von Herrenthum; selbst die dorischen Aristokratien des Alterthums gaben den von den Heroen ihrer Gründung Abstammenden dieses Vorrecht dem unterthänigen Volk gegenüber, und das demokratische Athen gründete auf ein durchaus analoges Vorurtheil gegen die Sclaven die Möglichkeit einer Freiheit, gegen welche die Monarchie Alexanders wenigstens den Vorzug hat, die Barbaren nicht als zur Sclaverei geboren anzusehen. Er empfing von den Barbaren die „Anbetung“, die sie ihrem Könige, dem „gottgleichen Menschen“, darzubringen gewohnt waren; sollte die hellenische Welt in dieser Monarchie ihre Stelle und ihre Ruhe finden, so war der erste und wesentlichste Schritt, die Griechen zu demselben Glauben an seine Majestät, den Asien hegte, und in dem er die wesentlichste Garantie seines Königthums erkannte, zu veranlassen und zu gewöhnen.

Zu der Zeit, als in Asien die letzten Schritte zur Verschmelzung des Abend- und Morgenländischen gethan wurden, ergingen nach Griechenland hin die Aufforderungen, durch öffentliche Beschlüsse dem Könige göttliche Ehre zu gewähren [1]). Gewiß thaten die meisten Städte, was gefordert wurde. Der Beschluß der Spartaner lautete: da Alexander Gott sein will, so sei er Gott [2]). In Athen brachte Demades den Vor-

---

[1]) In welcher Weise dieser Antrag geschah, ob in der Form einer Aufforderung an Personen, deren Ergebenheit man kannte, ist nicht mehr zu erkennen. Eben so fehlt uns der authentische Wortlaut der Forderung; am nächsten mag demselben kommen, wenn Polybios (XII. 12a) des Timaios Lob über Demosthenes' und Anderer Verhalten anführt, *διότι ταῖς Ἀλεξάνδρου τιμαῖς ταῖς ἰσοθέοις ἀντέλεγον.*

[2]) Aelian. V. H. II. 19, und genauer Plut. Apophth. Lac. *Δαμίδας* (nach Schäfers Vermuthung *Εὐδαμίδας* . . . *συγχωροῦμεν Ἀλεξάνδρῳ ἐὰν θέλῃ θεὸς καλεῖσθαι.*

schlag vor das Volk [1]; Pytheas trat auf, gegen ihn zu sprechen: es sei gegen die solonischen Gesetze, andere als die väterlichen Götter zu ehren; als gegen ihn eingewandt ward, wie er, noch so jung, wagen könne, in so wichtigen Dingen zu sprechen, antwortete er: Alexander sei noch jünger [2]. Auch Lykurgos erhob sich gegen den Vorschlag: was würde das für ein Gott sein, dessen Heiligthum verlassend man sich reinigen müßte. Bevor man in Athen zum Schluß kam, trat eine zweite Frage hinzu, welche unmittelbarer in das bürgerliche Gemeinwesen eingriff.

Dieß war eine Anordnung des Königs über die Verbannten der hellenischen Staaten. Die Verbannungen waren zum größten Theil Folge politischer Veränderungen, und hatten wegen der Siege, die die Makedonen seit den letzten funfzehn Jahren wiederholentlich davongetragen, natürlich die Gegner Makedoniens vorzüglich betroffen. Viele dieser politischen Flüchtlinge hatten früher in den Heeren des persischen Großkönigs Dienst und fortgesetzten Kampf gegen Makedonien gefunden; nach Persiens Fall irrten sie hülflos und heimathlos in der Welt umher; manche mochten Dienste im makedonischen Heere nehmen, andere wurden, während Alexander in Indien stand, von den Satrapen auf eigene Hand angeworben, noch andere zogen vagabundirend nach Griechenland zurück, um in der Nachbarschaft ihrer Heimathstädte auf eine Veränderung der Dinge zu warten, oder gingen nach dem Werbeplatz auf dem Tainaron, um von dort aus in irgend Jemandes Sold zu treten. Die bedeutende Zahl dienstloser Leute mußte sich dort, seitdem Alexander allen Satrapen die Entlassung ihrer Söldner geboten, außerordentlich vermehrt haben [3]; und in demselben Maaße, als sie zahlreich, unglücklich

---

1) Demades wurde späterhin wegen dieses Vorschlages (*ὅτι θεὸν εἰσηγήσατο Ἀλέξανδρον*) zu zehn (Athen. VI. 251a) oder hundert Talenten (Aelian. V. H. V. 12) verurtheilt.

2) Plut. princ. pol., p. 804.

3) Sollte sich hierauf die Angabe des Pausanias (I. 25. 3 und VIII. 52. 5) beziehen, Leosthenes habe die Griechen, die im Solde des Dareios und der Satrapen gestanden und die Alexander in Asien habe ansiedeln

und hoffnungslos waren, mußten sie für die Ruhe in Hellas gefährlich werden. Diese Gefahr abzuwenden gab es kein Mittel, als den Verbannten die Heimkehr zu bereiten; dadurch wurde auch denen, die durch makedonischen Einfluß verbannt waren, ihr Haß zur Dankbarkeit umgewandelt und die makedonische Parthei in den einzelnen Staaten verstärkt; die Staaten selbst waren fortan für die innere Ruhe Griechenlands verantwortlich, und wenn dann der innere Zwiespalt von Neuem hervorbrach, hatte die makedonische Macht die Handhabe einzugreifen. Freilich war die Maaßregel gegen die Artikel des korinthischen Bundes, ein offenbarer Eingriff in die dort garantirte Souveränetät der Staaten, die zu demselben gehörten; es war vorauszusehen, daß die Ausführung der königlichen Weisung selbst in den Familien und in den Besitzverhältnissen Anlaß zu endlosen Verwirrungen geben mußte. Aber in erster Reihe kam diese Wohlthat den Gegnern Makedoniens zugut; es war an der Zeit, daß, wie die Gegensätze nationaler Feindschaft zwischen Hellenen und Asiaten, so die der politischen Partheiung in den hellenischen Städten vor der Einheit des Allen gemeinsamen Reiches dahinschwanden; das ächt königliche Begnadigungsrecht in dieser Weise und in dieser Ausdehnung zu üben, war der erste Act der höheren Autorität des Reiches, an die Alexander die Griechen zu gewöhnen hoffte.

Zur Verkündigung dieser Maaßregel hatte er den Stagiriten Nikanor nach Griechenland gesandt; bei der Feier der olympischen Spiele des Jahres 324 sollte das königliche Schreiben publicirt werden. Die Kunde davon hatte sich im Voraus ver-

---

wollen, bei 50,000 (?) Mann, eingeschifft und von Asien nach Europa gebracht? Leosthenes war von ihnen zum Anführer erwählt (Diod. XVII. 111) und hatte späterhin bei Eröffnung des lamischen Krieges doch nur 8000 Söldner aufzubieten; jene Verminderung der Zahl dürfte sich auf die Heimkehr vieler Verbannten zurückführen lassen. Daß Hypereides mit Leosthenes, wie vorher schon mit Chares, der jetzt starb, in Verbindung stand, ergiebt Plut. X. Or. in der Biographie des Hypereides: *συνεβούλευσεν καὶ τὸ ἐπὶ Ταινάρῳ ξενικὸν μὴ διαλῦσαι οὗ Χάρης ἡγεῖτο, εὐνόως πρὸς τὸν στρατηγὸν διακείμενος.*

breitet; von allen Seiten strömten die Verbannten gen Olympia, um das Wort der Erlösung zu vernehmen. In einzelnen Staaten dagegen brachte sie mannigfache Aufregung hervor, und während sich Viele freuten, mit den Angehörigen und Befreundeten wieder vereint zu leben und durch eine große und allgemeine Amnestie die Ruhe und den Wohlstand besserer Zeiten zurückkehren zu sehen, mochten Andere in diesem Befehl einen Eingriff in die Rechte ihres Staates und den Beginn großer innerer Verwirrungen verabscheuen. In Athen erbot sich Demosthenes zur Architheorie gen Olympia, um dort an Ort und Stelle mit dem Bevollmächtigten Alexanders zu unterhandeln und ihm die Folgen jener Maaßregel und die Heiligkeit der korinthischen Bundesverträge vorzustellen; dort blieben seine Bemühungen erfolglos. Während der Feier der hundert und vierzehnten Olympiade [1]), Ende Juli 324, in Gegenwart der Hellenen aus allen Landschaften, unter denen sich der Verbannten an zwanzigtausend befanden, ließ Nikanor durch den Herold, der im Wettkampf der Herolde gekränzt war, das Dekret des Königs vorlesen [2]). „Der König Alexander den Verbannten der griechischen Städte seinen Gruß. An euerer Verbannung sind nicht wir Schuld gewesen; aber die Rückkehr zur Heimath wollen wir Allen, mit Ausschluß derer, auf denen Fluch haftet, bewirken.

---

1) Ueber die Zahl der Olympiade ist weitläufiger Streit geführt worden, indem sie für das Todesjahr Alexanders von großer Wichtigkeit ist; den Nachweis Idelers (Abh. der Berl. Acad. 1820, S. 280) bestätigt einerseits der Umstand, daß die Athener wegen des Betruges, den sich ein attischer Bürger bei dem Fest Ol. 112 (332) erlaubt hatte, von der 113. Ol. (328) ausgeschlossen worden waren (Paus. V. 21. 5; Schäfer III, S. 268); andererseits ist Hypereides gegen Demosthenes (XV. 8 ed. Blass) völlig unzweifelhaft.

2) So giebt Diod. XVIII. 8 den Wortlaut des Decrets; er wird einigermaaßen bestätigt durch das Schreiben des Königs an Athen Plut. Alex. 28: *ἐγὼ μὲν οὐκ ἂν ὑμῖν ἐλευθέραν πόλιν ἔδωκα καὶ ἔνδοξον* u. s. w. Die officielle Bezeichnung scheint *διάγραμμα* gewesen zu sein, so in der Inschrift von Jasos C. I. Gr. n⁰. 2671, Z. 45: *κατὰ τὸ διάγραμ[μα τοῦ] βασιλέως* und in der Inschrift von Eresos, Sauppe comment. de duabus insc. Lesb. II, Z. 25: *κατὰ τὰν διαγραφὰν τῶ βασιλέως Ἀλεξάνδρω*. Hypereides nennt sie *ἐπιτάγματα*.

Demnach haben wir an Antipatros erlassen, daß er die Städte, welche die Aufnahme weigern, dazu zwinge." Mit unendlichem Jubel wurde der Heroldsruf aufgenommen, und nach allen Seiten hin zogen die Verbannten mit ihren Landsleuten der lang entbehrten Heimath zu [1]).

Nur Athen und die Aitoler weigerten sich, dem Befehl des Königs Folge zu leisten. Die Aitoler hatten die Oiniaden vertrieben, und fürchteten deren Rache um so mehr, da sich Alexander selbst für sie und ihr Recht entschieden hatte. Die Athener aber sahen sich im Besitz der wichtigsten Insel, die ihnen aus der Zeit ihrer früheren Herrschaft geblieben war, gefährdet; sie hatten in Timotheos Zeit die Bewohner von Samos vertrieben [2]) und das Land unter attische Kleruchen vertheilt; diese hätten jetzt, nach dem Befehl des Königs, den früheren Bewohnern weichen und das, was sie seit mehr als dreißig Jahren selbst bewirthschaftet oder in Pacht ausgethan hatten, aufgeben müssen. Am empfindlichsten oder am geeignetsten aufzureizen mochte der Umstand sein, daß der König diesem Befehl die Form gegeben hatte, als wenn er einfach das gute Recht der Flüchtlinge zur Geltung bringe, als wenn es der Zustimmung der Staaten, die es betraf, gar nicht bedürfe, obschon die Verträge von 334 ausdrücklich bestimmten, daß keiner der verbündeten Staaten den Flüchtlingen aus einem verbündeten Staat zu Versuchen gewaltsamer Heimkehr behülflich sein sollte. Mit dem Befehl

---

1) Diod. XVII. 109, XVIII. 8; Curt. X. 2; Justin. XIII. 5; Dinarch. c. Dem. 81 u. 103. Die in dem Heimkehrgesetz Ausgenommenen bezeichnet Diodor ein Mal *πλὴν τῶν ἐναγῶν*, und ein ander Mal *πλὴν τῶν ἱεροσύλων καὶ φονέων*. Curtius sagt: exsules praeter eos, qui civili sanguine aspersi erant; Justinus: praeter caedis damnatos. — Man hat in der Rede de foed. Alex., die sich unter denen des Demosthenes befindet, Beziehungen auf diesen Befehl Alexanders zu finden und darnach ihre Zeit bestimmen zu können geglaubt (Becker, Demosthenes als Redner und Staatsmann, S. 265); mit Unrecht, sie kann nur der Zeit zwischen 338 und 330 angehören, wie früher (I, S. 242) dargethan.

2) Das Genauere dieser Austreibung bei E. Curtius, Inschriften und Studien, zur Geschichte von Samos 1877, S. 21 ff., wo des Weiteren, das

Alexanders war sichtlich, so konnte man sagen, die Autonomie und Souveränetät des attischen Staates in Frage gestellt, und der Demos, wenn er demselben Folge leistete, bekannte sich dazu, dem makedonischen Königthum unterthänig zu sein. War der Demos schon so seiner Ahnen unwürdig, Athen schon so ohnmächtig, sich dem despotischen Befehl beugen zu müssen? Gerade jetzt trat ein unerwartetes Ereigniß ein, das, gehörig benutzt, die Macht der Athener bedeutend zu heben und ihrer Weigerung Nachdruck zu geben versprach [1]).

Harpalos, der flüchtige Großschatzmeister Alexanders, hatte sich, wie erwähnt worden, auf der Küste Kleinasiens mit dreißig Schiffen, sechstausend Söldnern und den ungeheueren Schätzen, die ihm anvertraut gewesen waren, gen Attika eingeschifft und war etwa im Februar dieses Jahres glücklich auf der Rhede von Munychia angelangt. Er rechnete auf den günstigen Eindruck, den seine Getreidespenden in dem Hungerjahre auf das Volk gemacht hatten, auf sein Bürgerrecht, das ihm damals von dem Demos decretirt war; Phokions Schwiegersohn Charikles hatte dreißig Talente von ihm empfangen, um das Grabmal der Pythionike zu bauen; auch andere einflußreiche Männer mochte er sich durch Geschenke verpflichtet haben. Aber auf Demosthenes Rath hatte der Demos seine Aufnahme abgelehnt; dem Strategen Philokles, der die Hafenwache hatte, war die ausdrückliche Weisung gegeben, ihn, falls er die Landung zu erzwingen versuchen sollte, mit Gewalt abzuwehren. Darauf war Harpalos mit seinen Söldnern nnd seinem Schatz nach dem Tainaron gesegelt; mochten nach den Verkündigungen Nikanors viele von den Reisläufern auf dem Tainaron in die Heimath ziehen, dasselbe Decret brachte bei den Aitolern und in Athen

---

Dankdecret der heimgekehrten Samier an Gorgos und Minnion von Iasos mitgetheilt ist.

1) Dieser früher von mir vermuthete Zusammenhang ist jetzt durch die Papyrusfragmente, welche die Reden des Hypereides enthalten, bestätigt, wie namentlich v. Duhn, Zur Geschichte des harpalischen Processes in Fleckeisens Jahrbüchern 1871, S. 33 ff. nachgewiesen hat.

Wirkungen hervor, wie sie Harpalos nur wünschen konnte. Er ging zum zweiten Male nach Attika, ohne seine Söldner, nur mit einem Theil seines gestohlenen Geldes. Philokles wehrte ihm den Eingang nicht; Harpalos war ja attischer Bürger, kam nun ohne Kriegsvolk, als Schutzflehender. So, in demüthiger Gestalt, erschien er vor dem Demos von Athen, stellte ihm seine Schätze und seine Söldner zur Verfügung, gewiß nicht ohne anzudeuten, daß jetzt mit kühnem Entschluß große Dinge zu vollbringen seien [1]).

Schon war aus Kleinasien von des Königs Schatzmeister Philoxenos die Aufforderung nach Athen gekommen, den Schatzräuber auszuliefern [2]). Es begann ein lebhafter Streit um diese Frage; der leidenschaftliche Hypereides war der Ansicht, daß man die herrliche Gelegenheit, Hellas zu befreien, nicht aus der Hand geben dürfe: die Freunde Makedoniens mögen eben so eifrig die Auslieferung gefordert haben; aber selbst Phokion widersetzte sich diesem Vorschlage; Demosthenes stimmte ihm bei, schlug dem Volke vor, den Schutzflehenden und sein Geld in Verhaft zu nehmen, bis seinetwegen Jemand von Alexander geschickt sei. Das Volk beschloß seinem Antrage gemäß, beauftragte ihn selbst mit der Uebernahme des Geldes, die folgenden Tages geschehen sollte. Demosthenes fragte den Harpalos sofort nach der Summe, die er mit sich habe. Dieser nannte 700 Talente. Am folgenden Tage, als die Summe auf die Akropolis gebracht werden sollte, fanden sich nur noch 350 Talente; Harpalos schien die Nacht, die man ihm sonderbarer Weise noch sein gestohlenes Geld gelassen, benutzt zu haben, um sich Freunde zu gewinnen. Und Demosthenes unterließ, dem Volke die

---

1) Plut. Dem. 25; Hyperid. et Dem. XV. 1 ed. Blass: *πρὸς τὴν Ἑλλάδα* (nicht *Ὀλυμπιάδα*, wie v. Duhn für *ἐλπίδα* corrigirt) *προσέπεσεν ὥστε μηδένα προσποιήσασθαι.*

2) Diod. XVII. 108 sagt: von Antipatros und Olympias; bei Photios, Plutarch (X. Oratt. Dem.) und sonst ist nur von Antipatros die Rede; Paus. II. 33 sagt, Philoxenos habe seine Auslieferung gefordert, und nur Philoxenos ist in Hypereides Rede gegen Demosthenes genannt (*οἱ παρὰ Φιλοξένου* I. 14. 21).

fehlende Summe anzuzeigen; er begnügte sich, zu veranlassen, daß dem Areiopag die Untersuchung übertragen wurde mit der Zusage der Straflosigkeit für die, welche das empfangene Geld freiwillig abliefern würden.

Alexander scheint erwartet zu haben, daß Harpalos mit seinen Schätzen und Söldnern von den Athenern bereitwillig würde aufgenommen werden; wenigstens hatte er in die Seeprovinzen den Befehl gesandt, die Flotte bereit zu halten, um nöthigenfalls Attika unverzüglich überfallen zu können; und in dem Lager Alexanders war damals viel die Rede von einem Kriege gegen Athen, auf den sich die Makedonen in Folge der alten Feindschaft gar sehr freuten [1]). In der That hatten die Athener, wenn sie ernstlich der Zurückführung der Verbannten sich zu widersetzen, dem Könige die göttlichen Ehren zu versagen, ihre volle Unabhängigkeit geltend zu machen beabsichtigten, in den Erbietungen und den Mitteln dieses Schutzflehenden Alles, was ihnen zunächst zu einer energischen Vertheidigung nöthig war; sie hätten hoffen können, daß die Aitoler, die Spartaner, daß die Achaier und Arkader, denen der König die gemeinsamen Landtage ihrer Städte untersagt hatte [2]), sich ihnen anschließen würden. Aber wenn sie sich nicht verbergen konnten, daß Harpalos zum zweiten Mal seine Pflicht in des Königs Dienst gebrochen und durch ein gemeines Verbrechen großen Styls dessen Strafe herausgefordert hatte, so hätte es ihnen nicht zur Unehre gereicht, wenn sie die geforderte Auslieferung bewilligt und dem, der sie als Beamter des Königs forderte, die weitere Verantwortung anheimgegeben hätten. Sie zogen es vor, sich für halbe Maaßregeln zu entscheiden, die, weit entfernt, einen sicheren und ehrenvollen Ausweg zu bieten, der Stadt eine Ver-

---

1) Curt. X. 2. 2; Justin. XIII. 5 und besonders der Trinkspruch des Gorgos bei Athen. XII, p. 537, nach Ephippos: dem Sohn des Ammon einen Kranz von 3000 Stateren und, wenn er Athen belagert, 10,000 Panoplien und eben so viel Katapulten und alle sonstigen Geschütze, die dazu nöthig sind.

2) Hyper. c. Dem. XV. *καὶ περὶ τοῦ τοὺς κοινοὺς συλλόγους Ἀχαιῶν τε καὶ Ἀρκάδων* . . . .

antwortlichkeit aufbürdete, die sie sehr bald in eine höchst zweideutige Lage bringen sollte.

Daß Philoxenos die Forderung der Auslieferung dringender wiederholte, scheint sich von selbst zu verstehen; es mag richtig sein, daß auch von Antipatros, von Olympias dasselbe Verlangen gestellt wurde. Da war eines Morgens Harpalos, trotz der Wächter, die man ihm gesetzt hatte, verschwunden. Es wäre unmöglich gewesen, wenn die zu seiner Obhut bestellte Commission, Demosthenes an ihrer Spitze, ihre Schuldigkeit gethan hätte; begreiflich, daß sofort gesagt und geglaubt wurde, Demosthenes habe sich wie die und die Anderen bestechen lassen.

Er konnte nicht weniger thun, als sofort Untersuchung zu fordern, mit der nach seinem Antrage gleichfalls der Areiopag beauftragt wurde. Der Strateg Philokles forderte und erhielt einen gleichen Beschluß des Volkes.

Langsam genug gingen die Untersuchungen des Areiopag vorwärts. Noch war die Frage unerledigt, ob man dem Könige die göttlichen Ehren zugestehen solle; man mußte darüber zum Beschluß kommen, um die Gesandten abfertigen zu können, die in Babylon sein sollten, bevor er dahin zurückkehre. Ob man die göttlichen Ehren gewähren, den Ausgewiesenen die Heimkehr gestatten solle, wurde von Neuem vor dem Demos verhandelt; auch Demosthenes sprach da wiederholentlich. „Als du den Zeitpunkt gekommen glaubtest", sagt später Hypereides in dem Proceß gegen Demosthenes, „daß der Areiopag die Bestochenen kund machen werde, da wurdest du plötzlich kriegerisch und versetztest die Stadt in Aufregung, um den Enthüllungen zu entgehen; als aber der Areiopag die Verkündigung hinausschob, weil er noch nicht zum Schluß gekommen sei, da empfahlst du, dem Alexander die Ehren des Zeus, des Poseidon und welches Gottes er sonst wolle, zu gewähren." Also Demosthenes rieth in Sachen der göttlichen Ehren nachzugeben, in Betreff der Verbannten es auf das Aeußerste ankommen zu lassen. In diesem Sinne wurden die Gesandten instruirt und etwa Anfang November abgesandt [1]).

[1]) Des Demades Antrag war nach Aelian. V. H. II. 12, Alexander

Harpalos hatte sich, aus Athen flüchtend, nach dem Tainaron begeben, hatte sich von dort mit seinen Söldnern und seinen Schätzen — denn auf die Schilderhebung in Hellas schien keine Hoffnung mehr zu sein — nach Kreta begeben, war dort von seinem Freunde, dem Spartaner Thibron, ermordet worden, der dann mit den Söldnern und den Schätzen nach Kyrene flüchtete [1]). Des Ermordeten vertrautester Sclave, der ihm die Rechnung geführt hatte, flüchtete nach Rhodos und wurde dem Philoxenos ausgeliefert. Er bekannte, was er von dem Gelde des Harpalos wußte.

So konnte Philoxenos die Liste der verwendeten Summen und die Namen derer, die davon empfangen, nach Athen senden [2]). Demosthenes Name war unter diesen nicht. Nach sechs Monaten hatte der Areiopag seine Nachforschungen und Haussuchungen beendet, und übergab nun die Sache dem Gericht. Es begann jene merkwürdige Reihe der harpalischen Processe, in denen die namhaftesten Männer Athens als Kläger oder Verklagte betheiligt waren; unter den Klägern Pytheas, Hypereides, Mnesaichmos, Himeraios, Stratokles, unter den Verklagten auch Demades, der 6000 Stateren empfangen haben sollte, auch Philokles der Strateg, Charikles, des Phokion Schwiegersohn, auch Demosthenes. Er läugnete nicht, daß er

---

als dreizehnten den zwölf Olympiern hinzuzufügen. Was Demosthenes nach Hypereides Angabe geäußert (c. Demosth. XXV ed. Blass), ist leider sehr verstümmelt; Blaß ergänzte: *συγχωρεῖν Ἀλεξάνδρῳ κ[αὶ] τοῦ Διὸς καὶ τοῦ Ποσειδῶνο[ς εἶναι εἰ βούλ]οιτο καὶ ἀφι[κομένου* . . . . . (Hermes X, p. 33); Sauppe hatte lesen wollen: . . . *Ποσειδῶνος εἶ[ναι υἱῷ, εἰ βούλ]οιτο καὶ ἃ φίλ[ον εἴη αὐτῷ ἀπενέγκασθαι* . . . .

[1]) Diod. XVII. 108. Arrian. de rebus succ. § 16, bei Müller fr., p. 242. Paus. II. 34. 4. Ihm wurde einige Jahre später in Athen das Ehrendecret C. I. A. II, n°. 231 gewidmet.

[2]) Daß diese Listen bereits in Athen waren, als vor den Geschworenen verhandelt wurde, wird durch Deinarchs Worte (c. Demosth. § 68) nicht widerlegt; der Sclave, dessen Aussagen Philoxenos eingesandt, mußte wohl erst in Athen selbst peinlich vernommen werden, wenn seine Aussage für die attischen Richter gelten sollte.

zwanzig Talente von dem Gelde des Harpalos genommen habe, aber nur als vorläufigen Ersatz für die gleiche Summe, die er früher der Theorikenkasse vorgeschossen, wovon er nicht gern habe sprechen wollen; er beschuldige den Areiopag, daß er dem Alexander zu Gefallen ihn habe beseitigen wollen; er führte seine Kinder vor, um das Mitleid der Geschworenen zu erregen [1]). Alles vergeblich; er wurde verurtheilt, das Fünffache dessen, was er erhalten hatte, zu zahlen, und da er die Summe nicht aufzubringen vermochte, ins Gefängniß geworfen, aus dem er Gelegenheit fand oder erhielt, am sechsten Tage zu entweichen.

Dieser Ausgang der harpalischen Processe war für Athen verhängnißvoll; die Geschworenen der Heliaia, der unmittelbare Ausdruck der öffentlichen Meinung, hatten allerdings das Wort der Ankläger gar wohl beachtet, daß sie über die Angeklagten, ein Anderer aber über sie urtheilen werde, und daß sie es sich selber schuldig seien, auch noch so berühmte Männer zu strafen; einmal unter so schiefen Prämissen, wie sie durch die in diesem harpalischen Handel so unsicher geführte attische Politik gestellt waren, hatten sie nach politischen Rücksichten, nicht ohne übereilte Strenge gegen die Einen, mit noch unverdienterer Nachsicht gegen Andere entschieden. Freigesprochen wurde Aristogeiton, der nach der Anzeige des Areiopag zwanzig Talente empfangen hatte, der frechste und verächtlichste unter den Führern des Volkes. Viel-

---

[1]) Athen. XV. 592 c, doch ist diese Angabe bedenklich, nicht darum weil, was er angiebt, aus der untergeschobenen Rede περὶ χρυσίου oder wie sonst noch ihr Titel genannt wird (Schäfer III, S. 128) entnommen ist, sondern weil die Kinder, ohne Mutter vorgeführt, wie da motivirt wird, eher aus der Rede eines Anklägers, wenn nicht aus bloßem literarischen Klatsch stammen. Der Versuch des Demosthenes durch eine Eisangelie, daß Kallimedon in Megara Flüchtlinge sammeln und die Demokratie auflösen wolle, dem Proceß eine Wendung zu geben, führt Deinarch in der Rede gegen Demosthenes, § 94, an. Das weitere Detail dieser Processe hat Schäfer genau wie immer (III, S. 295) zusammengestellt, auf den ich verweise.

leicht noch Andere [1]). Dagegen mußte der große Gegner der makedonischen Monarchie die Heimath meiden, mit ihm sank die Stütze der alt-demokratischen Parthei und ihrer Traditionen; in Philokles verlor der Staat einen Feldherrn, der wenigstens oft genug zu diesem wichtigen Amte vom Volke erwählt worden war. Demades blieb trotz seiner Verurtheilung [2]), und sein Einfluß herrschte um so sicherer, je unbedeutender, besorglicher oder gewissenloser die Männer waren, die nach jenen Processen an der Leitung des Volkes Theil nahmen [3]); die Politik Athens wurde noch mehr als früher schwankend und bald unterwürfig.

---

1) Wenigstens nach dem zweiten der angeblichen Briefe des Demosthenes, gleich im Anfang.

2) Demades war allerdings im harpalischen Proceß verurtheilt, Dinarch. c. Arist. § 14; derselbe sagt c. Dem. § 104, Demades habe offen erklärt, daß er Geld genommen habe und künftig nehmen werde, aber zugleich nicht gewagt, sich persönlich vor Gericht zu stellen (αὐτοῖς δεῖξαι τὸ πρόσωπον), noch der Anzeige des Areiopags gegenüber sich weiter zu vertheidigen. Er hatte der Untersuchung gemäß sechstausend Stateren (zwanzig Talente) empfangen; mochte er so reich sein, daß er einst gegen das Gesetz hundert fremde Tänzer auf die Bühne führen und für jeden das gesetzliche Strafgeld von tausend Drachmen gleich mitbringen konnte, so mußte ihn doch die für Bestechungen gesetzliche Strafe des Fünf- oder gar Zehnfachen zu Grunde richten; er hätte, wenn er nicht zahlen konnte, flüchten oder ins Gefängniß gehen müssen. Statt dessen findet man ihn sechs Monate später bei der Nachricht vom Tode Alexanders auf der Rednerbühne (Plut. Phoc. 22); vielleicht daß ihm, aus Rücksicht auf Alexander und auf dessen Verwendung, vom Volke, etwa wie dem Laches, dem Sohn des Melanopos, (Demosth. ep. III, p. 642) die Strafe erlassen worden; erst nach Alexanders Tode bricht sein Ansehen zusammen; wegen drei oder gar sieben Paranomien (Diod. XVIII. 18; Plut. Phoc. 26) wurde er verurtheilt, und, da er nicht zahlen konnte, ἄτιμος. Unter diesen Paranomien wird wohl die zur Vergötterung Alexanders eine Hauptstelle eingenommen haben; zehn Talente dafür, wie Athenaios angiebt, wären ihm zu zahlen leicht geworden; die hundert Talente bei Aelian kommen der Wahrscheinlichkeit näher.

3) Lykurg war bereits vor den harpalischen Processen gestorben (Plut. X. Orat. Hyperid., vgl. Böckhs Staatshaushalt II, S. 244). Nicht der unbesonnene und doctrinäre Hypereides trat in den Vordergrund, sondern der junge Pytheas, der sich als Makedonisten entpuppte, Stratokles, Mnesaichmos, Prokles, Leute schlimmster Art.

Man hatte den Verbannten die Heimkehr geweigert, man fürchtete fort und fort, daß sie von Megara aus und gestützt auf des Königs Amnestie die attische Gränze überschreiten würden; dennoch geschah zum Schutz der Stadt nichts, als daß eine Theorengesandtschaft an den König decretirt wurde, die ihn um die Erlaubniß, die Verbannten nicht aufzunehmen, bitten sollte, eine Maaßregel, die wenigstens im Interesse der attischen Freiheit vollkommen ungeschickt war, da der Staat einer Seits seine Willensmeinung, bei der Bestimmung des korinthischen Bundes zu bleiben, bereits kundgegeben hatte, anderer Seits des Königs abschlägige Antwort nur zu gewiß vorauszusehen war [1]).

Mehr als die äußere Wirkung dieser Vorgänge bedeutete die moralische Niederlage derjenigen Principien, als deren Vertreter und Vorbild Athen angesehen wurde und sich selbst ansah. Einst hatte jener Kleon, der dem Demos seiner Zeit für den schärfsten Demokraten galt, demselben Demos gesagt: „die Demokratie sei unfähig über andere zu herrschen“; wenn jetzt sich Athen der monarchischen Autorität, wie das hellenistische Königthum Alexanders sie geltend machte, fügen mußte, so war der letzte Anhalt dahin, den die Kleinstaaterei und die Selbstüberschätzung des Particularismus noch gehabt hatte, die immer nicht hatte begreifen wollen, daß „ein spannelanges Fahrzeug gar kein Fahrzeug sei“; und die begonnene neue Gestaltung wirklicher Macht lagerte sich ruhig und mächtig auch über die hellenische Welt, freilich von ihr ein großes Opfer fordernd, aber ein Opfer, das Alexander selbst von sich und von seinen Makedonen forderte, mit dem er rechtfertigte und sühnte, was er vollbrachte.

Ein berühmter Forscher unserer Zeit hat Alexander den genialsten Staatsmann seiner Zeit genannt. Er war als

---

[1]) Es liegt nichts vor, woraus man schließen könnte, daß Alexander den Athenern in Betreff der Verbannten nachgegeben habe; wenn Arrian (VII. 19. 2) in diese Zeit die Zurücksendung der Statuen des Harmodios und Aristogeiton setzt, so hat er dieselbe schon III. 16. 7 als 331 von Susa aus geschehen angeführt.

Staatsmann, was Aristoteles als Denker. Der Denker konnte in der Stille und Abgezogenheit seines Geistes seinem philosophischen Systeme die ganze Geschlossenheit und Vollendung geben, die nur in der Welt der Gedanken möglich ist. Wenn das staatsmännische Werk Alexanders vorerst nur skizzenhaft und nicht ohne mannigfache Fehlgriffe im Einzelnen, wenn die Art, wie er schuf, als persönliche Leidenschaft und Willkühr oder vom Zufall bestimmt erscheint, so darf man nicht vergessen, daß es die ersten, aus der Friction riesenhafter Verhältnisse hervorspringenden Gedanken sind, die ihm sofort und wie im Fluge zu Normen, Organisationen, Bedingungen weiteren Thuns werden, noch weniger verkennen, wie jeder dieser Gedankenblitze immer weitere Gesichtskreise erschloß und erhellte, immer heißere Frictionen schuf, immer drängendere Aufgaben stellte.

Die Armseligkeit der auf uns gekommenen Ueberlieferungen versagt uns jeden Einblick in die Werkstatt dieser Thätigkeiten, in die hochgespannte intellectuelle und moralische Arbeit dessen, der sich so unermeßliche Aufgaben stellte und sie löste. Kaum daß das, was uns noch vorliegt, das Aeußerlichste von dem, was durch ihn geschehen, was zur Ausführung und Wirkung gelangt ist, fragmentarisch erkennen läßt. Fast nur in dem räumlichen Umfang dieser Geschehnisse geben sie uns ein Maaß für die Kraft, die solche Wirkungen erzeugte, für den Willen, der sie leitete, für den Gedanken, dem sie entsprangen, eine Vorstellung von der Größe Alexanders.

Mag der nächste Impuls seines Thuns gewesen sein, den großen Kampf hinausführend, den sein Vater vorbereitet hatte, dem Reich, das er sich eroberte, Sicherheit und Dauer zu geben — mit dem glücklichen Radicalismus der Jugend ergriff oder erfand er sich zu diesem Zweck Mittel, die seine Kriegszüge an Kühnheit, seine Schlachten an Siegesgewalt übertrafen.

Das Kühnste war, was ihm die Moralisten bis auf den heutigen Tag zum schwersten Vorwurf machen: er zerbrach das Werkzeug, mit dem er seine Arbeit begonnen hatte, oder will man lieber, er warf das Banner, unter dem er ausgezogen war, den stolzen Haß der Hellenen gegen die Barbaren zu sättigen, in den Abgrund, den seine Siege schließen sollten.

In einer denkwürdigen Stelle bezeichnet Aristoteles als die Aufgabe seiner „Politik“, diejenige Staatsform zu finden, welche nicht die an sich vollkommenste, aber die brauchbarste sei: „welche also ist die beste Verfassung und das beste Leben für die meisten Staaten und die meisten Menschen, wenn man an Tugend nicht mehr verlangt als das Maaß der Durchschnittsmenschen, noch an Bildung mehr als ohne besondere Begünstigung der Natur und der Umstände möglich ist, noch eine Verfassung, wie sie nur im Reich der Ideale liegen kann, sondern ein Leben, das mitzuleben, eine Verfassung, in der sich zu bewegen den meisten Menschen möglich ist?“ Er sagt: darauf komme es an, eine solche Staatsordnung zu finden, welche aus den gegebenen Bedingungen sich entwickelnd leicht Eingang und Theilnahme gewinnen wird [1]); „denn es ist kein geringeres Werk, eine Staatsordnung zu verbessern als eine von Grund aus neue zu schaffen, wie ja auch das Umlernen eben so schwer ist als das Erlernen“. So weit geht der Philosoph in seinem Realismus; aber wenn er von den meisten Menschen, den meisten Staaten spricht, denkt er nur an die hellenische Welt, denn die Barbaren sind ja wie Thiere und Pflanzen.

Auch Alexander denkt völlig realistisch; aber er bleibt nicht vor den „gegebenen Bedingungen“ stehen, oder vielmehr seine Siege haben deren neue geschaffen; der Bereich, für den er sein politisches System einzurichten hat, umfaßt die Völker Asiens bis zum Indus und Jaxartes. Und er hat gesehen, daß diese Barbaren nicht wie Thiere und Pflanzen sind, sondern auch sie Menschen mit ihren Bedürfnissen, Begabungen, Tugenden, auch ihre Art zu sein voll gesunder Elemente, solcher zum Theil, die denen, welche in ihnen Barbaren verachtet haben, schon verloren gegangen sind. Waren die Makedonen vortreffliche Soldaten, so hatte König Philipp sie dazu erzogen, und Alexander

---

[1]) Arist. Pol. IV. 1. 4 u. 11. 1: *τοιαύτην τάξιν, ἣν ῥᾳδίως ἐκ τῶν ὑπαρχουσῶν καὶ πεισθήσονται καὶ δυνήσονται κοινωνεῖν.*

gedachte, so wie er schon die Thraker, Paionen, Agrianer und Odryser ihnen ebenbürtig gemacht hatte, eben so die Asiaten zu gleicher Tüchtigkeit und Zucht zu gewöhnen; der Feldzug in Indien zeigte, in welchem Maaße es ihm damit gelang. Von hellenischer Bildung aber hatten die makedonischen Bauern und Hirten und Kohlenbrenner eben auch nicht mehr als ihre barbarischen Nachbarn jenseit des Rhodope und des Haimos, und die Doloper, Aitoler, Ainianen, Malier, die Bauern von Amphissa sind in den hellenischen Landen nicht eben anders angesehen worden. Diese hellenische Bildung selbst aber, wie überschwänglich reich immer an Kunst und Wissenschaft, wie unvergleichlich, intellectuelle Gewandtheit und die Virtuosität persönlicher Strebsamkeiten zu entwickeln, — sie hatte die Menschen klüger, nicht besser gemacht, die ethischen Kräfte, auf die das Leben der Familie, des bürgerlichen, des staatlichen Gemeinwesens sich gründen muß, hatte sie in dem Maaße, als sie sich steigerte, geschwächt und zersetzt, wie von den Trauben, wenn der Wein daraus gekeltert ist, nur die Trebern bleiben. Hätte Alexander nur den Hellenen und Makedonen Asien erobern, ihnen die Asiaten zu Sklaven geben wollen, sie wären nur um so schneller zu Asiaten, aber im schlimmsten Sinne zu Asiaten geworden. War es Herrschaft und Verknechtung, was seit Jahrhunderten der hellenischen Welt in immer neuen Colonien, immer weitere Ausdehnung, immer frische lebensvolle Schößlinge gebracht hatte? war hellenisches Leben bis zu den Libyern an der Syrte, den Skythen am maiotischen See, den keltischen Stämmen zwischen den Alpen und Pyrenäen nicht in derselben Weise hinausgezogen, wie sie nun Alexander über die weite Feste Asiens auszubreiten gedachte? [1]) war nicht das hellenische Söldnerthum, das so lange und in immer größerer Schaar in aller

---

[1]) [Plut.] de Alex. fort. I. 5: *κατασπείρας τὴν Ἀσίαν Ἑλληνικοῖς τέλεσιν* (wofür wohl nicht *γένεσιν* oder *ἔθεσιν*, sondern *πόλεσιν* zu schreiben). Und I. 18: *οὐ γὰρ λῃστρικῶς τὴν Ἀσίαν καταδραμὼν οὐδὲ ὥσπερ ἅρπαγμα καὶ λάφυρον εὐτυχίας ἀνελπίστου σπαράξαι καὶ ἀνασύρασθαι διανοηθεὶς* u. s. w.

Welt umher und nur zu oft gegen die hellenische Heimath selbst seine Kräfte vergeudet hatte, ein Beweis, daß die hellenische Heimath nicht mehr Raum genug hatte für die Fülle von Kräften, die sie erzeugte? hatte sich nicht die Macht der Barbaren, die den Hellenen als geborne Sklaven galten, seit einem Jahrhundert fast nur noch durch die Streitkräfte, die Hellas ihnen verkaufte, aufrecht erhalten?

Gewiß hatte Aristoteles Recht, zu fordern, daß auf die gegebenen Bedingungen weiter gebaut werden müsse; aber er senkte die Sonde seines Denkens nicht tief genug ein, wenn er diese Gegebenheiten so nahm, wie sie nach ihren schwachen und schwächsten Seiten, wie sie in ihren unhaltbar gewordenen Formen waren [1]). Daß die hellenische wie asiatische Welt vor den Gewaltstößen der makedonischen Eroberung zusammengebrochen war, daß sich durch sie die geschichtliche Kritik völlig verrotteter, gedankenlos, unwahr gewordener Zustände vollzog, war nur die eine Seite der großen Revolution, die Alexander über die Welt brachte. Die Erinnerungen und die Cultur Aegyptens rechneten nach Jahrtausenden; welche Fülle polytechnischer Meisterschaft, astronomischer Beobachtungen, alter Literaturen bot die syrisch-babylonische Welt; und erschloß sich nicht in der lauteren Parsenlehre der Iranier und Baktrianer, in der Religion und Philosophie des Wunderlandes Indien eine Welt ungeahnter Entwickelungen, vor denen der noch so selbstgefällige hellenische Bildungsstolz staunen mochte? In der That, diese Asiaten waren nicht Barbaren wie die Illyrier, Triballer, Geten, nicht Wilde und Halbwilde, wie sich der hellenische Nativismus gern Alles dachte, was nicht griechisch sprach; ihnen gegenüber hatten die Eroberer nicht bloß zu geben, sondern auch zu empfangen; es galt zu lernen und umzulernen.

---

[1]) Man vergleiche die treffende Kritik des Eratosthenes (bei Strabo I, p. 66) über Aristoteles Mahnung an Alexander: *τοῖς μὲν Ἕλλησιν ὡς φίλοις χρῆσθαι, τοῖς δὲ βαρβάροις ὡς πολεμίοις*; Eratosthenes darauf: *βέλτιον εἶναι ἀρετῇ καὶ κακίᾳ διαιρεῖν ταῦτα*, und demgemäß habe Alexander gehandelt.

Und damit — so könnte man schließen — begann der zweite Theil der Aufgabe, die sich Alexander gestellt hatte, die Friedensarbeit, die, schwieriger als die Waffensiege, diesen in gesicherten Zuständen ihre Rechtfertigung und eine Zukunft geben mußte.

Wie er aus Indien heimkehrend die Lage seines Reiches gefunden hatte, mußte er inne werden, welche Schäden an dem zu hastigen Aufbau, so wie er noch war, hafteten. Die Strenge seiner Strafen mochte der unmittelbaren Gefahr wehren, von neuen Freveln zurückschrecken, den Bedrückten wie den Bedrückern zeigen, daß ein scharfes Auge und eine gewaltige Hand über sie sei. Aber das Schwerere war, nach solchen zehn Jahren voll ungeheurer Wechsel und unermeßlicher Aufregungen, nach allen den Steigerungen der Leidenschaften, der Ansprüche und Genüsse bei den Siegern, der Furcht und Erbitterung bei den Besiegten Alle wieder zum ruhigen Athmen, zum Gleichmaaß, zur Alltäglichkeit zu gewöhnen.

Wenigstens in Alexanders Art, vielleicht in der Lage der Dinge, mit denen er zu rechnen hatte, lag es nicht, in solcher Weise zu verfahren. Die Sonnenhöhe seines Lebens hatte er überschritten; es ging nun niederwärts und die Schatten wuchsen.

Es mag an dieser Stelle gestattet sein, die hauptsächlichsten Momente hervorzuheben, die das weiterdrängende Schwellen und Steigen der Fluth von Schwierigkeiten bezeichnen, die nun einsetzte. In dem Maaße, wie aus dem Gethanen und den Principien, die es in sich trug, Zuständlichkeiten werden sollten, traten Consequenzen, Widersprüche, Unmöglichkeiten hervor, in denen das „andere Antlitz“, das der vollbrachten That, sich zeigte, und um so heftiger drängte die schwellende Bewegung weiter.

Wie die Maßregel, die Nikanor bei der olympischen Feier verkündete, politisch gewirkt hat, ist angegeben worden. Aber die nun Heimkehrenden hatten daheim ihr Haus, ihre Aecker gehabt, die seitdem confiscirt, verkauft und weiter verkauft waren. In jeder hellenischen Stadt folgten der Heimkehr der Flüchtlinge Aergernisse und Processe mannigfachster Art. In Mitylene half man sich mit einem Vertrage zwischen den Verbannten und den Zurückgebliebenen, nach dem eine gemeinsame Commission die Besitzverhältnisse regeln sollte [1]); in Eresos ließ man „nach dem Befehl des Königs“ die Gerichte den Flüchtlingen gegen die Tyrannen, die sie ausgetrieben hatten, deren Nachkommen und Anhänger ihr Recht schaffen [2]); in Kalymna übertrug man fünf Bürgern aus Jasos das Schiedsgericht [3]). Es sind zufällige Notizen, die sich erhalten haben; in der Natur der Sache lag es, daß ungefähr jede hellenische Stadt in derselben Frage die gleiche Aufregung durchmachen mußte.

Eine zufällige Notiz ähnlicher Art läßt erkennen, daß Alexander einst den am Sipylos in Alt-Magnesia angesiedelten Soldaten je ein Ackerloos zugewiesen hatte; wann, unter welchen Umständen, mit welchen Rechten, ist nicht zu ersehen, noch ob die Angesiedelten Makedonen, Söldner oder sonst was waren [4]). Gewiß war das kein vereinzelter Fall; aus Münzen sieht man, daß in Dokimeion, in Blaundos Makedonen, in Apollonia Thraker angesiedelt worden sind. Waren die Ackerloose, die solchen Ansiedlern gegeben wurden, auf städtischen Besitz angewiesen oder waren sie aus königlichen Domainen [5])? Dieselbe Frage wiederholt sich bei den „mehr als siebzig Städten“, die Alexander gründete; und in welcher Verfassung, mit welchem Recht saßen diese Ansiedler neben den alten Einwohnern oder den Einheimischen, die mit in die Stadt zu ziehen veranlaßt wurden? was war oder wurde königliche Domaine? in welchem Sinn

---

1) C. I. Gr. II, n°. 2166.

2) Nach der von Conze gefundenen, von Sauppe (Comment. de duabus inscr. Lesb.) erläuterten großen Inschrift. Die Stelle lautet: *αἱ μὲν κατὰ τῶν φυγάδων κρίσεις αἱ κριθεῖσαι ὑπὸ Ἀλεξάνδρου κύριοι ἔστωσαν καὶ ὧν κατέγνω φυγὴν, φευγέτωσαν μὲν, ἀγώγιμοι δὲ μὴ ἔστωσαν.*

3) C. I. Gr. II, n°. 2671.

4) C. I. Gr. II, n°. 3137, eine Inschrift, die für die ganze Frage der Colonisation von großer Bedeutung ist.

5) Ueber die Domaine, *βασιλικὴ χώρα*, und die *βασιλικοὶ λαοὶ*, die dort wohnen, giebt die von Schliemann in Hissarlik gefundene Inschrift von Ilion die erste Auskunft. Schliemann, Trojanische Alterthümer, S. 203.

verfügte Alexander über die Städte Kios, Gergethos, Elaia, Mylasa, wenn er dem Phokion anbot sich eine von ihnen zu wählen? [1]).

Wir wissen nicht, in wie weit Alexander das alte System der Verwaltung, den persischen Steuerkataster, das hergebrachte Abgabensystem änderte oder ließ. Arrian giebt an, der König habe bei seiner Rückkehr nach Persien so hart gestraft, um die zu schrecken, die er „als Satrapen, Hyparchen und Nomarchen“ zurückgelassen habe [2]); waren das die Rangstufen der Verwaltung? wiederholten sie sich in allen Satrapien, oder gab es, wie Aegypten dafür ein Beispiel scheint, für die verschiedenen Gebiete des weiten Reiches verschiedene Verwaltungssysteme, ein anderes etwa für die syrischen Lande, ein anderes für die iranischen, für die baktrischen? war etwa nur in den Satrapien Kleinasiens und den Landen syrischer Zunge das Kassenwesen und die Tributerhebung besonderen Beamten unterstellt? Wie ihr Verhältniß zu den militärischen Befehlshabern in der Satrapie bestimmt, wie die Competenz der verschiedenen Beamtungen umgränzt, wie es mit der Dotirung der einen und andern bestellt war, ist eben so wenig zu ersehen. Aber gelegentlich erfährt man, daß Kleomenes von Naukratis, der das ägyptische Arabien verwaltete, den Ausfuhrzoll auf Getreide vermehren, daß er alles Getreide in seiner Provinz aufkaufen konnte, um von der Theurung, die namentlich in Athen drückend war, Gewinn zu ziehen, daß er die heiligen Krokodile u. s. w. besteuerte. Von Antimenes, dem Rhodier, der man sieht nicht deutlich welches Amt in Babylon erhalten hatte [3]), wird angegeben, daß er den außer Brauch ge-

---

1) Plut. Phoc. 18.

2) Arrian. VI. 27. 4: ὅσοι σατράπαι ἢ ὕπαρχοι ἢ νομάρχαι ἀπολελειποιντο. Das Wort Nomarch wird sich vielleicht aus Herod. V. 102 erklären, wo bei dem Angriff der Joner auf Sardis dorthin eilen οἱ Πέρσαι οἱ ἐντὸς Ἅλυος ποταμοῦ νομοὺς ἔχοντες, denn der fehlende Artikel macht es wohl bedenklich, hier unter νομοὶ Satrapien zu verstehen, wofür Herodot sonst das Wort brauchte.

3) [Arist.] Oecon. II. 35: ἡμιόδιος Ἀλεξάνδρου γενόμενος περὶ Βαβυλῶνος, wenn anders da ein Amt bezeichnet, nicht etwas sehr anderes durch Corruption verdeckt ist.

kommenen Zoll von zehn Procent auf alle Einfuhr nach Babylon erneut, daß er eine Sclavenassecuranz eingerichtet habe, die gegen zehn Drachmen Beitrag für den Kopf jedem Herrn, dem ein Sclave entlief, die Erstattung seines Werthes sicherte. Mehr als noch eine und die andere Einzelheit der Art erfahren wir nicht; eben so wenig, wie in der Verwaltung die Städte neben den Stämmen (ἔθνη), wie die Dynasten, die Tempelstaaten (Ephesos, Komana u. s. w. [1])), die abhängigen Fürsten standen.

Eins der stärksten Fermente für die neu werdenden Zustände muß die ungeheure Masse edlen Metalles gewesen sein, die die Eroberung Asiens in Alexanders Hand brachte. Vor dem peloponnesischen Kriege war Athen damit, daß es auf der Akropolis außer den silbernen und goldenen Geräthen 9000 Talente geprägtes Silber im Schatz hatte, die größte Kapitalmacht der hellenischen Welt gewesen, und vor Allem darin hatte es seine politische Ueberlegenheit über die noch völlig in der Naturalwirthschaft verharrenden Staaten des peloponnesischen Bundes gesichert gesehn [2]). Jetzt handelte es sich um ganz andere Summen. Außer dem, was Alexander in dem persischen Lager bei Issos, in Damaskos, in Arbela u. s. w. erbeutete, fand er, wie angegeben wird, in Susa 50,000 Talente [3]), in Persepolis eben so viel, in Pasargadai 6000, weitere Summen in Ekbatana; es sollen dort von ihm 180,000 Talente niedergelegt worden sein. Was sonst an goldenen und silbernen Geräthen [4]), an

---

1) Eine Weisung Alexanders an den Megabyzos des Artemistempels in Ephesos führt Plut. Alex. 42 an.

2) Thucyd. II. 13. 2: τὰ δὲ πολλὰ τοῦ πολέμου γνώμῃ καὶ χρημάτων περιουσίᾳ κρατεῖσθαι. I. 141. 3: αὐτουργοί τε γάρ εἰσιν οἱ Πελοποννήσιοι καὶ οὔτε ἰδίᾳ οὔτε ἐν κοινῷ χρήματά ἐστιν αὐτοῖς.

3) Anders giebt Diod. XVII. 66 die Summe: „ungemünztes Gold und Silber, mehr als 40,000 Talente, außerdem 9000 Talente χρύσου χαρακτῆρα δαρεικὸν ἔχοντα." Und XVII. 71: in Persepolis in den θησαυροῖς seien gefunden worden 120,000 ταλάντων εἰς ἀργυρίου λόγον ἀγομένου τοῦ χρυσίου.

4) So in Susa 5000 Talente Purpurstoffe, die seit 120 Jahren dort

Purpur, Edelsteinen, Kleinodien u. s. w. in Alexanders Hand fiel, was in den Satrapien, was in Indien hinzugekommen ist, wird nicht angegeben.

Man wird auf jene Ziffern keine statistische Berechnung der Massen Goldes und Silbers gründen wollen, die mit der Eroberung Alexanders und im Laufe von zehn Jahren dem Verkehr wieder zugeführt wurden.

Aber wenn die neue Königsmacht, welche nun über Asien herrschte, die bisher todtgelegten Reichthümer entfesselte, wenn sie von ihr wie das Blut vom Herzen ausströmten, so sieht man, wie damit, daß Arbeit und Verkehr sie in immer rascherer Circulation durch die lang unterbundenen und welk gewordenen Glieder des Reichs verbreiteten, das ganze wirthschaftliche Leben der Völker, deren Kraft die persische Herrschaft vampyrhaft ausgesogen hatte, sich aufrichten und steigern mußte. Freilich war damit ein entsprechendes Steigen der Preise [1]), eine Verschiebung der Schwerpunkte des bisherigen Weltverkehrs, das Sinken der Handelsbilanz für diejenigen Plätze, von denen er sich abwandte [2]), unvermeidlich verbunden, ein Umstand, aus dem vielleicht manche Erscheinungen in den althellenischen Landen, welche die nächste Folgezeit brachte, zu erklären sind.

Nach Herodots Angabe war der jährliche Betrag der Tribute im persischen Reich nach der Grundsteuer 14,560 euboische

---

angesammelt und noch vollkommen frisch und schön gewesen seien (Plut. Alex. 36).

1) Hier mag an die oben (S. 155) erwähnte Thatsache erinnert werden, daß nach der Angabe des Redners Lykurgos in seinem Rechenschaftsbericht in Athen Gold mit Silber in dem Verhältniß von 1:11,47 angekauft werden konnte, während es in Philipps Zeit 1:12,51, in Alexanders Anfängen 1:12,30 stand.

2) Etwa wie Athen, dessen Stapelrecht für das Getreide schon früher von Byzanz (Dem. de pac., § 25) und von Rhodos (Lycurg. Leocr., § 18) bestritten wurde, jetzt durch die großen Getreidespeculationen des Kleomenes in Aegypten zu Gunsten von Rhodos benachtheiligt wurde ([Dem.] Dionysod., § 7—10). Daß die Rede um 322/1 geschrieben ist, hat A. Schäfer mit Recht aus dem Κλεομένους τοῦ ἐν τῇ Αἰγύπτῳ ἄρξαντος geschlossen.

Talente. Eine freilich nicht aus bester Quelle stammende Angabe rechnet in dem letzten Jahre Alexanders den Ertrag des Tributs auf 30,000 Talente und fügt hinzu, daß im Schatz nur noch 50,000 Talente gewesen seien [1]). Vor Allem drückend war in der persischen Zeit die endlose Masse der Naturalleistungen gewesen, wie denn die für den königlichen Hof allein auf 13,000 Talente jährlich berechnet worden sind; und jeder Satrap, jeder Hyparch und Dynast folgte in seinem Bereich dem Beispiel des Großkönigs. Aus einigen Andeutungen ist zu schließen, daß Alexander das System der Naturallieferungen aufhob [2]); in demselben Maaße, wie früher des Großkönigs Anwesenheit eine Stadt oder Landschaft aussog, sollte sie fortan durch den Aufenthalt des königlichen Hoflagers gewinnen. Die Pracht, mit der sich der König namentlich in der letzten Zeit umgab, erdrückte nicht mehr, sondern förderte Verkehr und Wohlstand; und wenn erzählt wird, daß er, um sein ganzes Hofgesinde in Purpur zu kleiden, den Befehl nach Jonien sandte, allen Vorrath an Purpurstoffen daselbst aufzukaufen, so läßt dieser einzelne Fall auf andere ähnliche schließen. Es versteht sich wohl von selbst, daß auch die Satrapen, die Strategen u. s. w. in den Provinzen nicht mehr auf Naturallieferungen gestellt waren; nicht minder, daß ihre ordnungsmäßigen Einnahmen hoch genug waren, sie mit dem nöthigen Glanz leben zu lassen; was man auch von ihrer oft unsinnigen Verschwendung sagen mag, sie gaben zu verdienen. Durch reiche Schenkungen, z. B. bei den von Opis heimziehenden Veteranen ein Talent für den Mann, sorgte der König dafür, daß auch die Truppen, zumal

[1]) Justin. XIII. 1 sagt beim Tode Alexanders: erant in thesauris quinquaginta millia talentum, et in annuo vectigali tributo tricena millia.

[2]) [Arist.] Oecon. II. 39 sagt: Antimenes, der Rhodier, habe die Satrapen, durch deren Gebiet Truppen zogen, angewiesen τοὺς θησαυροὺς τοὺς παρὰ τὰς ὁδοὺς ἀναπληροῦν κατὰ τὸν νόμον τὸν τῆς χώρας, und habe dann den Truppen aus diesen Magazinen verkauft, was sie brauchten. Und auf dasselbe System führen die erzwungenen freiwilligen Leistungen, die Philoxenos erfand (Oec. II. 32).

die Ausgedienten, bequem leben konnten; und wenn der Soldat oft genug mehr verbrauchte, als er hatte, so bezahlte der König mit unerschöpflicher Freigiebigkeit dessen Schulden. Daß er für Dichter, Künstler, Philosophen, Virtuosen, für jede Art wissenschaftlicher Forschung immer offene Hand hatte, ist bekannt; und wenn es heißt, daß Aristoteles behufs seiner naturhistorischen Untersuchungen die Summe von 800 Talenten zu seiner Verfügung erhielt, so würde man an der Wahrheit dieser Angabe zu zweifeln geneigt sein, wenn sie nicht durch den Umfang seiner Leistungen begreiflich würde.

Wenigstens erinnert mag hier werden an die großen Bauunternehmungen Alexanders, von denen gelegentliche Erwähnung geschieht, so die Wiederherstellung des Canalsystems in Babylonien, die Aufräumung der Abzugsgräben vom Kopaissee [1]), der Wiederaufbau der verfallenen Tempel in Hellas, wozu er 10,000 Talente angewiesen haben soll [2]), der Dammbau bei Klazomenai und die Durchstechung der Landenge von dort nach Teos, manches Andere [3]).

Genug, um anzudeuten, was dem wirthschaftlichen Leben Alexanders Erfolge bedeuteten [4]). Vielleicht nie wieder ist in diesen Beziehungen von dem persönlichen Einfluß Eines Mannes eine so plötzliche und so tief greifende, so ungeheure Bereiche umfassende Umgestaltung ausgegangen. Sie war nicht

---

1) O. Müller, Orchomenos, S. 57.

2) [Plut.] de fort. Alex. II. 13.

3) Absichtlich ist hier das Münzsystem Alexanders, die gleiche Währung, die er in seinem Reiche einführte, die höchst denkwürdige Fülle von Münztypen u. s. w. übergangen worden. Die vortreffliche Zusammenstellung von L. Müller (Numismatique d'Alexandre le Grand 1855) hat Gesichtspunkte erschlossen, die, selbst wenn sie nicht überall stichhaltig sind, für die geschichtliche Forschung ihre Bedeutung haben.

4) [Plut.] de fort. Alex. 1. 8: *οὐ γὰρ λῃστρικῶς τὴν Ἀσίαν καταδραμὼν οὐδὲ ὥσπερ ἅρπαγμα καὶ λάφυρον εὐτυχίας ἀνελπίστου, σπαράξαι καὶ ἀνασύρασθαι διανοηθεὶς . . . . ἀλλ' ἑνὸς ὑπήκοα λόγου τὰ ἐπὶ γῆς καὶ μιᾶς πολιτείας, ἕνα δῆμον ἀνθρώπους ἅπαντας ἀποφῆναι βουλόμενος, οὕτως* u. s. w.

das Ergebniß zusammentreffender Zufälligkeiten, sondern, so viel zu erkennen ist, gewollt und mit bewußter Consequenz durchgeführt. Wenn einmal die Völker Asiens aufgerüttelt waren, wenn der Westen die Genüsse des Ostens, der Osten die Künste des Westens kennen und bedürfen gelernt hatte, wenn die Abendländischen, die in Indien oder Baktrien geblieben, die Asiaten, die aus allen Satrapien am Hofe versammelt waren, des Heimischen in der Fremde nur um so mehr begehrten, wenn das Durcheinander der verschiedensten Lebensweisen und Bedürfnisse, wie es sich zur höchsten Pracht gesteigert am Königshofe fand, in den Satrapien, in den Häusern der Vornehmen, in allen Kreisen des Lebens mehr oder minder zur herrschenden Mode werden mußte, so ergab sich unmittelbar das Bedürfniß eines großen und durchgreifenden Handelsverkehres, und es kam vor Allem darauf an, demselben die sichersten und bequemsten Straßen zu öffnen und ihm in einer Reihe bedeutender Centralpunkte Zusammenhang und Stätigkeit zu geben. Diese Rücksicht, neben der militärischen, hat Alexander von Anfang an bei seinen Gründungen und Colonisirungen im Auge gehabt, und die meisten seiner Städte sind bis auf den heutigen Tag die bedeutendsten Emporien Asiens; nur daß heute die Karavanenzüge räuberischen Ueberfällen und willkührlichen Bedrückungen der Gewalthaber ausgesetzt sind, während in Alexanders Reiche die Straßen gesichert, die Räuberstämme der Gebirge und der Wüsten in Furcht gehalten oder zur Ansiedelung genöthigt, die königlichen Beamten zur Förderung und Sicherung des Verkehrs verpflichtet und bereit waren. Auch die Kauffahrtei auf dem Mittelmeere wuchs außerordentlich, und schon jetzt begann das ägyptische Alexandrien Mittelpunkt des mittelländischen Verkehrs zu werden, der nach des Königs Plänen bald vor den Räubereien etruskischer und illyrischer Piraten geschützt werden sollte. Besonders wichtig aber war die unermüdliche Sorgfalt, mit der Alexander neue maritime Verbindungen zu eröffnen suchte; schon war es ihm gelungen, einen Seeweg vom Indus zum Euphrat und Tigris zu finden; die Gründung hellenistischer Hafenstädte an den Mündungen dieser Ströme gab dem Verkehr auf dieser Seite die nöthigen Stützpunkte; was Alexander that, denselben in Aufnahme zu bringen und dem Inneren des syrischen Tieflandes mit den Strommündungen in ähnlicher Weise, wie den Indusmündnngen mit den oberen Induslandschaften, unmittelbare Handelsverbindung zu schaffen, wie er die Auffindung eines weiteren Seeweges vom persischen Meerbusen aus um die Halbinsel Arabien bis in das rothe Meer und in die Nähe von Alexandrien plante, wie er Heer- und Handelsstraßen vom ägyptischen Alexandrien aus abendwärts an der Südküste des Mittelmeeres entlang zu führen beabsichtigte, wie er endlich in der Hoffnung, eine Verbindung des kaspischen Meeres mit dem nördlichen und weiter dem indischen Ocean aufzufinden, in den hyrkanischen Wäldern Schiffe zu bauen anordnete, davon wird demnächst die Rede sein.

Noch ein anderer Gesichtspunkt verdient auch an dieser Stelle hervorgehoben zu werden, der der begonnenen Völkermischung, in der Alexander zugleich das Ziel und das Mittel seiner Gründungen sah. In einer Zeit von zehn Jahren war eine Welt entdeckt und erobert worden, waren die Schranken gefallen, die Morgen- und Abendland schieden, und die Wege geöffnet, die fortan die Länder des Aufganges und Niederganges mit einander vereinen sollten. Ein alter Schriftsteller sagt: „wie in einem Becher der Liebe waren die Elemente alles Völkerlebens in einander gemischt, und die Völker tranken gemeinsam aus diesem Becher, und vergaßen der alten Feindschaft und der eigenen Ohnmacht“ [1]).

Es ist hier nicht der Ort, darzulegen, zu welchen Folgen sich diese Völkermischung entwickelt hat; sie sind die Geschichte der nächsten Jahrhunderte. Aber schon in diesen ihren Anfängen lassen sich die Richtungen erkennen, die sich dann in Kunst, Wissenschaft, Religion, in allem menschlichen Erkennen und Wollen immer breiter entfaltet haben, oft wüst genug, oft

---

[1]) [Plut.] de fort. Alex. 1. 6: *ὥσπερ ἐν κρατῆρι φιλότητος μίξας τοὺς βίους καὶ τὰ ἤθη . . . . πατρίδα μὲν τὴν οἰκουμένην ἡγεῖσθαι προσέταξεν πάντας* u. s. w.

zu Entartungen, in denen nur der historische Blick, der über Jahrhunderte hin die Zusammenhänge erfaßt, den in der Tiefe wirkenden mächtigen Zug des Fortschreitens zu entdecken vermag. Es war für die hellenische Kunst kein Gewinn, daß sie die stille Größe harmonischer Verhältnisse zu dem asiatischen Prunk gewaltiger Massen zu steigern, den Idealismus ihrer Darstellungen in der Ueppigkeit kostbarer Materialien und realistischer Augenlust zu überbieten lernte. Die düstere Pracht der ägyptischen Tempel, die phantastischen Felsenbauten von Persepolis, die Riesentrümmer von Babylon, die indischen Prachtbauten mit ihren Schlangenidolen und den lagernden Elephanten unter den Säulen, das Alles wurde dem hellenischen Künstler, mit den Traditionen seiner heimathlichen Kunst vermischt, immerhin ein reicher Schatz neuer Anschauungen und Entwürfe; aber schon schweiften die Conceptionen ins Ungeheure; man erinnere sich jenes Riesenplans des Deinokrates, den Berg Athos zu einer Statue Alexanders auszumeißeln, deren eine Hand eine Stadt von zehntausend Einwohnern tragen, die andere einen Bergstrom in mächtigen Cascaden in das Meer hinabgießen sollte. Auch die poetische Kunst versuchte es, an diesem neuen Leben Antheil zu gewinnen; sie entwickelte in der sogenannten neuen Komödie eine Feinheit psychologischer Beobachtung und eine Virtuosität, die Charaktere und Situationen des täglichen Lebens, des socialen Kleinlebens möchte man sagen, zu schildern, die lebhafter als alles Andere empfinden läßt, wie weit hinweg man von dem alten Zuge der großen Gemeininteressen, der großen Gedanken und Leidenschaften ist, die das Leben lebenswerth machen. So dem Individuellen und Realistischen hingegeben, hat die hellenische Poesie weder aus den Heldenkämpfen, die sie jetzt sich vollziehen sah, noch aus den staunenswürdigen neuen Gestaltungen, die ihr durch sie erschlossen wurden, sich neue Bahnen gewonnen; sie hat nicht mehr vermocht, die Farbenpracht persischer Mährchen oder die überirdische Feierlichkeit monotheistischer Psalmen und Prophetien in sich aufzunehmen; sie kehrte, wenn sie sich über das beliebte Tagtägliche erheben wollte, zur Nachahmung ihrer classischen Zeit zurück und überließ es dem Morgenlande, die Erinnerung an den gemeinsamen Helden Iskander in tausend Sagen und Gesängen von Geschlecht zu Geschlecht zu vererben. Unter den redenden Künsten der Hellenen konnte nur die jüngste, die noch frisch und lebendig unter den Zeitgenossen blühte, neue Formen zu gewinnen versuchen, und die sogenannte asianische Beredsamkeit, blühend und überreich an Schmuck, ist ein charakteristisches Erzeugniß dieser Zeit.

Desto fruchtbarer war die Umgestaltung, welche in den Wissenschaften begann. Durch Aristoteles war jener großartige Empirismus ins Leben gerufen, dessen die Wissenschaft bedurfte, um des ungeheueren Vorrathes von neuem Stoff, den Alexanders Züge jedem Zweige des menschlichen Erkennens eroberten, Herr zu werden. Der König, selbst Schüler des Aristoteles, und mit Allem, was die Studien hellenischer Aerzte, Philosophen und Rhetoren bisher geleistet hatten, vertraut, bewahrte stets das lebendigste Interesse für dieselben; ihn begleiteten auf seinen Zügen Männer von allen Fächern der Wissenschaft; sie beobachteten, forschten, sammelten, sie vermaaßen die neuen Länder und die Hauptstraßen in denselben. Ebenso begann für die geschichtlichen Studien eine neue Epoche; man konnte jetzt an Ort und Stelle forschen, konnte die Sagen der Völker mit ihren Denkmalen, ihre Schicksale mit ihren Sitten vergleichen, und trotz der unzähligen Irrthümer und Mährchen, welche durch die sogenannten Schriftsteller Alexanders verbreitet wurden, ist doch erst mit dieser Zeit das Material und demnächst die Methode für die große geschichtliche Forschung gewonnen worden. In mancher Beziehung konnte die hellenische Wissenschaft unmittelbar von dem Morgenländer lernen, und die große Tradition astronomischer Beobachtungen in Babylon, die bedeutende Arzneikunde, die im indischen Lande gewesen zu sein scheint, die eigenthümlichen Kenntnisse der Anatomie und Mechanik unter den Priestern Aegyptens gewannen unter der Hand hellenischer Forscher und Denker neue Bedeutung. Die eigenthümliche Entwickelung des hellenischen Geistes hatte bisher die Philosophie als den Inbegriff alles Wissens dargestellt; jetzt emancipirten sich die einzelnen Richtungen des Erkennens; die exacten Wissenschaften begannen sich, auf selbstständige Empirie gestützt, zu entfalten, während die Philosophie, uneins über das Verhältniß des Denkens zur Wirklichkeit, bald die Erscheinungen für die Gedanken, bald die Erkenntniß für die Erscheinungen unzulänglich nannte.

Es liegt in der Natur der Sache, daß die Umgestaltung des Völkerlebens in sittlicher, socialer, religiöser Beziehung langsamer und bis auf einzelne Eruptionen unmerklich vor sich gehen mußte; und wenn sich gegen das Neue, welches unter Alexanders Regiment natürlicher Weise zu plötzlich, zu unvorbereitet, oft gewaltsam ins Leben gerufen war, mit seinem Tode eine Reaction hervortrat, welche in den dreißig Jahren der Diadochenkämpfe sich bald dieser, bald jener Parthei anschloß, so war das Resultat kein anderes, als daß das Neue endlich zur Gewohnheit wurde und, nach den volksthümlichen Verschiedenheiten modificirt, solche Formen annahm, in die sich das Leben der Völker unter einem fortan gleichen und gemeinsamen Princip weiter hineinbilden konnte. Auf ein allmähliches Verschwinden nationaler Vorurtheile, auf eine gegenseitige Annäherung in Bedürfnissen, Sitten und Ansichten, auf ein positives und unmittelbares Verhalten der sonst entzweiten Volksthümlichkeiten gründete sich ein vollkommen neues, sociales Leben; und wie etwa in neuer Zeit gewisse Anschauungen, Voraussetzungen, Convenienzen bis zu den Moden hinab, die Einheit der civilisirten Welt bekundet, so hat sich in jener hellenistischen Zeit, und, ich zweifle nicht, unter ähnlichen Formen, eine Weltbildung durchgearbeitet, die am Nil und Jaxartes dieselben conventionellen Formen als die der guten Gesellschaft, der gebildeten Welt geltend machte. Attische Sprache und Sitte wurde die Richtschnur der Höfe von Alexandreia und Babylon, von Baktra und Pergamon; und als der Hellenismus seine politische Selbstständigkeit dem römischen Staate gegenüber verlor, begann er in Rom die Herrschaft der Mode und Bildung zu gewinnen. So darf man den Hellenismus mit Recht die erste Welteinheit nennen; während das Achaimenidenreich nichts als ein äußerliches Aggregat von Ländermassen war, deren Bevölkerungen nur die gleiche Knechtschaft miteinander gemein hatten, blieb in den Ländern des Hellenismus, selbst als sie zu verschiedenen Reichen zerfielen, die höhere Einheit der Bildung, des Geschmacks, der Mode, oder wie man sonst dieses stets wechselnde Niveau der menschlichen Gesellschaft nennen will.

Auf die sittlichen Zustände der Völker werden politische Veränderungen stets in dem Verhältniß der unmittelbaren Betheiligung Weniger, Vieler, Aller an den Functionen des Staates wirken. Dieselbe geschichtliche Versumpfung, welche die Völker Asiens bisher in den stumpfsten politischen Formen, den despotischen und den hierarchischen, hatte verharren lassen, ließ sie zunächst und zum guten Theil bei dem unermeßlichen Wechsel, der über sie gekommen war, stumm und passiv; wenn sich Alexander vielfach ihrem Herkommen und ihren Vorurtheilen gefügt hatte, so zeigt das, auf welchem Wege allein es möglich war, sie allmählich über sich selbst hinauszuführen. Natürlich war der Erfolg dieser Bemühungen je nach dem Charakter der verschiedenen Völker sehr verschieden, und während die Uxier und Mardier erst lernen mußten, den Acker zu bestellen, „die Hyrkaner, ehelich zu leben, die Sogdianer, ihre alternden Väter zu ernähren statt zu tödten", hatte der Aegypter schon seinen Abscheu gegen die kastenlosen Fremdlinge, der Phoiniker die Gräuel seiner Molochsopfer zu verlernen begonnen. Dennoch konnte erst die Folgezeit allmählich eine neue und analoge Weise zu sein, zu denken und zu handeln heranbilden, um so mehr, da den meisten alt-asiatischen Völkern die Grundlage ihrer Moral, ihrer persönlichen und rechtlichen Verhältnisse, welche den Hellenen dieser Zeit nur noch in dem positiven Gesetz oder in der entwickelten Erkenntniß ethischer Principien gegeben schien, in der Religion enthalten war und durch sie gewiß und zwingend galt. Die Völker Asiens aufzuklären, ihnen die Fesseln der Superstition, der unfreien Frömmigkeit, zu zerreißen, ihnen das Wollen und Können selbstgewisser Verständigkeit zu erwecken und zu allen Consequenzen, den heilvollen wie gefährlichen, zu steigern, kurz, sie für das geschichtliche Leben zu emancipiren, das war die

Arbeit, welche der Hellenismus in Asien zu vollbringen versucht und zum Theil, wenn auch erst spät, vollbracht hat.

Schneller und entschiedener ist die Umgestaltung der sittlichen Zustände in dem makedonischen und hellenischen Volksthum hervorgetreten. Beiden gemeinsam wird in Alexanders Zeit die Steigerung alles Könnens und Wollens, die Ueberspannung der Ansprüche und der Leidenschaften, das Leben in dem Moment und für ihn, der rücksichtslose Realismus; und doch, wie verschieden sind sie in jeder Beziehung. Der Makedone, vor drei Jahrzehnten noch von bäuerischer Einfalt, an der Scholle haftend und in dem gleichgültigen Einerlei seiner armen Heimath zufrieden, denkt jetzt nichts als Ruhm, Macht und Kampf; er fühlt sich Herr einer neuen Welt, die er stolzer ist zu verachten als erobert zu haben; aus den unablässigen Kriegsfahrten hat er jenes trotzige Selbstgefühl, jene kalte militärische Schroffheit, jene Geringschätzung der Gefahr und des eigenen Lebens heimgebracht, wie sie die Zeiten der Diadochen oft genug in der Karikatur zeigen; und wenn große geschichtliche Durchlebungen der Denkweise und der Physiognomie der Völker ihr Gepräge geben, so sind die Narben des zehnjährigen morgenländischen Krieges, die in endlosen Strapazen, in Entbehrungen und Ausschweifungen aller Art tiefgefurchten Züge der Typus der Makedonen. Anders das hellenische Wesen daheim. Dessen Zeit ist vorüber; weder von dem Drange zu neuen Thaten, noch von dem Bewußtsein politischer Macht gehoben, begnügen sich diese einst so rüstigen Hellenen mit dem Glanze ihrer Erinnerungen; das Prahlen ersetzt ihnen den Ruhm, und übersättigt von Genuß suchen sie um so mehr dessen oberflächlichste Form, den Wechsel; um so leichtfertiger, fahriger, parrhesiastischer, um so entfernter jeder Einzelne, sich einer Verantwortung oder Autorität unterzuordnen, und um so loser und zuchtloser insgemein geht das Griechenthum in jene geistreiche, pikante, nervöse Vielgeschäftigkeit über, die immer das letzte Stadium in dem Leben der Völker bezeichnet; alles Positive, alles Haltende und Zusammenhaltende, selbst das Gefühl, Schlacke geworden zu sein, geht dahin; das Werk der Aufklärung hat sich vollbracht.

Man darf wohl sagen, daß durch diese Aufklärung, so nivellirend und widrig sie im Einzelnen erscheint, die Kraft des Heidenthums gebrochen und eine geistigere Entwicklung der Religion möglich geworden ist. Nichts ist in dieser Beziehung wirksamer gewesen als jene sonderbare Erscheinung der Göttermischung, der Theokrasie, an der in den nächstfolgenden Jahrhunderten alle Völker des Hellenismus Antheil nahmen.

Wenn man die Gottheiten, die Culte, die Mythen des Heidenthums als den eigensten und lebendigsten Ausdruck der ethnographischen und geschichtlichen Verschiedenheit der Völker betrachten darf, so lag da für das Werk, das Alexander schaffen wollte, die größte Schwierigkeit. Seine Politik traf den Nerv der Sache, wenn er, in dessen Person und Regiment zunächst jene Einheit sich darstellen mußte, in seiner unmittelbaren Umgebung so gut den indischen Büßer Kalanos und den persischen Magier Osthanes [1]) wie den lykischen Zeichendeuter Aristandros hatte, wenn er den Gottheiten der Aegypter, der Perser, der Babylonier, dem Baal von Tarsos, dem Jehovah der Juden sich in gleicher Weise wie ihre Gläubigen zuwandte und, alle Ceremonien und Ansprüche ihres Cultus erfüllend, dessen Bedeutung und Inhalt als offene Frage zur Seite ließ, vielleicht da und dort schon Anschauungen und Geheimlehren priesterlicher Weisheit begegnend, die in pantheistischer, deistischer, nihilistischer Fassung des Volksglaubens dem entgegenkam, was den gebildeten Hellenen ihre Philosophie gab [2]). Des Königs Beispiel wird rasch genug in weiten und weiteren Kreisen gewirkt haben; man

---

[1]) Plin. H. N. XXX. 2 (ed. Detl. § 11): non levem et Alexandri Magni temporibus autoritatem addidit professioni secundus Osthanes comitatu ejus exornatus planeque, quod nemo dubitet, orbem terrarum peragravit etc.

[2]) Zu dem, was oben (S. 322) in Betreff des Ammonions gesagt ist, mag nachträglich bemerkt werden, was Plutarch (Alex. 27) darüber sagt: *λέγεται δὲ καὶ Ψάμμωνος ἐν Αἰγύπτῳ τοῦ φιλοσόφου διακούσας ἀποδέξασθαι μάλιστα τῶν λεχθέντων ὅτι πάντες οἱ ἄνθρωποι βασιλεύονται ὑπὸ θεοῦ· τὸ γὰρ ἄρχον ἐν ἑκάστῳ καὶ κρατοῦν θεῖόν ἐστιν κτλ.*

begann, nun dreister als es schon immer hellenische Art gewesen, Götter der Fremde heimisch zu machen und die heimathlichen Götter in denen der Fremde wiederzuerkennen, die Sagenkreise und Theogonien der verschiedenen Völker zu vergleichen und in Einklang zu bringen; man begann sich zu überzeugen, daß alle Völker, in mehr oder minder glücklichem Bilde, in ihren Göttern dieselbe Gottheit verehrten, mehr oder minder tief gefaßt dieselbe Ahnung des Ueberirdischen, des Absoluten, des letzten Zweckes oder Grundes auszusprechen versuchten, und daß die Unterschiede der göttlichen Namen, Attribute, Aemter, nur äußerliche und zufällige, zu berichtigen und zu ihrem Gedanken zu vertiefen seien.

So offenbarte es sich, daß die Zeit localer und nationaler, das heißt heidnischer Religionen vorüber, daß die endlich sich einigende Menschheit einer einigen und allgemeinen Religion bedürftig und fähig sei; die Theokrasie war selbst nichts als ein Versuch, durch Verschmelzung aller jener verschiedenen Religionssysteme eine Einheit hervorzubringen; nur daß sie auf diesem Wege in der That doch nimmer erreicht werden konnte. Es war die Arbeit der hellenistischen Jahrhunderte, die Elemente einer höheren und wahrhafteren Einigung zu erwirken, das Gefühl der Endlichkeit und Ohnmacht, das Bedürfniß der Buße und des Trostes, die Kraft der tiefsten Demuth und Erhebung bis zur Freiheit in Gott und zur Kindschaft Gottes zu entwickeln; es sind die Jahrhunderte der Entgötterung der Welt und der Herzen, der tiefsten Verlorenheit und Trostlosigkeit, des immer lauteren Rufes nach dem Erlösenden.

In Alexander hat sich der Anthropomorphismus des hellenischen Heidenthums erfüllt; ein Mensch ist Gott geworden; sein, des Gottes, ist das Reich dieser Welt, in ihm der Mensch erhöht zu der höchsten Höhe der Endlichkeit, durch ihn die Menschheit erniedrigt, vor dem anzubeten, der der sterblich Geborenen einer ist.

Drittes Kapitel.

Alexanders Zug nach Medien. — Hephaistions Tod. — Kampf gegen die Kossaier. — Rückkehr nach Babylon. — Gesandtschaften. — Aussendungen ins südliche Meer, Rüstungen, neue Pläne. — Alexanders Krankheit. — Sein Tod.

Am Schluß von sieben Kriegsjahren schreibt ein großer Kriegsfürst neuerer Zeit: so viele Feldzüge hätten ihn zum Greise gemacht; und er stand in der vollsten Manneskraft, im Anfang der vierziger Jahre, als er sie begann [1]). Alexander hatte zwölf Jahre hindurch unabläſſig im Felde gelegen, schwere Verwundungen, mehr als eine lebensgefährliche erlitten; endlose Strapazen, die Spannungen und Aufregungen unermeßlicher Wagnisse, schon auch jene erschütternden Vorgänge am Hyphasis, jenen furchtbaren Zug durch die gedrosische Wüste, den Aufruhr der Veteranen in Opis durchgemacht; er hatte Kleitos erstochen, Philotas, Parmenion hinrichten lassen. Die Ueberlieferungen sagen nicht, ob sein Geist und sein Körper noch in derselben Spannkraft und Frische war wie in den Tagen des Donaufeldzuges und am Granikos, oder ob er „nervös" zu werden

---

[1]) „Tant de campagnes laborieuses, qui avaient usé mon tempérament et mon âge avancé qui commençait à me faire ressentir les infirmités qui en sont la suite nécessaire, me faisaient entrevoir comme prochaine la fin de ma carrière." Oeuvres de Frédéric le Grand VI, p. 2.

begann, sich früh altern fühlte. Die nächste Zeit sollte ihm neue, schmerzliche Erregungen bringen.

Bald nach dem Aufbruch der Veteranen aus Opis verließ auch er mit den übrigen Truppen diese Stadt, um nach Ekbatana hinaufzuziehen.

Medien vor Allen hatte während des Königs Aufenthalt in Indien von der Zügellosigkeit und dem Uebermuthe makedodonischer Beamten und Befehlshaber viel gelitten, die Bevölkerung dort trotz alles Druckes und trotz der vielfachen Anreizungen zum Aufstande sich treu bewährt; Baryaxes, der vergebens die Fahne des Aufruhrs erhoben hatte, war durch den Satrapen Atropates dem Gerichte des Königs überliefert worden. Trotzdem mochte da noch Anlaß genug sein zu untersuchen, zu ordnen, auszugleichen, es mochte namentlich die Plünderung des Schatzes und des Harpalos Flucht genauere Feststellungen fordern. Auch war die große Straße durch die medischen Berge noch keinesweges so sicher, wie es für den lebhaften Verkehr zwischen den syrischen Satrapien und dem oberen Lande erforderlich war; unter der Reihe der Bergvölker von Armenien bis zur karmanischen Küste waren immer noch die Kossaier, die räuberischen Bewohner des Zagrosgebirges, nicht gedemüthigt, und jeder Transport, der nicht mit bedeutender Bedeckung den Weg der medischen Pässe einschlug, ihren Ueberfällen ausgesetzt. Das etwa waren die Gründe, welche den König bewogen, seine Rückkehr nach Babylon, so wie den Beginn der neuen Unternehmungen gen Süden und Westen, für welche die Zurüstung in vollem Gange war, bis zum nächsten Frühjahr zu verschieben.

Er ging, es mochte gegen Ende August 324 sein, von Opis aus auf der gewöhnlichen medischen Straße nach Ekbatana [1]); die Truppen folgten in mehreren Abtheilungen durch

---

1) Isidor. Charac., p. 248 ed. Müller Geogr. Gr. Genauer hat diesen Marsch Masson (Journ. of the As. Soc. XII, 1850, p. 97) verfolgt und Mordtmann in den Berichten der Münchener Akad. 1876, IV, S. 360 ff. ihn erläutert. Diod. XVII. 110, der Näheres über diesen Weg giebt (bei Arrian ist hier die Lücke vor VII. 13), läßt den Zug von Susa bis Opis

die nördlichen Districte der Landschaft Sittakene. Alexander war über den Flecken Karrai und von da in vier Tagen nach Sambata gekommen; er blieb hier sieben Tage, bis die verschiedenen Colonnen zusammengetroffen waren. Mit drei Tagemärschen erreichte man die Stadt Kelonai (Holwan), wenige Meilen von den Zagrospässen, von Hellenen bewohnt, die, zur Zeit der Perserkriege hierher gebracht, in Sprache und Sitten noch immer das Hellenische, wenn auch nicht rein, bewahrten. Von hier zog Alexander zu der Paßgegend von Bagistane [1]); er besuchte die berühmten Anlagen in der Ebene vor dem Gebirge, die man den Garten der Semiramis nannte. Bei seinem weiteren Zuge kam er in die nysäischen Felder [2]), in welchen die ungeheueren Roßheerden der Perserkönige weideten; er fand der Pferde noch fünfzig- bis sechzigtausend. Das Heer verweilte hier einen Monat. Der Satrap Atropates von Medien kam, hier an den Gränzen seiner Satrapie den König zu begrüßen; er brachte, so wird erzählt, hundert Weiber zu Roß, mit Streitäxten und kleinen Schilden bewaffnet, in das Lager, indem er aussagte, dies seien Amazonen; eine Erzählung, die zu den sonderbarsten Ausschmückungen Anlaß gegeben hat [3]).

---

gänzlich aus und erzählt so, als ob Alexander von Susa aus den medischen Weg eingeschlagen.

1) Noch heute heißt der an Sculpturen und Inschriften reiche Westeingang der Päſſe von Bisitun (oder, wie Mordtmann für richtiger hält, Behistun) Tauk-i-bostan, Bogen des Gartens, und Diod. II. 13 erzählt, daß Semiramis bei dem Berge Bagistanos einen Garten von zwölf Stadien im Umkreis anlegen und den Berg mit Bildhauerarbeit schmücken ließ.

2) Die Lage der nysäischen Felder ist nach Mordtmann (S. 369 f.) westlicher zwischen der *Χαλωνῖτις* und *Κάρινα* Isidors, d. h. zwischen dem heutigen Serpul und Kerind; gewiß hat er Recht, daß Niçâya, wo Dareios I. den Gaumâta schlug, dieselbe nysäische Ebene ist; ob der in der Insc. Beh. genannte Ort der Schlacht Çikthauvatis, das „Falkenschloß" bei dem Dorf Zidsch-Pai-Tak ist, mag dahingestellt bleiben.

3) Weder Ptolemaios noch Aristobul erzählte davon (Arrian. VII. 13). Die Uebertreibungen stammen von Kleitarch her (Strabo IX, p. 420; cf. Plut. Alex. 41). Den Mythos von den Amazonen suchte die aufgeklärte

Ein ärgerlicher Vorfall sollte diese Zeit der Rast unterbrechen. In der Umgebung Alexanders befanden sich Eumenes und Hephaistion. Eumenes von Kardia, welcher die erste Stelle in dem Cabinet des Königs hatte und von demselben wegen seiner großen Gewandtheit und Zuverlässigkeit vielfach und namentlich noch bei der Hochzeitfeier von Susa durch die Vermählung mit Artabazos Tochter geehrt war, scheint in Sachen des Geldes in üblem Rufe gestanden zu haben; es galt dafür, daß der König den unentbehrlichen Archigrammateus, so oft er dessen Vortheil mit seinem Pflichteifer oder seiner Hingebung in Collision sehe, auf das Freigiebigste bedenke. Nur einmal, so wird erzählt — es war noch in Indien und der König hatte die Ausrüstung der Stromflotte, da seine Kassen erschöpft waren, als Ehrensache den Großen in seiner Umgebung überlassen —, ärgerte sich Alexander zu sehr an dem auffallenden Verhalten des Kardianers, als daß er sich hätte versagen sollen, ihm eine tüchtige Lehre zu geben. Eumenes sollte dreihundert Talente verwenden; er gab nur hundert und versicherte, daß er kaum diese mit aller Mühe habe zusammenbringen können; und doch kannte Alexander seinen Reichthum. Er machte ihm keine Vorwürfe, nahm aber das Dargebotene nicht an; er befahl, in der Stille der Nacht das Zelt des Eumenes anzuzünden, um ihn dann, wenn er in voller Angst vor dem Feuer, dem übrigens sogleich wieder Einhalt gethan werden sollte, seine Schätze her-

---

Zeit historisch bestätigt zu finden, und es ist denkbar, daß der medische Satrap auf vielfache Nachfrage etwas den Amazonen Aehnliches, was er in seiner Satrapie fand, dem König vorführte. Denn die Frauen in den sogenannten wandernden Stämmen der Berge sind freier, kühner und kräftiger als sonst die Asiatinnen, sie nehmen an allen Wagnissen und Gefahren der Horden thätigen Antheil; und Malcolm (II, S. 446 der Uebersetzung) erzählt als Augenzeuge ein interessantes Beispiel von der Kühnheit und Gewandtheit, mit der ein kurdisches Mädchen ein Roß tummelte. Plutarch nennt die Autoritäten für und wider die Amazonengeschichte; Onesikrit, der zu den ärgsten Lügnern gehört, las einst dem Könige Lysimachos die betreffende Stelle aus dem vierten Buche seiner „Denkwürdigkeiten“ vor, worauf Lysimachos sagte: „wo muß ich denn damals gewesen sein!“

ausschleppen ließe, dem allgemeinen Spotte Preis zu geben. Das Feuer griff so schnell um sich, daß es das ganze Zelt mit Allem, was in demselben war, namentlich den zahlreichen Schriftstücken der Kanzlei, verzehrte; das geschmolzene Gold und Silber, das man in der Asche fand, betrug allein über tausend Talente. Alexander ließ ihm sein Geld und sandte an die Satrapen und Strategen Befehl, Abschriften von den an sie erlassenen Zuschriften und Weisungen einzusenden [1]). Bei den Makedonen des Heerlagers war Eumenes, der „mit der Schreibtafel und dem Griffel statt mit Speer und Schwerdt" diente, und der trotzdem nur zu viel Einfluß und Ansehen beim König zu haben schien, wenig beliebt; und daß ihn vor Allen Hephaistion, der durch sein nahes Verhältniß zu Alexander oft genug mit ihm in Berührung kam, nicht mochte, war nach dem Charakter des edlen Pellaiers natürlich. Alles, was von diesem berichtet wird, zeigt seinen edlen, ritterlichen, hingebenden Sinn, seine unbegränzte und wahrhaft rührende Anhänglichkeit für den König. Alexander liebte in ihm den Gespielen seiner Knabenjahre; aller Glanz des Thrones und des Ruhmes, und jener Wechsel in seinem äußeren und inneren Leben, um dessen Willen Mancher, dem er viel vertraut, an ihm irre geworden war, hatten ihr herzinniges Verhältniß nicht zu stören vermocht; ihre Freundschaft hatte jene schwärmerische Weichheit des Jünglingsalters, dem sie Beide fast noch angehörten; die Erzählung, wie Alexander einen Brief von seiner Mutter voll Vorwürfe und Klagen, die er auch dem Freunde gern verschwieg, durchlas, und Hephaistion sich über des Freundes Schultern lehnte und mitlas, und der König ihm dann den Siegelring

---

1) Plut. Eum. 2; wie viel in dieser Erzählung aus Duris und damit unzuverlässig ist, muß dahingestellt bleiben. Im höchsten Maaß verdächtig wird die Geschichte durch die angeführte Summe, zumal wenn man erwägt, daß es 33 Trierarchen waren, die damals in Function traten. Auch daß des Königs Kasse so erschöpft gewesen sein sollte (χρήματα, οὐ γὰρ ἦν ἐν τῷ βασιλείῳ, Plut.), ist in Mitten der großen Erfolge in Indien sehr seltsam.

auf den Mund drückte, giebt das Bild, wie man sich Beide denken mag [1]).

Hephaistion und Eumenes hatten schon mehrfach mit einander Streit gehabt, und ihre gegenseitige Abneigung bedurfte keines großen Anlasses, um in neuen Zwist auszubrechen. Ein Geschenk, das eben jetzt Hephaistion vom Könige erhielt, genügte, des Kardianers Neid auf das Heftigste zu erregen und einen Wortwechsel hervorzurufen, in dem bald Beide alle Rücksichten und sich selbst vergaßen. Alexander that dem ärgerlichen Gezänk Einhalt; dem Eumenes gab er ein gleiches Geschenk, an Hephaistion wandte er sich mit dem Scheltwort, ob er sich und seine Würde nicht besser kenne; er forderte von Beiden das Versprechen, fortan jede Uneinigkeit zu meiden und sich mit einander auszusöhnen. Hephaistion weigerte es, er war der tief Gekränkte, und Alexander hatte Mühe, ihn zu beruhigen; ihm zu Liebe reichte Hephaistion endlich die Hand zur Versöhnung [2]).

Nach diesen Vorgängen und einer dreißigtägigen Rast in dem nysäischen Thale brach das Heer gen Ekbatana auf und erreichte in sieben Tagen, etwa mit dem Ausgange des Oktober, diese große und reiche Stadt [3]). Es ist zu bedauern, daß die alten Ueberlieferungen nichts von den Anordnungen, Gründungen und Organisationen [4]), die zu Ekbatana, wie es scheint, des Königs besondere Thätigkeit in Anspruch nahmen, berichten; reicher sind sie an Schilderungen der Festlichkeiten, welche in der medischen Residenz gefeiert wurden, namentlich der der Dionysien [5]).

---

1) Plut. Alex. 39.

2) Das etwa läßt sich aus Plut. Eum. 2 und den ersten zwei Zeilen nach der Lücke Arrians (VII. 13) entnehmen.

3) Die Zeitbestimmungen ergeben sich aus Diod. XVII. 110, der auf den Marsch von Opis bis Ekbatana einige funfzig Tage zählt.

4) Ich zweifle nicht, daß hieher des Polybios Notiz zu ziehen ist (X. 4. 3), Medien sei vielfach mit griechischen Städten versehen nach der Anordnung des Königs Alexander.

5) Wann nach makedonischem Brauch Dionysien gefeiert wurden, ist, soviel mir bekannt, nicht überliefert.

Alexander hatte seine Residenz in dem königlichen Schlosse genommen; das Schloß, ein Denkmal aus der Zeit der medischen Größe, lag unter der Burg der Stadt, in einer Ausdehnung von sieben Stadien; die Pracht dieses Gebäudes gränzte an das Mährchenhafte: alles Holzwerk war von Cedern und Cypressen, das Gebälk, die Decken, die Säulen in den Vorhallen und den inneren Räumen mit goldenen oder silbernen Platten belegt, die Dächer mit Silberplatten gedeckt. In ähnlicher Weise war der Tempel des Anytis in der Nähe des Palastes geschmückt, seine Säulen mit goldenen Kapitälen gekrönt, das Dach mit goldenen und silbernen Ziegeln gedeckt [1]). Freilich war schon manches von diesem kostbaren Schmuck durch die Raubgier jener makedonischen Befehlshaber, die so arg in Medien gehaust hatten, entwendet worden, aber noch immer bot das Ganze ein Bild der staunenswürdigsten Herrlichkeit. Die Umgebung stimmte mit der Pracht der königlichen Residenz; im Rücken des Palastes erhob sich der aufgeschüttete Hügel, dessen Höhe die äußerst feste Burg mit ihren Zinnen, Thürmen und Schatzgewölben krönte; vor ihr die ungeheure Stadt in einem Umfange von fast drei Meilen, im Norden die Gipfel des hohen Orontes, durch dessen Schluchten sich die großen Wasserleitungen der Semiramis herabzogen.

In dieser wahrhaft königlichen Stadt feierte Alexander die Dionysien des Herbstes 324; sie begannen mit den großen Opfern, mit denen Alexander den Göttern seinen Dank für das Glück, das sie ihm gewährt, darzubringen gewohnt war. Dann folgten Festlichkeiten aller Art, Kampfspiele, Festaufzüge, künstlerische Wettkämpfe; Gastmähler und Gelage füllten die Zwischenzeit. Unter diesen zeichnete sich das des Satrapen Atropates von Medien durch schwelgerische Pracht aus; das gesammte Heer hatte er zu Gast geladen, und die Fremden, welche von nah und fern zur Schau der Feste in Ekbatana zusammengeströmt waren, umstanden die weite Reihe von Tafeln, an denen die Makedonen jubelten und unter Trompetenschall

1) Polyb. X. 17.

durch Heroldsruf ihre Trinksprüche, ihre guten Wünsche für den König und die Geschenke, die sie ihm weihten, verkünden ließen; mit dem lautesten Jubel unter diesen jener Spruch des Gorgos, des königlichen Waffenmeisters [1]): „dem König Alexander, dem Sohn des Zeus Ammon, weiht Gorgos einen Kranz von dreitausend Goldstücken, und, wenn er Athen belagert, zehntausend Rüstungen nebst eben so vielen Katapulten und allen Geschossen, so viele er zum Kriege braucht" [2]).

So die lärmenden und überreichen Festlichkeiten dieser Tage; nur Alexander war nicht zur Freude gestimmt. Hephaistion war krank; umsonst bot sein Arzt Glaukias alle Kunst auf, er vermochte dem zehrenden Fieber nicht Einhalt zu thun. Alexander konnte sich nicht den Festlichkeiten entziehen, er mußte den kranken Freund verlassen, um sich dem Heere und dem Volk zu zeigen. Er befand sich gerade, es war am siebenten Tage und die Knaben hatten ihren Wettkampf, unter der fröhlichen Menge, die auf dem Stadion auf und ab wogte; da wurde ihm die Nachricht gebracht, daß es mit Hephaistion schlecht stehe [3]); er eilte zum Schloß, in das Zimmer des Kranken, Hephaistion war eben verschieden. Die Hand der Götter konnte nichts Schwereres über Alexander verhängen; drei Tage saß er bei der theuren Leiche, lange klagend, dann vor Gram verstummend, ohne Speise und Trank, am Kummer sich weidend und der Erinnerung an den schönen Freund, der ihm in der Blüthe des Lebens entrissen war. Es schwiegen die Feste, Heer und Volk klagte um den edelsten der Makedonen, und die

---

[1]) Dieses ist vielleicht der Metalleut Gorgos, dessen Strabo in der oben (S. 150) citirten Stelle erwähnt; wahrscheinlich derselbe Jasier, der sich für die von den attischen Kleruchen ausgetriebenen Samier bei Alexander verwendet, wie die Inschrift bei C. Curtius (Urk. zur Gesch. von Samos, S. 40) ausführlich darlegt. Er ist nach der Inschrift des Theodotos Sohn, womit die versuchte Identificirung dieses Gorgos mit dem Begründer von Ambrakia (*Γόργου τοῦ Κυψέλου κτίσμα*, so schreibt Meinecke für *Τόλγου*, Strabo VII, p. 325) hinfällig wird.

[2]) Ephippus fr. 3, wo der Satrap Satrabates heißt.

[3]) Arrian. VII. 14 und Plut. Alex. 72, dessen Angaben ihren Ursprung nicht verläugnen.

Magier löschten das heilige Feuer in den Tempeln, als ob ein König gestorben sei [1]).

---

[1]) Diod. XVII. 110. 114. Arrian sagt in seiner verständigen und würdigen Weise (VII. 14): „Vielerlei wird über die Trauer Alexanders berichtet, aber Alle stimmen überein, daß sie sehr groß gewesen; was er aber gethan, erzählt jeder anders, je nachdem er Vorliebe für Hephaistion oder Neid gegen ihn und den König selbst hegt. Die nun Uebermäßiges berichten, von denen haben, wie es mir scheint, die einen den König zu erheben gemeint, wenn sie ihn in Worten und Handlungen übermäßig trauernd zeigen bei dem Leichnam dieses ihm vor allen theueren Mannes, die anderen aber ihn zu verkleinern, als ob er sich weder seiner noch der Majestät des Königthums würdig in der Trauer gezeigt habe; die Einen sagen, er habe sich den ganzen Tag hindurch über der Leiche gewälzt und gejammert, und die Freunde hätten ihn mit Gewalt hinwegreißen müssen, — Andere, er habe den Arzt an das ‚Kreuz heften lassen, weil er schlechte Arzneien gegeben' (so Plutarch), er habe es nicht sehen wollen, daß Hephaistion von dem Uebermaaß des Weines gestorben sei; daß Alexander wegen des Gestorbenen sein Haar abschnitt, scheint überhaupt und besonders als Nachahmung dessen, was Achill an Patroklos Grabe that, wahrscheinlich; daß er aber selbst den Trauerwagen gefahren, ist unwahrscheinlich. Andere erzählen, er habe das Heiligthum des Asklepios in Ekbatana zerstören lassen; das wäre barbarisch und nicht nach Alexander, sondern nach Xerxes gewesen. Wahrscheinlicher ist mir die Erzählung, daß, als auf dem Wege gen Babylon viele Gesandtschaften aus Hellas zu Alexander kamen, und unter diesen auch die von Epidauros, wo das berühmte Heiligthum des Asklepios, so habe er ihnen gewährt, was sie wünschten, außerdem ein Weihegeschenk für ihren Gott gegeben und gesagt: hat auch der Gott nicht freundlich an mir gethan, daß er mir den Freund nicht errettet, den ich wie mein eigen Haupt liebte, so will ich ihn doch ehren! Ferner schreiben die Meisten, daß er den Hephaistion als Heroen zu verehren befahl; Andere fügen hinzu, er habe an das Ammonion gesandt, um anzufragen, ob es gestatte, dem Hephaistion als einen Gott zu opfern; und das sei nicht erlaubt worden." So weit Arrian. Anders Plutarch; er sagt (Plut. Pelop. 34), nach welchen Autoritäten, kann man aus Arrians Kritik abnehmen: „vor Trauer verlor Alexander fast seinen Verstand, er ließ allen Pferden und Maulthieren zum Zeichen der Trauer Schweif und Mähne scheeren, und in den Städten des Landes die Zinnen von den Mauern brechen; — und um sich zu zerstreuen, ging er gegen die Kossaier gleichsam zu einer Menschenjagd, ließ die ganze Völkerschaft niedermachen und nannte das ein Todtenfest für Hephaistion". Eben so unsinnig ist die Geschichte von dem Samier Agathokles, die Lukian in dem Buche „Vom Mißtrauen gegen Verläumdungen" erzählt.

Als die Tage der ersten Trauer vorüber waren, und die Getreuen mit ihren Bitten erreicht hatten, daß sich der König von seines Freundes Leiche trennte, ordnete er den Trauerzug, der die Leiche nach Babylon führen sollte. Auf Eumenes Anregung brachten die Strategen, Hipparchen, Hetairen Waffen, Kleinodien, Gaben aller Art, den Wagen zu schmücken, der die Leiche trug [1]); Perdikkas erhielt den Befehl sie nach Babylon zu geleiten, dort sollte der Scheiterhaufen erbaut, dort im Frühlinge die Kampfspiele der Todtenfeier gehalten werden; mit Perdikkas ging Deinokrates, den Prachtbau des Scheiterhaufens zu leiten.

Es war gegen Ende des Jahres 324 und in den Bergen lag bereits tiefer Schnee, als Alexander mit seinem Heere aus Ekbatana aufbrach, um durch die Berge der Kossaier gen Babylon zu ziehen; er wählte diese Jahreszeit, weil die räuberischen Stämme im Gebirge jetzt nicht aus ihren Thälern auf die schneebedeckten Berghöhen flüchten konnten. Mit dem leichteren Theil seiner Truppen ging er, während die übrigen auf der großen Straße vorauszogen, südwärts, denn in dieser Richtung bis zu den ihnen verwandten Uxiern hin wohnten und wanderten diese Hirtenstämme. In zwei Colonnen, die eine unter des Königs, die andere unter des Lagiden Ptolemaios Befehl, wurden die Bergthäler durchstreift, die meist kleinen Horden, die sich stets auf das Kühnste zur Wehr setzen, einzeln überwältigt, ihre Raubthürme gebrochen, viele Tausende erschlagen und zu Gefangenen gemacht, die anderen zur Unterwerfung gezwungen, ihnen vor Allem feste Ansiedelung und das Bebauen des Feldes zur Pflicht gemacht. Nach Verlauf von vierzig Tagen war das letzte unabhängige Bergvolk in dem Gebirgslande der Passagen, wie früher die Uxier, Kadusier, Mar-

---

1) Arrian. VII. 14. 9: *σφᾶς τε αὐτοὺς καὶ τὰ ὅπλα Ἡφαιστίωνι ἀνέθεσαν* ist wenigstens ein unklarer Ausdruck, denn Diodors Angabe (XVII. 115): *κατασκευάζειν εἴδωλα δι' ἐλέφαντος καὶ χρυσοῦ καὶ τῶν ἄλλων τῶν θαυμαζομένων παρ' ἀνθρώποις* besagt doch nichts Aehnliches.

dier und Paraitakenen zum Gehorsam gebracht und wenigstens der erste Anfang zur Civilisation gemacht [1]).

Dann zog Alexander in kleinen Tagesmärschen, um die einzelnen Truppenabtheilungen aus den Bergthälern an sich zu ziehen, nach Babylonien hinab. In Babylon wollte er seine gesammten Kräfte zu neuen Unternehmungen vereinigen, Babylon sollte der Mittelpunkt des Reiches und die königliche Residenz werden; die Stadt war durch ihre Größe, ihren alten Ruhm und vor Allem durch ihre Lage besonders dazu geeignet; sie lag in der Mitte zwischen den Völkern des Abend- und Morgenlandes; sie war dem Westen näher, auf den sich nach der Bewältigung des Ostens Alexanders unternehmender Blick wenden mußte. Gen Westen lag jenes Italien, wo vor Kurzem seiner Schwester Gemahl, der Epeirotenkönig, Ehre und Leben eingebüßt hatte, lag das silberreiche Iberien, das Land der phoinikischen Colonien, deren Mutterstädte jetzt zum neuen Reiche gehörten, lag endlich jenes Karthago, das seit den ersten Perserkriegen und dem damaligen Bunde mit Persien nicht aufgehört hatte, gegen die Hellenen in Libyen und Sicilien zu kämpfen. Die großen Veränderungen in der Ostwelt hatten Alexanders Ruhm bis zu den entferntesten Völkern verbreitet, die theils mit Hoffnung, theils mit Besorgniß auf diese Riesenmacht blicken mochten; sie mußten die Nothwendigkeit erkennen, sich mit dieser Macht, in deren Hand jetzt das Schicksal der Welt lag, in Beziehung zu setzen und ihr entgegenkommend dem Gange der Zukunft vorzuarbeiten. So geschah es, daß viele Gesandtschaften ferner Völker in das Lager kamen, theils um Huldigungen und Geschenke zu überbringen, theils um über Streitigkeiten mit Nachbarvölkern des Königs schiedsrichterliche Entscheidung einzuholen; und erst jetzt, sagt Arrian,

[1]) Arrian. VII. 15. Diodor. XVII. 112; XIX. 20. Plut. Strabo XVI, p. 744. Polyaen. IV. 3. 31. Daß ihr Name, in der That identisch mit dem der Uxier, nur den griechischen Autoren ein völlig anderes Volk bezeichnet, ist oben erwähnt. Die von Alexander bewältigten Hats müssen in den Thälern der oberen Zuflüsse des Kerka und des Flusses von Dizful gehauft haben.

schien es dem Könige und seiner Umgebung, daß er Herr über Land und Meer sei [1]). Alexander ließ sich das Verzeichniß der Gesandtschaften geben, um die Reihenfolge ihrer Audienzen zu bestimmen; den Vortritt hatten die mit heiligen Dingen Beauftragten, namentlich die Gesandten von Elis, vom Ammonion, vom delphischen Tempel, von Korinth, Epidauros und so weiter, nach Maaßgabe der Bedeutung der Stelle, von der sie kamen; dann folgten die, welche Geschenke überbrachten, dann die, welche über Streitigkeiten mit Nachbarvölkern verhandeln wollten, dann die mit inneren und Privatsachen Beauftragten, zuletzt die hellenischen Abgeordneten, welche Vorstellungen gegen die Zurückführung der Verbannten machen sollten.

Unsere Quellen für die Geschichte Alexanders haben es nicht der Mühe werth geachtet, alle diese Gesandtschaften zu nennen; sie führen nur diejenigen an, welche in irgend einer Beziehung merkwürdig waren, und nur aus den anderweitig geschichtlichen Verhältnissen der genannten Völker läßt sich über die näheren Absichten ihrer Sendung einiger Aufschluß finden. Daß Gesandte der Brettier, Lukaner, Etrusker gekommen seien, hat Arrian ohne weiteres Bedenken angegeben, ob auch römische, wie von manchen Schriftstellern gesagt sei, bezweifelt er. Aus der Lage der Verhältnisse in Italien muß sich ergeben, ob Anlaß dazu war.

Die Brettier und Lukaner hatten seit dem Kriege mit dem Molosser Alexandros Grund genug, vor der Macht seines Schwagers, des Siegers über Asien, des natürlichen Beschirmers der hellenischen Welt, in Sorge zu sein. Gegen sie war der Molosser von der reichen Handelsstadt Tarent zu Hülfe gerufen worden, er hatte sie und die ihnen verbündeten Samniten in einer großen Schlacht bei Pästum geschlagen, er hatte an der Ostküste der Halbinsel die Messapier, die Daunier zu Paaren getrieben; er war von Meer zu Meer mächtig, und die

---

1) Arrian. VII. 15. 5. Daß unter den Gesandten, wie Diodor versichert, Hellenen waren, sagt Arrian an dieser Stelle nicht, es läßt sich aber aus VII. 14. 6 schließen.

Römer traten mit ihm in Bündniß [1]) zum gemeinsamen Angriff auf die Samniten, deren Kämpfe im Süden sie benutzt hatten, ihr Gebiet bis Campanien hinein auszudehnen und mit römischen Ansiedlungen zu befestigen. Aber die wachsende Macht des Epeiroten, vielleicht die Besorgniß, daß er sich zum Herrn Großgriechenlands machen wolle, veranlaßte die Tarentiner, sich denen zuzuwenden, gegen die sie ihn gerufen hatten; ein lukanischer Flüchtling ermordete den König; damit hatten die Samniten freie Hand sich gegen die Römer zu wenden, die schon auch Kyme, die älteste hellenische Stadt an diesen Küsten, schon auch Capua in Besitz genommen hatten. Mit ihrem Versuch, sich auch in Neapolis und Palaiopolis festzusetzen, begann (328) der große Samnitenkrieg, der nach wechselnden Erfolgen her und hin demnächst in den caudinischen Pässen und dem Unterwerfungs-Vertrag der Römer einen ersten Abschluß finden sollte. Daß die Griechenstädte Italiens, statt die Gunst dieser Jahre zu benutzen, ungeeint und ohne Thatkraft, wie sie waren, auf den Eroberer Asiens ihre Hoffnung stellten, war eben so natürlich, wie die Besorgniß der Italiker, daß er kommen und ihnen die reichen Küstenstädte, die sie schon als ihre Beute ansahen, aus der Hand reißen werde; hatte er doch den Krotoniaten Beutestücke des Sieges von Gaugamela gesandt, weil einst gegen Xerxes einer der Ihrigen bei Salamis mitgekämpft hatte. Mag es Zufall sein, daß unter den Gesandtschaften keine der Samniten genannt wird, oder mag von ihnen keine gekommen sein, das kluge und weiter blickende patricische Regiment in Rom, das in dem schweren Kampf gegen die Samniten die Völker hinter ihnen, die Lukaner, Apulier u. s. w. zu gewinnen verstand, mit dem Molosser verbündet gewesen war, konnte sich sehr wohl veranlaßt sehen, in dem Moment, wo es die Griechenstädte Campaniens zu unterwerfen gedachte, sich der Gunst dessen zu versichern, dessen Einspruch zu fürchten war. Aus einer anderweitigen Nachricht ergiebt sich, daß Alexander den Römern in Betreff der ihnen unterthänig gewordenen Antiaten,

---

[1]) Dieß Bündniß erwähnt Liv. VIII. 17.

die fortfuhren mit den Etruskern vereint Seeräuberei zu treiben, Mahnungen habe zukommen lassen [1]).

Eine Gesandtschaft der Etrusker erklärt sich aus den mannigfachen Conflicten, die ihnen aus ihren Seeräubereien mit den hellenischen Staaten erwuchsen; war doch eben jetzt von den Athenern eine Expedition ausgerüstet, um am Ausgang des adriatischen Meeres eine Colonie zu gründen, die ihnen in den dortigen Gewässern einen festen Handels- und Stapelplatz sichern und die hellenische Kauffahrtei schützen sollte [2]).

Nicht minder erklärlich sind die Sendungen der Karthager, Libyer, Iberier. Alexanders Besitznahme von Phoinikien mußte sowohl Karthago, wie die übrigen punischen Kolonien in Nordafrika und Iberien, welche mit dem Mutterlande noch immer in naher Verbindung standen, veranlassen, mit dem Herrscher des mächtigen Reiches, von dem sie wohl mehr als Rivalität

---

[1]) Strabo V, p. 232. Mag die Gesandtschaft der Römer in den späteren Alexandergeschichten des Aristos und Asklepiades (Arrian. VII. 15. 5) ausgeschmückt worden sein, — daß Kleitarchos (fr. 23) nach dem Zeugniß des Plinius (Hist. Nat. III. 9) sie erwähnt, ist in diesem Fall ein ziemlich glaubwürdiges Zeugniß; denn er schrieb zu einer Zeit, wo der Name der Römer den Griechen noch nicht eben Großes bedeutete; Aristoteles nennt sie nur fr. 568, um anzugeben, daß ihre Stadt von den Kelten durch L. Camillus (nicht M. Camillus) gerettet sei. Plin. H. N. III. 9 sagt: Theophrastus .... primus externorum aliqua de Romanis diligentius scripsit, nam Theopompus, ante quem nemo mentionem habuit, urbem duntaxat a Gallis captam dixit, Clitarchus ab eo proximus legationem tantum ad Alexandrum missam. Wenn Liv. IX. 18 sagt: Alexandrum ne fama quidem illis notum arbitror fuisse, so beweist das ebenso wenig wie das Schweigen der römischen Annalisten über eine solche Sendung (οὔτε τις Ῥωμαίων ὑπὲρ τῆς πρεσβείας ταύτης μνήμην ἐποιήσατό τινα Arrian. VII. 15. 6). Wenigstens das interdictum mare Antiati populo est bei Liv. VIII. 14 im Jahr 338 a. Chr. beweist wohl nicht, daß der Name antiatischer Piraten fortan von den Meeren verschwunden ist.

[2]) Nach dem Volksbeschluß, den Kephisophon beantragte (Seeurk. XIVa. 222 und Böckhs Erläuterungen dazu S. 457 ff.), sollte diese Expedition vor dem 10. Munychion, Ol. 113. 4, Mai 324 aussegeln und der Lakiade Miltiades sie führen. Diese versuchte Gründung selbst konnte den Etruskern den Anlaß zu Reclamationen geben, welche die Gesandtschaft überbringen sollte.

im Handel zu fürchten hatten [1]), ganz besondere Aufmerksamkeit zu widmen; namentlich die Karthager werden sehr wohl beachtet haben, was nach ihren früheren Beziehungen zu der hellenischen Welt und nach dem Charakter des kriegsgewaltigen Königs für sie in Aussicht stand; und die Gränzstreitigkeiten mit den Hellenen Siciliens, die seit Timoleons Siegen nicht aufgehört hatten, boten Anlaß vollauf zu einer Einmischung, die für die punische Republik nur zu bedenkliche Folgen haben konnte. Um so natürlicher war es, daß sie die Freundschaft des mächtigen Königs suchten. Wenn angeführt wird, daß die libyschen Gesandten mit Kränzen und Glückwünschen wegen der Eroberung Asiens gekommen seien, so sind damit die Stämme im Süden Kyrenes gemeint.

Unter den übrigen Gesandtschaften werden namentlich die der europäischen Skythen, der Kelten, der Aithioper genannt, letztere dem Könige vielleicht um so wichtiger, je mehr ihn jetzt der Plan, Arabien zu umschiffen und die Seestraße, die bereits den Indus und Euphrat verband, bis an das rothe Meer und zur ägyptischen Ostküste fortzusetzen, beschäftigte.

Denn schon war der Befehl nach Phoinikien gesandt, Matrosen auszuheben, Schiffe zu bauen, sie zerlegt über Land nach dem Euphrat zu schaffen. Nearch war beauftragt, die Flotte den Euphrat hinauf nach Babylon zu führen; bald nach der Ankunft des Königs in Babylon sollte der Zug gegen die Araber eröffnet werden. Zu gleicher Zeit ward Herakleides, des Argaios Sohn, mit einer Schaar Schiffszimmerleute nach dem Strande des kaspischen Meeres abgesandt, mit dem Auftrage, in den Waldungen der hyrkanischen Gebirge Schiffsbauholz zu fällen und Kriegsschiffe sowohl mit als ohne Deck nach hellenischer Art zu zimmern. Auch diese Expedition hatte den

---

[1]) Nach Frontin. I. 2. 3 schickten die Karthager cum animadvertissent Alexandri ita magnas opes ut Africae quoque immineret, unum ex civibus, virum acrem, nomine Hamilcarem Rodinum (?) in die Nähe Alexanders, wo er als Verbannten sich einführend des Königs Gunst gewann; qua is potitus consilia ejus nota suis civibus fecit. Daß dieß Strategem aus Trog. Pomp. stammt, sieht man aus der ausführlichen Angabe bei Justin. XXI. 6. 1.

Zweck, zunächst zu untersuchen, ob das kaspische Meer eine nördliche Durchfahrt darbiete und ob es mit dem maiotischen See oder dem offenbaren Meer im Norden und durch dasselbe mit den indischen Gewässern in Verbindung stehe [1]). Alexander mochte hoffen, mit dieser Expedition jenen Skythenfeldzug, den er vor fünf Jahren mit dem Chorasmierkönig besprochen hatte, in Ausführung zu bringen. Ebenso waren für die Landmacht neue und sehr bedeutende Verstärkungen angeworben, welche im Laufe des Frühlings in Babylon eintreffen sollten. Es war offenbar, daß Alexander Großes vorhatte; es schien, als ob zu gleicher Zeit Feldzüge gegen Norden, Süden und Westen unternommen werden sollten; vielleicht, daß er sie einzelnen Feldherren zu übertragen gedachte, während er vorerst das Ganze von Babylon, der Residenz seines Reiches, aus zu leiten sich vorbehielt.

Die Truppen und ihre Führer werden voll ungeduldiger Spannung, neue Feldzüge fürchtend oder hoffend, gen Babylon hinab gezogen sein; sie wußten nicht, wie tief ihr König seit des Freundes Tod gebeugt, wie er umsonst mit kühnen und kühneren Plänen den Gram seines Herzens zu übertäuben bemüht war; sie wußten nicht, wie ihm die Freude des Lebens zerstört, wie seine Seele trüber Ahnungen voll war; mit Hephaistion war ihm seine Jugend zu Grabe getragen, und kaum an der Schwelle der männlichen Jahre begann er zu altern; der Gedanke des Todes schlich sich in seine Seele [2]).

Der Tigris war überschritten; schon sah man die Zinnen der Riesenstadt Babylon, da kamen dem Heereszuge die Vornehmsten der Chaldäer, der sternkundigen Priester von Babylon,

---

[1]) In Herakleides Auftrage jene weitere Absicht eines Skythenzuges zu suchen, giebt außer der Wahrscheinlichkeit, welche die Sache an sich hat, das von Arrian (VII. 1. 3) erwähnte Gerücht Anlaß.

[2]) Arrian. VII. 16. 13 sagt: „Alexander hätte wohl lieber vor Hephaistion sterben, als ihn überleben mögen, nicht minder wie Achill lieber vor Patroklos gestorben, als Rächer seines Todes geworden wäre“.

entgegen; sie nahten sich dem Könige, sie führten ihn zur Seite und drangen in ihn, den Weg nach Babylon nicht weiter zu verfolgen: die Stimme des Gottes Bel habe ihnen offenbart, daß ihm der Einzug in Babylon jetzt nicht zum Heile sei [1]). Alexander antwortete mit dem Verse des Dichters: der beste Seher sei der, welcher glücklich weissage. Sie fuhren fort: „nicht gen Westen schauend, o König, nicht von dieser Seite des Stromes komme nach Babylon; umgehe die Stadt, bis du gen Morgen siehst."

Er ließ das Heer am Ostufer des Euphrat lagern, er zog am folgenden Tage auf dieser Seite des Stromes hinab, um dann hinüber zu gehen und von Westen her in die Stadt einzuziehen; aber die sumpfigen Ufer des Stromes hemmten ihn; nur innerhalb der Stadt waren Brücken; es hätte weiter Umwege bedurft, um zu den westlichen Quartieren von Babylon zu gelangen. Damals, heißt, es, kam der Sophist Anaxarchos zum Könige und bekämpfte mit philosophischen Gründen des Königs Aberglauben [2]); glaublicher ist, daß Alexander, bald Herr des ersten Eindruckes, die Sache für weiteren Zeitverlust und größere Umwege zu unbedeutend anzusehen suchte, daß er die Folgen, welche die zu große Besorglichkeit von seiner Seite im Heer und Volk hätte hervorbringen müssen, mehr scheute als die etwanige Gefahr, daß er nicht zweifelhaft sein konnte, wie guten Grund die Chaldäer hatten, seine Anwesenheit in Babylon nicht eben zu wünschen. Er hatte im Jahre 330 bereits den Befehl gegeben, den riesigen Tempel des Bel, der seit

---

[1]) Arrian. VII. 16. 5. Nach Plutarch und Diodor ließen die Chaldäer, die sich fürchteten mit Alexander zu sprechen (?), den Admiral Nearch ihre Warnungen überbringen, der allerdings schon mit der Flotte eingetroffen war.

[2]) Diese Angabe hat Diod. XVII. 112. Plutarch sagt, der König habe auf die Warnung der Chaldäer gar nicht geachtet; als er sich aber der Mauer genahet, habe er eine Menge von Raben mit einander im heftigen Kampfe gesehen, von denen mehrere todt neben ihn niederfielen. Justin sagt, das sei in Borsippa gewesen; doch lag diese heilige Stadt auf dem Westufer des Euphrat.

Xerxes Zeit als Ruine da stand, wieder herzustellen; während seiner Abwesenheit war der Bau bald ins Stocken gerathen, die Chaldäer hatten das Ihre dazu gethan, um den Ertrag der reichen Tempelgüter, die zur Erhaltung des Baues bestimmt waren, nicht zu verlieren. So war es begreiflich, wenn die Sterne dem Könige den Eintritt in Babylon untersagten oder möglichst erschwerten; wider den Rath der Chaldäer rückte Alexander an der Spitze seines Heeres von Morgen her in die östlichen Quartiere der Stadt ein; er ward von den Babylonern freudig empfangen; mit Festlichkeiten und Gelagen feierten sie seine Rückkehr.

Es befand sich, so berichtet Aristobulos, zu dieser Zeit der Amphipolite Peithagoras, aus priesterlichem Geschlecht und der Opferschau kundig, in Babylon; sein Bruder Apollodoros, der seit dem Jahre 331 Strateg der Landschaft war, hatte bei Alexanders Rückkehr aus Indien demselben mit den Truppen der Satrapie entgegenziehen müssen, und da ihn das strenge Strafgericht, welches der König über die schuldigen Satrapen ergehen ließ, auch für seine Zukunft besorgt machte, sandte er an seinen Bruder nach Babylon, über sein Schicksal die Opfer zu beschauen. Peithagoras hatte ihn dann fragen lassen, wen er am meisten fürchte, über den wolle er schauen; auf des Bruders Antwort, die den König und Hephaistion nannte, hatte Peithagoras Opfer angestellt, und nach der Opferschau dem Bruder nach Ekbatana geschrieben: Hephaistion werde ihm bald nicht mehr im Wege sein; diesen Brief hatte Apollodor am Tage vor Hephaistions Tode empfangen. Ferner opferte Peithagoras über Alexander; er fand dieselbe Schau und schrieb seinem Bruder dieselbe Antwort. Apollodoros, so heißt es, ging selbst zum Könige, um zu zeigen, daß seine Hingebung größer sei als seine Sorge für das eigene Wohl; er sagte ihm von der Opferschau über Hephaistion und ihrer Erfüllung; auch über ihn habe Peithagoras nichts Glückliches geschaut, er möge sein Leben hüten und die Gefahren, vor denen die Götter warnten, meiden. Jetzt in Babylon ließ der König Peithagoras zu sich kommen, ihn befragen, welche Schau er gehabt habe, daß er solches seinem Bruder geschrieben? „Die Leber des Opfers sei ohne Kopf gewesen“, war die Antwort. Alexander dankte dem Seher, daß er ihm offen und sonder Trug die Wahrheit gesagt, entließ ihn mit allen Zeichen seines Wohlwollens. Aber er war betroffen über dies Zusammentreffen der hellenischen Opferschau mit den Warnungen der Astrologen; es war ihm unheimlich in den Mauern dieser Stadt, die er vielleicht besser gemieden hätte; ihn beunruhigte der längere Aufenthalt in diesen Palästen, vor denen ihn die Götter vergebens gewarnt hatten. Aber er konnte noch nicht hinweg.

Es waren neue Gesandtschaften aus den hellenischen Ländern eingetroffen, auch mehrere Makedonen, sowie Missionen der Thraker, Illyrier, anderer abhängiger Völker, um, so hieß es, über den Reichsverweser Antipatros Klage zu führen. Antipatros selbst soll seinen Sohn Kassandros gesandt haben, zu rechtfertigen was er gethan; vielleicht wünschte er zugleich, dem Könige, bei dem sich bereits sein Sohn Jollas als Mundschenk befand, in seinem ältesten Sohn ein neues Unterpfand seiner Treue zu geben, und durch dessen Bemühung das gestörte Verhältniß zu Alexander, bevor er selbst seinem Befehle gemäß bei Hofe eintraf, wieder herzustellen. Es wird, freilich nach wenig zuverlässigen Gewährsmännern, von ärgerlichen Auftritten zwischen dem Könige und Kassandros gemeldet [1]).

Von den Verhandlungen der hellenischen Gesandtschaft wird Näheres nicht berichtet; es ist wahrscheinlich, daß, da bei den kurz vorher empfangenen Gesandtschaften die örtlichen und Privatangelegenheiten meist nach den Wünschen der Betheiligten abgemacht, die Vorstellungen gegen die Zurückführung der Verbannten dagegen ein- für allemal abgewiesen waren, jetzt besonders nur Glückwünsche wegen der indischen Siege und der Heimkehr, sowie goldene Kränze und Danksagungen für die

---

[1]) So bezeichnet diese Gerüchte und was sich weiter daran geknüpft haben soll, Arrian. VII. 27. Vollständig hat die Erzählung Plut. Alex. 74. Einiges davon Diod. XVII. 118.

Aufhebung der Exile und andere Wohlthaten des Königs dargebracht wurden. Der König bezeugte ihnen seinen Dank mit Ehren und Geschenken, namentlich sandte er den Staaten die einst von Xerxes geraubten Statuen und Weihgeschenke, so viele er deren in Pasargadai, Susa, Babylon und sonst noch vorgefunden hatte, zurück [1]).

Auch die örtlichen Angelegenheiten der großen Residenz mochten des Königs Anwesenheit verlängern; wenigstens wird überliefert, daß Alexander, nachdem er die von ihm angeordneten Bauten in Augenschein genommen und gesehen hatte, wie namentlich die Wiederherstellung des Beltempels fast ganz liegen geblieben war, sofort das Werk mit dem größten Eifer zu fördern befahl, und, da für den Augenblick die Truppen ohne Beschäftigung waren, dieselben zum Baudienst commandirte. So arbeiteten 20,000 Menschen zwei Monate hindurch, um nur erst die Trümmer ganz abzutragen und die Baustelle zu reinigen; die späteren Ereignisse hinderten den Beginn des eigentlichen Baues [2]).

Endlich konnte Alexander Babylon verlassen; die Stromflotte, von Nearchos geführt, war aus dem Tigris durch den persischen Meerbusen den Euphrat hinaufgekommen und lag unter den Mauern der Residenz; auch aus Phoinikien waren die Schiffe angelangt; zwei Penteren, drei Tetreren, zwölf Trieren und gegen dreißig Dreißigruderer waren von den Werften der Küste zersägt über Land nach Tapsakos gebracht, dort wieder zusammengefugt und den Strom hinabgekommen; auch hatte der König in Babylon selbst Schiffe zu bauen befohlen, und zu dem Ende, indem die Landschaft weit und breit keine anderen Bäumen als Palmen hat, die Cypressen, die sich in den königlichen Gärten von Babylon in großer Menge befanden, umhauen lassen. So war die Flotte bald auf bedeutenden Bestand gebracht; und

---

1) Plut. 74. Arrian. VII. 19 nennt besonders eine Artemis Kelkaia (cf. C. I. Gr. II, p. 47, n°. 1947) und die Heroenbilder des Harmodios und Aristogeiton, deren Heimsendung er schon III. 16. 7 erwähnt, an der früheren Stelle positiv, hier mit einem λέγεται.

2) Arrian. VII. 17. 4. Strabo XVI, p. 738.

da der Strom keine geeignete Hafenstelle hatte, erging der Befehl, unfern der Residenz ein großes Bassin auszugraben, das Raum und Werften für tausend Schiffe bieten sollte. Aus Phoinikien und den übrigen Strandgegenden kamen Matrosen, Zimmerleute, Kaufherren, Krämer in Schaaren herbei, um in Folge des königlichen Aufrufs mit den Schiffen die neue Handelsstraße zu benutzen, oder sich für den nächsten Feldzug auf die Flotte zu verdingen. Während dieser Rüstungen wurde Mikkalos von Klazomenai mit 500 Talenten nach Phoinikien und Syrien gesandt, um dort möglichst viele Strandbewohner und Schiffer anzuwerben und nach dem unteren Euphrat hinabzuführen; es war der Plan des Königs, an den Küsten des persischen Meerbusens und auf den Inseln desselben Kolonien zu gründen, um durch diese den Verkehr in den südlichen Gewässern emporzubringen und zugleich in ihnen eine Sicherung der arabischen Küste zu schaffen. Alexander wußte von den vielen und eigenthümlichen Produkten dieses Landes, die er um so leichter in den großen Verkehr zu bringen hoffte, je ausgedehnter und hafenreicher das Küstenland der Halbinsel ist. Die weite Wüste von den Gränzen Aegyptens bis nahe bei Thapsakos und Babylon war von Beduinenstämmen durchschweift, welche die Gränzen der anstoßenden Satrapien sowie die Landstraßen oft genug beunruhigten; wenn sie zur Unterwerfung gezwungen wurden, so war außer der Sicherung der Gränzen und Straßen namentlich eine bei Weitem kürzere Verbindung zwischen Babylon und Aegypten gewonnen; es mußte dann vor Allem die petraïsche Landschaft sowie die Nordspitzen des rothen Meeres in Besitz genommen und colonisirt werden, es mußten sich an diesen Stellen die Landwege durch das Araberland mit dem Seewege um die arabische Küste, dessen Entdeckung die nächste Absicht war, vereinigen.

Bereits waren drei Schiffe den Strom hinab ins Meer gesandt worden. Zunächst kehrte Archias mit seinem Dreißigruderer zurück; er hatte südwärts von der Euphratmündung eine Insel [1]) gefunden; er berichtete, sie sei klein, dicht bewaldet,

[1]) Unzweifelhaft irrt Arrian mit seiner Angabe über die Entfernung

von einem friedlichen Völkchen bewohnt, das die Göttin Artemis verehre und in ihrem Dienst die Hirsche und wilden Ziegen der Insel ungestört weiden lasse; sie liege in der Nähe des Meerbusens der Stadt Gerra, von der aus die Hauptstraße durch das Innere Arabiens zum rothen und mittelländischen Meere führe, und deren Einwohner als betriebsame und reiche Handelsleute genannt würden. Alexander gab, seltsam genug, dieser Insel den Namen jenes Ikaros, der den kühnen Flug bis in die Sonnennähe gewagt und in den Wellen mit allzufrühem Tode gebüßt hat. Von der Insel Ikaros aus, berichtete Archias weiter, sei er südostwärts zu einer zweiten Insel gekommen, welche die Bewohner Tylos [1]) nannten; sie sei groß, weder steinig noch waldig, zum Feldbau geschickt und ein glückliches Eiland; er hätte hinzufügen können, daß sie in Mitten der unerschöpflichen Perlenriffe liege, von denen sich schon manche Sage unter den Makedonen verbreitet hatte. Bald darauf kam das zweite Schiff, das Androsthenes geführt hatte, zurück; er war dicht an der Küste hinabgesteuert und hatte ein großes Stück des arabischen Strandes beobachtet. Am weitesten von den ausgesandten Schiffen war das gekommen, welches der Steuermann Hieron aus Soloi führte; er hatte Weisung erhalten, die ganze Halbinsel Arabien zu umschiffen und eine Einfahrt in den Meerbusen, der sich nordwärts bis wenige Meilen von Heroonpolis in Aegypten hinaufzieht, zu suchen; er hatte, obschon er einen bedeutenden Theil der arabischen Gestade hinabgekommen war, nicht weiter zu gehen gewagt; er brachte die Nachricht, die Größe der Halbinsel sei außerordentlich und möchte der von Indien wohl gleich kommen; er sei südwärts bis zu einem Vorgebirge gekommen, das sich weit ostwärts in die offenbare See

---

dieser Insel von der Euphratmündung in der Art, wie es Mannert bezeichnet; wenigstens ist Strabo XV, p. 381 vollkommen klar.

1) Nach Strabo XV, p. 382 lag Tylos oder Tyros eine Tagreise von dem Vorgebirge Maketa, zehn von Teredon (Diridotis) und der Euphratmündung; freilich findet sich dort keine Insel, die man groß nennen könnte.

hinaus erstrecke; die nackten und öden Sandufer möchten eine weitere Fahrt sehr erschweren [1]).

Während die Bauten in und um Babylon und die Arbeiten auf den Schiffswerften, das Ausgraben des Hafenbassins, das Abtragen des Belthurmes, das grandiose Gebäude des Scheiterhaufens für Hephaistion rasch gefördert wurden, ging Alexander mit einigen Schiffen den Euphrat hinab, um die großen Deicharbeiten an dem Pallakopas zu besichtigen [2]). Dieser Kanal ist etwa sechzehn Meilen Stromfahrt unterhalb Babylon aus dem Euphrat gen Westen gegraben und endet in einen See, der, von den Wassern des Stromes gespeist, sich längs der Gränze des arabischen Landes südwärts in einer Reihe von Morästen bis zum persischen Meerbusen fortsetzt. Der Kanal ist für die Landschaft von unberechenbarer Wichtigkeit; wenn im Frühlinge die Wasser des Stromes zu schwellen beginnen und, während unter der Sommersonne der Schnee in den armenischen Bergen schmilzt, immer mächtiger und höher hinabfluthen, würde die ganze Landschaft der Ueberschwemmung ausgesetzt sein, wenn nicht dem Strom durch die Kanäle und besonders durch den Pallakopas ein Abfluß gegeben wäre, der dann zugleich das Stromland schützt und den vom Strom entfernteren Gegenden die Segnungen der reichsten Wässerung bringt. Wenn aber der Euphrat mit dem Herbste wieder abnimmt, so ist es nothwendig den Kanal schnell zu schließen, weil sonst der

---

1) Schon Mannert hat dieß Vorgebirge in dem Korondanum des Ptolemaios, dem heutigen Kuriat oder Ras Akanis wieder erkannt, und es scheint ein Irrthum des Onesikrit, wenn er gemeint hat, das sei dieselbe Landspitze (Maketa), die man bei der Fahrt von Indien her im Westen gesehen habe (Arrian. Ind. 28).

2) Dieser Kanal, dessen Namen Strabo, obschon er den Bau an demselben erwähnt, nicht nennt, scheint von Edrisi (S. 304), bezeichnet zu werden, wenn er sagt: „Von dem Castell Ebn-Hobaira ergießt sich der Euphrat über die Landschaft Kufa, indem sich seine Ueberfülle in einen See sammelt." Dieser See Rumyah, der zu Anfang des siebzehnten Jahrhunderts noch nicht trocken lag, ist auf Rennels Karte von Babylonien genauer verzeichnet.

Strom diesem kürzeren Wege, sich zu ergießen, folgen und sein Bett verlassen würde; die Arbeit wird dadurch erschwert, daß die Stelle des Ufers, wo der Kanal beginnt, losen Grund hat, sodaß die Aufschüttungen selbst außerordentliche Mühe machen und dann doch nicht genügenden Widerstand gegen die starke Strömung des Euphrat leisten; auch sind die Deiche des Kanals bei hohem Wasser stets der Gefahr, ganz zertrümmert zu werden, ausgesetzt, und es kostet ungeheure Arbeit, sie zu rechter Zeit zur Schließung des Kanals wieder herzustellen. So arbeiteten jetzt auf Befehl des Satrapen von Babylon zehntausend Menschen schon seit drei Monaten an diesen Deichen; Alexander fuhr hinab, die Arbeit zu besichtigen; er wünschte irgend eine Abhülfe jenes Uebelstandes zu finden. Er fuhr weiter stromab, um das Ufer zu untersuchen; er fand eine Stunde unterhalb der Kanalmündung einen felsigen Uferrand, der allen Erwartungen entsprach; hier befahl er einen Kanal durchzusprengen und ihn nordwestlich in das alte Bett des Pallakopas zu führen, dessen Mündung dann für immer zugedammt und verschüttet werden sollte; so, hoffte er, würde es eben so leicht sein, den Abfluß des Euphrat im Herbste zu sperren, wie ihn wieder mit dem Frühjahr zu öffnen. Um sich weiter von der Natur dieser Gegenden westwärts zu überzeugen, fuhr Alexander zum Pallakopas zurück und durch diesen in den See und längs der arabischen Gränze; die Schönheit der Ufer, und mehr noch die Wichtigkeit dieser Gegend bestimmten ihn, hier eine Stadt anzulegen [1]), welche zugleich den Weg nach Arabien öffnete und Babylonien vor Ueberfällen der Beduinen zu schützen vermochte, da der See und die Moräste südwärts bis zum Meerbusen das Stromland decken. Der Bau der Stadt und der Befestigungen wurde sogleich begonnen und

---

[1]) Diese Stadt, die den Namen Alexandreia erhielt, lag wohl ungefähr an der Stelle des heutigen Mesjid Ali (Hira). Mignan hat auf dem Wege von Bagdad nach den Ruinen von Babylon an einem Kanale Trümmer gefunden, die gleichfalls den Namen Iskanderieh trugen; die alten Schriftsteller kennen dort keine Stadt Alexanders.

griechische Söldner, theils Veteranen, theils Freiwillige, daselbst angesiedelt.

Indeß war in Babylon der Bau des Scheiterhaufens für Hephaistion beendet, die großen Leichenspiele zu seinem Gedächtniß sollten beginnen; dieß und das Eintreffen der neuen Truppen machten des Königs Rückkehr in seine Residenz nothwendig. Der König, so wird erzählt, war um so weniger bedenklich zurückzukehren, da sich die Weissagungen der Chaldäer bereits bei seiner neulichen, freilich nur kurzen Anwesenheit in Babylon als nichtig erwiesen zu haben schienen. So begann die Rückfahrt; auf derselben sollten die Gräber der früheren babylonischen Könige, die in den Sümpfen erbaut waren, besucht werden. Alexander selbst stand am Steuer seines Schiffes und führte es in diesem durch Untiefen und Röhricht schwierigen Gewässer; ein plötzlicher Windstoß riß ihm die königliche Kausia, die er nach makedonischer Sitte trug, vom Haupt, und während sich das Diadem von derselben lösete und hinwegflatternd in dem Röhricht bei einem alten Königsgrabe hängen blieb, sank sie selbst unter und ward nicht wieder gefunden; das Diadem aber zu holen, schwamm ein phoinikischer Matrose, der sich mit auf dem Schiffe befand, hinüber, und band es, um bequemer schwimmen zu können, um seine Schläfe; — ein schweres Zeichen, das Diadem um eines fremden Menschen Haupt! Die Zeichendeuter, die der König jetzt stets in seiner Nähe hatte, beschworen ihn, das Zeichen zu zerstören und den Unglücklichen zu enthaupten; Alexander, so heißt es, ließ den Matrosen züchtigen, weil er des Königs Diadem gering genug geachtet, es um seine Stirn zu binden; er gab ihm ein Talent zum Geschenk, weil er schnell und kühn das Zeichen des Königthums zurückgebracht [1]).

Bei seiner Rückkehr nach Babylon fand Alexander die neuen Truppen, die er erwartet hatte. Peukestas, der Satrap von

---

[1]) So berichtet Aristobul bei Arrian. VII. 22; andere Schriftsteller sagen, der Matrose sei hingerichtet worden; andere, Seleukos habe das Diadem geholt und um seine Schläfe gewunden, um es schwimmend zu bringen, ein großes Zeichen der Macht, die ihm das Schicksal bestimmt habe.

Persien hatte 20,000 Perser und außerdem eine bedeutende Zahl von Kossaiern und Tapuriern, die zu den streitbarsten Stämmen Persiens gehören, hergeführt; von Karien war Philoxenos mit einem Heere, mit einem zweiten Menandros [1]) von Lydien, Menidas mit den Reitern aus Makedonien, die er bringen sollte [2]), eingetroffen. Namentlich die persischen Mannschaften empfing der König mit großer Freude; er belobte den Satrapen wegen ihrer vortrefflichen Haltung, und die Leute wegen der Bereitwilligkeit, mit der sie seinem und des Satrapen Aufruf gefolgt seien.

Ueberaus merkwürdig ist die neue Formation, die er mit dem Eintritt dieser asiatischen Truppen seinem Fußvolke oder doch einem Theile desselben gab. Bisher hatte es in dem makedonischen Heer kein Corps von combinirten Waffen, keine Armee im Kleinen gegeben; wenn auch fast für jede Action Infanterie und Cavalerie, leichte und schwere, mit- und nebeneinander verwandt worden waren, sie wurden nur für diesen Fall combinirt und blieben getrennte Waffen. Die neue Formation gab den bisherigen Charakter der Phalanx auf; sie schuf eine Combination von Schwerbewaffneten, Peltasten und leichtem Fußvolk, mit der sich eine völlig neue Art der Taktik ergab. Hatte bisher

---

1) Menandros ist der oben I, S. 325 erwähnte Satrap; die nach ihm datirende Inschrift C. I. Gr. II, n°. 3561 liegt jetzt correcter und vollständiger im Bullet. de corresp. Hell. 1877 I, p. 54 vor; ihr Anfang lautet danach: *Θεός· τύχῃ ἀγαθῇ· Βασιλεύοντος Ἀλεξάνδρου ἔτει ἑνδεκάτῳ, Μενάνδρου σατραπεύοντος, ἐπὶ πρυτάνιος Ἰσαγόρου κτλ.* Es handelt sich um ein unbepflanztes Stück Land (*γῆν ψιλὴν ἀγρὸν*) neben dem bepflanzten des Krateuas, das dieser dem Aristomenes überläßt. Das elfte Jahr Alexanders endet im Herbst 325, reichlich ein Jahr später wird der Satrap mit den Truppen, die er nach Babylon führte, aufgebrochen sein.

2) Menidas mit Epokillos und Sopolis hat Alexander von Nautaka Frühjahr 327 ausgesandt, *ἐς Μακεδονίαν, τὴν στρατιὰν τὴν ἐκ Μακεδονίας αὐτῷ ἀνάξοντας* Arrian. IV. 18. 3. Nach Arrians Ausdruck (VII. 23. 1): *καὶ Μενίδας τοὺς ἱππέας ἄγων τοὺς αὐτῷ ξυνταχθέντας* wird man annehmen dürfen, daß er jetzt erst zur mobilen Armee zurückkehrte.

jede Taxis der Phalanx aus sechszehn Gliedern Hopliten bestanden, so wird jetzt die Rotte so gebildet, daß im ersten Gliede der Dekadarch, der sie commandirt, ein Makedone, im zweiten ein makedonischer Doppelsöldner, im dritten ein altgedienter Makedone (Dekastateros) [1]), ein gleicher im sechzehnten Gliede als Uragos steht; die zwischen ihnen stehenden Glieder 4 bis 15 sind Perser, theils Akontisten, die einen Speer mit Wurfriemen führen, theils Bogenschützen [2]). Waren es jene 20,000 Perser, die so eingereiht wurden, so bildeten sie mit den Makedonen, denen sie zugetheilt waren, ein Corps von reichlich 26,000 Mann, also die unvermeidlichen Manquements abgerechnet, etwa 12 Taxen, jede zu 125 Mann Front. Es blieb mit dieser Formation der Anmarsch in geschlossener Masse; dann zum Gefecht entwickelte sich die Phalanx zu drei Treffen, es

---

1) Die Ansicht über den *δεκαστάτηρος* und die Soldverhältnisse des makedonischen Heeres, die Böckh (Staatsh. I², S. 380) entwickelt, gründet sich auf die bedenkliche Voraussetzung, daß man in Alexanders Zeit schon die Tetradrachme Stater genannt habe. Die einzige, freilich aus kleitarchischer Ueberlieferung stammende Angabe, die weiter führt (Diod. XVII. 64 u. Curt. V. 1. 43), läßt sich so deuten, daß die da angeführten Extrazahlungen — maked. Reiter 600 Dr., Bündner-Reiter 500 Dr., maked. Soldat 200 Dr., der Söldner (zu Fuß) zwei Monate Sold — eine Reihe bilden, indem auch die drei ersten Classen zwei Monate Sold erhalten; also Gold und Silber wie 1:12 gerechnet: 12½ Stat., 10½ Stat., 4 Stat., 3½ Stat.; vielleicht darf man annehmen, daß dieß nur der Sold war, daß eben so viel auf Verpflegung gerechnet wurde, also: 25, 21, 8, 7 Stat.; dann hätte der Dimoirit monatlich 16 Stat. erhalten, und der Dekastateros sich um zwei Stateren besser als der gewöhnliche Phalangit gestanden.

2) Arrians Angaben (VII. 23. 3) über diese neue Ordnung sind kurz, aber die eines Sachkenners. Freilich bleiben uns viele Fragen ohne Antwort. Die Ziffer 26,664 ergiebt sich, wenn man die Kossaier und Tapurier nicht mitrechnet. War beim makedonischen Fußvolk, wie es scheint, der Lochos zu 500 Mann (31 Mann Front) die Grundform, und bildeten vier Lochen eine Taxis, so ergeben sich die Intervalle von selbst, die zum Vorbrechen aus den mittleren Gliedern nöthig waren. Nur fehlt dann ein Ersatz für das, was die römische Manipularordnung in der Aufstellung en échellon bietet. Die ganze Frage verdient wohl, von Sachkundigen erörtert zu werden.

deployirten rechts und links durch die Intervalle die Bogenschützen zum ersten Fernangriff, es folgten die Speerwerfer; die ersten drei Glieder und das letzte blieben als Triarier oder richtiger als Soutien zurück, und wenn die Bogenschützen und Akontisten nach ihrem Tirailleurgefecht sich durch die Intervalle und in ihre Glieder zurückgezogen, ging das Ganze in geschlossener Masse auf den schon erschütterten Feind los. Die Taktik dieser neuen Formation verband alle Vorzüge der italischen Legion in ihrer Manipularordnung mit den wesentlichen der früheren Phalanx: Massenwirkung und Beweglichkeit, — für die leichten Truppen schnellste Verwendbarkeit gegen den angreifenden Feind, und sichere Deckung während des Handgemenges, — die Phalangen immer noch wandelnde Castelle, aber solche, die von sich selber aus Ausfälle der leichten Truppen möglich machten und den weiteren Rayon beherrschten, den diese hervorbrechend mit ihren Pfeilen bestreichen konnten.

Schon diese Neuordnung, die im Hinblick auf die Völker Italiens gemacht schien [1]), mußte auffallen; dazu kamen mannichfache Gerüchte, daß in die Provinzen des Mittelmeeres Befehle zur Rüstung unzähliger Schiffe gesandt seien, Gerücht von Kriegszügen nach Italien, Sicilien, Iberien, Afrika. Es schien in der That, als ob, während die Flotte gegen die Küstenländer Arabiens in See gehen sollte, das Landheer durch Arabien oder auf welchem Wege sonst gen Westen ziehen werde, die Barbaren des Abendlandes, die Feinde des Griechenthums in Afrika und Italien zu unterwerfen [2]).

Das Einrangiren der neuen, namentlich persischen Truppen, leitete Alexander selbst; es geschah im königlichen Garten, der König saß auf dem goldenen Thron, mit dem Diadem und im königlichen Purpur; zu beiden Seiten die Getreuen

---

1) Daß Alexander von der römischen Legion Kenntniß gehabt hat, wird man wohl annehmen dürfen; seit dem Spartaner Archidamos und dem Molosser Alexandros waren die militärischen Verhältnisse Italiens den Kriegskundigen der hellenischen Welt bedeutsam genug, um von ihnen genau erkundet zu werden.

2) Soviel darf wohl aus Diod. XVIII. 4 entnommen werden.

auf niedrigeren Sesseln mit silbernen Füßen; hinter diesen in gemessener Entfernung die Eunuchen, nach morgenländischem Brauch mit gekreuzten Armen, in medischer Tracht; Schaar auf Schaar zogen dann die neuen Truppen vorüber, wurden gemustert und an die Phalangen vertheilt. So mehrere Tage; an einem derselben war der König, von den Anstrengungen ermüdet, vom Throne aufgestanden, und, nachdem er Diadem und Purpur auf demselben zurückgelassen, zu einem Bassin im Garten gegangen, um ein Bad zu nehmen; nach der Hoffitte folgten die Getreuen, während die Eunuchen an ihren Plätzen blieben. In kurzer Frist kam nun ein Mensch daher, schritt ruhig durch die Reihen der Eunuchen, die ihn nach persischer Sitte nicht hindern durften, stieg die Stufen des Thrones hinauf, schmückte sich mit dem Purpur und Diadem, setzte sich an des Königs Stelle, blickte stier vor sich hin; die Eunuchen zerrissen ihre Kleider, sie schlugen sich Brust und Stirn und wehklagten über das furchtbare Zeichen. Gerade jetzt kam der König zurück, er erschrack vor seinem Doppelgänger auf dem Thron; er befahl, den Unglücklichen zu fragen, wer er sei, was er wolle? Der blieb regungslos sitzen, sah stier vor sich hin; endlich sprach er: „ich heiße Dionysios und bin von Messene; ich bin verklagt und in Ketten vom Strand hierher gebracht; jetzt hat der Gott Sarapis mich erlöst und mir geboten, Purpur und Diadem zu nehmen und still hier zu sitzen". Er ward auf die Folter gebracht, er sollte bekennen, ob er verbrecherische Absichten hege, ob er Genossen habe; er blieb dabei, es sei ihm von dem Gott geheißen. Man erkannte, des Menschen Verstand war gestört; die Wahrsager forderten seinen Tod [1]).

Es mochte im Mai des Jahres 323 sein, die Stadt Ba-

[1]) Arrian. VII. 24 nach Aristobul, Diod. XVII. 116; Plut. 74 mit einzelnen Abweichungen; diese Geschichte begab sich wenige Tage vor den Opfern und Festen, die nach den Ephemeriden in den Daisios fielen. Daß dieser Monat sich ungefähr auf Mai und Juni vertheilt, wird in der Beilage wahrscheinlich gemacht werden.

bylon war voll kriegerischen Lebens; die Tausende der neuen Truppen, voll Begier nach dem Feldzuge, in dem sie ihre erste Waffenprobe machen sollten, übten sich, in der neuen Ordnung zu fechten; die Flotte, die bereits unter Tau und Segel war, lief fast täglich, unter ungeheurem Zulauf von Zuschauern aus der Residenz, von ihrer Station aus, um sich im Steuern und Rudern zu üben; der König selbst war meist zugegen und vertheilte an die Sieger im Wettkampf Lob und goldene Kränze [1]). Man wußte, daß demnächst der Feldzug eröffnet werden würde; man glaubte, daß sich an die Leichenfeier für Hephaistion die üblichen Opfer und Gastmähler anschließen würden, bei denen der König den Beginn der neuen Kriegsoperationen zu verkünden pflegte.

Unzählige Fremde waren zu der Feier herbeigeströmt, unter diesen Gesandtschaften aus Hellas, die in Folge der Beschlüsse, dem Könige göttliche Ehre zu erweisen, den Charakter von heiligen Theoren angenommen hatten, als solche vor dem Könige erschienen und anbetend nach hellenischem Brauch die goldenen Kränze weihten, mit denen die Staaten der Heimath den Gott-König zu ehren wetteiferten. Dann kehrten auch des Königs Theoren aus dem Ammonion zurück, die angefragt hatten, wie der Gott gebiete, daß Hephaistion geehrt werde; sie brachten die Antwort, man solle ihm wie einem der Heroen opfern [2]). Nach Empfang dieser Botschaft befahl der König, die Todtenfeier und die ersten Opfer für den Heros Hephaistion zu begehen [3]).

---

[1]) Arrian. VII. 23. 5.

[2]) Die Schilderung des Scheiterhaufens, wie sie sich bei Diodor findet, ist zu wenig technisch, um danach eine Zeichnung des Gebäudes mit einiger Sicherheit entwerfen zu können; die berühmten Entwürfe von Quatremère de Quincy sind alles, nur nicht im Geist der hellenischen Architektur.

[3]) So nach Arrian. VII. 23. 8; dagegen sagt Diod. XVII. 115, daß das Ammonion göttliche Ehre zu weihen und ihn als *πάρεδρος* (emendirt aus Lucian. de cal. non cred. 17) anzuflehen geboten habe; für das erste spricht auch die Angabe, daß Kleomenes von Aegypten dem Verstorbenen ein Heroon in Alexandrien und ein anderes auf der Insel Pharos errichtete;

Es war ein Theil der Mauern Babylons abgetragen, dort erhob sich in fünf Absätzen, bis zu einer Höhe von zweihundert Fuß emporgethürmt, das Prachtgebäude des Scheiterhaufens, zu dem der König zehntausend Talente bestimmt, die Freunde, die Großen, die Gesandten, die Babylonier zweitausend Talente hinzugefügt hatten; das Ganze leuchtete von Gold und Purpur, von Gemälden und Bildhauerwerken; auf der Höhe des Gebäudes standen Sirenenbilder, aus denen herab die Trauerchöre für den Todten erklangen. Unter Todtenopfern, Trauerzügen und Klagegesängen ward der Scheiterhaufen den Flammen übergeben; Alexander war zugegen, vor seinen Augen sank das wundervolle Werk in Flammen lodernd zusammen, und ließ nichts zurück als Zerstörung und Oede und Trauer um den Verlornen. Dann folgten die Opfer zu Ehren des Heros Hephaistion; Alexander selbst weihte dem erhöhten Freunde die ersten Spenden, zehntausend Opferstiere wurden zu seinem Ge-

---

die Nachricht hiervon und von anderen Ehrenbezeigungen, die der Satrap für Hephaistion erfunden, sandte er an den König, dessen Zorn er wegen mehrerer Bedrückungen fürchtete, und erhielt ein Dankschreiben von Seiten Alexanders, in dem es unter anderm hieß: „wenn ich höre, daß du die Heiligthümer Aegyptens gut besorgst und namentlich für das Heroon des Hephaistion sorgst, so will ich das frühere Unrecht vergessen und wegen dessen, was du noch künftig verfehlst, sollst du von mir nichts Leides erfahren." Selbst Arrian fällt über diese Antwort des Königs ein hartes Urtheil; mit Recht, wenn Alexander durch nichts als das Wohlgefallen an jenen Ehren des Hephaistion bestimmt worden wäre. Jedenfalls war Kleomenes ein ausgezeichneter Financier und ein höchst brauchbarer Verwaltungsbeamter; seine Satrapie war für die zunächst bevorstehenden Feldzüge von der höchsten Wichtigkeit, und er, im ägyptischen Lande geboren, kannte das Land wie kein Anderer; vielleicht machten es die Verhältnisse unmöglich, ihn schon jetzt aus der Ferne zur Rechenschaft zu ziehen, vielleicht hätte ein Zeichen königlicher Ungnade genügt, ihn zur Flucht zu veranlassen und die großen Schätze, die er gesammelt, wären der Satrapie und dem Königthume entrissen gewesen. Diese Dinge liegen auf der Oberfläche; wie viele geheimere und eigenthümlichere Verhältnisse können noch obgewaltet haben, das Schreiben des Königs nothwendig zu machen; und man hat nach Allem, was man sonst von ihm weiß, wohl Anlaß, ihn nicht sofort auf das niedrigste Maaß zu taxiren.

dächtniß geopfert und an das gesammte Heer, das der König zum Festmahl geladen, vertheilt.

Andere Festlichkeiten füllten die nächsten Tage; der König opferte, denn schon war der Tag zur Abfahrt der Flotte und zum Beginn des arabischen Feldzuges bestimmt, den Göttern, denen er pflegte, in üblicher Weise; er opferte dem guten Glücke, er opferte nach der Weisung seiner Wahrsager auch den Göttern, die dem Uebel wehren. Und während das gesammte Heer bei dem Opfermahl und dem Weine, den der König spendete, fröhlich war, hatte er die Freunde bei sich zum Abschiedsmahle versammelt, das er seinem Admiral Nearchos gab. Dieß war am 15. Daisios gegen Abend; als die meisten Gäste schon hinweg waren, kam der Thessaler Medios, einer der Hetairen, und bat den König, noch einer kleinen Gesellschaft bei ihm beizuwohnen, es werde ein heiteres Gelag sein. Alexander hatte den edlen Thessaler gern, er ging mit ihm; die Fröhlichkeit der vertrauten Männer heiterte auch ihn auf; er trank ihnen der Reihe nach zu; gegen Morgen trennte man sich, man versprach, sich am nächsten Abend wieder zu finden [1]).

Alexander ging heim, badete, schlief bis spät am Tage; zur Abendtafel ging er wieder zu Medios, und man trank wieder fröhlich bis tief in die Nacht. Unwohl kehrte der König zurück; er badete, aß ein Wenig, legte sich fiebernd zur Ruhe. Am Morgen des 17. Daisios fühlte er sich sehr unwohl; durch die Gemüthsbewegungen der jüngsten Zeit, durch die Gelage, die in den letzten Tagen schnell auf einander gefolgt waren, für eine Krankheit nur zu empfänglich, wurde er von dem Fieber außerordentlich angegriffen; er mußte sich auf seinem Lager zum Altare tragen lassen, um dort das Morgenopfer, wie er jeden Tag pflegte, zu halten; dann lag er im Männersaale auf dem Ruhebett, ließ die Befehlshaber hereinkommen, gab ihnen die

---

[1]) Plut. Alex. 75. Athen. X, p. 432. Arrian. VII. 24. Ich erwähne nur die unsinnige Muthmaaßung, daß Alexander bei Medios Gift, das Aristoteles angegeben und Kassandros gebracht, erhalten habe.

nöthigen Befehle für den Aufbruch; das Landheer sollte am 20. aufbrechen, die Flotte, mit der er selbst fahren werde, den Tag darauf. Dann ließ er sich gegen Abend auf seinem Ruhebette zum Euphrat hinabtragen, auf ein Schiff bringen, über den Strom zu den Gärten jenseits fahren; dort nahm er ein Bad; unter Fieberschauern brachte er die Nacht zu. Am anderen Morgen nach dem Bade und dem Morgenopfer ging er in sein Kabinet und lag dort den Tag über auf dem Ruhebett; Medios war bei ihm und suchte ihn mit Gesprächen aufzuheitern; der König beschied die Anführer für den nächsten Morgen vor sich; nachdem er wenig zu Nacht gegessen, legte er sich zur Ruhe; das Fieber nahm zu, des Königs Zustand verschlimmerte sich; die ganze Nacht durch war er ohne Schlaf. Am Morgen des 19., nach dem Bade und dem Opfer wurde Nearchos und die übrigen Officiere der Flotte vorgelassen; der König eröffnete ihnen, daß seiner Krankheit wegen die Abfahrt um einen Tag verschoben werden müsse, daß er jedoch bis dahin so weit wieder hergestellt zu sein hoffe, um den 22. zu Schiffe gehen zu können. Er blieb im Badezimmer; Nearch mußte sich an sein Lager setzen und von seiner Fahrt auf dem Ocean berichten; Alexander hörte mit Aufmerksamkeit zu; er freute sich, bald ähnliche Gefahren selbst zu durchleben. Indeß verschlimmerte sich sein Zustand, die Heftigkeit des Fiebers wuchs; dennoch berief er am Morgen des 20. nach dem Bade und Opfer die Officiere der Flotte, befahl, auf den 22. Alles zu seinem Empfang auf der Flotte und zur Abfahrt bereit zu halten. Nach dem Bade am Abend neue heftigere Fieberschauer; des Königs Kräfte schwanden sichtlich; es folgte eine schlaflose, qualvolle Nacht. Am Morgen ließ sich Alexander im heftigsten Fieber hinaus vor das große Bassin tragen und hielt mit Mühe das Opfer; dann ließ er die Officiere vor, gab noch einige Befehle über die Fahrt der Flotte, besprach sich mit den Generalen über die Besetzung einiger Officierstellen, übertrug ihnen die Auswahl der zu Befördernden mit der Ermahnung, streng zu prüfen. Es kam der 22., der König lag schlecht darnieder; er ließ sich dennoch zum Altare tragen, opferte und betete; er befahl, daß die Abfahrt der Flotte verschoben werde. Es folgte eine traurige Nacht; kaum vermochte der König am andern Morgen noch zu opfern; er befahl, daß sich die Strategen in den Vorzimmern des Schlosses versammeln, daß die Chiliarchen und Pentakosiarchen im Schloßhofe beisammen bleiben sollten; er ließ sich aus den Gärten zurück in das Schloß tragen. Mit jedem Augenblick wurde er schwächer; als die Strategen eintraten, erkannte er sie zwar noch, vermochte aber nicht mehr zu sprechen. Diese Nacht, den folgenden Tag, die folgende Nacht währte das Fieber, der König lag sprachlos.

Der Eindruck, den des Königs Krankheit im Heere und in der Stadt hervorgebrachte, ist nicht zu beschreiben; die Makedonen drängten sich um das Schloß, sie verlangten ihren König zu sehen, sie fürchteten, er sei schon todt und man verhehle es; sie ließen mit Weheklagen, mit Drohungen und Bitten nicht ab, bis man ihnen die Thür öffnete; sie gingen dann alle nach einander an ihres Königs Lager vorbei, und Alexander hob das Haupt ein Wenig, reichte jedem die Rechte und winkte mit dem Auge seinen Veteranen den Abschiedsgruß. Denselben Tag, es war der 27. Daisios, gingen Peithon, Peukestas, Seleukos, Andere in den Tempel des Sarapis und fragten den Gott, ob es dem Könige besser sei, wenn er sich in den Tempel des Gottes bringen lasse und zu dem Gotte bete; ihnen ward die Antwort: „bringet ihn nicht; wenn er dort bleibt, wird ihm bald besser werden.“ Tags darauf am 28. Daisios gegen Abend, starb Alexander.

Noch zahlreiche andere Ueberlieferungen giebt es von den Vorgängen dieser letzten Tage; sie sind unzuverlässig, zum Theil sichtlich in guter oder böser Absicht erfunden. Insonderheit wird durch keine sichere Angabe bestätigt, daß Alexander auf seinem Sterbelager über die Nachfolge im Reich, über die Form der Regentschaft, über die nothwendigen nächsten Maßregeln irgend etwas durch Worte oder Zeichen bestimmt habe. That er es nicht, so wird er die Klarheit und Spannkraft des Geistes, zu erkennen, was sein Tod bedeuten werde, schon nicht mehr gehabt haben, als er zu empfinden begann, daß er nahe. Jener stumme Abschied von seinen Makedonen bezeichnet wohl die letzten, nur noch halbwachen Regungen seines verklingenden Bewußtseins; die Agonien, die dann folgten, mögen die trostlose Zukunft dessen, was er geschaffen und gewollt, seinem brechenden Auge entrückt haben.

Mit seinem letzten Athemzuge begann der Hader seiner Großen, die Meuterei seines Heeres, das Zusammenbrechen seines Hauses, der Untergang seines Reiches.

Beilagen.

Beilage I.

Die Chronologie des Todes Alexanders.

Die Chronologie der Geschichte Alexanders ergiebt sich aus der Reihenfolge der überlieferten Thatsachen mit hinlänglicher Sicherheit; es sind nur die ausdrücklichen Datirungen gewisser Ereignisse und einige comparative Zeitangaben, welche Schwierigkeiten machen.

Unzweifelhaft hat Arrian ein Recht darauf, für die Geschichte Alexanders als unsere zuverlässigste Quelle zu gelten. Aber er macht seine Zeitangaben nach dem attischen Kalender gelegentlich mit beigefügtem Olympiadenjahre. Daß die Kanzlei Alexanders nach dem makedonischen Kalender datirte, versteht sich von selbst und wird durch die bei Aelian und Plutarch erhaltenen Bruchstücke aus den Ephemeriden bestätigt. Es ist nicht wohl anzunehmen, daß Ptolemaios und Aristobulos in ihren Darstellungen anders datirt haben sollten, da in Alexandreia gewiß, wahrscheinlich auch in Kassandreia, nach makedonischen Monaten gerechnet worden ist. Datirten sie nach diesen, so hat Arrian die Daten, die er in ihnen fand, entweder selbst reducirt, oder die schon anderweitig für die Geschichte Alexanders gemachten Reductionen aufgenommen. Daß bereits in Kleitarch die Daten reducirt waren, kann man aus Justin. XII. 16. 1

nicht ohne Weiteres folgern, obschon es wahrscheinlich ist; und die Bezeichnung nach Olympiaden ist, wenn nicht erst durch Timaios, so gewiß erst nach der Publication des kleitarchischen Werkes in Uebung gekommen.

Wir haben keine Angabe eines Technikers darüber, wie sich der makedonische Kalender zu dem attischen verhielt; und wenn auch der makedonische unzweifelhaft Mondmonate und das Jahr von 354/5 Tagen zu Grunde legte, so bleibt die weitere Frage, ob die Makedonen denselben Schaltcyclus wie die Athener befolgten.

Ideler hat in seiner berühmten Abhandlung „Ueber das Todesjahr Alexanders" (Abhandl. der Berl. Acad. 1821), dann kürzer in seinem „Handbuch der mathematischen und technischen Chronologie", 1825, Bd. I, S. 401 ff. die grundlegenden Erörterungen über die chronologischen Daten in der Geschichte Alexanders gegeben, und die seitdem von Anderen fortgesetzten Untersuchungen haben entweder keine neuen Momente hinzugefügt, oder die schon von ihm gewonnenen von Neuem verdunkelt.

Ideler ging von den wenigen Angaben aus dem Alterthum aus, in denen makedonische Daten mit den entsprechenden attischen zusammengestellt werden. Solcher Angaben haben wir folgende:

I. In einem Briefe des König Philipp an die peloponnesischen Bundesgenossen, der in Demosthenes Rede vom Kranz (§ 156) eingelegt ist, werden dieselben aufgefordert, zur Ausführung des amphiktyonischen Decretes gegen Amphissa ihre Contingente zu stellen, mit Proviant auf 40 Tage *τοῦ ἐνεστῶτος μηνὸς Λώου ὡς ἡμεῖς ἄγομεν, ὡς δὲ Ἀθηναῖοι Βοηδρομιῶνος, ὡς δὲ Κορίνθιοι Πανέμου.*

II. Plutarch (Alex. 3) giebt an, Alexander sei geboren *ἱσταμένου μην`ς Ἑκατομβαιῶνος, ὃν οἱ Μακεδόνες Λῶον καλοῦσιν, ἕκτῃ*, demselben Tage, an dem der Tempel der Artemis in Ephesos niederbrannte. Er fügt hinzu: Philipp, der gerade Poteidaia genommen, habe zu derselben Zeit drei frohe Botschaften erhalten, die, daß Parmenion die Illyrier bewältigt, daß sein Pferd in Olympia gesiegt, daß seine Gemahlin ihm einen Sohn geboren habe.

III. Plutarch (Alex. 16) sagt: man habe dem Alexander, da er dem Granikos nahte, gerathen, eine Schlacht zu vermeiden, weil es der Monat Daisios sei, in dem den Makedonen zu kämpfen nicht für recht gelte (*Δαισίου γὰρ οὐκ εἰώθεισαν οἱ βασιλεῖς τῶν Μακεδόνων ἐξάγειν τὴν στρατιάν*), worauf Alexander befohlen habe, *δεύτερον Ἀρτεμίσιον ἄγειν*.

IV. Derselbe Plutarch sagt an einer anderen Stelle (Cam. 19), daß Alexander im Thargelion am Granikos gesiegt habe, so daß ihm Thargelion und Daisios als derselbe Monat galten.

V. Plutarch identificirt (Arat. 53) den Tag der Befreiung von Sikyon durch Aratos, den 5. Daisios, mit dem Anthesterion (*ἡμέρᾳ πέμπτῃ Δαισίου μηνὸς ὃν Ἀθηναῖοι καλοῦσιν Ἀνθεστηριῶνα*).

VI. Aelian (V. H. II. 25) führt zum Beweise, daß der 6. Thargelion den Griechen ein besonders günstiger Tag sei, u. a. den Sieg Alexanders, in dem er den Perserkönig vernichtet habe, d. h. die Schlacht von Gaugamela an, so wie weiter *καὶ αὐτὸν τὸν Ἀλέξανδρον καὶ γενέσθαι καὶ ἀπελθεῖν τοῦ βίου τῇ αὐτῇ ἡμέρᾳ πεπίστευται*. Da Alexanders Tod am 28. Daisios durch die Ephemeriden bezeugt ist, so kann man annehmen, daß Aelian den 28. Daisios mit dem 6. Thargelion gleichstellt.

Mit vollem Recht hat Ideler die Angabe Aelians völlig außer Rechnung gestellt; es genügt anzuführen, daß in demselben Kapitel dem 6. Thargelion zugeschrieben werden: die Geburt des Sokrates, die Schlacht bei Plataiai, der Sieg bei Artemision, der bei Mykale u. s. w., meist nachweislich unrichtige Daten. Die Gleichstellungen in den fünf anderen Angaben sind in bemerkenswerther Weise einander widersprechend, wie folgende Tabelle veranschaulicht, in der die Zahl nach den makedonischen Monaten die Ziffer der gleichgesetzten attischen angiebt.

			nach I.		nach II.		nach III u. IV.		nach V.
1.	Hekatombaion	Dios	6	—	4	—	4	—	1.
2.	Metageitnion	Apellaios	7	—	5	—	5	—	2.
3.	Boedromion	Audynaios	8	—	6	—	6	—	3.
4.	Pyanopsion	Peritios	9	—	7	—	7	—	4.
5.	Maimakterion	Dystros	10	—	8	—	8	—	5.
6.	Poseideon	Xanthikos	11	—	9	—	9	—	6.
7.	Gamelion	Artemisios	12	—	10	—	10	—	7.
8.	Anthesterion	Daisios	1	—	11	—	11	—	8.
9.	Elaphebolion	Panemos	2	—	12	—	12	—	9.
10.	Munychion	Loos	3	—	1	—	1	—	10.
11.	Thargelion	Gorpiaios	4	—	2	—	2	—	11.
12.	Skirophorion	Hyperberetaios	5	—	3	—	3	—	12.

Man sieht, es sind drei völlig verschiedene Systeme; daß sie nicht aus der Verschiedenheit des attischen und makedonischen Schaltcyklus zu erklären sind, erhellt aus dem Umstand, daß es sich nicht bloß um die Differenz eines Monates handelt: denn der 1. Dios, der makedonische Jahresanfang, fällt nach I. auf den 6., nach II. und III. auf den 4., nach V. auf den 1. attischen Monat.

Ideler hat aus Beobachtungen, die im Almagest erhalten sind, nachgewiesen, daß in den Jahren 245, 237, 229 der Loos innerhalb des julianischen Juli (18., 20., 4. Juli) fiel; dasselbe ergab ihm die Inschrift von Rosette vom Jahr 197. Danach ist klar, daß die von Plutarch unter n°. V angeführte Gleichstellung unmöglich ist, wie denn Ideler auch auf sie nicht Rücksicht genommen hat. Da ihm die Angabe in dem Briefe des Königs Philipp in vorzüglichem Maaße zuverlässig schien, kam er zu der Annahme, daß in Makedonien nach König Philipp eine große kalendarische Reform eingetreten sein müsse, und daß Plutarch, wenn er, die Geburt Alexanders datirend, dem Loos den Hekatombaion gleichgesetzt habe, entweder einen Fehler in der Reduction gemacht, oder die erst später — wahrscheinlich durch Alexander — eingeführte Reform des Kalenders auf die frühere Zeit übertragen haben müsse. Der von mir 1839 versuchte Nachweis, daß die sämmtlichen eingelegten Urkunden in der Kranzrede unächt sind, ist seitdem zu allgemeiner Anerkennung gelangt, und somit erledigen sich die dem Briefe Philipps entnommenen kalendarischen Folgerungen.

Allerdings sind die Angaben, die Plutarch bei Gelegenheit der Geburt Alexanders macht, mit denen in Uebereinstimmung, zu denen ihn die Schlacht am Granikos veranlaßt. Trügen nur beide nicht gar sehr den Charakter eines wenig zuverlässigen Ursprungs. Wenigstens die besseren Quellen, denen Arrian folgt, erwähnen wohl vor der Schlacht am Granikos der Bedenken, mit denen Parmenion dieselbe widerrieth, aber unter diesen findet sich von dem wegen des Monats Daisios und von dem Auswege, den Alexander gefunden haben soll, nichts, obschon Aristobulos dergleichen fromme Dinge sonst gern anführt. Noch übler ist Plutarchs Capitel über die Geburt Alexanders; freilich vermögen wir nicht mehr nachzuweisen, daß der Tempel in Ephesos nicht an dem Tage der Geburt Alexanders abgebrannt sei; aber die drei glücklichen Botschaften, die Philipp, als er Poteidaia belagerte, erhalten haben soll *κατὰ τὸν αὐτὸν χρόνον*, sind doch sehr sonderbar, wenn Alexander am 6. Hekatombaion geboren sein sollte; denn die Olympien wurden „gegen den Vollmond dieses Monats“ gefeiert (Ideler, Ueber das Todesjahr, S. 264), und die Nachricht von Olympia brauchte gewiß acht und mehr Tage, ehe sie bis Poteidaia kam, während der Bote, der von Pella kam, die Geburt eines Sohnes zu melden, gewiß in zwei oder drei Tagen, am 8. oder 9. Hekatombaion in Poteidaia sein konnte. Man wird diesen Synchronismus so wenig wie den mit dem Tempel von Ephesos für mehr halten als die zahlreichen ähnlichen, die aus dem Alterthum überliefert sind. Aelian in dem angeführten Capitel ist ein Beispiel dieser Art von Geschmacklosigkeiten oder Gedächtnißhülfen für Schüler; mag Duris oder wer sonst Aelians Quelle sein, Plutarch hat seine Notizen aus keiner besseren geschöpft.

Den beiden Angaben Plutarchs (II u. III. IV) wird man demnach für die Chronologie Alexanders nur soweit einen Werth zuerkennen dürfen, als das, was man aus ihnen entnehmen konnte, durch andere, bessere Autoritäten sicherzustellen ist.

Wir haben in Arrian folgende chronologische Angaben:

II. 11. 10: die Schlacht bei Issos, Arch. Nikokrates, im Maimakterion.

II. 24. 6: die Einnahme von Tyros, Arch. Aniketos, im Hekatombaion (der Name des Arch. ist Niketes, C. I. A. II, n°. 173).

III. 7. 1: der Euphratübergang bei Thapsakos, Arch. Aristophanes, im Hekatombaion.

III. 15. 7: die Schlacht bei Gaugamela, Arch. Aristophanes, im Pyanopsion.

III. 22. 2: den Tod des Dareios, Arch. Aristophon, im Hekatombaion.

V. 19. 3: die Schlacht am Hydaspes, Arch. Hegemon, im Munychion.

VII. 28. 1: der Tod Alexanders, Arch. Hegesias; Arrian führt hier nicht den Monat an, aber er nennt die 114. Olympiade.

Auf eine achte Angabe aus Arrian (Ind. 21) werden wir gleich zurückkommen. Die angeführten ergeben unmittelbar nichts zur Feststellung der makedonischen Datirung; die Datirung der Schlacht bei Gaugamela um so weniger, da die Reduction des makedonischen auf den attischen Monat fehlerhaft den Pyanopsion statt des Boedromion giebt; sonst würde man aus der Datirung dieser Schlacht allenfalls erweisen können, daß der attische und makedonische Schaltcyclus derselbe war, wenigstens in diesem Jahre noch.

Wir haben über die letzten Tage Alexanders die Ephemeriden in doppelter Gestalt. Plutarch (Alex. 76) giebt sie mit der makedonischen Bezeichnung der Tage und mit der Bemerkung: *τούτων τὰ πλεῖστα κατὰ λέξιν ἐν ταῖς ἐφημερίσιν οὕτω γέγραπται.* Bei Weitem ausführlicher ist Arrians Bruchstück; er sagt: *καὶ αἱ βασίλειοι ἐφημερίδες οὕτω λέγουσι,* also scheint es, daß er sie wörtlich giebt; aber er vermeidet die Anführung der makedonischen Datirung, er begnügt sich von dem Anfang der Krankheit an „den folgenden, den dritten, vierten Tag“ u.s.w. zu zählen.

Daß die Ephemeriden bei Plutarch den Todestag Alexanders genau datiren: den 28. Daisios, hilft unserer Frage nicht weiter, da wir keine Angabe, wenigstens keine sichere, haben, welchem attischen Monat der Daisios entspricht. Allerdings sagt Justin (XII. 16. 1): decessit Alexander mense Iunio annos tres et triginta natus; und das Jahr, in dem Alexander starb, Ol. 114. 1, endet nach Idelers Tabelle mit dem 12. Juli, der vorletzte attische Monat dieses Jahres, der Thargelion, mit dem 13. Juni, so daß, da nach Justin Alexander im Juni, nach den Ephemeriden am 28. Daisios starb, Plutarchs Gleichstellung des Thargelion mit dem Daisios gerechtfertigt erscheint. Aber der Juni des Justin ist erst eine Reduction der Datirung, die Trogus in seiner griechischen Quelle fand, und wir haben keine Bürgschaft, ob er eine attische oder makedonische Angabe, ob er sie richtig oder falsch reducirt hat.

Plutarch (Alex. 75) sagt, daß Aristobulos den Tod des Königs zwei Tage später als die Ephemeriden, „auf den 30. Daisios" angegeben habe. Arrian erwähnt dieser Abweichung des Aristobul nicht; er sagt VII. 28. 1: *ἐτελεύτα μὲν δὴ Ἀλέξανδρος τετάρτῃ καὶ δεκάτῃ καὶ ἑκατοστῇ Ὀλυμπιάδι ἐπὶ Ἡγησίου ἄρχοντος Ἀθήνησιν· ἐβίω δὲ δύο καὶ τριάκοντα ἔτη καὶ τοῦ τρίτου μῆνας ἐπέλαβεν ὀκτώ, ὡς λέγει Ἀριστόβουλος· ἐβασίλευσε δὲ δώδεκα ἔτη καὶ τοὺς ὀκτὼ τούτους μῆνας.* Zwei Thatsachen ergeben sich aus diesen Worten mit Sicherheit: einmal daß Alexander nicht im Loos geboren ist, sondern um den Anfang des Dios, sodann daß er zwanzig Jahre später um dieselbe Zeit des makedonischen Jahres in der Regierung gefolgt ist.

Der Autorität Aristobuls gegenüber hat es wenig zu bedeuten, wenn Diodor (XVII. 117) angiebt, Alexander habe zwölf Jahre sieben Monate regiert, oder wenn Eusebios an anderen Stellen andere Zahlen giebt: zwölf Jahre sechs Monate, zwölf Jahre drei Monate, zwölf Jahre; und wenn Curtius (IX. 6. 21) den soeben in der Mallerstadt verwundeten König (also im Spätherbst 326) zu seinen Freunden sagen läßt: victor utriusque regionis post nonum regni mei, post vigesimum atque octavum aetatis annum etc., so wird sich weiterhin ergeben, woher diese verkehrte Zahl stammt.

Die Doppelangabe des Aristobulos führt uns der Lösung der Aufgabe, die wir uns gestellt haben, näher, aber es fehlt uns noch ein Moment zur völligen Lösung, und die sonst überlieferten Gleichungen zwischen den makedonischen und attischen Monaten können es uns nicht geben, da sie sich als unzuverlässig in sich und einander widersprechend erwiesen haben. Nur wenn sich in unsern sicheren Ueberlieferungen dieß Mittelglied finden läßt, können wir die Gleichung zwischen beiden Kalendern und damit die julianische Zeit der Geburt, des Regierungsanfanges und des Todes Alexanders fixiren.

Arrian (Ind. 21. 1) sagt von der Abfahrt Nearchs aus Indien sprechend: als die Passatwinde, die den Sommer hindurch (*τοῦ θέρεος τὴν ὥρην πᾶσαν*) wehen, sich gelegt hätten, sei er in See gegangen: *τότε δὴ ὥρμηντο ἐπὶ ἄρχοντος Ἀθήνησι Κηφισοδώρου, εἰκάδι τοῦ Βοηδρομιῶνος μηνὸς κατότε Ἀθηναῖοι ἄγουσιν, ὡς δὲ Μακεδόνες τε καὶ Ἀσιανοὶ ἦγον τὸ ἑνδέκατον βασιλεύοντος Ἀλεξάνδρου.* Fehlerhaft ist diese Angabe einmal in Betreff des Archonten, denn Kephisodoros Jahr ist Ol. 114. 2, das nächste nach dem Tode Alexanders; das der Abfahrt aus Indien ist Ol. 113. 4, das des Archonten Antikles, und daß dieser nicht, wie vermuthet worden ist, *ὕστερον ἄρχων* war, wie Nikias dreißig Jahre später (C. I. A. II, n⁰. 299), erhellt aus dem Decret des Demos der Athmoneer C. I. A. II, n⁰. 579. Sodann: daß in der angeführten Stelle Arrians nicht, dem attischen entsprechend, der makedonische Monat und Tag genannt ist, zeigt, daß hinter *Μακεδόνες* Zahl und Name des Monats ausgefallen ist.

Arrian (VI. 21. 2) sagt: das indische Meer sei durch die Passate, die von Süden, nicht, wie in den hellenischen Gewässern, von Norden wehten, während des Sommers unfahrbar; *ἀπὸ δὲ τοῦ χειμῶνος τῆς ἀρχῆς τὸ ἀπὸ πλειάδων δύσεως ἔστε ἐπὶ τροπὰς ἃς ἐν χειμῶνι ὁ ἥλιος ἐπιστρέφει, πλόϊμα εἶναι ταύτῃ ἐξηγγέλλετο.* Mit Recht sagt Ideler (S. 275), daß der Untergang der Pleiaden nach der Angabe des Kallippos, des Zeitgenossen Alexanders, am 13. November stattfand, also die Angabe Arrians, Nearch sei am 20. Boedromion, d. h. 21. Sept., abgesegelt, nicht richtig sein könne.

Aus anderen sicheren Nachrichten erfahren wir Genaueres. Nach der zuletzt angeführten Stelle Arrians erhielt Nearch allerdings die Weisung, erst mit dem Aufhören der Monsoon, also mit dem Untergang der Pleiaden, abzufahren. Aber er konnte wegen unruhiger Bewegung unter der Bevölkerung des unteren Indiens die ihm gesetzte Zeit nicht abwarten; Strabo (XV, p. 721) führt eine Stelle aus Nearch an, die Arrian in seinem Auszug übergangen hat: *καὶ δὴ καὶ φησὶν ὁ Νέαρχος ἤδη τοῦ βασίλεως τελοῦντος τὴν ὅδον αὐτὸς μετοπώρου κατὰ πλειάδος ἐπιτολὴν ἑσπερίαν ἄρξασθαι τοῦ πλοῦ, μήπω μὲν τῶν πνευμάτων οἰκείων ὄντων, τῶν δὲ βαρβάρων ἐπιχειρούντων αὐτοῖς καὶ ἐξελαυνόντων.* Der Spätaufgang der Pleiaden ist nach Columella (De re rustica XI. 2, p. 440 ed. Bip.) am 10. October (VI. Id. Octobris vergiliae exoriuntur vespera). Aber Columellas Angaben sind nicht immer correct, wie Ideler, „Ueber Ovids Fasten" (Abhandl. der Berl. Acad. 1822, S. 153) nachweist, der eben da den Spätaufgang der Pleiaden auf den 25. September berechnet [1]).

---

[1]) Herr Professor W. Förster schreibt mir:

„Auf Ihren Wunsch habe ich folgende genäherte Rechnungen betreffend den Spätaufgang der Pleiaden ausgeführt:

Der sichtbare oder scheinbare Spätaufgang der Pleiaden wird an der Mündung des Indus (Polhöhe 23°) im Jahr 325 (astr. — 324) stattgefunden haben . . . . 12. October,
während dieser Aufgang um dieselbe Epoche in der Polhöhe von Alexandreia (31° 2'), stattgefunden hat . 4. October,
in der Polhöhe von Rom (41° 9') . . . . . . 24. September.

Vielleicht interessirt es Sie zur Vergleichung noch, daß um das Jahr 0 dieses Phänomen eingetreten ist
in Alexandrien . . . . 6. October,
in Rom . . . . 26. September.

Der wahre Spätaufgang (akronychische Aufgang) fand durchschnittlich zwischen diesen Epochen (0 bis — 324) später als der scheinbare oder sichtbare statt, in Alexandrien um 16 Tage,
in Rom um 23 Tage."

So weit Försters lehrreiche Mittheilung. Es ist nicht anzunehmen,

Mag bei Arrian (Ind. 21) in der Datirung der Abfahrt Nearchs der Archon falsch genannt, die dem attischen Monate und Tage entsprechende makedonische Bezeichnung ausgefallen sein, für richtig dürfen wir vielleicht doch den da angegebenen 20. Boedromion halten, da Strabos Notiz aus Nearch dazu stimmt. Das Jahr des Antikles (Ol. 113. 4) ist nach Idelers Tabelle ein Schaltjahr, und beginnt mit dem 5. Juli, so daß der 20. Boedromion des Jahres auf den 21. September fällt. Nach einer Inschrift (C. I. A. II, n°. 179) ist das Jahr des Antikles, wie Köhler bemerkt, ein Gemeinjahr; freilich gewinnt er den Namen des Archon erst durch Ergänzung *ἐπὶ Ἀντι]κλείους ἄρχοντος*; man könnte nach dem zu füllenden Raum, da die Inschrift nicht *στοιχηδόν* geschrieben ist, unbedenklich *ἐπὶ Κτησι]κλείους ἄρχοντος* ergänzen und das Jahr des Ktesikles, Ol. 113. 3, ist nach Idelers Tabelle ein Gemeinjahr; aber Köhler, in seiner vorsichtigen Art, hat gewiß Grund gehabt so zu ergänzen wie er gethan, Gründe, die sich in dem zweiten Theile seiner Publicationen ergeben werden. Auch aus anderen, in neuerer Zeit bekannt gewordenen Inschriften ergiebt sich, daß mit Idelers Tabelle des metonischen Kalenders im sechsten und siebenten Cyclus die officiellen Datirungen Athens mehrfach nicht übereinstimmen. Für die letzten Jahre des sechsten Cyclus vertheilen sich die Schaltjahre wie folgt:

Nach Ideler.			Nach den Inschriften.
B.	Ol. 113. 4		arch. Antikles (n°. 179).
	114. 1		Hegesias.
	2		Kephisodoros.
B.	3	B.	Philokles (n°. 185).
	4		Archippos.
	115. 1	B.	Neaichmos (n°. 191).
B.	2		Apollodoros.

---

daß die Angaben über die Abfahrt der Flotte Alexanders sich auf den in der Indusmündung beobachteten Spätaufgang der Pleiaden bezog; es wird die conventionelle Bezeichnung, wie sie in Hellas, etwa in Athen (38° 1′) für den Spätaufgang der Pleiaden galt, etwa der 30. September gemeint sein.

War das Jahr des Antikles kein Schaltjahr, so wurde entweder in dem des Hegesias eingeschaltet, oder es folgten drei Gemeinjahre aufeinander; in beiden Fällen würde das Schaltsystem des Meton zerstört worden sein.

Erklärt sich solche Abweichung des offiziellen Kalenders von dem berechneten Schema vielleicht aus der Einführung des kallippischen Kanon, der mit dem Jahre nach der Schlacht von Gaugamela, mit Ol. 112. 3, dem Todesjahr des Dareios, beginnt, und nach A. Mommsens ansprechender Combination in dem makedonischen Kalender von dem genannten Jahre an galt (Beiträge I, 1856, S. 56)? Nach diesem Kanon vertheilen sich die Schaltjahre wie folgt:

Kallippischer Kanon:	Inschriften:
Ol. 113. 4.	Ol. 113. 4. (n°. 179).
114. 1.	114. 1.
B. . . . 2.	2.
. . . 3.	B. . . . . . 3. (n°. 185).
. . . 4.	4.
B. . 115. 1.	B. . . 115. 1. (n°. 191).
. . . 2.	2.
B. . . . 3.	(?). . . . . 3.

Also auch mit dem kallippischen Kanon erklärt sich der officielle attische Kalender dieser Jahre nicht.

Wir können demnach nicht bestimmen, mit welchem julianischen Tage das attische Jahr des Antikles Ol. 113. 4 begann, ob mit dem 5. Juli (Meton) oder dem 2. Juli (Kallippos) oder welchem Tage sonst; aber aus der angeführten Stelle Arrians darf man schließen, daß in diesem Jahre der 20. Boedromion κατὰ πλειάδος ἐπιτολὴν ἑσπερίαν d. h. um den 25. bis 30. September fiel, daß also dieses attische Jahr 79 oder 80 Tage vor dem 25. bis 30. September begann; wir kommen damit auf den 8./9. bis 13./14. Juli; „um" diesen Tag, d. h. zwischen dem 8. bis 14. Juli, wäre demnach der Anfang des attischen Jahres Ol. 113. 4.

Der attischen Bezeichnung dieses Datums fügt Arrian die makedonische hinzu, in der freilich Monat und Tag nicht mehr erhalten sind, wohl aber das Jahr: τὸ ἐνδέκατον βασιλεύοντος Ἀλεξάνδρου. Ueber den Regierungsanfang Alexanders wissen wir sicher nur, daß derselbe Ol. 111. 1, und zwar in die erste Hälfte des Jahres gefallen ist. Denn Eratosthenes setzt ἡ Φιλίππου τελευτή so an (A. Mommsen, Zweiter Beitrag, Jahrb. für class. Phil., Suppl. III, 1859, S. 366 ff.). Alexanders elftes Jahr beginnt also in einem der ersten Monate von Ol. 113. 2, nach dem Juli 326, und zwar so weit tiefer in den Herbst hinein, daß die Tage um den 25. September 325 noch zu seinem elften Jahre gehören. Wir haben damit den Beweis, daß Philipp nach dem 25. September 336 ermordet, Alexander nach dem 25. September 336 König geworden ist.

Daß Alexanders Tod in das Jahr des Archonten Hegesias, also vor den Ausgang von Ol. 114. 1, vor dem Hochsommer 323 fällt, ist sicher. Nach Aristobulos hat er 32 Jahre und von dem 33sten noch 8 Monate gelebt, er ist 12 Jahre „und diese 8 Monate“ König gewesen, und nach den Ephemeriden ist er am Ende des Daisios gestorben. Wir wissen nicht, ob makedonisch gerechnet dieß Jahr Ol. 114. 1 ein Schaltjahr war oder ein Gemeinjahr; nach dem kallippischen Kanon war es ein Gemeinjahr. Nehmen wir es als Gemeinjahr, so führen die acht Monate vom Daisios rückwärts auf den Anfang des Dios, den Anfangsmonat des makedonischen Jahres. Und aus der Nachricht über Nearchs Abfahrt ergiebt sich, daß der 25. September 325 noch in das elfte Jahr Alexanders, also vor den 1. Dios fiel. Endete das Todesjahr Alexanders Ol. 114. 1, im Laufe des Juli 323, so führen die 8 Monate auf ein Datum zurück, das spätestens auf ungefähr denselben Tag im December 324, frühestens auf einen Tag bald nach dem 25. September 324 fällt. Und somit liegt das Datum von Philipps Ermordung und Alexanders Anfang zwischen 1. October und dem December 336, Alexanders Geburt in derselben Zeit des Jahres 356.

So weit führen uns die, wie es schien, sicheren Angaben. Wir konnten für das Jahr Ol. 113. 4, 325/4, die julianische Zeit des Dios und des Daisios ungefähr bestimmen, weil uns der Spätaufgang der Pleiaden einen sichern Anhalt gab. Wir müßten den makedonischen Schaltcyclus kennen und über den julianischen Endpunkt des folgenden attischen Jahres Ol. 114. 1 Arch. Hegesias 324/3 sicher sein, um angeben zu können, in welche julianische Zeit dieses Jahres 324/3 der Dios und der Daisios fällt. Wir können nur sagen, daß der Daisios Ol. 114. 1 in den etwa 90 Tagen vom 24. April bis 24. Juli, innerhalb der attischen Monate Munychion, Thargelion, Skirophorion gelegen haben muß [1]).

Ergeben vielleicht sonstige Angaben eine nähere Bestimmung?

Es ist oben erwähnt, daß Curt. IX. 6. 21 Alexander nach dem Kampfe um die Stadt der Maller, im Spätherbst 326, als den von schwerer Wunde Genesenen die Strategen und Freunde bitten, den Wagnissen ein Ende zu machen, antworten läßt: ex Asia in Europae terminos momento unius horae transivi, victor utriusque regionis post nonum regni mei, post vigesimum atque octavum aetatis annum u. s. w. Eine Angabe, die unbegreiflich wäre, wenn sich nicht aus Diod. XVII. 94 ergäbe, wie Curtius hier im rhetorischen Eifer sich vergriffen hat; Diodor sagt bei Gelegenheit der Umkehrt am Hyphasis im Sommer: ὁρῶν δὲ τοὺς στρατιώτας.. σχεδὸν ὀκταετῆ χρόνον ἐν πόνοις καὶ κινδύνοις τεταλαιπωρηκότας, er rechnet seine 8 Jahre vom Granikos an; es war bereits der Anfang des neunten Jahres, als er umkehrte. Für die Situation einige Monate später macht Curtius daraus nonum annum, er fügt nach eigener falscher Rechnung das vigesimum atque octavum vitae meae hinzu.

Eine zweite Angabe des Curtius ist vielleicht besser, weil sie decorativer Art ist. Alexanders Leiche, sagt er X. 10. 10, habe über den begonnenen Hader seiner Großen und des Heeres sieben Tage unbeachtet gelegen, und sei wunderbarer Weise völlig frisch geblieben trotz der heißen Jahreszeit: et non aliis

---

[1]) Soviel ich sehe, ergiebt sich für diese Frage nichts aus dem Umstand, daß nach Aristobulos der Daisios dieses Jahres ein voller Monat war, wie nach Idelers Tabelle des metonischen Kanon der Thargelion dieses Jahres.

quam Mesopotamiae regione fervidior aestus existit adeo ut pleraque animalia, quae in nudo solo deprehendit, extinguat; tantus est vapor solis et coeli, quo cuncta velut igne torrentur. Freilich Näheres für die Zeit des Todes wird damit nicht gewonnen.

Da Justin auf Kleitarch zurückgeht, so hat sein Iunio mense für die Zeit des Todes doch vielleicht einigen Werth, wenn wir auch die Art seiner Reduction nicht controliren können. Das Iunio mense läßt schließen, daß der Tod nicht in das erste Drittel jener 90 Tage fiel, nicht in den Munychion, sondern in den Thargelion oder Skirophorion. Ob man der Angabe Aelians, es sei der 6. Thargelion gewesen, irgend einen Werth beimessen kann, mag dahingestellt bleiben.

Auch Plutarch, sahen wir, setzte den Daisios dem Thargelion gleich. Freilich nicht ausdrücklich, sondern indem er die Schlacht am Granikos an einer Stelle dem Thargelion, an einer andern dem Daisios zuwies. Noch sonderbarer war es, daß er angab, Alexander habe auf die Warnung, nicht im Daisios eine Schlacht zu liefern, verordnet, daß man ihn als zweiten Artemisios bezeichnen solle; man weiß freilich nicht, an welche Stelle des Jahres die Makedonen ihren Schaltmonat legten, und ob sie ihn, wie Scaliger vermuthet hat, Dioskoros nannten; man könnte aus Plutarchs Anekdote allenfalls entnehmen, daß sie ihn nach ihrem siebenten Monat einschalteten und ihn den zweiten Artemisios nannten, wie die Athener nach dem sechsten Poseideon einen zweiten des Namens als Schaltmonat zählten. Wenn Alexander 334 *ἅμα τῷ ἦρι ἀρχομένῳ* (Arrian. I. 11. 6) also etwa Ende März, also Anfang Elaphebolion ausrückte, so konnte er in drei bis vier Wochen am Hellespont und vierzehn Tage später, Mitte Mai, gegen den Anfang des Thargelion, am Granikos stehen [1]); und jener angebliche Wechsel des Namens

[1]) Es wird nicht bestimmt gesagt, von wo Alexander ausmarschirte; war der Sammelplatz in der Ebene am Strymon, oberhalb des kerkinitischen Sees, so hatte er bis Sestos reichlich 60 Meilen zu marschiren, und man wird dem *ἐν εἴκοσι ταῖς πάσαις ἡμέραις* (Arrian. I. 11. 5) wohl einige Rasttage hinzurechnen müssen.

hatte nur einen Sinn, wenn man nicht schon mitten im Daisios war. Auch damit käme man zu dem Ergebniß, daß der Daisios, dem Thargelion parallel, etwas rückwärts oder vorwärts vom 1. Juni gelegen haben mag. Man sieht, alle diese Angaben bieten keinen Anhalt zu einer nähern Präcisirung des Daisios.

Es bleibt noch eine Combination übrig, die ich nicht ohne Bedenken versuche. Kallippos hat den Kalender Metons damit verbessert, daß er aus vier von dessen 19jährigen Cyclen einen großen Cyclus von 76 Jahren bildete. Er begann mit Ol. 112. 3, 330/29, dem Jahre nach der Schlacht von Gaugamela. A. Mommsen (Beiträge S. 15 f.) hat darauf aufmerksam gemacht, daß die Aera Seleuc., deren Epoche der 1. October 312 ist (Ideler I, S. 451), gewiß nicht wegen der Schlacht von Gaza, in Folge deren Seleukos den Versuch der Rückkehr nach Babylon machte, mit diesem Jahre beginnt, sondern wegen eines kalendarischen Grundes, und daß in dem kallippischen Cyclus von Ol. 112. 3 an gerechnet die zweite 19jährige Reihe mit Ol. 117. 2 beginnt.

Es kann keinem Zweifel unterworfen sein, daß dieß seleukidische Jahr mit den makedonischen Monaten, die Seleukos nach Malalas ausdrücklichem Zeugniß einführte, den Dios als ersten Monat des Jahres erhielt. Begann die kallippische Rechnung mit Ol. 112. 3 im Hochsommer 330, die seleukidische Aera mit Ol. 117. 1, 1. October 312, dem 1. Dios dieses Jahres, so mußte — wenn Mommsens Combination treffen soll — das ganze makedonische Jahr, innerhalb dessen die Epoche des kallippischen Cyclus fiel, als erstes Jahr dieses Cyclus gerechnet worden sein, und mit dem 1. Dios 330 das zweite Jahr der kallippischen Aera beginnen; daß die Aera der Chaldäer mit dem Herbst 311, Ol. 117. 2 begann, mag mit dieser Schwierigkeit zusammenhängen.

Einen kleinen Anhalt für die so eben versuchte Combination giebt vielleicht folgender Umstand. Die Schlacht bei Gaugamela ist nach Plutarch (Alex. 31) am elften Tage nach der Mondfinsterniß vom 20./21. September, also am 1. October, geschlagen; derselbe sagt (Cam. 19), der Schlachttag sei der fünftletzte Boedromion gewesen; also endete der Boedromion, wie er in dieser Reduction gerechnet ist, mit dem 5. October; nach Idelers Canon endet der Boedromion dieses Jahres mit dem 7. October, eine Differenz von zwei Tagen, wie sie dem Anfang des kallippischen Cyclus zu Grunde gelegt worden ist; dessen 1. Hecatombaion, Ol. 112. 3, begann Abends 28. Juni 330 (Ideler I, S. 346). Wahrscheinlich war der Boedromion, in den die Schlacht fiel, der letzte Monat des makedonischen Jahres, des Ausgangs des fünften Jahres Alexanders, und mit dem dann folgenden ersten Dios konnte die kallippische Verschiebung des Kalenders um zwei Tage, wie die Mondfinsterniß selbst sie an die Hand gab, für den makedonischen Kalender beginnen. Die Reduction des so berichtigten makedonischen Jahresanfangs stimmte dann natürlich nicht mit der noch in Athen geltenden metonischen Datirung, sondern was makedonisch der fünftletzte dieses Monats, war in Athen noch der siebentletzte. Doch scheint diese Argumentation nicht sicher genug, um darauf Schlüsse für die Fixirung des makedonischen Jahresanfangs, des 1. Dios, zu bauen.

Die Chronologie Diodors.

Als Nachtrag zu diesen chronologischen Bemerkungen mag eine Angabe über die Art, wie Diodor mit der Chronologie dieser und der nächstfolgenden Zeit verfährt, hier eine Stelle finden.

Diodors Absicht ist, wie man aus seinen einleitenden Kapiteln sieht, eine Uebersicht der allgemeinen Geschichte bis Cäsar zu geben, die dem Leser möglichst viel Nützliches bringen und ihm möglichst wenig Mühe machen soll. Es genügt ihm, von den Dingen, die er behandelt, eine ungefähre Vorstellung zu geben. Er glaubt dieß damit zu erreichen, daß er aus mehr oder minder guten Schriftstellern Excerpte macht, und diese in den ersten sechs Büchern, welche die mythische Zeit enthalten, ethnographisch, in den folgenden chronologisch und genauer synchronistisch Jahr für Jahr zusammenstellt.

Die uns aus dieser zweiten Reihe erhaltenen Bücher beginnen mit Buch XI, mit dem Zuge des Xerxes nach Hellas, und von da geht die Erzählung der Ereignisse jedes Jahres in derselben schematischen Monotonie ihres Weges: „unter dem attischen Archonten so und so, den römischen Consuln so und so“, und bei jeder neuen Olympias wird deren Zahl und der Name des Siegers im Stadion beigefügt; dann folgt mit ἐπὶ δὲ τούτων oder bisweilen auch περὶ δὲ τούτους τοὺς χρόνους oder ähnlichen Wendungen die Geschichtserzählung.

Diodor hat seine Archonten und Olympioniken dem Tabellenwerk des Apollodor, seine Consuln den Annalen des Fabius, wie vermuthet wird, entnommen; jedenfalls herrscht in seinen Consularfasten bis zum Pyrrhos arge Willkühr. Seine Gleichsetzungen der attischen und römischen Eponymen sind nicht bloß durch Einschiebungen und Auslassungen in der römischen Eponymenreihe sehr bedenklicher Art, sondern indem er ohne Weiteres das Jahr der Archonten und das der Consuln als kalendarisch sich deckend ansieht, ist seine Chronologie bei allem Schein von Präcision Jahr für Jahr schief und schielend.

Diodor scheint in dem chronologischen Netz, in das er die Jahresereignisse einträgt, das Jahr sich so zu denken, wie es römisch zu seiner Zeit gerechnet wurde, nämlich als mit dem 1. Januar des julianischen Jahres beginnend; daß in den früheren Zeiten, namentlich in denen, bis zu welchen hin die erhaltenen Bücher seines Werkes XI—XX reichen, die Anfänge des römischen Amtsjahres sehr andere gewesen sind — theils im October, theils im Juli, theils im März u. s. w. —, scheint er entweder nicht zu wissen, oder für unwesentlich zu halten. Um so weniger ist es für unseren Zweck nöthig, auf seine Consularangaben Rücksicht zu nehmen.

Es läßt sich aus anderweitigen chronologischen Ueberlieferungen nachweisen, daß Diodor sein römisch gedachtes Jahr mit dem Archontenjahr, das ungefähr in dem siebenten Monat des laufenden julianischen Jahres beginnt, gleichsetzt, daß er also die nach griechischer Chronologie berechneten Ereignisse zur Hälfte noch unter dem Archonten des nächstvorhergehenden Jahres aufführt; auch seine Darlegung der Zeiten des peloponnesischen Krieges fällt unter diese Regel, und einzelne davon abweichende Angaben machen nur eine scheinbare Ausnahme.

Für die Jahre nach der Schlacht von Chaironeia ergiebt sich danach folgende Tabelle, in der die Daten des beginnenden attischen Jahres nach dem von Ideler berechneten Kanon Metons angegeben sind, die man für die conventionelle Rechnung wohl noch gelten lassen kann.

Nach attischer Rechnung:			Nach Diodor:
Chairondas.	Ol. 110. 3.	29. Juni 337 . .	Phrynichos (XVI. 89).
Phrynichos.	Ol. 110. 4.	17. Juli 336 . .	Pythodemos (XVI. 91).
Pythodelos.	Ol. 111. 1.	7. Juli 335 . .	Euainetos (XVII. 2).
Euainetos.	Ol. 111. 2.	26. Juni 334 . .	Ktesikles (XVII. 17).
Ktesikles.	Ol. 111. 3.	15. Juli 333 . .	Nikokrates (XVII. 29).
Nikokrates.	Ol. 111. 4.	3. Juli 332 . .	Nikeratos (XVII. 40).
Niketes.	Ol. 112. 1.	22. Juli 331 . .	Aristophanes (XVII. 49).
Aristophanes.	Ol. 112. 2.	12. Juli 330 . .	Aristophon (XVII. 62).
Aristophon.	Ol. 112. 3.	1. Juli 329 . .	Kephisophon (XVII. 74).
Kephisophon.	Ol. 112. 4.	19. Juli 328 . .	Euthykritos (XVII. 82).
Euthykritos.	Ol. 113. 1.	8. Juli 327 . .	(Lücke bei Diodor XVII. c. 83—84).
Hegemon.	Ol. 113. 2.	28. Juni 326 . .	Chremes (XVII. 87).
Chremes.	Ol. 113. 3.	17. Juli 325 . .	Antikles (XVII. 110).
Antikles.	Ol. 113. 4.	5. Juli 324 . .	Hegesias (XVII. 113).
Hegesias.	Ol. 114. 1.	24. Juli 323 . .	Kephisodoros (XVIII. 2).

Die älteren Ausgaben des Diodor geben XVII. 112 einen sonst völlig unbekannten Archonten Sosikles und neben ihm für die römische Jahresbezeichnung die beiden Consulnamen, die XVII. 110 für das vorhergehende Jahr genannt sind; auch der Archont Sosikles wird aus dem Namen des nächstvorhergehenden Archonten Antikles erfunden sein. Zu dieser Erfindung kam irgend ein Halbgelehrter, der aus XVII. 1 *ἐν ἔτεσι γὰρ δώδεκα* u. s. w. entnahm, daß in diesem Buch XVII, das die Geschichte Alexanders umfaßt, zwölf Jahresbezeichnungen vorkommen mußten, und er fand, da er die Lücke zwischen c. 83 u. 84 nicht bemerkte, deren nur elf; er erfand sich also eine zwölfte, die er an möglichst verkehrter Stelle einschob, nicht ohne noch einiges Ueberflüssige sonst hinzuzufügen; wie die Einklammerung im Folgenden zeigt: (c. 111) . . *ὁ δ' Ἀλέξανδρος ἐν ἡμέραις ταῖς πάσαις τεσσαράκοντα καταπεπολεμηκὼς τὸ ἔθνος καὶ πόλεις ἀξιολόγους ἐν ταῖς δυσχωρίαις κτίσας ἀνελάμβανε τὴν δύναμιν.* (c. 112) [*Ἐπ' ἄρχοντος δ' Ἀθήνησι Σωσικλέους, ἐν Ῥώμῃ κατεστάθησαν ὕπατοι Λεύκιος Κορνήλιος. Λέντλος καὶ Κόϊντος Ποπίλιος· ἐπὶ δὲ τούτων Ἀλέξανδρος καταπεπολεμηκὼς τὸ τῶν Κοσσαίων ἔθνος, ἀνέζευξε μετὰ τῆς δυναμέως*] *καὶ προῆγεν ἐπὶ τῆς Βαβυλῶνος κτλ.*

Eine andere Reihe von Confusionen kommt auf Diodors eigene Rechnung. Er findet in den Tabellen, die ihm vorliegen, daß König Philipp in dem Jahr des Pythodelos (er nennt ihn Pythodemos), Ol. 111. 1, gestorben ist; dieß Jahr setzt er dem römischen, das ihm ein halbes Jahr früher anfängt (336) gleich; ob Philipp im Frühling oder im Herbst dieses Jahres ermordet worden ist, kümmert ihn nicht; das nächstfolgende Jahr 335, das des Archonten Euainetos, ist ihm das erste Alexanders, und da derselbe zwölf Jahre regiert hat, so ist das des Hegesias, das ihm mit dem Anfang 324 beginnt, dessen letztes.

In diese zwölf Jahre vertheilt er nun seine Excerpte; und die Art, wie er sich das Jahr denkt, bringt eine Menge von chronologischen Monstrositäten hervor. Da er das Jahr 336 als das letzte Philipps bezeichnet, setzt er in 335 noch die mannigfachen Vorgänge der drei oder vier letzten Monate von 336, namentlich die Erneuerung des korinthischen Bundes. Alexanders zweites Jahr 334 umfaßt ihm den Uebergang nach Asien, die Schlacht am Granikos, den Zug nach Halikarnaß und durch Lykien; das dritte (333) führt bis zur Schlacht bei Issos; das vierte (332) beginnt damit, daß Alexander die bei Issos (im Nov. 333) Gefallenen bestattet, und es schließt mit der Eroberung von Tyros (Aug. 332); das fünfte (331) beginnt mit der Belagerung der Festung Gaza (die Anfangs Nov. 332 erobert wurde), und schließt mit der Schlacht bei Arbela, wie Diodor sie nennt (Oct. 331); aber die darauf folgende Flucht des Dareios nach Medien, Alexanders Marsch nach Babylon, sein Aufenthalt dort, sein Zug nach Susa — alles das ist noch in dem Ausgang 331 geschehen — rechnet Diodor bereits in das Jahr des Aristophon, das ihm das julianische Jahr 330 umfaßt.

Man könnte versucht sein zu glauben, daß Diodor bei der Darstellung dieses Jahres wenigstens den Schluß nach attischer Art gerechnet hat; denn er führt dieselbe bis zum Tode des Dareios (c. 73), der im ersten Monat des Archonten Aristophon (330/29) stattfand (Arrian. III. 22 2), indem er nur noch summarisch hinzufügt, daß der König die Mörder weiter in der Richtung nach Baktrien verfolgt habe, auch bemerkt, daß in derselben Zeit in Europa König Agis bewältigt und im Synedrion von Korinth über den Friedensbruch der Spartaner gerichtet sei. Was immer den Diodor — oder den Bearbeiter, dessen Redaction uns jetzt vorliegt — bestimmt haben mag, das Jahr des Aristophon hiemit zu enden, jedenfalls beginnt damit eine Confusion in seiner Chronologie, die sehr übel auf das Weitere wirkt.

Das auf dieses Jahr folgende (*τοῦ δ' ἔτους τοῦδε διεληλυθότος* c. 74) ist dem Diodor das des Kephisophon (330/29), das nach seiner bisherigen Rechnungsweise dem julianischen Jahr 329 entsprechen müßte; aber die in demselben aufgeführten Begebenheiten umfassen nur die letzten 6 Monate des Jahres 330 bis zur Unterwerfung Arachosiens; denn mit *τοῦ δ' ἐνιαυσίου χρόνου διεληλυθότος* beginnt er das neue Jahr (c. 82), das des Euthykritos, welches attisch im Juli 328 anhebt; und das erste, was Diodor in diesem angiebt, ist der Wintermarsch nach dem Lande der Paropamisaden, welcher also nach Diodor etwa im Januar 328 stattgefunden haben müßte, in der That, in dem Winter von 330/29 stattgefunden hat. Darauf läßt Diodor (c. 82. 83) den Zug nach Baktra und die Gefangennehmung und Hinrichtung des Bessos folgen; dann ist eine Lücke in seinem Text, die, wie man aus der Inhaltsanzeige ϑ' bis $\lambda\gamma'$ und $\lambda\varepsilon'$ ersieht, die Vorgänge umfaßt, deren wirkliche Zeit vom Frühling 329 bis zum Spätsommer 327 ist.

Die Winterzeit von 327/6 hat Alexander in der Nähe von Embolima am Indus zugebracht, um dann mit dem Frühling 326 nach Taxila und gegen Poros aufzubrechen. Der nächste Archon, den Diodor nennt (c. 87), ist Chremes, der sein Amt mit Ol. 113. 3, Juli 326 antrat; nach Diodors Art zu rechnen gehören demselben Archon schon die sechs ersten Monate des Jahres 326; und so ist denn die erste Thatsache, die er unter diesem Archon anführt, daß Alexander im Lande des Taxiles sich zum Marsch gegen Poros fertig macht. Er hätte dieß Jahr mit c. 101 schließen sollen, denn die Rast nach Alexanders schwerer Verwundung in der Mallerstadt fällt in den December 326. Statt dessen legt er noch die Kämpfe im Indusdelta (Frühling 325), den Aufbruch aus Indien (September 325), den Zug durch die Wüste Gedrosien (Ende 325), die Hochzeitfeier in Susa (Frühling 324), die Meuterei der Veteranen, die er nach Susa verlegt (c. 109), in dasselbe Jahr des Chremes. Erst c. 110 mit dem Aufbruch aus Susa, dem der Marsch nach Medien folgt (Sommer, Herbst 324), beginnt Diodor ein neues Jahr, das des Antikles, der sein Amt Ol. 113. 4, im Juli 325 angetreten hat. Also die ganze Reihe von Thatsachen vom Ausmarsch aus Taxila bis zur Ankunft in Susa drängt Diodor in Ein Jahr zusammen, ohne auch nur durch die Entfernungen von Embolima bis zur Indusmündung und von da bis Susa sich irre machen zu lassen; und durch den Archonten Sosikles (c. 112), der nach dem Antikles eingelegt ist, wird der Unsinn nur noch größer.

Endlich c. 113 nennt Diodor den Archonten, in dessen

Jahr, nach attischer Rechnung, Alexander gestorben ist, den Hegesias, der Ol. 114. 1 im Juli 324 eintrat. Nach Diodors Rechnungsweise bezeichnet derselbe Archon das julianische Jahr 324, so daß nach seiner Vorstellung Alexander noch vor dem Ende December 324 gestorben sein müßte.

Es mag gestattet sein, hier gleich das Nöthige über Diodors Zeitangaben für die Geschichte der Diadochen anzuknüpfen, da sich in dem Zusammenhang der obigen Erörterung am einfachsten ergiebt, was man an ihnen hat.

Diodor beginnt sein erstes Jahr nach Alexanders Tode mit dem XVIII. Buch; er sagt, in diesem Buche behandle er die Zeit bis zum Anfang des Agathokles, und diese Zeit umfasse sieben Jahre. Demgemäß sollte man in diesem Buche die Jahre 323—317 behandelt, und sieben Archonten, sieben Consulpaare und einen Olympioniken (Ol. 115. 1, 320/19) genannt erwarten. Diodor giebt statt sieben vier; und wenn man auch annehmen darf, daß in der Lücke, die nach c. 43 und vor c. 44 angesetzt wird, die Eponymen von Ol. 115. 1 mit dem Namen des Olympioniken ausgefallen sind, so ist damit nicht geholfen, auch damit nicht, daß er eigentlich nur sechs Jahre statt sieben meint, indem er den Archonten Demogenes, der nach richtiger Rechnung der siebente wäre, das XIX. Buch beginnen läßt. Die ganze Art der Erzählung im XVIII. Buch zeigt, selbst wenn man annimmt, daß der jetzige Text nur ein zusammengezogener Rest des ursprünglichen ist, daß Diodor die überreichen und verwickelten Vorgänge dieser Jahre, wie er sie in seiner vortrefflichen Quelle fand, in angemessener Weise zu disponiren verzweifelte und sich begnügte, die Excerpte, die er aus denselben machte, in sehr oberflächlichem Pragmatismus und mit gründlicher Nichtachtung der Gleichzeitigkeit zusammenzuschieben.

Diese sieben Jahre sind, nach demselben Schema wie die Jahre Alexanders geordnet, folgende:

Nach attischer Rechnung:			Nach Diodor:
		323 . .	Kephisodoros (XVIII. 2).
Kephisodoros	Ol. 114. 2.	13. Juli	
		322 . .	Philokles (XVIII. 26).

Nach attischer Rechnung:			Nach Diodor:
Philokles	Ol. 114. 3.	3. Juli 321 . .	Fehlt.
Archippos	Ol. 114. 4.	21. Juli 320 . .	Fehlt.
Neaichmos	Ol. 115. 1.	10. Juli 319 . .	Apollodoros (XVIII. 44).
Apollodoros	Ol. 115. 2.	29. Juni 318 . .	Archippos (XVIII. 58).
Archippos	Ol. 115. 3.	18. Juli 317	
Demogenes	Ol. 115. 4.	7. Juli 316.	

Es ist der Mühe werth, wenigstens an einem Beispiele zu zeigen, welche chronologische Ungeheuerlichkeiten der Text des Diodor, wie er jetzt vorliegt, ergiebt. Als Ereignisse in dem ersten Jahr nach Alexander, dem des Kephisodoros, also, wie Diodor rechnet, 323, führt er folgende auf: Zuerst (c. 2—6) die Rebellion im Heere zu Babylon und die Vertheilung der Gewalten (Juni 323); dann (c. 7) den Kampf des Strategen Peithon gegen die aus dem Osten heimziehenden Griechen (etwa Herbst 323); dann (c. 8—13), einleitend mit der Formel *κατὰ δὲ τὴν Εὐρώπην*, die Bewegungen in Hellas und den Anfang des lamischen Krieges bis zum Tode des Leosthenes (Ende 323). Darauf läßt er mit der Formel *κατὰ δὲ τὴν Ἀσίαν* folgen (c. 14), wie sich Ptolemaios in seine Satrapie Aegypten begiebt, wie er sich mit Antipatros gegen den Reichsverweser Perdikkas verbindet, wie Lysimachos gegen die Thraker kämpft, wie Leonnatos von Kleinphrygien von Antipatros um Beistand gegen die Griechen gebeten wird und demgemäß nach Thessalien marschirt ist (Januar oder Februar 322), dann (c. 15), wie Leonnatos in einem unglücklichen Reitergefecht fällt, aber sein Fußvolk sich mit Antipatros vereinigt, wie Kleitos in zwei Seeschlachten die attische Flotte besiegt (die Zeit ist nicht mehr nachzuweisen). Unmittelbar daran schließt sich (c. 16: *ἅμα δὲ τούτοις πραττομένοις*), wie Perdikkas den Ariarathes von Kappadokien schlägt und dessen Land an Eumenes giebt, dem diese Satrapie bestimmt ist, wie Krateros mit den 10,000 Veteranen aus Kilikien nach Makedonien aufbricht und sich mit Antipatros in Thessalien vereint (Mai oder Juni 322). Darauf (c. 17: *κατὰ τοῦτον τὸν καιρὸν*), wie die Griechen ihnen entgegenziehen, geschlagen werden (August 322), dann sich unterwerfen müssen, namentlich die Athener ihre Verfassung ändern müssen (Mitte September 322), dann Antipatros nach Makedonien zurückgeht. Dann nimmt Diodor (c. 19—21) in der Kürze die Vorgänge in der Kyrenaika auf (*ἵνα μὴ μακρὰν τοῖς χρόνοις ἀναπλανῶμεν τ᾽ συνεχὲς τῆς ἱστορίας*); von der Ankunft des Thibron (Sommer 323) beginnend, verfolgt er sie bis zur Einsetzung des Ophelas als ägyptischen Strategen über die Landschaft (Ende 322); daran schließt er (c. 22), wie Perdikkas nach dem Feldzuge gegen Kappadokien sich gegen die Pisidier und Isaurier gewandt und sie zu Paaren getrieben, wie er dann (c. 23), um ein Verlöbniß sowohl mit der Wittwe von Epeiros wie mit Antipatros Tochter verhandelt, Antigonos aus seiner Satrapie Phrygien zu flüchten gezwungen habe (gegen Ende 322). Um dieselbe Zeit, sagt er (*κατὰ δὲ τούτους τοὺς χρόνους*, c. 24), hätten Antipatros und Krateros gegen die Aitoler zu Felde gelegen, aber (c. 25) in Anlaß der Flucht des Antigonos und im Einverständniß mit Ptolemaios, der einen Angriff des Reichsverwesers auf Aegypten vorausgesehen, sich zu einem Feldzug nach Asien aufgemacht, während der Reichsverweser mit seinem Heere aus Pisidien aufgebrochen sei nach Aegypten zu marschiren, und Eumenes auf seinen Befehl sein Heer nach dem Hellespont geführt habe, den Gegnern aus Europa den Uebergang zu wehren (Anfang 321). Diodor schließt dieß Kapitel 25 mit den Worten: *ταῦτα μὲν οὖν ἐπράχθη κατὰ τοῦτον τὸν ἐνιαυτὸν*, und beginnt das folgende (c. 26) mit der Nennung der neuen Eponymen *ἐπ᾽ ἄρχοντος Ἀθήνησιν Φιλοκλέους κτλ.*, d. h. nach seiner Rechnung beginnt nun das julianische Jahr 322, und alles Vorhergehende ist 323 geschehen.

Oben ist angeführt, daß im Text des Diodor nach XVIII. 43 eine Lücke angenommen wird, durch die der Ausfall von einem oder zwei Jahresangaben erklärt werden soll. Es ist mehr als zweifelhaft, daß man dem Diodor mit dieser Annahme gerecht wird. Er hat in dem Jahr des Philokles, also nach seiner Rechnung 322, nach dem misglückten Feldzug des Perdikkas gegen Aegypten und dessen Tod (321 etwa Juni), und der Theilung von Triparadeisos (Herbst 321), noch berichtet (c. 40—42), daß Eumenes von Antigonos angegriffen, durch Verrath besiegt und dann in der Feste Nora belagert worden sei; und gleich darauf, c. 44, mit dem er das Jahr des Archonten Apollodoros (319) beginnt, giebt er an, Antigonos habe sich nach dem Siege über Eumenes gegen die übrigen Perdikkaner in Kleinasien gewandt; c. 53 kehrt er — noch in demselben Jahre nach seiner Erzählung — zu Eumenes zurück, recapitulirt das ihn Betreffende von seiner Einsetzung in Kappadokien bis zu seiner Einschließung in Nora, wo er ein Jahr lang belagert worden (*ἐνιαυσίου οὔσης τῆς πολιορκίας*, c. 53. 5), dann nach einem Vertrage mit Antigonos aus der Feste abgezogen sei. Daß dieser Vertrag mit dem Anfang 319 gleich nach dem Tode des Antipatros geschlossen worden, ist anderweitig zu erweisen. Die Belagerung in Nora hat also Anfang 320 begonnen, Antigonos den Feldzug gegen Eumenes bald nach der Theilung von Triparadeisos (Herbst 321) unternommen.

Hiernach ist sachlich in der Erzählung des Diodor keine Lücke, am wenigsten eine solche, aus der sich das Ausfallen eines oder gar zweier Angaben der Eponymen des Jahres erklärt. Der Fehler ist, daß auf die Jahre zweier Eponymen berichtet wird, was die Zeit von vier Eponymen umfaßt. Mag Diodor oder seinen Bearbeiter die Schuld treffen, — daß in der Reihe der Archonten Philokles, Archippos, Neaichmos, Apollodor, Archippos, zweimal der Name Archippos vorkam, wird veranlaßt haben, daß mit dem ersten Archippos zugleich dessen Nachfolger Neaichmos übersprungen und gleich auf Apollodoros übergegangen wurde, in dessen Archontenjahr der Tod des Antipatros, wie ihn vielleicht die chronologischen Tabellen angaben, einen festen Anhalt geben mochte.

Die Chronologie der folgenden Bücher des Diodor bis kurz vor der Schlacht von Ipsos ist wenigstens insofern besser, als die Angabe der Archonten da vollständig und richtig ist.

Diodor giebt XIX. 1. 10 an, daß er in diesem Buch die Zeit vom Beginn der Herrschaft des Agathokles bis zu dessen Schlacht bei Himera darstellen wolle *ἔτη ἑπτὰ περιλαβόντες*. Die sieben Archonten, die er nennt, sind:

Nach attischer Rechnung:			Nach Diodor:
		317 . .	Demogenes (XIX. 2).
Demogenes	Ol. 116. 4.	7. Juli	
		316 . .	Demokleides (XIX. 17).
Demokleides	Ol. 116. 1.	26. Juni	
		315 . .	Praxibulos (XIX. 55).
Praxibulos	Ol. 116. 2.	15. Juli	
		314 . .	Nikodoros (XIX. 66).
Nikodoros	Ol. 116. 3.	4. Juli	
		313 . .	Theophrastos (XIX. 73).
Theophrastos	Ol. 116. 4.	22. Juli	
		312 . .	Polemon (XIX. 77).
Polemon	Ol. 117. 1.	12. Juli	
		311 . .	Simonides (XIX. 105).
Simonides	Ol. 117. 2.	1. Juli	
		310.	

Diodor folgt seinen apollodorischen Tabellen, wenn er, wie anderswo andere Thatsachen, so in diesem Buch den Anfang des Agathokles nach der Aera der Eroberung Trojas bestimmt; er sagt XIX. 1, es seien seit dem Fall Trojas 866 Jahre verflossen; er rechnet I. 5 vom Fall Trojas bis zum Zuge der Herakleiden 80 Jahre, von diesem bis zum Anfang der Olympiaden 328. Auf die Schwierigkeiten, die sich aus diesen Ansätzen ergeben, ist für unsern Zweck nicht nöthig einzugehen.

Es mag noch die Eponymenreihe, die das XX. Buch Diodors enthält, hinzugefügt werden; er umfaßt in diesem Buch, wie er XX. 2 angiebt, die Zeit von Agathokles Fahrt nach Afrika bis zum Beginn des Krieges der verbündeten Könige gegen Antigonos, *περιλαβόντες ἔτη ἐννέα*:

Nach attischer Rechnung:				Nach Diodor:
			310 . .	Hieromnemon (XX. 3).
Hieromnemon	Ol. 117. 3.	20. Juli		
			309 . .	Demetrios (XX. 27).
Demetrios	Ol. 117. 4.	8. Juli		
			308 . .	Charinos (XX. 37).
Charinos	Ol. 118. 1.	28. Juni		
			307 . .	Anaxikrates (XX. 45).
Anaxikrates	Ol. 118. 2.	17. Juli		
			306 . .	Koroibos (XX. 73).
Koroibos	Ol. 118. 3.	6. Juli		
			305 . .	Euxenippos (XX. 81).
Euxenippos	Ol. 118. 4.	24. Juli		
			304 . .	Pherekles (XX. 91).
Pherekles	Ol. 119. 1.	13. Juli		
			303 . .	Leostratos (XX. 102).
Leostratos	Ol. 119. 2.	3. Juli		
			302 . .	Nikokles (XX. 106).
Nikokles	Ol. 119. 3.	22. Juni.		

Wenigstens eine Notiz findet sich in diesem Buche XX, welche eine astronomische Controlle der Angaben Diodors möglich macht. Er erwähnt XX. 5 in dem Jahre des Archonten Hieromnemon Ol. 117. 3, das nach seiner Weise dem julianischen Jahr 310 entspricht, der totalen Sonnenfinsterniß, die den Agathokles auf jener Fahrt nach Afrika erschreckte; nach Zech, Astronom. Untersuch. 1853, S. 34 u. 47, fällt diese Finsterniß auf den 10. August 310.

Von den älteren Forschern bis Niebuhr ist mehrfach die Frage, auf die im Obigen gelegentlich hingedeutet ist, besprochen worden, ob der Text des Diodor, wie er uns vorliegt, der ursprüngliche, oder ob er eine Ueberarbeitung und Kürzung des ursprünglichen ist, ob die Vorwürfe, die dem Diodor gemacht werden, ihn selbst oder wenigstens zum Theil seine Bearbeiter treffen. Nicht Plinius (H. N., praef. 25) mit seinem „apud Graecos desiit nugari Diodorus" — denn da ist nur von dem Titel des Werkes die Rede —, wohl aber die Urtheile des kundigen Bischofs Eusebios und Anderer rechtfertigen die Annahme, daß der ursprüngliche Text der *Βιβλιοθήκη ἱστορικὴ* nicht so wüst und unverständig war wie der jetzt vorliegende, der in der

That nicht der Mühe und Sorgfalt entspricht, die Diodor (I. 4) auf sein Werk verwandt zu haben erklärt. Daß der Text schon im 10. Jahrhundert in der jetzigen Gestalt vorlag, zeigen die Angaben Bergmanns über den in der Klosterbibliothek von Patmos erhaltenen Codex, der die Bücher XI—XVI umfaßt; er hat nur an einer Stelle (XII. 57) einige Zeilen mehr als unser jetziger Text.

Für die Frage nach dem ursprünglichen Text sind in dem Bereich der Bücher der Bibliothek, um die es sich hier handelt, außer den angedeuteten noch zwei Punkte von einiger Bedeutung.

Das XVIII. Buch, wie es vorliegt, enthält nur Diadochengeschichte; daß bedeutende Stücke des ursprünglichen Textes ausgefallen sind, erkennt man aus XIX. 3, wo von den Hülfstruppen gesprochen wird, die Syrakus den Krotoniaten gegen die Brettier gesandt hat, und deren einen Theil des Agathokles Bruder Antandros, das Ganze Herakleides und Sosistratos geführt habe: *ἄνδρες ἐν ἐπιβουλαῖς καὶ φόνοις καὶ μεγάλοις ἀσεβήμασι γεγονότες τὸν πλείω τοῦ βίου· περὶ ὧν κατὰ μέρος ἡ πρὸ ταύτης περιέχει βίβλος.* Und wie von den sicilisch-italischen Dingen, wird Diodor in diesem Buch auch wohl von den römischen gehandelt, er wird den Krieg, der durch die caudinischen Vorgänge denkwürdig genug war, nicht übergangen haben.

Auch das XVII. Buch, wie es jetzt vorliegt, enthält nichts von Rom, Italien, Sicilien, und doch sagt das einleitende Capitel dieses Buches: *συναναγράψομεν καὶ τὰ ἅμα τούτοις συντελεσθέντα ἐν τοῖς γνωριζομένοις μέρεσι τῆς οἰκουμένης· οὕτω γὰρ μάλιστα ὑπολαμβάνομεν τάς τε πράξεις εὐμνημονεύτους ἔσεσθαι, κεφαλαιωδῶς τεθεῖσας καὶ συνεχὲς ἐχούσας ταῖς ἀρχαῖς τὸ τέλος.* Auch darin pflegt er diesen Zusammenhang zu sichern, daß er von Fürsten, deren Regierungsanfang er angiebt, auch deren Ausgang anmerkt; so giebt er von Agis III. von Sparta den Anfang XVI. 63, das Ende XVII. 63, so von Klearchos von Herakleia den Anfang XV. 81, das Ende XVI. 36 und ähnlich mehrfach, wie er die Angaben in seinen historischen Tabellen vorfand. In gleicher Weise führt er XVI. 72 den Anfang des Alexandros von Epeiros an; dessen Zug nach Italien, dessen Kämpfe dort werden, auch wohl nach Diodors Meinung, bedeutend genug gewesen sein, um in die Bibliothek ebenso aufgenommen zu werden, wie die Expeditionen des Akrotatos (XIX. 70), des Kleonymos (XX. 104). Wenn in dem Text, wie er jetzt vorliegt, nicht einmal von den Kämpfen des Epeiroten in Italien die Rede ist, geschweige denn, wie und wann dieser Fürst geendet hat, wenn dessen Nachfolger Aiakides XIX. 11 handelnd eingeführt wird ohne eine Bemerkung, wann und wie derselbe König von Epeiros geworden sei, so darf man mit einiger Wahrscheinlichkeit vermuthen, daß in dem unverkürzten XVII. Buch das Nöthige darüber gestanden hat. Vielleicht läßt sich noch erkennen, wo wenigstens des Alexanders Ende berichtet worden ist, und es mag noch ein Wort darüber hinzugefügt werden, um das (Gesch. Alex. I, S. 389. 2) summarisch Angegebene zu ergänzen.

Livius giebt an (VIII. 24): eodem anno Alexandriam in Aegyptum proditum conditam Alexandrumque, Epiri regem, ab exule Lucano interfectum sortes Dodonaei Jovis eventu adfirmasse. Wie zugleich die Gründung Alexandriens das dodonäische Orakel erfüllt, und ob dasselbe sie und den Tod des molossischen Königs in Zusammenhang gebracht hat, erhellt aus der weiteren Erzählung des Livius nicht; mag die Erzählung aus Cincius geschöpft sein, der Synchronismus scheint eher auf ein griechisches Tabellenwerk zu weisen als auf Cincius, der den Tod des Molossers auf das Jahr der Stadt 428 oder vielleicht richtiger 427 setzte. Wie unsicher die römische Ueberlieferung in Betreff dieser Thatsache war, zeigt sich daraus, daß Livius (VIII. 3) die Landung des Alexandros 413 der Stadt, dessen Sieg bei Pästum 422 (VIII. 17), die Schlacht bei Pandosia und dessen Tod 427 ansetzt, und zwar die erste dieser drei Angaben mit dem zuversichtlichen Ausdruck: eo anno Alexandrum Epiri regem in Italiam classem appulisse constat, — während aus griechischen Nachrichten sicher ist, daß dieses Fürsten Auszug gewiß nach dem Herbst 336, wahrscheinlich erst Ende 334 oder Anfang 333, sein Tod vor der Rede des Aischines gegen Ktesiphon, vor dem hohen Sommer 330 stattfand. Daß Eutrop (II. 7) die Erbauung Alexandreias in dasselbe Jahr setzt mit dem Siege der Römer über die Latiner unter den Consuln Maenius und L. Furius Camillus, denen Reiterstatuen dafür gesetzt worden seien (nach Plin. Hist. Nat. XXXIV. 11. § 20, im Jahre 416 a. u. c.), daß Vellejus (I. 14. 4) mit seiner Angabe über die Erbauung Alexandreias dasselbe Jahr meint, führt nicht zu einem sicheren Ergebniß, da beide römische Datirungen nicht sicher zu reduciren sind. Wichtiger ist für unsern Zweck die Angabe des Eusebios (Eus. Arm. II, p. 114 ed. Sch.): Alexandria condita est in Aegypto anno VII regni Alexandri, quo et Asianis imperavit idem Alexander mit der entsprechenden griechischen Notiz des Synkellos l. c.). Entweder darf man mit der Gründung Alexandreias den Zeitpunkt gemeint glauben, wo Alexander gleichsam den Grundstein legte, wie Arrian (III. 1. 5) sagt *αὐτὸς τέ σημεῖα τῇ πόλει ἔθηκε*, und dieß geschah zwischen November 332 und Frühling 331, nur daß dieß weder mit dem anno septimo noch mit dem Asianis imperavit des Eusebios stimmt, — oder es ist mit der Gründung der Stadt ihr Anfang als wirkliche Stadt bezeichnet. Kleomenes war von Alexander mit dem Bau beauftragt worden ([Arist.] Oec. II. 34) und daß die Stadt 324 schon stand, sieht man aus Kleomenes Schreiben bei Arrian (VII. 23. 7), in dem er meldet, daß dem Hephaistion ein Heroon gegründet sei: *ἐν Ἀλεξανδρείᾳ τῇ Αἰγυπτίᾳ ἔν τε τῇ πόλει αὐτῇ καὶ ἐν τῇ νήσῳ τῇ Φάρῳ*, und es wird bestätigt durch Tacitus (Hist. IV. 83), wo es von dem ersten Lagiden heißt: cum Alexandriae recens conditae moenia templaque et religiones adderet etc. Aber was meint Eusebios mit dem anno septimo? nach der Tabelle des Eusebios (Arm. II, p. 114. g) ist die Gründung Alexandreias 1686 A. Abr. nach Hieronymus, 1687 A. Abr. angesetzt, bei letzterem folgt auf diese Jahresangabe Alexander regnat Asiae anno regni sui VII; aus der Doppelangabe für Alexandreia sieht man, daß beide Ol. 112. 3 bezeichnen wollten. Weiter führen die Königsverzeichnisse des Eusebios. Nach dem der ägyptischen Könige (I, S. 169. 170) ist Alexanders Anfang Ol. 111. 1 und die Dauer seiner Regierung 12 Jahre 7 Monate (6 Monate bei Hier.), und diese 7 Monate zeigen, daß nicht nach dem attischen noch nach dem julianischen Jahre gerechnet ist; sie führen die Gründung Alexandreias auf das Jahr zwischen Herbst 330 und 329. Anders, wenn man von Eusebios zweiter makedonischer Tabelle (I, S. 230) ausgeht; nach dieser ist das erste Jahr des Philippos Arrhidaios Ol. 114. 2, und die 12 Jahre vorher gehören dem Alexander, dessen erstes Jahr also 111. 2 sein würde; nach dieser Rechnung fiele die Gründung Alexandreias in das Jahr zwischen Sommer 329 und 328.

Welches von beiden Jahren Eusebios gemeint hat, kann nach dem Zusatz quo et Asianis imperavit nicht zweifelhaft sein; sein Kanon zeigt, daß er mit dem Ende des Dareios den Anfang der Herrschaft über die Asianen rechnet. Dareios endete im ersten Monat des Archonten Aristophon (Ol. 112. 3) im Juli 330, und Alexanders siebentes Jahr, makedonisch gerechnet, begann im Herbst 330.

Auffallend ist in unserem Diodor, daß in Mitten von XVII. 63 ein Abschnitt mit der Ueberschrift: *τῆς ἑπτακαιδεκάτης τῶν Διοδώρου βίβλων ῥ δευτέρα βίβλος ῥ τὸ δεύτερον τμῆμα* folgt. Was vorher c. 62 u. 63 und nachher c. 63—72 steht, gehört demselben diodorischen Jahre an, das er nach dem Archonten Aristophon nennt, der nach seiner Rechnungsweise das julianische Jahr 330 umfassen sollte. Die beiden ersten Capitel dieses Jahres erzählen die kriegerischen Vorgänge in Thrakien und der Poloponnes bis zum Tode des Königs Agis (*κατέστρεψε τὸν βίον ἄρξας ἔτη ἐννέα*), also bis zum Sommer 330. Daß in eben diese Zeit das Ende des Molossers Alexandros gehört, lehren die römischen Angaben und bestätigt Aischines in der Rede gegen Ktesiphon (im August 330), indem er § 242 angiebt, daß sich Ktesiphon jüngst (*πρώην*) zum Gesandten an die Wittwe des

Königs, um die Condolenz des attischen Demos zu bezeugen, habe wählen lassen und jetzt sage, er sei außer Stande zu sprechen. Man sieht, daß hier die Stelle war, wo Diodor von dem Ende des Molossers sprechen mußte, wie bei Agis hinzufügend ἄρξας ἔτη .... Und wenn er das auch in Europa in diesem Jahre Geschehene der Reihe nach anführen wollte, so bot auch der Krieg der Römer und Latiner in diesem Jahre erwähnenswerthe Ereignisse. Statt dessen folgt gleich auf Agis Ende: ἡμεῖς δὲ διεληλυθότες τὰ πραχθέντα κατὰ τὴν Εὐρώπην, ἐν μέρει τὰ κατὰ τὴν Ἀσίαν συντελεσθέντα διέξιμεν, und danach das unmotivirte δείτερον τμῆμα. Mit diesem Schnitt durch den Text wird wohl das Ende des Molossers, der Latinerkrieg, vielleicht auch die Expedition des Strategen Zopyrion gegen die Skythen und dessen Untergang im Pontos weggeschnitten sein.

Beilage II.

Die Materialien zur Geschichte Alexanders.

Von den Darstellungen der Geschichte Alexanders, die uns aus dem Alterthum erhalten sind, reicht keine ihrer Abfassungszeit nach über das Ende Cäsars hinauf. Erst der Nachweis, welche Quellen ihnen zu Grunde liegen und in welcher Art sie dieselben benutzt haben, bestimmt den historischen Werth ihrer Angaben.

Das ist der Gesichtspunkt zahlreicher Untersuchungen, die in den letzten Jahrzehnten veröffentlicht worden sind; unter ihnen vortreffliche, durch die namentlich die auffallende Gleichartigkeit des Materials, das Arrian und Plutarch vor sich gehabt zu haben scheinen, das Verhältniß des Curtius, Diodor und Justin theils zu Kleitarchos, theils zu den besseren Quellen, denen Arrian folgt, in ein helleres Licht getreten ist, während die Forschungen über den Roman des sogenannten Kallisthenes sich mit Recht darauf gerichtet haben, die weitere Ausbildung der Alexandersage, deren für uns erste Gestalt unter jenem Namen vorliegt, aufzuklären.

Vielleicht empfiehlt es sich, die uns erhaltenen Materialien noch von einem anderen Gesichtspunkte aus zu betrachten, um gewisse Seiten derselben Frage zu erkennen, die von jenem ersten aus nicht sichtbar wurden.

Für eine einzelne Thathandlung mag es angemessen sein, die Aussage eines Mithandelnden, eines Augenzeugen als entscheidend gelten zu lassen. Von einer Schlacht weiß der Soldat, der sie mitgemacht hat, von einer politischen Revolution der Bürger, der von ihr mitbetroffen worden ist, nur Einzelnes und Aeußerliches; erst die Auffassung und Zusammenfassung vieler und aller solcher Einzelnheiten, ihre Darlegung nach den wesentlichen Zusammenhängen ihres Verlaufes giebt ein geistiges Gegenbild des Geschehenen, das je nach der Befähigung, Stellung, Meinung, nach dem Verständniß des Auffassenden treffender oder schiefer, absichtlicher oder sachgemäßer sein wird.

Das, was geschehen ist, würde für die geschichtliche Erinnerung nur in solchen Auffassungen überdauern, wenn diese nicht theils in den Wirkungen des Geschehenen und den Gründungen, die dessen Niederschlag sind, theils in Documenten aller Art, soweit sie aus dem geschäftlichen Gang des Geschehenen und dem Werden der Thatsachen sich erhalten haben, Controlen fänden, an denen man den Werth der Auffassungen messen kann.

An die uns erhaltenen Darstellungen der Geschichte Alexanders hat die Quellenkritik nicht bloß die Frage zu stellen, aus welchen Quellen sie geschöpft sind und in welcher Gestalt, ob unmittelbar oder wie vermittelt diese ihnen vorlagen. Wenn die Quellenkritik die Aufgabe hat, die Richtigkeit der Ueberlieferungen festzustellen — denn nur darum sucht sie in den secundären Quellen, die ihr vorliegen, die originalen nachzuweisen, aus denen sie stammen —, so hat sie nicht minder zu fragen, ob diese originalen Quellen selbst solche Materialien benutzt haben und benutzen konnten, die ihre Glaubwürdigkeit verbürgen. Es ist mehr schematisch als sachgemäß, mit den „Augen- und Ohrenzeugen" die Reihe der Bewährungen geschlossen zu glauben. Nicht ohne Weiteres — wie analoge Forschungen in der neueren Geschichte, wo eine ungleich schärfere Controle möglich ist, gezeigt haben — sind die ersten, den Ereignissen selbst nächststehenden Darsteller die zuverlässigsten; unmittelbar mit den Ereignissen bilden sich Auffassungen von denselben, die, immerhin mit dem Vorzuge und dem Reiz der lebendigen Zeitstimmung und der ersten Eindrücke, alle die Trübungen verbinden, welche Partheinahme, politische Absichtlichkeit oder Befangenheit, persönliche Beziehungen aller Art willkührlich oder unwillkührlich hineintragen; und je erregter die Zeiten, je größer die Ereignisse, je bestrittener die Entscheidungen sind, um die es sich handelt, desto weniger werden die Mitlebenden, die Mithandelnden von dem, was geschehen ist, wenn der Ausdruck erlaubt ist, achromatische Sehbilder zu geben im Stande sein; erst allmählich wird die Beruhigung der Gemüther, die Klärung der Meinungen, die größere Weite der Auffassungen eintreten, deren es zur sachgemäßen Darlegung des Geschehenen bedarf.

Die ersten Quellen.

Wenn man die Fragmente der Scriptores Rerum Alexandri Magni, wie sie von Robert Geier und nach ihm von Karl Müller zusammengestellt sind, durchmustert, so bemerkt man, daß diese alten Schriftsteller, von denen abgesehen, die erst nach der Diadochenzeit geschrieben haben, als historische Quellen betrachtet, von sehr verschiedenem Charakter sind. Es lassen sich vier Reihen unterscheiden, die freilich in ihren Confinien mannigfach ineinander übergehen.

I. Es wird eine Anekdote auf den Namen des Aristobulos erzählt, die für unseren Zweck lehrreich ist. Als Alexander den Hydaspes hinabfuhr, las dieser Schriftsteller dem Könige eine Schrift (*βιβλίον*) vor über dessen Einzelkampf mit Poros, in dem er den Elephanten, der diesen trug, mit Einem Speer (*ἑνὶ ἀκοντίῳ*) getödtet habe, worauf Alexander ihm das Geschriebene aus der Hand genommen und es ins Wasser geworfen habe mit den Worten: „für das, was er geschrieben, verdiene er, daß ihm dasselbe geschehe“. Mag Lukian, der dieß erzählt (*πῶς δεῖ ἱστορίαν* c. 12), für den dreisten Schmeichler Onesikritos, auf den die Anekdote besser zu passen scheint, irrig Aristobulos genannt, mag Aristobulos erst in seinem viel später verfaßten Geschichtswerke so verständig und sachgemäß, wie ihn Arrian rühmt, gearbeitet, in früheren Jahren mit Onesikrit und anderen Fälschern der historischen Wahrheit gewetteifert haben, man sieht, wie in diesem Schriftstück, das sich Alexander etwa im December 326 vorlesen ließ, die Vorgänge vom Mai desselben Jahres geschildert wurden.

Eine zweite Anekdote liegt von Onesikritos vor, nach der man glauben könnte, daß er erst lange nach Alexander geschrieben habe. Von den Amazonen sprechend, mit deren Königin Alexander Beilager gehalten haben soll, sagt Plutarch (Alex. 46), Onesikritos habe viele Jahre später, als Lysimachos schon König gewesen (also nach 306), demselben aus dem vierten Buch seiner Geschichte die Schilderung von jenem Vorgange vorgelesen, und Lysimachos darauf gesagt: „wo mag ich wohl damals gewesen sein?“ Aber ist es nothwendig, daß damals erst das Buch geschrieben worden sei? So viel, wie diese Anekdote, wird eine andere gelten (bei Luc. l. c. 40), nach der Alexander zum Onesikritos gesagt haben soll: er wünsche sich nach seinem Tode für eine kleine Zeit wieder aufzuleben, um zu erfahren, daß die Menschen dann noch diese Schriften läsen; daß sie sie jetzt lobten, sei nicht zu verwundern, da sie damit seine Gunst zu gewinnen meinten u. s. w. Daß Onesikritos Darstellung voll überschwänglicher Wundergeschichten gewesen ist, erkennt man aus dem, was daraus angeführt wird. Möglich, daß von seiner Erfindung die Amazonengeschichte ist, denn nach Plutarch (Alex. 46) haben sie außer ihm Kleitarchos, Polykleitos (oder Polykritos) von Larissa, Antigenes, Istros erzählt. Wir werden sehen, daß Kleitarch um 305 geschrieben haben mag; Polykleitos gehört eben so der späteren Diadochenzeit an, wenn seine Tochter Olympias die Mutter des um 263 geborenen Antigonos Doson war; Istros, der Atthidenschreiber, war ein Schüler des Kallimachos; über Antigenes fehlt jede weitere Angabe. Daß weder Plutarch noch ein anderer Schriftsteller sich für jenes Liebesabentheuer auf Kallisthenes beruft, scheint um so mehr dem Onesikritos den Ruhm der Erfindung zu sichern.

Es muß dahingestellt bleiben, ob in diese erste Reihe, wie

die angeführten Anekdoten sie bezeichnen, auch Marsyas von Pella, auch Anaximenes von Lampsakos zu rechnen sind. Am deutlichsten giebt ihren Charakter Kallisthenes von Olynth. Wenn Kallisthenes während des Zuges seine griechische Geschichte weiter schrieb — im vierten Buch erwähnte er, daß er mit Alexander in Aegypten gewesen und nach Aithiopien gesandt worden sei, Erkundigungen über die Nilquellen einzuziehen —, so mag er daneben das verfaßt haben, was dem Alterthum als seine Alexandersgeschichte galt. Der höchst gesteigerte Ton, in dem er Alexanders Zug durch das pamphylische Meer, den Besuch des Ammonion, die Schlachten von Issos, von Gaugamela darstellte, macht es, wenn man sich seines Verhaltens in den baktrischen Winterquartieren erinnert, fast gewiß, daß jene Darstellungen vor der Zeit dieser Mißstimmung gegen den König, vielleicht vor der Hinrichtung des Philotas, mit der sie begonnen haben mag, geschrieben sein werden. Wenn ihn Alexander dann in Ketten legte und gefangen mit sich führte, so wird man sich gewiß auch seiner Papiere versichert haben; und er starb in der Gefangenschaft. War trotzdem seine Alexandergeschichte, wie weit sie dann reichen mochte, verbreitet, so muß sie schon, ganz oder stückweise, verbreitet worden sein, so lange er noch frei, so lange er noch ohne Verbitterung gegen Alexander war. Das letzte, was in den erhaltenen Fragmenten vorkommt, ist die Schlacht von Gaugamela; es giebt, so viel ich sehe, keine sichere Spur, daß er noch den Brand von Persepolis, den Tod des Dareios, den Proceß des Philotas dargestellt hätte [1]), und wenn er nicht unter den Zeugen für die Amazonengeschichte angeführt wird, so hat er entweder zuviel Geschmack gehabt, um solche Erstaunlichkeiten zu erzählen, oder er war es schon müde — denn der Vorgang mit Philotas ist ein halbes Jahr nach diesem an-

---

1) Wenn Kallisthenes fr. 38 den Araxes, der das baktrische und Skythenland trennt, erwähnt, so sagt Strabo, der das fr. giebt, nicht, daß es aus der Alexandergeschichte sei; und war es aus derselben, so konnte es bei irgend einer geographischen Uebersicht vorgekommen, es brauchte nicht erst nach der Ankunft in Baktrien geschrieben sein.

geblichen Vorgange — zum Ruhme des Königs Wunderdinge zu erdichten.

Arrian (IV. 10) führt an, daß Kallisthenes gesagt haben soll — εἴπερ ἀληθῆ ξυγγέγραπται —, er und seine Darstellung (ξυγγραφὴ) entscheide über Alexander und dessen Thaten; er sei nicht zu Alexander gekommen, Ruhm zu erwerben, sondern ihm bei der Welt Ruhm zu geben; auch hange Alexanders Antheil an der Gottheit nicht von dem ab, was Olympias über seine Geburt lüge, sondern von dem, was er, dessen Geschichte schreibend, unter die Menschen bringe. Es mag wenig darauf zu geben sein, wenn Justin (XII. 6) anführt, wie Kallisthenes nach Kleitos Ermordung den König getröstet habe: condiscipulatu apud Aristotelem familiaris illi et tunc ab ipso rege ad prodenda memoriae acta ejus accitus; und nicht viel mehr darauf, wenn Plutarch (Alex. 53 und de Stoic. rep. 20) angiebt, daß Kallisthenes, um die Herstellung seiner Vaterstadt Olynth zu erbitten, dem Könige nach Asien nachgezogen (ἀνέβη), daß er ihm zu Schiff nachgezogen sei (πρὸς Ἀλέξανδρον ἔπλευσε), also etwa nach Tyros oder Aegypten. Bedeutsamer für uns ist, daß fr. 32 aus dem zweiten Buch — freilich ἐν δευτέρῳ τῶν Περσικῶν, aber für die Alexandergeschichte wird ein anderer Titel nicht überliefert — Angaben über Tarsos, Anchiale und Sardanapal macht, also der Feldzug von Issos wohl diesem zweiten Theil angehörte, wie der am Granikos und in Kleinasien wohl dem ersten. Mag ein drittes Buch Tyros, Gaza, den Zug nach dem Ammonion, ein viertes den Zug nach dem Tigris und die Schlacht von Gaugamela enthalten haben, weder diese noch etwa der Brand von Persepolis, noch der Tod des Dareios, wenn Kallisthenes auch diese Dinge noch darstellte, war in der Art ein Schluß, daß er sein Werk damit als in sich fertig hätte abschließen können. Aber muß er mit der Herausgabe gewartet haben, bis solcher Abschluß da war? Wenn er in Ketten gelegt wurde, bevor er zu solchem Abschluß gekommen war, und wenn trotzdem das, was er über die ersten Kriegsjahre geschrieben hatte, als sein Werk bekannt und in den Händen des Publicums war, so muß man vermuthen, daß er seine Darstellung abschnittsweise herausgegeben hatte, die Ereignisse, etwa je eines Feldzuges, nach dessen Abschluß zusammenfassend; wo immer seine Darstellung abbrechen mochte, die bis dahin veröffentlichten Abschnitte, die sich in den Händen des Publicums befanden, konnten dann leicht zusammengestellt und als Ein Werk weiter verbreitet werden. Seine anspruchsvolle Aeußerung, daß Alexanders Ruhm in der Welt von ihm abhange u. s. w., hatte erst sein ganzes Gewicht, wenn seine Berichte bereits die Verbreitung und Bewunderung gefunden hatten, welche solche Hoffahrt rechtfertigten.

Auch Poeten gab es im Gefolge Alexanders, die über seine Thaten dichten; Agis von Argos, Choirilos, der Sikeliot Kleon werden genannt.

Für die Politik Alexanders war und blieb die öffentliche Meinung in Griechenland ein zu wichtiger Factor, als daß man sie dem Zufall und dem Einfluß feindseliger Auffassungen hätte Preis geben dürfen. Je langsamer sich die Ereignisse der ersten zwei Kriegsjahre entwickelten und je weiter hinweg die späteren das Heer Alexanders führten, desto dankenswerther mußte es sein, wenn Schriftsteller von Talent und begründetem Ruf sich bereit fanden, die fortschreitenden Ereignisse mit ihren Publicationen zu begleiten, in denen sie die Zusammenhänge und die Bedeutung größerer Abschnitte der Kriegsführung in der Auffassung, wie sie im makedonischen Hauptquartier war, in den Formen und mit der rhetorischen Virtuosität, die dem Geschmack des griechischen Publicums entsprach, darlegten.

II. Als eine zweite Reihe kann man diejenigen Schriften ansehen, welche über einzelne Vorgänge eingehend gehandelt haben. Es liegt in der Natur der Sache, daß über ausgeführte Aufträge, über militärische Expeditionen, über Vorgänge in den vorderen Ländern, während das Heer in Baktrien oder Indien stand, mannigfache Berichte an den König eingesandt sein müssen; und theils diese selbst, theils nachmalige Ausführungen derselben hat das Alterthum in der That gehabt.

Eine solche Schrift mag die des Gorgos von Jasos gewesen sein, des „Metalleuten", wie ihn Strabo (XV, p. 700) nennt, der von den Gold- und Silberbergwerken, von den Salzlagern in dem Lande des Sopeithes berichtet hat. Daß der Thasier Androsthenes, der mit Nearch die Seefahrt vom Indus nach dem Euphrat gemacht hatte, über seine weitere Entdeckungsfahrt an der Küste Arabiens geschrieben hat, sieht man aus Strabo (XVI, p. 766 [fr. 2]) und aus den Angaben über die Insel Tylos bei Theophrast (De caus. plant. II, 5. 5 [fr. 3]). Ob von Hieron von Soloi, der noch weiter hinausfuhr, ob von Herakleides, der zu Entdeckungsreisen im kaspischen Meere ausgesandt wurde, Berichte veröffentlicht worden sind, wird nicht ausdrücklich angeführt. Daß Antipatros über die verunglückte Expedition des Zopyrion, über die versuchte Empörung der Thraker und über den Feldzug gegen Agis Berichte an den König gesandt hat, würde sich von selbst verstehen, auch wenn es Curtius (VII. 4. 32) und Justin (XII. 1. 4) nicht sagten.

Vor Allen bedeutsam in dieser Reihe ist Nearchos, dessen Aufzeichnungen die ganze Zeit seines Commandos über die Flotte, deren Fahrt auf dem Hydaspes begann, umfaßt zu haben scheinen. Plutarch führt aus den Ephemeriden an (Alex. 76), daß Alexander noch wenige Tage vor seinem Tode Nearchs Bericht angehört habe: *κατακείμενος ἐν τῷ λουτρῶνι τοὺς περὶ Νέαρχον ἐσχόλαζεν ἀκροώμενος τὸ περὶ τὸν πλοῦν καὶ τὴν μεγάλην θάλατταν.* Es wäre wohl denkbar, daß Nearch eben den Bericht, den wir noch bei Arrian haben, dem Könige vorlas, wenigstens den Theil seiner Schrift, welcher die Vorgänge der Flotte behandelt, seit sich Alexander von ihr getrennt hatte, wennschon man die Bemerkung über Onesikritos (Ind. c. 32), der sich in seinen Darstellungen als Nauarchen der Flotte bezeichnet hatte, während er nur als Steuermann auf Alexanders Schiff zu ihr gehörte, so auffassen könnte, als sei Nearchs Schrift erst nach Publication der von Onesikrit verfaßt.

III. Einer anderen Reihe könnte man solche Aufzeichnungen zuweisen, die, nicht sowohl von literarischem als von geschichtlichem Charakter, einfach als Journale bezeichnet werden können.

Schon in der Darstellung Nearchs von seiner Fahrt vom

Indus bis zur Euphratmündung wird man wohl nicht zweifeln, eine Art Schiffsjournal als Grundlage zu erkennen.

Etwas Analoges darf man in dem, was von Alexanders „Bematisten" überliefert wird, erkennen. In der Natur der Sache liegt es, daß es in dem Heere Alexanders einen Quartiermeisterstab gab, dem u. a. die Anordnung der täglichen Märsche, die Anweisung für die Wege der einzelnen Colonnen, die Absteckung des Lagers u. s. w. oblag; aus dessen Thätigkeit, aus dessen Papieren ergab, sich die erste nähere Kenntniß der Entfernungen auf den Marschrouten, die für die geographischen Studien der nächstfolgenden Zeit so wichtig geworden ist. Es werden angeführt *Βαίτων ὁ Ἀλεξάνδρου βηματιστὴς ἐν τῷ ἐπιγραφομένῳ Σταθμοὶ τῆς Ἀλεξάνδρου πορείας* (Athen. X. 442) oder auch Diognetus et Baeton itinerum ejus mensores (Plin. VI. 21 ed. Detl. 61), sowie *Ἀμύντας ἐν τοῖς σταθμοῖς*, aus dessen ersten Buch eine Notiz über die syrischen Lande, aus dem dritten eine über Ninive erhalten ist. Daß Archelaos *ὁ χωρογράφος τῆς ὑπ' Ἀλεξάνδρου πατηθείσης γῆς* unter den Begleitern Alexanders gewesen ist, wird in der einzigen Stelle, wo seiner Erwähnung geschieht (Diog. L. II, § 17) zwar nicht gesagt, ist aber an sich wahrscheinlich. Es verdient beachtet zu werden, daß Patrokles, unter Seleukos I. Strateg von Babylon, der Erforscher des kaspischen Meeres, in seinem geographischen Werke angab: die Begleiter Alexanders hätten die durchzogenen Gegenden nur summarisch (*ἐπιδρομάδην*) erforscht, Alexander selbst genauere Erforschungen veranlaßt: *αὐτὸν δὲ Ἀλέξανδρον ἀκριβῶσαι . . . . ἀναγραψάντων τὴν ὅλην χώραν τῶν ἐμπειροτάτων αὐτῷ· τὴν δὲ ἀναγραφὴν αὐτῷ δοθῆναί φησιν ὕστερον ὑπὸ Ξενοκλέους τοῦ γαζοφύλακος* (Strab. II, p. 69).

Von besonderem Interesse für unsern Zweck sind die *Ἐφημερίδες βασίλειοι*, von denen ein längeres Fragment, das die letzten Tage des Königs betrifft, in doppelter Gestalt erhalten ist. Aus kleineren Stücken, die A. Schöne (de rerum Alex. M. scriptoribus, p. 37) zusammengestellt hat, darf man schließen, daß in gleicher Weise die Tagesvorgänge der früheren

Jahre, wahrscheinlich vom Anfange des Zuges nach Asien an, aufgezeichnet worden sind. Daß das Hofjournal, wie man es wohl nennen darf, von dem Kardianer Eumenes, dem ἀρχιγραμματεὺς des Königs, geführt und die so zu sagen tagtägliche Art, wie es geführt worden ist, läßt darauf schließen, daß der Zweck dieser Aufzeichnungen weniger ein literarischer als ein geschäftlicher gewesen sein wird. Wann sie herausgegeben sind und ob Diodotos von Erythrai, der einmal neben Eumenes als Verfasser derselben genannt wird (Athen. X, p. 434), vielleicht einer der Schreiber in der königlichen Kanzlei, sie vielleicht nach dessen Tod veröffentlicht hat, ist nicht mehr zu erkennen. Wenn von dem Olynthier Strattis angegeben wird, daß er περὶ τῶν Ἀλεξάνδρου ἐφημερίδων βιβλία πέντε herausgegeben hat, so hat man vermuthen können, daß derselbe eine Bearbeitung, einen Auszug der Ephemeriden gegeben haben werde.

Wenn diese Aufzeichnungen des Eumenes einen geschäftlichen Zweck hatten, so war es nicht der, für den Dienst des Königs über die täglichen Eingänge und Ausfertigungen u. s. w. ein Geschäftsjournal (ὑπομνήματα, wie Antigonos der spätere König sie hatte) zum Nachschlagen zur Hand zu haben, obschon ein solches schwerlich gefehlt haben wird, — sondern die Vorkommnisse des Hofes wurden aufgezeichnet, um denjenigen, denen es wichtig war davon Kenntniß zu haben, mitgetheilt zu werden, und die Sendboten (βιβλιαφόροι, wie der Ausdruck in der Diadochenzeit mehrfach vorkommt), die vom Heerlager nach dem Westen gesandt wurden, werden Abschriften des Hofjournals an die Satrapen, deren Residenzen sie berührten, zur eigenen Kenntnißnahme und zu weiterer Versendung an die außer dem Wege liegenden Satrapenhöfe mitgetheilt haben.

Geschah das in Betreff der Vorgänge am Hofe, so ist um so weniger zu zweifeln, daß über die militärischen und politischen Vorgänge in ähnlicher Weise Berichte verfaßt und den Satrapen und Strategen zugesandt wurden; es war nothwendig, sie über das, was im Felde geschah, auf dem Laufenden zu erhalten, namentlich Antipatros konnte in seiner schwierigen

Stellung den Hellenen und dem Synedrion in Korinth gegenüber nicht erst jeden gegebenen Fall berichten und Weisung erwarten, sondern nur aus der möglichst sichren Kenntniß des Fortganges der Dinge in Asien die nöthigen Entschließungen fassen. Gab es solche militärische Ephemeriden, vielleicht in der Gestalt von Briefen an Antipatros (s. u.), so bot sich in ihnen für die ersten Gesammtdarstellungen der Geschichte Alexanders die beste Grundlage, — und vielleicht erklärt sich durch solche Voraussetzung ein Theil der überraschenden Uebereinstimmungen zwischen den Angaben des Arrian und Plutarch auf der einen, der auf Kleitarchos zurückgehenden Schriftsteller auf der andern Seite [1]).

Ja man darf noch weiter gehen. Wären nicht die verschiedenen Darstellungen, und schon die ersten, durch eine gemeinsame Grundlage gleichsam gebunden gewesen, sondern in freier Weise von jedem nach eigener Erfahrung und Kenntniß componirt worden, so bliebe es unerklärlich, daß die Gesammtdisposition des Stoffes oder, will man lieber, der Faden, an dem der Verlauf des Ganzen aufgereiht ist, bei aller Verschiedenheit zwischen der kleitarchischen Ueberlieferung, der aus Ptolemaios stammenden Arrians u. s. w., und bei allen Abweichungen im Einzelnen derselbe ist; noch unerklärlicher, daß von dem, was makedonischer Seits geschieht, fast nur das unmittelbar an Alexanders Person sich Anknüpfende, oder was in Form von Meldungen und Berichten an ihn gekommen sein mag, berichtet wird. So be-

---

1) Als Beispiel dafür diene Arrian. III. 28. 1 = Curt. VII. 3. 5; Arrian. III. 28. 2 = Curt. VII. 3. 2; Arrian. III. 28. 4 = Curt. VII. 3. 19 u. 23. Aehnliche giebt es zahlreiche. Daß solche Kriegsberichte vorher schon in Uebung waren, zeigt eine Notiz in [Plut.] X. or. Isocr. p. 330, nach der Isokrates sie für Timotheos schrieb: *σὺν ᾧ καὶ πολλὰς πόλεις ἐπῆλθε συντιθεὶς τὰς πρὸς Ἀθηναίους ὑπὸ Τιμοθέου πεμπομένας ἐπιστολάς, ὅθεν ἐδωρήσατο αὐτῷ τάλαντον τῶν ἀπὸ Σάμου περιγενομένων.* Ein solcher Kriegsbericht ist die *ἐπιστολή* des Chares bei Dem. Aristocr. 183 und ähnliche sonst. Besonders lehrreich für diese Frage ist Nikias Schreiben bei Thucyd. VII. 10 mit dem Anfang: *τὰ μὲν πρότερον πραχθέντα ἐν ἄλλαις ἐπιστολαῖς ἴστε.*

deutend Parmenions Zug nach Damaskos Ende 333, oder der des Hephaistion und Perdikkas 327 im Süden des Kophenflusses zum Indus hinab gewesen sein muß, es ist nur obenhin die Rede davon; eben so nur summarische Notizen giebt es von den wichtigen Märschen, mit denen dem 330 vorausgeeilten Alexander der größere Theil des Heeres von Ekbatana, und zum Theil mit den Bergvölkern der kaspischen Gebirge kämpfend, gefolgt ist, eben so von dem Marsch der großen Colonne unter Krateros, die vom Indus durch die Bolanpässe nach Persien zurückzog. Bei freier Composition hätten diese und ähnliche Dinge unmöglich von Allen in gleich dürftiger Weise besprochen werden können; behandeln Alle, so verschieden sonst ihre Auffassung sein mag, sie gleich oberflächlich, so liegt der Grund dafür nicht in der Gleichartigkeit ihrer persönlichen oder gar „objectiven" Auffassung, sondern ihre Darstellung ist durch das Material, das sie ihr zu Grunde legten, bedingt und gebunden gewesen. War dieß das „Feldjournal des königlichen Hauptquartiers", oder die „Berichte aus dem Felde", so erklären sich die hervorgehobenen Momente eben so vollständig wie einfach.

Anhangsweise mag an dieser Stelle Chares von Mitylene erwähnt werden, der des Königs εἰσαγγελεύς war, wenn man will, sein Oberkammerherr. Man könnte nach der Art seiner Fragmente glauben, daß er, ohne eben die Zeitfolge zu beobachten, allerlei Anziehendes, wie es am Hofe Alexanders zu seiner Kenntniß gekommen, memoirenartig aufgezeichnet hat: im dritten Buch erwähnte er die Ernennung des Lagiden Ptolemaios zum Truchseß (ἐδέατρος); im fünften Buch, wie der Perserkönig zu Häupten seines Bettes eine fünfhäusige Lade (οἴκημά τι πεντάκλινον) und zu Füßen eine dreihäusige gehabt habe, jene mit 5000 Talenten Gold, diese mit 3000 Talenten Silber, und über dem Bett einen goldenen mit Edelsteinen geschmückten Weinstock; im siebenten Buch, daß es im indischen Meere, sowie auch in Armenien, Persien, Babylonien Muscheln gebe, in denen man die Perlen finde; im zehnten die Beschreibung der Hochzeit in Susa u. s. w. Auch die schöne Erzählung von Zariadres und Odatis hat er aufgezeichnet. Er ist sichtlich kein militärischer Schriftsteller, aber eben so wenig gehört er zu den Literaten des Hoflagers; der Glanz desselben, die Festlichkeiten und Zerstreuungen, die allerlei anziehenden Vorkommnisse und Erlebnisse, einzelne charakteristische Züge, auch wohl Träume des Königs, — das etwa scheint der Inhalt dieses umfangreichen Werkes gewesen zu sein.

IV. Endlich die vierte Reihe. Gewiß hatten Onesikritos, Kallisthenes, Anaximenes u. s. w. die Meinung, mit ihren Werken der Nachwelt die Geschichte Alexanders gegeben zu haben; und man darf wohl annehmen, daß ihre Ueberlieferungen vorerst die conventionelle Geschichte der großen Ereignisse, die man staunend erlebt hatte, bildeten. Freilich „der Besiegte schwieg"; aber Kallisthenes, der die Technik der historischen Darstellung im vollsten Maaße besaß, scheint auch das, was auf persischer Seite berathen, geplant, geschehen ist, eingehend und als wenn er es mit angehört und angesehen, dargelegt zu haben. Ob in diese Vulgata Nennenswerthes aus antimakedonisch-hellenischer Auffassung eindrang, ist nicht mehr zu erkennen.

Aber neben jener conventionellen Geschichte gab es die Fülle von mündlichen Ueberlieferungen, von Erzählungen derer, die die Züge des Königs mitgemacht hatten und nun heimkehrten, von Meinungen und Urtheilen über den König und seine Feldherren, Anekdoten aller Art, und in den heftigsten Partheikämpfen seit dem Tode des Königs hatten die wider einander Kämpfenden gewiß nur zu oft Anlaß, auch mit Enthüllungen über ihre Vergangenheit, über ihre Beziehungen zu Alexander und ihren Antheil an dessen Thaten wider einander aufzutreten. Mit den ungeheuren Wechseln der Diadochenkämpfe, mit dem Zusammenbrechen des von Alexander gegründeten Reiches veränderte sich die Meinung über ihn, seine Thaten und seine Gründung, und während die früher dominirende makedonische Auffassung mehr und mehr erlahmte, gewann die hellenische, so völlig ihre wiederholten Versuche, politische Wirkungen zu erzielen, scheiterten, wenigstens in den literarischen, gebildeten, modischen Kreisen ein Uebergewicht, dem sich bald die „Folgeherrscher" und ihre

Höfe nicht zu entziehen vermochten, oder sich beugten, um die Gunst der öffentlichen Meinung in der Hellenenwelt nicht zu entbehren.

Für die Gestaltung der Geschichte Alexanders, wie sie auf uns gekommen, ist die in diesen Zusammenhang gehörende Reihe von Schriftstellern weitaus die wichtigste; es gehören in dieselbe Kleitarchos, Ptolemaios, vielleicht Aristobulos; nur diese treten für uns noch mit einiger Deutlichkeit hervor. Dann folgen zahlreiche Schriftsteller bis in die Römerzeit, die jene denkwürdige Epoche großer Ereignisse und Entdeckungen entweder kritisch erforschen und sachgemäß erläutern wollen, oder sie als besonders geeigneten Stoff für ihre rhetorische Kunst und ihre moralisirenden Schulübungen wählen, — während in der Vorstellung der Massen die große Gestalt Alexanders sich mehr und mehr in das Sagenhafte und Wunderbare steigert und verflüchtigt.

Ueber Kleitarchos haben wir nur dürftige Nachrichten. Wir erfahren, daß er jünger als Theopomp, der um 378 geboren ist, gewesen sei, wenigstens zunächst nach ihm die Römer erwähnt habe (Plin. H. N. II. 57): Theopompus, ante quem nemo mentionem habuit, urbem duntaxat a Gallis captam dixit, Clitarchus ab eo proxumus legationem tantum ad Alexandrum missam. Sein Vater war Deinon von Kolophon, der Verfasser eines umfassenden Werkes über die persische Geschichte, das von Semiramis begann und mit der Eroberung Aegyptens durch den König Ochos endete. Die weitere Angabe, daß Kleitarchos erst Aristoteles den Kyrenaiker gehört, dann sich von dessen Schule zu der des Stilpon von Megara gewandt habe, würde seine Zeit näher bestimmen, wenn man über diesen Aristoteles Näheres wüßte; Stilpon wird als *παρὰ τῷ πρώτῳ Πτολεμαίῳ γεγονώς* bezeichnet (Suid. v.), und als Demetrios 307 Megara eroberte, war er noch in voller Thätigkeit (Diog. L. II, § 115). Aus einigen Angaben des Kleitarch, die dem Lagiden Ptolemaios zu Ehren und zu Gefallen geschrieben scheinen (fr. 5. 11. 12), hat man schließen wollen, daß derselbe in Aegypten geboren sei oder wenigstens dort gelebt habe.

Wenn Kleitarchos (nach Plin. H. N. III. 9) einer römischen Gesandtschaft, die Alexander in Babylon 323 empfing, erwähnt oder sie erfunden hat — denn weder Ptolemaios noch Aristobulos erwähnten sie —, so muß er zu einer Zeit geschrieben haben, wo bereits der römische Name in der griechischen Welt eine Bedeutung hatte; erst mit dem ausgehenden zweiten Samnitenkriege wurde Rom für die Griechen Unteritaliens von ernster Bedeutung; um 304 nahmen die Tarentiner den Spartaner Kleonymos in ihren Dienst, um ihn gegen die Lukaner, die Verbündeten Roms, kämpfen zu lassen; um 306 schlossen die Rhodier mit Rom einen Freundschafts- und Handelsvertrag.

Man würde aus den auf Kleitarchos Namen überlieferten Fragmenten nicht im Stande sein eine Vorstellung von seinem Werk zu gewinnen, wären nicht Diodor, Justin und Curtius, wie die neueren Forschungen erwiesen haben, im Wesentlichen auf ihn zurückzuführen, wenn auch nicht so, daß sie unmittelbar aus ihm geschöpft haben.

Aus ihren Darstellungen, sowie aus den ziemlich zahlreichen, wenn auch nicht immer ausdrücklich bezeichneten kleineren Angaben aus Kleitarch bei Polyän, Frontin, Plutarch, Valerius Maximus u. s. w. kann man ein ungefähres Bild von der Art seiner Darstellung gewinnen. Er zuerst scheint die Vorgänge in Griechenland, den Untergang Thebens, den Krieg des Königs Agis, die gleichzeitigen Kämpfe im thrakischen und skythischen Lande in die Alexandergeschichte eingefügt zu haben. Daß er noch andere als die uns bekannten ersten Erzählungen von Alexander benutzt hat, vielleicht auch mehrfach mündliche Ueberlieferungen, ist wohl unzweifelhaft. Es fällt auf, daß in den Darstellungen, die aus ihm stammen, in der ersten Hälfte — etwa bis zum Tode des Dareios — die Vorgänge auf Alexanders und Dareios Seite ungefähr in gleichem Maaße anschaulich und detaillirt dargestellt werden, während im Späteren diese Art der Gegenstellung nicht mehr oder doch in sehr anderer und untergeordneter Art vorkommt. Möglich, daß Kallisthenes sich in dieser Art scheinbarer Objectivität gefiel und daß Kleitarchos von dessen fest ausgeprägter Fassung der ersten

Kriegsjahre bestimmt wurde; es würde der Titel Περσικά, der für Kallisthenes Werk einmal angeführt wird, damit erklärlicher.

Aus den drei erhaltenen Schriftstellern, die auf Kleitarchos zurückgehen, sowie aus der vorherrschenden Ansicht des späteren Alterthums über Alexander, die aus Kleitarchos geflossen ist, sieht man noch mit hinlänglicher Deutlichkeit, daß dieser Historiker es für seine Aufgabe gehalten hat, die Geschichte Alexanders nicht sowohl nach ihren großen militärischen und politischen Zusammenhängen darzulegen, als vielmehr die moralische Seite hervorzukehren und in der allmählichen Depravation des Vielgefeierten dem gebildeten Leser den Schlüssel zum Verständniß zu geben und das Urtheil bequem zu machen. Indem er mit großer rhetorischer Anschaulichkeit darlegt, wie der so hochbegabte, in edelster hellenischer Bildung erzogene Jüngling im Rausch seiner Siege sich mehr und mehr von dem hellenischen Wesen abwendet, sich der asiatischen Sitte und Gesinnungsart zuwendet, sich enthellenisirt, wird er der beredte Ausdruck der hellenischen Reaction, die sich zuerst im „hellenischen Kriege“ erhoben hat, die dann, militärisch niedergeworfen und politisch ohne Vertretung, sich desto lebhafter in der Bildung und den philosophischen Schulen in Athen zusammenfaßt und ausprägt, um deren Gunst sich der junge Demetrios bewirbt, um ihr dann in Athen selbst mit asiatischer Despotenlaune zu begegnen, während der kluge Lagide sie zu schonen und durch seine Munificenz für wissenschaftliche Zwecke und Männer zu versöhnen versteht.

Und wieder Kleitarchos spricht in seiner Darstellung von keinem der Genossen Alexanders so mit Verehrung, so mit der Absicht, ihm Angenehmes zu sagen, wie von dem Lagiden. In anderem Zusammenhange werden gleich weitere Belege dafür anzuführen sein; am bemerkenswerthesten ist eine Aeußerung, die zwar nicht auf Kleitarchs Namen angeführt wird, aber sich in Diodor und Curtius wiederfindet. Bei Gelegenheit der Wunde, die Ptolemaios beim Sturm auf die Brahmanenstadt empfängt, sagt Curtius (IX. 8. 22): Ptolemaeus leviter quidem saucius sed majore periculo quam vulnere affectus regis sollicitudinem in se converterat; sanguine conjunctus erat et quidem Philippo genitum esse credebant; certe pellice ejus ortum constabat; idem corporis custos promptissimusque bellator et pacis artibus quam militiae major et clarior, modico civilique cultu, liberalis imprimis adituque facilis nihil ex fastu regio assumpserat; ob haec regi an popularibus clarior esset dubitari poterat, tunc certe primum expertus suorum animos, adeo ut fortunam, in quam postea ascendit, in illo periculo Macedones ominati ese videantur. Wenigstens auszugsweise giebt Diodor (XVII. 103) das Entsprechende; auch er meldet das Traumgesicht, das dem Könige das Mittel zur Heilung der Wunde offenbart (wie auch Justin XII. 10): *ἴδιον γάρ τι καὶ παρίδοξον συνέβη γενέσθαι περὶ τ`ν Πτολεμαῖον, ὅ τινες εἰς θεῶν πρόνοιαν ἀνέπεμπον· ἀγαπώμενος γὰρ ὑφ' ἁπάντων διά τε τὴν ἀρετὴν καὶ ὑπερβολὴν τῆς εἰς τούτους εὐεργεσίας, οἰκείας τῆς φιλανθρώπου βοηθείας ἔτυχεν κτλ.*

Gewiß hat Kleitarchos vortrefflich zu schildern, lebhaft zu veranschaulichen, treffend zu charakterisiren verstanden; aber der Sinn für die Wahrheit fehlt ihm; wie Quinctilians Urtheil lautet: Clitarchi probatur ingenium, fides infamatur. Wie viele von den Unglaublichkeiten, den halben und ganzen Lügen, die wir als aus ihm stammend kennen oder erkennen, er aus den Darstellungen Anderer entnommen, dem Gerüchte nacherzählt, aus eigener Erfindung hinzugefügt, wie weit er selbst geglaubt hat, was er schreibt, muß dahingestellt bleiben.

Daß der Lagide Ptolemaios seine Geschichte Alexanders nach Kleitarchos herausgegeben habe, ist nicht durch ausdrückliche Ueberlieferungen bezeugt, aber mit Wahrscheinlichkeit aus folgenden Thatsachen zu schließen. Aus Curtius (IX. 5. 21) sieht man, daß Kleitarch angegeben, bei dem Sturm auf die Feste der Maller sei Ptolemaios unter den Wenigen gewesen, die den schwer verwundeten Alexander beschützt und gerettet haben; Curtius fügt hinzu: sed ipse scilicet gloriae suae non refragatus afuisse missum in expeditionem memoriae tradidit; man sagt mit Recht, Kleitarchos hätte das nicht schreiben können, wenn bereits des Lagiden Schrift veröffentlicht war; und je größere Verbreitung Kleitarchs Geschichtswerk finden mochte, desto mehr Anlaß hatte der Lagide, die falsche Angabe zu berichtigen; ἀνεγέγραφεν οὐδὲ παραγενέσθαι τούτῳ τῷ ἔργῳ, sagt Arrian (VI. 11. 8). Aus Curtius (IX. 8. 20), verglichen mit Diodor (XVII. 103) und Strabo (XV, p. 723), ergiebt sich, daß die Geschichte von der wunderbaren Heilung des bei der Brahmanenstadt verwundeten Ptolemaios aus Kleitarch stammt; aus Arrian (VI. 17) sieht man, daß Ptolemaios nichts der Art erwähnt hat. Eben so schweigt Ptolemaios von dem Zuge zur Amazonen-Königin; und wenn Kleitarchos die schöne Thais — sie hat dann in vertrautem Umgang mit Ptolemaios gelebt, ihm mehrere Kinder geboren — beim Gelage unter Pauken und Trompeten enthusiastisch den Palast von Persepolis in Brand stecken läßt, so scheint die nüchterne Darlegung bei Arrian (III. 18. 11), nach der Parmenion in der Berathung wider die Maaßregel ist, die Alexander für nothwendig hält, des Ptolemaios Kritik über die aufregenden Schwindeleien zu sein, die Kleitarchos für Geschichte gegeben hat.

Möglich, daß Ptolemaios dem Gedächtniß seines königlichen Freundes schuldig zu sein glaubte, den verkehrten und selbst böswilligen Darstellungen, die nur zu viel Eingang fanden, mit einer rein sachlichen Erzählung und mit der Garantie seines Namens entgegenzutreten; daß er es that, hatte, so scheint es, noch einen anderen Zweck. Es ist bemerkenswerth, daß der Lagide nicht eher geruht hatte, als bis Alexanders Leiche nach Alexandrien geführt worden war, daß er in seiner Darstellung hervorgehoben hat, wie Alexander nach dem Tode Hephaistions Alexandrien ausersehen habe, demselben dort Cult und Heroendienst zu stiften (VII. 23. 7), daß Ptolemaios in Alexandrien dem großen Könige ein Priesterthum gestiftet hat, daß dessen goldenes Bild auf dem von Elephanten gezogenen Wagen, wie auf ptolemäischen Goldmünzen dargestellt scheint, bei Festaufzügen prangte. Man könnte versucht sein, daran zu erinnern, daß der schwerste und unglücklichste Kampf des Lagiden der von 306 gegen Antigonos und Demetrios war, indem Antigonos unter dem Namen der Monarchie, deren letzter legitimer Erbe schon vor fünf Jahren umgekommen war, sich anmaaßte, den Herrn über das ganze Reich und dessen Satrapen zu spielen, derselbe Antigonos, der ruhig als Satrap in Phrygien gesessen hatte, während Lysimachos, Seleukos, vor Allen Ptolemaios selbst, wie die Geschichte der Feldzüge des großen Königs lehrt, dessen Macht und Ruhm mit „Schwendung ihres Blutes" erkämpft hatten, — wie denn demnächst die Schlacht bei Ipsos gegen dieß Trugbild der Monarchie und Reichseinheit entschied zu Gunsten der Gleichberechtigung derer, die den Anspruch machten, je in ihrem Bereich, in der *δορίκτητος χώρα*, wie der förmlich technische Ausdruck lautet, des großen Königs Nachfolger zu sein.

Gewisser ist, daß Ptolemaios im vollsten Maaße in der Lage war, die Geschichte Alexanders zu schreiben, daß unter den noch Lebenden keiner demselben näher gestanden hatte, von dessen Thaten und Plänen bessere Kunde und mehr Verständniß hatte als er; und mit Recht sagt Arrian, der vor Allem aus ihm schöpft, er verdiene im besonderen Maaße Vertrauen, weil für ihn „als König" Unwahrheit doppelt schimpflich gewesen sein würde.

Nächst ihm ist es besonders Aristobulos, dem Arrian folgt: „weil auch dieser die Kriegszüge Alexanders mitgemacht habe", und weiter: „weil für beide, da sie erst nach dem Tode Alexanders schrieben, weder eine Nöthigung noch ein Lohn vorhanden war, etwas anderes zu schreiben, als wirklich geschehen war". Mit dieser Wendung schließt er Kallisthenes, Anaximenes, Onesikritos aus, mit jener die Möglichkeit, daß Kleitarchos, wie in neuerer Zeit wohl gemeint worden ist, die Feldzüge mitgemacht habe.

Von Aristobulos wissen wir wenig, nicht einmal, woher er stammt. Er selbst giebt an (fr. 37, bei Arrian. VI. 29. 10), daß er nach Alexanders Rückkehr aus Indien mit der Herstellung des ruchlos geplünderten Kyrosgrabes betraut worden sei; vielleicht war er nicht als Combattant bei dem Heere, vielleicht als Techniker. Was aus seinem Werke bei Arrian und sonst angeführt wird, läßt vermuthen, daß er weniger die Kriegsbegebenheiten ins Auge faßte, daß er lieber bei landschaftlichen und Sittenschilderungen, bei Wahrzeichen und Mantik, bei persönlichen Dingen verweilte. Daß er auch die Feldzüge von 335 mit aufnahm, erhellt aus dem Citat, in dem seine Angabe über die von Alexander geforderte Auslieferung attischer Staatsmänner angeführt wird (fr. I b). Er begann sein Werk zu schreiben, als er 84 Jahre alt war, wie er selbst angab (fr. 1). Man darf danach vermuthen, daß er erst schrieb, als Kleitarchs Buch schon veröffentlicht war; hätte er vor ihm (vor 312—300) geschrieben, so wäre er beim Auszuge Alexanders bereits gegen 60 Jahre alt gewesen. Dafür, daß er Kleitarchs Schrift zur Hand gehabt habe, scheint der Hinterhalt, dem die Makedonen bei Marakanda erliegen (fr. 21, verglichen mit Curt. VII. 7. 31) und die Erzählung von der warnenden Syrerin (fr. 24, verglichen mit Curt. VIII. 6. 16) zu sprechen. Zweifelhafter ist die Sache in Betreff des Untergangs von Theben; Plutarch nennt in seinen Moralien, von schönen Frauengeschichten sprechend, Xenophons Panthaia, Theopomps Thebe, Aristobuls Timokleia. Die Geschichte von der Timokleia, wie sie anderer Orten ohne Nennung des Verfassers erzählt wird (die Stellen bei C. Müller Aristob. fr. I a) ist so kleitarchisch und sensationell wie möglich, der Art Aristobuls völlig fremd; der Frevler, der sich an Timokleia vergriff, war nach dieser Erzählung ein thrakischer Ilarch des Namens Alexandros (ἦρχε δὲ Θρακίου (?) τινὸς ἴλης); Polyaen. VIII. 39 macht gar einen Θρᾷξ ἵππαρχος daraus, während bei den correcteren Schriftstellern auch nicht eine Spur ist, daß der König in dem Feldzuge von 335 thrakische Reiter bei sich gehabt hat. Entweder irrt Plutarch in jener kurzen Anführung in dem Namen des Verfassers, wie ihm auch sonst begegnet, oder auch Aristobul hat die Geschichte von der Timokleia erzählt, dann aber gewiß anders als in jenem gespreizten Fragment, und vielleicht, den Kleitarch zu berichtigen; denn die oben angedeutete Vermuthung Neuerer, daß auch Aristobulos in früheren Schriften sich dem Troß der κολακεύοντες angeschlossen habe, scheint gegen Arrians Autorität nicht haltbar zu sein, trotz der Angabe eines anonymen Rhetorikers bei C. Müller, S. 94.

Es liegt außer dem Zweck, den diese Quellenübersicht verfolgt, von den Schriftstellern, die nach der Diadochenzeit die Geschichte Alexanders behandelt haben, zu sprechen. Doch mag es gestattet sein, auf zwei Punkte hinzuweisen, die wohl eine weitere Untersuchung verdienten.

Die Tendenz zum historischen Roman, die schon mit Kallisthenes begann und in Kleitarchos einen vielbewunderten Ausdruck fand, ist, wie es scheint, früh zum völlig Romanhaften gesteigert worden, und namentlich in dem hellenistischen Aegypten hat man gewiß sehr bald das Gedächtniß Alexanders mit wundersamen Dingen auszuschmücken, es an die Pharaonengeschichte und deren letzten grauenhaften Ausgang unter Nektanebos II. anzuknüpfen gesucht, wie denn der Pseudo-Kallisthenes dort unzweifelhaft entstanden ist. Es mag noch andere Romane von Alexander, mit Anknüpfungen an andere Landesgeschichten gegeben haben. Auf einen der Art führt der sog. Plutarch (par. min., c. XI); dort wird aus dem dritten Buch der *Μακεδονικὰ* des Aretades von Knidos erzählt: der Perser Dareios habe, nachdem er in der Schlacht am Granikos sieben Satrapen und 502 Kriegswagen verloren, sich mit Alexander aussöhnen wollen, aber Dareios Sohn, Ariobarzanes, von Zuneigung für Alexander getrieben, habe sich erboten, den Vater zu verrathen, worauf dieser ihm den Kopf habe abschlagen lassen. Auch Pseudo-Kallisthenes erwähnt den Ariobarzanes (II. 21) mit Bessos als *μέγα δῶρον ληψόμενοι παρὰ Ἀλεξάνδρου*, aber erst bei Gelegenheit der Ermordung des Dareios. Wenigstens von den satrapae septem Kleinasiens spricht auch das Itin. Alex. 19, das seine im Allgemeinen aus Arrian geschöpfte Darstellung an anderen Stellen aus dem Julius Valerius ergänzt. Auch der Dapanes des Pollux (V. 46): *ὁ Παιονίας σατράπης*, der dem König Alexander eine paionische Hündin schenkt (*γνώριμος δὲ καὶ Τρίακος ἡ παιονικὴ κύων*), dürfte von solchem Alexanderroman her wohl bekannt gewesen sein; wenigstens ist ein paionischer Satrap unsinnig genug für solchen Ursprung.

Einer entgegengesetzten literarischen Strömung galt die zweite Bemerkung. Daß noch im Laufe des nächsten Jahrhunderts sich die Kritik, für die das Werk des Ptolemaios ein erster Anfang war, der Ueberlieferungen über die Züge Alexanders bemächtigte, hat nach der Entwickelung des wissenschaftlichen Geistes, wie er sich namentlich in Alexandrien ausprägte, nichts Ueberraschendes. Wenn Eratosthenes daran ging, aus der gewonnenen Kenntniß der Erdoberfläche und der zum ersten Male versuchten methodischen Berechnung des Erdumfangs die Grundlagen einer wissenschaftlichen Geographie zu entwickeln, so hatte er sich mit dem, was die Geschichtschreiber Alexanders an geographischen und ethnographischen Materialien überliefert hatten, auseinanderzusetzen; und aus seinen Fragmenten sieht man, in welcher Art er es gethan, wie er namentlich *ἐκ τοῦ μὴ ὁμολογεῖν ἀλλήλοις τοὺς συγγραφέας* (bei Strabo XV, p. 688) die geringe Brauchbarkeit ihrer geographischen und sonstigen Nachrichten darlegt. Zwei Menschenalter später hat dann Polybios, der so oft Veranlassung nimmt, frühere Historiker zu kritisiren, an dem Beispiel der issischen Schlacht, wie sie Kallisthenes dargestellt hat, die in militärischer Hinsicht völlig gedankenlose Art dieser literatenhaften Schilderung dargelegt, freilich nicht ohne sich selbst im Eifer der Kritik mehr als eine Blöße zu geben.

Vielleicht würde man bei sorgfältiger Beobachtung noch andere kritische Anläufe nachweisen können. Ob auch in derjenigen Richtung, die uns für die neueren Zeiten als die ergiebigste und unentbehrlichste erscheint, in der Kritik auf Grund von Urkunden und Actenstücken, wird sich erst fragen lassen, wenn festgestellt ist, ob und in welchem Umfang Materialien der Art vorhanden waren.

Urkunden, Briefe, Reden.

Auch für die geschichtliche Forschung hat Aristoteles eine neue Bahn geöffnet, die der archivalischen Forschung; wenn er in seinen Politien die Verfassung Athens zu behandeln unternahm, so begnügte er sich nicht, die Gesetzsammlungen, wie sie im Laufe der Zeit und namentlich seit dem Archon Eukleides vielfach verändert und modernisirt zum praktischen Gebrauch (nach einer Untersuchung von H. Droysen) verbreitet waren, zu benutzen; daß er in seinen fünf Büchern über Solons Ἄξονες in der Append. Hesych. (bei Rose, fr. Arist., p. 1468) die alten Originale im Prytaneion zu Rathe gezogen, ergeben Citate wie das des Harpokration v. σῖτος (fr. 384). In ähnlicher Weise hat Aristoteles mit seinen Διδασκαλίαις den Anfang zu einer urkundlich begründeten Literargeschichte gemacht, in seinen Δικαιώματα streitige Gränz- und Besitzverhältnisse zwischen den Staaten von Hellas urkundlich klar gelegt. Daß demnächst der Phalereer Demetrios, später der makedonische Krateros, so wie Philochoros diese Methode urkundlicher Forschung fortgesetzt haben, zeigt, daß das gelehrte Griechenthum der überwuchernden rhetorischen Kunst gegenüber das Bewußtsein der ächten Art historischer Forschung festzuhalten verstand.

Wir müßten nun, um systematisch zu verfahren, zur Frage stellen, ob es auch für die Geschichte Alexanders urkundliche Materialien gegeben hat, welcher Art sie waren, ob und in welcher Weise sie von den alten Schriftstellern benutzt worden sind. Es wird genügen, von allem sonstigen urkundlichen Material nur obenhin zu sprechen, um dann die beiden, für die Kritik wichtigsten Formen, die Briefe und die Reden, genauer zu untersuchen.

I. Daß in der Zeit, von der wir sprechen, Verträge mannigfacher Art, namentlich auch Staatsverträge, geschlossen und in hergebrachten bindenden Formen vollzogen, daß die Urkunden derselben von den Vertragschließenden in archivalischer Weise aufbewahrt worden sind, versteht sich von selbst. Und indem in den hellenischen Freistaaten die Regel war, Staatsverträge in der Form von Abschriften auf Erz oder Stein zur allgemeinen Kenntniß zu bringen, waren dieselben auch der Forschung leicht zugänglich. Reste derartiger Inschriften, z. B. von dem zwischen Alexander und den Hellenen erneuten korinthischen Bunde, sind noch erhalten.

II. In derselben Form von inschriftlichen Copien sind Gesetze und Verordnungen, sind Beschlüsse aller Art, Rechenschaften und Abrechnungen u. s. w. veröffentlicht worden, und nicht bloß derartige Actenstücke von Staatswegen, auch communale und andere Genossenschaften, auch Priesterschaften, auch vorübergehende Verbindungen von Privaten haben in solcher Weise von ihren Geschäften Documente hinterlassen; daß u. a. in Aegypten diese Art von Documentirung in Uebung war, zeigen noch einige Tempeldekrete von großem historischen Interesse; auch unter den Thonplatten mit Keilschrift, die in Babylon gefunden sind, glaubt man aus der vorausgeschickten Datirung Stücke dieser Art zu erkennen.

III. Auf eine dritte Art von Aufzeichnungen, die man heute unter die archivalischen Papiere rechnen würde, führt die Angabe (Polyaen. IV. 6. 2), daß Antigonos der Einäugige, wenn er Gesandte empfangen sollte, sich zuvor aus seinen Aufzeichnungen (*ἐκ τῶν ὑπομνημάτων*) unterrichtete, welche Gesandte früher ebendaher und in derselben Sache zu ihm gekommen seien, welche Anträge sie gestellt hätten, und die mit ihm Verhandelnden seien oft erstaunt gewesen, daß er Alles so genau erinnere. Er wird nicht der einzige unter den Genossen Alexanders gewesen sein, der die Einsicht hatte, über die täglichen Geschäfte ein Journal zu führen oder führen zu lassen; wenn Eumenes die Kanzlei Alexanders in Ordnung und für den geschäftlichen Gebrauch evident halten wollte, so war ihm ein solches Journal unentbehrlich. Möglich, daß derselben Art die *βασιλικὰ ὑπομνήματα* gewesen sind, die nach Plutarch (Pyrrh. 21) *οἱ περὶ Πύῤῥον* verfaßt haben, nicht der König selbst, wie man aus Paus. I. 12. 2 schließen darf: *ἔστι δὲ ἀνδράσι βιβλία οὐκ ἐπιφανέσιν ἐς συγγραφὴν ἔχοντα ἐπίγραμμα Ἔργων ὑπομνήματα εἶναι*, obschon Dionysios von Halikarnaß den Ausdruck braucht: *καὶ Πύῤῥος ἐν τοῖς ἰδίοις ὑπομνήμασι γράφει.*

Wenn Arrians Darstellung, die wesentlich auf Ptolemaios zurückgeht, in Einzelangaben über Gesandtschaften aller Art so detaillirt ist, wie sie es ist, so wird es nahe liegen, zu vermuthen, daß der Lagide nicht bloß aus der Erinnerung geschrieben, sondern ὑπομνήματα, Geschäftjournale, gehabt und bei der Abfassung seines Werkes benutzt hat. Seiner Stellung nach mußte ihm auch sonstiges Material in Fülle zugänglich oder leicht erreichbar sein. — Daß Alexander auf seinem Zuge seine Kanzlei, die nöthigen Geschäftspapiere, wenn man will, sein Archiv bei sich hatte, versteht sich von selbst; als Eumenes, so wird erzählt (Plut. Eum. 4), bei der trierarchischen Leistung für die Indusflotte Schwierigkeit machte, die geforderten 300 Talente zu leisten, und nur 100 zahlen wollte, hat Alexander im Unwillen befohlen sein Zelt anzustecken, damit beim Retten jedermann sähe, wie reich der Grammateus sei; das im Brande geschmolzene Gold und Silber habe mehr als 1000 Talente betragen, aber Alexander habe den Untergang der Papiere bedauert (καὶ μετενόησε τῶν γραμμάτων διαφθαρέντων ὁ Ἀλέξανδρος) und habe an die Satrapen und Strategen Befehl gesandt, Abschriften der an sie erlassenen Schriftstücke einzusenden (ἀντίγραφα τῶν διεφθαρμένων ἀποστέλλειν). Aus bester Quelle — dem Kardianer Hieronymos — berichtet Diodor (XVIII. 4), daß nach der Beruhigung der Wirren, die dem Tode Alexanders folgten, der neue Reichsverweser Perdikkas in den Papieren des Königs (ἐν τοῖς ὑπομνήμασι τοῦ βασιλέως) die Kosten des Leichenbegängnisses für Hephaistion und die sonstigen Pläne (τὰς λοιπὰς αὐτοῦ ἐπιβολάς) gefunden habe: ἦν δὲ τῶν ὑπομνημάτων τὰ μέγιστα καὶ μνήμης ἄξια τάδε, folgt dann das Verzeichniß dieser großen Projecte. Wohin das Archiv Alexanders gekommen, ob es zerstreut oder zerstört worden ist, wissen wir nicht; doch konnte Xenokles der γαζοφύλαξ — doch wohl des Seleukos I. in Babylon — dem Strategen Patrokles die ἀναγραφή des Reiches mittheilen, die Alexander hatte anfertigen lassen.

IV. Bei Weitem größere Schwierigkeiten machen die Briefe.

Seit der Kritik Bentleys über die Briefe des Phalaris hat mehr und mehr die Ansicht Geltung gewonnen, daß die aus dem griechischen Alterthum uns erhaltenen Briefe, je berühmter die Namen der Schreiber und Empfänger, desto sicherer unächt sind.

Daß zu den charakteristischen Zügen der Zeit, von der wir handeln, die lebhafte Correspondenz, amtliche und außeramtliche, gehört, ergiebt sich aus mehrfachen Angaben. Kleitarch würde sonst nicht so oft, wie es noch in den aus ihm abgeleiteten Darstellungen zu ersehen ist, Briefe, immerhin fingirte, eingelegt haben; in den Reden, auch der Zeit Alexanders, werden häufig Briefe angeführt: von Olympias ἐν ταῖς ἐπιστολαῖς (Hyp. III. 36), von König Ochos (Aeschin. III. 238), von Dareios (Dinarch. 1. 27) u. s. w.; Aischines schildert (III. 164), wie in den Tagen kurz vor Eingang der Nachricht von der Schlacht bei Issos Demosthenes in stolzer Zuversicht auf den Sieg der Perser umhergegangen sei, „an allen zehn Fingern Briefe tragend" (τὰς ἐπιστολὰς ἃς ἐξηρτημένος ἐκ τῶν δακτύλων περιῄει), darlegend, wie Alexander abgeschnitten sei, daß sein kleines Heer unter den Hufen der unermeßlichen Reiterschaaren des Großkönigs zermalmt werden müsse. Und Deinarchos (1. § 35), von der Zeit der Schilderhebung des Königs Agis (331) sprechend, als Alexander, ὡς οἱ λεγόντες, ἐν Ἰνδοῖς ἦν, läßt Demosthenes dasselbe thun, was Aischines von ihm gesagt hat: ἐκ τῶν δακτύλων ἀναψάμενος περιεπορεύετο τρυφῶν ἐν τοῖς τῆς πολέως κακοῖς κτλ. In mehr als einer gleichzeitigen Inschrift hellenischer Städte werden Briefe von Alexander und seinen Nachfolgern erwähnt (C. I. Gr. II, n°. 3137, v. 101: καὶ περὶ οὗ Ἀλέξανδρος γεγράφηκεν; C. I. Gr. II, n°. 2671, v. 45: κατά τε τὸ διάγραμμα τοῦ βασιλέως καὶ τοὺς νόμους; C. I. Gr. II, n°. 2166: ταῖς διαλυσίεσσι, ταὶς ὁ βασιλεὺς ἐπέκριννε[το κτλ.), oder auch vollständig mitgetheilt (Inschrift von Eresos bei Conze, Reise nach Lesbos, S. 75; Inschrift von Erythrai, Monatsbericht der Berl. Acad. 1875, S. 559 und andere). Aus der nächstfrüheren Zeit findet man in den Reden des Demosthenes eine Menge von Briefen, privaten so gut wie Staatsbriefen, die von dem Redner gelegentlich erwähnt, oder auch als Beweisstücke verlesen werden.

Vollzog sich ein großer Theil der öffentlichen Geschäfte in dem Reiche Alexanders in Form von schriftlichen Weisungen des Königs an die Satrapen, Strategen, städtischen Behörden, von schriftlichen Berichten und Gesuchen an den König, von brieflichen Communicationen zwischen den königlichen und städtischen Behörden u. s. w., correspondirte der König gewiß auch privatim mit seiner Mutter, mit befreundeten Gelehrten, Philosophen, Künstlern, und wie der König, so seine Umgebung, die militärische wie civile und literarische, — so sieht man, daß nach Alexanders Tod eine Fülle von geschäftlichen, privaten, vertraulichen Briefen vorhanden sein konnte, die einem Sachkundigen, wenn er sie zu finden wußte, ein überreiches Material zur Forschung boten.

An sich würde es durchaus nicht auffallend sein, wenn sich Briefe und Brieffragmente der Art in der literarischen Ueberlieferung, wie sie auf uns gekommen ist, vorfänden. Zum Verdacht geben einige Umstände Anlaß, die eben diese Ueberlieferungen treffen.

Es liegt in dem literatenhaften und rhetorischen Charakter, den die Geschichtsschreibung, namentlich in der Schule des Isokrates wie es scheint, entwickelt hat, daß zur größeren Belebung und Individualisirung der historischen Schilderung Briefe nach der Analogie des wirklichen geschäftlichen und politischen Verkehrs componirt und in die Darstellung eingelegt wurden. Es ist schon gelegentlich angeführt worden, daß die auf Kleitarchos zurückgehenden Werke und namentlich das des Curtius dafür als Beispiel dienen können; und bis zu welcher Geschmacklosigkeit endlich sich diese Manier hat entwickeln können, zeigt sich im Pseudo-Kallisthenes und in dessen Bearbeitungen.

Auf ein Zweites führt die bekannte Angabe des Galen (De nat. hom. I. 42, p. 105 ed. Kühn), daß, seit die Lagiden und Attalier ihre Bibliotheken angelegt, viele Schriften fingirt und zu Kauf angeboten worden seien. Daß unter diesen Fälschungen namentlich auch Briefe berühmter Männer aller Art, ganze Briefsammlungen waren, gilt mit Recht als unzweifelhaft.

Eine dritte Art von Fictionen ergaben die Uebungen der Schulen, wo unter andern auch das πῶς δεῖ ἐπιστέλλειν (Demetr. περὶ ἑρμηνείας 223. III, p. 310 ed. Spengel) gelehrt und geübt wurde; die mit der Aufgabe gegebene Situation wird dann oft genug Veranlassung gewesen sein, daß historische Thatsachen, wie die hergebrachte Ueberlieferung sie angab, in den Brief hineingearbeitet wurden; aber sie dienten nur als Decoration oder als Motiv des angeblichen Schreibens, wie man in den sogenannten Briefen des Aischines, des Demosthenes, des Diogenes von Sinope sieht.

Aus dieser allgemeinen Charakteristik der epistolographischen Ueberlieferung, die uns für die Geschichte Alexanders vorliegt — und für die der Diadochen und Epigonen gilt ungefähr dasselbe — ergeben, sich die Gesichtspunkte für die Kritik derselben.

Nicht bloß diejenigen sind ächt, die von gleichzeitigen Rednern angeführt werden oder in officiellen Inschriften erhalten sind; auch unter den sonst in der Literatur überlieferten können sehr wohl ächte sein, und es wird auf die Untersuchung im Einzelnen ankommen, ob sie es sind oder nicht.

Wenn Arrian so bestimmt, wie er es thut, die unzuverlässigere Ueberlieferung — *ὡς λεγόμενα μόνον ὑπὲρ Ἀλεξάνδρου ἀνέγραψα* — von dem unterscheidet, was er aus Ptolemaios und Aristobulos anführt, so hat man allen Grund zu vermuthen, daß die wenigen Briefe, die er nicht als *λεγόμενα* anführt, als ächt gelten dürfen. Es sind folgende:

Das Schreiben Alexanders (I. 10. 4) an die Stadt Athen, in dem die Auslieferung *τῶν ἀμφὶ Δημοσθένην καὶ Λυκοῦργον* gefordert wird; es werden außer diesen noch sieben andere attische Staatsmänner genannt. Daß von Anderen andere Namen angeführt werden, daß Plutarch „nach den meisten und besten Historikern" nur acht nennt (Plut. Dem. 23), beweist nichts gegen den Vorzug Arrians und die Aechtheit des Schreibens, auf das er sich bezieht.

Dann das Schreiben des Dareios nach der Schlacht bei Issos (II. 14. 2—3) und Alexanders Antwort darauf (II. 14. 4—9). Auch die aus Kleitarchos stammenden Darstellungen geben ungefähr an derselben Stelle Zuschrift und Antwort, aber so componirt, daß für eine zweite und dritte Zuschrift und Antwort noch Material übrig bleibt, während nach

Arrian (II. 25. 3) statt des zweiten Schreibens eine mündliche Antwort Alexanders an den Gesandten des Dareios erfolgt, dahingehend, daß der Großkönig selbst komme (ἐκέλευέ τε αὐτὸν ἥκειν κτλ.). Für die Aechtheit der Schreiben bei Arrian spricht, daß Dareios den König Artaxerxes anführt und Alexanders Antwort ihn Ochos nennt, so wie die Specialitäten über den Friedensbruch, den jeder dem andern zuschiebt, namentlich der Vorwurf, daß man sich persischer Seits gerühmt habe, zu der Ermordung Philipps mitgewirkt zu haben (ὡς αὐτοὶ ἐν ταῖς ἐπιστολαῖς πρὸς ἅπαντας ἐκομπάσατε), also in „offenen Briefen" oder Manifesten.

Ferner ein Schreiben Alexanders an Kleomenes von Naukratis, den Statthalter im ägyptischen Arabien (III. 5. 4) in Anlaß der für den gestorbenen Hephaistion anzuordnenden Ehren (VII. 23. 6); die Beziehungen dieses Schreibens auf die ägyptischen Verhältnisse erklären die Anführung desselben in des Lagiden Schrift und verbürgen zugleich dessen Aechtheit.

Als zweifelhaft führt Arrian ein paar andere Briefe an: den des Parmenion, als Alexander nach dem Bade in Tarsos erkrankte, mit Warnungen vor dem Arzt Philippos (II. 4. 7), nach Aristobul. Sodann den angeblichen Brief des Königs an Olympias über die Entdeckungen in Indien (VI. 1. 4). Endlich angebliche Briefe des Antipatros und der Olympias an Alexander voll gegenseitiger Beschuldigungen (VII. 12. 5).

Unbedenklich scheint es, weitere Briefe Alexanders, die von notorisch zuverlässigen Autoren angeführt werden, für ächt zu halten. Daß der Kardianer Hieronymos sorgfältig und nach den besten Materialien gearbeitet hat, steht jetzt hinlänglich fest, eben so daß Diodor seine Diadochengeschichte aus ihm excerpirt hat. Wenn Diodor (XVIII. 8) den Wortlaut des Schreibens Alexanders an die Flüchtlinge der hellenischen Städte anführt, das dann von Nikanor bei dem 114. olympischen Feste verlesen worden sei, so liegen weder formelle noch materielle Gründe vor, zu bezweifeln, daß das ἐπίταγμα Alexanders, wie es Hypereides (I. 14) nennt, diese Fassung gehabt habe; wenn auch daneben besondere Rescripte über die Ausführung des Befehls an die einzelnen Staaten ergangen sein mögen, so an Kalymma (C. I. Gr. II, n°. 2671), an Mitylene (C. I. Gr. II, n°. 2166 über die *διαλύσεις*), an Chios (Phot. Bibl. cod. 176, p. 203 über Theopomp). Es gehören diese Stücke zu den *διαγράμματα*, auf die das unzweifelhaft ächte *διάγραμμα* des Polysperchon an die Hellenen (Diod. XVIII. 56) verweist. Auch Arrian hat seine 10 Bücher „Geschichte nach Alexander", die nur bis 321 reichte, aus Hieronymos geschöpft; wenn Photios in dem Auszuge aus diesem Werk intercipirte Briefe des Demades an Perdikkas anführt (§ 15 sqq.: *ἐν οἷς ἔγραψε Περδίκκᾳ σώζειν τοὺς Ἕλληνας* u. s. w.), so wird man unbedenklich die Aechtheit dieser Schriftstücke anzunehmen haben.

Die Anführungen späterer Autoren bieten nicht mehr dieselbe Garantie. Wenn Plutarch einige Male die Briefe Alexanders so citirt, als ob er eine Sammlung derselben vor sich habe (Plut. Alex. 17 u. 60: *αὐτὸς Ἀλέξανδρος ἐν ταῖς ἐπιστολαῖς*), so könnten da ächte und falsche Briefe durcheinander gestanden haben; denn sachlich sind mehrere nach dem, was daraus angeführt wird, unanfechtbar, so der über die Wunden, die er bei Issos erhalten, c. 20, der über den Marsch durch das Meer bei Phaselis c. 17, andere sehr bedenklich, so der c. 55, der Aristoteles beschuldigt und bedroht, so noch mehr der c. 47, in dem das Heimweh der Truppen in Hyrkanien und Alexanders wirksame Ansprache an sie ungefähr so, wie es bei Curtius (VI. 2. 16 bis 4, 2) weiter ausgemalt ist, *σχεδὸν αὐτοῖς ὀνόμασι ἐν τῇ πρὸς Ἀντίπατρος ἐπιστολῇ* zu lesen sein sollte; und gar Alexanders Brief an die Mutter (c. 27) über die *μαντεῖαι ἀπόῤῥητοι*, die ihm der Gott im Ammonion gegeben habe, derselbe Brief, der den Kirchenvätern so geläufig ist (quae maxime innotuit), worüber Zacher (Pseudo-Kallisthenes, S. 172) weitere Nachweise giebt.

Sachkundiger und sorgfältiger ist Strabo. Den angeblichen Brief des Krateros an seine Mutter über Indien führt er (XV. p. 702) mit gebührendem Verdacht an (*ἐκδέδοται δέ τις καὶ Κρατέρου ἐπιστολὴ πολλά τε ἄλλα παράδοξα φράζουσα καὶ οὐχ* ὁμολογοῦσα οὐδενί). Wenn er dann ohne Bedenken das Schreiben des Metalleuten Krates über die Ablassung des Kopaissees (IX, p. 407), das des Metalleuten Gorgos von Jasos über die Salz- und Bergwerke in den indischen Bergen citirt (ὡς ἐδήλωσε Γόργος XV, p. 700), so scheint kein sachgemäßer Grund zum Zweifel vorzuliegen. Strabos Angabe (V, p. 232), daß Alexander an die Römer geschrieben habe, sich über die Seeräubereien der ihnen unterthänigen Etrusker zu beschweren (ἐγκαλῶν ἐπέστειλε), ist vielleicht doch nicht so verkehrt, wie man nach Arrian (VII. 17) anzunehmen pflegt.

Ob in einigen Citaten späterer Lexikographen aus Briefen Alexanders Aechtes zu erkennen ist, bleibe dahingestellt. Sagt Hesych. v. σκοῖδος . . . ἡ λέξις κεῖται ἐν ταῖς ἐπιστολαῖς Ἀλεξάνδρου, so führt Pollux X. 16 dasselbe Wort ohne Quelle mit zwei ganz anderen Erklärungen an, und es wird sich fragen, ob die sonst wohl gemeinsame Quelle beider sich über Didymos hinauf bis zum Phalereer Demetrios verfolgen läßt. Aus Alexanders Briefen giebt Hesych. v. noch Ἀραπανοί, Τητικὰ, ταγανόχαι (?), Pollux VII. 28 aus einem Briefe der Olympias ἐριουργεῖον.

Es liegt außer dem Zweck dieser Uebersicht, alle einzelnen Anführungen von Briefen Alexanders und seiner Zeitgenossen zu besprechen. Man findet die Stellen gesammelt in Westermann, De epistolarum scriptoribus graecis commentt. 1—8.

V. Endlich die Reden, ich meine nicht die der attischen Redner dieser Zeit, obschon auch unter ihnen erdichtete (so die des Demades περὶ δωδεκαετείας) oder auf falschem Namen überlieferte (so die περὶ τῶν πρὸς Ἀλέξανδρον συνθηκῶν des Demosthenes) vorhanden sind, andere (so die zum ktesiphontischen, zum harpalischen Proceß gehörenden) in anderer Hinsicht der sachlichen Kritik Aufgaben stellen. Es handelt sich um die Reden, die — vom Pseudo-Kallisthenes und dessen Bearbeitungen zu schweigen — im Arrian, im Curtius, Diodor, Justin u. s. w. vollständig oder andeutungsweise erhalten sind.

Daß die Reden bei den Schriftstellern der kleitarchischen Ueberlieferung freie Compositionen sind, wird man unbedenklich annehmen dürfen; man erkennt zum Theil noch, wie Kleitarch die Situationen sich zurecht legte, um wirksame Reden anbringen zu können; nur daß die ihn Bearbeitenden an derselben Stelle dann auch ihre Kunst versuchten. Was einst der attische Strateg Charidemos dem Großkönige vor dem Auszuge zur issischen Schlacht bei Diodor (XVII. 30) vorträgt, enthält ganz andere Gesichtspunkte, als in derselben Situation bei Curtius steht (III. 2. 10), so daß der griechische Autor, den Curtius frei ins Lateinische überträgt, so sicher derselbe dem Kleitarch im Großen und Ganzen folgt, doch in dieser Situation sein Genie frei hat schalten lassen. Curtius selbst mag es nicht anders mit seiner Vorlage gemacht haben. Zwar sagt er (VII. 8) bei Gelegenheit der Rede, die der skythische Gesandte dem Könige gehalten hat: sic quae locutos esse apud regem memoriae proditum est. abhorrent forsitan a moribus nostris et tempora et ingenia cultiora sortitis; sed ut possit oratio eorum sperni, tamen fides nostra non debet, quare utcunque sunt tradita incorrupta perferemus. Seine Art zu arbeiten bezeichnet er VI. 11. 12: Rex Cratero accessito et sermone habito c u j u s s u m m a n o n e d i t a e s t, also er entnimmt aus seiner Vorlage nur die summa und bearbeitet sie nach seiner Weise. Leider fehlen in unseren Handschriften des Curtius die Blätter, in denen der Ausgang des Dareios dargestellt war; bei Justin (XI. 15. 6) ist er noch nicht an seinen Wunden gestorben, als Alexander ihn erreicht, und er hält demselben durch den Dollmetsch eine rührende Rede, ihm Weib und Kind zu empfehlen und die Rache an seinen Mördern zu übertragen. Diodor (XVII. 73) sagt, daß Dareios bereits todt gewesen sei, als Alexander ihn erreichte, *ὡς δὲ ἔνιοι γεγράφασιν, ἔμπνουν ἔτι καταλαβὼν τοῖς μὲν ἀτυχήμασιν αὐτοῦ συνήλγησε, παρακληθεὶς δὲ ὑπὸ τοῦ Δαρείου μετελθεῖν τὸν φόνον καὶ καθομολογήσας ἐδίωξε τὸν Βῆσσον.* Also ungefähr der Inhalt der Rede bei Justin. Darf man nach Kleitarchs Art, Alles ganz positiv, deutlich, so, als wäre er überall selbst Zeuge gewesen, hinzustellen, vermuthen, daß nicht er zweierlei Traditionen neben einander angab, so hat Diodor nicht, wie Trogus Pompejus, wahrscheinlich in diesem Theil seines Werkes, den Kleitarch, sondern eine Bearbeitung des Kleitarch benutzt, die gelegentlich auch eine abweichende Darstellung erwähnte. Damit zusammengestellt erhält die Differenz zwischen Diodor und Justin in der Erzählung des Todes Alexanders ihre Bedeutung; Justin sagt positiv (XII. 14. 1): auctor insidiarum Antipater fuit, folgt dann, wie er seinen Sohn Jollas mit dem Gift nach Babylon gesandt; Diodor (XVII. 117) dagegen berichtet, wie die Krankheit des Königs zum Tode geführt hat: *ἐπεὶ δέ τινες τῶν συγγραφέων περὶ τῆς τελευτῆς τοὺ βασιλέως τούτου διαπεφωνήκασσιν ἀποφαινόμενοι διὰ φαρμάκου θανασίμου γεγονέναι τὸν θάνατον*, so füge er die Geschichte von Jollas hinzu und schließt: *μετὰ δὲ τὴν τελευτὴν πλεῖστον ἰσχύσαντος τῶν κατὰ τὴν Εὐρώπην καὶ μετὰ ταῦτα Κασσάνδρου τοῦ υἱοῦ διαδεξαμένου τὴν βασιλείαν, πολλοὺς συγγραφεῖς μὴ τολμᾶν γράψαι περὶ φαρμακείας*, eine Wendung, die durch die gleiche Doppelheit bei Curtius (X. 10. 14) noch bezeichnender wird: veneno necatum esse credidere plerique, filium Antipatri inter ministros etc. . . . haec utcunque sunt credita, eorum, quos rumor adsperserat, mox potentia extinxit; regnum enim Macedoniae Antipater et Graeciam quoque invasit. (Cf. Diod. XVII. 23: *ἔνιοι δὲ λέγουσι.* XVII. 65: *ὡς μὲν ἔνιοι γεγράφασι.*)

Einen geeigneten Uebergang zu den Reden bei Arrian bieten die Vorgänge am Hyphasis und das, was er und Andere über dieselben geben. Was da bei Justin (XII. 8. 11 sqq.) in der Form allgemeiner Klagen erscheint, ist bei Diodor (XVII. 94) fast ganz in Erzählung aufgelöst; die Rede Alexanders, bei Diodor nur in der summarischen Formel *συνῆγε πάντας εἰς ἐκκλησίαν, διελθὼν δὲ λόγον πεφροντισμένον περὶ τῆς εἰς Γανδαρίδας στρατείας κτλ.*, fehlt bei Justin ganz. Die Intention beider oder vielmehr ihre Grundlage wird erst durch die Ausführungen bei Curtius (IX. 11. 10 sqq.) deutlich; und wieder Curtius erhält namentlich in der Exposition zu diesen Vorgängen aus Diodor seine Ergänzung. Nach der Begegnung Alexanders mit Sopeithes folgt:

Bei Diod. XVII. 93. 2:	Bei Curt. IX. 1. 36:
αὐτὸς δὲ εἰς τὴν Φηγέως δυναστείαν ἐμβαλὼν καὶ τῶν ἐγχωρίων ἀσμένως τὴν τῶν Μακεδόνων παρουσίαν προςδεξαμένων, καὶ τοῦ Φηγέως μετὰ δώρων πολλῶν ἀπαντήσαντος, τήν τε βασιλείαν ἔχειν συνεχώρησε	Phegeus erat gentis proximae rex: qui popularibus suis colere agros, ut adsueverant, jussis Alexandro cum donis occurrit, nihil quod imperaret detrectans;
καὶ ξενισθεὶς μετὰ τῆς δυνάμεως ἐπὶ δύο ἡμέρας λαμπρῶς ἐπὶ τὸν Ὕπανιν ποταμὸν προῆγεν, οὗ τὸ μὲν πλάτος ἦν σταδίων ἑπτὰ, τὸ βάθος ἓξ ὀργυιῶν, τὸ δὲ ῥεῦμα σφοδρὸν καὶ δυσδιάβατον.	Biduum apud eum subsistit rex, tertio die amnem superare decreverat transitu difficilem, non spatio solum aquarum, sed etiam saxis impeditum.

In beiden Schriftstellern folgt dann, wie Alexander erst bei Phegeus, dann bei Poros Erkundigungen über den Ganges, das Land der Prasier und Gangariden, den König dort — Ξανδράκης nennt ihn Diodor, Agrammes Curtius — einzieht, wie er erwägt und schwankt. Dann folgt, was Justin als Klage des Heeres, Diodor als Betrachtungen Alexanders anführt, bei Curtius in der Form des her- und hinschwankenden Willens Alexanders, weniger ausgeführt als bei Diodor, ohne die Erwähnung der Verheißungen der Pythia und des Ammon, ohne die gestatteten Plünderungen der Soldaten, die Gewährungen an ihre Weiber und Kinder; Curtius schließt (IX. 2. 12): vicit ergo cupido rationem, et ad contionem vocatis militibus ad hunc maxime modum disseruit. Dann die vortreffliche Mahnungsrede des Königs, aber sie wirkt nicht; er versucht es ihr Ehrgefühl zu wecken: sie könnten heimgehen, wenn sie nicht folgen wollten, solus quoque ire perseverabo .... ite reduces domos, ite deserto rege ovantes. Auch da noch bleiben sie stumm und traurig; dann ergreift der Strateg Koinos das Wort, die dem Heere gemachten Vorwürfe abzuwehren: digna prorsus cogitatio animo tuo, sed altior nostro; virtus tua semper in incremento erit, nostra vis jam in fine est; intuere corpora exanguia, tot perfossa volneribus, tot cicatricibus putria, jam tela hebetia sunt, jam arma deficiunt; vestem Persicam induimus, quia domestica subvehi non potest, in externum degeneravimus cultum; quotocuique lorica est? quis equum habet u. s. w. Dem entspricht Diod. XVII. 94: ὁρῶν δὲ τοὺς στρατιώτας· κτλ. mit dem τῶν δὲ ὅπλων τὰ πλεῖστα κατεξάνθαι καὶ τὸν μὲν Ἑλληνικὸν ἱματισμὸν ἐκλελοιπέναι κτλ., bei Justin. XII. 8 die Klagen und Bitten des Heeres: ostendere alius canitiem, alius vulnera, alius aetate consumpta corpora etc.

Bei Arrian ist nur im Allgemeinen die Situation dieselbe; bei ihm hat Alexander nach Allem, was er von den Ländern jenseits des Hyphasis erfahren, die Absicht, auch sie zu bewältigen; aber die Makedonen sind bereits des Krieges müde. Es kommt zu Aufläufen im Lager, die Einen, die Gemäßigten, beklagen ihr Loos, Andere erklären, sie würden nicht weiter folgen, auch wenn sich Alexander selbst an die Spitze stelle. Darauf beruft Alexander, um nicht die Muthlosigkeit und die Meuterei weiter um sich greifen zu lassen, nicht das Heer, sondern die Befehlshaber, die ἡγεμόνες τῶν τάξεων, die er ὦ ἄνδρες Μακεδόνες τὲ καὶ σύμμαχοι anredet; der Inhalt seiner Rede (V. 25. 3 — 26. 8) ist, daß er mit ihnen erwägen will, ob weiter zu marschiren oder umzukehren sei, ὡς ἢ πείσας ἄγειν τοῦ πρόσω, ἢ πεισθεὶς ὀπίσω ἀποστρέφεσθαι. Dann folgt die Gegenrede des Strategen Koinos (V. 27. 2—9), der sich ausdrücklich darauf beruft, daß der König οὐ κατὰ πρόσταγμα verfahren wolle, sondern πείσας μὲν ἄξειν, πεισθεὶς δὲ οὐ βιάσασθαι, er stellt den kühnen und hochpolitischen Gründen Alexanders die Darlegung der Erschöpfung und Entmuthigung des Heeres entgegen und empfiehlt dem Könige die Mäßigung im Glück. Unwillig über diese Rede und den Eindruck, die sie macht, entläßt der König die Berufenen, versammelt sie andern Tages von Neuem, ihnen anzukündigen, daß jedem freistehe heimzuziehen, er werde Leute genug finden, die ihm folgten. Dann bleibt er bis zum dritten Tage in seinem Zelt, läßt auch die Vertrauten nicht vor, hoffend, daß sein Zorn die Stimmung des Heeres ändern werde, vergebens; er läßt die Opfer zum weiteren Marsch vornehmen; daß sie ungünstig sind, giebt ihm den Vorwand, den Befehl zur Umkehr zu erlassen.

Daß diese Darlegung Arrians und seine Reden schlichter, sachgemäßer sind als die bei den kleitarchischen Autoren, liegt auf der Hand. Es fragt sich, ob er die Reden selbst componirt oder aus Ptolemaios hat, ob Ptolemaios sie frei componirt oder in ihnen das, was er sich, etwa in seinen Tagebüchern, von dem wichtigen Vorgange notirt hatte, wiederholt und nur überarbeitet hat.

Alexander sagt bei Arrian: er wolle weiter, den Ganges hinab, es werde sich zeigen, daß das Meer, in das sich dieser Strom ergieße, mit dem hyrkanischen zusammenhänge, denn die ganze Erde sei vom Ocean umflossen; er werde den Makedonen und Bundesgenossen zeigen, daß auch das persische Meer mit dem indischen zusammenfließe, er werde Libyen umschiffen bis zu den Säulen des Herakles, und von diesen Säulen an werde sein Reich das ganze dazwischenliegende Libyen und somit das ganze Asien umfassen und dessen Grenzen diejenigen sein, die der Gott der Erde gesetzt habe. Aeußerungen, die zu großen Bedenken Anlaß geben.

Derselbe Arrian führt später (VII. 1) aus, daß Alexander, nach der Rückkehr durch die gedrosische Wüste in Persepolis angelangt, begierig gewesen sei, auch die Mündungen des Euphrat und Tigris und das Meer dort zu erkunden; nach Einigen aber (οἱ δὲ καὶ τάδε ἀνέγραψαν) habe er die Absicht gehabt, auch die arabische Küste, Aithiopien, Libyen bis Gades und zum Mittelmeer zu umschiffen u. s. w.; dann weiter, werde von den Einen gesagt (ἔνθεν δὲ οἱ μὲν λέγουσι), habe er in den Pontos und gegen die Skythen ziehen, von Andern, er habe nach Sicilien und Japygien gehen und gegen die Römer kämpfen wollen; er selbst, fügt Arrian hinzu, wisse weder

Sicheres über Alexanders Pläne zu schließen, noch wolle er Hypothesen machen u. s. w. Also auch hier unterscheidet er genau, was er aus seinen guten Quellen hat, von den Angaben, die ihm als λεγόμενα μόνον gelten. Aber von der Umschiffung Afrikas bis zu den Säulen des Herakles spricht nach Arrian Alexander in jener Rede am Hyphasis bereits ganz positiv; hatte Arrian diese Rede aus dem Ptolemaios entnommen, so war für ihn der Plan der Umschiffung Afrikas durch Ptolemaios verbürgt, und er konnte nicht später unter den in Persepolis besprochenen Plänen den der Umschiffung Afrikas unter den λεγόμενα μόνον ὑπὲρ Ἀλεξάνδρου aufführen. Wenn er von den Plänen in Persepolis sprechend den der Umschiffung Afrikas mit dem οἱ δὲ ἀνέγραψαν als nicht von seinen sichern Quellen verbürgt in Frage stellte, so hatte er seine Rede am Hyphasis nicht aus Ptolemaios oder Aristobulos entnommen, sondern sie entweder aus anderen, schlechteren Quellen geschöpft oder selbst componirt.

Zu ähnlichen Erwägungen giebt ein zweiter Punkt in der Rede am Hyphasis Anlaß. Arrian läßt den König auch an die Thaten des Herakles und Dionysos erinnern, die nicht daheimsitzend mühelos ihre großen Thaten vollbracht hätten; die Makedonen seien weit über Nysa, bis wohin Dionysos gezogen, hinausgekommen, und Aornos, das Herakles nicht zu erobern vermocht, hätten sie genommen. Daß die kleitarchische Ueberlieferung diese beiden Punkte erwähnte, erhellt aus den Worten des Curtius an der entsprechenden Stelle (IX. 2. 29): . . ne infregeritis in manibus meis palmam qua Herculem Liberumque Patrem, si invidia afuerit, aequabo. Hätte Arrian diese Rede aus Ptolemaios oder Aristobulos, so müßten diese den König Dinge haben sagen lassen, die sie selbst keineswegs glaubten und Arrian so wenig wie sie (cf. VI. 28. 2). Er kritisirt im Anfang des fünften Buches die Erzählungen von den Heldenthaten des Herakles und Dionysos in Indien: Alexander habe zwar gewollt, daß, was die Nysaier von Dionysos sagten, für wahr gehalten werde (καὶ ἤθελε πιστὰ εἶναι τὰ ὑπὲρ τοῦ Διονύσου τῆς πλάνης μυθευόμενα), aber er stimme der Kritik des Eratosthenes über alle diese mythischen Dinge völlig bei (ὃς λέγει πάντα ὅσα ἐς τὸ θεῖον ἀναφέρεται ἐκ Μακεδόνων πρὸς χάριν τὴν Ἀλεξάνδρου ἐς τὸ ὑπέρογκον ἐπιφημισθῆναι V. 3. 1). Spräche Alexander bei Arrian, wie in der kleitarchischen Ueberlieferung, vor versammeltem Kriegsvolk, so könnte man es für eine geschickte Wendung in der erfundenen Rede halten, daß sie sich der Vorstellungsweise der Menge anbequemte; wenn aber Arrian ihn zu den Strategen und Taxiarchen sprechen läßt, so mußte er ihn bessere Gründe anwenden lassen, sie zu überzeugen, namentlich militärische, um die militärischen Einwürfe, die sie gegen seine Absicht erheben konnten, im Voraus zu entkräften. Die Situation, in der Arrian den König diese Rede sprechen läßt, ist wahrscheinlich, da sie von der kleitarchischen abweicht, aus Ptolemaios und Aristobulos entnommen; wenn er dann in der Rede selbst Dinge vorbringt, die weder nach der Situation, die er giebt, sachgemäß, noch seiner aufgeklärten Ansicht nach richtig, noch in der besseren Ueberlieferung, der er sonst folgt, ihm an die Hand gegeben sind, so muß er, diese Rede componirend, diejenige Ueberlieferung benutzt haben, die er sonst, so rhetorisch meisterhaft sie durchgebildet sein mag, weit entfernt ist für zuverlässig zu halten.

Unter den nicht zahlreichen größeren Reden, die Arrian gibt, bieten noch zwei einige Momente für unseren Zweck. Die eine ist die vor der Schlacht von Issos (Arrian. II. 7. 3). Alexander spricht zu den Strategen, Ilarchen und bundesgenössischen Hegemonen, um sie „auf den rechten Ton zu stimmen“; er legt dar, wie die Bewegungen des Feindes, scheinbar eine gelungene Umgehung des makedonischen Heeres, vielmehr so erwünscht wie möglich seien, indem sie den Makedonen eine Schlacht, und zwar auf dem für sie geeignetsten Terrain möglich machten u. s. w. Arrian giebt diese Ansprache in indirecter Rede; wenn er dann mit einem λέγεται hinzufügt, daß Alexander auch an Xenophon und die Zehntausend erinnert haben solle, so könnte man sich zu dem Schluß berechtigt glauben, daß, was diesem λέγεται vorausgeht, aus Ptolemaios oder Aristobulos geschöpft, daß die Rede vielleicht in derselben indirecten Form von Ptolemaios, der damals in Alexanders nächster Umgebung war, als das wirklich von Alexander Gesagte aufgezeichnet sei.

Arrian läßt den König diese Rede am Abend vor der Schlacht zu den versammelten Commandirenden halten, am folgenden Morgen beim Aufmarsch zu den einzelnen Abtheilungen des Heeres im Vorüberreiten noch da und dort aufmunternde Worte sprechen (II. 10. 2). Die kleitarchische Ueberlieferung kennt nur diese Anreden kurz vor der Schlacht, und sie enthalten theilweise dieselben Motive wie Arrians Rede am Abend vorher.

In dieser Rede nun finden sich auffallende Dinge. Wenn Alexander sein Heer und das des Großkönigs vergleichend sagt: hier seien die an Krieg gewöhnten Makedonen, dort Meder und Perser, hier Hellenen, die für die Freiheit, dort Hellenen, die für einen nicht einmal reichlichen Sold kämpfen, hier die tapfersten „Barbaren Europas“, dort die verweichlichten Völker Asiens, und endlich zu dem Allen hier Alexander, dort Dareios — *ἐπὶ δὲ Ἀλέξανδρον ἀντιστρατηγεῖν Δαρείῳ* —, so ist es wenig wahrscheinlich, daß eine so hoffärtige Aeußerung des Königs auf Notizen aus der wirklich gehaltenen Ansprache, die der Lagide aufbewahrt hätte, entnommen sein sollte, doppelt unwahrscheinlich, da gleich darauf Arrian versichert: Alexander habe, in jener Ansprache einzelne seiner tapferen Officiere nennend, an die Actionen erinnert, in denen sie sich ausgezeichnet hätten, endlich auch, aber auf die unanstößigste Weise hinzugefügt, daß auch er die Gefahren nicht gemieden habe (*καὶ τὸ αὐτοῦ οὐκ ἀκίνδυνον ἐν ταῖς μάχαις ὡς ἀνεπαχθέστατα ἐπεξῄει*).

Wenn Alexander in Wirklichkeit so nicht gesprochen hat, wenn Arrian mit jenem *λέγεται* anzeigt, daß nur die Erwähnung der Zehntausend nicht aus seinen besten Quellen stammt, — hat dann vielleicht Ptolemaios jene größere Hälfte der Rede so, wie sie Arrian wiedergiebt, immerhin nicht sehr glücklich componirt? Nicht gerade jene Beziehung auf die Zehntausend findet sich in der kleitarchischen Ueberlieferung, wohl aber das Entsprechende zu einer anderen Wendung in dem Theil der Rede Arrians, der vor dem *λέγεται* steht: daß seinem Heere nach diesem Siege nichts zu thun bleiben werde als *κρατεῖν τῆς*

Ἀσίας ξυμπάσης καὶ πέρας τοῖς πολλοῖς πόνοις ἐπιθεῖναι. Bei Justin. XI. 9. 5 heißt es: Macedones nunc Europae victae admonet, nunc Asiae expetitae . . . caeterum et laborum finem hunc et cumulum gloriae fore; und bei Curt. III. 10. 4: Macedones tot bellorum in Europa victores ad subigendam Asiam atque ultima Orientis, non ipsius magis quam suo ductu profecti . . . . non Persis modo, sed etiam omnibus gentibus impositūros jugum; Macedonum provincias Bactra et Indos fore . . . ., rhetorische Erweiterungen desselben Grundgedankens: „nahes Ende der Strapazen, Herrschaft über ganz Asien", Gedanken, die im Munde des obersten Kriegsherrn, tapferen, ehrliebenden, disciplinirten Truppen gegenüber nicht eben angemessen, in der berufenen Versammlung der commandirenden Officiere gesprochen, sehr ungehörig, desto mehr der conventionellen Rhetorik der Schule zu entsprechen scheinen.

Es kommt noch ein weiterer Umstand hinzu. Arrian läßt den König in der Versammlung der Commandirenden in jener Stelle, wo er die Trefflichkeit seiner Truppen der Untüchtigkeit der feindlichen gegenüberstellt u. a. die Worte brauchen: βαρβάρων τε αὖ Θρᾷκας καὶ Παίονας καὶ Ἰλλυρίους καὶ Ἀγριᾶνας, τοὺς εὐρωστοτάτους τῶν κατὰ τὴν Εὐρώπην κτλ. Allerdings giebt aus der kleitarchischen Ueberlieferung Diodor (XVII. 17) in dem Katalog der Truppen, mit denen Alexander nach Asien zieht, auch 5000 Ὀδρύσαι καὶ Τριβάλλοι καὶ Ἰλλύριοι. Die Triballer läßt selbst Curtius fallen; aber Illyrier und Thraker giebt er wie Justin in der Ansprache des Königs vor der Schlacht; Justin. XI. 9. 4: circumvectus suos singulas gentes diversa oratione adloquitur: Illyrios et Thracas opum et divitiarum ostentatione, Graecos veterum bellorum memoria internecivique cum Persis odii accendebat, Macedones autem Europae victae admonet nunc Asiae expetitae etc.; und Curt. III. 11. 9: Illyrios vero et Thracas rapto vivere adsuetos aciem hostium auro purpuraque fulgentem intueri jubebat, praedam non arma gestantem. Curtius führt (IV. 13. 31) in der Schlacht bei Gaugamela

Illyrier an der Seite der Söldner auf; er sagt (VI. 7. 35) von der Ankunft frischer Truppen beim Marsch durch Areia: tria milia ex Illyrico Antipater miserat. Aber im ganzen Arrian findet sich außer in dieser Rede keine Erwähnung illyrischer Truppen, und daß Alexander deren in seinem Heere gehabt habe, ist nach dem, was wir sonst von seinen Verhältnissen zu den Illyriern wissen, wenig wahrscheinlich. Hätte Arrian diese Rede aus Ptolemaios entnommen, so ist schwer zu begreifen, warum derselbe Gewährsmann an keiner Stelle sonst der Illyrier erwähnt haben sollte, nicht einmal der 3000, die nach der kleitarchischen Ueberlieferung in Areia zum Heere gestoßen sein sollen; noch schwerer zu begreifen, warum Arrian, wenn Ptolemaios ein an Zahl so bedeutendes Corps nicht unerwähnt gelassen haben kann, in seinen militärisch sorgfältigen Angaben gerade dieß Corps hartnäckig übergangen haben sollte. Hat Arrian in seinem Ptolemaios sonst nirgend die Illyrier erwähnt gefunden, so wird auch die Rede, die sie erwähnt, nicht aus dieser militärisch allein zuverlässigen Quelle geschöpft sein. Die Aushülfe, daß die Illyrier in Arrians Rede durch Glossem entstanden sein könnten, ist ebenso bedenklich wie bequem.

Noch ein Wort von der Rede, die nach Arrian. VII. 9 u. 10 Alexander in Opis seinen Makedonen hielt, als er die Veteranen des Heeres beschenkt und in allen Ehren in die Heimath entlassen wollte, und sie in wilder Meuterei sich dagegen erhoben. In Diod. XVII. 109 ist nur die Situation kurz erwähnt, in Justin. XII. 11 so, daß man das charakteristische Moment der Rede, das auch Arrian hat, wiedererkennt (jubentes eum solum cum patre suo Ammone inire bella, quatenus milites suos fastidiat, verglichen mit Arrian. VII. 8. 3); Curt. X. 2. 14—29, bei dem dieselbe Situation wie bei Justin zu Grunde liegt, giebt die Rede Alexanders nach seiner Art glänzend und leidenschaftlich. Die Rede bei Arrian ist, wenn auch etwas breit, doch mehr auf das Sachliche gewandt, und namentlich voll lehrreicher Angaben über König Philipps Zeit, über die Anfänge des Zuges nach Asien u. s. w. Hat Arrian die Rede, so wie er sie giebt, im Ptolemaios gefunden?

hat sie Ptolemaios componirt? oder sind wenigstens die wesentlichen Wendungen aus der wirklich gehaltenen Rede Alexanders aufbewahrt?

Schon daß Alexander unmittelbar nach der Abführung der dreizehn Rädelsführer, die dem Henker übergeben werden, so lang und in retrospectiver Breite, so ohne die Leidenschaft des erregten Momentes gesprochen haben sollte, ist schwer zu glauben; eben so schwer, sich zu überreden, daß Ptolemaios, der ihn kannte und als König und Feldherr die ganze Erregtheit eines solchen Momentes nachempfinden mußte, den leidenschaftlichen Alexander so, zum Theil phrasenhaft, sollte haben sprechen lassen. Oder ist es nicht bloße Phrase, wenn der König den meuternden Makedonen sagt: „ihr seid die Statthalter, die Strategen, die Taxiarchen; was ist mir selbst von allen diesen Kämpfen geblieben als dieser Purpur und das Diadem?“ und wie es da (9. 9) weiter heißt? Ist es nicht mehr als frostig, wenn er hinzufügt: „ich genieße dieselbe Speise wie ihr, denselben Schlaf wie ihr, nur daß ich nicht einmal so gut zu speisen glaube wie die Ueppigen unter euch, und für euch wache, damit ihr ruhig schlafen könnt.“ Und weiter die Phrase: „ich habe dieselbe Ehe geschlossen wie ihr (*γάμους τε ὑμῖν τοὺς αὐτοὺς γεγάμηκα*), und die Kinder vieler unter euch werden die Verwandten meiner Kinder sein.“ Ist es nicht in gleichem Maaße breit und seicht, wenn er sie auffordert, ihre Wunden zu zeigen, er wolle die seinen entblößen; kein Theil der Vorderseite seines Körpers sei unverwundet, es gebe keine Waffe des Nah- oder Ferngefechtes, von der er nicht Wunden habe, Wunden von Schwertern, wie von Pfeilen und Geschossen der Maschinen, Wunden von Steinen und von Holzwaffen u. s. w. Und dann: „die meisten von euch haben goldene Kränze als Zeugnisse ihres Ruhmes und meiner Anerkennung desselben: die Gefallenen aber haben ein glorreiches Ende gehabt und ein glänzendes Begräbniß, und von den meisten derselben sind eherne Statuen in der Heimath errichtet: *χαλκαῖ δὲ αἱ εἰκόνες τῶν πλείστων οἴκοι ἑστᾶσιν*, während ein Zeugniß des Geschichtschreibers Theopomp auf sehr andere Vorstellungen führt; er schreibt (fr. 277) in dem Briefe an Alexander, der in das Jahr 324 gehört, von den Verschwendungen und Unwürdigkeiten des Harpalos, der seiner todten Maitresse zwei prachtvolle Monumente, eins in Babylon, eins in Athen, errichtet, der noch lebenden in der Stadt Rossos in Kilikien eine eherne Statue neben seiner eigenen aufgestellt habe; alle Welt wundere sich darüber, da denen, die in Kilikien für Alexanders Reich und die Freiheit der Hellenen gefallen seien, bisher weder Harpalos noch irgend ein anderer der Großen (*οὔτε ἐκεῖνος, οὔτε ἄλλος οὐδεὶς τῶν ἐπιστατῶν*), das Grab geschmückt habe.

Zu diesen Phrasen hohler, schulmäßiger Rhetorik kommt dann ein Ausdruck sehr bedenklicher Art; von den Verdiensten des Königs Philipp wird da unter anderem gesagt: er habe Theben und Athen gedemüthigt, die Peloponnes in Ordnung gebracht, die Hegemonie des Perserkrieges errungen: *οὐχ ἑαυτῷ μᾶλλόν τι τὴν δόξαν τήνδε ἢ τῷ κοινῷ τῶν Μακεδόνων προσέθηκε*, ein Ausdruck, der der römischen Zeit geläufig ist (wie etwa Polyän bei Stob. flor. XLIII. 53 sq. *ὑπὲρ τοῦ κοινοῦ τῶν Μακεδόνων* geschrieben hat) und wie es auf zahlreichen Münzen der Kaiserzeit vorkommt); aber er paßt nicht im Entferntesten für die Monarchie Philipps, die eine immerhin landschaftlich gegliederte Einheit war, aber nicht, was in seiner Zeit ein *κοινὸν* bedeutete, eine Summe autonomer Gebiete, die sich zusammenthun, gewisse Dinge gemeinsam zu haben oder zu betreiben.

Die kleitarchische Ueberlieferung hat, wie erwähnt, die Vorgänge in Opis in einer anderen Reihenfolge. Die Truppen toben; vergebens bemühen sich die Commandirenden, sie zu beruhigen; dann spricht Alexander zu ihnen, fragt was sie wollen; sie antworten mit dem Geschrei, daß sie alle heimziehen wollen; darauf die heftige Rede des Königs, am Schluß derselben stürzt er sich in den wüsten Haufen, ergreift dreizehn Rädelsführer, läßt sie zur Hinrichtung abführen; der Schrecken lähmt die Aufregung. Arrian läßt des Königs Rede auf die Ergreifung der Rädelsführer folgen; in seiner und in Curtius Rede wiederholen sich zum Theil dieselben Motive. Hat Arrian eine lange

Aufzählung von den makedonischen Erfolgen seit Philipps Anfang, so comprimirt das Curtius zu dem Hohn: Illyriorum paulo ante et Persarum tributariis Asia et tot gentium spolia fastidio sunt. Giebt Arrians Rede an, wie Philipp erst die makedonischen Bauern und Hirten von den Bergen herab in die Fruchtebenen geführt, ihnen Wege, Häfen, statt des Schaffelles das Kriegskleid gegeben, ihnen Bildung und Gesittung gebracht habe, so heißt es bei Curtius mit bitterer Verkehrung: modo sub Philippo seminudis amicula ex purpura sordent, aurum et argentum oculi ferre non possunt, lignea enim vasa desiderant et ex cratibus scuta rubiginemque gladiorum, hoc cultu nitentes vos accepi. Die Anführung, daß Alexander mit dem Diadem eine bedeutende Schuld von dem Vater übernommen habe, hat Curtius wie Arrian; selbst die Zahlen, die sie anführen, ergeben nur eine scheinbare Differenz. Curtius sagt: hoc cultu nitentes vos accepi et D talenta aeris alieni, cum omnis regis supellex haud amplius quam LX talentorum esset. Statt dieser Zahlen hat Arrian:

im Schatz des Vaters nur wenige goldene und silberne Gefäße und weniger als . . . . . 60 Tal.
vom Vater her eine Schuld von fast . . . . 500 Tal.
dazu von Alexander im Anfang seiner Regierung geborgtes Geld . . . . 800 Tal.

Sichtlich sind die Zahlen bei Curtius der Art, daß man die Arrians darin wiedererkennt; nur daß Curtius die 800 Talente Schulden, die Alexander gemacht hat, ausläßt; daß er einfach 500 Talente giebt, wo Arrian *ἐς πεντακόσια τάλ.* hat, ist nur eine stylistische Abweichung, und daß er omnis regis supellex auf 60 Talente angiebt, während Arrian so viel außer goldenen und silbernen Gefäßen rechnet, ist Mißverständniß oder Flüchtigkeit.

Aus den Fragmenten der Historiker Alexanders ergiebt sich, daß Duris (wie C. Müller II, S. 472 meint, nach Kleitarch) erzählt hat, Alexander habe bei seinem Ausmarsch nur Zehrung auf 30 Tage gehabt, daß Onesikritos angab, er habe 200 Talente

Schulden gehabt, daß Aristobul anführte: τὸ λαμπρὸν αὐτῷ καὶ μέγα παρασκευασθὲν ὑπὸ τῆς τύχης ἐφόδιον sei 70 Talente gewesen. Also aus Aristobulos, den sonst Arrian nächst Ptolemaios allein für zuverlässig hält, hat er die Zahlen der Rede nicht; und wenn sie mit denen der kleitarchischen Ueberlieferung übereinstimmen, so hat er sie auch nicht aus Ptolemaios entnommen, falls wir mit Recht schlossen, daß Kleitarch vor Ptolemaios geschrieben hat; es müßte denn sein, daß des Curtius Quelle bereits Kleitarchs Angaben aus Ptolemaios berichtigt, oder daß Ptolemaios die Zahlen Kleitarchs wiederholt und somit als richtig anerkannt habe.

Wenn endlich Arrian in dieser Rede auch die Ehren der Gefallenen und die Privilegien, die ihre Hinterbliebenen erhalten haben, anführt, so hat er davon allerdings in einem einzelnen Falle — nach der Schlacht am Granikos — gesprochen, und zwar so, daß man es aus Ptolemaios entnommen glauben muß; aber daß auch Kleitarch bei Gelegenheit der Schlacht am Granikos davon Erwähnung gethan, zeigt Justin (XI. 6. 13): humatos statuis equestribus donavit cognatisque eorum immunitatem dedit.

Man sieht, was diese Vergleichung ergiebt. Hat Arrian die Rede von Opis nicht aus Ptolemaios oder Aristobulos, die er sonst für die allein zuverlässigen Quellen hält, entnommen, stimmt sie in wesentlichen Motiven und in bezeichnenden Angaben mit der auf Kleitarchos zurückführenden Ueberlieferung, ist sie in der Situation, die sie zu Grunde legt, und in ihrer Gesammtstimmung von dieser unterschieden, so wird man, da sich Aehnliches bei anderen Reden Arrians ergab, nicht umhin können, anzunehmen, daß Arrian nach der Sitte der alten Meister der Historiographie für angemessen und nothwendig gehalten hat, an geeigneten Stellen die handelnden Personen oder die Bedeutung des Momentes durch frei componirte Reden zu charakterisiren. Daß in solchen Compositionen dann auch seine eigene epiktetische Weltanschauung mit hineinspielt, mag hier wenigstens angedeutet sein. Wie sicher und würdig das Bild, das er von Alexander giebt, in seiner Erzählung ist: in den Reden, die er ihn halten läßt, weiß er weder den Charakter seines Helden, noch den Ton und die Farbe der gegebenen Situation mit gleichem Glück zu treffen; er wird schematisch, breit, phrasenhaft. Und wie lehrreich immer die Thatsachen sein mögen, die er in solchen Reden anführt, die besprochenen Beispiele zeigen, daß er auch solche mit einfließen läßt, die ihm aus minder guten, ihm selbst verdächtigen Quellen im Gedächtniß geblieben sind.

In den Uebungen der Rhetorenschulen hat Alexander zu den beliebtesten Vorwürfen gehört, man erinnere sich Quinctilians „deliberat Alexander an oceanum naviget, cum exaudita vox esset: quemque invicte", oder „an Babylona intret, cum denuntiatum esset illi responso auguris periculum"; und die unter Plutarchs Schriften aufgeführten beiden Aufsätze de fort. Alex. gehören ungefähr in dieselbe Kategorie. Ob aus solchen Uebungsstücken einzelne Notizen in die geschichtliche Ueberlieferung übergegangen sind, mag dahingestellt bleiben.

Druck von Friedr. Andr. Perthes in Gotha.

Lightning Source UK Ltd.
Milton Keynes UK
UKHW022232251119
354234UK00007B/359/P